2020 年

# 江苏省高等学校
# 社科统计资料汇编

《江苏省高等学校社科统计资料汇编》课题组 编著

东南大学出版社
SOUTHEAST UNIVERSITY PRESS
·南京·

**图书在版编目(CIP)数据**

2020年江苏省高等学校社科统计资料汇编 /《江苏省高等学校社科统计资料汇编》课题组编著. — 南京：东南大学出版社，2021.11

ISBN 978-7-5641-9775-9

Ⅰ.①2… Ⅱ.①江… Ⅲ.①高等学校—社会科学—统计资料汇总—江苏—2020 Ⅳ.①G644-66

中国版本图书馆 CIP 数据核字(2021)第 229615 号

**责任编辑**：叶 娟 **责任校对**：周 菊 **封面设计**：毕 真 **责任印制**：周荣虎

**2020年江苏省高等学校社科统计资料汇编**

**2020 Nian Jiangsu Sheng Gaodeng Xuexiao Sheke Tongji Ziliao Huibian**

| | |
|---|---|
| **编　　著** | 《江苏省高等学校社科统计资料汇编》课题组 |
| **出版发行** | 东南大学出版社 |
| **社　　址** | 南京市四牌楼2号(邮编：210096　电话：025-83793330) |
| **经　　销** | 全国各地新华书店 |
| **印　　刷** | 江苏凤凰数码印务有限公司 |
| **开　　本** | 787mm×1092mm　1/16 |
| **印　　张** | 43.5 |
| **字　　数** | 1058千字 |
| **版　　次** | 2021年11月第1版 |
| **印　　次** | 2021年11月第1次印刷 |
| **书　　号** | ISBN　978-7-5641-9775-9 |
| **定　　价** | 120.00元 |

本社图书若有印装质量问题，请直接与营销部联系，电话：025-83791830。

# 编委会名单



## 2020 年社科统计审核专家组名单

（以姓氏笔画排序）

毛　竹　南京农业大学

史华伟　江南大学

卢晶晶　河海大学

石　霏　南京财经大学

朱　茜　江苏大学

许　悦　江苏理工学院

问筱平　扬州大学

李建梅　东南大学

李笑葶　南京邮电大学

周　宏　淮阴师范学院

周　玲　南京审计大学

赵　澎　南京大学

郭才正　苏州大学

黄　璜　南京信息职业技术学院

# Contents 目录

## 八 社科研究、课题与成果(来源情况) …… 360

# 一、编写说明

## (一) 高校名称说明

本报告中的高校名称以2020年底的名称为准,报告编写完成时部分高校做了更名,在此做出说明:

1. 南京工业职业技术学院(高校代码:10850)已于2020年6月更名为南京工业职业技术大学。

2. 南通航运职业技术学院(高校代码:12703)已于2020年5月更名为江苏航运职业技术学院。

3. 淮安信息职业技术学院(高校代码:12805)已于2020年5月更名为江苏电子信息职业学院。

4. 中国传媒大学南广学院(高校代码:13687)已于2020年年初转设为独立设置的南京传媒学院。

## (二) 指标说明

1. 社科人力:指高等学校职工中,在本年内从事大专以上人文社会科学教学、研究与咨询工作以及直接为教学、研究与咨询工作服务的教师和其他技术职务人员、辅助人员,按年末实有人数统计(校机关行政人员、离退休人员和校外兼职人员不在统计范围内,本年度从事社科活动累计工作时间在一个月以上的外籍和高教系统以外的专家和访问学者只录入数据库,不在统计范围)。

2. 社科研究与发展经费:用于统计本年度各个高校人文、社科R&D经费收入、支出和结余情况。

3. 社科研究与发展机构:用于统计经学校上级主管部门或非上级主管部门批准以及学校自建的人文、社会科学研究机构。

4. 社科研究、课题与成果:用于统计本年度列入学校上级主管部门、非上级主管部门和学校年度计划,以及虽未列入计划但通过签订协议、合同或计划任务书经学校社科研究管理部门确认并在当年开展活动的人文、社会科学各类研究课题。成果部分用于统计本年度人文、社科研究成果情况,包括立项和非立项研究成果。所有研究成果均由第一署名者单位(以成果的版权页为准)填报。

5. 社科研究、课题与成果(来源):用于统计本年度列入学校上级主管部门、非上级主管部门和学校年度计划,以及虽未列入计划但通过签订协议、合同或计划任务书经学校社科研究管理部门确认并在当年开展活动的人文、社会科学各类研究课题的来源情况。成果部分用于统计本年度列入学校社科计划课题的研究成果来源情况,均由第一署名者单位(以成果的版权页为准)填报。

6. 社科研究成果获奖:用于统计本年度各个高校人文、社科立项和非立项研究成果获奖情况,只包括国家级、部级和省级奖。

7. 社科学术交流:用于统计本年度高校人文、社会科学学术交流情况。

8. 社科专利:用于统计本年度高校人文、社会科学专利情况。

# 二、参与统计的高校名单

## 1. 参与统计的公办本科高校名单

| 高校代码 | 高校名称 | 办学类型 | 办学层次 | 举办者 | 所在地 |
|---|---|---|---|---|---|
| 10284 | 南京大学 | 公办 | 本科 | 教育部 | 南京 |
| 10285 | 苏州大学 | 公办 | 本科 | 省教育厅 | 苏州 |
| 10286 | 东南大学 | 公办 | 本科 | 教育部 | 南京 |
| 10287 | 南京航空航天大学 | 公办 | 本科 | 工业与信息化部 | 南京 |
| 10288 | 南京理工大学 | 公办 | 本科 | 工业与信息化部 | 南京 |
| 10289 | 江苏科技大学 | 公办 | 本科 | 省教育厅 | 镇江 |
| 10290 | 中国矿业大学 | 公办 | 本科 | 教育部 | 徐州 |
| 10291 | 南京工业大学 | 公办 | 本科 | 省教育厅 | 南京 |
| 10292 | 常州大学 | 公办 | 本科 | 省教育厅 | 常州 |
| 10293 | 南京邮电大学 | 公办 | 本科 | 省教育厅 | 南京 |
| 10294 | 河海大学 | 公办 | 本科 | 教育部 | 南京 |
| 10295 | 江南大学 | 公办 | 本科 | 教育部 | 无锡 |
| 10298 | 南京林业大学 | 公办 | 本科 | 省教育厅 | 南京 |
| 10299 | 江苏大学 | 公办 | 本科 | 省教育厅 | 镇江 |
| 10300 | 南京信息工程大学 | 公办 | 本科 | 省教育厅 | 南京 |
| 10304 | 南通大学 | 公办 | 本科 | 省教育厅 | 南通 |
| 10305 | 盐城工学院 | 公办 | 本科 | 省教育厅 | 盐城 |
| 10307 | 南京农业大学 | 公办 | 本科 | 教育部 | 南京 |
| 10312 | 南京医科大学 | 公办 | 本科 | 省教育厅 | 南京 |
| 10313 | 徐州医科大学 | 公办 | 本科 | 省教育厅 | 徐州 |
| 10315 | 南京中医药大学 | 公办 | 本科 | 省教育厅 | 南京 |
| 10316 | 中国药科大学 | 公办 | 本科 | 教育部 | 南京 |

**续表**

| 高校代码 | 高校名称 | 办学类型 | 办学层次 | 举办者 | 所在地 |
|---|---|---|---|---|---|
| 10319 | 南京师范大学 | 公办 | 本科 | 省教育厅 | 南京 |
| 10320 | 江苏师范大学 | 公办 | 本科 | 省教育厅 | 徐州 |
| 10323 | 淮阴师范学院 | 公办 | 本科 | 省教育厅 | 淮安 |
| 10324 | 盐城师范学院 | 公办 | 本科 | 省教育厅 | 盐城 |
| 10327 | 南京财经大学 | 公办 | 本科 | 省教育厅 | 南京 |
| 10329 | 江苏警官学院 | 公办 | 本科 | 省公安厅 | 南京 |
| 10330 | 南京体育学院 | 公办 | 本科 | 省体育局 | 南京 |
| 10331 | 南京艺术学院 | 公办 | 本科 | 省教育厅 | 南京 |
| 10332 | 苏州科技大学 | 公办 | 本科 | 省教育厅 | 苏州 |
| 10333 | 常熟理工学院 | 公办 | 本科 | 省教育厅 | 苏州 |
| 11049 | 淮阴工学院 | 公办 | 本科 | 省教育厅 | 淮安 |
| 11055 | 常州工学院 | 公办 | 本科 | 省教育厅 | 常州 |
| 11117 | 扬州大学 | 公办 | 本科 | 省教育厅 | 扬州 |
| 11276 | 南京工程学院 | 公办 | 本科 | 省教育厅 | 南京 |
| 11287 | 南京审计大学 | 公办 | 本科 | 省教育厅 | 南京 |
| 11460 | 南京晓庄学院 | 公办 | 本科 | 市政府 | 南京 |
| 11463 | 江苏理工学院 | 公办 | 本科 | 省教育厅 | 常州 |
| 11641 | 江苏海洋大学 | 公办 | 本科 | 省教育厅 | 连云港 |
| 11998 | 徐州工程学院 | 公办 | 本科 | 市政府 | 徐州 |
| 12048 | 南京特殊教育师范学院 | 公办 | 本科 | 省教育厅 | 南京 |
| 12213 | 南京森林警察学院 | 公办 | 本科 | 国家林业局 | 南京 |
| 12917 | 泰州学院 | 公办 | 本科 | 市政府 | 泰州 |
| 13573 | 金陵科技学院 | 公办 | 本科 | 市政府 | 南京 |
| 14436 | 江苏第二师范学院 | 公办 | 本科 | 省教育厅 | 南京 |

## 2. 参与统计的公办专科高校名单

| 高校代码 | 高校名称 | 办学类型 | 办学层次 | 举办者 | 所在地 |
|---|---|---|---|---|---|
| 00466 | 盐城幼儿师范高等专科学校 | 公办 | 专科 | 省教育厅 | 盐城 |
| 00583 | 苏州幼儿师范高等专科学校 | 公办 | 专科 | 省教育厅 | 苏州 |
| 10848 | 无锡职业技术学院 | 公办 | 专科 | 省教育厅 | 无锡 |
| 10849 | 江苏建筑职业技术学院 | 公办 | 专科 | 省教育厅 | 徐州 |
| 10850 | 南京工业职业技术大学 | 公办 | 专科 | 省教育厅 | 南京 |
| 10958 | 江苏工程职业技术学院 | 公办 | 专科 | 省教育厅 | 南通 |
| 10960 | 苏州工艺美术职业技术学院 | 公办 | 专科 | 省教育厅 | 苏州 |
| 11050 | 连云港职业技术学院 | 公办 | 专科 | 市政府 | 连云港 |
| 11051 | 镇江市高等专科学校 | 公办 | 专科 | 市政府 | 镇江 |
| 11052 | 南通职业大学 | 公办 | 专科 | 市政府 | 南通 |
| 11054 | 苏州职业大学 | 公办 | 专科 | 市政府 | 苏州 |
| 11288 | 沙洲职业工学院 | 公办 | 专科 | 市政府 | 苏州 |
| 11462 | 扬州市职业大学 | 公办 | 专科 | 市政府 | 扬州 |
| 11585 | 连云港师范高等专科学校 | 公办 | 专科 | 市政府 | 连云港 |
| 12047 | 江苏经贸职业技术学院 | 公办 | 专科 | 省教育厅 | 南京 |
| 12106 | 泰州职业技术学院 | 公办 | 专科 | 市政府 | 泰州 |
| 12317 | 常州信息职业技术学院 | 公办 | 专科 | 省工业和信息化厅 | 常州 |
| 12679 | 江苏海事职业技术学院 | 公办 | 专科 | 省教育厅 | 南京 |
| 12681 | 无锡科技职业学院 | 公办 | 专科 | 市政府 | 无锡 |
| 12682 | 江苏医药职业学院 | 公办 | 专科 | 省卫生健康委员会 | 盐城 |
| 12684 | 南通科技职业学院 | 公办 | 专科 | 市政府 | 南通 |
| 12685 | 苏州经贸职业技术学院 | 公办 | 专科 | 省教育厅 | 苏州 |
| 12686 | 苏州工业职业技术学院 | 公办 | 专科 | 市政府 | 苏州 |
| 12688 | 苏州卫生职业技术学院 | 公办 | 专科 | 省卫生健康委员会 | 苏州 |
| 12702 | 无锡商业职业技术学院 | 公办 | 专科 | 省教育厅 | 无锡 |
| 12703 | 江苏航运职业技术学院 | 公办 | 专科 | 省交通运输厅 | 南通 |
| 12804 | 南京交通职业技术学院 | 公办 | 专科 | 省交通运输厅 | 南京 |
| 12805 | 江苏电子信息职业学院 | 公办 | 专科 | 省工业和信息化厅 | 淮安 |
| 12806 | 江苏农牧科技职业学院 | 公办 | 专科 | 省农业农村厅 | 泰州 |
| 12807 | 常州纺织服装职业技术学院 | 公办 | 专科 | 省教育厅 | 常州 |
| 12808 | 苏州农业职业技术学院 | 公办 | 专科 | 省农业农村厅 | 苏州 |
| 12920 | 南京科技职业学院 | 公办 | 专科 | 省教育厅 | 南京 |

续表

| 高校代码 | 高校名称 | 办学类型 | 办学层次 | 举办者 | 所在地 |
|---|---|---|---|---|---|
| 13101 | 常州工业职业技术学院 | 公办 | 专科 | 省教育厅 | 常州 |
| 13102 | 常州工程职业技术学院 | 公办 | 专科 | 省教育厅 | 常州 |
| 13103 | 江苏农林职业技术学院 | 公办 | 专科 | 省农业和农村厅 | 镇江 |
| 13104 | 江苏食品药品职业技术学院 | 公办 | 专科 | 省教育厅 | 淮安 |
| 13106 | 南京铁道职业技术学院 | 公办 | 专科 | 省教育厅 | 南京 |
| 13107 | 徐州工业职业技术学院 | 公办 | 专科 | 省教育厅 | 徐州 |
| 13108 | 江苏信息职业技术学院 | 公办 | 专科 | 省教育厅 | 无锡 |
| 13112 | 南京信息职业技术学院 | 公办 | 专科 | 省工业和信息化厅 | 南京 |
| 13114 | 常州机电职业技术学院 | 公办 | 专科 | 省教育厅 | 常州 |
| 13137 | 江阴职业技术学院 | 公办 | 专科 | 市政府 | 无锡 |
| 13748 | 无锡城市职业技术学院 | 公办 | 专科 | 市政府 | 无锡 |
| 13749 | 无锡工艺职业技术学院 | 公办 | 专科 | 省教育厅 | 无锡 |
| 13751 | 苏州健雄职业技术学院 | 公办 | 专科 | 市政府 | 苏州 |
| 13752 | 盐城工业职业技术学院 | 公办 | 专科 | 省教育厅 | 盐城 |
| 13753 | 江苏财经职业技术学院 | 公办 | 专科 | 省教育厅 | 淮安 |
| 13754 | 扬州工业职业技术学院 | 公办 | 专科 | 省教育厅 | 扬州 |
| 14000 | 江苏城市职业学院 | 公办 | 专科 | 省教育厅 | 南京 |
| 14001 | 南京城市职业学院 | 公办 | 专科 | 市政府 | 南京 |
| 14056 | 南京机电职业技术学院 | 公办 | 专科 | 市政府 | 南京 |
| 14180 | 南京旅游职业学院 | 公办 | 专科 | 省文化和旅游厅 | 南京 |
| 14255 | 江苏卫生健康职业学院 | 公办 | 专科 | 省卫生健康委员会 | 南京 |
| 14256 | 苏州信息职业技术学院 | 公办 | 专科 | 市政府 | 苏州 |
| 14295 | 苏州工业园区服务外包职业学院 | 公办 | 专科 | 市政府 | 苏州 |
| 14329 | 徐州幼儿师范高等专科学校 | 公办 | 专科 | 市政府 | 徐州 |
| 14401 | 徐州生物工程职业技术学院 | 公办 | 专科 | 市政府 | 徐州 |
| 14475 | 江苏商贸职业学院 | 公办 | 专科 | 省供销合作总社 | 南通 |
| 14493 | 南通师范高等专科学校 | 公办 | 专科 | 省教育厅 | 南通 |
| 14541 | 江苏护理职业学院 | 公办 | 专科 | 省卫生健康委员会 | 淮安 |
| 14542 | 江苏财会职业学院 | 公办 | 专科 | 省财政厅 | 连云港 |
| 14543 | 江苏城乡建设职业学院 | 公办 | 专科 | 省住房和城乡建设厅 | 常州 |
| 14568 | 江苏航空职业技术学院 | 公办 | 专科 | 省教育厅 | 镇江 |
| 14589 | 江苏安全技术职业学院 | 公办 | 专科 | 省应急管理厅 | 徐州 |
| 14604 | 江苏旅游职业学院 | 公办 | 专科 | 教科研处 | 扬州 |

## 3. 参与统计的民办及中外合作办学高校名单

| 高校代码 | 高校名称 | 办学类型 | 办学层次 | 举办者 | 所在地 |
|---|---|---|---|---|---|
| 10826 | 明达职业技术学院 | 民办 | 专科 | 民办 | 盐城 |
| 11122 | 三江学院 | 民办 | 本科 | 民办 | 南京 |
| 12054 | 九州职业技术学院 | 民办 | 专科 | 民办 | 徐州 |
| 12056 | 南通理工学院 | 民办 | 本科 | 民办 | 南通 |
| 12078 | 硅湖职业技术学院 | 民办 | 专科 | 民办 | 苏州 |
| 12680 | 应天职业技术学院 | 民办 | 专科 | 民办 | 南京 |
| 12687 | 苏州托普信息职业技术学院 | 民办 | 专科 | 民办 | 苏州 |
| 12689 | 东南大学成贤学院 | 民办 | 专科 | 民办 | 南京 |
| 12809 | 苏州工业园区职业技术学院 | 民办 | 专科 | 民办 | 苏州 |
| 12918 | 太湖创意职业技术学院 | 民办 | 专科 | 民办 | 无锡 |
| 12919 | 炎黄职业技术学院 | 民办 | 专科 | 民办 | 淮安 |
| 12921 | 正德职业技术学院 | 民办 | 专科 | 民办 | 南京 |
| 12922 | 钟山职业技术学院 | 民办 | 专科 | 民办 | 南京 |
| 12923 | 无锡南洋职业技术学院 | 民办 | 专科 | 民办 | 无锡 |
| 13017 | 江南影视艺术职业学院 | 民办 | 专科 | 民办 | 无锡 |
| 13100 | 金肯职业技术学院 | 民办 | 专科 | 民办 | 南京 |
| 13105 | 建东职业技术学院 | 民办 | 专科 | 民办 | 常州 |
| 13110 | 宿迁职业技术学院 | 民办 | 专科 | 民办 | 宿迁 |
| 13113 | 江海职业技术学院 | 民办 | 专科 | 民办 | 扬州 |
| 13571 | 无锡太湖学院 | 民办 | 本科 | 民办 | 无锡 |
| 13579 | 中国矿业大学徐海学院 | 民办 | 专科 | 民办 | 徐州 |
| 13646 | 南京大学金陵学院 | 民办 | 专科 | 民办 | 南京 |
| 13654 | 南京理工大学紫金学院 | 民办 | 专科 | 民办 | 南京 |
| 13655 | 南京航空航天大学金城学院 | 民办 | 专科 | 民办 | 南京 |
| 13687 | 南京传媒学院 | 民办 | 专科 | 民办 | 南京 |
| 13750 | 金山职业技术学院 | 民办 | 专科 | 民办 | 镇江 |
| 13842 | 南京理工大学泰州科技学院 | 民办 | 专科 | 民办 | 泰州 |

续表

| 高校代码 | 高校名称 | 办学类型 | 办学层次 | 举办者 | 所在地 |
|---|---|---|---|---|---|
| 13843 | 南京师范大学泰州学院 | 民办 | 专科 | 民办 | 泰州 |
| 13905 | 南京工业大学浦江学院 | 民办 | 专科 | 民办 | 南京 |
| 13906 | 南京师范大学中北学院 | 民办 | 专科 | 民办 | 南京 |
| 13962 | 苏州百年职业学院 | 中外合作办学 | 专科 | 民办 | 苏州 |
| 13963 | 昆山登云科技职业学院 | 民办 | 专科 | 民办 | 苏州 |
| 13964 | 南京视觉艺术职业学院 | 民办 | 专科 | 民办 | 南京 |
| 13980 | 南京医科大学康达学院 | 民办 | 本科 | 民办 | 连云港 |
| 13981 | 南京中医药大学翰林学院 | 民办 | 专科 | 民办 | 泰州 |
| 13982 | 南京信息工程大学滨江学院 | 民办 | 专科 | 民办 | 南京 |
| 13983 | 苏州大学文正学院 | 民办 | 专科 | 民办 | 苏州 |
| 13984 | 苏州大学应用技术学院 | 民办 | 专科 | 民办 | 苏州 |
| 13985 | 苏州科技大学天平学院 | 民办 | 专科 | 民办 | 苏州 |
| 13986 | 江苏大学京江学院 | 民办 | 专科 | 民办 | 镇江 |
| 13987 | 扬州大学广陵学院 | 民办 | 专科 | 民办 | 扬州 |
| 13988 | 江苏师范大学科文学院 | 民办 | 专科 | 民办 | 徐州 |
| 13989 | 南京邮电大学通达学院 | 民办 | 专科 | 民办 | 扬州 |
| 13990 | 南京财经大学红山学院 | 民办 | 专科 | 民办 | 南京 |
| 13991 | 江苏科技大学苏州理工学院 | 民办 | 专科 | 民办 | 苏州 |
| 13992 | 常州大学怀德学院 | 民办 | 专科 | 民办 | 泰州 |
| 13993 | 南通大学杏林学院 | 民办 | 专科 | 民办 | 南通 |
| 13994 | 南京审计大学金审学院 | 民办 | 专科 | 民办 | 南京 |
| 14160 | 宿迁学院 | 民办 | 本科 | 民办 | 宿迁 |
| 14163 | 苏州高博软件技术职业学院 | 民办 | 专科 | 民办 | 苏州 |
| 14293 | 宿迁泽达职业技术学院 | 民办 | 专科 | 民办 | 宿迁 |
| 14528 | 扬州中瑞酒店职业学院 | 民办 | 专科 | 民办 | 扬州 |
| 16403 | 西交利物浦大学 | 中外合作办学 | 本科 | 民办 | 苏州 |
| 14606 | 昆山杜克大学 | 中外合作办学 | 本科 | 民办 | 苏州 |

# 三、社科研究与发展概况

## 1. 江苏省十三市高等学校人文、社会科学活动人员情况表

| 各市名称 | 编号 | 总计 | | 按职称划分 | | | | | | 按最后学历划分 | | | 按最后学位划分 | | 其他人员 |
|---|---|---|---|---|---|---|---|---|---|---|---|---|---|---|---|
| | | | 女性 | 小计 | 教授 | 副教授 | 讲师 | 助教 | 初级 | 研究生 | 本科生 | 其他 | 博士 | 硕士 | |
| | | L01 | L02 | L03 | L04 | L05 | L06 | L07 | L08 | L09 | L10 | L11 | L12 | L13 | L14 |
| 合　计 | / | 52 359 | 29 809 | 52 356 | 5 511 | 15 903 | 25 694 | 5 107 | 141 | 34 711 | 17 516 | 129 | 11 865 | 28 160 | 3 |
| 南京市 | 1 | 21 059 | 11 834 | 21 059 | 2 775 | 6 268 | 10 140 | 1 825 | 51 | 15 973 | 5 029 | 57 | 6 770 | 10 589 | 0 |
| 无锡市 | 2 | 3 380 | 2 154 | 3 380 | 202 | 978 | 1 722 | 463 | 15 | 1 855 | 1 520 | 5 | 338 | 1 982 | 0 |
| 徐州市 | 3 | 3 718 | 2 075 | 3 718 | 443 | 1 207 | 1 761 | 303 | 4 | 2 458 | 1 257 | 3 | 880 | 1 872 | 0 |
| 常州市 | 4 | 3 234 | 1 842 | 3 234 | 309 | 870 | 1 725 | 322 | 8 | 1 781 | 1 449 | 4 | 489 | 1 693 | 0 |
| 苏州市 | 5 | 5 992 | 3 514 | 5 990 | 551 | 1 701 | 2 910 | 777 | 51 | 3 954 | 2 030 | 6 | 1 258 | 3 301 | 2 |
| 南通市 | 6 | 2 796 | 1 615 | 2 796 | 245 | 959 | 1 444 | 148 | 0 | 1 608 | 1 180 | 8 | 365 | 1 724 | 0 |
| 连云港市 | 7 | 1 423 | 817 | 1 423 | 101 | 512 | 702 | 101 | 7 | 629 | 793 | 1 | 108 | 795 | 0 |
| 淮安市 | 8 | 2 450 | 1 271 | 2 450 | 230 | 782 | 1 236 | 202 | 0 | 1 432 | 997 | 21 | 391 | 1 457 | 0 |
| 盐城市 | 9 | 2 092 | 1 174 | 2 092 | 188 | 759 | 853 | 291 | 1 | 1 219 | 856 | 17 | 285 | 1 205 | 0 |
| 扬州市 | 10 | 2 390 | 1 314 | 2 390 | 216 | 745 | 1 131 | 295 | 3 | 1 511 | 878 | 1 | 462 | 1 289 | 0 |
| 镇江市 | 11 | 2 250 | 1 241 | 2 249 | 187 | 693 | 1 200 | 169 | 0 | 1 399 | 846 | 4 | 432 | 1 154 | 1 |
| 泰州市 | 12 | 1 187 | 719 | 1 187 | 52 | 325 | 658 | 152 | 0 | 665 | 521 | 1 | 70 | 791 | 0 |
| 宿迁市 | 13 | 388 | 239 | 388 | 12 | 104 | 212 | 59 | 1 | 227 | 160 | 1 | 17 | 308 | 0 |

## 2. 江苏省十三市高等学校人文、社会科学研究与发展经费情况表

| 各市名称 | 编号 | 总数 课题数(项) | 总数 当年投入人数(人年) | 总数 其中:研究生 | 总数 当年拨入经费(千元) | 总数 当年支出经费(千元) | 基础研究 课题数(项) | 基础研究 当年投入人数(人年) | 基础研究 其中:研究生 | 基础研究 当年拨入经费(千元) | 基础研究 当年支出经费(千元) | 应用研究 课题数(项) | 应用研究 当年投入人数(人年) | 应用研究 其中:研究生 | 应用研究 当年拨入经费(千元) | 应用研究 当年支出经费(千元) | 实验与发展 课题数(项) | 实验与发展 当年投入人数(人年) | 实验与发展 其中:研究生 | 实验与发展 当年拨入经费(千元) | 实验与发展 当年支出经费(千元) |
|---|---|---|---|---|---|---|---|---|---|---|---|---|---|---|---|---|---|---|---|---|---|
| | | L01 | L02 | L03 | L04 | L05 | L06 | L07 | L08 | L09 | L10 | L11 | L12 | L13 | L14 | L15 | L16 | L17 | L18 | L19 | L20 |
| 合计 | / | 42 169 | 9 104.8 | 950.3 | 1 084 820 | 966 169.8 | 18 010 | 4 164.2 | 520.5 | 342 896.9 | 338 377.5 | 24 148 | 4 938.6 | 429 | 741 585.3 | 627 502.1 | 11 | 2 | 0.8 | 338.21 | 290.15 |
| 南京市 | 1 | 18 899 | 4 119.6 | 502.9 | 537 659.3 | 442 358.3 | 8 537 | 1 960.8 | 226.1 | 215 763.1 | 183 895.8 | 10 353 | 2 157.1 | 276 | 321 560 | 258 172.3 | 9 | 1.7 | 0.8 | 336.21 | 290.15 |
| 无锡市 | 2 | 2 498 | 797.7 | 289.8 | 51 112.95 | 49 929.95 | 865 | 369.2 | 230.4 | 12 796.7 | 11 862.2 | 1 633 | 428.5 | 59.4 | 38 316.25 | 38 067.75 | 0 | 0 | 0 | 0 | 0 |
| 徐州市 | 3 | 3 208 | 810.2 | 23.9 | 109 490.1 | 119 942.6 | 1 617 | 424.8 | 11.8 | 24 308.42 | 53 065.11 | 1 591 | 385.4 | 12.1 | 85 181.68 | 66 877.46 | 0 | 0 | 0 | 0 | 0 |
| 常州市 | 4 | 3 220 | 661.3 | 0 | 63 265.46 | 59 541.99 | 633 | 152.6 | 0 | 6 439.6 | 7 417 | 2 587 | 508.7 | 0 | 56 825.86 | 52 124.99 | 0 | 0 | 0 | 0 | 0 |
| 苏州市 | 5 | 3 925 | 895.1 | 65.1 | 90 817 | 75 215.68 | 1 564 | 384.7 | 31 | 22 540.93 | 21 081.63 | 2 361 | 510.4 | 34.1 | 68 276.07 | 54 134.05 | 0 | 0 | 0 | 0 | 0 |
| 南通市 | 6 | 1 656 | 272.7 | 1.9 | 13 800.85 | 12 064.94 | 1 120 | 182.5 | 1 | 8 434.2 | 6 576.99 | 536 | 90.2 | 0.9 | 5 366.65 | 5 487.95 | 0 | 0 | 0 | 0 | 0 |
| 连云港市 | 7 | 1 045 | 135 | 0 | 17 905.23 | 19 245.22 | 264 | 33.8 | 0 | 2 367.5 | 2 510.95 | 779 | 100.9 | 0 | 15 535.73 | 16 734.27 | 2 | 0.3 | 0 | 2 | 0 |
| 淮安市 | 8 | 1 703 | 265.2 | 0 | 69 965.22 | 71 829.93 | 776 | 129 | 0 | 14 266.3 | 16 504.73 | 927 | 136.2 | 0 | 55 698.92 | 55 325.2 | 0 | 0 | 0 | 0 | 0 |
| 盐城市 | 9 | 1 867 | 327.5 | 0 | 70 924.9 | 55 211.06 | 813 | 165.3 | 0 | 17 147.2 | 13 278.52 | 1 054 | 162.2 | 0 | 53 777.7 | 41 932.54 | 0 | 0 | 0 | 0 | 0 |
| 扬州市 | 10 | 1 821 | 307.3 | 4.9 | 33 045.4 | 35 157.65 | 949 | 158.1 | 4.3 | 12 050 | 15 182.17 | 872 | 149.2 | 0.6 | 20 995.4 | 19 975.48 | 0 | 0 | 0 | 0 | 0 |
| 镇江市 | 11 | 1 427 | 348.2 | 61.8 | 22 312.65 | 21 289.01 | 639 | 151.8 | 15.9 | 5 337 | 5 732.03 | 788 | 196.4 | 45.9 | 16 975.65 | 15 556.98 | 0 | 0 | 0 | 0 | 0 |
| 泰州市 | 12 | 530 | 121.6 | 0 | 3 364.4 | 3 610.72 | 189 | 46.1 | 0 | 1 405 | 1 244.41 | 341 | 75.5 | 0 | 1 959.4 | 2 366.31 | 0 | 0 | 0 | 0 | 0 |
| 宿迁市 | 13 | 370 | 43.4 | 0 | 1 157 | 772.78 | 44 | 5.5 | 0 | 41 | 26 | 326 | 37.9 | 0 | 1 116 | 746.78 | 0 | 0 | 0 | 0 | 0 |

## 3. 江苏省十三市高等学校人文、社会科学研究与课题来源情况表

| 各市名称 | | 合计 | 课题来源 | | | | | | | | | | | | | | |
|---|---|---|---|---|---|---|---|---|---|---|---|---|---|---|---|---|
| | | | 国家社科基金项目 | 国家社科基金单列学科项目 | 教育部人文社科研究项目 | 高校古籍整理研究项目 | 国家自然科学基金项目 | 中央其他部门社科专门项目 | 省、市、自治区社科基金项目 | 省教育厅社科项目 | 地、市厅、局等政府部门项目 | 国际合作研究项目 | 与港、澳、台地区合作研究项目 | 企事业单位委托项目 | 学校社科项目 | 外资项目 | 其他 |
| | 编号 | L01 | L02 | L03 | L04 | L05 | L06 | L07 | L08 | L09 | L10 | L11 | L12 | L13 | L14 | L15 | L16 |
| 合计 | / | 42 169 | 2 674 | 232 | 1 724 | 26 | 638 | 800 | 3 144 | 11 127 | 7 488 | 30 | 3 | 7 861 | 6 329 | 7 | 86 |
| 南京市 | 1 | 18 899 | 1 609 | 120 | 906 | 6 | 509 | 601 | 1 764 | 4 542 | 2 107 | 23 | 3 | 3 275 | 3 403 | 5 | 26 |
| 无锡市 | 2 | 2 498 | 35 | 8 | 100 | 0 | 13 | 28 | 88 | 693 | 551 | 2 | 0 | 448 | 509 | 0 | 23 |
| 徐州市 | 3 | 3 208 | 224 | 11 | 140 | 6 | 53 | 42 | 196 | 800 | 854 | 0 | 0 | 431 | 437 | 0 | 14 |
| 常州市 | 4 | 3 220 | 115 | 15 | 104 | 1 | 1 | 18 | 148 | 810 | 713 | 3 | 0 | 840 | 447 | 0 | 5 |
| 苏州市 | 5 | 3 925 | 251 | 30 | 143 | 7 | 25 | 33 | 215 | 1 206 | 944 | 2 | 0 | 694 | 364 | 2 | 9 |
| 南通市 | 6 | 1 656 | 84 | 2 | 53 | 1 | 0 | 17 | 86 | 556 | 525 | 0 | 0 | 106 | 226 | 0 | 0 |
| 连云港市 | 7 | 1 045 | 9 | 0 | 8 | 0 | 0 | 0 | 124 | 290 | 232 | 0 | 0 | 309 | 73 | 0 | 0 |
| 淮安市 | 8 | 1 703 | 44 | 1 | 58 | 0 | 1 | 7 | 98 | 439 | 196 | 0 | 0 | 703 | 156 | 0 | 0 |
| 盐城市 | 9 | 1 867 | 58 | 8 | 37 | 0 | 0 | 13 | 123 | 487 | 322 | 0 | 0 | 487 | 332 | 0 | 0 |
| 扬州市 | 10 | 1 821 | 146 | 27 | 85 | 2 | 0 | 22 | 145 | 513 | 403 | 0 | 0 | 270 | 203 | 0 | 5 |
| 镇江市 | 11 | 1 427 | 96 | 6 | 79 | 1 | 36 | 19 | 145 | 343 | 322 | 0 | 0 | 257 | 123 | 0 | 0 |
| 泰州市 | 12 | 530 | 1 | 4 | 9 | 2 | 0 | 0 | 8 | 296 | 111 | 0 | 0 | 39 | 56 | 0 | 4 |
| 宿迁市 | 13 | 370 | 2 | 0 | 2 | 0 | 0 | 0 | 4 | 152 | 208 | 0 | 0 | 2 | 0 | 0 | 0 |

## 4. 江苏省十三市高等学校人文、社会科学研究与发展课题成果表

| 各市名称 | 编号 | 出版著作(部) 合计 | 专著 | 专著 其中：被译成外文 | 编著教材 | 工具书参考书 | 皮书/发展报告 | 科普读物 | 古籍整理(部) | 译著(部) | 发表译文(篇) | 电子出版物(件) | 发表论文(篇) 合计 | 国内学术刊物 | 国外学术刊物 | 港、澳、台地区刊物 | 获奖成果(项) 合计 | 国家级奖 | 部级奖 | 省级奖 | 研究与咨询报告(篇) 合计 | 其中：被采纳数 |
|---|---|---|---|---|---|---|---|---|---|---|---|---|---|---|---|---|---|---|---|---|---|---|
|  |  | L01 | L02 | L03 | L04 | L05 | L06 | L07 | L08 | L09 | L10 | L11 | L12 | L13 | L14 | L15 | L16 | L17 | L18 | L19 | L20 | L21 |
| 合计 | / | 1 773 | 1 145 | 21 | 520 | 31 | 36 | 41 | 13 | 144 | 14 | 49 | 30 708 | 29 111 | 1 590 | 7 | 754 | 0 | 143 | 611 | 3 005 | 1 601 |
| 南京市 | 1 | 818 | 591 | 14 | 163 | 13 | 18 | 33 | 4 | 90 | 11 | 42 | 13 177 | 12 233 | 940 | 4 | 504 | 0 | 106 | 398 | 860 | 575 |
| 无锡市 | 2 | 118 | 50 | 2 | 56 | 11 | 1 | 0 | 1 | 3 | 0 | 0 | 2 046 | 1 995 | 51 | 0 | 29 | 0 | 6 | 23 | 180 | 73 |
| 徐州市 | 3 | 161 | 93 | 0 | 62 | 1 | 1 | 4 | 0 | 7 | 2 | 3 | 2 354 | 2 150 | 204 | 0 | 56 | 0 | 9 | 47 | 315 | 178 |
| 常州市 | 4 | 71 | 45 | 0 | 25 | 0 | 0 | 1 | 2 | 13 | 0 | 1 | 1 789 | 1 773 | 16 | 0 | 15 | 0 | 2 | 13 | 414 | 117 |
| 苏州市 | 5 | 253 | 106 | 1 | 140 | 4 | 3 | 0 | 2 | 16 | 0 | 0 | 3 772 | 3 578 | 193 | 1 | 56 | 0 | 15 | 41 | 374 | 206 |
| 南通市 | 6 | 75 | 56 | 2 | 15 | 1 | 0 | 3 | 0 | 3 | 0 | 0 | 1 475 | 1 475 | 0 | 0 | 15 | 0 | 0 | 15 | 78 | 65 |
| 连云港市 | 7 | 33 | 30 | 0 | 3 | 0 | 0 | 0 | 0 | 0 | 1 | 0 | 592 | 592 | 0 | 0 | 8 | 0 | 0 | 8 | 231 | 35 |
| 淮安市 | 8 | 53 | 49 | 0 | 4 | 0 | 0 | 0 | 0 | 0 | 0 | 0 | 991 | 959 | 32 | 0 | 12 | 0 | 0 | 12 | 28 | 4 |
| 盐城市 | 9 | 55 | 37 | 0 | 18 | 0 | 0 | 0 | 2 | 3 | 0 | 0 | 1 069 | 1 032 | 36 | 1 | 6 | 0 | 0 | 6 | 200 | 70 |
| 扬州市 | 10 | 72 | 56 | 2 | 15 | 0 | 1 | 0 | 0 | 3 | 0 | 0 | 1 662 | 1 629 | 33 | 0 | 43 | 0 | 5 | 38 | 275 | 250 |
| 镇江市 | 11 | 31 | 21 | 0 | 4 | 0 | 6 | 0 | 0 | 5 | 0 | 0 | 843 | 796 | 46 | 1 | 7 | 0 | 0 | 7 | 19 | 14 |
| 泰州市 | 12 | 26 | 9 | 0 | 10 | 1 | 6 | 0 | 2 | 0 | 0 | 3 | 642 | 603 | 39 | 0 | 3 | 0 | 0 | 3 | 31 | 14 |
| 宿迁市 | 13 | 7 | 2 | 0 | 5 | 0 | 0 | 0 | 0 | 1 | 0 | 0 | 296 | 296 | 0 | 0 | 0 | 0 | 0 | 0 | 0 | 0 |

## 5. 江苏省十三市高等学校人文、社会科学学术交流情况表

| 各市名称 | | 校办学术会议 | | 学术会议 | | | 受聘讲学 | | 社科考察 | | 进修学习 | | 合作研究 | | |
|---|---|---|---|---|---|---|---|---|---|---|---|---|---|---|---|
| | | 本校独办数 | 与外单位合办数 | 参加人次 | | 提交论文(篇) | 派出人次 | 来校人次 | 派出人次 | 来校人次 | 派出人次 | 来校人次 | 派出人次 | 来校人次 | 课题数（项） |
| | | | | 合计 | 其中:赴境外人次 | | | | | | | | | | |
| | 编号 | L01 | L02 | L03 | L04 | L05 | L06 | L07 | L08 | L09 | L10 | L11 | L12 | L13 | L14 |
| 合计 | / | 1 266 | 359 | 14 075 | 83 | 8 502 | 2 041 | 3 634 | 2 809 | 2 333 | 4 543 | 2 664 | 1 291 | 1 178 | 603 |
| 南京市 | 1 | 941 | 268 | 9 283 | 30 | 4 705 | 1 089 | 1 766 | 947 | 701 | 1 449 | 1 258 | 493 | 514 | 274 |
| 无锡市 | 2 | 47 | 10 | 645 | 14 | 299 | 154 | 284 | 361 | 396 | 258 | 275 | 51 | 100 | 25 |
| 徐州市 | 3 | 58 | 14 | 1 275 | 20 | 954 | 214 | 601 | 430 | 299 | 617 | 374 | 329 | 276 | 82 |
| 常州市 | 4 | 23 | 8 | 316 | 0 | 263 | 87 | 152 | 133 | 134 | 230 | 62 | 41 | 47 | 67 |
| 苏州市 | 5 | 22 | 10 | 522 | 19 | 489 | 85 | 95 | 102 | 121 | 573 | 121 | 86 | 97 | 26 |
| 南通市 | 6 | 33 | 2 | 267 | 0 | 202 | 90 | 220 | 285 | 224 | 386 | 339 | 40 | 19 | 20 |
| 连云港市 | 7 | 6 | 1 | 63 | 0 | 36 | 12 | 18 | 13 | 0 | 13 | 12 | 0 | 0 | 0 |
| 淮安市 | 8 | 13 | 4 | 613 | 0 | 559 | 63 | 148 | 215 | 275 | 546 | 88 | 25 | 25 | 15 |
| 盐城市 | 9 | 15 | 17 | 314 | 0 | 286 | 70 | 104 | 93 | 55 | 167 | 41 | 37 | 33 | 21 |
| 扬州市 | 10 | 38 | 18 | 345 | 0 | 307 | 68 | 125 | 109 | 97 | 161 | 78 | 19 | 26 | 22 |
| 镇江市 | 11 | 16 | 6 | 82 | 0 | 83 | 84 | 78 | 54 | 22 | 37 | 9 | 26 | 23 | 3 |
| 泰州市 | 12 | 1 | 1 | 50 | 0 | 24 | 5 | 41 | 17 | 9 | 74 | 7 | 24 | 18 | 8 |
| 宿迁市 | 13 | 53 | 0 | 300 | 0 | 295 | 20 | 2 | 50 | 0 | 32 | 0 | 120 | 0 | 40 |

# 四、社科人力

## 1. 全省高等学校人文、社会科学活动人员情况表

| 学科门类 | | 总计 | | 按职称划分 | | | | | | 按最后学历划分 | | | 按最后学位划分 | | 其他人员 |
|---|---|---|---|---|---|---|---|---|---|---|---|---|---|---|---|
| | | | 女性 | 小计 | 教授 | 副教授 | 讲师 | 助教 | 初级 | 研究生 | 本科生 | 其他 | 博士 | 硕士 | |
| | 编号 | L01 | L02 | L03 | L04 | L05 | L06 | L07 | L08 | L09 | L10 | L11 | L12 | L13 | L14 |
| 合　计 | / | 52 359 | 29 809 | 52 356 | 5 511 | 15 903 | 25 694 | 5 107 | 141 | 34 711 | 17 516 | 129 | 11 865 | 28 160 | 3 |
| 管理学 | 1 | 9 357 | 4 985 | 9 357 | 1 124 | 2 617 | 4 556 | 1 017 | 43 | 6 644 | 2 695 | 18 | 2 690 | 4 906 | 0 |
| 马克思主义 | 2 | 2 360 | 1 284 | 2 360 | 301 | 884 | 940 | 227 | 8 | 1 740 | 619 | 1 | 611 | 1 388 | 0 |
| 哲学 | 3 | 824 | 384 | 824 | 141 | 270 | 342 | 70 | 1 | 726 | 97 | 1 | 396 | 366 | 0 |
| 逻辑学 | 4 | 99 | 39 | 99 | 7 | 43 | 42 | 6 | 1 | 59 | 37 | 3 | 14 | 61 | 0 |
| 宗教学 | 5 | 33 | 9 | 33 | 11 | 11 | 11 | 0 | 0 | 30 | 3 | 0 | 29 | 2 | 0 |
| 语言学 | 6 | 7 012 | 5 332 | 7 010 | 353 | 1 979 | 4 252 | 419 | 7 | 4 172 | 2 834 | 4 | 840 | 4 092 | 2 |
| 中国文学 | 7 | 1 956 | 1 112 | 1 956 | 328 | 760 | 779 | 87 | 2 | 1 418 | 536 | 2 | 800 | 791 | 0 |
| 外国文学 | 8 | 1 406 | 1 029 | 1 406 | 130 | 385 | 800 | 90 | 1 | 1 032 | 374 | 0 | 334 | 807 | 0 |
| 艺术学 | 9 | 6 906 | 3 909 | 6 905 | 570 | 1 899 | 3 398 | 1 032 | 6 | 4 357 | 2 531 | 17 | 842 | 4 254 | 1 |
| 历史学 | 10 | 735 | 255 | 735 | 158 | 243 | 308 | 25 | 1 | 646 | 89 | 0 | 455 | 206 | 0 |
| 考古学 | 11 | 34 | 11 | 34 | 8 | 8 | 12 | 6 | 0 | 29 | 4 | 1 | 20 | 10 | 0 |
| 经济学 | 12 | 5 273 | 2 995 | 5 273 | 678 | 1 645 | 2 445 | 497 | 8 | 3 881 | 1 387 | 5 | 1 712 | 2 623 | 0 |
| 政治学 | 13 | 647 | 305 | 647 | 96 | 212 | 288 | 51 | 0 | 487 | 159 | 1 | 222 | 329 | 0 |
| 法学 | 14 | 1 931 | 884 | 1 931 | 296 | 684 | 835 | 114 | 2 | 1 404 | 525 | 2 | 680 | 933 | 0 |
| 社会学 | 15 | 1 018 | 573 | 1 018 | 115 | 313 | 510 | 69 | 11 | 811 | 189 | 18 | 394 | 483 | 0 |
| 民族学与文化学 | 16 | 73 | 42 | 73 | 8 | 23 | 31 | 10 | 1 | 52 | 21 | 0 | 24 | 30 | 0 |
| 新闻学与传播学 | 17 | 735 | 425 | 735 | 99 | 190 | 361 | 84 | 1 | 576 | 159 | 0 | 221 | 384 | 0 |
| 图书馆、情报与文献学 | 18 | 1 912 | 1 214 | 1 912 | 153 | 473 | 1 155 | 113 | 18 | 811 | 1 059 | 42 | 250 | 691 | 0 |
| 教育学 | 19 | 5 627 | 3 286 | 5 627 | 608 | 1 587 | 2 715 | 698 | 19 | 3 693 | 1 924 | 10 | 868 | 3 625 | 0 |
| 统计学 | 20 | 277 | 135 | 277 | 41 | 94 | 122 | 18 | 2 | 198 | 79 | 0 | 95 | 129 | 0 |
| 心理学 | 21 | 598 | 401 | 598 | 79 | 168 | 294 | 54 | 3 | 474 | 123 | 1 | 160 | 352 | 0 |
| 体育科学 | 22 | 3 546 | 1 200 | 3 546 | 207 | 1 415 | 1 498 | 420 | 6 | 1 471 | 2 072 | 3 | 208 | 1 698 | 0 |

## 2. 公办本科高等学校人文、社会科学活动人员情况表

| 学科门类 | | 总计 | | 按职称划分 | | | | | | 按最后学历划分 | | | 按最后学位划分 | | 其他人员 |
|---|---|---|---|---|---|---|---|---|---|---|---|---|---|---|---|
| | | | 女性 | 小计 | 教授 | 副教授 | 讲师 | 助教 | 初级 | 研究生 | 本科生 | 其他 | 博士 | 硕士 | |
| | 编号 | L01 | L02 | L03 | L04 | L05 | L06 | L07 | L08 | L09 | L10 | L11 | L12 | L13 | L14 |
| 合　计 | / | 29 546 | 15 133 | 29 546 | 4 393 | 10 008 | 13 805 | 1 310 | 30 | 22 376 | 7 141 | 29 | 10 739 | 13 418 | 0 |
| 管理学 | 1 | 5 024 | 2 345 | 5 024 | 828 | 1 525 | 2 408 | 255 | 8 | 4 173 | 850 | 1 | 2 422 | 1 980 | 0 |
| 马克思主义 | 2 | 1 302 | 609 | 1 302 | 249 | 528 | 484 | 41 | 0 | 1 037 | 265 | 0 | 550 | 595 | 0 |
| 哲学 | 3 | 570 | 217 | 570 | 127 | 198 | 230 | 15 | 0 | 517 | 53 | 0 | 352 | 184 | 0 |
| 逻辑学 | 4 | 43 | 15 | 43 | 6 | 21 | 13 | 3 | 0 | 39 | 4 | 0 | 10 | 31 | 0 |
| 宗教学 | 5 | 30 | 9 | 30 | 10 | 10 | 10 | 0 | 0 | 28 | 2 | 0 | 27 | 2 | 0 |
| 语言学 | 6 | 3 733 | 2 666 | 3 733 | 288 | 1 158 | 2 167 | 119 | 1 | 2 716 | 1 017 | 0 | 765 | 2 165 | 0 |
| 中国文学 | 7 | 1 240 | 615 | 1 240 | 271 | 469 | 482 | 18 | 0 | 1 044 | 195 | 1 | 731 | 359 | 0 |
| 外国文学 | 8 | 1 021 | 735 | 1 021 | 121 | 314 | 547 | 38 | 1 | 791 | 230 | 0 | 317 | 542 | 0 |
| 艺术学 | 9 | 3 452 | 1 811 | 3 452 | 468 | 1 147 | 1 571 | 262 | 4 | 2 486 | 965 | 1 | 775 | 1 966 | 0 |
| 历史学 | 10 | 599 | 193 | 599 | 153 | 197 | 242 | 7 | 0 | 549 | 50 | 0 | 425 | 129 | 0 |
| 考古学 | 11 | 26 | 8 | 26 | 8 | 8 | 9 | 1 | 0 | 22 | 4 | 0 | 18 | 4 | 0 |
| 经济学 | 12 | 2 948 | 1 365 | 2 948 | 512 | 1 034 | 1 344 | 56 | 2 | 2 397 | 550 | 1 | 1 515 | 1 024 | 0 |
| 政治学 | 13 | 424 | 173 | 424 | 85 | 155 | 175 | 9 | 0 | 348 | 76 | 0 | 198 | 181 | 0 |
| 法学 | 14 | 1 417 | 560 | 1 417 | 278 | 549 | 561 | 29 | 0 | 1 106 | 311 | 0 | 651 | 575 | 0 |
| 社会学 | 15 | 671 | 334 | 671 | 104 | 238 | 312 | 12 | 5 | 588 | 82 | 1 | 359 | 258 | 0 |
| 民族学与文化学 | 16 | 58 | 33 | 58 | 8 | 18 | 24 | 8 | 0 | 42 | 16 | 0 | 21 | 21 | 0 |
| 新闻学与传播学 | 17 | 459 | 240 | 459 | 88 | 132 | 216 | 23 | 0 | 394 | 65 | 0 | 197 | 205 | 0 |
| 图书馆、情报与文献学 | 18 | 1 243 | 757 | 1 243 | 131 | 357 | 721 | 34 | 0 | 650 | 571 | 22 | 244 | 466 | 0 |
| 教育学 | 19 | 2 566 | 1413 | 2 566 | 385 | 824 | 1 165 | 187 | 5 | 1 969 | 596 | 1 | 719 | 1 479 | 0 |
| 统计学 | 20 | 187 | 82 | 187 | 36 | 72 | 75 | 4 | 0 | 154 | 33 | 0 | 89 | 80 | 0 |
| 心理学 | 21 | 365 | 211 | 365 | 69 | 122 | 164 | 9 | 1 | 325 | 40 | 0 | 153 | 182 | 0 |
| 体育科学 | 22 | 2 168 | 742 | 2 168 | 168 | 932 | 885 | 180 | 3 | 1 001 | 1 166 | 1 | 201 | 990 | 0 |

## 2.1 管理学人文、社会科学活动人员情况表

| 高校名称 | | 总计 | | 按职称划分 | | | | | | 按最后学历划分 | | | 按最后学位划分 | | 其他人员 |
|---|---|---|---|---|---|---|---|---|---|---|---|---|---|---|---|
| | | | 女性 | 小计 | 教授 | 副教授 | 讲师 | 助教 | 初级 | 研究生 | 本科生 | 其他 | 博士 | 硕士 | |
| | 编号 | L01 | L02 | L03 | L04 | L05 | L06 | L07 | L08 | L09 | L10 | L11 | L12 | L13 | L14 |
| 合　计 | / | 5 024 | 2 345 | 5 024 | 828 | 1 525 | 2 408 | 255 | 8 | 4 173 | 850 | 1 | 2 422 | 1 980 | 0 |
| 南京大学 | 1 | 160 | 50 | 160 | 65 | 57 | 37 | 1 | 0 | 159 | 1 | 0 | 154 | 5 | 0 |
| 东南大学 | 2 | 102 | 37 | 102 | 32 | 36 | 28 | 6 | 0 | 95 | 7 | 0 | 70 | 25 | 0 |
| 江南大学 | 3 | 97 | 63 | 97 | 14 | 40 | 39 | 4 | 0 | 83 | 14 | 0 | 43 | 30 | 0 |
| 南京农业大学 | 4 | 258 | 103 | 258 | 58 | 79 | 103 | 18 | 0 | 215 | 43 | 0 | 119 | 101 | 0 |
| 中国矿业大学 | 5 | 167 | 63 | 167 | 37 | 63 | 66 | 1 | 0 | 156 | 11 | 0 | 131 | 29 | 0 |
| 河海大学 | 6 | 155 | 68 | 155 | 31 | 57 | 67 | 0 | 0 | 147 | 8 | 0 | 119 | 31 | 0 |
| 南京理工大学 | 7 | 98 | 44 | 98 | 16 | 44 | 36 | 2 | 0 | 94 | 4 | 0 | 74 | 20 | 0 |
| 南京航空航天大学 | 8 | 142 | 58 | 142 | 38 | 45 | 56 | 3 | 0 | 136 | 6 | 0 | 101 | 32 | 0 |
| 中国药科大学 | 9 | 31 | 18 | 31 | 4 | 10 | 14 | 3 | 0 | 26 | 5 | 0 | 13 | 13 | 0 |
| 南京森林警察学院 | 10 | 23 | 14 | 23 | 2 | 7 | 14 | 0 | 0 | 7 | 16 | 0 | 2 | 8 | 0 |
| 苏州大学 | 11 | 85 | 38 | 85 | 17 | 35 | 31 | 2 | 0 | 67 | 18 | 0 | 42 | 29 | 0 |
| 江苏科技大学 | 12 | 236 | 113 | 236 | 28 | 54 | 143 | 11 | 0 | 177 | 59 | 0 | 78 | 110 | 0 |
| 南京工业大学 | 13 | 80 | 39 | 80 | 13 | 35 | 32 | 0 | 0 | 75 | 5 | 0 | 41 | 36 | 0 |
| 常州大学 | 14 | 108 | 41 | 108 | 22 | 24 | 58 | 4 | 0 | 86 | 21 | 1 | 50 | 41 | 0 |
| 南京邮电大学 | 15 | 113 | 59 | 113 | 22 | 41 | 50 | 0 | 0 | 103 | 10 | 0 | 69 | 34 | 0 |
| 南京林业大学 | 16 | 53 | 20 | 53 | 6 | 12 | 35 | 0 | 0 | 50 | 3 | 0 | 28 | 22 | 0 |
| 江苏大学 | 17 | 188 | 68 | 188 | 36 | 70 | 69 | 13 | 0 | 168 | 20 | 0 | 81 | 86 | 0 |
| 南京信息工程大学 | 18 | 190 | 83 | 190 | 42 | 68 | 80 | 0 | 0 | 176 | 14 | 0 | 156 | 25 | 0 |
| 南通大学 | 19 | 119 | 55 | 119 | 8 | 46 | 64 | 1 | 0 | 101 | 18 | 0 | 29 | 80 | 0 |
| 盐城工学院 | 20 | 96 | 49 | 96 | 10 | 41 | 42 | 3 | 0 | 56 | 40 | 0 | 13 | 76 | 0 |
| 南京医科大学 | 21 | 63 | 33 | 63 | 5 | 7 | 33 | 18 | 0 | 62 | 1 | 0 | 27 | 35 | 0 |
| 徐州医科大学 | 22 | 54 | 22 | 54 | 5 | 10 | 38 | 1 | 0 | 34 | 20 | 0 | 12 | 39 | 0 |
| 南京中医药大学 | 23 | 75 | 48 | 75 | 7 | 9 | 59 | 0 | 0 | 71 | 4 | 0 | 25 | 48 | 0 |

续表

| 高校名称 | | 总计 | | 按职称划分 | | | | | | 按最后学历划分 | | | 按最后学位划分 | | 其他人员 |
|---|---|---|---|---|---|---|---|---|---|---|---|---|---|---|---|
| | | | 女性 | 小计 | 教授 | 副教授 | 讲师 | 助教 | 初级 | 研究生 | 本科生 | 其他 | 博士 | 硕士 | |
| | 编号 | L01 | L02 | L03 | L04 | L05 | L06 | L07 | L08 | L09 | L10 | L11 | L12 | L13 | L14 |
| 南京师范大学 | 24 | 75 | 34 | 75 | 15 | 28 | 25 | 6 | 1 | 69 | 6 | 0 | 37 | 32 | 0 |
| 江苏师范大学 | 25 | 117 | 40 | 117 | 19 | 40 | 58 | 0 | 0 | 99 | 18 | 0 | 59 | 42 | 0 |
| 淮阴师范学院 | 26 | 99 | 51 | 99 | 7 | 37 | 47 | 8 | 0 | 79 | 20 | 0 | 25 | 60 | 0 |
| 盐城师范学院 | 27 | 64 | 30 | 64 | 8 | 24 | 24 | 8 | 0 | 60 | 4 | 0 | 22 | 40 | 0 |
| 南京财经大学 | 28 | 275 | 118 | 275 | 43 | 57 | 174 | 1 | 0 | 259 | 16 | 0 | 220 | 40 | 0 |
| 江苏警官学院 | 29 | 57 | 32 | 57 | 3 | 10 | 38 | 6 | 0 | 35 | 22 | 0 | 20 | 20 | 0 |
| 南京体育学院 | 30 | 22 | 9 | 22 | 1 | 3 | 17 | 1 | 0 | 9 | 13 | 0 | 1 | 8 | 0 |
| 南京艺术学院 | 31 | 21 | 12 | 21 | 2 | 4 | 15 | 0 | 0 | 16 | 5 | 0 | 1 | 19 | 0 |
| 苏州科技大学 | 32 | 76 | 44 | 76 | 9 | 19 | 45 | 3 | 0 | 71 | 5 | 0 | 40 | 32 | 0 |
| 常熟理工学院 | 33 | 116 | 63 | 116 | 5 | 42 | 42 | 25 | 2 | 82 | 34 | 0 | 37 | 63 | 0 |
| 淮阴工学院 | 34 | 167 | 67 | 167 | 21 | 52 | 91 | 3 | 0 | 124 | 43 | 0 | 58 | 98 | 0 |
| 常州工学院 | 35 | 73 | 36 | 73 | 13 | 14 | 45 | 1 | 0 | 51 | 22 | 0 | 20 | 36 | 0 |
| 扬州大学 | 36 | 98 | 40 | 98 | 16 | 30 | 52 | 0 | 0 | 75 | 23 | 0 | 56 | 22 | 0 |
| 南京工程学院 | 37 | 212 | 122 | 212 | 15 | 57 | 130 | 5 | 5 | 158 | 54 | 0 | 48 | 124 | 0 |
| 南京审计大学 | 38 | 281 | 159 | 281 | 35 | 67 | 129 | 50 | 0 | 252 | 29 | 0 | 142 | 124 | 0 |
| 南京晓庄学院 | 39 | 33 | 18 | 33 | 6 | 11 | 15 | 1 | 0 | 31 | 2 | 0 | 16 | 16 | 0 |
| 江苏理工学院 | 40 | 64 | 35 | 64 | 15 | 13 | 33 | 3 | 0 | 46 | 18 | 0 | 24 | 22 | 0 |
| 江苏海洋大学 | 41 | 87 | 40 | 87 | 13 | 22 | 52 | 0 | 0 | 49 | 38 | 0 | 21 | 34 | 0 |
| 徐州工程学院 | 42 | 177 | 74 | 177 | 28 | 55 | 84 | 10 | 0 | 116 | 61 | 0 | 43 | 82 | 0 |
| 南京特殊教育师范学院 | 43 | 14 | 9 | 14 | 2 | 2 | 8 | 2 | 0 | 7 | 7 | 0 | 2 | 7 | 0 |
| 泰州学院 | 44 | 31 | 19 | 31 | 3 | 6 | 15 | 7 | 0 | 22 | 9 | 0 | 4 | 25 | 0 |
| 金陵科技学院 | 45 | 144 | 87 | 144 | 30 | 40 | 62 | 12 | 0 | 92 | 52 | 0 | 45 | 56 | 0 |
| 江苏第二师范学院 | 46 | 28 | 20 | 28 | 1 | 2 | 13 | 12 | 0 | 27 | 1 | 0 | 4 | 23 | 0 |

## 2.2 马克思主义人文、社会科学活动人员情况表

| 高校名称 | | 总计 | | 按职称划分 | | | | | | 按最后学历划分 | | | 按最后学位划分 | | 其他 |
|---|---|---|---|---|---|---|---|---|---|---|---|---|---|---|---|
| | | | 女性 | 小计 | 教授 | 副教授 | 讲师 | 助教 | 初级 | 研究生 | 本科生 | 其他 | 博士 | 硕士 | 人员 |
| | 编号 | L01 | L02 | L03 | L04 | L05 | L06 | L07 | L08 | L09 | L10 | L11 | L12 | L13 | L14 |
| 合　计 | / | 1 302 | 609 | 1 302 | 249 | 528 | 484 | 41 | 0 | 1 037 | 265 | 0 | 550 | 595 | 0 |
| 南京大学 | 1 | 45 | 11 | 45 | 22 | 14 | 9 | 0 | 0 | 40 | 5 | 0 | 39 | 1 | 0 |
| 东南大学 | 2 | 35 | 15 | 35 | 7 | 9 | 16 | 3 | 0 | 32 | 3 | 0 | 29 | 3 | 0 |
| 江南大学 | 3 | 37 | 21 | 37 | 4 | 15 | 18 | 0 | 0 | 26 | 11 | 0 | 17 | 11 | 0 |
| 南京农业大学 | 4 | 17 | 6 | 17 | 2 | 4 | 10 | 1 | 0 | 16 | 1 | 0 | 8 | 8 | 0 |
| 中国矿业大学 | 5 | 59 | 28 | 59 | 9 | 27 | 22 | 1 | 0 | 54 | 5 | 0 | 44 | 12 | 0 |
| 河海大学 | 6 | 29 | 15 | 29 | 7 | 12 | 10 | 0 | 0 | 27 | 2 | 0 | 23 | 5 | 0 |
| 南京理工大学 | 7 | 24 | 13 | 24 | 4 | 9 | 10 | 1 | 0 | 23 | 1 | 0 | 18 | 5 | 0 |
| 南京航空航天大学 | 8 | 32 | 14 | 32 | 5 | 16 | 8 | 3 | 0 | 31 | 1 | 0 | 18 | 13 | 0 |
| 中国药科大学 | 9 | 26 | 12 | 26 | 2 | 7 | 17 | 0 | 0 | 24 | 2 | 0 | 11 | 13 | 0 |
| 南京森林警察学院 | 10 | 3 | 2 | 3 | 1 | 0 | 2 | 0 | 0 | 3 | 0 | 0 | 1 | 2 | 0 |
| 苏州大学 | 11 | 43 | 20 | 43 | 7 | 22 | 14 | 0 | 0 | 26 | 17 | 0 | 12 | 19 | 0 |
| 江苏科技大学 | 12 | 32 | 10 | 32 | 7 | 15 | 10 | 0 | 0 | 19 | 13 | 0 | 5 | 17 | 0 |
| 南京工业大学 | 13 | 21 | 11 | 21 | 2 | 8 | 9 | 2 | 0 | 19 | 2 | 0 | 7 | 14 | 0 |
| 常州大学 | 14 | 28 | 12 | 28 | 6 | 6 | 14 | 2 | 0 | 25 | 3 | 0 | 8 | 19 | 0 |
| 南京邮电大学 | 15 | 16 | 9 | 16 | 3 | 9 | 4 | 0 | 0 | 15 | 1 | 0 | 11 | 4 | 0 |
| 南京林业大学 | 16 | 32 | 15 | 32 | 8 | 5 | 19 | 0 | 0 | 30 | 2 | 0 | 23 | 8 | 0 |
| 江苏大学 | 17 | 18 | 10 | 18 | 2 | 8 | 7 | 1 | 0 | 15 | 3 | 0 | 6 | 9 | 0 |
| 南京信息工程大学 | 18 | 56 | 26 | 56 | 16 | 20 | 20 | 0 | 0 | 45 | 11 | 0 | 26 | 24 | 0 |
| 南通大学 | 19 | 59 | 34 | 59 | 16 | 25 | 18 | 0 | 0 | 48 | 11 | 0 | 14 | 40 | 0 |
| 盐城工学院 | 20 | 55 | 19 | 55 | 13 | 18 | 19 | 5 | 0 | 34 | 21 | 0 | 7 | 43 | 0 |
| 南京医科大学 | 21 | 39 | 24 | 39 | 4 | 15 | 20 | 0 | 0 | 33 | 6 | 0 | 11 | 25 | 0 |
| 徐州医科大学 | 22 | 9 | 3 | 9 | 0 | 5 | 4 | 0 | 0 | 8 | 1 | 0 | 1 | 7 | 0 |
| 南京中医药大学 | 23 | 18 | 13 | 18 | 0 | 5 | 13 | 0 | 0 | 16 | 2 | 0 | 5 | 12 | 0 |

续表

| 高校名称 | | 总计 | | 按职称划分 | | | | | | 按最后学历划分 | | | 按最后学位划分 | | 其他人员 |
|---|---|---|---|---|---|---|---|---|---|---|---|---|---|---|---|
| | | | 女性 | 小计 | 教授 | 副教授 | 讲师 | 助教 | 初级 | 研究生 | 本科生 | 其他 | 博士 | 硕士 | |
| | 编号 | L01 | L02 | L03 | L04 | L05 | L06 | L07 | L08 | L09 | L10 | L11 | L12 | L13 | L14 |
| 南京师范大学 | 24 | 53 | 23 | 53 | 18 | 16 | 16 | 3 | 0 | 50 | 3 | 0 | 27 | 23 | 0 |
| 江苏师范大学 | 25 | 19 | 10 | 19 | 4 | 6 | 9 | 0 | 0 | 13 | 6 | 0 | 7 | 8 | 0 |
| 淮阴师范学院 | 26 | 58 | 21 | 58 | 15 | 33 | 10 | 0 | 0 | 51 | 7 | 0 | 27 | 30 | 0 |
| 盐城师范学院 | 27 | 36 | 14 | 36 | 11 | 12 | 10 | 3 | 0 | 31 | 5 | 0 | 12 | 21 | 0 |
| 南京财经大学 | 28 | 23 | 11 | 23 | 5 | 8 | 10 | 0 | 0 | 19 | 4 | 0 | 9 | 12 | 0 |
| 江苏警官学院 | 29 | 29 | 8 | 29 | 3 | 8 | 16 | 2 | 0 | 16 | 13 | 0 | 10 | 11 | 0 |
| 南京体育学院 | 30 | 11 | 9 | 11 | 2 | 3 | 6 | 0 | 0 | 6 | 5 | 0 | 4 | 3 | 0 |
| 南京艺术学院 | 31 | 12 | 8 | 12 | 2 | 10 | 0 | 0 | 0 | 10 | 2 | 0 | 3 | 9 | 0 |
| 苏州科技大学 | 32 | 9 | 1 | 9 | 2 | 3 | 4 | 0 | 0 | 8 | 1 | 0 | 2 | 6 | 0 |
| 常熟理工学院 | 33 | 24 | 6 | 24 | 1 | 16 | 7 | 0 | 0 | 20 | 4 | 0 | 14 | 10 | 0 |
| 淮阴工学院 | 34 | 30 | 13 | 30 | 3 | 14 | 13 | 0 | 0 | 20 | 10 | 0 | 13 | 14 | 0 |
| 常州工学院 | 35 | 20 | 13 | 20 | 3 | 4 | 10 | 3 | 0 | 10 | 10 | 0 | 1 | 14 | 0 |
| 扬州大学 | 36 | 46 | 20 | 46 | 8 | 33 | 5 | 0 | 0 | 33 | 13 | 0 | 19 | 14 | 0 |
| 南京工程学院 | 37 | 25 | 13 | 25 | 3 | 9 | 12 | 1 | 0 | 19 | 6 | 0 | 4 | 17 | 0 |
| 南京审计大学 | 38 | 24 | 10 | 24 | 3 | 9 | 10 | 2 | 0 | 19 | 5 | 0 | 14 | 9 | 0 |
| 南京晓庄学院 | 39 | 18 | 10 | 18 | 1 | 9 | 8 | 0 | 0 | 16 | 2 | 0 | 8 | 9 | 0 |
| 江苏理工学院 | 40 | 17 | 10 | 17 | 3 | 7 | 7 | 0 | 0 | 11 | 6 | 0 | 5 | 6 | 0 |
| 江苏海洋大学 | 41 | 35 | 15 | 35 | 7 | 14 | 13 | 1 | 0 | 17 | 18 | 0 | 4 | 19 | 0 |
| 徐州工程学院 | 42 | 23 | 11 | 23 | 4 | 10 | 9 | 0 | 0 | 14 | 9 | 0 | 4 | 14 | 0 |
| 南京特殊教育师范学院 | 43 | 12 | 7 | 12 | 2 | 9 | 1 | 0 | 0 | 8 | 4 | 0 | 4 | 5 | 0 |
| 泰州学院 | 44 | 12 | 9 | 12 | 1 | 3 | 3 | 5 | 0 | 10 | 2 | 0 | 1 | 9 | 0 |
| 金陵科技学院 | 45 | 15 | 10 | 15 | 0 | 7 | 6 | 2 | 0 | 14 | 1 | 0 | 5 | 10 | 0 |
| 江苏第二师范学院 | 46 | 18 | 14 | 18 | 1 | 11 | 6 | 0 | 0 | 13 | 5 | 0 | 9 | 8 | 0 |

## 2.3 哲学人文、社会科学活动人员情况表

| 高校名称 | 编号 | 总计 | | 按职称划分 | | | | | | 按最后学历划分 | | | 按最后学位划分 | | 其他人员 |
|---|---|---|---|---|---|---|---|---|---|---|---|---|---|---|---|
| | | | 女性 | 小计 | 教授 | 副教授 | 讲师 | 助教 | 初级 | 研究生 | 本科生 | 其他 | 博士 | 硕士 | |
| | | L01 | L02 | L03 | L04 | L05 | L06 | L07 | L08 | L09 | L10 | L11 | L12 | L13 | L14 |
| 合　计 | / | 570 | 217 | 570 | 127 | 198 | 230 | 15 | 0 | 517 | 53 | 0 | 352 | 184 | 0 |
| 南京大学 | 1 | 25 | 6 | 25 | 12 | 11 | 2 | 0 | 0 | 25 | 0 | 0 | 25 | 0 | 0 |
| 东南大学 | 2 | 48 | 21 | 48 | 15 | 18 | 12 | 3 | 0 | 47 | 1 | 0 | 44 | 3 | 0 |
| 江南大学 | 3 | 12 | 3 | 12 | 3 | 3 | 6 | 0 | 0 | 11 | 1 | 0 | 10 | 1 | 0 |
| 南京农业大学 | 4 | 16 | 4 | 16 | 2 | 4 | 8 | 2 | 0 | 16 | 0 | 0 | 9 | 6 | 0 |
| 中国矿业大学 | 5 | 1 | 0 | 1 | 1 | 0 | 0 | 0 | 0 | 1 | 0 | 0 | 1 | 0 | 0 |
| 河海大学 | 6 | 17 | 7 | 17 | 4 | 8 | 5 | 0 | 0 | 17 | 0 | 0 | 14 | 3 | 0 |
| 南京理工大学 | 7 | 15 | 6 | 15 | 0 | 8 | 7 | 0 | 0 | 13 | 2 | 0 | 10 | 3 | 0 |
| 南京航空航天大学 | 8 | 8 | 2 | 8 | 0 | 4 | 4 | 0 | 0 | 8 | 0 | 0 | 6 | 2 | 0 |
| 中国药科大学 | 9 | 1 | 0 | 1 | 0 | 0 | 1 | 0 | 0 | 1 | 0 | 0 | 1 | 0 | 0 |
| 南京森林警察学院 | 10 | 5 | 2 | 5 | 1 | 0 | 4 | 0 | 0 | 4 | 1 | 0 | 2 | 3 | 0 |
| 苏州大学 | 11 | 25 | 6 | 25 | 17 | 6 | 2 | 0 | 0 | 25 | 0 | 0 | 22 | 2 | 0 |
| 江苏科技大学 | 12 | 15 | 6 | 15 | 3 | 3 | 8 | 1 | 0 | 13 | 2 | 0 | 3 | 10 | 0 |
| 南京工业大学 | 13 | 8 | 6 | 8 | 3 | 1 | 3 | 1 | 0 | 8 | 0 | 0 | 6 | 2 | 0 |
| 常州大学 | 14 | 7 | 3 | 7 | 2 | 2 | 3 | 0 | 0 | 6 | 1 | 0 | 6 | 0 | 0 |
| 南京邮电大学 | 15 | 13 | 4 | 13 | 0 | 9 | 4 | 0 | 0 | 12 | 1 | 0 | 9 | 3 | 0 |
| 南京林业大学 | 16 | 5 | 2 | 5 | 0 | 0 | 5 | 0 | 0 | 5 | 0 | 0 | 5 | 0 | 0 |
| 江苏大学 | 17 | 14 | 5 | 14 | 3 | 7 | 4 | 0 | 0 | 13 | 1 | 0 | 8 | 5 | 0 |
| 南京信息工程大学 | 18 | 21 | 10 | 21 | 4 | 5 | 12 | 0 | 0 | 21 | 0 | 0 | 16 | 5 | 0 |
| 南通大学 | 19 | 26 | 5 | 26 | 4 | 14 | 8 | 0 | 0 | 21 | 5 | 0 | 11 | 14 | 0 |
| 盐城工学院 | 20 | 14 | 6 | 14 | 4 | 7 | 3 | 0 | 0 | 8 | 6 | 0 | 0 | 14 | 0 |
| 南京医科大学 | 21 | 2 | 0 | 2 | 0 | 1 | 1 | 0 | 0 | 2 | 0 | 0 | 2 | 0 | 0 |
| 徐州医科大学 | 22 | 5 | 2 | 5 | 1 | 1 | 3 | 0 | 0 | 4 | 1 | 0 | 0 | 5 | 0 |
| 南京中医药大学 | 23 | 18 | 8 | 18 | 3 | 8 | 7 | 0 | 0 | 16 | 2 | 0 | 12 | 4 | 0 |

续表

| 高校名称 | | 总计 | | 按职称划分 | | | | | | 按最后学历划分 | | | 按最后学位划分 | | 其他人员 |
|---|---|---|---|---|---|---|---|---|---|---|---|---|---|---|---|
| | 编号 | | 女性 | 小计 | 教授 | 副教授 | 讲师 | 助教 | 初级 | 研究生 | 本科生 | 其他 | 博士 | 硕士 | |
| | | L01 | L02 | L03 | L04 | L05 | L06 | L07 | L08 | L09 | L10 | L11 | L12 | L13 | L14 |
| 南京师范大学 | 24 | 39 | 16 | 39 | 12 | 18 | 9 | 0 | 0 | 37 | 2 | 0 | 22 | 15 | 0 |
| 江苏师范大学 | 25 | 24 | 9 | 24 | 9 | 8 | 7 | 0 | 0 | 20 | 4 | 0 | 16 | 5 | 0 |
| 淮阴师范学院 | 26 | 8 | 7 | 8 | 1 | 1 | 6 | 0 | 0 | 8 | 0 | 0 | 1 | 7 | 0 |
| 盐城师范学院 | 27 | 12 | 4 | 12 | 0 | 5 | 6 | 1 | 0 | 12 | 0 | 0 | 8 | 4 | 0 |
| 南京财经大学 | 28 | 14 | 5 | 14 | 3 | 4 | 7 | 0 | 0 | 11 | 3 | 0 | 10 | 2 | 0 |
| 江苏警官学院 | 29 | 5 | 1 | 5 | 1 | 4 | 0 | 0 | 0 | 3 | 2 | 0 | 1 | 4 | 0 |
| 南京体育学院 | 30 | 4 | 1 | 4 | 1 | 1 | 2 | 0 | 0 | 4 | 0 | 0 | 2 | 2 | 0 |
| 南京艺术学院 | 31 | 0 | 0 | 0 | 0 | 0 | 0 | 0 | 0 | 0 | 0 | 0 | 0 | 0 | 0 |
| 苏州科技大学 | 32 | 22 | 6 | 22 | 4 | 5 | 12 | 1 | 0 | 22 | 0 | 0 | 15 | 7 | 0 |
| 常熟理工学院 | 33 | 1 | 0 | 1 | 0 | 1 | 0 | 0 | 0 | 1 | 0 | 0 | 1 | 0 | 0 |
| 淮阴工学院 | 34 | 13 | 4 | 13 | 3 | 4 | 6 | 0 | 0 | 10 | 3 | 0 | 3 | 8 | 0 |
| 常州工学院 | 35 | 2 | 0 | 2 | 0 | 0 | 2 | 0 | 0 | 1 | 1 | 0 | 1 | 1 | 0 |
| 扬州大学 | 36 | 15 | 4 | 15 | 3 | 1 | 11 | 0 | 0 | 14 | 1 | 0 | 13 | 1 | 0 |
| 南京工程学院 | 37 | 15 | 6 | 15 | 1 | 3 | 11 | 0 | 0 | 9 | 6 | 0 | 6 | 6 | 0 |
| 南京审计大学 | 38 | 18 | 12 | 18 | 0 | 3 | 14 | 1 | 0 | 17 | 1 | 0 | 9 | 8 | 0 |
| 南京晓庄学院 | 39 | 16 | 8 | 16 | 2 | 5 | 9 | 0 | 0 | 13 | 3 | 0 | 5 | 8 | 0 |
| 江苏理工学院 | 40 | 9 | 3 | 9 | 2 | 4 | 3 | 0 | 0 | 8 | 1 | 0 | 6 | 2 | 0 |
| 江苏海洋大学 | 41 | 9 | 4 | 9 | 1 | 0 | 7 | 1 | 0 | 8 | 1 | 0 | 4 | 4 | 0 |
| 徐州工程学院 | 42 | 12 | 8 | 12 | 1 | 5 | 5 | 1 | 0 | 12 | 0 | 0 | 1 | 11 | 0 |
| 南京特殊教育师范学院 | 43 | 1 | 0 | 1 | 0 | 1 | 0 | 0 | 0 | 1 | 0 | 0 | 0 | 1 | 0 |
| 泰州学院 | 44 | 3 | 2 | 3 | 0 | 1 | 0 | 2 | 0 | 3 | 0 | 0 | 1 | 2 | 0 |
| 金陵科技学院 | 45 | 4 | 2 | 4 | 0 | 3 | 0 | 1 | 0 | 3 | 1 | 0 | 2 | 1 | 0 |
| 江苏第二师范学院 | 46 | 3 | 1 | 3 | 1 | 1 | 1 | 0 | 0 | 3 | 0 | 0 | 3 | 0 | 0 |

## 2.4 逻辑学人文、社会科学活动人员情况表

| 高校名称 | | 总计 | | 按职称划分 | | | | | | 按最后学历划分 | | | 按最后学位划分 | | 其他人员 |
|---|---|---|---|---|---|---|---|---|---|---|---|---|---|---|---|
| | | | 女性 | 小计 | 教授 | 副教授 | 讲师 | 助教 | 初级 | 研究生 | 本科生 | 其他 | 博士 | 硕士 | |
| | 编号 | L01 | L02 | L03 | L04 | L05 | L06 | L07 | L08 | L09 | L10 | L11 | L12 | L13 | L14 |
| 合　计 | / | 43 | 15 | 43 | 6 | 21 | 13 | 3 | 0 | 39 | 4 | 0 | 10 | 31 | 0 |
| 南京大学 | 1 | 5 | 0 | 5 | 4 | 0 | 1 | 0 | 0 | 4 | 1 | 0 | 3 | 1 | 0 |
| 东南大学 | 2 | 0 | 0 | 0 | 0 | 0 | 0 | 0 | 0 | 0 | 0 | 0 | 0 | 0 | 0 |
| 江南大学 | 3 | 16 | 4 | 16 | 0 | 16 | 0 | 0 | 0 | 15 | 1 | 0 | 1 | 15 | 0 |
| 南京农业大学 | 4 | 0 | 0 | 0 | 0 | 0 | 0 | 0 | 0 | 0 | 0 | 0 | 0 | 0 | 0 |
| 中国矿业大学 | 5 | 0 | 0 | 0 | 0 | 0 | 0 | 0 | 0 | 0 | 0 | 0 | 0 | 0 | 0 |
| 河海大学 | 6 | 1 | 1 | 1 | 0 | 1 | 0 | 0 | 0 | 1 | 0 | 0 | 0 | 1 | 0 |
| 南京理工大学 | 7 | 0 | 0 | 0 | 0 | 0 | 0 | 0 | 0 | 0 | 0 | 0 | 0 | 0 | 0 |
| 南京航空航天大学 | 8 | 0 | 0 | 0 | 0 | 0 | 0 | 0 | 0 | 0 | 0 | 0 | 0 | 0 | 0 |
| 中国药科大学 | 9 | 0 | 0 | 0 | 0 | 0 | 0 | 0 | 0 | 0 | 0 | 0 | 0 | 0 | 0 |
| 南京森林警察学院 | 10 | 0 | 0 | 0 | 0 | 0 | 0 | 0 | 0 | 0 | 0 | 0 | 0 | 0 | 0 |
| 苏州大学 | 11 | 0 | 0 | 0 | 0 | 0 | 0 | 0 | 0 | 0 | 0 | 0 | 0 | 0 | 0 |
| 江苏科技大学 | 12 | 1 | 0 | 1 | 0 | 0 | 1 | 0 | 0 | 0 | 1 | 0 | 0 | 0 | 0 |
| 南京工业大学 | 13 | 6 | 3 | 6 | 2 | 2 | 2 | 0 | 0 | 6 | 0 | 0 | 5 | 1 | 0 |
| 常州大学 | 14 | 0 | 0 | 0 | 0 | 0 | 0 | 0 | 0 | 0 | 0 | 0 | 0 | 0 | 0 |
| 南京邮电大学 | 15 | 0 | 0 | 0 | 0 | 0 | 0 | 0 | 0 | 0 | 0 | 0 | 0 | 0 | 0 |
| 南京林业大学 | 16 | 0 | 0 | 0 | 0 | 0 | 0 | 0 | 0 | 0 | 0 | 0 | 0 | 0 | 0 |
| 江苏大学 | 17 | 1 | 0 | 1 | 0 | 0 | 1 | 0 | 0 | 1 | 0 | 0 | 0 | 1 | 0 |
| 南京信息工程大学 | 18 | 0 | 0 | 0 | 0 | 0 | 0 | 0 | 0 | 0 | 0 | 0 | 0 | 0 | 0 |
| 南通大学 | 19 | 0 | 0 | 0 | 0 | 0 | 0 | 0 | 0 | 0 | 0 | 0 | 0 | 0 | 0 |
| 盐城工学院 | 20 | 0 | 0 | 0 | 0 | 0 | 0 | 0 | 0 | 0 | 0 | 0 | 0 | 0 | 0 |
| 南京医科大学 | 21 | 0 | 0 | 0 | 0 | 0 | 0 | 0 | 0 | 0 | 0 | 0 | 0 | 0 | 0 |
| 徐州医科大学 | 22 | 0 | 0 | 0 | 0 | 0 | 0 | 0 | 0 | 0 | 0 | 0 | 0 | 0 | 0 |
| 南京中医药大学 | 23 | 1 | 1 | 1 | 0 | 0 | 1 | 0 | 0 | 1 | 0 | 0 | 0 | 1 | 0 |

续表

| 高校名称 | 编号 | 总计 | 女性 | 按职称划分 小计 | 教授 | 副教授 | 讲师 | 助教 | 初级 | 按最后学历划分 研究生 | 本科生 | 其他 | 按最后学位划分 博士 | 硕士 | 其他人员 |
|---|---|---|---|---|---|---|---|---|---|---|---|---|---|---|---|
| | | L01 | L02 | L03 | L04 | L05 | L06 | L07 | L08 | L09 | L10 | L11 | L12 | L13 | L14 |
| 南京师范大学 | 24 | 0 | 0 | 0 | 0 | 0 | 0 | 0 | 0 | 0 | 0 | 0 | 0 | 0 | 0 |
| 江苏师范大学 | 25 | 1 | 0 | 1 | 0 | 1 | 0 | 0 | 0 | 1 | 0 | 0 | 1 | 0 | 0 |
| 淮阴师范学院 | 26 | 0 | 0 | 0 | 0 | 0 | 0 | 0 | 0 | 0 | 0 | 0 | 0 | 0 | 0 |
| 盐城师范学院 | 27 | 0 | 0 | 0 | 0 | 0 | 0 | 0 | 0 | 0 | 0 | 0 | 0 | 0 | 0 |
| 南京财经大学 | 28 | 0 | 0 | 0 | 0 | 0 | 0 | 0 | 0 | 0 | 0 | 0 | 0 | 0 | 0 |
| 江苏警官学院 | 29 | 2 | 1 | 2 | 0 | 1 | 1 | 0 | 0 | 2 | 0 | 0 | 0 | 2 | 0 |
| 南京体育学院 | 30 | 0 | 0 | 0 | 0 | 0 | 0 | 0 | 0 | 0 | 0 | 0 | 0 | 0 | 0 |
| 南京艺术学院 | 31 | 0 | 0 | 0 | 0 | 0 | 0 | 0 | 0 | 0 | 0 | 0 | 0 | 0 | 0 |
| 苏州科技大学 | 32 | 0 | 0 | 0 | 0 | 0 | 0 | 0 | 0 | 0 | 0 | 0 | 0 | 0 | 0 |
| 常熟理工学院 | 33 | 0 | 0 | 0 | 0 | 0 | 0 | 0 | 0 | 0 | 0 | 0 | 0 | 0 | 0 |
| 淮阴工学院 | 34 | 0 | 0 | 0 | 0 | 0 | 0 | 0 | 0 | 0 | 0 | 0 | 0 | 0 | 0 |
| 常州工学院 | 35 | 0 | 0 | 0 | 0 | 0 | 0 | 0 | 0 | 0 | 0 | 0 | 0 | 0 | 0 |
| 扬州大学 | 36 | 0 | 0 | 0 | 0 | 0 | 0 | 0 | 0 | 0 | 0 | 0 | 0 | 0 | 0 |
| 南京工程学院 | 37 | 5 | 2 | 5 | 0 | 0 | 5 | 0 | 0 | 4 | 1 | 0 | 0 | 5 | 0 |
| 南京审计大学 | 38 | 3 | 3 | 3 | 0 | 0 | 0 | 3 | 0 | 3 | 0 | 0 | 0 | 3 | 0 |
| 南京晓庄学院 | 39 | 0 | 0 | 0 | 0 | 0 | 0 | 0 | 0 | 0 | 0 | 0 | 0 | 0 | 0 |
| 江苏理工学院 | 40 | 0 | 0 | 0 | 0 | 0 | 0 | 0 | 0 | 0 | 0 | 0 | 0 | 0 | 0 |
| 江苏海洋大学 | 41 | 1 | 0 | 1 | 0 | 0 | 1 | 0 | 0 | 1 | 0 | 0 | 0 | 1 | 0 |
| 徐州工程学院 | 42 | 0 | 0 | 0 | 0 | 0 | 0 | 0 | 0 | 0 | 0 | 0 | 0 | 0 | 0 |
| 南京特殊教育师范学院 | 43 | 0 | 0 | 0 | 0 | 0 | 0 | 0 | 0 | 0 | 0 | 0 | 0 | 0 | 0 |
| 泰州学院 | 44 | 0 | 0 | 0 | 0 | 0 | 0 | 0 | 0 | 0 | 0 | 0 | 0 | 0 | 0 |
| 金陵科技学院 | 45 | 0 | 0 | 0 | 0 | 0 | 0 | 0 | 0 | 0 | 0 | 0 | 0 | 0 | 0 |
| 江苏第二师范学院 | 46 | 0 | 0 | 0 | 0 | 0 | 0 | 0 | 0 | 0 | 0 | 0 | 0 | 0 | 0 |

## 2.5 宗教学人文、社会科学活动人员情况表

| 高校名称 | | 总计 | | 按职称划分 | | | | | | 按最后学历划分 | | | 按最后学位划分 | | 其他 |
|---|---|---|---|---|---|---|---|---|---|---|---|---|---|---|---|
| | | | 女性 | 小计 | 教授 | 副教授 | 讲师 | 助教 | 初级 | 研究生 | 本科生 | 其他 | 博士 | 硕士 | 人员 |
| | 编号 | L01 | L02 | L03 | L04 | L05 | L06 | L07 | L08 | L09 | L10 | L11 | L12 | L13 | L14 |
| 合　计 | / | 30 | 9 | 30 | 10 | 10 | 10 | 0 | 0 | 28 | 2 | 0 | 27 | 2 | 0 |
| 南京大学 | 1 | 8 | 0 | 8 | 5 | 3 | 0 | 0 | 0 | 8 | 0 | 0 | 8 | 0 | 0 |
| 东南大学 | 2 | 3 | 2 | 3 | 0 | 2 | 1 | 0 | 0 | 3 | 0 | 0 | 3 | 0 | 0 |
| 江南大学 | 3 | 0 | 0 | 0 | 0 | 0 | 0 | 0 | 0 | 0 | 0 | 0 | 0 | 0 | 0 |
| 南京农业大学 | 4 | 1 | 1 | 1 | 0 | 0 | 1 | 0 | 0 | 1 | 0 | 0 | 1 | 0 | 0 |
| 中国矿业大学 | 5 | 0 | 0 | 0 | 0 | 0 | 0 | 0 | 0 | 0 | 0 | 0 | 0 | 0 | 0 |
| 河海大学 | 6 | 1 | 0 | 1 | 1 | 0 | 0 | 0 | 0 | 1 | 0 | 0 | 1 | 0 | 0 |
| 南京理工大学 | 7 | 0 | 0 | 0 | 0 | 0 | 0 | 0 | 0 | 0 | 0 | 0 | 0 | 0 | 0 |
| 南京航空航天大学 | 8 | 0 | 0 | 0 | 0 | 0 | 0 | 0 | 0 | 0 | 0 | 0 | 0 | 0 | 0 |
| 中国药科大学 | 9 | 0 | 0 | 0 | 0 | 0 | 0 | 0 | 0 | 0 | 0 | 0 | 0 | 0 | 0 |
| 南京森林警察学院 | 10 | 0 | 0 | 0 | 0 | 0 | 0 | 0 | 0 | 0 | 0 | 0 | 0 | 0 | 0 |
| 苏州大学 | 11 | 4 | 1 | 4 | 3 | 0 | 1 | 0 | 0 | 4 | 0 | 0 | 4 | 0 | 0 |
| 江苏科技大学 | 12 | 0 | 0 | 0 | 0 | 0 | 0 | 0 | 0 | 0 | 0 | 0 | 0 | 0 | 0 |
| 南京工业大学 | 13 | 3 | 1 | 3 | 0 | 2 | 1 | 0 | 0 | 1 | 2 | 0 | 0 | 2 | 0 |
| 常州大学 | 14 | 0 | 0 | 0 | 0 | 0 | 0 | 0 | 0 | 0 | 0 | 0 | 0 | 0 | 0 |
| 南京邮电大学 | 15 | 0 | 0 | 0 | 0 | 0 | 0 | 0 | 0 | 0 | 0 | 0 | 0 | 0 | 0 |
| 南京林业大学 | 16 | 1 | 1 | 1 | 0 | 0 | 1 | 0 | 0 | 1 | 0 | 0 | 1 | 0 | 0 |
| 江苏大学 | 17 | 0 | 0 | 0 | 0 | 0 | 0 | 0 | 0 | 0 | 0 | 0 | 0 | 0 | 0 |
| 南京信息工程大学 | 18 | 1 | 1 | 1 | 0 | 0 | 1 | 0 | 0 | 1 | 0 | 0 | 1 | 0 | 0 |
| 南通大学 | 19 | 1 | 0 | 1 | 0 | 1 | 0 | 0 | 0 | 1 | 0 | 0 | 1 | 0 | 0 |
| 盐城工学院 | 20 | 0 | 0 | 0 | 0 | 0 | 0 | 0 | 0 | 0 | 0 | 0 | 0 | 0 | 0 |
| 南京医科大学 | 21 | 0 | 0 | 0 | 0 | 0 | 0 | 0 | 0 | 0 | 0 | 0 | 0 | 0 | 0 |
| 徐州医科大学 | 22 | 0 | 0 | 0 | 0 | 0 | 0 | 0 | 0 | 0 | 0 | 0 | 0 | 0 | 0 |
| 南京中医药大学 | 23 | 0 | 0 | 0 | 0 | 0 | 0 | 0 | 0 | 0 | 0 | 0 | 0 | 0 | 0 |

续表

| 高校名称 | | 总计 | | 按职称划分 | | | | | | 按最后学历划分 | | | 按最后学位划分 | | 其他 |
|---|---|---|---|---|---|---|---|---|---|---|---|---|---|---|---|
| | | | 女性 | 小计 | 教授 | 副教授 | 讲师 | 助教 | 初级 | 研究生 | 本科生 | 其他 | 博士 | 硕士 | 人员 |
| | 编号 | L01 | L02 | L03 | L04 | L05 | L06 | L07 | L08 | L09 | L10 | L11 | L12 | L13 | L14 |
| 南京师范大学 | 24 | 0 | 0 | 0 | 0 | 0 | 0 | 0 | 0 | 0 | 0 | 0 | 0 | 0 | 0 |
| 江苏师范大学 | 25 | 1 | 0 | 1 | 1 | 0 | 0 | 0 | 0 | 1 | 0 | 0 | 1 | 0 | 0 |
| 淮阴师范学院 | 26 | 0 | 0 | 0 | 0 | 0 | 0 | 0 | 0 | 0 | 0 | 0 | 0 | 0 | 0 |
| 盐城师范学院 | 27 | 0 | 0 | 0 | 0 | 0 | 0 | 0 | 0 | 0 | 0 | 0 | 0 | 0 | 0 |
| 南京财经大学 | 28 | 0 | 0 | 0 | 0 | 0 | 0 | 0 | 0 | 0 | 0 | 0 | 0 | 0 | 0 |
| 江苏警官学院 | 29 | 2 | 0 | 2 | 0 | 1 | 1 | 0 | 0 | 2 | 0 | 0 | 2 | 0 | 0 |
| 南京体育学院 | 30 | 0 | 0 | 0 | 0 | 0 | 0 | 0 | 0 | 0 | 0 | 0 | 0 | 0 | 0 |
| 南京艺术学院 | 31 | 0 | 0 | 0 | 0 | 0 | 0 | 0 | 0 | 0 | 0 | 0 | 0 | 0 | 0 |
| 苏州科技大学 | 32 | 0 | 0 | 0 | 0 | 0 | 0 | 0 | 0 | 0 | 0 | 0 | 0 | 0 | 0 |
| 常熟理工学院 | 33 | 0 | 0 | 0 | 0 | 0 | 0 | 0 | 0 | 0 | 0 | 0 | 0 | 0 | 0 |
| 淮阴工学院 | 34 | 1 | 1 | 1 | 0 | 1 | 0 | 0 | 0 | 1 | 0 | 0 | 1 | 0 | 0 |
| 常州工学院 | 35 | 0 | 0 | 0 | 0 | 0 | 0 | 0 | 0 | 0 | 0 | 0 | 0 | 0 | 0 |
| 扬州大学 | 36 | 3 | 1 | 3 | 0 | 0 | 3 | 0 | 0 | 3 | 0 | 0 | 3 | 0 | 0 |
| 南京工程学院 | 37 | 0 | 0 | 0 | 0 | 0 | 0 | 0 | 0 | 0 | 0 | 0 | 0 | 0 | 0 |
| 南京审计大学 | 38 | 0 | 0 | 0 | 0 | 0 | 0 | 0 | 0 | 0 | 0 | 0 | 0 | 0 | 0 |
| 南京晓庄学院 | 39 | 0 | 0 | 0 | 0 | 0 | 0 | 0 | 0 | 0 | 0 | 0 | 0 | 0 | 0 |
| 江苏理工学院 | 40 | 0 | 0 | 0 | 0 | 0 | 0 | 0 | 0 | 0 | 0 | 0 | 0 | 0 | 0 |
| 江苏海洋大学 | 41 | 0 | 0 | 0 | 0 | 0 | 0 | 0 | 0 | 0 | 0 | 0 | 0 | 0 | 0 |
| 徐州工程学院 | 42 | 0 | 0 | 0 | 0 | 0 | 0 | 0 | 0 | 0 | 0 | 0 | 0 | 0 | 0 |
| 南京特殊教育师范学院 | 43 | 0 | 0 | 0 | 0 | 0 | 0 | 0 | 0 | 0 | 0 | 0 | 0 | 0 | 0 |
| 泰州学院 | 44 | 0 | 0 | 0 | 0 | 0 | 0 | 0 | 0 | 0 | 0 | 0 | 0 | 0 | 0 |
| 金陵科技学院 | 45 | 0 | 0 | 0 | 0 | 0 | 0 | 0 | 0 | 0 | 0 | 0 | 0 | 0 | 0 |
| 江苏第二师范学院 | 46 | 0 | 0 | 0 | 0 | 0 | 0 | 0 | 0 | 0 | 0 | 0 | 0 | 0 | 0 |

## 2.6 语言学人文、社会科学活动人员情况表

| 高校名称 | | 总计 | | 按职称划分 | | | | | | 按最后学历划分 | | | 按最后学位划分 | | 其他人员 |
|---|---|---|---|---|---|---|---|---|---|---|---|---|---|---|---|
| | | | 女性 | 小计 | 教授 | 副教授 | 讲师 | 助教 | 初级 | 研究生 | 本科生 | 其他 | 博士 | 硕士 | |
| | 编号 | L01 | L02 | L03 | L04 | L05 | L06 | L07 | L08 | L09 | L10 | L11 | L12 | L13 | L14 |
| 合　计 | / | 3 733 | 2 666 | 3 733 | 288 | 1 158 | 2 167 | 119 | 1 | 2 716 | 1 017 | 0 | 765 | 2 165 | 0 |
| 南京大学 | 1 | 121 | 86 | 121 | 26 | 50 | 44 | 1 | 0 | 115 | 6 | 0 | 72 | 43 | 0 |
| 东南大学 | 2 | 129 | 91 | 129 | 14 | 53 | 59 | 3 | 0 | 108 | 21 | 0 | 38 | 70 | 0 |
| 江南大学 | 3 | 106 | 89 | 106 | 7 | 27 | 69 | 3 | 0 | 83 | 23 | 0 | 20 | 76 | 0 |
| 南京农业大学 | 4 | 89 | 76 | 89 | 7 | 23 | 56 | 3 | 0 | 68 | 21 | 0 | 14 | 56 | 0 |
| 中国矿业大学 | 5 | 47 | 31 | 47 | 2 | 22 | 20 | 3 | 0 | 43 | 4 | 0 | 7 | 39 | 0 |
| 河海大学 | 6 | 26 | 17 | 26 | 2 | 11 | 13 | 0 | 0 | 22 | 4 | 0 | 11 | 11 | 0 |
| 南京理工大学 | 7 | 59 | 42 | 59 | 4 | 12 | 41 | 2 | 0 | 47 | 12 | 0 | 19 | 27 | 0 |
| 南京航空航天大学 | 8 | 80 | 52 | 80 | 10 | 30 | 39 | 1 | 0 | 63 | 17 | 0 | 18 | 44 | 0 |
| 中国药科大学 | 9 | 51 | 34 | 51 | 2 | 10 | 29 | 10 | 0 | 41 | 10 | 0 | 4 | 36 | 0 |
| 南京森林警察学院 | 10 | 23 | 18 | 23 | 1 | 13 | 9 | 0 | 0 | 8 | 15 | 0 | 0 | 13 | 0 |
| 苏州大学 | 11 | 170 | 117 | 170 | 11 | 44 | 94 | 21 | 0 | 120 | 50 | 0 | 43 | 85 | 0 |
| 江苏科技大学 | 12 | 127 | 101 | 127 | 5 | 28 | 93 | 1 | 0 | 109 | 18 | 0 | 18 | 89 | 0 |
| 南京工业大学 | 13 | 28 | 22 | 28 | 1 | 11 | 16 | 0 | 0 | 23 | 5 | 0 | 6 | 19 | 0 |
| 常州大学 | 14 | 82 | 64 | 82 | 6 | 18 | 55 | 3 | 0 | 59 | 23 | 0 | 16 | 51 | 0 |
| 南京邮电大学 | 15 | 68 | 45 | 68 | 10 | 20 | 37 | 1 | 0 | 53 | 15 | 0 | 17 | 37 | 0 |
| 南京林业大学 | 16 | 72 | 54 | 72 | 7 | 24 | 41 | 0 | 0 | 61 | 11 | 0 | 15 | 46 | 0 |
| 江苏大学 | 17 | 146 | 108 | 146 | 7 | 48 | 91 | 0 | 0 | 82 | 64 | 0 | 25 | 61 | 0 |
| 南京信息工程大学 | 18 | 116 | 84 | 116 | 6 | 25 | 82 | 3 | 0 | 100 | 16 | 0 | 23 | 81 | 0 |
| 南通大学 | 19 | 135 | 97 | 135 | 15 | 73 | 46 | 1 | 0 | 88 | 47 | 0 | 23 | 95 | 0 |
| 盐城工学院 | 20 | 62 | 38 | 62 | 4 | 23 | 31 | 4 | 0 | 31 | 31 | 0 | 2 | 50 | 0 |
| 南京医科大学 | 21 | 49 | 41 | 49 | 0 | 13 | 34 | 2 | 0 | 33 | 16 | 0 | 2 | 32 | 0 |
| 徐州医科大学 | 22 | 39 | 25 | 39 | 0 | 10 | 29 | 0 | 0 | 19 | 20 | 0 | 1 | 18 | 0 |
| 南京中医药大学 | 23 | 45 | 34 | 45 | 2 | 11 | 32 | 0 | 0 | 26 | 19 | 0 | 10 | 23 | 0 |

续表

| 高校名称 | | 总计 | | 按职称划分 | | | | | | 按最后学历划分 | | | 按最后学位划分 | | 其他人员 |
|---|---|---|---|---|---|---|---|---|---|---|---|---|---|---|---|
| | | | 女性 | 小计 | 教授 | 副教授 | 讲师 | 助教 | 初级 | 研究生 | 本科生 | 其他 | 博士 | 硕士 | |
| | 编号 | L01 | L02 | L03 | L04 | L05 | L06 | L07 | L08 | L09 | L10 | L11 | L12 | L13 | L14 |
| 南京师范大学 | 24 | 184 | 113 | 184 | 33 | 45 | 104 | 2 | 0 | 170 | 14 | 0 | 76 | 95 | 0 |
| 江苏师范大学 | 25 | 158 | 93 | 158 | 25 | 42 | 90 | 1 | 0 | 131 | 27 | 0 | 53 | 81 | 0 |
| 淮阴师范学院 | 26 | 107 | 74 | 107 | 5 | 31 | 70 | 1 | 0 | 66 | 41 | 0 | 15 | 73 | 0 |
| 盐城师范学院 | 27 | 106 | 65 | 106 | 10 | 40 | 48 | 8 | 0 | 94 | 12 | 0 | 24 | 70 | 0 |
| 南京财经大学 | 28 | 73 | 47 | 73 | 4 | 29 | 40 | 0 | 0 | 45 | 28 | 0 | 7 | 41 | 0 |
| 江苏警官学院 | 29 | 36 | 28 | 36 | 1 | 13 | 19 | 3 | 0 | 18 | 18 | 0 | 7 | 20 | 0 |
| 南京体育学院 | 30 | 16 | 12 | 16 | 0 | 5 | 11 | 0 | 0 | 12 | 4 | 0 | 1 | 9 | 0 |
| 南京艺术学院 | 31 | 18 | 13 | 18 | 0 | 9 | 9 | 0 | 0 | 11 | 7 | 0 | 1 | 11 | 0 |
| 苏州科技大学 | 32 | 83 | 55 | 83 | 5 | 23 | 55 | 0 | 0 | 76 | 7 | 0 | 17 | 61 | 0 |
| 常熟理工学院 | 33 | 86 | 61 | 86 | 9 | 31 | 42 | 4 | 0 | 71 | 15 | 0 | 26 | 55 | 0 |
| 淮阴工学院 | 34 | 71 | 53 | 71 | 3 | 33 | 32 | 3 | 0 | 42 | 29 | 0 | 8 | 51 | 0 |
| 常州工学院 | 35 | 68 | 53 | 68 | 3 | 13 | 51 | 1 | 0 | 48 | 20 | 0 | 13 | 37 | 0 |
| 扬州大学 | 36 | 159 | 107 | 159 | 10 | 47 | 102 | 0 | 0 | 108 | 51 | 0 | 33 | 77 | 0 |
| 南京工程学院 | 37 | 64 | 46 | 64 | 1 | 14 | 46 | 2 | 1 | 33 | 31 | 0 | 0 | 36 | 0 |
| 南京审计大学 | 38 | 79 | 58 | 79 | 6 | 26 | 40 | 7 | 0 | 66 | 13 | 0 | 14 | 60 | 0 |
| 南京晓庄学院 | 39 | 116 | 93 | 116 | 6 | 32 | 78 | 0 | 0 | 67 | 49 | 0 | 12 | 55 | 0 |
| 江苏理工学院 | 40 | 96 | 67 | 96 | 4 | 18 | 71 | 3 | 0 | 64 | 32 | 0 | 16 | 51 | 0 |
| 江苏海洋大学 | 41 | 50 | 37 | 50 | 2 | 13 | 35 | 0 | 0 | 29 | 21 | 0 | 9 | 24 | 0 |
| 徐州工程学院 | 42 | 99 | 76 | 99 | 4 | 31 | 55 | 9 | 0 | 50 | 49 | 0 | 10 | 43 | 0 |
| 南京特殊教育师范学院 | 43 | 10 | 9 | 10 | 1 | 4 | 5 | 0 | 0 | 7 | 3 | 0 | 2 | 6 | 0 |
| 泰州学院 | 44 | 70 | 51 | 70 | 3 | 17 | 48 | 2 | 0 | 14 | 56 | 0 | 2 | 27 | 0 |
| 金陵科技学院 | 45 | 72 | 58 | 72 | 2 | 30 | 34 | 6 | 0 | 53 | 19 | 0 | 7 | 48 | 0 |
| 江苏第二师范学院 | 46 | 42 | 31 | 42 | 2 | 13 | 22 | 5 | 0 | 39 | 3 | 0 | 8 | 32 | 0 |

## 2.7 中国文学人文、社会科学活动人员情况表

| 高校名称 | | 总计 | | 按职称划分 | | | | | | 按最后学历划分 | | | 按最后学位划分 | | 其他人员 |
|---|---|---|---|---|---|---|---|---|---|---|---|---|---|---|---|
| | | | 女性 | 小计 | 教授 | 副教授 | 讲师 | 助教 | 初级 | 研究生 | 本科生 | 其他 | 博士 | 硕士 | |
| | 编号 | L01 | L02 | L03 | L04 | L05 | L06 | L07 | L08 | L09 | L10 | L11 | L12 | L13 | L14 |
| 合　计 | / | 1 240 | 615 | 1 240 | 271 | 469 | 482 | 18 | 0 | 1 044 | 195 | 1 | 731 | 359 | 0 |
| 南京大学 | 1 | 58 | 9 | 58 | 27 | 15 | 16 | 0 | 0 | 54 | 3 | 1 | 54 | 0 | 0 |
| 东南大学 | 2 | 19 | 11 | 19 | 2 | 8 | 8 | 1 | 0 | 17 | 2 | 0 | 11 | 6 | 0 |
| 江南大学 | 3 | 30 | 14 | 30 | 6 | 12 | 12 | 0 | 0 | 26 | 4 | 0 | 17 | 9 | 0 |
| 南京农业大学 | 4 | 3 | 2 | 3 | 0 | 1 | 2 | 0 | 0 | 2 | 1 | 0 | 1 | 1 | 0 |
| 中国矿业大学 | 5 | 31 | 18 | 31 | 6 | 15 | 9 | 1 | 0 | 27 | 4 | 0 | 20 | 8 | 0 |
| 河海大学 | 6 | 4 | 1 | 4 | 2 | 1 | 1 | 0 | 0 | 4 | 0 | 0 | 1 | 3 | 0 |
| 南京理工大学 | 7 | 6 | 2 | 6 | 2 | 3 | 1 | 0 | 0 | 5 | 1 | 0 | 4 | 1 | 0 |
| 南京航空航天大学 | 8 | 0 | 0 | 0 | 0 | 0 | 0 | 0 | 0 | 0 | 0 | 0 | 0 | 0 | 0 |
| 中国药科大学 | 9 | 0 | 0 | 0 | 0 | 0 | 0 | 0 | 0 | 0 | 0 | 0 | 0 | 0 | 0 |
| 南京森林警察学院 | 10 | 0 | 0 | 0 | 0 | 0 | 0 | 0 | 0 | 0 | 0 | 0 | 0 | 0 | 0 |
| 苏州大学 | 11 | 54 | 19 | 54 | 25 | 21 | 8 | 0 | 0 | 53 | 1 | 0 | 44 | 10 | 0 |
| 江苏科技大学 | 12 | 14 | 9 | 14 | 1 | 3 | 10 | 0 | 0 | 8 | 6 | 0 | 3 | 8 | 0 |
| 南京工业大学 | 13 | 4 | 2 | 4 | 0 | 3 | 1 | 0 | 0 | 4 | 0 | 0 | 4 | 0 | 0 |
| 常州大学 | 14 | 11 | 6 | 11 | 1 | 2 | 7 | 1 | 0 | 11 | 0 | 0 | 6 | 5 | 0 |
| 南京邮电大学 | 15 | 8 | 7 | 8 | 0 | 6 | 2 | 0 | 0 | 5 | 3 | 0 | 3 | 3 | 0 |
| 南京林业大学 | 16 | 19 | 10 | 19 | 2 | 7 | 10 | 0 | 0 | 15 | 4 | 0 | 9 | 6 | 0 |
| 江苏大学 | 17 | 24 | 14 | 24 | 6 | 7 | 11 | 0 | 0 | 22 | 2 | 0 | 17 | 5 | 0 |
| 南京信息工程大学 | 18 | 48 | 34 | 48 | 6 | 24 | 18 | 0 | 0 | 43 | 5 | 0 | 40 | 3 | 0 |
| 南通大学 | 19 | 65 | 26 | 65 | 15 | 28 | 22 | 0 | 0 | 61 | 4 | 0 | 47 | 14 | 0 |
| 盐城工学院 | 20 | 21 | 16 | 21 | 1 | 7 | 13 | 0 | 0 | 13 | 8 | 0 | 3 | 14 | 0 |
| 南京医科大学 | 21 | 1 | 1 | 1 | 0 | 0 | 1 | 0 | 0 | 1 | 0 | 0 | 0 | 1 | 0 |
| 徐州医科大学 | 22 | 12 | 10 | 12 | 0 | 2 | 10 | 0 | 0 | 8 | 4 | 0 | 0 | 9 | 0 |
| 南京中医药大学 | 23 | 2 | 1 | 2 | 0 | 0 | 2 | 0 | 0 | 2 | 0 | 0 | 2 | 0 | 0 |

续表

| 高校名称 | | 总计 | | 按职称划分 | | | | | | 按最后学历划分 | | | 按最后学位划分 | | 其他人员 |
|---|---|---|---|---|---|---|---|---|---|---|---|---|---|---|---|
| | | | 女性 | 小计 | 教授 | 副教授 | 讲师 | 助教 | 初级 | 研究生 | 本科生 | 其他 | 博士 | 硕士 | |
| | 编号 | L01 | L02 | L03 | L04 | L05 | L06 | L07 | L08 | L09 | L10 | L11 | L12 | L13 | L14 |
| 南京师范大学 | 24 | 96 | 46 | 96 | 32 | 39 | 24 | 1 | 0 | 94 | 2 | 0 | 78 | 16 | 0 |
| 江苏师范大学 | 25 | 64 | 26 | 64 | 25 | 25 | 14 | 0 | 0 | 57 | 7 | 0 | 42 | 15 | 0 |
| 淮阴师范学院 | 26 | 68 | 30 | 68 | 16 | 23 | 28 | 1 | 0 | 52 | 16 | 0 | 28 | 27 | 0 |
| 盐城师范学院 | 27 | 61 | 33 | 61 | 8 | 28 | 24 | 1 | 0 | 56 | 5 | 0 | 36 | 19 | 0 |
| 南京财经大学 | 28 | 27 | 20 | 27 | 4 | 9 | 14 | 0 | 0 | 23 | 4 | 0 | 12 | 11 | 0 |
| 江苏警官学院 | 29 | 15 | 5 | 15 | 3 | 4 | 8 | 0 | 0 | 11 | 4 | 0 | 5 | 9 | 0 |
| 南京体育学院 | 30 | 3 | 2 | 3 | 0 | 0 | 2 | 1 | 0 | 3 | 0 | 0 | 0 | 3 | 0 |
| 南京艺术学院 | 31 | 5 | 4 | 5 | 1 | 3 | 1 | 0 | 0 | 3 | 2 | 0 | 3 | 1 | 0 |
| 苏州科技大学 | 32 | 29 | 15 | 29 | 8 | 10 | 11 | 0 | 0 | 26 | 3 | 0 | 17 | 10 | 0 |
| 常熟理工学院 | 33 | 21 | 11 | 21 | 5 | 4 | 7 | 5 | 0 | 21 | 0 | 0 | 15 | 6 | 0 |
| 淮阴工学院 | 34 | 15 | 8 | 15 | 1 | 4 | 10 | 0 | 0 | 9 | 6 | 0 | 5 | 7 | 0 |
| 常州工学院 | 35 | 35 | 18 | 35 | 7 | 11 | 17 | 0 | 0 | 20 | 15 | 0 | 15 | 10 | 0 |
| 扬州大学 | 36 | 72 | 23 | 72 | 18 | 27 | 27 | 0 | 0 | 69 | 3 | 0 | 62 | 7 | 0 |
| 南京工程学院 | 37 | 11 | 5 | 11 | 0 | 1 | 9 | 1 | 0 | 10 | 1 | 0 | 1 | 9 | 0 |
| 南京审计大学 | 38 | 19 | 10 | 19 | 1 | 7 | 9 | 2 | 0 | 15 | 4 | 0 | 9 | 6 | 0 |
| 南京晓庄学院 | 39 | 51 | 26 | 51 | 12 | 24 | 15 | 0 | 0 | 40 | 11 | 0 | 24 | 16 | 0 |
| 江苏理工学院 | 40 | 21 | 10 | 21 | 6 | 7 | 8 | 0 | 0 | 21 | 0 | 0 | 14 | 7 | 0 |
| 江苏海洋大学 | 41 | 36 | 18 | 36 | 6 | 10 | 19 | 1 | 0 | 26 | 10 | 0 | 14 | 16 | 0 |
| 徐州工程学院 | 42 | 54 | 41 | 54 | 4 | 14 | 35 | 1 | 0 | 41 | 13 | 0 | 17 | 28 | 0 |
| 南京特殊教育师范学院 | 43 | 8 | 6 | 8 | 0 | 6 | 2 | 0 | 0 | 7 | 1 | 0 | 2 | 5 | 0 |
| 泰州学院 | 44 | 38 | 17 | 38 | 2 | 21 | 15 | 0 | 0 | 8 | 30 | 0 | 7 | 11 | 0 |
| 金陵科技学院 | 45 | 22 | 11 | 22 | 3 | 13 | 6 | 0 | 0 | 16 | 6 | 0 | 11 | 7 | 0 |
| 江苏第二师范学院 | 46 | 35 | 18 | 35 | 7 | 14 | 13 | 1 | 0 | 35 | 0 | 0 | 28 | 7 | 0 |

## 2.8 外国文学人文、社会科学活动人员情况表

| 高校名称 | | 总计 | | 按职称划分 | | | | | | 按最后学历划分 | | | 按最后学位划分 | | 其他人员 |
|---|---|---|---|---|---|---|---|---|---|---|---|---|---|---|---|
| | | | 女性 | 小计 | 教授 | 副教授 | 讲师 | 助教 | 初级 | 研究生 | 本科生 | 其他 | 博士 | 硕士 | |
| | 编号 | L01 | L02 | L03 | L04 | L05 | L06 | L07 | L08 | L09 | L10 | L11 | L12 | L13 | L14 |
| 合　计 | / | 1 021 | 735 | 1 021 | 121 | 314 | 547 | 38 | 1 | 791 | 230 | 0 | 317 | 542 | 0 |
| 南京大学 | 1 | 77 | 39 | 77 | 21 | 25 | 31 | 0 | 0 | 75 | 2 | 0 | 62 | 13 | 0 |
| 东南大学 | 2 | 18 | 16 | 18 | 4 | 6 | 7 | 1 | 0 | 16 | 2 | 0 | 14 | 2 | 0 |
| 江南大学 | 3 | 14 | 10 | 14 | 1 | 3 | 10 | 0 | 0 | 10 | 4 | 0 | 3 | 10 | 0 |
| 南京农业大学 | 4 | 5 | 4 | 5 | 0 | 2 | 3 | 0 | 0 | 5 | 0 | 0 | 5 | 0 | 0 |
| 中国矿业大学 | 5 | 74 | 50 | 74 | 8 | 30 | 36 | 0 | 0 | 66 | 8 | 0 | 13 | 55 | 0 |
| 河海大学 | 6 | 6 | 3 | 6 | 2 | 1 | 3 | 0 | 0 | 6 | 0 | 0 | 3 | 3 | 0 |
| 南京理工大学 | 7 | 16 | 13 | 16 | 1 | 4 | 10 | 1 | 0 | 15 | 1 | 0 | 7 | 8 | 0 |
| 南京航空航天大学 | 8 | 16 | 12 | 16 | 0 | 7 | 9 | 0 | 0 | 16 | 0 | 0 | 12 | 4 | 0 |
| 中国药科大学 | 9 | 11 | 7 | 11 | 0 | 0 | 9 | 2 | 0 | 4 | 7 | 0 | 0 | 4 | 0 |
| 南京森林警察学院 | 10 | 3 | 3 | 3 | 0 | 0 | 3 | 0 | 0 | 3 | 0 | 0 | 0 | 3 | 0 |
| 苏州大学 | 11 | 43 | 28 | 43 | 11 | 7 | 20 | 5 | 0 | 41 | 2 | 0 | 21 | 18 | 0 |
| 江苏科技大学 | 12 | 22 | 14 | 22 | 1 | 7 | 14 | 0 | 0 | 19 | 3 | 0 | 2 | 17 | 0 |
| 南京工业大学 | 13 | 13 | 8 | 13 | 0 | 7 | 6 | 0 | 0 | 10 | 3 | 0 | 8 | 4 | 0 |
| 常州大学 | 14 | 7 | 4 | 7 | 0 | 2 | 3 | 2 | 0 | 7 | 0 | 0 | 4 | 3 | 0 |
| 南京邮电大学 | 15 | 26 | 17 | 26 | 2 | 11 | 13 | 0 | 0 | 23 | 3 | 0 | 14 | 9 | 0 |
| 南京林业大学 | 16 | 2 | 1 | 2 | 0 | 2 | 0 | 0 | 0 | 1 | 1 | 0 | 1 | 1 | 0 |
| 江苏大学 | 17 | 7 | 4 | 7 | 1 | 4 | 2 | 0 | 0 | 7 | 0 | 0 | 2 | 5 | 0 |
| 南京信息工程大学 | 18 | 25 | 14 | 25 | 7 | 8 | 10 | 0 | 0 | 24 | 1 | 0 | 7 | 18 | 0 |
| 南通大学 | 19 | 59 | 43 | 59 | 4 | 22 | 33 | 0 | 0 | 42 | 17 | 0 | 15 | 35 | 0 |
| 盐城工学院 | 20 | 21 | 17 | 21 | 0 | 10 | 10 | 1 | 0 | 7 | 14 | 0 | 0 | 16 | 0 |
| 南京医科大学 | 21 | 3 | 2 | 3 | 0 | 1 | 2 | 0 | 0 | 3 | 0 | 0 | 1 | 2 | 0 |
| 徐州医科大学 | 22 | 1 | 1 | 1 | 0 | 0 | 1 | 0 | 0 | 1 | 0 | 0 | 0 | 1 | 0 |
| 南京中医药大学 | 23 | 8 | 6 | 8 | 0 | 1 | 7 | 0 | 0 | 1 | 7 | 0 | 0 | 3 | 0 |

续表

| 高校名称 | | 总计 | | 按职称划分 | | | | | | 按最后学历划分 | | | 按最后学位划分 | | 其他 |
|---|---|---|---|---|---|---|---|---|---|---|---|---|---|---|---|
| | | | 女性 | 小计 | 教授 | 副教授 | 讲师 | 助教 | 初级 | 研究生 | 本科生 | 其他 | 博士 | 硕士 | 人员 |
| | 编号 | L01 | L02 | L03 | L04 | L05 | L06 | L07 | L08 | L09 | L10 | L11 | L12 | L13 | L14 |
| 南京师范大学 | 24 | 85 | 68 | 85 | 18 | 25 | 36 | 6 | 0 | 84 | 1 | 0 | 42 | 42 | 0 |
| 江苏师范大学 | 25 | 44 | 33 | 44 | 5 | 17 | 20 | 2 | 0 | 39 | 5 | 0 | 11 | 30 | 0 |
| 淮阴师范学院 | 26 | 31 | 25 | 31 | 4 | 9 | 17 | 1 | 0 | 20 | 11 | 0 | 6 | 21 | 0 |
| 盐城师范学院 | 27 | 19 | 14 | 19 | 3 | 10 | 3 | 3 | 0 | 19 | 0 | 0 | 6 | 13 | 0 |
| 南京财经大学 | 28 | 8 | 6 | 8 | 0 | 2 | 6 | 0 | 0 | 8 | 0 | 0 | 2 | 6 | 0 |
| 江苏警官学院 | 29 | 1 | 1 | 1 | 0 | 0 | 1 | 0 | 0 | 1 | 0 | 0 | 0 | 1 | 0 |
| 南京体育学院 | 30 | 9 | 6 | 9 | 0 | 0 | 9 | 0 | 0 | 2 | 7 | 0 | 0 | 2 | 0 |
| 南京艺术学院 | 31 | 1 | 1 | 1 | 0 | 0 | 0 | 1 | 0 | 1 | 0 | 0 | 0 | 1 | 0 |
| 苏州科技大学 | 32 | 22 | 17 | 22 | 3 | 7 | 12 | 0 | 0 | 22 | 0 | 0 | 12 | 10 | 0 |
| 常熟理工学院 | 33 | 11 | 10 | 11 | 0 | 4 | 7 | 0 | 0 | 10 | 1 | 0 | 1 | 10 | 0 |
| 淮阴工学院 | 34 | 15 | 13 | 15 | 2 | 4 | 9 | 0 | 0 | 7 | 8 | 0 | 1 | 12 | 0 |
| 常州工学院 | 35 | 38 | 29 | 38 | 1 | 9 | 28 | 0 | 0 | 17 | 21 | 0 | 5 | 15 | 0 |
| 扬州大学 | 36 | 37 | 23 | 37 | 7 | 8 | 22 | 0 | 0 | 25 | 12 | 0 | 10 | 14 | 0 |
| 南京工程学院 | 37 | 23 | 16 | 23 | 1 | 3 | 11 | 7 | 1 | 19 | 4 | 0 | 5 | 17 | 0 |
| 南京审计大学 | 38 | 25 | 22 | 25 | 2 | 5 | 14 | 4 | 0 | 21 | 4 | 0 | 5 | 19 | 0 |
| 南京晓庄学院 | 39 | 6 | 4 | 6 | 1 | 1 | 4 | 0 | 0 | 6 | 0 | 0 | 0 | 6 | 0 |
| 江苏理工学院 | 40 | 16 | 12 | 16 | 1 | 9 | 6 | 0 | 0 | 9 | 7 | 0 | 2 | 7 | 0 |
| 江苏海洋大学 | 41 | 72 | 54 | 72 | 2 | 25 | 45 | 0 | 0 | 32 | 40 | 0 | 5 | 36 | 0 |
| 徐州工程学院 | 42 | 39 | 31 | 39 | 5 | 8 | 26 | 0 | 0 | 19 | 20 | 0 | 3 | 17 | 0 |
| 南京特殊教育师范学院 | 43 | 20 | 18 | 20 | 1 | 4 | 14 | 1 | 0 | 11 | 9 | 0 | 0 | 17 | 0 |
| 泰州学院 | 44 | 6 | 4 | 6 | 1 | 1 | 4 | 0 | 0 | 1 | 5 | 0 | 1 | 2 | 0 |
| 金陵科技学院 | 45 | 6 | 4 | 6 | 1 | 1 | 4 | 0 | 0 | 6 | 0 | 0 | 0 | 6 | 0 |
| 江苏第二师范学院 | 46 | 10 | 8 | 10 | 0 | 2 | 7 | 1 | 0 | 10 | 0 | 0 | 6 | 4 | 0 |

## 2.9 艺术学人文、社会科学活动人员情况表

| 高校名称 | | 总计 | | 按职称划分 | | | | | | 按最后学历划分 | | | 按最后学位划分 | | 其他人员 |
|---|---|---|---|---|---|---|---|---|---|---|---|---|---|---|---|
| | | | 女性 | 小计 | 教授 | 副教授 | 讲师 | 助教 | 初级 | 研究生 | 本科生 | 其他 | 博士 | 硕士 | |
| | 编号 | L01 | L02 | L03 | L04 | L05 | L06 | L07 | L08 | L09 | L10 | L11 | L12 | L13 | L14 |
| 合　计 | / | 3 452 | 1 811 | 3 452 | 468 | 1 147 | 1 571 | 262 | 4 | 2 486 | 965 | 1 | 775 | 1 966 | 0 |
| 南京大学 | 1 | 45 | 20 | 45 | 16 | 17 | 12 | 0 | 0 | 40 | 5 | 0 | 38 | 2 | 0 |
| 东南大学 | 2 | 69 | 29 | 69 | 18 | 20 | 27 | 4 | 0 | 67 | 2 | 0 | 51 | 16 | 0 |
| 江南大学 | 3 | 190 | 96 | 190 | 27 | 82 | 76 | 5 | 0 | 151 | 39 | 0 | 50 | 94 | 0 |
| 南京农业大学 | 4 | 21 | 10 | 21 | 4 | 2 | 14 | 1 | 0 | 16 | 5 | 0 | 5 | 11 | 0 |
| 中国矿业大学 | 5 | 49 | 26 | 49 | 9 | 21 | 19 | 0 | 0 | 40 | 9 | 0 | 8 | 39 | 0 |
| 河海大学 | 6 | 5 | 3 | 5 | 1 | 1 | 3 | 0 | 0 | 3 | 2 | 0 | 0 | 3 | 0 |
| 南京理工大学 | 7 | 43 | 21 | 43 | 4 | 12 | 24 | 3 | 0 | 42 | 1 | 0 | 22 | 20 | 0 |
| 南京航空航天大学 | 8 | 52 | 25 | 52 | 9 | 13 | 28 | 2 | 0 | 34 | 18 | 0 | 16 | 18 | 0 |
| 中国药科大学 | 9 | 0 | 0 | 0 | 0 | 0 | 0 | 0 | 0 | 0 | 0 | 0 | 0 | 0 | 0 |
| 南京森林警察学院 | 10 | 5 | 2 | 5 | 1 | 3 | 1 | 0 | 0 | 4 | 1 | 0 | 0 | 4 | 0 |
| 苏州大学 | 11 | 108 | 54 | 108 | 23 | 35 | 41 | 9 | 0 | 67 | 41 | 0 | 25 | 42 | 0 |
| 江苏科技大学 | 12 | 13 | 7 | 13 | 0 | 2 | 10 | 1 | 0 | 10 | 3 | 0 | 1 | 10 | 0 |
| 南京工业大学 | 13 | 27 | 10 | 27 | 4 | 10 | 12 | 1 | 0 | 27 | 0 | 0 | 12 | 15 | 0 |
| 常州大学 | 14 | 79 | 42 | 79 | 9 | 14 | 36 | 20 | 0 | 68 | 11 | 0 | 14 | 56 | 0 |
| 南京邮电大学 | 15 | 27 | 17 | 27 | 3 | 12 | 12 | 0 | 0 | 25 | 2 | 0 | 8 | 17 | 0 |
| 南京林业大学 | 16 | 98 | 61 | 98 | 12 | 26 | 57 | 3 | 0 | 92 | 6 | 0 | 38 | 54 | 0 |
| 江苏大学 | 17 | 55 | 27 | 55 | 3 | 29 | 22 | 1 | 0 | 36 | 19 | 0 | 10 | 27 | 0 |
| 南京信息工程大学 | 18 | 59 | 25 | 59 | 10 | 15 | 34 | 0 | 0 | 52 | 7 | 0 | 15 | 40 | 0 |
| 南通大学 | 19 | 143 | 74 | 143 | 14 | 63 | 61 | 5 | 0 | 94 | 49 | 0 | 40 | 76 | 0 |
| 盐城工学院 | 20 | 55 | 23 | 55 | 3 | 16 | 31 | 5 | 0 | 29 | 26 | 0 | 7 | 39 | 0 |
| 南京医科大学 | 21 | 1 | 1 | 1 | 0 | 0 | 1 | 0 | 0 | 0 | 1 | 0 | 0 | 0 | 0 |
| 徐州医科大学 | 22 | 4 | 4 | 4 | 0 | 0 | 4 | 0 | 0 | 2 | 2 | 0 | 0 | 2 | 0 |
| 南京中医药大学 | 23 | 3 | 3 | 3 | 0 | 1 | 2 | 0 | 0 | 3 | 0 | 0 | 1 | 2 | 0 |

续表

| 高校名称 | | 总计 | | 按职称划分 | | | | | | 按最后学历划分 | | | 按最后学位划分 | | 其他人员 |
|---|---|---|---|---|---|---|---|---|---|---|---|---|---|---|---|
| | | | 女性 | 小计 | 教授 | 副教授 | 讲师 | 助教 | 初级 | 研究生 | 本科生 | 其他 | 博士 | 硕士 | |
| | 编号 | L01 | L02 | L03 | L04 | L05 | L06 | L07 | L08 | L09 | L10 | L11 | L12 | L13 | L14 |
| 南京师范大学 | 24 | 182 | 88 | 182 | 42 | 59 | 58 | 23 | 0 | 148 | 34 | 0 | 53 | 97 | 0 |
| 江苏师范大学 | 25 | 121 | 60 | 121 | 19 | 55 | 45 | 2 | 0 | 70 | 51 | 0 | 27 | 46 | 0 |
| 淮阴师范学院 | 26 | 144 | 65 | 144 | 13 | 42 | 78 | 11 | 0 | 95 | 49 | 0 | 20 | 90 | 0 |
| 盐城师范学院 | 27 | 105 | 59 | 105 | 10 | 33 | 43 | 19 | 0 | 77 | 28 | 0 | 8 | 71 | 0 |
| 南京财经大学 | 28 | 48 | 22 | 48 | 4 | 14 | 30 | 0 | 0 | 43 | 5 | 0 | 10 | 34 | 0 |
| 江苏警官学院 | 29 | 2 | 1 | 2 | 0 | 0 | 2 | 0 | 0 | 2 | 0 | 0 | 1 | 1 | 0 |
| 南京体育学院 | 30 | 6 | 5 | 6 | 0 | 0 | 3 | 3 | 0 | 6 | 0 | 0 | 2 | 4 | 0 |
| 南京艺术学院 | 31 | 509 | 240 | 509 | 125 | 185 | 182 | 17 | 0 | 358 | 150 | 1 | 128 | 302 | 0 |
| 苏州科技大学 | 32 | 101 | 52 | 101 | 12 | 40 | 42 | 7 | 0 | 80 | 21 | 0 | 22 | 59 | 0 |
| 常熟理工学院 | 33 | 98 | 51 | 98 | 9 | 40 | 45 | 2 | 2 | 61 | 37 | 0 | 21 | 66 | 0 |
| 淮阴工学院 | 34 | 57 | 28 | 57 | 2 | 23 | 27 | 5 | 0 | 33 | 24 | 0 | 6 | 44 | 0 |
| 常州工学院 | 35 | 85 | 48 | 85 | 5 | 26 | 50 | 4 | 0 | 60 | 25 | 0 | 19 | 47 | 0 |
| 扬州大学 | 36 | 111 | 65 | 111 | 14 | 27 | 70 | 0 | 0 | 84 | 27 | 0 | 25 | 59 | 0 |
| 南京工程学院 | 37 | 81 | 41 | 81 | 5 | 22 | 47 | 5 | 2 | 57 | 24 | 0 | 13 | 57 | 0 |
| 南京审计大学 | 38 | 20 | 12 | 20 | 0 | 5 | 10 | 5 | 0 | 12 | 8 | 0 | 1 | 16 | 0 |
| 南京晓庄学院 | 39 | 115 | 78 | 115 | 6 | 32 | 73 | 4 | 0 | 76 | 39 | 0 | 12 | 68 | 0 |
| 江苏理工学院 | 40 | 75 | 43 | 75 | 6 | 23 | 38 | 8 | 0 | 43 | 32 | 0 | 7 | 40 | 0 |
| 江苏海洋大学 | 41 | 38 | 20 | 38 | 0 | 6 | 29 | 3 | 0 | 27 | 11 | 0 | 0 | 27 | 0 |
| 徐州工程学院 | 42 | 100 | 63 | 100 | 4 | 30 | 48 | 18 | 0 | 53 | 47 | 0 | 10 | 51 | 0 |
| 南京特殊教育师范学院 | 43 | 61 | 40 | 61 | 2 | 18 | 27 | 14 | 0 | 37 | 24 | 0 | 8 | 31 | 0 |
| 泰州学院 | 44 | 83 | 47 | 83 | 8 | 23 | 28 | 24 | 0 | 41 | 42 | 0 | 6 | 52 | 0 |
| 金陵科技学院 | 45 | 67 | 43 | 67 | 5 | 23 | 30 | 9 | 0 | 41 | 26 | 0 | 6 | 47 | 0 |
| 江苏第二师范学院 | 46 | 92 | 60 | 92 | 7 | 27 | 39 | 19 | 0 | 80 | 12 | 0 | 9 | 70 | 0 |

## 2.10 历史学人文、社会科学活动人员情况表

| 高校名称 | | 总计 | | 按职称划分 | | | | | | 按最后学历划分 | | | 按最后学位划分 | | 其他人员 |
|---|---|---|---|---|---|---|---|---|---|---|---|---|---|---|---|
| | | | 女性 | 小计 | 教授 | 副教授 | 讲师 | 助教 | 初级 | 研究生 | 本科生 | 其他 | 博士 | 硕士 | |
| | 编号 | L01 | L02 | L03 | L04 | L05 | L06 | L07 | L08 | L09 | L10 | L11 | L12 | L13 | L14 |
| 合　计 | / | 599 | 193 | 599 | 153 | 197 | 242 | 7 | 0 | 549 | 50 | 0 | 425 | 129 | 0 |
| 南京大学 | 1 | 71 | 16 | 71 | 34 | 20 | 17 | 0 | 0 | 70 | 1 | 0 | 70 | 0 | 0 |
| 东南大学 | 2 | 8 | 3 | 8 | 1 | 1 | 6 | 0 | 0 | 8 | 0 | 0 | 7 | 1 | 0 |
| 江南大学 | 3 | 4 | 0 | 4 | 1 | 2 | 1 | 0 | 0 | 4 | 0 | 0 | 2 | 2 | 0 |
| 南京农业大学 | 4 | 21 | 5 | 21 | 5 | 5 | 10 | 1 | 0 | 19 | 2 | 0 | 14 | 5 | 0 |
| 中国矿业大学 | 5 | 0 | 0 | 0 | 0 | 0 | 0 | 0 | 0 | 0 | 0 | 0 | 0 | 0 | 0 |
| 河海大学 | 6 | 4 | 2 | 4 | 0 | 3 | 1 | 0 | 0 | 4 | 0 | 0 | 3 | 1 | 0 |
| 南京理工大学 | 7 | 8 | 1 | 8 | 2 | 3 | 3 | 0 | 0 | 7 | 1 | 0 | 6 | 1 | 0 |
| 南京航空航天大学 | 8 | 3 | 2 | 3 | 0 | 1 | 1 | 1 | 0 | 3 | 0 | 0 | 2 | 1 | 0 |
| 中国药科大学 | 9 | 2 | 1 | 2 | 0 | 0 | 2 | 0 | 0 | 2 | 0 | 0 | 2 | 0 | 0 |
| 南京森林警察学院 | 10 | 1 | 0 | 1 | 0 | 0 | 1 | 0 | 0 | 1 | 0 | 0 | 0 | 1 | 0 |
| 苏州大学 | 11 | 34 | 11 | 34 | 15 | 11 | 8 | 0 | 0 | 33 | 1 | 0 | 30 | 3 | 0 |
| 江苏科技大学 | 12 | 10 | 4 | 10 | 0 | 5 | 5 | 0 | 0 | 10 | 0 | 0 | 6 | 4 | 0 |
| 南京工业大学 | 13 | 2 | 0 | 2 | 0 | 1 | 1 | 0 | 0 | 2 | 0 | 0 | 2 | 0 | 0 |
| 常州大学 | 14 | 8 | 3 | 8 | 3 | 0 | 5 | 0 | 0 | 8 | 0 | 0 | 6 | 2 | 0 |
| 南京邮电大学 | 15 | 11 | 5 | 11 | 2 | 7 | 2 | 0 | 0 | 8 | 3 | 0 | 8 | 0 | 0 |
| 南京林业大学 | 16 | 4 | 2 | 4 | 1 | 1 | 2 | 0 | 0 | 4 | 0 | 0 | 2 | 2 | 0 |
| 江苏大学 | 17 | 13 | 6 | 13 | 1 | 6 | 5 | 1 | 0 | 12 | 1 | 0 | 9 | 4 | 0 |
| 南京信息工程大学 | 18 | 20 | 3 | 20 | 5 | 2 | 13 | 0 | 0 | 20 | 0 | 0 | 17 | 3 | 0 |
| 南通大学 | 19 | 27 | 6 | 27 | 2 | 8 | 16 | 1 | 0 | 26 | 1 | 0 | 21 | 5 | 0 |
| 盐城工学院 | 20 | 7 | 3 | 7 | 3 | 1 | 3 | 0 | 0 | 6 | 1 | 0 | 5 | 2 | 0 |
| 南京医科大学 | 21 | 1 | 0 | 1 | 0 | 1 | 0 | 0 | 0 | 1 | 0 | 0 | 1 | 0 | 0 |
| 徐州医科大学 | 22 | 2 | 1 | 2 | 0 | 0 | 2 | 0 | 0 | 2 | 0 | 0 | 1 | 1 | 0 |
| 南京中医药大学 | 23 | 11 | 6 | 11 | 2 | 5 | 4 | 0 | 0 | 10 | 1 | 0 | 8 | 2 | 0 |

续表

| 高校名称 | | 总计 | | 按职称划分 | | | | | | 按最后学历划分 | | | 按最后学位划分 | | 其他 |
|---|---|---|---|---|---|---|---|---|---|---|---|---|---|---|---|
| | | | 女性 | 小计 | 教授 | 副教授 | 讲师 | 助教 | 初级 | 研究生 | 本科生 | 其他 | 博士 | 硕士 | 人员 |
| | 编号 | L01 | L02 | L03 | L04 | L05 | L06 | L07 | L08 | L09 | L10 | L11 | L12 | L13 | L14 |
| 南京师范大学 | 24 | 45 | 14 | 45 | 16 | 10 | 18 | 1 | 0 | 43 | 2 | 0 | 38 | 5 | 0 |
| 江苏师范大学 | 25 | 39 | 15 | 39 | 11 | 16 | 12 | 0 | 0 | 36 | 3 | 0 | 33 | 3 | 0 |
| 淮阴师范学院 | 26 | 27 | 8 | 27 | 8 | 10 | 9 | 0 | 0 | 23 | 4 | 0 | 15 | 8 | 0 |
| 盐城师范学院 | 27 | 22 | 10 | 22 | 5 | 8 | 9 | 0 | 0 | 20 | 2 | 0 | 10 | 11 | 0 |
| 南京财经大学 | 28 | 12 | 6 | 12 | 1 | 2 | 9 | 0 | 0 | 11 | 1 | 0 | 8 | 3 | 0 |
| 江苏警官学院 | 29 | 2 | 0 | 2 | 1 | 0 | 1 | 0 | 0 | 2 | 0 | 0 | 2 | 0 | 0 |
| 南京体育学院 | 30 | 1 | 0 | 1 | 0 | 1 | 0 | 0 | 0 | 0 | 1 | 0 | 0 | 0 | 0 |
| 南京艺术学院 | 31 | 1 | 1 | 1 | 0 | 0 | 1 | 0 | 0 | 1 | 0 | 0 | 0 | 1 | 0 |
| 苏州科技大学 | 32 | 29 | 9 | 29 | 10 | 7 | 12 | 0 | 0 | 27 | 2 | 0 | 20 | 7 | 0 |
| 常熟理工学院 | 33 | 5 | 2 | 5 | 1 | 4 | 0 | 0 | 0 | 4 | 1 | 0 | 3 | 1 | 0 |
| 淮阴工学院 | 34 | 8 | 2 | 8 | 0 | 4 | 4 | 0 | 0 | 8 | 0 | 0 | 4 | 4 | 0 |
| 常州工学院 | 35 | 7 | 4 | 7 | 0 | 1 | 6 | 0 | 0 | 5 | 2 | 0 | 3 | 2 | 0 |
| 扬州大学 | 36 | 48 | 9 | 48 | 13 | 19 | 16 | 0 | 0 | 44 | 4 | 0 | 38 | 7 | 0 |
| 南京工程学院 | 37 | 6 | 1 | 6 | 0 | 1 | 4 | 1 | 0 | 5 | 1 | 0 | 1 | 4 | 0 |
| 南京审计大学 | 38 | 11 | 1 | 11 | 2 | 2 | 7 | 0 | 0 | 11 | 0 | 0 | 8 | 3 | 0 |
| 南京晓庄学院 | 39 | 11 | 4 | 11 | 4 | 4 | 2 | 1 | 0 | 9 | 2 | 0 | 6 | 3 | 0 |
| 江苏理工学院 | 40 | 6 | 2 | 6 | 1 | 2 | 3 | 0 | 0 | 4 | 2 | 0 | 2 | 2 | 0 |
| 江苏海洋大学 | 41 | 5 | 0 | 5 | 0 | 2 | 3 | 0 | 0 | 4 | 1 | 0 | 1 | 4 | 0 |
| 徐州工程学院 | 42 | 18 | 14 | 18 | 0 | 8 | 10 | 0 | 0 | 13 | 5 | 0 | 2 | 11 | 0 |
| 南京特殊教育师范学院 | 43 | 0 | 0 | 0 | 0 | 0 | 0 | 0 | 0 | 0 | 0 | 0 | 0 | 0 | 0 |
| 泰州学院 | 44 | 9 | 6 | 9 | 0 | 7 | 2 | 0 | 0 | 6 | 3 | 0 | 1 | 5 | 0 |
| 金陵科技学院 | 45 | 5 | 2 | 5 | 0 | 3 | 2 | 0 | 0 | 4 | 1 | 0 | 4 | 0 | 0 |
| 江苏第二师范学院 | 46 | 10 | 3 | 10 | 3 | 3 | 4 | 0 | 0 | 9 | 1 | 0 | 4 | 5 | 0 |

## 2.11 考古学人文、社会科学活动人员情况表

| 高校名称 | | 总计 | | 按职称划分 | | | | | | 按最后学历划分 | | | 按最后学位划分 | | 其他人员 |
|---|---|---|---|---|---|---|---|---|---|---|---|---|---|---|---|
| | | | 女性 | 小计 | 教授 | 副教授 | 讲师 | 助教 | 初级 | 研究生 | 本科生 | 其他 | 博士 | 硕士 | |
| | 编号 | L01 | L02 | L03 | L04 | L05 | L06 | L07 | L08 | L09 | L10 | L11 | L12 | L13 | L14 |
| 合　计 | / | 26 | 8 | 26 | 8 | 8 | 9 | 1 | 0 | 22 | 4 | 0 | 18 | 4 | 0 |
| 南京大学 | 1 | 9 | 1 | 9 | 6 | 3 | 0 | 0 | 0 | 7 | 2 | 0 | 7 | 0 | 0 |
| 东南大学 | 2 | 0 | 0 | 0 | 0 | 0 | 0 | 0 | 0 | 0 | 0 | 0 | 0 | 0 | 0 |
| 江南大学 | 3 | 0 | 0 | 0 | 0 | 0 | 0 | 0 | 0 | 0 | 0 | 0 | 0 | 0 | 0 |
| 南京农业大学 | 4 | 0 | 0 | 0 | 0 | 0 | 0 | 0 | 0 | 0 | 0 | 0 | 0 | 0 | 0 |
| 中国矿业大学 | 5 | 0 | 0 | 0 | 0 | 0 | 0 | 0 | 0 | 0 | 0 | 0 | 0 | 0 | 0 |
| 河海大学 | 6 | 0 | 0 | 0 | 0 | 0 | 0 | 0 | 0 | 0 | 0 | 0 | 0 | 0 | 0 |
| 南京理工大学 | 7 | 0 | 0 | 0 | 0 | 0 | 0 | 0 | 0 | 0 | 0 | 0 | 0 | 0 | 0 |
| 南京航空航天大学 | 8 | 0 | 0 | 0 | 0 | 0 | 0 | 0 | 0 | 0 | 0 | 0 | 0 | 0 | 0 |
| 中国药科大学 | 9 | 0 | 0 | 0 | 0 | 0 | 0 | 0 | 0 | 0 | 0 | 0 | 0 | 0 | 0 |
| 南京森林警察学院 | 10 | 0 | 0 | 0 | 0 | 0 | 0 | 0 | 0 | 0 | 0 | 0 | 0 | 0 | 0 |
| 苏州大学 | 11 | 0 | 0 | 0 | 0 | 0 | 0 | 0 | 0 | 0 | 0 | 0 | 0 | 0 | 0 |
| 江苏科技大学 | 12 | 0 | 0 | 0 | 0 | 0 | 0 | 0 | 0 | 0 | 0 | 0 | 0 | 0 | 0 |
| 南京工业大学 | 13 | 0 | 0 | 0 | 0 | 0 | 0 | 0 | 0 | 0 | 0 | 0 | 0 | 0 | 0 |
| 常州大学 | 14 | 0 | 0 | 0 | 0 | 0 | 0 | 0 | 0 | 0 | 0 | 0 | 0 | 0 | 0 |
| 南京邮电大学 | 15 | 0 | 0 | 0 | 0 | 0 | 0 | 0 | 0 | 0 | 0 | 0 | 0 | 0 | 0 |
| 南京林业大学 | 16 | 0 | 0 | 0 | 0 | 0 | 0 | 0 | 0 | 0 | 0 | 0 | 0 | 0 | 0 |
| 江苏大学 | 17 | 0 | 0 | 0 | 0 | 0 | 0 | 0 | 0 | 0 | 0 | 0 | 0 | 0 | 0 |
| 南京信息工程大学 | 18 | 1 | 0 | 1 | 1 | 0 | 0 | 0 | 0 | 1 | 0 | 0 | 1 | 0 | 0 |
| 南通大学 | 19 | 0 | 0 | 0 | 0 | 0 | 0 | 0 | 0 | 0 | 0 | 0 | 0 | 0 | 0 |
| 盐城工学院 | 20 | 0 | 0 | 0 | 0 | 0 | 0 | 0 | 0 | 0 | 0 | 0 | 0 | 0 | 0 |
| 南京医科大学 | 21 | 0 | 0 | 0 | 0 | 0 | 0 | 0 | 0 | 0 | 0 | 0 | 0 | 0 | 0 |
| 徐州医科大学 | 22 | 0 | 0 | 0 | 0 | 0 | 0 | 0 | 0 | 0 | 0 | 0 | 0 | 0 | 0 |
| 南京中医药大学 | 23 | 0 | 0 | 0 | 0 | 0 | 0 | 0 | 0 | 0 | 0 | 0 | 0 | 0 | 0 |

续表

| 高校名称 | | 总计 | | 按职称划分 | | | | | | 按最后学历划分 | | | 按最后学位划分 | | 其他人员 |
|---|---|---|---|---|---|---|---|---|---|---|---|---|---|---|---|
| | | | 女性 | 小计 | 教授 | 副教授 | 讲师 | 助教 | 初级 | 研究生 | 本科生 | 其他 | 博士 | 硕士 | |
| | 编号 | L01 | L02 | L03 | L04 | L05 | L06 | L07 | L08 | L09 | L10 | L11 | L12 | L13 | L14 |
| 南京师范大学 | 24 | 7 | 1 | 7 | 1 | 2 | 4 | 0 | 0 | 5 | 2 | 0 | 5 | 0 | 0 |
| 江苏师范大学 | 25 | 4 | 3 | 4 | 0 | 2 | 2 | 0 | 0 | 4 | 0 | 0 | 3 | 1 | 0 |
| 淮阴师范学院 | 26 | 1 | 1 | 1 | 0 | 0 | 1 | 0 | 0 | 1 | 0 | 0 | 0 | 1 | 0 |
| 盐城师范学院 | 27 | 0 | 0 | 0 | 0 | 0 | 0 | 0 | 0 | 0 | 0 | 0 | 0 | 0 | 0 |
| 南京财经大学 | 28 | 0 | 0 | 0 | 0 | 0 | 0 | 0 | 0 | 0 | 0 | 0 | 0 | 0 | 0 |
| 江苏警官学院 | 29 | 0 | 0 | 0 | 0 | 0 | 0 | 0 | 0 | 0 | 0 | 0 | 0 | 0 | 0 |
| 南京体育学院 | 30 | 0 | 0 | 0 | 0 | 0 | 0 | 0 | 0 | 0 | 0 | 0 | 0 | 0 | 0 |
| 南京艺术学院 | 31 | 0 | 0 | 0 | 0 | 0 | 0 | 0 | 0 | 0 | 0 | 0 | 0 | 0 | 0 |
| 苏州科技大学 | 32 | 0 | 0 | 0 | 0 | 0 | 0 | 0 | 0 | 0 | 0 | 0 | 0 | 0 | 0 |
| 常熟理工学院 | 33 | 0 | 0 | 0 | 0 | 0 | 0 | 0 | 0 | 0 | 0 | 0 | 0 | 0 | 0 |
| 淮阴工学院 | 34 | 0 | 0 | 0 | 0 | 0 | 0 | 0 | 0 | 0 | 0 | 0 | 0 | 0 | 0 |
| 常州工学院 | 35 | 0 | 0 | 0 | 0 | 0 | 0 | 0 | 0 | 0 | 0 | 0 | 0 | 0 | 0 |
| 扬州大学 | 36 | 0 | 0 | 0 | 0 | 0 | 0 | 0 | 0 | 0 | 0 | 0 | 0 | 0 | 0 |
| 南京工程学院 | 37 | 1 | 0 | 1 | 0 | 0 | 1 | 0 | 0 | 1 | 0 | 0 | 0 | 1 | 0 |
| 南京审计大学 | 38 | 0 | 0 | 0 | 0 | 0 | 0 | 0 | 0 | 0 | 0 | 0 | 0 | 0 | 0 |
| 南京晓庄学院 | 39 | 0 | 0 | 0 | 0 | 0 | 0 | 0 | 0 | 0 | 0 | 0 | 0 | 0 | 0 |
| 江苏理工学院 | 40 | 0 | 0 | 0 | 0 | 0 | 0 | 0 | 0 | 0 | 0 | 0 | 0 | 0 | 0 |
| 江苏海洋大学 | 41 | 0 | 0 | 0 | 0 | 0 | 0 | 0 | 0 | 0 | 0 | 0 | 0 | 0 | 0 |
| 徐州工程学院 | 42 | 0 | 0 | 0 | 0 | 0 | 0 | 0 | 0 | 0 | 0 | 0 | 0 | 0 | 0 |
| 南京特殊教育师范学院 | 43 | 1 | 1 | 1 | 0 | 0 | 1 | 0 | 0 | 1 | 0 | 0 | 1 | 0 | 0 |
| 泰州学院 | 44 | 0 | 0 | 0 | 0 | 0 | 0 | 0 | 0 | 0 | 0 | 0 | 0 | 0 | 0 |
| 金陵科技学院 | 45 | 0 | 0 | 0 | 0 | 0 | 0 | 0 | 0 | 0 | 0 | 0 | 0 | 0 | 0 |
| 江苏第二师范学院 | 46 | 2 | 1 | 2 | 0 | 1 | 0 | 1 | 0 | 2 | 0 | 0 | 1 | 1 | 0 |

## 2.12 经济学人文、社会科学活动人员情况表

| 高校名称 | | 总计 | | 按职称划分 | | | | | | 按最后学历划分 | | | 按最后学位划分 | | 其他人员 |
|---|---|---|---|---|---|---|---|---|---|---|---|---|---|---|---|
| | | | 女性 | 小计 | 教授 | 副教授 | 讲师 | 助教 | 初级 | 研究生 | 本科生 | 其他 | 博士 | 硕士 | |
| | 编号 | L01 | L02 | L03 | L04 | L05 | L06 | L07 | L08 | L09 | L10 | L11 | L12 | L13 | L14 |
| 合　计 | / | 2 948 | 1 365 | 2 948 | 512 | 1 034 | 1 344 | 56 | 2 | 2 397 | 550 | 1 | 1 515 | 1 024 | 0 |
| 南京大学 | 1 | 88 | 20 | 88 | 31 | 27 | 30 | 0 | 0 | 88 | 0 | 0 | 86 | 2 | 0 |
| 东南大学 | 2 | 95 | 39 | 95 | 21 | 43 | 28 | 3 | 0 | 81 | 14 | 0 | 62 | 21 | 0 |
| 江南大学 | 3 | 45 | 22 | 45 | 5 | 28 | 12 | 0 | 0 | 42 | 3 | 0 | 26 | 14 | 0 |
| 南京农业大学 | 4 | 63 | 31 | 63 | 21 | 18 | 20 | 4 | 0 | 62 | 1 | 0 | 54 | 7 | 0 |
| 中国矿业大学 | 5 | 35 | 18 | 35 | 6 | 14 | 15 | 0 | 0 | 30 | 5 | 0 | 20 | 14 | 0 |
| 河海大学 | 6 | 69 | 22 | 69 | 20 | 20 | 29 | 0 | 0 | 66 | 3 | 0 | 47 | 20 | 0 |
| 南京理工大学 | 7 | 55 | 31 | 55 | 12 | 27 | 16 | 0 | 0 | 49 | 6 | 0 | 30 | 23 | 0 |
| 南京航空航天大学 | 8 | 30 | 15 | 30 | 10 | 12 | 8 | 0 | 0 | 29 | 1 | 0 | 17 | 12 | 0 |
| 中国药科大学 | 9 | 21 | 9 | 21 | 2 | 11 | 8 | 0 | 0 | 21 | 0 | 0 | 12 | 9 | 0 |
| 南京森林警察学院 | 10 | 0 | 0 | 0 | 0 | 0 | 0 | 0 | 0 | 0 | 0 | 0 | 0 | 0 | 0 |
| 苏州大学 | 11 | 83 | 45 | 83 | 18 | 43 | 22 | 0 | 0 | 62 | 21 | 0 | 38 | 31 | 0 |
| 江苏科技大学 | 12 | 98 | 52 | 98 | 7 | 35 | 55 | 1 | 0 | 56 | 42 | 0 | 29 | 35 | 0 |
| 南京工业大学 | 13 | 13 | 7 | 13 | 3 | 5 | 5 | 0 | 0 | 8 | 5 | 0 | 3 | 8 | 0 |
| 常州大学 | 14 | 43 | 18 | 43 | 11 | 12 | 20 | 0 | 0 | 35 | 8 | 0 | 23 | 14 | 0 |
| 南京邮电大学 | 15 | 39 | 21 | 39 | 5 | 15 | 19 | 0 | 0 | 37 | 2 | 0 | 20 | 17 | 0 |
| 南京林业大学 | 16 | 39 | 16 | 39 | 8 | 14 | 17 | 0 | 0 | 36 | 3 | 0 | 17 | 19 | 0 |
| 江苏大学 | 17 | 86 | 44 | 86 | 10 | 37 | 36 | 3 | 0 | 63 | 23 | 0 | 28 | 36 | 0 |
| 南京信息工程大学 | 18 | 78 | 43 | 78 | 13 | 26 | 39 | 0 | 0 | 68 | 10 | 0 | 55 | 15 | 0 |
| 南通大学 | 19 | 70 | 30 | 70 | 13 | 36 | 21 | 0 | 0 | 58 | 12 | 0 | 28 | 34 | 0 |
| 盐城工学院 | 20 | 56 | 25 | 56 | 4 | 26 | 23 | 3 | 0 | 23 | 33 | 0 | 7 | 36 | 0 |
| 南京医科大学 | 21 | 0 | 0 | 0 | 0 | 0 | 0 | 0 | 0 | 0 | 0 | 0 | 0 | 0 | 0 |
| 徐州医科大学 | 22 | 3 | 2 | 3 | 2 | 0 | 1 | 0 | 0 | 1 | 2 | 0 | 1 | 1 | 0 |
| 南京中医药大学 | 23 | 20 | 14 | 20 | 3 | 6 | 11 | 0 | 0 | 19 | 1 | 0 | 5 | 14 | 0 |

续表

| 高校名称 | | 总计 | | 按职称划分 | | | | | | 按最后学历划分 | | | 按最后学位划分 | | 其他人员 |
|---|---|---|---|---|---|---|---|---|---|---|---|---|---|---|---|
| | | | 女性 | 小计 | 教授 | 副教授 | 讲师 | 助教 | 初级 | 研究生 | 本科生 | 其他 | 博士 | 硕士 | |
| | 编号 | L01 | L02 | L03 | L04 | L05 | L06 | L07 | L08 | L09 | L10 | L11 | L12 | L13 | L14 |
| 南京师范大学 | 24 | 85 | 34 | 85 | 18 | 30 | 36 | 1 | 0 | 75 | 10 | 0 | 48 | 29 | 0 |
| 江苏师范大学 | 25 | 92 | 37 | 92 | 23 | 29 | 40 | 0 | 0 | 76 | 16 | 0 | 54 | 30 | 0 |
| 淮阴师范学院 | 26 | 63 | 28 | 63 | 11 | 20 | 30 | 2 | 0 | 55 | 8 | 0 | 33 | 24 | 0 |
| 盐城师范学院 | 27 | 81 | 40 | 81 | 7 | 29 | 36 | 9 | 0 | 73 | 8 | 0 | 17 | 56 | 0 |
| 南京财经大学 | 28 | 425 | 189 | 425 | 71 | 128 | 226 | 0 | 0 | 375 | 50 | 0 | 275 | 100 | 0 |
| 江苏警官学院 | 29 | 5 | 2 | 5 | 3 | 0 | 2 | 0 | 0 | 2 | 3 | 0 | 1 | 1 | 0 |
| 南京体育学院 | 30 | 11 | 6 | 11 | 5 | 2 | 3 | 1 | 0 | 3 | 8 | 0 | 2 | 2 | 0 |
| 南京艺术学院 | 31 | 0 | 0 | 0 | 0 | 0 | 0 | 0 | 0 | 0 | 0 | 0 | 0 | 0 | 0 |
| 苏州科技大学 | 32 | 39 | 21 | 39 | 7 | 19 | 13 | 0 | 0 | 39 | 0 | 0 | 26 | 13 | 0 |
| 常熟理工学院 | 33 | 17 | 6 | 17 | 3 | 9 | 5 | 0 | 0 | 14 | 3 | 0 | 9 | 8 | 0 |
| 淮阴工学院 | 34 | 52 | 25 | 52 | 8 | 18 | 25 | 1 | 0 | 29 | 22 | 1 | 17 | 29 | 0 |
| 常州工学院 | 35 | 42 | 17 | 42 | 9 | 13 | 18 | 2 | 0 | 24 | 18 | 0 | 13 | 15 | 0 |
| 扬州大学 | 36 | 139 | 56 | 139 | 23 | 51 | 65 | 0 | 0 | 99 | 40 | 0 | 49 | 53 | 0 |
| 南京工程学院 | 37 | 79 | 37 | 79 | 2 | 12 | 60 | 3 | 2 | 59 | 20 | 0 | 13 | 52 | 0 |
| 南京审计大学 | 38 | 373 | 172 | 373 | 63 | 108 | 193 | 9 | 0 | 338 | 35 | 0 | 268 | 86 | 0 |
| 南京晓庄学院 | 39 | 45 | 24 | 45 | 4 | 17 | 24 | 0 | 0 | 42 | 3 | 0 | 18 | 24 | 0 |
| 江苏理工学院 | 40 | 89 | 50 | 89 | 11 | 34 | 39 | 5 | 0 | 50 | 39 | 0 | 23 | 37 | 0 |
| 江苏海洋大学 | 41 | 38 | 16 | 38 | 2 | 13 | 22 | 1 | 0 | 25 | 13 | 0 | 8 | 20 | 0 |
| 徐州工程学院 | 42 | 85 | 44 | 85 | 8 | 31 | 40 | 6 | 0 | 47 | 38 | 0 | 11 | 43 | 0 |
| 南京特殊教育师范学院 | 43 | 1 | 1 | 1 | 0 | 0 | 1 | 0 | 0 | 1 | 0 | 0 | 1 | 0 | 0 |
| 泰州学院 | 44 | 12 | 7 | 12 | 3 | 2 | 7 | 0 | 0 | 7 | 5 | 0 | 4 | 3 | 0 |
| 金陵科技学院 | 45 | 39 | 25 | 39 | 5 | 13 | 20 | 1 | 0 | 23 | 16 | 0 | 14 | 13 | 0 |
| 江苏第二师范学院 | 46 | 7 | 4 | 7 | 1 | 1 | 4 | 1 | 0 | 7 | 0 | 0 | 3 | 4 | 0 |

## 2.13 政治学人文、社会科学活动人员情况表

| 高校名称 | | 总计 | | 按职称划分 | | | | | | 按最后学历划分 | | | 按最后学位划分 | | 其他 |
|---|---|---|---|---|---|---|---|---|---|---|---|---|---|---|---|
| | | | 女性 | 小计 | 教授 | 副教授 | 讲师 | 助教 | 初级 | 研究生 | 本科生 | 其他 | 博士 | 硕士 | 人员 |
| | 编号 | L01 | L02 | L03 | L04 | L05 | L06 | L07 | L08 | L09 | L10 | L11 | L12 | L13 | L14 |
| 合　计 | / | 424 | 173 | 424 | 85 | 155 | 175 | 9 | 0 | 348 | 76 | 0 | 198 | 181 | 0 |
| 南京大学 | 1 | 44 | 17 | 44 | 7 | 15 | 22 | 0 | 0 | 44 | 0 | 0 | 44 | 0 | 0 |
| 东南大学 | 2 | 20 | 9 | 20 | 2 | 8 | 9 | 1 | 0 | 18 | 2 | 0 | 11 | 7 | 0 |
| 江南大学 | 3 | 7 | 2 | 7 | 4 | 0 | 3 | 0 | 0 | 6 | 1 | 0 | 4 | 3 | 0 |
| 南京农业大学 | 4 | 4 | 1 | 4 | 1 | 2 | 1 | 0 | 0 | 3 | 1 | 0 | 1 | 3 | 0 |
| 中国矿业大学 | 5 | 2 | 1 | 2 | 2 | 0 | 0 | 0 | 0 | 2 | 0 | 0 | 2 | 0 | 0 |
| 河海大学 | 6 | 14 | 6 | 14 | 6 | 4 | 4 | 0 | 0 | 14 | 0 | 0 | 10 | 4 | 0 |
| 南京理工大学 | 7 | 3 | 0 | 3 | 1 | 2 | 0 | 0 | 0 | 3 | 0 | 0 | 3 | 0 | 0 |
| 南京航空航天大学 | 8 | 10 | 5 | 10 | 3 | 6 | 1 | 0 | 0 | 10 | 0 | 0 | 7 | 3 | 0 |
| 中国药科大学 | 9 | 0 | 0 | 0 | 0 | 0 | 0 | 0 | 0 | 0 | 0 | 0 | 0 | 0 | 0 |
| 南京森林警察学院 | 10 | 9 | 2 | 9 | 0 | 6 | 3 | 0 | 0 | 7 | 2 | 0 | 3 | 5 | 0 |
| 苏州大学 | 11 | 18 | 7 | 18 | 10 | 3 | 4 | 1 | 0 | 18 | 0 | 0 | 8 | 8 | 0 |
| 江苏科技大学 | 12 | 14 | 6 | 14 | 2 | 3 | 7 | 2 | 0 | 11 | 3 | 0 | 4 | 7 | 0 |
| 南京工业大学 | 13 | 9 | 4 | 9 | 1 | 5 | 2 | 1 | 0 | 8 | 1 | 0 | 4 | 5 | 0 |
| 常州大学 | 14 | 5 | 1 | 5 | 2 | 0 | 3 | 0 | 0 | 4 | 1 | 0 | 4 | 1 | 0 |
| 南京邮电大学 | 15 | 9 | 3 | 9 | 3 | 3 | 3 | 0 | 0 | 9 | 0 | 0 | 5 | 4 | 0 |
| 南京林业大学 | 16 | 0 | 0 | 0 | 0 | 0 | 0 | 0 | 0 | 0 | 0 | 0 | 0 | 0 | 0 |
| 江苏大学 | 17 | 8 | 3 | 8 | 3 | 3 | 2 | 0 | 0 | 6 | 2 | 0 | 5 | 1 | 0 |
| 南京信息工程大学 | 18 | 14 | 6 | 14 | 4 | 4 | 6 | 0 | 0 | 11 | 3 | 0 | 6 | 6 | 0 |
| 南通大学 | 19 | 12 | 4 | 12 | 2 | 8 | 1 | 1 | 0 | 9 | 3 | 0 | 7 | 4 | 0 |
| 盐城工学院 | 20 | 2 | 1 | 2 | 1 | 0 | 1 | 0 | 0 | 2 | 0 | 0 | 0 | 2 | 0 |
| 南京医科大学 | 21 | 0 | 0 | 0 | 0 | 0 | 0 | 0 | 0 | 0 | 0 | 0 | 0 | 0 | 0 |
| 徐州医科大学 | 22 | 3 | 2 | 3 | 0 | 2 | 1 | 0 | 0 | 2 | 1 | 0 | 2 | 1 | 0 |
| 南京中医药大学 | 23 | 4 | 2 | 4 | 0 | 0 | 4 | 0 | 0 | 3 | 1 | 0 | 1 | 2 | 0 |

续表

| 高校名称 | | 总计 | | 按职称划分 | | | | | | 按最后学历划分 | | | 按最后学位划分 | | 其他人员 |
|---|---|---|---|---|---|---|---|---|---|---|---|---|---|---|---|
| | | | 女性 | 小计 | 教授 | 副教授 | 讲师 | 助教 | 初级 | 研究生 | 本科生 | 其他 | 博士 | 硕士 | |
| | 编号 | L01 | L02 | L03 | L04 | L05 | L06 | L07 | L08 | L09 | L10 | L11 | L12 | L13 | L14 |
| 南京师范大学 | 24 | 27 | 10 | 27 | 6 | 9 | 12 | 0 | 0 | 27 | 0 | 0 | 14 | 13 | 0 |
| 江苏师范大学 | 25 | 13 | 5 | 13 | 2 | 7 | 4 | 0 | 0 | 12 | 1 | 0 | 6 | 6 | 0 |
| 淮阴师范学院 | 26 | 14 | 5 | 14 | 2 | 4 | 8 | 0 | 0 | 11 | 3 | 0 | 2 | 11 | 0 |
| 盐城师范学院 | 27 | 17 | 7 | 17 | 1 | 8 | 6 | 2 | 0 | 15 | 2 | 0 | 5 | 11 | 0 |
| 南京财经大学 | 28 | 11 | 5 | 11 | 0 | 3 | 8 | 0 | 0 | 11 | 0 | 0 | 8 | 3 | 0 |
| 江苏警官学院 | 29 | 6 | 3 | 6 | 0 | 3 | 3 | 0 | 0 | 5 | 1 | 0 | 3 | 3 | 0 |
| 南京体育学院 | 30 | 3 | 2 | 3 | 0 | 0 | 3 | 0 | 0 | 3 | 0 | 0 | 0 | 3 | 0 |
| 南京艺术学院 | 31 | 0 | 0 | 0 | 0 | 0 | 0 | 0 | 0 | 0 | 0 | 0 | 0 | 0 | 0 |
| 苏州科技大学 | 32 | 13 | 6 | 13 | 2 | 4 | 7 | 0 | 0 | 13 | 0 | 0 | 6 | 7 | 0 |
| 常熟理工学院 | 33 | 1 | 0 | 1 | 1 | 0 | 0 | 0 | 0 | 1 | 0 | 0 | 0 | 1 | 0 |
| 淮阴工学院 | 34 | 13 | 5 | 13 | 4 | 5 | 4 | 0 | 0 | 6 | 7 | 0 | 0 | 11 | 0 |
| 常州工学院 | 35 | 4 | 2 | 4 | 1 | 2 | 1 | 0 | 0 | 3 | 1 | 0 | 1 | 3 | 0 |
| 扬州大学 | 36 | 15 | 7 | 15 | 3 | 6 | 6 | 0 | 0 | 10 | 5 | 0 | 6 | 4 | 0 |
| 南京工程学院 | 37 | 19 | 10 | 19 | 0 | 6 | 12 | 1 | 0 | 12 | 7 | 0 | 2 | 12 | 0 |
| 南京审计大学 | 38 | 13 | 5 | 13 | 2 | 3 | 8 | 0 | 0 | 13 | 0 | 0 | 10 | 3 | 0 |
| 南京晓庄学院 | 39 | 4 | 2 | 4 | 2 | 0 | 2 | 0 | 0 | 3 | 1 | 0 | 0 | 3 | 0 |
| 江苏理工学院 | 40 | 4 | 0 | 4 | 1 | 2 | 1 | 0 | 0 | 2 | 2 | 0 | 1 | 2 | 0 |
| 江苏海洋大学 | 41 | 3 | 1 | 3 | 0 | 2 | 1 | 0 | 0 | 2 | 1 | 0 | 0 | 3 | 0 |
| 徐州工程学院 | 42 | 9 | 4 | 9 | 1 | 4 | 4 | 0 | 0 | 2 | 7 | 0 | 0 | 6 | 0 |
| 南京特殊教育师范学院 | 43 | 0 | 0 | 0 | 0 | 0 | 0 | 0 | 0 | 0 | 0 | 0 | 0 | 0 | 0 |
| 泰州学院 | 44 | 11 | 4 | 11 | 1 | 8 | 2 | 0 | 0 | 0 | 11 | 0 | 0 | 6 | 0 |
| 金陵科技学院 | 45 | 11 | 6 | 11 | 1 | 5 | 5 | 0 | 0 | 5 | 6 | 0 | 2 | 3 | 0 |
| 江苏第二师范学院 | 46 | 2 | 2 | 2 | 1 | 0 | 1 | 0 | 0 | 2 | 0 | 0 | 1 | 1 | 0 |

## 2.14 法学人文、社会科学活动人员情况表

| 高校名称 | | 总计 | | 按职称划分 | | | | | | 按最后学历划分 | | | 按最后学位划分 | | 其他人员 |
|---|---|---|---|---|---|---|---|---|---|---|---|---|---|---|---|
| | | | 女性 | 小计 | 教授 | 副教授 | 讲师 | 助教 | 初级 | 研究生 | 本科生 | 其他 | 博士 | 硕士 | |
| | 编号 | L01 | L02 | L03 | L04 | L05 | L06 | L07 | L08 | L09 | L10 | L11 | L12 | L13 | L14 |
| 合　计 | / | 1 417 | 560 | 1 417 | 278 | 549 | 561 | 29 | 0 | 1 106 | 311 | 0 | 651 | 575 | 0 |
| 南京大学 | 1 | 68 | 24 | 68 | 28 | 29 | 11 | 0 | 0 | 66 | 2 | 0 | 61 | 5 | 0 |
| 东南大学 | 2 | 64 | 21 | 64 | 17 | 31 | 16 | 0 | 0 | 62 | 2 | 0 | 55 | 6 | 0 |
| 江南大学 | 3 | 37 | 19 | 37 | 3 | 17 | 17 | 0 | 0 | 31 | 6 | 0 | 17 | 17 | 0 |
| 南京农业大学 | 4 | 20 | 6 | 20 | 4 | 6 | 10 | 0 | 0 | 19 | 1 | 0 | 7 | 13 | 0 |
| 中国矿业大学 | 5 | 14 | 6 | 14 | 1 | 3 | 10 | 0 | 0 | 10 | 4 | 0 | 6 | 6 | 0 |
| 河海大学 | 6 | 47 | 18 | 47 | 8 | 23 | 16 | 0 | 0 | 47 | 0 | 0 | 39 | 7 | 0 |
| 南京理工大学 | 7 | 26 | 7 | 26 | 5 | 12 | 9 | 0 | 0 | 23 | 3 | 0 | 17 | 5 | 0 |
| 南京航空航天大学 | 8 | 30 | 13 | 30 | 3 | 13 | 13 | 1 | 0 | 28 | 2 | 0 | 16 | 11 | 0 |
| 中国药科大学 | 9 | 10 | 3 | 10 | 4 | 1 | 5 | 0 | 0 | 7 | 3 | 0 | 3 | 4 | 0 |
| 南京森林警察学院 | 10 | 76 | 35 | 76 | 11 | 31 | 33 | 1 | 0 | 56 | 20 | 0 | 5 | 63 | 0 |
| 苏州大学 | 11 | 63 | 12 | 63 | 24 | 27 | 12 | 0 | 0 | 55 | 8 | 0 | 47 | 11 | 0 |
| 江苏科技大学 | 12 | 9 | 4 | 9 | 1 | 4 | 4 | 0 | 0 | 5 | 4 | 0 | 1 | 5 | 0 |
| 南京工业大学 | 13 | 26 | 10 | 26 | 8 | 11 | 5 | 2 | 0 | 24 | 2 | 0 | 10 | 13 | 0 |
| 常州大学 | 14 | 46 | 16 | 46 | 12 | 12 | 21 | 1 | 0 | 41 | 5 | 0 | 31 | 13 | 0 |
| 南京邮电大学 | 15 | 12 | 7 | 12 | 1 | 9 | 2 | 0 | 0 | 10 | 2 | 0 | 4 | 7 | 0 |
| 南京林业大学 | 16 | 12 | 10 | 12 | 2 | 1 | 9 | 0 | 0 | 10 | 2 | 0 | 3 | 7 | 0 |
| 江苏大学 | 17 | 49 | 22 | 49 | 7 | 25 | 17 | 0 | 0 | 44 | 5 | 0 | 16 | 28 | 0 |
| 南京信息工程大学 | 18 | 39 | 21 | 39 | 8 | 13 | 18 | 0 | 0 | 36 | 3 | 0 | 21 | 16 | 0 |
| 南通大学 | 19 | 27 | 14 | 27 | 4 | 13 | 10 | 0 | 0 | 20 | 7 | 0 | 5 | 21 | 0 |
| 盐城工学院 | 20 | 10 | 4 | 10 | 1 | 2 | 4 | 3 | 0 | 8 | 2 | 0 | 2 | 6 | 0 |
| 南京医科大学 | 21 | 2 | 1 | 2 | 0 | 1 | 1 | 0 | 0 | 2 | 0 | 0 | 1 | 1 | 0 |
| 徐州医科大学 | 22 | 14 | 7 | 14 | 0 | 3 | 11 | 0 | 0 | 5 | 9 | 0 | 0 | 9 | 0 |
| 南京中医药大学 | 23 | 12 | 5 | 12 | 4 | 3 | 5 | 0 | 0 | 11 | 1 | 0 | 5 | 6 | 0 |

续表

| 高校名称 | | 总计 | | 按职称划分 | | | | | | 按最后学历划分 | | | 按最后学位划分 | | 其他人员 |
|---|---|---|---|---|---|---|---|---|---|---|---|---|---|---|---|
| | | | 女性 | 小计 | 教授 | 副教授 | 讲师 | 助教 | 初级 | 研究生 | 本科生 | 其他 | 博士 | 硕士 | |
| | 编号 | L01 | L02 | L03 | L04 | L05 | L06 | L07 | L08 | L09 | L10 | L11 | L12 | L13 | L14 |
| 南京师范大学 | 24 | 91 | 26 | 91 | 28 | 32 | 30 | 1 | 0 | 86 | 5 | 0 | 67 | 19 | 0 |
| 江苏师范大学 | 25 | 41 | 11 | 41 | 11 | 17 | 13 | 0 | 0 | 22 | 19 | 0 | 18 | 16 | 0 |
| 淮阴师范学院 | 26 | 42 | 14 | 42 | 9 | 18 | 14 | 1 | 0 | 39 | 3 | 0 | 14 | 26 | 0 |
| 盐城师范学院 | 27 | 34 | 15 | 34 | 2 | 11 | 20 | 1 | 0 | 32 | 2 | 0 | 19 | 13 | 0 |
| 南京财经大学 | 28 | 65 | 24 | 65 | 12 | 22 | 31 | 0 | 0 | 60 | 5 | 0 | 35 | 26 | 0 |
| 江苏警官学院 | 29 | 122 | 47 | 122 | 15 | 49 | 52 | 6 | 0 | 37 | 85 | 0 | 17 | 63 | 0 |
| 南京体育学院 | 30 | 3 | 2 | 3 | 1 | 0 | 1 | 1 | 0 | 2 | 1 | 0 | 0 | 2 | 0 |
| 南京艺术学院 | 31 | 0 | 0 | 0 | 0 | 0 | 0 | 0 | 0 | 0 | 0 | 0 | 0 | 0 | 0 |
| 苏州科技大学 | 32 | 6 | 3 | 6 | 0 | 1 | 5 | 0 | 0 | 6 | 0 | 0 | 2 | 4 | 0 |
| 常熟理工学院 | 33 | 2 | 0 | 2 | 1 | 1 | 0 | 0 | 0 | 2 | 0 | 0 | 2 | 0 | 0 |
| 淮阴工学院 | 34 | 12 | 5 | 12 | 2 | 5 | 5 | 0 | 0 | 11 | 1 | 0 | 4 | 8 | 0 |
| 常州工学院 | 35 | 11 | 6 | 11 | 1 | 3 | 7 | 0 | 0 | 4 | 7 | 0 | 1 | 8 | 0 |
| 扬州大学 | 36 | 53 | 21 | 53 | 15 | 22 | 16 | 0 | 0 | 40 | 13 | 0 | 28 | 13 | 0 |
| 南京工程学院 | 37 | 16 | 5 | 16 | 1 | 1 | 14 | 0 | 0 | 9 | 7 | 0 | 1 | 10 | 0 |
| 南京审计大学 | 38 | 79 | 36 | 79 | 15 | 29 | 29 | 6 | 0 | 72 | 7 | 0 | 44 | 30 | 0 |
| 南京晓庄学院 | 39 | 12 | 7 | 12 | 2 | 3 | 6 | 1 | 0 | 11 | 1 | 0 | 8 | 3 | 0 |
| 江苏理工学院 | 40 | 5 | 2 | 5 | 1 | 1 | 3 | 0 | 0 | 4 | 1 | 0 | 2 | 2 | 0 |
| 江苏海洋大学 | 41 | 33 | 13 | 33 | 1 | 12 | 20 | 0 | 0 | 14 | 19 | 0 | 8 | 12 | 0 |
| 徐州工程学院 | 42 | 35 | 17 | 35 | 2 | 13 | 17 | 3 | 0 | 11 | 24 | 0 | 4 | 13 | 0 |
| 南京特殊教育师范学院 | 43 | 0 | 0 | 0 | 0 | 0 | 0 | 0 | 0 | 0 | 0 | 0 | 0 | 0 | 0 |
| 泰州学院 | 44 | 14 | 5 | 14 | 2 | 8 | 4 | 0 | 0 | 8 | 6 | 0 | 3 | 9 | 0 |
| 金陵科技学院 | 45 | 15 | 7 | 15 | 1 | 7 | 7 | 0 | 0 | 7 | 8 | 0 | 0 | 10 | 0 |
| 江苏第二师范学院 | 46 | 13 | 9 | 13 | 0 | 4 | 8 | 1 | 0 | 9 | 4 | 0 | 2 | 8 | 0 |

## 2.15 社会学人文、社会科学活动人员情况表

| 高校名称 | | 总计 | | 按职称划分 | | | | | | 按最后学历划分 | | | 按最后学位划分 | | 其他人员 |
|---|---|---|---|---|---|---|---|---|---|---|---|---|---|---|---|
| | | | 女性 | 小计 | 教授 | 副教授 | 讲师 | 助教 | 初级 | 研究生 | 本科生 | 其他 | 博士 | 硕士 | |
| | 编号 | L01 | L02 | L03 | L04 | L05 | L06 | L07 | L08 | L09 | L10 | L11 | L12 | L13 | L14 |
| 合　计 | / | 671 | 334 | 671 | 104 | 238 | 312 | 12 | 5 | 588 | 82 | 1 | 359 | 258 | 0 |
| 南京大学 | 1 | 46 | 14 | 46 | 18 | 16 | 12 | 0 | 0 | 46 | 0 | 0 | 45 | 1 | 0 |
| 东南大学 | 2 | 20 | 10 | 20 | 1 | 9 | 9 | 1 | 0 | 20 | 0 | 0 | 16 | 4 | 0 |
| 江南大学 | 3 | 21 | 10 | 21 | 4 | 11 | 6 | 0 | 0 | 20 | 1 | 0 | 10 | 11 | 0 |
| 南京农业大学 | 4 | 22 | 15 | 22 | 3 | 9 | 9 | 1 | 0 | 19 | 3 | 0 | 14 | 5 | 0 |
| 中国矿业大学 | 5 | 1 | 1 | 1 | 0 | 0 | 1 | 0 | 0 | 1 | 0 | 0 | 0 | 1 | 0 |
| 河海大学 | 6 | 63 | 24 | 63 | 21 | 22 | 20 | 0 | 0 | 62 | 1 | 0 | 51 | 11 | 0 |
| 南京理工大学 | 7 | 16 | 8 | 16 | 2 | 7 | 7 | 0 | 0 | 16 | 0 | 0 | 13 | 3 | 0 |
| 南京航空航天大学 | 8 | 7 | 3 | 7 | 0 | 3 | 4 | 0 | 0 | 7 | 0 | 0 | 6 | 1 | 0 |
| 中国药科大学 | 9 | 0 | 0 | 0 | 0 | 0 | 0 | 0 | 0 | 0 | 0 | 0 | 0 | 0 | 0 |
| 南京森林警察学院 | 10 | 4 | 2 | 4 | 0 | 2 | 2 | 0 | 0 | 3 | 1 | 0 | 0 | 4 | 0 |
| 苏州大学 | 11 | 25 | 10 | 25 | 9 | 10 | 6 | 0 | 0 | 24 | 1 | 0 | 12 | 12 | 0 |
| 江苏科技大学 | 12 | 23 | 11 | 23 | 2 | 5 | 15 | 1 | 0 | 18 | 5 | 0 | 6 | 12 | 0 |
| 南京工业大学 | 13 | 6 | 2 | 6 | 0 | 2 | 4 | 0 | 0 | 5 | 1 | 0 | 3 | 3 | 0 |
| 常州大学 | 14 | 24 | 8 | 24 | 4 | 9 | 11 | 0 | 0 | 23 | 1 | 0 | 15 | 8 | 0 |
| 南京邮电大学 | 15 | 46 | 26 | 46 | 6 | 20 | 20 | 0 | 0 | 42 | 4 | 0 | 28 | 14 | 0 |
| 南京林业大学 | 16 | 7 | 3 | 7 | 2 | 1 | 4 | 0 | 0 | 7 | 0 | 0 | 5 | 2 | 0 |
| 江苏大学 | 17 | 2 | 1 | 2 | 1 | 1 | 0 | 0 | 0 | 2 | 0 | 0 | 1 | 1 | 0 |
| 南京信息工程大学 | 18 | 24 | 16 | 24 | 2 | 5 | 17 | 0 | 0 | 24 | 0 | 0 | 17 | 7 | 0 |
| 南通大学 | 19 | 14 | 8 | 14 | 2 | 8 | 4 | 0 | 0 | 13 | 1 | 0 | 10 | 3 | 0 |
| 盐城工学院 | 20 | 9 | 7 | 9 | 0 | 2 | 4 | 3 | 0 | 8 | 1 | 0 | 2 | 7 | 0 |
| 南京医科大学 | 21 | 4 | 3 | 4 | 0 | 3 | 1 | 0 | 0 | 4 | 0 | 0 | 1 | 3 | 0 |
| 徐州医科大学 | 22 | 10 | 8 | 10 | 0 | 3 | 7 | 0 | 0 | 8 | 2 | 0 | 3 | 5 | 0 |
| 南京中医药大学 | 23 | 18 | 15 | 18 | 1 | 4 | 13 | 0 | 0 | 16 | 2 | 0 | 4 | 14 | 0 |

续表

| 高校名称 | | 总计 | | 按职称划分 | | | | | | 按最后学历划分 | | | 按最后学位划分 | | 其他 |
|---|---|---|---|---|---|---|---|---|---|---|---|---|---|---|---|
| | | | 女性 | 小计 | 教授 | 副教授 | 讲师 | 助教 | 初级 | 研究生 | 本科生 | 其他 | 博士 | 硕士 | 人员 |
| | 编号 | L01 | L02 | L03 | L04 | L05 | L06 | L07 | L08 | L09 | L10 | L11 | L12 | L13 | L14 |
| 南京师范大学 | 24 | 27 | 11 | 27 | 9 | 9 | 9 | 0 | 0 | 25 | 2 | 0 | 16 | 9 | 0 |
| 江苏师范大学 | 25 | 18 | 10 | 18 | 0 | 10 | 8 | 0 | 0 | 12 | 6 | 0 | 7 | 9 | 0 |
| 淮阴师范学院 | 26 | 7 | 1 | 7 | 1 | 3 | 3 | 0 | 0 | 5 | 2 | 0 | 2 | 4 | 0 |
| 盐城师范学院 | 27 | 10 | 4 | 10 | 2 | 4 | 3 | 1 | 0 | 10 | 0 | 0 | 7 | 3 | 0 |
| 南京财经大学 | 28 | 13 | 6 | 13 | 0 | 7 | 6 | 0 | 0 | 12 | 1 | 0 | 8 | 4 | 0 |
| 江苏警官学院 | 29 | 11 | 6 | 11 | 1 | 2 | 8 | 0 | 0 | 6 | 5 | 0 | 1 | 8 | 0 |
| 南京体育学院 | 30 | 3 | 2 | 3 | 1 | 2 | 0 | 0 | 0 | 2 | 1 | 0 | 1 | 2 | 0 |
| 南京艺术学院 | 31 | 0 | 0 | 0 | 0 | 0 | 0 | 0 | 0 | 0 | 0 | 0 | 0 | 0 | 0 |
| 苏州科技大学 | 32 | 17 | 7 | 17 | 1 | 6 | 9 | 1 | 0 | 17 | 0 | 0 | 7 | 10 | 0 |
| 常熟理工学院 | 33 | 2 | 1 | 2 | 1 | 1 | 0 | 0 | 0 | 2 | 0 | 0 | 2 | 0 | 0 |
| 淮阴工学院 | 34 | 20 | 9 | 20 | 2 | 7 | 11 | 0 | 0 | 14 | 5 | 1 | 6 | 12 | 0 |
| 常州工学院 | 35 | 4 | 2 | 4 | 1 | 0 | 3 | 0 | 0 | 3 | 1 | 0 | 0 | 4 | 0 |
| 扬州大学 | 36 | 24 | 10 | 24 | 1 | 11 | 12 | 0 | 0 | 22 | 2 | 0 | 15 | 9 | 0 |
| 南京工程学院 | 37 | 27 | 12 | 27 | 0 | 1 | 21 | 0 | 5 | 24 | 3 | 0 | 10 | 17 | 0 |
| 南京审计大学 | 38 | 6 | 3 | 6 | 0 | 1 | 3 | 2 | 0 | 5 | 1 | 0 | 2 | 4 | 0 |
| 南京晓庄学院 | 39 | 15 | 13 | 15 | 1 | 4 | 9 | 1 | 0 | 13 | 2 | 0 | 5 | 8 | 0 |
| 江苏理工学院 | 40 | 2 | 1 | 2 | 0 | 2 | 0 | 0 | 0 | 2 | 0 | 0 | 1 | 1 | 0 |
| 江苏海洋大学 | 41 | 2 | 2 | 2 | 0 | 0 | 2 | 0 | 0 | 2 | 0 | 0 | 1 | 1 | 0 |
| 徐州工程学院 | 42 | 38 | 22 | 38 | 4 | 11 | 22 | 1 | 0 | 11 | 27 | 0 | 1 | 13 | 0 |
| 南京特殊教育师范学院 | 43 | 5 | 3 | 5 | 1 | 2 | 2 | 0 | 0 | 5 | 0 | 0 | 2 | 3 | 0 |
| 泰州学院 | 44 | 3 | 0 | 3 | 0 | 1 | 2 | 0 | 0 | 3 | 0 | 0 | 1 | 2 | 0 |
| 金陵科技学院 | 45 | 2 | 2 | 2 | 0 | 0 | 2 | 0 | 0 | 2 | 0 | 0 | 0 | 2 | 0 |
| 江苏第二师范学院 | 46 | 3 | 2 | 3 | 0 | 2 | 1 | 0 | 0 | 3 | 0 | 0 | 2 | 1 | 0 |

## 2.16 民族学与文化学人文、社会科学活动人员情况表

| 高校名称 | | 总计 | | 按职称划分 | | | | | | 按最后学历划分 | | | 按最后学位划分 | | 其他人员 |
|---|---|---|---|---|---|---|---|---|---|---|---|---|---|---|---|
| | | | 女性 | 小计 | 教授 | 副教授 | 讲师 | 助教 | 初级 | 研究生 | 本科生 | 其他 | 博士 | 硕士 | |
| | 编号 | L01 | L02 | L03 | L04 | L05 | L06 | L07 | L08 | L09 | L10 | L11 | L12 | L13 | L14 |
| 合　计 | / | 58 | 33 | 58 | 8 | 18 | 24 | 8 | 0 | 42 | 16 | 0 | 21 | 21 | 0 |
| 南京大学 | 1 | 4 | 0 | 4 | 2 | 2 | 0 | 0 | 0 | 4 | 0 | 0 | 4 | 0 | 0 |
| 东南大学 | 2 | 2 | 0 | 2 | 0 | 1 | 1 | 0 | 0 | 1 | 1 | 0 | 1 | 0 | 0 |
| 江南大学 | 3 | 1 | 0 | 1 | 0 | 1 | 0 | 0 | 0 | 0 | 1 | 0 | 0 | 1 | 0 |
| 南京农业大学 | 4 | 3 | 2 | 3 | 0 | 0 | 1 | 2 | 0 | 3 | 0 | 0 | 0 | 3 | 0 |
| 中国矿业大学 | 5 | 0 | 0 | 0 | 0 | 0 | 0 | 0 | 0 | 0 | 0 | 0 | 0 | 0 | 0 |
| 河海大学 | 6 | 10 | 7 | 10 | 3 | 2 | 5 | 0 | 0 | 7 | 3 | 0 | 4 | 2 | 0 |
| 南京理工大学 | 7 | 0 | 0 | 0 | 0 | 0 | 0 | 0 | 0 | 0 | 0 | 0 | 0 | 0 | 0 |
| 南京航空航天大学 | 8 | 0 | 0 | 0 | 0 | 0 | 0 | 0 | 0 | 0 | 0 | 0 | 0 | 0 | 0 |
| 中国药科大学 | 9 | 0 | 0 | 0 | 0 | 0 | 0 | 0 | 0 | 0 | 0 | 0 | 0 | 0 | 0 |
| 南京森林警察学院 | 10 | 0 | 0 | 0 | 0 | 0 | 0 | 0 | 0 | 0 | 0 | 0 | 0 | 0 | 0 |
| 苏州大学 | 11 | 0 | 0 | 0 | 0 | 0 | 0 | 0 | 0 | 0 | 0 | 0 | 0 | 0 | 0 |
| 江苏科技大学 | 12 | 1 | 0 | 1 | 0 | 0 | 1 | 0 | 0 | 1 | 0 | 0 | 0 | 1 | 0 |
| 南京工业大学 | 13 | 5 | 4 | 5 | 0 | 4 | 1 | 0 | 0 | 5 | 0 | 0 | 1 | 4 | 0 |
| 常州大学 | 14 | 0 | 0 | 0 | 0 | 0 | 0 | 0 | 0 | 0 | 0 | 0 | 0 | 0 | 0 |
| 南京邮电大学 | 15 | 0 | 0 | 0 | 0 | 0 | 0 | 0 | 0 | 0 | 0 | 0 | 0 | 0 | 0 |
| 南京林业大学 | 16 | 0 | 0 | 0 | 0 | 0 | 0 | 0 | 0 | 0 | 0 | 0 | 0 | 0 | 0 |
| 江苏大学 | 17 | 2 | 2 | 2 | 0 | 0 | 2 | 0 | 0 | 2 | 0 | 0 | 2 | 0 | 0 |
| 南京信息工程大学 | 18 | 0 | 0 | 0 | 0 | 0 | 0 | 0 | 0 | 0 | 0 | 0 | 0 | 0 | 0 |
| 南通大学 | 19 | 0 | 0 | 0 | 0 | 0 | 0 | 0 | 0 | 0 | 0 | 0 | 0 | 0 | 0 |
| 盐城工学院 | 20 | 0 | 0 | 0 | 0 | 0 | 0 | 0 | 0 | 0 | 0 | 0 | 0 | 0 | 0 |
| 南京医科大学 | 21 | 0 | 0 | 0 | 0 | 0 | 0 | 0 | 0 | 0 | 0 | 0 | 0 | 0 | 0 |
| 徐州医科大学 | 22 | 0 | 0 | 0 | 0 | 0 | 0 | 0 | 0 | 0 | 0 | 0 | 0 | 0 | 0 |
| 南京中医药大学 | 23 | 2 | 2 | 2 | 0 | 2 | 0 | 0 | 0 | 1 | 1 | 0 | 0 | 1 | 0 |

续表

| 高校名称 | | 总计 | | 按职称划分 | | | | | | 按最后学历划分 | | | 按最后学位划分 | | 其他 |
|---|---|---|---|---|---|---|---|---|---|---|---|---|---|---|---|
| | | | 女性 | 小计 | 教授 | 副教授 | 讲师 | 助教 | 初级 | 研究生 | 本科生 | 其他 | 博士 | 硕士 | 人员 |
| | 编号 | L01 | L02 | L03 | L04 | L05 | L06 | L07 | L08 | L09 | L10 | L11 | L12 | L13 | L14 |
| 南京师范大学 | 24 | 1 | 1 | 1 | 0 | 0 | 0 | 1 | 0 | 1 | 0 | 0 | 0 | 1 | 0 |
| 江苏师范大学 | 25 | 6 | 2 | 6 | 2 | 2 | 1 | 1 | 0 | 5 | 1 | 0 | 4 | 1 | 0 |
| 淮阴师范学院 | 26 | 0 | 0 | 0 | 0 | 0 | 0 | 0 | 0 | 0 | 0 | 0 | 0 | 0 | 0 |
| 盐城师范学院 | 27 | 0 | 0 | 0 | 0 | 0 | 0 | 0 | 0 | 0 | 0 | 0 | 0 | 0 | 0 |
| 南京财经大学 | 28 | 0 | 0 | 0 | 0 | 0 | 0 | 0 | 0 | 0 | 0 | 0 | 0 | 0 | 0 |
| 江苏警官学院 | 29 | 0 | 0 | 0 | 0 | 0 | 0 | 0 | 0 | 0 | 0 | 0 | 0 | 0 | 0 |
| 南京体育学院 | 30 | 1 | 0 | 1 | 0 | 1 | 0 | 0 | 0 | 0 | 1 | 0 | 0 | 0 | 0 |
| 南京艺术学院 | 31 | 0 | 0 | 0 | 0 | 0 | 0 | 0 | 0 | 0 | 0 | 0 | 0 | 0 | 0 |
| 苏州科技大学 | 32 | 0 | 0 | 0 | 0 | 0 | 0 | 0 | 0 | 0 | 0 | 0 | 0 | 0 | 0 |
| 常熟理工学院 | 33 | 0 | 0 | 0 | 0 | 0 | 0 | 0 | 0 | 0 | 0 | 0 | 0 | 0 | 0 |
| 淮阴工学院 | 34 | 0 | 0 | 0 | 0 | 0 | 0 | 0 | 0 | 0 | 0 | 0 | 0 | 0 | 0 |
| 常州工学院 | 35 | 2 | 2 | 2 | 0 | 0 | 2 | 0 | 0 | 2 | 0 | 0 | 2 | 0 | 0 |
| 扬州大学 | 36 | 2 | 2 | 2 | 0 | 1 | 1 | 0 | 0 | 2 | 0 | 0 | 2 | 0 | 0 |
| 南京工程学院 | 37 | 1 | 0 | 1 | 0 | 0 | 1 | 0 | 0 | 1 | 0 | 0 | 0 | 1 | 0 |
| 南京审计大学 | 38 | 1 | 1 | 1 | 0 | 0 | 0 | 1 | 0 | 1 | 0 | 0 | 0 | 1 | 0 |
| 南京晓庄学院 | 39 | 0 | 0 | 0 | 0 | 0 | 0 | 0 | 0 | 0 | 0 | 0 | 0 | 0 | 0 |
| 江苏理工学院 | 40 | 1 | 1 | 1 | 0 | 0 | 0 | 1 | 0 | 1 | 0 | 0 | 0 | 1 | 0 |
| 江苏海洋大学 | 41 | 0 | 0 | 0 | 0 | 0 | 0 | 0 | 0 | 0 | 0 | 0 | 0 | 0 | 0 |
| 徐州工程学院 | 42 | 13 | 7 | 13 | 1 | 2 | 8 | 2 | 0 | 5 | 8 | 0 | 1 | 4 | 0 |
| 南京特殊教育师范学院 | 43 | 0 | 0 | 0 | 0 | 0 | 0 | 0 | 0 | 0 | 0 | 0 | 0 | 0 | 0 |
| 泰州学院 | 44 | 0 | 0 | 0 | 0 | 0 | 0 | 0 | 0 | 0 | 0 | 0 | 0 | 0 | 0 |
| 金陵科技学院 | 45 | 0 | 0 | 0 | 0 | 0 | 0 | 0 | 0 | 0 | 0 | 0 | 0 | 0 | 0 |
| 江苏第二师范学院 | 46 | 0 | 0 | 0 | 0 | 0 | 0 | 0 | 0 | 0 | 0 | 0 | 0 | 0 | 0 |

## 2.17 新闻学与传播学人文、社会科学活动人员情况表

| 高校名称 | | 总计 | | 按职称划分 | | | | | | 按最后学历划分 | | | 按最后学位划分 | | 其他人员 |
|---|---|---|---|---|---|---|---|---|---|---|---|---|---|---|---|
| | | | 女性 | 小计 | 教授 | 副教授 | 讲师 | 助教 | 初级 | 研究生 | 本科生 | 其他 | 博士 | 硕士 | |
| | 编号 | L01 | L02 | L03 | L04 | L05 | L06 | L07 | L08 | L09 | L10 | L11 | L12 | L13 | L14 |
| 合　计 | / | 459 | 240 | 459 | 88 | 132 | 216 | 23 | 0 | 394 | 65 | 0 | 197 | 205 | 0 |
| 南京大学 | 1 | 47 | 16 | 47 | 21 | 13 | 13 | 0 | 0 | 44 | 3 | 0 | 40 | 4 | 0 |
| 东南大学 | 2 | 3 | 1 | 3 | 1 | 1 | 1 | 0 | 0 | 2 | 1 | 0 | 1 | 1 | 0 |
| 江南大学 | 3 | 6 | 3 | 6 | 1 | 2 | 3 | 0 | 0 | 5 | 1 | 0 | 1 | 3 | 0 |
| 南京农业大学 | 4 | 0 | 0 | 0 | 0 | 0 | 0 | 0 | 0 | 0 | 0 | 0 | 0 | 0 | 0 |
| 中国矿业大学 | 5 | 0 | 0 | 0 | 0 | 0 | 0 | 0 | 0 | 0 | 0 | 0 | 0 | 0 | 0 |
| 河海大学 | 6 | 16 | 9 | 16 | 4 | 4 | 8 | 0 | 0 | 16 | 0 | 0 | 10 | 6 | 0 |
| 南京理工大学 | 7 | 14 | 4 | 14 | 1 | 3 | 10 | 0 | 0 | 7 | 7 | 0 | 4 | 4 | 0 |
| 南京航空航天大学 | 8 | 10 | 6 | 10 | 0 | 5 | 5 | 0 | 0 | 7 | 3 | 0 | 3 | 4 | 0 |
| 中国药科大学 | 9 | 1 | 1 | 1 | 0 | 0 | 0 | 1 | 0 | 1 | 0 | 0 | 0 | 1 | 0 |
| 南京森林警察学院 | 10 | 2 | 0 | 2 | 1 | 1 | 0 | 0 | 0 | 1 | 1 | 0 | 0 | 1 | 0 |
| 苏州大学 | 11 | 43 | 25 | 43 | 10 | 14 | 13 | 6 | 0 | 43 | 0 | 0 | 27 | 16 | 0 |
| 江苏科技大学 | 12 | 1 | 1 | 1 | 0 | 0 | 1 | 0 | 0 | 1 | 0 | 0 | 1 | 0 | 0 |
| 南京工业大学 | 13 | 5 | 4 | 5 | 0 | 1 | 3 | 1 | 0 | 5 | 0 | 0 | 0 | 5 | 0 |
| 常州大学 | 14 | 3 | 3 | 3 | 0 | 3 | 0 | 0 | 0 | 1 | 2 | 0 | 0 | 3 | 0 |
| 南京邮电大学 | 15 | 12 | 7 | 12 | 3 | 5 | 4 | 0 | 0 | 11 | 1 | 0 | 5 | 6 | 0 |
| 南京林业大学 | 16 | 13 | 8 | 13 | 3 | 1 | 9 | 0 | 0 | 13 | 0 | 0 | 5 | 8 | 0 |
| 江苏大学 | 17 | 1 | 1 | 1 | 0 | 0 | 1 | 0 | 0 | 1 | 0 | 0 | 0 | 1 | 0 |
| 南京信息工程大学 | 18 | 7 | 5 | 7 | 0 | 3 | 4 | 0 | 0 | 5 | 2 | 0 | 1 | 4 | 0 |
| 南通大学 | 19 | 8 | 5 | 8 | 1 | 2 | 5 | 0 | 0 | 8 | 0 | 0 | 1 | 7 | 0 |
| 盐城工学院 | 20 | 7 | 4 | 7 | 1 | 3 | 3 | 0 | 0 | 4 | 3 | 0 | 0 | 5 | 0 |
| 南京医科大学 | 21 | 3 | 3 | 3 | 0 | 0 | 2 | 1 | 0 | 3 | 0 | 0 | 0 | 3 | 0 |
| 徐州医科大学 | 22 | 1 | 1 | 1 | 0 | 1 | 0 | 0 | 0 | 0 | 1 | 0 | 0 | 0 | 0 |
| 南京中医药大学 | 23 | 3 | 3 | 3 | 0 | 2 | 1 | 0 | 0 | 0 | 3 | 0 | 0 | 0 | 0 |

续表

| 高校名称 | | 总计 | | 按职称划分 | | | | | | 按最后学历划分 | | | 按最后学位划分 | | 其他 |
|---|---|---|---|---|---|---|---|---|---|---|---|---|---|---|---|
| | | | 女性 | 小计 | 教授 | 副教授 | 讲师 | 助教 | 初级 | 研究生 | 本科生 | 其他 | 博士 | 硕士 | 人员 |
| | 编号 | L01 | L02 | L03 | L04 | L05 | L06 | L07 | L08 | L09 | L10 | L11 | L12 | L13 | L14 |
| 南京师范大学 | 24 | 65 | 25 | 65 | 15 | 25 | 23 | 2 | 0 | 59 | 6 | 0 | 33 | 25 | 0 |
| 江苏师范大学 | 25 | 19 | 9 | 19 | 8 | 5 | 6 | 0 | 0 | 16 | 3 | 0 | 10 | 6 | 0 |
| 淮阴师范学院 | 26 | 7 | 0 | 7 | 0 | 5 | 2 | 0 | 0 | 5 | 2 | 0 | 0 | 5 | 0 |
| 盐城师范学院 | 27 | 6 | 4 | 6 | 0 | 1 | 3 | 2 | 0 | 6 | 0 | 0 | 1 | 5 | 0 |
| 南京财经大学 | 28 | 22 | 12 | 22 | 3 | 4 | 15 | 0 | 0 | 21 | 1 | 0 | 15 | 6 | 0 |
| 江苏警官学院 | 29 | 4 | 4 | 4 | 1 | 0 | 3 | 0 | 0 | 2 | 2 | 0 | 1 | 2 | 0 |
| 南京体育学院 | 30 | 5 | 2 | 5 | 1 | 1 | 1 | 2 | 0 | 5 | 0 | 0 | 1 | 4 | 0 |
| 南京艺术学院 | 31 | 0 | 0 | 0 | 0 | 0 | 0 | 0 | 0 | 0 | 0 | 0 | 0 | 0 | 0 |
| 苏州科技大学 | 32 | 4 | 2 | 4 | 0 | 1 | 3 | 0 | 0 | 4 | 0 | 0 | 2 | 2 | 0 |
| 常熟理工学院 | 33 | 1 | 1 | 1 | 0 | 0 | 1 | 0 | 0 | 1 | 0 | 0 | 1 | 0 | 0 |
| 淮阴工学院 | 34 | 1 | 1 | 1 | 0 | 0 | 0 | 1 | 0 | 1 | 0 | 0 | 0 | 1 | 0 |
| 常州工学院 | 35 | 14 | 11 | 14 | 2 | 1 | 11 | 0 | 0 | 8 | 6 | 0 | 1 | 10 | 0 |
| 扬州大学 | 36 | 38 | 16 | 38 | 6 | 10 | 22 | 0 | 0 | 30 | 8 | 0 | 11 | 19 | 0 |
| 南京工程学院 | 37 | 2 | 1 | 2 | 0 | 0 | 2 | 0 | 0 | 2 | 0 | 0 | 0 | 2 | 0 |
| 南京审计大学 | 38 | 2 | 2 | 2 | 0 | 0 | 0 | 2 | 0 | 2 | 0 | 0 | 0 | 2 | 0 |
| 南京晓庄学院 | 39 | 27 | 16 | 27 | 3 | 7 | 16 | 1 | 0 | 25 | 2 | 0 | 15 | 10 | 0 |
| 江苏理工学院 | 40 | 0 | 0 | 0 | 0 | 0 | 0 | 0 | 0 | 0 | 0 | 0 | 0 | 0 | 0 |
| 江苏海洋大学 | 41 | 7 | 4 | 7 | 0 | 0 | 7 | 0 | 0 | 6 | 1 | 0 | 0 | 7 | 0 |
| 徐州工程学院 | 42 | 4 | 2 | 4 | 0 | 0 | 4 | 0 | 0 | 3 | 1 | 0 | 0 | 3 | 0 |
| 南京特殊教育师范学院 | 43 | 2 | 1 | 2 | 0 | 1 | 1 | 0 | 0 | 1 | 1 | 0 | 0 | 1 | 0 |
| 泰州学院 | 44 | 7 | 6 | 7 | 1 | 1 | 2 | 3 | 0 | 7 | 0 | 0 | 1 | 6 | 0 |
| 金陵科技学院 | 45 | 9 | 6 | 9 | 1 | 3 | 4 | 1 | 0 | 6 | 3 | 0 | 3 | 3 | 0 |
| 江苏第二师范学院 | 46 | 7 | 5 | 7 | 0 | 3 | 4 | 0 | 0 | 6 | 1 | 0 | 3 | 4 | 0 |

## 2.18 图书馆、情报与文献学人文、社会科学活动人员情况表

| 高校名称 | | 总计 | | 按职称划分 | | | | | | 按最后学历划分 | | | 按最后学位划分 | | 其他人员 |
|---|---|---|---|---|---|---|---|---|---|---|---|---|---|---|---|
| | | | 女性 | 小计 | 教授 | 副教授 | 讲师 | 助教 | 初级 | 研究生 | 本科生 | 其他 | 博士 | 硕士 | |
| | 编号 | L01 | L02 | L03 | L04 | L05 | L06 | L07 | L08 | L09 | L10 | L11 | L12 | L13 | L14 |
| 合　计 | / | 1 243 | 757 | 1 243 | 131 | 357 | 721 | 34 | 0 | 650 | 571 | 22 | 244 | 466 | 0 |
| 南京大学 | 1 | 56 | 18 | 56 | 28 | 18 | 10 | 0 | 0 | 53 | 3 | 0 | 48 | 5 | 0 |
| 东南大学 | 2 | 83 | 60 | 83 | 4 | 17 | 61 | 1 | 0 | 44 | 34 | 5 | 6 | 38 | 0 |
| 江南大学 | 3 | 39 | 28 | 39 | 2 | 16 | 20 | 1 | 0 | 16 | 23 | 0 | 2 | 15 | 0 |
| 南京农业大学 | 4 | 61 | 27 | 61 | 8 | 25 | 28 | 0 | 0 | 52 | 9 | 0 | 35 | 18 | 0 |
| 中国矿业大学 | 5 | 3 | 2 | 3 | 2 | 1 | 0 | 0 | 0 | 2 | 1 | 0 | 1 | 2 | 0 |
| 河海大学 | 6 | 39 | 9 | 39 | 12 | 16 | 11 | 0 | 0 | 38 | 1 | 0 | 28 | 11 | 0 |
| 南京理工大学 | 7 | 28 | 13 | 28 | 5 | 9 | 14 | 0 | 0 | 27 | 1 | 0 | 25 | 3 | 0 |
| 南京航空航天大学 | 8 | 53 | 40 | 53 | 0 | 5 | 43 | 5 | 0 | 22 | 31 | 0 | 2 | 20 | 0 |
| 中国药科大学 | 9 | 55 | 36 | 55 | 4 | 4 | 44 | 3 | 0 | 24 | 23 | 8 | 3 | 24 | 0 |
| 南京森林警察学院 | 10 | 10 | 7 | 10 | 2 | 3 | 5 | 0 | 0 | 3 | 7 | 0 | 0 | 4 | 0 |
| 苏州大学 | 11 | 21 | 10 | 21 | 8 | 8 | 4 | 1 | 0 | 19 | 2 | 0 | 12 | 6 | 0 |
| 江苏科技大学 | 12 | 50 | 32 | 50 | 3 | 5 | 39 | 3 | 0 | 18 | 32 | 0 | 2 | 15 | 0 |
| 南京工业大学 | 13 | 18 | 17 | 18 | 1 | 9 | 7 | 1 | 0 | 15 | 3 | 0 | 4 | 11 | 0 |
| 常州大学 | 14 | 18 | 14 | 18 | 0 | 1 | 12 | 5 | 0 | 6 | 11 | 1 | 0 | 7 | 0 |
| 南京邮电大学 | 15 | 21 | 10 | 21 | 2 | 11 | 8 | 0 | 0 | 11 | 10 | 0 | 2 | 9 | 0 |
| 南京林业大学 | 16 | 11 | 9 | 11 | 0 | 4 | 7 | 0 | 0 | 2 | 7 | 2 | 0 | 3 | 0 |
| 江苏大学 | 17 | 35 | 20 | 35 | 6 | 14 | 15 | 0 | 0 | 26 | 9 | 0 | 8 | 18 | 0 |
| 南京信息工程大学 | 18 | 33 | 24 | 33 | 6 | 9 | 18 | 0 | 0 | 17 | 16 | 0 | 8 | 11 | 0 |
| 南通大学 | 19 | 40 | 25 | 40 | 6 | 15 | 19 | 0 | 0 | 21 | 19 | 0 | 4 | 26 | 0 |
| 盐城工学院 | 20 | 37 | 24 | 37 | 3 | 15 | 18 | 1 | 0 | 10 | 27 | 0 | 1 | 16 | 0 |
| 南京医科大学 | 21 | 29 | 21 | 29 | 0 | 5 | 24 | 0 | 0 | 16 | 13 | 0 | 0 | 19 | 0 |
| 徐州医科大学 | 22 | 29 | 18 | 29 | 2 | 6 | 21 | 0 | 0 | 7 | 22 | 0 | 1 | 6 | 0 |
| 南京中医药大学 | 23 | 50 | 35 | 50 | 6 | 10 | 34 | 0 | 0 | 35 | 15 | 0 | 11 | 22 | 0 |

续表

| 高校名称 | | 总计 | | 按职称划分 | | | | | | 按最后学历划分 | | | 按最后学位划分 | | 其他人员 |
|---|---|---|---|---|---|---|---|---|---|---|---|---|---|---|---|
| | | | 女性 | 小计 | 教授 | 副教授 | 讲师 | 助教 | 初级 | 研究生 | 本科生 | 其他 | 博士 | 硕士 | |
| | 编号 | L01 | L02 | L03 | L04 | L05 | L06 | L07 | L08 | L09 | L10 | L11 | L12 | L13 | L14 |
| 南京师范大学 | 24 | 42 | 28 | 42 | 1 | 16 | 24 | 1 | 0 | 20 | 22 | 0 | 7 | 17 | 0 |
| 江苏师范大学 | 25 | 2 | 1 | 2 | 0 | 0 | 2 | 0 | 0 | 1 | 1 | 0 | 1 | 0 | 0 |
| 淮阴师范学院 | 26 | 38 | 16 | 38 | 2 | 12 | 23 | 1 | 0 | 18 | 20 | 0 | 2 | 18 | 0 |
| 盐城师范学院 | 27 | 29 | 19 | 29 | 3 | 7 | 16 | 3 | 0 | 14 | 15 | 0 | 3 | 13 | 0 |
| 南京财经大学 | 28 | 5 | 1 | 5 | 1 | 4 | 0 | 0 | 0 | 5 | 0 | 0 | 3 | 2 | 0 |
| 江苏警官学院 | 29 | 17 | 11 | 17 | 1 | 4 | 10 | 2 | 0 | 6 | 11 | 0 | 2 | 4 | 0 |
| 南京体育学院 | 30 | 6 | 3 | 6 | 0 | 1 | 5 | 0 | 0 | 2 | 4 | 0 | 0 | 1 | 0 |
| 南京艺术学院 | 31 | 19 | 16 | 19 | 1 | 7 | 11 | 0 | 0 | 7 | 12 | 0 | 0 | 8 | 0 |
| 苏州科技大学 | 32 | 12 | 4 | 12 | 0 | 3 | 7 | 2 | 0 | 11 | 1 | 0 | 2 | 9 | 0 |
| 常熟理工学院 | 33 | 21 | 12 | 21 | 1 | 11 | 9 | 0 | 0 | 6 | 15 | 0 | 3 | 7 | 0 |
| 淮阴工学院 | 34 | 26 | 14 | 26 | 1 | 8 | 17 | 0 | 0 | 7 | 16 | 3 | 2 | 8 | 0 |
| 常州工学院 | 35 | 12 | 8 | 12 | 0 | 5 | 7 | 0 | 0 | 1 | 11 | 0 | 0 | 2 | 0 |
| 扬州大学 | 36 | 11 | 5 | 11 | 2 | 4 | 5 | 0 | 0 | 9 | 2 | 0 | 7 | 2 | 0 |
| 南京工程学院 | 37 | 31 | 24 | 31 | 2 | 3 | 24 | 2 | 0 | 15 | 16 | 0 | 2 | 15 | 0 |
| 南京审计大学 | 38 | 21 | 13 | 21 | 2 | 7 | 11 | 1 | 0 | 11 | 10 | 0 | 5 | 10 | 0 |
| 南京晓庄学院 | 39 | 24 | 14 | 24 | 0 | 9 | 15 | 0 | 0 | 10 | 12 | 2 | 0 | 10 | 0 |
| 江苏理工学院 | 40 | 6 | 3 | 6 | 1 | 3 | 2 | 0 | 0 | 2 | 4 | 0 | 0 | 2 | 0 |
| 江苏海洋大学 | 41 | 44 | 30 | 44 | 0 | 13 | 31 | 0 | 0 | 2 | 42 | 0 | 0 | 7 | 0 |
| 徐州工程学院 | 42 | 8 | 4 | 8 | 1 | 1 | 6 | 0 | 0 | 2 | 6 | 0 | 0 | 2 | 0 |
| 南京特殊教育师范学院 | 43 | 12 | 9 | 12 | 1 | 3 | 8 | 0 | 0 | 4 | 8 | 0 | 1 | 3 | 0 |
| 泰州学院 | 44 | 13 | 10 | 13 | 0 | 2 | 10 | 1 | 0 | 3 | 9 | 1 | 0 | 5 | 0 |
| 金陵科技学院 | 45 | 10 | 4 | 10 | 1 | 3 | 6 | 0 | 0 | 4 | 6 | 0 | 1 | 4 | 0 |
| 江苏第二师范学院 | 46 | 15 | 9 | 15 | 0 | 5 | 10 | 0 | 0 | 6 | 9 | 0 | 0 | 8 | 0 |

## 2.19 教育学人文、社会科学活动人员情况表

| 高校名称 | | 总计 | | 按职称划分 | | | | | | 按最后学历划分 | | | 按最后学位划分 | | 其他人员 |
|---|---|---|---|---|---|---|---|---|---|---|---|---|---|---|---|
| | | | 女性 | 小计 | 教授 | 副教授 | 讲师 | 助教 | 初级 | 研究生 | 本科生 | 其他 | 博士 | 硕士 | |
| | 编号 | L01 | L02 | L03 | L04 | L05 | L06 | L07 | L08 | L09 | L10 | L11 | L12 | L13 | L14 |
| 合　计 | / | 2 566 | 1 413 | 2 566 | 385 | 824 | 1 165 | 187 | 5 | 1 969 | 596 | 1 | 719 | 1 479 | 0 |
| 南京大学 | 1 | 14 | 5 | 14 | 6 | 5 | 3 | 0 | 0 | 14 | 0 | 0 | 14 | 0 | 0 |
| 东南大学 | 2 | 14 | 9 | 14 | 2 | 6 | 6 | 0 | 0 | 10 | 4 | 0 | 8 | 3 | 0 |
| 江南大学 | 3 | 64 | 39 | 64 | 9 | 12 | 41 | 2 | 0 | 53 | 11 | 0 | 25 | 34 | 0 |
| 南京农业大学 | 4 | 15 | 4 | 15 | 3 | 5 | 7 | 0 | 0 | 11 | 4 | 0 | 3 | 9 | 0 |
| 中国矿业大学 | 5 | 6 | 4 | 6 | 2 | 2 | 2 | 0 | 0 | 6 | 0 | 0 | 1 | 5 | 0 |
| 河海大学 | 6 | 27 | 13 | 27 | 3 | 9 | 15 | 0 | 0 | 26 | 1 | 0 | 11 | 14 | 0 |
| 南京理工大学 | 7 | 23 | 13 | 23 | 1 | 8 | 12 | 2 | 0 | 20 | 3 | 0 | 7 | 14 | 0 |
| 南京航空航天大学 | 8 | 18 | 8 | 18 | 2 | 7 | 8 | 1 | 0 | 16 | 2 | 0 | 5 | 11 | 0 |
| 中国药科大学 | 9 | 8 | 5 | 8 | 0 | 0 | 8 | 0 | 0 | 7 | 1 | 0 | 0 | 7 | 0 |
| 南京森林警察学院 | 10 | 8 | 6 | 8 | 0 | 4 | 4 | 0 | 0 | 5 | 3 | 0 | 0 | 5 | 0 |
| 苏州大学 | 11 | 39 | 15 | 39 | 12 | 17 | 10 | 0 | 0 | 32 | 7 | 0 | 19 | 13 | 0 |
| 江苏科技大学 | 12 | 151 | 81 | 151 | 4 | 12 | 115 | 20 | 0 | 107 | 44 | 0 | 8 | 99 | 0 |
| 南京工业大学 | 13 | 26 | 15 | 26 | 1 | 8 | 15 | 2 | 0 | 21 | 5 | 0 | 5 | 20 | 0 |
| 常州大学 | 14 | 52 | 19 | 52 | 6 | 5 | 38 | 3 | 0 | 40 | 12 | 0 | 6 | 36 | 0 |
| 南京邮电大学 | 15 | 68 | 39 | 68 | 10 | 26 | 30 | 2 | 0 | 56 | 12 | 0 | 25 | 32 | 0 |
| 南京林业大学 | 16 | 4 | 1 | 4 | 0 | 1 | 3 | 0 | 0 | 3 | 0 | 1 | 0 | 3 | 0 |
| 江苏大学 | 17 | 33 | 12 | 33 | 7 | 20 | 6 | 0 | 0 | 25 | 8 | 0 | 21 | 4 | 0 |
| 南京信息工程大学 | 18 | 46 | 29 | 46 | 7 | 14 | 25 | 0 | 0 | 42 | 4 | 0 | 18 | 27 | 0 |
| 南通大学 | 19 | 203 | 112 | 203 | 41 | 75 | 81 | 6 | 0 | 158 | 45 | 0 | 42 | 148 | 0 |
| 盐城工学院 | 20 | 90 | 41 | 90 | 5 | 39 | 42 | 4 | 0 | 36 | 54 | 0 | 4 | 65 | 0 |
| 南京医科大学 | 21 | 14 | 10 | 14 | 1 | 3 | 5 | 5 | 0 | 7 | 7 | 0 | 2 | 7 | 0 |
| 徐州医科大学 | 22 | 59 | 41 | 59 | 1 | 13 | 44 | 1 | 0 | 41 | 18 | 0 | 4 | 46 | 0 |
| 南京中医药大学 | 23 | 45 | 30 | 45 | 2 | 14 | 29 | 0 | 0 | 43 | 2 | 0 | 14 | 28 | 0 |

续表

| 高校名称 | | 总计 | | 按职称划分 | | | | | | 按最后学历划分 | | | 按最后学位划分 | | 其他人员 |
|---|---|---|---|---|---|---|---|---|---|---|---|---|---|---|---|
| | | | 女性 | 小计 | 教授 | 副教授 | 讲师 | 助教 | 初级 | 研究生 | 本科生 | 其他 | 博士 | 硕士 | |
| | 编号 | L01 | L02 | L03 | L04 | L05 | L06 | L07 | L08 | L09 | L10 | L11 | L12 | L13 | L14 |
| 南京师范大学 | 24 | 185 | 92 | 185 | 68 | 71 | 43 | 3 | 0 | 181 | 4 | 0 | 126 | 54 | 0 |
| 江苏师范大学 | 25 | 109 | 48 | 109 | 26 | 44 | 39 | 0 | 0 | 97 | 12 | 0 | 59 | 41 | 0 |
| 淮阴师范学院 | 26 | 94 | 39 | 94 | 12 | 36 | 45 | 1 | 0 | 64 | 30 | 0 | 17 | 61 | 0 |
| 盐城师范学院 | 27 | 72 | 44 | 72 | 8 | 29 | 26 | 9 | 0 | 64 | 8 | 0 | 25 | 42 | 0 |
| 南京财经大学 | 28 | 16 | 8 | 16 | 1 | 2 | 13 | 0 | 0 | 14 | 2 | 0 | 6 | 8 | 0 |
| 江苏警官学院 | 29 | 9 | 3 | 9 | 2 | 1 | 6 | 0 | 0 | 2 | 7 | 0 | 1 | 2 | 0 |
| 南京体育学院 | 30 | 26 | 18 | 26 | 3 | 7 | 11 | 5 | 0 | 24 | 2 | 0 | 9 | 16 | 0 |
| 南京艺术学院 | 31 | 0 | 0 | 0 | 0 | 0 | 0 | 0 | 0 | 0 | 0 | 0 | 0 | 0 | 0 |
| 苏州科技大学 | 32 | 38 | 20 | 38 | 4 | 15 | 19 | 0 | 0 | 37 | 1 | 0 | 17 | 20 | 0 |
| 常熟理工学院 | 33 | 55 | 32 | 55 | 7 | 18 | 19 | 9 | 2 | 38 | 17 | 0 | 6 | 46 | 0 |
| 淮阴工学院 | 34 | 54 | 18 | 54 | 9 | 15 | 28 | 2 | 0 | 29 | 25 | 0 | 7 | 43 | 0 |
| 常州工学院 | 35 | 37 | 23 | 37 | 4 | 18 | 12 | 3 | 0 | 22 | 15 | 0 | 10 | 20 | 0 |
| 扬州大学 | 36 | 60 | 23 | 60 | 9 | 29 | 22 | 0 | 0 | 50 | 10 | 0 | 36 | 16 | 0 |
| 南京工程学院 | 37 | 63 | 32 | 63 | 2 | 13 | 43 | 2 | 3 | 51 | 12 | 0 | 6 | 50 | 0 |
| 南京审计大学 | 38 | 68 | 52 | 68 | 4 | 8 | 39 | 17 | 0 | 61 | 7 | 0 | 4 | 60 | 0 |
| 南京晓庄学院 | 39 | 110 | 60 | 110 | 19 | 33 | 56 | 2 | 0 | 85 | 25 | 0 | 38 | 57 | 0 |
| 江苏理工学院 | 40 | 54 | 29 | 54 | 14 | 22 | 15 | 3 | 0 | 41 | 13 | 0 | 14 | 29 | 0 |
| 江苏海洋大学 | 41 | 8 | 4 | 8 | 1 | 3 | 4 | 0 | 0 | 3 | 5 | 0 | 1 | 5 | 0 |
| 徐州工程学院 | 42 | 87 | 46 | 87 | 11 | 32 | 39 | 5 | 0 | 41 | 46 | 0 | 9 | 49 | 0 |
| 南京特殊教育师范学院 | 43 | 189 | 141 | 189 | 24 | 58 | 57 | 50 | 0 | 149 | 40 | 0 | 36 | 126 | 0 |
| 泰州学院 | 44 | 57 | 34 | 57 | 5 | 20 | 23 | 9 | 0 | 30 | 27 | 0 | 9 | 29 | 0 |
| 金陵科技学院 | 45 | 16 | 11 | 16 | 2 | 1 | 11 | 2 | 0 | 9 | 7 | 0 | 0 | 10 | 0 |
| 江苏第二师范学院 | 46 | 132 | 85 | 132 | 25 | 44 | 46 | 17 | 0 | 98 | 34 | 0 | 41 | 65 | 0 |

## 2.20 统计学人文、社会科学活动人员情况表

| 高校名称 | | 总计 | | 按职称划分 | | | | | | 按最后学历划分 | | | 按最后学位划分 | | 其他人员 |
|---|---|---|---|---|---|---|---|---|---|---|---|---|---|---|---|
| | | | 女性 | 小计 | 教授 | 副教授 | 讲师 | 助教 | 初级 | 研究生 | 本科生 | 其他 | 博士 | 硕士 | |
| | 编号 | L01 | L02 | L03 | L04 | L05 | L06 | L07 | L08 | L09 | L10 | L11 | L12 | L13 | L14 |
| 合　计 | / | 187 | 82 | 187 | 36 | 72 | 75 | 4 | 0 | 154 | 33 | 0 | 89 | 80 | 0 |
| 南京大学 | 1 | 1 | 0 | 1 | 1 | 0 | 0 | 0 | 0 | 1 | 0 | 0 | 1 | 0 | 0 |
| 东南大学 | 2 | 1 | 0 | 1 | 0 | 0 | 1 | 0 | 0 | 1 | 0 | 0 | 0 | 1 | 0 |
| 江南大学 | 3 | 1 | 0 | 1 | 0 | 1 | 0 | 0 | 0 | 1 | 0 | 0 | 0 | 1 | 0 |
| 南京农业大学 | 4 | 4 | 1 | 4 | 0 | 3 | 1 | 0 | 0 | 3 | 1 | 0 | 1 | 2 | 0 |
| 中国矿业大学 | 5 | 1 | 1 | 1 | 0 | 0 | 1 | 0 | 0 | 1 | 0 | 0 | 1 | 0 | 0 |
| 河海大学 | 6 | 23 | 8 | 23 | 9 | 9 | 5 | 0 | 0 | 23 | 0 | 0 | 16 | 7 | 0 |
| 南京理工大学 | 7 | 2 | 0 | 2 | 0 | 1 | 1 | 0 | 0 | 2 | 0 | 0 | 1 | 1 | 0 |
| 南京航空航天大学 | 8 | 0 | 0 | 0 | 0 | 0 | 0 | 0 | 0 | 0 | 0 | 0 | 0 | 0 | 0 |
| 中国药科大学 | 9 | 1 | 0 | 1 | 0 | 1 | 0 | 0 | 0 | 1 | 0 | 0 | 1 | 0 | 0 |
| 南京森林警察学院 | 10 | 0 | 0 | 0 | 0 | 0 | 0 | 0 | 0 | 0 | 0 | 0 | 0 | 0 | 0 |
| 苏州大学 | 11 | 0 | 0 | 0 | 0 | 0 | 0 | 0 | 0 | 0 | 0 | 0 | 0 | 0 | 0 |
| 江苏科技大学 | 12 | 2 | 2 | 2 | 0 | 1 | 1 | 0 | 0 | 0 | 2 | 0 | 0 | 1 | 0 |
| 南京工业大学 | 13 | 0 | 0 | 0 | 0 | 0 | 0 | 0 | 0 | 0 | 0 | 0 | 0 | 0 | 0 |
| 常州大学 | 14 | 6 | 3 | 6 | 1 | 1 | 4 | 0 | 0 | 6 | 0 | 0 | 2 | 4 | 0 |
| 南京邮电大学 | 15 | 2 | 1 | 2 | 1 | 1 | 0 | 0 | 0 | 2 | 0 | 0 | 1 | 1 | 0 |
| 南京林业大学 | 16 | 1 | 0 | 1 | 1 | 0 | 0 | 0 | 0 | 1 | 0 | 0 | 1 | 0 | 0 |
| 江苏大学 | 17 | 15 | 5 | 15 | 3 | 8 | 4 | 0 | 0 | 14 | 1 | 0 | 7 | 7 | 0 |
| 南京信息工程大学 | 18 | 4 | 3 | 4 | 2 | 1 | 1 | 0 | 0 | 4 | 0 | 0 | 2 | 2 | 0 |
| 南通大学 | 19 | 5 | 2 | 5 | 0 | 2 | 3 | 0 | 0 | 4 | 1 | 0 | 1 | 3 | 0 |
| 盐城工学院 | 20 | 7 | 5 | 7 | 1 | 4 | 2 | 0 | 0 | 1 | 6 | 0 | 0 | 7 | 0 |
| 南京医科大学 | 21 | 2 | 1 | 2 | 0 | 2 | 0 | 0 | 0 | 2 | 0 | 0 | 0 | 2 | 0 |
| 徐州医科大学 | 22 | 9 | 3 | 9 | 0 | 5 | 4 | 0 | 0 | 6 | 3 | 0 | 1 | 7 | 0 |
| 南京中医药大学 | 23 | 2 | 1 | 2 | 1 | 1 | 0 | 0 | 0 | 2 | 0 | 0 | 1 | 1 | 0 |

续表

| 高校名称 | | 总计 | | 按职称划分 | | | | | | 按最后学历划分 | | | 按最后学位划分 | | 其他人员 |
|---|---|---|---|---|---|---|---|---|---|---|---|---|---|---|---|
| | | | 女性 | 小计 | 教授 | 副教授 | 讲师 | 助教 | 初级 | 研究生 | 本科生 | 其他 | 博士 | 硕士 | |
| | 编号 | L01 | L02 | L03 | L04 | L05 | L06 | L07 | L08 | L09 | L10 | L11 | L12 | L13 | L14 |
| 南京师范大学 | 24 | 1 | 0 | 1 | 1 | 0 | 0 | 0 | 0 | 1 | 0 | 0 | 1 | 0 | 0 |
| 江苏师范大学 | 25 | 8 | 4 | 8 | 0 | 0 | 8 | 0 | 0 | 8 | 0 | 0 | 7 | 1 | 0 |
| 淮阴师范学院 | 26 | 1 | 1 | 1 | 0 | 0 | 1 | 0 | 0 | 1 | 0 | 0 | 0 | 1 | 0 |
| 盐城师范学院 | 27 | 8 | 4 | 8 | 1 | 1 | 6 | 0 | 0 | 7 | 1 | 0 | 2 | 5 | 0 |
| 南京财经大学 | 28 | 24 | 11 | 24 | 6 | 8 | 10 | 0 | 0 | 19 | 5 | 0 | 14 | 6 | 0 |
| 江苏警官学院 | 29 | 2 | 2 | 2 | 0 | 1 | 1 | 0 | 0 | 1 | 1 | 0 | 0 | 1 | 0 |
| 南京体育学院 | 30 | 1 | 1 | 1 | 1 | 0 | 0 | 0 | 0 | 1 | 0 | 0 | 1 | 0 | 0 |
| 南京艺术学院 | 31 | 0 | 0 | 0 | 0 | 0 | 0 | 0 | 0 | 0 | 0 | 0 | 0 | 0 | 0 |
| 苏州科技大学 | 32 | 0 | 0 | 0 | 0 | 0 | 0 | 0 | 0 | 0 | 0 | 0 | 0 | 0 | 0 |
| 常熟理工学院 | 33 | 7 | 3 | 7 | 0 | 4 | 3 | 0 | 0 | 6 | 1 | 0 | 6 | 1 | 0 |
| 淮阴工学院 | 34 | 9 | 7 | 9 | 0 | 4 | 5 | 0 | 0 | 5 | 4 | 0 | 1 | 7 | 0 |
| 常州工学院 | 35 | 3 | 2 | 3 | 0 | 1 | 2 | 0 | 0 | 3 | 0 | 0 | 1 | 2 | 0 |
| 扬州大学 | 36 | 1 | 0 | 1 | 0 | 1 | 0 | 0 | 0 | 1 | 0 | 0 | 1 | 0 | 0 |
| 南京工程学院 | 37 | 1 | 1 | 1 | 0 | 1 | 0 | 0 | 0 | 1 | 0 | 0 | 0 | 1 | 0 |
| 南京审计大学 | 38 | 11 | 3 | 11 | 5 | 4 | 1 | 1 | 0 | 9 | 2 | 0 | 7 | 2 | 0 |
| 南京晓庄学院 | 39 | 0 | 0 | 0 | 0 | 0 | 0 | 0 | 0 | 0 | 0 | 0 | 0 | 0 | 0 |
| 江苏理工学院 | 40 | 5 | 3 | 5 | 0 | 3 | 1 | 1 | 0 | 5 | 0 | 0 | 2 | 3 | 0 |
| 江苏海洋大学 | 41 | 0 | 0 | 0 | 0 | 0 | 0 | 0 | 0 | 0 | 0 | 0 | 0 | 0 | 0 |
| 徐州工程学院 | 42 | 10 | 3 | 10 | 0 | 2 | 6 | 2 | 0 | 6 | 4 | 0 | 5 | 2 | 0 |
| 南京特殊教育师范学院 | 43 | 3 | 0 | 3 | 2 | 1 | 0 | 0 | 0 | 3 | 0 | 0 | 3 | 0 | 0 |
| 泰州学院 | 44 | 0 | 0 | 0 | 0 | 0 | 0 | 0 | 0 | 0 | 0 | 0 | 0 | 0 | 0 |
| 金陵科技学院 | 45 | 3 | 1 | 3 | 0 | 0 | 3 | 0 | 0 | 2 | 1 | 0 | 1 | 1 | 0 |
| 江苏第二师范学院 | 46 | 0 | 0 | 0 | 0 | 0 | 0 | 0 | 0 | 0 | 0 | 0 | 0 | 0 | 0 |

2.21 心理学人文、社会科学活动人员情况表

| 高校名称 | | 总计 | | 按职称划分 | | | | | | 按最后学历划分 | | | 按最后学位划分 | | 其他 |
|---|---|---|---|---|---|---|---|---|---|---|---|---|---|---|---|
| | | | 女性 | 小计 | 教授 | 副教授 | 讲师 | 助教 | 初级 | 研究生 | 本科生 | 其他 | 博士 | 硕士 | 人员 |
| | 编号 | L01 | L02 | L03 | L04 | L05 | L06 | L07 | L08 | L09 | L10 | L11 | L12 | L13 | L14 |
| 合　计 | / | 365 | 211 | 365 | 69 | 122 | 164 | 9 | 1 | 325 | 40 | 0 | 153 | 182 | 0 |
| 南京大学 | 1 | 9 | 3 | 9 | 6 | 3 | 0 | 0 | 0 | 8 | 1 | 0 | 7 | 1 | 0 |
| 东南大学 | 2 | 5 | 3 | 5 | 1 | 1 | 3 | 0 | 0 | 5 | 0 | 0 | 2 | 3 | 0 |
| 江南大学 | 3 | 1 | 1 | 1 | 0 | 1 | 0 | 0 | 0 | 1 | 0 | 0 | 0 | 1 | 0 |
| 南京农业大学 | 4 | 1 | 1 | 1 | 0 | 0 | 1 | 0 | 0 | 0 | 1 | 0 | 0 | 0 | 0 |
| 中国矿业大学 | 5 | 0 | 0 | 0 | 0 | 0 | 0 | 0 | 0 | 0 | 0 | 0 | 0 | 0 | 0 |
| 河海大学 | 6 | 9 | 6 | 9 | 3 | 2 | 4 | 0 | 0 | 9 | 0 | 0 | 7 | 2 | 0 |
| 南京理工大学 | 7 | 3 | 0 | 3 | 1 | 0 | 2 | 0 | 0 | 3 | 0 | 0 | 2 | 1 | 0 |
| 南京航空航天大学 | 8 | 2 | 2 | 2 | 0 | 0 | 1 | 1 | 0 | 2 | 0 | 0 | 1 | 1 | 0 |
| 中国药科大学 | 9 | 2 | 1 | 2 | 0 | 0 | 2 | 0 | 0 | 2 | 0 | 0 | 0 | 2 | 0 |
| 南京森林警察学院 | 10 | 3 | 3 | 3 | 0 | 1 | 2 | 0 | 0 | 3 | 0 | 0 | 0 | 3 | 0 |
| 苏州大学 | 11 | 33 | 15 | 33 | 12 | 14 | 7 | 0 | 0 | 33 | 0 | 0 | 20 | 9 | 0 |
| 江苏科技大学 | 12 | 6 | 3 | 6 | 0 | 3 | 3 | 0 | 0 | 4 | 2 | 0 | 1 | 3 | 0 |
| 南京工业大学 | 13 | 3 | 2 | 3 | 0 | 2 | 1 | 0 | 0 | 3 | 0 | 0 | 1 | 2 | 0 |
| 常州大学 | 14 | 4 | 2 | 4 | 0 | 0 | 4 | 0 | 0 | 4 | 0 | 0 | 0 | 4 | 0 |
| 南京邮电大学 | 15 | 1 | 0 | 1 | 1 | 0 | 0 | 0 | 0 | 1 | 0 | 0 | 1 | 0 | 0 |
| 南京林业大学 | 16 | 2 | 2 | 2 | 0 | 0 | 2 | 0 | 0 | 2 | 0 | 0 | 1 | 1 | 0 |
| 江苏大学 | 17 | 4 | 2 | 4 | 0 | 1 | 2 | 1 | 0 | 2 | 2 | 0 | 1 | 2 | 0 |
| 南京信息工程大学 | 18 | 7 | 2 | 7 | 0 | 3 | 4 | 0 | 0 | 7 | 0 | 0 | 2 | 5 | 0 |
| 南通大学 | 19 | 24 | 14 | 24 | 7 | 7 | 9 | 1 | 0 | 19 | 5 | 0 | 13 | 8 | 0 |
| 盐城工学院 | 20 | 2 | 1 | 2 | 1 | 1 | 0 | 0 | 0 | 2 | 0 | 0 | 1 | 1 | 0 |
| 南京医科大学 | 21 | 1 | 1 | 1 | 0 | 0 | 1 | 0 | 0 | 1 | 0 | 0 | 1 | 0 | 0 |
| 徐州医科大学 | 22 | 11 | 9 | 11 | 1 | 0 | 10 | 0 | 0 | 8 | 3 | 0 | 0 | 9 | 0 |
| 南京中医药大学 | 23 | 24 | 15 | 24 | 1 | 8 | 15 | 0 | 0 | 22 | 2 | 0 | 6 | 17 | 0 |

续表

| 高校名称 | | 总计 | | 按职称划分 | | | | | | 按最后学历划分 | | | 按最后学位划分 | | 其他人员 |
|---|---|---|---|---|---|---|---|---|---|---|---|---|---|---|---|
| | | | 女性 | 小计 | 教授 | 副教授 | 讲师 | 助教 | 初级 | 研究生 | 本科生 | 其他 | 博士 | 硕士 | |
| | 编号 | L01 | L02 | L03 | L04 | L05 | L06 | L07 | L08 | L09 | L10 | L11 | L12 | L13 | L14 |
| 南京师范大学 | 24 | 53 | 27 | 53 | 19 | 21 | 12 | 1 | 0 | 52 | 1 | 0 | 41 | 11 | 0 |
| 江苏师范大学 | 25 | 20 | 11 | 20 | 3 | 6 | 11 | 0 | 0 | 19 | 1 | 0 | 10 | 9 | 0 |
| 淮阴师范学院 | 26 | 17 | 9 | 17 | 1 | 7 | 9 | 0 | 0 | 14 | 3 | 0 | 8 | 7 | 0 |
| 盐城师范学院 | 27 | 13 | 9 | 13 | 4 | 5 | 4 | 0 | 0 | 13 | 0 | 0 | 6 | 7 | 0 |
| 南京财经大学 | 28 | 7 | 4 | 7 | 1 | 2 | 4 | 0 | 0 | 6 | 1 | 0 | 1 | 5 | 0 |
| 江苏警官学院 | 29 | 7 | 4 | 7 | 1 | 3 | 3 | 0 | 0 | 5 | 2 | 0 | 0 | 6 | 0 |
| 南京体育学院 | 30 | 1 | 1 | 1 | 0 | 0 | 1 | 0 | 0 | 1 | 0 | 0 | 0 | 1 | 0 |
| 南京艺术学院 | 31 | 2 | 2 | 2 | 0 | 1 | 1 | 0 | 0 | 2 | 0 | 0 | 0 | 2 | 0 |
| 苏州科技大学 | 32 | 0 | 0 | 0 | 0 | 0 | 0 | 0 | 0 | 0 | 0 | 0 | 0 | 0 | 0 |
| 常熟理工学院 | 33 | 0 | 0 | 0 | 0 | 0 | 0 | 0 | 0 | 0 | 0 | 0 | 0 | 0 | 0 |
| 淮阴工学院 | 34 | 8 | 6 | 8 | 0 | 5 | 3 | 0 | 0 | 4 | 4 | 0 | 0 | 8 | 0 |
| 常州工学院 | 35 | 6 | 4 | 6 | 0 | 2 | 4 | 0 | 0 | 5 | 1 | 0 | 2 | 3 | 0 |
| 扬州大学 | 36 | 2 | 1 | 2 | 0 | 1 | 1 | 0 | 0 | 2 | 0 | 0 | 0 | 2 | 0 |
| 南京工程学院 | 37 | 4 | 2 | 4 | 0 | 1 | 3 | 0 | 0 | 4 | 0 | 0 | 0 | 4 | 0 |
| 南京审计大学 | 38 | 7 | 3 | 7 | 0 | 1 | 4 | 2 | 0 | 6 | 1 | 0 | 1 | 5 | 0 |
| 南京晓庄学院 | 39 | 28 | 18 | 28 | 3 | 9 | 15 | 0 | 1 | 23 | 5 | 0 | 9 | 15 | 0 |
| 江苏理工学院 | 40 | 5 | 2 | 5 | 1 | 2 | 2 | 0 | 0 | 5 | 0 | 0 | 3 | 2 | 0 |
| 江苏海洋大学 | 41 | 2 | 1 | 2 | 0 | 0 | 2 | 0 | 0 | 2 | 0 | 0 | 0 | 2 | 0 |
| 徐州工程学院 | 42 | 2 | 1 | 2 | 0 | 1 | 1 | 0 | 0 | 1 | 1 | 0 | 0 | 1 | 0 |
| 南京特殊教育师范学院 | 43 | 5 | 4 | 5 | 0 | 1 | 4 | 0 | 0 | 5 | 0 | 0 | 0 | 5 | 0 |
| 泰州学院 | 44 | 2 | 0 | 2 | 1 | 1 | 0 | 0 | 0 | 2 | 0 | 0 | 0 | 1 | 0 |
| 金陵科技学院 | 45 | 8 | 8 | 8 | 0 | 2 | 4 | 2 | 0 | 5 | 3 | 0 | 1 | 6 | 0 |
| 江苏第二师范学院 | 46 | 9 | 6 | 9 | 1 | 4 | 3 | 1 | 0 | 8 | 1 | 0 | 4 | 5 | 0 |

## 2.22 体育科学人文、社会科学活动人员情况表

| 高校名称 | | 总计 | | 按职称划分 | | | | | | 按最后学历划分 | | | 按最后学位划分 | | 其他人员 |
|---|---|---|---|---|---|---|---|---|---|---|---|---|---|---|---|
| | | | 女性 | 小计 | 教授 | 副教授 | 讲师 | 助教 | 初级 | 研究生 | 本科生 | 其他 | 博士 | 硕士 | |
| | 编号 | L01 | L02 | L03 | L04 | L05 | L06 | L07 | L08 | L09 | L10 | L11 | L12 | L13 | L14 |
| 合　计 | / | 2 168 | 742 | 2 168 | 168 | 932 | 885 | 180 | 3 | 1 001 | 1 166 | 1 | 201 | 990 | 0 |
| 南京大学 | 1 | 42 | 15 | 42 | 4 | 21 | 17 | 0 | 0 | 22 | 20 | 0 | 2 | 20 | 0 |
| 东南大学 | 2 | 61 | 22 | 61 | 2 | 40 | 11 | 8 | 0 | 22 | 39 | 0 | 5 | 19 | 0 |
| 江南大学 | 3 | 56 | 21 | 56 | 0 | 20 | 32 | 4 | 0 | 21 | 35 | 0 | 1 | 24 | 0 |
| 南京农业大学 | 4 | 38 | 14 | 38 | 0 | 15 | 14 | 9 | 0 | 20 | 18 | 0 | 0 | 19 | 0 |
| 中国矿业大学 | 5 | 52 | 19 | 52 | 5 | 27 | 18 | 2 | 0 | 33 | 19 | 0 | 11 | 33 | 0 |
| 河海大学 | 6 | 17 | 3 | 17 | 3 | 11 | 3 | 0 | 0 | 10 | 7 | 0 | 3 | 8 | 0 |
| 南京理工大学 | 7 | 44 | 15 | 44 | 3 | 19 | 14 | 7 | 1 | 17 | 27 | 0 | 3 | 14 | 0 |
| 南京航空航天大学 | 8 | 40 | 7 | 40 | 3 | 18 | 18 | 1 | 0 | 13 | 27 | 0 | 1 | 12 | 0 |
| 中国药科大学 | 9 | 40 | 17 | 40 | 1 | 14 | 20 | 5 | 0 | 11 | 29 | 0 | 0 | 14 | 0 |
| 南京森林警察学院 | 10 | 38 | 6 | 38 | 2 | 11 | 24 | 1 | 0 | 9 | 29 | 0 | 2 | 18 | 0 |
| 苏州大学 | 11 | 107 | 30 | 107 | 18 | 50 | 34 | 5 | 0 | 56 | 51 | 0 | 17 | 45 | 0 |
| 江苏科技大学 | 12 | 58 | 20 | 58 | 1 | 25 | 29 | 3 | 0 | 18 | 40 | 0 | 4 | 35 | 0 |
| 南京工业大学 | 13 | 22 | 5 | 22 | 3 | 10 | 9 | 0 | 0 | 6 | 16 | 0 | 1 | 6 | 0 |
| 常州大学 | 14 | 48 | 15 | 48 | 3 | 17 | 26 | 2 | 0 | 30 | 18 | 0 | 3 | 28 | 0 |
| 南京邮电大学 | 15 | 41 | 16 | 41 | 3 | 28 | 7 | 3 | 0 | 16 | 25 | 0 | 2 | 15 | 0 |
| 南京林业大学 | 16 | 36 | 12 | 36 | 1 | 11 | 22 | 2 | 0 | 27 | 9 | 0 | 0 | 24 | 0 |
| 江苏大学 | 17 | 57 | 21 | 57 | 2 | 34 | 19 | 2 | 0 | 15 | 42 | 0 | 3 | 27 | 0 |
| 南京信息工程大学 | 18 | 59 | 26 | 59 | 4 | 24 | 31 | 0 | 0 | 43 | 16 | 0 | 3 | 42 | 0 |
| 南通大学 | 19 | 96 | 26 | 96 | 7 | 60 | 28 | 1 | 0 | 53 | 43 | 0 | 17 | 51 | 0 |
| 盐城工学院 | 20 | 34 | 10 | 34 | 2 | 18 | 10 | 4 | 0 | 15 | 19 | 0 | 2 | 20 | 0 |
| 南京医科大学 | 21 | 20 | 10 | 20 | 0 | 4 | 12 | 4 | 0 | 6 | 14 | 0 | 0 | 14 | 0 |
| 徐州医科大学 | 22 | 21 | 9 | 21 | 0 | 12 | 9 | 0 | 0 | 7 | 14 | 0 | 0 | 6 | 0 |
| 南京中医药大学 | 23 | 20 | 8 | 20 | 0 | 2 | 18 | 0 | 0 | 5 | 15 | 0 | 0 | 12 | 0 |

续表

| 高校名称 | 编号 | 总计 | 女性 | 按职称划分 小计 | 教授 | 副教授 | 讲师 | 助教 | 初级 | 按最后学历划分 研究生 | 本科生 | 其他 | 按最后学位划分 博士 | 硕士 | 其他人员 |
|---|---|---|---|---|---|---|---|---|---|---|---|---|---|---|---|
| | | L01 | L02 | L03 | L04 | L05 | L06 | L07 | L08 | L09 | L10 | L11 | L12 | L13 | L14 |
| 南京师范大学 | 24 | 77 | 31 | 77 | 15 | 36 | 19 | 7 | 0 | 53 | 24 | 0 | 20 | 39 | 0 |
| 江苏师范大学 | 25 | 63 | 26 | 63 | 7 | 30 | 22 | 4 | 0 | 26 | 37 | 0 | 10 | 26 | 0 |
| 淮阴师范学院 | 26 | 49 | 11 | 49 | 7 | 28 | 12 | 2 | 0 | 17 | 32 | 0 | 4 | 14 | 0 |
| 盐城师范学院 | 27 | 66 | 19 | 66 | 5 | 25 | 23 | 13 | 0 | 47 | 19 | 0 | 8 | 39 | 0 |
| 南京财经大学 | 28 | 35 | 14 | 35 | 1 | 18 | 16 | 0 | 0 | 17 | 18 | 0 | 2 | 16 | 0 |
| 江苏警官学院 | 29 | 36 | 9 | 36 | 3 | 12 | 17 | 4 | 0 | 10 | 26 | 0 | 0 | 17 | 0 |
| 南京体育学院 | 30 | 271 | 111 | 271 | 27 | 82 | 138 | 24 | 0 | 98 | 172 | 1 | 35 | 73 | 0 |
| 南京艺术学院 | 31 | 12 | 6 | 12 | 2 | 7 | 3 | 0 | 0 | 3 | 9 | 0 | 0 | 7 | 0 |
| 苏州科技大学 | 32 | 36 | 8 | 36 | 0 | 10 | 25 | 1 | 0 | 22 | 14 | 0 | 2 | 20 | 0 |
| 常熟理工学院 | 33 | 35 | 11 | 35 | 3 | 16 | 11 | 3 | 2 | 15 | 20 | 0 | 1 | 20 | 0 |
| 淮阴工学院 | 34 | 40 | 10 | 40 | 2 | 14 | 24 | 0 | 0 | 17 | 23 | 0 | 4 | 15 | 0 |
| 常州工学院 | 35 | 34 | 11 | 34 | 3 | 16 | 12 | 3 | 0 | 11 | 23 | 0 | 2 | 12 | 0 |
| 扬州大学 | 36 | 49 | 15 | 49 | 13 | 17 | 19 | 0 | 0 | 40 | 9 | 0 | 18 | 22 | 0 |
| 南京工程学院 | 37 | 53 | 20 | 53 | 0 | 23 | 25 | 5 | 0 | 29 | 24 | 0 | 0 | 35 | 0 |
| 南京审计大学 | 38 | 33 | 12 | 33 | 2 | 10 | 11 | 10 | 0 | 22 | 11 | 0 | 2 | 20 | 0 |
| 南京晓庄学院 | 39 | 48 | 15 | 48 | 3 | 16 | 20 | 9 | 0 | 25 | 23 | 0 | 6 | 21 | 0 |
| 江苏理工学院 | 40 | 27 | 10 | 27 | 1 | 16 | 8 | 2 | 0 | 16 | 11 | 0 | 0 | 17 | 0 |
| 江苏海洋大学 | 41 | 40 | 14 | 40 | 2 | 20 | 18 | 0 | 0 | 5 | 35 | 0 | 2 | 9 | 0 |
| 徐州工程学院 | 42 | 35 | 11 | 35 | 2 | 15 | 16 | 2 | 0 | 13 | 22 | 0 | 3 | 14 | 0 |
| 南京特殊教育师范学院 | 43 | 16 | 6 | 16 | 3 | 5 | 4 | 4 | 0 | 11 | 5 | 0 | 2 | 9 | 0 |
| 泰州学院 | 44 | 17 | 5 | 17 | 0 | 3 | 7 | 7 | 0 | 6 | 11 | 0 | 0 | 8 | 0 |
| 金陵科技学院 | 45 | 25 | 10 | 25 | 0 | 14 | 7 | 4 | 0 | 10 | 15 | 0 | 0 | 13 | 0 |
| 江苏第二师范学院 | 46 | 24 | 10 | 24 | 0 | 8 | 3 | 13 | 0 | 13 | 11 | 0 | 0 | 18 | 0 |

## 3. 公办专科高等学校人文、社会科学活动人员情况表

| 高校名称 | | 总计 | | 按职称划分 | | | | | | 按最后学历划分 | | | 按最后学位划分 | | 其他人员 |
|---|---|---|---|---|---|---|---|---|---|---|---|---|---|---|---|
| | | | 女性 | 小计 | 教授 | 副教授 | 讲师 | 助教 | 初级 | 研究生 | 本科生 | 其他 | 博士 | 硕士 | |
| | 编号 | L01 | L02 | L03 | L04 | L05 | L06 | L07 | L08 | L09 | L10 | L11 | L12 | L13 | L14 |
| 合　计 | / | 15 690 | 9 864 | 15 690 | 921 | 4 578 | 8 114 | 2 050 | 27 | 7 563 | 8 050 | 77 | 659 | 9 705 | 0 |
| 管理学 | 1 | 2 877 | 1 700 | 2 877 | 255 | 820 | 1 412 | 383 | 7 | 1 533 | 1 335 | 9 | 173 | 1 954 | 0 |
| 马克思主义 | 2 | 779 | 483 | 779 | 51 | 284 | 313 | 130 | 1 | 488 | 290 | 1 | 52 | 564 | 0 |
| 哲学 | 3 | 148 | 93 | 148 | 10 | 55 | 59 | 23 | 1 | 110 | 37 | 1 | 24 | 101 | 0 |
| 逻辑学 | 4 | 51 | 21 | 51 | 1 | 21 | 27 | 2 | 0 | 15 | 33 | 3 | 4 | 25 | 0 |
| 宗教学 | 5 | 1 | 0 | 1 | 0 | 1 | 0 | 0 | 0 | 0 | 1 | 0 | 0 | 0 | 0 |
| 语言学 | 6 | 2 234 | 1 791 | 2 234 | 53 | 620 | 1 399 | 161 | 1 | 758 | 1 473 | 3 | 24 | 1 152 | 0 |
| 中国文学 | 7 | 558 | 395 | 558 | 49 | 247 | 219 | 43 | 0 | 252 | 306 | 0 | 43 | 327 | 0 |
| 外国文学 | 8 | 185 | 137 | 185 | 5 | 53 | 117 | 10 | 0 | 87 | 98 | 0 | 4 | 113 | 0 |
| 艺术学 | 9 | 2 213 | 1 312 | 2 213 | 69 | 551 | 1 246 | 346 | 1 | 1 088 | 1 116 | 9 | 48 | 1 352 | 0 |
| 历史学 | 10 | 91 | 46 | 91 | 3 | 38 | 42 | 7 | 1 | 60 | 31 | 0 | 16 | 52 | 0 |
| 考古学 | 11 | 4 | 0 | 4 | 0 | 0 | 2 | 2 | 0 | 3 | 0 | 1 | 2 | 2 | 0 |
| 经济学 | 12 | 1 483 | 1 003 | 1 483 | 117 | 446 | 705 | 212 | 3 | 803 | 676 | 4 | 87 | 994 | 0 |
| 政治学 | 13 | 170 | 106 | 170 | 8 | 50 | 84 | 28 | 0 | 92 | 77 | 1 | 7 | 117 | 0 |
| 法学 | 14 | 369 | 228 | 369 | 14 | 101 | 203 | 50 | 1 | 200 | 167 | 2 | 18 | 251 | 0 |
| 社会学 | 15 | 223 | 164 | 223 | 8 | 59 | 119 | 37 | 0 | 140 | 69 | 14 | 13 | 163 | 0 |
| 民族学与文化学 | 16 | 11 | 7 | 11 | 0 | 4 | 5 | 1 | 1 | 7 | 4 | 0 | 3 | 6 | 0 |
| 新闻学与传播学 | 17 | 97 | 63 | 97 | 4 | 22 | 53 | 18 | 0 | 55 | 42 | 0 | 4 | 55 | 0 |
| 图书馆、情报与文献学 | 18 | 516 | 352 | 516 | 18 | 100 | 344 | 53 | 1 | 124 | 374 | 18 | 3 | 182 | 0 |
| 教育学 | 19 | 2 433 | 1 456 | 2 433 | 209 | 661 | 1 194 | 364 | 5 | 1 319 | 1 106 | 8 | 123 | 1 677 | 0 |
| 统计学 | 20 | 73 | 43 | 73 | 4 | 19 | 40 | 8 | 2 | 30 | 43 | 0 | 6 | 35 | 0 |
| 心理学 | 21 | 167 | 134 | 167 | 6 | 38 | 90 | 32 | 1 | 100 | 66 | 1 | 2 | 121 | 0 |
| 体育科学 | 22 | 1 007 | 330 | 1 007 | 37 | 388 | 441 | 140 | 1 | 299 | 706 | 2 | 3 | 462 | 0 |

## 3.1 管理学人文、社会科学活动人员情况表

| 高校名称 | | 总计 | | 按职称划分 | | | | | | 按最后学历划分 | | | 按最后学位划分 | | 其他 |
|---|---|---|---|---|---|---|---|---|---|---|---|---|---|---|---|
| | | | 女性 | 小计 | 教授 | 副教授 | 讲师 | 助教 | 初级 | 研究生 | 本科生 | 其他 | 博士 | 硕士 | 人员 |
| | 编号 | L01 | L02 | L03 | L04 | L05 | L06 | L07 | L08 | L09 | L10 | L11 | L12 | L13 | L14 |
| 合　计 | / | 2 877 | 1 700 | 2 877 | 255 | 820 | 1 412 | 383 | 7 | 1 533 | 1 335 | 9 | 173 | 1 954 | 0 |
| 盐城幼儿师范高等专科学校 | 1 | 7 | 5 | 7 | 0 | 3 | 1 | 3 | 0 | 2 | 5 | 0 | 0 | 4 | 0 |
| 苏州幼儿师范高等专科学校 | 2 | 1 | 0 | 1 | 1 | 0 | 0 | 0 | 0 | 1 | 0 | 0 | 0 | 1 | 0 |
| 无锡职业技术学院 | 3 | 70 | 33 | 70 | 9 | 21 | 32 | 8 | 0 | 55 | 15 | 0 | 15 | 44 | 0 |
| 江苏建筑职业技术学院 | 4 | 53 | 29 | 53 | 2 | 17 | 30 | 4 | 0 | 47 | 6 | 0 | 5 | 46 | 0 |
| 南京工业职业技术大学 | 5 | 174 | 115 | 174 | 19 | 41 | 82 | 32 | 0 | 115 | 59 | 0 | 23 | 116 | 0 |
| 江苏工程职业技术学院 | 6 | 50 | 24 | 50 | 2 | 18 | 30 | 0 | 0 | 30 | 20 | 0 | 1 | 37 | 0 |
| 苏州工艺美术职业技术学院 | 7 | 15 | 8 | 15 | 1 | 1 | 12 | 1 | 0 | 6 | 9 | 0 | 0 | 9 | 0 |
| 连云港职业技术学院 | 8 | 51 | 29 | 51 | 3 | 19 | 24 | 5 | 0 | 24 | 27 | 0 | 4 | 37 | 0 |
| 镇江市高等专科学校 | 9 | 68 | 36 | 68 | 11 | 30 | 20 | 7 | 0 | 24 | 44 | 0 | 2 | 51 | 0 |
| 南通职业大学 | 10 | 29 | 21 | 29 | 2 | 12 | 14 | 1 | 0 | 13 | 16 | 0 | 3 | 14 | 0 |
| 苏州职业大学 | 11 | 102 | 66 | 102 | 5 | 36 | 45 | 16 | 0 | 50 | 52 | 0 | 6 | 68 | 0 |
| 沙洲职业工学院 | 12 | 19 | 11 | 19 | 2 | 6 | 8 | 3 | 0 | 8 | 10 | 1 | 0 | 12 | 0 |
| 扬州市职业大学 | 13 | 48 | 28 | 48 | 5 | 17 | 19 | 7 | 0 | 26 | 22 | 0 | 2 | 33 | 0 |
| 连云港师范高等专科学校 | 14 | 20 | 8 | 20 | 1 | 6 | 12 | 1 | 0 | 12 | 8 | 0 | 0 | 18 | 0 |
| 江苏经贸职业技术学院 | 15 | 137 | 85 | 137 | 22 | 49 | 59 | 7 | 0 | 83 | 54 | 0 | 13 | 97 | 0 |
| 泰州职业技术学院 | 16 | 20 | 14 | 20 | 0 | 7 | 12 | 1 | 0 | 14 | 6 | 0 | 1 | 17 | 0 |
| 常州信息职业技术学院 | 17 | 70 | 44 | 70 | 6 | 18 | 35 | 10 | 1 | 31 | 39 | 0 | 5 | 47 | 0 |
| 江苏海事职业技术学院 | 18 | 21 | 9 | 21 | 2 | 8 | 10 | 1 | 0 | 11 | 10 | 0 | 2 | 16 | 0 |
| 无锡科技职业学院 | 19 | 48 | 21 | 48 | 6 | 15 | 22 | 4 | 1 | 23 | 25 | 0 | 1 | 31 | 0 |
| 江苏医药职业学院 | 20 | 17 | 10 | 17 | 2 | 2 | 11 | 2 | 0 | 8 | 9 | 0 | 1 | 9 | 0 |

| | | | | | | | | | | | | | | |
|---|---|---|---|---|---|---|---|---|---|---|---|---|---|---|
| 南通科技职业学院 | 21 | 17 | 9 | 17 | 2 | 5 | 7 | 3 | 0 | 10 | 7 | 0 | 0 | 12 | 0 |
| 苏州经贸职业技术学院 | 22 | 81 | 45 | 81 | 3 | 20 | 47 | 11 | 0 | 59 | 22 | 0 | 24 | 49 | 0 |
| 苏州工业职业技术学院 | 23 | 43 | 29 | 43 | 5 | 11 | 22 | 5 | 0 | 14 | 29 | 0 | 5 | 20 | 0 |
| 苏州卫生职业技术学院 | 24 | 41 | 29 | 41 | 1 | 2 | 23 | 14 | 1 | 21 | 20 | 0 | 0 | 22 | 0 |
| 无锡商业职业技术学院 | 25 | 145 | 100 | 145 | 12 | 34 | 82 | 17 | 0 | 53 | 92 | 0 | 3 | 114 | 0 |
| 江苏航运职业技术学院 | 26 | 70 | 35 | 70 | 8 | 13 | 45 | 4 | 0 | 29 | 40 | 1 | 2 | 46 | 0 |
| 南京交通职业技术学院 | 27 | 38 | 26 | 38 | 4 | 10 | 18 | 5 | 1 | 25 | 13 | 0 | 1 | 28 | 0 |
| 江苏电子信息职业学院 | 28 | 25 | 9 | 25 | 0 | 7 | 14 | 4 | 0 | 19 | 6 | 0 | 4 | 17 | 0 |
| 江苏农牧科技职业学院 | 29 | 12 | 5 | 12 | 0 | 4 | 8 | 0 | 0 | 12 | 0 | 0 | 0 | 12 | 0 |
| 常州纺织服装职业技术学院 | 30 | 94 | 57 | 94 | 7 | 36 | 42 | 9 | 0 | 37 | 57 | 0 | 1 | 54 | 0 |
| 苏州农业职业技术学院 | 31 | 20 | 12 | 20 | 2 | 7 | 7 | 4 | 0 | 5 | 15 | 0 | 0 | 17 | 0 |
| 南京科技职业学院 | 32 | 76 | 42 | 76 | 6 | 27 | 43 | 0 | 0 | 43 | 33 | 0 | 4 | 49 | 0 |
| 常州工业职业技术学院 | 33 | 56 | 35 | 56 | 4 | 12 | 30 | 10 | 0 | 36 | 20 | 0 | 1 | 42 | 0 |
| 常州工程职业技术学院 | 34 | 12 | 6 | 12 | 1 | 0 | 10 | 1 | 0 | 5 | 7 | 0 | 0 | 5 | 0 |
| 江苏农林职业技术学院 | 35 | 19 | 11 | 19 | 0 | 2 | 13 | 4 | 0 | 12 | 7 | 0 | 1 | 14 | 0 |
| 江苏食品药品职业技术学院 | 36 | 17 | 4 | 17 | 3 | 5 | 9 | 0 | 0 | 4 | 13 | 0 | 0 | 7 | 0 |
| 南京铁道职业技术学院 | 37 | 79 | 41 | 79 | 5 | 21 | 50 | 2 | 1 | 36 | 43 | 0 | 4 | 58 | 0 |
| 徐州工业职业技术学院 | 38 | 33 | 23 | 33 | 3 | 12 | 12 | 6 | 0 | 25 | 8 | 0 | 1 | 29 | 0 |
| 江苏信息职业技术学院 | 39 | 62 | 37 | 62 | 3 | 18 | 38 | 3 | 0 | 23 | 39 | 0 | 2 | 43 | 0 |
| 南京信息职业技术学院 | 40 | 32 | 18 | 32 | 3 | 12 | 15 | 2 | 0 | 22 | 10 | 0 | 1 | 27 | 0 |
| 常州机电职业技术学院 | 41 | 71 | 30 | 71 | 16 | 23 | 25 | 7 | 0 | 29 | 42 | 0 | 1 | 52 | 0 |
| 江阴职业技术学院 | 42 | 23 | 15 | 23 | 1 | 11 | 8 | 3 | 0 | 5 | 18 | 0 | 0 | 15 | 0 |
| 无锡城市职业技术学院 | 43 | 33 | 25 | 33 | 2 | 7 | 22 | 2 | 0 | 19 | 14 | 0 | 2 | 21 | 0 |
| 无锡工艺职业技术学院 | 44 | 27 | 18 | 27 | 1 | 8 | 17 | 1 | 0 | 17 | 10 | 0 | 1 | 22 | 0 |

续表

| 高校名称 | | 总计 | | 按职称划分 | | | | | | 按最后学历划分 | | | 按最后学位划分 | | 其他人员 |
|---|---|---|---|---|---|---|---|---|---|---|---|---|---|---|---|
| | | | 女性 | 小计 | 教授 | 副教授 | 讲师 | 助教 | 初级 | 研究生 | 本科生 | 其他 | 博士 | 硕士 | |
| | 编号 | L01 | L02 | L03 | L04 | L05 | L06 | L07 | L08 | L09 | L10 | L11 | L12 | L13 | L14 |
| 苏州健雄职业技术学院 | 45 | 24 | 18 | 24 | 3 | 8 | 11 | 2 | 0 | 13 | 11 | 0 | 2 | 17 | 0 |
| 盐城工业职业技术学院 | 46 | 64 | 27 | 64 | 9 | 19 | 23 | 13 | 0 | 38 | 25 | 1 | 1 | 40 | 0 |
| 江苏财经职业技术学院 | 47 | 80 | 41 | 80 | 14 | 29 | 26 | 11 | 0 | 31 | 48 | 1 | 4 | 52 | 0 |
| 扬州工业职业技术学院 | 48 | 24 | 10 | 24 | 2 | 5 | 6 | 11 | 0 | 21 | 3 | 0 | 1 | 21 | 0 |
| 江苏城市职业学院 | 49 | 81 | 52 | 81 | 10 | 19 | 48 | 4 | 0 | 53 | 28 | 0 | 12 | 50 | 0 |
| 南京城市职业学院 | 50 | 57 | 36 | 57 | 7 | 20 | 29 | 1 | 0 | 35 | 22 | 0 | 1 | 48 | 0 |
| 南京机电职业技术学院 | 51 | 51 | 30 | 51 | 1 | 4 | 19 | 27 | 0 | 8 | 40 | 3 | 0 | 12 | 0 |
| 南京旅游职业学院 | 52 | 61 | 38 | 61 | 4 | 11 | 28 | 18 | 0 | 46 | 13 | 2 | 5 | 42 | 0 |
| 江苏卫生健康职业学院 | 53 | 26 | 20 | 26 | 2 | 3 | 13 | 8 | 0 | 19 | 7 | 0 | 0 | 22 | 0 |
| 苏州信息职业技术学院 | 54 | 33 | 22 | 33 | 1 | 15 | 12 | 3 | 2 | 8 | 25 | 0 | 1 | 16 | 0 |
| 苏州工业园区服务外包职业学院 | 55 | 37 | 25 | 37 | 3 | 6 | 22 | 6 | 0 | 31 | 6 | 0 | 1 | 34 | 0 |
| 徐州幼儿师范高等专科学校 | 56 | 1 | 0 | 1 | 1 | 0 | 0 | 0 | 0 | 1 | 0 | 0 | 1 | 0 | 0 |
| 徐州生物工程职业技术学院 | 57 | 10 | 6 | 10 | 0 | 5 | 4 | 1 | 0 | 1 | 9 | 0 | 0 | 1 | 0 |
| 江苏商贸职业学院 | 58 | 45 | 29 | 45 | 1 | 15 | 14 | 15 | 0 | 22 | 23 | 0 | 0 | 27 | 0 |
| 南通师范高等专科学校 | 59 | 3 | 1 | 3 | 0 | 1 | 1 | 1 | 0 | 1 | 2 | 0 | 0 | 3 | 0 |
| 江苏护理职业学院 | 60 | 2 | 1 | 2 | 0 | 0 | 1 | 1 | 0 | 0 | 2 | 0 | 0 | 0 | 0 |
| 江苏财会职业学院 | 61 | 23 | 13 | 23 | 1 | 3 | 14 | 5 | 0 | 8 | 15 | 0 | 0 | 16 | 0 |
| 江苏城乡建设职业学院 | 62 | 37 | 21 | 37 | 1 | 9 | 20 | 7 | 0 | 9 | 28 | 0 | 0 | 16 | 0 |
| 江苏航空职业技术学院 | 63 | 16 | 13 | 16 | 0 | 2 | 8 | 6 | 0 | 9 | 7 | 0 | 0 | 10 | 0 |
| 江苏安全技术职业学院 | 64 | 2 | 2 | 2 | 0 | 0 | 1 | 1 | 0 | 1 | 1 | 0 | 0 | 1 | 0 |
| 江苏旅游职业学院 | 65 | 54 | 38 | 54 | 2 | 13 | 27 | 12 | 0 | 35 | 19 | 0 | 2 | 44 | 0 |

## 3.2 马克思主义人文、社会科学活动人员情况表

| 高校名称 | | 总计 | | 按职称划分 | | | | | | 按最后学历划分 | | | 按最后学位划分 | | 其他 |
|---|---|---|---|---|---|---|---|---|---|---|---|---|---|---|---|
| | | | 女性 | 小计 | 教授 | 副教授 | 讲师 | 助教 | 初级 | 研究生 | 本科生 | 其他 | 博士 | 硕士 | 人员 |
| | 编号 | L01 | L02 | L03 | L04 | L05 | L06 | L07 | L08 | L09 | L10 | L11 | L12 | L13 | L14 |
| 合　计 | / | 779 | 483 | 779 | 51 | 284 | 313 | 130 | 1 | 488 | 290 | 1 | 52 | 564 | 0 |
| 盐城幼儿师范高等专科学校 | 1 | 5 | 3 | 5 | 0 | 1 | 0 | 4 | 0 | 4 | 1 | 0 | 0 | 5 | 0 |
| 苏州幼儿师范高等专科学校 | 2 | 1 | 0 | 1 | 0 | 1 | 0 | 0 | 0 | 1 | 0 | 0 | 0 | 1 | 0 |
| 无锡职业技术学院 | 3 | 8 | 4 | 8 | 0 | 3 | 3 | 2 | 0 | 8 | 0 | 0 | 3 | 5 | 0 |
| 江苏建筑职业技术学院 | 4 | 14 | 8 | 14 | 2 | 7 | 4 | 1 | 0 | 11 | 3 | 0 | 0 | 14 | 0 |
| 南京工业职业技术大学 | 5 | 6 | 4 | 6 | 0 | 2 | 3 | 1 | 0 | 3 | 3 | 0 | 2 | 1 | 0 |
| 江苏工程职业技术学院 | 6 | 19 | 11 | 19 | 1 | 2 | 16 | 0 | 0 | 16 | 3 | 0 | 0 | 18 | 0 |
| 苏州工艺美术职业技术学院 | 7 | 8 | 4 | 8 | 1 | 5 | 1 | 1 | 0 | 7 | 1 | 0 | 1 | 7 | 0 |
| 连云港职业技术学院 | 8 | 8 | 4 | 8 | 0 | 5 | 2 | 1 | 0 | 5 | 3 | 0 | 0 | 6 | 0 |
| 镇江市高等专科学校 | 9 | 18 | 11 | 18 | 0 | 8 | 10 | 0 | 0 | 3 | 15 | 0 | 0 | 10 | 0 |
| 南通职业大学 | 10 | 12 | 8 | 12 | 3 | 5 | 2 | 2 | 0 | 5 | 7 | 0 | 0 | 11 | 0 |
| 苏州职业大学 | 11 | 44 | 25 | 44 | 1 | 13 | 22 | 8 | 0 | 31 | 13 | 0 | 6 | 26 | 0 |
| 沙洲职业工学院 | 12 | 3 | 0 | 3 | 0 | 2 | 1 | 0 | 0 | 1 | 2 | 0 | 0 | 0 | 0 |
| 扬州市职业大学 | 13 | 16 | 8 | 16 | 2 | 6 | 4 | 4 | 0 | 7 | 9 | 0 | 0 | 13 | 0 |
| 连云港师范高等专科学校 | 14 | 18 | 12 | 18 | 2 | 13 | 3 | 0 | 0 | 11 | 7 | 0 | 0 | 14 | 0 |
| 江苏经贸职业技术学院 | 15 | 17 | 12 | 17 | 1 | 7 | 8 | 1 | 0 | 11 | 6 | 0 | 2 | 12 | 0 |
| 泰州职业技术学院 | 16 | 14 | 8 | 14 | 1 | 6 | 7 | 0 | 0 | 6 | 8 | 0 | 0 | 10 | 0 |
| 常州信息职业技术学院 | 17 | 12 | 7 | 12 | 1 | 4 | 7 | 0 | 0 | 11 | 1 | 0 | 3 | 9 | 0 |
| 江苏海事职业技术学院 | 18 | 35 | 22 | 35 | 1 | 16 | 18 | 0 | 0 | 20 | 15 | 0 | 3 | 19 | 0 |
| 无锡科技职业学院 | 19 | 4 | 4 | 4 | 1 | 0 | 3 | 0 | 0 | 2 | 2 | 0 | 0 | 3 | 0 |
| 江苏医药职业学院 | 20 | 7 | 5 | 7 | 1 | 3 | 1 | 2 | 0 | 2 | 5 | 0 | 0 | 4 | 0 |

续表

| 高校名称 | | 总计 | | 按职称划分 | | | | | | 按最后学历划分 | | | 按最后学位划分 | | 其他 |
|---|---|---|---|---|---|---|---|---|---|---|---|---|---|---|---|
| | | | 女性 | 小计 | 教授 | 副教授 | 讲师 | 助教 | 初级 | 研究生 | 本科生 | 其他 | 博士 | 硕士 | 人员 |
| | 编号 | L01 | L02 | L03 | L04 | L05 | L06 | L07 | L08 | L09 | L10 | L11 | L12 | L13 | L14 |
| 南通科技职业学院 | 21 | 3 | 1 | 3 | 0 | 2 | 1 | 0 | 0 | 1 | 2 | 0 | 0 | 2 | 0 |
| 苏州经贸职业技术学院 | 22 | 2 | 0 | 2 | 1 | 0 | 1 | 0 | 0 | 2 | 0 | 0 | 1 | 1 | 0 |
| 苏州工业职业技术学院 | 23 | 19 | 14 | 19 | 1 | 5 | 9 | 4 | 0 | 8 | 11 | 0 | 2 | 12 | 0 |
| 苏州卫生职业技术学院 | 24 | 8 | 7 | 8 | 0 | 1 | 6 | 1 | 0 | 6 | 2 | 0 | 0 | 7 | 0 |
| 无锡商业职业技术学院 | 25 | 21 | 13 | 21 | 2 | 9 | 7 | 3 | 0 | 14 | 7 | 0 | 1 | 17 | 0 |
| 江苏航运职业技术学院 | 26 | 18 | 9 | 18 | 1 | 10 | 6 | 1 | 0 | 7 | 11 | 0 | 1 | 14 | 0 |
| 南京交通职业技术学院 | 27 | 7 | 3 | 7 | 0 | 5 | 2 | 0 | 0 | 2 | 5 | 0 | 1 | 5 | 0 |
| 江苏电子信息职业学院 | 28 | 17 | 8 | 17 | 4 | 5 | 3 | 5 | 0 | 11 | 5 | 1 | 1 | 14 | 0 |
| 江苏农牧科技职业学院 | 29 | 12 | 7 | 12 | 1 | 4 | 5 | 2 | 0 | 10 | 2 | 0 | 0 | 10 | 0 |
| 常州纺织服装职业技术学院 | 30 | 10 | 6 | 10 | 3 | 4 | 3 | 0 | 0 | 7 | 3 | 0 | 1 | 4 | 0 |
| 苏州农业职业技术学院 | 31 | 10 | 7 | 10 | 0 | 5 | 5 | 0 | 0 | 4 | 6 | 0 | 0 | 6 | 0 |
| 南京科技职业学院 | 32 | 28 | 16 | 28 | 1 | 8 | 19 | 0 | 0 | 19 | 9 | 0 | 1 | 23 | 0 |
| 常州工业职业技术学院 | 33 | 10 | 7 | 10 | 0 | 4 | 2 | 4 | 0 | 8 | 2 | 0 | 2 | 8 | 0 |
| 常州工程职业技术学院 | 34 | 13 | 9 | 13 | 0 | 3 | 0 | 10 | 0 | 9 | 4 | 0 | 0 | 10 | 0 |
| 江苏农林职业技术学院 | 35 | 10 | 6 | 10 | 0 | 3 | 6 | 1 | 0 | 5 | 5 | 0 | 0 | 10 | 0 |
| 江苏食品药品职业技术学院 | 36 | 14 | 9 | 14 | 0 | 9 | 5 | 0 | 0 | 6 | 8 | 0 | 1 | 10 | 0 |
| 南京铁道职业技术学院 | 37 | 13 | 8 | 13 | 1 | 5 | 7 | 0 | 0 | 11 | 2 | 0 | 4 | 9 | 0 |
| 徐州工业职业技术学院 | 38 | 11 | 6 | 11 | 1 | 2 | 5 | 3 | 0 | 5 | 6 | 0 | 0 | 7 | 0 |
| 江苏信息职业技术学院 | 39 | 15 | 8 | 15 | 1 | 8 | 4 | 2 | 0 | 6 | 9 | 0 | 1 | 9 | 0 |
| 南京信息职业技术学院 | 40 | 17 | 10 | 17 | 0 | 8 | 5 | 4 | 0 | 13 | 4 | 0 | 4 | 11 | 0 |
| 常州机电职业技术学院 | 41 | 10 | 3 | 10 | 1 | 3 | 6 | 0 | 0 | 6 | 4 | 0 | 0 | 9 | 0 |

| | | | | | | | | | | | | | | | |
|---|---|---|---|---|---|---|---|---|---|---|---|---|---|---|---|
| 江阴职业技术学院 | 42 | 8 | 8 | 8 | 1 | 4 | 3 | 0 | 0 | 2 | 6 | 0 | 0 | 4 | 0 |
| 无锡城市职业技术学院 | 43 | 16 | 9 | 16 | 1 | 5 | 10 | 0 | 0 | 6 | 10 | 0 | 2 | 9 | 0 |
| 无锡工艺职业技术学院 | 44 | 7 | 3 | 7 | 2 | 2 | 2 | 1 | 0 | 3 | 4 | 0 | 0 | 5 | 0 |
| 苏州健雄职业技术学院 | 45 | 5 | 2 | 5 | 0 | 4 | 1 | 0 | 0 | 3 | 2 | 0 | 0 | 4 | 0 |
| 盐城工业职业技术学院 | 46 | 12 | 11 | 12 | 1 | 3 | 0 | 8 | 0 | 9 | 3 | 0 | 0 | 9 | 0 |
| 江苏财经职业技术学院 | 47 | 14 | 9 | 14 | 0 | 8 | 5 | 1 | 0 | 7 | 7 | 0 | 0 | 11 | 0 |
| 扬州工业职业技术学院 | 48 | 31 | 21 | 31 | 1 | 8 | 9 | 13 | 0 | 24 | 7 | 0 | 4 | 21 | 0 |
| 江苏城市职业学院 | 49 | 18 | 13 | 18 | 1 | 5 | 9 | 3 | 0 | 12 | 6 | 0 | 1 | 13 | 0 |
| 南京城市职业学院 | 50 | 5 | 2 | 5 | 0 | 1 | 3 | 1 | 0 | 4 | 1 | 0 | 0 | 5 | 0 |
| 南京机电职业技术学院 | 51 | 5 | 3 | 5 | 0 | 0 | 3 | 2 | 0 | 3 | 2 | 0 | 0 | 4 | 0 |
| 南京旅游职业学院 | 52 | 9 | 8 | 9 | 0 | 1 | 5 | 3 | 0 | 8 | 1 | 0 | 1 | 8 | 0 |
| 江苏卫生健康职业学院 | 53 | 10 | 8 | 10 | 0 | 2 | 4 | 3 | 1 | 9 | 1 | 0 | 0 | 9 | 0 |
| 苏州信息职业技术学院 | 54 | 6 | 3 | 6 | 0 | 6 | 0 | 0 | 0 | 0 | 6 | 0 | 0 | 0 | 0 |
| 苏州工业园区服务外包职业学院 | 55 | 9 | 7 | 9 | 0 | 1 | 8 | 0 | 0 | 9 | 0 | 0 | 1 | 8 | 0 |
| 徐州幼儿师范高等专科学校 | 56 | 7 | 5 | 7 | 3 | 3 | 0 | 1 | 0 | 2 | 5 | 0 | 1 | 0 | 0 |
| 徐州生物工程职业技术学院 | 57 | 3 | 2 | 3 | 1 | 1 | 0 | 1 | 0 | 2 | 1 | 0 | 1 | 1 | 0 |
| 江苏商贸职业学院 | 58 | 26 | 17 | 26 | 1 | 5 | 11 | 9 | 0 | 21 | 5 | 0 | 0 | 21 | 0 |
| 南通师范高等专科学校 | 59 | 5 | 5 | 5 | 0 | 1 | 3 | 1 | 0 | 2 | 3 | 0 | 0 | 4 | 0 |
| 江苏护理职业学院 | 60 | 5 | 4 | 5 | 0 | 0 | 0 | 5 | 0 | 5 | 0 | 0 | 0 | 5 | 0 |
| 江苏财会职业学院 | 61 | 3 | 2 | 3 | 0 | 2 | 1 | 0 | 0 | 0 | 3 | 0 | 0 | 1 | 0 |
| 江苏城乡建设职业学院 | 62 | 6 | 5 | 6 | 0 | 1 | 1 | 4 | 0 | 6 | 0 | 0 | 0 | 6 | 0 |
| 江苏航空职业技术学院 | 63 | 2 | 2 | 2 | 0 | 0 | 0 | 2 | 0 | 2 | 0 | 0 | 0 | 2 | 0 |
| 江苏安全技术职业学院 | 64 | 8 | 6 | 8 | 0 | 0 | 6 | 2 | 0 | 8 | 0 | 0 | 0 | 8 | 0 |
| 江苏旅游职业学院 | 65 | 22 | 11 | 22 | 3 | 9 | 7 | 3 | 0 | 16 | 6 | 0 | 0 | 20 | 0 |

## 3.3 哲学人文、社会科学活动人员情况表

| 高校名称 | | 总计 | | 按职称划分 | | | | | | 按最后学历划分 | | | 按最后学位划分 | | 其他人员 |
|---|---|---|---|---|---|---|---|---|---|---|---|---|---|---|---|
| | | | 女性 | 小计 | 教授 | 副教授 | 讲师 | 助教 | 初级 | 研究生 | 本科生 | 其他 | 博士 | 硕士 | |
| | 编号 | L01 | L02 | L03 | L04 | L05 | L06 | L07 | L08 | L09 | L10 | L11 | L12 | L13 | L14 |
| 合　计 | / | 148 | 93 | 148 | 10 | 55 | 59 | 23 | 1 | 110 | 37 | 1 | 24 | 101 | 0 |
| 盐城幼儿师范高等专科学校 | 1 | 0 | 0 | 0 | 0 | 0 | 0 | 0 | 0 | 0 | 0 | 0 | 0 | 0 | 0 |
| 苏州幼儿师范高等专科学校 | 2 | 1 | 1 | 1 | 0 | 0 | 1 | 0 | 0 | 1 | 0 | 0 | 0 | 1 | 0 |
| 无锡职业技术学院 | 3 | 5 | 4 | 5 | 0 | 3 | 2 | 0 | 0 | 4 | 1 | 0 | 2 | 2 | 0 |
| 江苏建筑职业技术学院 | 4 | 5 | 4 | 5 | 1 | 3 | 1 | 0 | 0 | 5 | 0 | 0 | 1 | 4 | 0 |
| 南京工业职业技术大学 | 5 | 13 | 9 | 13 | 0 | 6 | 6 | 1 | 0 | 10 | 3 | 0 | 2 | 10 | 0 |
| 江苏工程职业技术学院 | 6 | 2 | 2 | 2 | 0 | 1 | 1 | 0 | 0 | 2 | 0 | 0 | 0 | 2 | 0 |
| 苏州工艺美术职业技术学院 | 7 | 1 | 1 | 1 | 0 | 1 | 0 | 0 | 0 | 1 | 0 | 0 | 0 | 1 | 0 |
| 连云港职业技术学院 | 8 | 2 | 1 | 2 | 0 | 0 | 1 | 1 | 0 | 1 | 1 | 0 | 0 | 1 | 0 |
| 镇江市高等专科学校 | 9 | 0 | 0 | 0 | 0 | 0 | 0 | 0 | 0 | 0 | 0 | 0 | 0 | 0 | 0 |
| 南通职业大学 | 10 | 1 | 0 | 1 | 0 | 0 | 1 | 0 | 0 | 1 | 0 | 0 | 0 | 1 | 0 |
| 苏州职业大学 | 11 | 16 | 9 | 16 | 1 | 4 | 6 | 5 | 0 | 14 | 2 | 0 | 5 | 11 | 0 |
| 沙洲职业工学院 | 12 | 3 | 1 | 3 | 0 | 0 | 2 | 1 | 0 | 1 | 2 | 0 | 0 | 1 | 0 |
| 扬州市职业大学 | 13 | 10 | 6 | 10 | 1 | 6 | 3 | 0 | 0 | 1 | 9 | 0 | 0 | 6 | 0 |
| 连云港师范高等专科学校 | 14 | 2 | 1 | 2 | 1 | 1 | 0 | 0 | 0 | 1 | 1 | 0 | 0 | 1 | 0 |
| 江苏经贸职业技术学院 | 15 | 2 | 1 | 2 | 0 | 1 | 1 | 0 | 0 | 2 | 0 | 0 | 1 | 1 | 0 |
| 泰州职业技术学院 | 16 | 0 | 0 | 0 | 0 | 0 | 0 | 0 | 0 | 0 | 0 | 0 | 0 | 0 | 0 |
| 常州信息职业技术学院 | 17 | 7 | 4 | 7 | 1 | 3 | 2 | 1 | 0 | 3 | 4 | 0 | 1 | 5 | 0 |
| 江苏海事职业技术学院 | 18 | 3 | 2 | 3 | 0 | 1 | 2 | 0 | 0 | 3 | 0 | 0 | 0 | 3 | 0 |
| 无锡科技职业学院 | 19 | 3 | 2 | 3 | 0 | 1 | 1 | 0 | 1 | 3 | 0 | 0 | 1 | 2 | 0 |
| 江苏医药职业学院 | 20 | 4 | 2 | 4 | 1 | 0 | 1 | 2 | 0 | 3 | 0 | 1 | 1 | 3 | 0 |

| | | | | | | | | | | | | | | | |
|---|---|---|---|---|---|---|---|---|---|---|---|---|---|---|---|
| 南通科技职业学院 | 21 | 0 | 0 | 0 | 0 | 0 | 0 | 0 | 0 | 0 | 0 | 0 | 0 | 0 | 0 |
| 苏州经贸职业技术学院 | 22 | 3 | 2 | 3 | 0 | 0 | 3 | 0 | 0 | 2 | 1 | 0 | 0 | 2 | 0 |
| 苏州工业职业技术学院 | 23 | 0 | 0 | 0 | 0 | 0 | 0 | 0 | 0 | 0 | 0 | 0 | 0 | 0 | 0 |
| 苏州卫生职业技术学院 | 24 | 1 | 1 | 1 | 0 | 0 | 1 | 0 | 0 | 1 | 0 | 0 | 0 | 1 | 0 |
| 无锡商业职业技术学院 | 25 | 3 | 3 | 3 | 0 | 0 | 0 | 3 | 0 | 3 | 0 | 0 | 0 | 3 | 0 |
| 江苏航运职业技术学院 | 26 | 1 | 1 | 1 | 0 | 0 | 1 | 0 | 0 | 1 | 0 | 0 | 0 | 1 | 0 |
| 南京交通职业技术学院 | 27 | 0 | 0 | 0 | 0 | 0 | 0 | 0 | 0 | 0 | 0 | 0 | 0 | 0 | 0 |
| 江苏电子信息职业学院 | 28 | 0 | 0 | 0 | 0 | 0 | 0 | 0 | 0 | 0 | 0 | 0 | 0 | 0 | 0 |
| 江苏农牧科技职业学院 | 29 | 0 | 0 | 0 | 0 | 0 | 0 | 0 | 0 | 0 | 0 | 0 | 0 | 0 | 0 |
| 常州纺织服装职业技术学院 | 30 | 2 | 2 | 2 | 0 | 0 | 2 | 0 | 0 | 1 | 1 | 0 | 0 | 1 | 0 |
| 苏州农业职业技术学院 | 31 | 1 | 1 | 1 | 0 | 1 | 0 | 0 | 0 | 1 | 0 | 0 | 0 | 1 | 0 |
| 南京科技职业学院 | 32 | 3 | 1 | 3 | 1 | 0 | 2 | 0 | 0 | 3 | 0 | 0 | 0 | 3 | 0 |
| 常州工业职业技术学院 | 33 | 0 | 0 | 0 | 0 | 0 | 0 | 0 | 0 | 0 | 0 | 0 | 0 | 0 | 0 |
| 常州工程职业技术学院 | 34 | 0 | 0 | 0 | 0 | 0 | 0 | 0 | 0 | 0 | 0 | 0 | 0 | 0 | 0 |
| 江苏农林职业技术学院 | 35 | 0 | 0 | 0 | 0 | 0 | 0 | 0 | 0 | 0 | 0 | 0 | 0 | 0 | 0 |
| 江苏食品药品职业技术学院 | 36 | 0 | 0 | 0 | 0 | 0 | 0 | 0 | 0 | 0 | 0 | 0 | 0 | 0 | 0 |
| 南京铁道职业技术学院 | 37 | 2 | 1 | 2 | 0 | 0 | 1 | 1 | 0 | 2 | 0 | 0 | 1 | 1 | 0 |
| 徐州工业职业技术学院 | 38 | 3 | 1 | 3 | 0 | 1 | 2 | 0 | 0 | 3 | 0 | 0 | 0 | 3 | 0 |
| 江苏信息职业技术学院 | 39 | 1 | 1 | 1 | 0 | 0 | 1 | 0 | 0 | 1 | 0 | 0 | 0 | 1 | 0 |
| 南京信息职业技术学院 | 40 | 1 | 0 | 1 | 0 | 1 | 0 | 0 | 0 | 0 | 1 | 0 | 0 | 0 | 0 |
| 常州机电职业技术学院 | 41 | 5 | 2 | 5 | 0 | 3 | 2 | 0 | 0 | 5 | 0 | 0 | 3 | 2 | 0 |
| 江阴职业技术学院 | 42 | 0 | 0 | 0 | 0 | 0 | 0 | 0 | 0 | 0 | 0 | 0 | 0 | 0 | 0 |
| 无锡城市职业技术学院 | 43 | 0 | 0 | 0 | 0 | 0 | 0 | 0 | 0 | 0 | 0 | 0 | 0 | 0 | 0 |
| 无锡工艺职业技术学院 | 44 | 0 | 0 | 0 | 0 | 0 | 0 | 0 | 0 | 0 | 0 | 0 | 0 | 0 | 0 |

续表

| 高校名称 | | 总计 | | 按职称划分 | | | | | | 按最后学历划分 | | | 按最后学位划分 | | 其他 |
|---|---|---|---|---|---|---|---|---|---|---|---|---|---|---|---|
| | | | 女性 | 小计 | 教授 | 副教授 | 讲师 | 助教 | 初级 | 研究生 | 本科生 | 其他 | 博士 | 硕士 | 人员 |
| | 编号 | L01 | L02 | L03 | L04 | L05 | L06 | L07 | L08 | L09 | L10 | L11 | L12 | L13 | L14 |
| 苏州健雄职业技术学院 | 45 | 2 | 2 | 2 | 0 | 2 | 0 | 0 | 0 | 1 | 1 | 0 | 0 | 2 | 0 |
| 盐城工业职业技术学院 | 46 | 2 | 1 | 2 | 0 | 1 | 0 | 1 | 0 | 2 | 0 | 0 | 1 | 1 | 0 |
| 江苏财经职业技术学院 | 47 | 9 | 4 | 9 | 1 | 3 | 3 | 2 | 0 | 8 | 1 | 0 | 3 | 5 | 0 |
| 扬州工业职业技术学院 | 48 | 2 | 1 | 2 | 0 | 0 | 1 | 1 | 0 | 2 | 0 | 0 | 0 | 2 | 0 |
| 江苏城市职业学院 | 49 | 3 | 3 | 3 | 0 | 1 | 2 | 0 | 0 | 3 | 0 | 0 | 0 | 3 | 0 |
| 南京城市职业学院 | 50 | 2 | 1 | 2 | 1 | 0 | 1 | 0 | 0 | 2 | 0 | 0 | 0 | 1 | 0 |
| 南京机电职业技术学院 | 51 | 2 | 2 | 2 | 0 | 0 | 1 | 1 | 0 | 0 | 2 | 0 | 0 | 0 | 0 |
| 南京旅游职业学院 | 52 | 2 | 2 | 2 | 0 | 1 | 0 | 1 | 0 | 1 | 1 | 0 | 0 | 1 | 0 |
| 江苏卫生健康职业学院 | 53 | 2 | 1 | 2 | 0 | 2 | 0 | 0 | 0 | 1 | 1 | 0 | 1 | 0 | 0 |
| 苏州信息职业技术学院 | 54 | 0 | 0 | 0 | 0 | 0 | 0 | 0 | 0 | 0 | 0 | 0 | 0 | 0 | 0 |
| 苏州工业园区服务外包职业学院 | 55 | 1 | 1 | 1 | 0 | 1 | 0 | 0 | 0 | 1 | 0 | 0 | 0 | 1 | 0 |
| 徐州幼儿师范高等专科学校 | 56 | 5 | 5 | 5 | 0 | 3 | 2 | 0 | 0 | 4 | 1 | 0 | 1 | 4 | 0 |
| 徐州生物工程职业技术学院 | 57 | 3 | 1 | 3 | 0 | 2 | 1 | 0 | 0 | 1 | 2 | 0 | 0 | 2 | 0 |
| 江苏商贸职业学院 | 58 | 2 | 1 | 2 | 0 | 0 | 2 | 0 | 0 | 2 | 0 | 0 | 0 | 2 | 0 |
| 南通师范高等专科学校 | 59 | 0 | 0 | 0 | 0 | 0 | 0 | 0 | 0 | 0 | 0 | 0 | 0 | 0 | 0 |
| 江苏护理职业学院 | 60 | 3 | 0 | 3 | 1 | 1 | 0 | 1 | 0 | 2 | 1 | 0 | 0 | 2 | 0 |
| 江苏财会职业学院 | 61 | 0 | 0 | 0 | 0 | 0 | 0 | 0 | 0 | 0 | 0 | 0 | 0 | 0 | 0 |
| 江苏城乡建设职业学院 | 62 | 1 | 1 | 1 | 0 | 1 | 0 | 0 | 0 | 0 | 1 | 0 | 0 | 0 | 0 |
| 江苏航空职业技术学院 | 63 | 1 | 1 | 1 | 0 | 0 | 0 | 1 | 0 | 1 | 0 | 0 | 0 | 1 | 0 |
| 江苏安全技术职业学院 | 64 | 0 | 0 | 0 | 0 | 0 | 0 | 0 | 0 | 0 | 0 | 0 | 0 | 0 | 0 |
| 江苏旅游职业学院 | 65 | 0 | 0 | 0 | 0 | 0 | 0 | 0 | 0 | 0 | 0 | 0 | 0 | 0 | 0 |

## 3.4 逻辑学人文、社会科学活动人员情况表

| 高校名称 | | 总计 | | 按职称划分 | | | | | | 按最后学历划分 | | | 按最后学位划分 | | 其他 |
|---|---|---|---|---|---|---|---|---|---|---|---|---|---|---|---|
| | | | 女性 | 小计 | 教授 | 副教授 | 讲师 | 助教 | 初级 | 研究生 | 本科生 | 其他 | 博士 | 硕士 | 人员 |
| | 编号 | L01 | L02 | L03 | L04 | L05 | L06 | L07 | L08 | L09 | L10 | L11 | L12 | L13 | L14 |
| 合　计 | / | 51 | 21 | 51 | 1 | 21 | 27 | 2 | 0 | 15 | 33 | 3 | 4 | 25 | 0 |
| 盐城幼儿师范高等专科学校 | 1 | 0 | 0 | 0 | 0 | 0 | 0 | 0 | 0 | 0 | 0 | 0 | 0 | 0 | 0 |
| 苏州幼儿师范高等专科学校 | 2 | 11 | 5 | 11 | 0 | 7 | 4 | 0 | 0 | 6 | 5 | 0 | 0 | 7 | 0 |
| 无锡职业技术学院 | 3 | 0 | 0 | 0 | 0 | 0 | 0 | 0 | 0 | 0 | 0 | 0 | 0 | 0 | 0 |
| 江苏建筑职业技术学院 | 4 | 0 | 0 | 0 | 0 | 0 | 0 | 0 | 0 | 0 | 0 | 0 | 0 | 0 | 0 |
| 南京工业职业技术大学 | 5 | 5 | 1 | 5 | 0 | 1 | 3 | 1 | 0 | 2 | 0 | 3 | 3 | 2 | 0 |
| 江苏工程职业技术学院 | 6 | 0 | 0 | 0 | 0 | 0 | 0 | 0 | 0 | 0 | 0 | 0 | 0 | 0 | 0 |
| 苏州工艺美术职业技术学院 | 7 | 0 | 0 | 0 | 0 | 0 | 0 | 0 | 0 | 0 | 0 | 0 | 0 | 0 | 0 |
| 连云港职业技术学院 | 8 | 0 | 0 | 0 | 0 | 0 | 0 | 0 | 0 | 0 | 0 | 0 | 0 | 0 | 0 |
| 镇江市高等专科学校 | 9 | 0 | 0 | 0 | 0 | 0 | 0 | 0 | 0 | 0 | 0 | 0 | 0 | 0 | 0 |
| 南通职业大学 | 10 | 0 | 0 | 0 | 0 | 0 | 0 | 0 | 0 | 0 | 0 | 0 | 0 | 0 | 0 |
| 苏州职业大学 | 11 | 1 | 1 | 1 | 0 | 0 | 1 | 0 | 0 | 1 | 0 | 0 | 0 | 1 | 0 |
| 沙洲职业工学院 | 12 | 0 | 0 | 0 | 0 | 0 | 0 | 0 | 0 | 0 | 0 | 0 | 0 | 0 | 0 |
| 扬州市职业大学 | 13 | 1 | 0 | 1 | 0 | 0 | 1 | 0 | 0 | 0 | 1 | 0 | 0 | 1 | 0 |
| 连云港师范高等专科学校 | 14 | 0 | 0 | 0 | 0 | 0 | 0 | 0 | 0 | 0 | 0 | 0 | 0 | 0 | 0 |
| 江苏经贸职业技术学院 | 15 | 0 | 0 | 0 | 0 | 0 | 0 | 0 | 0 | 0 | 0 | 0 | 0 | 0 | 0 |
| 泰州职业技术学院 | 16 | 0 | 0 | 0 | 0 | 0 | 0 | 0 | 0 | 0 | 0 | 0 | 0 | 0 | 0 |
| 常州信息职业技术学院 | 17 | 0 | 0 | 0 | 0 | 0 | 0 | 0 | 0 | 0 | 0 | 0 | 0 | 0 | 0 |
| 江苏海事职业技术学院 | 18 | 0 | 0 | 0 | 0 | 0 | 0 | 0 | 0 | 0 | 0 | 0 | 0 | 0 | 0 |
| 无锡科技职业学院 | 19 | 0 | 0 | 0 | 0 | 0 | 0 | 0 | 0 | 0 | 0 | 0 | 0 | 0 | 0 |
| 江苏医药职业学院 | 20 | 0 | 0 | 0 | 0 | 0 | 0 | 0 | 0 | 0 | 0 | 0 | 0 | 0 | 0 |

续表

| 高校名称 | | 总计 | | 按职称划分 | | | | | | 按最后学历划分 | | | 按最后学位划分 | | 其他人员 |
|---|---|---|---|---|---|---|---|---|---|---|---|---|---|---|---|
| | | | 女性 | 小计 | 教授 | 副教授 | 讲师 | 助教 | 初级 | 研究生 | 本科生 | 其他 | 博士 | 硕士 | |
| | 编号 | L01 | L02 | L03 | L04 | L05 | L06 | L07 | L08 | L09 | L10 | L11 | L12 | L13 | L14 |
| 南通科技职业学院 | 21 | 1 | 1 | 1 | 0 | 1 | 0 | 0 | 0 | 0 | 1 | 0 | 0 | 1 | 0 |
| 苏州经贸职业技术学院 | 22 | 0 | 0 | 0 | 0 | 0 | 0 | 0 | 0 | 0 | 0 | 0 | 0 | 0 | 0 |
| 苏州工业职业技术学院 | 23 | 0 | 0 | 0 | 0 | 0 | 0 | 0 | 0 | 0 | 0 | 0 | 0 | 0 | 0 |
| 苏州卫生职业技术学院 | 24 | 4 | 2 | 4 | 0 | 0 | 3 | 1 | 0 | 0 | 4 | 0 | 0 | 0 | 0 |
| 无锡商业职业技术学院 | 25 | 0 | 0 | 0 | 0 | 0 | 0 | 0 | 0 | 0 | 0 | 0 | 0 | 0 | 0 |
| 江苏航运职业技术学院 | 26 | 1 | 0 | 1 | 0 | 0 | 1 | 0 | 0 | 1 | 0 | 0 | 1 | 0 | 0 |
| 南京交通职业技术学院 | 27 | 0 | 0 | 0 | 0 | 0 | 0 | 0 | 0 | 0 | 0 | 0 | 0 | 0 | 0 |
| 江苏电子信息职业学院 | 28 | 0 | 0 | 0 | 0 | 0 | 0 | 0 | 0 | 0 | 0 | 0 | 0 | 0 | 0 |
| 江苏农牧科技职业学院 | 29 | 0 | 0 | 0 | 0 | 0 | 0 | 0 | 0 | 0 | 0 | 0 | 0 | 0 | 0 |
| 常州纺织服装职业技术学院 | 30 | 10 | 3 | 10 | 0 | 4 | 6 | 0 | 0 | 3 | 7 | 0 | 0 | 5 | 0 |
| 苏州农业职业技术学院 | 31 | 0 | 0 | 0 | 0 | 0 | 0 | 0 | 0 | 0 | 0 | 0 | 0 | 0 | 0 |
| 南京科技职业学院 | 32 | 0 | 0 | 0 | 0 | 0 | 0 | 0 | 0 | 0 | 0 | 0 | 0 | 0 | 0 |
| 常州工业职业技术学院 | 33 | 0 | 0 | 0 | 0 | 0 | 0 | 0 | 0 | 0 | 0 | 0 | 0 | 0 | 0 |
| 常州工程职业技术学院 | 34 | 0 | 0 | 0 | 0 | 0 | 0 | 0 | 0 | 0 | 0 | 0 | 0 | 0 | 0 |
| 江苏农林职业技术学院 | 35 | 0 | 0 | 0 | 0 | 0 | 0 | 0 | 0 | 0 | 0 | 0 | 0 | 0 | 0 |
| 江苏食品药品职业技术学院 | 36 | 11 | 8 | 11 | 1 | 4 | 6 | 0 | 0 | 0 | 11 | 0 | 0 | 5 | 0 |
| 南京铁道职业技术学院 | 37 | 0 | 0 | 0 | 0 | 0 | 0 | 0 | 0 | 0 | 0 | 0 | 0 | 0 | 0 |
| 徐州工业职业技术学院 | 38 | 1 | 0 | 1 | 0 | 0 | 1 | 0 | 0 | 1 | 0 | 0 | 0 | 1 | 0 |
| 江苏信息职业技术学院 | 39 | 0 | 0 | 0 | 0 | 0 | 0 | 0 | 0 | 0 | 0 | 0 | 0 | 0 | 0 |
| 南京信息职业技术学院 | 40 | 0 | 0 | 0 | 0 | 0 | 0 | 0 | 0 | 0 | 0 | 0 | 0 | 0 | 0 |
| 常州机电职业技术学院 | 41 | 0 | 0 | 0 | 0 | 0 | 0 | 0 | 0 | 0 | 0 | 0 | 0 | 0 | 0 |

| 江阴职业技术学院 | 42 | 0 | 0 | 0 | 0 | 0 | 0 | 0 | 0 | 0 | 0 | 0 | 0 | 0 | 0 |
|---|---|---|---|---|---|---|---|---|---|---|---|---|---|---|---|
| 无锡城市职业技术学院 | 43 | 0 | 0 | 0 | 0 | 0 | 0 | 0 | 0 | 0 | 0 | 0 | 0 | 0 | 0 |
| 无锡工艺职业技术学院 | 44 | 1 | 0 | 1 | 0 | 0 | 1 | 0 | 0 | 0 | 1 | 0 | 0 | 0 | 0 |
| 苏州健雄职业技术学院 | 45 | 1 | 0 | 1 | 0 | 1 | 0 | 0 | 0 | 0 | 1 | 0 | 0 | 0 | 0 |
| 盐城工业职业技术学院 | 46 | 0 | 0 | 0 | 0 | 0 | 0 | 0 | 0 | 0 | 0 | 0 | 0 | 0 | 0 |
| 江苏财经职业技术学院 | 47 | 0 | 0 | 0 | 0 | 0 | 0 | 0 | 0 | 0 | 0 | 0 | 0 | 0 | 0 |
| 扬州工业职业技术学院 | 48 | 0 | 0 | 0 | 0 | 0 | 0 | 0 | 0 | 0 | 0 | 0 | 0 | 0 | 0 |
| 江苏城市职业学院 | 49 | 0 | 0 | 0 | 0 | 0 | 0 | 0 | 0 | 0 | 0 | 0 | 0 | 0 | 0 |
| 南京城市职业学院 | 50 | 1 | 0 | 1 | 0 | 1 | 0 | 0 | 0 | 0 | 1 | 0 | 0 | 0 | 0 |
| 南京机电职业技术学院 | 51 | 0 | 0 | 0 | 0 | 0 | 0 | 0 | 0 | 0 | 0 | 0 | 0 | 0 | 0 |
| 南京旅游职业学院 | 52 | 0 | 0 | 0 | 0 | 0 | 0 | 0 | 0 | 0 | 0 | 0 | 0 | 0 | 0 |
| 江苏卫生健康职业学院 | 53 | 0 | 0 | 0 | 0 | 0 | 0 | 0 | 0 | 0 | 0 | 0 | 0 | 0 | 0 |
| 苏州信息职业技术学院 | 54 | 0 | 0 | 0 | 0 | 0 | 0 | 0 | 0 | 0 | 0 | 0 | 0 | 0 | 0 |
| 苏州工业园区服务外包职业学院 | 55 | 0 | 0 | 0 | 0 | 0 | 0 | 0 | 0 | 0 | 0 | 0 | 0 | 0 | 0 |
| 徐州幼儿师范高等专科学校 | 56 | 0 | 0 | 0 | 0 | 0 | 0 | 0 | 0 | 0 | 0 | 0 | 0 | 0 | 0 |
| 徐州生物工程职业技术学院 | 57 | 0 | 0 | 0 | 0 | 0 | 0 | 0 | 0 | 0 | 0 | 0 | 0 | 0 | 0 |
| 江苏商贸职业学院 | 58 | 0 | 0 | 0 | 0 | 0 | 0 | 0 | 0 | 0 | 0 | 0 | 0 | 0 | 0 |
| 南通师范高等专科学校 | 59 | 0 | 0 | 0 | 0 | 0 | 0 | 0 | 0 | 0 | 0 | 0 | 0 | 0 | 0 |
| 江苏护理职业学院 | 60 | 0 | 0 | 0 | 0 | 0 | 0 | 0 | 0 | 0 | 0 | 0 | 0 | 0 | 0 |
| 江苏财会职业学院 | 61 | 0 | 0 | 0 | 0 | 0 | 0 | 0 | 0 | 0 | 0 | 0 | 0 | 0 | 0 |
| 江苏城乡建设职业学院 | 62 | 0 | 0 | 0 | 0 | 0 | 0 | 0 | 0 | 0 | 0 | 0 | 0 | 0 | 0 |
| 江苏航空职业技术学院 | 63 | 0 | 0 | 0 | 0 | 0 | 0 | 0 | 0 | 0 | 0 | 0 | 0 | 0 | 0 |
| 江苏安全技术职业学院 | 64 | 0 | 0 | 0 | 0 | 0 | 0 | 0 | 0 | 0 | 0 | 0 | 0 | 0 | 0 |
| 江苏旅游职业学院 | 65 | 2 | 0 | 2 | 0 | 2 | 0 | 0 | 0 | 1 | 1 | 0 | 0 | 2 | 0 |

## 3.5 宗教学人文、社会科学活动人员情况表

| 高校名称 | | 总计 | | 按职称划分 | | | | | | 按最后学历划分 | | | 按最后学位划分 | | 其他 |
|---|---|---|---|---|---|---|---|---|---|---|---|---|---|---|---|
| | | | 女性 | 小计 | 教授 | 副教授 | 讲师 | 助教 | 初级 | 研究生 | 本科生 | 其他 | 博士 | 硕士 | 人员 |
| | 编号 | L01 | L02 | L03 | L04 | L05 | L06 | L07 | L08 | L09 | L10 | L11 | L12 | L13 | L14 |
| 合　计 | / | 1 | 0 | 1 | 0 | 1 | 0 | 0 | 0 | 0 | 1 | 0 | 0 | 0 | 0 |
| 盐城幼儿师范高等专科学校 | 1 | 0 | 0 | 0 | 0 | 0 | 0 | 0 | 0 | 0 | 0 | 0 | 0 | 0 | 0 |
| 苏州幼儿师范高等专科学校 | 2 | 0 | 0 | 0 | 0 | 0 | 0 | 0 | 0 | 0 | 0 | 0 | 0 | 0 | 0 |
| 无锡职业技术学院 | 3 | 0 | 0 | 0 | 0 | 0 | 0 | 0 | 0 | 0 | 0 | 0 | 0 | 0 | 0 |
| 江苏建筑职业技术学院 | 4 | 0 | 0 | 0 | 0 | 0 | 0 | 0 | 0 | 0 | 0 | 0 | 0 | 0 | 0 |
| 南京工业职业技术大学 | 5 | 0 | 0 | 0 | 0 | 0 | 0 | 0 | 0 | 0 | 0 | 0 | 0 | 0 | 0 |
| 江苏工程职业技术学院 | 6 | 0 | 0 | 0 | 0 | 0 | 0 | 0 | 0 | 0 | 0 | 0 | 0 | 0 | 0 |
| 苏州工艺美术职业技术学院 | 7 | 0 | 0 | 0 | 0 | 0 | 0 | 0 | 0 | 0 | 0 | 0 | 0 | 0 | 0 |
| 连云港职业技术学院 | 8 | 1 | 0 | 1 | 0 | 1 | 0 | 0 | 0 | 0 | 1 | 0 | 0 | 0 | 0 |
| 镇江市高等专科学校 | 9 | 0 | 0 | 0 | 0 | 0 | 0 | 0 | 0 | 0 | 0 | 0 | 0 | 0 | 0 |
| 南通职业大学 | 10 | 0 | 0 | 0 | 0 | 0 | 0 | 0 | 0 | 0 | 0 | 0 | 0 | 0 | 0 |
| 苏州职业大学 | 11 | 0 | 0 | 0 | 0 | 0 | 0 | 0 | 0 | 0 | 0 | 0 | 0 | 0 | 0 |
| 沙洲职业工学院 | 12 | 0 | 0 | 0 | 0 | 0 | 0 | 0 | 0 | 0 | 0 | 0 | 0 | 0 | 0 |
| 扬州市职业大学 | 13 | 0 | 0 | 0 | 0 | 0 | 0 | 0 | 0 | 0 | 0 | 0 | 0 | 0 | 0 |
| 连云港师范高等专科学校 | 14 | 0 | 0 | 0 | 0 | 0 | 0 | 0 | 0 | 0 | 0 | 0 | 0 | 0 | 0 |
| 江苏经贸职业技术学院 | 15 | 0 | 0 | 0 | 0 | 0 | 0 | 0 | 0 | 0 | 0 | 0 | 0 | 0 | 0 |
| 泰州职业技术学院 | 16 | 0 | 0 | 0 | 0 | 0 | 0 | 0 | 0 | 0 | 0 | 0 | 0 | 0 | 0 |
| 常州信息职业技术学院 | 17 | 0 | 0 | 0 | 0 | 0 | 0 | 0 | 0 | 0 | 0 | 0 | 0 | 0 | 0 |
| 江苏海事职业技术学院 | 18 | 0 | 0 | 0 | 0 | 0 | 0 | 0 | 0 | 0 | 0 | 0 | 0 | 0 | 0 |
| 无锡科技职业学院 | 19 | 0 | 0 | 0 | 0 | 0 | 0 | 0 | 0 | 0 | 0 | 0 | 0 | 0 | 0 |
| 江苏医药职业学院 | 20 | 0 | 0 | 0 | 0 | 0 | 0 | 0 | 0 | 0 | 0 | 0 | 0 | 0 | 0 |

| | | | | | | | | | | | | | | | |
|---|---|---|---|---|---|---|---|---|---|---|---|---|---|---|---|
| 南通科技职业学院 | 21 | 0 | 0 | 0 | 0 | 0 | 0 | 0 | 0 | 0 | 0 | 0 | 0 | 0 | 0 |
| 苏州经贸职业技术学院 | 22 | 0 | 0 | 0 | 0 | 0 | 0 | 0 | 0 | 0 | 0 | 0 | 0 | 0 | 0 |
| 苏州工业职业技术学院 | 23 | 0 | 0 | 0 | 0 | 0 | 0 | 0 | 0 | 0 | 0 | 0 | 0 | 0 | 0 |
| 苏州卫生职业技术学院 | 24 | 0 | 0 | 0 | 0 | 0 | 0 | 0 | 0 | 0 | 0 | 0 | 0 | 0 | 0 |
| 无锡商业职业技术学院 | 25 | 0 | 0 | 0 | 0 | 0 | 0 | 0 | 0 | 0 | 0 | 0 | 0 | 0 | 0 |
| 江苏航运职业技术学院 | 26 | 0 | 0 | 0 | 0 | 0 | 0 | 0 | 0 | 0 | 0 | 0 | 0 | 0 | 0 |
| 南京交通职业技术学院 | 27 | 0 | 0 | 0 | 0 | 0 | 0 | 0 | 0 | 0 | 0 | 0 | 0 | 0 | 0 |
| 江苏电子信息职业学院 | 28 | 0 | 0 | 0 | 0 | 0 | 0 | 0 | 0 | 0 | 0 | 0 | 0 | 0 | 0 |
| 江苏农牧科技职业学院 | 29 | 0 | 0 | 0 | 0 | 0 | 0 | 0 | 0 | 0 | 0 | 0 | 0 | 0 | 0 |
| 常州纺织服装职业技术学院 | 30 | 0 | 0 | 0 | 0 | 0 | 0 | 0 | 0 | 0 | 0 | 0 | 0 | 0 | 0 |
| 苏州农业职业技术学院 | 31 | 0 | 0 | 0 | 0 | 0 | 0 | 0 | 0 | 0 | 0 | 0 | 0 | 0 | 0 |
| 南京科技职业学院 | 32 | 0 | 0 | 0 | 0 | 0 | 0 | 0 | 0 | 0 | 0 | 0 | 0 | 0 | 0 |
| 常州工业职业技术学院 | 33 | 0 | 0 | 0 | 0 | 0 | 0 | 0 | 0 | 0 | 0 | 0 | 0 | 0 | 0 |
| 常州工程职业技术学院 | 34 | 0 | 0 | 0 | 0 | 0 | 0 | 0 | 0 | 0 | 0 | 0 | 0 | 0 | 0 |
| 江苏农林职业技术学院 | 35 | 0 | 0 | 0 | 0 | 0 | 0 | 0 | 0 | 0 | 0 | 0 | 0 | 0 | 0 |
| 江苏食品药品职业技术学院 | 36 | 0 | 0 | 0 | 0 | 0 | 0 | 0 | 0 | 0 | 0 | 0 | 0 | 0 | 0 |
| 南京铁道职业技术学院 | 37 | 0 | 0 | 0 | 0 | 0 | 0 | 0 | 0 | 0 | 0 | 0 | 0 | 0 | 0 |
| 徐州工业职业技术学院 | 38 | 0 | 0 | 0 | 0 | 0 | 0 | 0 | 0 | 0 | 0 | 0 | 0 | 0 | 0 |
| 江苏信息职业技术学院 | 39 | 0 | 0 | 0 | 0 | 0 | 0 | 0 | 0 | 0 | 0 | 0 | 0 | 0 | 0 |
| 南京信息职业技术学院 | 40 | 0 | 0 | 0 | 0 | 0 | 0 | 0 | 0 | 0 | 0 | 0 | 0 | 0 | 0 |
| 常州机电职业技术学院 | 41 | 0 | 0 | 0 | 0 | 0 | 0 | 0 | 0 | 0 | 0 | 0 | 0 | 0 | 0 |
| 江阴职业技术学院 | 42 | 0 | 0 | 0 | 0 | 0 | 0 | 0 | 0 | 0 | 0 | 0 | 0 | 0 | 0 |
| 无锡城市职业技术学院 | 43 | 0 | 0 | 0 | 0 | 0 | 0 | 0 | 0 | 0 | 0 | 0 | 0 | 0 | 0 |
| 无锡工艺职业技术学院 | 44 | 0 | 0 | 0 | 0 | 0 | 0 | 0 | 0 | 0 | 0 | 0 | 0 | 0 | 0 |

续表

| 高校名称 | | 总计 | | 按职称划分 | | | | | | 按最后学历划分 | | | 按最后学位划分 | | 其他人员 |
|---|---|---|---|---|---|---|---|---|---|---|---|---|---|---|---|
| | | | 女性 | 小计 | 教授 | 副教授 | 讲师 | 助教 | 初级 | 研究生 | 本科生 | 其他 | 博士 | 硕士 | |
| | 编号 | L01 | L02 | L03 | L04 | L05 | L06 | L07 | L08 | L09 | L10 | L11 | L12 | L13 | L14 |
| 苏州健雄职业技术学院 | 45 | 0 | 0 | 0 | 0 | 0 | 0 | 0 | 0 | 0 | 0 | 0 | 0 | 0 | 0 |
| 盐城工业职业技术学院 | 46 | 0 | 0 | 0 | 0 | 0 | 0 | 0 | 0 | 0 | 0 | 0 | 0 | 0 | 0 |
| 江苏财经职业技术学院 | 47 | 0 | 0 | 0 | 0 | 0 | 0 | 0 | 0 | 0 | 0 | 0 | 0 | 0 | 0 |
| 扬州工业职业技术学院 | 48 | 0 | 0 | 0 | 0 | 0 | 0 | 0 | 0 | 0 | 0 | 0 | 0 | 0 | 0 |
| 江苏城市职业学院 | 49 | 0 | 0 | 0 | 0 | 0 | 0 | 0 | 0 | 0 | 0 | 0 | 0 | 0 | 0 |
| 南京城市职业学院 | 50 | 0 | 0 | 0 | 0 | 0 | 0 | 0 | 0 | 0 | 0 | 0 | 0 | 0 | 0 |
| 南京机电职业技术学院 | 51 | 0 | 0 | 0 | 0 | 0 | 0 | 0 | 0 | 0 | 0 | 0 | 0 | 0 | 0 |
| 南京旅游职业学院 | 52 | 0 | 0 | 0 | 0 | 0 | 0 | 0 | 0 | 0 | 0 | 0 | 0 | 0 | 0 |
| 江苏卫生健康职业学院 | 53 | 0 | 0 | 0 | 0 | 0 | 0 | 0 | 0 | 0 | 0 | 0 | 0 | 0 | 0 |
| 苏州信息职业技术学院 | 54 | 0 | 0 | 0 | 0 | 0 | 0 | 0 | 0 | 0 | 0 | 0 | 0 | 0 | 0 |
| 苏州工业园区服务外包职业学院 | 55 | 0 | 0 | 0 | 0 | 0 | 0 | 0 | 0 | 0 | 0 | 0 | 0 | 0 | 0 |
| 徐州幼儿师范高等专科学校 | 56 | 0 | 0 | 0 | 0 | 0 | 0 | 0 | 0 | 0 | 0 | 0 | 0 | 0 | 0 |
| 徐州生物工程职业技术学院 | 57 | 0 | 0 | 0 | 0 | 0 | 0 | 0 | 0 | 0 | 0 | 0 | 0 | 0 | 0 |
| 江苏商贸职业学院 | 58 | 0 | 0 | 0 | 0 | 0 | 0 | 0 | 0 | 0 | 0 | 0 | 0 | 0 | 0 |
| 南通师范高等专科学校 | 59 | 0 | 0 | 0 | 0 | 0 | 0 | 0 | 0 | 0 | 0 | 0 | 0 | 0 | 0 |
| 江苏护理职业学院 | 60 | 0 | 0 | 0 | 0 | 0 | 0 | 0 | 0 | 0 | 0 | 0 | 0 | 0 | 0 |
| 江苏财会职业学院 | 61 | 0 | 0 | 0 | 0 | 0 | 0 | 0 | 0 | 0 | 0 | 0 | 0 | 0 | 0 |
| 江苏城乡建设职业学院 | 62 | 0 | 0 | 0 | 0 | 0 | 0 | 0 | 0 | 0 | 0 | 0 | 0 | 0 | 0 |
| 江苏航空职业技术学院 | 63 | 0 | 0 | 0 | 0 | 0 | 0 | 0 | 0 | 0 | 0 | 0 | 0 | 0 | 0 |
| 江苏安全技术职业学院 | 64 | 0 | 0 | 0 | 0 | 0 | 0 | 0 | 0 | 0 | 0 | 0 | 0 | 0 | 0 |
| 江苏旅游职业学院 | 65 | 0 | 0 | 0 | 0 | 0 | 0 | 0 | 0 | 0 | 0 | 0 | 0 | 0 | 0 |

### 3.6 语言学人文、社会科学活动人员情况表

| 高校名称 | | 总计 | | 按职称划分 | | | | | | 按最后学历划分 | | | 按最后学位划分 | | 其他人员 |
|---|---|---|---|---|---|---|---|---|---|---|---|---|---|---|---|
| | | | 女性 | 小计 | 教授 | 副教授 | 讲师 | 助教 | 初级 | 研究生 | 本科生 | 其他 | 博士 | 硕士 | |
| | 编号 | L01 | L02 | L03 | L04 | L05 | L06 | L07 | L08 | L09 | L10 | L11 | L12 | L13 | L14 |
| 合　计 | / | 2 234 | 1 791 | 2 234 | 53 | 620 | 1 399 | 161 | 1 | 758 | 1 473 | 3 | 24 | 1 152 | 0 |
| 盐城幼儿师范高等专科学校 | 1 | 92 | 76 | 92 | 1 | 37 | 48 | 6 | 0 | 10 | 82 | 0 | 1 | 34 | 0 |
| 苏州幼儿师范高等专科学校 | 2 | 16 | 14 | 16 | 4 | 5 | 6 | 1 | 0 | 9 | 7 | 0 | 0 | 15 | 0 |
| 无锡职业技术学院 | 3 | 52 | 40 | 52 | 1 | 7 | 36 | 8 | 0 | 34 | 18 | 0 | 3 | 31 | 0 |
| 江苏建筑职业技术学院 | 4 | 41 | 35 | 41 | 1 | 17 | 21 | 2 | 0 | 25 | 16 | 0 | 0 | 29 | 0 |
| 南京工业职业技术大学 | 5 | 36 | 28 | 36 | 1 | 14 | 19 | 2 | 0 | 24 | 11 | 1 | 5 | 27 | 0 |
| 江苏工程职业技术学院 | 6 | 25 | 21 | 25 | 1 | 9 | 15 | 0 | 0 | 11 | 14 | 0 | 0 | 13 | 0 |
| 苏州工艺美术职业技术学院 | 7 | 14 | 12 | 14 | 0 | 8 | 6 | 0 | 0 | 7 | 7 | 0 | 0 | 12 | 0 |
| 连云港职业技术学院 | 8 | 41 | 31 | 41 | 0 | 12 | 26 | 3 | 0 | 4 | 37 | 0 | 0 | 16 | 0 |
| 镇江市高等专科学校 | 9 | 60 | 43 | 60 | 1 | 17 | 42 | 0 | 0 | 17 | 43 | 0 | 0 | 20 | 0 |
| 南通职业大学 | 10 | 37 | 30 | 37 | 0 | 7 | 26 | 4 | 0 | 10 | 26 | 1 | 0 | 20 | 0 |
| 苏州职业大学 | 11 | 75 | 61 | 75 | 1 | 16 | 52 | 6 | 0 | 40 | 35 | 0 | 2 | 48 | 0 |
| 沙洲职业工学院 | 12 | 23 | 20 | 23 | 0 | 10 | 12 | 1 | 0 | 0 | 23 | 0 | 0 | 3 | 0 |
| 扬州市职业大学 | 13 | 110 | 85 | 110 | 3 | 33 | 68 | 6 | 0 | 56 | 54 | 0 | 1 | 61 | 0 |
| 连云港师范高等专科学校 | 14 | 35 | 25 | 35 | 0 | 23 | 10 | 2 | 0 | 13 | 22 | 0 | 0 | 25 | 0 |
| 江苏经贸职业技术学院 | 15 | 56 | 43 | 56 | 4 | 15 | 31 | 6 | 0 | 20 | 36 | 0 | 0 | 37 | 0 |
| 泰州职业技术学院 | 16 | 19 | 16 | 19 | 0 | 9 | 10 | 0 | 0 | 2 | 17 | 0 | 0 | 5 | 0 |
| 常州信息职业技术学院 | 17 | 58 | 46 | 58 | 1 | 16 | 36 | 5 | 0 | 21 | 37 | 0 | 2 | 29 | 0 |
| 江苏海事职业技术学院 | 18 | 68 | 52 | 68 | 3 | 11 | 54 | 0 | 0 | 25 | 43 | 0 | 1 | 25 | 0 |
| 无锡科技职业学院 | 19 | 54 | 38 | 54 | 0 | 12 | 32 | 10 | 0 | 10 | 44 | 0 | 0 | 22 | 0 |
| 江苏医药职业学院 | 20 | 22 | 17 | 22 | 1 | 7 | 12 | 2 | 0 | 4 | 17 | 1 | 0 | 12 | 0 |

续表

| 高校名称 | | 总计 | | 按职称划分 | | | | | | 按最后学历划分 | | | 按最后学位划分 | | 其他人员 |
|---|---|---|---|---|---|---|---|---|---|---|---|---|---|---|---|
| | | | 女性 | 小计 | 教授 | 副教授 | 讲师 | 助教 | 初级 | 研究生 | 本科生 | 其他 | 博士 | 硕士 | |
| | 编号 | L01 | L02 | L03 | L04 | L05 | L06 | L07 | L08 | L09 | L10 | L11 | L12 | L13 | L14 |
| 南通科技职业学院 | 21 | 22 | 17 | 22 | 0 | 4 | 18 | 0 | 0 | 11 | 11 | 0 | 0 | 10 | 0 |
| 苏州经贸职业技术学院 | 22 | 22 | 18 | 22 | 0 | 3 | 18 | 1 | 0 | 14 | 8 | 0 | 1 | 14 | 0 |
| 苏州工业职业技术学院 | 23 | 48 | 43 | 48 | 2 | 7 | 39 | 0 | 0 | 12 | 36 | 0 | 0 | 18 | 0 |
| 苏州卫生职业技术学院 | 24 | 32 | 28 | 32 | 1 | 7 | 18 | 5 | 1 | 14 | 18 | 0 | 0 | 15 | 0 |
| 无锡商业职业技术学院 | 25 | 52 | 37 | 52 | 0 | 12 | 38 | 2 | 0 | 11 | 41 | 0 | 0 | 31 | 0 |
| 江苏航运职业技术学院 | 26 | 38 | 25 | 38 | 0 | 18 | 20 | 0 | 0 | 10 | 28 | 0 | 0 | 22 | 0 |
| 南京交通职业技术学院 | 27 | 26 | 20 | 26 | 2 | 4 | 20 | 0 | 0 | 9 | 17 | 0 | 0 | 17 | 0 |
| 江苏电子信息职业学院 | 28 | 6 | 3 | 6 | 0 | 5 | 0 | 1 | 0 | 2 | 4 | 0 | 0 | 5 | 0 |
| 江苏农牧科技职业学院 | 29 | 6 | 4 | 6 | 1 | 1 | 3 | 1 | 0 | 0 | 6 | 0 | 0 | 1 | 0 |
| 常州纺织服装职业技术学院 | 30 | 46 | 33 | 46 | 1 | 18 | 23 | 4 | 0 | 11 | 35 | 0 | 2 | 17 | 0 |
| 苏州农业职业技术学院 | 31 | 36 | 28 | 36 | 1 | 6 | 28 | 1 | 0 | 3 | 33 | 0 | 0 | 13 | 0 |
| 南京科技职业学院 | 32 | 27 | 22 | 27 | 0 | 5 | 22 | 0 | 0 | 18 | 9 | 0 | 0 | 21 | 0 |
| 常州工业职业技术学院 | 33 | 32 | 26 | 32 | 0 | 9 | 21 | 2 | 0 | 4 | 28 | 0 | 0 | 16 | 0 |
| 常州工程职业技术学院 | 34 | 2 | 2 | 2 | 0 | 1 | 1 | 0 | 0 | 0 | 2 | 0 | 0 | 0 | 0 |
| 江苏农林职业技术学院 | 35 | 11 | 8 | 11 | 0 | 3 | 7 | 1 | 0 | 3 | 8 | 0 | 0 | 6 | 0 |
| 江苏食品药品职业技术学院 | 36 | 39 | 30 | 39 | 2 | 6 | 30 | 1 | 0 | 7 | 32 | 0 | 0 | 13 | 0 |
| 南京铁道职业技术学院 | 37 | 19 | 16 | 19 | 0 | 5 | 13 | 1 | 0 | 8 | 11 | 0 | 0 | 13 | 0 |
| 徐州工业职业技术学院 | 38 | 18 | 13 | 18 | 0 | 8 | 9 | 1 | 0 | 5 | 13 | 0 | 0 | 8 | 0 |
| 江苏信息职业技术学院 | 39 | 34 | 30 | 34 | 1 | 9 | 24 | 0 | 0 | 10 | 24 | 0 | 0 | 23 | 0 |
| 南京信息职业技术学院 | 40 | 38 | 30 | 38 | 0 | 15 | 20 | 3 | 0 | 18 | 20 | 0 | 1 | 25 | 0 |
| 常州机电职业技术学院 | 41 | 33 | 28 | 33 | 0 | 10 | 22 | 1 | 0 | 8 | 25 | 0 | 0 | 16 | 0 |

| | | | | | | | | | | | | | | |
|---|---|---|---|---|---|---|---|---|---|---|---|---|---|---|
| 江阴职业技术学院 | 42 | 46 | 34 | 46 | 1 | 11 | 28 | 6 | 0 | 3 | 43 | 0 | 1 | 15 | 0 |
| 无锡城市职业技术学院 | 43 | 39 | 26 | 39 | 2 | 16 | 21 | 0 | 0 | 7 | 32 | 0 | 0 | 10 | 0 |
| 无锡工艺职业技术学院 | 44 | 29 | 24 | 29 | 0 | 6 | 22 | 1 | 0 | 10 | 19 | 0 | 0 | 14 | 0 |
| 苏州健雄职业技术学院 | 45 | 35 | 30 | 35 | 1 | 7 | 24 | 3 | 0 | 10 | 25 | 0 | 0 | 18 | 0 |
| 盐城工业职业技术学院 | 46 | 18 | 16 | 18 | 0 | 8 | 6 | 4 | 0 | 6 | 12 | 0 | 0 | 6 | 0 |
| 江苏财经职业技术学院 | 47 | 20 | 16 | 20 | 0 | 5 | 14 | 1 | 0 | 4 | 16 | 0 | 0 | 6 | 0 |
| 扬州工业职业技术学院 | 48 | 38 | 31 | 38 | 0 | 9 | 19 | 10 | 0 | 22 | 16 | 0 | 0 | 24 | 0 |
| 江苏城市职业学院 | 49 | 42 | 33 | 42 | 1 | 17 | 21 | 3 | 0 | 26 | 16 | 0 | 0 | 32 | 0 |
| 南京城市职业学院 | 50 | 13 | 11 | 13 | 0 | 5 | 6 | 2 | 0 | 6 | 7 | 0 | 0 | 11 | 0 |
| 南京机电职业技术学院 | 51 | 17 | 17 | 17 | 0 | 0 | 10 | 7 | 0 | 5 | 12 | 0 | 0 | 6 | 0 |
| 南京旅游职业学院 | 52 | 28 | 22 | 28 | 0 | 3 | 22 | 3 | 0 | 21 | 7 | 0 | 0 | 23 | 0 |
| 江苏卫生健康职业学院 | 53 | 6 | 5 | 6 | 0 | 1 | 2 | 3 | 0 | 4 | 2 | 0 | 0 | 4 | 0 |
| 苏州信息职业技术学院 | 54 | 28 | 25 | 28 | 0 | 6 | 22 | 0 | 0 | 5 | 23 | 0 | 0 | 13 | 0 |
| 苏州工业园区服务外包职业学院 | 55 | 27 | 24 | 27 | 3 | 5 | 16 | 3 | 0 | 21 | 6 | 0 | 2 | 23 | 0 |
| 徐州幼儿师范高等专科学校 | 56 | 30 | 26 | 30 | 6 | 16 | 6 | 2 | 0 | 9 | 21 | 0 | 2 | 10 | 0 |
| 徐州生物工程职业技术学院 | 57 | 10 | 8 | 10 | 0 | 4 | 5 | 1 | 0 | 1 | 9 | 0 | 0 | 4 | 0 |
| 江苏商贸职业学院 | 58 | 42 | 35 | 42 | 0 | 7 | 29 | 6 | 0 | 12 | 30 | 0 | 0 | 23 | 0 |
| 南通师范高等专科学校 | 59 | 132 | 114 | 132 | 4 | 30 | 95 | 3 | 0 | 22 | 110 | 0 | 0 | 51 | 0 |
| 江苏护理职业学院 | 60 | 12 | 10 | 12 | 0 | 2 | 10 | 0 | 0 | 5 | 7 | 0 | 0 | 6 | 0 |
| 江苏财会职业学院 | 61 | 25 | 22 | 25 | 0 | 7 | 17 | 1 | 0 | 7 | 18 | 0 | 0 | 16 | 0 |
| 江苏城乡建设职业学院 | 62 | 14 | 12 | 14 | 0 | 5 | 8 | 1 | 0 | 2 | 12 | 0 | 0 | 6 | 0 |
| 江苏航空职业技术学院 | 63 | 14 | 11 | 14 | 0 | 0 | 10 | 4 | 0 | 4 | 10 | 0 | 0 | 4 | 0 |
| 江苏安全技术职业学院 | 64 | 14 | 14 | 14 | 0 | 1 | 9 | 4 | 0 | 8 | 6 | 0 | 0 | 11 | 0 |
| 江苏旅游职业学院 | 65 | 34 | 31 | 34 | 1 | 8 | 21 | 4 | 0 | 18 | 16 | 0 | 0 | 28 | 0 |

## 3.7 中国文学人文、社会科学活动人员情况表

| 高校名称 | | 总计 | | 按职称划分 | | | | | | 按最后学历划分 | | | 按最后学位划分 | | 其他 |
|---|---|---|---|---|---|---|---|---|---|---|---|---|---|---|---|
| | | | 女性 | 小计 | 教授 | 副教授 | 讲师 | 助教 | 初级 | 研究生 | 本科生 | 其他 | 博士 | 硕士 | 人员 |
| | 编号 | L01 | L02 | L03 | L04 | L05 | L06 | L07 | L08 | L09 | L10 | L11 | L12 | L13 | L14 |
| 合　计 | / | 558 | 395 | 558 | 49 | 247 | 219 | 43 | 0 | 252 | 306 | 0 | 43 | 327 | 0 |
| 盐城幼儿师范高等专科学校 | 1 | 55 | 38 | 55 | 6 | 31 | 16 | 2 | 0 | 11 | 44 | 0 | 1 | 20 | 0 |
| 苏州幼儿师范高等专科学校 | 2 | 11 | 8 | 11 | 1 | 5 | 5 | 0 | 0 | 8 | 3 | 0 | 0 | 9 | 0 |
| 无锡职业技术学院 | 3 | 6 | 5 | 6 | 1 | 1 | 3 | 1 | 0 | 6 | 0 | 0 | 2 | 4 | 0 |
| 江苏建筑职业技术学院 | 4 | 8 | 8 | 8 | 1 | 2 | 5 | 0 | 0 | 5 | 3 | 0 | 0 | 6 | 0 |
| 南京工业职业技术大学 | 5 | 2 | 1 | 2 | 0 | 0 | 2 | 0 | 0 | 2 | 0 | 0 | 1 | 1 | 0 |
| 江苏工程职业技术学院 | 6 | 10 | 7 | 10 | 1 | 7 | 2 | 0 | 0 | 3 | 7 | 0 | 0 | 5 | 0 |
| 苏州工艺美术职业技术学院 | 7 | 9 | 5 | 9 | 2 | 4 | 2 | 1 | 0 | 7 | 2 | 0 | 2 | 5 | 0 |
| 连云港职业技术学院 | 8 | 14 | 8 | 14 | 0 | 9 | 5 | 0 | 0 | 3 | 11 | 0 | 1 | 6 | 0 |
| 镇江市高等专科学校 | 9 | 15 | 10 | 15 | 1 | 10 | 4 | 0 | 0 | 3 | 12 | 0 | 1 | 7 | 0 |
| 南通职业大学 | 10 | 5 | 3 | 5 | 0 | 3 | 2 | 0 | 0 | 2 | 3 | 0 | 0 | 4 | 0 |
| 苏州职业大学 | 11 | 32 | 19 | 32 | 9 | 15 | 7 | 1 | 0 | 19 | 13 | 0 | 8 | 17 | 0 |
| 沙洲职业工学院 | 12 | 3 | 2 | 3 | 0 | 3 | 0 | 0 | 0 | 1 | 2 | 0 | 0 | 1 | 0 |
| 扬州市职业大学 | 13 | 25 | 18 | 25 | 3 | 16 | 5 | 1 | 0 | 8 | 17 | 0 | 2 | 15 | 0 |
| 连云港师范高等专科学校 | 14 | 26 | 13 | 26 | 5 | 13 | 8 | 0 | 0 | 22 | 4 | 0 | 4 | 20 | 0 |
| 江苏经贸职业技术学院 | 15 | 3 | 3 | 3 | 0 | 0 | 3 | 0 | 0 | 3 | 0 | 0 | 0 | 3 | 0 |
| 泰州职业技术学院 | 16 | 4 | 1 | 4 | 0 | 1 | 3 | 0 | 0 | 2 | 2 | 0 | 1 | 1 | 0 |
| 常州信息职业技术学院 | 17 | 3 | 2 | 3 | 0 | 2 | 1 | 0 | 0 | 1 | 2 | 0 | 1 | 1 | 0 |
| 江苏海事职业技术学院 | 18 | 0 | 0 | 0 | 0 | 0 | 0 | 0 | 0 | 0 | 0 | 0 | 0 | 0 | 0 |
| 无锡科技职业学院 | 19 | 4 | 4 | 4 | 0 | 0 | 4 | 0 | 0 | 1 | 3 | 0 | 1 | 0 | 0 |
| 江苏医药职业学院 | 20 | 9 | 7 | 9 | 3 | 2 | 4 | 0 | 0 | 2 | 7 | 0 | 1 | 3 | 0 |

| | | | | | | | | | | | | | | | |
|---|---|---|---|---|---|---|---|---|---|---|---|---|---|---|---|
| 南通科技职业学院 | 21 | 8 | 5 | 8 | 0 | 2 | 6 | 0 | 0 | 2 | 6 | 0 | 0 | 5 | 0 |
| 苏州经贸职业技术学院 | 22 | 5 | 4 | 5 | 0 | 4 | 1 | 0 | 0 | 3 | 2 | 0 | 1 | 2 | 0 |
| 苏州工业职业技术学院 | 23 | 4 | 2 | 4 | 0 | 0 | 3 | 1 | 0 | 1 | 3 | 0 | 1 | 2 | 0 |
| 苏州卫生职业技术学院 | 24 | 11 | 9 | 11 | 0 | 5 | 4 | 2 | 0 | 3 | 8 | 0 | 0 | 5 | 0 |
| 无锡商业职业技术学院 | 25 | 9 | 9 | 9 | 0 | 4 | 5 | 0 | 0 | 2 | 7 | 0 | 0 | 6 | 0 |
| 江苏航运职业技术学院 | 26 | 0 | 0 | 0 | 0 | 0 | 0 | 0 | 0 | 0 | 0 | 0 | 0 | 0 | 0 |
| 南京交通职业技术学院 | 27 | 4 | 1 | 4 | 0 | 2 | 2 | 0 | 0 | 4 | 0 | 0 | 1 | 3 | 0 |
| 江苏电子信息职业学院 | 28 | 8 | 2 | 8 | 0 | 2 | 3 | 3 | 0 | 4 | 4 | 0 | 0 | 6 | 0 |
| 江苏农牧科技职业学院 | 29 | 1 | 1 | 1 | 0 | 0 | 1 | 0 | 0 | 1 | 0 | 0 | 0 | 1 | 0 |
| 常州纺织服装职业技术学院 | 30 | 4 | 3 | 4 | 0 | 0 | 4 | 0 | 0 | 2 | 2 | 0 | 0 | 2 | 0 |
| 苏州农业职业技术学院 | 31 | 5 | 5 | 5 | 0 | 3 | 2 | 0 | 0 | 3 | 2 | 0 | 0 | 5 | 0 |
| 南京科技职业学院 | 32 | 3 | 1 | 3 | 0 | 1 | 2 | 0 | 0 | 2 | 1 | 0 | 0 | 2 | 0 |
| 常州工业职业技术学院 | 33 | 4 | 3 | 4 | 1 | 2 | 1 | 0 | 0 | 0 | 4 | 0 | 0 | 0 | 0 |
| 常州工程职业技术学院 | 34 | 9 | 8 | 9 | 0 | 2 | 7 | 0 | 0 | 5 | 4 | 0 | 1 | 7 | 0 |
| 江苏农林职业技术学院 | 35 | 2 | 2 | 2 | 1 | 0 | 1 | 0 | 0 | 0 | 2 | 0 | 0 | 1 | 0 |
| 江苏食品药品职业技术学院 | 36 | 5 | 3 | 5 | 0 | 4 | 1 | 0 | 0 | 1 | 4 | 0 | 0 | 2 | 0 |
| 南京铁道职业技术学院 | 37 | 7 | 7 | 7 | 0 | 3 | 4 | 0 | 0 | 4 | 3 | 0 | 0 | 5 | 0 |
| 徐州工业职业技术学院 | 38 | 2 | 2 | 2 | 0 | 0 | 0 | 2 | 0 | 2 | 0 | 0 | 0 | 2 | 0 |
| 江苏信息职业技术学院 | 39 | 3 | 2 | 3 | 0 | 2 | 1 | 0 | 0 | 2 | 1 | 0 | 0 | 2 | 0 |
| 南京信息职业技术学院 | 40 | 4 | 4 | 4 | 0 | 2 | 2 | 0 | 0 | 2 | 2 | 0 | 0 | 4 | 0 |
| 常州机电职业技术学院 | 41 | 4 | 3 | 4 | 0 | 3 | 1 | 0 | 0 | 2 | 2 | 0 | 0 | 3 | 0 |
| 江阴职业技术学院 | 42 | 12 | 10 | 12 | 2 | 6 | 2 | 2 | 0 | 3 | 9 | 0 | 0 | 6 | 0 |
| 无锡城市职业技术学院 | 43 | 2 | 1 | 2 | 1 | 1 | 0 | 0 | 0 | 1 | 1 | 0 | 1 | 1 | 0 |
| 无锡工艺职业技术学院 | 44 | 6 | 6 | 6 | 0 | 2 | 4 | 0 | 0 | 1 | 5 | 0 | 0 | 3 | 0 |

续表

| 高校名称 | | 总计 | | 按职称划分 | | | | | | 按最后学历划分 | | | 按最后学位划分 | | 其他 |
|---|---|---|---|---|---|---|---|---|---|---|---|---|---|---|---|
| | | | 女性 | 小计 | 教授 | 副教授 | 讲师 | 助教 | 初级 | 研究生 | 本科生 | 其他 | 博士 | 硕士 | 人员 |
| | 编号 | L01 | L02 | L03 | L04 | L05 | L06 | L07 | L08 | L09 | L10 | L11 | L12 | L13 | L14 |
| 苏州健雄职业技术学院 | 45 | 2 | 0 | 2 | 0 | 1 | 1 | 0 | 0 | 1 | 1 | 0 | 0 | 1 | 0 |
| 盐城工业职业技术学院 | 46 | 1 | 0 | 1 | 0 | 1 | 0 | 0 | 0 | 1 | 0 | 0 | 0 | 1 | 0 |
| 江苏财经职业技术学院 | 47 | 16 | 14 | 16 | 1 | 6 | 7 | 2 | 0 | 4 | 12 | 0 | 0 | 9 | 0 |
| 扬州工业职业技术学院 | 48 | 8 | 6 | 8 | 0 | 1 | 3 | 4 | 0 | 8 | 0 | 0 | 1 | 7 | 0 |
| 江苏城市职业学院 | 49 | 13 | 10 | 13 | 4 | 4 | 5 | 0 | 0 | 8 | 5 | 0 | 4 | 6 | 0 |
| 南京城市职业学院 | 50 | 8 | 8 | 8 | 0 | 3 | 4 | 1 | 0 | 5 | 3 | 0 | 0 | 7 | 0 |
| 南京机电职业技术学院 | 51 | 3 | 3 | 3 | 1 | 0 | 0 | 2 | 0 | 0 | 3 | 0 | 0 | 0 | 0 |
| 南京旅游职业学院 | 52 | 1 | 1 | 1 | 0 | 0 | 1 | 0 | 0 | 1 | 0 | 0 | 0 | 1 | 0 |
| 江苏卫生健康职业学院 | 53 | 5 | 4 | 5 | 0 | 1 | 1 | 3 | 0 | 4 | 1 | 0 | 0 | 5 | 0 |
| 苏州信息职业技术学院 | 54 | 0 | 0 | 0 | 0 | 0 | 0 | 0 | 0 | 0 | 0 | 0 | 0 | 0 | 0 |
| 苏州工业园区服务外包职业学院 | 55 | 6 | 5 | 6 | 1 | 1 | 3 | 1 | 0 | 6 | 0 | 0 | 1 | 5 | 0 |
| 徐州幼儿师范高等专科学校 | 56 | 22 | 16 | 22 | 0 | 16 | 6 | 0 | 0 | 4 | 18 | 0 | 2 | 9 | 0 |
| 徐州生物工程职业技术学院 | 57 | 13 | 5 | 13 | 0 | 6 | 6 | 1 | 0 | 2 | 11 | 0 | 0 | 7 | 0 |
| 江苏商贸职业学院 | 58 | 14 | 9 | 14 | 1 | 8 | 5 | 0 | 0 | 7 | 7 | 0 | 0 | 11 | 0 |
| 南通师范高等专科学校 | 59 | 14 | 9 | 14 | 1 | 5 | 8 | 0 | 0 | 12 | 2 | 0 | 2 | 11 | 0 |
| 江苏护理职业学院 | 60 | 12 | 7 | 12 | 1 | 4 | 4 | 3 | 0 | 7 | 5 | 0 | 2 | 5 | 0 |
| 江苏财会职业学院 | 61 | 17 | 14 | 17 | 0 | 6 | 10 | 1 | 0 | 5 | 12 | 0 | 0 | 11 | 0 |
| 江苏城乡建设职业学院 | 62 | 11 | 10 | 11 | 1 | 3 | 5 | 2 | 0 | 2 | 9 | 0 | 0 | 5 | 0 |
| 江苏航空职业技术学院 | 63 | 3 | 2 | 3 | 0 | 1 | 0 | 2 | 0 | 2 | 1 | 0 | 0 | 3 | 0 |
| 江苏安全技术职业学院 | 64 | 7 | 6 | 7 | 0 | 1 | 3 | 3 | 0 | 5 | 2 | 0 | 0 | 5 | 0 |
| 江苏旅游职业学院 | 65 | 16 | 11 | 16 | 0 | 5 | 9 | 2 | 0 | 9 | 7 | 0 | 0 | 15 | 0 |

## 3.8 外国文学人文、社会科学活动人员情况表

| 高校名称 | | 总计 | | 按职称划分 | | | | | | 按最后学历划分 | | | 按最后学位划分 | | 其他 |
|---|---|---|---|---|---|---|---|---|---|---|---|---|---|---|---|
| | | | 女性 | 小计 | 教授 | 副教授 | 讲师 | 助教 | 初级 | 研究生 | 本科生 | 其他 | 博士 | 硕士 | 人员 |
| | 编号 | L01 | L02 | L03 | L04 | L05 | L06 | L07 | L08 | L09 | L10 | L11 | L12 | L13 | L14 |
| 合　计 | / | 185 | 137 | 185 | 5 | 53 | 117 | 10 | 0 | 87 | 98 | 0 | 4 | 113 | 0 |
| 盐城幼儿师范高等专科学校 | 1 | 5 | 4 | 5 | 0 | 4 | 1 | 0 | 0 | 2 | 3 | 0 | 0 | 2 | 0 |
| 苏州幼儿师范高等专科学校 | 2 | 1 | 1 | 1 | 0 | 1 | 0 | 0 | 0 | 1 | 0 | 0 | 0 | 1 | 0 |
| 无锡职业技术学院 | 3 | 1 | 1 | 1 | 0 | 0 | 1 | 0 | 0 | 1 | 0 | 0 | 1 | 0 | 0 |
| 江苏建筑职业技术学院 | 4 | 3 | 2 | 3 | 0 | 1 | 2 | 0 | 0 | 1 | 2 | 0 | 0 | 1 | 0 |
| 南京工业职业技术大学 | 5 | 0 | 0 | 0 | 0 | 0 | 0 | 0 | 0 | 0 | 0 | 0 | 0 | 0 | 0 |
| 江苏工程职业技术学院 | 6 | 3 | 2 | 3 | 0 | 1 | 2 | 0 | 0 | 2 | 1 | 0 | 0 | 3 | 0 |
| 苏州工艺美术职业技术学院 | 7 | 4 | 2 | 4 | 0 | 4 | 0 | 0 | 0 | 3 | 1 | 0 | 0 | 4 | 0 |
| 连云港职业技术学院 | 8 | 2 | 2 | 2 | 0 | 0 | 2 | 0 | 0 | 2 | 0 | 0 | 0 | 2 | 0 |
| 镇江市高等专科学校 | 9 | 8 | 8 | 8 | 0 | 5 | 3 | 0 | 0 | 1 | 7 | 0 | 0 | 1 | 0 |
| 南通职业大学 | 10 | 8 | 5 | 8 | 0 | 1 | 6 | 1 | 0 | 1 | 7 | 0 | 0 | 1 | 0 |
| 苏州职业大学 | 11 | 22 | 13 | 22 | 0 | 3 | 17 | 2 | 0 | 10 | 12 | 0 | 2 | 14 | 0 |
| 沙洲职业工学院 | 12 | 1 | 1 | 1 | 0 | 1 | 0 | 0 | 0 | 0 | 1 | 0 | 0 | 0 | 0 |
| 扬州市职业大学 | 13 | 6 | 4 | 6 | 0 | 3 | 3 | 0 | 0 | 3 | 3 | 0 | 0 | 4 | 0 |
| 连云港师范高等专科学校 | 14 | 8 | 7 | 8 | 2 | 5 | 1 | 0 | 0 | 6 | 2 | 0 | 0 | 8 | 0 |
| 江苏经贸职业技术学院 | 15 | 0 | 0 | 0 | 0 | 0 | 0 | 0 | 0 | 0 | 0 | 0 | 0 | 0 | 0 |
| 泰州职业技术学院 | 16 | 0 | 0 | 0 | 0 | 0 | 0 | 0 | 0 | 0 | 0 | 0 | 0 | 0 | 0 |
| 常州信息职业技术学院 | 17 | 2 | 2 | 2 | 0 | 0 | 1 | 1 | 0 | 2 | 0 | 0 | 0 | 2 | 0 |
| 江苏海事职业技术学院 | 18 | 0 | 0 | 0 | 0 | 0 | 0 | 0 | 0 | 0 | 0 | 0 | 0 | 0 | 0 |
| 无锡科技职业学院 | 19 | 4 | 4 | 4 | 0 | 0 | 4 | 0 | 0 | 1 | 3 | 0 | 0 | 2 | 0 |
| 江苏医药职业学院 | 20 | 0 | 0 | 0 | 0 | 0 | 0 | 0 | 0 | 0 | 0 | 0 | 0 | 0 | 0 |

续表

| 高校名称 | | 总计 | | 按职称划分 | | | | | | 按最后学历划分 | | | 按最后学位划分 | | 其他人员 |
|---|---|---|---|---|---|---|---|---|---|---|---|---|---|---|---|
| | | | 女性 | 小计 | 教授 | 副教授 | 讲师 | 助教 | 初级 | 研究生 | 本科生 | 其他 | 博士 | 硕士 | |
| | 编号 | L01 | L02 | L03 | L04 | L05 | L06 | L07 | L08 | L09 | L10 | L11 | L12 | L13 | L14 |
| 南通科技职业学院 | 21 | 5 | 5 | 5 | 0 | 1 | 4 | 0 | 0 | 2 | 3 | 0 | 0 | 2 | 0 |
| 苏州经贸职业技术学院 | 22 | 1 | 1 | 1 | 0 | 1 | 0 | 0 | 0 | 1 | 0 | 0 | 0 | 1 | 0 |
| 苏州工业职业技术学院 | 23 | 0 | 0 | 0 | 0 | 0 | 0 | 0 | 0 | 0 | 0 | 0 | 0 | 0 | 0 |
| 苏州卫生职业技术学院 | 24 | 0 | 0 | 0 | 0 | 0 | 0 | 0 | 0 | 0 | 0 | 0 | 0 | 0 | 0 |
| 无锡商业职业技术学院 | 25 | 7 | 2 | 7 | 0 | 5 | 2 | 0 | 0 | 1 | 6 | 0 | 0 | 2 | 0 |
| 江苏航运职业技术学院 | 26 | 1 | 0 | 1 | 1 | 0 | 0 | 0 | 0 | 0 | 1 | 0 | 0 | 1 | 0 |
| 南京交通职业技术学院 | 27 | 0 | 0 | 0 | 0 | 0 | 0 | 0 | 0 | 0 | 0 | 0 | 0 | 0 | 0 |
| 江苏电子信息职业学院 | 28 | 26 | 16 | 26 | 1 | 4 | 20 | 1 | 0 | 14 | 12 | 0 | 0 | 20 | 0 |
| 江苏农牧科技职业学院 | 29 | 1 | 0 | 1 | 0 | 0 | 1 | 0 | 0 | 0 | 1 | 0 | 0 | 0 | 0 |
| 常州纺织服装职业技术学院 | 30 | 6 | 5 | 6 | 0 | 1 | 4 | 1 | 0 | 1 | 5 | 0 | 0 | 1 | 0 |
| 苏州农业职业技术学院 | 31 | 1 | 1 | 1 | 0 | 0 | 1 | 0 | 0 | 1 | 0 | 0 | 0 | 1 | 0 |
| 南京科技职业学院 | 32 | 0 | 0 | 0 | 0 | 0 | 0 | 0 | 0 | 0 | 0 | 0 | 0 | 0 | 0 |
| 常州工业职业技术学院 | 33 | 2 | 2 | 2 | 0 | 1 | 1 | 0 | 0 | 1 | 1 | 0 | 0 | 2 | 0 |
| 常州工程职业技术学院 | 34 | 0 | 0 | 0 | 0 | 0 | 0 | 0 | 0 | 0 | 0 | 0 | 0 | 0 | 0 |
| 江苏农林职业技术学院 | 35 | 0 | 0 | 0 | 0 | 0 | 0 | 0 | 0 | 0 | 0 | 0 | 0 | 0 | 0 |
| 江苏食品药品职业技术学院 | 36 | 1 | 1 | 1 | 0 | 0 | 1 | 0 | 0 | 0 | 1 | 0 | 0 | 0 | 0 |
| 南京铁道职业技术学院 | 37 | 7 | 6 | 7 | 0 | 0 | 7 | 0 | 0 | 3 | 4 | 0 | 0 | 6 | 0 |
| 徐州工业职业技术学院 | 38 | 0 | 0 | 0 | 0 | 0 | 0 | 0 | 0 | 0 | 0 | 0 | 0 | 0 | 0 |
| 江苏信息职业技术学院 | 39 | 1 | 0 | 1 | 0 | 0 | 1 | 0 | 0 | 0 | 1 | 0 | 0 | 1 | 0 |
| 南京信息职业技术学院 | 40 | 2 | 1 | 2 | 0 | 0 | 2 | 0 | 0 | 2 | 0 | 0 | 0 | 2 | 0 |
| 常州机电职业技术学院 | 41 | 7 | 7 | 7 | 0 | 1 | 6 | 0 | 0 | 0 | 7 | 0 | 0 | 1 | 0 |

| | | | | | | | | | | | | | | | |
|---|---|---|---|---|---|---|---|---|---|---|---|---|---|---|---|
| 江阴职业技术学院 | 42 | 0 | 0 | 0 | 0 | 0 | 0 | 0 | 0 | 0 | 0 | 0 | 0 | 0 | 0 |
| 无锡城市职业技术学院 | 43 | 0 | 0 | 0 | 0 | 0 | 0 | 0 | 0 | 0 | 0 | 0 | 0 | 0 | 0 |
| 无锡工艺职业技术学院 | 44 | 0 | 0 | 0 | 0 | 0 | 0 | 0 | 0 | 0 | 0 | 0 | 0 | 0 | 0 |
| 苏州健雄职业技术学院 | 45 | 1 | 1 | 1 | 0 | 0 | 1 | 0 | 0 | 0 | 1 | 0 | 0 | 1 | 0 |
| 盐城工业职业技术学院 | 46 | 0 | 0 | 0 | 0 | 0 | 0 | 0 | 0 | 0 | 0 | 0 | 0 | 0 | 0 |
| 江苏财经职业技术学院 | 47 | 0 | 0 | 0 | 0 | 0 | 0 | 0 | 0 | 0 | 0 | 0 | 0 | 0 | 0 |
| 扬州工业职业技术学院 | 48 | 0 | 0 | 0 | 0 | 0 | 0 | 0 | 0 | 0 | 0 | 0 | 0 | 0 | 0 |
| 江苏城市职业学院 | 49 | 6 | 6 | 6 | 1 | 1 | 4 | 0 | 0 | 5 | 1 | 0 | 0 | 6 | 0 |
| 南京城市职业学院 | 50 | 3 | 2 | 3 | 0 | 2 | 1 | 0 | 0 | 0 | 3 | 0 | 0 | 0 | 0 |
| 南京机电职业技术学院 | 51 | 1 | 1 | 1 | 0 | 0 | 0 | 1 | 0 | 1 | 0 | 0 | 0 | 1 | 0 |
| 南京旅游职业学院 | 52 | 4 | 3 | 4 | 0 | 0 | 2 | 2 | 0 | 4 | 0 | 0 | 0 | 4 | 0 |
| 江苏卫生健康职业学院 | 53 | 8 | 6 | 8 | 0 | 4 | 4 | 0 | 0 | 3 | 5 | 0 | 0 | 4 | 0 |
| 苏州信息职业技术学院 | 54 | 0 | 0 | 0 | 0 | 0 | 0 | 0 | 0 | 0 | 0 | 0 | 0 | 0 | 0 |
| 苏州工业园区服务外包职业学院 | 55 | 10 | 8 | 10 | 0 | 2 | 8 | 0 | 0 | 8 | 2 | 0 | 1 | 8 | 0 |
| 徐州幼儿师范高等专科学校 | 56 | 0 | 0 | 0 | 0 | 0 | 0 | 0 | 0 | 0 | 0 | 0 | 0 | 0 | 0 |
| 徐州生物工程职业技术学院 | 57 | 0 | 0 | 0 | 0 | 0 | 0 | 0 | 0 | 0 | 0 | 0 | 0 | 0 | 0 |
| 江苏商贸职业学院 | 58 | 3 | 3 | 3 | 0 | 1 | 2 | 0 | 0 | 3 | 0 | 0 | 0 | 3 | 0 |
| 南通师范高等专科学校 | 59 | 2 | 1 | 2 | 0 | 0 | 2 | 0 | 0 | 1 | 1 | 0 | 0 | 1 | 0 |
| 江苏护理职业学院 | 60 | 1 | 1 | 1 | 0 | 0 | 0 | 1 | 0 | 0 | 1 | 0 | 0 | 0 | 0 |
| 江苏财会职业学院 | 61 | 0 | 0 | 0 | 0 | 0 | 0 | 0 | 0 | 0 | 0 | 0 | 0 | 0 | 0 |
| 江苏城乡建设职业学院 | 62 | 0 | 0 | 0 | 0 | 0 | 0 | 0 | 0 | 0 | 0 | 0 | 0 | 0 | 0 |
| 江苏航空职业技术学院 | 63 | 0 | 0 | 0 | 0 | 0 | 0 | 0 | 0 | 0 | 0 | 0 | 0 | 0 | 0 |
| 江苏安全技术职业学院 | 64 | 0 | 0 | 0 | 0 | 0 | 0 | 0 | 0 | 0 | 0 | 0 | 0 | 0 | 0 |
| 江苏旅游职业学院 | 65 | 0 | 0 | 0 | 0 | 0 | 0 | 0 | 0 | 0 | 0 | 0 | 0 | 0 | 0 |

## 3.9 艺术学人文、社会科学活动人员情况表

| 高校名称 | | 总计 | | 按职称划分 | | | | | | 按最后学历划分 | | | 按最后学位划分 | | 其他 |
|---|---|---|---|---|---|---|---|---|---|---|---|---|---|---|---|
| | | | 女性 | 小计 | 教授 | 副教授 | 讲师 | 助教 | 初级 | 研究生 | 本科生 | 其他 | 博士 | 硕士 | 人员 |
| | 编号 | L01 | L02 | L03 | L04 | L05 | L06 | L07 | L08 | L09 | L10 | L11 | L12 | L13 | L14 |
| 合　计 | / | 2 213 | 1 312 | 2 213 | 69 | 551 | 1 246 | 346 | 1 | 1 088 | 1 116 | 9 | 48 | 1 352 | 0 |
| 盐城幼儿师范高等专科学校 | 1 | 98 | 60 | 98 | 2 | 32 | 37 | 27 | 0 | 11 | 79 | 8 | 0 | 13 | 0 |
| 苏州幼儿师范高等专科学校 | 2 | 43 | 33 | 43 | 0 | 11 | 20 | 12 | 0 | 29 | 14 | 0 | 1 | 28 | 0 |
| 无锡职业技术学院 | 3 | 29 | 19 | 29 | 3 | 7 | 18 | 1 | 0 | 20 | 9 | 0 | 2 | 20 | 0 |
| 江苏建筑职业技术学院 | 4 | 58 | 37 | 58 | 3 | 14 | 38 | 3 | 0 | 47 | 11 | 0 | 0 | 50 | 0 |
| 南京工业职业技术大学 | 5 | 72 | 44 | 72 | 4 | 12 | 47 | 9 | 0 | 47 | 24 | 1 | 3 | 61 | 0 |
| 江苏工程职业技术学院 | 6 | 54 | 22 | 54 | 4 | 18 | 32 | 0 | 0 | 32 | 22 | 0 | 1 | 33 | 0 |
| 苏州工艺美术职业技术学院 | 7 | 226 | 105 | 226 | 5 | 78 | 110 | 33 | 0 | 118 | 108 | 0 | 6 | 152 | 0 |
| 连云港职业技术学院 | 8 | 32 | 17 | 32 | 0 | 6 | 15 | 11 | 0 | 8 | 24 | 0 | 0 | 12 | 0 |
| 镇江市高等专科学校 | 9 | 43 | 23 | 43 | 0 | 12 | 25 | 6 | 0 | 16 | 27 | 0 | 0 | 21 | 0 |
| 南通职业大学 | 10 | 33 | 21 | 33 | 1 | 6 | 23 | 3 | 0 | 9 | 24 | 0 | 0 | 15 | 0 |
| 苏州职业大学 | 11 | 83 | 49 | 83 | 3 | 19 | 57 | 4 | 0 | 34 | 49 | 0 | 3 | 39 | 0 |
| 沙洲职业工学院 | 12 | 9 | 4 | 9 | 0 | 2 | 5 | 2 | 0 | 5 | 4 | 0 | 0 | 7 | 0 |
| 扬州市职业大学 | 13 | 95 | 53 | 95 | 2 | 24 | 47 | 22 | 0 | 48 | 47 | 0 | 2 | 62 | 0 |
| 连云港师范高等专科学校 | 14 | 58 | 28 | 58 | 2 | 39 | 12 | 5 | 0 | 25 | 33 | 0 | 1 | 30 | 0 |
| 江苏经贸职业技术学院 | 15 | 43 | 32 | 43 | 2 | 8 | 31 | 2 | 0 | 29 | 14 | 0 | 1 | 33 | 0 |
| 泰州职业技术学院 | 16 | 22 | 13 | 22 | 0 | 5 | 16 | 1 | 0 | 7 | 15 | 0 | 0 | 8 | 0 |
| 常州信息职业技术学院 | 17 | 42 | 29 | 42 | 1 | 8 | 23 | 10 | 0 | 26 | 16 | 0 | 2 | 32 | 0 |
| 江苏海事职业技术学院 | 18 | 9 | 8 | 9 | 0 | 0 | 7 | 2 | 0 | 9 | 0 | 0 | 0 | 9 | 0 |
| 无锡科技职业学院 | 19 | 17 | 9 | 17 | 0 | 3 | 9 | 5 | 0 | 4 | 13 | 0 | 0 | 6 | 0 |
| 江苏医药职业学院 | 20 | 4 | 3 | 4 | 0 | 0 | 3 | 1 | 0 | 1 | 3 | 0 | 0 | 1 | 0 |

| 南通科技职业学院 | 21 | 3 | 3 | 3 | 0 | 0 | 1 | 2 | 0 | 3 | 0 | 0 | 0 | 3 | 0 |
|---|---|---|---|---|---|---|---|---|---|---|---|---|---|---|---|
| 苏州经贸职业技术学院 | 22 | 33 | 20 | 33 | 1 | 11 | 21 | 0 | 0 | 12 | 21 | 0 | 1 | 19 | 0 |
| 苏州工业职业技术学院 | 23 | 12 | 7 | 12 | 0 | 1 | 8 | 3 | 0 | 6 | 6 | 0 | 4 | 4 | 0 |
| 苏州卫生职业技术学院 | 24 | 0 | 0 | 0 | 0 | 0 | 0 | 0 | 0 | 0 | 0 | 0 | 0 | 0 | 0 |
| 无锡商业职业技术学院 | 25 | 36 | 24 | 36 | 1 | 17 | 12 | 6 | 0 | 17 | 19 | 0 | 0 | 25 | 0 |
| 江苏航运职业技术学院 | 26 | 23 | 12 | 23 | 0 | 6 | 16 | 1 | 0 | 5 | 18 | 0 | 0 | 10 | 0 |
| 南京交通职业技术学院 | 27 | 16 | 9 | 16 | 1 | 3 | 12 | 0 | 0 | 10 | 6 | 0 | 1 | 12 | 0 |
| 江苏电子信息职业学院 | 28 | 41 | 25 | 41 | 1 | 7 | 24 | 9 | 0 | 20 | 21 | 0 | 1 | 34 | 0 |
| 江苏农牧科技职业学院 | 29 | 2 | 2 | 2 | 0 | 0 | 2 | 0 | 0 | 2 | 0 | 0 | 0 | 2 | 0 |
| 常州纺织服装职业技术学院 | 30 | 96 | 56 | 96 | 5 | 16 | 61 | 14 | 0 | 35 | 61 | 0 | 0 | 51 | 0 |
| 苏州农业职业技术学院 | 31 | 0 | 0 | 0 | 0 | 0 | 0 | 0 | 0 | 0 | 0 | 0 | 0 | 0 | 0 |
| 南京科技职业学院 | 32 | 12 | 7 | 12 | 0 | 0 | 12 | 0 | 0 | 7 | 5 | 0 | 0 | 7 | 0 |
| 常州工业职业技术学院 | 33 | 39 | 21 | 39 | 1 | 7 | 29 | 2 | 0 | 14 | 25 | 0 | 0 | 23 | 0 |
| 常州工程职业技术学院 | 34 | 2 | 0 | 2 | 0 | 0 | 2 | 0 | 0 | 2 | 0 | 0 | 0 | 2 | 0 |
| 江苏农林职业技术学院 | 35 | 9 | 3 | 9 | 0 | 2 | 6 | 1 | 0 | 2 | 7 | 0 | 0 | 3 | 0 |
| 江苏食品药品职业技术学院 | 36 | 4 | 2 | 4 | 0 | 0 | 4 | 0 | 0 | 0 | 4 | 0 | 0 | 1 | 0 |
| 南京铁道职业技术学院 | 37 | 27 | 16 | 27 | 3 | 3 | 21 | 0 | 0 | 13 | 14 | 0 | 1 | 21 | 0 |
| 徐州工业职业技术学院 | 38 | 4 | 3 | 4 | 1 | 2 | 1 | 0 | 0 | 2 | 2 | 0 | 0 | 4 | 0 |
| 江苏信息职业技术学院 | 39 | 34 | 20 | 34 | 3 | 13 | 17 | 1 | 0 | 22 | 12 | 0 | 3 | 27 | 0 |
| 南京信息职业技术学院 | 40 | 15 | 10 | 15 | 0 | 2 | 9 | 4 | 0 | 5 | 10 | 0 | 0 | 14 | 0 |
| 常州机电职业技术学院 | 41 | 18 | 6 | 18 | 1 | 3 | 14 | 0 | 0 | 9 | 9 | 0 | 0 | 12 | 0 |
| 江阴职业技术学院 | 42 | 19 | 11 | 19 | 1 | 3 | 11 | 4 | 0 | 6 | 13 | 0 | 0 | 11 | 0 |
| 无锡城市职业技术学院 | 43 | 49 | 28 | 49 | 0 | 10 | 29 | 10 | 0 | 34 | 15 | 0 | 0 | 35 | 0 |
| 无锡工艺职业技术学院 | 44 | 157 | 95 | 157 | 4 | 35 | 96 | 22 | 0 | 101 | 56 | 0 | 0 | 120 | 0 |

续表

| 高校名称 | | 总计 | | 按职称划分 | | | | | | 按最后学历划分 | | | 按最后学位划分 | | 其他人员 |
|---|---|---|---|---|---|---|---|---|---|---|---|---|---|---|---|
| | | | 女性 | 小计 | 教授 | 副教授 | 讲师 | 助教 | 初级 | 研究生 | 本科生 | 其他 | 博士 | 硕士 | |
| | 编号 | L01 | L02 | L03 | L04 | L05 | L06 | L07 | L08 | L09 | L10 | L11 | L12 | L13 | L14 |
| 苏州健雄职业技术学院 | 45 | 20 | 9 | 20 | 0 | 5 | 11 | 4 | 0 | 11 | 9 | 0 | 0 | 15 | 0 |
| 盐城工业职业技术学院 | 46 | 52 | 36 | 52 | 2 | 19 | 22 | 9 | 0 | 23 | 29 | 0 | 0 | 23 | 0 |
| 江苏财经职业技术学院 | 47 | 10 | 9 | 10 | 0 | 2 | 6 | 2 | 0 | 4 | 6 | 0 | 0 | 4 | 0 |
| 扬州工业职业技术学院 | 48 | 32 | 22 | 32 | 1 | 5 | 14 | 12 | 0 | 21 | 11 | 0 | 1 | 21 | 0 |
| 江苏城市职业学院 | 49 | 62 | 38 | 62 | 1 | 18 | 38 | 5 | 0 | 45 | 17 | 0 | 8 | 44 | 0 |
| 南京城市职业学院 | 50 | 30 | 26 | 30 | 1 | 4 | 22 | 3 | 0 | 19 | 11 | 0 | 0 | 21 | 0 |
| 南京机电职业技术学院 | 51 | 20 | 18 | 20 | 0 | 0 | 8 | 12 | 0 | 8 | 12 | 0 | 0 | 10 | 0 |
| 南京旅游职业学院 | 52 | 14 | 6 | 14 | 1 | 1 | 8 | 4 | 0 | 10 | 4 | 0 | 0 | 10 | 0 |
| 江苏卫生健康职业学院 | 53 | 3 | 3 | 3 | 0 | 0 | 2 | 1 | 0 | 2 | 1 | 0 | 0 | 2 | 0 |
| 苏州信息职业技术学院 | 54 | 0 | 0 | 0 | 0 | 0 | 0 | 0 | 0 | 0 | 0 | 0 | 0 | 0 | 0 |
| 苏州工业园区服务外包职业学院 | 55 | 16 | 8 | 16 | 0 | 2 | 13 | 0 | 1 | 13 | 3 | 0 | 0 | 15 | 0 |
| 徐州幼儿师范高等专科学校 | 56 | 64 | 42 | 64 | 6 | 17 | 28 | 13 | 0 | 21 | 43 | 0 | 3 | 19 | 0 |
| 徐州生物工程职业技术学院 | 57 | 2 | 2 | 2 | 0 | 0 | 2 | 0 | 0 | 1 | 1 | 0 | 0 | 1 | 0 |
| 江苏商贸职业学院 | 58 | 30 | 22 | 30 | 0 | 3 | 13 | 14 | 0 | 17 | 13 | 0 | 0 | 21 | 0 |
| 南通师范高等专科学校 | 59 | 70 | 41 | 70 | 1 | 23 | 35 | 11 | 0 | 20 | 50 | 0 | 3 | 30 | 0 |
| 江苏护理职业学院 | 60 | 0 | 0 | 0 | 0 | 0 | 0 | 0 | 0 | 0 | 0 | 0 | 0 | 0 | 0 |
| 江苏财会职业学院 | 61 | 3 | 3 | 3 | 0 | 1 | 1 | 1 | 0 | 0 | 3 | 0 | 0 | 0 | 0 |
| 江苏城乡建设职业学院 | 62 | 22 | 11 | 22 | 0 | 2 | 13 | 7 | 0 | 6 | 16 | 0 | 0 | 12 | 0 |
| 江苏航空职业技术学院 | 63 | 4 | 4 | 4 | 0 | 0 | 2 | 2 | 0 | 4 | 0 | 0 | 0 | 4 | 0 |
| 江苏安全技术职业学院 | 64 | 4 | 3 | 4 | 0 | 0 | 2 | 2 | 0 | 3 | 1 | 0 | 0 | 3 | 0 |
| 江苏旅游职业学院 | 65 | 34 | 20 | 34 | 1 | 4 | 23 | 6 | 0 | 8 | 26 | 0 | 0 | 25 | 0 |

## 3.10 历史学人文、社会科学活动人员情况表

| 高校名称 | | 总计 | | 按职称划分 | | | | | | 按最后学历划分 | | | 按最后学位划分 | | 其他人员 |
|---|---|---|---|---|---|---|---|---|---|---|---|---|---|---|---|
| | | | 女性 | 小计 | 教授 | 副教授 | 讲师 | 助教 | 初级 | 研究生 | 本科生 | 其他 | 博士 | 硕士 | |
| | 编号 | L01 | L02 | L03 | L04 | L05 | L06 | L07 | L08 | L09 | L10 | L11 | L12 | L13 | L14 |
| 合　计 | / | 91 | 46 | 91 | 3 | 38 | 42 | 7 | 1 | 60 | 31 | 0 | 16 | 52 | 0 |
| 盐城幼儿师范高等专科学校 | 1 | 4 | 2 | 4 | 0 | 4 | 0 | 0 | 0 | 2 | 2 | 0 | 0 | 3 | 0 |
| 苏州幼儿师范高等专科学校 | 2 | 2 | 1 | 2 | 0 | 0 | 2 | 0 | 0 | 1 | 1 | 0 | 0 | 2 | 0 |
| 无锡职业技术学院 | 3 | 6 | 2 | 6 | 0 | 3 | 3 | 0 | 0 | 4 | 2 | 0 | 2 | 2 | 0 |
| 江苏建筑职业技术学院 | 4 | 3 | 2 | 3 | 0 | 2 | 1 | 0 | 0 | 3 | 0 | 0 | 0 | 3 | 0 |
| 南京工业职业技术大学 | 5 | 8 | 7 | 8 | 0 | 0 | 7 | 1 | 0 | 8 | 0 | 0 | 5 | 3 | 0 |
| 江苏工程职业技术学院 | 6 | 2 | 1 | 2 | 0 | 2 | 0 | 0 | 0 | 2 | 0 | 0 | 0 | 2 | 0 |
| 苏州工艺美术职业技术学院 | 7 | 5 | 2 | 5 | 0 | 3 | 2 | 0 | 0 | 4 | 1 | 0 | 0 | 5 | 0 |
| 连云港职业技术学院 | 8 | 0 | 0 | 0 | 0 | 0 | 0 | 0 | 0 | 0 | 0 | 0 | 0 | 0 | 0 |
| 镇江市高等专科学校 | 9 | 4 | 2 | 4 | 1 | 1 | 2 | 0 | 0 | 1 | 3 | 0 | 0 | 1 | 0 |
| 南通职业大学 | 10 | 1 | 1 | 1 | 0 | 0 | 1 | 0 | 0 | 1 | 0 | 0 | 0 | 1 | 0 |
| 苏州职业大学 | 11 | 3 | 0 | 3 | 0 | 3 | 0 | 0 | 0 | 3 | 0 | 0 | 2 | 1 | 0 |
| 沙洲职业工学院 | 12 | 0 | 0 | 0 | 0 | 0 | 0 | 0 | 0 | 0 | 0 | 0 | 0 | 0 | 0 |
| 扬州市职业大学 | 13 | 8 | 3 | 8 | 0 | 3 | 3 | 2 | 0 | 4 | 4 | 0 | 0 | 4 | 0 |
| 连云港师范高等专科学校 | 14 | 1 | 1 | 1 | 0 | 1 | 0 | 0 | 0 | 1 | 0 | 0 | 0 | 1 | 0 |
| 江苏经贸职业技术学院 | 15 | 1 | 0 | 1 | 1 | 0 | 0 | 0 | 0 | 1 | 0 | 0 | 1 | 0 | 0 |
| 泰州职业技术学院 | 16 | 0 | 0 | 0 | 0 | 0 | 0 | 0 | 0 | 0 | 0 | 0 | 0 | 0 | 0 |
| 常州信息职业技术学院 | 17 | 1 | 0 | 1 | 0 | 0 | 1 | 0 | 0 | 1 | 0 | 0 | 0 | 1 | 0 |
| 江苏海事职业技术学院 | 18 | 1 | 1 | 1 | 0 | 0 | 1 | 0 | 0 | 1 | 0 | 0 | 1 | 0 | 0 |
| 无锡科技职业学院 | 19 | 0 | 0 | 0 | 0 | 0 | 0 | 0 | 0 | 0 | 0 | 0 | 0 | 0 | 0 |
| 江苏医药职业学院 | 20 | 1 | 1 | 1 | 0 | 0 | 1 | 0 | 0 | 1 | 0 | 0 | 0 | 1 | 0 |

续表

| 高校名称 | | 总计 | | 按职称划分 | | | | | | 按最后学历划分 | | | 按最后学位划分 | | 其他人员 |
|---|---|---|---|---|---|---|---|---|---|---|---|---|---|---|---|
| | | | 女性 | 小计 | 教授 | 副教授 | 讲师 | 助教 | 初级 | 研究生 | 本科生 | 其他 | 博士 | 硕士 | |
| | 编号 | L01 | L02 | L03 | L04 | L05 | L06 | L07 | L08 | L09 | L10 | L11 | L12 | L13 | L14 |
| 南通科技职业学院 | 21 | 0 | 0 | 0 | 0 | 0 | 0 | 0 | 0 | 0 | 0 | 0 | 0 | 0 | 0 |
| 苏州经贸职业技术学院 | 22 | 1 | 1 | 1 | 0 | 0 | 0 | 1 | 0 | 1 | 0 | 0 | 0 | 1 | 0 |
| 苏州工业职业技术学院 | 23 | 1 | 0 | 1 | 0 | 0 | 1 | 0 | 0 | 0 | 1 | 0 | 0 | 1 | 0 |
| 苏州卫生职业技术学院 | 24 | 0 | 0 | 0 | 0 | 0 | 0 | 0 | 0 | 0 | 0 | 0 | 0 | 0 | 0 |
| 无锡商业职业技术学院 | 25 | 0 | 0 | 0 | 0 | 0 | 0 | 0 | 0 | 0 | 0 | 0 | 0 | 0 | 0 |
| 江苏航运职业技术学院 | 26 | 0 | 0 | 0 | 0 | 0 | 0 | 0 | 0 | 0 | 0 | 0 | 0 | 0 | 0 |
| 南京交通职业技术学院 | 27 | 0 | 0 | 0 | 0 | 0 | 0 | 0 | 0 | 0 | 0 | 0 | 0 | 0 | 0 |
| 江苏电子信息职业学院 | 28 | 1 | 0 | 1 | 0 | 1 | 0 | 0 | 0 | 1 | 0 | 0 | 1 | 0 | 0 |
| 江苏农牧科技职业学院 | 29 | 0 | 0 | 0 | 0 | 0 | 0 | 0 | 0 | 0 | 0 | 0 | 0 | 0 | 0 |
| 常州纺织服装职业技术学院 | 30 | 1 | 1 | 1 | 0 | 0 | 1 | 0 | 0 | 0 | 1 | 0 | 0 | 0 | 0 |
| 苏州农业职业技术学院 | 31 | 0 | 0 | 0 | 0 | 0 | 0 | 0 | 0 | 0 | 0 | 0 | 0 | 0 | 0 |
| 南京科技职业学院 | 32 | 1 | 1 | 1 | 0 | 1 | 0 | 0 | 0 | 0 | 1 | 0 | 0 | 0 | 0 |
| 常州工业职业技术学院 | 33 | 0 | 0 | 0 | 0 | 0 | 0 | 0 | 0 | 0 | 0 | 0 | 0 | 0 | 0 |
| 常州工程职业技术学院 | 34 | 1 | 0 | 1 | 0 | 0 | 0 | 0 | 1 | 1 | 0 | 0 | 0 | 1 | 0 |
| 江苏农林职业技术学院 | 35 | 0 | 0 | 0 | 0 | 0 | 0 | 0 | 0 | 0 | 0 | 0 | 0 | 0 | 0 |
| 江苏食品药品职业技术学院 | 36 | 0 | 0 | 0 | 0 | 0 | 0 | 0 | 0 | 0 | 0 | 0 | 0 | 0 | 0 |
| 南京铁道职业技术学院 | 37 | 0 | 0 | 0 | 0 | 0 | 0 | 0 | 0 | 0 | 0 | 0 | 0 | 0 | 0 |
| 徐州工业职业技术学院 | 38 | 0 | 0 | 0 | 0 | 0 | 0 | 0 | 0 | 0 | 0 | 0 | 0 | 0 | 0 |
| 江苏信息职业技术学院 | 39 | 1 | 1 | 1 | 0 | 0 | 1 | 0 | 0 | 1 | 0 | 0 | 0 | 1 | 0 |
| 南京信息职业技术学院 | 40 | 0 | 0 | 0 | 0 | 0 | 0 | 0 | 0 | 0 | 0 | 0 | 0 | 0 | 0 |
| 常州机电职业技术学院 | 41 | 6 | 2 | 6 | 0 | 3 | 2 | 1 | 0 | 5 | 1 | 0 | 2 | 3 | 0 |

| | | | | | | | | | | | | | | | |
|---|---|---|---|---|---|---|---|---|---|---|---|---|---|---|---|
| 江阴职业技术学院 | 42 | 2 | 1 | 2 | 0 | 2 | 0 | 0 | 0 | 0 | 2 | 0 | 0 | 0 | 0 |
| 无锡城市职业技术学院 | 43 | 4 | 3 | 4 | 0 | 2 | 2 | 0 | 0 | 2 | 2 | 0 | 0 | 4 | 0 |
| 无锡工艺职业技术学院 | 44 | 0 | 0 | 0 | 0 | 0 | 0 | 0 | 0 | 0 | 0 | 0 | 0 | 0 | 0 |
| 苏州健雄职业技术学院 | 45 | 0 | 0 | 0 | 0 | 0 | 0 | 0 | 0 | 0 | 0 | 0 | 0 | 0 | 0 |
| 盐城工业职业技术学院 | 46 | 1 | 0 | 1 | 0 | 0 | 1 | 0 | 0 | 1 | 0 | 0 | 0 | 1 | 0 |
| 江苏财经职业技术学院 | 47 | 1 | 1 | 1 | 0 | 0 | 1 | 0 | 0 | 0 | 1 | 0 | 0 | 0 | 0 |
| 扬州工业职业技术学院 | 48 | 1 | 0 | 1 | 1 | 0 | 0 | 0 | 0 | 0 | 1 | 0 | 0 | 1 | 0 |
| 江苏城市职业学院 | 49 | 2 | 0 | 2 | 0 | 1 | 1 | 0 | 0 | 2 | 0 | 0 | 1 | 1 | 0 |
| 南京城市职业学院 | 50 | 1 | 1 | 1 | 0 | 0 | 1 | 0 | 0 | 1 | 0 | 0 | 0 | 1 | 0 |
| 南京机电职业技术学院 | 51 | 0 | 0 | 0 | 0 | 0 | 0 | 0 | 0 | 0 | 0 | 0 | 0 | 0 | 0 |
| 南京旅游职业学院 | 52 | 0 | 0 | 0 | 0 | 0 | 0 | 0 | 0 | 0 | 0 | 0 | 0 | 0 | 0 |
| 江苏卫生健康职业学院 | 53 | 0 | 0 | 0 | 0 | 0 | 0 | 0 | 0 | 0 | 0 | 0 | 0 | 0 | 0 |
| 苏州信息职业技术学院 | 54 | 0 | 0 | 0 | 0 | 0 | 0 | 0 | 0 | 0 | 0 | 0 | 0 | 0 | 0 |
| 苏州工业园区服务外包职业学院 | 55 | 1 | 1 | 1 | 0 | 0 | 1 | 0 | 0 | 1 | 0 | 0 | 0 | 1 | 0 |
| 徐州幼儿师范高等专科学校 | 56 | 2 | 2 | 2 | 0 | 2 | 0 | 0 | 0 | 0 | 2 | 0 | 0 | 0 | 0 |
| 徐州生物工程职业技术学院 | 57 | 1 | 0 | 1 | 0 | 0 | 1 | 0 | 0 | 0 | 1 | 0 | 0 | 0 | 0 |
| 江苏商贸职业学院 | 58 | 1 | 0 | 1 | 0 | 0 | 1 | 0 | 0 | 1 | 0 | 0 | 0 | 1 | 0 |
| 南通师范高等专科学校 | 59 | 5 | 3 | 5 | 0 | 3 | 2 | 0 | 0 | 0 | 5 | 0 | 0 | 1 | 0 |
| 江苏护理职业学院 | 60 | 3 | 1 | 3 | 0 | 0 | 2 | 1 | 0 | 3 | 0 | 0 | 1 | 2 | 0 |
| 江苏财会职业学院 | 61 | 0 | 0 | 0 | 0 | 0 | 0 | 0 | 0 | 0 | 0 | 0 | 0 | 0 | 0 |
| 江苏城乡建设职业学院 | 62 | 2 | 1 | 2 | 0 | 1 | 0 | 1 | 0 | 2 | 0 | 0 | 0 | 2 | 0 |
| 江苏航空职业技术学院 | 63 | 0 | 0 | 0 | 0 | 0 | 0 | 0 | 0 | 0 | 0 | 0 | 0 | 0 | 0 |
| 江苏安全技术职业学院 | 64 | 0 | 0 | 0 | 0 | 0 | 0 | 0 | 0 | 0 | 0 | 0 | 0 | 0 | 0 |
| 江苏旅游职业学院 | 65 | 0 | 0 | 0 | 0 | 0 | 0 | 0 | 0 | 0 | 0 | 0 | 0 | 0 | 0 |

## 3.11 考古学人文、社会科学活动人员情况表

| 高校名称 | | 总计 | | 按职称划分 | | | | | | 按最后学历划分 | | | 按最后学位划分 | | 其他 |
|---|---|---|---|---|---|---|---|---|---|---|---|---|---|---|---|
| | | | 女性 | 小计 | 教授 | 副教授 | 讲师 | 助教 | 初级 | 研究生 | 本科生 | 其他 | 博士 | 硕士 | 人员 |
| | 编号 | L01 | L02 | L03 | L04 | L05 | L06 | L07 | L08 | L09 | L10 | L11 | L12 | L13 | L14 |
| 合　计 | / | 4 | 0 | 4 | 0 | 0 | 2 | 2 | 0 | 3 | 0 | 1 | 2 | 2 | 0 |
| 盐城幼儿师范高等专科学校 | 1 | 0 | 0 | 0 | 0 | 0 | 0 | 0 | 0 | 0 | 0 | 0 | 0 | 0 | 0 |
| 苏州幼儿师范高等专科学校 | 2 | 0 | 0 | 0 | 0 | 0 | 0 | 0 | 0 | 0 | 0 | 0 | 0 | 0 | 0 |
| 无锡职业技术学院 | 3 | 0 | 0 | 0 | 0 | 0 | 0 | 0 | 0 | 0 | 0 | 0 | 0 | 0 | 0 |
| 江苏建筑职业技术学院 | 4 | 0 | 0 | 0 | 0 | 0 | 0 | 0 | 0 | 0 | 0 | 0 | 0 | 0 | 0 |
| 南京工业职业技术大学 | 5 | 1 | 0 | 1 | 0 | 0 | 1 | 0 | 0 | 0 | 0 | 1 | 1 | 0 | 0 |
| 江苏工程职业技术学院 | 6 | 0 | 0 | 0 | 0 | 0 | 0 | 0 | 0 | 0 | 0 | 0 | 0 | 0 | 0 |
| 苏州工艺美术职业技术学院 | 7 | 1 | 0 | 1 | 0 | 0 | 0 | 1 | 0 | 1 | 0 | 0 | 0 | 1 | 0 |
| 连云港职业技术学院 | 8 | 0 | 0 | 0 | 0 | 0 | 0 | 0 | 0 | 0 | 0 | 0 | 0 | 0 | 0 |
| 镇江市高等专科学校 | 9 | 1 | 0 | 1 | 0 | 0 | 1 | 0 | 0 | 1 | 0 | 0 | 1 | 0 | 0 |
| 南通职业大学 | 10 | 1 | 0 | 1 | 0 | 0 | 0 | 1 | 0 | 1 | 0 | 0 | 0 | 1 | 0 |
| 苏州职业大学 | 11 | 0 | 0 | 0 | 0 | 0 | 0 | 0 | 0 | 0 | 0 | 0 | 0 | 0 | 0 |
| 沙洲职业工学院 | 12 | 0 | 0 | 0 | 0 | 0 | 0 | 0 | 0 | 0 | 0 | 0 | 0 | 0 | 0 |
| 扬州市职业大学 | 13 | 0 | 0 | 0 | 0 | 0 | 0 | 0 | 0 | 0 | 0 | 0 | 0 | 0 | 0 |
| 连云港师范高等专科学校 | 14 | 0 | 0 | 0 | 0 | 0 | 0 | 0 | 0 | 0 | 0 | 0 | 0 | 0 | 0 |
| 江苏经贸职业技术学院 | 15 | 0 | 0 | 0 | 0 | 0 | 0 | 0 | 0 | 0 | 0 | 0 | 0 | 0 | 0 |
| 泰州职业技术学院 | 16 | 0 | 0 | 0 | 0 | 0 | 0 | 0 | 0 | 0 | 0 | 0 | 0 | 0 | 0 |
| 常州信息职业技术学院 | 17 | 0 | 0 | 0 | 0 | 0 | 0 | 0 | 0 | 0 | 0 | 0 | 0 | 0 | 0 |
| 江苏海事职业技术学院 | 18 | 0 | 0 | 0 | 0 | 0 | 0 | 0 | 0 | 0 | 0 | 0 | 0 | 0 | 0 |
| 无锡科技职业学院 | 19 | 0 | 0 | 0 | 0 | 0 | 0 | 0 | 0 | 0 | 0 | 0 | 0 | 0 | 0 |
| 江苏医药职业学院 | 20 | 0 | 0 | 0 | 0 | 0 | 0 | 0 | 0 | 0 | 0 | 0 | 0 | 0 | 0 |

| | | | | | | | | | | | | | | | |
|---|---|---|---|---|---|---|---|---|---|---|---|---|---|---|---|
| 南通科技职业学院 | 21 | 0 | 0 | 0 | 0 | 0 | 0 | 0 | 0 | 0 | 0 | 0 | 0 | 0 | 0 |
| 苏州经贸职业技术学院 | 22 | 0 | 0 | 0 | 0 | 0 | 0 | 0 | 0 | 0 | 0 | 0 | 0 | 0 | 0 |
| 苏州工业职业技术学院 | 23 | 0 | 0 | 0 | 0 | 0 | 0 | 0 | 0 | 0 | 0 | 0 | 0 | 0 | 0 |
| 苏州卫生职业技术学院 | 24 | 0 | 0 | 0 | 0 | 0 | 0 | 0 | 0 | 0 | 0 | 0 | 0 | 0 | 0 |
| 无锡商业职业技术学院 | 25 | 0 | 0 | 0 | 0 | 0 | 0 | 0 | 0 | 0 | 0 | 0 | 0 | 0 | 0 |
| 江苏航运职业技术学院 | 26 | 0 | 0 | 0 | 0 | 0 | 0 | 0 | 0 | 0 | 0 | 0 | 0 | 0 | 0 |
| 南京交通职业技术学院 | 27 | 0 | 0 | 0 | 0 | 0 | 0 | 0 | 0 | 0 | 0 | 0 | 0 | 0 | 0 |
| 江苏电子信息职业学院 | 28 | 0 | 0 | 0 | 0 | 0 | 0 | 0 | 0 | 0 | 0 | 0 | 0 | 0 | 0 |
| 江苏农牧科技职业学院 | 29 | 0 | 0 | 0 | 0 | 0 | 0 | 0 | 0 | 0 | 0 | 0 | 0 | 0 | 0 |
| 常州纺织服装职业技术学院 | 30 | 0 | 0 | 0 | 0 | 0 | 0 | 0 | 0 | 0 | 0 | 0 | 0 | 0 | 0 |
| 苏州农业职业技术学院 | 31 | 0 | 0 | 0 | 0 | 0 | 0 | 0 | 0 | 0 | 0 | 0 | 0 | 0 | 0 |
| 南京科技职业学院 | 32 | 0 | 0 | 0 | 0 | 0 | 0 | 0 | 0 | 0 | 0 | 0 | 0 | 0 | 0 |
| 常州工业职业技术学院 | 33 | 0 | 0 | 0 | 0 | 0 | 0 | 0 | 0 | 0 | 0 | 0 | 0 | 0 | 0 |
| 常州工程职业技术学院 | 34 | 0 | 0 | 0 | 0 | 0 | 0 | 0 | 0 | 0 | 0 | 0 | 0 | 0 | 0 |
| 江苏农林职业技术学院 | 35 | 0 | 0 | 0 | 0 | 0 | 0 | 0 | 0 | 0 | 0 | 0 | 0 | 0 | 0 |
| 江苏食品药品职业技术学院 | 36 | 0 | 0 | 0 | 0 | 0 | 0 | 0 | 0 | 0 | 0 | 0 | 0 | 0 | 0 |
| 南京铁道职业技术学院 | 37 | 0 | 0 | 0 | 0 | 0 | 0 | 0 | 0 | 0 | 0 | 0 | 0 | 0 | 0 |
| 徐州工业职业技术学院 | 38 | 0 | 0 | 0 | 0 | 0 | 0 | 0 | 0 | 0 | 0 | 0 | 0 | 0 | 0 |
| 江苏信息职业技术学院 | 39 | 0 | 0 | 0 | 0 | 0 | 0 | 0 | 0 | 0 | 0 | 0 | 0 | 0 | 0 |
| 南京信息职业技术学院 | 40 | 0 | 0 | 0 | 0 | 0 | 0 | 0 | 0 | 0 | 0 | 0 | 0 | 0 | 0 |
| 常州机电职业技术学院 | 41 | 0 | 0 | 0 | 0 | 0 | 0 | 0 | 0 | 0 | 0 | 0 | 0 | 0 | 0 |
| 江阴职业技术学院 | 42 | 0 | 0 | 0 | 0 | 0 | 0 | 0 | 0 | 0 | 0 | 0 | 0 | 0 | 0 |
| 无锡城市职业技术学院 | 43 | 0 | 0 | 0 | 0 | 0 | 0 | 0 | 0 | 0 | 0 | 0 | 0 | 0 | 0 |
| 无锡工艺职业技术学院 | 44 | 0 | 0 | 0 | 0 | 0 | 0 | 0 | 0 | 0 | 0 | 0 | 0 | 0 | 0 |

续表

| 高校名称 | | 总计 | | 按职称划分 | | | | | | 按最后学历划分 | | | 按最后学位划分 | | 其他人员 |
|---|---|---|---|---|---|---|---|---|---|---|---|---|---|---|---|
| | | | 女性 | 小计 | 教授 | 副教授 | 讲师 | 助教 | 初级 | 研究生 | 本科生 | 其他 | 博士 | 硕士 | |
| | 编号 | L01 | L02 | L03 | L04 | L05 | L06 | L07 | L08 | L09 | L10 | L11 | L12 | L13 | L14 |
| 苏州健雄职业技术学院 | 45 | 0 | 0 | 0 | 0 | 0 | 0 | 0 | 0 | 0 | 0 | 0 | 0 | 0 | 0 |
| 盐城工业职业技术学院 | 46 | 0 | 0 | 0 | 0 | 0 | 0 | 0 | 0 | 0 | 0 | 0 | 0 | 0 | 0 |
| 江苏财经职业技术学院 | 47 | 0 | 0 | 0 | 0 | 0 | 0 | 0 | 0 | 0 | 0 | 0 | 0 | 0 | 0 |
| 扬州工业职业技术学院 | 48 | 0 | 0 | 0 | 0 | 0 | 0 | 0 | 0 | 0 | 0 | 0 | 0 | 0 | 0 |
| 江苏城市职业学院 | 49 | 0 | 0 | 0 | 0 | 0 | 0 | 0 | 0 | 0 | 0 | 0 | 0 | 0 | 0 |
| 南京城市职业学院 | 50 | 0 | 0 | 0 | 0 | 0 | 0 | 0 | 0 | 0 | 0 | 0 | 0 | 0 | 0 |
| 南京机电职业技术学院 | 51 | 0 | 0 | 0 | 0 | 0 | 0 | 0 | 0 | 0 | 0 | 0 | 0 | 0 | 0 |
| 南京旅游职业学院 | 52 | 0 | 0 | 0 | 0 | 0 | 0 | 0 | 0 | 0 | 0 | 0 | 0 | 0 | 0 |
| 江苏卫生健康职业学院 | 53 | 0 | 0 | 0 | 0 | 0 | 0 | 0 | 0 | 0 | 0 | 0 | 0 | 0 | 0 |
| 苏州信息职业技术学院 | 54 | 0 | 0 | 0 | 0 | 0 | 0 | 0 | 0 | 0 | 0 | 0 | 0 | 0 | 0 |
| 苏州工业园区服务外包职业学院 | 55 | 0 | 0 | 0 | 0 | 0 | 0 | 0 | 0 | 0 | 0 | 0 | 0 | 0 | 0 |
| 徐州幼儿师范高等专科学校 | 56 | 0 | 0 | 0 | 0 | 0 | 0 | 0 | 0 | 0 | 0 | 0 | 0 | 0 | 0 |
| 徐州生物工程职业技术学院 | 57 | 0 | 0 | 0 | 0 | 0 | 0 | 0 | 0 | 0 | 0 | 0 | 0 | 0 | 0 |
| 江苏商贸职业学院 | 58 | 0 | 0 | 0 | 0 | 0 | 0 | 0 | 0 | 0 | 0 | 0 | 0 | 0 | 0 |
| 南通师范高等专科学校 | 59 | 0 | 0 | 0 | 0 | 0 | 0 | 0 | 0 | 0 | 0 | 0 | 0 | 0 | 0 |
| 江苏护理职业学院 | 60 | 0 | 0 | 0 | 0 | 0 | 0 | 0 | 0 | 0 | 0 | 0 | 0 | 0 | 0 |
| 江苏财会职业学院 | 61 | 0 | 0 | 0 | 0 | 0 | 0 | 0 | 0 | 0 | 0 | 0 | 0 | 0 | 0 |
| 江苏城乡建设职业学院 | 62 | 0 | 0 | 0 | 0 | 0 | 0 | 0 | 0 | 0 | 0 | 0 | 0 | 0 | 0 |
| 江苏航空职业技术学院 | 63 | 0 | 0 | 0 | 0 | 0 | 0 | 0 | 0 | 0 | 0 | 0 | 0 | 0 | 0 |
| 江苏安全技术职业学院 | 64 | 0 | 0 | 0 | 0 | 0 | 0 | 0 | 0 | 0 | 0 | 0 | 0 | 0 | 0 |
| 江苏旅游职业学院 | 65 | 0 | 0 | 0 | 0 | 0 | 0 | 0 | 0 | 0 | 0 | 0 | 0 | 0 | 0 |

## 3.12 经济学人文、社会科学活动人员情况表

| 高校名称 | | 总计 | | 按职称划分 | | | | | | 按最后学历划分 | | | 按最后学位划分 | | 其他人员 |
|---|---|---|---|---|---|---|---|---|---|---|---|---|---|---|---|
| | | | 女性 | 小计 | 教授 | 副教授 | 讲师 | 助教 | 初级 | 研究生 | 本科生 | 其他 | 博士 | 硕士 | |
| | 编号 | L01 | L02 | L03 | L04 | L05 | L06 | L07 | L08 | L09 | L10 | L11 | L12 | L13 | L14 |
| 合　计 | / | 1 483 | 1 003 | 1 483 | 117 | 446 | 705 | 212 | 3 | 803 | 676 | 4 | 87 | 994 | 0 |
| 盐城幼儿师范高等专科学校 | 1 | 7 | 6 | 7 | 0 | 1 | 5 | 1 | 0 | 2 | 4 | 1 | 0 | 4 | 0 |
| 苏州幼儿师范高等专科学校 | 2 | 0 | 0 | 0 | 0 | 0 | 0 | 0 | 0 | 0 | 0 | 0 | 0 | 0 | 0 |
| 无锡职业技术学院 | 3 | 24 | 16 | 24 | 2 | 7 | 12 | 3 | 0 | 16 | 8 | 0 | 4 | 15 | 0 |
| 江苏建筑职业技术学院 | 4 | 12 | 6 | 12 | 2 | 5 | 5 | 0 | 0 | 8 | 4 | 0 | 1 | 9 | 0 |
| 南京工业职业技术大学 | 5 | 56 | 36 | 56 | 4 | 13 | 37 | 2 | 0 | 40 | 15 | 1 | 10 | 38 | 0 |
| 江苏工程职业技术学院 | 6 | 16 | 6 | 16 | 1 | 9 | 6 | 0 | 0 | 11 | 5 | 0 | 0 | 12 | 0 |
| 苏州工艺美术职业技术学院 | 7 | 5 | 3 | 5 | 0 | 0 | 5 | 0 | 0 | 1 | 4 | 0 | 0 | 1 | 0 |
| 连云港职业技术学院 | 8 | 23 | 17 | 23 | 1 | 7 | 13 | 2 | 0 | 5 | 18 | 0 | 1 | 12 | 0 |
| 镇江市高等专科学校 | 9 | 8 | 5 | 8 | 1 | 4 | 2 | 1 | 0 | 4 | 4 | 0 | 1 | 4 | 0 |
| 南通职业大学 | 10 | 43 | 23 | 43 | 2 | 14 | 22 | 5 | 0 | 19 | 23 | 1 | 3 | 32 | 0 |
| 苏州职业大学 | 11 | 60 | 37 | 60 | 3 | 18 | 37 | 2 | 0 | 40 | 20 | 0 | 6 | 51 | 0 |
| 沙洲职业工学院 | 12 | 15 | 12 | 15 | 0 | 7 | 6 | 2 | 0 | 4 | 11 | 0 | 0 | 6 | 0 |
| 扬州市职业大学 | 13 | 74 | 44 | 74 | 7 | 26 | 30 | 11 | 0 | 43 | 31 | 0 | 2 | 53 | 0 |
| 连云港师范高等专科学校 | 14 | 17 | 10 | 17 | 2 | 12 | 3 | 0 | 0 | 9 | 8 | 0 | 1 | 11 | 0 |
| 江苏经贸职业技术学院 | 15 | 30 | 19 | 30 | 6 | 9 | 11 | 4 | 0 | 22 | 8 | 0 | 5 | 21 | 0 |
| 泰州职业技术学院 | 16 | 14 | 6 | 14 | 1 | 6 | 6 | 1 | 0 | 4 | 10 | 0 | 0 | 12 | 0 |
| 常州信息职业技术学院 | 17 | 28 | 21 | 28 | 3 | 2 | 17 | 6 | 0 | 22 | 6 | 0 | 3 | 22 | 0 |
| 江苏海事职业技术学院 | 18 | 16 | 5 | 16 | 4 | 4 | 8 | 0 | 0 | 10 | 6 | 0 | 3 | 8 | 0 |
| 无锡科技职业学院 | 19 | 17 | 15 | 17 | 1 | 3 | 9 | 4 | 0 | 6 | 11 | 0 | 0 | 12 | 0 |
| 江苏医药职业学院 | 20 | 5 | 4 | 5 | 1 | 0 | 3 | 1 | 0 | 1 | 4 | 0 | 0 | 1 | 0 |

续表

| 高校名称 | | 总计 | | 按职称划分 | | | | | | 按最后学历划分 | | | 按最后学位划分 | | 其他人员 |
|---|---|---|---|---|---|---|---|---|---|---|---|---|---|---|---|
| | | | 女性 | 小计 | 教授 | 副教授 | 讲师 | 助教 | 初级 | 研究生 | 本科生 | 其他 | 博士 | 硕士 | |
| | 编号 | L01 | L02 | L03 | L04 | L05 | L06 | L07 | L08 | L09 | L10 | L11 | L12 | L13 | L14 |
| 南通科技职业学院 | 21 | 15 | 11 | 15 | 1 | 6 | 8 | 0 | 0 | 2 | 13 | 0 | 0 | 9 | 0 |
| 苏州经贸职业技术学院 | 22 | 49 | 30 | 49 | 7 | 15 | 21 | 6 | 0 | 34 | 15 | 0 | 10 | 31 | 0 |
| 苏州工业职业技术学院 | 23 | 3 | 3 | 3 | 0 | 2 | 1 | 0 | 0 | 3 | 0 | 0 | 3 | 0 | 0 |
| 苏州卫生职业技术学院 | 24 | 13 | 8 | 13 | 0 | 2 | 5 | 6 | 0 | 7 | 6 | 0 | 0 | 7 | 0 |
| 无锡商业职业技术学院 | 25 | 39 | 27 | 39 | 4 | 13 | 16 | 6 | 0 | 23 | 16 | 0 | 4 | 27 | 0 |
| 江苏航运职业技术学院 | 26 | 25 | 14 | 25 | 1 | 9 | 15 | 0 | 0 | 10 | 15 | 0 | 0 | 17 | 0 |
| 南京交通职业技术学院 | 27 | 7 | 6 | 7 | 1 | 3 | 1 | 2 | 0 | 5 | 2 | 0 | 0 | 5 | 0 |
| 江苏电子信息职业学院 | 28 | 33 | 22 | 33 | 1 | 4 | 22 | 6 | 0 | 16 | 17 | 0 | 0 | 24 | 0 |
| 江苏农牧科技职业学院 | 29 | 10 | 5 | 10 | 2 | 3 | 4 | 1 | 0 | 4 | 6 | 0 | 0 | 9 | 0 |
| 常州纺织服装职业技术学院 | 30 | 22 | 15 | 22 | 1 | 10 | 8 | 3 | 0 | 13 | 9 | 0 | 1 | 14 | 0 |
| 苏州农业职业技术学院 | 31 | 25 | 14 | 25 | 2 | 14 | 8 | 1 | 0 | 15 | 10 | 0 | 4 | 19 | 0 |
| 南京科技职业学院 | 32 | 16 | 12 | 16 | 4 | 5 | 7 | 0 | 0 | 9 | 7 | 0 | 0 | 9 | 0 |
| 常州工业职业技术学院 | 33 | 22 | 19 | 22 | 0 | 1 | 10 | 11 | 0 | 19 | 3 | 0 | 1 | 19 | 0 |
| 常州工程职业技术学院 | 34 | 8 | 6 | 8 | 2 | 1 | 4 | 1 | 0 | 4 | 4 | 0 | 0 | 5 | 0 |
| 江苏农林职业技术学院 | 35 | 6 | 3 | 6 | 1 | 1 | 3 | 1 | 0 | 3 | 3 | 0 | 0 | 4 | 0 |
| 江苏食品药品职业技术学院 | 36 | 40 | 23 | 40 | 6 | 12 | 22 | 0 | 0 | 17 | 23 | 0 | 1 | 18 | 0 |
| 南京铁道职业技术学院 | 37 | 31 | 22 | 31 | 4 | 5 | 20 | 2 | 0 | 13 | 18 | 0 | 0 | 17 | 0 |
| 徐州工业职业技术学院 | 38 | 14 | 10 | 14 | 0 | 2 | 2 | 10 | 0 | 14 | 0 | 0 | 0 | 14 | 0 |
| 江苏信息职业技术学院 | 39 | 25 | 17 | 25 | 2 | 8 | 14 | 1 | 0 | 15 | 10 | 0 | 0 | 21 | 0 |
| 南京信息职业技术学院 | 40 | 18 | 13 | 18 | 3 | 5 | 7 | 3 | 0 | 7 | 11 | 0 | 0 | 11 | 0 |
| 常州机电职业技术学院 | 41 | 15 | 12 | 15 | 2 | 1 | 12 | 0 | 0 | 7 | 8 | 0 | 1 | 8 | 0 |

| | | | | | | | | | | | | | | | |
|---|---|---|---|---|---|---|---|---|---|---|---|---|---|---|---|
| 江阴职业技术学院 | 42 | 27 | 17 | 27 | 0 | 12 | 13 | 2 | 0 | 4 | 23 | 0 | 0 | 11 | 0 |
| 无锡城市职业技术学院 | 43 | 38 | 28 | 38 | 6 | 15 | 17 | 0 | 0 | 21 | 17 | 0 | 6 | 24 | 0 |
| 无锡工艺职业技术学院 | 44 | 16 | 9 | 16 | 1 | 6 | 8 | 1 | 0 | 4 | 12 | 0 | 0 | 6 | 0 |
| 苏州健雄职业技术学院 | 45 | 14 | 8 | 14 | 2 | 4 | 8 | 0 | 0 | 6 | 8 | 0 | 0 | 10 | 0 |
| 盐城工业职业技术学院 | 46 | 26 | 17 | 26 | 3 | 6 | 12 | 5 | 0 | 17 | 8 | 1 | 1 | 17 | 0 |
| 江苏财经职业技术学院 | 47 | 61 | 44 | 61 | 0 | 14 | 36 | 11 | 0 | 39 | 22 | 0 | 2 | 44 | 0 |
| 扬州工业职业技术学院 | 48 | 32 | 20 | 32 | 1 | 12 | 7 | 12 | 0 | 22 | 10 | 0 | 1 | 24 | 0 |
| 江苏城市职业学院 | 49 | 45 | 34 | 45 | 5 | 16 | 23 | 1 | 0 | 32 | 13 | 0 | 6 | 33 | 0 |
| 南京城市职业学院 | 50 | 41 | 35 | 41 | 4 | 10 | 23 | 4 | 0 | 18 | 23 | 0 | 1 | 26 | 0 |
| 南京机电职业技术学院 | 51 | 18 | 11 | 18 | 0 | 0 | 3 | 15 | 0 | 1 | 17 | 0 | 0 | 1 | 0 |
| 南京旅游职业学院 | 52 | 29 | 17 | 29 | 1 | 12 | 14 | 2 | 0 | 27 | 2 | 0 | 4 | 23 | 0 |
| 江苏卫生健康职业学院 | 53 | 1 | 0 | 1 | 1 | 0 | 0 | 0 | 0 | 1 | 0 | 0 | 0 | 1 | 0 |
| 苏州信息职业技术学院 | 54 | 17 | 14 | 17 | 0 | 5 | 8 | 2 | 2 | 4 | 13 | 0 | 0 | 14 | 0 |
| 苏州工业园区服务外包职业学院 | 55 | 16 | 14 | 16 | 1 | 5 | 8 | 2 | 0 | 14 | 2 | 0 | 1 | 12 | 0 |
| 徐州幼儿师范高等专科学校 | 56 | 1 | 1 | 1 | 0 | 0 | 1 | 0 | 0 | 1 | 0 | 0 | 0 | 1 | 0 |
| 徐州生物工程职业技术学院 | 57 | 8 | 7 | 8 | 0 | 4 | 3 | 1 | 0 | 3 | 5 | 0 | 0 | 6 | 0 |
| 江苏商贸职业学院 | 58 | 59 | 47 | 59 | 3 | 16 | 15 | 25 | 0 | 28 | 31 | 0 | 0 | 36 | 0 |
| 南通师范高等专科学校 | 59 | 3 | 3 | 3 | 0 | 0 | 2 | 1 | 0 | 3 | 0 | 0 | 0 | 3 | 0 |
| 江苏护理职业学院 | 60 | 0 | 0 | 0 | 0 | 0 | 0 | 0 | 0 | 0 | 0 | 0 | 0 | 0 | 0 |
| 江苏财会职业学院 | 61 | 73 | 53 | 73 | 4 | 24 | 36 | 9 | 0 | 23 | 50 | 0 | 0 | 52 | 0 |
| 江苏城乡建设职业学院 | 62 | 11 | 9 | 11 | 0 | 1 | 4 | 6 | 0 | 5 | 6 | 0 | 0 | 6 | 0 |
| 江苏航空职业技术学院 | 63 | 0 | 0 | 0 | 0 | 0 | 0 | 0 | 0 | 0 | 0 | 0 | 0 | 0 | 0 |
| 江苏安全技术职业学院 | 64 | 0 | 0 | 0 | 0 | 0 | 0 | 0 | 0 | 0 | 0 | 0 | 0 | 0 | 0 |
| 江苏旅游职业学院 | 65 | 41 | 32 | 41 | 0 | 15 | 17 | 8 | 1 | 23 | 18 | 0 | 0 | 32 | 0 |

3.13 政治学人文、社会科学活动人员情况表

| 高校名称 | | 总计 | | 按职称划分 | | | | | | 按最后学历划分 | | | 按最后学位划分 | | 其他人员 |
|---|---|---|---|---|---|---|---|---|---|---|---|---|---|---|---|
| | | | 女性 | 小计 | 教授 | 副教授 | 讲师 | 助教 | 初级 | 研究生 | 本科生 | 其他 | 博士 | 硕士 | |
| | 编号 | L01 | L02 | L03 | L04 | L05 | L06 | L07 | L08 | L09 | L10 | L11 | L12 | L13 | L14 |
| 合 计 | / | 170 | 106 | 170 | 8 | 50 | 84 | 28 | 0 | 92 | 77 | 1 | 7 | 117 | 0 |
| 盐城幼儿师范高等专科学校 | 1 | 20 | 9 | 20 | 2 | 9 | 6 | 3 | 0 | 8 | 11 | 1 | 1 | 8 | 0 |
| 苏州幼儿师范高等专科学校 | 2 | 4 | 4 | 4 | 1 | 2 | 1 | 0 | 0 | 1 | 3 | 0 | 0 | 4 | 0 |
| 无锡职业技术学院 | 3 | 1 | 1 | 1 | 0 | 0 | 1 | 0 | 0 | 1 | 0 | 0 | 0 | 1 | 0 |
| 江苏建筑职业技术学院 | 4 | 3 | 0 | 3 | 0 | 1 | 2 | 0 | 0 | 1 | 2 | 0 | 0 | 1 | 0 |
| 南京工业职业技术大学 | 5 | 3 | 2 | 3 | 0 | 1 | 1 | 1 | 0 | 3 | 0 | 0 | 0 | 3 | 0 |
| 江苏工程职业技术学院 | 6 | 1 | 1 | 1 | 0 | 1 | 0 | 0 | 0 | 1 | 0 | 0 | 0 | 1 | 0 |
| 苏州工艺美术职业技术学院 | 7 | 1 | 0 | 1 | 0 | 0 | 1 | 0 | 0 | 0 | 1 | 0 | 0 | 1 | 0 |
| 连云港职业技术学院 | 8 | 1 | 0 | 1 | 1 | 0 | 0 | 0 | 0 | 1 | 0 | 0 | 1 | 0 | 0 |
| 镇江市高等专科学校 | 9 | 3 | 1 | 3 | 0 | 1 | 2 | 0 | 0 | 1 | 2 | 0 | 0 | 3 | 0 |
| 南通职业大学 | 10 | 1 | 0 | 1 | 0 | 0 | 1 | 0 | 0 | 0 | 1 | 0 | 0 | 0 | 0 |
| 苏州职业大学 | 11 | 3 | 2 | 3 | 0 | 1 | 1 | 1 | 0 | 3 | 0 | 0 | 1 | 2 | 0 |
| 沙洲职业工学院 | 12 | 2 | 0 | 2 | 0 | 0 | 2 | 0 | 0 | 0 | 2 | 0 | 0 | 0 | 0 |
| 扬州市职业大学 | 13 | 1 | 0 | 1 | 0 | 0 | 1 | 0 | 0 | 1 | 0 | 0 | 0 | 1 | 0 |
| 连云港师范高等专科学校 | 14 | 6 | 3 | 6 | 2 | 3 | 1 | 0 | 0 | 1 | 5 | 0 | 1 | 3 | 0 |
| 江苏经贸职业技术学院 | 15 | 0 | 0 | 0 | 0 | 0 | 0 | 0 | 0 | 0 | 0 | 0 | 0 | 0 | 0 |
| 泰州职业技术学院 | 16 | 0 | 0 | 0 | 0 | 0 | 0 | 0 | 0 | 0 | 0 | 0 | 0 | 0 | 0 |
| 常州信息职业技术学院 | 17 | 6 | 4 | 6 | 1 | 1 | 3 | 1 | 0 | 2 | 4 | 0 | 0 | 2 | 0 |
| 江苏海事职业技术学院 | 18 | 0 | 0 | 0 | 0 | 0 | 0 | 0 | 0 | 0 | 0 | 0 | 0 | 0 | 0 |
| 无锡科技职业学院 | 19 | 0 | 0 | 0 | 0 | 0 | 0 | 0 | 0 | 0 | 0 | 0 | 0 | 0 | 0 |
| 江苏医药职业学院 | 20 | 2 | 2 | 2 | 0 | 0 | 1 | 1 | 0 | 2 | 0 | 0 | 0 | 2 | 0 |

| | | | | | | | | | | | | | | |
|---|---|---|---|---|---|---|---|---|---|---|---|---|---|---|
| 南通科技职业学院 | 21 | 1 | 0 | 1 | 0 | 0 | 1 | 0 | 0 | 1 | 0 | 0 | 0 | 1 | 0 |
| 苏州经贸职业技术学院 | 22 | 1 | 1 | 1 | 0 | 0 | 1 | 0 | 0 | 1 | 0 | 0 | 0 | 1 | 0 |
| 苏州工业职业技术学院 | 23 | 0 | 0 | 0 | 0 | 0 | 0 | 0 | 0 | 0 | 0 | 0 | 0 | 0 | 0 |
| 苏州卫生职业技术学院 | 24 | 6 | 3 | 6 | 0 | 0 | 4 | 2 | 0 | 5 | 1 | 0 | 1 | 4 | 0 |
| 无锡商业职业技术学院 | 25 | 1 | 1 | 1 | 0 | 1 | 0 | 0 | 0 | 0 | 1 | 0 | 0 | 1 | 0 |
| 江苏航运职业技术学院 | 26 | 1 | 1 | 1 | 0 | 0 | 1 | 0 | 0 | 1 | 0 | 0 | 0 | 1 | 0 |
| 南京交通职业技术学院 | 27 | 3 | 2 | 3 | 0 | 1 | 2 | 0 | 0 | 2 | 1 | 0 | 0 | 3 | 0 |
| 江苏电子信息职业学院 | 28 | 0 | 0 | 0 | 0 | 0 | 0 | 0 | 0 | 0 | 0 | 0 | 0 | 0 | 0 |
| 江苏农牧科技职业学院 | 29 | 3 | 0 | 3 | 0 | 2 | 1 | 0 | 0 | 2 | 1 | 0 | 0 | 2 | 0 |
| 常州纺织服装职业技术学院 | 30 | 1 | 1 | 1 | 0 | 0 | 1 | 0 | 0 | 0 | 1 | 0 | 0 | 1 | 0 |
| 苏州农业职业技术学院 | 31 | 0 | 0 | 0 | 0 | 0 | 0 | 0 | 0 | 0 | 0 | 0 | 0 | 0 | 0 |
| 南京科技职业学院 | 32 | 5 | 2 | 5 | 0 | 1 | 4 | 0 | 0 | 4 | 1 | 0 | 0 | 5 | 0 |
| 常州工业职业技术学院 | 33 | 4 | 3 | 4 | 0 | 0 | 2 | 2 | 0 | 4 | 0 | 0 | 0 | 4 | 0 |
| 常州工程职业技术学院 | 34 | 1 | 0 | 1 | 0 | 1 | 0 | 0 | 0 | 1 | 0 | 0 | 0 | 1 | 0 |
| 江苏农林职业技术学院 | 35 | 20 | 16 | 20 | 0 | 3 | 14 | 3 | 0 | 9 | 11 | 0 | 0 | 20 | 0 |
| 江苏食品药品职业技术学院 | 36 | 4 | 2 | 4 | 0 | 3 | 1 | 0 | 0 | 2 | 2 | 0 | 0 | 3 | 0 |
| 南京铁道职业技术学院 | 37 | 2 | 1 | 2 | 0 | 0 | 2 | 0 | 0 | 1 | 1 | 0 | 0 | 2 | 0 |
| 徐州工业职业技术学院 | 38 | 4 | 3 | 4 | 0 | 2 | 0 | 2 | 0 | 2 | 2 | 0 | 0 | 4 | 0 |
| 江苏信息职业技术学院 | 39 | 3 | 0 | 3 | 0 | 0 | 2 | 1 | 0 | 2 | 1 | 0 | 0 | 3 | 0 |
| 南京信息职业技术学院 | 40 | 0 | 0 | 0 | 0 | 0 | 0 | 0 | 0 | 0 | 0 | 0 | 0 | 0 | 0 |
| 常州机电职业技术学院 | 41 | 1 | 1 | 1 | 0 | 0 | 0 | 1 | 0 | 1 | 0 | 0 | 0 | 1 | 0 |
| 江阴职业技术学院 | 42 | 3 | 3 | 3 | 0 | 2 | 1 | 0 | 0 | 0 | 3 | 0 | 0 | 0 | 0 |
| 无锡城市职业技术学院 | 43 | 0 | 0 | 0 | 0 | 0 | 0 | 0 | 0 | 0 | 0 | 0 | 0 | 0 | 0 |
| 无锡工艺职业技术学院 | 44 | 1 | 1 | 1 | 0 | 0 | 1 | 0 | 0 | 1 | 0 | 0 | 1 | 0 | 0 |

续表

| 高校名称 | | 总计 | | 按职称划分 | | | | | | 按最后学历划分 | | | 按最后学位划分 | | 其他 |
|---|---|---|---|---|---|---|---|---|---|---|---|---|---|---|---|
| | | | 女性 | 小计 | 教授 | 副教授 | 讲师 | 助教 | 初级 | 研究生 | 本科生 | 其他 | 博士 | 硕士 | 人员 |
| | 编号 | L01 | L02 | L03 | L04 | L05 | L06 | L07 | L08 | L09 | L10 | L11 | L12 | L13 | L14 |
| 苏州健雄职业技术学院 | 45 | 1 | 0 | 1 | 0 | 0 | 1 | 0 | 0 | 1 | 0 | 0 | 0 | 1 | 0 |
| 盐城工业职业技术学院 | 46 | 0 | 0 | 0 | 0 | 0 | 0 | 0 | 0 | 0 | 0 | 0 | 0 | 0 | 0 |
| 江苏财经职业技术学院 | 47 | 1 | 0 | 1 | 0 | 1 | 0 | 0 | 0 | 1 | 0 | 0 | 1 | 0 | 0 |
| 扬州工业职业技术学院 | 48 | 2 | 1 | 2 | 0 | 0 | 2 | 0 | 0 | 2 | 0 | 0 | 0 | 1 | 0 |
| 江苏城市职业学院 | 49 | 0 | 0 | 0 | 0 | 0 | 0 | 0 | 0 | 0 | 0 | 0 | 0 | 0 | 0 |
| 南京城市职业学院 | 50 | 4 | 3 | 4 | 0 | 2 | 2 | 0 | 0 | 4 | 0 | 0 | 0 | 3 | 0 |
| 南京机电职业技术学院 | 51 | 0 | 0 | 0 | 0 | 0 | 0 | 0 | 0 | 0 | 0 | 0 | 0 | 0 | 0 |
| 南京旅游职业学院 | 52 | 2 | 2 | 2 | 0 | 0 | 1 | 1 | 0 | 1 | 1 | 0 | 0 | 2 | 0 |
| 江苏卫生健康职业学院 | 53 | 0 | 0 | 0 | 0 | 0 | 0 | 0 | 0 | 0 | 0 | 0 | 0 | 0 | 0 |
| 苏州信息职业技术学院 | 54 | 0 | 0 | 0 | 0 | 0 | 0 | 0 | 0 | 0 | 0 | 0 | 0 | 0 | 0 |
| 苏州工业园区服务外包职业学院 | 55 | 3 | 1 | 3 | 0 | 2 | 1 | 0 | 0 | 3 | 0 | 0 | 0 | 3 | 0 |
| 徐州幼儿师范高等专科学校 | 56 | 0 | 0 | 0 | 0 | 0 | 0 | 0 | 0 | 0 | 0 | 0 | 0 | 0 | 0 |
| 徐州生物工程职业技术学院 | 57 | 2 | 1 | 2 | 0 | 0 | 1 | 1 | 0 | 1 | 1 | 0 | 0 | 1 | 0 |
| 江苏商贸职业学院 | 58 | 5 | 5 | 5 | 0 | 1 | 2 | 2 | 0 | 3 | 2 | 0 | 0 | 3 | 0 |
| 南通师范高等专科学校 | 59 | 10 | 8 | 10 | 1 | 4 | 5 | 0 | 0 | 2 | 8 | 0 | 0 | 6 | 0 |
| 江苏护理职业学院 | 60 | 3 | 2 | 3 | 0 | 0 | 0 | 3 | 0 | 3 | 0 | 0 | 0 | 3 | 0 |
| 江苏财会职业学院 | 61 | 3 | 3 | 3 | 0 | 0 | 3 | 0 | 0 | 2 | 1 | 0 | 0 | 2 | 0 |
| 江苏城乡建设职业学院 | 62 | 5 | 5 | 5 | 0 | 3 | 2 | 0 | 0 | 0 | 5 | 0 | 0 | 0 | 0 |
| 江苏航空职业技术学院 | 63 | 0 | 0 | 0 | 0 | 0 | 0 | 0 | 0 | 0 | 0 | 0 | 0 | 0 | 0 |
| 江苏安全技术职业学院 | 64 | 5 | 4 | 5 | 0 | 1 | 2 | 2 | 0 | 3 | 2 | 0 | 0 | 2 | 0 |
| 江苏旅游职业学院 | 65 | 1 | 1 | 1 | 0 | 0 | 0 | 1 | 0 | 1 | 0 | 0 | 0 | 1 | 0 |

## 3.14 法学人文、社会科学活动人员情况表

| 高校名称 | | 总计 | | 按职称划分 | | | | | | 按最后学历划分 | | | 按最后学位划分 | | 其他人员 |
|---|---|---|---|---|---|---|---|---|---|---|---|---|---|---|---|
| | | | 女性 | 小计 | 教授 | 副教授 | 讲师 | 助教 | 初级 | 研究生 | 本科生 | 其他 | 博士 | 硕士 | |
| | 编号 | L01 | L02 | L03 | L04 | L05 | L06 | L07 | L08 | L09 | L10 | L11 | L12 | L13 | L14 |
| 合　计 | / | 369 | 228 | 369 | 14 | 101 | 203 | 50 | 1 | 200 | 167 | 2 | 18 | 251 | 0 |
| 盐城幼儿师范高等专科学校 | 1 | 2 | 1 | 2 | 0 | 2 | 0 | 0 | 0 | 1 | 1 | 0 | 0 | 1 | 0 |
| 苏州幼儿师范高等专科学校 | 2 | 1 | 1 | 1 | 0 | 0 | 0 | 1 | 0 | 1 | 0 | 0 | 0 | 1 | 0 |
| 无锡职业技术学院 | 3 | 17 | 9 | 17 | 0 | 5 | 11 | 1 | 0 | 15 | 2 | 0 | 2 | 13 | 0 |
| 江苏建筑职业技术学院 | 4 | 8 | 4 | 8 | 0 | 3 | 5 | 0 | 0 | 6 | 2 | 0 | 0 | 7 | 0 |
| 南京工业职业技术大学 | 5 | 5 | 4 | 5 | 0 | 1 | 4 | 0 | 0 | 2 | 1 | 2 | 4 | 0 | 0 |
| 江苏工程职业技术学院 | 6 | 8 | 4 | 8 | 1 | 2 | 5 | 0 | 0 | 7 | 1 | 0 | 0 | 8 | 0 |
| 苏州工艺美术职业技术学院 | 7 | 1 | 0 | 1 | 0 | 0 | 1 | 0 | 0 | 0 | 1 | 0 | 0 | 0 | 0 |
| 连云港职业技术学院 | 8 | 10 | 6 | 10 | 1 | 5 | 4 | 0 | 0 | 3 | 7 | 0 | 0 | 6 | 0 |
| 镇江市高等专科学校 | 9 | 12 | 6 | 12 | 0 | 2 | 10 | 0 | 0 | 6 | 6 | 0 | 0 | 10 | 0 |
| 南通职业大学 | 10 | 9 | 5 | 9 | 0 | 1 | 5 | 3 | 0 | 2 | 7 | 0 | 0 | 4 | 0 |
| 苏州职业大学 | 11 | 16 | 11 | 16 | 0 | 5 | 10 | 1 | 0 | 8 | 8 | 0 | 0 | 12 | 0 |
| 沙洲职业工学院 | 12 | 5 | 5 | 5 | 0 | 2 | 2 | 1 | 0 | 1 | 4 | 0 | 0 | 1 | 0 |
| 扬州市职业大学 | 13 | 17 | 11 | 17 | 2 | 7 | 8 | 0 | 0 | 8 | 9 | 0 | 2 | 13 | 0 |
| 连云港师范高等专科学校 | 14 | 3 | 0 | 3 | 1 | 2 | 0 | 0 | 0 | 1 | 2 | 0 | 0 | 2 | 0 |
| 江苏经贸职业技术学院 | 15 | 13 | 5 | 13 | 1 | 5 | 7 | 0 | 0 | 7 | 6 | 0 | 2 | 8 | 0 |
| 泰州职业技术学院 | 16 | 0 | 0 | 0 | 0 | 0 | 0 | 0 | 0 | 0 | 0 | 0 | 0 | 0 | 0 |
| 常州信息职业技术学院 | 17 | 19 | 15 | 19 | 0 | 1 | 12 | 6 | 0 | 13 | 6 | 0 | 0 | 16 | 0 |
| 江苏海事职业技术学院 | 18 | 5 | 4 | 5 | 1 | 2 | 2 | 0 | 0 | 5 | 0 | 0 | 0 | 5 | 0 |
| 无锡科技职业学院 | 19 | 2 | 2 | 2 | 0 | 0 | 2 | 0 | 0 | 1 | 1 | 0 | 0 | 2 | 0 |
| 江苏医药职业学院 | 20 | 2 | 1 | 2 | 0 | 0 | 1 | 1 | 0 | 1 | 1 | 0 | 0 | 2 | 0 |

续表

| 高校名称 | | 总计 | | 按职称划分 | | | | | | 按最后学历划分 | | | 按最后学位划分 | | 其他 |
|---|---|---|---|---|---|---|---|---|---|---|---|---|---|---|---|
| | | | 女性 | 小计 | 教授 | 副教授 | 讲师 | 助教 | 初级 | 研究生 | 本科生 | 其他 | 博士 | 硕士 | 人员 |
| | 编号 | L01 | L02 | L03 | L04 | L05 | L06 | L07 | L08 | L09 | L10 | L11 | L12 | L13 | L14 |
| 南通科技职业学院 | 21 | 11 | 7 | 11 | 0 | 4 | 4 | 3 | 0 | 4 | 7 | 0 | 0 | 5 | 0 |
| 苏州经贸职业技术学院 | 22 | 9 | 4 | 9 | 0 | 2 | 6 | 1 | 0 | 6 | 3 | 0 | 2 | 5 | 0 |
| 苏州工业职业技术学院 | 23 | 1 | 1 | 1 | 0 | 0 | 1 | 0 | 0 | 0 | 1 | 0 | 0 | 1 | 0 |
| 苏州卫生职业技术学院 | 24 | 7 | 5 | 7 | 0 | 2 | 3 | 2 | 0 | 6 | 1 | 0 | 1 | 5 | 0 |
| 无锡商业职业技术学院 | 25 | 7 | 3 | 7 | 2 | 0 | 5 | 0 | 0 | 2 | 5 | 0 | 0 | 6 | 0 |
| 江苏航运职业技术学院 | 26 | 7 | 5 | 7 | 0 | 2 | 4 | 1 | 0 | 4 | 3 | 0 | 0 | 4 | 0 |
| 南京交通职业技术学院 | 27 | 5 | 2 | 5 | 0 | 3 | 2 | 0 | 0 | 4 | 1 | 0 | 0 | 5 | 0 |
| 江苏电子信息职业学院 | 28 | 0 | 0 | 0 | 0 | 0 | 0 | 0 | 0 | 0 | 0 | 0 | 0 | 0 | 0 |
| 江苏农牧科技职业学院 | 29 | 0 | 0 | 0 | 0 | 0 | 0 | 0 | 0 | 0 | 0 | 0 | 0 | 0 | 0 |
| 常州纺织服装职业技术学院 | 30 | 7 | 5 | 7 | 1 | 1 | 2 | 3 | 0 | 5 | 2 | 0 | 0 | 6 | 0 |
| 苏州农业职业技术学院 | 31 | 7 | 2 | 7 | 0 | 5 | 2 | 0 | 0 | 2 | 5 | 0 | 0 | 6 | 0 |
| 南京科技职业学院 | 32 | 7 | 5 | 7 | 1 | 1 | 3 | 2 | 0 | 6 | 1 | 0 | 1 | 5 | 0 |
| 常州工业职业技术学院 | 33 | 3 | 1 | 3 | 0 | 0 | 3 | 0 | 0 | 1 | 2 | 0 | 0 | 3 | 0 |
| 常州工程职业技术学院 | 34 | 3 | 2 | 3 | 0 | 0 | 2 | 1 | 0 | 1 | 2 | 0 | 0 | 1 | 0 |
| 江苏农林职业技术学院 | 35 | 4 | 3 | 4 | 0 | 0 | 4 | 0 | 0 | 2 | 2 | 0 | 0 | 4 | 0 |
| 江苏食品药品职业技术学院 | 36 | 3 | 1 | 3 | 0 | 1 | 2 | 0 | 0 | 3 | 0 | 0 | 0 | 3 | 0 |
| 南京铁道职业技术学院 | 37 | 2 | 0 | 2 | 0 | 1 | 1 | 0 | 0 | 1 | 1 | 0 | 1 | 0 | 0 |
| 徐州工业职业技术学院 | 38 | 3 | 3 | 3 | 0 | 0 | 2 | 1 | 0 | 3 | 0 | 0 | 0 | 3 | 0 |
| 江苏信息职业技术学院 | 39 | 6 | 3 | 6 | 0 | 2 | 2 | 2 | 0 | 4 | 2 | 0 | 0 | 5 | 0 |
| 南京信息职业技术学院 | 40 | 3 | 3 | 3 | 0 | 1 | 2 | 0 | 0 | 2 | 1 | 0 | 0 | 3 | 0 |
| 常州机电职业技术学院 | 41 | 0 | 0 | 0 | 0 | 0 | 0 | 0 | 0 | 0 | 0 | 0 | 0 | 0 | 0 |

| | | | | | | | | | | | | | | | |
|---|---|---|---|---|---|---|---|---|---|---|---|---|---|---|---|
| 江阴职业技术学院 | 42 | 5 | 2 | 5 | 1 | 1 | 2 | 1 | 0 | 0 | 5 | 0 | 0 | 1 | 0 |
| 无锡城市职业技术学院 | 43 | 3 | 2 | 3 | 0 | 2 | 1 | 0 | 0 | 1 | 2 | 0 | 1 | 1 | 0 |
| 无锡工艺职业技术学院 | 44 | 4 | 3 | 4 | 0 | 0 | 4 | 0 | 0 | 2 | 2 | 0 | 0 | 2 | 0 |
| 苏州健雄职业技术学院 | 45 | 4 | 3 | 4 | 0 | 1 | 3 | 0 | 0 | 4 | 0 | 0 | 0 | 4 | 0 |
| 盐城工业职业技术学院 | 46 | 1 | 0 | 1 | 0 | 0 | 1 | 0 | 0 | 0 | 1 | 0 | 0 | 0 | 0 |
| 江苏财经职业技术学院 | 47 | 18 | 10 | 18 | 0 | 5 | 9 | 4 | 0 | 10 | 8 | 0 | 1 | 12 | 0 |
| 扬州工业职业技术学院 | 48 | 3 | 1 | 3 | 0 | 1 | 1 | 1 | 0 | 2 | 1 | 0 | 0 | 2 | 0 |
| 江苏城市职业学院 | 49 | 12 | 8 | 12 | 2 | 4 | 6 | 0 | 0 | 8 | 4 | 0 | 1 | 9 | 0 |
| 南京城市职业学院 | 50 | 11 | 10 | 11 | 0 | 5 | 5 | 1 | 0 | 2 | 9 | 0 | 0 | 6 | 0 |
| 南京机电职业技术学院 | 51 | 5 | 5 | 5 | 0 | 1 | 3 | 1 | 0 | 2 | 3 | 0 | 0 | 2 | 0 |
| 南京旅游职业学院 | 52 | 1 | 1 | 1 | 0 | 0 | 0 | 1 | 0 | 1 | 0 | 0 | 0 | 1 | 0 |
| 江苏卫生健康职业学院 | 53 | 6 | 3 | 6 | 0 | 1 | 2 | 3 | 0 | 3 | 3 | 0 | 0 | 4 | 0 |
| 苏州信息职业技术学院 | 54 | 3 | 2 | 3 | 0 | 0 | 1 | 1 | 1 | 2 | 1 | 0 | 0 | 3 | 0 |
| 苏州工业园区服务外包职业学院 | 55 | 4 | 3 | 4 | 0 | 0 | 4 | 0 | 0 | 4 | 0 | 0 | 0 | 4 | 0 |
| 徐州幼儿师范高等专科学校 | 56 | 2 | 1 | 2 | 0 | 1 | 0 | 1 | 0 | 0 | 2 | 0 | 0 | 0 | 0 |
| 徐州生物工程职业技术学院 | 57 | 4 | 3 | 4 | 0 | 0 | 4 | 0 | 0 | 0 | 4 | 0 | 0 | 1 | 0 |
| 江苏商贸职业学院 | 58 | 10 | 9 | 10 | 0 | 4 | 4 | 2 | 0 | 4 | 6 | 0 | 0 | 7 | 0 |
| 南通师范高等专科学校 | 59 | 1 | 1 | 1 | 0 | 0 | 1 | 0 | 0 | 0 | 1 | 0 | 0 | 0 | 0 |
| 江苏护理职业学院 | 60 | 8 | 4 | 8 | 0 | 1 | 5 | 2 | 0 | 5 | 3 | 0 | 0 | 4 | 0 |
| 江苏财会职业学院 | 61 | 5 | 3 | 5 | 0 | 1 | 4 | 0 | 0 | 2 | 3 | 0 | 0 | 2 | 0 |
| 江苏城乡建设职业学院 | 62 | 3 | 1 | 3 | 0 | 2 | 1 | 0 | 0 | 1 | 2 | 0 | 0 | 1 | 0 |
| 江苏航空职业技术学院 | 63 | 3 | 3 | 3 | 0 | 0 | 2 | 1 | 0 | 2 | 1 | 0 | 0 | 2 | 0 |
| 江苏安全技术职业学院 | 64 | 0 | 0 | 0 | 0 | 0 | 0 | 0 | 0 | 0 | 0 | 0 | 0 | 0 | 0 |
| 江苏旅游职业学院 | 65 | 3 | 1 | 3 | 0 | 1 | 1 | 1 | 0 | 1 | 2 | 0 | 0 | 2 | 0 |

## 3.15 社会学人文、社会科学活动人员情况表

| 高校名称 | | 总计 | | 按职称划分 | | | | | | 按最后学历划分 | | | 按最后学位划分 | | 其他 |
|---|---|---|---|---|---|---|---|---|---|---|---|---|---|---|---|
| | | | 女性 | 小计 | 教授 | 副教授 | 讲师 | 助教 | 初级 | 研究生 | 本科生 | 其他 | 博士 | 硕士 | 人员 |
| | 编号 | L01 | L02 | L03 | L04 | L05 | L06 | L07 | L08 | L09 | L10 | L11 | L12 | L13 | L14 |
| 合　计 | / | 223 | 164 | 223 | 8 | 59 | 119 | 37 | 0 | 140 | 69 | 14 | 13 | 163 | 0 |
| 盐城幼儿师范高等专科学校 | 1 | 2 | 1 | 2 | 0 | 1 | 1 | 0 | 0 | 1 | 1 | 0 | 0 | 0 | 0 |
| 苏州幼儿师范高等专科学校 | 2 | 0 | 0 | 0 | 0 | 0 | 0 | 0 | 0 | 0 | 0 | 0 | 0 | 0 | 0 |
| 无锡职业技术学院 | 3 | 4 | 3 | 4 | 0 | 0 | 3 | 1 | 0 | 4 | 0 | 0 | 0 | 4 | 0 |
| 江苏建筑职业技术学院 | 4 | 3 | 3 | 3 | 0 | 2 | 0 | 1 | 0 | 3 | 0 | 0 | 0 | 3 | 0 |
| 南京工业职业技术大学 | 5 | 8 | 5 | 8 | 0 | 3 | 5 | 0 | 0 | 8 | 0 | 0 | 2 | 5 | 0 |
| 江苏工程职业技术学院 | 6 | 4 | 2 | 4 | 0 | 4 | 0 | 0 | 0 | 2 | 2 | 0 | 1 | 3 | 0 |
| 苏州工艺美术职业技术学院 | 7 | 3 | 0 | 3 | 0 | 2 | 1 | 0 | 0 | 1 | 2 | 0 | 0 | 2 | 0 |
| 连云港职业技术学院 | 8 | 2 | 0 | 2 | 0 | 0 | 2 | 0 | 0 | 0 | 2 | 0 | 0 | 1 | 0 |
| 镇江市高等专科学校 | 9 | 0 | 0 | 0 | 0 | 0 | 0 | 0 | 0 | 0 | 0 | 0 | 0 | 0 | 0 |
| 南通职业大学 | 10 | 2 | 2 | 2 | 0 | 0 | 2 | 0 | 0 | 1 | 0 | 1 | 0 | 1 | 0 |
| 苏州职业大学 | 11 | 3 | 3 | 3 | 0 | 2 | 1 | 0 | 0 | 2 | 1 | 0 | 1 | 2 | 0 |
| 沙洲职业工学院 | 12 | 2 | 2 | 2 | 0 | 0 | 1 | 1 | 0 | 1 | 1 | 0 | 0 | 2 | 0 |
| 扬州市职业大学 | 13 | 1 | 0 | 1 | 0 | 0 | 0 | 1 | 0 | 1 | 0 | 0 | 0 | 1 | 0 |
| 连云港师范高等专科学校 | 14 | 3 | 2 | 3 | 0 | 3 | 0 | 0 | 0 | 2 | 1 | 0 | 0 | 2 | 0 |
| 江苏经贸职业技术学院 | 15 | 10 | 6 | 10 | 0 | 2 | 8 | 0 | 0 | 10 | 0 | 0 | 2 | 8 | 0 |
| 泰州职业技术学院 | 16 | 1 | 1 | 1 | 0 | 0 | 1 | 0 | 0 | 1 | 0 | 0 | 0 | 1 | 0 |
| 常州信息职业技术学院 | 17 | 1 | 0 | 1 | 0 | 0 | 1 | 0 | 0 | 1 | 0 | 0 | 0 | 1 | 0 |
| 江苏海事职业技术学院 | 18 | 4 | 2 | 4 | 2 | 2 | 0 | 0 | 0 | 2 | 2 | 0 | 1 | 2 | 0 |
| 无锡科技职业学院 | 19 | 0 | 0 | 0 | 0 | 0 | 0 | 0 | 0 | 0 | 0 | 0 | 0 | 0 | 0 |
| 江苏医药职业学院 | 20 | 6 | 6 | 6 | 0 | 1 | 1 | 4 | 0 | 4 | 2 | 0 | 0 | 5 | 0 |

| | | | | | | | | | | | | | | |
|---|---|---|---|---|---|---|---|---|---|---|---|---|---|---|
| 南通科技职业学院 | 21 | 3 | 2 | 3 | 1 | 0 | 2 | 0 | 0 | 2 | 1 | 0 | 1 | 1 | 0 |
| 苏州经贸职业技术学院 | 22 | 2 | 1 | 2 | 0 | 0 | 0 | 2 | 0 | 2 | 0 | 0 | 0 | 2 | 0 |
| 苏州工业职业技术学院 | 23 | 0 | 0 | 0 | 0 | 0 | 0 | 0 | 0 | 0 | 0 | 0 | 0 | 0 | 0 |
| 苏州卫生职业技术学院 | 24 | 8 | 8 | 8 | 0 | 0 | 5 | 3 | 0 | 7 | 1 | 0 | 0 | 7 | 0 |
| 无锡商业职业技术学院 | 25 | 0 | 0 | 0 | 0 | 0 | 0 | 0 | 0 | 0 | 0 | 0 | 0 | 0 | 0 |
| 江苏航运职业技术学院 | 26 | 6 | 6 | 6 | 0 | 1 | 5 | 0 | 0 | 1 | 5 | 0 | 0 | 5 | 0 |
| 南京交通职业技术学院 | 27 | 2 | 1 | 2 | 1 | 0 | 1 | 0 | 0 | 2 | 0 | 0 | 1 | 1 | 0 |
| 江苏电子信息职业学院 | 28 | 0 | 0 | 0 | 0 | 0 | 0 | 0 | 0 | 0 | 0 | 0 | 0 | 0 | 0 |
| 江苏农牧科技职业学院 | 29 | 3 | 1 | 3 | 0 | 2 | 1 | 0 | 0 | 3 | 0 | 0 | 2 | 1 | 0 |
| 常州纺织服装职业技术学院 | 30 | 0 | 0 | 0 | 0 | 0 | 0 | 0 | 0 | 0 | 0 | 0 | 0 | 0 | 0 |
| 苏州农业职业技术学院 | 31 | 2 | 2 | 2 | 0 | 0 | 1 | 1 | 0 | 2 | 0 | 0 | 0 | 2 | 0 |
| 南京科技职业学院 | 32 | 6 | 5 | 6 | 0 | 1 | 5 | 0 | 0 | 6 | 0 | 0 | 0 | 6 | 0 |
| 常州工业职业技术学院 | 33 | 4 | 4 | 4 | 0 | 0 | 2 | 2 | 0 | 4 | 0 | 0 | 0 | 4 | 0 |
| 常州工程职业技术学院 | 34 | 0 | 0 | 0 | 0 | 0 | 0 | 0 | 0 | 0 | 0 | 0 | 0 | 0 | 0 |
| 江苏农林职业技术学院 | 35 | 2 | 2 | 2 | 0 | 0 | 2 | 0 | 0 | 0 | 2 | 0 | 0 | 1 | 0 |
| 江苏食品药品职业技术学院 | 36 | 7 | 4 | 7 | 0 | 1 | 6 | 0 | 0 | 2 | 5 | 0 | 0 | 6 | 0 |
| 南京铁道职业技术学院 | 37 | 0 | 0 | 0 | 0 | 0 | 0 | 0 | 0 | 0 | 0 | 0 | 0 | 0 | 0 |
| 徐州工业职业技术学院 | 38 | 1 | 1 | 1 | 0 | 0 | 1 | 0 | 0 | 1 | 0 | 0 | 0 | 1 | 0 |
| 江苏信息职业技术学院 | 39 | 1 | 1 | 1 | 0 | 0 | 1 | 0 | 0 | 1 | 0 | 0 | 0 | 1 | 0 |
| 南京信息职业技术学院 | 40 | 2 | 1 | 2 | 0 | 1 | 1 | 0 | 0 | 0 | 2 | 0 | 0 | 2 | 0 |
| 常州机电职业技术学院 | 41 | 4 | 4 | 4 | 0 | 1 | 3 | 0 | 0 | 3 | 1 | 0 | 0 | 3 | 0 |
| 江阴职业技术学院 | 42 | 2 | 1 | 2 | 0 | 2 | 0 | 0 | 0 | 1 | 1 | 0 | 0 | 1 | 0 |
| 无锡城市职业技术学院 | 43 | 0 | 0 | 0 | 0 | 0 | 0 | 0 | 0 | 0 | 0 | 0 | 0 | 0 | 0 |
| 无锡工艺职业技术学院 | 44 | 3 | 3 | 3 | 0 | 0 | 1 | 2 | 0 | 3 | 0 | 0 | 1 | 2 | 0 |

续表

| 高校名称 | | 总计 | | 按职称划分 | | | | | | 按最后学历划分 | | | 按最后学位划分 | | 其他人员 |
|---|---|---|---|---|---|---|---|---|---|---|---|---|---|---|---|
| | | | 女性 | 小计 | 教授 | 副教授 | 讲师 | 助教 | 初级 | 研究生 | 本科生 | 其他 | 博士 | 硕士 | |
| | 编号 | L01 | L02 | L03 | L04 | L05 | L06 | L07 | L08 | L09 | L10 | L11 | L12 | L13 | L14 |
| 苏州健雄职业技术学院 | 45 | 2 | 2 | 2 | 0 | 0 | 1 | 1 | 0 | 1 | 1 | 0 | 0 | 2 | 0 |
| 盐城工业职业技术学院 | 46 | 1 | 1 | 1 | 0 | 0 | 1 | 0 | 0 | 1 | 0 | 0 | 0 | 1 | 0 |
| 江苏财经职业技术学院 | 47 | 5 | 3 | 5 | 0 | 2 | 3 | 0 | 0 | 1 | 4 | 0 | 0 | 3 | 0 |
| 扬州工业职业技术学院 | 48 | 0 | 0 | 0 | 0 | 0 | 0 | 0 | 0 | 0 | 0 | 0 | 0 | 0 | 0 |
| 江苏城市职业学院 | 49 | 1 | 0 | 1 | 0 | 1 | 0 | 0 | 0 | 1 | 0 | 0 | 0 | 1 | 0 |
| 南京城市职业学院 | 50 | 8 | 8 | 8 | 0 | 2 | 6 | 0 | 0 | 7 | 1 | 0 | 0 | 8 | 0 |
| 南京机电职业技术学院 | 51 | 0 | 0 | 0 | 0 | 0 | 0 | 0 | 0 | 0 | 0 | 0 | 0 | 0 | 0 |
| 南京旅游职业学院 | 52 | 1 | 1 | 1 | 0 | 1 | 0 | 0 | 0 | 1 | 0 | 0 | 1 | 0 | 0 |
| 江苏卫生健康职业学院 | 53 | 1 | 0 | 1 | 0 | 1 | 0 | 0 | 0 | 1 | 0 | 0 | 0 | 1 | 0 |
| 苏州信息职业技术学院 | 54 | 0 | 0 | 0 | 0 | 0 | 0 | 0 | 0 | 0 | 0 | 0 | 0 | 0 | 0 |
| 苏州工业园区服务外包职业学院 | 55 | 2 | 1 | 2 | 0 | 0 | 2 | 0 | 0 | 2 | 0 | 0 | 0 | 2 | 0 |
| 徐州幼儿师范高等专科学校 | 56 | 0 | 0 | 0 | 0 | 0 | 0 | 0 | 0 | 0 | 0 | 0 | 0 | 0 | 0 |
| 徐州生物工程职业技术学院 | 57 | 0 | 0 | 0 | 0 | 0 | 0 | 0 | 0 | 0 | 0 | 0 | 0 | 0 | 0 |
| 江苏商贸职业学院 | 58 | 2 | 2 | 2 | 0 | 1 | 1 | 0 | 0 | 2 | 0 | 0 | 0 | 2 | 0 |
| 南通师范高等专科学校 | 59 | 0 | 0 | 0 | 0 | 0 | 0 | 0 | 0 | 0 | 0 | 0 | 0 | 0 | 0 |
| 江苏护理职业学院 | 60 | 71 | 53 | 71 | 3 | 17 | 35 | 16 | 0 | 34 | 24 | 13 | 0 | 45 | 0 |
| 江苏财会职业学院 | 61 | 8 | 6 | 8 | 0 | 2 | 5 | 1 | 0 | 4 | 4 | 0 | 0 | 7 | 0 |
| 江苏城乡建设职业学院 | 62 | 0 | 0 | 0 | 0 | 0 | 0 | 0 | 0 | 0 | 0 | 0 | 0 | 0 | 0 |
| 江苏航空职业技术学院 | 63 | 3 | 1 | 3 | 1 | 0 | 1 | 1 | 0 | 1 | 2 | 0 | 0 | 2 | 0 |
| 江苏安全技术职业学院 | 64 | 0 | 0 | 0 | 0 | 0 | 0 | 0 | 0 | 0 | 0 | 0 | 0 | 0 | 0 |
| 江苏旅游职业学院 | 65 | 1 | 1 | 1 | 0 | 1 | 0 | 0 | 0 | 0 | 1 | 0 | 0 | 0 | 0 |

3.16 民族学与文化学人文、社会科学活动人员情况表

| 高校名称 | | 总计 | | 按职称划分 | | | | | | 按最后学历划分 | | | 按最后学位划分 | | 其他人员 |
|---|---|---|---|---|---|---|---|---|---|---|---|---|---|---|---|
| | | | 女性 | 小计 | 教授 | 副教授 | 讲师 | 助教 | 初级 | 研究生 | 本科生 | 其他 | 博士 | 硕士 | |
| | 编号 | L01 | L02 | L03 | L04 | L05 | L06 | L07 | L08 | L09 | L10 | L11 | L12 | L13 | L14 |
| 合 计 | / | 11 | 7 | 11 | 0 | 4 | 5 | 1 | 1 | 7 | 4 | 0 | 3 | 6 | 0 |
| 盐城幼儿师范高等专科学校 | 1 | 0 | 0 | 0 | 0 | 0 | 0 | 0 | 0 | 0 | 0 | 0 | 0 | 0 | 0 |
| 苏州幼儿师范高等专科学校 | 2 | 0 | 0 | 0 | 0 | 0 | 0 | 0 | 0 | 0 | 0 | 0 | 0 | 0 | 0 |
| 无锡职业技术学院 | 3 | 0 | 0 | 0 | 0 | 0 | 0 | 0 | 0 | 0 | 0 | 0 | 0 | 0 | 0 |
| 江苏建筑职业技术学院 | 4 | 0 | 0 | 0 | 0 | 0 | 0 | 0 | 0 | 0 | 0 | 0 | 0 | 0 | 0 |
| 南京工业职业技术大学 | 5 | 0 | 0 | 0 | 0 | 0 | 0 | 0 | 0 | 0 | 0 | 0 | 0 | 0 | 0 |
| 江苏工程职业技术学院 | 6 | 0 | 0 | 0 | 0 | 0 | 0 | 0 | 0 | 0 | 0 | 0 | 0 | 0 | 0 |
| 苏州工艺美术职业技术学院 | 7 | 0 | 0 | 0 | 0 | 0 | 0 | 0 | 0 | 0 | 0 | 0 | 0 | 0 | 0 |
| 连云港职业技术学院 | 8 | 0 | 0 | 0 | 0 | 0 | 0 | 0 | 0 | 0 | 0 | 0 | 0 | 0 | 0 |
| 镇江市高等专科学校 | 9 | 0 | 0 | 0 | 0 | 0 | 0 | 0 | 0 | 0 | 0 | 0 | 0 | 0 | 0 |
| 南通职业大学 | 10 | 0 | 0 | 0 | 0 | 0 | 0 | 0 | 0 | 0 | 0 | 0 | 0 | 0 | 0 |
| 苏州职业大学 | 11 | 0 | 0 | 0 | 0 | 0 | 0 | 0 | 0 | 0 | 0 | 0 | 0 | 0 | 0 |
| 沙洲职业工学院 | 12 | 0 | 0 | 0 | 0 | 0 | 0 | 0 | 0 | 0 | 0 | 0 | 0 | 0 | 0 |
| 扬州市职业大学 | 13 | 1 | 0 | 1 | 0 | 1 | 0 | 0 | 0 | 0 | 1 | 0 | 0 | 1 | 0 |
| 连云港师范高等专科学校 | 14 | 1 | 1 | 1 | 0 | 0 | 1 | 0 | 0 | 0 | 1 | 0 | 0 | 1 | 0 |
| 江苏经贸职业技术学院 | 15 | 0 | 0 | 0 | 0 | 0 | 0 | 0 | 0 | 0 | 0 | 0 | 0 | 0 | 0 |
| 泰州职业技术学院 | 16 | 0 | 0 | 0 | 0 | 0 | 0 | 0 | 0 | 0 | 0 | 0 | 0 | 0 | 0 |
| 常州信息职业技术学院 | 17 | 0 | 0 | 0 | 0 | 0 | 0 | 0 | 0 | 0 | 0 | 0 | 0 | 0 | 0 |
| 江苏海事职业技术学院 | 18 | 0 | 0 | 0 | 0 | 0 | 0 | 0 | 0 | 0 | 0 | 0 | 0 | 0 | 0 |
| 无锡科技职业学院 | 19 | 1 | 0 | 1 | 0 | 0 | 0 | 0 | 1 | 1 | 0 | 0 | 1 | 0 | 0 |
| 江苏医药职业学院 | 20 | 0 | 0 | 0 | 0 | 0 | 0 | 0 | 0 | 0 | 0 | 0 | 0 | 0 | 0 |

续表

| 高校名称 | | 总计 | | 按职称划分 | | | | | | 按最后学历划分 | | | 按最后学位划分 | | 其他人员 |
|---|---|---|---|---|---|---|---|---|---|---|---|---|---|---|---|
| | | | 女性 | 小计 | 教授 | 副教授 | 讲师 | 助教 | 初级 | 研究生 | 本科生 | 其他 | 博士 | 硕士 | |
| | 编号 | L01 | L02 | L03 | L04 | L05 | L06 | L07 | L08 | L09 | L10 | L11 | L12 | L13 | L14 |
| 南通科技职业学院 | 21 | 0 | 0 | 0 | 0 | 0 | 0 | 0 | 0 | 0 | 0 | 0 | 0 | 0 | 0 |
| 苏州经贸职业技术学院 | 22 | 0 | 0 | 0 | 0 | 0 | 0 | 0 | 0 | 0 | 0 | 0 | 0 | 0 | 0 |
| 苏州工业职业技术学院 | 23 | 0 | 0 | 0 | 0 | 0 | 0 | 0 | 0 | 0 | 0 | 0 | 0 | 0 | 0 |
| 苏州卫生职业技术学院 | 24 | 0 | 0 | 0 | 0 | 0 | 0 | 0 | 0 | 0 | 0 | 0 | 0 | 0 | 0 |
| 无锡商业职业技术学院 | 25 | 0 | 0 | 0 | 0 | 0 | 0 | 0 | 0 | 0 | 0 | 0 | 0 | 0 | 0 |
| 江苏航运职业技术学院 | 26 | 0 | 0 | 0 | 0 | 0 | 0 | 0 | 0 | 0 | 0 | 0 | 0 | 0 | 0 |
| 南京交通职业技术学院 | 27 | 0 | 0 | 0 | 0 | 0 | 0 | 0 | 0 | 0 | 0 | 0 | 0 | 0 | 0 |
| 江苏电子信息职业学院 | 28 | 0 | 0 | 0 | 0 | 0 | 0 | 0 | 0 | 0 | 0 | 0 | 0 | 0 | 0 |
| 江苏农牧科技职业学院 | 29 | 0 | 0 | 0 | 0 | 0 | 0 | 0 | 0 | 0 | 0 | 0 | 0 | 0 | 0 |
| 常州纺织服装职业技术学院 | 30 | 0 | 0 | 0 | 0 | 0 | 0 | 0 | 0 | 0 | 0 | 0 | 0 | 0 | 0 |
| 苏州农业职业技术学院 | 31 | 0 | 0 | 0 | 0 | 0 | 0 | 0 | 0 | 0 | 0 | 0 | 0 | 0 | 0 |
| 南京科技职业学院 | 32 | 0 | 0 | 0 | 0 | 0 | 0 | 0 | 0 | 0 | 0 | 0 | 0 | 0 | 0 |
| 常州工业职业技术学院 | 33 | 1 | 0 | 1 | 0 | 0 | 1 | 0 | 0 | 0 | 1 | 0 | 0 | 0 | 0 |
| 常州工程职业技术学院 | 34 | 0 | 0 | 0 | 0 | 0 | 0 | 0 | 0 | 0 | 0 | 0 | 0 | 0 | 0 |
| 江苏农林职业技术学院 | 35 | 0 | 0 | 0 | 0 | 0 | 0 | 0 | 0 | 0 | 0 | 0 | 0 | 0 | 0 |
| 江苏食品药品职业技术学院 | 36 | 0 | 0 | 0 | 0 | 0 | 0 | 0 | 0 | 0 | 0 | 0 | 0 | 0 | 0 |
| 南京铁道职业技术学院 | 37 | 0 | 0 | 0 | 0 | 0 | 0 | 0 | 0 | 0 | 0 | 0 | 0 | 0 | 0 |
| 徐州工业职业技术学院 | 38 | 1 | 1 | 1 | 0 | 0 | 0 | 1 | 0 | 1 | 0 | 0 | 0 | 1 | 0 |
| 江苏信息职业技术学院 | 39 | 0 | 0 | 0 | 0 | 0 | 0 | 0 | 0 | 0 | 0 | 0 | 0 | 0 | 0 |
| 南京信息职业技术学院 | 40 | 0 | 0 | 0 | 0 | 0 | 0 | 0 | 0 | 0 | 0 | 0 | 0 | 0 | 0 |
| 常州机电职业技术学院 | 41 | 0 | 0 | 0 | 0 | 0 | 0 | 0 | 0 | 0 | 0 | 0 | 0 | 0 | 0 |

| | | | | | | | | | | | | | | | |
|---|---|---|---|---|---|---|---|---|---|---|---|---|---|---|---|
| 江阴职业技术学院 | 42 | 0 | 0 | 0 | 0 | 0 | 0 | 0 | 0 | 0 | 0 | 0 | 0 | 0 | 0 |
| 无锡城市职业技术学院 | 43 | 0 | 0 | 0 | 0 | 0 | 0 | 0 | 0 | 0 | 0 | 0 | 0 | 0 | 0 |
| 无锡工艺职业技术学院 | 44 | 1 | 1 | 1 | 0 | 0 | 1 | 0 | 0 | 1 | 0 | 0 | 0 | 1 | 0 |
| 苏州健雄职业技术学院 | 45 | 0 | 0 | 0 | 0 | 0 | 0 | 0 | 0 | 0 | 0 | 0 | 0 | 0 | 0 |
| 盐城工业职业技术学院 | 46 | 0 | 0 | 0 | 0 | 0 | 0 | 0 | 0 | 0 | 0 | 0 | 0 | 0 | 0 |
| 江苏财经职业技术学院 | 47 | 0 | 0 | 0 | 0 | 0 | 0 | 0 | 0 | 0 | 0 | 0 | 0 | 0 | 0 |
| 扬州工业职业技术学院 | 48 | 2 | 1 | 2 | 0 | 1 | 1 | 0 | 0 | 1 | 1 | 0 | 1 | 0 | 0 |
| 江苏城市职业学院 | 49 | 0 | 0 | 0 | 0 | 0 | 0 | 0 | 0 | 0 | 0 | 0 | 0 | 0 | 0 |
| 南京城市职业学院 | 50 | 0 | 0 | 0 | 0 | 0 | 0 | 0 | 0 | 0 | 0 | 0 | 0 | 0 | 0 |
| 南京机电职业技术学院 | 51 | 0 | 0 | 0 | 0 | 0 | 0 | 0 | 0 | 0 | 0 | 0 | 0 | 0 | 0 |
| 南京旅游职业学院 | 52 | 1 | 1 | 1 | 0 | 1 | 0 | 0 | 0 | 1 | 0 | 0 | 0 | 1 | 0 |
| 江苏卫生健康职业学院 | 53 | 1 | 1 | 1 | 0 | 0 | 1 | 0 | 0 | 1 | 0 | 0 | 0 | 1 | 0 |
| 苏州信息职业技术学院 | 54 | 0 | 0 | 0 | 0 | 0 | 0 | 0 | 0 | 0 | 0 | 0 | 0 | 0 | 0 |
| 苏州工业园区服务外包职业学院 | 55 | 0 | 0 | 0 | 0 | 0 | 0 | 0 | 0 | 0 | 0 | 0 | 0 | 0 | 0 |
| 徐州幼儿师范高等专科学校 | 56 | 0 | 0 | 0 | 0 | 0 | 0 | 0 | 0 | 0 | 0 | 0 | 0 | 0 | 0 |
| 徐州生物工程职业技术学院 | 57 | 0 | 0 | 0 | 0 | 0 | 0 | 0 | 0 | 0 | 0 | 0 | 0 | 0 | 0 |
| 江苏商贸职业学院 | 58 | 0 | 0 | 0 | 0 | 0 | 0 | 0 | 0 | 0 | 0 | 0 | 0 | 0 | 0 |
| 南通师范高等专科学校 | 59 | 0 | 0 | 0 | 0 | 0 | 0 | 0 | 0 | 0 | 0 | 0 | 0 | 0 | 0 |
| 江苏护理职业学院 | 60 | 1 | 1 | 1 | 0 | 1 | 0 | 0 | 0 | 1 | 0 | 0 | 1 | 0 | 0 |
| 江苏财会职业学院 | 61 | 0 | 0 | 0 | 0 | 0 | 0 | 0 | 0 | 0 | 0 | 0 | 0 | 0 | 0 |
| 江苏城乡建设职业学院 | 62 | 0 | 0 | 0 | 0 | 0 | 0 | 0 | 0 | 0 | 0 | 0 | 0 | 0 | 0 |
| 江苏航空职业技术学院 | 63 | 0 | 0 | 0 | 0 | 0 | 0 | 0 | 0 | 0 | 0 | 0 | 0 | 0 | 0 |
| 江苏安全技术职业学院 | 64 | 0 | 0 | 0 | 0 | 0 | 0 | 0 | 0 | 0 | 0 | 0 | 0 | 0 | 0 |
| 江苏旅游职业学院 | 65 | 0 | 0 | 0 | 0 | 0 | 0 | 0 | 0 | 0 | 0 | 0 | 0 | 0 | 0 |

3.17 新闻学与传播学人文、社会科学活动人员情况表

| 高校名称 | | 总计 | | 按职称划分 | | | | | | 按最后学历划分 | | | 按最后学位划分 | | 其他人员 |
|---|---|---|---|---|---|---|---|---|---|---|---|---|---|---|---|
| | | | 女性 | 小计 | 教授 | 副教授 | 讲师 | 助教 | 初级 | 研究生 | 本科生 | 其他 | 博士 | 硕士 | |
| | 编号 | L01 | L02 | L03 | L04 | L05 | L06 | L07 | L08 | L09 | L10 | L11 | L12 | L13 | L14 |
| 合 计 | / | 97 | 63 | 97 | 4 | 22 | 53 | 18 | 0 | 55 | 42 | 0 | 4 | 55 | 0 |
| 盐城幼儿师范高等专科学校 | 1 | 0 | 0 | 0 | 0 | 0 | 0 | 0 | 0 | 0 | 0 | 0 | 0 | 0 | 0 |
| 苏州幼儿师范高等专科学校 | 2 | 0 | 0 | 0 | 0 | 0 | 0 | 0 | 0 | 0 | 0 | 0 | 0 | 0 | 0 |
| 无锡职业技术学院 | 3 | 0 | 0 | 0 | 0 | 0 | 0 | 0 | 0 | 0 | 0 | 0 | 0 | 0 | 0 |
| 江苏建筑职业技术学院 | 4 | 0 | 0 | 0 | 0 | 0 | 0 | 0 | 0 | 0 | 0 | 0 | 0 | 0 | 0 |
| 南京工业职业技术大学 | 5 | 1 | 1 | 1 | 0 | 0 | 0 | 1 | 0 | 1 | 0 | 0 | 0 | 1 | 0 |
| 江苏工程职业技术学院 | 6 | 4 | 3 | 4 | 0 | 1 | 3 | 0 | 0 | 3 | 1 | 0 | 0 | 3 | 0 |
| 苏州工艺美术职业技术学院 | 7 | 4 | 0 | 4 | 0 | 4 | 0 | 0 | 0 | 3 | 1 | 0 | 1 | 2 | 0 |
| 连云港职业技术学院 | 8 | 3 | 2 | 3 | 0 | 0 | 2 | 1 | 0 | 3 | 0 | 0 | 0 | 3 | 0 |
| 镇江市高等专科学校 | 9 | 4 | 3 | 4 | 1 | 1 | 2 | 0 | 0 | 1 | 3 | 0 | 0 | 2 | 0 |
| 南通职业大学 | 10 | 0 | 0 | 0 | 0 | 0 | 0 | 0 | 0 | 0 | 0 | 0 | 0 | 0 | 0 |
| 苏州职业大学 | 11 | 5 | 3 | 5 | 1 | 1 | 3 | 0 | 0 | 4 | 1 | 0 | 1 | 3 | 0 |
| 沙洲职业工学院 | 12 | 0 | 0 | 0 | 0 | 0 | 0 | 0 | 0 | 0 | 0 | 0 | 0 | 0 | 0 |
| 扬州市职业大学 | 13 | 7 | 7 | 7 | 0 | 0 | 5 | 2 | 0 | 4 | 3 | 0 | 0 | 4 | 0 |
| 连云港师范高等专科学校 | 14 | 11 | 5 | 11 | 1 | 6 | 3 | 1 | 0 | 5 | 6 | 0 | 0 | 5 | 0 |
| 江苏经贸职业技术学院 | 15 | 1 | 1 | 1 | 0 | 1 | 0 | 0 | 0 | 0 | 1 | 0 | 0 | 0 | 0 |
| 泰州职业技术学院 | 16 | 0 | 0 | 0 | 0 | 0 | 0 | 0 | 0 | 0 | 0 | 0 | 0 | 0 | 0 |
| 常州信息职业技术学院 | 17 | 2 | 0 | 2 | 0 | 0 | 2 | 0 | 0 | 2 | 0 | 0 | 0 | 2 | 0 |
| 江苏海事职业技术学院 | 18 | 0 | 0 | 0 | 0 | 0 | 0 | 0 | 0 | 0 | 0 | 0 | 0 | 0 | 0 |
| 无锡科技职业学院 | 19 | 0 | 0 | 0 | 0 | 0 | 0 | 0 | 0 | 0 | 0 | 0 | 0 | 0 | 0 |
| 江苏医药职业学院 | 20 | 0 | 0 | 0 | 0 | 0 | 0 | 0 | 0 | 0 | 0 | 0 | 0 | 0 | 0 |

| | | | | | | | | | | | | | | |
|---|---|---|---|---|---|---|---|---|---|---|---|---|---|---|
| 南通科技职业学院 | 21 | 0 | 0 | 0 | 0 | 0 | 0 | 0 | 0 | 0 | 0 | 0 | 0 | 0 | 0 |
| 苏州经贸职业技术学院 | 22 | 0 | 0 | 0 | 0 | 0 | 0 | 0 | 0 | 0 | 0 | 0 | 0 | 0 | 0 |
| 苏州工业职业技术学院 | 23 | 0 | 0 | 0 | 0 | 0 | 0 | 0 | 0 | 0 | 0 | 0 | 0 | 0 | 0 |
| 苏州卫生职业技术学院 | 24 | 1 | 1 | 1 | 0 | 0 | 1 | 0 | 0 | 0 | 1 | 0 | 0 | 0 | 0 |
| 无锡商业职业技术学院 | 25 | 0 | 0 | 0 | 0 | 0 | 0 | 0 | 0 | 0 | 0 | 0 | 0 | 0 | 0 |
| 江苏航运职业技术学院 | 26 | 3 | 1 | 3 | 0 | 0 | 3 | 0 | 0 | 0 | 3 | 0 | 0 | 0 | 0 |
| 南京交通职业技术学院 | 27 | 1 | 1 | 1 | 0 | 0 | 0 | 1 | 0 | 1 | 0 | 0 | 0 | 1 | 0 |
| 江苏电子信息职业学院 | 28 | 0 | 0 | 0 | 0 | 0 | 0 | 0 | 0 | 0 | 0 | 0 | 0 | 0 | 0 |
| 江苏农牧科技职业学院 | 29 | 1 | 0 | 1 | 0 | 0 | 1 | 0 | 0 | 1 | 0 | 0 | 1 | 0 | 0 |
| 常州纺织服装职业技术学院 | 30 | 1 | 1 | 1 | 0 | 0 | 1 | 0 | 0 | 0 | 1 | 0 | 0 | 0 | 0 |
| 苏州农业职业技术学院 | 31 | 1 | 1 | 1 | 0 | 0 | 1 | 0 | 0 | 0 | 1 | 0 | 0 | 1 | 0 |
| 南京科技职业学院 | 32 | 2 | 2 | 2 | 0 | 1 | 1 | 0 | 0 | 0 | 2 | 0 | 0 | 0 | 0 |
| 常州工业职业技术学院 | 33 | 2 | 2 | 2 | 0 | 0 | 1 | 1 | 0 | 2 | 0 | 0 | 0 | 2 | 0 |
| 常州工程职业技术学院 | 34 | 0 | 0 | 0 | 0 | 0 | 0 | 0 | 0 | 0 | 0 | 0 | 0 | 0 | 0 |
| 江苏农林职业技术学院 | 35 | 0 | 0 | 0 | 0 | 0 | 0 | 0 | 0 | 0 | 0 | 0 | 0 | 0 | 0 |
| 江苏食品药品职业技术学院 | 36 | 3 | 3 | 3 | 0 | 0 | 2 | 1 | 0 | 2 | 1 | 0 | 0 | 2 | 0 |
| 南京铁道职业技术学院 | 37 | 0 | 0 | 0 | 0 | 0 | 0 | 0 | 0 | 0 | 0 | 0 | 0 | 0 | 0 |
| 徐州工业职业技术学院 | 38 | 1 | 1 | 1 | 0 | 1 | 0 | 0 | 0 | 1 | 0 | 0 | 0 | 1 | 0 |
| 江苏信息职业技术学院 | 39 | 1 | 1 | 1 | 0 | 0 | 1 | 0 | 0 | 0 | 1 | 0 | 0 | 0 | 0 |
| 南京信息职业技术学院 | 40 | 0 | 0 | 0 | 0 | 0 | 0 | 0 | 0 | 0 | 0 | 0 | 0 | 0 | 0 |
| 常州机电职业技术学院 | 41 | 1 | 0 | 1 | 0 | 1 | 0 | 0 | 0 | 1 | 0 | 0 | 1 | 0 | 0 |
| 江阴职业技术学院 | 42 | 1 | 1 | 1 | 0 | 0 | 1 | 0 | 0 | 1 | 0 | 0 | 0 | 1 | 0 |
| 无锡城市职业技术学院 | 43 | 0 | 0 | 0 | 0 | 0 | 0 | 0 | 0 | 0 | 0 | 0 | 0 | 0 | 0 |
| 无锡工艺职业技术学院 | 44 | 0 | 0 | 0 | 0 | 0 | 0 | 0 | 0 | 0 | 0 | 0 | 0 | 0 | 0 |

续表

| 高校名称 | | 总计 | | 按职称划分 | | | | | | 按最后学历划分 | | | 按最后学位划分 | | 其他人员 |
|---|---|---|---|---|---|---|---|---|---|---|---|---|---|---|---|
| | | | 女性 | 小计 | 教授 | 副教授 | 讲师 | 助教 | 初级 | 研究生 | 本科生 | 其他 | 博士 | 硕士 | |
| | 编号 | L01 | L02 | L03 | L04 | L05 | L06 | L07 | L08 | L09 | L10 | L11 | L12 | L13 | L14 |
| 苏州健雄职业技术学院 | 45 | 1 | 0 | 1 | 0 | 1 | 0 | 0 | 0 | 0 | 1 | 0 | 0 | 0 | 0 |
| 盐城工业职业技术学院 | 46 | 0 | 0 | 0 | 0 | 0 | 0 | 0 | 0 | 0 | 0 | 0 | 0 | 0 | 0 |
| 江苏财经职业技术学院 | 47 | 1 | 1 | 1 | 0 | 0 | 1 | 0 | 0 | 0 | 1 | 0 | 0 | 0 | 0 |
| 扬州工业职业技术学院 | 48 | 0 | 0 | 0 | 0 | 0 | 0 | 0 | 0 | 0 | 0 | 0 | 0 | 0 | 0 |
| 江苏城市职业学院 | 49 | 9 | 8 | 9 | 0 | 3 | 6 | 0 | 0 | 5 | 4 | 0 | 0 | 6 | 0 |
| 南京城市职业学院 | 50 | 9 | 5 | 9 | 0 | 1 | 8 | 0 | 0 | 6 | 3 | 0 | 0 | 7 | 0 |
| 南京机电职业技术学院 | 51 | 5 | 2 | 5 | 0 | 0 | 2 | 3 | 0 | 1 | 4 | 0 | 0 | 1 | 0 |
| 南京旅游职业学院 | 52 | 0 | 0 | 0 | 0 | 0 | 0 | 0 | 0 | 0 | 0 | 0 | 0 | 0 | 0 |
| 江苏卫生健康职业学院 | 53 | 1 | 0 | 1 | 0 | 0 | 1 | 0 | 0 | 0 | 1 | 0 | 0 | 0 | 0 |
| 苏州信息职业技术学院 | 54 | 0 | 0 | 0 | 0 | 0 | 0 | 0 | 0 | 0 | 0 | 0 | 0 | 0 | 0 |
| 苏州工业园区服务外包职业学院 | 55 | 1 | 1 | 1 | 0 | 0 | 1 | 0 | 0 | 0 | 1 | 0 | 0 | 0 | 0 |
| 徐州幼儿师范高等专科学校 | 56 | 1 | 1 | 1 | 0 | 0 | 1 | 0 | 0 | 0 | 1 | 0 | 0 | 0 | 0 |
| 徐州生物工程职业技术学院 | 57 | 1 | 1 | 1 | 0 | 0 | 0 | 1 | 0 | 1 | 0 | 0 | 0 | 1 | 0 |
| 江苏商贸职业学院 | 58 | 3 | 3 | 3 | 0 | 0 | 0 | 3 | 0 | 3 | 0 | 0 | 0 | 3 | 0 |
| 南通师范高等专科学校 | 59 | 1 | 0 | 1 | 1 | 0 | 0 | 0 | 0 | 1 | 0 | 0 | 0 | 1 | 0 |
| 江苏护理职业学院 | 60 | 2 | 1 | 2 | 0 | 0 | 0 | 2 | 0 | 2 | 0 | 0 | 0 | 2 | 0 |
| 江苏财会职业学院 | 61 | 0 | 0 | 0 | 0 | 0 | 0 | 0 | 0 | 0 | 0 | 0 | 0 | 0 | 0 |
| 江苏城乡建设职业学院 | 62 | 0 | 0 | 0 | 0 | 0 | 0 | 0 | 0 | 0 | 0 | 0 | 0 | 0 | 0 |
| 江苏航空职业技术学院 | 63 | 0 | 0 | 0 | 0 | 0 | 0 | 0 | 0 | 0 | 0 | 0 | 0 | 0 | 0 |
| 江苏安全技术职业学院 | 64 | 0 | 0 | 0 | 0 | 0 | 0 | 0 | 0 | 0 | 0 | 0 | 0 | 0 | 0 |
| 江苏旅游职业学院 | 65 | 1 | 0 | 1 | 0 | 0 | 0 | 1 | 0 | 1 | 0 | 0 | 0 | 1 | 0 |

3.18 图书馆、情报与文献学人文、社会科学活动人员情况表

| 高校名称 | | 总计 | | 按职称划分 | | | | | | 按最后学历划分 | | | 按最后学位划分 | | 其他 |
|---|---|---|---|---|---|---|---|---|---|---|---|---|---|---|---|
| | | | 女性 | 小计 | 教授 | 副教授 | 讲师 | 助教 | 初级 | 研究生 | 本科生 | 其他 | 博士 | 硕士 | 人员 |
| | 编号 | L01 | L02 | L03 | L04 | L05 | L06 | L07 | L08 | L09 | L10 | L11 | L12 | L13 | L14 |
| 合　计 | / | 516 | 352 | 516 | 18 | 100 | 344 | 53 | 1 | 124 | 374 | 18 | 3 | 182 | 0 |
| 盐城幼儿师范高等专科学校 | 1 | 1 | 1 | 1 | 0 | 0 | 1 | 0 | 0 | 0 | 1 | 0 | 0 | 0 | 0 |
| 苏州幼儿师范高等专科学校 | 2 | 2 | 2 | 2 | 0 | 0 | 1 | 0 | 1 | 2 | 0 | 0 | 0 | 2 | 0 |
| 无锡职业技术学院 | 3 | 12 | 7 | 12 | 1 | 3 | 8 | 0 | 0 | 5 | 7 | 0 | 1 | 6 | 0 |
| 江苏建筑职业技术学院 | 4 | 2 | 1 | 2 | 0 | 1 | 1 | 0 | 0 | 2 | 0 | 0 | 0 | 2 | 0 |
| 南京工业职业技术大学 | 5 | 4 | 3 | 4 | 0 | 2 | 1 | 1 | 0 | 1 | 3 | 0 | 0 | 4 | 0 |
| 江苏工程职业技术学院 | 6 | 19 | 11 | 19 | 2 | 4 | 13 | 0 | 0 | 5 | 14 | 0 | 0 | 8 | 0 |
| 苏州工艺美术职业技术学院 | 7 | 10 | 8 | 10 | 0 | 2 | 8 | 0 | 0 | 3 | 7 | 0 | 0 | 3 | 0 |
| 连云港职业技术学院 | 8 | 17 | 13 | 17 | 0 | 4 | 11 | 2 | 0 | 0 | 17 | 0 | 0 | 5 | 0 |
| 镇江市高等专科学校 | 9 | 21 | 18 | 21 | 0 | 6 | 15 | 0 | 0 | 1 | 18 | 2 | 0 | 3 | 0 |
| 南通职业大学 | 10 | 6 | 5 | 6 | 0 | 3 | 2 | 1 | 0 | 0 | 6 | 0 | 0 | 3 | 0 |
| 苏州职业大学 | 11 | 30 | 17 | 30 | 1 | 3 | 25 | 1 | 0 | 16 | 14 | 0 | 0 | 20 | 0 |
| 沙洲职业工学院 | 12 | 6 | 3 | 6 | 0 | 2 | 4 | 0 | 0 | 0 | 6 | 0 | 0 | 0 | 0 |
| 扬州市职业大学 | 13 | 12 | 6 | 12 | 0 | 4 | 7 | 1 | 0 | 3 | 9 | 0 | 0 | 3 | 0 |
| 连云港师范高等专科学校 | 14 | 12 | 7 | 12 | 1 | 4 | 7 | 0 | 0 | 6 | 5 | 1 | 0 | 8 | 0 |
| 江苏经贸职业技术学院 | 15 | 7 | 2 | 7 | 1 | 2 | 4 | 0 | 0 | 2 | 5 | 0 | 0 | 5 | 0 |
| 泰州职业技术学院 | 16 | 5 | 3 | 5 | 0 | 2 | 3 | 0 | 0 | 0 | 5 | 0 | 0 | 2 | 0 |
| 常州信息职业技术学院 | 17 | 14 | 6 | 14 | 0 | 2 | 5 | 7 | 0 | 2 | 12 | 0 | 0 | 5 | 0 |
| 江苏海事职业技术学院 | 18 | 15 | 12 | 15 | 0 | 2 | 13 | 0 | 0 | 1 | 14 | 0 | 0 | 3 | 0 |
| 无锡科技职业学院 | 19 | 8 | 5 | 8 | 1 | 1 | 6 | 0 | 0 | 1 | 7 | 0 | 0 | 2 | 0 |
| 江苏医药职业学院 | 20 | 7 | 5 | 7 | 0 | 0 | 5 | 2 | 0 | 2 | 3 | 2 | 0 | 2 | 0 |

续表

| 高校名称 | | 总计 | | 按职称划分 | | | | | | 按最后学历划分 | | | 按最后学位划分 | | 其他人员 |
|---|---|---|---|---|---|---|---|---|---|---|---|---|---|---|---|
| | | | 女性 | 小计 | 教授 | 副教授 | 讲师 | 助教 | 初级 | 研究生 | 本科生 | 其他 | 博士 | 硕士 | |
| | 编号 | L01 | L02 | L03 | L04 | L05 | L06 | L07 | L08 | L09 | L10 | L11 | L12 | L13 | L14 |
| 南通科技职业学院 | 21 | 11 | 10 | 11 | 0 | 5 | 4 | 2 | 0 | 0 | 11 | 0 | 0 | 0 | 0 |
| 苏州经贸职业技术学院 | 22 | 2 | 1 | 2 | 0 | 0 | 1 | 1 | 0 | 1 | 1 | 0 | 1 | 0 | 0 |
| 苏州工业职业技术学院 | 23 | 2 | 2 | 2 | 0 | 0 | 2 | 0 | 0 | 0 | 0 | 2 | 0 | 0 | 0 |
| 苏州卫生职业技术学院 | 24 | 11 | 5 | 11 | 0 | 2 | 3 | 6 | 0 | 8 | 3 | 0 | 0 | 8 | 0 |
| 无锡商业职业技术学院 | 25 | 9 | 8 | 9 | 0 | 3 | 6 | 0 | 0 | 2 | 7 | 0 | 0 | 5 | 0 |
| 江苏航运职业技术学院 | 26 | 3 | 0 | 3 | 0 | 2 | 1 | 0 | 0 | 0 | 3 | 0 | 0 | 0 | 0 |
| 南京交通职业技术学院 | 27 | 15 | 9 | 15 | 0 | 1 | 14 | 0 | 0 | 7 | 8 | 0 | 0 | 6 | 0 |
| 江苏电子信息职业学院 | 28 | 5 | 3 | 5 | 0 | 0 | 4 | 1 | 0 | 0 | 5 | 0 | 0 | 3 | 0 |
| 江苏农牧科技职业学院 | 29 | 2 | 1 | 2 | 0 | 1 | 1 | 0 | 0 | 1 | 1 | 0 | 0 | 2 | 0 |
| 常州纺织服装职业技术学院 | 30 | 11 | 7 | 11 | 0 | 1 | 10 | 0 | 0 | 0 | 11 | 0 | 0 | 3 | 0 |
| 苏州农业职业技术学院 | 31 | 14 | 11 | 14 | 0 | 2 | 11 | 1 | 0 | 0 | 14 | 0 | 0 | 0 | 0 |
| 南京科技职业学院 | 32 | 7 | 4 | 7 | 0 | 1 | 6 | 0 | 0 | 3 | 4 | 0 | 0 | 4 | 0 |
| 常州工业职业技术学院 | 33 | 5 | 3 | 5 | 0 | 3 | 2 | 0 | 0 | 0 | 5 | 0 | 0 | 1 | 0 |
| 常州工程职业技术学院 | 34 | 12 | 9 | 12 | 0 | 1 | 11 | 0 | 0 | 1 | 11 | 0 | 0 | 1 | 0 |
| 江苏农林职业技术学院 | 35 | 15 | 13 | 15 | 0 | 1 | 11 | 3 | 0 | 3 | 12 | 0 | 0 | 4 | 0 |
| 江苏食品药品职业技术学院 | 36 | 10 | 7 | 10 | 1 | 4 | 5 | 0 | 0 | 1 | 9 | 0 | 0 | 1 | 0 |
| 南京铁道职业技术学院 | 37 | 7 | 6 | 7 | 0 | 0 | 7 | 0 | 0 | 4 | 3 | 0 | 0 | 5 | 0 |
| 徐州工业职业技术学院 | 38 | 3 | 2 | 3 | 0 | 0 | 2 | 1 | 0 | 2 | 1 | 0 | 0 | 2 | 0 |
| 江苏信息职业技术学院 | 39 | 6 | 4 | 6 | 1 | 1 | 4 | 0 | 0 | 2 | 4 | 0 | 0 | 4 | 0 |
| 南京信息职业技术学院 | 40 | 9 | 6 | 9 | 1 | 1 | 4 | 3 | 0 | 3 | 6 | 0 | 0 | 4 | 0 |
| 常州机电职业技术学院 | 41 | 5 | 3 | 5 | 1 | 1 | 3 | 0 | 0 | 2 | 3 | 0 | 0 | 2 | 0 |

| | | | | | | | | | | | | | | |
|---|---|---|---|---|---|---|---|---|---|---|---|---|---|---|
| 江阴职业技术学院 | 42 | 3 | 3 | 3 | 0 | 1 | 2 | 0 | 0 | 0 | 3 | 0 | 0 | 0 | 0 |
| 无锡城市职业技术学院 | 43 | 9 | 6 | 9 | 0 | 1 | 7 | 1 | 0 | 2 | 7 | 0 | 0 | 3 | 0 |
| 无锡工艺职业技术学院 | 44 | 12 | 9 | 12 | 0 | 0 | 12 | 0 | 0 | 1 | 11 | 0 | 0 | 2 | 0 |
| 苏州健雄职业技术学院 | 45 | 5 | 3 | 5 | 1 | 0 | 4 | 0 | 0 | 2 | 3 | 0 | 0 | 2 | 0 |
| 盐城工业职业技术学院 | 46 | 6 | 3 | 6 | 0 | 2 | 2 | 2 | 0 | 3 | 2 | 1 | 0 | 3 | 0 |
| 江苏财经职业技术学院 | 47 | 7 | 3 | 7 | 0 | 1 | 5 | 1 | 0 | 2 | 5 | 0 | 0 | 2 | 0 |
| 扬州工业职业技术学院 | 48 | 13 | 10 | 13 | 1 | 1 | 10 | 1 | 0 | 1 | 12 | 0 | 0 | 1 | 0 |
| 江苏城市职业学院 | 49 | 14 | 8 | 14 | 2 | 3 | 9 | 0 | 0 | 5 | 9 | 0 | 0 | 7 | 0 |
| 南京城市职业学院 | 50 | 8 | 7 | 8 | 1 | 2 | 4 | 1 | 0 | 3 | 4 | 1 | 1 | 2 | 0 |
| 南京机电职业技术学院 | 51 | 3 | 1 | 3 | 0 | 0 | 1 | 2 | 0 | 0 | 3 | 0 | 0 | 1 | 0 |
| 南京旅游职业学院 | 52 | 7 | 5 | 7 | 0 | 0 | 6 | 1 | 0 | 3 | 3 | 1 | 0 | 2 | 0 |
| 江苏卫生健康职业学院 | 53 | 5 | 4 | 5 | 1 | 1 | 3 | 0 | 0 | 1 | 4 | 0 | 0 | 3 | 0 |
| 苏州信息职业技术学院 | 54 | 1 | 1 | 1 | 0 | 0 | 1 | 0 | 0 | 0 | 0 | 1 | 0 | 0 | 0 |
| 苏州工业园区服务外包职业学院 | 55 | 2 | 2 | 2 | 0 | 0 | 2 | 0 | 0 | 1 | 1 | 0 | 0 | 0 | 0 |
| 徐州幼儿师范高等专科学校 | 56 | 7 | 7 | 7 | 0 | 2 | 4 | 1 | 0 | 2 | 3 | 2 | 0 | 2 | 0 |
| 徐州生物工程职业技术学院 | 57 | 2 | 1 | 2 | 0 | 1 | 1 | 0 | 0 | 0 | 2 | 0 | 0 | 0 | 0 |
| 江苏商贸职业学院 | 58 | 7 | 5 | 7 | 0 | 2 | 3 | 2 | 0 | 2 | 4 | 1 | 0 | 2 | 0 |
| 南通师范高等专科学校 | 59 | 14 | 12 | 14 | 1 | 3 | 9 | 1 | 0 | 0 | 10 | 4 | 0 | 1 | 0 |
| 江苏护理职业学院 | 60 | 3 | 3 | 3 | 0 | 0 | 1 | 2 | 0 | 2 | 1 | 0 | 0 | 2 | 0 |
| 江苏财会职业学院 | 61 | 2 | 2 | 2 | 0 | 0 | 0 | 2 | 0 | 0 | 2 | 0 | 0 | 0 | 0 |
| 江苏城乡建设职业学院 | 62 | 3 | 3 | 3 | 0 | 1 | 1 | 1 | 0 | 0 | 3 | 0 | 0 | 0 | 0 |
| 江苏航空职业技术学院 | 63 | 3 | 2 | 3 | 0 | 0 | 2 | 1 | 0 | 2 | 1 | 0 | 0 | 2 | 0 |
| 江苏安全技术职业学院 | 64 | 2 | 2 | 2 | 0 | 0 | 1 | 1 | 0 | 0 | 2 | 0 | 0 | 1 | 0 |
| 江苏旅游职业学院 | 65 | 4 | 1 | 4 | 0 | 2 | 2 | 0 | 0 | 0 | 4 | 0 | 0 | 3 | 0 |

## 3.19 教育学人文、社会科学活动人员情况表

| 高校名称 | | 总计 | | 按职称划分 | | | | | | 按最后学历划分 | | | 按最后学位划分 | | 其他人员 |
|---|---|---|---|---|---|---|---|---|---|---|---|---|---|---|---|
| | | | 女性 | 小计 | 教授 | 副教授 | 讲师 | 助教 | 初级 | 研究生 | 本科生 | 其他 | 博士 | 硕士 | |
| | 编号 | L01 | L02 | L03 | L04 | L05 | L06 | L07 | L08 | L09 | L10 | L11 | L12 | L13 | L14 |
| 合　计 | / | 2 433 | 1 456 | 2 433 | 209 | 661 | 1 194 | 364 | 5 | 1 319 | 1 106 | 8 | 123 | 1 677 | 0 |
| 盐城幼儿师范高等专科学校 | 1 | 39 | 32 | 39 | 0 | 9 | 15 | 15 | 0 | 24 | 15 | 0 | 0 | 29 | 0 |
| 苏州幼儿师范高等专科学校 | 2 | 50 | 40 | 50 | 5 | 13 | 24 | 8 | 0 | 34 | 16 | 0 | 5 | 36 | 0 |
| 无锡职业技术学院 | 3 | 71 | 45 | 71 | 6 | 12 | 44 | 9 | 0 | 47 | 24 | 0 | 4 | 55 | 0 |
| 江苏建筑职业技术学院 | 4 | 7 | 4 | 7 | 1 | 1 | 4 | 1 | 0 | 7 | 0 | 0 | 0 | 7 | 0 |
| 南京工业职业技术大学 | 5 | 19 | 18 | 19 | 0 | 2 | 7 | 10 | 0 | 19 | 0 | 0 | 5 | 14 | 0 |
| 江苏工程职业技术学院 | 6 | 52 | 29 | 52 | 9 | 16 | 27 | 0 | 0 | 34 | 18 | 0 | 3 | 36 | 0 |
| 苏州工艺美术职业技术学院 | 7 | 44 | 27 | 44 | 2 | 15 | 24 | 3 | 0 | 26 | 18 | 0 | 2 | 29 | 0 |
| 连云港职业技术学院 | 8 | 49 | 22 | 49 | 7 | 25 | 16 | 1 | 0 | 23 | 26 | 0 | 7 | 31 | 0 |
| 镇江市高等专科学校 | 9 | 37 | 19 | 37 | 2 | 15 | 15 | 5 | 0 | 9 | 28 | 0 | 0 | 14 | 0 |
| 南通职业大学 | 10 | 42 | 23 | 42 | 1 | 11 | 25 | 5 | 0 | 19 | 23 | 0 | 3 | 31 | 0 |
| 苏州职业大学 | 11 | 62 | 39 | 62 | 8 | 15 | 29 | 10 | 0 | 45 | 17 | 0 | 2 | 51 | 0 |
| 沙洲职业工学院 | 12 | 15 | 11 | 15 | 2 | 3 | 9 | 1 | 0 | 5 | 10 | 0 | 1 | 8 | 0 |
| 扬州市职业大学 | 13 | 32 | 26 | 32 | 1 | 5 | 18 | 8 | 0 | 19 | 13 | 0 | 0 | 28 | 0 |
| 连云港师范高等专科学校 | 14 | 99 | 57 | 99 | 15 | 44 | 36 | 4 | 0 | 43 | 56 | 0 | 4 | 71 | 0 |
| 江苏经贸职业技术学院 | 15 | 5 | 3 | 5 | 0 | 4 | 1 | 0 | 0 | 2 | 3 | 0 | 0 | 5 | 0 |
| 泰州职业技术学院 | 16 | 5 | 2 | 5 | 1 | 1 | 2 | 1 | 0 | 2 | 3 | 0 | 0 | 3 | 0 |
| 常州信息职业技术学院 | 17 | 58 | 37 | 58 | 6 | 13 | 25 | 9 | 5 | 32 | 26 | 0 | 1 | 49 | 0 |
| 江苏海事职业技术学院 | 18 | 28 | 16 | 28 | 2 | 12 | 14 | 0 | 0 | 15 | 13 | 0 | 1 | 23 | 0 |
| 无锡科技职业学院 | 19 | 16 | 10 | 16 | 0 | 6 | 9 | 1 | 0 | 6 | 10 | 0 | 1 | 9 | 0 |
| 江苏医药职业学院 | 20 | 32 | 24 | 32 | 0 | 4 | 10 | 18 | 0 | 22 | 10 | 0 | 1 | 23 | 0 |

| | | | | | | | | | | | | | | | |
|---|---|---|---|---|---|---|---|---|---|---|---|---|---|---|---|
| 南通科技职业学院 | 21 | 19 | 11 | 19 | 5 | 3 | 10 | 1 | 0 | 8 | 11 | 0 | 1 | 15 | 0 |
| 苏州经贸职业技术学院 | 22 | 15 | 11 | 15 | 0 | 3 | 4 | 8 | 0 | 11 | 4 | 0 | 1 | 13 | 0 |
| 苏州工业职业技术学院 | 23 | 13 | 12 | 13 | 0 | 3 | 10 | 0 | 0 | 0 | 13 | 0 | 0 | 9 | 0 |
| 苏州卫生职业技术学院 | 24 | 28 | 23 | 28 | 0 | 10 | 14 | 4 | 0 | 22 | 6 | 0 | 0 | 26 | 0 |
| 无锡商业职业技术学院 | 25 | 8 | 4 | 8 | 0 | 3 | 5 | 0 | 0 | 2 | 6 | 0 | 0 | 5 | 0 |
| 江苏航运职业技术学院 | 26 | 129 | 54 | 129 | 7 | 30 | 85 | 7 | 0 | 69 | 60 | 0 | 4 | 100 | 0 |
| 南京交通职业技术学院 | 27 | 13 | 9 | 13 | 1 | 2 | 10 | 0 | 0 | 8 | 5 | 0 | 2 | 7 | 0 |
| 江苏电子信息职业学院 | 28 | 49 | 24 | 49 | 1 | 6 | 23 | 19 | 0 | 29 | 20 | 0 | 0 | 40 | 0 |
| 江苏农牧科技职业学院 | 29 | 49 | 22 | 49 | 0 | 14 | 34 | 1 | 0 | 40 | 9 | 0 | 6 | 36 | 0 |
| 常州纺织服装职业技术学院 | 30 | 51 | 30 | 51 | 3 | 19 | 20 | 9 | 0 | 24 | 27 | 0 | 1 | 30 | 0 |
| 苏州农业职业技术学院 | 31 | 49 | 22 | 49 | 10 | 15 | 21 | 3 | 0 | 20 | 28 | 1 | 3 | 31 | 0 |
| 南京科技职业学院 | 32 | 73 | 45 | 73 | 10 | 33 | 30 | 0 | 0 | 51 | 22 | 0 | 5 | 55 | 0 |
| 常州工业职业技术学院 | 33 | 11 | 7 | 11 | 1 | 1 | 3 | 6 | 0 | 10 | 1 | 0 | 0 | 11 | 0 |
| 常州工程职业技术学院 | 34 | 64 | 34 | 64 | 0 | 25 | 37 | 2 | 0 | 16 | 48 | 0 | 0 | 25 | 0 |
| 江苏农林职业技术学院 | 35 | 24 | 14 | 24 | 0 | 8 | 15 | 1 | 0 | 11 | 12 | 1 | 2 | 21 | 0 |
| 江苏食品药品职业技术学院 | 36 | 62 | 37 | 62 | 5 | 16 | 40 | 1 | 0 | 41 | 21 | 0 | 7 | 48 | 0 |
| 南京铁道职业技术学院 | 37 | 44 | 30 | 44 | 3 | 5 | 34 | 2 | 0 | 27 | 17 | 0 | 3 | 33 | 0 |
| 徐州工业职业技术学院 | 38 | 5 | 3 | 5 | 0 | 0 | 2 | 3 | 0 | 5 | 0 | 0 | 0 | 5 | 0 |
| 江苏信息职业技术学院 | 39 | 27 | 19 | 27 | 0 | 10 | 16 | 1 | 0 | 12 | 15 | 0 | 0 | 19 | 0 |
| 南京信息职业技术学院 | 40 | 15 | 8 | 15 | 0 | 1 | 10 | 4 | 0 | 9 | 6 | 0 | 4 | 10 | 0 |
| 常州机电职业技术学院 | 41 | 139 | 60 | 139 | 21 | 42 | 76 | 0 | 0 | 65 | 74 | 0 | 25 | 72 | 0 |
| 江阴职业技术学院 | 42 | 16 | 8 | 16 | 0 | 9 | 6 | 1 | 0 | 3 | 13 | 0 | 0 | 7 | 0 |
| 无锡城市职业技术学院 | 43 | 44 | 36 | 44 | 5 | 10 | 23 | 6 | 0 | 17 | 27 | 0 | 0 | 31 | 0 |
| 无锡工艺职业技术学院 | 44 | 14 | 7 | 14 | 0 | 6 | 8 | 0 | 0 | 6 | 8 | 0 | 0 | 7 | 0 |

续表

| 高校名称 | | 总计 | | 按职称划分 | | | | | | 按最后学历划分 | | | 按最后学位划分 | | 其他人员 |
|---|---|---|---|---|---|---|---|---|---|---|---|---|---|---|---|
| | | | 女性 | 小计 | 教授 | 副教授 | 讲师 | 助教 | 初级 | 研究生 | 本科生 | 其他 | 博士 | 硕士 | |
| | 编号 | L01 | L02 | L03 | L04 | L05 | L06 | L07 | L08 | L09 | L10 | L11 | L12 | L13 | L14 |
| 苏州健雄职业技术学院 | 45 | 21 | 13 | 21 | 2 | 7 | 10 | 2 | 0 | 13 | 8 | 0 | 2 | 16 | 0 |
| 盐城工业职业技术学院 | 46 | 23 | 14 | 23 | 7 | 2 | 6 | 8 | 0 | 13 | 10 | 0 | 0 | 14 | 0 |
| 江苏财经职业技术学院 | 47 | 10 | 7 | 10 | 1 | 4 | 2 | 3 | 0 | 4 | 6 | 0 | 0 | 5 | 0 |
| 扬州工业职业技术学院 | 48 | 40 | 21 | 40 | 3 | 3 | 5 | 29 | 0 | 36 | 4 | 0 | 1 | 37 | 0 |
| 江苏城市职业学院 | 49 | 131 | 81 | 131 | 19 | 33 | 76 | 3 | 0 | 102 | 29 | 0 | 9 | 109 | 0 |
| 南京城市职业学院 | 50 | 23 | 18 | 23 | 1 | 6 | 14 | 2 | 0 | 18 | 5 | 0 | 0 | 21 | 0 |
| 南京机电职业技术学院 | 51 | 52 | 34 | 52 | 5 | 12 | 19 | 16 | 0 | 13 | 36 | 3 | 0 | 20 | 0 |
| 南京旅游职业学院 | 52 | 20 | 11 | 20 | 3 | 2 | 11 | 4 | 0 | 14 | 5 | 1 | 1 | 12 | 0 |
| 江苏卫生健康职业学院 | 53 | 14 | 10 | 14 | 0 | 1 | 4 | 9 | 0 | 9 | 5 | 0 | 0 | 9 | 0 |
| 苏州信息职业技术学院 | 54 | 6 | 6 | 6 | 0 | 2 | 4 | 0 | 0 | 1 | 5 | 0 | 0 | 3 | 0 |
| 苏州工业园区服务外包职业学院 | 55 | 10 | 6 | 10 | 0 | 3 | 7 | 0 | 0 | 7 | 3 | 0 | 0 | 7 | 0 |
| 徐州幼儿师范高等专科学校 | 56 | 71 | 46 | 71 | 14 | 17 | 28 | 12 | 0 | 38 | 33 | 0 | 2 | 39 | 0 |
| 徐州生物工程职业技术学院 | 57 | 6 | 2 | 6 | 0 | 3 | 3 | 0 | 0 | 2 | 4 | 0 | 0 | 2 | 0 |
| 江苏商贸职业学院 | 58 | 32 | 20 | 32 | 2 | 7 | 9 | 14 | 0 | 15 | 17 | 0 | 0 | 16 | 0 |
| 南通师范高等专科学校 | 59 | 23 | 19 | 23 | 3 | 4 | 15 | 1 | 0 | 9 | 14 | 0 | 1 | 18 | 0 |
| 江苏护理职业学院 | 60 | 22 | 19 | 22 | 1 | 2 | 9 | 10 | 0 | 14 | 8 | 0 | 0 | 16 | 0 |
| 江苏财会职业学院 | 61 | 11 | 10 | 11 | 3 | 0 | 5 | 3 | 0 | 4 | 7 | 0 | 1 | 8 | 0 |
| 江苏城乡建设职业学院 | 62 | 60 | 31 | 60 | 2 | 13 | 26 | 19 | 0 | 19 | 39 | 2 | 0 | 28 | 0 |
| 江苏航空职业技术学院 | 63 | 23 | 15 | 23 | 0 | 1 | 9 | 13 | 0 | 19 | 4 | 0 | 1 | 18 | 0 |
| 江苏安全技术职业学院 | 64 | 6 | 5 | 6 | 0 | 4 | 2 | 0 | 0 | 1 | 5 | 0 | 0 | 4 | 0 |
| 江苏旅游职业学院 | 65 | 106 | 54 | 106 | 3 | 35 | 40 | 28 | 0 | 29 | 77 | 0 | 1 | 67 | 0 |

## 3.20 统计学人文、社会科学活动人员情况表

| 高校名称 | | 总计 | | 按职称划分 | | | | | | 按最后学历划分 | | | 按最后学位划分 | | 其他 |
|---|---|---|---|---|---|---|---|---|---|---|---|---|---|---|---|
| | | | 女性 | 小计 | 教授 | 副教授 | 讲师 | 助教 | 初级 | 研究生 | 本科生 | 其他 | 博士 | 硕士 | 人员 |
| | 编号 | L01 | L02 | L03 | L04 | L05 | L06 | L07 | L08 | L09 | L10 | L11 | L12 | L13 | L14 |
| 合　计 | / | 73 | 43 | 73 | 4 | 19 | 40 | 8 | 2 | 30 | 43 | 0 | 6 | 35 | 0 |
| 盐城幼儿师范高等专科学校 | 1 | 0 | 0 | 0 | 0 | 0 | 0 | 0 | 0 | 0 | 0 | 0 | 0 | 0 | 0 |
| 苏州幼儿师范高等专科学校 | 2 | 0 | 0 | 0 | 0 | 0 | 0 | 0 | 0 | 0 | 0 | 0 | 0 | 0 | 0 |
| 无锡职业技术学院 | 3 | 0 | 0 | 0 | 0 | 0 | 0 | 0 | 0 | 0 | 0 | 0 | 0 | 0 | 0 |
| 江苏建筑职业技术学院 | 4 | 0 | 0 | 0 | 0 | 0 | 0 | 0 | 0 | 0 | 0 | 0 | 0 | 0 | 0 |
| 南京工业职业技术大学 | 5 | 0 | 0 | 0 | 0 | 0 | 0 | 0 | 0 | 0 | 0 | 0 | 0 | 0 | 0 |
| 江苏工程职业技术学院 | 6 | 1 | 0 | 1 | 0 | 1 | 0 | 0 | 0 | 1 | 0 | 0 | 0 | 1 | 0 |
| 苏州工艺美术职业技术学院 | 7 | 1 | 1 | 1 | 0 | 0 | 1 | 0 | 0 | 0 | 1 | 0 | 0 | 1 | 0 |
| 连云港职业技术学院 | 8 | 2 | 0 | 2 | 1 | 0 | 1 | 0 | 0 | 1 | 1 | 0 | 1 | 0 | 0 |
| 镇江市高等专科学校 | 9 | 0 | 0 | 0 | 0 | 0 | 0 | 0 | 0 | 0 | 0 | 0 | 0 | 0 | 0 |
| 南通职业大学 | 10 | 1 | 0 | 1 | 0 | 0 | 1 | 0 | 0 | 0 | 1 | 0 | 0 | 0 | 0 |
| 苏州职业大学 | 11 | 0 | 0 | 0 | 0 | 0 | 0 | 0 | 0 | 0 | 0 | 0 | 0 | 0 | 0 |
| 沙洲职业工学院 | 12 | 3 | 2 | 3 | 0 | 1 | 2 | 0 | 0 | 0 | 3 | 0 | 0 | 0 | 0 |
| 扬州市职业大学 | 13 | 2 | 2 | 2 | 0 | 1 | 0 | 1 | 0 | 1 | 1 | 0 | 0 | 1 | 0 |
| 连云港师范高等专科学校 | 14 | 2 | 1 | 2 | 0 | 2 | 0 | 0 | 0 | 1 | 1 | 0 | 0 | 1 | 0 |
| 江苏经贸职业技术学院 | 15 | 0 | 0 | 0 | 0 | 0 | 0 | 0 | 0 | 0 | 0 | 0 | 0 | 0 | 0 |
| 泰州职业技术学院 | 16 | 0 | 0 | 0 | 0 | 0 | 0 | 0 | 0 | 0 | 0 | 0 | 0 | 0 | 0 |
| 常州信息职业技术学院 | 17 | 0 | 0 | 0 | 0 | 0 | 0 | 0 | 0 | 0 | 0 | 0 | 0 | 0 | 0 |
| 江苏海事职业技术学院 | 18 | 0 | 0 | 0 | 0 | 0 | 0 | 0 | 0 | 0 | 0 | 0 | 0 | 0 | 0 |
| 无锡科技职业学院 | 19 | 2 | 2 | 2 | 0 | 0 | 0 | 0 | 2 | 2 | 0 | 0 | 0 | 2 | 0 |
| 江苏医药职业学院 | 20 | 0 | 0 | 0 | 0 | 0 | 0 | 0 | 0 | 0 | 0 | 0 | 0 | 0 | 0 |

续表

| 高校名称 | | 总计 | | 按职称划分 | | | | | | 按最后学历划分 | | | 按最后学位划分 | | 其他人员 |
|---|---|---|---|---|---|---|---|---|---|---|---|---|---|---|---|
| | | | 女性 | 小计 | 教授 | 副教授 | 讲师 | 助教 | 初级 | 研究生 | 本科生 | 其他 | 博士 | 硕士 | |
| | 编号 | L01 | L02 | L03 | L04 | L05 | L06 | L07 | L08 | L09 | L10 | L11 | L12 | L13 | L14 |
| 南通科技职业学院 | 21 | 2 | 2 | 2 | 0 | 0 | 2 | 0 | 0 | 1 | 1 | 0 | 0 | 1 | 0 |
| 苏州经贸职业技术学院 | 22 | 2 | 1 | 2 | 0 | 2 | 0 | 0 | 0 | 1 | 1 | 0 | 0 | 0 | 0 |
| 苏州工业职业技术学院 | 23 | 0 | 0 | 0 | 0 | 0 | 0 | 0 | 0 | 0 | 0 | 0 | 0 | 0 | 0 |
| 苏州卫生职业技术学院 | 24 | 3 | 3 | 3 | 0 | 0 | 2 | 1 | 0 | 0 | 3 | 0 | 0 | 0 | 0 |
| 无锡商业职业技术学院 | 25 | 0 | 0 | 0 | 0 | 0 | 0 | 0 | 0 | 0 | 0 | 0 | 0 | 0 | 0 |
| 江苏航运职业技术学院 | 26 | 3 | 1 | 3 | 0 | 0 | 3 | 0 | 0 | 0 | 3 | 0 | 0 | 1 | 0 |
| 南京交通职业技术学院 | 27 | 5 | 4 | 5 | 0 | 2 | 3 | 0 | 0 | 3 | 2 | 0 | 0 | 3 | 0 |
| 江苏电子信息职业学院 | 28 | 0 | 0 | 0 | 0 | 0 | 0 | 0 | 0 | 0 | 0 | 0 | 0 | 0 | 0 |
| 江苏农牧科技职业学院 | 29 | 1 | 1 | 1 | 0 | 0 | 1 | 0 | 0 | 1 | 0 | 0 | 0 | 1 | 0 |
| 常州纺织服装职业技术学院 | 30 | 2 | 1 | 2 | 2 | 0 | 0 | 0 | 0 | 0 | 2 | 0 | 0 | 0 | 0 |
| 苏州农业职业技术学院 | 31 | 0 | 0 | 0 | 0 | 0 | 0 | 0 | 0 | 0 | 0 | 0 | 0 | 0 | 0 |
| 南京科技职业学院 | 32 | 1 | 0 | 1 | 0 | 0 | 1 | 0 | 0 | 1 | 0 | 0 | 0 | 1 | 0 |
| 常州工业职业技术学院 | 33 | 1 | 0 | 1 | 0 | 1 | 0 | 0 | 0 | 0 | 1 | 0 | 0 | 0 | 0 |
| 常州工程职业技术学院 | 34 | 1 | 0 | 1 | 0 | 0 | 1 | 0 | 0 | 0 | 1 | 0 | 0 | 0 | 0 |
| 江苏农林职业技术学院 | 35 | 0 | 0 | 0 | 0 | 0 | 0 | 0 | 0 | 0 | 0 | 0 | 0 | 0 | 0 |
| 江苏食品药品职业技术学院 | 36 | 3 | 2 | 3 | 0 | 0 | 3 | 0 | 0 | 1 | 2 | 0 | 1 | 0 | 0 |
| 南京铁道职业技术学院 | 37 | 8 | 7 | 8 | 0 | 3 | 5 | 0 | 0 | 3 | 5 | 0 | 2 | 3 | 0 |
| 徐州工业职业技术学院 | 38 | 0 | 0 | 0 | 0 | 0 | 0 | 0 | 0 | 0 | 0 | 0 | 0 | 0 | 0 |
| 江苏信息职业技术学院 | 39 | 1 | 1 | 1 | 0 | 0 | 0 | 1 | 0 | 1 | 0 | 0 | 0 | 1 | 0 |
| 南京信息职业技术学院 | 40 | 12 | 6 | 12 | 1 | 6 | 5 | 0 | 0 | 5 | 7 | 0 | 2 | 7 | 0 |
| 常州机电职业技术学院 | 41 | 3 | 3 | 3 | 0 | 0 | 3 | 0 | 0 | 0 | 3 | 0 | 0 | 3 | 0 |

| | | | | | | | | | | | | | | | |
|---|---|---|---|---|---|---|---|---|---|---|---|---|---|---|---|
| 江阴职业技术学院 | 42 | 0 | 0 | 0 | 0 | 0 | 0 | 0 | 0 | 0 | 0 | 0 | 0 | 0 | 0 |
| 无锡城市职业技术学院 | 43 | 0 | 0 | 0 | 0 | 0 | 0 | 0 | 0 | 0 | 0 | 0 | 0 | 0 | 0 |
| 无锡工艺职业技术学院 | 44 | 0 | 0 | 0 | 0 | 0 | 0 | 0 | 0 | 0 | 0 | 0 | 0 | 0 | 0 |
| 苏州健雄职业技术学院 | 45 | 0 | 0 | 0 | 0 | 0 | 0 | 0 | 0 | 0 | 0 | 0 | 0 | 0 | 0 |
| 盐城工业职业技术学院 | 46 | 0 | 0 | 0 | 0 | 0 | 0 | 0 | 0 | 0 | 0 | 0 | 0 | 0 | 0 |
| 江苏财经职业技术学院 | 47 | 1 | 0 | 1 | 0 | 0 | 0 | 1 | 0 | 1 | 0 | 0 | 0 | 1 | 0 |
| 扬州工业职业技术学院 | 48 | 1 | 0 | 1 | 0 | 0 | 1 | 0 | 0 | 1 | 0 | 0 | 0 | 1 | 0 |
| 江苏城市职业学院 | 49 | 3 | 1 | 3 | 0 | 0 | 1 | 2 | 0 | 3 | 0 | 0 | 0 | 3 | 0 |
| 南京城市职业学院 | 50 | 0 | 0 | 0 | 0 | 0 | 0 | 0 | 0 | 0 | 0 | 0 | 0 | 0 | 0 |
| 南京机电职业技术学院 | 51 | 1 | 0 | 1 | 0 | 0 | 1 | 0 | 0 | 0 | 1 | 0 | 0 | 0 | 0 |
| 南京旅游职业学院 | 52 | 1 | 0 | 1 | 0 | 0 | 0 | 1 | 0 | 0 | 1 | 0 | 0 | 0 | 0 |
| 江苏卫生健康职业学院 | 53 | 1 | 0 | 1 | 0 | 0 | 1 | 0 | 0 | 1 | 0 | 0 | 0 | 1 | 0 |
| 苏州信息职业技术学院 | 54 | 1 | 1 | 1 | 0 | 0 | 1 | 0 | 0 | 0 | 1 | 0 | 0 | 1 | 0 |
| 苏州工业园区服务外包职业学院 | 55 | 0 | 0 | 0 | 0 | 0 | 0 | 0 | 0 | 0 | 0 | 0 | 0 | 0 | 0 |
| 徐州幼儿师范高等专科学校 | 56 | 0 | 0 | 0 | 0 | 0 | 0 | 0 | 0 | 0 | 0 | 0 | 0 | 0 | 0 |
| 徐州生物工程职业技术学院 | 57 | 0 | 0 | 0 | 0 | 0 | 0 | 0 | 0 | 0 | 0 | 0 | 0 | 0 | 0 |
| 江苏商贸职业学院 | 58 | 0 | 0 | 0 | 0 | 0 | 0 | 0 | 0 | 0 | 0 | 0 | 0 | 0 | 0 |
| 南通师范高等专科学校 | 59 | 0 | 0 | 0 | 0 | 0 | 0 | 0 | 0 | 0 | 0 | 0 | 0 | 0 | 0 |
| 江苏护理职业学院 | 60 | 0 | 0 | 0 | 0 | 0 | 0 | 0 | 0 | 0 | 0 | 0 | 0 | 0 | 0 |
| 江苏财会职业学院 | 61 | 1 | 0 | 1 | 0 | 0 | 0 | 1 | 0 | 1 | 0 | 0 | 0 | 1 | 0 |
| 江苏城乡建设职业学院 | 62 | 0 | 0 | 0 | 0 | 0 | 0 | 0 | 0 | 0 | 0 | 0 | 0 | 0 | 0 |
| 江苏航空职业技术学院 | 63 | 0 | 0 | 0 | 0 | 0 | 0 | 0 | 0 | 0 | 0 | 0 | 0 | 0 | 0 |
| 江苏安全技术职业学院 | 64 | 1 | 1 | 1 | 0 | 0 | 1 | 0 | 0 | 0 | 1 | 0 | 0 | 0 | 0 |
| 江苏旅游职业学院 | 65 | 0 | 0 | 0 | 0 | 0 | 0 | 0 | 0 | 0 | 0 | 0 | 0 | 0 | 0 |

## 3.21 心理学人文、社会科学活动人员情况表

| 高校名称 | 编号 | 总计 | | 按职称划分 | | | | | | 按最后学历划分 | | | 按最后学位划分 | | 其他人员 |
|---|---|---|---|---|---|---|---|---|---|---|---|---|---|---|---|
| | | | 女性 | 小计 | 教授 | 副教授 | 讲师 | 助教 | 初级 | 研究生 | 本科生 | 其他 | 博士 | 硕士 | |
| | 编号 | L01 | L02 | L03 | L04 | L05 | L06 | L07 | L08 | L09 | L10 | L11 | L12 | L13 | L14 |
| 合 计 | / | 167 | 134 | 167 | 6 | 38 | 90 | 32 | 1 | 100 | 66 | 1 | 2 | 121 | 0 |
| 盐城幼儿师范高等专科学校 | 1 | 9 | 7 | 9 | 0 | 5 | 3 | 1 | 0 | 3 | 6 | 0 | 0 | 4 | 0 |
| 苏州幼儿师范高等专科学校 | 2 | 0 | 0 | 0 | 0 | 0 | 0 | 0 | 0 | 0 | 0 | 0 | 0 | 0 | 0 |
| 无锡职业技术学院 | 3 | 0 | 0 | 0 | 0 | 0 | 0 | 0 | 0 | 0 | 0 | 0 | 0 | 0 | 0 |
| 江苏建筑职业技术学院 | 4 | 3 | 2 | 3 | 0 | 0 | 3 | 0 | 0 | 3 | 0 | 0 | 0 | 3 | 0 |
| 南京工业职业技术大学 | 5 | 4 | 2 | 4 | 0 | 0 | 1 | 3 | 0 | 4 | 0 | 0 | 0 | 4 | 0 |
| 江苏工程职业技术学院 | 6 | 0 | 0 | 0 | 0 | 0 | 0 | 0 | 0 | 0 | 0 | 0 | 0 | 0 | 0 |
| 苏州工艺美术职业技术学院 | 7 | 5 | 3 | 5 | 1 | 0 | 2 | 2 | 0 | 4 | 0 | 1 | 0 | 4 | 0 |
| 连云港职业技术学院 | 8 | 1 | 1 | 1 | 1 | 0 | 0 | 0 | 0 | 1 | 0 | 0 | 0 | 1 | 0 |
| 镇江市高等专科学校 | 9 | 7 | 5 | 7 | 1 | 3 | 2 | 1 | 0 | 4 | 3 | 0 | 0 | 5 | 0 |
| 南通职业大学 | 10 | 1 | 1 | 1 | 0 | 1 | 0 | 0 | 0 | 0 | 1 | 0 | 0 | 0 | 0 |
| 苏州职业大学 | 11 | 11 | 6 | 11 | 0 | 5 | 6 | 0 | 0 | 3 | 8 | 0 | 0 | 9 | 0 |
| 沙洲职业工学院 | 12 | 1 | 1 | 1 | 0 | 0 | 1 | 0 | 0 | 1 | 0 | 0 | 0 | 1 | 0 |
| 扬州市职业大学 | 13 | 3 | 1 | 3 | 0 | 2 | 1 | 0 | 0 | 0 | 3 | 0 | 0 | 2 | 0 |
| 连云港师范高等专科学校 | 14 | 8 | 6 | 8 | 2 | 2 | 2 | 2 | 0 | 5 | 3 | 0 | 0 | 6 | 0 |
| 江苏经贸职业技术学院 | 15 | 3 | 3 | 3 | 0 | 0 | 3 | 0 | 0 | 2 | 1 | 0 | 0 | 2 | 0 |
| 泰州职业技术学院 | 16 | 1 | 0 | 1 | 0 | 0 | 1 | 0 | 0 | 1 | 0 | 0 | 0 | 1 | 0 |
| 常州信息职业技术学院 | 17 | 1 | 1 | 1 | 0 | 0 | 1 | 0 | 0 | 1 | 0 | 0 | 0 | 1 | 0 |
| 江苏海事职业技术学院 | 18 | 1 | 1 | 1 | 0 | 0 | 1 | 0 | 0 | 1 | 0 | 0 | 1 | 0 | 0 |
| 无锡科技职业学院 | 19 | 2 | 2 | 2 | 0 | 1 | 1 | 0 | 0 | 0 | 2 | 0 | 0 | 0 | 0 |
| 江苏医药职业学院 | 20 | 8 | 6 | 8 | 0 | 0 | 5 | 3 | 0 | 5 | 3 | 0 | 0 | 5 | 0 |

| | | | | | | | | | | | | | | |
|---|---|---|---|---|---|---|---|---|---|---|---|---|---|---|
| 南通科技职业学院 | 21 | 3 | 3 | 3 | 1 | 0 | 2 | 0 | 0 | 1 | 2 | 0 | 0 | 2 | 0 |
| 苏州经贸职业技术学院 | 22 | 0 | 0 | 0 | 0 | 0 | 0 | 0 | 0 | 0 | 0 | 0 | 0 | 0 | 0 |
| 苏州工业职业技术学院 | 23 | 0 | 0 | 0 | 0 | 0 | 0 | 0 | 0 | 0 | 0 | 0 | 0 | 0 | 0 |
| 苏州卫生职业技术学院 | 24 | 5 | 5 | 5 | 0 | 0 | 0 | 4 | 1 | 2 | 3 | 0 | 0 | 2 | 0 |
| 无锡商业职业技术学院 | 25 | 0 | 0 | 0 | 0 | 0 | 0 | 0 | 0 | 0 | 0 | 0 | 0 | 0 | 0 |
| 江苏航运职业技术学院 | 26 | 5 | 5 | 5 | 0 | 0 | 5 | 0 | 0 | 3 | 2 | 0 | 0 | 5 | 0 |
| 南京交通职业技术学院 | 27 | 3 | 3 | 3 | 0 | 1 | 2 | 0 | 0 | 3 | 0 | 0 | 0 | 3 | 0 |
| 江苏电子信息职业学院 | 28 | 4 | 3 | 4 | 0 | 4 | 0 | 0 | 0 | 2 | 2 | 0 | 0 | 3 | 0 |
| 江苏农牧科技职业学院 | 29 | 5 | 4 | 5 | 0 | 0 | 5 | 0 | 0 | 4 | 1 | 0 | 0 | 4 | 0 |
| 常州纺织服装职业技术学院 | 30 | 5 | 4 | 5 | 0 | 1 | 3 | 1 | 0 | 1 | 4 | 0 | 0 | 1 | 0 |
| 苏州农业职业技术学院 | 31 | 2 | 2 | 2 | 0 | 2 | 0 | 0 | 0 | 2 | 0 | 0 | 0 | 2 | 0 |
| 南京科技职业学院 | 32 | 4 | 3 | 4 | 0 | 1 | 3 | 0 | 0 | 3 | 1 | 0 | 0 | 4 | 0 |
| 常州工业职业技术学院 | 33 | 3 | 1 | 3 | 0 | 0 | 1 | 2 | 0 | 2 | 1 | 0 | 0 | 2 | 0 |
| 常州工程职业技术学院 | 34 | 0 | 0 | 0 | 0 | 0 | 0 | 0 | 0 | 0 | 0 | 0 | 0 | 0 | 0 |
| 江苏农林职业技术学院 | 35 | 0 | 0 | 0 | 0 | 0 | 0 | 0 | 0 | 0 | 0 | 0 | 0 | 0 | 0 |
| 江苏食品药品职业技术学院 | 36 | 3 | 3 | 3 | 0 | 0 | 3 | 0 | 0 | 3 | 0 | 0 | 0 | 3 | 0 |
| 南京铁道职业技术学院 | 37 | 4 | 4 | 4 | 0 | 1 | 3 | 0 | 0 | 4 | 0 | 0 | 0 | 4 | 0 |
| 徐州工业职业技术学院 | 38 | 5 | 4 | 5 | 0 | 1 | 4 | 0 | 0 | 4 | 1 | 0 | 0 | 4 | 0 |
| 江苏信息职业技术学院 | 39 | 1 | 1 | 1 | 0 | 1 | 0 | 0 | 0 | 1 | 0 | 0 | 0 | 1 | 0 |
| 南京信息职业技术学院 | 40 | 5 | 4 | 5 | 0 | 2 | 3 | 0 | 0 | 1 | 4 | 0 | 0 | 4 | 0 |
| 常州机电职业技术学院 | 41 | 1 | 1 | 1 | 0 | 0 | 1 | 0 | 0 | 0 | 1 | 0 | 0 | 0 | 0 |
| 江阴职业技术学院 | 42 | 1 | 1 | 1 | 0 | 0 | 1 | 0 | 0 | 0 | 1 | 0 | 0 | 0 | 0 |
| 无锡城市职业技术学院 | 43 | 1 | 1 | 1 | 0 | 0 | 1 | 0 | 0 | 1 | 0 | 0 | 1 | 0 | 0 |
| 无锡工艺职业技术学院 | 44 | 0 | 0 | 0 | 0 | 0 | 0 | 0 | 0 | 0 | 0 | 0 | 0 | 0 | 0 |

续表

| 高校名称 | | 总计 | | 按职称划分 | | | | | | 按最后学历划分 | | | 按最后学位划分 | | 其他 |
|---|---|---|---|---|---|---|---|---|---|---|---|---|---|---|---|
| | | | 女性 | 小计 | 教授 | 副教授 | 讲师 | 助教 | 初级 | 研究生 | 本科生 | 其他 | 博士 | 硕士 | 人员 |
| | 编号 | L01 | L02 | L03 | L04 | L05 | L06 | L07 | L08 | L09 | L10 | L11 | L12 | L13 | L14 |
| 苏州健雄职业技术学院 | 45 | 3 | 2 | 3 | 0 | 0 | 3 | 0 | 0 | 0 | 3 | 0 | 0 | 0 | 0 |
| 盐城工业职业技术学院 | 46 | 2 | 1 | 2 | 0 | 1 | 0 | 1 | 0 | 2 | 0 | 0 | 0 | 2 | 0 |
| 江苏财经职业技术学院 | 47 | 1 | 1 | 1 | 0 | 1 | 0 | 0 | 0 | 1 | 0 | 0 | 0 | 1 | 0 |
| 扬州工业职业技术学院 | 48 | 1 | 1 | 1 | 0 | 0 | 1 | 0 | 0 | 1 | 0 | 0 | 0 | 1 | 0 |
| 江苏城市职业学院 | 49 | 4 | 4 | 4 | 0 | 1 | 2 | 1 | 0 | 2 | 2 | 0 | 0 | 4 | 0 |
| 南京城市职业学院 | 50 | 4 | 3 | 4 | 0 | 0 | 4 | 0 | 0 | 3 | 1 | 0 | 0 | 3 | 0 |
| 南京机电职业技术学院 | 51 | 1 | 1 | 1 | 0 | 0 | 1 | 0 | 0 | 0 | 1 | 0 | 0 | 0 | 0 |
| 南京旅游职业学院 | 52 | 1 | 1 | 1 | 0 | 0 | 1 | 0 | 0 | 0 | 1 | 0 | 0 | 1 | 0 |
| 江苏卫生健康职业学院 | 53 | 5 | 4 | 5 | 0 | 0 | 3 | 2 | 0 | 3 | 2 | 0 | 0 | 3 | 0 |
| 苏州信息职业技术学院 | 54 | 1 | 1 | 1 | 0 | 1 | 0 | 0 | 0 | 0 | 1 | 0 | 0 | 0 | 0 |
| 苏州工业园区服务外包职业学院 | 55 | 2 | 2 | 2 | 0 | 0 | 2 | 0 | 0 | 2 | 0 | 0 | 0 | 2 | 0 |
| 徐州幼儿师范高等专科学校 | 56 | 2 | 2 | 2 | 0 | 1 | 1 | 0 | 0 | 2 | 0 | 0 | 0 | 2 | 0 |
| 徐州生物工程职业技术学院 | 57 | 1 | 1 | 1 | 0 | 0 | 1 | 0 | 0 | 0 | 1 | 0 | 0 | 0 | 0 |
| 江苏商贸职业学院 | 58 | 4 | 4 | 4 | 0 | 0 | 0 | 4 | 0 | 4 | 0 | 0 | 0 | 4 | 0 |
| 南通师范高等专科学校 | 59 | 1 | 1 | 1 | 0 | 0 | 1 | 0 | 0 | 1 | 0 | 0 | 0 | 1 | 0 |
| 江苏护理职业学院 | 60 | 1 | 1 | 1 | 0 | 0 | 0 | 1 | 0 | 0 | 1 | 0 | 0 | 1 | 0 |
| 江苏财会职业学院 | 61 | 0 | 0 | 0 | 0 | 0 | 0 | 0 | 0 | 0 | 0 | 0 | 0 | 0 | 0 |
| 江苏城乡建设职业学院 | 62 | 2 | 2 | 2 | 0 | 0 | 0 | 2 | 0 | 2 | 0 | 0 | 0 | 2 | 0 |
| 江苏航空职业技术学院 | 63 | 1 | 1 | 1 | 0 | 0 | 0 | 1 | 0 | 1 | 0 | 0 | 0 | 1 | 0 |
| 江苏安全技术职业学院 | 64 | 0 | 0 | 0 | 0 | 0 | 0 | 0 | 0 | 0 | 0 | 0 | 0 | 0 | 0 |
| 江苏旅游职业学院 | 65 | 1 | 1 | 1 | 0 | 0 | 0 | 1 | 0 | 1 | 0 | 0 | 0 | 1 | 0 |

3.22　体育科学人文、社会科学活动人员情况表

| 高校名称 | | 总计 | | 按职称划分 | | | | | | 按最后学历划分 | | | 按最后学位划分 | | 其他 |
|---|---|---|---|---|---|---|---|---|---|---|---|---|---|---|---|
| | | | 女性 | 小计 | 教授 | 副教授 | 讲师 | 助教 | 初级 | 研究生 | 本科生 | 其他 | 博士 | 硕士 | 人员 |
| | 编号 | L01 | L02 | L03 | L04 | L05 | L06 | L07 | L08 | L09 | L10 | L11 | L12 | L13 | L14 |
| 合　计 | / | 1 007 | 330 | 1 007 | 37 | 388 | 441 | 140 | 1 | 299 | 706 | 2 | 3 | 462 | 0 |
| 盐城幼儿师范高等专科学校 | 1 | 31 | 10 | 31 | 0 | 16 | 7 | 8 | 0 | 8 | 23 | 0 | 0 | 12 | 0 |
| 苏州幼儿师范高等专科学校 | 2 | 9 | 3 | 9 | 2 | 2 | 4 | 1 | 0 | 6 | 3 | 0 | 0 | 8 | 0 |
| 无锡职业技术学院 | 3 | 21 | 5 | 21 | 2 | 5 | 8 | 6 | 0 | 11 | 10 | 0 | 1 | 12 | 0 |
| 江苏建筑职业技术学院 | 4 | 18 | 5 | 18 | 2 | 10 | 6 | 0 | 0 | 5 | 13 | 0 | 0 | 8 | 0 |
| 南京工业职业技术大学 | 5 | 19 | 9 | 19 | 1 | 5 | 10 | 3 | 0 | 6 | 13 | 0 | 0 | 11 | 0 |
| 江苏工程职业技术学院 | 6 | 11 | 4 | 11 | 0 | 5 | 6 | 0 | 0 | 4 | 7 | 0 | 0 | 5 | 0 |
| 苏州工艺美术职业技术学院 | 7 | 14 | 5 | 14 | 1 | 7 | 4 | 2 | 0 | 6 | 8 | 0 | 0 | 9 | 0 |
| 连云港职业技术学院 | 8 | 19 | 3 | 19 | 1 | 12 | 4 | 2 | 0 | 3 | 16 | 0 | 0 | 8 | 0 |
| 镇江市高等专科学校 | 9 | 22 | 7 | 22 | 1 | 11 | 9 | 1 | 0 | 1 | 21 | 0 | 0 | 7 | 0 |
| 南通职业大学 | 10 | 9 | 5 | 9 | 0 | 7 | 2 | 0 | 0 | 0 | 9 | 0 | 0 | 5 | 0 |
| 苏州职业大学 | 11 | 25 | 11 | 25 | 3 | 12 | 8 | 2 | 0 | 8 | 17 | 0 | 0 | 14 | 0 |
| 沙洲职业工学院 | 12 | 10 | 2 | 10 | 0 | 6 | 2 | 2 | 0 | 2 | 8 | 0 | 0 | 2 | 0 |
| 扬州市职业大学 | 13 | 45 | 16 | 45 | 4 | 18 | 20 | 3 | 0 | 8 | 37 | 0 | 1 | 12 | 0 |
| 连云港师范高等专科学校 | 14 | 32 | 11 | 32 | 3 | 19 | 7 | 3 | 0 | 6 | 26 | 0 | 0 | 10 | 0 |
| 江苏经贸职业技术学院 | 15 | 28 | 9 | 28 | 1 | 9 | 18 | 0 | 0 | 16 | 12 | 0 | 0 | 20 | 0 |
| 泰州职业技术学院 | 16 | 12 | 4 | 12 | 0 | 9 | 2 | 1 | 0 | 3 | 9 | 0 | 0 | 6 | 0 |
| 常州信息职业技术学院 | 17 | 18 | 5 | 18 | 0 | 9 | 8 | 1 | 0 | 7 | 11 | 0 | 0 | 10 | 0 |
| 江苏海事职业技术学院 | 18 | 20 | 9 | 20 | 0 | 8 | 12 | 0 | 0 | 1 | 19 | 0 | 0 | 2 | 0 |
| 无锡科技职业学院 | 19 | 11 | 5 | 11 | 0 | 2 | 3 | 6 | 0 | 0 | 11 | 0 | 0 | 3 | 0 |
| 江苏医药职业学院 | 20 | 12 | 3 | 12 | 0 | 2 | 4 | 6 | 0 | 7 | 5 | 0 | 0 | 8 | 0 |

续表

| 高校名称 | 编号 | 总计 | 女性 | 小计 | 教授 | 副教授 | 讲师 | 助教 | 初级 | 研究生 | 本科生 | 其他 | 博士 | 硕士 | 其他人员 |
|---|---|---|---|---|---|---|---|---|---|---|---|---|---|---|---|
| | | | | 按职称划分 | | | | | | 按最后学历划分 | | | 按最后学位划分 | | |
| | | L01 | L02 | L03 | L04 | L05 | L06 | L07 | L08 | L09 | L10 | L11 | L12 | L13 | L14 |
| 南通科技职业学院 | 21 | 9 | 2 | 9 | 0 | 2 | 6 | 1 | 0 | 1 | 8 | 0 | 0 | 1 | 0 |
| 苏州经贸职业技术学院 | 22 | 14 | 4 | 14 | 0 | 7 | 6 | 1 | 0 | 8 | 6 | 0 | 0 | 8 | 0 |
| 苏州工业职业技术学院 | 23 | 18 | 5 | 18 | 1 | 5 | 9 | 3 | 0 | 1 | 17 | 0 | 0 | 7 | 0 |
| 苏州卫生职业技术学院 | 24 | 16 | 9 | 16 | 0 | 7 | 9 | 0 | 0 | 5 | 11 | 0 | 0 | 7 | 0 |
| 无锡商业职业技术学院 | 25 | 15 | 4 | 15 | 0 | 5 | 10 | 0 | 0 | 4 | 11 | 0 | 0 | 7 | 0 |
| 江苏航运职业技术学院 | 26 | 12 | 1 | 12 | 0 | 2 | 10 | 0 | 0 | 6 | 6 | 0 | 0 | 8 | 0 |
| 南京交通职业技术学院 | 27 | 18 | 5 | 18 | 0 | 10 | 7 | 1 | 0 | 2 | 16 | 0 | 0 | 7 | 0 |
| 江苏电子信息职业学院 | 28 | 17 | 4 | 17 | 1 | 3 | 10 | 3 | 0 | 3 | 13 | 1 | 0 | 16 | 0 |
| 江苏农牧科技职业学院 | 29 | 4 | 2 | 4 | 0 | 2 | 2 | 0 | 0 | 1 | 3 | 0 | 0 | 1 | 0 |
| 常州纺织服装职业技术学院 | 30 | 15 | 4 | 15 | 1 | 4 | 9 | 1 | 0 | 3 | 12 | 0 | 1 | 4 | 0 |
| 苏州农业职业技术学院 | 31 | 9 | 6 | 9 | 0 | 5 | 3 | 1 | 0 | 0 | 9 | 0 | 0 | 5 | 0 |
| 南京科技职业学院 | 32 | 17 | 5 | 17 | 0 | 8 | 9 | 0 | 0 | 5 | 12 | 0 | 0 | 7 | 0 |
| 常州工业职业技术学院 | 33 | 16 | 5 | 16 | 0 | 4 | 9 | 3 | 0 | 2 | 14 | 0 | 0 | 4 | 0 |
| 常州工程职业技术学院 | 34 | 12 | 3 | 12 | 0 | 3 | 7 | 2 | 0 | 2 | 10 | 0 | 0 | 2 | 0 |
| 江苏农林职业技术学院 | 35 | 7 | 2 | 7 | 0 | 0 | 4 | 3 | 0 | 2 | 5 | 0 | 0 | 4 | 0 |
| 江苏食品药品职业技术学院 | 36 | 12 | 3 | 12 | 0 | 4 | 8 | 0 | 0 | 1 | 11 | 0 | 0 | 2 | 0 |
| 南京铁道职业技术学院 | 37 | 11 | 8 | 11 | 0 | 3 | 8 | 0 | 0 | 9 | 2 | 0 | 0 | 9 | 0 |
| 徐州工业职业技术学院 | 38 | 17 | 6 | 17 | 2 | 9 | 4 | 2 | 0 | 4 | 13 | 0 | 0 | 10 | 0 |
| 江苏信息职业技术学院 | 39 | 12 | 2 | 12 | 1 | 3 | 8 | 0 | 0 | 1 | 11 | 0 | 0 | 3 | 0 |
| 南京信息职业技术学院 | 40 | 19 | 7 | 19 | 2 | 7 | 7 | 3 | 0 | 7 | 12 | 0 | 0 | 12 | 0 |
| 常州机电职业技术学院 | 41 | 6 | 2 | 6 | 0 | 1 | 5 | 0 | 0 | 5 | 1 | 0 | 0 | 4 | 0 |

| | | | | | | | | | | | | | | | |
|---|---|---|---|---|---|---|---|---|---|---|---|---|---|---|---|
| 江阴职业技术学院 | 42 | 23 | 7 | 23 | 1 | 14 | 7 | 1 | 0 | 0 | 23 | 0 | 0 | 9 | 0 |
| 无锡城市职业技术学院 | 43 | 20 | 7 | 20 | 0 | 11 | 6 | 3 | 0 | 5 | 15 | 0 | 0 | 8 | 0 |
| 无锡工艺职业技术学院 | 44 | 13 | 3 | 13 | 0 | 4 | 8 | 1 | 0 | 7 | 6 | 0 | 0 | 9 | 0 |
| 苏州健雄职业技术学院 | 45 | 9 | 3 | 9 | 0 | 4 | 3 | 2 | 0 | 2 | 7 | 0 | 0 | 2 | 0 |
| 盐城工业职业技术学院 | 46 | 13 | 3 | 13 | 1 | 6 | 2 | 4 | 0 | 5 | 8 | 0 | 0 | 5 | 0 |
| 江苏财经职业技术学院 | 47 | 20 | 6 | 20 | 2 | 9 | 6 | 3 | 0 | 4 | 16 | 0 | 0 | 9 | 0 |
| 扬州工业职业技术学院 | 48 | 25 | 5 | 25 | 0 | 9 | 8 | 8 | 0 | 12 | 13 | 0 | 0 | 12 | 0 |
| 江苏城市职业学院 | 49 | 11 | 4 | 11 | 0 | 6 | 3 | 2 | 0 | 5 | 6 | 0 | 0 | 9 | 0 |
| 南京城市职业学院 | 50 | 9 | 4 | 9 | 0 | 1 | 7 | 1 | 0 | 8 | 1 | 0 | 0 | 8 | 0 |
| 南京机电职业技术学院 | 51 | 16 | 8 | 16 | 0 | 1 | 9 | 6 | 0 | 3 | 13 | 0 | 0 | 6 | 0 |
| 南京旅游职业学院 | 52 | 15 | 6 | 15 | 0 | 3 | 7 | 5 | 0 | 6 | 9 | 0 | 0 | 8 | 0 |
| 江苏卫生健康职业学院 | 53 | 9 | 2 | 9 | 0 | 3 | 3 | 3 | 0 | 5 | 4 | 0 | 0 | 6 | 0 |
| 苏州信息职业技术学院 | 54 | 8 | 3 | 8 | 0 | 3 | 4 | 0 | 1 | 1 | 7 | 0 | 0 | 1 | 0 |
| 苏州工业园区服务外包职业学院 | 55 | 10 | 3 | 10 | 0 | 3 | 7 | 0 | 0 | 10 | 0 | 0 | 0 | 10 | 0 |
| 徐州幼儿师范高等专科学校 | 56 | 9 | 1 | 9 | 1 | 3 | 4 | 1 | 0 | 1 | 8 | 0 | 0 | 2 | 0 |
| 徐州生物工程职业技术学院 | 57 | 12 | 4 | 12 | 1 | 2 | 4 | 5 | 0 | 1 | 11 | 0 | 0 | 3 | 0 |
| 江苏商贸职业学院 | 58 | 13 | 7 | 13 | 0 | 5 | 7 | 1 | 0 | 0 | 13 | 0 | 0 | 3 | 0 |
| 南通师范高等专科学校 | 59 | 24 | 9 | 24 | 2 | 12 | 9 | 1 | 0 | 6 | 18 | 0 | 0 | 9 | 0 |
| 江苏护理职业学院 | 60 | 13 | 5 | 13 | 0 | 2 | 3 | 8 | 0 | 7 | 6 | 0 | 0 | 7 | 0 |
| 江苏财会职业学院 | 61 | 16 | 5 | 16 | 0 | 4 | 11 | 1 | 0 | 0 | 16 | 0 | 0 | 4 | 0 |
| 江苏城乡建设职业学院 | 62 | 19 | 4 | 19 | 0 | 7 | 6 | 6 | 0 | 8 | 11 | 0 | 0 | 9 | 0 |
| 江苏航空职业技术学院 | 63 | 6 | 0 | 6 | 0 | 0 | 4 | 2 | 0 | 1 | 4 | 1 | 0 | 1 | 0 |
| 江苏安全技术职业学院 | 64 | 11 | 3 | 11 | 0 | 2 | 8 | 1 | 0 | 4 | 7 | 0 | 0 | 5 | 0 |
| 江苏旅游职业学院 | 65 | 21 | 8 | 21 | 0 | 6 | 11 | 4 | 0 | 18 | 3 | 0 | 0 | 17 | 0 |

## 4. 民办及中外合作办学高等学校人文、社会科学活动人员情况表

| 高校名称 | | 总计 | | 按职称划分 | | | | | | 按最后学历划分 | | | 按最后学位划分 | | 其他人员 |
|---|---|---|---|---|---|---|---|---|---|---|---|---|---|---|---|
| | | | 女性 | 小计 | 教授 | 副教授 | 讲师 | 助教 | 初级 | 研究生 | 本科生 | 其他 | 博士 | 硕士 | |
| | 编号 | L01 | L02 | L03 | L04 | L05 | L06 | L07 | L08 | L09 | L10 | L11 | L12 | L13 | L14 |
| 合　计 | / | 4 | 4 812 | 7 120 | 197 | 1 317 | 3 775 | 1 747 | 84 | 4 772 | 2 325 | 23 | 467 | 5 037 | 3 |
| 管理学 | 1 | 1 456 | 940 | 1 456 | 41 | 272 | 736 | 379 | 28 | 938 | 510 | 8 | 95 | 972 | 0 |
| 马克思主义 | 2 | 279 | 192 | 279 | 1 | 72 | 143 | 56 | 7 | 215 | 64 | 0 | 9 | 229 | 0 |
| 哲学 | 3 | 106 | 74 | 106 | 4 | 17 | 53 | 32 | 0 | 99 | 7 | 0 | 20 | 81 | 0 |
| 逻辑学 | 4 | 5 | 3 | 5 | 0 | 1 | 2 | 1 | 1 | 5 | 0 | 0 | 0 | 5 | 0 |
| 宗教学 | 5 | 2 | 0 | 2 | 1 | 0 | 1 | 0 | 0 | 2 | 0 | 0 | 2 | 0 | 0 |
| 语言学 | 6 | 1 045 | 875 | 1 043 | 12 | 201 | 686 | 139 | 5 | 698 | 344 | 1 | 51 | 775 | 2 |
| 中国文学 | 7 | 158 | 102 | 158 | 8 | 44 | 78 | 26 | 2 | 122 | 35 | 1 | 26 | 105 | 0 |
| 外国文学 | 8 | 200 | 157 | 200 | 4 | 18 | 136 | 42 | 0 | 154 | 46 | 0 | 13 | 152 | 0 |
| 艺术学 | 9 | 1 241 | 786 | 1 240 | 33 | 201 | 581 | 424 | 1 | 783 | 450 | 7 | 19 | 936 | 1 |
| 历史学 | 10 | 45 | 16 | 45 | 2 | 8 | 24 | 11 | 0 | 37 | 8 | 0 | 14 | 25 | 0 |
| 考古学 | 11 | 4 | 3 | 4 | 0 | 0 | 1 | 3 | 0 | 4 | 0 | 0 | 0 | 4 | 0 |
| 经济学 | 12 | 842 | 627 | 842 | 49 | 165 | 396 | 229 | 3 | 681 | 161 | 0 | 110 | 605 | 0 |
| 政治学 | 13 | 53 | 26 | 53 | 3 | 7 | 29 | 14 | 0 | 47 | 6 | 0 | 17 | 31 | 0 |
| 法学 | 14 | 145 | 96 | 145 | 4 | 34 | 71 | 35 | 1 | 98 | 47 | 0 | 11 | 107 | 0 |
| 社会学 | 15 | 124 | 75 | 124 | 3 | 16 | 79 | 20 | 6 | 83 | 38 | 3 | 22 | 62 | 0 |
| 民族学与文化学 | 16 | 4 | 2 | 4 | 0 | 1 | 2 | 1 | 0 | 3 | 1 | 0 | 0 | 3 | 0 |
| 新闻学与传播学 | 17 | 179 | 122 | 179 | 7 | 36 | 92 | 43 | 1 | 127 | 52 | 0 | 20 | 124 | 0 |
| 图书馆、情报与文献学 | 18 | 153 | 105 | 153 | 4 | 16 | 90 | 26 | 17 | 37 | 114 | 2 | 3 | 43 | 0 |
| 教育学 | 19 | 628 | 417 | 628 | 14 | 102 | 356 | 147 | 9 | 405 | 222 | 1 | 26 | 469 | 0 |
| 统计学 | 20 | 17 | 10 | 17 | 1 | 3 | 7 | 6 | 0 | 14 | 3 | 0 | 0 | 14 | 0 |
| 心理学 | 21 | 66 | 56 | 66 | 4 | 8 | 40 | 13 | 1 | 49 | 17 | 0 | 5 | 49 | 0 |
| 体育科学 | 22 | 371 | 128 | 371 | 2 | 95 | 172 | 100 | 2 | 171 | 200 | 0 | 4 | 246 | 0 |

## 4.1 管理学人文、社会科学活动人员情况表

| 高校名称 | | 总计 | | 按职称划分 | | | | | | 按最后学历划分 | | | 按最后学位划分 | | 其他 |
|---|---|---|---|---|---|---|---|---|---|---|---|---|---|---|---|
| | | | 女性 | 小计 | 教授 | 副教授 | 讲师 | 助教 | 初级 | 研究生 | 本科生 | 其他 | 博士 | 硕士 | 人员 |
| | 编号 | L01 | L02 | L03 | L04 | L05 | L06 | L07 | L08 | L09 | L10 | L11 | L12 | L13 | L14 |
| 合　计 | / | 1 456 | 940 | 1 456 | 41 | 272 | 736 | 379 | 28 | 938 | 510 | 8 | 95 | 972 | 0 |
| 明达职业技术学院 | 1 | 2 | 1 | 2 | 0 | 0 | 2 | 0 | 0 | 0 | 2 | 0 | 0 | 0 | 0 |
| 三江学院 | 2 | 60 | 44 | 60 | 5 | 27 | 22 | 6 | 0 | 41 | 19 | 0 | 5 | 48 | 0 |
| 九州职业技术学院 | 3 | 49 | 31 | 49 | 2 | 3 | 18 | 26 | 0 | 18 | 31 | 0 | 0 | 20 | 0 |
| 南通理工学院 | 4 | 71 | 44 | 71 | 5 | 11 | 35 | 20 | 0 | 44 | 27 | 0 | 2 | 57 | 0 |
| 硅湖职业技术学院 | 5 | 22 | 14 | 22 | 0 | 6 | 4 | 12 | 0 | 11 | 11 | 0 | 0 | 14 | 0 |
| 应天职业技术学院 | 6 | 16 | 11 | 16 | 0 | 5 | 11 | 0 | 0 | 8 | 8 | 0 | 0 | 10 | 0 |
| 苏州托普信息职业技术学院 | 7 | 31 | 22 | 31 | 0 | 1 | 15 | 15 | 0 | 9 | 22 | 0 | 0 | 9 | 0 |
| 东南大学成贤学院 | 8 | 27 | 17 | 27 | 2 | 2 | 22 | 1 | 0 | 14 | 13 | 0 | 1 | 13 | 0 |
| 苏州工业园区职业技术学院 | 9 | 37 | 25 | 37 | 1 | 12 | 24 | 0 | 0 | 16 | 21 | 0 | 0 | 23 | 0 |
| 太湖创意职业技术学院 | 10 | 2 | 0 | 2 | 0 | 0 | 1 | 1 | 0 | 1 | 1 | 0 | 0 | 1 | 0 |
| 炎黄职业技术学院 | 11 | 11 | 8 | 11 | 0 | 2 | 9 | 0 | 0 | 2 | 9 | 0 | 0 | 6 | 0 |
| 正德职业技术学院 | 12 | 24 | 14 | 24 | 1 | 2 | 16 | 4 | 1 | 11 | 13 | 0 | 0 | 12 | 0 |
| 钟山职业技术学院 | 13 | 7 | 4 | 7 | 0 | 3 | 4 | 0 | 0 | 1 | 6 | 0 | 0 | 6 | 0 |
| 无锡南洋职业技术学院 | 14 | 58 | 38 | 58 | 0 | 15 | 33 | 2 | 8 | 11 | 45 | 2 | 0 | 16 | 0 |
| 江南影视艺术职业学院 | 15 | 14 | 12 | 14 | 1 | 1 | 2 | 10 | 0 | 10 | 4 | 0 | 1 | 9 | 0 |
| 金肯职业技术学院 | 16 | 11 | 9 | 11 | 0 | 0 | 10 | 1 | 0 | 6 | 5 | 0 | 0 | 9 | 0 |
| 建东职业技术学院 | 17 | 10 | 5 | 10 | 0 | 2 | 6 | 2 | 0 | 1 | 9 | 0 | 0 | 3 | 0 |
| 宿迁职业技术学院 | 18 | 6 | 3 | 6 | 1 | 0 | 2 | 3 | 0 | 1 | 4 | 1 | 0 | 1 | 0 |
| 江海职业技术学院 | 19 | 42 | 26 | 42 | 0 | 12 | 26 | 4 | 0 | 10 | 32 | 0 | 0 | 17 | 0 |
| 无锡太湖学院 | 20 | 102 | 74 | 102 | 0 | 23 | 50 | 29 | 0 | 76 | 26 | 0 | 0 | 83 | 0 |
| 中国矿业大学徐海学院 | 21 | 17 | 11 | 17 | 0 | 3 | 11 | 2 | 1 | 15 | 2 | 0 | 2 | 14 | 0 |
| 南京大学金陵学院 | 22 | 3 | 1 | 3 | 0 | 1 | 1 | 1 | 0 | 2 | 1 | 0 | 0 | 2 | 0 |
| 南京理工大学紫金学院 | 23 | 51 | 35 | 51 | 1 | 14 | 29 | 7 | 0 | 35 | 16 | 0 | 1 | 38 | 0 |
| 南京航空航天大学金城学院 | 24 | 31 | 21 | 31 | 0 | 2 | 19 | 10 | 0 | 17 | 14 | 0 | 0 | 22 | 0 |
| 南京传媒学院 | 25 | 30 | 23 | 30 | 0 | 7 | 16 | 7 | 0 | 21 | 9 | 0 | 0 | 24 | 0 |
| 金山职业技术学院 | 26 | 6 | 4 | 6 | 0 | 1 | 1 | 4 | 0 | 1 | 5 | 0 | 0 | 1 | 0 |

续表

| 高校名称 | | 总计 | | 按职称划分 | | | | | | 按最后学历划分 | | | 按最后学位划分 | | 其他 |
|---|---|---|---|---|---|---|---|---|---|---|---|---|---|---|---|
| | | | 女性 | 小计 | 教授 | 副教授 | 讲师 | 助教 | 初级 | 研究生 | 本科生 | 其他 | 博士 | 硕士 | 人员 |
| | 编号 | L01 | L02 | L03 | L04 | L05 | L06 | L07 | L08 | L09 | L10 | L11 | L12 | L13 | L14 |
| 南京理工大学泰州科技学院 | 27 | 24 | 12 | 24 | 0 | 7 | 13 | 4 | 0 | 13 | 11 | 0 | 0 | 17 | 0 |
| 南京师范大学泰州学院 | 28 | 10 | 7 | 10 | 0 | 3 | 3 | 4 | 0 | 10 | 0 | 0 | 1 | 9 | 0 |
| 南京工业大学浦江学院 | 29 | 40 | 23 | 40 | 1 | 5 | 21 | 13 | 0 | 29 | 7 | 4 | 5 | 25 | 0 |
| 南京师范大学中北学院 | 30 | 15 | 15 | 15 | 0 | 1 | 10 | 4 | 0 | 15 | 0 | 0 | 0 | 15 | 0 |
| 苏州百年职业学院 | 31 | 15 | 12 | 15 | 0 | 1 | 10 | 4 | 0 | 15 | 0 | 0 | 0 | 15 | 0 |
| 昆山登云科技职业学院 | 32 | 45 | 26 | 45 | 1 | 5 | 14 | 25 | 0 | 21 | 24 | 0 | 1 | 22 | 0 |
| 南京视觉艺术职业学院 | 33 | 1 | 1 | 1 | 0 | 1 | 0 | 0 | 0 | 1 | 0 | 0 | 0 | 1 | 0 |
| 南京医科大学康达学院 | 34 | 9 | 4 | 9 | 0 | 0 | 5 | 4 | 0 | 8 | 1 | 0 | 0 | 8 | 0 |
| 南京中医药大学翰林学院 | 35 | 26 | 15 | 26 | 0 | 1 | 25 | 0 | 0 | 17 | 9 | 0 | 0 | 17 | 0 |
| 南京信息工程大学滨江学院 | 36 | 37 | 16 | 37 | 2 | 3 | 21 | 6 | 5 | 30 | 7 | 0 | 4 | 29 | 0 |
| 苏州大学文正学院 | 37 | 58 | 29 | 58 | 1 | 8 | 35 | 14 | 0 | 40 | 18 | 0 | 1 | 44 | 0 |
| 苏州大学应用技术学院 | 38 | 36 | 25 | 36 | 3 | 9 | 15 | 9 | 0 | 25 | 11 | 0 | 1 | 29 | 0 |
| 苏州科技大学天平学院 | 39 | 9 | 7 | 9 | 0 | 2 | 4 | 3 | 0 | 8 | 1 | 0 | 0 | 8 | 0 |
| 江苏大学京江学院 | 40 | 8 | 8 | 8 | 0 | 0 | 6 | 2 | 0 | 8 | 0 | 0 | 0 | 8 | 0 |
| 扬州大学广陵学院 | 41 | 17 | 11 | 17 | 0 | 4 | 9 | 4 | 0 | 14 | 3 | 0 | 0 | 16 | 0 |
| 江苏师范大学科文学院 | 42 | 21 | 15 | 21 | 0 | 2 | 6 | 12 | 1 | 18 | 3 | 0 | 0 | 20 | 0 |
| 南京邮电大学通达学院 | 43 | 9 | 9 | 9 | 0 | 2 | 3 | 4 | 0 | 8 | 1 | 0 | 0 | 8 | 0 |
| 南京财经大学红山学院 | 44 | 45 | 38 | 45 | 0 | 3 | 5 | 37 | 0 | 44 | 1 | 0 | 0 | 43 | 0 |
| 江苏科技大学苏州理工学院 | 45 | 21 | 11 | 21 | 0 | 4 | 15 | 2 | 0 | 18 | 3 | 0 | 4 | 14 | 0 |
| 常州大学怀德学院 | 46 | 24 | 15 | 24 | 2 | 2 | 8 | 12 | 0 | 23 | 1 | 0 | 2 | 21 | 0 |
| 南通大学杏林学院 | 47 | 32 | 18 | 32 | 0 | 7 | 22 | 3 | 0 | 23 | 9 | 0 | 0 | 26 | 0 |
| 南京审计大学金审学院 | 48 | 32 | 26 | 32 | 2 | 10 | 12 | 8 | 0 | 26 | 6 | 0 | 2 | 26 | 0 |
| 宿迁学院 | 49 | 44 | 23 | 44 | 1 | 10 | 28 | 5 | 0 | 36 | 8 | 0 | 1 | 42 | 0 |
| 苏州高博软件技术职业学院 | 50 | 27 | 23 | 27 | 0 | 6 | 14 | 7 | 0 | 14 | 13 | 0 | 0 | 17 | 0 |
| 宿迁泽达职业技术学院 | 51 | 3 | 2 | 3 | 0 | 0 | 3 | 0 | 0 | 1 | 2 | 0 | 0 | 1 | 0 |
| 扬州中瑞酒店职业学院 | 52 | 8 | 5 | 8 | 0 | 0 | 2 | 5 | 1 | 1 | 6 | 1 | 0 | 2 | 0 |
| 西交利物浦大学 | 53 | 84 | 40 | 84 | 4 | 17 | 35 | 17 | 11 | 75 | 9 | 0 | 50 | 27 | 0 |
| 昆山杜克大学 | 54 | 16 | 7 | 16 | 5 | 4 | 3 | 4 | 0 | 15 | 1 | 0 | 11 | 4 | 0 |

## 4.2 马克思主义人文、社会科学活动人员情况表

| 高校名称 | | 总计 | | 按职称划分 | | | | | | 按最后学历划分 | | | 按最后学位划分 | | 其他 |
|---|---|---|---|---|---|---|---|---|---|---|---|---|---|---|---|
| | | | 女性 | 小计 | 教授 | 副教授 | 讲师 | 助教 | 初级 | 研究生 | 本科生 | 其他 | 博士 | 硕士 | 人员 |
| | 编号 | L01 | L02 | L03 | L04 | L05 | L06 | L07 | L08 | L09 | L10 | L11 | L12 | L13 | L14 |
| 合　计 | / | 279 | 192 | 279 | 1 | 72 | 143 | 56 | 7 | 215 | 64 | 0 | 9 | 229 | 0 |
| 明达职业技术学院 | 1 | 0 | 0 | 0 | 0 | 0 | 0 | 0 | 0 | 0 | 0 | 0 | 0 | 0 | 0 |
| 三江学院 | 2 | 39 | 28 | 39 | 0 | 10 | 23 | 6 | 0 | 21 | 18 | 0 | 1 | 28 | 0 |
| 九州职业技术学院 | 3 | 2 | 2 | 2 | 0 | 1 | 1 | 0 | 0 | 1 | 1 | 0 | 0 | 1 | 0 |
| 南通理工学院 | 4 | 7 | 6 | 7 | 0 | 4 | 1 | 2 | 0 | 6 | 1 | 0 | 0 | 6 | 0 |
| 硅湖职业技术学院 | 5 | 2 | 2 | 2 | 0 | 0 | 0 | 2 | 0 | 1 | 1 | 0 | 0 | 1 | 0 |
| 应天职业技术学院 | 6 | 6 | 5 | 6 | 0 | 0 | 5 | 1 | 0 | 5 | 1 | 0 | 0 | 6 | 0 |
| 苏州托普信息职业技术学院 | 7 | 0 | 0 | 0 | 0 | 0 | 0 | 0 | 0 | 0 | 0 | 0 | 0 | 0 | 0 |
| 东南大学成贤学院 | 8 | 2 | 2 | 2 | 0 | 0 | 2 | 0 | 0 | 1 | 1 | 0 | 0 | 1 | 0 |
| 苏州工业园区职业技术学院 | 9 | 1 | 0 | 1 | 0 | 0 | 1 | 0 | 0 | 0 | 1 | 0 | 0 | 0 | 0 |
| 太湖创意职业技术学院 | 10 | 2 | 0 | 2 | 0 | 0 | 1 | 1 | 0 | 1 | 1 | 0 | 0 | 1 | 0 |
| 炎黄职业技术学院 | 11 | 1 | 1 | 1 | 0 | 0 | 1 | 0 | 0 | 0 | 1 | 0 | 0 | 1 | 0 |
| 正德职业技术学院 | 12 | 5 | 2 | 5 | 0 | 1 | 2 | 1 | 1 | 2 | 3 | 0 | 0 | 4 | 0 |
| 钟山职业技术学院 | 13 | 5 | 4 | 5 | 0 | 4 | 1 | 0 | 0 | 3 | 2 | 0 | 1 | 4 | 0 |
| 无锡南洋职业技术学院 | 14 | 1 | 1 | 1 | 0 | 0 | 1 | 0 | 0 | 0 | 1 | 0 | 0 | 0 | 0 |
| 江南影视艺术职业学院 | 15 | 2 | 2 | 2 | 0 | 0 | 1 | 1 | 0 | 1 | 1 | 0 | 0 | 1 | 0 |
| 金肯职业技术学院 | 16 | 7 | 6 | 7 | 0 | 0 | 6 | 1 | 0 | 4 | 3 | 0 | 0 | 6 | 0 |
| 建东职业技术学院 | 17 | 3 | 3 | 3 | 0 | 3 | 0 | 0 | 0 | 1 | 2 | 0 | 0 | 2 | 0 |
| 宿迁职业技术学院 | 18 | 1 | 1 | 1 | 0 | 0 | 1 | 0 | 0 | 1 | 0 | 0 | 0 | 1 | 0 |
| 江海职业技术学院 | 19 | 6 | 5 | 6 | 0 | 4 | 2 | 0 | 0 | 4 | 2 | 0 | 0 | 5 | 0 |
| 无锡太湖学院 | 20 | 21 | 20 | 21 | 0 | 3 | 7 | 11 | 0 | 19 | 2 | 0 | 0 | 19 | 0 |
| 中国矿业大学徐海学院 | 21 | 3 | 1 | 3 | 0 | 1 | 2 | 0 | 0 | 2 | 1 | 0 | 0 | 3 | 0 |
| 南京大学金陵学院 | 22 | 4 | 0 | 4 | 0 | 1 | 3 | 0 | 0 | 4 | 0 | 0 | 0 | 4 | 0 |
| 南京理工大学紫金学院 | 23 | 6 | 5 | 6 | 0 | 3 | 2 | 1 | 0 | 5 | 1 | 0 | 1 | 4 | 0 |
| 南京航空航天大学金城学院 | 24 | 11 | 10 | 11 | 0 | 2 | 7 | 2 | 0 | 10 | 1 | 0 | 0 | 10 | 0 |
| 南京传媒学院 | 25 | 6 | 3 | 6 | 0 | 2 | 2 | 2 | 0 | 6 | 0 | 0 | 0 | 6 | 0 |
| 金山职业技术学院 | 26 | 1 | 0 | 1 | 1 | 0 | 0 | 0 | 0 | 0 | 1 | 0 | 0 | 0 | 0 |

续表

| 高校名称 | | 总计 | | 按职称划分 | | | | | | 按最后学历划分 | | | 按最后学位划分 | | 其他人员 |
|---|---|---|---|---|---|---|---|---|---|---|---|---|---|---|---|
| | | | 女性 | 小计 | 教授 | 副教授 | 讲师 | 助教 | 初级 | 研究生 | 本科生 | 其他 | 博士 | 硕士 | |
| | 编号 | L01 | L02 | L03 | L04 | L05 | L06 | L07 | L08 | L09 | L10 | L11 | L12 | L13 | L14 |
| 南京理工大学泰州科技学院 | 27 | 6 | 5 | 6 | 0 | 1 | 5 | 0 | 0 | 3 | 3 | 0 | 0 | 4 | 0 |
| 南京师范大学泰州学院 | 28 | 5 | 3 | 5 | 0 | 3 | 2 | 0 | 0 | 5 | 0 | 0 | 0 | 5 | 0 |
| 南京工业大学浦江学院 | 29 | 1 | 1 | 1 | 0 | 0 | 1 | 0 | 0 | 1 | 0 | 0 | 0 | 1 | 0 |
| 南京师范大学中北学院 | 30 | 7 | 6 | 7 | 0 | 1 | 6 | 0 | 0 | 7 | 0 | 0 | 0 | 7 | 0 |
| 苏州百年职业学院 | 31 | 3 | 2 | 3 | 0 | 2 | 1 | 0 | 0 | 3 | 0 | 0 | 0 | 3 | 0 |
| 昆山登云科技职业学院 | 32 | 3 | 3 | 3 | 0 | 0 | 2 | 1 | 0 | 2 | 1 | 0 | 0 | 2 | 0 |
| 南京视觉艺术职业学院 | 33 | 1 | 0 | 1 | 0 | 1 | 0 | 0 | 0 | 0 | 1 | 0 | 0 | 0 | 0 |
| 南京医科大学康达学院 | 34 | 10 | 6 | 10 | 0 | 1 | 3 | 6 | 0 | 10 | 0 | 0 | 0 | 10 | 0 |
| 南京中医药大学翰林学院 | 35 | 5 | 2 | 5 | 0 | 1 | 4 | 0 | 0 | 5 | 0 | 0 | 1 | 4 | 0 |
| 南京信息工程大学滨江学院 | 36 | 12 | 9 | 12 | 0 | 2 | 1 | 3 | 6 | 12 | 0 | 0 | 1 | 11 | 0 |
| 苏州大学文正学院 | 37 | 16 | 5 | 16 | 0 | 4 | 10 | 2 | 0 | 12 | 4 | 0 | 2 | 10 | 0 |
| 苏州大学应用技术学院 | 38 | 1 | 1 | 1 | 0 | 0 | 1 | 0 | 0 | 0 | 1 | 0 | 0 | 1 | 0 |
| 苏州科技大学天平学院 | 39 | 1 | 1 | 1 | 0 | 0 | 0 | 1 | 0 | 1 | 0 | 0 | 0 | 1 | 0 |
| 江苏大学京江学院 | 40 | 0 | 0 | 0 | 0 | 0 | 0 | 0 | 0 | 0 | 0 | 0 | 0 | 0 | 0 |
| 扬州大学广陵学院 | 41 | 8 | 4 | 8 | 0 | 3 | 4 | 1 | 0 | 7 | 1 | 0 | 0 | 7 | 0 |
| 江苏师范大学科文学院 | 42 | 4 | 1 | 4 | 0 | 1 | 3 | 0 | 0 | 2 | 2 | 0 | 0 | 2 | 0 |
| 南京邮电大学通达学院 | 43 | 3 | 1 | 3 | 0 | 2 | 1 | 0 | 0 | 2 | 1 | 0 | 0 | 3 | 0 |
| 南京财经大学红山学院 | 44 | 15 | 10 | 15 | 0 | 0 | 10 | 5 | 0 | 15 | 0 | 0 | 0 | 15 | 0 |
| 江苏科技大学苏州理工学院 | 45 | 1 | 1 | 1 | 0 | 0 | 1 | 0 | 0 | 1 | 0 | 0 | 1 | 0 | 0 |
| 常州大学怀德学院 | 46 | 4 | 1 | 4 | 0 | 2 | 1 | 1 | 0 | 4 | 0 | 0 | 0 | 4 | 0 |
| 南通大学杏林学院 | 47 | 8 | 8 | 8 | 0 | 0 | 8 | 0 | 0 | 8 | 0 | 0 | 0 | 7 | 0 |
| 南京审计大学金审学院 | 48 | 4 | 4 | 4 | 0 | 2 | 0 | 2 | 0 | 4 | 0 | 0 | 0 | 4 | 0 |
| 宿迁学院 | 49 | 11 | 7 | 11 | 0 | 5 | 6 | 0 | 0 | 9 | 2 | 0 | 0 | 11 | 0 |
| 苏州高博软件技术职业学院 | 50 | 2 | 0 | 2 | 0 | 2 | 0 | 0 | 0 | 2 | 0 | 0 | 0 | 2 | 0 |
| 宿迁泽达职业技术学院 | 51 | 2 | 1 | 2 | 0 | 0 | 0 | 2 | 0 | 0 | 2 | 0 | 0 | 0 | 0 |
| 扬州中瑞酒店职业学院 | 52 | 0 | 0 | 0 | 0 | 0 | 0 | 0 | 0 | 0 | 0 | 0 | 0 | 0 | 0 |
| 西交利物浦大学 | 53 | 2 | 1 | 2 | 0 | 0 | 1 | 1 | 0 | 2 | 0 | 0 | 1 | 1 | 0 |
| 昆山杜克大学 | 54 | 0 | 0 | 0 | 0 | 0 | 0 | 0 | 0 | 0 | 0 | 0 | 0 | 0 | 0 |

## 4.3 哲学人文、社会科学活动人员情况表

| 高校名称 | | 总计 | | 按职称划分 | | | | | | 按最后学历划分 | | | 按最后学位划分 | | 其他 |
|---|---|---|---|---|---|---|---|---|---|---|---|---|---|---|---|
| | | | 女性 | 小计 | 教授 | 副教授 | 讲师 | 助教 | 初级 | 研究生 | 本科生 | 其他 | 博士 | 硕士 | 人员 |
| | 编号 | L01 | L02 | L03 | L04 | L05 | L06 | L07 | L08 | L09 | L10 | L11 | L12 | L13 | L14 |
| 合　计 | / | 106 | 74 | 106 | 4 | 17 | 53 | 32 | 0 | 99 | 7 | 0 | 20 | 81 | 0 |
| 明达职业技术学院 | 1 | 0 | 0 | 0 | 0 | 0 | 0 | 0 | 0 | 0 | 0 | 0 | 0 | 0 | 0 |
| 三江学院 | 2 | 11 | 8 | 11 | 0 | 0 | 7 | 4 | 0 | 9 | 2 | 0 | 0 | 10 | 0 |
| 九州职业技术学院 | 3 | 1 | 1 | 1 | 0 | 0 | 0 | 1 | 0 | 1 | 0 | 0 | 0 | 1 | 0 |
| 南通理工学院 | 4 | 0 | 0 | 0 | 0 | 0 | 0 | 0 | 0 | 0 | 0 | 0 | 0 | 0 | 0 |
| 硅湖职业技术学院 | 5 | 0 | 0 | 0 | 0 | 0 | 0 | 0 | 0 | 0 | 0 | 0 | 0 | 0 | 0 |
| 应天职业技术学院 | 6 | 0 | 0 | 0 | 0 | 0 | 0 | 0 | 0 | 0 | 0 | 0 | 0 | 0 | 0 |
| 苏州托普信息职业技术学院 | 7 | 1 | 1 | 1 | 0 | 0 | 1 | 0 | 0 | 1 | 0 | 0 | 0 | 1 | 0 |
| 东南大学成贤学院 | 8 | 0 | 0 | 0 | 0 | 0 | 0 | 0 | 0 | 0 | 0 | 0 | 0 | 0 | 0 |
| 苏州工业园区职业技术学院 | 9 | 0 | 0 | 0 | 0 | 0 | 0 | 0 | 0 | 0 | 0 | 0 | 0 | 0 | 0 |
| 太湖创意职业技术学院 | 10 | 0 | 0 | 0 | 0 | 0 | 0 | 0 | 0 | 0 | 0 | 0 | 0 | 0 | 0 |
| 炎黄职业技术学院 | 11 | 0 | 0 | 0 | 0 | 0 | 0 | 0 | 0 | 0 | 0 | 0 | 0 | 0 | 0 |
| 正德职业技术学院 | 12 | 1 | 1 | 1 | 0 | 0 | 0 | 1 | 0 | 1 | 0 | 0 | 0 | 1 | 0 |
| 钟山职业技术学院 | 13 | 0 | 0 | 0 | 0 | 0 | 0 | 0 | 0 | 0 | 0 | 0 | 0 | 0 | 0 |
| 无锡南洋职业技术学院 | 14 | 0 | 0 | 0 | 0 | 0 | 0 | 0 | 0 | 0 | 0 | 0 | 0 | 0 | 0 |
| 江南影视艺术职业学院 | 15 | 4 | 2 | 4 | 0 | 0 | 2 | 2 | 0 | 4 | 0 | 0 | 0 | 4 | 0 |
| 金肯职业技术学院 | 16 | 0 | 0 | 0 | 0 | 0 | 0 | 0 | 0 | 0 | 0 | 0 | 0 | 0 | 0 |
| 建东职业技术学院 | 17 | 0 | 0 | 0 | 0 | 0 | 0 | 0 | 0 | 0 | 0 | 0 | 0 | 0 | 0 |
| 宿迁职业技术学院 | 18 | 4 | 3 | 4 | 0 | 0 | 3 | 1 | 0 | 4 | 0 | 0 | 0 | 4 | 0 |
| 江海职业技术学院 | 19 | 0 | 0 | 0 | 0 | 0 | 0 | 0 | 0 | 0 | 0 | 0 | 0 | 0 | 0 |
| 无锡太湖学院 | 20 | 2 | 1 | 2 | 0 | 1 | 0 | 1 | 0 | 2 | 0 | 0 | 0 | 2 | 0 |
| 中国矿业大学徐海学院 | 21 | 0 | 0 | 0 | 0 | 0 | 0 | 0 | 0 | 0 | 0 | 0 | 0 | 0 | 0 |
| 南京大学金陵学院 | 22 | 1 | 0 | 1 | 0 | 0 | 0 | 1 | 0 | 1 | 0 | 0 | 0 | 1 | 0 |
| 南京理工大学紫金学院 | 23 | 0 | 0 | 0 | 0 | 0 | 0 | 0 | 0 | 0 | 0 | 0 | 0 | 0 | 0 |
| 南京航空航天大学金城学院 | 24 | 1 | 1 | 1 | 0 | 0 | 1 | 0 | 0 | 1 | 0 | 0 | 0 | 1 | 0 |
| 南京传媒学院 | 25 | 4 | 4 | 4 | 0 | 0 | 4 | 0 | 0 | 3 | 1 | 0 | 0 | 4 | 0 |
| 金山职业技术学院 | 26 | 0 | 0 | 0 | 0 | 0 | 0 | 0 | 0 | 0 | 0 | 0 | 0 | 0 | 0 |

续表

| 高校名称 | | 总计 | | 按职称划分 | | | | | | 按最后学历划分 | | | 按最后学位划分 | | 其他人员 |
|---|---|---|---|---|---|---|---|---|---|---|---|---|---|---|---|
| | | | 女性 | 小计 | 教授 | 副教授 | 讲师 | 助教 | 初级 | 研究生 | 本科生 | 其他 | 博士 | 硕士 | |
| | 编号 | L01 | L02 | L03 | L04 | L05 | L06 | L07 | L08 | L09 | L10 | L11 | L12 | L13 | L14 |
| 南京理工大学泰州科技学院 | 27 | 4 | 3 | 4 | 0 | 0 | 2 | 2 | 0 | 4 | 0 | 0 | 0 | 4 | 0 |
| 南京师范大学泰州学院 | 28 | 4 | 2 | 4 | 0 | 2 | 2 | 0 | 0 | 4 | 0 | 0 | 1 | 3 | 0 |
| 南京工业大学浦江学院 | 29 | 3 | 3 | 3 | 0 | 1 | 1 | 1 | 0 | 3 | 0 | 0 | 1 | 2 | 0 |
| 南京师范大学中北学院 | 30 | 2 | 1 | 2 | 0 | 1 | 0 | 1 | 0 | 2 | 0 | 0 | 0 | 2 | 0 |
| 苏州百年职业学院 | 31 | 0 | 0 | 0 | 0 | 0 | 0 | 0 | 0 | 0 | 0 | 0 | 0 | 0 | 0 |
| 昆山登云科技职业学院 | 32 | 2 | 2 | 2 | 0 | 1 | 0 | 1 | 0 | 2 | 0 | 0 | 0 | 2 | 0 |
| 南京视觉艺术职业学院 | 33 | 1 | 1 | 1 | 0 | 0 | 1 | 0 | 0 | 0 | 1 | 0 | 0 | 0 | 0 |
| 南京医科大学康达学院 | 34 | 0 | 0 | 0 | 0 | 0 | 0 | 0 | 0 | 0 | 0 | 0 | 0 | 0 | 0 |
| 南京中医药大学翰林学院 | 35 | 0 | 0 | 0 | 0 | 0 | 0 | 0 | 0 | 0 | 0 | 0 | 0 | 0 | 0 |
| 南京信息工程大学滨江学院 | 36 | 1 | 1 | 1 | 0 | 0 | 0 | 1 | 0 | 1 | 0 | 0 | 0 | 1 | 0 |
| 苏州大学文正学院 | 37 | 1 | 1 | 1 | 0 | 0 | 0 | 1 | 0 | 1 | 0 | 0 | 0 | 1 | 0 |
| 苏州大学应用技术学院 | 38 | 4 | 3 | 4 | 0 | 2 | 1 | 1 | 0 | 3 | 1 | 0 | 1 | 3 | 0 |
| 苏州科技大学天平学院 | 39 | 1 | 1 | 1 | 0 | 1 | 0 | 0 | 0 | 1 | 0 | 0 | 0 | 1 | 0 |
| 江苏大学京江学院 | 40 | 2 | 2 | 2 | 0 | 0 | 2 | 0 | 0 | 2 | 0 | 0 | 0 | 2 | 0 |
| 扬州大学广陵学院 | 41 | 3 | 2 | 3 | 1 | 0 | 2 | 0 | 0 | 2 | 1 | 0 | 0 | 1 | 0 |
| 江苏师范大学科文学院 | 42 | 4 | 2 | 4 | 0 | 1 | 3 | 0 | 0 | 3 | 1 | 0 | 0 | 3 | 0 |
| 南京邮电大学通达学院 | 43 | 0 | 0 | 0 | 0 | 0 | 0 | 0 | 0 | 0 | 0 | 0 | 0 | 0 | 0 |
| 南京财经大学红山学院 | 44 | 13 | 11 | 13 | 0 | 0 | 4 | 9 | 0 | 13 | 0 | 0 | 0 | 13 | 0 |
| 江苏科技大学苏州理工学院 | 45 | 4 | 2 | 4 | 0 | 1 | 3 | 0 | 0 | 4 | 0 | 0 | 0 | 4 | 0 |
| 常州大学怀德学院 | 46 | 4 | 3 | 4 | 2 | 0 | 1 | 1 | 0 | 4 | 0 | 0 | 2 | 2 | 0 |
| 南通大学杏林学院 | 47 | 1 | 0 | 1 | 0 | 0 | 1 | 0 | 0 | 1 | 0 | 0 | 0 | 1 | 0 |
| 南京审计大学金审学院 | 48 | 3 | 3 | 3 | 0 | 0 | 0 | 3 | 0 | 3 | 0 | 0 | 0 | 3 | 0 |
| 宿迁学院 | 49 | 4 | 3 | 4 | 1 | 3 | 0 | 0 | 0 | 4 | 0 | 0 | 1 | 3 | 0 |
| 苏州高博软件技术职业学院 | 50 | 0 | 0 | 0 | 0 | 0 | 0 | 0 | 0 | 0 | 0 | 0 | 0 | 0 | 0 |
| 宿迁泽达职业技术学院 | 51 | 0 | 0 | 0 | 0 | 0 | 0 | 0 | 0 | 0 | 0 | 0 | 0 | 0 | 0 |
| 扬州中瑞酒店职业学院 | 52 | 0 | 0 | 0 | 0 | 0 | 0 | 0 | 0 | 0 | 0 | 0 | 0 | 0 | 0 |
| 西交利物浦大学 | 53 | 4 | 1 | 4 | 0 | 2 | 2 | 0 | 0 | 4 | 0 | 0 | 4 | 0 | 0 |
| 昆山杜克大学 | 54 | 11 | 5 | 11 | 0 | 1 | 10 | 0 | 0 | 11 | 0 | 0 | 10 | 1 | 0 |

## 4.4 逻辑学人文、社会科学活动人员情况表

| 高校名称 | | 总计 | | 按职称划分 | | | | | | 按最后学历划分 | | | 按最后学位划分 | | 其他 |
|---|---|---|---|---|---|---|---|---|---|---|---|---|---|---|---|
| | | | 女性 | 小计 | 教授 | 副教授 | 讲师 | 助教 | 初级 | 研究生 | 本科生 | 其他 | 博士 | 硕士 | 人员 |
| | 编号 | L01 | L02 | L03 | L04 | L05 | L06 | L07 | L08 | L09 | L10 | L11 | L12 | L13 | L14 |
| 合　计 | / | 5 | 3 | 5 | 0 | 1 | 2 | 1 | 1 | 5 | 0 | 0 | 0 | 5 | 0 |
| 明达职业技术学院 | 1 | 0 | 0 | 0 | 0 | 0 | 0 | 0 | 0 | 0 | 0 | 0 | 0 | 0 | 0 |
| 三江学院 | 2 | 0 | 0 | 0 | 0 | 0 | 0 | 0 | 0 | 0 | 0 | 0 | 0 | 0 | 0 |
| 九州职业技术学院 | 3 | 0 | 0 | 0 | 0 | 0 | 0 | 0 | 0 | 0 | 0 | 0 | 0 | 0 | 0 |
| 南通理工学院 | 4 | 0 | 0 | 0 | 0 | 0 | 0 | 0 | 0 | 0 | 0 | 0 | 0 | 0 | 0 |
| 硅湖职业技术学院 | 5 | 0 | 0 | 0 | 0 | 0 | 0 | 0 | 0 | 0 | 0 | 0 | 0 | 0 | 0 |
| 应天职业技术学院 | 6 | 0 | 0 | 0 | 0 | 0 | 0 | 0 | 0 | 0 | 0 | 0 | 0 | 0 | 0 |
| 苏州托普信息职业技术学院 | 7 | 0 | 0 | 0 | 0 | 0 | 0 | 0 | 0 | 0 | 0 | 0 | 0 | 0 | 0 |
| 东南大学成贤学院 | 8 | 0 | 0 | 0 | 0 | 0 | 0 | 0 | 0 | 0 | 0 | 0 | 0 | 0 | 0 |
| 苏州工业园区职业技术学院 | 9 | 0 | 0 | 0 | 0 | 0 | 0 | 0 | 0 | 0 | 0 | 0 | 0 | 0 | 0 |
| 太湖创意职业技术学院 | 10 | 0 | 0 | 0 | 0 | 0 | 0 | 0 | 0 | 0 | 0 | 0 | 0 | 0 | 0 |
| 炎黄职业技术学院 | 11 | 0 | 0 | 0 | 0 | 0 | 0 | 0 | 0 | 0 | 0 | 0 | 0 | 0 | 0 |
| 正德职业技术学院 | 12 | 0 | 0 | 0 | 0 | 0 | 0 | 0 | 0 | 0 | 0 | 0 | 0 | 0 | 0 |
| 钟山职业技术学院 | 13 | 0 | 0 | 0 | 0 | 0 | 0 | 0 | 0 | 0 | 0 | 0 | 0 | 0 | 0 |
| 无锡南洋职业技术学院 | 14 | 0 | 0 | 0 | 0 | 0 | 0 | 0 | 0 | 0 | 0 | 0 | 0 | 0 | 0 |
| 江南影视艺术职业学院 | 15 | 1 | 0 | 1 | 0 | 1 | 0 | 0 | 0 | 1 | 0 | 0 | 0 | 1 | 0 |
| 金肯职业技术学院 | 16 | 0 | 0 | 0 | 0 | 0 | 0 | 0 | 0 | 0 | 0 | 0 | 0 | 0 | 0 |
| 建东职业技术学院 | 17 | 0 | 0 | 0 | 0 | 0 | 0 | 0 | 0 | 0 | 0 | 0 | 0 | 0 | 0 |
| 宿迁职业技术学院 | 18 | 0 | 0 | 0 | 0 | 0 | 0 | 0 | 0 | 0 | 0 | 0 | 0 | 0 | 0 |
| 江海职业技术学院 | 19 | 0 | 0 | 0 | 0 | 0 | 0 | 0 | 0 | 0 | 0 | 0 | 0 | 0 | 0 |
| 无锡太湖学院 | 20 | 0 | 0 | 0 | 0 | 0 | 0 | 0 | 0 | 0 | 0 | 0 | 0 | 0 | 0 |
| 中国矿业大学徐海学院 | 21 | 0 | 0 | 0 | 0 | 0 | 0 | 0 | 0 | 0 | 0 | 0 | 0 | 0 | 0 |
| 南京大学金陵学院 | 22 | 0 | 0 | 0 | 0 | 0 | 0 | 0 | 0 | 0 | 0 | 0 | 0 | 0 | 0 |
| 南京理工大学紫金学院 | 23 | 0 | 0 | 0 | 0 | 0 | 0 | 0 | 0 | 0 | 0 | 0 | 0 | 0 | 0 |
| 南京航空航天大学金城学院 | 24 | 1 | 0 | 1 | 0 | 0 | 1 | 0 | 0 | 1 | 0 | 0 | 0 | 1 | 0 |
| 南京传媒学院 | 25 | 0 | 0 | 0 | 0 | 0 | 0 | 0 | 0 | 0 | 0 | 0 | 0 | 0 | 0 |
| 金山职业技术学院 | 26 | 0 | 0 | 0 | 0 | 0 | 0 | 0 | 0 | 0 | 0 | 0 | 0 | 0 | 0 |

续表

| 高校名称 | | 总计 | | 按职称划分 | | | | | | 按最后学历划分 | | | 按最后学位划分 | | 其他人员 |
|---|---|---|---|---|---|---|---|---|---|---|---|---|---|---|---|
| | | | 女性 | 小计 | 教授 | 副教授 | 讲师 | 助教 | 初级 | 研究生 | 本科生 | 其他 | 博士 | 硕士 | |
| | 编号 | L01 | L02 | L03 | L04 | L05 | L06 | L07 | L08 | L09 | L10 | L11 | L12 | L13 | L14 |
| 南京理工大学泰州科技学院 | 27 | 0 | 0 | 0 | 0 | 0 | 0 | 0 | 0 | 0 | 0 | 0 | 0 | 0 | 0 |
| 南京师范大学泰州学院 | 28 | 0 | 0 | 0 | 0 | 0 | 0 | 0 | 0 | 0 | 0 | 0 | 0 | 0 | 0 |
| 南京工业大学浦江学院 | 29 | 0 | 0 | 0 | 0 | 0 | 0 | 0 | 0 | 0 | 0 | 0 | 0 | 0 | 0 |
| 南京师范大学中北学院 | 30 | 0 | 0 | 0 | 0 | 0 | 0 | 0 | 0 | 0 | 0 | 0 | 0 | 0 | 0 |
| 苏州百年职业学院 | 31 | 0 | 0 | 0 | 0 | 0 | 0 | 0 | 0 | 0 | 0 | 0 | 0 | 0 | 0 |
| 昆山登云科技职业学院 | 32 | 0 | 0 | 0 | 0 | 0 | 0 | 0 | 0 | 0 | 0 | 0 | 0 | 0 | 0 |
| 南京视觉艺术职业学院 | 33 | 0 | 0 | 0 | 0 | 0 | 0 | 0 | 0 | 0 | 0 | 0 | 0 | 0 | 0 |
| 南京医科大学康达学院 | 34 | 0 | 0 | 0 | 0 | 0 | 0 | 0 | 0 | 0 | 0 | 0 | 0 | 0 | 0 |
| 南京中医药大学翰林学院 | 35 | 0 | 0 | 0 | 0 | 0 | 0 | 0 | 0 | 0 | 0 | 0 | 0 | 0 | 0 |
| 南京信息工程大学滨江学院 | 36 | 0 | 0 | 0 | 0 | 0 | 0 | 0 | 0 | 0 | 0 | 0 | 0 | 0 | 0 |
| 苏州大学文正学院 | 37 | 0 | 0 | 0 | 0 | 0 | 0 | 0 | 0 | 0 | 0 | 0 | 0 | 0 | 0 |
| 苏州大学应用技术学院 | 38 | 0 | 0 | 0 | 0 | 0 | 0 | 0 | 0 | 0 | 0 | 0 | 0 | 0 | 0 |
| 苏州科技大学天平学院 | 39 | 0 | 0 | 0 | 0 | 0 | 0 | 0 | 0 | 0 | 0 | 0 | 0 | 0 | 0 |
| 江苏大学京江学院 | 40 | 0 | 0 | 0 | 0 | 0 | 0 | 0 | 0 | 0 | 0 | 0 | 0 | 0 | 0 |
| 扬州大学广陵学院 | 41 | 0 | 0 | 0 | 0 | 0 | 0 | 0 | 0 | 0 | 0 | 0 | 0 | 0 | 0 |
| 江苏师范大学科文学院 | 42 | 1 | 1 | 1 | 0 | 0 | 0 | 0 | 1 | 1 | 0 | 0 | 0 | 1 | 0 |
| 南京邮电大学通达学院 | 43 | 0 | 0 | 0 | 0 | 0 | 0 | 0 | 0 | 0 | 0 | 0 | 0 | 0 | 0 |
| 南京财经大学红山学院 | 44 | 1 | 1 | 1 | 0 | 0 | 1 | 0 | 0 | 1 | 0 | 0 | 0 | 1 | 0 |
| 江苏科技大学苏州理工学院 | 45 | 0 | 0 | 0 | 0 | 0 | 0 | 0 | 0 | 0 | 0 | 0 | 0 | 0 | 0 |
| 常州大学怀德学院 | 46 | 0 | 0 | 0 | 0 | 0 | 0 | 0 | 0 | 0 | 0 | 0 | 0 | 0 | 0 |
| 南通大学杏林学院 | 47 | 0 | 0 | 0 | 0 | 0 | 0 | 0 | 0 | 0 | 0 | 0 | 0 | 0 | 0 |
| 南京审计大学金审学院 | 48 | 0 | 0 | 0 | 0 | 0 | 0 | 0 | 0 | 0 | 0 | 0 | 0 | 0 | 0 |
| 宿迁学院 | 49 | 0 | 0 | 0 | 0 | 0 | 0 | 0 | 0 | 0 | 0 | 0 | 0 | 0 | 0 |
| 苏州高博软件技术职业学院 | 50 | 0 | 0 | 0 | 0 | 0 | 0 | 0 | 0 | 0 | 0 | 0 | 0 | 0 | 0 |
| 宿迁泽达职业技术学院 | 51 | 1 | 1 | 1 | 0 | 0 | 0 | 1 | 0 | 1 | 0 | 0 | 0 | 1 | 0 |
| 扬州中瑞酒店职业学院 | 52 | 0 | 0 | 0 | 0 | 0 | 0 | 0 | 0 | 0 | 0 | 0 | 0 | 0 | 0 |
| 西交利物浦大学 | 53 | 0 | 0 | 0 | 0 | 0 | 0 | 0 | 0 | 0 | 0 | 0 | 0 | 0 | 0 |
| 昆山杜克大学 | 54 | 0 | 0 | 0 | 0 | 0 | 0 | 0 | 0 | 0 | 0 | 0 | 0 | 0 | 0 |

## 4.5 宗教学人文、社会科学活动人员情况表

| 高校名称 | | 总计 | | 按职称划分 | | | | | | 按最后学历划分 | | | 按最后学位划分 | | 其他 |
|---|---|---|---|---|---|---|---|---|---|---|---|---|---|---|---|
| | | | 女性 | 小计 | 教授 | 副教授 | 讲师 | 助教 | 初级 | 研究生 | 本科生 | 其他 | 博士 | 硕士 | 人员 |
| | 编号 | L01 | L02 | L03 | L04 | L05 | L06 | L07 | L08 | L09 | L10 | L11 | L12 | L13 | L14 |
| 合　计 | / | 2 | 0 | 2 | 1 | 0 | 1 | 0 | 0 | 2 | 0 | 0 | 2 | 0 | 0 |
| 明达职业技术学院 | 1 | 0 | 0 | 0 | 0 | 0 | 0 | 0 | 0 | 0 | 0 | 0 | 0 | 0 | 0 |
| 三江学院 | 2 | 0 | 0 | 0 | 0 | 0 | 0 | 0 | 0 | 0 | 0 | 0 | 0 | 0 | 0 |
| 九州职业技术学院 | 3 | 0 | 0 | 0 | 0 | 0 | 0 | 0 | 0 | 0 | 0 | 0 | 0 | 0 | 0 |
| 南通理工学院 | 4 | 0 | 0 | 0 | 0 | 0 | 0 | 0 | 0 | 0 | 0 | 0 | 0 | 0 | 0 |
| 硅湖职业技术学院 | 5 | 0 | 0 | 0 | 0 | 0 | 0 | 0 | 0 | 0 | 0 | 0 | 0 | 0 | 0 |
| 应天职业技术学院 | 6 | 0 | 0 | 0 | 0 | 0 | 0 | 0 | 0 | 0 | 0 | 0 | 0 | 0 | 0 |
| 苏州托普信息职业技术学院 | 7 | 0 | 0 | 0 | 0 | 0 | 0 | 0 | 0 | 0 | 0 | 0 | 0 | 0 | 0 |
| 东南大学成贤学院 | 8 | 0 | 0 | 0 | 0 | 0 | 0 | 0 | 0 | 0 | 0 | 0 | 0 | 0 | 0 |
| 苏州工业园区职业技术学院 | 9 | 0 | 0 | 0 | 0 | 0 | 0 | 0 | 0 | 0 | 0 | 0 | 0 | 0 | 0 |
| 太湖创意职业技术学院 | 10 | 0 | 0 | 0 | 0 | 0 | 0 | 0 | 0 | 0 | 0 | 0 | 0 | 0 | 0 |
| 炎黄职业技术学院 | 11 | 0 | 0 | 0 | 0 | 0 | 0 | 0 | 0 | 0 | 0 | 0 | 0 | 0 | 0 |
| 正德职业技术学院 | 12 | 0 | 0 | 0 | 0 | 0 | 0 | 0 | 0 | 0 | 0 | 0 | 0 | 0 | 0 |
| 钟山职业技术学院 | 13 | 0 | 0 | 0 | 0 | 0 | 0 | 0 | 0 | 0 | 0 | 0 | 0 | 0 | 0 |
| 无锡南洋职业技术学院 | 14 | 0 | 0 | 0 | 0 | 0 | 0 | 0 | 0 | 0 | 0 | 0 | 0 | 0 | 0 |
| 江南影视艺术职业学院 | 15 | 0 | 0 | 0 | 0 | 0 | 0 | 0 | 0 | 0 | 0 | 0 | 0 | 0 | 0 |
| 金肯职业技术学院 | 16 | 0 | 0 | 0 | 0 | 0 | 0 | 0 | 0 | 0 | 0 | 0 | 0 | 0 | 0 |
| 建东职业技术学院 | 17 | 0 | 0 | 0 | 0 | 0 | 0 | 0 | 0 | 0 | 0 | 0 | 0 | 0 | 0 |
| 宿迁职业技术学院 | 18 | 0 | 0 | 0 | 0 | 0 | 0 | 0 | 0 | 0 | 0 | 0 | 0 | 0 | 0 |
| 江海职业技术学院 | 19 | 0 | 0 | 0 | 0 | 0 | 0 | 0 | 0 | 0 | 0 | 0 | 0 | 0 | 0 |
| 无锡太湖学院 | 20 | 0 | 0 | 0 | 0 | 0 | 0 | 0 | 0 | 0 | 0 | 0 | 0 | 0 | 0 |
| 中国矿业大学徐海学院 | 21 | 0 | 0 | 0 | 0 | 0 | 0 | 0 | 0 | 0 | 0 | 0 | 0 | 0 | 0 |
| 南京大学金陵学院 | 22 | 0 | 0 | 0 | 0 | 0 | 0 | 0 | 0 | 0 | 0 | 0 | 0 | 0 | 0 |
| 南京理工大学紫金学院 | 23 | 0 | 0 | 0 | 0 | 0 | 0 | 0 | 0 | 0 | 0 | 0 | 0 | 0 | 0 |
| 南京航空航天大学金城学院 | 24 | 0 | 0 | 0 | 0 | 0 | 0 | 0 | 0 | 0 | 0 | 0 | 0 | 0 | 0 |
| 南京传媒学院 | 25 | 0 | 0 | 0 | 0 | 0 | 0 | 0 | 0 | 0 | 0 | 0 | 0 | 0 | 0 |
| 金山职业技术学院 | 26 | 0 | 0 | 0 | 0 | 0 | 0 | 0 | 0 | 0 | 0 | 0 | 0 | 0 | 0 |

续表

| 高校名称 | | 总计 | | 按职称划分 | | | | | | 按最后学历划分 | | | 按最后学位划分 | | 其他 |
|---|---|---|---|---|---|---|---|---|---|---|---|---|---|---|---|
| | | | 女性 | 小计 | 教授 | 副教授 | 讲师 | 助教 | 初级 | 研究生 | 本科生 | 其他 | 博士 | 硕士 | 人员 |
| | 编号 | L01 | L02 | L03 | L04 | L05 | L06 | L07 | L08 | L09 | L10 | L11 | L12 | L13 | L14 |
| 南京理工大学泰州科技学院 | 27 | 0 | 0 | 0 | 0 | 0 | 0 | 0 | 0 | 0 | 0 | 0 | 0 | 0 | 0 |
| 南京师范大学泰州学院 | 28 | 0 | 0 | 0 | 0 | 0 | 0 | 0 | 0 | 0 | 0 | 0 | 0 | 0 | 0 |
| 南京工业大学浦江学院 | 29 | 0 | 0 | 0 | 0 | 0 | 0 | 0 | 0 | 0 | 0 | 0 | 0 | 0 | 0 |
| 南京师范大学中北学院 | 30 | 0 | 0 | 0 | 0 | 0 | 0 | 0 | 0 | 0 | 0 | 0 | 0 | 0 | 0 |
| 苏州百年职业学院 | 31 | 0 | 0 | 0 | 0 | 0 | 0 | 0 | 0 | 0 | 0 | 0 | 0 | 0 | 0 |
| 昆山登云科技职业学院 | 32 | 0 | 0 | 0 | 0 | 0 | 0 | 0 | 0 | 0 | 0 | 0 | 0 | 0 | 0 |
| 南京视觉艺术职业学院 | 33 | 0 | 0 | 0 | 0 | 0 | 0 | 0 | 0 | 0 | 0 | 0 | 0 | 0 | 0 |
| 南京医科大学康达学院 | 34 | 0 | 0 | 0 | 0 | 0 | 0 | 0 | 0 | 0 | 0 | 0 | 0 | 0 | 0 |
| 南京中医药大学翰林学院 | 35 | 0 | 0 | 0 | 0 | 0 | 0 | 0 | 0 | 0 | 0 | 0 | 0 | 0 | 0 |
| 南京信息工程大学滨江学院 | 36 | 0 | 0 | 0 | 0 | 0 | 0 | 0 | 0 | 0 | 0 | 0 | 0 | 0 | 0 |
| 苏州大学文正学院 | 37 | 0 | 0 | 0 | 0 | 0 | 0 | 0 | 0 | 0 | 0 | 0 | 0 | 0 | 0 |
| 苏州大学应用技术学院 | 38 | 0 | 0 | 0 | 0 | 0 | 0 | 0 | 0 | 0 | 0 | 0 | 0 | 0 | 0 |
| 苏州科技大学天平学院 | 39 | 0 | 0 | 0 | 0 | 0 | 0 | 0 | 0 | 0 | 0 | 0 | 0 | 0 | 0 |
| 江苏大学京江学院 | 40 | 0 | 0 | 0 | 0 | 0 | 0 | 0 | 0 | 0 | 0 | 0 | 0 | 0 | 0 |
| 扬州大学广陵学院 | 41 | 0 | 0 | 0 | 0 | 0 | 0 | 0 | 0 | 0 | 0 | 0 | 0 | 0 | 0 |
| 江苏师范大学科文学院 | 42 | 0 | 0 | 0 | 0 | 0 | 0 | 0 | 0 | 0 | 0 | 0 | 0 | 0 | 0 |
| 南京邮电大学通达学院 | 43 | 0 | 0 | 0 | 0 | 0 | 0 | 0 | 0 | 0 | 0 | 0 | 0 | 0 | 0 |
| 南京财经大学红山学院 | 44 | 0 | 0 | 0 | 0 | 0 | 0 | 0 | 0 | 0 | 0 | 0 | 0 | 0 | 0 |
| 江苏科技大学苏州理工学院 | 45 | 0 | 0 | 0 | 0 | 0 | 0 | 0 | 0 | 0 | 0 | 0 | 0 | 0 | 0 |
| 常州大学怀德学院 | 46 | 0 | 0 | 0 | 0 | 0 | 0 | 0 | 0 | 0 | 0 | 0 | 0 | 0 | 0 |
| 南通大学杏林学院 | 47 | 0 | 0 | 0 | 0 | 0 | 0 | 0 | 0 | 0 | 0 | 0 | 0 | 0 | 0 |
| 南京审计大学金审学院 | 48 | 0 | 0 | 0 | 0 | 0 | 0 | 0 | 0 | 0 | 0 | 0 | 0 | 0 | 0 |
| 宿迁学院 | 49 | 0 | 0 | 0 | 0 | 0 | 0 | 0 | 0 | 0 | 0 | 0 | 0 | 0 | 0 |
| 苏州高博软件技术职业学院 | 50 | 0 | 0 | 0 | 0 | 0 | 0 | 0 | 0 | 0 | 0 | 0 | 0 | 0 | 0 |
| 宿迁泽达职业技术学院 | 51 | 0 | 0 | 0 | 0 | 0 | 0 | 0 | 0 | 0 | 0 | 0 | 0 | 0 | 0 |
| 扬州中瑞酒店职业学院 | 52 | 0 | 0 | 0 | 0 | 0 | 0 | 0 | 0 | 0 | 0 | 0 | 0 | 0 | 0 |
| 西交利物浦大学 | 53 | 0 | 0 | 0 | 0 | 0 | 0 | 0 | 0 | 0 | 0 | 0 | 0 | 0 | 0 |
| 昆山杜克大学 | 54 | 2 | 0 | 2 | 1 | 0 | 1 | 0 | 0 | 2 | 0 | 0 | 2 | 0 | 0 |

## 4.6 语言学人文、社会科学活动人员情况表

| 高校名称 | | 总计 | | 按职称划分 | | | | | | 按最后学历划分 | | | 按最后学位划分 | | 其他人员 |
|---|---|---|---|---|---|---|---|---|---|---|---|---|---|---|---|
| | | | 女性 | 小计 | 教授 | 副教授 | 讲师 | 助教 | 初级 | 研究生 | 本科生 | 其他 | 博士 | 硕士 | |
| | 编号 | L01 | L02 | L03 | L04 | L05 | L06 | L07 | L08 | L09 | L10 | L11 | L12 | L13 | L14 |
| 合　计 | / | 1 045 | 875 | 1 043 | 12 | 201 | 686 | 139 | 5 | 698 | 344 | 1 | 51 | 775 | 2 |
| 明达职业技术学院 | 1 | 1 | 1 | 1 | 0 | 1 | 0 | 0 | 0 | 0 | 1 | 0 | 0 | 0 | 0 |
| 三江学院 | 2 | 63 | 57 | 63 | 1 | 12 | 48 | 2 | 0 | 47 | 16 | 0 | 4 | 51 | 0 |
| 九州职业技术学院 | 3 | 6 | 5 | 6 | 0 | 3 | 3 | 0 | 0 | 1 | 5 | 0 | 0 | 4 | 0 |
| 南通理工学院 | 4 | 31 | 27 | 31 | 2 | 4 | 23 | 2 | 0 | 15 | 16 | 0 | 0 | 16 | 0 |
| 硅湖职业技术学院 | 5 | 11 | 10 | 10 | 0 | 3 | 6 | 1 | 0 | 4 | 6 | 0 | 0 | 5 | 1 |
| 应天职业技术学院 | 6 | 11 | 11 | 11 | 0 | 2 | 9 | 0 | 0 | 3 | 8 | 0 | 0 | 6 | 0 |
| 苏州托普信息职业技术学院 | 7 | 17 | 13 | 17 | 0 | 2 | 9 | 6 | 0 | 8 | 9 | 0 | 0 | 8 | 0 |
| 东南大学成贤学院 | 8 | 19 | 16 | 19 | 1 | 5 | 13 | 0 | 0 | 16 | 3 | 0 | 1 | 15 | 0 |
| 苏州工业园区职业技术学院 | 9 | 21 | 18 | 21 | 0 | 5 | 16 | 0 | 0 | 8 | 13 | 0 | 0 | 10 | 0 |
| 太湖创意职业技术学院 | 10 | 6 | 6 | 6 | 0 | 0 | 3 | 2 | 1 | 2 | 4 | 0 | 0 | 2 | 0 |
| 炎黄职业技术学院 | 11 | 15 | 11 | 15 | 0 | 2 | 10 | 3 | 0 | 2 | 13 | 0 | 0 | 3 | 0 |
| 正德职业技术学院 | 12 | 11 | 9 | 11 | 0 | 4 | 6 | 1 | 0 | 2 | 9 | 0 | 0 | 6 | 0 |
| 钟山职业技术学院 | 13 | 6 | 3 | 6 | 0 | 4 | 2 | 0 | 0 | 0 | 6 | 0 | 0 | 6 | 0 |
| 无锡南洋职业技术学院 | 14 | 12 | 10 | 12 | 0 | 5 | 7 | 0 | 0 | 1 | 11 | 0 | 0 | 4 | 0 |
| 江南影视艺术职业学院 | 15 | 12 | 10 | 12 | 0 | 0 | 6 | 6 | 0 | 2 | 10 | 0 | 0 | 2 | 0 |
| 金肯职业技术学院 | 16 | 6 | 6 | 6 | 0 | 2 | 4 | 0 | 0 | 4 | 2 | 0 | 0 | 5 | 0 |
| 建东职业技术学院 | 17 | 9 | 6 | 9 | 0 | 4 | 5 | 0 | 0 | 1 | 8 | 0 | 0 | 2 | 0 |
| 宿迁职业技术学院 | 18 | 5 | 5 | 5 | 0 | 0 | 2 | 3 | 0 | 4 | 1 | 0 | 0 | 4 | 0 |
| 江海职业技术学院 | 19 | 26 | 19 | 26 | 0 | 9 | 16 | 1 | 0 | 4 | 22 | 0 | 0 | 8 | 0 |
| 无锡太湖学院 | 20 | 64 | 56 | 64 | 1 | 14 | 42 | 7 | 0 | 47 | 17 | 0 | 2 | 49 | 0 |
| 中国矿业大学徐海学院 | 21 | 28 | 23 | 28 | 0 | 2 | 22 | 4 | 0 | 25 | 3 | 0 | 0 | 27 | 0 |
| 南京大学金陵学院 | 22 | 5 | 4 | 5 | 0 | 1 | 4 | 0 | 0 | 5 | 0 | 0 | 1 | 4 | 0 |
| 南京理工大学紫金学院 | 23 | 24 | 24 | 24 | 0 | 6 | 17 | 1 | 0 | 22 | 2 | 0 | 0 | 23 | 0 |
| 南京航空航天大学金城学院 | 24 | 38 | 36 | 38 | 0 | 1 | 36 | 1 | 0 | 36 | 2 | 0 | 0 | 38 | 0 |
| 南京传媒学院 | 25 | 69 | 59 | 69 | 1 | 15 | 36 | 17 | 0 | 56 | 12 | 1 | 0 | 64 | 0 |
| 金山职业技术学院 | 26 | 5 | 5 | 4 | 0 | 1 | 1 | 2 | 0 | 0 | 4 | 0 | 0 | 0 | 1 |

续表

| 高校名称 | | 总计 | | 按职称划分 | | | | | | 按最后学历划分 | | | 按最后学位划分 | | 其他人员 |
|---|---|---|---|---|---|---|---|---|---|---|---|---|---|---|---|
| | | | 女性 | 小计 | 教授 | 副教授 | 讲师 | 助教 | 初级 | 研究生 | 本科生 | 其他 | 博士 | 硕士 | |
| | 编号 | L01 | L02 | L03 | L04 | L05 | L06 | L07 | L08 | L09 | L10 | L11 | L12 | L13 | L14 |
| 南京理工大学泰州科技学院 | 27 | 21 | 18 | 21 | 0 | 3 | 16 | 2 | 0 | 15 | 6 | 0 | 0 | 18 | 0 |
| 南京师范大学泰州学院 | 28 | 46 | 40 | 46 | 0 | 8 | 37 | 1 | 0 | 25 | 21 | 0 | 0 | 41 | 0 |
| 南京工业大学浦江学院 | 29 | 23 | 18 | 23 | 0 | 3 | 11 | 9 | 0 | 18 | 5 | 0 | 0 | 19 | 0 |
| 南京师范大学中北学院 | 30 | 18 | 15 | 18 | 0 | 0 | 14 | 4 | 0 | 17 | 1 | 0 | 0 | 17 | 0 |
| 苏州百年职业学院 | 31 | 11 | 11 | 11 | 0 | 0 | 6 | 5 | 0 | 8 | 3 | 0 | 0 | 8 | 0 |
| 昆山登云科技职业学院 | 32 | 8 | 7 | 8 | 0 | 1 | 5 | 2 | 0 | 1 | 7 | 0 | 0 | 1 | 0 |
| 南京视觉艺术职业学院 | 33 | 2 | 1 | 2 | 0 | 0 | 1 | 1 | 0 | 2 | 0 | 0 | 0 | 2 | 0 |
| 南京医科大学康达学院 | 34 | 17 | 14 | 17 | 0 | 2 | 14 | 0 | 1 | 15 | 2 | 0 | 0 | 16 | 0 |
| 南京中医药大学翰林学院 | 35 | 7 | 6 | 7 | 0 | 0 | 7 | 0 | 0 | 6 | 1 | 0 | 1 | 5 | 0 |
| 南京信息工程大学滨江学院 | 36 | 15 | 11 | 15 | 0 | 4 | 7 | 3 | 1 | 13 | 2 | 0 | 3 | 11 | 0 |
| 苏州大学文正学院 | 37 | 30 | 20 | 30 | 0 | 3 | 17 | 10 | 0 | 27 | 3 | 0 | 3 | 24 | 0 |
| 苏州大学应用技术学院 | 38 | 6 | 5 | 6 | 0 | 0 | 6 | 0 | 0 | 6 | 0 | 0 | 0 | 6 | 0 |
| 苏州科技大学天平学院 | 39 | 34 | 32 | 34 | 1 | 2 | 28 | 3 | 0 | 32 | 2 | 0 | 0 | 33 | 0 |
| 江苏大学京江学院 | 40 | 11 | 11 | 11 | 0 | 0 | 8 | 3 | 0 | 11 | 0 | 0 | 0 | 11 | 0 |
| 扬州大学广陵学院 | 41 | 16 | 12 | 16 | 0 | 3 | 11 | 2 | 0 | 16 | 0 | 0 | 2 | 14 | 0 |
| 江苏师范大学科文学院 | 42 | 11 | 11 | 11 | 0 | 1 | 3 | 7 | 0 | 11 | 0 | 0 | 0 | 11 | 0 |
| 南京邮电大学通达学院 | 43 | 12 | 11 | 12 | 0 | 3 | 8 | 1 | 0 | 11 | 1 | 0 | 0 | 11 | 0 |
| 南京财经大学红山学院 | 44 | 11 | 10 | 11 | 0 | 0 | 3 | 8 | 0 | 11 | 0 | 0 | 0 | 11 | 0 |
| 江苏科技大学苏州理工学院 | 45 | 7 | 5 | 7 | 0 | 2 | 5 | 0 | 0 | 4 | 3 | 0 | 0 | 4 | 0 |
| 常州大学怀德学院 | 46 | 29 | 22 | 29 | 1 | 6 | 14 | 8 | 0 | 17 | 12 | 0 | 3 | 23 | 0 |
| 南通大学杏林学院 | 47 | 28 | 22 | 28 | 0 | 10 | 16 | 2 | 0 | 23 | 5 | 0 | 0 | 23 | 0 |
| 南京审计大学金审学院 | 48 | 12 | 11 | 12 | 0 | 5 | 7 | 0 | 0 | 5 | 7 | 0 | 0 | 10 | 0 |
| 宿迁学院 | 49 | 70 | 56 | 70 | 2 | 26 | 42 | 0 | 0 | 23 | 47 | 0 | 1 | 58 | 0 |
| 苏州高博软件技术职业学院 | 50 | 22 | 20 | 22 | 0 | 6 | 13 | 3 | 0 | 17 | 5 | 0 | 0 | 16 | 0 |
| 宿迁泽达职业技术学院 | 51 | 4 | 3 | 4 | 0 | 1 | 2 | 1 | 0 | 2 | 2 | 0 | 0 | 2 | 0 |
| 扬州中瑞酒店职业学院 | 52 | 2 | 2 | 2 | 0 | 0 | 2 | 0 | 0 | 0 | 2 | 0 | 0 | 1 | 0 |
| 西交利物浦大学 | 53 | 23 | 14 | 23 | 1 | 5 | 11 | 4 | 2 | 19 | 4 | 0 | 18 | 1 | 0 |
| 昆山杜克大学 | 54 | 28 | 17 | 28 | 1 | 0 | 26 | 1 | 0 | 28 | 0 | 0 | 12 | 16 | 0 |

## 4.7 中国文学人文、社会科学活动人员情况表

| 高校名称 | | 总计 | | 按职称划分 | | | | | | 按最后学历划分 | | | 按最后学位划分 | | 其他 |
|---|---|---|---|---|---|---|---|---|---|---|---|---|---|---|---|
| | | | 女性 | 小计 | 教授 | 副教授 | 讲师 | 助教 | 初级 | 研究生 | 本科生 | 其他 | 博士 | 硕士 | 人员 |
| | 编号 | L01 | L02 | L03 | L04 | L05 | L06 | L07 | L08 | L09 | L10 | L11 | L12 | L13 | L14 |
| 合　计 | / | 158 | 102 | 158 | 8 | 44 | 78 | 26 | 2 | 122 | 35 | 1 | 26 | 105 | 0 |
| 明达职业技术学院 | 1 | 0 | 0 | 0 | 0 | 0 | 0 | 0 | 0 | 0 | 0 | 0 | 0 | 0 | 0 |
| 三江学院 | 2 | 14 | 8 | 14 | 2 | 6 | 5 | 1 | 0 | 12 | 2 | 0 | 4 | 9 | 0 |
| 九州职业技术学院 | 3 | 3 | 1 | 3 | 0 | 1 | 2 | 0 | 0 | 0 | 3 | 0 | 0 | 1 | 0 |
| 南通理工学院 | 4 | 1 | 0 | 1 | 0 | 0 | 1 | 0 | 0 | 1 | 0 | 0 | 1 | 0 | 0 |
| 硅湖职业技术学院 | 5 | 2 | 1 | 2 | 0 | 1 | 1 | 0 | 0 | 1 | 1 | 0 | 0 | 1 | 0 |
| 应天职业技术学院 | 6 | 5 | 3 | 5 | 0 | 1 | 4 | 0 | 0 | 3 | 2 | 0 | 0 | 3 | 0 |
| 苏州托普信息职业技术学院 | 7 | 0 | 0 | 0 | 0 | 0 | 0 | 0 | 0 | 0 | 0 | 0 | 0 | 0 | 0 |
| 东南大学成贤学院 | 8 | 1 | 0 | 1 | 0 | 1 | 0 | 0 | 0 | 1 | 0 | 0 | 0 | 1 | 0 |
| 苏州工业园区职业技术学院 | 9 | 2 | 0 | 2 | 0 | 1 | 1 | 0 | 0 | 1 | 1 | 0 | 0 | 2 | 0 |
| 太湖创意职业技术学院 | 10 | 0 | 0 | 0 | 0 | 0 | 0 | 0 | 0 | 0 | 0 | 0 | 0 | 0 | 0 |
| 炎黄职业技术学院 | 11 | 1 | 1 | 1 | 0 | 1 | 0 | 0 | 0 | 0 | 1 | 0 | 0 | 1 | 0 |
| 正德职业技术学院 | 12 | 2 | 2 | 2 | 0 | 0 | 0 | 2 | 0 | 1 | 1 | 0 | 0 | 1 | 0 |
| 钟山职业技术学院 | 13 | 0 | 0 | 0 | 0 | 0 | 0 | 0 | 0 | 0 | 0 | 0 | 0 | 0 | 0 |
| 无锡南洋职业技术学院 | 14 | 2 | 2 | 2 | 0 | 0 | 2 | 0 | 0 | 0 | 2 | 0 | 0 | 0 | 0 |
| 江南影视艺术职业学院 | 15 | 10 | 8 | 10 | 0 | 0 | 3 | 7 | 0 | 6 | 4 | 0 | 0 | 6 | 0 |
| 金肯职业技术学院 | 16 | 0 | 0 | 0 | 0 | 0 | 0 | 0 | 0 | 0 | 0 | 0 | 0 | 0 | 0 |
| 建东职业技术学院 | 17 | 0 | 0 | 0 | 0 | 0 | 0 | 0 | 0 | 0 | 0 | 0 | 0 | 0 | 0 |
| 宿迁职业技术学院 | 18 | 2 | 0 | 2 | 0 | 1 | 1 | 0 | 0 | 1 | 1 | 0 | 0 | 1 | 0 |
| 江海职业技术学院 | 19 | 3 | 3 | 3 | 0 | 2 | 1 | 0 | 0 | 1 | 2 | 0 | 0 | 3 | 0 |
| 无锡太湖学院 | 20 | 1 | 1 | 1 | 0 | 1 | 0 | 0 | 0 | 1 | 0 | 0 | 0 | 1 | 0 |
| 中国矿业大学徐海学院 | 21 | 5 | 5 | 5 | 1 | 0 | 3 | 1 | 0 | 5 | 0 | 0 | 0 | 5 | 0 |
| 南京大学金陵学院 | 22 | 4 | 3 | 4 | 0 | 0 | 4 | 0 | 0 | 2 | 2 | 0 | 0 | 2 | 0 |
| 南京理工大学紫金学院 | 23 | 0 | 0 | 0 | 0 | 0 | 0 | 0 | 0 | 0 | 0 | 0 | 0 | 0 | 0 |
| 南京航空航天大学金城学院 | 24 | 2 | 1 | 2 | 0 | 1 | 1 | 0 | 0 | 2 | 0 | 0 | 0 | 2 | 0 |
| 南京传媒学院 | 25 | 9 | 5 | 9 | 1 | 2 | 5 | 1 | 0 | 9 | 0 | 0 | 1 | 8 | 0 |
| 金山职业技术学院 | 26 | 3 | 2 | 3 | 0 | 2 | 1 | 0 | 0 | 0 | 3 | 0 | 0 | 0 | 0 |

续表

| 高校名称 | | 总计 | | 按职称划分 | | | | | | 按最后学历划分 | | | 按最后学位划分 | | 其他 |
|---|---|---|---|---|---|---|---|---|---|---|---|---|---|---|---|
| | | | 女性 | 小计 | 教授 | 副教授 | 讲师 | 助教 | 初级 | 研究生 | 本科生 | 其他 | 博士 | 硕士 | 人员 |
| | 编号 | L01 | L02 | L03 | L04 | L05 | L06 | L07 | L08 | L09 | L10 | L11 | L12 | L13 | L14 |
| 南京理工大学泰州科技学院 | 27 | 0 | 0 | 0 | 0 | 0 | 0 | 0 | 0 | 0 | 0 | 0 | 0 | 0 | 0 |
| 南京师范大学泰州学院 | 28 | 13 | 9 | 13 | 1 | 4 | 8 | 0 | 0 | 12 | 1 | 0 | 2 | 10 | 0 |
| 南京工业大学浦江学院 | 29 | 5 | 2 | 5 | 1 | 0 | 1 | 2 | 1 | 4 | 1 | 0 | 1 | 3 | 0 |
| 南京师范大学中北学院 | 30 | 9 | 7 | 9 | 0 | 4 | 4 | 1 | 0 | 8 | 0 | 1 | 1 | 8 | 0 |
| 苏州百年职业学院 | 31 | 0 | 0 | 0 | 0 | 0 | 0 | 0 | 0 | 0 | 0 | 0 | 0 | 0 | 0 |
| 昆山登云科技职业学院 | 32 | 1 | 0 | 1 | 0 | 0 | 0 | 1 | 0 | 0 | 1 | 0 | 0 | 0 | 0 |
| 南京视觉艺术职业学院 | 33 | 1 | 1 | 1 | 1 | 0 | 0 | 0 | 0 | 1 | 0 | 0 | 1 | 0 | 0 |
| 南京医科大学康达学院 | 34 | 0 | 0 | 0 | 0 | 0 | 0 | 0 | 0 | 0 | 0 | 0 | 0 | 0 | 0 |
| 南京中医药大学翰林学院 | 35 | 1 | 0 | 1 | 0 | 0 | 1 | 0 | 0 | 1 | 0 | 0 | 0 | 1 | 0 |
| 南京信息工程大学滨江学院 | 36 | 1 | 0 | 1 | 0 | 0 | 1 | 0 | 0 | 1 | 0 | 0 | 0 | 1 | 0 |
| 苏州大学文正学院 | 37 | 5 | 2 | 5 | 1 | 2 | 2 | 0 | 0 | 5 | 0 | 0 | 4 | 1 | 0 |
| 苏州大学应用技术学院 | 38 | 0 | 0 | 0 | 0 | 0 | 0 | 0 | 0 | 0 | 0 | 0 | 0 | 0 | 0 |
| 苏州科技大学天平学院 | 39 | 0 | 0 | 0 | 0 | 0 | 0 | 0 | 0 | 0 | 0 | 0 | 0 | 0 | 0 |
| 江苏大学京江学院 | 40 | 0 | 0 | 0 | 0 | 0 | 0 | 0 | 0 | 0 | 0 | 0 | 0 | 0 | 0 |
| 扬州大学广陵学院 | 41 | 4 | 3 | 4 | 0 | 1 | 2 | 1 | 0 | 4 | 0 | 0 | 1 | 3 | 0 |
| 江苏师范大学科文学院 | 42 | 6 | 5 | 6 | 0 | 0 | 3 | 3 | 0 | 6 | 0 | 0 | 0 | 6 | 0 |
| 南京邮电大学通达学院 | 43 | 1 | 0 | 1 | 0 | 0 | 1 | 0 | 0 | 0 | 1 | 0 | 0 | 0 | 0 |
| 南京财经大学红山学院 | 44 | 4 | 3 | 4 | 0 | 0 | 0 | 4 | 0 | 4 | 0 | 0 | 0 | 4 | 0 |
| 江苏科技大学苏州理工学院 | 45 | 0 | 0 | 0 | 0 | 0 | 0 | 0 | 0 | 0 | 0 | 0 | 0 | 0 | 0 |
| 常州大学怀德学院 | 46 | 0 | 0 | 0 | 0 | 0 | 0 | 0 | 0 | 0 | 0 | 0 | 0 | 0 | 0 |
| 南通大学杏林学院 | 47 | 6 | 5 | 6 | 0 | 1 | 5 | 0 | 0 | 6 | 0 | 0 | 0 | 6 | 0 |
| 南京审计大学金审学院 | 48 | 0 | 0 | 0 | 0 | 0 | 0 | 0 | 0 | 0 | 0 | 0 | 0 | 0 | 0 |
| 宿迁学院 | 49 | 16 | 9 | 16 | 0 | 9 | 7 | 0 | 0 | 11 | 5 | 0 | 3 | 9 | 0 |
| 苏州高博软件技术职业学院 | 50 | 1 | 1 | 1 | 0 | 1 | 0 | 0 | 0 | 1 | 0 | 0 | 1 | 0 | 0 |
| 宿迁泽达职业技术学院 | 51 | 0 | 0 | 0 | 0 | 0 | 0 | 0 | 0 | 0 | 0 | 0 | 0 | 0 | 0 |
| 扬州中瑞酒店职业学院 | 52 | 0 | 0 | 0 | 0 | 0 | 0 | 0 | 0 | 0 | 0 | 0 | 0 | 0 | 0 |
| 西交利物浦大学 | 53 | 11 | 9 | 11 | 0 | 1 | 7 | 2 | 1 | 10 | 1 | 0 | 6 | 5 | 0 |
| 昆山杜克大学 | 54 | 1 | 0 | 1 | 0 | 0 | 1 | 0 | 0 | 1 | 0 | 0 | 0 | 1 | 0 |

4.8 外国文学人文、社会科学活动人员情况表

| 高校名称 | | 总计 | | 按职称划分 | | | | | | 按最后学历划分 | | | 按最后学位划分 | | 其他 |
|---|---|---|---|---|---|---|---|---|---|---|---|---|---|---|---|
| | | | 女性 | 小计 | 教授 | 副教授 | 讲师 | 助教 | 初级 | 研究生 | 本科生 | 其他 | 博士 | 硕士 | 人员 |
| | 编号 | L01 | L02 | L03 | L04 | L05 | L06 | L07 | L08 | L09 | L10 | L11 | L12 | L13 | L14 |
| 合　计 | / | 200 | 157 | 200 | 4 | 18 | 136 | 42 | 0 | 154 | 46 | 0 | 13 | 152 | 0 |
| 明达职业技术学院 | 1 | 0 | 0 | 0 | 0 | 0 | 0 | 0 | 0 | 0 | 0 | 0 | 0 | 0 | 0 |
| 三江学院 | 2 | 8 | 6 | 8 | 1 | 3 | 4 | 0 | 0 | 7 | 1 | 0 | 1 | 6 | 0 |
| 九州职业技术学院 | 3 | 0 | 0 | 0 | 0 | 0 | 0 | 0 | 0 | 0 | 0 | 0 | 0 | 0 | 0 |
| 南通理工学院 | 4 | 0 | 0 | 0 | 0 | 0 | 0 | 0 | 0 | 0 | 0 | 0 | 0 | 0 | 0 |
| 硅湖职业技术学院 | 5 | 0 | 0 | 0 | 0 | 0 | 0 | 0 | 0 | 0 | 0 | 0 | 0 | 0 | 0 |
| 应天职业技术学院 | 6 | 3 | 3 | 3 | 0 | 0 | 3 | 0 | 0 | 3 | 0 | 0 | 0 | 3 | 0 |
| 苏州托普信息职业技术学院 | 7 | 1 | 1 | 1 | 0 | 0 | 1 | 0 | 0 | 1 | 0 | 0 | 0 | 1 | 0 |
| 东南大学成贤学院 | 8 | 0 | 0 | 0 | 0 | 0 | 0 | 0 | 0 | 0 | 0 | 0 | 0 | 0 | 0 |
| 苏州工业园区职业技术学院 | 9 | 1 | 1 | 1 | 0 | 1 | 0 | 0 | 0 | 1 | 0 | 0 | 0 | 1 | 0 |
| 太湖创意职业技术学院 | 10 | 0 | 0 | 0 | 0 | 0 | 0 | 0 | 0 | 0 | 0 | 0 | 0 | 0 | 0 |
| 炎黄职业技术学院 | 11 | 0 | 0 | 0 | 0 | 0 | 0 | 0 | 0 | 0 | 0 | 0 | 0 | 0 | 0 |
| 正德职业技术学院 | 12 | 3 | 1 | 3 | 0 | 0 | 2 | 1 | 0 | 0 | 3 | 0 | 0 | 2 | 0 |
| 钟山职业技术学院 | 13 | 1 | 1 | 1 | 0 | 0 | 1 | 0 | 0 | 0 | 1 | 0 | 0 | 1 | 0 |
| 无锡南洋职业技术学院 | 14 | 2 | 2 | 2 | 0 | 0 | 2 | 0 | 0 | 0 | 2 | 0 | 0 | 0 | 0 |
| 江南影视艺术职业学院 | 15 | 1 | 1 | 1 | 0 | 0 | 0 | 1 | 0 | 1 | 0 | 0 | 0 | 1 | 0 |
| 金肯职业技术学院 | 16 | 1 | 0 | 1 | 0 | 0 | 1 | 0 | 0 | 0 | 1 | 0 | 0 | 0 | 0 |
| 建东职业技术学院 | 17 | 0 | 0 | 0 | 0 | 0 | 0 | 0 | 0 | 0 | 0 | 0 | 0 | 0 | 0 |
| 宿迁职业技术学院 | 18 | 5 | 4 | 5 | 0 | 0 | 2 | 3 | 0 | 3 | 2 | 0 | 0 | 3 | 0 |
| 江海职业技术学院 | 19 | 0 | 0 | 0 | 0 | 0 | 0 | 0 | 0 | 0 | 0 | 0 | 0 | 0 | 0 |
| 无锡太湖学院 | 20 | 0 | 0 | 0 | 0 | 0 | 0 | 0 | 0 | 0 | 0 | 0 | 0 | 0 | 0 |
| 中国矿业大学徐海学院 | 21 | 1 | 0 | 1 | 0 | 0 | 1 | 0 | 0 | 1 | 0 | 0 | 0 | 1 | 0 |
| 南京大学金陵学院 | 22 | 60 | 46 | 60 | 0 | 2 | 53 | 5 | 0 | 48 | 12 | 0 | 0 | 48 | 0 |
| 南京理工大学紫金学院 | 23 | 0 | 0 | 0 | 0 | 0 | 0 | 0 | 0 | 0 | 0 | 0 | 0 | 0 | 0 |
| 南京航空航天大学金城学院 | 24 | 9 | 9 | 9 | 0 | 1 | 7 | 1 | 0 | 9 | 0 | 0 | 0 | 9 | 0 |
| 南京传媒学院 | 25 | 4 | 4 | 4 | 0 | 0 | 3 | 1 | 0 | 4 | 0 | 0 | 0 | 3 | 0 |
| 金山职业技术学院 | 26 | 0 | 0 | 0 | 0 | 0 | 0 | 0 | 0 | 0 | 0 | 0 | 0 | 0 | 0 |

续表

| 高校名称 | | 总计 | | 按职称划分 | | | | | | 按最后学历划分 | | | 按最后学位划分 | | 其他 |
|---|---|---|---|---|---|---|---|---|---|---|---|---|---|---|---|
| | | | 女性 | 小计 | 教授 | 副教授 | 讲师 | 助教 | 初级 | 研究生 | 本科生 | 其他 | 博士 | 硕士 | 人员 |
| | 编号 | L01 | L02 | L03 | L04 | L05 | L06 | L07 | L08 | L09 | L10 | L11 | L12 | L13 | L14 |
| 南京理工大学泰州科技学院 | 27 | 0 | 0 | 0 | 0 | 0 | 0 | 0 | 0 | 0 | 0 | 0 | 0 | 0 | 0 |
| 南京师范大学泰州学院 | 28 | 6 | 5 | 6 | 0 | 0 | 1 | 5 | 0 | 5 | 1 | 0 | 0 | 6 | 0 |
| 南京工业大学浦江学院 | 29 | 10 | 10 | 10 | 1 | 0 | 6 | 3 | 0 | 8 | 2 | 0 | 1 | 8 | 0 |
| 南京师范大学中北学院 | 30 | 7 | 6 | 7 | 0 | 2 | 3 | 2 | 0 | 7 | 0 | 0 | 1 | 6 | 0 |
| 苏州百年职业学院 | 31 | 0 | 0 | 0 | 0 | 0 | 0 | 0 | 0 | 0 | 0 | 0 | 0 | 0 | 0 |
| 昆山登云科技职业学院 | 32 | 2 | 0 | 2 | 0 | 0 | 1 | 1 | 0 | 2 | 0 | 0 | 0 | 2 | 0 |
| 南京视觉艺术职业学院 | 33 | 1 | 1 | 1 | 0 | 0 | 1 | 0 | 0 | 1 | 0 | 0 | 0 | 1 | 0 |
| 南京医科大学康达学院 | 34 | 0 | 0 | 0 | 0 | 0 | 0 | 0 | 0 | 0 | 0 | 0 | 0 | 0 | 0 |
| 南京中医药大学翰林学院 | 35 | 0 | 0 | 0 | 0 | 0 | 0 | 0 | 0 | 0 | 0 | 0 | 0 | 0 | 0 |
| 南京信息工程大学滨江学院 | 36 | 1 | 1 | 1 | 0 | 0 | 0 | 1 | 0 | 1 | 0 | 0 | 0 | 1 | 0 |
| 苏州大学文正学院 | 37 | 3 | 2 | 3 | 0 | 1 | 2 | 0 | 0 | 3 | 0 | 0 | 1 | 2 | 0 |
| 苏州大学应用技术学院 | 38 | 12 | 11 | 12 | 0 | 0 | 4 | 8 | 0 | 12 | 0 | 0 | 0 | 12 | 0 |
| 苏州科技大学天平学院 | 39 | 0 | 0 | 0 | 0 | 0 | 0 | 0 | 0 | 0 | 0 | 0 | 0 | 0 | 0 |
| 江苏大学京江学院 | 40 | 4 | 2 | 4 | 0 | 0 | 4 | 0 | 0 | 4 | 0 | 0 | 0 | 4 | 0 |
| 扬州大学广陵学院 | 41 | 0 | 0 | 0 | 0 | 0 | 0 | 0 | 0 | 0 | 0 | 0 | 0 | 0 | 0 |
| 江苏师范大学科文学院 | 42 | 22 | 17 | 22 | 0 | 3 | 16 | 3 | 0 | 11 | 11 | 0 | 0 | 11 | 0 |
| 南京邮电大学通达学院 | 43 | 0 | 0 | 0 | 0 | 0 | 0 | 0 | 0 | 0 | 0 | 0 | 0 | 0 | 0 |
| 南京财经大学红山学院 | 44 | 5 | 5 | 5 | 0 | 0 | 0 | 5 | 0 | 5 | 0 | 0 | 0 | 4 | 0 |
| 江苏科技大学苏州理工学院 | 45 | 0 | 0 | 0 | 0 | 0 | 0 | 0 | 0 | 0 | 0 | 0 | 0 | 0 | 0 |
| 常州大学怀德学院 | 46 | 0 | 0 | 0 | 0 | 0 | 0 | 0 | 0 | 0 | 0 | 0 | 0 | 0 | 0 |
| 南通大学杏林学院 | 47 | 4 | 4 | 4 | 0 | 1 | 3 | 0 | 0 | 4 | 0 | 0 | 0 | 4 | 0 |
| 南京审计大学金审学院 | 48 | 4 | 4 | 4 | 0 | 3 | 1 | 0 | 0 | 1 | 3 | 0 | 0 | 3 | 0 |
| 宿迁学院 | 49 | 8 | 7 | 8 | 0 | 0 | 8 | 0 | 0 | 1 | 7 | 0 | 0 | 7 | 0 |
| 苏州高博软件技术职业学院 | 50 | 0 | 0 | 0 | 0 | 0 | 0 | 0 | 0 | 0 | 0 | 0 | 0 | 0 | 0 |
| 宿迁泽达职业技术学院 | 51 | 0 | 0 | 0 | 0 | 0 | 0 | 0 | 0 | 0 | 0 | 0 | 0 | 0 | 0 |
| 扬州中瑞酒店职业学院 | 52 | 0 | 0 | 0 | 0 | 0 | 0 | 0 | 0 | 0 | 0 | 0 | 0 | 0 | 0 |
| 西交利物浦大学 | 53 | 7 | 3 | 7 | 1 | 1 | 3 | 2 | 0 | 7 | 0 | 0 | 6 | 1 | 0 |
| 昆山杜克大学 | 54 | 4 | 0 | 4 | 1 | 0 | 3 | 0 | 0 | 4 | 0 | 0 | 3 | 1 | 0 |

## 4.9 艺术学人文、社会科学活动人员情况表

| 高校名称 | | 总计 | | 按职称划分 | | | | | | 按最后学历划分 | | | 按最后学位划分 | | 其他 |
|---|---|---|---|---|---|---|---|---|---|---|---|---|---|---|---|
| | | | 女性 | 小计 | 教授 | 副教授 | 讲师 | 助教 | 初级 | 研究生 | 本科生 | 其他 | 博士 | 硕士 | 人员 |
| | 编号 | L01 | L02 | L03 | L04 | L05 | L06 | L07 | L08 | L09 | L10 | L11 | L12 | L13 | L14 |
| 合　计 | / | 1 241 | 786 | 1 240 | 33 | 201 | 581 | 424 | 1 | 783 | 450 | 7 | 19 | 936 | 1 |
| 明达职业技术学院 | 1 | 1 | 1 | 1 | 0 | 0 | 0 | 1 | 0 | 1 | 0 | 0 | 0 | 0 | 0 |
| 三江学院 | 2 | 48 | 29 | 48 | 3 | 20 | 24 | 1 | 0 | 27 | 21 | 0 | 1 | 40 | 0 |
| 九州职业技术学院 | 3 | 8 | 7 | 8 | 0 | 1 | 5 | 2 | 0 | 2 | 6 | 0 | 0 | 3 | 0 |
| 南通理工学院 | 4 | 27 | 20 | 27 | 1 | 3 | 11 | 12 | 0 | 20 | 7 | 0 | 1 | 23 | 0 |
| 硅湖职业技术学院 | 5 | 20 | 16 | 19 | 1 | 2 | 10 | 6 | 0 | 7 | 12 | 0 | 0 | 9 | 1 |
| 应天职业技术学院 | 6 | 15 | 11 | 15 | 0 | 2 | 12 | 1 | 0 | 6 | 9 | 0 | 0 | 10 | 0 |
| 苏州托普信息职业技术学院 | 7 | 24 | 10 | 24 | 0 | 1 | 11 | 12 | 0 | 0 | 24 | 0 | 0 | 1 | 0 |
| 东南大学成贤学院 | 8 | 0 | 0 | 0 | 0 | 0 | 0 | 0 | 0 | 0 | 0 | 0 | 0 | 0 | 0 |
| 苏州工业园区职业技术学院 | 9 | 18 | 13 | 18 | 0 | 3 | 15 | 0 | 0 | 9 | 9 | 0 | 0 | 9 | 0 |
| 太湖创意职业技术学院 | 10 | 8 | 3 | 8 | 0 | 2 | 4 | 2 | 0 | 5 | 3 | 0 | 0 | 5 | 0 |
| 炎黄职业技术学院 | 11 | 3 | 2 | 3 | 0 | 0 | 3 | 0 | 0 | 1 | 2 | 0 | 0 | 1 | 0 |
| 正德职业技术学院 | 12 | 23 | 16 | 23 | 1 | 1 | 14 | 7 | 0 | 7 | 16 | 0 | 0 | 14 | 0 |
| 钟山职业技术学院 | 13 | 9 | 6 | 9 | 0 | 6 | 3 | 0 | 0 | 4 | 5 | 0 | 0 | 9 | 0 |
| 无锡南洋职业技术学院 | 14 | 14 | 9 | 14 | 0 | 2 | 10 | 2 | 0 | 4 | 10 | 0 | 0 | 5 | 0 |
| 江南影视艺术职业学院 | 15 | 109 | 83 | 109 | 0 | 8 | 22 | 79 | 0 | 50 | 57 | 2 | 2 | 52 | 0 |
| 金肯职业技术学院 | 16 | 4 | 4 | 4 | 0 | 0 | 2 | 2 | 0 | 4 | 0 | 0 | 0 | 4 | 0 |
| 建东职业技术学院 | 17 | 6 | 5 | 6 | 0 | 1 | 3 | 2 | 0 | 0 | 6 | 0 | 0 | 0 | 0 |
| 宿迁职业技术学院 | 18 | 6 | 4 | 6 | 0 | 2 | 3 | 1 | 0 | 2 | 4 | 0 | 0 | 2 | 0 |
| 江海职业技术学院 | 19 | 14 | 6 | 14 | 0 | 6 | 8 | 0 | 0 | 5 | 9 | 0 | 0 | 8 | 0 |
| 无锡太湖学院 | 20 | 69 | 41 | 69 | 2 | 23 | 36 | 8 | 0 | 41 | 28 | 0 | 0 | 55 | 0 |
| 中国矿业大学徐海学院 | 21 | 7 | 4 | 7 | 0 | 1 | 0 | 6 | 0 | 7 | 0 | 0 | 0 | 7 | 0 |
| 南京大学金陵学院 | 22 | 35 | 23 | 35 | 1 | 6 | 27 | 1 | 0 | 28 | 7 | 0 | 2 | 26 | 0 |
| 南京理工大学紫金学院 | 23 | 1 | 1 | 1 | 0 | 0 | 1 | 0 | 0 | 0 | 1 | 0 | 0 | 0 | 0 |
| 南京航空航天大学金城学院 | 24 | 40 | 24 | 40 | 0 | 5 | 12 | 23 | 0 | 31 | 9 | 0 | 0 | 36 | 0 |
| 南京传媒学院 | 25 | 242 | 140 | 242 | 11 | 42 | 89 | 100 | 0 | 176 | 61 | 5 | 4 | 213 | 0 |
| 金山职业技术学院 | 26 | 4 | 3 | 4 | 0 | 0 | 0 | 4 | 0 | 2 | 2 | 0 | 0 | 2 | 0 |

续表

| 高校名称 | | 总计 | | 按职称划分 | | | | | | 按最后学历划分 | | | 按最后学位划分 | | 其他人员 |
|---|---|---|---|---|---|---|---|---|---|---|---|---|---|---|---|
| | | | 女性 | 小计 | 教授 | 副教授 | 讲师 | 助教 | 初级 | 研究生 | 本科生 | 其他 | 博士 | 硕士 | |
| | 编号 | L01 | L02 | L03 | L04 | L05 | L06 | L07 | L08 | L09 | L10 | L11 | L12 | L13 | L14 |
| 南京理工大学泰州科技学院 | 27 | 16 | 10 | 16 | 2 | 3 | 10 | 1 | 0 | 9 | 7 | 0 | 0 | 9 | 0 |
| 南京师范大学泰州学院 | 28 | 68 | 46 | 68 | 0 | 20 | 43 | 5 | 0 | 32 | 36 | 0 | 0 | 60 | 0 |
| 南京工业大学浦江学院 | 29 | 29 | 14 | 29 | 0 | 1 | 11 | 17 | 0 | 23 | 6 | 0 | 0 | 29 | 0 |
| 南京师范大学中北学院 | 30 | 31 | 22 | 31 | 0 | 5 | 18 | 8 | 0 | 30 | 1 | 0 | 0 | 28 | 0 |
| 苏州百年职业学院 | 31 | 16 | 12 | 16 | 2 | 0 | 6 | 8 | 0 | 14 | 2 | 0 | 0 | 14 | 0 |
| 昆山登云科技职业学院 | 32 | 21 | 16 | 21 | 0 | 1 | 6 | 14 | 0 | 10 | 11 | 0 | 0 | 13 | 0 |
| 南京视觉艺术职业学院 | 33 | 39 | 22 | 39 | 1 | 5 | 16 | 17 | 0 | 26 | 13 | 0 | 1 | 25 | 0 |
| 南京医科大学康达学院 | 34 | 0 | 0 | 0 | 0 | 0 | 0 | 0 | 0 | 0 | 0 | 0 | 0 | 0 | 0 |
| 南京中医药大学翰林学院 | 35 | 0 | 0 | 0 | 0 | 0 | 0 | 0 | 0 | 0 | 0 | 0 | 0 | 0 | 0 |
| 南京信息工程大学滨江学院 | 36 | 11 | 4 | 11 | 1 | 2 | 2 | 5 | 1 | 8 | 3 | 0 | 1 | 10 | 0 |
| 苏州大学文正学院 | 37 | 16 | 13 | 16 | 1 | 0 | 12 | 3 | 0 | 15 | 1 | 0 | 0 | 15 | 0 |
| 苏州大学应用技术学院 | 38 | 18 | 13 | 18 | 1 | 0 | 8 | 9 | 0 | 15 | 3 | 0 | 0 | 16 | 0 |
| 苏州科技大学天平学院 | 39 | 25 | 17 | 25 | 1 | 1 | 15 | 8 | 0 | 21 | 4 | 0 | 0 | 23 | 0 |
| 江苏大学京江学院 | 40 | 4 | 4 | 4 | 0 | 0 | 1 | 3 | 0 | 4 | 0 | 0 | 0 | 4 | 0 |
| 扬州大学广陵学院 | 41 | 27 | 14 | 27 | 0 | 0 | 18 | 9 | 0 | 25 | 2 | 0 | 0 | 25 | 0 |
| 江苏师范大学科文学院 | 42 | 19 | 11 | 19 | 0 | 0 | 5 | 14 | 0 | 16 | 3 | 0 | 0 | 17 | 0 |
| 南京邮电大学通达学院 | 43 | 0 | 0 | 0 | 0 | 0 | 0 | 0 | 0 | 0 | 0 | 0 | 0 | 0 | 0 |
| 南京财经大学红山学院 | 44 | 4 | 3 | 4 | 0 | 0 | 0 | 4 | 0 | 4 | 0 | 0 | 0 | 4 | 0 |
| 江苏科技大学苏州理工学院 | 45 | 0 | 0 | 0 | 0 | 0 | 0 | 0 | 0 | 0 | 0 | 0 | 0 | 0 | 0 |
| 常州大学怀德学院 | 46 | 15 | 8 | 15 | 0 | 0 | 7 | 8 | 0 | 15 | 0 | 0 | 0 | 15 | 0 |
| 南通大学杏林学院 | 47 | 9 | 5 | 9 | 1 | 3 | 5 | 0 | 0 | 6 | 3 | 0 | 0 | 8 | 0 |
| 南京审计大学金审学院 | 48 | 35 | 23 | 35 | 3 | 8 | 17 | 7 | 0 | 21 | 14 | 0 | 1 | 28 | 0 |
| 宿迁学院 | 49 | 38 | 21 | 38 | 0 | 7 | 24 | 7 | 0 | 20 | 18 | 0 | 2 | 29 | 0 |
| 苏州高博软件技术职业学院 | 50 | 25 | 15 | 25 | 0 | 6 | 18 | 1 | 0 | 13 | 12 | 0 | 1 | 15 | 0 |
| 宿迁泽达职业技术学院 | 51 | 4 | 2 | 4 | 0 | 0 | 2 | 2 | 0 | 3 | 1 | 0 | 0 | 3 | 0 |
| 扬州中瑞酒店职业学院 | 52 | 3 | 3 | 3 | 0 | 1 | 1 | 1 | 0 | 2 | 1 | 0 | 0 | 3 | 0 |
| 西交利物浦大学 | 53 | 0 | 0 | 0 | 0 | 0 | 0 | 0 | 0 | 0 | 0 | 0 | 0 | 0 | 0 |
| 昆山杜克大学 | 54 | 13 | 7 | 13 | 0 | 1 | 11 | 1 | 0 | 12 | 1 | 0 | 3 | 9 | 0 |

## 4.10 历史学人文、社会科学活动人员情况表

| 高校名称 | | 总计 | | 按职称划分 | | | | | | 按最后学历划分 | | | 按最后学位划分 | | 其他人员 |
|---|---|---|---|---|---|---|---|---|---|---|---|---|---|---|---|
| | | | 女性 | 小计 | 教授 | 副教授 | 讲师 | 助教 | 初级 | 研究生 | 本科生 | 其他 | 博士 | 硕士 | |
| | 编号 | L01 | L02 | L03 | L04 | L05 | L06 | L07 | L08 | L09 | L10 | L11 | L12 | L13 | L14 |
| 合　计 | / | 45 | 16 | 45 | 2 | 8 | 24 | 11 | 0 | 37 | 8 | 0 | 14 | 25 | 0 |
| 明达职业技术学院 | 1 | 0 | 0 | 0 | 0 | 0 | 0 | 0 | 0 | 0 | 0 | 0 | 0 | 0 | 0 |
| 三江学院 | 2 | 1 | 0 | 1 | 0 | 0 | 1 | 0 | 0 | 1 | 0 | 0 | 0 | 1 | 0 |
| 九州职业技术学院 | 3 | 0 | 0 | 0 | 0 | 0 | 0 | 0 | 0 | 0 | 0 | 0 | 0 | 0 | 0 |
| 南通理工学院 | 4 | 0 | 0 | 0 | 0 | 0 | 0 | 0 | 0 | 0 | 0 | 0 | 0 | 0 | 0 |
| 硅湖职业技术学院 | 5 | 0 | 0 | 0 | 0 | 0 | 0 | 0 | 0 | 0 | 0 | 0 | 0 | 0 | 0 |
| 应天职业技术学院 | 6 | 0 | 0 | 0 | 0 | 0 | 0 | 0 | 0 | 0 | 0 | 0 | 0 | 0 | 0 |
| 苏州托普信息职业技术学院 | 7 | 1 | 1 | 1 | 0 | 0 | 0 | 1 | 0 | 1 | 0 | 0 | 0 | 1 | 0 |
| 东南大学成贤学院 | 8 | 0 | 0 | 0 | 0 | 0 | 0 | 0 | 0 | 0 | 0 | 0 | 0 | 0 | 0 |
| 苏州工业园区职业技术学院 | 9 | 1 | 0 | 1 | 1 | 0 | 0 | 0 | 0 | 1 | 0 | 0 | 0 | 1 | 0 |
| 太湖创意职业技术学院 | 10 | 0 | 0 | 0 | 0 | 0 | 0 | 0 | 0 | 0 | 0 | 0 | 0 | 0 | 0 |
| 炎黄职业技术学院 | 11 | 1 | 0 | 1 | 0 | 0 | 0 | 1 | 0 | 0 | 1 | 0 | 0 | 0 | 0 |
| 正德职业技术学院 | 12 | 0 | 0 | 0 | 0 | 0 | 0 | 0 | 0 | 0 | 0 | 0 | 0 | 0 | 0 |
| 钟山职业技术学院 | 13 | 0 | 0 | 0 | 0 | 0 | 0 | 0 | 0 | 0 | 0 | 0 | 0 | 0 | 0 |
| 无锡南洋职业技术学院 | 14 | 1 | 0 | 1 | 0 | 1 | 0 | 0 | 0 | 0 | 1 | 0 | 0 | 0 | 0 |
| 江南影视艺术职业学院 | 15 | 1 | 1 | 1 | 0 | 0 | 0 | 1 | 0 | 1 | 0 | 0 | 0 | 1 | 0 |
| 金肯职业技术学院 | 16 | 0 | 0 | 0 | 0 | 0 | 0 | 0 | 0 | 0 | 0 | 0 | 0 | 0 | 0 |
| 建东职业技术学院 | 17 | 0 | 0 | 0 | 0 | 0 | 0 | 0 | 0 | 0 | 0 | 0 | 0 | 0 | 0 |
| 宿迁职业技术学院 | 18 | 1 | 0 | 1 | 0 | 0 | 0 | 1 | 0 | 1 | 0 | 0 | 0 | 1 | 0 |
| 江海职业技术学院 | 19 | 0 | 0 | 0 | 0 | 0 | 0 | 0 | 0 | 0 | 0 | 0 | 0 | 0 | 0 |
| 无锡太湖学院 | 20 | 4 | 2 | 4 | 1 | 0 | 2 | 1 | 0 | 3 | 1 | 0 | 0 | 3 | 0 |
| 中国矿业大学徐海学院 | 21 | 0 | 0 | 0 | 0 | 0 | 0 | 0 | 0 | 0 | 0 | 0 | 0 | 0 | 0 |
| 南京大学金陵学院 | 22 | 0 | 0 | 0 | 0 | 0 | 0 | 0 | 0 | 0 | 0 | 0 | 0 | 0 | 0 |
| 南京理工大学紫金学院 | 23 | 0 | 0 | 0 | 0 | 0 | 0 | 0 | 0 | 0 | 0 | 0 | 0 | 0 | 0 |
| 南京航空航天大学金城学院 | 24 | 0 | 0 | 0 | 0 | 0 | 0 | 0 | 0 | 0 | 0 | 0 | 0 | 0 | 0 |
| 南京传媒学院 | 25 | 1 | 1 | 1 | 0 | 0 | 1 | 0 | 0 | 1 | 0 | 0 | 0 | 1 | 0 |
| 金山职业技术学院 | 26 | 0 | 0 | 0 | 0 | 0 | 0 | 0 | 0 | 0 | 0 | 0 | 0 | 0 | 0 |

续表

| 高校名称 | | 总计 | | 按职称划分 | | | | | | 按最后学历划分 | | | 按最后学位划分 | | 其他 |
|---|---|---|---|---|---|---|---|---|---|---|---|---|---|---|---|
| | | | 女性 | 小计 | 教授 | 副教授 | 讲师 | 助教 | 初级 | 研究生 | 本科生 | 其他 | 博士 | 硕士 | 人员 |
| | 编号 | L01 | L02 | L03 | L04 | L05 | L06 | L07 | L08 | L09 | L10 | L11 | L12 | L13 | L14 |
| 南京理工大学泰州科技学院 | 27 | 0 | 0 | 0 | 0 | 0 | 0 | 0 | 0 | 0 | 0 | 0 | 0 | 0 | 0 |
| 南京师范大学泰州学院 | 28 | 6 | 2 | 6 | 0 | 2 | 3 | 1 | 0 | 4 | 2 | 0 | 0 | 5 | 0 |
| 南京工业大学浦江学院 | 29 | 0 | 0 | 0 | 0 | 0 | 0 | 0 | 0 | 0 | 0 | 0 | 0 | 0 | 0 |
| 南京师范大学中北学院 | 30 | 0 | 0 | 0 | 0 | 0 | 0 | 0 | 0 | 0 | 0 | 0 | 0 | 0 | 0 |
| 苏州百年职业学院 | 31 | 0 | 0 | 0 | 0 | 0 | 0 | 0 | 0 | 0 | 0 | 0 | 0 | 0 | 0 |
| 昆山登云科技职业学院 | 32 | 0 | 0 | 0 | 0 | 0 | 0 | 0 | 0 | 0 | 0 | 0 | 0 | 0 | 0 |
| 南京视觉艺术职业学院 | 33 | 0 | 0 | 0 | 0 | 0 | 0 | 0 | 0 | 0 | 0 | 0 | 0 | 0 | 0 |
| 南京医科大学康达学院 | 34 | 0 | 0 | 0 | 0 | 0 | 0 | 0 | 0 | 0 | 0 | 0 | 0 | 0 | 0 |
| 南京中医药大学翰林学院 | 35 | 0 | 0 | 0 | 0 | 0 | 0 | 0 | 0 | 0 | 0 | 0 | 0 | 0 | 0 |
| 南京信息工程大学滨江学院 | 36 | 1 | 0 | 1 | 0 | 0 | 1 | 0 | 0 | 1 | 0 | 0 | 0 | 1 | 0 |
| 苏州大学文正学院 | 37 | 0 | 0 | 0 | 0 | 0 | 0 | 0 | 0 | 0 | 0 | 0 | 0 | 0 | 0 |
| 苏州大学应用技术学院 | 38 | 0 | 0 | 0 | 0 | 0 | 0 | 0 | 0 | 0 | 0 | 0 | 0 | 0 | 0 |
| 苏州科技大学天平学院 | 39 | 1 | 0 | 1 | 0 | 0 | 1 | 0 | 0 | 1 | 0 | 0 | 0 | 1 | 0 |
| 江苏大学京江学院 | 40 | 0 | 0 | 0 | 0 | 0 | 0 | 0 | 0 | 0 | 0 | 0 | 0 | 0 | 0 |
| 扬州大学广陵学院 | 41 | 1 | 0 | 1 | 0 | 0 | 1 | 0 | 0 | 1 | 0 | 0 | 0 | 1 | 0 |
| 江苏师范大学科文学院 | 42 | 2 | 0 | 2 | 0 | 1 | 1 | 0 | 0 | 0 | 2 | 0 | 0 | 0 | 0 |
| 南京邮电大学通达学院 | 43 | 0 | 0 | 0 | 0 | 0 | 0 | 0 | 0 | 0 | 0 | 0 | 0 | 0 | 0 |
| 南京财经大学红山学院 | 44 | 1 | 0 | 1 | 0 | 0 | 0 | 1 | 0 | 1 | 0 | 0 | 0 | 1 | 0 |
| 江苏科技大学苏州理工学院 | 45 | 2 | 1 | 2 | 0 | 1 | 1 | 0 | 0 | 2 | 0 | 0 | 2 | 0 | 0 |
| 常州大学怀德学院 | 46 | 2 | 1 | 2 | 0 | 0 | 0 | 2 | 0 | 2 | 0 | 0 | 0 | 2 | 0 |
| 南通大学杏林学院 | 47 | 0 | 0 | 0 | 0 | 0 | 0 | 0 | 0 | 0 | 0 | 0 | 0 | 0 | 0 |
| 南京审计大学金审学院 | 48 | 1 | 0 | 1 | 0 | 0 | 0 | 1 | 0 | 1 | 0 | 0 | 0 | 1 | 0 |
| 宿迁学院 | 49 | 2 | 0 | 2 | 0 | 0 | 2 | 0 | 0 | 2 | 0 | 0 | 0 | 2 | 0 |
| 苏州高博软件技术职业学院 | 50 | 2 | 1 | 2 | 0 | 1 | 1 | 0 | 0 | 2 | 0 | 0 | 1 | 1 | 0 |
| 宿迁泽达职业技术学院 | 51 | 0 | 0 | 0 | 0 | 0 | 0 | 0 | 0 | 0 | 0 | 0 | 0 | 0 | 0 |
| 扬州中瑞酒店职业学院 | 52 | 0 | 0 | 0 | 0 | 0 | 0 | 0 | 0 | 0 | 0 | 0 | 0 | 0 | 0 |
| 西交利物浦大学 | 53 | 2 | 2 | 2 | 0 | 0 | 1 | 1 | 0 | 1 | 1 | 0 | 1 | 1 | 0 |
| 昆山杜克大学 | 54 | 10 | 4 | 10 | 0 | 2 | 8 | 0 | 0 | 10 | 0 | 0 | 10 | 0 | 0 |

## 4.11 考古学人文、社会科学活动人员情况表

| 高校名称 | | 总计 | | 按职称划分 | | | | | | 按最后学历划分 | | | 按最后学位划分 | | 其他 |
|---|---|---|---|---|---|---|---|---|---|---|---|---|---|---|---|
| | | | 女性 | 小计 | 教授 | 副教授 | 讲师 | 助教 | 初级 | 研究生 | 本科生 | 其他 | 博士 | 硕士 | 人员 |
| | 编号 | L01 | L02 | L03 | L04 | L05 | L06 | L07 | L08 | L09 | L10 | L11 | L12 | L13 | L14 |
| 合　计 | / | 4 | 3 | 4 | 0 | 0 | 1 | 3 | 0 | 4 | 0 | 0 | 0 | 4 | 0 |
| 明达职业技术学院 | 1 | 0 | 0 | 0 | 0 | 0 | 0 | 0 | 0 | 0 | 0 | 0 | 0 | 0 | 0 |
| 三江学院 | 2 | 0 | 0 | 0 | 0 | 0 | 0 | 0 | 0 | 0 | 0 | 0 | 0 | 0 | 0 |
| 九州职业技术学院 | 3 | 0 | 0 | 0 | 0 | 0 | 0 | 0 | 0 | 0 | 0 | 0 | 0 | 0 | 0 |
| 南通理工学院 | 4 | 0 | 0 | 0 | 0 | 0 | 0 | 0 | 0 | 0 | 0 | 0 | 0 | 0 | 0 |
| 硅湖职业技术学院 | 5 | 0 | 0 | 0 | 0 | 0 | 0 | 0 | 0 | 0 | 0 | 0 | 0 | 0 | 0 |
| 应天职业技术学院 | 6 | 0 | 0 | 0 | 0 | 0 | 0 | 0 | 0 | 0 | 0 | 0 | 0 | 0 | 0 |
| 苏州托普信息职业技术学院 | 7 | 0 | 0 | 0 | 0 | 0 | 0 | 0 | 0 | 0 | 0 | 0 | 0 | 0 | 0 |
| 东南大学成贤学院 | 8 | 0 | 0 | 0 | 0 | 0 | 0 | 0 | 0 | 0 | 0 | 0 | 0 | 0 | 0 |
| 苏州工业园区职业技术学院 | 9 | 1 | 1 | 1 | 0 | 0 | 1 | 0 | 0 | 1 | 0 | 0 | 0 | 1 | 0 |
| 太湖创意职业技术学院 | 10 | 0 | 0 | 0 | 0 | 0 | 0 | 0 | 0 | 0 | 0 | 0 | 0 | 0 | 0 |
| 炎黄职业技术学院 | 11 | 0 | 0 | 0 | 0 | 0 | 0 | 0 | 0 | 0 | 0 | 0 | 0 | 0 | 0 |
| 正德职业技术学院 | 12 | 0 | 0 | 0 | 0 | 0 | 0 | 0 | 0 | 0 | 0 | 0 | 0 | 0 | 0 |
| 钟山职业技术学院 | 13 | 0 | 0 | 0 | 0 | 0 | 0 | 0 | 0 | 0 | 0 | 0 | 0 | 0 | 0 |
| 无锡南洋职业技术学院 | 14 | 0 | 0 | 0 | 0 | 0 | 0 | 0 | 0 | 0 | 0 | 0 | 0 | 0 | 0 |
| 江南影视艺术职业学院 | 15 | 0 | 0 | 0 | 0 | 0 | 0 | 0 | 0 | 0 | 0 | 0 | 0 | 0 | 0 |
| 金肯职业技术学院 | 16 | 0 | 0 | 0 | 0 | 0 | 0 | 0 | 0 | 0 | 0 | 0 | 0 | 0 | 0 |
| 建东职业技术学院 | 17 | 0 | 0 | 0 | 0 | 0 | 0 | 0 | 0 | 0 | 0 | 0 | 0 | 0 | 0 |
| 宿迁职业技术学院 | 18 | 0 | 0 | 0 | 0 | 0 | 0 | 0 | 0 | 0 | 0 | 0 | 0 | 0 | 0 |
| 江海职业技术学院 | 19 | 0 | 0 | 0 | 0 | 0 | 0 | 0 | 0 | 0 | 0 | 0 | 0 | 0 | 0 |
| 无锡太湖学院 | 20 | 0 | 0 | 0 | 0 | 0 | 0 | 0 | 0 | 0 | 0 | 0 | 0 | 0 | 0 |
| 中国矿业大学徐海学院 | 21 | 0 | 0 | 0 | 0 | 0 | 0 | 0 | 0 | 0 | 0 | 0 | 0 | 0 | 0 |
| 南京大学金陵学院 | 22 | 0 | 0 | 0 | 0 | 0 | 0 | 0 | 0 | 0 | 0 | 0 | 0 | 0 | 0 |
| 南京理工大学紫金学院 | 23 | 0 | 0 | 0 | 0 | 0 | 0 | 0 | 0 | 0 | 0 | 0 | 0 | 0 | 0 |
| 南京航空航天大学金城学院 | 24 | 0 | 0 | 0 | 0 | 0 | 0 | 0 | 0 | 0 | 0 | 0 | 0 | 0 | 0 |
| 南京传媒学院 | 25 | 0 | 0 | 0 | 0 | 0 | 0 | 0 | 0 | 0 | 0 | 0 | 0 | 0 | 0 |
| 金山职业技术学院 | 26 | 0 | 0 | 0 | 0 | 0 | 0 | 0 | 0 | 0 | 0 | 0 | 0 | 0 | 0 |

续表

| 高校名称 | | 总计 | | 按职称划分 | | | | | | 按最后学历划分 | | | 按最后学位划分 | | 其他人员 |
|---|---|---|---|---|---|---|---|---|---|---|---|---|---|---|---|
| | | | 女性 | 小计 | 教授 | 副教授 | 讲师 | 助教 | 初级 | 研究生 | 本科生 | 其他 | 博士 | 硕士 | |
| | 编号 | L01 | L02 | L03 | L04 | L05 | L06 | L07 | L08 | L09 | L10 | L11 | L12 | L13 | L14 |
| 南京理工大学泰州科技学院 | 27 | 0 | 0 | 0 | 0 | 0 | 0 | 0 | 0 | 0 | 0 | 0 | 0 | 0 | 0 |
| 南京师范大学泰州学院 | 28 | 1 | 0 | 1 | 0 | 0 | 0 | 1 | 0 | 1 | 0 | 0 | 0 | 1 | 0 |
| 南京工业大学浦江学院 | 29 | 1 | 1 | 1 | 0 | 0 | 0 | 1 | 0 | 1 | 0 | 0 | 0 | 1 | 0 |
| 南京师范大学中北学院 | 30 | 0 | 0 | 0 | 0 | 0 | 0 | 0 | 0 | 0 | 0 | 0 | 0 | 0 | 0 |
| 苏州百年职业学院 | 31 | 0 | 0 | 0 | 0 | 0 | 0 | 0 | 0 | 0 | 0 | 0 | 0 | 0 | 0 |
| 昆山登云科技职业学院 | 32 | 0 | 0 | 0 | 0 | 0 | 0 | 0 | 0 | 0 | 0 | 0 | 0 | 0 | 0 |
| 南京视觉艺术职业学院 | 33 | 0 | 0 | 0 | 0 | 0 | 0 | 0 | 0 | 0 | 0 | 0 | 0 | 0 | 0 |
| 南京医科大学康达学院 | 34 | 0 | 0 | 0 | 0 | 0 | 0 | 0 | 0 | 0 | 0 | 0 | 0 | 0 | 0 |
| 南京中医药大学翰林学院 | 35 | 0 | 0 | 0 | 0 | 0 | 0 | 0 | 0 | 0 | 0 | 0 | 0 | 0 | 0 |
| 南京信息工程大学滨江学院 | 36 | 0 | 0 | 0 | 0 | 0 | 0 | 0 | 0 | 0 | 0 | 0 | 0 | 0 | 0 |
| 苏州大学文正学院 | 37 | 0 | 0 | 0 | 0 | 0 | 0 | 0 | 0 | 0 | 0 | 0 | 0 | 0 | 0 |
| 苏州大学应用技术学院 | 38 | 0 | 0 | 0 | 0 | 0 | 0 | 0 | 0 | 0 | 0 | 0 | 0 | 0 | 0 |
| 苏州科技大学天平学院 | 39 | 0 | 0 | 0 | 0 | 0 | 0 | 0 | 0 | 0 | 0 | 0 | 0 | 0 | 0 |
| 江苏大学京江学院 | 40 | 0 | 0 | 0 | 0 | 0 | 0 | 0 | 0 | 0 | 0 | 0 | 0 | 0 | 0 |
| 扬州大学广陵学院 | 41 | 0 | 0 | 0 | 0 | 0 | 0 | 0 | 0 | 0 | 0 | 0 | 0 | 0 | 0 |
| 江苏师范大学科文学院 | 42 | 0 | 0 | 0 | 0 | 0 | 0 | 0 | 0 | 0 | 0 | 0 | 0 | 0 | 0 |
| 南京邮电大学通达学院 | 43 | 0 | 0 | 0 | 0 | 0 | 0 | 0 | 0 | 0 | 0 | 0 | 0 | 0 | 0 |
| 南京财经大学红山学院 | 44 | 1 | 1 | 1 | 0 | 0 | 0 | 1 | 0 | 1 | 0 | 0 | 0 | 1 | 0 |
| 江苏科技大学苏州理工学院 | 45 | 0 | 0 | 0 | 0 | 0 | 0 | 0 | 0 | 0 | 0 | 0 | 0 | 0 | 0 |
| 常州大学怀德学院 | 46 | 0 | 0 | 0 | 0 | 0 | 0 | 0 | 0 | 0 | 0 | 0 | 0 | 0 | 0 |
| 南通大学杏林学院 | 47 | 0 | 0 | 0 | 0 | 0 | 0 | 0 | 0 | 0 | 0 | 0 | 0 | 0 | 0 |
| 南京审计大学金审学院 | 48 | 0 | 0 | 0 | 0 | 0 | 0 | 0 | 0 | 0 | 0 | 0 | 0 | 0 | 0 |
| 宿迁学院 | 49 | 0 | 0 | 0 | 0 | 0 | 0 | 0 | 0 | 0 | 0 | 0 | 0 | 0 | 0 |
| 苏州高博软件技术职业学院 | 50 | 0 | 0 | 0 | 0 | 0 | 0 | 0 | 0 | 0 | 0 | 0 | 0 | 0 | 0 |
| 宿迁泽达职业技术学院 | 51 | 0 | 0 | 0 | 0 | 0 | 0 | 0 | 0 | 0 | 0 | 0 | 0 | 0 | 0 |
| 扬州中瑞酒店职业学院 | 52 | 0 | 0 | 0 | 0 | 0 | 0 | 0 | 0 | 0 | 0 | 0 | 0 | 0 | 0 |
| 西交利物浦大学 | 53 | 0 | 0 | 0 | 0 | 0 | 0 | 0 | 0 | 0 | 0 | 0 | 0 | 0 | 0 |
| 昆山杜克大学 | 54 | 0 | 0 | 0 | 0 | 0 | 0 | 0 | 0 | 0 | 0 | 0 | 0 | 0 | 0 |

## 4.12 经济学人文、社会科学活动人员情况表

| 高校名称 | | 总计 | | 按职称划分 | | | | | | 按最后学历划分 | | | 按最后学位划分 | | 其他 |
|---|---|---|---|---|---|---|---|---|---|---|---|---|---|---|---|
| | | | 女性 | 小计 | 教授 | 副教授 | 讲师 | 助教 | 初级 | 研究生 | 本科生 | 其他 | 博士 | 硕士 | 人员 |
| | 编号 | L01 | L02 | L03 | L04 | L05 | L06 | L07 | L08 | L09 | L10 | L11 | L12 | L13 | L14 |
| 合　计 | / | 842 | 627 | 842 | 49 | 165 | 396 | 229 | 3 | 681 | 161 | 0 | 110 | 605 | 0 |
| 明达职业技术学院 | 1 | 3 | 2 | 3 | 0 | 1 | 1 | 1 | 0 | 0 | 3 | 0 | 0 | 0 | 0 |
| 三江学院 | 2 | 28 | 20 | 28 | 3 | 15 | 8 | 2 | 0 | 25 | 3 | 0 | 4 | 22 | 0 |
| 九州职业技术学院 | 3 | 16 | 11 | 16 | 1 | 1 | 6 | 8 | 0 | 5 | 11 | 0 | 0 | 5 | 0 |
| 南通理工学院 | 4 | 16 | 13 | 16 | 2 | 5 | 8 | 1 | 0 | 9 | 7 | 0 | 1 | 14 | 0 |
| 硅湖职业技术学院 | 5 | 3 | 2 | 3 | 0 | 1 | 2 | 0 | 0 | 1 | 2 | 0 | 0 | 1 | 0 |
| 应天职业技术学院 | 6 | 8 | 8 | 8 | 0 | 1 | 7 | 0 | 0 | 5 | 3 | 0 | 0 | 7 | 0 |
| 苏州托普信息职业技术学院 | 7 | 17 | 16 | 17 | 0 | 0 | 6 | 11 | 0 | 5 | 12 | 0 | 0 | 5 | 0 |
| 东南大学成贤学院 | 8 | 18 | 17 | 18 | 1 | 7 | 9 | 1 | 0 | 18 | 0 | 0 | 2 | 16 | 0 |
| 苏州工业园区职业技术学院 | 9 | 9 | 7 | 9 | 1 | 2 | 6 | 0 | 0 | 4 | 5 | 0 | 0 | 5 | 0 |
| 太湖创意职业技术学院 | 10 | 1 | 0 | 1 | 1 | 0 | 0 | 0 | 0 | 0 | 1 | 0 | 0 | 0 | 0 |
| 炎黄职业技术学院 | 11 | 6 | 4 | 6 | 0 | 0 | 6 | 0 | 0 | 0 | 6 | 0 | 0 | 2 | 0 |
| 正德职业技术学院 | 12 | 10 | 7 | 10 | 0 | 2 | 8 | 0 | 0 | 6 | 4 | 0 | 0 | 6 | 0 |
| 钟山职业技术学院 | 13 | 6 | 4 | 6 | 1 | 3 | 2 | 0 | 0 | 2 | 4 | 0 | 0 | 5 | 0 |
| 无锡南洋职业技术学院 | 14 | 11 | 5 | 11 | 1 | 2 | 7 | 1 | 0 | 3 | 8 | 0 | 0 | 5 | 0 |
| 江南影视艺术职业学院 | 15 | 6 | 4 | 6 | 1 | 1 | 0 | 4 | 0 | 4 | 2 | 0 | 0 | 4 | 0 |
| 金肯职业技术学院 | 16 | 14 | 13 | 14 | 0 | 2 | 12 | 0 | 0 | 12 | 2 | 0 | 0 | 12 | 0 |
| 建东职业技术学院 | 17 | 6 | 5 | 6 | 0 | 1 | 4 | 1 | 0 | 1 | 5 | 0 | 0 | 2 | 0 |
| 宿迁职业技术学院 | 18 | 7 | 4 | 7 | 1 | 1 | 4 | 1 | 0 | 3 | 4 | 0 | 2 | 1 | 0 |
| 江海职业技术学院 | 19 | 11 | 6 | 11 | 0 | 7 | 4 | 0 | 0 | 3 | 8 | 0 | 0 | 3 | 0 |
| 无锡太湖学院 | 20 | 84 | 69 | 84 | 2 | 12 | 43 | 27 | 0 | 73 | 11 | 0 | 4 | 70 | 0 |
| 中国矿业大学徐海学院 | 21 | 13 | 11 | 13 | 0 | 0 | 7 | 6 | 0 | 11 | 2 | 0 | 0 | 12 | 0 |
| 南京大学金陵学院 | 22 | 48 | 36 | 48 | 4 | 8 | 35 | 1 | 0 | 42 | 6 | 0 | 7 | 35 | 0 |
| 南京理工大学紫金学院 | 23 | 24 | 22 | 24 | 2 | 10 | 5 | 7 | 0 | 23 | 1 | 0 | 0 | 24 | 0 |
| 南京航空航天大学金城学院 | 24 | 18 | 17 | 18 | 0 | 4 | 12 | 2 | 0 | 17 | 1 | 0 | 0 | 18 | 0 |
| 南京传媒学院 | 25 | 3 | 2 | 3 | 0 | 0 | 2 | 1 | 0 | 3 | 0 | 0 | 0 | 3 | 0 |
| 金山职业技术学院 | 26 | 1 | 1 | 1 | 0 | 0 | 0 | 1 | 0 | 0 | 1 | 0 | 0 | 0 | 0 |

续表

| 高校名称 | | 总计 | | 按职称划分 | | | | | | 按最后学历划分 | | | 按最后学位划分 | | 其他人员 |
|---|---|---|---|---|---|---|---|---|---|---|---|---|---|---|---|
| | | | 女性 | 小计 | 教授 | 副教授 | 讲师 | 助教 | 初级 | 研究生 | 本科生 | 其他 | 博士 | 硕士 | |
| | 编号 | L01 | L02 | L03 | L04 | L05 | L06 | L07 | L08 | L09 | L10 | L11 | L12 | L13 | L14 |
| 南京理工大学泰州科技学院 | 27 | 30 | 23 | 30 | 2 | 10 | 15 | 3 | 0 | 28 | 2 | 0 | 0 | 28 | 0 |
| 南京师范大学泰州学院 | 28 | 14 | 9 | 14 | 0 | 6 | 5 | 3 | 0 | 11 | 3 | 0 | 2 | 10 | 0 |
| 南京工业大学浦江学院 | 29 | 17 | 13 | 17 | 1 | 1 | 8 | 7 | 0 | 16 | 1 | 0 | 1 | 15 | 0 |
| 南京师范大学中北学院 | 30 | 11 | 9 | 11 | 0 | 0 | 7 | 4 | 0 | 11 | 0 | 0 | 0 | 11 | 0 |
| 苏州百年职业学院 | 31 | 12 | 8 | 12 | 0 | 2 | 9 | 1 | 0 | 11 | 1 | 0 | 0 | 11 | 0 |
| 昆山登云科技职业学院 | 32 | 5 | 3 | 5 | 1 | 0 | 4 | 0 | 0 | 3 | 2 | 0 | 0 | 3 | 0 |
| 南京视觉艺术职业学院 | 33 | 1 | 1 | 1 | 0 | 0 | 1 | 0 | 0 | 1 | 0 | 0 | 0 | 1 | 0 |
| 南京医科大学康达学院 | 34 | 0 | 0 | 0 | 0 | 0 | 0 | 0 | 0 | 0 | 0 | 0 | 0 | 0 | 0 |
| 南京中医药大学翰林学院 | 35 | 6 | 5 | 6 | 0 | 0 | 5 | 1 | 0 | 5 | 1 | 0 | 0 | 5 | 0 |
| 南京信息工程大学滨江学院 | 36 | 16 | 5 | 16 | 4 | 5 | 4 | 2 | 1 | 14 | 2 | 0 | 6 | 8 | 0 |
| 苏州大学文正学院 | 37 | 17 | 14 | 17 | 1 | 5 | 10 | 1 | 0 | 17 | 0 | 0 | 4 | 13 | 0 |
| 苏州大学应用技术学院 | 38 | 11 | 8 | 11 | 1 | 3 | 2 | 5 | 0 | 11 | 0 | 0 | 2 | 9 | 0 |
| 苏州科技大学天平学院 | 39 | 11 | 9 | 11 | 1 | 2 | 5 | 3 | 0 | 10 | 1 | 0 | 0 | 10 | 0 |
| 江苏大学京江学院 | 40 | 5 | 5 | 5 | 0 | 1 | 2 | 2 | 0 | 5 | 0 | 0 | 0 | 5 | 0 |
| 扬州大学广陵学院 | 41 | 8 | 5 | 8 | 1 | 0 | 5 | 2 | 0 | 6 | 2 | 0 | 0 | 6 | 0 |
| 江苏师范大学科文学院 | 42 | 16 | 16 | 16 | 2 | 0 | 2 | 12 | 0 | 13 | 3 | 0 | 0 | 13 | 0 |
| 南京邮电大学通达学院 | 43 | 2 | 1 | 2 | 0 | 0 | 0 | 2 | 0 | 2 | 0 | 0 | 0 | 2 | 0 |
| 南京财经大学红山学院 | 44 | 56 | 48 | 56 | 0 | 1 | 17 | 38 | 0 | 56 | 0 | 0 | 0 | 56 | 0 |
| 江苏科技大学苏州理工学院 | 45 | 10 | 7 | 10 | 0 | 1 | 8 | 1 | 0 | 7 | 3 | 0 | 1 | 6 | 0 |
| 常州大学怀德学院 | 46 | 15 | 7 | 15 | 2 | 6 | 6 | 1 | 0 | 8 | 7 | 0 | 1 | 9 | 0 |
| 南通大学杏林学院 | 47 | 15 | 10 | 15 | 0 | 3 | 11 | 1 | 0 | 13 | 2 | 0 | 0 | 14 | 0 |
| 南京审计大学金审学院 | 48 | 58 | 49 | 58 | 2 | 6 | 7 | 43 | 0 | 51 | 7 | 0 | 2 | 52 | 0 |
| 宿迁学院 | 49 | 25 | 19 | 25 | 0 | 7 | 11 | 7 | 0 | 22 | 3 | 0 | 1 | 24 | 0 |
| 苏州高博软件技术职业学院 | 50 | 12 | 10 | 12 | 4 | 2 | 4 | 2 | 0 | 6 | 6 | 0 | 1 | 6 | 0 |
| 宿迁泽达职业技术学院 | 51 | 1 | 1 | 1 | 0 | 0 | 0 | 1 | 0 | 1 | 0 | 0 | 0 | 1 | 0 |
| 扬州中瑞酒店职业学院 | 52 | 0 | 0 | 0 | 0 | 0 | 0 | 0 | 0 | 0 | 0 | 0 | 0 | 0 | 0 |
| 西交利物浦大学 | 53 | 72 | 33 | 72 | 5 | 17 | 38 | 10 | 2 | 69 | 3 | 0 | 61 | 9 | 0 |
| 昆山杜克大学 | 54 | 9 | 3 | 9 | 1 | 1 | 6 | 1 | 0 | 9 | 0 | 0 | 8 | 1 | 0 |

## 4.13 政治学人文、社会科学活动人员情况表

| 高校名称 | | 总计 | | 按职称划分 | | | | | | 按最后学历划分 | | | 按最后学位划分 | | 其他 |
|---|---|---|---|---|---|---|---|---|---|---|---|---|---|---|---|
| | | | 女性 | 小计 | 教授 | 副教授 | 讲师 | 助教 | 初级 | 研究生 | 本科生 | 其他 | 博士 | 硕士 | 人员 |
| | 编号 | L01 | L02 | L03 | L04 | L05 | L06 | L07 | L08 | L09 | L10 | L11 | L12 | L13 | L14 |
| 合　计 | / | 53 | 26 | 53 | 3 | 7 | 29 | 14 | 0 | 47 | 6 | 0 | 17 | 31 | 0 |
| 明达职业技术学院 | 1 | 0 | 0 | 0 | 0 | 0 | 0 | 0 | 0 | 0 | 0 | 0 | 0 | 0 | 0 |
| 三江学院 | 2 | 6 | 5 | 6 | 0 | 2 | 4 | 0 | 0 | 4 | 2 | 0 | 0 | 5 | 0 |
| 九州职业技术学院 | 3 | 0 | 0 | 0 | 0 | 0 | 0 | 0 | 0 | 0 | 0 | 0 | 0 | 0 | 0 |
| 南通理工学院 | 4 | 5 | 2 | 5 | 0 | 0 | 0 | 5 | 0 | 5 | 0 | 0 | 0 | 5 | 0 |
| 硅湖职业技术学院 | 5 | 0 | 0 | 0 | 0 | 0 | 0 | 0 | 0 | 0 | 0 | 0 | 0 | 0 | 0 |
| 应天职业技术学院 | 6 | 0 | 0 | 0 | 0 | 0 | 0 | 0 | 0 | 0 | 0 | 0 | 0 | 0 | 0 |
| 苏州托普信息职业技术学院 | 7 | 0 | 0 | 0 | 0 | 0 | 0 | 0 | 0 | 0 | 0 | 0 | 0 | 0 | 0 |
| 东南大学成贤学院 | 8 | 0 | 0 | 0 | 0 | 0 | 0 | 0 | 0 | 0 | 0 | 0 | 0 | 0 | 0 |
| 苏州工业园区职业技术学院 | 9 | 0 | 0 | 0 | 0 | 0 | 0 | 0 | 0 | 0 | 0 | 0 | 0 | 0 | 0 |
| 太湖创意职业技术学院 | 10 | 0 | 0 | 0 | 0 | 0 | 0 | 0 | 0 | 0 | 0 | 0 | 0 | 0 | 0 |
| 炎黄职业技术学院 | 11 | 1 | 0 | 1 | 0 | 0 | 1 | 0 | 0 | 1 | 0 | 0 | 0 | 1 | 0 |
| 正德职业技术学院 | 12 | 0 | 0 | 0 | 0 | 0 | 0 | 0 | 0 | 0 | 0 | 0 | 0 | 0 | 0 |
| 钟山职业技术学院 | 13 | 0 | 0 | 0 | 0 | 0 | 0 | 0 | 0 | 0 | 0 | 0 | 0 | 0 | 0 |
| 无锡南洋职业技术学院 | 14 | 0 | 0 | 0 | 0 | 0 | 0 | 0 | 0 | 0 | 0 | 0 | 0 | 0 | 0 |
| 江南影视艺术职业学院 | 15 | 0 | 0 | 0 | 0 | 0 | 0 | 0 | 0 | 0 | 0 | 0 | 0 | 0 | 0 |
| 金肯职业技术学院 | 16 | 0 | 0 | 0 | 0 | 0 | 0 | 0 | 0 | 0 | 0 | 0 | 0 | 0 | 0 |
| 建东职业技术学院 | 17 | 0 | 0 | 0 | 0 | 0 | 0 | 0 | 0 | 0 | 0 | 0 | 0 | 0 | 0 |
| 宿迁职业技术学院 | 18 | 0 | 0 | 0 | 0 | 0 | 0 | 0 | 0 | 0 | 0 | 0 | 0 | 0 | 0 |
| 江海职业技术学院 | 19 | 0 | 0 | 0 | 0 | 0 | 0 | 0 | 0 | 0 | 0 | 0 | 0 | 0 | 0 |
| 无锡太湖学院 | 20 | 0 | 0 | 0 | 0 | 0 | 0 | 0 | 0 | 0 | 0 | 0 | 0 | 0 | 0 |
| 中国矿业大学徐海学院 | 21 | 0 | 0 | 0 | 0 | 0 | 0 | 0 | 0 | 0 | 0 | 0 | 0 | 0 | 0 |
| 南京大学金陵学院 | 22 | 1 | 0 | 1 | 0 | 0 | 1 | 0 | 0 | 1 | 0 | 0 | 0 | 1 | 0 |
| 南京理工大学紫金学院 | 23 | 2 | 1 | 2 | 0 | 1 | 1 | 0 | 0 | 2 | 0 | 0 | 0 | 2 | 0 |
| 南京航空航天大学金城学院 | 24 | 3 | 2 | 3 | 0 | 0 | 3 | 0 | 0 | 2 | 1 | 0 | 0 | 2 | 0 |
| 南京传媒学院 | 25 | 3 | 2 | 3 | 1 | 1 | 0 | 1 | 0 | 3 | 0 | 0 | 1 | 2 | 0 |
| 金山职业技术学院 | 26 | 0 | 0 | 0 | 0 | 0 | 0 | 0 | 0 | 0 | 0 | 0 | 0 | 0 | 0 |

续表

| 高校名称 | | 总计 | | 按职称划分 | | | | | | 按最后学历划分 | | | 按最后学位划分 | | 其他人员 |
|---|---|---|---|---|---|---|---|---|---|---|---|---|---|---|---|
| | | | 女性 | 小计 | 教授 | 副教授 | 讲师 | 助教 | 初级 | 研究生 | 本科生 | 其他 | 博士 | 硕士 | |
| | 编号 | L01 | L02 | L03 | L04 | L05 | L06 | L07 | L08 | L09 | L10 | L11 | L12 | L13 | L14 |
| 南京理工大学泰州科技学院 | 27 | 0 | 0 | 0 | 0 | 0 | 0 | 0 | 0 | 0 | 0 | 0 | 0 | 0 | 0 |
| 南京师范大学泰州学院 | 28 | 2 | 2 | 2 | 0 | 1 | 1 | 0 | 0 | 2 | 0 | 0 | 0 | 2 | 0 |
| 南京工业大学浦江学院 | 29 | 1 | 0 | 1 | 0 | 0 | 0 | 1 | 0 | 0 | 1 | 0 | 0 | 0 | 0 |
| 南京师范大学中北学院 | 30 | 0 | 0 | 0 | 0 | 0 | 0 | 0 | 0 | 0 | 0 | 0 | 0 | 0 | 0 |
| 苏州百年职业学院 | 31 | 0 | 0 | 0 | 0 | 0 | 0 | 0 | 0 | 0 | 0 | 0 | 0 | 0 | 0 |
| 昆山登云科技职业学院 | 32 | 0 | 0 | 0 | 0 | 0 | 0 | 0 | 0 | 0 | 0 | 0 | 0 | 0 | 0 |
| 南京视觉艺术职业学院 | 33 | 0 | 0 | 0 | 0 | 0 | 0 | 0 | 0 | 0 | 0 | 0 | 0 | 0 | 0 |
| 南京医科大学康达学院 | 34 | 0 | 0 | 0 | 0 | 0 | 0 | 0 | 0 | 0 | 0 | 0 | 0 | 0 | 0 |
| 南京中医药大学翰林学院 | 35 | 0 | 0 | 0 | 0 | 0 | 0 | 0 | 0 | 0 | 0 | 0 | 0 | 0 | 0 |
| 南京信息工程大学滨江学院 | 36 | 2 | 2 | 2 | 0 | 0 | 2 | 0 | 0 | 2 | 0 | 0 | 1 | 1 | 0 |
| 苏州大学文正学院 | 37 | 2 | 1 | 2 | 1 | 0 | 0 | 1 | 0 | 2 | 0 | 0 | 1 | 1 | 0 |
| 苏州大学应用技术学院 | 38 | 0 | 0 | 0 | 0 | 0 | 0 | 0 | 0 | 0 | 0 | 0 | 0 | 0 | 0 |
| 苏州科技大学天平学院 | 39 | 0 | 0 | 0 | 0 | 0 | 0 | 0 | 0 | 0 | 0 | 0 | 0 | 0 | 0 |
| 江苏大学京江学院 | 40 | 0 | 0 | 0 | 0 | 0 | 0 | 0 | 0 | 0 | 0 | 0 | 0 | 0 | 0 |
| 扬州大学广陵学院 | 41 | 0 | 0 | 0 | 0 | 0 | 0 | 0 | 0 | 0 | 0 | 0 | 0 | 0 | 0 |
| 江苏师范大学科文学院 | 42 | 2 | 2 | 2 | 0 | 0 | 2 | 0 | 0 | 1 | 1 | 0 | 0 | 1 | 0 |
| 南京邮电大学通达学院 | 43 | 0 | 0 | 0 | 0 | 0 | 0 | 0 | 0 | 0 | 0 | 0 | 0 | 0 | 0 |
| 南京财经大学红山学院 | 44 | 4 | 1 | 4 | 0 | 0 | 1 | 3 | 0 | 4 | 0 | 0 | 0 | 4 | 0 |
| 江苏科技大学苏州理工学院 | 45 | 1 | 0 | 1 | 0 | 0 | 1 | 0 | 0 | 1 | 0 | 0 | 0 | 1 | 0 |
| 常州大学怀德学院 | 46 | 1 | 1 | 1 | 0 | 0 | 0 | 1 | 0 | 1 | 0 | 0 | 0 | 1 | 0 |
| 南通大学杏林学院 | 47 | 0 | 0 | 0 | 0 | 0 | 0 | 0 | 0 | 0 | 0 | 0 | 0 | 0 | 0 |
| 南京审计大学金审学院 | 48 | 1 | 1 | 1 | 0 | 0 | 0 | 1 | 0 | 1 | 0 | 0 | 0 | 1 | 0 |
| 宿迁学院 | 49 | 1 | 0 | 1 | 1 | 0 | 0 | 0 | 0 | 0 | 1 | 0 | 0 | 0 | 0 |
| 苏州高博软件技术职业学院 | 50 | 0 | 0 | 0 | 0 | 0 | 0 | 0 | 0 | 0 | 0 | 0 | 0 | 0 | 0 |
| 宿迁泽达职业技术学院 | 51 | 0 | 0 | 0 | 0 | 0 | 0 | 0 | 0 | 0 | 0 | 0 | 0 | 0 | 0 |
| 扬州中瑞酒店职业学院 | 52 | 0 | 0 | 0 | 0 | 0 | 0 | 0 | 0 | 0 | 0 | 0 | 0 | 0 | 0 |
| 西交利物浦大学 | 53 | 3 | 1 | 3 | 0 | 0 | 2 | 1 | 0 | 3 | 0 | 0 | 2 | 1 | 0 |
| 昆山杜克大学 | 54 | 12 | 3 | 12 | 0 | 2 | 10 | 0 | 0 | 12 | 0 | 0 | 12 | 0 | 0 |

## 4.14 法学人文、社会科学活动人员情况表

| 高校名称 | | 总计 | | 按职称划分 | | | | | | 按最后学历划分 | | | 按最后学位划分 | | 其他 |
|---|---|---|---|---|---|---|---|---|---|---|---|---|---|---|---|
| | | | 女性 | 小计 | 教授 | 副教授 | 讲师 | 助教 | 初级 | 研究生 | 本科生 | 其他 | 博士 | 硕士 | 人员 |
| | 编号 | L01 | L02 | L03 | L04 | L05 | L06 | L07 | L08 | L09 | L10 | L11 | L12 | L13 | L14 |
| 合　计 | / | 145 | 96 | 145 | 4 | 34 | 71 | 35 | 1 | 98 | 47 | 0 | 11 | 107 | 0 |
| 明达职业技术学院 | 1 | 0 | 0 | 0 | 0 | 0 | 0 | 0 | 0 | 0 | 0 | 0 | 0 | 0 | 0 |
| 三江学院 | 2 | 11 | 9 | 11 | 0 | 5 | 5 | 1 | 0 | 6 | 5 | 0 | 0 | 10 | 0 |
| 九州职业技术学院 | 3 | 4 | 4 | 4 | 0 | 0 | 4 | 0 | 0 | 0 | 4 | 0 | 0 | 0 | 0 |
| 南通理工学院 | 4 | 0 | 0 | 0 | 0 | 0 | 0 | 0 | 0 | 0 | 0 | 0 | 0 | 0 | 0 |
| 硅湖职业技术学院 | 5 | 5 | 3 | 5 | 0 | 0 | 2 | 3 | 0 | 1 | 4 | 0 | 0 | 2 | 0 |
| 应天职业技术学院 | 6 | 1 | 1 | 1 | 0 | 0 | 0 | 1 | 0 | 1 | 0 | 0 | 0 | 1 | 0 |
| 苏州托普信息职业技术学院 | 7 | 1 | 0 | 1 | 0 | 0 | 1 | 0 | 0 | 0 | 1 | 0 | 0 | 0 | 0 |
| 东南大学成贤学院 | 8 | 1 | 0 | 1 | 0 | 1 | 0 | 0 | 0 | 1 | 0 | 0 | 0 | 1 | 0 |
| 苏州工业园区职业技术学院 | 9 | 1 | 1 | 1 | 0 | 1 | 0 | 0 | 0 | 0 | 1 | 0 | 0 | 1 | 0 |
| 太湖创意职业技术学院 | 10 | 0 | 0 | 0 | 0 | 0 | 0 | 0 | 0 | 0 | 0 | 0 | 0 | 0 | 0 |
| 炎黄职业技术学院 | 11 | 1 | 1 | 1 | 0 | 0 | 1 | 0 | 0 | 0 | 1 | 0 | 0 | 0 | 0 |
| 正德职业技术学院 | 12 | 4 | 2 | 4 | 0 | 0 | 4 | 0 | 0 | 2 | 2 | 0 | 0 | 2 | 0 |
| 钟山职业技术学院 | 13 | 1 | 1 | 1 | 0 | 1 | 0 | 0 | 0 | 0 | 1 | 0 | 0 | 0 | 0 |
| 无锡南洋职业技术学院 | 14 | 3 | 2 | 3 | 0 | 1 | 2 | 0 | 0 | 0 | 3 | 0 | 0 | 1 | 0 |
| 江南影视艺术职业学院 | 15 | 4 | 3 | 4 | 0 | 1 | 0 | 3 | 0 | 1 | 3 | 0 | 0 | 1 | 0 |
| 金肯职业技术学院 | 16 | 0 | 0 | 0 | 0 | 0 | 0 | 0 | 0 | 0 | 0 | 0 | 0 | 0 | 0 |
| 建东职业技术学院 | 17 | 1 | 1 | 1 | 0 | 0 | 1 | 0 | 0 | 0 | 1 | 0 | 0 | 1 | 0 |
| 宿迁职业技术学院 | 18 | 3 | 1 | 3 | 0 | 0 | 1 | 2 | 0 | 3 | 0 | 0 | 0 | 3 | 0 |
| 江海职业技术学院 | 19 | 0 | 0 | 0 | 0 | 0 | 0 | 0 | 0 | 0 | 0 | 0 | 0 | 0 | 0 |
| 无锡太湖学院 | 20 | 3 | 3 | 3 | 0 | 1 | 1 | 1 | 0 | 3 | 0 | 0 | 0 | 3 | 0 |
| 中国矿业大学徐海学院 | 21 | 1 | 1 | 1 | 0 | 0 | 1 | 0 | 0 | 1 | 0 | 0 | 0 | 1 | 0 |
| 南京大学金陵学院 | 22 | 0 | 0 | 0 | 0 | 0 | 0 | 0 | 0 | 0 | 0 | 0 | 0 | 0 | 0 |
| 南京理工大学紫金学院 | 23 | 7 | 6 | 7 | 0 | 1 | 5 | 1 | 0 | 6 | 1 | 0 | 0 | 6 | 0 |
| 南京航空航天大学金城学院 | 24 | 2 | 1 | 2 | 0 | 0 | 2 | 0 | 0 | 2 | 0 | 0 | 0 | 2 | 0 |
| 南京传媒学院 | 25 | 6 | 4 | 6 | 0 | 2 | 3 | 1 | 0 | 4 | 2 | 0 | 0 | 6 | 0 |
| 金山职业技术学院 | 26 | 2 | 1 | 2 | 0 | 1 | 1 | 0 | 0 | 0 | 2 | 0 | 0 | 1 | 0 |

续表

| 高校名称 | | 总计 | | 按职称划分 | | | | | | 按最后学历划分 | | | 按最后学位划分 | | 其他人员 |
|---|---|---|---|---|---|---|---|---|---|---|---|---|---|---|---|
| | | | 女性 | 小计 | 教授 | 副教授 | 讲师 | 助教 | 初级 | 研究生 | 本科生 | 其他 | 博士 | 硕士 | |
| | 编号 | L01 | L02 | L03 | L04 | L05 | L06 | L07 | L08 | L09 | L10 | L11 | L12 | L13 | L14 |
| 南京理工大学泰州科技学院 | 27 | 1 | 1 | 1 | 0 | 1 | 0 | 0 | 0 | 1 | 0 | 0 | 0 | 1 | 0 |
| 南京师范大学泰州学院 | 28 | 8 | 3 | 8 | 0 | 4 | 4 | 0 | 0 | 8 | 0 | 0 | 0 | 8 | 0 |
| 南京工业大学浦江学院 | 29 | 1 | 0 | 1 | 0 | 0 | 1 | 0 | 0 | 0 | 1 | 0 | 0 | 1 | 0 |
| 南京师范大学中北学院 | 30 | 2 | 1 | 2 | 0 | 0 | 2 | 0 | 0 | 1 | 1 | 0 | 0 | 1 | 0 |
| 苏州百年职业学院 | 31 | 0 | 0 | 0 | 0 | 0 | 0 | 0 | 0 | 0 | 0 | 0 | 0 | 0 | 0 |
| 昆山登云科技职业学院 | 32 | 2 | 2 | 2 | 0 | 0 | 1 | 1 | 0 | 1 | 1 | 0 | 0 | 1 | 0 |
| 南京视觉艺术职业学院 | 33 | 1 | 1 | 1 | 0 | 0 | 1 | 0 | 0 | 1 | 0 | 0 | 0 | 1 | 0 |
| 南京医科大学康达学院 | 34 | 0 | 0 | 0 | 0 | 0 | 0 | 0 | 0 | 0 | 0 | 0 | 0 | 0 | 0 |
| 南京中医药大学翰林学院 | 35 | 1 | 1 | 1 | 0 | 0 | 1 | 0 | 0 | 1 | 0 | 0 | 0 | 1 | 0 |
| 南京信息工程大学滨江学院 | 36 | 7 | 3 | 7 | 0 | 4 | 2 | 0 | 1 | 6 | 1 | 0 | 0 | 7 | 0 |
| 苏州大学文正学院 | 37 | 15 | 9 | 15 | 2 | 3 | 5 | 5 | 0 | 14 | 1 | 0 | 6 | 8 | 0 |
| 苏州大学应用技术学院 | 38 | 6 | 5 | 6 | 0 | 0 | 2 | 4 | 0 | 6 | 0 | 0 | 0 | 6 | 0 |
| 苏州科技大学天平学院 | 39 | 1 | 1 | 1 | 0 | 1 | 0 | 0 | 0 | 1 | 0 | 0 | 0 | 1 | 0 |
| 江苏大学京江学院 | 40 | 0 | 0 | 0 | 0 | 0 | 0 | 0 | 0 | 0 | 0 | 0 | 0 | 0 | 0 |
| 扬州大学广陵学院 | 41 | 4 | 2 | 4 | 1 | 0 | 3 | 0 | 0 | 3 | 1 | 0 | 0 | 4 | 0 |
| 江苏师范大学科文学院 | 42 | 0 | 0 | 0 | 0 | 0 | 0 | 0 | 0 | 0 | 0 | 0 | 0 | 0 | 0 |
| 南京邮电大学通达学院 | 43 | 0 | 0 | 0 | 0 | 0 | 0 | 0 | 0 | 0 | 0 | 0 | 0 | 0 | 0 |
| 南京财经大学红山学院 | 44 | 10 | 9 | 10 | 0 | 0 | 1 | 9 | 0 | 10 | 0 | 0 | 0 | 10 | 0 |
| 江苏科技大学苏州理工学院 | 45 | 2 | 1 | 2 | 0 | 0 | 2 | 0 | 0 | 1 | 1 | 0 | 0 | 1 | 0 |
| 常州大学怀德学院 | 46 | 0 | 0 | 0 | 0 | 0 | 0 | 0 | 0 | 0 | 0 | 0 | 0 | 0 | 0 |
| 南通大学杏林学院 | 47 | 1 | 0 | 1 | 0 | 0 | 1 | 0 | 0 | 0 | 1 | 0 | 0 | 1 | 0 |
| 南京审计大学金审学院 | 48 | 3 | 3 | 3 | 0 | 0 | 2 | 1 | 0 | 2 | 1 | 0 | 0 | 2 | 0 |
| 宿迁学院 | 49 | 8 | 5 | 8 | 0 | 4 | 4 | 0 | 0 | 4 | 4 | 0 | 0 | 8 | 0 |
| 苏州高博软件技术职业学院 | 50 | 1 | 1 | 1 | 1 | 0 | 0 | 0 | 0 | 0 | 1 | 0 | 0 | 1 | 0 |
| 宿迁泽达职业技术学院 | 51 | 1 | 1 | 1 | 0 | 0 | 0 | 1 | 0 | 0 | 1 | 0 | 0 | 0 | 0 |
| 扬州中瑞酒店职业学院 | 52 | 1 | 0 | 1 | 0 | 0 | 1 | 0 | 0 | 1 | 0 | 0 | 0 | 1 | 0 |
| 西交利物浦大学 | 53 | 5 | 0 | 5 | 0 | 2 | 3 | 0 | 0 | 5 | 0 | 0 | 4 | 1 | 0 |
| 昆山杜克大学 | 54 | 2 | 2 | 2 | 0 | 0 | 1 | 1 | 0 | 1 | 1 | 0 | 1 | 0 | 0 |

## 4.15 社会学人文、社会科学活动人员情况表

| 高校名称 | | 总计 | | 按职称划分 | | | | | | 按最后学历划分 | | | 按最后学位划分 | | 其他 |
|---|---|---|---|---|---|---|---|---|---|---|---|---|---|---|---|
| | | | 女性 | 小计 | 教授 | 副教授 | 讲师 | 助教 | 初级 | 研究生 | 本科生 | 其他 | 博士 | 硕士 | 人员 |
| | 编号 | L01 | L02 | L03 | L04 | L05 | L06 | L07 | L08 | L09 | L10 | L11 | L12 | L13 | L14 |
| 合　计 | / | 124 | 75 | 124 | 3 | 16 | 79 | 20 | 6 | 83 | 38 | 3 | 22 | 62 | 0 |
| 明达职业技术学院 | 1 | 0 | 0 | 0 | 0 | 0 | 0 | 0 | 0 | 0 | 0 | 0 | 0 | 0 | 0 |
| 三江学院 | 2 | 1 | 1 | 1 | 0 | 0 | 0 | 1 | 0 | 1 | 0 | 0 | 0 | 1 | 0 |
| 九州职业技术学院 | 3 | 1 | 1 | 1 | 0 | 0 | 1 | 0 | 0 | 0 | 1 | 0 | 0 | 0 | 0 |
| 南通理工学院 | 4 | 0 | 0 | 0 | 0 | 0 | 0 | 0 | 0 | 0 | 0 | 0 | 0 | 0 | 0 |
| 硅湖职业技术学院 | 5 | 0 | 0 | 0 | 0 | 0 | 0 | 0 | 0 | 0 | 0 | 0 | 0 | 0 | 0 |
| 应天职业技术学院 | 6 | 2 | 2 | 2 | 0 | 1 | 1 | 0 | 0 | 2 | 0 | 0 | 0 | 2 | 0 |
| 苏州托普信息职业技术学院 | 7 | 1 | 1 | 1 | 0 | 0 | 0 | 1 | 0 | 1 | 0 | 0 | 0 | 1 | 0 |
| 东南大学成贤学院 | 8 | 48 | 26 | 48 | 0 | 3 | 35 | 7 | 3 | 16 | 29 | 3 | 0 | 16 | 0 |
| 苏州工业园区职业技术学院 | 9 | 0 | 0 | 0 | 0 | 0 | 0 | 0 | 0 | 0 | 0 | 0 | 0 | 0 | 0 |
| 太湖创意职业技术学院 | 10 | 0 | 0 | 0 | 0 | 0 | 0 | 0 | 0 | 0 | 0 | 0 | 0 | 0 | 0 |
| 炎黄职业技术学院 | 11 | 3 | 2 | 3 | 0 | 0 | 3 | 0 | 0 | 1 | 2 | 0 | 0 | 1 | 0 |
| 正德职业技术学院 | 12 | 0 | 0 | 0 | 0 | 0 | 0 | 0 | 0 | 0 | 0 | 0 | 0 | 0 | 0 |
| 钟山职业技术学院 | 13 | 2 | 2 | 2 | 0 | 0 | 2 | 0 | 0 | 2 | 0 | 0 | 0 | 2 | 0 |
| 无锡南洋职业技术学院 | 14 | 2 | 1 | 2 | 0 | 0 | 2 | 0 | 0 | 1 | 1 | 0 | 0 | 1 | 0 |
| 江南影视艺术职业学院 | 15 | 0 | 0 | 0 | 0 | 0 | 0 | 0 | 0 | 0 | 0 | 0 | 0 | 0 | 0 |
| 金肯职业技术学院 | 16 | 0 | 0 | 0 | 0 | 0 | 0 | 0 | 0 | 0 | 0 | 0 | 0 | 0 | 0 |
| 建东职业技术学院 | 17 | 1 | 1 | 1 | 0 | 0 | 1 | 0 | 0 | 0 | 1 | 0 | 0 | 0 | 0 |
| 宿迁职业技术学院 | 18 | 0 | 0 | 0 | 0 | 0 | 0 | 0 | 0 | 0 | 0 | 0 | 0 | 0 | 0 |
| 江海职业技术学院 | 19 | 0 | 0 | 0 | 0 | 0 | 0 | 0 | 0 | 0 | 0 | 0 | 0 | 0 | 0 |
| 无锡太湖学院 | 20 | 0 | 0 | 0 | 0 | 0 | 0 | 0 | 0 | 0 | 0 | 0 | 0 | 0 | 0 |
| 中国矿业大学徐海学院 | 21 | 0 | 0 | 0 | 0 | 0 | 0 | 0 | 0 | 0 | 0 | 0 | 0 | 0 | 0 |
| 南京大学金陵学院 | 22 | 0 | 0 | 0 | 0 | 0 | 0 | 0 | 0 | 0 | 0 | 0 | 0 | 0 | 0 |
| 南京理工大学紫金学院 | 23 | 1 | 1 | 1 | 0 | 0 | 1 | 0 | 0 | 1 | 0 | 0 | 0 | 1 | 0 |
| 南京航空航天大学金城学院 | 24 | 1 | 1 | 1 | 0 | 0 | 1 | 0 | 0 | 1 | 0 | 0 | 0 | 1 | 0 |
| 南京传媒学院 | 25 | 2 | 2 | 2 | 0 | 2 | 0 | 0 | 0 | 2 | 0 | 0 | 0 | 2 | 0 |
| 金山职业技术学院 | 26 | 0 | 0 | 0 | 0 | 0 | 0 | 0 | 0 | 0 | 0 | 0 | 0 | 0 | 0 |

续表

| 高校名称 | | 总计 | | 按职称划分 | | | | | | 按最后学历划分 | | | 按最后学位划分 | | 其他 |
|---|---|---|---|---|---|---|---|---|---|---|---|---|---|---|---|
| | | | 女性 | 小计 | 教授 | 副教授 | 讲师 | 助教 | 初级 | 研究生 | 本科生 | 其他 | 博士 | 硕士 | 人员 |
| | 编号 | L01 | L02 | L03 | L04 | L05 | L06 | L07 | L08 | L09 | L10 | L11 | L12 | L13 | L14 |
| 南京理工大学泰州科技学院 | 27 | 0 | 0 | 0 | 0 | 0 | 0 | 0 | 0 | 0 | 0 | 0 | 0 | 0 | 0 |
| 南京师范大学泰州学院 | 28 | 0 | 0 | 0 | 0 | 0 | 0 | 0 | 0 | 0 | 0 | 0 | 0 | 0 | 0 |
| 南京工业大学浦江学院 | 29 | 2 | 1 | 2 | 0 | 0 | 0 | 2 | 0 | 2 | 0 | 0 | 0 | 2 | 0 |
| 南京师范大学中北学院 | 30 | 0 | 0 | 0 | 0 | 0 | 0 | 0 | 0 | 0 | 0 | 0 | 0 | 0 | 0 |
| 苏州百年职业学院 | 31 | 0 | 0 | 0 | 0 | 0 | 0 | 0 | 0 | 0 | 0 | 0 | 0 | 0 | 0 |
| 昆山登云科技职业学院 | 32 | 1 | 1 | 1 | 0 | 0 | 0 | 1 | 0 | 1 | 0 | 0 | 0 | 1 | 0 |
| 南京视觉艺术职业学院 | 33 | 1 | 0 | 1 | 0 | 0 | 1 | 0 | 0 | 1 | 0 | 0 | 0 | 1 | 0 |
| 南京医科大学康达学院 | 34 | 0 | 0 | 0 | 0 | 0 | 0 | 0 | 0 | 0 | 0 | 0 | 0 | 0 | 0 |
| 南京中医药大学翰林学院 | 35 | 6 | 4 | 6 | 0 | 1 | 4 | 1 | 0 | 5 | 1 | 0 | 1 | 4 | 0 |
| 南京信息工程大学滨江学院 | 36 | 4 | 2 | 4 | 0 | 1 | 1 | 2 | 0 | 4 | 0 | 0 | 1 | 3 | 0 |
| 苏州大学文正学院 | 37 | 7 | 3 | 7 | 2 | 1 | 4 | 0 | 0 | 6 | 1 | 0 | 3 | 3 | 0 |
| 苏州大学应用技术学院 | 38 | 0 | 0 | 0 | 0 | 0 | 0 | 0 | 0 | 0 | 0 | 0 | 0 | 0 | 0 |
| 苏州科技大学天平学院 | 39 | 0 | 0 | 0 | 0 | 0 | 0 | 0 | 0 | 0 | 0 | 0 | 0 | 0 | 0 |
| 江苏大学京江学院 | 40 | 0 | 0 | 0 | 0 | 0 | 0 | 0 | 0 | 0 | 0 | 0 | 0 | 0 | 0 |
| 扬州大学广陵学院 | 41 | 2 | 2 | 2 | 1 | 0 | 0 | 1 | 0 | 2 | 0 | 0 | 1 | 1 | 0 |
| 江苏师范大学科文学院 | 42 | 2 | 1 | 2 | 0 | 0 | 1 | 1 | 0 | 1 | 1 | 0 | 0 | 1 | 0 |
| 南京邮电大学通达学院 | 43 | 0 | 0 | 0 | 0 | 0 | 0 | 0 | 0 | 0 | 0 | 0 | 0 | 0 | 0 |
| 南京财经大学红山学院 | 44 | 3 | 2 | 3 | 0 | 0 | 0 | 3 | 0 | 3 | 0 | 0 | 0 | 3 | 0 |
| 江苏科技大学苏州理工学院 | 45 | 1 | 0 | 1 | 0 | 0 | 1 | 0 | 0 | 1 | 0 | 0 | 0 | 1 | 0 |
| 常州大学怀德学院 | 46 | 0 | 0 | 0 | 0 | 0 | 0 | 0 | 0 | 0 | 0 | 0 | 0 | 0 | 0 |
| 南通大学杏林学院 | 47 | 1 | 1 | 1 | 0 | 0 | 1 | 0 | 0 | 1 | 0 | 0 | 0 | 1 | 0 |
| 南京审计大学金审学院 | 48 | 1 | 1 | 1 | 0 | 1 | 0 | 0 | 0 | 1 | 0 | 0 | 0 | 1 | 0 |
| 宿迁学院 | 49 | 8 | 3 | 8 | 0 | 1 | 7 | 0 | 0 | 7 | 1 | 0 | 0 | 8 | 0 |
| 苏州高博软件技术职业学院 | 50 | 0 | 0 | 0 | 0 | 0 | 0 | 0 | 0 | 0 | 0 | 0 | 0 | 0 | 0 |
| 宿迁泽达职业技术学院 | 51 | 0 | 0 | 0 | 0 | 0 | 0 | 0 | 0 | 0 | 0 | 0 | 0 | 0 | 0 |
| 扬州中瑞酒店职业学院 | 52 | 0 | 0 | 0 | 0 | 0 | 0 | 0 | 0 | 0 | 0 | 0 | 0 | 0 | 0 |
| 西交利物浦大学 | 53 | 7 | 4 | 7 | 0 | 3 | 3 | 0 | 1 | 7 | 0 | 0 | 6 | 1 | 0 |
| 昆山杜克大学 | 54 | 13 | 9 | 13 | 0 | 2 | 9 | 0 | 2 | 13 | 0 | 0 | 10 | 3 | 0 |

## 4.16 民族学与文化学人文、社会科学活动人员情况表

| 高校名称 | | 总计 | | 按职称划分 | | | | | | 按最后学历划分 | | | 按最后学位划分 | | 其他人员 |
|---|---|---|---|---|---|---|---|---|---|---|---|---|---|---|---|
| | | | 女性 | 小计 | 教授 | 副教授 | 讲师 | 助教 | 初级 | 研究生 | 本科生 | 其他 | 博士 | 硕士 | |
| | 编号 | L01 | L02 | L03 | L04 | L05 | L06 | L07 | L08 | L09 | L10 | L11 | L12 | L13 | L14 |
| 合　计 | / | 4 | 2 | 4 | 0 | 1 | 2 | 1 | 0 | 3 | 1 | 0 | 0 | 3 | 0 |
| 明达职业技术学院 | 1 | 0 | 0 | 0 | 0 | 0 | 0 | 0 | 0 | 0 | 0 | 0 | 0 | 0 | 0 |
| 三江学院 | 2 | 0 | 0 | 0 | 0 | 0 | 0 | 0 | 0 | 0 | 0 | 0 | 0 | 0 | 0 |
| 九州职业技术学院 | 3 | 0 | 0 | 0 | 0 | 0 | 0 | 0 | 0 | 0 | 0 | 0 | 0 | 0 | 0 |
| 南通理工学院 | 4 | 0 | 0 | 0 | 0 | 0 | 0 | 0 | 0 | 0 | 0 | 0 | 0 | 0 | 0 |
| 硅湖职业技术学院 | 5 | 0 | 0 | 0 | 0 | 0 | 0 | 0 | 0 | 0 | 0 | 0 | 0 | 0 | 0 |
| 应天职业技术学院 | 6 | 0 | 0 | 0 | 0 | 0 | 0 | 0 | 0 | 0 | 0 | 0 | 0 | 0 | 0 |
| 苏州托普信息职业技术学院 | 7 | 0 | 0 | 0 | 0 | 0 | 0 | 0 | 0 | 0 | 0 | 0 | 0 | 0 | 0 |
| 东南大学成贤学院 | 8 | 0 | 0 | 0 | 0 | 0 | 0 | 0 | 0 | 0 | 0 | 0 | 0 | 0 | 0 |
| 苏州工业园区职业技术学院 | 9 | 1 | 1 | 1 | 0 | 0 | 1 | 0 | 0 | 1 | 0 | 0 | 0 | 1 | 0 |
| 太湖创意职业技术学院 | 10 | 0 | 0 | 0 | 0 | 0 | 0 | 0 | 0 | 0 | 0 | 0 | 0 | 0 | 0 |
| 炎黄职业技术学院 | 11 | 1 | 0 | 1 | 0 | 0 | 0 | 1 | 0 | 0 | 1 | 0 | 0 | 0 | 0 |
| 正德职业技术学院 | 12 | 0 | 0 | 0 | 0 | 0 | 0 | 0 | 0 | 0 | 0 | 0 | 0 | 0 | 0 |
| 钟山职业技术学院 | 13 | 0 | 0 | 0 | 0 | 0 | 0 | 0 | 0 | 0 | 0 | 0 | 0 | 0 | 0 |
| 无锡南洋职业技术学院 | 14 | 0 | 0 | 0 | 0 | 0 | 0 | 0 | 0 | 0 | 0 | 0 | 0 | 0 | 0 |
| 江南影视艺术职业学院 | 15 | 0 | 0 | 0 | 0 | 0 | 0 | 0 | 0 | 0 | 0 | 0 | 0 | 0 | 0 |
| 金肯职业技术学院 | 16 | 0 | 0 | 0 | 0 | 0 | 0 | 0 | 0 | 0 | 0 | 0 | 0 | 0 | 0 |
| 建东职业技术学院 | 17 | 0 | 0 | 0 | 0 | 0 | 0 | 0 | 0 | 0 | 0 | 0 | 0 | 0 | 0 |
| 宿迁职业技术学院 | 18 | 0 | 0 | 0 | 0 | 0 | 0 | 0 | 0 | 0 | 0 | 0 | 0 | 0 | 0 |
| 江海职业技术学院 | 19 | 0 | 0 | 0 | 0 | 0 | 0 | 0 | 0 | 0 | 0 | 0 | 0 | 0 | 0 |
| 无锡太湖学院 | 20 | 0 | 0 | 0 | 0 | 0 | 0 | 0 | 0 | 0 | 0 | 0 | 0 | 0 | 0 |
| 中国矿业大学徐海学院 | 21 | 0 | 0 | 0 | 0 | 0 | 0 | 0 | 0 | 0 | 0 | 0 | 0 | 0 | 0 |
| 南京大学金陵学院 | 22 | 1 | 1 | 1 | 0 | 0 | 1 | 0 | 0 | 1 | 0 | 0 | 0 | 1 | 0 |
| 南京理工大学紫金学院 | 23 | 0 | 0 | 0 | 0 | 0 | 0 | 0 | 0 | 0 | 0 | 0 | 0 | 0 | 0 |
| 南京航空航天大学金城学院 | 24 | 0 | 0 | 0 | 0 | 0 | 0 | 0 | 0 | 0 | 0 | 0 | 0 | 0 | 0 |
| 南京传媒学院 | 25 | 0 | 0 | 0 | 0 | 0 | 0 | 0 | 0 | 0 | 0 | 0 | 0 | 0 | 0 |
| 金山职业技术学院 | 26 | 0 | 0 | 0 | 0 | 0 | 0 | 0 | 0 | 0 | 0 | 0 | 0 | 0 | 0 |

续表

| 高校名称 | | 总计 | | 按职称划分 | | | | | | 按最后学历划分 | | | 按最后学位划分 | | 其他人员 |
|---|---|---|---|---|---|---|---|---|---|---|---|---|---|---|---|
| | | | 女性 | 小计 | 教授 | 副教授 | 讲师 | 助教 | 初级 | 研究生 | 本科生 | 其他 | 博士 | 硕士 | |
| | 编号 | L01 | L02 | L03 | L04 | L05 | L06 | L07 | L08 | L09 | L10 | L11 | L12 | L13 | L14 |
| 南京理工大学泰州科技学院 | 27 | 0 | 0 | 0 | 0 | 0 | 0 | 0 | 0 | 0 | 0 | 0 | 0 | 0 | 0 |
| 南京师范大学泰州学院 | 28 | 0 | 0 | 0 | 0 | 0 | 0 | 0 | 0 | 0 | 0 | 0 | 0 | 0 | 0 |
| 南京工业大学浦江学院 | 29 | 0 | 0 | 0 | 0 | 0 | 0 | 0 | 0 | 0 | 0 | 0 | 0 | 0 | 0 |
| 南京师范大学中北学院 | 30 | 0 | 0 | 0 | 0 | 0 | 0 | 0 | 0 | 0 | 0 | 0 | 0 | 0 | 0 |
| 苏州百年职业学院 | 31 | 0 | 0 | 0 | 0 | 0 | 0 | 0 | 0 | 0 | 0 | 0 | 0 | 0 | 0 |
| 昆山登云科技职业学院 | 32 | 0 | 0 | 0 | 0 | 0 | 0 | 0 | 0 | 0 | 0 | 0 | 0 | 0 | 0 |
| 南京视觉艺术职业学院 | 33 | 0 | 0 | 0 | 0 | 0 | 0 | 0 | 0 | 0 | 0 | 0 | 0 | 0 | 0 |
| 南京医科大学康达学院 | 34 | 0 | 0 | 0 | 0 | 0 | 0 | 0 | 0 | 0 | 0 | 0 | 0 | 0 | 0 |
| 南京中医药大学翰林学院 | 35 | 0 | 0 | 0 | 0 | 0 | 0 | 0 | 0 | 0 | 0 | 0 | 0 | 0 | 0 |
| 南京信息工程大学滨江学院 | 36 | 0 | 0 | 0 | 0 | 0 | 0 | 0 | 0 | 0 | 0 | 0 | 0 | 0 | 0 |
| 苏州大学文正学院 | 37 | 0 | 0 | 0 | 0 | 0 | 0 | 0 | 0 | 0 | 0 | 0 | 0 | 0 | 0 |
| 苏州大学应用技术学院 | 38 | 1 | 0 | 1 | 0 | 1 | 0 | 0 | 0 | 1 | 0 | 0 | 0 | 1 | 0 |
| 苏州科技大学天平学院 | 39 | 0 | 0 | 0 | 0 | 0 | 0 | 0 | 0 | 0 | 0 | 0 | 0 | 0 | 0 |
| 江苏大学京江学院 | 40 | 0 | 0 | 0 | 0 | 0 | 0 | 0 | 0 | 0 | 0 | 0 | 0 | 0 | 0 |
| 扬州大学广陵学院 | 41 | 0 | 0 | 0 | 0 | 0 | 0 | 0 | 0 | 0 | 0 | 0 | 0 | 0 | 0 |
| 江苏师范大学科文学院 | 42 | 0 | 0 | 0 | 0 | 0 | 0 | 0 | 0 | 0 | 0 | 0 | 0 | 0 | 0 |
| 南京邮电大学通达学院 | 43 | 0 | 0 | 0 | 0 | 0 | 0 | 0 | 0 | 0 | 0 | 0 | 0 | 0 | 0 |
| 南京财经大学红山学院 | 44 | 0 | 0 | 0 | 0 | 0 | 0 | 0 | 0 | 0 | 0 | 0 | 0 | 0 | 0 |
| 江苏科技大学苏州理工学院 | 45 | 0 | 0 | 0 | 0 | 0 | 0 | 0 | 0 | 0 | 0 | 0 | 0 | 0 | 0 |
| 常州大学怀德学院 | 46 | 0 | 0 | 0 | 0 | 0 | 0 | 0 | 0 | 0 | 0 | 0 | 0 | 0 | 0 |
| 南通大学杏林学院 | 47 | 0 | 0 | 0 | 0 | 0 | 0 | 0 | 0 | 0 | 0 | 0 | 0 | 0 | 0 |
| 南京审计大学金审学院 | 48 | 0 | 0 | 0 | 0 | 0 | 0 | 0 | 0 | 0 | 0 | 0 | 0 | 0 | 0 |
| 宿迁学院 | 49 | 0 | 0 | 0 | 0 | 0 | 0 | 0 | 0 | 0 | 0 | 0 | 0 | 0 | 0 |
| 苏州高博软件技术职业学院 | 50 | 0 | 0 | 0 | 0 | 0 | 0 | 0 | 0 | 0 | 0 | 0 | 0 | 0 | 0 |
| 宿迁泽达职业技术学院 | 51 | 0 | 0 | 0 | 0 | 0 | 0 | 0 | 0 | 0 | 0 | 0 | 0 | 0 | 0 |
| 扬州中瑞酒店职业学院 | 52 | 0 | 0 | 0 | 0 | 0 | 0 | 0 | 0 | 0 | 0 | 0 | 0 | 0 | 0 |
| 西交利物浦大学 | 53 | 0 | 0 | 0 | 0 | 0 | 0 | 0 | 0 | 0 | 0 | 0 | 0 | 0 | 0 |
| 昆山杜克大学 | 54 | 0 | 0 | 0 | 0 | 0 | 0 | 0 | 0 | 0 | 0 | 0 | 0 | 0 | 0 |

4.17 新闻学与传播学人文、社会科学活动人员情况表

| 高校名称 | | 总计 | | 按职称划分 | | | | | | 按最后学历划分 | | | 按最后学位划分 | | 其他 |
|---|---|---|---|---|---|---|---|---|---|---|---|---|---|---|---|
| | | | 女性 | 小计 | 教授 | 副教授 | 讲师 | 助教 | 初级 | 研究生 | 本科生 | 其他 | 博士 | 硕士 | 人员 |
| | 编号 | L01 | L02 | L03 | L04 | L05 | L06 | L07 | L08 | L09 | L10 | L11 | L12 | L13 | L14 |
| 合 计 | / | 179 | 122 | 179 | 7 | 36 | 92 | 43 | 1 | 127 | 52 | 0 | 20 | 124 | 0 |
| 明达职业技术学院 | 1 | 0 | 0 | 0 | 0 | 0 | 0 | 0 | 0 | 0 | 0 | 0 | 0 | 0 | 0 |
| 三江学院 | 2 | 18 | 10 | 18 | 2 | 8 | 4 | 4 | 0 | 12 | 6 | 0 | 2 | 13 | 0 |
| 九州职业技术学院 | 3 | 0 | 0 | 0 | 0 | 0 | 0 | 0 | 0 | 0 | 0 | 0 | 0 | 0 | 0 |
| 南通理工学院 | 4 | 0 | 0 | 0 | 0 | 0 | 0 | 0 | 0 | 0 | 0 | 0 | 0 | 0 | 0 |
| 硅湖职业技术学院 | 5 | 0 | 0 | 0 | 0 | 0 | 0 | 0 | 0 | 0 | 0 | 0 | 0 | 0 | 0 |
| 应天职业技术学院 | 6 | 0 | 0 | 0 | 0 | 0 | 0 | 0 | 0 | 0 | 0 | 0 | 0 | 0 | 0 |
| 苏州托普信息职业技术学院 | 7 | 0 | 0 | 0 | 0 | 0 | 0 | 0 | 0 | 0 | 0 | 0 | 0 | 0 | 0 |
| 东南大学成贤学院 | 8 | 0 | 0 | 0 | 0 | 0 | 0 | 0 | 0 | 0 | 0 | 0 | 0 | 0 | 0 |
| 苏州工业园区职业技术学院 | 9 | 3 | 2 | 3 | 0 | 0 | 3 | 0 | 0 | 0 | 3 | 0 | 0 | 0 | 0 |
| 太湖创意职业技术学院 | 10 | 0 | 0 | 0 | 0 | 0 | 0 | 0 | 0 | 0 | 0 | 0 | 0 | 0 | 0 |
| 炎黄职业技术学院 | 11 | 0 | 0 | 0 | 0 | 0 | 0 | 0 | 0 | 0 | 0 | 0 | 0 | 0 | 0 |
| 正德职业技术学院 | 12 | 3 | 2 | 3 | 0 | 0 | 2 | 1 | 0 | 1 | 2 | 0 | 0 | 2 | 0 |
| 钟山职业技术学院 | 13 | 0 | 0 | 0 | 0 | 0 | 0 | 0 | 0 | 0 | 0 | 0 | 0 | 0 | 0 |
| 无锡南洋职业技术学院 | 14 | 1 | 1 | 1 | 0 | 0 | 1 | 0 | 0 | 1 | 0 | 0 | 0 | 1 | 0 |
| 江南影视艺术职业学院 | 15 | 17 | 12 | 17 | 0 | 1 | 6 | 10 | 0 | 6 | 11 | 0 | 0 | 8 | 0 |
| 金肯职业技术学院 | 16 | 0 | 0 | 0 | 0 | 0 | 0 | 0 | 0 | 0 | 0 | 0 | 0 | 0 | 0 |
| 建东职业技术学院 | 17 | 0 | 0 | 0 | 0 | 0 | 0 | 0 | 0 | 0 | 0 | 0 | 0 | 0 | 0 |
| 宿迁职业技术学院 | 18 | 0 | 0 | 0 | 0 | 0 | 0 | 0 | 0 | 0 | 0 | 0 | 0 | 0 | 0 |
| 江海职业技术学院 | 19 | 1 | 1 | 1 | 0 | 0 | 0 | 1 | 0 | 0 | 1 | 0 | 0 | 0 | 0 |
| 无锡太湖学院 | 20 | 1 | 1 | 1 | 0 | 0 | 1 | 0 | 0 | 1 | 0 | 0 | 1 | 0 | 0 |
| 中国矿业大学徐海学院 | 21 | 0 | 0 | 0 | 0 | 0 | 0 | 0 | 0 | 0 | 0 | 0 | 0 | 0 | 0 |
| 南京大学金陵学院 | 22 | 26 | 18 | 26 | 2 | 5 | 19 | 0 | 0 | 19 | 7 | 0 | 1 | 19 | 0 |
| 南京理工大学紫金学院 | 23 | 1 | 1 | 1 | 0 | 0 | 0 | 1 | 0 | 1 | 0 | 0 | 0 | 1 | 0 |
| 南京航空航天大学金城学院 | 24 | 0 | 0 | 0 | 0 | 0 | 0 | 0 | 0 | 0 | 0 | 0 | 0 | 0 | 0 |
| 南京传媒学院 | 25 | 46 | 39 | 46 | 1 | 11 | 20 | 14 | 0 | 38 | 8 | 0 | 2 | 41 | 0 |
| 金山职业技术学院 | 26 | 0 | 0 | 0 | 0 | 0 | 0 | 0 | 0 | 0 | 0 | 0 | 0 | 0 | 0 |

续表

| 高校名称 | | 总计 | | 按职称划分 | | | | | | 按最后学历划分 | | | 按最后学位划分 | | 其他 |
|---|---|---|---|---|---|---|---|---|---|---|---|---|---|---|---|
| | | | 女性 | 小计 | 教授 | 副教授 | 讲师 | 助教 | 初级 | 研究生 | 本科生 | 其他 | 博士 | 硕士 | 人员 |
| | 编号 | L01 | L02 | L03 | L04 | L05 | L06 | L07 | L08 | L09 | L10 | L11 | L12 | L13 | L14 |
| 南京理工大学泰州科技学院 | 27 | 0 | 0 | 0 | 0 | 0 | 0 | 0 | 0 | 0 | 0 | 0 | 0 | 0 | 0 |
| 南京师范大学泰州学院 | 28 | 5 | 2 | 5 | 0 | 1 | 4 | 0 | 0 | 3 | 2 | 0 | 0 | 3 | 0 |
| 南京工业大学浦江学院 | 29 | 1 | 1 | 1 | 0 | 0 | 1 | 0 | 0 | 1 | 0 | 0 | 0 | 1 | 0 |
| 南京师范大学中北学院 | 30 | 6 | 3 | 6 | 0 | 0 | 2 | 4 | 0 | 6 | 0 | 0 | 1 | 5 | 0 |
| 苏州百年职业学院 | 31 | 1 | 1 | 1 | 0 | 0 | 0 | 1 | 0 | 1 | 0 | 0 | 0 | 1 | 0 |
| 昆山登云科技职业学院 | 32 | 0 | 0 | 0 | 0 | 0 | 0 | 0 | 0 | 0 | 0 | 0 | 0 | 0 | 0 |
| 南京视觉艺术职业学院 | 33 | 2 | 2 | 2 | 0 | 0 | 0 | 2 | 0 | 1 | 1 | 0 | 0 | 1 | 0 |
| 南京医科大学康达学院 | 34 | 2 | 2 | 2 | 0 | 0 | 1 | 1 | 0 | 2 | 0 | 0 | 0 | 2 | 0 |
| 南京中医药大学翰林学院 | 35 | 0 | 0 | 0 | 0 | 0 | 0 | 0 | 0 | 0 | 0 | 0 | 0 | 0 | 0 |
| 南京信息工程大学滨江学院 | 36 | 1 | 0 | 1 | 0 | 0 | 0 | 0 | 1 | 1 | 0 | 0 | 0 | 1 | 0 |
| 苏州大学文正学院 | 37 | 9 | 5 | 9 | 1 | 1 | 5 | 2 | 0 | 7 | 2 | 0 | 0 | 8 | 0 |
| 苏州大学应用技术学院 | 38 | 0 | 0 | 0 | 0 | 0 | 0 | 0 | 0 | 0 | 0 | 0 | 0 | 0 | 0 |
| 苏州科技大学天平学院 | 39 | 0 | 0 | 0 | 0 | 0 | 0 | 0 | 0 | 0 | 0 | 0 | 0 | 0 | 0 |
| 江苏大学京江学院 | 40 | 0 | 0 | 0 | 0 | 0 | 0 | 0 | 0 | 0 | 0 | 0 | 0 | 0 | 0 |
| 扬州大学广陵学院 | 41 | 2 | 2 | 2 | 0 | 0 | 2 | 0 | 0 | 2 | 0 | 0 | 0 | 2 | 0 |
| 江苏师范大学科文学院 | 42 | 1 | 1 | 1 | 0 | 0 | 1 | 0 | 0 | 0 | 1 | 0 | 0 | 0 | 0 |
| 南京邮电大学通达学院 | 43 | 1 | 0 | 1 | 0 | 1 | 0 | 0 | 0 | 1 | 0 | 0 | 0 | 1 | 0 |
| 南京财经大学红山学院 | 44 | 4 | 4 | 4 | 0 | 0 | 2 | 2 | 0 | 2 | 2 | 0 | 0 | 3 | 0 |
| 江苏科技大学苏州理工学院 | 45 | 0 | 0 | 0 | 0 | 0 | 0 | 0 | 0 | 0 | 0 | 0 | 0 | 0 | 0 |
| 常州大学怀德学院 | 46 | 0 | 0 | 0 | 0 | 0 | 0 | 0 | 0 | 0 | 0 | 0 | 0 | 0 | 0 |
| 南通大学杏林学院 | 47 | 3 | 2 | 3 | 0 | 1 | 2 | 0 | 0 | 3 | 0 | 0 | 0 | 3 | 0 |
| 南京审计大学金审学院 | 48 | 1 | 1 | 1 | 0 | 0 | 1 | 0 | 0 | 0 | 1 | 0 | 0 | 0 | 0 |
| 宿迁学院 | 49 | 5 | 4 | 5 | 0 | 2 | 3 | 0 | 0 | 2 | 3 | 0 | 0 | 3 | 0 |
| 苏州高博软件技术职业学院 | 50 | 0 | 0 | 0 | 0 | 0 | 0 | 0 | 0 | 0 | 0 | 0 | 0 | 0 | 0 |
| 宿迁泽达职业技术学院 | 51 | 0 | 0 | 0 | 0 | 0 | 0 | 0 | 0 | 0 | 0 | 0 | 0 | 0 | 0 |
| 扬州中瑞酒店职业学院 | 52 | 0 | 0 | 0 | 0 | 0 | 0 | 0 | 0 | 0 | 0 | 0 | 0 | 0 | 0 |
| 西交利物浦大学 | 53 | 18 | 5 | 18 | 1 | 5 | 12 | 0 | 0 | 16 | 2 | 0 | 13 | 5 | 0 |
| 昆山杜克大学 | 54 | 0 | 0 | 0 | 0 | 0 | 0 | 0 | 0 | 0 | 0 | 0 | 0 | 0 | 0 |

## 4.18 图书馆、情报与文献学人文、社会科学活动人员情况表

| 高校名称 | | 总计 | | 按职称划分 | | | | | | 按最后学历划分 | | | 按最后学位划分 | | 其他 |
|---|---|---|---|---|---|---|---|---|---|---|---|---|---|---|---|
| | | | 女性 | 小计 | 教授 | 副教授 | 讲师 | 助教 | 初级 | 研究生 | 本科生 | 其他 | 博士 | 硕士 | 人员 |
| | 编号 | L01 | L02 | L03 | L04 | L05 | L06 | L07 | L08 | L09 | L10 | L11 | L12 | L13 | L14 |
| 合　计 | / | 153 | 105 | 153 | 4 | 16 | 90 | 26 | 17 | 37 | 114 | 2 | 3 | 43 | 0 |
| 明达职业技术学院 | 1 | 0 | 0 | 0 | 0 | 0 | 0 | 0 | 0 | 0 | 0 | 0 | 0 | 0 | 0 |
| 三江学院 | 2 | 9 | 8 | 9 | 0 | 3 | 6 | 0 | 0 | 1 | 8 | 0 | 0 | 2 | 0 |
| 九州职业技术学院 | 3 | 2 | 1 | 2 | 0 | 0 | 2 | 0 | 0 | 1 | 1 | 0 | 0 | 0 | 0 |
| 南通理工学院 | 4 | 7 | 6 | 7 | 0 | 1 | 6 | 0 | 0 | 0 | 7 | 0 | 0 | 1 | 0 |
| 硅湖职业技术学院 | 5 | 2 | 0 | 2 | 0 | 0 | 2 | 0 | 0 | 0 | 2 | 0 | 0 | 0 | 0 |
| 应天职业技术学院 | 6 | 1 | 1 | 1 | 0 | 0 | 1 | 0 | 0 | 0 | 1 | 0 | 0 | 0 | 0 |
| 苏州托普信息职业技术学院 | 7 | 1 | 1 | 1 | 0 | 0 | 1 | 0 | 0 | 0 | 1 | 0 | 0 | 0 | 0 |
| 东南大学成贤学院 | 8 | 0 | 0 | 0 | 0 | 0 | 0 | 0 | 0 | 0 | 0 | 0 | 0 | 0 | 0 |
| 苏州工业园区职业技术学院 | 9 | 4 | 3 | 4 | 0 | 2 | 2 | 0 | 0 | 0 | 4 | 0 | 0 | 1 | 0 |
| 太湖创意职业技术学院 | 10 | 1 | 1 | 1 | 0 | 0 | 0 | 1 | 0 | 0 | 1 | 0 | 0 | 0 | 0 |
| 炎黄职业技术学院 | 11 | 1 | 1 | 1 | 0 | 0 | 1 | 0 | 0 | 1 | 0 | 0 | 0 | 1 | 0 |
| 正德职业技术学院 | 12 | 2 | 1 | 2 | 0 | 0 | 0 | 0 | 2 | 0 | 2 | 0 | 0 | 0 | 0 |
| 钟山职业技术学院 | 13 | 1 | 0 | 1 | 0 | 0 | 1 | 0 | 0 | 0 | 1 | 0 | 0 | 1 | 0 |
| 无锡南洋职业技术学院 | 14 | 1 | 0 | 1 | 0 | 0 | 1 | 0 | 0 | 0 | 1 | 0 | 0 | 0 | 0 |
| 江南影视艺术职业学院 | 15 | 1 | 0 | 1 | 0 | 0 | 1 | 0 | 0 | 0 | 1 | 0 | 0 | 0 | 0 |
| 金肯职业技术学院 | 16 | 1 | 0 | 1 | 0 | 0 | 1 | 0 | 0 | 0 | 1 | 0 | 0 | 0 | 0 |
| 建东职业技术学院 | 17 | 3 | 3 | 3 | 0 | 0 | 2 | 0 | 1 | 0 | 3 | 0 | 0 | 0 | 0 |
| 宿迁职业技术学院 | 18 | 1 | 0 | 1 | 0 | 0 | 0 | 1 | 0 | 0 | 1 | 0 | 0 | 0 | 0 |
| 江海职业技术学院 | 19 | 4 | 3 | 4 | 0 | 1 | 3 | 0 | 0 | 0 | 4 | 0 | 0 | 0 | 0 |
| 无锡太湖学院 | 20 | 0 | 0 | 0 | 0 | 0 | 0 | 0 | 0 | 0 | 0 | 0 | 0 | 0 | 0 |
| 中国矿业大学徐海学院 | 21 | 1 | 1 | 1 | 0 | 0 | 0 | 0 | 1 | 0 | 0 | 1 | 0 | 0 | 0 |
| 南京大学金陵学院 | 22 | 2 | 2 | 2 | 0 | 1 | 0 | 1 | 0 | 1 | 1 | 0 | 0 | 1 | 0 |
| 南京理工大学紫金学院 | 23 | 0 | 0 | 0 | 0 | 0 | 0 | 0 | 0 | 0 | 0 | 0 | 0 | 0 | 0 |
| 南京航空航天大学金城学院 | 24 | 4 | 4 | 4 | 0 | 0 | 0 | 4 | 0 | 0 | 4 | 0 | 0 | 0 | 0 |
| 南京传媒学院 | 25 | 10 | 6 | 10 | 0 | 0 | 9 | 1 | 0 | 2 | 8 | 0 | 0 | 3 | 0 |
| 金山职业技术学院 | 26 | 1 | 1 | 1 | 0 | 0 | 0 | 1 | 0 | 0 | 1 | 0 | 0 | 0 | 0 |

续表

| 高校名称 | | 总计 | | 按职称划分 | | | | | | 按最后学历划分 | | | 按最后学位划分 | | 其他人员 |
|---|---|---|---|---|---|---|---|---|---|---|---|---|---|---|---|
| | | | 女性 | 小计 | 教授 | 副教授 | 讲师 | 助教 | 初级 | 研究生 | 本科生 | 其他 | 博士 | 硕士 | |
| | 编号 | L01 | L02 | L03 | L04 | L05 | L06 | L07 | L08 | L09 | L10 | L11 | L12 | L13 | L14 |
| 南京理工大学泰州科技学院 | 27 | 15 | 10 | 15 | 0 | 0 | 15 | 0 | 0 | 0 | 15 | 0 | 0 | 0 | 0 |
| 南京师范大学泰州学院 | 28 | 6 | 5 | 6 | 0 | 2 | 4 | 0 | 0 | 0 | 6 | 0 | 0 | 3 | 0 |
| 南京工业大学浦江学院 | 29 | 1 | 0 | 1 | 0 | 0 | 0 | 1 | 0 | 1 | 0 | 0 | 0 | 1 | 0 |
| 南京师范大学中北学院 | 30 | 0 | 0 | 0 | 0 | 0 | 0 | 0 | 0 | 0 | 0 | 0 | 0 | 0 | 0 |
| 苏州百年职业学院 | 31 | 1 | 1 | 1 | 0 | 0 | 1 | 0 | 0 | 0 | 1 | 0 | 0 | 0 | 0 |
| 昆山登云科技职业学院 | 32 | 1 | 0 | 1 | 0 | 0 | 1 | 0 | 0 | 0 | 1 | 0 | 0 | 0 | 0 |
| 南京视觉艺术职业学院 | 33 | 1 | 1 | 1 | 0 | 0 | 0 | 1 | 0 | 0 | 1 | 0 | 0 | 0 | 0 |
| 南京医科大学康达学院 | 34 | 12 | 8 | 12 | 0 | 0 | 3 | 4 | 5 | 1 | 11 | 0 | 0 | 1 | 0 |
| 南京中医药大学翰林学院 | 35 | 9 | 8 | 9 | 0 | 1 | 8 | 0 | 0 | 1 | 8 | 0 | 0 | 1 | 0 |
| 南京信息工程大学滨江学院 | 36 | 2 | 2 | 2 | 0 | 1 | 1 | 0 | 0 | 2 | 0 | 0 | 0 | 1 | 0 |
| 苏州大学文正学院 | 37 | 11 | 3 | 11 | 3 | 0 | 6 | 2 | 0 | 6 | 5 | 0 | 1 | 5 | 0 |
| 苏州大学应用技术学院 | 38 | 2 | 0 | 2 | 0 | 1 | 0 | 1 | 0 | 0 | 2 | 0 | 0 | 0 | 0 |
| 苏州科技大学天平学院 | 39 | 3 | 3 | 3 | 0 | 0 | 3 | 0 | 0 | 0 | 3 | 0 | 0 | 0 | 0 |
| 江苏大学京江学院 | 40 | 0 | 0 | 0 | 0 | 0 | 0 | 0 | 0 | 0 | 0 | 0 | 0 | 0 | 0 |
| 扬州大学广陵学院 | 41 | 2 | 2 | 2 | 0 | 1 | 1 | 0 | 0 | 2 | 0 | 0 | 1 | 1 | 0 |
| 江苏师范大学科文学院 | 42 | 1 | 1 | 1 | 0 | 0 | 1 | 0 | 0 | 1 | 0 | 0 | 0 | 1 | 0 |
| 南京邮电大学通达学院 | 43 | 3 | 3 | 3 | 0 | 0 | 1 | 2 | 0 | 2 | 1 | 0 | 0 | 2 | 0 |
| 南京财经大学红山学院 | 44 | 2 | 2 | 2 | 0 | 0 | 1 | 1 | 0 | 1 | 0 | 1 | 0 | 1 | 0 |
| 江苏科技大学苏州理工学院 | 45 | 1 | 1 | 1 | 0 | 0 | 0 | 1 | 0 | 1 | 0 | 0 | 0 | 1 | 0 |
| 常州大学怀德学院 | 46 | 1 | 0 | 1 | 0 | 1 | 0 | 0 | 0 | 0 | 1 | 0 | 0 | 0 | 0 |
| 南通大学杏林学院 | 47 | 0 | 0 | 0 | 0 | 0 | 0 | 0 | 0 | 0 | 0 | 0 | 0 | 0 | 0 |
| 南京审计大学金审学院 | 48 | 1 | 1 | 1 | 0 | 0 | 0 | 1 | 0 | 1 | 0 | 0 | 0 | 1 | 0 |
| 宿迁学院 | 49 | 4 | 0 | 4 | 0 | 1 | 3 | 0 | 0 | 1 | 3 | 0 | 0 | 4 | 0 |
| 苏州高博软件技术职业学院 | 50 | 1 | 0 | 1 | 0 | 0 | 1 | 0 | 0 | 0 | 1 | 0 | 0 | 0 | 0 |
| 宿迁泽达职业技术学院 | 51 | 1 | 1 | 1 | 0 | 0 | 0 | 0 | 1 | 0 | 1 | 0 | 0 | 0 | 0 |
| 扬州中瑞酒店职业学院 | 52 | 0 | 0 | 0 | 0 | 0 | 0 | 0 | 0 | 0 | 0 | 0 | 0 | 0 | 0 |
| 西交利物浦大学 | 53 | 4 | 4 | 4 | 0 | 0 | 0 | 1 | 3 | 4 | 0 | 0 | 0 | 4 | 0 |
| 昆山杜克大学 | 54 | 8 | 6 | 8 | 1 | 0 | 1 | 2 | 4 | 7 | 1 | 0 | 1 | 6 | 0 |

## 4.19 教育学人文、社会科学活动人员情况表

| 高校名称 | | 总计 | | 按职称划分 | | | | | | 按最后学历划分 | | | 按最后学位划分 | | 其他 |
|---|---|---|---|---|---|---|---|---|---|---|---|---|---|---|---|
| | | | 女性 | 小计 | 教授 | 副教授 | 讲师 | 助教 | 初级 | 研究生 | 本科生 | 其他 | 博士 | 硕士 | 人员 |
| | 编号 | L01 | L02 | L03 | L04 | L05 | L06 | L07 | L08 | L09 | L10 | L11 | L12 | L13 | L14 |
| 合　计 | / | 628 | 417 | 628 | 14 | 102 | 356 | 147 | 9 | 405 | 222 | 1 | 26 | 469 | 0 |
| 明达职业技术学院 | 1 | 0 | 0 | 0 | 0 | 0 | 0 | 0 | 0 | 0 | 0 | 0 | 0 | 0 | 0 |
| 三江学院 | 2 | 21 | 15 | 21 | 0 | 5 | 13 | 3 | 0 | 10 | 11 | 0 | 0 | 14 | 0 |
| 九州职业技术学院 | 3 | 12 | 9 | 12 | 0 | 2 | 9 | 1 | 0 | 2 | 10 | 0 | 0 | 6 | 0 |
| 南通理工学院 | 4 | 27 | 21 | 27 | 0 | 1 | 18 | 8 | 0 | 14 | 13 | 0 | 0 | 23 | 0 |
| 硅湖职业技术学院 | 5 | 18 | 13 | 18 | 0 | 3 | 1 | 14 | 0 | 12 | 6 | 0 | 0 | 12 | 0 |
| 应天职业技术学院 | 6 | 10 | 7 | 10 | 1 | 1 | 7 | 1 | 0 | 8 | 2 | 0 | 0 | 10 | 0 |
| 苏州托普信息职业技术学院 | 7 | 5 | 5 | 5 | 0 | 1 | 1 | 3 | 0 | 3 | 2 | 0 | 0 | 3 | 0 |
| 东南大学成贤学院 | 8 | 7 | 4 | 7 | 0 | 0 | 5 | 2 | 0 | 2 | 5 | 0 | 0 | 2 | 0 |
| 苏州工业园区职业技术学院 | 9 | 7 | 5 | 7 | 0 | 4 | 3 | 0 | 0 | 4 | 3 | 0 | 0 | 6 | 0 |
| 太湖创意职业技术学院 | 10 | 2 | 1 | 2 | 0 | 1 | 0 | 1 | 0 | 1 | 1 | 0 | 0 | 1 | 0 |
| 炎黄职业技术学院 | 11 | 5 | 2 | 5 | 1 | 1 | 3 | 0 | 0 | 0 | 5 | 0 | 0 | 2 | 0 |
| 正德职业技术学院 | 12 | 5 | 4 | 5 | 0 | 0 | 2 | 3 | 0 | 3 | 2 | 0 | 0 | 3 | 0 |
| 钟山职业技术学院 | 13 | 44 | 29 | 44 | 0 | 10 | 32 | 2 | 0 | 16 | 28 | 0 | 0 | 32 | 0 |
| 无锡南洋职业技术学院 | 14 | 14 | 11 | 14 | 0 | 1 | 10 | 3 | 0 | 5 | 9 | 0 | 0 | 6 | 0 |
| 江南影视艺术职业学院 | 15 | 26 | 19 | 26 | 0 | 12 | 3 | 10 | 1 | 12 | 13 | 1 | 0 | 18 | 0 |
| 金肯职业技术学院 | 16 | 10 | 7 | 10 | 0 | 0 | 10 | 0 | 0 | 4 | 6 | 0 | 0 | 3 | 0 |
| 建东职业技术学院 | 17 | 3 | 3 | 3 | 0 | 0 | 3 | 0 | 0 | 0 | 3 | 0 | 0 | 0 | 0 |
| 宿迁职业技术学院 | 18 | 6 | 4 | 6 | 0 | 0 | 2 | 4 | 0 | 5 | 1 | 0 | 1 | 4 | 0 |
| 江海职业技术学院 | 19 | 7 | 3 | 7 | 1 | 3 | 1 | 2 | 0 | 0 | 7 | 0 | 0 | 2 | 0 |
| 无锡太湖学院 | 20 | 1 | 1 | 1 | 0 | 0 | 1 | 0 | 0 | 1 | 0 | 0 | 0 | 1 | 0 |
| 中国矿业大学徐海学院 | 21 | 4 | 2 | 4 | 0 | 0 | 4 | 0 | 0 | 4 | 0 | 0 | 1 | 3 | 0 |
| 南京大学金陵学院 | 22 | 5 | 5 | 5 | 0 | 0 | 5 | 0 | 0 | 4 | 1 | 0 | 0 | 4 | 0 |
| 南京理工大学紫金学院 | 23 | 7 | 2 | 7 | 0 | 0 | 4 | 3 | 0 | 4 | 3 | 0 | 0 | 5 | 0 |
| 南京航空航天大学金城学院 | 24 | 7 | 7 | 7 | 0 | 0 | 7 | 0 | 0 | 5 | 2 | 0 | 0 | 6 | 0 |
| 南京传媒学院 | 25 | 6 | 5 | 6 | 0 | 1 | 3 | 1 | 1 | 4 | 2 | 0 | 0 | 6 | 0 |
| 金山职业技术学院 | 26 | 0 | 0 | 0 | 0 | 0 | 0 | 0 | 0 | 0 | 0 | 0 | 0 | 0 | 0 |

续表

| 高校名称 | | 总计 | | 按职称划分 | | | | | | 按最后学历划分 | | | 按最后学位划分 | | 其他 |
|---|---|---|---|---|---|---|---|---|---|---|---|---|---|---|---|
| | | | 女性 | 小计 | 教授 | 副教授 | 讲师 | 助教 | 初级 | 研究生 | 本科生 | 其他 | 博士 | 硕士 | 人员 |
| | 编号 | L01 | L02 | L03 | L04 | L05 | L06 | L07 | L08 | L09 | L10 | L11 | L12 | L13 | L14 |
| 南京理工大学泰州科技学院 | 27 | 11 | 6 | 11 | 1 | 3 | 7 | 0 | 0 | 3 | 8 | 0 | 0 | 7 | 0 |
| 南京师范大学泰州学院 | 28 | 16 | 11 | 16 | 0 | 6 | 8 | 2 | 0 | 14 | 2 | 0 | 0 | 16 | 0 |
| 南京工业大学浦江学院 | 29 | 27 | 13 | 27 | 1 | 10 | 9 | 7 | 0 | 21 | 6 | 0 | 3 | 23 | 0 |
| 南京师范大学中北学院 | 30 | 3 | 2 | 3 | 0 | 0 | 2 | 1 | 0 | 3 | 0 | 0 | 0 | 3 | 0 |
| 苏州百年职业学院 | 31 | 4 | 3 | 4 | 1 | 2 | 0 | 1 | 0 | 4 | 0 | 0 | 1 | 3 | 0 |
| 昆山登云科技职业学院 | 32 | 4 | 3 | 4 | 0 | 0 | 0 | 4 | 0 | 1 | 3 | 0 | 0 | 1 | 0 |
| 南京视觉艺术职业学院 | 33 | 3 | 1 | 3 | 0 | 1 | 2 | 0 | 0 | 0 | 3 | 0 | 0 | 1 | 0 |
| 南京医科大学康达学院 | 34 | 23 | 13 | 23 | 0 | 1 | 18 | 3 | 1 | 20 | 3 | 0 | 3 | 17 | 0 |
| 南京中医药大学翰林学院 | 35 | 26 | 11 | 26 | 0 | 1 | 24 | 1 | 0 | 18 | 8 | 0 | 0 | 19 | 0 |
| 南京信息工程大学滨江学院 | 36 | 3 | 2 | 3 | 0 | 0 | 3 | 0 | 0 | 3 | 0 | 0 | 0 | 3 | 0 |
| 苏州大学文正学院 | 37 | 9 | 4 | 9 | 2 | 2 | 3 | 2 | 0 | 8 | 1 | 0 | 1 | 8 | 0 |
| 苏州大学应用技术学院 | 38 | 16 | 9 | 16 | 0 | 0 | 7 | 9 | 0 | 15 | 1 | 0 | 1 | 14 | 0 |
| 苏州科技大学天平学院 | 39 | 0 | 0 | 0 | 0 | 0 | 0 | 0 | 0 | 0 | 0 | 0 | 0 | 0 | 0 |
| 江苏大学京江学院 | 40 | 3 | 3 | 3 | 0 | 0 | 3 | 0 | 0 | 3 | 0 | 0 | 0 | 3 | 0 |
| 扬州大学广陵学院 | 41 | 16 | 11 | 16 | 0 | 0 | 14 | 2 | 0 | 14 | 2 | 0 | 0 | 15 | 0 |
| 江苏师范大学科文学院 | 42 | 9 | 5 | 9 | 0 | 1 | 7 | 1 | 0 | 4 | 5 | 0 | 0 | 7 | 0 |
| 南京邮电大学通达学院 | 43 | 2 | 2 | 2 | 0 | 0 | 2 | 0 | 0 | 2 | 0 | 0 | 0 | 2 | 0 |
| 南京财经大学红山学院 | 44 | 9 | 8 | 9 | 0 | 0 | 1 | 8 | 0 | 9 | 0 | 0 | 0 | 9 | 0 |
| 江苏科技大学苏州理工学院 | 45 | 18 | 5 | 18 | 0 | 2 | 12 | 4 | 0 | 17 | 1 | 0 | 2 | 15 | 0 |
| 常州大学怀德学院 | 46 | 1 | 1 | 1 | 0 | 0 | 1 | 0 | 0 | 1 | 0 | 0 | 0 | 1 | 0 |
| 南通大学杏林学院 | 47 | 30 | 24 | 30 | 0 | 1 | 28 | 1 | 0 | 26 | 4 | 0 | 0 | 29 | 0 |
| 南京审计大学金审学院 | 48 | 21 | 18 | 21 | 0 | 5 | 11 | 5 | 0 | 18 | 3 | 0 | 0 | 20 | 0 |
| 宿迁学院 | 49 | 54 | 33 | 54 | 4 | 14 | 26 | 10 | 0 | 39 | 15 | 0 | 5 | 46 | 0 |
| 苏州高博软件技术职业学院 | 50 | 43 | 32 | 43 | 1 | 6 | 16 | 20 | 0 | 23 | 20 | 0 | 0 | 27 | 0 |
| 宿迁泽达职业技术学院 | 51 | 0 | 0 | 0 | 0 | 0 | 0 | 0 | 0 | 0 | 0 | 0 | 0 | 0 | 0 |
| 扬州中瑞酒店职业学院 | 52 | 1 | 1 | 1 | 0 | 0 | 0 | 1 | 0 | 1 | 0 | 0 | 0 | 1 | 0 |
| 西交利物浦大学 | 53 | 15 | 10 | 15 | 1 | 1 | 4 | 3 | 6 | 13 | 2 | 0 | 7 | 6 | 0 |
| 昆山杜克大学 | 54 | 2 | 2 | 2 | 0 | 0 | 1 | 1 | 0 | 2 | 0 | 0 | 1 | 1 | 0 |

## 4.20 统计学人文、社会科学活动人员情况表

| 高校名称 | | 总计 | | 按职称划分 | | | | | | 按最后学历划分 | | | 按最后学位划分 | | 其他 |
|---|---|---|---|---|---|---|---|---|---|---|---|---|---|---|---|
| | | | 女性 | 小计 | 教授 | 副教授 | 讲师 | 助教 | 初级 | 研究生 | 本科生 | 其他 | 博士 | 硕士 | 人员 |
| | 编号 | L01 | L02 | L03 | L04 | L05 | L06 | L07 | L08 | L09 | L10 | L11 | L12 | L13 | L14 |
| 合　计 | / | 17 | 10 | 17 | 1 | 3 | 7 | 6 | 0 | 14 | 3 | 0 | 0 | 14 | 0 |
| 明达职业技术学院 | 1 | 0 | 0 | 0 | 0 | 0 | 0 | 0 | 0 | 0 | 0 | 0 | 0 | 0 | 0 |
| 三江学院 | 2 | 0 | 0 | 0 | 0 | 0 | 0 | 0 | 0 | 0 | 0 | 0 | 0 | 0 | 0 |
| 九州职业技术学院 | 3 | 0 | 0 | 0 | 0 | 0 | 0 | 0 | 0 | 0 | 0 | 0 | 0 | 0 | 0 |
| 南通理工学院 | 4 | 0 | 0 | 0 | 0 | 0 | 0 | 0 | 0 | 0 | 0 | 0 | 0 | 0 | 0 |
| 硅湖职业技术学院 | 5 | 0 | 0 | 0 | 0 | 0 | 0 | 0 | 0 | 0 | 0 | 0 | 0 | 0 | 0 |
| 应天职业技术学院 | 6 | 0 | 0 | 0 | 0 | 0 | 0 | 0 | 0 | 0 | 0 | 0 | 0 | 0 | 0 |
| 苏州托普信息职业技术学院 | 7 | 0 | 0 | 0 | 0 | 0 | 0 | 0 | 0 | 0 | 0 | 0 | 0 | 0 | 0 |
| 东南大学成贤学院 | 8 | 0 | 0 | 0 | 0 | 0 | 0 | 0 | 0 | 0 | 0 | 0 | 0 | 0 | 0 |
| 苏州工业园区职业技术学院 | 9 | 0 | 0 | 0 | 0 | 0 | 0 | 0 | 0 | 0 | 0 | 0 | 0 | 0 | 0 |
| 太湖创意职业技术学院 | 10 | 1 | 0 | 1 | 0 | 0 | 1 | 0 | 0 | 0 | 1 | 0 | 0 | 0 | 0 |
| 炎黄职业技术学院 | 11 | 0 | 0 | 0 | 0 | 0 | 0 | 0 | 0 | 0 | 0 | 0 | 0 | 0 | 0 |
| 正德职业技术学院 | 12 | 0 | 0 | 0 | 0 | 0 | 0 | 0 | 0 | 0 | 0 | 0 | 0 | 0 | 0 |
| 钟山职业技术学院 | 13 | 0 | 0 | 0 | 0 | 0 | 0 | 0 | 0 | 0 | 0 | 0 | 0 | 0 | 0 |
| 无锡南洋职业技术学院 | 14 | 0 | 0 | 0 | 0 | 0 | 0 | 0 | 0 | 0 | 0 | 0 | 0 | 0 | 0 |
| 江南影视艺术职业学院 | 15 | 1 | 0 | 1 | 0 | 0 | 0 | 1 | 0 | 1 | 0 | 0 | 0 | 1 | 0 |
| 金肯职业技术学院 | 16 | 0 | 0 | 0 | 0 | 0 | 0 | 0 | 0 | 0 | 0 | 0 | 0 | 0 | 0 |
| 建东职业技术学院 | 17 | 0 | 0 | 0 | 0 | 0 | 0 | 0 | 0 | 0 | 0 | 0 | 0 | 0 | 0 |
| 宿迁职业技术学院 | 18 | 0 | 0 | 0 | 0 | 0 | 0 | 0 | 0 | 0 | 0 | 0 | 0 | 0 | 0 |
| 江海职业技术学院 | 19 | 0 | 0 | 0 | 0 | 0 | 0 | 0 | 0 | 0 | 0 | 0 | 0 | 0 | 0 |
| 无锡太湖学院 | 20 | 0 | 0 | 0 | 0 | 0 | 0 | 0 | 0 | 0 | 0 | 0 | 0 | 0 | 0 |
| 中国矿业大学徐海学院 | 21 | 1 | 0 | 1 | 0 | 0 | 1 | 0 | 0 | 1 | 0 | 0 | 0 | 1 | 0 |
| 南京大学金陵学院 | 22 | 0 | 0 | 0 | 0 | 0 | 0 | 0 | 0 | 0 | 0 | 0 | 0 | 0 | 0 |
| 南京理工大学紫金学院 | 23 | 0 | 0 | 0 | 0 | 0 | 0 | 0 | 0 | 0 | 0 | 0 | 0 | 0 | 0 |
| 南京航空航天大学金城学院 | 24 | 0 | 0 | 0 | 0 | 0 | 0 | 0 | 0 | 0 | 0 | 0 | 0 | 0 | 0 |
| 南京传媒学院 | 25 | 0 | 0 | 0 | 0 | 0 | 0 | 0 | 0 | 0 | 0 | 0 | 0 | 0 | 0 |
| 金山职业技术学院 | 26 | 0 | 0 | 0 | 0 | 0 | 0 | 0 | 0 | 0 | 0 | 0 | 0 | 0 | 0 |

续表

| 高校名称 | | 总计 | | 按职称划分 | | | | | | 按最后学历划分 | | | 按最后学位划分 | | 其他人员 |
|---|---|---|---|---|---|---|---|---|---|---|---|---|---|---|---|
| | | | 女性 | 小计 | 教授 | 副教授 | 讲师 | 助教 | 初级 | 研究生 | 本科生 | 其他 | 博士 | 硕士 | |
| | 编号 | L01 | L02 | L03 | L04 | L05 | L06 | L07 | L08 | L09 | L10 | L11 | L12 | L13 | L14 |
| 南京理工大学泰州科技学院 | 27 | 0 | 0 | 0 | 0 | 0 | 0 | 0 | 0 | 0 | 0 | 0 | 0 | 0 | 0 |
| 南京师范大学泰州学院 | 28 | 0 | 0 | 0 | 0 | 0 | 0 | 0 | 0 | 0 | 0 | 0 | 0 | 0 | 0 |
| 南京工业大学浦江学院 | 29 | 0 | 0 | 0 | 0 | 0 | 0 | 0 | 0 | 0 | 0 | 0 | 0 | 0 | 0 |
| 南京师范大学中北学院 | 30 | 0 | 0 | 0 | 0 | 0 | 0 | 0 | 0 | 0 | 0 | 0 | 0 | 0 | 0 |
| 苏州百年职业学院 | 31 | 0 | 0 | 0 | 0 | 0 | 0 | 0 | 0 | 0 | 0 | 0 | 0 | 0 | 0 |
| 昆山登云科技职业学院 | 32 | 0 | 0 | 0 | 0 | 0 | 0 | 0 | 0 | 0 | 0 | 0 | 0 | 0 | 0 |
| 南京视觉艺术职业学院 | 33 | 0 | 0 | 0 | 0 | 0 | 0 | 0 | 0 | 0 | 0 | 0 | 0 | 0 | 0 |
| 南京医科大学康达学院 | 34 | 1 | 1 | 1 | 0 | 0 | 1 | 0 | 0 | 1 | 0 | 0 | 0 | 1 | 0 |
| 南京中医药大学翰林学院 | 35 | 1 | 1 | 1 | 0 | 0 | 1 | 0 | 0 | 1 | 0 | 0 | 0 | 1 | 0 |
| 南京信息工程大学滨江学院 | 36 | 0 | 0 | 0 | 0 | 0 | 0 | 0 | 0 | 0 | 0 | 0 | 0 | 0 | 0 |
| 苏州大学文正学院 | 37 | 0 | 0 | 0 | 0 | 0 | 0 | 0 | 0 | 0 | 0 | 0 | 0 | 0 | 0 |
| 苏州大学应用技术学院 | 38 | 0 | 0 | 0 | 0 | 0 | 0 | 0 | 0 | 0 | 0 | 0 | 0 | 0 | 0 |
| 苏州科技大学天平学院 | 39 | 0 | 0 | 0 | 0 | 0 | 0 | 0 | 0 | 0 | 0 | 0 | 0 | 0 | 0 |
| 江苏大学京江学院 | 40 | 0 | 0 | 0 | 0 | 0 | 0 | 0 | 0 | 0 | 0 | 0 | 0 | 0 | 0 |
| 扬州大学广陵学院 | 41 | 0 | 0 | 0 | 0 | 0 | 0 | 0 | 0 | 0 | 0 | 0 | 0 | 0 | 0 |
| 江苏师范大学科文学院 | 42 | 1 | 1 | 1 | 0 | 0 | 0 | 1 | 0 | 1 | 0 | 0 | 0 | 1 | 0 |
| 南京邮电大学通达学院 | 43 | 0 | 0 | 0 | 0 | 0 | 0 | 0 | 0 | 0 | 0 | 0 | 0 | 0 | 0 |
| 南京财经大学红山学院 | 44 | 5 | 4 | 5 | 0 | 1 | 1 | 3 | 0 | 5 | 0 | 0 | 0 | 5 | 0 |
| 江苏科技大学苏州理工学院 | 45 | 1 | 1 | 1 | 0 | 0 | 1 | 0 | 0 | 1 | 0 | 0 | 0 | 1 | 0 |
| 常州大学怀德学院 | 46 | 0 | 0 | 0 | 0 | 0 | 0 | 0 | 0 | 0 | 0 | 0 | 0 | 0 | 0 |
| 南通大学杏林学院 | 47 | 1 | 1 | 1 | 0 | 1 | 0 | 0 | 0 | 1 | 0 | 0 | 0 | 1 | 0 |
| 南京审计大学金审学院 | 48 | 1 | 0 | 1 | 0 | 1 | 0 | 0 | 0 | 1 | 0 | 0 | 0 | 1 | 0 |
| 宿迁学院 | 49 | 1 | 0 | 1 | 0 | 0 | 1 | 0 | 0 | 1 | 0 | 0 | 0 | 1 | 0 |
| 苏州高博软件技术职业学院 | 50 | 1 | 0 | 1 | 1 | 0 | 0 | 0 | 0 | 0 | 1 | 0 | 0 | 0 | 0 |
| 宿迁泽达职业技术学院 | 51 | 0 | 0 | 0 | 0 | 0 | 0 | 0 | 0 | 0 | 0 | 0 | 0 | 0 | 0 |
| 扬州中瑞酒店职业学院 | 52 | 0 | 0 | 0 | 0 | 0 | 0 | 0 | 0 | 0 | 0 | 0 | 0 | 0 | 0 |
| 西交利物浦大学 | 53 | 1 | 1 | 1 | 0 | 0 | 0 | 1 | 0 | 0 | 1 | 0 | 0 | 0 | 0 |
| 昆山杜克大学 | 54 | 0 | 0 | 0 | 0 | 0 | 0 | 0 | 0 | 0 | 0 | 0 | 0 | 0 | 0 |

## 4.21 心理学人文、社会科学活动人员情况表

| 高校名称 | | 总计 | | 按职称划分 | | | | | | 按最后学历划分 | | | 按最后学位划分 | | 其他 |
|---|---|---|---|---|---|---|---|---|---|---|---|---|---|---|---|
| | | | 女性 | 小计 | 教授 | 副教授 | 讲师 | 助教 | 初级 | 研究生 | 本科生 | 其他 | 博士 | 硕士 | 人员 |
| | 编号 | L01 | L02 | L03 | L04 | L05 | L06 | L07 | L08 | L09 | L10 | L11 | L12 | L13 | L14 |
| 合　计 | / | 66 | 56 | 66 | 4 | 8 | 40 | 13 | 1 | 49 | 17 | 0 | 5 | 49 | 0 |
| 明达职业技术学院 | 1 | 1 | 1 | 1 | 0 | 0 | 0 | 0 | 1 | 0 | 1 | 0 | 0 | 0 | 0 |
| 三江学院 | 2 | 0 | 0 | 0 | 0 | 0 | 0 | 0 | 0 | 0 | 0 | 0 | 0 | 0 | 0 |
| 九州职业技术学院 | 3 | 1 | 1 | 1 | 0 | 0 | 1 | 0 | 0 | 0 | 1 | 0 | 0 | 0 | 0 |
| 南通理工学院 | 4 | 1 | 1 | 1 | 0 | 0 | 1 | 0 | 0 | 1 | 0 | 0 | 0 | 1 | 0 |
| 硅湖职业技术学院 | 5 | 2 | 1 | 2 | 0 | 0 | 1 | 1 | 0 | 2 | 0 | 0 | 0 | 2 | 0 |
| 应天职业技术学院 | 6 | 3 | 3 | 3 | 0 | 1 | 1 | 1 | 0 | 3 | 0 | 0 | 0 | 3 | 0 |
| 苏州托普信息职业技术学院 | 7 | 1 | 1 | 1 | 0 | 0 | 1 | 0 | 0 | 1 | 0 | 0 | 0 | 1 | 0 |
| 东南大学成贤学院 | 8 | 0 | 0 | 0 | 0 | 0 | 0 | 0 | 0 | 0 | 0 | 0 | 0 | 0 | 0 |
| 苏州工业园区职业技术学院 | 9 | 3 | 3 | 3 | 0 | 1 | 2 | 0 | 0 | 2 | 1 | 0 | 0 | 3 | 0 |
| 太湖创意职业技术学院 | 10 | 0 | 0 | 0 | 0 | 0 | 0 | 0 | 0 | 0 | 0 | 0 | 0 | 0 | 0 |
| 炎黄职业技术学院 | 11 | 0 | 0 | 0 | 0 | 0 | 0 | 0 | 0 | 0 | 0 | 0 | 0 | 0 | 0 |
| 正德职业技术学院 | 12 | 1 | 1 | 1 | 0 | 0 | 1 | 0 | 0 | 1 | 0 | 0 | 0 | 1 | 0 |
| 钟山职业技术学院 | 13 | 1 | 1 | 1 | 0 | 0 | 1 | 0 | 0 | 0 | 1 | 0 | 0 | 1 | 0 |
| 无锡南洋职业技术学院 | 14 | 0 | 0 | 0 | 0 | 0 | 0 | 0 | 0 | 0 | 0 | 0 | 0 | 0 | 0 |
| 江南影视艺术职业学院 | 15 | 2 | 2 | 2 | 0 | 1 | 0 | 1 | 0 | 1 | 1 | 0 | 0 | 1 | 0 |
| 金肯职业技术学院 | 16 | 4 | 4 | 4 | 0 | 0 | 3 | 1 | 0 | 3 | 1 | 0 | 0 | 4 | 0 |
| 建东职业技术学院 | 17 | 4 | 4 | 4 | 0 | 1 | 3 | 0 | 0 | 0 | 4 | 0 | 0 | 0 | 0 |
| 宿迁职业技术学院 | 18 | 0 | 0 | 0 | 0 | 0 | 0 | 0 | 0 | 0 | 0 | 0 | 0 | 0 | 0 |
| 江海职业技术学院 | 19 | 1 | 1 | 1 | 0 | 0 | 1 | 0 | 0 | 0 | 1 | 0 | 0 | 1 | 0 |
| 无锡太湖学院 | 20 | 3 | 2 | 3 | 1 | 0 | 2 | 0 | 0 | 3 | 0 | 0 | 1 | 2 | 0 |
| 中国矿业大学徐海学院 | 21 | 0 | 0 | 0 | 0 | 0 | 0 | 0 | 0 | 0 | 0 | 0 | 0 | 0 | 0 |
| 南京大学金陵学院 | 22 | 0 | 0 | 0 | 0 | 0 | 0 | 0 | 0 | 0 | 0 | 0 | 0 | 0 | 0 |
| 南京理工大学紫金学院 | 23 | 2 | 2 | 2 | 0 | 1 | 1 | 0 | 0 | 2 | 0 | 0 | 0 | 2 | 0 |
| 南京航空航天大学金城学院 | 24 | 2 | 2 | 2 | 0 | 0 | 2 | 0 | 0 | 1 | 1 | 0 | 0 | 2 | 0 |
| 南京传媒学院 | 25 | 3 | 2 | 3 | 0 | 1 | 2 | 0 | 0 | 2 | 1 | 0 | 0 | 2 | 0 |
| 金山职业技术学院 | 26 | 0 | 0 | 0 | 0 | 0 | 0 | 0 | 0 | 0 | 0 | 0 | 0 | 0 | 0 |

续表

| 高校名称 | | 总计 | | 按职称划分 | | | | | | 按最后学历划分 | | | 按最后学位划分 | | 其他人员 |
|---|---|---|---|---|---|---|---|---|---|---|---|---|---|---|---|
| | | | 女性 | 小计 | 教授 | 副教授 | 讲师 | 助教 | 初级 | 研究生 | 本科生 | 其他 | 博士 | 硕士 | |
| | 编号 | L01 | L02 | L03 | L04 | L05 | L06 | L07 | L08 | L09 | L10 | L11 | L12 | L13 | L14 |
| 南京理工大学泰州科技学院 | 27 | 3 | 2 | 3 | 0 | 0 | 2 | 1 | 0 | 2 | 1 | 0 | 0 | 2 | 0 |
| 南京师范大学泰州学院 | 28 | 3 | 1 | 3 | 1 | 1 | 0 | 1 | 0 | 3 | 0 | 0 | 1 | 2 | 0 |
| 南京工业大学浦江学院 | 29 | 1 | 1 | 1 | 0 | 0 | 0 | 1 | 0 | 1 | 0 | 0 | 0 | 1 | 0 |
| 南京师范大学中北学院 | 30 | 0 | 0 | 0 | 0 | 0 | 0 | 0 | 0 | 0 | 0 | 0 | 0 | 0 | 0 |
| 苏州百年职业学院 | 31 | 1 | 1 | 1 | 0 | 0 | 1 | 0 | 0 | 1 | 0 | 0 | 0 | 1 | 0 |
| 昆山登云科技职业学院 | 32 | 0 | 0 | 0 | 0 | 0 | 0 | 0 | 0 | 0 | 0 | 0 | 0 | 0 | 0 |
| 南京视觉艺术职业学院 | 33 | 0 | 0 | 0 | 0 | 0 | 0 | 0 | 0 | 0 | 0 | 0 | 0 | 0 | 0 |
| 南京医科大学康达学院 | 34 | 1 | 1 | 1 | 0 | 0 | 1 | 0 | 0 | 1 | 0 | 0 | 0 | 1 | 0 |
| 南京中医药大学翰林学院 | 35 | 2 | 2 | 2 | 0 | 0 | 2 | 0 | 0 | 1 | 1 | 0 | 0 | 1 | 0 |
| 南京信息工程大学滨江学院 | 36 | 2 | 2 | 2 | 0 | 0 | 1 | 1 | 0 | 2 | 0 | 0 | 0 | 2 | 0 |
| 苏州大学文正学院 | 37 | 3 | 2 | 3 | 0 | 0 | 3 | 0 | 0 | 3 | 0 | 0 | 0 | 3 | 0 |
| 苏州大学应用技术学院 | 38 | 0 | 0 | 0 | 0 | 0 | 0 | 0 | 0 | 0 | 0 | 0 | 0 | 0 | 0 |
| 苏州科技大学天平学院 | 39 | 0 | 0 | 0 | 0 | 0 | 0 | 0 | 0 | 0 | 0 | 0 | 0 | 0 | 0 |
| 江苏大学京江学院 | 40 | 0 | 0 | 0 | 0 | 0 | 0 | 0 | 0 | 0 | 0 | 0 | 0 | 0 | 0 |
| 扬州大学广陵学院 | 41 | 0 | 0 | 0 | 0 | 0 | 0 | 0 | 0 | 0 | 0 | 0 | 0 | 0 | 0 |
| 江苏师范大学科文学院 | 42 | 1 | 1 | 1 | 0 | 0 | 1 | 0 | 0 | 1 | 0 | 0 | 0 | 1 | 0 |
| 南京邮电大学通达学院 | 43 | 0 | 0 | 0 | 0 | 0 | 0 | 0 | 0 | 0 | 0 | 0 | 0 | 0 | 0 |
| 南京财经大学红山学院 | 44 | 3 | 3 | 3 | 0 | 0 | 1 | 2 | 0 | 3 | 0 | 0 | 0 | 3 | 0 |
| 江苏科技大学苏州理工学院 | 45 | 1 | 1 | 1 | 0 | 0 | 1 | 0 | 0 | 1 | 0 | 0 | 0 | 1 | 0 |
| 常州大学怀德学院 | 46 | 0 | 0 | 0 | 0 | 0 | 0 | 0 | 0 | 0 | 0 | 0 | 0 | 0 | 0 |
| 南通大学杏林学院 | 47 | 0 | 0 | 0 | 0 | 0 | 0 | 0 | 0 | 0 | 0 | 0 | 0 | 0 | 0 |
| 南京审计大学金审学院 | 48 | 3 | 2 | 3 | 1 | 0 | 0 | 2 | 0 | 3 | 0 | 0 | 0 | 3 | 0 |
| 宿迁学院 | 49 | 1 | 1 | 1 | 0 | 0 | 1 | 0 | 0 | 1 | 0 | 0 | 0 | 1 | 0 |
| 苏州高博软件技术职业学院 | 50 | 2 | 2 | 2 | 0 | 1 | 1 | 0 | 0 | 1 | 1 | 0 | 0 | 1 | 0 |
| 宿迁泽达职业技术学院 | 51 | 1 | 0 | 1 | 0 | 0 | 0 | 1 | 0 | 0 | 1 | 0 | 0 | 0 | 0 |
| 扬州中瑞酒店职业学院 | 52 | 0 | 0 | 0 | 0 | 0 | 0 | 0 | 0 | 0 | 0 | 0 | 0 | 0 | 0 |
| 西交利物浦大学 | 53 | 1 | 1 | 1 | 0 | 0 | 1 | 0 | 0 | 1 | 0 | 0 | 1 | 0 | 0 |
| 昆山杜克大学 | 54 | 2 | 1 | 2 | 1 | 0 | 1 | 0 | 0 | 2 | 0 | 0 | 2 | 0 | 0 |

## 4.22 体育科学人文、社会科学活动人员情况表

| 高校名称 | | 总计 | | 按职称划分 | | | | | | 按最后学历划分 | | | 按最后学位划分 | | 其他 |
|---|---|---|---|---|---|---|---|---|---|---|---|---|---|---|---|
| | | | 女性 | 小计 | 教授 | 副教授 | 讲师 | 助教 | 初级 | 研究生 | 本科生 | 其他 | 博士 | 硕士 | 人员 |
| | 编号 | L01 | L02 | L03 | L04 | L05 | L06 | L07 | L08 | L09 | L10 | L11 | L12 | L13 | L14 |
| 合　计 | / | 371 | 128 | 371 | 2 | 95 | 172 | 100 | 2 | 171 | 200 | 0 | 4 | 246 | 0 |
| 明达职业技术学院 | 1 | 1 | 0 | 1 | 0 | 0 | 1 | 0 | 0 | 0 | 1 | 0 | 0 | 0 | 0 |
| 三江学院 | 2 | 21 | 8 | 21 | 0 | 13 | 7 | 1 | 0 | 6 | 15 | 0 | 0 | 20 | 0 |
| 九州职业技术学院 | 3 | 5 | 1 | 5 | 0 | 1 | 1 | 3 | 0 | 1 | 4 | 0 | 0 | 2 | 0 |
| 南通理工学院 | 4 | 12 | 4 | 12 | 0 | 6 | 4 | 2 | 0 | 3 | 9 | 0 | 0 | 5 | 0 |
| 硅湖职业技术学院 | 5 | 3 | 1 | 3 | 0 | 0 | 2 | 1 | 0 | 0 | 3 | 0 | 0 | 0 | 0 |
| 应天职业技术学院 | 6 | 2 | 0 | 2 | 0 | 0 | 2 | 0 | 0 | 0 | 2 | 0 | 0 | 2 | 0 |
| 苏州托普信息职业技术学院 | 7 | 8 | 3 | 8 | 0 | 0 | 3 | 5 | 0 | 1 | 7 | 0 | 0 | 1 | 0 |
| 东南大学成贤学院 | 8 | 0 | 0 | 0 | 0 | 0 | 0 | 0 | 0 | 0 | 0 | 0 | 0 | 0 | 0 |
| 苏州工业园区职业技术学院 | 9 | 7 | 3 | 7 | 0 | 1 | 6 | 0 | 0 | 4 | 3 | 0 | 0 | 5 | 0 |
| 太湖创意职业技术学院 | 10 | 3 | 0 | 3 | 0 | 0 | 3 | 0 | 0 | 0 | 3 | 0 | 0 | 0 | 0 |
| 炎黄职业技术学院 | 11 | 6 | 0 | 6 | 0 | 0 | 6 | 0 | 0 | 0 | 6 | 0 | 0 | 0 | 0 |
| 正德职业技术学院 | 12 | 7 | 2 | 7 | 0 | 3 | 4 | 0 | 0 | 1 | 6 | 0 | 0 | 5 | 0 |
| 钟山职业技术学院 | 13 | 1 | 0 | 1 | 0 | 1 | 0 | 0 | 0 | 0 | 1 | 0 | 0 | 0 | 0 |
| 无锡南洋职业技术学院 | 14 | 7 | 2 | 7 | 0 | 2 | 3 | 2 | 0 | 1 | 6 | 0 | 0 | 3 | 0 |
| 江南影视艺术职业学院 | 15 | 5 | 1 | 5 | 0 | 2 | 1 | 2 | 0 | 0 | 5 | 0 | 0 | 2 | 0 |
| 金肯职业技术学院 | 16 | 2 | 1 | 2 | 0 | 0 | 1 | 1 | 0 | 1 | 1 | 0 | 0 | 1 | 0 |
| 建东职业技术学院 | 17 | 4 | 2 | 4 | 0 | 2 | 1 | 1 | 0 | 0 | 4 | 0 | 0 | 1 | 0 |
| 宿迁职业技术学院 | 18 | 1 | 1 | 1 | 0 | 0 | 0 | 1 | 0 | 0 | 1 | 0 | 0 | 0 | 0 |
| 江海职业技术学院 | 19 | 5 | 1 | 5 | 0 | 1 | 4 | 0 | 0 | 0 | 5 | 0 | 0 | 1 | 0 |
| 无锡太湖学院 | 20 | 24 | 7 | 24 | 0 | 2 | 9 | 13 | 0 | 11 | 13 | 0 | 0 | 13 | 0 |
| 中国矿业大学徐海学院 | 21 | 10 | 3 | 10 | 0 | 0 | 8 | 2 | 0 | 7 | 3 | 0 | 0 | 7 | 0 |
| 南京大学金陵学院 | 22 | 6 | 2 | 6 | 0 | 1 | 5 | 0 | 0 | 6 | 0 | 0 | 0 | 6 | 0 |
| 南京理工大学紫金学院 | 23 | 8 | 2 | 8 | 0 | 7 | 1 | 0 | 0 | 4 | 4 | 0 | 0 | 8 | 0 |
| 南京航空航天大学金城学院 | 24 | 9 | 4 | 9 | 0 | 2 | 7 | 0 | 0 | 6 | 3 | 0 | 0 | 6 | 0 |
| 南京传媒学院 | 25 | 17 | 6 | 17 | 0 | 1 | 10 | 6 | 0 | 9 | 8 | 0 | 0 | 15 | 0 |
| 金山职业技术学院 | 26 | 6 | 2 | 6 | 0 | 2 | 1 | 3 | 0 | 2 | 4 | 0 | 1 | 2 | 0 |

续表

| 高校名称 | | 总计 | | 按职称划分 | | | | | | 按最后学历划分 | | | 按最后学位划分 | | 其他 |
|---|---|---|---|---|---|---|---|---|---|---|---|---|---|---|---|
| | | | 女性 | 小计 | 教授 | 副教授 | 讲师 | 助教 | 初级 | 研究生 | 本科生 | 其他 | 博士 | 硕士 | 人员 |
| | 编号 | L01 | L02 | L03 | L04 | L05 | L06 | L07 | L08 | L09 | L10 | L11 | L12 | L13 | L14 |
| 南京理工大学泰州科技学院 | 27 | 8 | 2 | 8 | 0 | 0 | 8 | 0 | 0 | 1 | 7 | 0 | 0 | 5 | 0 |
| 南京师范大学泰州学院 | 28 | 18 | 9 | 18 | 0 | 6 | 6 | 6 | 0 | 12 | 6 | 0 | 0 | 17 | 0 |
| 南京工业大学浦江学院 | 29 | 6 | 2 | 6 | 0 | 4 | 2 | 0 | 0 | 3 | 3 | 0 | 0 | 5 | 0 |
| 南京师范大学中北学院 | 30 | 4 | 1 | 4 | 0 | 0 | 0 | 4 | 0 | 4 | 0 | 0 | 0 | 4 | 0 |
| 苏州百年职业学院 | 31 | 3 | 2 | 3 | 0 | 0 | 2 | 1 | 0 | 3 | 0 | 0 | 0 | 3 | 0 |
| 昆山登云科技职业学院 | 32 | 6 | 3 | 6 | 0 | 1 | 3 | 2 | 0 | 3 | 3 | 0 | 0 | 5 | 0 |
| 南京视觉艺术职业学院 | 33 | 3 | 0 | 3 | 0 | 0 | 2 | 1 | 0 | 1 | 2 | 0 | 0 | 1 | 0 |
| 南京医科大学康达学院 | 34 | 8 | 5 | 8 | 0 | 0 | 4 | 4 | 0 | 4 | 4 | 0 | 0 | 4 | 0 |
| 南京中医药大学翰林学院 | 35 | 3 | 2 | 3 | 0 | 0 | 3 | 0 | 0 | 2 | 1 | 0 | 0 | 2 | 0 |
| 南京信息工程大学滨江学院 | 36 | 10 | 4 | 10 | 0 | 5 | 1 | 3 | 1 | 6 | 4 | 0 | 1 | 7 | 0 |
| 苏州大学文正学院 | 37 | 12 | 4 | 12 | 0 | 3 | 6 | 3 | 0 | 8 | 4 | 0 | 0 | 9 | 0 |
| 苏州大学应用技术学院 | 38 | 4 | 1 | 4 | 0 | 0 | 1 | 3 | 0 | 3 | 1 | 0 | 0 | 3 | 0 |
| 苏州科技大学天平学院 | 39 | 10 | 6 | 10 | 1 | 4 | 2 | 3 | 0 | 5 | 5 | 0 | 1 | 5 | 0 |
| 江苏大学京江学院 | 40 | 4 | 1 | 4 | 0 | 0 | 1 | 3 | 0 | 4 | 0 | 0 | 0 | 4 | 0 |
| 扬州大学广陵学院 | 41 | 11 | 4 | 11 | 0 | 0 | 4 | 7 | 0 | 10 | 1 | 0 | 0 | 10 | 0 |
| 江苏师范大学科文学院 | 42 | 6 | 2 | 6 | 0 | 0 | 2 | 4 | 0 | 4 | 2 | 0 | 0 | 4 | 0 |
| 南京邮电大学通达学院 | 43 | 7 | 1 | 7 | 0 | 6 | 1 | 0 | 0 | 5 | 2 | 0 | 0 | 5 | 0 |
| 南京财经大学红山学院 | 44 | 5 | 1 | 5 | 0 | 0 | 2 | 3 | 0 | 5 | 0 | 0 | 0 | 5 | 0 |
| 江苏科技大学苏州理工学院 | 45 | 4 | 1 | 4 | 0 | 0 | 4 | 0 | 0 | 4 | 0 | 0 | 0 | 4 | 0 |
| 常州大学怀德学院 | 46 | 11 | 6 | 11 | 0 | 2 | 6 | 3 | 0 | 2 | 9 | 0 | 0 | 6 | 0 |
| 南通大学杏林学院 | 47 | 10 | 2 | 10 | 0 | 4 | 6 | 0 | 0 | 4 | 6 | 0 | 0 | 6 | 0 |
| 南京审计大学金审学院 | 48 | 7 | 4 | 7 | 0 | 1 | 1 | 5 | 0 | 5 | 2 | 0 | 0 | 6 | 0 |
| 宿迁学院 | 49 | 21 | 5 | 21 | 1 | 10 | 10 | 0 | 0 | 8 | 13 | 0 | 0 | 19 | 0 |
| 苏州高博软件技术职业学院 | 50 | 7 | 3 | 7 | 0 | 2 | 3 | 2 | 0 | 1 | 6 | 0 | 0 | 2 | 0 |
| 宿迁泽达职业技术学院 | 51 | 1 | 1 | 1 | 0 | 0 | 1 | 0 | 0 | 0 | 1 | 0 | 0 | 0 | 0 |
| 扬州中瑞酒店职业学院 | 52 | 1 | 0 | 1 | 0 | 0 | 0 | 0 | 1 | 0 | 1 | 0 | 0 | 0 | 0 |
| 西交利物浦大学 | 53 | 1 | 0 | 1 | 0 | 0 | 1 | 0 | 0 | 1 | 0 | 0 | 1 | 0 | 0 |
| 昆山杜克大学 | 54 | 0 | 0 | 0 | 0 | 0 | 0 | 0 | 0 | 0 | 0 | 0 | 0 | 0 | 0 |

# 五、社科研究与发展经费

## 1. 全省高等学校人文、社会科学研究与发展经费情况表

| 经费名称 | 编号 | 单位(千元) | 经费名称 | 编号 | 单位(千元) |
|---|---|---|---|---|---|
| 上年结转经费 | 1 | 590 351.26 | 当年 R&D 经费支出合计 | 23 | 1 493 040.95 |
| 当年经费收入合计 | 2 | 1 604 252.39 | 转拨给外单位经费 | 24 | 13 076.29 |
| 政府资金投入 | 3 | 814 839.16 | 其中:对境内研究机构支出 | 25 | 678.83 |
| 科研活动经费 | 4 | 556 503.45 | 对境内高等学校支出 | 26 | 2 076.83 |
| 其中:教育部科研项目经费 | 5 | 33 883.05 | 对境内企业支出 | 27 | 813.16 |
| 教育部其他科研经费 | 6 | 51 061.26 | 对境外机构支出 | 28 | 0 |
| 中央高校基本科研业务费 | 7 | 30 110 | R&D 经费内部支出合计 | 29 | 1 479 964.66 |
| 中央其他部门科研项目经费 | 8 | 228 738.37 | 其中:基础研究支出 | 30 | 520 847.16 |
| 省、市、自治区社科基金项目 | 9 | 47 820.45 | 应用研究支出 | 31 | 958 764.72 |
| 省教育厅科研项目经费 | 10 | 39 624.11 | 试验发展支出 | 32 | 352.78 |
| 省教育厅其他科研经费 | 11 | 31 469.2 | 其中:政府资金 | 33 | 819 899.8 |
| 其他各类地方政府经费 | 12 | 123 907.01 | 企业资金 | 34 | 543 556.59 |
| 科技活动人员工资 | 13 | 258 120.71 | 境外资金 | 35 | 4 122.59 |
| 科研基建费 | 14 | 215 | 其他 | 36 | 112 385.68 |
| 非政府资金投入 | 15 | 789 413.23 | 其中:科研人员费 | 37 | 339 752.38 |
| 企、事业单位委托项目经费 | 16 | 561 991.86 | 业务费 | 38 | 640 736.31 |
| 金融机构贷款 | 17 | 585 | 科研基建费 | 39 | 1 501 |
| 自筹经费 | 18 | 193 763.16 | 仪器设备费 | 40 | 104 471.15 |
| 境外资金 | 19 | 3 992.81 | 其中:单位在 1 万元以上的设备费 | 41 | 9 574.46 |
| 其中:港、澳、台地区合作项目经费 | 20 | 300 | 图书资料费 | 42 | 195 111.69 |
| 其他收入 | 21 | 3 821.1 | 间接费 | 43 | 117 307.2 |
| 科技活动人员工资 | 22 | 25 259.3 | 其中:管理费 | 44 | 28 561.74 |
| | | | 其他支出 | 45 | 81 084.93 |
| | | | 当年结余经费 | 46 | 701 562.7 |
| | | | 银行存款 | 47 | 696 735.04 |
| | | | 暂付款 | 48 | 4 827.66 |

# 2. 公办本科高等学校人文、社会科学研究与发展经费情况表

| 高校名称 | 编号 | 上年结转经费（千元） | 当年经费收入合计（千元） | 拨入（千元）：政府资金投入 | 其中：科研活动经费 | 其中：教育部科研项目经费 | 其中：教育部其他科研经费 | 其中：中央高校基本科研业务费 | 其中：中央其他部门科研项目经费 | 其中：省、市、自治区社科基金项目 | 其中：省教育厅科研项目经费 | 其中：省教育厅其他科研经费 | 其中：其他各类地方政府经费 | 其中：科技活动人员工资 | 其中：科研基建费 | 非政府资金投入 | 其中：企、事业单位委托项目经费 | 其中：金融机构贷款 | 其中：自筹经费 | 境外资金 | 其中：港、澳、台地区合作项目经费 | 其中：其他收入 | 其中：科技活动人员工资 |
|---|---|---|---|---|---|---|---|---|---|---|---|---|---|---|---|---|---|---|---|---|---|---|---|
| | | L01 | L02 | L03 | L04 | L05 | L06 | L07 | L08 | L09 | L10 | L11 | L12 | L13 | L14 | L15 | L16 | L17 | L18 | L19 | L20 | L21 | L22 |
| 合计 | / | 525 061.9 | 1 393 356 | 718 530 | 516 944.4 | 32 206.55 | 50 368.26 | 30 110 | 226 914.2 | 46 256.45 | 24 136.11 | 27 105.4 | 109 957.5 | 201 385.6 | 200 | 674 826.5 | 508 763 | 0 | 156 971.5 | 3 785.45 | 300 | 1 291.5 | 4 015 |
| 南京大学 | 1 | 25 974.5 | 135 951.5 | 75 241.49 | 65 741.49 | 5 353 | 9 495 | 7 795 | 44 634.49 | 4 240 | 160 | 0 | 1 859 | 9 500 | 0 | 60 710 | 44 356 | 0 | 16 354 | 0 | 0 | 0 | 0 |
| 东南大学 | 2 | 10 932.92 | 42 649.66 | 35 718.99 | 29 718.99 | 815 | 5 210 | 5 210 | 9 584.5 | 8 036.55 | 1 878 | 0 | 4 194.94 | 6 000 | 0 | 6 930.67 | 6 798.07 | 0 | 15 | 17.6 | 0 | 100 | 0 |
| 江南大学 | 3 | 3 470 | 37 371 | 16 131 | 10 751 | 1 270 | 300 | 300 | 5 295 | 2 996 | 0 | 0 | 890 | 5 380 | 0 | 21 240 | 20 000 | 0 | 1 240 | 0 | 0 | 0 | 0 |
| 南京农业大学 | 4 | 9 463.79 | 53 501.65 | 47 708.85 | 41 003.85 | 674 | 4 613 | 4 613 | 20 942.05 | 590 | 387 | 4 000 | 9 797.8 | 6 705 | 0 | 5 792.8 | 5 792.8 | 0 | 0 | 0 | 0 | 0 | 0 |
| 中国矿业大学 | 5 | 25 548.81 | 35 121.29 | 26 029.02 | 17 804.02 | 691 | 8 095.1 | 4 730 | 6 672.42 | 700 | 904 | 0 | 741.5 | 8 225 | 0 | 9 092.27 | 9 092.27 | 0 | 0 | 0 | 0 | 0 | 0 |
| 河海大学 | 6 | 14 936.18 | 59 703.11 | 34 421.99 | 29 861.99 | 1 167.2 | 3 892.16 | 3 829 | 11 352.07 | 750 | 382 | 250 | 12 068.56 | 4 560 | 0 | 25 281.12 | 21 719.27 | 0 | 134 | 3 427.85 | 0 | 0 | 0 |
| 南京理工大学 | 7 | 8 784.76 | 22 419.19 | 17 989.81 | 15 798.51 | 374.5 | 0 | 0 | 8 148.19 | 673 | 660 | 0 | 5 942.82 | 2 191.3 | 0 | 4 429.38 | 3 778.45 | 0 | 650.93 | 0 | 0 | 0 | 0 |
| 南京航空航天大学 | 8 | 965.6 | 19 884 | 17 074 | 14 491 | 535 | 3 333 | 3 333 | 7 205 | 1 589 | 562 | 0 | 1 267 | 2 583 | 0 | 2 810 | 2 810 | 0 | 0 | 0 | 0 | 0 | 0 |
| 中国药科大学 | 9 | 3 147 | 18 483.94 | 5 946.1 | 4 246.1 | 256 | 300 | 300 | 1 990.5 | 1 413.6 | 58 | 0 | 228 | 1 700 | 0 | 12 537.84 | 12 422.84 | 0 | 10 | 100 | 100 | 5 | 0 |
| 南京森林警察学院 | 10 | 2 178.04 | 4 905.04 | 1 700.2 | 895 | 75 | 0 | 0 | 770 | 50 | 0 | 0 | 0 | 805.2 | 0 | 3 204.84 | 2 418.79 | 0 | 786.05 | 0 | 0 | 0 | 0 |
| 苏州大学 | 11 | 43 504.7 | 53 345 | 23 999 | 16 748 | 1 715 | 0 | 0 | 10 350 | 1 012 | 311 | 300 | 3060 | 7 251 | 0 | 29 346 | 25 771.5 | 0 | 3 574.5 | 0 | 0 | 0 | 0 |
| 江苏科技大学 | 12 | 2 411.09 | 11 351.5 | 6 558 | 2 566 | 185 | 0 | 0 | 1 239 | 160 | 449 | 0 | 533 | 3 992 | 0 | 4 793.5 | 2 529 | 0 | 2 264.5 | 0 | 0 | 0 | 0 |
| 南京工业大学 | 13 | 331.55 | 12 699.5 | 8 416.5 | 5 977.5 | 499 | 0 | 0 | 2 875 | 730 | 812 | 100 | 961.5 | 2 439 | 0 | 4 283 | 214 | 0 | 4 069 | 0 | 0 | 0 | 0 |
| 常州大学 | 14 | 11 170.2 | 17 008.1 | 14 373 | 8 213 | 510 | 0 | 0 | 5 260 | 370 | 308 | 0 | 1 765 | 6 160 | 0 | 2 635.1 | 2 635.1 | 0 | 0 | 0 | 0 | 0 | 0 |
| 南京邮电大学 | 15 | 8 116.1 | 22 053.43 | 13 530.8 | 7 751 | 896 | 0 | 0 | 3 996 | 766 | 1 163 | 250 | 680 | 5 779.8 | 0 | 8 522.63 | 7 909.63 | 0 | 613 | 0 | 0 | 0 | 0 |
| 南京林业大学 | 16 | 3 786.14 | 5 925.81 | 5 659.92 | 3 735.92 | 568.7 | 0 | 0 | 1 602.22 | 472 | 390 | 0 | 703 | 1 924 | 0 | 265.89 | 153 | 0 | 112.89 | 0 | 0 | 0 | 0 |
| 江苏大学 | 17 | 140 | 19 896.61 | 15 256.17 | 11 422.17 | 692 | 0 | 0 | 6 881 | 316 | 466.37 | 0 | 3 066.8 | 3 834 | 0 | 4 640.44 | 4 160.44 | 0 | 480 | 0 | 0 | 0 | 0 |
| 南京信息工程大学 | 18 | 20 218.31 | 35 614.3 | 20 012.6 | 10 034.6 | 1 972 | 0 | 0 | 5 605.6 | 958 | 920 | 0 | 579 | 9 978 | 0 | 15 601.7 | 11 005.7 | 0 | 4 596 | 0 | 0 | 0 | 0 |

| | | | | | | | | | | | | | | | | | | | | | | | |
|---|---|---|---|---|---|---|---|---|---|---|---|---|---|---|---|---|---|---|---|---|---|---|---|
| 南通大学 | 19 | 3 030 | 12 725.15 | 9 132 | 7 417 | 1 088 | 0 | 0 | 3 930 | 360 | 560 | 0 | 1 479 | 1 715 | 0 | 3 593.15 | 3 263.15 | 0 | 330 | 0 | 0 | 0 | 0 |
| 盐城工学院 | 20 | 196 | 9 451.28 | 4 865 | 3 612 | 290 | 0 | 0 | 960 | 288 | 562 | 0 | 1 512 | 1 253 | 0 | 4 586.28 | 3 490.28 | 0 | 1 096 | 0 | 0 | 0 | 0 |
| 南京医科大学 | 21 | 1 554.49 | 2 302.97 | 1 512.97 | 819 | 0 | 0 | 0 | 350 | 70 | 0 | 80 | 319 | 693.97 | 0 | 790 | 0 | 0 | 470 | 0 | 0 | 320 | 0 |
| 徐州医科大学 | 22 | 651.6 | 1 205 | 830 | 323 | 50 | 0 | 0 | 0 | 40 | 80 | 0 | 153 | 507 | 0 | 375 | 93 | 0 | 282 | 0 | 0 | 0 | 0 |
| 南京中医药大学 | 23 | 2 787.6 | 8 323.3 | 6 652.1 | 2 302.1 | 468 | 0 | 0 | 933.1 | 230 | 504 | 0 | 167 | 4 350 | 0 | 1 671.2 | 941.4 | 0 | 729.8 | 0 | 0 | 0 | 0 |
| 南京师范大学 | 24 | 60 540.49 | 59 284.19 | 27 589.85 | 19 709.85 | 2 071.35 | 0 | 0 | 11 687.4 | 1 748.9 | 847.5 | 0 | 3 354.7 | 7 880 | 0 | 31 694.34 | 27 439.34 | 0 | 0 | 240 | 200 | 0 | 4 015 |
| 江苏师范大学 | 25 | 53 639.93 | 103 198.9 | 49 113.16 | 31 253.16 | 1 771 | 0 | 0 | 17 740 | 3 490 | 678 | 0 | 7 574.16 | 17 860 | 0 | 54 085.75 | 22 437.95 | 0 | 31 632.8 | 0 | 0 | 15 | 0 |
| 淮阴师范学院 | 26 | 12 802 | 53 569.36 | 10 652 | 6 086 | 1 110 | 0 | 0 | 1 630 | 930 | 475 | 1 200 | 741 | 4 566 | 0 | 42 917.36 | 33 747.36 | 0 | 9 170 | 0 | 0 | 0 | 0 |
| 盐城师范学院 | 27 | 15 613.95 | 69 603.9 | 12 759 | 5 443 | 470 | 0 | 0 | 2 828 | 1 254 | 696 | 0 | 195 | 7 316 | 0 | 56 844.9 | 56 196.9 | 0 | 648 | 0 | 0 | 0 | 0 |
| 南京财经大学 | 28 | 30 972.33 | 54 529.49 | 39 309.08 | 35 659.08 | 1 023.2 | 0 | 0 | 9 749.58 | 3 328 | 576 | 680 | 20 302.3 | 3 650 | 0 | 15 220.41 | 15 130.41 | 0 | 90 | 0 | 0 | 0 | 0 |
| 江苏警官学院 | 29 | 1 271.64 | 8 111 | 8 028 | 6 063 | 130 | 130 | 0 | 380 | 130 | 0 | 4 778 | 515 | 1 965 | 0 | 83 | 72 | 0 | 0 | 0 | 0 | 11 | 0 |
| 南京体育学院 | 30 | 3 740.16 | 9 816 | 1 981 | 1 536 | 98 | 0 | 0 | 874 | 214 | 32 | 0 | 318 | 445 | 0 | 7 835 | 448 | 0 | 7 387 | 0 | 0 | 0 | 0 |
| 南京艺术学院 | 31 | 9 781.87 | 34 118.95 | 31 697.95 | 28 718.95 | 213 | 15 000 | 0 | 1 270.74 | 314 | 644 | 9 870 | 1 407.21 | 2 979 | 0 | 2 421 | 542 | 0 | 1 879 | 0 | 0 | 0 | 0 |
| 苏州科技大学 | 32 | 1 961 | 23 643.6 | 11 608 | 8 515.5 | 510 | 0 | 0 | 1 388 | 446 | 304 | 0 | 5 867.5 | 3 092.5 | 0 | 12 035.6 | 8 658 | 0 | 3 377.6 | 0 | 0 | 0 | 0 |
| 常熟理工学院 | 33 | 8 454.16 | 32 051.81 | 7 547.61 | 4 428.11 | 321.6 | 0 | 0 | 512.01 | 260 | 498 | 100 | 2 736.5 | 3 119.5 | 0 | 24 504.2 | 12 359.84 | 0 | 12 124.86 | 0 | 0 | 19.5 | 0 |
| 淮阴工学院 | 34 | 4 178.49 | 44 556.22 | 6 007.12 | 1 437 | 120 | 0 | 0 | 170 | 210 | 670 | 100 | 167 | 4 570.12 | 0 | 38 549.1 | 26 289.16 | 0 | 12 259.94 | 0 | 0 | 0 | 0 |
| 常州工学院 | 35 | 11 197.37 | 32 858.15 | 10 607.8 | 4 263.8 | 337 | 0 | 0 | 878.3 | 160 | 1 332 | 0 | 1 556.5 | 6 344 | 0 | 22 250.35 | 19 797.45 | 0 | 2 452.9 | 0 | 0 | 0 | 0 |
| 扬州大学 | 36 | 21 712.74 | 43 893.75 | 15 314.25 | 8 932 | 603 | 0 | 0 | 6 638 | 852 | 827 | 0 | 12 | 6 382.25 | 0 | 28 579.5 | 20 429.5 | 0 | 8 150 | 0 | 0 | 0 | 0 |
| 南京工程学院 | 37 | 3 413.57 | 44 502.16 | 7 053.7 | 1 851.7 | 189 | 0 | 0 | 444 | 544.4 | 471 | 0 | 203.3 | 5 202 | 0 | 37 448.46 | 31 759.9 | 0 | 5 688.56 | 0 | 0 | 0 | 0 |
| 南京审计大学 | 38 | 38 786.99 | 41 069.14 | 21 015.89 | 15 222.89 | 1 506 | 0 | 0 | 5 212 | 1 918.5 | 1 620.74 | 4 812.4 | 153.25 | 5 793 | 0 | 20 053.25 | 10 317.25 | 0 | 9 736 | 0 | 0 | 0 | 0 |
| 南京晓庄学院 | 39 | 2 696.8 | 11 364.5 | 7 639 | 6 139 | 80 | 0 | 0 | 1 300 | 344 | 450 | 305 | 3 660 | 1 500 | 0 | 3 725.5 | 1 013 | 0 | 2 712.5 | 0 | 0 | 0 | 0 |
| 江苏理工学院 | 40 | 12 977.48 | 22 447.08 | 8 184 | 3 260 | 932 | 0 | 0 | 1 300 | 650 | 130 | 0 | 248 | 4 924 | 0 | 14 263.08 | 1 0967.08 | 0 | 3 290 | 0 | 0 | 6 | 0 |
| 江苏海洋大学 | 41 | 5 632.09 | 19 696.23 | 5 846.65 | 3 402.65 | 40 | 0 | 0 | 220 | 537 | 736.5 | 0 | 1 869.15 | 2 444 | 0 | 13 849.58 | 13 823.08 | 0 | 26.5 | 0 | 0 | 0 | 0 |
| 徐州工程学院 | 42 | 1 218.88 | 14 165 | 8 014 | 2 914 | 80 | 0 | 0 | 570 | 304 | 85 | 30 | 1 845 | 5100 | 0 | 6 151 | 201 | 0 | 5 135 | 0 | 0 | 815 | 0 |
| 南京特殊教育师范学院 | 43 | 957 | 5 793 | 5 043 | 2 943 | 165 | 0 | 0 | 856 | 150 | 540 | 0 | 1 232 | 1 900 | 200 | 750 | 150 | 0 | 600 | 0 | 0 | 0 | 0 |
| 泰州学院 | 44 | 1 546.1 | 2 842 | 1 980 | 528 | 85 | 0 | 0 | 240 | 20 | 117 | 0 | 66 | 1 452 | 0 | 862 | 81 | 0 | 781 | 0 | 0 | 0 | 0 |
| 金陵科技学院 | 45 | 4 184.83 | 8 612 | 5 085.93 | 3 877 | 137 | 0 | 0 | 0 | 310 | 554 | 0 | 2 876 | 1 208.93 | 0 | 3 526.07 | 3 448.07 | 0 | 78 | 0 | 0 | 0 | 0 |
| 江苏第二师范学院 | 46 | 14 482.63 | 11 737.7 | 7 693.5 | 3 527.5 | 70 | 0 | 0 | 450 | 1 331.5 | 336 | 250 | 1 090 | 4 166 | 0 | 4 044.2 | 2 099.99 | 0 | 1 944.21 | 0 | 0 | 0 | 0 |

| 高校名称 | 经费名称 | 当年R&D经费支出合计(千元) | 支出(千元) | | | | | | | | | | | | | | | | | | | | | | 当年结余经费(千元) | 银行存款(千元) |
|---|---|---|---|---|---|---|---|---|---|---|---|---|---|---|---|---|---|---|---|---|---|---|---|---|---|---|
| | | | 转拨给外单位经费 | 其中 | | | | R&D经费内部支出合计 | 其中 | | | 其中 | | | | 其中 | | | | | | | | | | |
| | | | | 对国内研究机构支出 | 对国内高等学校支出 | 对国内企业支出 | 对境外机构支出 | | 基础研究支出 | 应用研究支出 | 试验发展支出 | 政府资金 | 企业资金 | 境外资金 | 其他 | 科研人员费 | 业务费 | 科研基建费 | 仪器设备费 | 其中 单价在1万元以上的设备费 | 图书资料费 | 间接费 | 其中 管理费 | 其他支出 | | |
| | 编号 | L23 | L24 | L25 | L26 | L27 | L28 | L29 | L30 | L31 | L32 | L33 | L34 | L35 | L36 | L37 | L38 | L39 | L40 | L41 | L42 | L43 | L44 | L45 | L46 | L47 |
| 合计 | / | 1 292 868 | 11 986.27 | 643.83 | 1 558.01 | 778.16 | 0 | 1 280 882 | 475 797.7 | 804 736 | 348.38 | 707 623.6 | 490 312.6 | 4 045.89 | 78 899.92 | 245 190.3 | 580 274 | 200 | 96 834.65 | 8 568.59 | 180 499.2 | 106 969 | 25 929.86 | 70 914.87 | 625 550 | 621 804.2 |
| 南京大学 | 1 | 95 138.66 | 2 240 | 0 | 0 | 0 | 0 | 92 898.66 | 50 919.49 | 41 979.17 | 0 | 53 460.64 | 20 576.78 | 0 | 18 861.24 | 17 500 | 28 972 | 0 | 9 521.04 | 527.76 | 26 203 | 8 868 | 1 604 | 1 834.62 | 66 787.33 | 66 787.27 |
| 东南大学 | 2 | 41 677.8 | 0 | 0 | 0 | 0 | 0 | 41 677.8 | 21 618.3 | 20 059.5 | 0 | 33 923.26 | 7 524.6 | 21.04 | 208.9 | 6 040 | 16 020.03 | 0 | 2 583.03 | 154.6 | 2 006.5 | 7 972.77 | 1 829.82 | 7 055.47 | 11 904.78 | 11 904.78 |
| 江南大学 | 3 | 39 927 | 697 | 250 | 347 | 100 | 0 | 39 230 | 11 888.63 | 27 341.37 | 0 | 15 700.19 | 22 275.28 | 0 | 1 254.53 | 5 700 | 15 642 | 0 | 6 088 | 0 | 5 041 | 6 759 | 1 178 | 0 | 914 | 914 |
| 南京农业大学 | 4 | 55 944.6 | 2 988.94 | 48.7 | 60 | 80 | 0 | 52 955.66 | 1 703.46 | 51 252.2 | 0 | 44 981.55 | 7 967.23 | 6.88 | 0 | 6 832.8 | 12 047.16 | 0 | 9 285.37 | 46.68 | 14 296.4 | 4 241.31 | 1 169.89 | 6 252.62 | 7 020.84 | 5 092.49 |
| 中国矿业大学 | 5 | 26 848.74 | 0 | 0 | 0 | 0 | 0 | 26 848.74 | 11 171.01 | 15 677.73 | 0 | 18 423.46 | 8 425.28 | 0 | 0 | 9 225 | 11 501.77 | 0 | 171 | 0 | 4 926.81 | 1 024.16 | 540.75 | 0 | 3 3821.36 | 33 650.25 |
| 河海大学 | 6 | 58 615.15 | 363 | 200 | 0 | 25 | 0 | 58 252.15 | 26 589.4 | 31 314.37 | 348.38 | 30 759.65 | 23 728.18 | 3 616.08 | 148.24 | 4 623.16 | 30 860.27 | 0 | 7 016.8 | 1 050.76 | 6 053.74 | 5 218.48 | 3 929.85 | 4 479.7 | 16 024.14 | 14 765.45 |
| 南京理工大学 | 7 | 23 441.24 | 410 | 5 | 305 | 100 | 0 | 23 031.24 | 7 466.94 | 15 564.3 | 0 | 18 200.96 | 4 251.99 | 0 | 578.29 | 2 469.1 | 5 591.11 | 0 | 1 085.36 | 25 | 4 914.25 | 4 851.34 | 737.78 | 4 120.08 | 7 762.71 | 7 762.71 |
| 南京航空航天大学 | 8 | 20 496.2 | 0 | 0 | 0 | 0 | 0 | 20 496.2 | 7 434.12 | 13 062.08 | 0 | 16 719.37 | 3 776.83 | 0 | 0 | 2 783 | 9 958.9 | 0 | 2 468.2 | 0 | 1 543.9 | 2 874.14 | 968.72 | 868.06 | 353.4 | 353.4 |
| 中国药科大学 | 9 | 16 608.3 | 0 | 0 | 0 | 0 | 0 | 16 608.3 | 775.37 | 15 832.93 | 0 | 4 809.32 | 11 736.98 | 50 | 12 | 2 000 | 1 951.6 | 0 | 442.97 | 0 | 11 628.27 | 585.46 | 478.04 | 0 | 5 022.64 | 5 022.64 |
| 南京森林警察学院 | 10 | 2 768.16 | 0 | 0 | 0 | 0 | 0 | 2 768.16 | 2 153.02 | 615.14 | 0 | 2 013.56 | 589.6 | 0 | 165 | 1 426.25 | 1 007.36 | 0 | 0 | 0 | 57.35 | 277.2 | 55 | 0 | 4 314.92 | 4 314.92 |
| 苏州大学 | 11 | 44 792.2 | 0 | 0 | 0 | 0 | 0 | 44 792.2 | 19 709.08 | 25 083.12 | 0 | 25 134.02 | 18 459.26 | 0 | 1 198.92 | 7 300 | 20 762.4 | 0 | 2 531.6 | 2 333.1 | 4 432.1 | 7 656.6 | 1 166.1 | 2 109.5 | 52 057.5 | 52 057.5 |
| 江苏科技大学 | 12 | 10 526.66 | 0 | 0 | 0 | 0 | 0 | 10 526.66 | 3 543.18 | 6 983.48 | 0 | 7 435.36 | 2 712.14 | 0 | 379.16 | 4 590 | 4 412.39 | 0 | 35 | 0 | 258.72 | 1 184.97 | 37.5 | 45.58 | 3 235.93 | 3 235.93 |
| 南京工业大学 | 13 | 12 561.05 | 1 225.3 | 111.13 | 718.01 | 376.16 | 0 | 11 335.75 | 8 467.58 | 2 868.17 | 0 | 10 695.74 | 236.92 | 0 | 403.09 | 2 965 | 3 542.25 | 0 | 1 435.64 | 478.22 | 2 934.11 | 458.75 | 0 | 0 | 470 | 470 |
| 常州大学 | 14 | 18 283 | 0 | 0 | 0 | 0 | 0 | 18 283 | 7 105.69 | 11 177.31 | 0 | 15 836.5 | 2 421.5 | 0 | 25 | 6 406 | 3 236.63 | 0 | 396.9 | 0 | 2 013.9 | 1 141.7 | 0 | 5 087.87 | 9 895.3 | 9 895.3 |
| 南京邮电大学 | 15 | 22 035.58 | 0 | 0 | 0 | 0 | 0 | 22 035.58 | 1 996.78 | 20 038.8 | 0 | 12 994.95 | 8 070.63 | 0 | 970 | 6 079.8 | 10 981.18 | 0 | 296.5 | 0 | 187.4 | 4 465.2 | 686.86 | 25.5 | 8 133.95 | 8 102.95 |
| 南京林业大学 | 16 | 6 969.94 | 0 | 0 | 0 | 0 | 0 | 6 969.94 | 2 381.08 | 4 588.86 | 0 | 6 507.78 | 456.7 | 0 | 5.46 | 2 010.5 | 1 136.37 | 0 | 534.77 | 0 | 1 601.09 | 1 045.69 | 488.33 | 641.52 | 2 742.01 | 2 680.48 |
| 江苏大学 | 17 | 19 816.61 | 0 | 0 | 0 | 0 | 0 | 19 816.61 | 4 837.63 | 14 978.98 | 0 | 15 656.17 | 4 160.44 | 0 | 0 | 4 314 | 4 650.78 | 0 | 0 | 0 | 4 650.78 | 4 650.78 | 910.43 | 1 550.27 | 220 | 205 |
| 南京信息工程大学 | 18 | 28 058.35 | 0 | 0 | 0 | 0 | 0 | 28 058.35 | 4 478.51 | 23 579.84 | 0 | 22 589.72 | 5 468.63 | 0 | 0 | 10 078 | 12 220.51 | 0 | 1 563.35 | 0 | 891.99 | 3 304.5 | 606.44 | 0 | 27 774.26 | 27 774.26 |

| | | | | | | | | | | | | | | | | | | | | | | | | | | |
|---|---|---|---|---|---|---|---|---|---|---|---|---|---|---|---|---|---|---|---|---|---|---|---|---|---|---|
| 南通大学 | 19 | 10 880.15 | 0 | 0 | 0 | 0 | 0 | 10 880.15 | 6 508.35 | 4 371.8 | 0 | 7 637 | 3 243.15 | 0 | 0 | 2 122 | 3 173.45 | 0 | 2 548.9 | 0 | 1 994.6 | 961 | 179 | 80.2 | 4 875 | 4 653 |
| 盐城工学院 | 20 | 9 430.28 | 0 | 0 | 0 | 0 | 0 | 9 430.28 | 39.42 | 9 390.86 | 0 | 5 533.42 | 3 794.06 | 0 | 102.8 | 1 665 | 5 860.7 | 0 | 0 | 0 | 1 086.58 | 229 | 8 | 589 | 217 | 217 |
| 南京医科大学 | 21 | 2 878.46 | 0 | 0 | 0 | 0 | 0 | 2 878.46 | 2 298.86 | 579.6 | 0 | 2 728.74 | 146.06 | 0 | 3.66 | 1 500 | 0 | 0 | 147.02 | 0 | 1 035.44 | 130 | 9 | 66 | 979 | 979 |
| 徐州医科大学 | 22 | 1 255.6 | 0 | 0 | 0 | 0 | 0 | 1 255.6 | 436.86 | 818.74 | 0 | 1 126.18 | 129.42 | 0 | 0 | 537 | 571.8 | 0 | 0 | 0 | 120.8 | 26 | 0 | 0 | 601 | 601 |
| 南京中医药大学 | 23 | 8 287.92 | 0 | 0 | 0 | 0 | 0 | 8 287.92 | 6 655.4 | 1 632.52 | 0 | 7 197.77 | 1 052.8 | 0 | 37.35 | 4 646.4 | 2 329.73 | 0 | 36.6 | 0 | 108.06 | 413.03 | 123.26 | 754.1 | 2 822.98 | 2 819.98 |
| 南京师范大学 | 24 | 43 052.93 | 3 394.5 | 0 | 0 | 95 | 0 | 39 658.43 | 14 944.81 | 24 713.62 | 0 | 21 453.17 | 13 779.41 | 343.35 | 4 082.5 | 11 895 | 20 067.49 | 0 | 321.6 | 0 | 1 989.27 | 2 025.35 | 1 772.65 | 3 359.72 | 76 771.75 | 76 717.75 |
| 江苏师范大学 | 25 | 124 212.8 | 0 | 0 | 0 | 0 | 0 | 124 212.8 | 55 856.48 | 68 356.36 | 0 | 60 374.76 | 22 832.88 | 0 | 41 005.2 | 18 082 | 70 164.54 | 0 | 19 169 | 0 | 14 777.3 | 1 985 | 214 | 35 | 32 626 | 32 626 |
| 淮阴师范学院 | 26 | 54 885.96 | 0 | 0 | 0 | 0 | 0 | 54 885.96 | 19 424.49 | 35 461.47 | 0 | 12 849.21 | 42 036.75 | 0 | 0 | 5 566 | 39 047.56 | 0 | 38 | 0 | 5 980 | 1 504 | 0 | 2 750.4 | 11 485.4 | 11 485.4 |
| 盐城师范学院 | 27 | 53 703.91 | 0 | 0 | 0 | 0 | 0 | 53 703.91 | 15 427.4 | 38 276.51 | 0 | 12 674.26 | 40 744.65 | 0 | 285 | 7 759 | 23 112.07 | 0 | 3 946.17 | 260 | 13 988.32 | 1 456.8 | 190 | 3 441.55 | 31 513.94 | 31 513.94 |
| 南京财经大学 | 28 | 52 089.45 | 0 | 0 | 0 | 0 | 0 | 52 089.45 | 25 823.03 | 26 266.42 | 0 | 35 070.93 | 16 937.52 | 0 | 81 | 7 098.2 | 27 316.28 | 0 | 199.5 | 0 | 1 316.56 | 16 157.41 | 2 186.3 | 1.5 | 33 412.37 | 33 412.37 |
| 江苏警官学院 | 29 | 3 730.64 | 0 | 0 | 0 | 0 | 0 | 3 730.64 | 0 | 3 730.64 | 0 | 3 672.75 | 57.89 | 0 | 0 | 2 962.64 | 688 | 0 | 40 | 0 | 10 | 30 | 30 | 0 | 5 652 | 5 652 |
| 南京体育学院 | 30 | 7 779.93 | 0 | 0 | 0 | 0 | 0 | 7 779.93 | 3 532.41 | 4 247.52 | 0 | 7 180.97 | 598.96 | 0 | 0 | 2 000 | 4 397.01 | 0 | 1 124.7 | 1 090 | 61.26 | 196.96 | 45.36 | 0 | 5 776.23 | 5 776.23 |
| 南京艺术学院 | 31 | 31 488.63 | 0 | 0 | 0 | 0 | 0 | 31 488.63 | 24 559.22 | 6 929.41 | 0 | 25 747.91 | 5 138.25 | 0 | 602.47 | 2 980 | 17 720.52 | 0 | 7 098.32 | 1 854.98 | 3 298.64 | 391.15 | 152.5 | 0 | 12 412.19 | 12 412.19 |
| 苏州科技大学 | 32 | 23 926.6 | 0 | 0 | 0 | 0 | 0 | 23 926.6 | 3 555.82 | 20 370.78 | 0 | 14 260.55 | 9 460.35 | 0 | 205.7 | 5 766.5 | 8 314.88 | 0 | 10 | 0 | 6 615.28 | 1 572.49 | 792.39 | 1 647.45 | 1 678 | 1 678 |
| 常熟理工学院 | 33 | 32 834.61 | 0 | 0 | 0 | 0 | 0 | 32 834.61 | 2 578.58 | 30 256.03 | 0 | 11 338.55 | 21 480.39 | 0 | 15.67 | 9 000.4 | 21 982.1 | 0 | 349.75 | 0 | 579.95 | 922.41 | 592.27 | 0 | 7 671.36 | 7 671.36 |
| 淮阴工学院 | 34 | 45 090.21 | 0 | 0 | 0 | 0 | 0 | 45 090.21 | 3 069.2 | 42 021.01 | 0 | 11 043.88 | 33 937.93 | 0 | 108.4 | 8 673.46 | 28 572.27 | 0 | 2 908.41 | 0 | 4 905.57 | 30.5 | 17 | 0 | 3 644.5 | 3 644.5 |
| 常州工学院 | 35 | 28 398.32 | 0 | 0 | 0 | 0 | 0 | 28 398.32 | 685.68 | 27 712.64 | 0 | 10 759.92 | 16 980.06 | 8.54 | 649.8 | 7 771.8 | 19 247.88 | 0 | 544.67 | 0 | 134.8 | 699.17 | 18.31 | 0 | 15 657.2 | 15 657.2 |
| 扬州大学 | 36 | 39 466.77 | 0 | 0 | 0 | 0 | 0 | 39 466.77 | 18 302.59 | 21 164.18 | 0 | 19 538.64 | 19 726.5 | 0 | 201.63 | 7 460.58 | 16 144.71 | 0 | 1 204.6 | 0 | 4 817.5 | 2 843.13 | 868.83 | 6 996.25 | 26 139.72 | 26 139.72 |
| 南京工程学院 | 37 | 42 641.71 | 0 | 0 | 0 | 0 | 0 | 42 641.71 | 39 209.95 | 3 431.76 | 0 | 7 511.99 | 33 404.53 | 0 | 1 725.19 | 5 245 | 22 666.29 | 0 | 15.3 | 0 | 9 442.49 | 315.84 | 77.28 | 4 956.79 | 5 274.02 | 5 274.02 |
| 南京审计大学 | 38 | 34 984.54 | 350 | 0 | 0 | 0 | 0 | 34 634.54 | 12 798.31 | 21 836.23 | 0 | 19 633.23 | 14 254.2 | 0 | 747.11 | 6 758 | 14 400.78 | 0 | 4 328.92 | 565.13 | 5 437.2 | 3 320.06 | 685.16 | 389.58 | 44 871.59 | 44 871.46 |
| 南京晓庄学院 | 39 | 11 840.8 | 150 | 0 | 0 | 0 | 0 | 11 690.8 | 8 626.56 | 3 064.24 | 0 | 7 610.17 | 2 148.77 | 0 | 1 931.86 | 1 510 | 5 639 | 0 | 1 023 | 0 | 2 327.3 | 512.5 | 190.5 | 679 | 2 220.5 | 2 220.5 |
| 江苏理工学院 | 40 | 23 070.69 | 0 | 0 | 0 | 0 | 0 | 23 070.69 | 2 358.74 | 20 711.95 | 0 | 7 992.53 | 13 245.71 | 0 | 1 832.45 | 4 926 | 10 789.58 | 0 | 1 314.11 | 0 | 2 151.56 | 1 802.3 | 21.4 | 2 087.14 | 12 353.87 | 12 353.87 |
| 江苏海洋大学 | 41 | 21 112.32 | 0 | 0 | 0 | 0 | 0 | 21 112.32 | 2 626.37 | 18 485.95 | 0 | 5 741.54 | 15 088.98 | 0 | 281.8 | 2 460 | 12 211.92 | 0 | 1 002.8 | 0 | 1 634.98 | 971.35 | 968.44 | 2 831.27 | 4 216 | 4 216 |
| 徐州工程学院 | 42 | 13 547.88 | 159 | 29 | 128 | 2 | 0 | 13 388.88 | 2 381.42 | 11 007.46 | 0 | 12 634.53 | 469.85 | 0 | 284.5 | 5 318.68 | 1 636 | 0 | 129 | 0 | 470.2 | 417 | 6 | 5 418 | 1 836 | 1 835 |
| 南京特殊教育师范学院 | 43 | 5 703.9 | 0 | 0 | 0 | 0 | 0 | 5 703.9 | 1 081.07 | 4 622.83 | 0 | 5 482.98 | 220.92 | 0 | 0 | 2 000 | 2 217.7 | 200 | 362 | 111 | 251.2 | 607.5 | 96.25 | 65.5 | 1 046.1 | 1 046.1 |
| 泰州学院 | 44 | 2 896.4 | 0 | 0 | 0 | 0 | 0 | 2 896.4 | 2 052.89 | 843.51 | 0 | 2 468.4 | 55 | 0 | 373 | 1 663 | 805.2 | 0 | 283 | 0 | 52.2 | 93 | 27 | 0 | 1 491.7 | 1 491.7 |
| 金陵科技学院 | 45 | 10 110.07 | 0 | 0 | 0 | 0 | 0 | 10 110.07 | 1 081.85 | 9 028.22 | 0 | 5 558.93 | 4 473.14 | 0 | 78 | 1 218.93 | 2 956.17 | 0 | 2 938.62 | 30 | 2 050.05 | 347.5 | 139 | 598.8 | 2 686.76 | 2 686.76 |
| 江苏第二师范学院 | 46 | 9 057.55 | 8.53 | 0 | 0 | 0 | 0 | 9 049.02 | 5 642.66 | 3 406.36 | 0 | 6 958.51 | 2 035.51 | 0 | 55 | 4 262.1 | 3 745.68 | 0 | 295.13 | 41.36 | 220.78 | 428.5 | 132.45 | 96.83 | 17 162.78 | 17 162.78 |

# 3. 公办专科高等学校人文、社会科学研究与发展经费情况表

| 高校名称 | 编号 | 上年结转经费(千元) | 当年经费收入合计(千元) | 拨入(千元)：政府资金投入 | 其中：科研活动经费 | 其中：教育部科研项目经费 | 其中：教育部其他科研经费 | 其中：中央高校基本科研业务费 | 其中：中央其他部门科研项目经费 | 其中：省、市、自治区社科基金项目 | 其中：省教育厅科研项目经费 | 其中：省教育厅其他科研经费 | 其中：其他各类地方政府经费 | 科技活动人员工资 | 科研基建费 | 非政府资金投入 | 其中：企、事业单位委托项目经费 | 其中：金融机构贷款 | 其中：自筹经费 | 境外资金 | 其中：港、澳、台地区合作项目经费 | 其中：其他收入 | 其中：科技活动人员工资 |
|---|---|---|---|---|---|---|---|---|---|---|---|---|---|---|---|---|---|---|---|---|---|---|---|
| | 编号 | L01 | L02 | L03 | L04 | L05 | L06 | L07 | L08 | L09 | L10 | L11 | L12 | L13 | L14 | L15 | L16 | L17 | L18 | L19 | L20 | L21 | L22 |
| 总计 | / | 45 112.53 | 158 453.1 | 86 331.46 | 29 586.32 | 1 391.5 | 690 | 0 | 557.5 | 1 282 | 10 669.6 | 3 636.3 | 11 359.42 | 56 735.14 | 10 | 72 121.63 | 4 1461.12 | 585 | 28 294.45 | 0 | 0 | 1 781.06 | 0 |
| 盐城幼儿师范高等专科学校 | 1 | 768.5 | 4 935.1 | 1 296.5 | 316.5 | 5.5 | 0 | 0 | 0 | 20 | 167 | 0 | 124 | 980 | 0 | 3 638.6 | 0 | 0 | 3 638.6 | 0 | 0 | 0 | 0 |
| 苏州幼儿师范高等专科学校 | 2 | 1 422.54 | 1 079 | 1 022 | 648 | 0 | 0 | 0 | 0 | 0 | 344 | 184 | 120 | 374 | 0 | 57 | 15 | 0 | 0 | 0 | 0 | 42 | 0 |
| 无锡职业技术学院 | 3 | 1 271.99 | 3 468 | 2 663 | 603 | 200 | 0 | 0 | 0 | 0 | 332 | 0 | 71 | 2 060 | 0 | 805 | 380 | 0 | 422 | 0 | 0 | 3 | 0 |
| 江苏建筑职业技术学院 | 4 | 112.5 | 2 606 | 1 451 | 71 | 0 | 0 | 0 | 0 | 50 | 0 | 0 | 21 | 1 380 | 0 | 1 155 | 238 | 585 | 332 | 0 | 0 | 0 | 0 |
| 南京工业职业技术大学 | 5 | 1 564.01 | 8 571.8 | 4 783 | 1 231 | 50 | 0 | 0 | 0 | 58 | 794 | 0 | 329 | 3 552 | 0 | 3 788.8 | 3 153.8 | 0 | 635 | 0 | 0 | 0 | 0 |
| 江苏工程职业技术学院 | 6 | 247.7 | 705.7 | 702.7 | 112 | 0 | 0 | 0 | 0 | 0 | 59 | 0 | 53 | 590.7 | 0 | 3 | 0 | 0 | 3 | 0 | 0 | 0 | 0 |
| 苏州工艺美术职业技术学院 | 7 | 56.9 | 2 375 | 1 264 | 874 | 0 | 0 | 0 | 57 | 8 | 230 | 178 | 401 | 390 | 0 | 1 111 | 145 | 0 | 428 | 0 | 0 | 538 | 0 |
| 连云港职业技术学院 | 8 | 20 | 735 | 641 | 81 | 0 | 0 | 0 | 0 | 8 | 41 | 0 | 32 | 560 | 0 | 94 | 60 | 0 | 34 | 0 | 0 | 0 | 0 |
| 镇江市高等专科学校 | 9 | 280.85 | 2 079.54 | 1 803 | 235 | 50 | 0 | 0 | 0 | 16 | 36 | 0 | 133 | 1568 | 0 | 276.54 | 167.29 | 0 | 109.25 | 0 | 0 | 0 | 0 |
| 南通职业大学 | 10 | 213 | 1 548 | 1 421 | 501 | 0 | 0 | 0 | 0 | 0 | 300 | 0 | 201 | 920 | 0 | 127 | 62 | 0 | 65 | 0 | 0 | 0 | 0 |
| 苏州职业大学 | 11 | 982.38 | 8 092.74 | 5 069.3 | 1 126 | 88 | 0 | 0 | 0 | 18 | 250 | 0 | 770 | 3 943.3 | 0 | 3 023.44 | 932 | 0 | 2 091.44 | 0 | 0 | 0 | 0 |
| 沙洲职业工学院 | 12 | 375.15 | 787.5 | 577 | 297 | 0 | 0 | 0 | 0 | 0 | 210 | 0 | 87 | 280 | 0 | 210.5 | 160.5 | 0 | 50 | 0 | 0 | 0 | 0 |
| 扬州市职业大学 | 13 | 278.14 | 4 808.7 | 2 173.8 | 253 | 110 | 0 | 0 | 0 | 50 | 10 | 0 | 83 | 1 920.8 | 0 | 2 634.9 | 2 084.9 | 0 | 550 | 0 | 0 | 0 | 0 |
| 连云港师范高等专科学校 | 14 | 280.6 | 1 349 | 1 214 | 394 | 50 | 0 | 0 | 0 | 34 | 58 | 62 | 190 | 820 | 0 | 135 | 0 | 0 | 135 | 0 | 0 | 0 | 0 |
| 江苏经贸职业技术学院 | 15 | 7 074.31 | 4 389.6 | 2 718 | 343 | 0 | 0 | 0 | 0 | 15 | 300 | 0 | 28 | 2375 | 0 | 1 671.6 | 1 186.6 | 0 | 485 | 0 | 0 | 0 | 0 |
| 泰州职业技术学院 | 16 | 1 704.9 | 698.85 | 590.49 | 183 | 0 | 0 | 0 | 0 | 0 | 80 | 0 | 103 | 407.49 | 0 | 108.36 | 0 | 0 | 108.36 | 0 | 0 | 0 | 0 |
| 常州信息职业技术学院 | 17 | 218.4 | 4 001 | 3 094 | 1 112 | 55 | 55 | 0 | 7.5 | 0 | 274 | 68 | 652.5 | 1 982 | 0 | 907 | 436 | 0 | 471 | 0 | 0 | 0 | 0 |

| | | | | | | | | | | | | | | | | | | | | | | | |
|---|---|---|---|---|---|---|---|---|---|---|---|---|---|---|---|---|---|---|---|---|---|---|---|
| 江苏海事职业技术学院 | 18 | 1 349.88 | 4 422.6 | 1 378 | 378 | 0 | 0 | 0 | 0 | 30 | 168 | 0 | 180 | 1 000 | 0 | 3 044.6 | 2 734 | 0 | 310.6 | 0 | 0 | 0 | 0 |
| 无锡科技职业学院 | 19 | 125 | 1 385 | 1 325 | 515 | 40 | 40 | 0 | 0 | 0 | 170 | 170 | 95 | 810 | 0 | 60 | 30 | 0 | 0 | 0 | 0 | 30 | 0 |
| 江苏医药职业学院 | 20 | 1 624.06 | 5 371.22 | 3 117.22 | 1 837.22 | 0 | 0 | 0 | 0 | 0 | 30 | 100 | 1 707.22 | 1 280 | 0 | 2 254 | 0 | 0 | 1 857 | 0 | 0 | 397 | 0 |
| 南通科技职业学院 | 21 | 304 | 2 626.5 | 1 062.5 | 212 | 0 | 0 | 0 | 3 | 18 | 160 | 0 | 31 | 850.5 | 0 | 1 564 | 830 | 0 | 734 | 0 | 0 | 0 | 0 |
| 苏州经贸职业技术学院 | 22 | 1 826.43 | 5 002.8 | 2 922.4 | 2 044 | 30 | 0 | 0 | 0 | 200 | 0 | 240 | 1574 | 878.4 | 0 | 2 080.4 | 503 | 0 | 1 577.4 | 0 | 0 | 0 | 0 |
| 苏州工业职业技术学院 | 23 | 561.18 | 2 381.75 | 1 711 | 1 267 | 0 | 0 | 0 | 0 | 0 | 170 | 0 | 1 097 | 444 | 0 | 670.75 | 630.75 | 0 | 40 | 0 | 0 | 0 | 0 |
| 苏州卫生职业技术学院 | 24 | 958.05 | 1 160 | 817 | 475 | 0 | 0 | 0 | 0 | 90 | 362 | 0 | 23 | 342 | 0 | 343 | 0 | 0 | 333 | 0 | 0 | 10 | 0 |
| 无锡商业职业技术学院 | 25 | 1 294.04 | 5 494.2 | 1 750.5 | 782 | 40 | 0 | 0 | 490 | 80 | 72 | 0 | 100 | 968.5 | 0 | 3 743.7 | 3 254.7 | 0 | 489 | 0 | 0 | 0 | 0 |
| 江苏航运职业技术学院 | 26 | 464.5 | 927.5 | 815.5 | 285.5 | 0 | 0 | 0 | 0 | 0 | 241.5 | 0 | 44 | 530 | 0 | 112 | 0 | 0 | 112 | 0 | 0 | 0 | 0 |
| 南京交通职业技术学院 | 27 | 2 151.95 | 1 327 | 776 | 96 | 0 | 0 | 0 | 0 | 80 | 16 | 0 | 0 | 680 | 0 | 551 | 16 | 0 | 535 | 0 | 0 | 0 | 0 |
| 江苏电子信息职业学院 | 28 | 286.4 | 1 659 | 1 530 | 335 | 20 | 0 | 0 | 0 | 50 | 190 | 0 | 75 | 1 195 | 0 | 129 | 3 | 0 | 126 | 0 | 0 | 0 | 0 |
| 江苏农牧科技职业学院 | 29 | 254.8 | 439 | 387 | 240 | 0 | 0 | 0 | 0 | 0 | 180 | 0 | 60 | 147 | 0 | 52 | 0 | 0 | 52 | 0 | 0 | 0 | 0 |
| 常州纺织服装职业技术学院 | 30 | 1 429.05 | 1 385 | 986 | 308 | 25 | 0 | 0 | 0 | 0 | 240 | 0 | 43 | 678 | 0 | 399 | 75.5 | 0 | 323.5 | 0 | 0 | 0 | 0 |
| 苏州农业职业技术学院 | 31 | 23.4 | 364.3 | 334.8 | 82.6 | 0 | 0 | 0 | 0 | 0 | 11 | 0 | 71.6 | 252.2 | 0 | 29.5 | 0 | 0 | 29.5 | 0 | 0 | 0 | 0 |
| 南京科技职业学院 | 32 | 168 | 1 281 | 1 053 | 508 | 0 | 0 | 0 | 0 | 10 | 220 | 220 | 58 | 545 | 0 | 228 | 0 | 0 | 228 | 0 | 0 | 0 | 0 |
| 常州工业职业技术学院 | 33 | 2 345.5 | 5 951.07 | 1 479 | 279 | 0 | 0 | 0 | 0 | 0 | 210 | 0 | 69 | 1200 | 0 | 4 472.07 | 4 367.07 | 0 | 105 | 0 | 0 | 0 | 0 |
| 常州工程职业技术学院 | 34 | 1 171.4 | 4 222.8 | 734 | 284 | 237 | 0 | 0 | 0 | 3 | 0 | 0 | 44 | 450 | 0 | 3 488.8 | 2 510.8 | 0 | 978 | 0 | 0 | 0 | 0 |
| 江苏农林职业技术学院 | 35 | 20 | 531 | 519 | 285 | 30 | 0 | 0 | 0 | 0 | 160 | 0 | 95 | 234 | 0 | 12 | 0 | 0 | 0 | 0 | 0 | 12 | 0 |
| 江苏食品药品职业技术学院 | 36 | 262.6 | 1 689 | 681 | 261 | 0 | 0 | 0 | 0 | 0 | 60 | 60 | 141 | 420 | 0 | 1 008 | 410 | 0 | 188 | 0 | 0 | 410 | 0 |
| 南京铁道职业技术学院 | 37 | 431.8 | 4 871 | 2 765 | 1 910 | 0 | 0 | 0 | 0 | 0 | 240 | 1 670 | 0 | 855 | 0 | 2 106 | 16 | 0 | 2 090 | 0 | 0 | 0 | 0 |
| 徐州工业职业技术学院 | 38 | 284.35 | 1 073 | 768 | 410 | 0 | 0 | 0 | 0 | 0 | 170 | 0 | 240 | 358 | 0 | 305 | 121 | 0 | 184 | 0 | 0 | 0 | 0 |
| 江苏信息职业技术学院 | 39 | 374.16 | 1 987.2 | 1 053.8 | 225 | 0 | 0 | 0 | 0 | 50 | 136 | 0 | 39 | 828.8 | 0 | 933.4 | 749.4 | 0 | 184 | 0 | 0 | 0 | 0 |
| 南京信息职业技术学院 | 40 | 385.1 | 3 205.5 | 1 560 | 788 | 0 | 0 | 0 | 0 | 128 | 280 | 300 | 80 | 772 | 0 | 1 645.5 | 36 | 0 | 1 609.5 | 0 | 0 | 0 | 0 |
| 常州机电职业技术学院 | 41 | 660.8 | 2 847.6 | 1 309.5 | 619.5 | 120 | 0 | 0 | 0 | 0 | 380 | 0 | 119.5 | 690 | 0 | 1 538.1 | 90 | 0 | 1 448.1 | 0 | 0 | 0 | 0 |
| 江阴职业技术学院 | 42 | 109.5 | 353 | 291 | 155 | 0 | 0 | 0 | 0 | 0 | 140 | 0 | 15 | 136 | 0 | 62 | 0 | 0 | 62 | 0 | 0 | 0 | 0 |
| 无锡城市职业技术学院 | 43 | 189.15 | 1 804.62 | 1 204 | 235 | 0 | 0 | 0 | 0 | 0 | 140 | 0 | 95 | 969 | 0 | 600.62 | 444.62 | 0 | 156 | 0 | 0 | 0 | 0 |
| 无锡工艺职业技术学院 | 44 | 273.5 | 9 997.73 | 2 216.4 | 1 016.4 | 48 | 500 | 0 | 0 | 0 | 238.4 | 70 | 160 | 1 200 | 0 | 7 781.33 | 7 678.83 | 0 | 88 | 0 | 0 | 14.5 | 0 |
| 苏州健雄职业技术学院 | 45 | 219 | 1 758.8 | 1 110 | 520 | 0 | 0 | 0 | 0 | 0 | 190 | 0 | 330 | 590 | 0 | 648.8 | 642.8 | 0 | 6 | 0 | 0 | 0 | 0 |

续表

| 高校名称 | 编号 | 上年结转经费(千元) | 当年经费收入合计(千元) | 拨入(千元)：政府资金投入 | 其中：科研活动经费 | 其中：教育部科研项目经费 | 其中：教育部其他科研经费 | 其中：中央高校基本科研业务费 | 其中：中央其他部门科研项目经费 | 其中：省、市、自治区社科基金项目 | 其中：省教育厅科研项目经费 | 其中：省教育厅其他科研经费 | 其中：其他各类地方政府经费 | 其中：科技活动人员工资 | 其中：科研基建费 | 非政府资金投入 | 其中：企事业单位委托项目经费 | 其中：金融机构贷款 | 其中：自筹经费 | 境外资金 | 其中：港、澳、台地区合作项目经费 | 其他收入 | 其中：科技活动人员工资 |
|---|---|---|---|---|---|---|---|---|---|---|---|---|---|---|---|---|---|---|---|---|---|---|---|
| | | L01 | L02 | L03 | L04 | L05 | L06 | L07 | L08 | L09 | L10 | L11 | L12 | L13 | L14 | L15 | L16 | L17 | L18 | L19 | L20 | L21 | L22 |
| 盐城工业职业技术学院 | 46 | 1 860.9 | 2 452.5 | 1 216.5 | 300 | 20 | 0 | 0 | 0 | 0 | 224 | 0 | 56 | 916.5 | 0 | 1 236 | 801 | 0 | 435 | 0 | 0 | 0 | 0 |
| 江苏财经职业技术学院 | 47 | 1 573.53 | 3 884.2 | 1 142.2 | 296.2 | 0 | 0 | 0 | 0 | 40 | 166 | 0 | 90.2 | 846 | 0 | 2 742 | 2 382 | 0 | 360 | 0 | 0 | 0 | 0 |
| 扬州工业职业技术学院 | 48 | 137.5 | 1 434.9 | 904 | 362 | 0 | 0 | 0 | 0 | 0 | 216 | 100 | 46 | 542 | 0 | 530.9 | 30 | 0 | 500.9 | 0 | 0 | 0 | 0 |
| 江苏城市职业学院 | 49 | 1 011.96 | 5 670.2 | 3 965 | 1 175 | 120 | 0 | 0 | 0 | 123 | 762 | 40 | 130 | 2 790 | 0 | 1 705.2 | 394.2 | 0 | 1 311 | 0 | 0 | 0 | 0 |
| 南京城市职业学院 | 50 | 71.8 | 794.1 | 698.6 | 168.6 | 0 | 0 | 0 | 0 | 18 | 87.3 | 63.3 | 0 | 530 | 0 | 95.5 | 0 | 0 | 95.5 | 0 | 0 | 0 | 0 |
| 南京机电职业技术学院 | 51 | 334.7 | 749 | 219 | 29 | 0 | 0 | 0 | 0 | 2 | 27 | 0 | 0 | 190 | 0 | 530 | 242 | 0 | 46 | 0 | 0 | 242 | 0 |
| 南京旅游职业学院 | 52 | 628.24 | 1308.3 | 750.3 | 201.3 | 0 | 0 | 0 | 0 | 6 | 35.4 | 0 | 159.9 | 549 | 0 | 558 | 192 | 0 | 366 | 0 | 0 | 0 | 0 |
| 江苏卫生健康职业学院 | 53 | 373.84 | 978.56 | 835 | 195 | 0 | 0 | 0 | 0 | 0 | 150 | 0 | 45 | 640 | 0 | 143.56 | 0 | 0 | 138 | 0 | 0 | 5.56 | 0 |
| 苏州信息职业技术学院 | 54 | 83.4 | 397.5 | 367.5 | 150 | 0 | 0 | 0 | 0 | 0 | 130 | 0 | 20 | 217.5 | 0 | 30 | 10 | 0 | 20 | 0 | 0 | 0 | 0 |
| 苏州工业园区服务外包职业学院 | 55 | 211.05 | 3 559.1 | 1131 | 501 | 0 | 0 | 0 | 0 | 0 | 270 | 0 | 231 | 630 | 0 | 2 428.1 | 2 300.6 | 0 | 127.5 | 0 | 0 | 0 | 0 |
| 徐州幼儿师范高等专科学校 | 56 | 797.9 | 1 095.4 | 1 059.7 | 393 | 1 | 0 | 0 | 0 | 0 | 133 | 100 | 159 | 666.7 | 0 | 35.7 | 0 | 0 | 35.7 | 0 | 0 | 0 | 0 |
| 徐州生物工程职业技术学院 | 57 | 77.9 | 380.4 | 250.4 | 45 | 0 | 0 | 0 | 0 | 10 | 6 | 11 | 18 | 205.4 | 0 | 130 | 0 | 0 | 130 | 0 | 0 | 0 | 0 |
| 江苏商贸职业学院 | 58 | 313.97 | 2 302 | 1 421.9 | 240.5 | 0 | 0 | 0 | 0 | 0 | 90 | 0 | 150.5 | 1 181.4 | 0 | 880.1 | 290.1 | 0 | 590 | 0 | 0 | 0 | 0 |
| 南通师范高等专科学校 | 59 | 105.31 | 574.3 | 493 | 48 | 25 | 0 | 0 | 0 | 0 | 0 | 0 | 23 | 445 | 0 | 81.3 | 0 | 0 | 81.3 | 0 | 0 | 0 | 0 |
| 江苏护理职业学院 | 60 | 3.3 | 427 | 427 | 237 | 15 | 0 | 0 | 0 | 0 | 200 | 0 | 22 | 180 | 10 | 0 | 0 | 0 | 0 | 0 | 0 | 0 | 0 |
| 江苏财会职业学院 | 61 | 4.6 | 852.25 | 779.45 | 157 | 0 | 0 | 0 | 0 | 28 | 27 | 0 | 102 | 622.45 | 0 | 72.8 | 43.5 | 0 | 29.3 | 0 | 0 | 0 | 0 |
| 江苏城乡建设职业学院 | 62 | 998.76 | 2 487.66 | 1 530.5 | 58 | 12 | 0 | 0 | 0 | 0 | 22 | 0 | 24 | 1 472.5 | 0 | 957.16 | 611.16 | 0 | 346 | 0 | 0 | 0 | 0 |
| 江苏航空职业技术学院 | 63 | 104.4 | 585 | 526 | 192 | 0 | 95 | 0 | 0 | 3 | 39 | 0 | 55 | 334 | 0 | 59 | 0 | 0 | 59 | 0 | 0 | 0 | 0 |
| 江苏安全技术职业学院 | 64 | 0 | 424 | 139 | 49 | 0 | 0 | 0 | 0 | 21 | 25 | 0 | 3 | 90 | 0 | 285 | 0 | 0 | 220 | 0 | 0 | 65 | 0 |
| 江苏旅游职业学院 | 65 | 0 | 347 | 335 | 55 | 0 | 0 | 0 | 0 | 15 | 0 | 0 | 40 | 280 | 0 | 12 | 0 | 0 | 0 | 0 | 0 | 12 | 0 |

| 高校名称 | 编号 | 当年R&D经费支出合计(千元) L23 | 支出(千元) 转拨给外单位经费 L24 | 其中 对国内研究机构支出 L25 | 其中 对国内高等学校支出 L26 | 其中 对国内企业支出 L27 | 其中 对境外机构支出 L28 | R&D经费内部支出合计 L29 | 其中 基础研究支出 L30 | 其中 应用研究支出 L31 | 其中 试验发展支出 L32 | 其中 政府资金 L33 | 其中 企业资金 L34 | 其中 境外资金 L35 | 其中 其他 L36 | 其中 科研人员费 L37 | 其中 业务费 L38 | 其中 科研基建费 L39 | 其中 仪器设备费 L40 | 其中 单价在1万元以上的设备费 L41 | 其中 图书资料费 L42 | 其中 间接费 L43 | 其中 管理费 L44 | 其中 其他支出 L45 | 当年结余经费(千元) L46 | 银行存款(千元) L47 |
|---|---|---|---|---|---|---|---|---|---|---|---|---|---|---|---|---|---|---|---|---|---|---|---|---|---|---|
| 合计 | / | 152 605.9 | 725 | 35 | 225 | 35 | 0 | 151 880.9 | 30 947.69 | 120 933.2 | 0 | 102 061.8 | 42 646.57 | 3.8 | 7 168.75 | 69 804.87 | 45 798.9 | 1 292 | 6 813.15 | 948.97 | 11 640.9 | 8 150.21 | 2 158.05 | 8 380.89 | 51 730.7 | 50 782.0 |
| 盐城幼儿师范高等专科学校 | 1 | 3 897.2 | 0 | 0 | 0 | 0 | 0 | 3 897.2 | 0 | 3 897.2 | 0 | 3 637.91 | 0 | 0 | 259.29 | 1 666.7 | 475.6 | 1 292 | 0 | 0 | 282.8 | 8.5 | 6.5 | 171.6 | 1 806.4 | 1 806.4 |
| 苏州幼儿师范高等专科学校 | 2 | 1 514.56 | 0 | 0 | 0 | 0 | 0 | 1 514.56 | 1 046.09 | 468.47 | 0 | 1 433.5 | 81.06 | 0 | 0 | 494 | 453.8 | 0 | 242.5 | 0 | 81.86 | 98 | 79 | 144.4 | 986.98 | 986.98 |
| 无锡职业技术学院 | 3 | 3 246.01 | 0 | 0 | 0 | 0 | 0 | 3 246.01 | 186.15 | 3 059.86 | 0 | 2 958.03 | 112.6 | 0 | 175.38 | 2 354.08 | 433.75 | 0 | 136.45 | 0 | 117.58 | 105.95 | 45.8 | 98.2 | 1 493.98 | 1 493.98 |
| 江苏建筑职业技术学院 | 4 | 2 516.1 | 0 | 0 | 0 | 0 | 0 | 2 516.1 | 32.79 | 2 483.31 | 0 | 1 700.96 | 412.95 | 0 | 402.19 | 1 578 | 900.6 | 0 | 0 | 0 | 10.5 | 16 | 0 | 11 | 202.4 | 202.4 |
| 南京工业职业技术大学 | 5 | 7 882.74 | 0 | 0 | 0 | 0 | 0 | 7 882.74 | 2 495.75 | 5 386.99 | 0 | 4 433.18 | 3 283.99 | 0 | 165.57 | 3 623 | 2 697.65 | 0 | 732.01 | 235.97 | 314.7 | 256.67 | 103.72 | 258.71 | 2 253.07 | 2 253.07 |
| 江苏工程职业技术学院 | 6 | 835.1 | 0 | 0 | 0 | 0 | 0 | 835.1 | 500.52 | 334.58 | 0 | 826.6 | 0 | 0 | 8.5 | 617.2 | 136.9 | 0 | 0 | 0 | 78.7 | 2.3 | 0 | 0 | 118.3 | 118.3 |
| 苏州工艺美术职业技术学院 | 7 | 2 208.9 | 0 | 0 | 0 | 0 | 0 | 2 208.9 | 180.39 | 2 028.51 | 0 | 1 766.16 | 399.23 | 0 | 43.51 | 548 | 921 | 0 | 430 | 0 | 309.9 | 0 | 0 | 0 | 223 | 223 |
| 连云港职业技术学院 | 8 | 755 | 0 | 0 | 0 | 0 | 0 | 755 | 423.99 | 331.01 | 0 | 681 | 60 | 0 | 14 | 580 | 119.55 | 0 | 0 | 0 | 35.15 | 10.1 | 5.35 | 10.2 | 0 | 0 |
| 镇江市高等专科学校 | 9 | 2 092.8 | 0 | 0 | 0 | 0 | 0 | 2 092.8 | 494.99 | 1 597.81 | 0 | 1 944.8 | 98 | 0 | 50 | 1 618 | 208.2 | 0 | 69 | 0 | 108.15 | 69.95 | 6.6 | 19.5 | 267.59 | 267.59 |
| 南通职业大学 | 10 | 1551 | 0 | 0 | 0 | 0 | 0 | 1 551 | 235.63 | 1 315.37 | 0 | 1 431 | 102 | 0 | 18 | 952 | 484 | 0 | 0 | 0 | 79 | 1 | 0 | 35 | 210 | 210 |
| 苏州职业大学 | 11 | 8 449.44 | 0 | 0 | 0 | 0 | 0 | 8 449.44 | 3 075.67 | 5 373.77 | 0 | 6 754.81 | 1 568.65 | 0 | 125.98 | 5 340.34 | 1 049.46 | 0 | 702.26 | 150 | 172.88 | 817.1 | 180.11 | 367.4 | 625.68 | 625.68 |
| 沙洲职业工学院 | 12 | 900.4 | 0 | 0 | 0 | 0 | 0 | 900.4 | 1.95 | 898.45 | 0 | 659.89 | 237.55 | 0 | 2.96 | 285 | 338.3 | 0 | 17 | 13 | 100.6 | 93.9 | 0 | 65.6 | 262.25 | 262.25 |
| 扬州市职业大学 | 13 | 4 505.78 | 0 | 0 | 0 | 0 | 0 | 4 505.78 | 0 | 4 505.78 | 0 | 2 760.79 | 1 681.62 | 0 | 63.37 | 2 469.4 | 540.38 | 0 | 0 | 0 | 137.49 | 1 358.51 | 60.44 | 0 | 581.06 | 581.06 |
| 连云港师范高等专科学校 | 14 | 1 324.8 | 0 | 0 | 0 | 0 | 0 | 1 324.8 | 60.36 | 1 264.44 | 0 | 1 324.8 | 0 | 0 | 0 | 840 | 145.6 | 0 | 65 | 0 | 254.2 | 20 | 5 | 0 | 304.8 | 144.8 |
| 江苏经贸职业技术学院 | 15 | 6 405.6 | 0 | 0 | 0 | 0 | 0 | 6 405.6 | 118.54 | 6 287.06 | 0 | 3 120 | 2 984 | 0 | 301.6 | 2 731 | 350.6 | 0 | 546.1 | 0 | 303.9 | 1 837 | 64.05 | 637 | 5 058.31 | 5 058.31 |
| 泰州职业技术学院 | 16 | 756.06 | 0 | 0 | 0 | 0 | 0 | 756.06 | 27.01 | 729.05 | 0 | 511.74 | 185.16 | 0 | 59.16 | 407.8 | 178.9 | 0 | 0 | 0 | 141.94 | 26.75 | 18.43 | 0.67 | 1 647.69 | 1 647.69 |
| 常州信息职业技术学院 | 17 | 3 974.87 | 0 | 0 | 0 | 0 | 0 | 3 974.87 | 52.75 | 3 922.12 | 0 | 3 338.3 | 636.57 | 0 | 0 | 2 324.5 | 500 | 0 | 0 | 0 | 8 | 25 | 0 | 1 117.37 | 244.53 | 244.53 |
| 江苏海事职业技术学院 | 18 | 4 373.36 | 40 | 0 | 0 | 0 | 0 | 4 333.36 | 193.49 | 4 139.87 | 0 | 1 699.08 | 2 603.5 | 0 | 30.78 | 1 400 | 1 747.26 | 0 | 130.5 | 0 | 111.39 | 172.43 | 172.43 | 771.78 | 1 399.12 | 1 399.12 |
| 无锡科技职业学院 | 19 | 1 422.5 | 3 | 0 | 0 | 0 | 0 | 1 419.5 | 319.86 | 1 099.64 | 0 | 1 335.29 | 84.21 | 0 | 0 | 820 | 147 | 0 | 150 | 0 | 299 | 0 | 0 | 3.5 | 87.5 | 87.5 |
| 江苏医药职业学院 | 20 | 4 996.27 | 200 | 0 | 0 | 0 | 0 | 4 796.27 | 709.46 | 4 086.81 | 0 | 4 293.53 | 79.66 | 0 | 423.08 | 3 860 | 213.37 | 0 | 600 | 500 | 86.9 | 36 | 32.5 | 0 | 1 999.01 | 1 999.01 |

续表

| 高校名称 | 经费名称 | 当年R&D经费支出合计(千元) | 支出(千元) | | | | | | | | | | | | | | | | | | | | | | 当年结余经费(千元) | 银行存款(千元) |
|---|---|---|---|---|---|---|---|---|---|---|---|---|---|---|---|---|---|---|---|---|---|---|---|---|---|---|
| | | | 转拨给外单位经费 | 其中 | | | | R&D经费内部支出合计 | 其中 | | | 其中 | | | | 其中 | | | | | | | | | | |
| | | | | 对国内研究机构支出 | 对国内高等学校支出 | 对国内企业支出 | 对境外机构支出 | | 基础研究支出 | 应用研究支出 | 试验发展支出 | 政府资金 | 企业资金 | 境外资金 | 其他 | 科研人员费 | 业务费 | 科研基建费 | 仪器设备费 | 其中：单价在1万元以上的设备费 | 图书资料费 | 间接费 | 其中：管理费 | 其他支出 | | |
| | 编号 | L23 | L24 | L25 | L26 | L27 | L28 | L29 | L30 | L31 | L32 | L33 | L34 | L35 | L36 | L37 | L38 | L39 | L40 | L41 | L42 | L43 | L44 | L45 | L46 | L47 |
| 南通科技职业学院 | 21 | 2 637.2 | 315 | 35 | 225 | 35 | 0 | 2 322.2 | 337.15 | 1 985.05 | 0 | 1 787.4 | 444.1 | 0 | 90.7 | 1 500.5 | 611.3 | 0 | 0 | 0 | 114.6 | 95.8 | 0 | 0 | 293.3 | 293.3 |
| 苏州经贸职业技术学院 | 22 | 4 381.36 | 0 | 0 | 0 | 0 | 0 | 4 381.36 | 11.49 | 4 369.87 | 0 | 3 349.29 | 768.9 | 0 | 263.17 | 1 476.65 | 1 434.53 | 0 | 229 | 0 | 364.29 | 529.56 | 265.54 | 347.33 | 2 447.87 | 1 669.18 |
| 苏州工业职业技术学院 | 23 | 2 394.23 | 0 | 0 | 0 | 0 | 0 | 2 394.23 | 0 | 2 394.23 | 0 | 1 535.12 | 827.11 | 0 | 32 | 444 | 951.4 | 0 | 174 | 0 | 694.26 | 114.43 | 114.43 | 16.14 | 548.7 | 548.7 |
| 苏州卫生职业技术学院 | 24 | 1 304.5 | 0 | 0 | 0 | 0 | 0 | 1 304.5 | 214.63 | 1 089.87 | 0 | 1 138.48 | 0 | 0 | 166.02 | 364 | 119.4 | 0 | 50 | 0 | 183.3 | 241.3 | 16.19 | 346.5 | 813.55 | 813.55 |
| 无锡商业职业技术学院 | 25 | 3 765.43 | 0 | 0 | 0 | 0 | 0 | 3 765.43 | 852.78 | 2 912.65 | 0 | 1 664.2 | 18 73.73 | 0 | 227.5 | 1 157.7 | 1 206.71 | 0 | 428.67 | 0 | 394.65 | 199.5 | 90.79 | 378.2 | 3 022.81 | 3 022.81 |
| 江苏航运职业技术学院 | 26 | 1 094.7 | 0 | 0 | 0 | 0 | 0 | 1 094.7 | 523.54 | 571.16 | 0 | 980.2 | 0 | 0 | 114.5 | 619.2 | 257.9 | 0 | 0 | 0 | 81.1 | 32 | 0 | 104.5 | 297.3 | 297.3 |
| 南京交通职业技术学院 | 27 | 1 008.57 | 0 | 0 | 0 | 0 | 0 | 1 008.57 | 11.57 | 997 | 0 | 813.04 | 96.3 | 0 | 99.23 | 680 | 302.88 | 0 | 0 | 0 | 25.69 | 0 | 0 | 0 | 2 470.38 | 2 470.38 |
| 江苏电子信息职业学院 | 28 | 1 633.4 | 0 | 0 | 0 | 0 | 0 | 1 633.4 | 380.18 | 1 253.22 | 0 | 1 535.8 | 4 | 0 | 93.6 | 1 242 | 198.7 | 0 | 49 | 0 | 141.7 | 0 | 0 | 2 | 312 | 312 |
| 江苏农牧科技职业学院 | 29 | 386.36 | 0 | 0 | 0 | 0 | 0 | 386.36 | 51.78 | 334.58 | 0 | 380.36 | 0 | 0 | 6 | 181 | 141.8 | 0 | 0 | 0 | 38.79 | 14.1 | 10.1 | 10.67 | 307.44 | 307.44 |
| 常州纺织服装职业技术学院 | 30 | 1 220.77 | 162 | 0 | 0 | 0 | 0 | 1 058.77 | 251.73 | 807.04 | 0 | 923.79 | 7.6 | 3.8 | 123.58 | 710 | 273.42 | 0 | 14.8 | 0 | 31.55 | 14.5 | 4.75 | 14.5 | 1 593.28 | 1 593.28 |
| 苏州农业职业技术学院 | 31 | 384.5 | 0 | 0 | 0 | 0 | 0 | 384.5 | 367.64 | 16.86 | 0 | 351.8 | 0 | 0 | 32.7 | 252.2 | 14.5 | 0 | 25.1 | 0 | 27.5 | 15.8 | 0 | 49.4 | 3.2 | 3.2 |
| 南京科技职业学院 | 32 | 1 270 | 0 | 0 | 0 | 0 | 0 | 1 270 | 643.82 | 626.18 | 0 | 1 150 | 0 | 0 | 120 | 550 | 414.2 | 0 | 0 | 0 | 304.8 | 1 | 0 | 0 | 179 | 179 |
| 常州工业职业技术学院 | 33 | 5 501.91 | 0 | 0 | 0 | 0 | 0 | 5 501.91 | 39.71 | 5 462.2 | 0 | 1 989 | 3 485.41 | 0 | 27.5 | 1 900 | 1 515.21 | 0 | 1 006.08 | 0 | 865 | 128 | 16 | 87.62 | 2 794.66 | 2 794.66 |
| 常州工程职业技术学院 | 34 | 2 773.3 | 0 | 0 | 0 | 0 | 0 | 2 773.3 | 239.29 | 2 534.01 | 0 | 747.24 | 1 884.62 | 0 | 141.44 | 552 | 1 736.29 | 0 | 0 | 0 | 29.3 | 91.74 | 91.74 | 363.97 | 2 620.9 | 2 620.9 |
| 江苏农林职业技术学院 | 35 | 516 | 0 | 0 | 0 | 0 | 0 | 516 | 334.44 | 181.56 | 0 | 516 | 0 | 0 | 0 | 246 | 78 | 0 | 0 | 0 | 180 | 6 | 0 | 6 | 35 | 35 |
| 江苏食品药品职业技术学院 | 36 | 1 246.4 | 0 | 0 | 0 | 0 | 0 | 1 246.4 | 703.44 | 542.96 | 0 | 739.4 | 360 | 0 | 147 | 420 | 188.6 | 0 | 0 | 0 | 199.8 | 146.2 | 32 | 291.8 | 705.2 | 705.2 |
| 南京铁道职业技术学院 | 37 | 3 432.8 | 0 | 0 | 0 | 0 | 0 | 3 432.8 | 1 086.33 | 2 346.47 | 0 | 2 545.77 | 78.41 | 0 | 808.62 | 955 | 1 929.4 | 0 | 100 | 0 | 446.4 | 2 | 0 | 0 | 1 870 | 1 860 |
| 徐州工业职业技术学院 | 38 | 1 025.8 | 0 | 0 | 0 | 0 | 0 | 1 025.8 | 527.16 | 498.64 | 0 | 864.98 | 119.17 | 0 | 41.65 | 393.8 | 199.8 | 0 | 150.9 | 0 | 123.7 | 92.1 | 27.4 | 65.5 | 331.55 | 331.55 |
| 江苏信息职业技术学院 | 39 | 1 993.02 | 0 | 0 | 0 | 0 | 0 | 1 993.02 | 844.55 | 1 148.47 | 0 | 1 287.96 | 622.95 | 0 | 82.11 | 848.7 | 882.41 | 0 | 0 | 0 | 125.65 | 27.39 | 22.96 | 108.87 | 368.34 | 368.34 |
| 南京信息职业技术学院 | 40 | 2 766.1 | 0 | 0 | 0 | 0 | 0 | 2 766.1 | 388.32 | 2 377.78 | 0 | 2 279.79 | 49.28 | 0 | 437.03 | 780 | 1 928.1 | 0 | 16 | 0 | 14 | 28 | 0 | 0 | 824.5 | 824.5 |

| | | | | | | | | | | | | | | | | | | | | | | | | | | |
|---|---|---|---|---|---|---|---|---|---|---|---|---|---|---|---|---|---|---|---|---|---|---|---|---|---|---|
| 常州机电职业技术学院 | 41 | 2 536.91 | 0 | 0 | 0 | 0 | 0 | 2 536.91 | 0 | 2 536.91 | 0 | 2 151.06 | 165.58 | 0 | 220.27 | 690 | 915.56 | 0 | 383.55 | 0 | 498.62 | 49.18 | 47.65 | 0 | 971.49 | 971.49 |
| 江阴职业技术学院 | 42 | 350.7 | 0 | 0 | 0 | 0 | 0 | 350.7 | 147.8 | 202.9 | 0 | 310.3 | 0 | 0 | 40.4 | 138 | 10 | 0 | 0 | 0 | 202.7 | 0 | 0 | 0 | 111.8 | 111.8 |
| 无锡城市职业技术学院 | 43 | 1 769.57 | 0 | 0 | 0 | 0 | 0 | 1 769.57 | 226.75 | 1 542.82 | 0 | 1 225.6 | 460.14 | 0 | 83.83 | 969.2 | 419.05 | 0 | 43.4 | 0 | 60.15 | 277.77 | 12.7 | 0 | 224.2 | 224.2 |
| 无锡工艺职业技术学院 | 44 | 9 488.33 | 0 | 0 | 0 | 0 | 0 | 9 488.33 | 0 | 9 488.33 | 0 | 1 765 | 7 618.83 | 0 | 104.5 | 1 480 | 5 994.1 | 0 | 0 | 0 | 805.68 | 402.87 | 402.87 | 805.68 | 782.9 | 782.9 |
| 苏州健雄职业技术学院 | 45 | 1 543.2 | 0 | 0 | 0 | 0 | 0 | 1 543.2 | 420.34 | 1 122.86 | 0 | 889 | 643.2 | 0 | 11 | 596 | 894.2 | 0 | 0 | 0 | 51 | 2 | 0 | 0 | 434.6 | 434.6 |
| 盐城工业职业技术学院 | 46 | 3 028 | 0 | 0 | 0 | 0 | 0 | 3 028 | 64.22 | 2 963.78 | 0 | 1 632.63 | 1 347.26 | 0 | 48.11 | 1 295 | 1 511 | 0 | 0 | 0 | 192 | 0 | 0 | 30 | 1 285.4 | 1 285.4 |
| 江苏财经职业技术学院 | 47 | 4 261.22 | 0 | 0 | 0 | 0 | 0 | 4 261.22 | 288.92 | 3 972.3 | 0 | 1 418.65 | 2 770.22 | 0 | 72.35 | 1 096 | 2 096.79 | 0 | 0 | 0 | 121.08 | 46.03 | 0.98 | 901.32 | 1 196.51 | 1 196.51 |
| 扬州工业职业技术学院 | 48 | 1 462.7 | 0 | 0 | 0 | 0 | 0 | 1 462.7 | 426.04 | 1 036.66 | 0 | 1 318.18 | 85.4 | 0 | 59.12 | 550 | 895.5 | 0 | 2 | 0 | 8.9 | 6.3 | 6.3 | 0 | 109.7 | 109.7 |
| 江苏城市职业学院 | 49 | 5 847.87 | 0 | 0 | 0 | 0 | 0 | 5 847.87 | 3 173.3 | 2 674.57 | 0 | 4 681.46 | 623.57 | 0 | 542.84 | 3 235.95 | 2 025.11 | 0 | 8 | 0 | 382.01 | 85.41 | 57.01 | 111.39 | 834.29 | 834.29 |
| 南京城市职业学院 | 50 | 865.9 | 0 | 0 | 0 | 0 | 0 | 865.9 | 0 | 865.9 | 0 | 778.05 | 0 | 0 | 87.85 | 580 | 205.54 | 0 | 1 | 0 | 52.25 | 0 | 0 | 27.11 | 0 | 0 |
| 南京机电职业技术学院 | 51 | 611.9 | 0 | 0 | 0 | 0 | 0 | 611.9 | 421.06 | 190.84 | 0 | 370.47 | 135.96 | 0 | 105.47 | 218 | 175 | 0 | 0 | 0 | 129 | 87.9 | 0 | 2 | 471.8 | 471.8 |
| 南京旅游职业学院 | 52 | 1 598.55 | 0 | 0 | 0 | 0 | 0 | 1 598.55 | 1 134.11 | 464.44 | 0 | 1 451.35 | 93 | 0 | 54.2 | 869 | 248.5 | 0 | 47.3 | 0 | 267.95 | 8.4 | 1 | 157.4 | 337.99 | 337.99 |
| 江苏卫生健康职业学院 | 53 | 813.34 | 0 | 0 | 0 | 0 | 0 | 813.34 | 395.39 | 417.95 | 0 | 729.04 | 12.2 | 0 | 72.1 | 641 | 172.34 | 0 | 0 | 0 | 0 | 0 | 0 | 0 | 539.06 | 539.06 |
| 苏州信息职业技术学院 | 54 | 253.98 | 0 | 0 | 0 | 0 | 0 | 253.98 | 143.49 | 110.49 | 0 | 250.22 | 3.76 | 0 | 0 | 223.5 | 14.79 | 0 | 12.99 | 0 | 0.7 | 2 | 2 | 0 | 226.92 | 226.92 |
| 苏州工业园区服务外包职业学院 | 55 | 3 295.5 | 0 | 0 | 0 | 0 | 0 | 3 295.5 | 0 | 3 295.5 | 0 | 998.8 | 2 289.6 | 0 | 7.1 | 645 | 2 205.86 | 0 | 0 | 0 | 411.64 | 3 | 2.5 | 30 | 474.65 | 474.65 |
| 徐州幼儿师范高等专科学校 | 56 | 1 457.3 | 5 | 0 | 0 | 0 | 0 | 1 452.3 | 1 366 | 86.3 | 0 | 1 428.16 | 0 | 0 | 24.14 | 849 | 161.5 | 0 | 159.5 | 0 | 68 | 69 | 10 | 145.3 | 436 | 436 |
| 徐州生物工程职业技术学院 | 57 | 373.6 | 0 | 0 | 0 | 0 | 0 | 373.6 | 363 | 10.6 | 0 | 302.71 | 0 | 0 | 70.89 | 274 | 34.8 | 0 | 2.8 | 0 | 58.2 | 2.4 | 0 | 1.4 | 84.7 | 84.7 |
| 江苏商贸职业学院 | 58 | 2 101.11 | 0 | 0 | 0 | 0 | 0 | 2 101.11 | 1 784.44 | 316.67 | 0 | 1 742.59 | 238.17 | 0 | 120.35 | 1 509.4 | 520.93 | 0 | 21.4 | 0 | 33.57 | 15.81 | 14.21 | 0 | 514.86 | 514.86 |
| 南通师范高等专科学校 | 59 | 594.54 | 0 | 0 | 0 | 0 | 0 | 594.54 | 594.54 | 0 | 0 | 594.54 | 0 | 0 | 0 | 526.3 | 17 | 0 | 16.84 | 0 | 31.7 | 2.7 | 1 | 0 | 85.07 | 85.07 |
| 江苏护理职业学院 | 60 | 401 | 0 | 0 | 0 | 0 | 0 | 401 | 290.77 | 110.23 | 0 | 401 | 0 | 0 | 0 | 190 | 82 | 0 | 0 | 0 | 54 | 4 | 1 | 71 | 29.3 | 29.3 |
| 江苏财会职业学院 | 61 | 852.25 | 0 | 0 | 0 | 0 | 0 | 852.25 | 18.63 | 833.62 | 0 | 803.75 | 43.5 | 0 | 5 | 645.75 | 109.13 | 0 | 0 | 0 | 86.9 | 2 | 2 | 8.47 | 4.6 | 4.6 |
| 江苏城乡建设职业学院 | 62 | 2 804.93 | 0 | 0 | 0 | 0 | 0 | 2 804.93 | 525.03 | 2 279.9 | 0 | 1 872.99 | 883.85 | 0 | 48.09 | 1 708 | 318.73 | 0 | 50 | 50 | 306.45 | 348.86 | 125 | 72.89 | 681.49 | 681.49 |
| 江苏航空职业技术学院 | 63 | 480.68 | 0 | 0 | 0 | 0 | 0 | 480.68 | 337.76 | 142.92 | 0 | 395.78 | 0 | 0 | 84.9 | 344 | 5 | 0 | 0 | 0 | 131.68 | 0 | 0 | 0 | 208.72 | 208.72 |
| 江苏安全技术职业学院 | 64 | 411 | 0 | 0 | 0 | 0 | 0 | 411 | 411 | 0 | 0 | 365.86 | 0 | 0 | 45.14 | 95 | 150 | 0 | 0 | 0 | 133 | 0 | 0 | 33 | 13 | 13 |
| 江苏旅游职业学院 | 65 | 323 | 0 | 0 | 0 | 0 | 0 | 323 | 19.58 | 303.42 | 0 | 313.88 | 0 | 0 | 9.12 | 280 | 20 | 0 | 0 | 0 | 0 | 0 | 0 | 23 | 24 | 24 |
| 江苏安全技术职业学院 | 64 | 411 | 0 | 0 | 0 | 0 | 0 | 411 | 411 | 0 | 0 | 365.86 | 0 | 0 | 45.14 | 95 | 150 | 0 | 0 | 0 | 133 | 0 | 0 | 33 | 13 | 13 |
| 江苏旅游职业学院 | 65 | 323 | 0 | 0 | 0 | 0 | 0 | 323 | 19.58 | 303.42 | 0 | 313.88 | 0 | 0 | 9.12 | 280 | 20 | 0 | 0 | 0 | 0 | 0 | 0 | 23 | 24 | 24 |

# 4. 民办及中外合作办学高等学校人文、社会科学研究与发展经费情况表

| 高校名称 | 编号 | 上年结转经费（千元） | 当年经费收入合计（千元） | 拨入（千元）：政府资金投入 | 其中：科研活动经费 | 其中：教育部科研项目经费 | 教育部其他科研经费 | 中央高校基本科研业务费 | 中央其他部门科研项目经费 | 省、市、自治区社科基金项目 | 省教育厅科研项目经费 | 省教育厅其他科研经费 | 其他各类地方政府经费 | 科技活动人员工资 | 科研基建费 | 非政府资金投入 | 其中：企、事业单位委托项目经费 | 金融机构贷款 | 自筹经费 | 境外资金 | 其中：港、澳、台地区合作项目经费 | 其他收入 | 科技活动人员工资 |
|---|---|---|---|---|---|---|---|---|---|---|---|---|---|---|---|---|---|---|---|---|---|---|---|
| | | L01 | L02 | L03 | L04 | L05 | L06 | L07 | L08 | L09 | L10 | L11 | L12 | L13 | L14 | L15 | L16 | L17 | L18 | L19 | L20 | L21 | L22 |
| 总计 | / | 20 176.85 | 52 442.84 | 9 977.7 | 9 972.7 | 285 | 3 | 0 | 1 266.7 | 282 | 4 818.4 | 727.5 | 2 590.1 | 0 | 5 | 42 465.14 | 11 767.77 | 0 | 8 497.17 | 207.36 | 0 | 748.54 | 21 244.3 |
| 明达职业技术学院 | 1 | 0 | 0 | 0 | 0 | 0 | 0 | 0 | 0 | 0 | 0 | 0 | 0 | 0 | 0 | 0 | 0 | 0 | 0 | 0 | 0 | 0 | 0 |
| 三江学院 | 2 | 3 841.8 | 5 345.93 | 254 | 254 | 25 | 0 | 0 | 0 | 0 | 6 | 0 | 223 | 0 | 0 | 5 091.93 | 2 289.43 | 0 | 744.5 | 0 | 0 | 0 | 2 058 |
| 九州职业技术学院 | 3 | 189.1 | 905 | 257 | 257 | 0 | 0 | 0 | 0 | 0 | 252 | 0 | 5 | 0 | 0 | 648 | 0 | 0 | 0 | 0 | 0 | 0 | 648 |
| 南通理工学院 | 4 | 1 017.31 | 2 442.5 | 315 | 315 | 0 | 0 | 0 | 0 | 32 | 168 | 100 | 15 | 0 | 0 | 2 127.5 | 684 | 0 | 714.5 | 0 | 0 | 0 | 729 |
| 硅湖职业技术学院 | 5 | 175 | 720.9 | 198.9 | 198.9 | 0 | 0 | 0 | 0 | 26 | 105 | 0 | 67.9 | 0 | 0 | 522 | 36 | 0 | 190 | 0 | 0 | 18 | 278 |
| 应天职业技术学院 | 6 | 148.8 | 427.2 | 106 | 106 | 0 | 0 | 0 | 0 | 0 | 100 | 0 | 6 | 0 | 0 | 321.2 | 0 | 0 | 100 | 0 | 0 | 0 | 221.2 |
| 苏州托普信息职业技术学院 | 7 | 0 | 0 | 0 | 0 | 0 | 0 | 0 | 0 | 0 | 0 | 0 | 0 | 0 | 0 | 0 | 0 | 0 | 0 | 0 | 0 | 0 | 0 |
| 东南大学成贤学院 | 8 | 479.66 | 605.1 | 195.5 | 195.5 | 0 | 0 | 0 | 0 | 0 | 172.5 | 0 | 23 | 0 | 0 | 409.6 | 0 | 0 | 208.2 | 0 | 0 | 0 | 201.4 |
| 苏州工业园区职业技术学院 | 9 | 49.4 | 140 | 65 | 65 | 0 | 0 | 0 | 0 | 0 | 32 | 0 | 33 | 0 | 0 | 75 | 8 | 0 | 2 | 0 | 0 | 0 | 65 |
| 太湖创意职业技术学院 | 10 | 0 | 70 | 11 | 11 | 0 | 0 | 0 | 0 | 0 | 0 | 11 | 0 | 0 | 0 | 59 | 0 | 0 | 38 | 0 | 0 | 5 | 16 |
| 炎黄职业技术学院 | 11 | 0 | 100 | 22 | 22 | 0 | 0 | 0 | 0 | 0 | 22 | 0 | 0 | 0 | 0 | 78 | 0 | 0 | 66 | 0 | 0 | 0 | 12 |
| 正德职业技术学院 | 12 | 26.5 | 451 | 18 | 18 | 0 | 0 | 0 | 0 | 0 | 18 | 0 | 0 | 0 | 0 | 433 | 5 | 0 | 18 | 0 | 0 | 0 | 410 |
| 钟山职业技术学院 | 13 | 27 | 155 | 110 | 110 | 0 | 0 | 0 | 0 | 0 | 110 | 0 | 0 | 0 | 0 | 45 | 0 | 0 | 0 | 0 | 0 | 2 | 43 |
| 无锡南洋职业技术学院 | 14 | 597.07 | 745.6 | 5 | 5 | 0 | 0 | 0 | 0 | 0 | 0 | 0 | 5 | 0 | 0 | 740.6 | 0 | 0 | 240 | 0 | 0 | 10 | 490.6 |
| 江南影视艺术职业学院 | 15 | 111.1 | 673.4 | 69.5 | 69.5 | 0 | 0 | 0 | 0 | 0 | 0 | 32 | 37.5 | 0 | 0 | 603.9 | 0 | 0 | 98.1 | 0 | 0 | 0 | 505.8 |
| 金肯职业技术学院 | 16 | 210 | 655 | 190 | 190 | 0 | 0 | 0 | 0 | 0 | 90 | 100 | 0 | 0 | 0 | 465 | 0 | 0 | 200 | 0 | 0 | 0 | 265 |
| 建东职业技术学院 | 17 | 5 | 133 | 30 | 30 | 0 | 0 | 0 | 0 | 0 | 30 | 0 | 0 | 0 | 0 | 103 | 0 | 0 | 37 | 0 | 0 | 0 | 66 |
| 宿迁职业技术学院 | 18 | 0 | 23 | 5 | 5 | 0 | 0 | 0 | 0 | 0 | 5 | 0 | 0 | 0 | 0 | 18 | 0 | 0 | 3 | 0 | 0 | 0 | 15 |
| 江海职业技术学院 | 19 | 70 | 929 | 236 | 236 | 0 | 0 | 0 | 0 | 0 | 140 | 0 | 96 | 0 | 0 | 693 | 228 | 0 | 20 | 0 | 0 | 0 | 445 |
| 无锡太湖学院 | 20 | 1 708.08 | 7 227.9 | 930 | 930 | 65 | 0 | 0 | 60 | 40 | 400 | 148 | 217 | 0 | 0 | 6 297.9 | 2 926.8 | 0 | 752.1 | 0 | 0 | 3 | 2 616 |
| 中国矿业大学徐海学院 | 21 | 131.7 | 255 | 40 | 40 | 0 | 0 | 0 | 0 | 0 | 40 | 0 | 0 | 0 | 0 | 215 | 0 | 0 | 50 | 0 | 0 | 0 | 165 |

| | | | | | | | | | | | | | | | | | | | | | | | |
|---|---|---|---|---|---|---|---|---|---|---|---|---|---|---|---|---|---|---|---|---|---|---|---|
| 南京大学金陵学院 | 22 | 1 337.53 | 3 561.4 | 136 | 136 | 0 | 0 | 0 | 0 | 40 | 31 | 0 | 65 | 0 | 0 | 3 425.4 | 2 465 | 0 | 170 | 0 | 0 | 0 | 790.4 |
| 南京理工大学紫金学院 | 23 | 533.34 | 1 868 | 378 | 378 | 0 | 0 | 0 | 0 | 63 | 260 | 0 | 55 | 0 | 0 | 1 490 | 552 | 0 | 648 | 0 | 0 | 0 | 290 |
| 南京航空航天大学金城学院 | 24 | 137.43 | 454 | 5 | 5 | 0 | 0 | 0 | 0 | 0 | 0 | 0 | 5 | 0 | 0 | 449 | 0 | 0 | 219 | 0 | 0 | 0 | 230 |
| 南京传媒学院 | 25 | 639.02 | 1 010.38 | 202.4 | 202.4 | 0 | 0 | 0 | 0 | 28 | 73.2 | 0 | 101.2 | 0 | 0 | 807.98 | 0 | 0 | 329.38 | 0 | 0 | 118.6 | 360 |
| 金山职业技术学院 | 26 | 88.2 | 99 | 22 | 22 | 0 | 0 | 0 | 0 | 0 | 22 | 0 | 0 | 0 | 0 | 77 | 0 | 0 | 22 | 0 | 0 | 5 | 50 |
| 南京理工大学泰州科技学院 | 27 | 580 | 1 464.6 | 249 | 249 | 0 | 0 | 0 | 0 | 50 | 50 | 0 | 149 | 0 | 0 | 1215.6 | 159.6 | 0 | 118 | 0 | 0 | 0 | 938 |
| 南京师范大学泰州学院 | 28 | 628.6 | 1 453.5 | 453 | 453 | 75 | 0 | 0 | 32 | 0 | 126 | 0 | 220 | 0 | 0 | 1 000.5 | 478.8 | 0 | 171.7 | 0 | 0 | 0 | 350 |
| 南京工业大学浦江学院 | 29 | 585 | 720 | 130 | 130 | 0 | 0 | 0 | 0 | 0 | 130 | 0 | 0 | 0 | 0 | 590 | 0 | 0 | 228 | 0 | 0 | 5 | 357 |
| 南京师范大学中北学院 | 30 | 654.5 | 888 | 183 | 183 | 0 | 0 | 0 | 0 | 3 | 170 | 0 | 10 | 0 | 0 | 705 | 0 | 0 | 207 | 0 | 0 | 5 | 493 |
| 苏州百年职业学院 | 31 | 0 | 320 | 110 | 110 | 0 | 0 | 0 | 0 | 0 | 60 | 0 | 50 | 0 | 0 | 210 | 0 | 0 | 50 | 0 | 0 | 0 | 160 |
| 昆山登云科技职业学院 | 32 | 218.56 | 845 | 141 | 141 | 0 | 0 | 0 | 0 | 0 | 5 | 0 | 136 | 0 | 0 | 704 | 0 | 0 | 465 | 0 | 0 | 0 | 239 |
| 南京视觉艺术职业学院 | 33 | 92 | 292 | 91 | 86 | 0 | 3 | 0 | 0 | 0 | 80 | 3 | 0 | 0 | 5 | 201 | 0 | 0 | 1 | 0 | 0 | 0 | 200 |
| 南京医科大学康达学院 | 34 | 86.5 | 344.5 | 108.5 | 108.5 | 0 | 0 | 0 | 0 | 0 | 98 | 0 | 10.5 | 0 | 0 | 236 | 0 | 0 | 31 | 0 | 0 | 90 | 115 |
| 南京中医药大学翰林学院 | 35 | 571.59 | 668 | 281 | 281 | 0 | 0 | 0 | 0 | 0 | 90 | 0 | 191 | 0 | 0 | 387 | 0 | 0 | 0 | 0 | 0 | 168 | 219 |
| 南京信息工程大学滨江学院 | 36 | 545.62 | 1547 | 473 | 473 | 0 | 0 | 0 | 5 | 0 | 181.5 | 12.5 | 274 | 0 | 0 | 1 074 | 272 | 0 | 94 | 0 | 0 | 63 | 645 |
| 苏州大学文正学院 | 37 | 243.47 | 697 | 55 | 55 | 0 | 0 | 0 | 0 | 0 | 47 | 0 | 8 | 0 | 0 | 642 | 314 | 0 | 0 | 0 | 0 | 4 | 324 |
| 苏州大学应用技术学院 | 38 | 115.05 | 697 | 38 | 38 | 0 | 0 | 0 | 0 | 0 | 0 | 0 | 38 | 0 | 0 | 659 | 167 | 0 | 315 | 0 | 0 | 0 | 177 |
| 苏州科技大学天平学院 | 39 | 372 | 507 | 160 | 160 | 0 | 0 | 0 | 0 | 0 | 150 | 0 | 10 | 0 | 0 | 347 | 0 | 0 | 35 | 0 | 0 | 40 | 272 |
| 江苏大学京江学院 | 40 | 0 | 296 | 90 | 90 | 0 | 0 | 0 | 0 | 0 | 90 | 0 | 0 | 0 | 0 | 206 | 0 | 0 | 56 | 0 | 0 | 5 | 145 |
| 扬州大学广陵学院 | 41 | 177.73 | 1 155 | 121 | 121 | 10 | 0 | 0 | 0 | 0 | 105 | 0 | 6 | 0 | 0 | 1034 | 0 | 0 | 40 | 0 | 0 | 180 | 814 |
| 江苏师范大学科文学院 | 42 | 448.95 | 308 | 180 | 180 | 0 | 0 | 0 | 0 | 0 | 180 | 0 | 0 | 0 | 0 | 128 | 0 | 0 | 0 | 0 | 0 | 0 | 128 |
| 南京邮电大学通达学院 | 43 | 11 | 0 | 0 | 0 | 0 | 0 | 0 | 0 | 0 | 0 | 0 | 0 | 0 | 0 | 0 | 0 | 0 | 0 | 0 | 0 | 0 | 0 |
| 南京财经大学红山学院 | 44 | 131.08 | 537.81 | 156 | 156 | 0 | 0 | 0 | 0 | 0 | 156 | 0 | 0 | 0 | 0 | 381.81 | 0 | 0 | 58.47 | 0 | 0 | 18.34 | 305 |
| 江苏科技大学苏州理工学院 | 45 | 29 | 337 | 249 | 249 | 0 | 0 | 0 | 0 | 0 | 80 | 80 | 89 | 0 | 0 | 88 | 0 | 0 | 0 | 0 | 0 | 8 | 80 |
| 常州大学怀德学院 | 46 | 159.3 | 453.2 | 110 | 110 | 0 | 0 | 0 | 0 | 0 | 110 | 0 | 0 | 0 | 0 | 343.2 | 0 | 0 | 31.2 | 0 | 0 | 0 | 312 |
| 南通大学杏林学院 | 47 | 68.9 | 475.9 | 37.2 | 37.2 | 0 | 0 | 0 | 0 | 0 | 37.2 | 0 | 0 | 0 | 0 | 438.7 | 0 | 0 | 48.7 | 0 | 0 | 0 | 390 |
| 南京审计大学金审学院 | 48 | 157 | 817 | 391 | 391 | 0 | 0 | 0 | 0 | 0 | 195 | 190 | 6 | 0 | 0 | 426 | 0 | 0 | 0 | 0 | 0 | 0 | 426 |
| 宿迁学院 | 49 | 319.68 | 2252 | 1152 | 1152 | 30 | 0 | 0 | 240 | 0 | 500 | 0 | 382 | 0 | 0 | 1100 | 0 | 0 | 200 | 0 | 0 | 0 | 900 |
| 苏州高博软件技术职业学院 | 50 | 104 | 669 | 130 | 130 | 0 | 0 | 0 | 0 | 0 | 51 | 51 | 28 | 0 | 0 | 539 | 60 | 0 | 74 | 0 | 0 | 0 | 405 |
| 宿迁泽达职业技术学院 | 51 | 0 | 120 | 0 | 0 | 0 | 0 | 0 | 0 | 0 | 0 | 0 | 0 | 0 | 0 | 120 | 0 | 0 | 60 | 0 | 0 | 0 | 60 |
| 扬州中瑞酒店职业学院 | 52 | 6 | 101 | 58 | 58 | 0 | 0 | 0 | 0 | 0 | 50 | 0 | 8 | 0 | 0 | 43 | 0 | 0 | 10 | 0 | 0 | 0.6 | 32.4 |
| 西交利物浦大学 | 53 | 2 069.5 | 5 166.41 | 1 029.7 | 1 029.7 | 80 | 0 | 0 | 929.7 | 0 | 0 | 0 | 20 | 0 | 0 | 4 136.71 | 1 021.7 | 0 | 1 333.32 | 16.19 | 0 | 0 | 1 765.5 |
| 昆山杜克大学 | 54 | 278.78 | 313.61 | 0 | 0 | 0 | 0 | 0 | 0 | 0 | 0 | 0 | 0 | 0 | 0 | 313.61 | 100.44 | 0 | 0 | 191.17 | 0 | 0 | 22 |

| 高校名称 | 经费名称 | 当年R&D经费支出合计(千元) | 支出(千元) 转拨给外单位经费 | 其中 对国内研究机构支出 | 其中 对国内高等学校支出 | 其中 对国内企业支出 | 其中 对境外机构支出 | R&D经费内部支出合计 | 其中 基础研究支出 | 其中 应用研究支出 | 其中 试验发展支出 | 其中 政府资金 | 其中 企业资金 | 其中 境外资金 | 其中 其他 | 其中 科研人员费 | 其中 业务费 | 其中 科研基建费 | 其中 仪器设备费 | 其中 单价在1万元以上的设备费 | 其中 图书资料费 | 其中 间接费 | 其中 管理费 | 其中 其他支出 | 当年结余经费(千元) | 银行存款(千元) |
|---|---|---|---|---|---|---|---|---|---|---|---|---|---|---|---|---|---|---|---|---|---|---|---|---|---|---|
| | 编号 | L23 | L24 | L25 | L26 | L27 | L28 | L29 | L30 | L31 | L32 | L33 | L34 | L35 | L36 | L37 | L38 | L39 | L40 | L41 | L42 | L43 | L44 | L45 | L46 | L47 |
| 合计 | / | 48 300.72 | 365.02 | 0 | 293.82 | 0 | 0 | 47 935.7 | 14 532.36 | 33 398.94 | 4.4 | 10 894.12 | 10 597.41 | 72.9 | 26 371.27 | 25 132.21 | 14 833.39 | 9 | 823.35 | 56.9 | 3 104.59 | 2 187.99 | 473.83 | 1 845.17 | 24 318.97 | 24 185.87 |
| 明达职业技术学院 | 1 | 0 | 0 | 0 | 0 | 0 | 0 | 0 | 0 | 0 | 0 | 0 | 0 | 0 | 0 | 0 | 0 | 0 | 0 | 0 | 0 | 0 | 0 | 0 | 0 | 0 |
| 三江学院 | 2 | 5 533.63 | 0 | 0 | 0 | 0 | 0 | 5 533.63 | 228.82 | 5 304.81 | 0 | 580.2 | 2 242.63 | 0 | 2 710.8 | 2 626.8 | 2 280 | 0 | 322.63 | 0 | 208.7 | 41 | 0 | 54.5 | 3 654.1 | 3 654.1 |
| 九州职业技术学院 | 3 | 804.7 | 0 | 0 | 0 | 0 | 0 | 804.7 | 70.32 | 734.38 | 0 | 139.6 | 0 | 0 | 665.1 | 665.1 | 118.7 | 0 | 1.8 | 0 | 14.5 | 4.4 | 4.4 | 0.2 | 289.4 | 289.4 |
| 南通理工学院 | 4 | 2 980.35 | 0 | 0 | 0 | 0 | 0 | 2 980.35 | 2 557.1 | 423.25 | 0 | 717.64 | 1 007.09 | 0 | 1 255.62 | 1 017 | 1 684.6 | 0 | 0 | 0 | 16.35 | 15.25 | 15.25 | 247.15 | 479.46 | 479.46 |
| 硅湖职业技术学院 | 5 | 685.8 | 0 | 0 | 0 | 0 | 0 | 685.8 | 320.3 | 365.5 | 0 | 329.01 | 33.1 | 0 | 323.69 | 279 | 145 | 0 | 0 | 0 | 223 | 0 | 0 | 38.8 | 210.1 | 209.6 |
| 应天职业技术学院 | 6 | 333.1 | 0 | 0 | 0 | 0 | 0 | 333.1 | 169.59 | 163.51 | 0 | 76.8 | 0 | 0 | 256.3 | 256.3 | 11.6 | 0 | 16.1 | 0 | 25.9 | 5.9 | 0 | 17.3 | 242.9 | 242.9 |
| 苏州托普信息职业技术学院 | 7 | 0 | 0 | 0 | 0 | 0 | 0 | 0 | 0 | 0 | 0 | 0 | 0 | 0 | 0 | 0 | 0 | 0 | 0 | 0 | 0 | 0 | 0 | 0 | 0 | 0 |
| 东南大学成贤学院 | 8 | 601.16 | 0 | 0 | 0 | 0 | 0 | 601.16 | 35.94 | 565.22 | 0 | 220.95 | 79.42 | 0 | 300.79 | 252.3 | 117.8 | 0 | 0 | 0 | 182.35 | 24.06 | 10 | 24.65 | 483.6 | 483.6 |
| 苏州工业园区职业技术学院 | 9 | 149 | 0 | 0 | 0 | 0 | 0 | 149 | 17.19 | 131.81 | 0 | 66 | 9 | 0 | 74 | 71 | 35 | 0 | 0 | 0 | 26.6 | 11.1 | 3.81 | 5.3 | 40.4 | 40.4 |
| 太湖创意职业技术学院 | 10 | 67 | 0 | 0 | 0 | 0 | 0 | 67 | 31.53 | 35.47 | 0 | 0 | 0 | 0 | 67 | 20 | 30 | 0 | 0 | 0 | 10 | 7 | 0 | 0 | 3 | 3 |
| 炎黄职业技术学院 | 11 | 100 | 0 | 0 | 0 | 0 | 0 | 100 | 0 | 100 | 0 | 88 | 0 | 0 | 12 | 12 | 44 | 0 | 4 | 0 | 8 | 14 | 8.8 | 18 | 0 | 0 |
| 正德职业技术学院 | 12 | 447.5 | 0 | 0 | 0 | 0 | 0 | 447.5 | 114.74 | 332.76 | 0 | 17.5 | 2 | 0 | 428 | 428 | 18 | 0 | 0 | 0 | 1 | 0.5 | 0.5 | 0 | 30 | 30 |
| 钟山职业技术学院 | 13 | 79.1 | 0 | 0 | 0 | 0 | 0 | 79.1 | 37.11 | 41.99 | 0 | 34.1 | 0 | 0 | 45 | 45 | 0 | 0 | 0 | 0 | 15.1 | 0 | 0 | 19 | 102.9 | 37.7 |
| 无锡南洋职业技术学院 | 14 | 937.82 | 0 | 0 | 0 | 0 | 0 | 937.82 | 0 | 937.82 | 0 | 203.7 | 0 | 0 | 734.12 | 734.12 | 16 | 0 | 0 | 0 | 0.8 | 24 | 0 | 162.9 | 404.85 | 404.85 |
| 江南影视艺术职业学院 | 15 | 667.22 | 0 | 0 | 0 | 0 | 0 | 667.22 | 667.22 | 0 | 0 | 31.9 | 0 | 0 | 635.32 | 606.12 | 5 | 0 | 5 | 0 | 43.2 | 0 | 0 | 7.9 | 117.28 | 117.28 |
| 金肯职业技术学院 | 16 | 699 | 70 | 0 | 0 | 0 | 0 | 629 | 110.5 | 518.5 | 0 | 323 | 0 | 0 | 306 | 306 | 67 | 0 | 85 | 43 | 142 | 0 | 0 | 29 | 166 | 166 |

| | | | | | | | | | | | | | | | | | | | | | | | | | | |
|---|---|---|---|---|---|---|---|---|---|---|---|---|---|---|---|---|---|---|---|---|---|---|---|---|---|---|
| 建东职业技术学院 | 17 | 136 | 0 | 0 | 0 | 0 | 0 | 136 | 0 | 136 | 0 | 58.29 | 0 | 0 | 77.71 | 68 | 3 | 0 | 7 | 0 | 55 | 3 | 0.15 | 0 | 2 | 2 |
| 宿迁职业技术学院 | 18 | 23 | 0 | 0 | 0 | 0 | 0 | 23 | 4.6 | 18.4 | 0 | 8 | 0 | 0 | 15 | 15 | 4.5 | 0 | 0 | 0 | 3.5 | 0 | 0 | 0 | 0 | 0 |
| 江海职业技术学院 | 19 | 919 | 0 | 0 | 0 | 0 | 0 | 919 | 267.2 | 651.8 | 0 | 226 | 228 | 0 | 465 | 465 | 341 | 0 | 0 | 0 | 113 | 0 | 0 | 0 | 80 | 80 |
| 无锡太湖学院 | 20 | 7551.47 | 0 | 0 | 0 | 0 | 0 | 7 551.47 | 512.44 | 7 039.03 | 0 | 1 033.67 | 3 128.75 | 0 | 3 389.05 | 3 368.1 | 2 934.13 | 0 | 0 | 0 | 35.29 | 1 213.95 | 92.69 | 0 | 1 384.51 | 1 384.51 |
| 中国矿业大学徐海学院 | 21 | 2 38.51 | 0 | 0 | 0 | 0 | 0 | 238.51 | 123.19 | 115.32 | 0 | 59.27 | 0 | 0 | 179.24 | 179.24 | 46.31 | 0 | 0.77 | 0 | 12.19 | 0 | 0 | 0 | 148.19 | 148.19 |
| 南京大学金陵学院 | 22 | 1 872.11 | 0 | 0 | 0 | 0 | 0 | 1 872.11 | 414.57 | 1 457.54 | 0 | 21.61 | 1 060.1 | 0 | 790.4 | 790.4 | 853.81 | 0 | 13.9 | 13.9 | 0 | 209.98 | 201.4 | 4.02 | 3026.82 | 3 026.82 |
| 南京理工大学紫金学院 | 23 | 1 638.54 | 0 | 0 | 0 | 0 | 0 | 1 638.54 | 953.32 | 685.22 | 0 | 319.32 | 945.27 | 0 | 373.95 | 350 | 336 | 0 | 167 | 0 | 351.7 | 64 | 32 | 369.84 | 762.8 | 752.8 |
| 南京航空航天大学金城学院 | 24 | 465.3 | 0 | 0 | 0 | 0 | 0 | 465.3 | 378.83 | 86.47 | 0 | 134.97 | 17.06 | 0 | 313.27 | 290 | 54.7 | 0 | 0 | 0 | 92.1 | 27 | 5 | 1.5 | 126.13 | 126.13 |
| 南京传媒学院 | 25 | 1 239.99 | 0 | 0 | 0 | 0 | 0 | 1 239.99 | 911.52 | 328.47 | 0 | 873.42 | 0 | 0 | 366.57 | 362 | 774.76 | 0 | 0 | 0 | 5 | 0 | 0 | 98.23 | 409.41 | 409.41 |
| 金山职业技术学院 | 26 | 130.2 | 0 | 0 | 0 | 0 | 0 | 130.2 | 9.74 | 120.46 | 0 | 80.2 | 0 | 0 | 50 | 50 | 20 | 0 | 0 | 0 | 48.2 | 8 | 0 | 4 | 57 | 57 |
| 南京理工大学泰州科技学院 | 27 | 1433 | 0 | 0 | 0 | 0 | 0 | 1 433 | 75.1 | 1 357.9 | 0 | 259.7 | 135.3 | 0 | 1 038 | 1 038 | 169.9 | 0 | 0 | 0 | 172.4 | 52.7 | 19.58 | 0 | 611.6 | 611.6 |
| 南京师范大学泰州学院 | 28 | 1 673.8 | 0 | 0 | 0 | 0 | 0 | 1 673.8 | 85.85 | 1 587.95 | 0 | 689.74 | 452.09 | 0 | 531.97 | 510 | 1 052.11 | 0 | 0 | 0 | 66 | 45.69 | 45.69 | 0 | 408.3 | 408.3 |
| 南京工业大学浦江学院 | 29 | 604.18 | 0 | 0 | 0 | 0 | 0 | 604.18 | 125.71 | 478.47 | 0 | 142.4 | 0 | 0 | 461.78 | 360 | 174.03 | 0 | 0.36 | 0 | 30 | 0 | 0 | 39.79 | 700.82 | 700.82 |
| 南京师范大学中北学院 | 30 | 1187 | 0 | 0 | 0 | 0 | 0 | 1187 | 1142.11 | 44.89 | 0 | 221 | 0 | 0 | 966 | 941 | 242 | 0 | 0 | 0 | 4 | 0 | 0 | 0 | 355.5 | 355.5 |
| 苏州百年职业学院 | 31 | 239.2 | 0 | 0 | 0 | 0 | 0 | 239.2 | 0 | 239.2 | 0 | 79.2 | 0 | 0 | 160 | 160 | 3 | 0 | 35.4 | 0 | 33.2 | 2.6 | 0 | 5 | 80.8 | 80.8 |
| 昆山登云科技职业学院 | 32 | 730.52 | 0 | 0 | 0 | 0 | 0 | 730.52 | 109.3 | 621.22 | 0 | 376.68 | 0 | 0 | 353.84 | 310.6 | 305.43 | 0 | 0 | 0 | 103.52 | 5.86 | 0 | 5.11 | 333.04 | 333.04 |
| 南京视觉艺术职业学院 | 33 | 274 | 0 | 0 | 0 | 0 | 0 | 274 | 201.62 | 72.38 | 0 | 64 | 0 | 0 | 210 | 210 | 13 | 9 | 0 | 0 | 42 | 0 | 0 | 0 | 110 | 110 |
| 南京医科大学康达学院 | 34 | 331.6 | 0 | 0 | 0 | 0 | 0 | 331.6 | 218.92 | 112.68 | 0 | 170.1 | 0 | 0 | 161.5 | 138 | 189 | 0 | 0 | 0 | 0.9 | 3.7 | 0 | 0 | 99.4 | 63 |
| 南京中医药大学翰林学院 | 35 | 691.58 | 0 | 0 | 0 | 0 | 0 | 691.58 | 379.42 | 312.16 | 0 | 427.54 | 28.04 | 0 | 236 | 236 | 204.63 | 0 | 0 | 0 | 225.42 | 0.54 | 0 | 24.99 | 548.01 | 527.01 |
| 南京信息工程大学滨江学院 | 36 | 1 439.85 | 0 | 0 | 0 | 0 | 0 | 1 439.85 | 712.46 | 722.99 | 4.4 | 382.32 | 283.59 | 0 | 773.94 | 670 | 543.6 | 0 | 52.5 | 0 | 74.48 | 19.39 | 14.83 | 79.88 | 652.77 | 652.77 |
| 苏州大学文正学院 | 37 | 548.62 | 0 | 0 | 0 | 0 | 0 | 548.62 | 434.03 | 114.59 | 0 | 112.62 | 108 | 0 | 328 | 328 | 191 | 0 | 3.79 | 0 | 5.92 | 9.42 | 9.42 | 10.49 | 391.85 | 391.85 |

续表

| 高校名称 | 经费名称 | 当年R&D经费支出合计(千元) | 支出(千元) 转拨给外单位经费 | 其中 对国内研究机构支出 | 其中 对国内高等学校支出 | 其中 对国内企业支出 | 其中 对境外机构支出 | R&D经费内部支出合计 | 其中 基础研究支出 | 其中 应用研究支出 | 其中 试验发展支出 | 其中 政府资金 | 其中 企业资金 | 其中 境外资金 | 其中 其他 | 其中 科研人员费 | 其中 业务费 | 其中 科研基建费 | 其中 仪器设备费 | 其中 单价在1万元以上的设备费 | 其中 图书资料费 | 其中 间接费 | 其中 管理费 | 其中 其他支出 | 当年结余经费(千元) | 银行存款(千元) |
|---|---|---|---|---|---|---|---|---|---|---|---|---|---|---|---|---|---|---|---|---|---|---|---|---|---|---|
| | 编号 | L23 | L24 | L25 | L26 | L27 | L28 | L29 | L30 | L31 | L32 | L33 | L34 | L35 | L36 | L37 | L38 | L39 | L40 | L41 | L42 | L43 | L44 | L45 | L46 | L47 |
| 苏州大学应用技术学院 | 38 | 630.9 | 0 | 0 | 0 | 0 | 0 | 630.9 | 65.86 | 565.04 | 0 | 62.22 | 256.68 | 0 | 312 | 312 | 172 | 0 | 0 | 0 | 59.1 | 12.4 | 6.91 | 75.4 | 181.15 | 181.15 |
| 苏州科技大学天平学院 | 39 | 549.8 | 0 | 0 | 0 | 0 | 0 | 549.8 | 537.04 | 12.76 | 0 | 174.03 | 0 | 0 | 375.77 | 280 | 48 | 0 | 30.5 | 0 | 165.3 | 0 | 0 | 26 | 329.2 | 329.2 |
| 江苏大学京江学院 | 40 | 296 | 0 | 0 | 0 | 0 | 0 | 296 | 0 | 296 | 0 | 90 | 0 | 0 | 206 | 150 | 55 | 0 | 0 | 0 | 55 | 27 | 0 | 9 | 0 | 0 |
| 扬州大学广陵学院 | 41 | 997.03 | 0 | 0 | 0 | 0 | 0 | 997.03 | 410.9 | 586.13 | 0 | 155.5 | 0 | 0 | 841.53 | 815.53 | 135.2 | 0 | 10 | 0 | 30.5 | 2.8 | 0 | 3 | 335.7 | 335.7 |
| 江苏师范大学科文学院 | 42 | 166.52 | 0 | 0 | 0 | 0 | 0 | 166.52 | 162.42 | 4.1 | 0 | 36.52 | 0 | 0 | 130 | 130 | 25.2 | 0 | 4.3 | 0 | 3.46 | 0 | 0 | 3.56 | 590.43 | 590.43 |
| 南京邮电大学通达学院 | 43 | 0 | 0 | 0 | 0 | 0 | 0 | 0 | 0 | 0 | 0 | 0 | 0 | 0 | 0 | 0 | 0 | 0 | 0 | 0 | 0 | 0 | 0 | 0 | 11 | 11 |
| 南京财经大学红山学院 | 44 | 433.27 | 0 | 0 | 0 | 0 | 0 | 433.27 | 355.17 | 78.1 | 0 | 66.32 | 0 | 0 | 366.95 | 350 | 48.6 | 0 | 0 | 0 | 15.98 | 0 | 0 | 18.69 | 235.62 | 235.62 |
| 江苏科技大学苏州理工学院 | 45 | 307 | 0 | 0 | 0 | 0 | 0 | 307 | 0 | 307 | 0 | 182 | 0 | 0 | 125 | 125 | 16 | 0 | 0 | 0 | 90 | 0 | 0 | 76 | 59 | 59 |
| 常州大学怀德学院 | 46 | 469.1 | 0 | 0 | 0 | 0 | 0 | 469.1 | 411.69 | 57.41 | 0 | 119.7 | 0 | 0 | 349.4 | 349.4 | 79.39 | 0 | 0 | 0 | 35.38 | 0 | 0 | 4.93 | 143.4 | 143.4 |
| 南通大学杏林学院 | 47 | 529 | 0 | 0 | 0 | 0 | 0 | 529 | 491.6 | 37.4 | 0 | 82.4 | 3.5 | 0 | 443.1 | 439.9 | 21.3 | 0 | 0.5 | 0 | 39.2 | 0 | 0 | 28.1 | 15.8 | 15.8 |
| 南京审计大学金审学院 | 48 | 629.4 | 0 | 0 | 0 | 0 | 0 | 629.4 | 64.05 | 565.35 | 0 | 194.4 | 0 | 0 | 435 | 435 | 27.5 | 0 | 28.7 | 0 | 126.9 | 0 | 0 | 11.3 | 344.6 | 344.6 |
| 宿迁学院 | 49 | 1 867.78 | 0 | 0 | 0 | 0 | 0 | 1 867.78 | 60.82 | 1 806.96 | 0 | 767.78 | 0 | 0 | 1 100 | 1 100 | 597.2 | 0 | 0 | 0 | 18.33 | 0.6 | 0 | 151.65 | 703.9 | 703.9 |
| 苏州高博软件技术职业学院 | 50 | 691.5 | 1.2 | 0 | 0 | 0 | 0 | 690.3 | 24.58 | 665.72 | 0 | 103.76 | 115.06 | 0 | 471.48 | 408.3 | 261.3 | 0 | 0 | 0 | 19.3 | 1.4 | 1.4 | 0 | 81.5 | 81.5 |
| 宿迁泽达职业技术学院 | 51 | 76.5 | 0 | 0 | 0 | 0 | 0 | 76.5 | 38.25 | 38.25 | 0 | 0 | 0 | 0 | 76.5 | 60 | 3.8 | 0 | 4.7 | 0 | 3.2 | 2.7 | 2 | 2.1 | 43.5 | 43.5 |
| 扬州中瑞酒店职业学院 | 52 | 62.78 | 0 | 0 | 0 | 0 | 0 | 62.78 | 19.39 | 43.39 | 0 | 22.91 | 0 | 0 | 39.87 | 33 | 19.86 | 0 | 6.4 | 0 | 1.5 | 0 | 0 | 2.02 | 44.22 | 44.22 |
| 西交利物浦大学 | 53 | 2 819 | 293.82 | 0 | 293.82 | 0 | 0 | 2 525.18 | 459.5 | 2 065.68 | 0 | 268.13 | 255.86 | 17.48 | 1 983.71 | 1 926 | 69.52 | 0 | 23 | 0 | 50.12 | 290.67 | 0 | 165.87 | 4 416.91 | 4 416.91 |
| 昆山杜克大学 | 54 | 322.29 | 0 | 0 | 0 | 0 | 0 | 322.29 | 10.8 | 311.49 | 0 | 0 | 206.87 | 55.42 | 60 | 60 | 224.91 | 0 | 0 | 0 | 0 | 37.38 | 0 | 0 | 270.1 | 270.1 |

# 六、社科研究与发展机构

## 全省高等学校人文、社会科学研究机构一览表

| 机构名称 | 编号 | 成立时间 | 批准部门 | 组成方式 | 机构类型 | 学科分类 | 服务的国民经济行业 | 组成类型 | R&D活动人员(人) 合计 | 其中 博士毕业 | 硕士毕业 | 高级职称 | 中级职称 | 初级职称 | 培养研究生(人) | R&D经费支出(千元) | 仪器设备原价(千元) | 其中 进口(千元) |
|---|---|---|---|---|---|---|---|---|---|---|---|---|---|---|---|---|---|---|
| | | L01 | L02 | L03 | L04 | L05 | L06 | L07 | L08 | L09 | L10 | L11 | L12 | L13 | L14 | L15 | L16 | L17 |
| 南京大学 | 001 | / | / | / | / | / | / | / | 530 | 360 | 87 | 289 | 156 | 10 | 592 | 11 723 | 1 552 | 500 |
| 长江三角洲经济社会发展研究中心 | 1 | 2000/8/10 | 学校上级主管部门 | 独立设置研究所 | 教育部重点研究基地 | 经济学 | 商务服务业 | 政府部门办 | 15 | 12 | 2 | 10 | 4 | 1 | 30 | 1 200 | 200 | 0 |
| 当代外国文学与文化研究中心 | 2 | 2009/12/1 | 非学校上级主管部门 | 独立设置研究所 | 省级重点研究基地 | 外国文学 | 文化艺术业 | 政府部门办 | 16 | 10 | 6 | 8 | 6 | 2 | 33 | 48 | 22 | 0 |
| 公共事务与地方治理研究中心 | 3 | 2009/12/1 | 非学校上级主管部门 | 独立设置研究所 | 省级重点研究基地 | 政治学 | 社会保障 | 政府部门办 | 6 | 3 | 3 | 2 | 2 | 0 | 5 | 500 | 6 | 0 |
| 江苏省城市现代化研究中心 | 4 | 2008/1/1 | 非学校上级主管部门 | 跨系所 | 省级重点研究基地 | 社会学 | 公共设施管理业 | 政府部门办 | 13 | 4 | 8 | 5 | 7 | 0 | 0 | 35 | 29 | 0 |
| 江苏省社会风险管理研究中心 | 5 | 2008/1/1 | 非学校上级主管部门 | 跨系所 | 省级重点研究基地 | 管理学 | 社会保障 | 政府部门办 | 15 | 12 | 2 | 8 | 4 | 2 | 32 | 110 | 10 | 0 |
| 江苏省数据工程与知识服务重点实验室 | 6 | 2014/7/1 | 非学校上级主管部门 | 独立设置研究所 | 省级重点实验室 | 图书馆、情报与文献学 | 软件和信息技术服务业 | 政府部门办 | 8 | 4 | 3 | 4 | 2 | 0 | 22 | 600 | 400 | 300 |
| 马克思主义社会理论研究中心 | 7 | 2003/9/8 | 学校上级主管部门 | 独立设置研究所 | 教育部重点研究基地 | 马克思主义 | 中国共产党机关 | 政府部门办 | 15 | 10 | 5 | 12 | 3 | 0 | 0 | 800 | 10 | 0 |
| 区域经济转型与管理变革协同创新中心 | 8 | 2007/6/1 | 非学校上级主管部门 | 独立设置研究所 | 省级2011协同创新中心 | 经济学 | 商务服务业 | 政府部门办 | 168 | 160 | 8 | 88 | 68 | 0 | 80 | 200 | 20 | 0 |
| 全国中国特色社会主义政治经济学研究中心 | 9 | 2017/3/30 | 非学校上级主管部门 | 独立设置研究所 | 中央其他部委重点研究基地 | 经济学 | 商务服务业 | 与国内独立研究机构合办 | 22 | 18 | 4 | 14 | 8 | 0 | 0 | 1 000 | 20 | 0 |
| 儒佛道与中国传统文化研究中心 | 10 | 2010/3/1 | 非学校上级主管部门 | 独立设置研究所 | 省级重点研究基地 | 宗教学 | 群众团体、社会团体和其他成员组织 | 政府部门办 | 10 | 5 | 4 | 6 | 1 | 1 | 0 | 400 | 60 | 0 |
| 社会舆情分析与决策支持研究中心 | 11 | 2004/1/1 | 非学校上级主管部门 | 跨系所 | 省级重点研究基地 | 新闻学与传播学 | 新闻和出版业 | 政府部门办 | 36 | 18 | 12 | 16 | 4 | 0 | 40 | 200 | 10 | 0 |
| 社会与行为科学实验中心 | 12 | 2014/7/1 | 非学校上级主管部门 | 独立设置研究所 | 省级重点研究基地 | 社会学 | 社会工作 | 政府部门办 | 13 | 12 | 1 | 11 | 2 | 0 | 0 | 330 | 200 | 200 |

续表

| 机构名称 | 编号 | 成立时间 | 批准部门 | 组成方式 | 机构类型 | 学科分类 | 服务的国民经济行业 | 组成类型 | R&D活动人员(人) 合计 | 其中 博士毕业 | 硕士毕业 | 高级职称 | 中级职称 | 初级职称 | 培养研究生(人) | R&D经费支出(千元) | 仪器设备原价(千元) | 其中 进口(千元) |
|---|---|---|---|---|---|---|---|---|---|---|---|---|---|---|---|---|---|---|
| | | L01 | L02 | L03 | L04 | L05 | L06 | L07 | L08 | L09 | L10 | L11 | L12 | L13 | L14 | L15 | L16 | L17 |
| 苏南率先基本实现现代化研究中心 | 13 | 2004/1/1 | 非学校上级主管部门 | 跨系所 | 省级重点研究基地 | 经济学 | 商务服务业 | 政府部门办 | 10 | 5 | 3 | 3 | 2 | 1 | 0 | 50 | 10 | 0 |
| 文化和旅游研究基地 | 14 | 2007/1/1 | 非学校上级主管部门 | 与校外合办所 | 中央其他部委重点实验室 | 经济学 | 文化艺术业 | 政府部门办 | 16 | 12 | 4 | 8 | 6 | 0 | 0 | 2 000 | 30 | 0 |
| 中国南海研究协同创新中心 | 15 | 2013/6/1 | 学校上级主管部门 | 与校外合办所 | 国家级 2011 协同创新中心 | 国际问题研究 | 国际组织 | 政府部门办 | 20 | 16 | 3 | 12 | 5 | 2 | 0 | 500 | 40 | 0 |
| 中国特色社会主义理论体系研究基地 | 16 | 2004/1/1 | 非学校上级主管部门 | 跨系所 | 省级重点研究基地 | 马克思主义 | 中国共产党机关 | 政府部门办 | 28 | 17 | 4 | 12 | 8 | 0 | 28 | 200 | 50 | 0 |
| 中国文学与东亚文明研究协同创新中心 | 17 | 2007/1/1 | 非学校上级主管部门 | 独立设置研究所 | 省级 2011 协同创新中心 | 中国文学 | 文化艺术业 | 政府部门办 | 64 | 2 | 6 | 40 | 12 | 0 | 25 | 2 600 | 200 | 0 |
| 中国新文学研究中心 | 18 | 1999/12/31 | 学校上级主管部门 | 独立设置研究所 | 教育部重点研究基地 | 中国文学 | 文化艺术业 | 政府部门办 | 28 | 18 | 5 | 14 | 8 | 0 | 160 | 600 | 15 | 0 |
| 中国语言战略研究中心 | 19 | 2007/1/1 | 非学校上级主管部门 | 与校外合办所 | 中央其他部委重点研究基地 | 语言学 | 教育 | 政府部门办 | 10 | 8 | 2 | 4 | 1 | 0 | 9 | 150 | 20 | 0 |
| 中华民国史研究中心 | 20 | 1993/6/18 | 学校上级主管部门 | 独立设置研究所 | 教育部重点研究基地 | 历史学 | 社会工作 | 政府部门办 | 17 | 14 | 2 | 12 | 3 | 1 | 128 | 200 | 200 | 0 |
| 东南大学 | 002 | / | / | / | / | / | / | / | 370 | 236 | 32 | 240 | 109 | 21 | 339 | 22 318.28 | 2 866.2 | 0 |
| 道德发展智库 | 1 | 2015/12/1 | 非学校上级主管部门 | 独立设置研究所 | 省级智库 | 哲学 | 教育 | 政府部门办 | 45 | 45 | 0 | 29 | 16 | 0 | 23 | 309.1 | 5 | 0 |
| 反腐败法治研究中心 | 2 | 2015/1/30 | 非学校上级主管部门 | 独立设置研究所 | 省级重点研究基地 | 法学 | 中国共产党机关 | 政府部门办 | 26 | 25 | 1 | 12 | 13 | 1 | 20 | 100 | 7 | 0 |
| 公民道德与社会风尚协同创新中心 | 3 | 2014/3/13 | 非学校上级主管部门 | 独立设置研究所 | 省级 2011 协同创新中心 | 哲学 | 教育 | 政府部门办 | 45 | 0 | 0 | 29 | 16 | 0 | 0 | 484.99 | 10.2 | 0 |
| 江苏高校区域法治发展协同创新中心区域行政法治发展研究平台 | 4 | 2014/2/13 | 学校上级主管部门 | 与校外合办所 | 其他 2011 协同创新中心 | 法学 | 教育 | 与国内高校合办 | 31 | 31 | 0 | 12 | 16 | 3 | 16 | 76.96 | 3.6 | 0 |
| 江苏社会文明建设研究基地 | 5 | 2019/4/3 | 非学校上级主管部门 | 跨系所 | 其他重点研究基地 | 哲学 | 教育 | 与国内独立研究机构合办 | 45 | 0 | 0 | 29 | 16 | 0 | 45 | 130 | 5 | 0 |
| 江苏省青少年工作研究基地(青少年违法犯罪) | 6 | 2017/12/1 | 非学校上级主管部门 | 与校外合办所 | 其他 | 法学 | 教育 | 政府部门办 | 12 | 9 | 3 | 10 | 2 | 0 | 18 | 150 | 20 | 0 |
| 江苏省社区矫正损害修复项目研究基地 | 7 | 2017/9/1 | 非学校上级主管部门 | 与校外合办所 | 其他 | 法学 | 教育 | 政府部门办 | 8 | 8 | 0 | 3 | 3 | 2 | 11 | 100 | 6.5 | 0 |

| 江苏省学生体质健康数据信息管理中心 | 8 | 2020/3/12 | 学校上级主管部门 | 独立设置研究所 | 其他 | 体育科学 | 教育 | 政府部门办 | 7 | 3 | 3 | 5 | 2 | 0 | 0 | 40 | 4 | 0 |
|---|---|---|---|---|---|---|---|---|---|---|---|---|---|---|---|---|---|---|
| 交通法治与发展研究中心 | 9 | 2012/6/6 | 非学校上级主管部门 | 独立设置研究所 | 江苏省交通运输厅授予“江苏省交通运输行业政策法规重点研究基地” | 法学 | 教育 | 单位自办 | 9 | 0 | 0 | 8 | 1 | 0 | 10 | 200 | 8 | 0 |
| 教育立法研究基地 | 10 | 2017/12/7 | 非学校上级主管部门 | 与校外合办所 | 其他重点研究基地 | 法学 | 中国共产党机关 | 政府部门办 | 26 | 24 | 2 | 16 | 8 | 2 | 8 | 62 | 6 | 0 |
| 情报科学技术研究所 | 11 | 1994/1/1 | 学校上级主管部门 | 独立设置研究所 | 其他 | 图书馆、情报与文献学 | 教育 | 单位自办 | 18 | 10 | 6 | 18 | 0 | 0 | 86 | 133 | 10 | 0 |
| 人民法院司法大数据研究基地 | 12 | 2016/7/1 | 非学校上级主管部门 | 与校外合办所 | 其他重点研究基地 | 法学 | 中国共产党机关 | 其他 | 12 | 9 | 3 | 8 | 1 | 3 | 52 | 16 116 | 901 | 0 |
| 人权研究院 | 13 | 1900/1/14 | 学校上级主管部门 | 独立设置研究所 | 其他重点研究基地 | 法学 | 教育 | 政府部门办 | 8 | 8 | 0 | 6 | 2 | 0 | 20 | 16.23 | 2 | 0 |
| 网络安全法治研究中心 | 14 | 2019/8/28 | 非学校上级主管部门 | 独立设置研究所 | 其他重点研究基地 | 法学 | 教育 | 政府部门办 | 21 | 11 | 10 | 7 | 4 | 10 | 12 | 100 | 9 | 0 |
| 中国特色社会主义发展研究院 | 15 | 2015/12/1 | 非学校上级主管部门 | 独立设置研究所 | 省级智库 | 政治学 | 教育 | 政府部门办 | 12 | 12 | 0 | 3 | 9 | 0 | 13 | 500 | 70 | 0 |
| 中华民族视觉形象研究基地 | 16 | 2019/10/29 | 学校自建 | 独立设置研究所 | 共建国家高端智库 | 民族学与文化学 | 教育 | 单位自办 | 25 | 24 | 1 | 25 | 0 | 0 | 5 | 3 300 | 1 790 | 0 |
| 最高人民检察院检察研究基地东南大学民事检察研究中心 | 17 | 2019/8/20 | 非学校上级主管部门 | 独立设置研究所 | 其他重点研究基地 | 法学 | 教育 | 政府部门办 | 20 | 17 | 3 | 20 | 0 | 0 | 0 | 500 | 8.9 | 0 |
| 江南大学 | 003 | / | / | / | / | / | / | / | 235 | 151 | 77 | 187 | 43 | 3 | 334 | 11 093.71 | 5 350 | 437 |
| 汉族服饰类非物质文化遗产研究基地 | 1 | 2014/7/21 | 非学校上级主管部门 | 独立设置研究所 | 其他重点研究基地 | 艺术学 | 纺织服装、服饰业 | 政府部门办 | 16 | 7 | 9 | 6 | 8 | 2 | 86 | 450 | 80 | 50 |
| 江南民族音乐研究中心 | 2 | 2017/7/1 | 学校自建 | 独立设置研究所 | 校级重点研究基地 | 艺术学 | 广播、电视、电影和影视录音制作业 | 单位自办 | 10 | 3 | 7 | 9 | 1 | 0 | 5 | 100 | 60 | 0 |
| 江苏党风廉政建设创新研究基地 | 3 | 2011/11/1 | 非学校上级主管部门 | 与校外合办所 | 其他重点研究基地 | 马克思主义 | 娱乐业 | 单位自办 | 18 | 12 | 4 | 17 | 1 | 0 | 5 | 300 | 800 | 17 |
| 江苏省产品创意与文化重点研究基地 | 4 | 2010/1/1 | 非学校上级主管部门 | 跨系所 | 其他重点研究基地 | 艺术学 | 广播、电视、电影和影视录音制作业 | 单位自办 | 12 | 9 | 2 | 10 | 1 | 1 | 15 | 600 | 1 200 | 0 |
| 江苏省中国特色社会主义理论体系研究基地 | 5 | 2015/9/7 | 非学校上级主管部门 | 跨系所 | 其他重点研究基地，省委宣传部 | 马克思主义 | 娱乐业 | 政府部门办 | 18 | 15 | 3 | 15 | 3 | 0 | 13 | 1 180 | 200 | 0 |
| 教育信息化研究中心 | 6 | 2013/2/1 | 学校自建 | 独立设置研究所 | 其他重点研究基地 | 教育学 | 其他服务业 | 单位自办 | 16 | 12 | 4 | 12 | 4 | 0 | 40 | 650.71 | 495 | 0 |

续表

| 机构名称 | 编号 | 成立时间 | 批准部门 | 组成方式 | 机构类型 | 学科分类 | 服务的国民经济行业 | 组成类型 | R&D活动人员(人) 合计 | 其中 博士毕业 | 其中 硕士毕业 | 其中 高级职称 | 其中 中级职称 | 其中 初级职称 | 培养研究生(人) | R&D经费支出(千元) | 仪器设备原价(千元) | 其中 进口(千元) |
|---|---|---|---|---|---|---|---|---|---|---|---|---|---|---|---|---|---|---|
| | | L01 | L02 | L03 | L04 | L05 | L06 | L07 | L08 | L09 | L10 | L11 | L12 | L13 | L14 | L15 | L16 | L17 |
| 金融创新与风险管理研究基地 | 7 | 2017/7/1 | 学校上级主管部门 | 独立设置研究所 | 校级重点研究基地 | 经济学 | 货币金融服务 | 单位自办 | 10 | 10 | 0 | 5 | 5 | 0 | 19 | 85 | 55 | 0 |
| 品牌战略与管理创新研究基地 | 8 | 2017/1/20 | 非学校上级主管部门 | 跨系所 | 省级智库,其他重点研究基地,省规划办 | 管理学 | 文教、工美、体育和娱乐用品制造业 | 与国内高校合办 | 22 | 10 | 12 | 21 | 0 | 0 | 26 | 2 238 | 650 | 185 |
| 钱钟书及其海外传播研究中心 | 9 | 2017/7/1 | 学校自建 | 独立设置研究所 | 校级重点研究基地 | 语言学 | 其他服务业 | 单位自办 | 10 | 7 | 3 | 9 | 1 | 0 | 20 | 150 | 50 | 0 |
| 食品安全风险治理研究院 | 10 | 2016/7/8 | 非学校上级主管部门 | 跨系所 | 省级智库,其他重点研究基地,省规划办 | 管理学 | 人民政协、民主党派 | 与国内高校合办 | 22 | 10 | 12 | 21 | 0 | 0 | 26 | 2 280 | 650 | 185 |
| 无锡党的建设研究基地 | 11 | 2013/3/6 | 学校自建 | 与校外合办所 | 校级重点研究基地 | 政治学 | 娱乐业 | 政府部门办 | 10 | 6 | 2 | 3 | 7 | 0 | 8 | 200 | 20 | 0 |
| 无锡古运河文化创意中心 | 12 | 2015/10/12 | 学校自建 | 与校外合办所 | 校级重点研究基地 | 艺术学 | 广播、电视、电影和影视录音制作业 | 政府部门办 | 9 | 5 | 4 | 6 | 3 | 0 | 0 | 780 | 500 | 0 |
| 无锡江南文化与影视研究中心 | 13 | 2007/12/27 | 学校自建 | 与校外合办所 | 校级重点研究基地 | 中国文学 | 广播、电视、电影和影视录音制作业 | 政府部门办 | 14 | 8 | 6 | 9 | 5 | 0 | 12 | 100 | 120 | 0 |
| 无锡老龄科学研究中心 | 14 | 2010/11/1 | 学校自建 | 独立设置研究所 | 校级重点研究基地 | 社会学 | 卫生 | 其他 | 14 | 10 | 4 | 13 | 1 | 0 | 30 | 230 | 70 | 0 |
| 无锡旅游与区域发展研究基地 | 15 | 2013/3/6 | 学校自建 | 与校外合办所 | 校级重点研究基地 | 经济学 | 研究和试验发展 | 政府部门办 | 10 | 5 | 3 | 10 | 0 | 0 | 26 | 850 | 250 | 0 |
| 无锡人力资源开发研究基地 | 16 | 2013/3/8 | 学校自建 | 与校外合办所 | 校级重点研究基地 | 管理学 | 商务服务业 | 与国内高校合办 | 16 | 14 | 2 | 14 | 2 | 0 | 3 | 500 | 40 | 0 |
| 中国物联网发展战略研究基地 | 17 | 2012/3/15 | 非学校上级主管部门 | 独立设置研究所 | 省级重点研究基地 | 管理学 | 其他服务业 | 与国内独立研究机构合办 | 8 | 8 | 0 | 7 | 1 | 0 | 0 | 400 | 110 | 0 |
| 南京农业大学 | 004 | / | / | / | / | / | / | / | 730 | 571 | 150 | 515 | 164 | 35 | 707 | 29 306.17 | 3 381.07 | 32.5 |
| 不动产研究中心 | 1 | 2015/1/1 | 学校自建 | 独立设置研究所 | 其他智库,校级重点研究基地 | 管理学 | 房地产业 | 单位自办 | 10 | 10 | 0 | 8 | 2 | 0 | 7 | 300 | 2 | 0 |
| 城乡规划设计研究院 | 2 | 2004/10/1 | 学校自建 | 独立设置研究所 | 校级重点研究基地 | 管理学 | 农业 | 单位自办 | 7 | 5 | 2 | 3 | 3 | 1 | 10 | 50.56 | 100 | 20 |
| 地方治理与政策研究院 | 3 | 2017/7/1 | 非学校上级主管部门 | 跨系所 | 其他重点研究基地,教育厅校外基地 | 管理学 | 社会保障 | 政府部门办 | 26 | 5 | 21 | 15 | 5 | 6 | 43 | 1 120 | 5.6 | 0 |
| 典籍翻译与海外汉学研究中心 | 4 | 2015/11/23 | 学校自建 | 独立设置研究所 | 校级重点研究基地 | 语言学 | 教育 | 单位自办 | 13 | 1 | 12 | 2 | 10 | 0 | 23 | 50 | 2 | 0 |

| 电子商务研究中心 | 5 | 2001/6/1 | 学校自建 | 独立设置研究所 | 校级重点研究基地 | 管理学 | 商务服务业 | 单位自办 | 6 | 4 | 2 | 4 | 2 | 0 | 6 | 300 | 3 | 0 |
|---|---|---|---|---|---|---|---|---|---|---|---|---|---|---|---|---|---|---|
| 管理工程研究室 | 6 | 2004/1/1 | 学校自建 | 独立设置研究所 | 校级重点实验室 | 管理学 | 教育 | 单位自办 | 30 | 14 | 14 | 14 | 16 | 0 | 20 | 500 | 800 | 0 |
| 国际食品与农业经济研究中心 | 7 | 2004/6/10 | 学校自建 | 独立设置研究所 | 校级重点研究基地 | 管理学 | 农业 | 单位自办 | 24 | 22 | 2 | 20 | 3 | 1 | 16 | 450 | 30 | 0 |
| 江苏粮食安全研究中心 | 8 | 2015/6/1 | 非学校上级主管部门 | 独立设置研究所 | 省级重点研究基地，其他重点研究基地 | 管理学 | 农业 | 单位自办 | 35 | 34 | 1 | 33 | 2 | 0 | 28 | 6 500 | 100 | 0 |
| 江苏农业现代化决策咨询研究基地 | 9 | 2011/11/20 | 非学校上级主管部门 | 独立设置研究所 | 省级重点研究基地 | 管理学 | 农业 | 政府部门办 | 25 | 25 | 0 | 22 | 3 | 0 | 18 | 2 325 | 60 | 0 |
| 江苏省国土资源利用与管理工程中心 | 10 | 2007/1/1 | 非学校上级主管部门 | 跨系所 | 其他智库，其他重点研究基地 | 管理学 | 农业 | 单位自办 | 24 | 7 | 11 | 4 | 5 | 7 | 17 | 100.78 | 500 | 0 |
| 江苏省农村发展与土地政策研究基地 | 11 | 2008/10/1 | 非学校上级主管部门 | 跨系所 | 省级重点研究基地 | 管理学 | 农业 | 政府部门办 | 35 | 35 | 0 | 33 | 2 | 0 | 28 | 1 000 | 50 | 0 |
| 江苏省统计科学研究基地 | 12 | 2013/12/13 | 非学校上级主管部门 | 独立设置研究所 | 省级重点研究基地 | 管理学 | 教育 | 单位自办 | 10 | 8 | 2 | 10 | 0 | 0 | 8 | 500 | 10 | 0 |
| 江苏省新农村科技创新思想库 | 13 | 2012/10/1 | 非学校上级主管部门 | 独立设置研究所 | 省级重点研究基地 | 管理学 | 农业 | 政府部门办 | 10 | 10 | 0 | 8 | 2 | 0 | 8 | 600 | 30 | 0 |
| 金善宝农业现代化研究院 | 14 | 2015/11/10 | 非学校上级主管部门 | 独立设置研究所 | 省级智库 | 经济学 | 农业 | 政府部门办 | 12 | 11 | 1 | 11 | 1 | 0 | 0 | 2 028.9 | 900.5 | 0 |
| 科技与社会发展研究所 | 15 | 2004/10/1 | 学校自建 | 独立设置研究所 | 校级重点研究基地 | 哲学 | 农业 | 单位自办 | 7 | 7 | 0 | 3 | 4 | 0 | 3 | 50 | 25 | 0 |
| 劳动就业与公共政策研究中心 | 16 | 2017/1/1 | 学校自建 | 独立设置研究所 | 校级重点研究基地 | 管理学 | 社会保障 | 单位自办 | 6 | 6 | 0 | 6 | 0 | 0 | 5 | 80 | 4 | 0 |
| 领域知识关联研究中心 | 17 | 2004/6/1 | 学校自建 | 跨系所 | 校级重点实验室 | 图书馆、情报与文献学 | 软件和信息技术服务业 | 单位自办 | 7 | 5 | 2 | 5 | 2 | 0 | 11 | 900 | 50 | 0 |
| 马克思主义理论研究中心 | 18 | 2008/9/25 | 学校自建 | 独立设置研究所 | 校级重点研究基地 | 马克思主义 | 教育 | 单位自办 | 22 | 20 | 2 | 13 | 9 | 0 | 33 | 100 | 2 | 0 |
| 美洲研究中心 | 19 | 2017/6/1 | 学校上级主管部门 | 跨系所 | 其他智库 | 国际问题研究 | 农业 | 政府部门办 | 4 | 4 | 0 | 2 | 1 | 1 | 3 | 100 | 2 | 0 |
| 民俗学研究所 | 20 | 2016/12/26 | 学校自建 | 独立设置研究所 | 校级重点研究基地 | 民族学与文化学 | 文化艺术业 | 单位自办 | 10 | 9 | 1 | 5 | 5 | 0 | 5 | 100 | 5 | 0 |
| 农村土地资源利用与整治国家地方联合工程研究中心 | 21 | 2012/10/2 | 非学校上级主管部门 | 跨系所 | 其他智库，中央其他部委重点研究基地 | 管理学 | 农业 | 单位自办 | 30 | 10 | 20 | 5 | 8 | 10 | 20 | 158.06 | 30 | 12.5 |
| 农业经济研究所 | 22 | 1986/10/1 | 非学校上级主管部门 | 独立设置研究所 | 省级重点研究基地 | 管理学 | 农业 | 政府部门办 | 20 | 20 | 0 | 19 | 1 | 0 | 8 | 950 | 30 | 0 |
| 农业考古研究中心 | 23 | 2020/10/21 | 学校自建 | 独立设置研究所 | 校级重点实验室 | 考古学 | 农业 | 单位自办 | 7 | 7 | 0 | 4 | 1 | 2 | 0 | 112.47 | 97.5 | 0 |

续表

| 机构名称 | | 成立时间 | 批准部门 | 组成方式 | 机构类型 | 学科分类 | 服务的国民经济行业 | 组成类型 | R&D活动人员(人) | | | | | | 培养研究生(人) | R&D经费支出(千元) | 仪器设备原价(千元) | 其中 |
|---|---|---|---|---|---|---|---|---|---|---|---|---|---|---|---|---|---|---|
| | | | | | | | | | 合计 | 其中 | | | | | | | | 进口(千元) |
| | | | | | | | | | | 博士毕业 | 硕士毕业 | 高级职称 | 中级职称 | 初级职称 | | | | |
| | 编号 | L01 | L02 | L03 | L04 | L05 | L06 | L07 | L08 | L09 | L10 | L11 | L12 | L13 | L14 | L15 | L16 | L17 |
| 农业伦理研究所 | 24 | 2019/11/7 | 学校自建 | 与校外合办所 | 校级重点研究基地 | 哲学 | 农业 | 与国内高校合办 | 7 | 7 | 0 | 4 | 3 | 0 | 0 | 2 | 15 | 0 |
| 农业园区研究中心 | 25 | 1995/1/2 | 学校自建 | 独立设置研究所 | 校级重点研究基地 | 管理学 | 农业 | 单位自办 | 8 | 6 | 2 | 7 | 1 | 0 | 8 | 1 200 | 30 | 0 |
| 农业转基因生物安全管理政策研究中心 | 26 | 2009/11/2 | 学校自建 | 独立设置研究所 | 校级重点研究基地 | 管理学 | 农业 | 单位自办 | 15 | 13 | 2 | 13 | 2 | 0 | 10 | 890 | 20 | 0 |
| 区域农业研究院 | 27 | 2016/12/26 | 学校自建 | 独立设置研究所 | 其他智库,校级重点研究基地 | 管理学 | 农业 | 单位自办 | 12 | 10 | 2 | 9 | 3 | 0 | 28 | 3 139 | 80 | 0 |
| 人文与社会计算研究中心 | 28 | 2020/9/24 | 非学校上级主管部门 | 跨系所 | 其他重点研究基地 | 图书馆、情报与文献学 | 教育 | 单位自办 | 11 | 11 | 0 | 9 | 2 | 0 | 9 | 120 | 70 | 0 |
| 日本语言文化研究所 | 29 | 2004/10/1 | 学校自建 | 独立设置研究所 | 校级重点研究基地 | 语言学 | 教育 | 单位自办 | 14 | 4 | 10 | 5 | 9 | 0 | 55 | 31.5 | 2 | 0 |
| 数字人文研究中心 | 30 | 2018/4/4 | 学校自建 | 独立设置研究所 | 校级重点实验室 | 图书馆、情报与文献学 | 教育 | 单位自办 | 5 | 5 | 0 | 5 | 0 | 0 | 6 | 90.47 | 70.47 | 0 |
| 数字乡村发展与工程研究院 | 31 | 2019/9/1 | 学校自建 | 独立设置研究所 | 校级重点实验室 | 社会学 | 农业 | 单位自办 | 13 | 6 | 6 | 5 | 4 | 4 | 2 | 283 | 86 | 0 |
| 英语语言文化研究所 | 32 | 2004/10/1 | 学校自建 | 独立设置研究所 | 校级重点研究基地 | 语言学 | 教育 | 单位自办 | 14 | 8 | 6 | 8 | 6 | 0 | 43 | 100 | 8 | 0 |
| 中国地标文化研究中心 | 33 | 2017/8/14 | 学校自建 | 独立设置研究所 | 校级重点研究基地 | 历史学 | 农业 | 单位自办 | 10 | 6 | 4 | 5 | 3 | 2 | 3 | 200 | 10 | 0 |
| 中国国土资源与生态文明建设研究院 | 34 | 2013/1/1 | 学校自建 | 独立设置研究所 | 校级重点研究基地 | 管理学 | 生态保护和环境治理业 | 单位自办 | 8 | 6 | 2 | 6 | 2 | 0 | 2 | 60 | 3 | 0 |
| 中国粮食安全保障研究中心 | 35 | 2009/1/1 | 学校自建 | 独立设置研究所 | 校级重点研究基地 | 管理学 | 农业 | 单位自办 | 40 | 38 | 2 | 38 | 1 | 1 | 30 | 2 880 | 50 | 0 |
| 中国农业产业链管理研究与发展中心 | 36 | 2006/7/14 | 学校自建 | 独立设置研究所 | 校级重点研究基地 | 管理学 | 农业 | 单位自办 | 12 | 10 | 2 | 10 | 2 | 0 | 10 | 605 | 25 | 0 |
| 中国农业历史研究中心 | 37 | 2009/11/20 | 非学校上级主管部门 | 独立设置研究所 | 省级重点研究基地 | 历史学 | 农业 | 政府部门办 | 28 | 26 | 2 | 21 | 7 | 0 | 30 | 300 | 15 | 0 |
| 中国农业遗产研究室 | 38 | 1955/8/5 | 非学校上级主管部门 | 独立设置研究所 | 中央其他部委重点研究基地 | 历史学 | 农业 | 政府部门办 | 28 | 26 | 2 | 21 | 7 | 0 | 34 | 400 | 25 | 0 |
| 中国土地问题研究中心 | 39 | 2004/10/21 | 学校自建 | 独立设置研究所 | 其他智库,校级重点研究基地 | 管理学 | 土地管理业 | 单位自办 | 33 | 33 | 0 | 29 | 4 | 0 | 23 | 209.44 | 12 | 0 |

| | | | | | | | | | | | | | | | | | |
|---|---|---|---|---|---|---|---|---|---|---|---|---|---|---|---|---|---|
| 中荷土地规划与地籍发展中心 | 40 | 2007/1/1 | 学校自建 | 独立设置研究所 | 校级重点研究基地 | 管理学 | 农业 | 单位自办 | 17 | 17 | 0 | 13 | 4 | 0 | 16 | 25.28 | 3 | 0 |
| 中华农业文明研究院 | 41 | 2004/10/1 | 非学校上级主管部门 | 独立设置研究所 | 省级重点研究基地 | 历史学 | 农业 | 政府部门办 | 28 | 26 | 2 | 21 | 7 | 0 | 30 | 300 | 10 | 0 |
| 中外语言比较中心 | 42 | 2012/10/1 | 学校自建 | 独立设置研究所 | 校级重点研究基地 | 语言学 | 教育 | 单位自办 | 14 | 1 | 13 | 8 | 6 | 0 | 25 | 65 | 3 | 0 |
| 自然资源与国家发展研究院 | 43 | 2019/1/1 | 学校自建 | 独立设置研究所 | 其他智库,校级重点研究基地 | 管理学 | 生态保护和环境治理业 | 单位自办 | 33 | 33 | 0 | 29 | 4 | 0 | 23 | 29.71 | 5 | 0 |
| 中国矿业大学 | 005 | / | / | / | / | / | / | / | 167 | 133 | 34 | 133 | 34 | 0 | 256 | 6 531.8 | 369.5 | 0 |
| 安全管理研究中心 | 1 | 2018/7/19 | 非学校上级主管部门 | 独立设置研究所 | 省级重点研究基地,其他重点研究基地 | 管理学 | 国家机构 | 政府部门办 | 25 | 20 | 5 | 18 | 7 | 0 | 56 | 240 | 120 | 0 |
| 安全科学与应急管理研究中心 | 2 | 2020/7/6 | 非学校上级主管部门 | 独立设置研究所 | 省级重点研究基地 | 管理学 | 国家机构 | 政府部门办 | 25 | 10 | 15 | 15 | 10 | 0 | 32 | 1 676.8 | 144.5 | 0 |
| 澳大利亚研究中心 | 3 | 2017/6/13 | 非学校上级主管部门 | 独立设置研究所 | 其他重点研究基地 | 国际问题研究 | 国家机构 | 政府部门办 | 15 | 10 | 5 | 13 | 2 | 0 | 4 | 120 | 10 | 0 |
| 国际能源政策研究中心 | 4 | 2013/7/1 | 非学校上级主管部门 | 独立设置研究所 | 省级重点研究基地 | 管理学 | 国家机构 | 政府部门办 | 30 | 28 | 2 | 28 | 2 | 0 | 78 | 1 595 | 30 | 0 |
| 江苏省公共安全创新研究中心 | 5 | 2017/11/2 | 非学校上级主管部门 | 独立设置研究所 | 其他重点研究基地 | 管理学 | 国家机构 | 政府部门办 | 12 | 11 | 1 | 10 | 2 | 0 | 6 | 660 | 30 | 0 |
| 江苏省能源经济管理研究基地 | 6 | 2008/10/1 | 非学校上级主管部门 | 独立设置研究所 | 省级重点研究基地 | 管理学 | 国家机构 | 政府部门办 | 20 | 20 | 0 | 19 | 1 | 0 | 40 | 2 120 | 20 | 0 |
| 江苏自然资源智库研究基地 | 7 | 2018/11/4 | 非学校上级主管部门 | 与校外合办所 | 其他重点研究基地 | 管理学 | 国家机构 | 政府部门办 | 40 | 34 | 6 | 30 | 10 | 0 | 40 | 120 | 15 | 0 |
| 河海大学 | 006 | / | / | / | / | / | / | / | 483 | 375 | 105 | 356 | 126 | 0 | 540 | 10 570 | 2 695.5 | 0 |
| “世界水谷”与水生态文明协同创新中心 | 1 | 2014/12/4 | 非学校上级主管部门 | 独立设置研究所 | 省级 2011 协同创新中心 | 管理学 | 生态保护和环境治理业 | 政府部门办 | 27 | 23 | 4 | 21 | 6 | 0 | 40 | 1 100 | 500 | 0 |
| 东部资源环境与持续发展研究中心 | 2 | 1994/12/1 | 非学校上级主管部门 | 与校外合办所 | 中央其他部委重点研究基地 | 经济学 | 中国共产党机关 | 政府部门办 | 25 | 19 | 6 | 16 | 9 | 0 | 22 | 400 | 100 | 0 |
| 公民道德发展与人的现代化研究基地 | 3 | 2012/12/12 | 非学校上级主管部门 | 独立设置研究所 | 省级重点研究基地 | 哲学 | 中国共产党机关 | 政府部门办 | 21 | 17 | 4 | 16 | 5 | 0 | 30 | 400 | 300 | 0 |
| 国际河流研究中心 | 4 | 2013/7/6 | 非学校上级主管部门 | 独立设置研究所 | 省级重点研究基地 | 国际问题研究 | 水利管理业 | 政府部门办 | 22 | 15 | 7 | 14 | 8 | 0 | 26 | 500 | 300 | 0 |
| 国家级人才理论研究基地 | 5 | 2014/5/9 | 非学校上级主管部门 | 独立设置研究所 | 中央其他部委重点研究基地 | 管理学 | 中国共产党机关 | 政府部门办 | 13 | 9 | 4 | 11 | 2 | 0 | 20 | 200 | 14.5 | 0 |
| 环境与社会研究中心 | 6 | 2015/2/4 | 非学校上级主管部门 | 独立设置研究所 | 省级重点研究基地 | 社会学 | 人民政协、民主党派 | 政府部门办 | 16 | 12 | 4 | 12 | 4 | 0 | 18 | 220 | 25 | 0 |
| 江苏长江保护与高质量发展研究基地 | 7 | 2019/8/13 | 非学校上级主管部门 | 与校外合办所 | 省级重点研究基地 | 管理学 | 生态保护和环境治理业 | 单位自办 | 21 | 16 | 5 | 16 | 5 | 0 | 18 | 600 | 30 | 0 |

续表

| 机构名称 | 编号 | 成立时间 | 批准部门 | 组成方式 | 机构类型 | 学科分类 | 服务的国民经济行业 | 组成类型 | R&D活动人员(人) 合计 | 其中 博士毕业 | 其中 硕士毕业 | 其中 高级职称 | 其中 中级职称 | 其中 初级职称 | 培养研究生(人) | R&D经费支出(千元) | 仪器设备原价(千元) | 其中 进口(千元) |
|---|---|---|---|---|---|---|---|---|---|---|---|---|---|---|---|---|---|---|
| | | L01 | L02 | L03 | L04 | L05 | L06 | L07 | L08 | L09 | L10 | L11 | L12 | L13 | L14 | L15 | L16 | L17 |
| 江苏企业国际化发展研究基地 | 8 | 2011/11/20 | 非学校上级主管部门 | 独立设置研究所 | 省级重点研究基地 | 逻辑学 | 商务服务业 | 政府部门办 | 20 | 15 | 5 | 14 | 6 | 0 | 20 | 300 | 45 | 0 |
| 江苏省科技体制改革科技思想库 | 9 | 2012/9/21 | 非学校上级主管部门 | 独立设置研究所 | 省级重点研究基地 | 管理学 | 中国共产党机关 | 政府部门办 | 13 | 11 | 2 | 10 | 3 | 0 | 15 | 200 | 20 | 0 |
| 江苏省老年学研究与培训基地 | 10 | 2015/12/6 | 非学校上级主管部门 | 与校外合办所 | 中央其他部委重点研究基地 | 社会学 | 人民政协、民主党派 | 政府部门办 | 21 | 16 | 5 | 14 | 7 | 0 | 25 | 300 | 200 | 0 |
| 江苏省水资源与可持续发展研究中心 | 11 | 2010/11/11 | 非学校上级主管部门 | 独立设置研究所 | 省级重点研究基地 | 经济学 | 中国共产党机关 | 政府部门办 | 21 | 18 | 3 | 17 | 4 | 0 | 26 | 450 | 20 | 0 |
| 江苏省循环经济工程研究中心 | 12 | 2005/12/1 | 非学校上级主管部门 | 独立设置研究所 | 省级重点研究基地 | 管理学 | 中国共产党机关 | 政府部门办 | 22 | 18 | 4 | 15 | 7 | 0 | 24 | 200 | 18 | 0 |
| 江苏省中国特色社会主义理论体系研究基地 | 13 | 2015/4/9 | 非学校上级主管部门 | 独立设置研究所 | 省级重点研究基地 | 马克思主义 | 中国共产党机关 | 政府部门办 | 21 | 16 | 5 | 16 | 5 | 0 | 28 | 400 | 32 | 0 |
| 江苏沿海资源经济研究中心 | 14 | 2011/12/31 | 非学校上级主管部门 | 与校外合办所 | 省级重点研究基地 | 经济学 | 水利管理业 | 政府部门办 | 18 | 14 | 4 | 13 | 5 | 0 | 24 | 400 | 30 | 0 |
| 企业人才研究中心 | 15 | 2015/5/12 | 非学校上级主管部门 | 独立设置研究所 | 省级重点研究基地 | 管理学 | 商务服务业 | 政府部门办 | 18 | 12 | 5 | 12 | 5 | 0 | 19 | 200 | 10 | 0 |
| 全国性别/妇女研究与培训基地 | 16 | 2013/9/16 | 非学校上级主管部门 | 与校外合办所 | 中央其他部委重点研究基地 | 社会学 | 社会保障 | 政府部门办 | 19 | 14 | 5 | 13 | 6 | 0 | 25 | 200 | 26 | 0 |
| 人口老龄化科研基地 | 17 | 2014/10/16 | 非学校上级主管部门 | 独立设置研究所 | 省级重点研究基地 | 社会学 | 人民政协、民主党派 | 政府部门办 | 13 | 10 | 3 | 10 | 3 | 0 | 22 | 350 | 60 | 0 |
| 水利部人力资源研究院 | 18 | 2011/4/29 | 非学校上级主管部门 | 与校外合办所 | 中央其他部委重点研究基地 | 马克思主义 | 中国共产党机关 | 政府部门办 | 21 | 16 | 5 | 14 | 7 | 0 | 25 | 800 | 85 | 0 |
| 水利部水库移民经济研究中心 | 19 | 1992/9/15 | 非学校上级主管部门 | 独立设置研究所 | 中央其他部委重点研究基地 | 社会学 | 水利管理业 | 政府部门办 | 23 | 18 | 5 | 17 | 6 | 0 | 26 | 1 000 | 90 | 0 |
| 水利部水利经济研究所 | 20 | 1985/12/28 | 非学校上级主管部门 | 独立设置研究所 | 中央其他部委重点研究基地 | 经济学 | 中国共产党机关 | 政府部门办 | 17 | 13 | 4 | 12 | 5 | 0 | 23 | 600 | 78 | 0 |
| 水利法治研究中心 | 21 | 2017/7/20 | 学校上级主管部门 | 与校外合办所 | 省级重点研究基地 | 法学 | 中国共产党机关 | 政府部门办 | 14 | 10 | 4 | 8 | 6 | 0 | 0 | 650 | 60 | 0 |
| 水利政策法制研究与培训中心 | 22 | 2011/10/18 | 非学校上级主管部门 | 独立设置研究所 | 中央其他部委重点研究基地 | 法学 | 生态保护和环境治理业 | 政府部门办 | 16 | 12 | 4 | 10 | 6 | 0 | 22 | 250 | 20 | 0 |
| 新时代基层党建与思想文化建设研究基地 | 23 | 2020/10/1 | 学校上级主管部门 | 独立设置研究所 | 省级重点研究基地 | 马克思主义 | 教育 | 单位自办 | 25 | 20 | 3 | 25 | 0 | 0 | 10 | 400 | 400 | 0 |

| | | | | | | | | | | | | | | | | | | |
|---|---|---|---|---|---|---|---|---|---|---|---|---|---|---|---|---|---|---|
| 亚洲研究中心 | 24 | 2017/7/1 | 学校上级主管部门 | 独立设置研究所 | 中央其他部委重点研究基地 | 民族学与文化学 | 教育 | 单位自办 | 20 | 17 | 3 | 16 | 4 | 0 | 10 | 200 | 200 | 0 |
| 中国(南京)人才发展研究中心 | 25 | 2012/3/28 | 非学校上级主管部门 | 独立设置研究所 | 省级重点研究基地 | 管理学 | 教育 | 政府部门办 | 16 | 14 | 2 | 14 | 2 | 0 | 22 | 250 | 32 | 0 |
| 南京理工大学 | 007 | / | / | / | / | / | / | / | 133 | 83 | 50 | 21 | 58 | 4 | 88 | 950 | 504 | 0 |
| 国防知识产权研究中心 | 1 | 2016/1/1 | 非学校上级主管部门 | 独立设置研究所 | 中央其他部委重点研究基地 | 法学 | 教育 | 单位自办 | 3 | 2 | 1 | 1 | 2 | 0 | 5 | 80 | 60 | 0 |
| 国际经贸问题研究中心 | 2 | 2012/12/7 | 非学校上级主管部门 | 独立设置研究所 | 省级基地培育点 | 经济学 | 国家机构 | 其他 | 15 | 8 | 7 | 0 | 7 | 0 | 5 | 50 | 10 | 0 |
| 江苏产业集群研究基地 | 3 | 2011/11/5 | 非学校上级主管部门 | 独立设置研究所 | 省级重点研究基地 | 经济学 | 教育 | 单位自办 | 13 | 6 | 7 | 0 | 8 | 0 | 2 | 50 | 20 | 0 |
| 江苏服务型政府建设研究基地 | 4 | 2011/11/5 | 非学校上级主管部门 | 独立设置研究所 | 省级重点研究基地 | 社会学 | 国家机构 | 其他 | 15 | 6 | 9 | 0 | 7 | 2 | 2 | 50 | 20 | 0 |
| 江苏人才发展战略研究院 | 5 | 2016/7/7 | 非学校上级主管部门 | 独立设置研究所 | 省级智库 | 管理学 | 中国共产党机关 | 政府部门办 | 10 | 5 | 5 | 0 | 5 | 2 | 0 | 10 | 50 | 0 |
| 江苏商标品牌研究中心 | 6 | 2018/7/15 | 学校上级主管部门 | 独立设置研究所 | 省级重点研究基地 | 法学 | 教育 | 政府部门办 | 6 | 5 | 1 | 3 | 3 | 0 | 20 | 100 | 60 | 0 |
| 江苏省版权研究中心 | 7 | 2017/4/6 | 非学校上级主管部门 | 独立设置研究所 | 省级重点研究基地 | 法学 | 教育 | 政府部门办 | 6 | 5 | 1 | 3 | 3 | 0 | 20 | 80 | 50 | 0 |
| 江苏省军民融合发展研究院 | 8 | 2017/8/31 | 非学校上级主管部门 | 独立设置研究所 | 省级重点研究基地 | 管理学 | 国家机构 | 政府部门办 | 7 | 5 | 2 | 0 | 2 | 0 | 0 | 15 | 50 | 0 |
| 江苏省军民融合科技与产业创新研究中心 | 9 | 2016/4/14 | 非学校上级主管部门 | 独立设置研究所 | 省级重点研究基地 | 管理学 | 国家机构 | 政府部门办 | 6 | 4 | 2 | 0 | 2 | 0 | 0 | 50 | 6 | 0 |
| 江苏省科技人才思想库 | 10 | 2012/10/19 | 非学校上级主管部门 | 独立设置研究所 | 省级重点研究基地 | 统计学 | 教育 | 单位自办 | 12 | 5 | 7 | 0 | 7 | 0 | 0 | 50 | 30 | 0 |
| 江苏省知识产权发展研究中心 | 11 | 2012/1/1 | 非学校上级主管部门 | 独立设置研究所 | 省级重点研究基地 | 法学 | 教育 | 政府部门办 | 7 | 6 | 1 | 7 | 0 | 0 | 30 | 100 | 60 | 0 |
| 江苏省知识产权思想库 | 12 | 2016/2/3 | 非学校上级主管部门 | 独立设置研究所 | 省级重点研究基地 | 法学 | 教育 | 政府部门办 | 6 | 5 | 1 | 3 | 3 | 0 | 0 | 150 | 60 | 0 |
| 马克思主义与当代中国研究中心 | 13 | 2004/9/23 | 学校自建 | 独立设置研究所 | 省级基地培育点 | 马克思主义 | 教育 | 其他 | 7 | 5 | 2 | 0 | 2 | 0 | 2 | 50 | 10 | 0 |
| 沙特研究中心 | 14 | 2017/9/29 | 非学校上级主管部门 | 独立设置研究所 | 其他重点研究基地 | 国际问题研究 | 国家机构 | 单位自办 | 6 | 5 | 1 | 0 | 2 | 0 | 0 | 50 | 6 | 0 |
| 社会计算与舆情分析研究中心 | 15 | 2012/4/13 | 学校上级主管部门 | 独立设置研究所 | 省级基地培育点 | 图书馆、情报与文献学 | 国家机构 | 单位自办 | 8 | 5 | 3 | 0 | 3 | 0 | 2 | 50 | 6 | 0 |
| 政治建设与地方治理研究中心 | 16 | 2018/9/14 | 学校上级主管部门 | 独立设置研究所 | 江苏省高校哲学社会科学重点研究(建设)基地 | 政治学 | 国家机构 | 单位自办 | 6 | 6 | 0 | 4 | 2 | 0 | 0 | 15 | 6 | 0 |
| 南京航空航天大学 | 008 | / | / | / | / | / | / | / | 267 | 113 | 87 | 128 | 66 | 0 | 355 | 3 757 | 1 406 | 0 |
| 巴尔干地区研究中心 | 1 | 2017/6/13 | 非学校上级主管部门 | 独立设置研究所 | 其他重点研究基地,教育部国际合作与交流司 | 国际问题研究 | 国家机构 | 单位自办 | 12 | 10 | 2 | 9 | 3 | 0 | 6 | 120 | 35 | 0 |

续表

| 机构名称 | 编号 | 成立时间 | 批准部门 | 组成方式 | 机构类型 | 学科分类 | 服务的国民经济行业 | 组成类型 | R&D活动人员(人) 合计 | 其中 博士毕业 | 硕士毕业 | 高级职称 | 中级职称 | 初级职称 | 培养研究生(人) | R&D经费支出(千元) | 仪器设备原价(千元) | 其中 进口(千元) |
|---|---|---|---|---|---|---|---|---|---|---|---|---|---|---|---|---|---|---|
| | | L01 | L02 | L03 | L04 | L05 | L06 | L07 | L08 | L09 | L10 | L11 | L12 | L13 | L14 | L15 | L16 | L17 |
| 国际战略与安全研究中心 | 2 | 2013/6/28 | 非学校上级主管部门 | 独立设置研究所 | 省级重点研究基地 | 国际问题研究 | 国家机构 | 单位自办 | 12 | 10 | 2 | 9 | 1 | 0 | 12 | 25 | 21 | 0 |
| 国家文化产业研究中心 | 3 | 2006/12/7 | 非学校上级主管部门 | 独立设置研究所 | 中央其他部委重点研究基地 | 艺术学 | 社会工作 | 单位自办 | 18 | 8 | 8 | 10 | 8 | 0 | 11 | 85 | 45 | 0 |
| 江苏军民融合发展研究基地 | 4 | 2019/7/1 | 非学校上级主管部门 | 独立设置研究所 | 省级重点研究基地 | 管理学 | 科技推广和应用服务 | 单位自办 | 24 | 9 | 2 | 8 | 3 | 0 | 41 | 320 | 52 | 0 |
| 江苏省非物质文化遗产研究基地 | 5 | 2014/6/25 | 非学校上级主管部门 | 独立设置研究所 | 省级重点研究基地 | 艺术学 | 文化艺术业 | 单位自办 | 20 | 9 | 7 | 9 | 8 | 0 | 12 | 60 | 30 | 0 |
| 江苏省高校思想政治教育研究中心 | 6 | 2018/7/19 | 非学校上级主管部门 | 独立设置研究所 | 省级重点研究基地 | 马克思主义 | 科技推广和应用服务 | 单位自办 | 18 | 14 | 4 | 10 | 7 | 0 | 25 | 80 | 30 | 0 |
| 江苏省后评价研究中心 | 7 | 2005/9/6 | 非学校上级主管部门 | 独立设置研究所 | 省级重点研究基地 | 管理学 | 社会工作 | 其他 | 14 | 6 | 8 | 7 | 1 | 0 | 25 | 821 | 330 | 0 |
| 江苏省军民融合产业发展研究中心 | 8 | 2016/4/25 | 非学校上级主管部门 | 独立设置研究所 | 省级重点研究基地 | 经济学 | 科技推广和应用服务 | 单位自办 | 24 | 9 | 1 | 14 | 8 | 0 | 41 | 320 | 52 | 0 |
| 江苏省人力资源发展研究基地 | 9 | 2017/7/7 | 非学校上级主管部门 | 独立设置研究所 | 省级重点研究基地 | 管理学 | 科技推广和应用服务 | 单位自办 | 34 | 4 | 15 | 9 | 6 | 0 | 22 | 116 | 25 | 0 |
| 江苏省中国特色社会主义理论体系研究基地 | 10 | 2015/4/2 | 非学校上级主管部门 | 独立设置研究所 | 省级重点研究基地 | 马克思主义 | 国家机构 | 单位自办 | 16 | 10 | 6 | 10 | 6 | 0 | 10 | 120 | 30 | 0 |
| 科学发展研究中心 | 11 | 2010/8/5 | 非学校上级主管部门 | 独立设置研究所 | 省级重点研究基地 | 管理学 | 科技推广和应用服务 | 单位自办 | 23 | 11 | 12 | 12 | 1 | 0 | 32 | 1326 | 531 | 0 |
| 能源软科学研究中心 | 12 | 2010/8/5 | 非学校上级主管部门 | 独立设置研究所 | 省级重点研究基地 | 管理学 | 科技推广和应用服务 | 单位自办 | 34 | 5 | 12 | 11 | 6 | 0 | 107 | 280 | 180 | 0 |
| 文化和旅游研究基地 | 13 | 2019/10/14 | 非学校上级主管部门 | 独立设置研究所 | 中央其他部委重点研究基地 | 艺术学 | 国家机构 | 单位自办 | 18 | 8 | 8 | 10 | 8 | 0 | 11 | 84 | 45 | 0 |
| 苏州大学 | 009 | / | / | / | / | / | / | / | 121 | 86 | 25 | 120 | 1 | 0 | 42 | 3 330 | 677 | 0 |
| 东吴智库 | 1 | 2015/6/18 | 学校上级主管部门 | 跨系所 | 省级智库，省级重点研究基地 | 经济学 | 国家机构 | 单位自办 | 18 | 15 | 3 | 18 | 0 | 0 | 9 | 780 | 120 | 0 |
| 公法研究中心 | 2 | 2009/10/27 | 学校上级主管部门 | 独立设置研究所 | 省级重点研究基地 | 法学 | 国家机构 | 单位自办 | 21 | 15 | 6 | 21 | 0 | 0 | 8 | 370 | 44 | 0 |
| 国家体育总局体育社会科学重点研究基地 | 3 | 2001/5/18 | 非学校上级主管部门 | 独立设置研究所 | 中央其他部委重点研究基地 | 体育科学 | 体育 | 单位自办 | 12 | 6 | 6 | 11 | 1 | 0 | 4 | 302 | 160 | 0 |
| 江苏省吴文化研究基地 | 4 | 1996/12/5 | 非学校上级主管部门 | 独立设置研究所 | 省级重点研究基地 | 历史学 | 文化艺术业 | 单位自办 | 8 | 6 | 2 | 8 | 0 | 0 | 3 | 70 | 30 | 0 |

| | | | | | | | | | | | | | | | | | |
|---|---|---|---|---|---|---|---|---|---|---|---|---|---|---|---|---|---|
| 江苏省新型城镇化与社会治理协同创新中心 | 5 | 2014/3/20 | 学校上级主管部门 | 与校外合办所 | 省级 2011 协同创新中心 | 管理学 | 国家机构 | 与国内高校合办 | 26 | 22 | 4 | 26 | 0 | 0 | 6 | 610 | 112 | 0 |
| 苏州基层党建研究所 | 6 | 2007/6/26 | 学校上级主管部门 | 与校外合办所 | 省级重点研究基地 | 马克思主义 | 中国共产党机关 | 政府部门办 | 8 | 6 | 2 | 8 | 0 | 0 | 2 | 320 | 20 | 0 |
| 中国特色城镇化研究中心 | 7 | 2003/4/28 | 非学校上级主管部门 | 跨系所 | 教育部重点研究基地 | 管理学 | 国家机构 | 单位自办 | 28 | 16 | 2 | 28 | 0 | 0 | 10 | 878 | 191 | 0 |
| 江苏科技大学 | 010 | / | / | / | / | / | / | / | 15 | 9 | 6 | 10 | 5 | 0 | 28 | 90 | 10 | 0 |
| 服务制造模式与信息化研究中心 | 1 | 2015/5/1 | 学校上级主管部门 | 独立设置研究所 | 省级重点研究基地 | 管理学 | 铁路、船舶、航空航天和其他运输设备制造业 | 与国内独立研究机构合办 | 15 | 9 | 6 | 10 | 5 | 0 | 28 | 90 | 10 | 0 |
| 南京工业大学 | 011 | / | / | / | / | / | / | / | 124 | 65 | 59 | 61 | 55 | 8 | 18 | 1 150 | 123.62 | 0 |
| 高校国家知识产权信息服务中心 | 1 | 2019/12/1 | 学校上级主管部门 | 独立设置研究所 | 中央其他部委重点研究基地 | 图书馆、情报与文献学 | 教育 | 单位自办 | 15 | 13 | 2 | 10 | 5 | 0 | 5 | 50 | 15 | 0 |
| 互联网金融科技研究中心 | 2 | 2019/5/1 | 学校上级主管部门 | 独立设置研究所 | 其他重点研究基地,江苏省教育厅 | 经济学 | 资本市场服务 | 与国内独立研究机构合办 | 7 | 3 | 4 | 2 | 5 | 0 | 2 | 50 | 3.54 | 0 |
| 江苏产业科技创新研究中心 | 3 | 2017/3/5 | 学校上级主管部门 | 与校外合办所 | 省级重点研究基地 | 管理学 | 科技推广和应用服务 | 与国内独立研究机构合办 | 5 | 4 | 1 | 3 | 2 | 0 | 3 | 200 | 16 | 0 |
| 江苏社会管理法制建设研究基地 | 4 | 2018/1/5 | 非学校上级主管部门 | 独立设置研究所 | 其他重点研究基地,江苏省社科联 | 法学 | 社会保障 | 政府部门办 | 9 | 1 | 8 | 2 | 3 | 4 | 2 | 50 | 12 | 0 |
| 江苏省军民融合发展智库“协同创新与产业发展研究中心” | 5 | 2019/10/1 | 非学校上级主管部门 | 独立设置研究所 | 其他智库,江苏省委军民融合办 | 管理学 | 科技推广和应用服务 | 单位自办 | 16 | 6 | 10 | 9 | 7 | 0 | 0 | 50 | 21 | 0 |
| 江苏省科技政策思想库 | 6 | 2014/5/1 | 学校上级主管部门 | 独立设置研究所 | 省级智库 | 管理学 | 科技推广和应用服务 | 单位自办 | 18 | 5 | 13 | 5 | 13 | 0 | 3 | 50 | 5.1 | 0 |
| 江苏省科协科技创新智库基地 | 7 | 2019/5/1 | 非学校上级主管部门 | 独立设置研究所 | 其他重点研究基地,江苏省科协 | 管理学 | 教育 | 单位自办 | 9 | 5 | 4 | 2 | 5 | 2 | 3 | 50 | 4.6 | 0 |
| 新型城镇化研究院 | 8 | 2020/1/1 | 非学校上级主管部门 | 跨系所 | 其他智库 | 社会学 | 国家机构 | 单位自办 | 10 | 8 | 2 | 8 | 2 | 0 | 0 | 100 | 18.5 | 0 |
| 一带一路化工与建筑行业中外人文交流研究院 | 9 | 2020/1/1 | 学校上级主管部门 | 跨系所 | 其他重点研究基地 | 管理学 | 教育 | 单位自办 | 15 | 10 | 5 | 5 | 10 | 0 | 0 | 500 | 21.2 | 0 |
| 知识产权科普教育基地 | 10 | 2018/10/12 | 学校上级主管部门 | 跨系所 | 其他重点研究基地,省科技协会、科技厅、教育厅 | 教育学 | 教育 | 单位自办 | 20 | 10 | 10 | 15 | 3 | 2 | 0 | 50 | 6.68 | 0 |
| 常州大学 | 012 | / | / | / | / | / | / | / | 100 | 56 | 44 | 58 | 42 | 0 | 0 | 1 140 | 610 | 0 |

续表

| 机构名称 | 编号 | 成立时间 | 批准部门 | 组成方式 | 机构类型 | 学科分类 | 服务的国民经济行业 | 组成类型 | R&D活动人员(人) 合计 | 其中 博士毕业 | 硕士毕业 | 高级职称 | 中级职称 | 初级职称 | 培养研究生(人) | R&D经费支出(千元) | 仪器设备原价(千元) | 其中 进口(千元) |
|---|---|---|---|---|---|---|---|---|---|---|---|---|---|---|---|---|---|---|
| | | L01 | L02 | L03 | L04 | L05 | L06 | L07 | L08 | L09 | L10 | L11 | L12 | L13 | L14 | L15 | L16 | L17 |
| 常州社科院历史文化研究所 | 1 | 2013/4/10 | 学校自建 | 与校外合办所 | 校级重点研究基地 | 历史学 | 其他服务业 | 与国内独立研究机构合办 | 6 | 4 | 2 | 2 | 4 | 0 | 0 | 100 | 20 | 0 |
| 常州现代服务业研究院 | 2 | 2014/9/23 | 非学校上级主管部门 | 与校外合办所 | 校级重点研究基地 | 管理学 | 商务服务业 | 单位自办 | 6 | 4 | 2 | 5 | 1 | 0 | 0 | 200 | 30 | 0 |
| 城乡文明研究所 | 3 | 2014/6/5 | 学校自建 | 独立设置研究所 | 校级重点研究基地 | 马克思主义 | 中国共产党机关 | 单位自办 | 4 | 1 | 3 | 3 | 1 | 0 | 0 | 20 | 20 | 0 |
| 国家与江苏石油石化发展战略研究基地 | 4 | 2013/3/19 | 学校上级主管部门 | 与校外合办所 | 省级重点研究基地 | 管理学 | 石油、煤炭及其他燃料加工业 | 政府部门办 | 10 | 6 | 4 | 6 | 4 | 0 | 0 | 100 | 50 | 0 |
| 江苏省非物质文化遗产研究基地 | 5 | 2014/10/20 | 学校上级主管部门 | 跨系所 | 省级重点研究基地 | 艺术学 | 中国共产党机关 | 政府部门办 | 10 | 5 | 5 | 6 | 4 | 0 | 0 | 100 | 50 | 0 |
| 江苏中国特色社会主义理论研究基地 | 6 | 2015/5/6 | 学校上级主管部门 | 跨系所 | 省级重点研究基地 | 马克思主义 | 国家机构 | 政府部门办 | 10 | 6 | 4 | 7 | 3 | 0 | 0 | 100 | 50 | 0 |
| 旅游产业战略研究所 | 7 | 2014/1/7 | 学校自建 | 跨系所 | 校级重点研究基地 | 管理学 | 商务服务业 | 单位自办 | 4 | 2 | 2 | 2 | 2 | 0 | 0 | 20 | 20 | 0 |
| 马克思主义研究院 | 8 | 2014/4/24 | 学校自建 | 独立设置研究所 | 校级重点研究基地 | 马克思主义 | 教育 | 单位自办 | 10 | 4 | 6 | 6 | 4 | 0 | 0 | 200 | 200 | 0 |
| 人力资源管理研究中心 | 9 | 2014/2/1 | 学校自建 | 与校外合办所 | 校级重点研究基地 | 管理学 | 其他服务业 | 单位自办 | 6 | 4 | 2 | 3 | 3 | 0 | 0 | 20 | 20 | 0 |
| 书画艺术研究院 | 10 | 2014/8/6 | 学校自建 | 独立设置研究所 | 校级重点研究基地 | 艺术学 | 广播、电视、电影和影视录音制作业 | 单位自办 | 4 | 2 | 2 | 2 | 2 | 0 | 0 | 20 | 20 | 0 |
| 苏台经贸合作和科技创新研究中心 | 11 | 2015/5/18 | 学校上级主管部门 | 与校外合办所 | 省级重点研究基地 | 管理学 | 商务服务业 | 单位自办 | 10 | 6 | 4 | 5 | 5 | 0 | 0 | 100 | 50 | 0 |
| 体育健康教育研究所 | 12 | 2011/10/17 | 学校自建 | 独立设置研究所 | 校级重点研究基地 | 体育科学 | 文化艺术业 | 单位自办 | 4 | 2 | 2 | 2 | 2 | 0 | 0 | 20 | 20 | 0 |
| 应用语言学研究所 | 13 | 2014/1/7 | 学校自建 | 独立设置研究所 | 校级重点研究基地 | 语言学 | 其他服务业 | 单位自办 | 5 | 3 | 2 | 3 | 2 | 0 | 0 | 20 | 20 | 0 |
| 语言应用研究基地 | 14 | 2015/10/19 | 非学校上级主管部门 | 与校外合办所 | 省级重点研究基地 | 语言学 | 其他服务业 | 与国内独立研究机构合办 | 7 | 5 | 2 | 4 | 3 | 0 | 0 | 100 | 20 | 0 |
| 中国财经文学研究中心 | 15 | 2013/6/5 | 学校自建 | 独立设置研究所 | 校级重点研究基地 | 中国文学 | 广播、电视、电影和影视录音制作业 | 单位自办 | 4 | 2 | 2 | | | | | | | |
| 南京邮电大学 | 013 | / | / | / | / | / | / | / | 149 | 100 | 49 | 94 | 55 | 0 | 0 | 1 050 | 335 | 0 |
| 高质量发展评价研究院 | 1 | 2020/4/30 | 非学校上级主管部门 | 与校外合办所 | 省级智库 | 管理学 | 中国共产党机关 | 政府部门办 | 18 | 10 | 8 | 13 | 5 | 0 | 0 | 100 | 30 | 0 |

| | | | | | | | | | | | | | | | | | | |
|---|---|---|---|---|---|---|---|---|---|---|---|---|---|---|---|---|---|---|
| 江苏高质量发展综合评估研究基地 | 2 | 2019/7/15 | 非学校上级主管部门 | 独立设置研究所 | 其他重点研究基地，江苏省社科联批准决策咨询研究基地 | 管理学 | 国家机构 | 单位自办 | 16 | 10 | 6 | 12 | 4 | 0 | 0 | 100 | 30 | 0 |
| 江苏农业信息化研究基地 | 3 | 2011/11/15 | 非学校上级主管部门 | 跨系所 | 其他重点研究基地，江苏省社科联批准决策咨询研究基地 | 经济学 | 科技推广和应用服务 | 单位自办 | 14 | 6 | 8 | 5 | 9 | 0 | 0 | 100 | 21 | 0 |
| 江苏省统计科学研究基地 | 4 | 2010/6/7 | 非学校上级主管部门 | 跨系所 | 其他重点研究基地，江苏省统计局批准 | 统计学 | 软件和信息技术服务业 | 单位自办 | 8 | 5 | 3 | 6 | 2 | 0 | 0 | 100 | 13 | 0 |
| 江苏省物联网产业发展研究基地 | 5 | 2010/8/5 | 学校上级主管部门 | 跨系所 | 其他重点研究基地，江苏省教育厅批准江苏高校哲学社会科学重点研究基地 | 管理学 | 互联网和相关服务 | 单位自办 | 15 | 11 | 4 | 8 | 7 | 0 | 0 | 100 | 40 | 0 |
| 江苏现代信息服务业研究基地 | 6 | 2011/12/22 | 非学校上级主管部门 | 跨系所 | 其他重点研究基地，江苏省社科联批准决策咨询研究基地 | 管理学 | 软件和信息技术服务业 | 单位自办 | 13 | 7 | 6 | 6 | 7 | 0 | 0 | 100 | 11 | 0 |
| 江苏智慧养老研究院 | 7 | 2017/7/7 | 学校上级主管部门 | 与校外合办所 | 校级重点研究基地，其他重点研究基地，江苏省教育厅批准江苏高校人文社会科学校外研究基地 | 社会学 | 社会工作 | 单位自办 | 10 | 6 | 4 | 6 | 4 | 0 | 0 | 100 | 30 | 0 |
| 教育人工智能研究中心 | 8 | 2020/9/16 | 学校上级主管部门 | 跨系所 | 其他重点研究基地，江苏高校哲学社会科学重点研究基地 | 教育学 | 教育 | 单位自办 | 37 | 34 | 3 | 27 | 10 | 0 | 0 | 150 | 100 | 0 |
| 科普动漫研究所 | 9 | 2019/9/16 | 非学校上级主管部门 | 独立设置研究所 | 其他重点研究基地，江苏省社科联批准社会科学普及研发基地 | 艺术学 | 广播、电视、电影和影视录音制作业 | 单位自办 | 10 | 6 | 4 | 5 | 5 | 0 | 0 | 100 | 30 | 0 |

续表

| 机构名称 | 编号 | 成立时间 | 批准部门 | 组成方式 | 机构类型 | 学科分类 | 服务的国民经济行业 | 组成类型 | R&D活动人员(人) 合计 | 其中 博士毕业 | 硕士毕业 | 高级职称 | 中级职称 | 初级职称 | 培养研究生(人) | R&D经费支出(千元) | 仪器设备原价(千元) | 其中 进口(千元) |
|---|---|---|---|---|---|---|---|---|---|---|---|---|---|---|---|---|---|---|
| | | L01 | L02 | L03 | L04 | L05 | L06 | L07 | L08 | L09 | L10 | L11 | L12 | L13 | L14 | L15 | L16 | L17 |
| 信息产业融合创新与应急管理研究中心 | 10 | 2018/7/19 | 学校上级主管部门 | 跨系所 | 其他重点研究基地,江苏省教育厅批准江苏高校哲学社会科学重点研究基地 | 管理学 | 互联网和相关服务 | 单位自办 | 8 | 5 | 3 | 6 | 2 | 0 | 0 | 100 | 30 | 0 |
| 南京林业大学 | 014 | / | / | / | / | / | / | / | 69 | 37 | 27 | 47 | 22 | 0 | 0 | 886.8 | 1 205.2 | 281.8 |
| 国家林业和草原局林业遗产与森林环境史研究中心 | 1 | 2020/5/1 | 学校上级主管部门 | 独立设置研究所 | 研究中心 | 历史学 | 林业 | 政府部门办 | 38 | 28 | 10 | 26 | 12 | 0 | 0 | 300 | 5 | 0 |
| 江苏环境与发展研究中心 | 2 | 2009/12/15 | 学校上级主管部门 | 独立设置研究所 | 省级重点研究基地 | 哲学 | 生态保护和环境治理业 | 政府部门办 | 10 | 4 | 5 | 7 | 3 | 0 | 0 | 334.7 | 854.2 | 246 |
| 生态经济研究中心 | 3 | 2010/10/28 | 学校上级主管部门 | 独立设置研究所 | 省级重点研究基地 | 经济学 | 生态保护和环境治理业 | 政府部门办 | 21 | 5 | 12 | 14 | 7 | 0 | 0 | 252.1 | 346 | 35.8 |
| 江苏大学 | 015 | / | / | / | / | / | / | / | 33 | 25 | 7 | 23 | 5 | 0 | 37 | 920 | 350 | 0 |
| 产业经济研究院 | 1 | 2019/6/6 | 学校自建 | 独立设置研究所 | 校级重点研究基地 | 经济学 | 其他金融业 | 单位自办 | 3 | 2 | 0 | 2 | 1 | 0 | 15 | 150 | 50 | 0 |
| 高等教育研究所 | 2 | 1983/8/1 | 学校自建 | 独立设置研究所 | 研究所 | 教育学 | 其他服务业 | 单位自办 | 2 | 1 | 1 | 1 | 0 | 0 | 1 | 40 | 10 | 0 |
| 江苏省统计应用研究基地 | 3 | 2012/1/11 | 非学校上级主管部门 | 与校外合办所 | 省级重点研究基地 | 统计学 | 其他服务业 | 与国内独立研究机构合办 | 3 | 3 | 0 | 3 | 0 | 0 | 3 | 100 | 10 | 0 |
| 江苏省知识产权研究中心 | 4 | 2008/9/27 | 非学校上级主管部门 | 独立设置研究所 | 省级重点研究基地 | 管理学 | 专业技术服务业 | 单位自办 | 4 | 2 | 2 | 2 | 0 | 0 | 2 | 80 | 20 | 0 |
| 江苏省中小企业发展研究基地 | 5 | 2008/10/3 | 非学校上级主管部门 | 跨系所 | 省级重点研究基地 | 管理学 | 专业技术服务业 | 政府部门办 | 4 | 2 | 2 | 2 | 0 | 0 | 2 | 90 | 10 | 0 |
| 江苏镇江法治政府研究院 | 6 | 2017/6/8 | 学校上级主管部门 | 与校外合办所 | 省级重点研究基地 | 法学 | 其他服务业 | 单位自办 | 5 | 3 | 2 | 3 | 2 | 0 | 5 | 50 | 50 | 0 |
| 绿色发展与环境治理研究中心 | 7 | 2020/6/10 | 学校上级主管部门 | 独立设置研究所 | 省级重点研究基地 | 管理学 | 生态保护和环境治理业 | 单位自办 | 5 | 5 | 0 | 4 | 1 | 0 | 0 | 80 | 50 | 0 |
| 能源发展与环境保护战略研究中心 | 8 | 2009/11/11 | 学校上级主管部门 | 独立设置研究所 | 省级重点研究基地 | 经济学 | 专业技术服务业 | 政府部门办 | 4 | 4 | 0 | 4 | 0 | 0 | 4 | 280 | 100 | 0 |
| 新时代“三农”问题研究中心 | 9 | 2018/5/9 | 学校上级主管部门 | 独立设置研究所 | 省级重点研究基地 | 马克思主义 | 农业 | 单位自办 | 3 | 3 | 0 | 2 | 1 | 0 | 5 | 50 | 50 | 0 |

| | | | | | | | | | | | | | | | | | | |
|---|---|---|---|---|---|---|---|---|---|---|---|---|---|---|---|---|---|---|
| 南京信息工程大学 | 016 | / | / | / | / | / | / | / | 288 | 233 | 22 | 202 | 73 | 0 | 130 | 4 816.5 | 1 913.9 | 0 |
| 风险治理与应急决策研究院 | 1 | 2020/6/15 | 学校上级主管部门 | 独立设置研究所 | 省级重点研究基地 | 管理学 | 教育 | 单位自办 | 15 | 15 | 0 | 9 | 6 | 0 | 5 | 628 | 210 | 0 |
| 国家体育总局体育文化研究基地 | 2 | 2013/11/3 | 非学校上级主管部门 | 独立设置研究所 | 省级重点研究基地 | 体育科学 | 文化艺术业 | 单位自办 | 23 | 5 | 0 | 17 | 6 | 0 | 4 | 168.2 | 70.2 | 0 |
| 江北新区发展研究院 | 3 | 2017/8/29 | 学校上级主管部门 | 与校外合办所 | 省级重点研究基地 | 管理学 | 中国共产党机关 | 其他 | 34 | 33 | 0 | 22 | 12 | 0 | 6 | 1 066.4 | 381 | 0 |
| 江苏人才强省建设研究基地 | 4 | 2011/10/22 | 非学校上级主管部门 | 与校外合办所 | 省级重点研究基地 | 管理学 | 中国共产党机关 | 其他 | 18 | 12 | 0 | 10 | 8 | 0 | 7 | 190.5 | 96.2 | 0 |
| 江苏省中国特色社会主义理论体系研究基地 | 5 | 2015/4/2 | 非学校上级主管部门 | 跨系所 | 省级重点研究基地 | 马克思主义 | 国家机构 | 单位自办 | 18 | 16 | 0 | 11 | 4 | 0 | 27 | 623.5 | 81.3 | 0 |
| 欧美再工业化战略研究中心 | 6 | 2013/7/2 | 学校上级主管部门 | 独立设置研究所 | 省级重点研究基地 | 管理学 | 其他制造业 | 单位自办 | 20 | 18 | 2 | 12 | 8 | 0 | 2 | 250.5 | 66.7 | 0 |
| 气候变化与公共政策研究院 | 7 | 2007/3/6 | 学校上级主管部门 | 跨系所 | 省级重点研究基地 | 政治学 | 中国共产党机关 | 单位自办 | 19 | 15 | 2 | 17 | 2 | 0 | 19 | 255.3 | 60.1 | 0 |
| 气候与环境治理研究院 | 8 | 2016/7/8 | 非学校上级主管部门 | 跨系所 | 省级智库 | 管理学 | 中国共产党机关 | 单位自办 | 47 | 45 | 2 | 40 | 3 | 0 | 12 | 455.8 | 140.3 | 0 |
| 清华大学技术创新研究中心分中心 | 9 | 2008/5/15 | 非学校上级主管部门 | 与校外合办所 | 其他重点研究基地 | 管理学 | 专业技术服务业 | 与国内高校合办 | 14 | 13 | 0 | 11 | 3 | 0 | 8 | 127.2 | 105.6 | 0 |
| 文化遗产科学认知与保护研究基地 | 10 | 2017/7/7 | 学校上级主管部门 | 与校外合办所 | 省级重点研究基地 | 历史学 | 广播、电视、电影和影视录音制作业 | 与国内独立研究机构合办 | 25 | 18 | 5 | 13 | 12 | 0 | 6 | 248.2 | 172.5 | 0 |
| 中国科协科技人力资源研究基地 | 11 | 2007/6/3 | 非学校上级主管部门 | 与校外合办所 | 中央其他部委重点研究基地 | 管理学 | 科技推广和应用服务 | 与国内独立研究机构合办 | 21 | 17 | 3 | 15 | 4 | 0 | 9 | 234.6 | 125.5 | 0 |
| 中国制造业发展研究院 | 12 | 2006/5/18 | 学校上级主管部门 | 独立设置研究所 | 省级重点研究基地 | 经济学 | 其他制造业 | 单位自办 | 34 | 26 | 8 | 25 | 5 | 0 | 25 | 568.3 | 404.5 | 0 |
| 南通大学 | 017 | / | / | / | / | / | / | / | 77 | 47 | 24 | 55 | 14 | 8 | 49 | 4 020.5 | 1 939.5 | 50 |
| 楚辞研究中心 | 1 | 2007/4/12 | 学校上级主管部门 | 独立设置研究所 | 省高校哲学社会科学重点研究基地 | 中国文学 | 文化艺术业 | 单位自办 | 11 | 7 | 2 | 8 | 2 | 1 | 7 | 587.8 | 357.4 | 0 |
| 江苏长江经济带研究院 | 2 | 2016/4/20 | 非学校上级主管部门 | 与校外合办所 | 省级智库 | 管理学 | 中国共产党机关 | 与国内独立研究机构合办 | 9 | 7 | 2 | 4 | 4 | 1 | 8 | 459.8 | 387.6 | 0 |
| 江苏省中国特色社会主义理论体系研究基地南通大学研究中心 | 3 | 2015/4/10 | 非学校上级主管部门 | 跨系所 | 省级研究基地 | 马克思主义 | 中国共产党机关 | 其他 | 20 | 13 | 7 | 18 | 1 | 1 | 6 | 130 | 36.8 | 0 |
| 江苏先进典型研究中心 | 4 | 2011/4/18 | 学校上级主管部门 | 与校外合办所 | 省高校人文社会科学校外研究基地 | 马克思主义 | 教育 | 单位自办 | 8 | 5 | 2 | 6 | 1 | 1 | 6 | 512 | 98.6 | 0 |

续表

| 机构名称 | 编号 | 成立时间 | 批准部门 | 组成方式 | 机构类型 | 学科分类 | 服务的国民经济行业 | 组成类型 | R&D活动人员(人) 合计 | 其中 博士毕业 | 硕士毕业 | 高级职称 | 中级职称 | 初级职称 | 培养研究生(人) | R&D经费支出(千元) | 仪器设备原价(千元) | 其中 进口(千元) |
|---|---|---|---|---|---|---|---|---|---|---|---|---|---|---|---|---|---|---|
| | | L01 | L02 | L03 | L04 | L05 | L06 | L07 | L08 | L09 | L10 | L11 | L12 | L13 | L14 | L15 | L16 | L17 |
| 江苏沿海沿江发展研究中心 | 5 | 2009/10/12 | 学校上级主管部门 | 与校外合办所 | 其他重点研究基地,省教育厅校外研究基地 | 经济学 | 中国共产党机关 | 与国内独立研究机构合办 | 6 | 4 | 2 | 4 | 1 | 1 | 6 | 453 | 125.4 | 0 |
| 蓝印花布艺术研究所 | 6 | 2016/1/20 | 学校自建 | 独立设置研究所 | 研究所 | 艺术学 | 纺织服装、服饰业 | 单位自办 | 6 | 4 | 2 | 2 | 2 | 2 | 5 | 850 | 563 | 50 |
| 南通廉政文化研究所 | 7 | 2007/4/11 | 学校自建 | 与校外合办所 | 省高校哲学社会科学重点研究基地 | 政治学 | 国家机构 | 其他 | 11 | 3 | 5 | 8 | 2 | 1 | 5 | 668.4 | 178.9 | 0 |
| 张謇研究所 | 8 | 2004/10/20 | 学校自建 | 独立设置研究所 | 研究所 | 历史学 | 国家机构 | 单位自办 | 6 | 4 | 2 | 5 | 1 | 0 | 6 | 359.5 | 191.8 | 0 |
| 南京医科大学 | 018 | / | / | / | / | / | / | / | 64 | 43 | 21 | 57 | 7 | 0 | 5 | 925.08 | 20 | 0 |
| 健康江苏建设与发展研究院 | 1 | 2016/6/30 | 非学校上级主管部门 | 与校外合办所 | 省级智库 | 管理学 | 教育 | 与国内高校合办 | 64 | 43 | 21 | 57 | 7 | 0 | 5 | 925.08 | 20 | 0 |
| 南京中医药大学 | 019 | / | / | / | / | / | / | / | 34 | 30 | 4 | 27 | 7 | 0 | 43 | 440 | 175 | 0 |
| 江苏重大健康风险管理与中医药防控政策研究中心 | 1 | 2020/9/14 | 学校上级主管部门 | 独立设置研究所 | 省级重点研究基地,其他重点研究基地 | 管理学 | 卫生 | 单位自办 | 14 | 10 | 4 | 10 | 4 | 0 | 25 | 60 | 100 | 0 |
| 中医文化研究中心 | 2 | 1994/6/1 | 学校上级主管部门 | 独立设置研究所 | 省级重点研究基地 | 民族学与文化学 | 其他服务业 | 单位自办 | 20 | 20 | 0 | 17 | 3 | 0 | 18 | 380 | 75 | 0 |
| 南京师范大学 | 020 | / | / | / | / | / | / | / | 973 | 780 | 6 | 417 | 414 | 0 | 0 | 11 235.4 | 22 234 | 0 |
| 道德教育研究所 | 1 | 2000/1/1 | 非学校上级主管部门 | 独立设置研究所 | 教育部重点研究基地 | 教育学 | 教育 | 政府部门办 | 12 | 12 | 0 | 8 | 4 | 0 | 0 | 837 | 792 | 0 |
| 东亚国际问题研究中心 | 2 | 2013/6/1 | 学校上级主管部门 | 独立设置研究所 | 省级重点研究基地 | 政治学 | 教育 | 政府部门办 | 10 | 9 | 0 | 6 | 4 | 0 | 0 | 10 | 10 | 0 |
| 符号的认知研究 | 3 | 2013/7/1 | 学校上级主管部门 | 独立设置研究所 | 省级重点研究基地 | 外国文学 | 教育 | 政府部门办 | 10 | 10 | 0 | 5 | 5 | 0 | 0 | 400 | 5 000 | 0 |
| 高等教育研究所 | 4 | 2013/12/1 | 学校自建 | 独立设置研究所 | 校级重点研究基地 | 教育学 | 教育 | 单位自办 | 7 | 7 | 0 | 6 | 1 | 0 | 0 | 50 | 150 | 0 |
| 国家体育总局体育社科研究中心 | 5 | 2003/9/1 | 非学校上级主管部门 | 独立设置研究所 | 省级重点研究基地 | 体育科学 | 体育 | 政府部门办 | 28 | 17 | 4 | 21 | 7 | 0 | 0 | 200 | 20 | 0 |

| | | | | | | | | | | | | | | | | | | |
|---|---|---|---|---|---|---|---|---|---|---|---|---|---|---|---|---|---|---|
| 国家体育总局体育文化研究中心 | 6 | 2007/9/1 | 非学校上级主管部门 | 独立设置研究所 | 省级重点研究基地 | 体育科学 | 体育 | 政府部门办 | 31 | 14 | 2 | 18 | 13 | 0 | 0 | 100 | 10 | 0 |
| 江苏城乡一体研究基地 | 7 | 2011/11/1 | 非学校上级主管部门 | 独立设置研究所 | 省级重点研究基地 | 社会学 | 居民服务业 | 单位自办 | 16 | 15 | 0 | 11 | 5 | 0 | 0 | 100 | 10 | 0 |
| 江苏当代作家研究基地 | 8 | 2013/10/31 | 学校上级主管部门 | 独立设置研究所 | 省级重点研究基地 | 中国文学 | 文化艺术业 | 政府部门办 | 12 | 9 | 0 | 11 | 1 | 0 | 0 | 10 | 10 | 0 |
| 江苏法治发展研究院 | 9 | 2008/1/1 | 学校上级主管部门 | 独立设置研究所 | 省级重点研究基地 | 法学 | 教育 | 政府部门办 | 66 | 59 | 0 | 32 | 34 | 0 | 0 | 23.4 | 162 | 0 |
| 江苏国际法治动态研究中心 | 10 | 2015/3/26 | 非学校上级主管部门 | 独立设置研究所 | 省级重点研究基地 | 语言学 | 教育 | 政府部门办 | 10 | 8 | 0 | 6 | 4 | 0 | 0 | 10 | 10 | 0 |
| 江苏省创新经济研究基地 | 11 | 2008/6/30 | 学校上级主管部门 | 独立设置研究所 | 省级重点研究基地 | 经济学 | 商务服务业 | 政府部门办 | 40 | 36 | 0 | 21 | 19 | 0 | 0 | 10 | 126 | 0 |
| 江苏省非物质文化遗产研究基地 | 12 | 2014/6/24 | 非学校上级主管部门 | 跨系所 | 省级重点研究基地 | 社会学 | 教育 | 政府部门办 | 19 | 14 | 0 | 11 | 6 | 0 | 0 | 122 | 180 | 0 |
| 江苏省老年学研究基地 | 13 | 2006/9/1 | 非学校上级主管部门 | 跨系所 | 省级重点研究基地 | 社会学 | 社会保障 | 其他 | 35 | 28 | 0 | 18 | 11 | 0 | 0 | 10 | 10 | 0 |
| 江苏省民营经济研究基地 | 14 | 2011/6/30 | 非学校上级主管部门 | 独立设置研究所 | 省级重点研究基地 | 经济学 | 商务服务业 | 其他 | 27 | 24 | 0 | 17 | 8 | 0 | 0 | 10 | 115 | 0 |
| 江苏省社会主义文化理论研究中心 | 15 | 2018/3/9 | 非学校上级主管部门 | 独立设置研究所 | 省级重点研究基地 | 政治学 | 文化艺术业 | 政府部门办 | 22 | 18 | 0 | 15 | 7 | 0 | 0 | 10 | 10 | 0 |
| 江苏省学生体质健康促进研究中心 | 16 | 2011/1/1 | 学校上级主管部门 | 独立设置研究所 | 省级重点研究基地 | 体育科学 | 体育 | 政府部门办 | 30 | 13 | 0 | 15 | 15 | 0 | 0 | 1 800 | 1 500 | 0 |
| 江苏文学翻译与研究中心 | 17 | 2013/11/1 | 非学校上级主管部门 | 独立设置研究所 | 省级重点研究基地 | 外国文学 | 教育 | 政府部门办 | 9 | 9 | 0 | 3 | 6 | 0 | 0 | 850 | 90 | 0 |
| 江苏艺术强省建设研究基地 | 18 | 2013/1/1 | 非学校上级主管部门 | 独立设置研究所 | 省级重点研究基地 | 艺术学 | 文化艺术业 | 其他 | 25 | 12 | 0 | 11 | 14 | 0 | 0 | 10 | 70 | 0 |
| 教育社会学研究中心 | 19 | 2009/6/30 | 学校上级主管部门 | 独立设置研究所 | 省级重点研究基地 | 教育学 | 教育 | 政府部门办 | 21 | 20 | 0 | 6 | 15 | 0 | 0 | 3 | 10 | 0 |
| 教育信息工程研究所 | 20 | 2012/3/1 | 学校自建 | 独立设置研究所 | 校级重点研究基地 | 教育学 | 教育 | 单位自办 | 16 | 14 | 0 | 7 | 9 | 0 | 0 | 10 | 10 | 0 |
| 联合国教科文组织国际农村教育研究与培训中心南京基地 | 21 | 1999/1/1 | 非学校上级主管部门 | 独立设置研究所 | 省级重点研究基地 | 教育学 | 国际组织 | 与境外机构合办 | 6 | 6 | 0 | 3 | 3 | 0 | 0 | 70 | 20 | 0 |
| 马克思主义研究院 | 22 | 2009/6/30 | 学校上级主管部门 | 独立设置研究所 | 省级重点研究基地 | 马克思主义 | 教育 | 政府部门办 | 27 | 22 | 0 | 8 | 17 | 0 | 0 | 10 | 10 | 0 |
| 全国大学生职业发展教育研发基地 | 23 | 2015/7/30 | 非学校上级主管部门 | 独立设置研究所 | 省级重点研究基地 | 教育学 | 教育 | 政府部门办 | 8 | 8 | 0 | 6 | 2 | 0 | 0 | 45 | 18 | 0 |
| 全国妇女/性别研究与培训基地 | 24 | 2006/6/1 | 非学校上级主管部门 | 独立设置研究所 | 省级重点研究基地 | 社会学 | 群众团体、社会团体和其他成员组织 | 政府部门办 | 30 | 24 | 0 | 12 | 18 | 0 | 0 | 650 | 20 | 0 |

续表

| 机构名称 | 编号 | 成立时间 | 批准部门 | 组成方式 | 机构类型 | 学科分类 | 服务的国民经济行业 | 组成类型 | R&D活动人员(人) 合计 | 其中 博士毕业 | 其中 硕士毕业 | 其中 高级职称 | 其中 中级职称 | 其中 初级职称 | 培养研究生(人) | R&D经费支出(千元) | 仪器设备原价(千元) | 其中 进口(千元) |
|---|---|---|---|---|---|---|---|---|---|---|---|---|---|---|---|---|---|---|
| | | L01 | L02 | L03 | L04 | L05 | L06 | L07 | L08 | L09 | L10 | L11 | L12 | L13 | L14 | L15 | L16 | L17 |
| 全国民政政策理论研究基地 | 25 | 2016/11/29 | 学校上级主管部门 | 独立设置研究所 | 省级重点研究基地 | 政治学 | 群众团体、社会团体和其他成员组织 | 政府部门办 | 24 | 13 | 0 | 11 | 11 | 0 | 0 | 50 | 50 | 0 |
| 融合人文-教育-科技-康复的语言学交叉创新研究团队 | 26 | 2017/7/7 | 学校上级主管部门 | 独立设置研究所 | 省级重点研究基地 | 语言学 | 教育 | 政府部门办 | 11 | 11 | 0 | 4 | 6 | 0 | 0 | 1 400 | 6 600 | 0 |
| 社会主义意识形态研究中心 | 27 | 2015/4/1 | 非学校上级主管部门 | 独立设置研究所 | 省级重点研究基地 | 马克思主义 | 文化艺术业 | 政府部门办 | 22 | 20 | 0 | 11 | 8 | 0 | 0 | 160 | 10 | 0 |
| 社会主义意识形态研究中心. | 28 | 2015/4/2 | 学校自建 | 独立设置研究所 | 校级重点研究基地 | 马克思主义 | 教育 | 单位自办 | 16 | 15 | 0 | 7 | 8 | 0 | 0 | 200 | 15 | 0 |
| 司法现代化研究中心 | 29 | 2012/3/31 | 学校上级主管部门 | 与校外合办所 | 省级重点研究基地 | 法学 | 教育 | 其他 | 143 | 126 | 0 | 28 | 54 | 0 | 0 | 150 | 41 | 0 |
| 乡村文化振兴研究中心 | 30 | 2018/7/18 | 学校上级主管部门 | 独立设置研究所 | 省级重点研究基地 | 政治学 | 社会保障 | 政府部门办 | 46 | 43 | 0 | 11 | 15 | 0 | 0 | 200 | 10 | 0 |
| 新教育公平的理论建构与实践探索创新研究团队 | 31 | 2015/7/15 | 学校上级主管部门 | 独立设置研究所 | 省级重点研究基地 | 教育学 | 教育 | 政府部门办 | 10 | 10 | 0 | 4 | 6 | 0 | 0 | 510 | 10 | 0 |
| 应用伦理研究创新团队 | 32 | 2020/4/10 | 非学校上级主管部门 | 独立设置研究所 | 省级重点研究基地 | 哲学 | 教育 | 政府部门办 | 15 | 15 | 0 | 7 | 7 | 0 | 0 | 10 | 10 | 0 |
| 语言信息科技研究中心 | 33 | 2010/8/1 | 学校上级主管部门 | 跨系所 | 省级重点研究基地 | 语言学 | 教育 | 单位自办 | 34 | 34 | 0 | 14 | 16 | 0 | 0 | 2 400 | 6 600 | 0 |
| 智慧教育研究院 | 34 | 2017/7/7 | 学校上级主管部门 | 与校外合办所 | 省级重点研究基地 | 教育学 | 教育 | 政府部门办 | 16 | 9 | 0 | 6 | 7 | 0 | 0 | 68 | 10 | 0 |
| 中国法治现代化研究院 | 35 | 2015/11/10 | 非学校上级主管部门 | 独立设置研究所 | 省级重点研究基地 | 法学 | 教育 | 与国内高校合办 | 22 | 15 | 0 | 6 | 7 | 0 | 0 | 207 | 345 | 0 |
| 中国红色音乐文化传播研究中心 | 36 | 2020/10/8 | 非学校上级主管部门 | 独立设置研究所 | 省级重点研究基地 | 艺术学 | 文化艺术业 | 政府部门办 | 69 | 40 | 0 | 22 | 25 | 0 | 0 | 10 | 10 | 0 |
| 中华优秀传统文化传承基地 | 37 | 2019/9/1 | 学校上级主管部门 | 跨系所 | 省级重点研究基地 | 艺术学 | 文化艺术业 | 政府部门办 | 8 | 4 | 0 | 3 | 5 | 0 | 0 | 120 | 10 | 0 |
| 中小学课程与教学研究基地 | 38 | 2015/1/30 | 学校上级主管部门 | 独立设置研究所 | 省级重点研究基地 | 教育学 | 教育 | 政府部门办 | 20 | 17 | 0 | 6 | 11 | 0 | 0 | 400 | 150 | 0 |
| 江苏师范大学 | 021 | / | / | / | / | / | / | / | 619 | 575 | 40 | 481 | 134 | 0 | 405 | 13 660 | 20 740 | 3 100 |
| "一带一路"妇女发展研究基地 | 1 | 2019/9/2 | 非学校上级主管部门 | 与校外合办所 | 其他智库 | 历史学 | 国家机构 | 政府部门办 | 12 | 12 | 0 | 9 | 3 | 0 | 5 | 100 | 30 | 0 |

| | | | | | | | | | | | | | | | | |
|---|---|---|---|---|---|---|---|---|---|---|---|---|---|---|---|---|
| “一带一路”研究院 | 2 | 2016/7/4 | 非学校上级主管部门 | 与校外合办所 | 省级智库 | 经济学 | 国家机构 | 政府部门办 | 30 | 29 | 1 | 25 | 5 | 0 | 20 | 2 020 | 600 | 0 |
| 澳大利亚研究中心 | 3 | 2013/6/18 | 学校上级主管部门 | 独立设置研究所 | 其他重点研究基地,教育部国别和区域研究中心 | 国际问题研究 | 中国共产党机关 | 政府部门办 | 15 | 15 | 0 | 12 | 3 | 0 | 6 | 100 | 170 | 0 |
| 巴基斯坦研究中心 | 4 | 2017/6/13 | 学校上级主管部门 | 独立设置研究所 | 其他重点研究基地,教育部国别和区域研究中心 | 国际问题研究 | 中国共产党机关 | 单位自办 | 10 | 8 | 2 | 8 | 2 | 0 | 4 | 100 | 120 | 0 |
| 城乡融合发展研究院 | 5 | 2019/9/2 | 学校自建 | 跨系所 | 校级重点研究基地 | 经济学 | 国家机构 | 单位自办 | 12 | 12 | 0 | 9 | 3 | 0 | 5 | 100 | 20 | 0 |
| 大运河文化带建设研究院徐州分院 | 6 | 2018/8/23 | 非学校上级主管部门 | 独立设置研究所 | 其他智库,江苏省高端智库分院 | 历史学 | 生态保护和环境治理业 | 单位自办 | 20 | 18 | 2 | 17 | 3 | 0 | 16 | 100 | 300 | 0 |
| 独联体国家研究中心 | 7 | 2017/6/13 | 学校上级主管部门 | 独立设置研究所 | 其他重点研究基地,教育部国别和区域研究中心 | 国际问题研究 | 中国共产党机关 | 单位自办 | 14 | 14 | 0 | 12 | 2 | 0 | 6 | 100 | 120 | 0 |
| 法治研究院 | 8 | 2019/9/2 | 学校自建 | 跨系所 | 校级重点研究基地 | 法学 | 国家机构 | 单位自办 | 12 | 11 | 1 | 9 | 3 | 0 | 5 | 50 | 20 | 0 |
| 古籍整理研究所 | 9 | 1998/2/1 | 学校自建 | 跨系所 | 校级重点研究基地 | 中国文学 | 其他服务业 | 单位自办 | 8 | 7 | 1 | 7 | 1 | 0 | 4 | 100 | 50 | 0 |
| 国家民委“一带一路”国别和区域研究中心澳大利亚研究中心 | 10 | 2020/8/4 | 非学校上级主管部门 | 独立设置研究所 | 其他智库,国家民委 | 国际问题研究 | 国家机构 | 单位自办 | 16 | 16 | 0 | 12 | 4 | 0 | 8 | 100 | 50 | 0 |
| 国家体育总局体育文化发展中心体育文化研究基地 | 11 | 2011/11/1 | 非学校上级主管部门 | 与校外合办所 | 其他重点研究基地 | 体育科学 | 其他服务业 | 政府部门办 | 15 | 9 | 6 | 10 | 5 | 0 | 10 | 50 | 220 | 0 |
| 国务院侨务办公室侨务理论研究江苏基地 | 12 | 2013/1/18 | 非学校上级主管部门 | 与校外合办所 | 中央其他部委重点研究基地 | 历史学 | 其他服务业 | 政府部门办 | 15 | 15 | 0 | 12 | 3 | 0 | 7 | 100 | 110 | 0 |
| 汉文化研究院 | 13 | 2008/12/12 | 学校上级主管部门 | 独立设置研究所 | 省级重点研究基地 | 艺术学 | 其他服务业 | 政府部门办 | 18 | 18 | 0 | 16 | 2 | 0 | 8 | 100 | 250 | 0 |
| 华侨华人与“一带一路”沿线国家发展研究中心 | 14 | 2020/9/14 | 学校上级主管部门 | 独立设置研究所 | 省级重点研究基地 | 历史学 | 国家机构 | 单位自办 | 15 | 15 | 0 | 10 | 5 | 0 | 9 | 100 | 50 | 0 |
| 淮海发展研究院 | 15 | 1998/7/1 | 非学校上级主管部门 | 独立设置研究所 | 省级重点研究基地 | 经济学 | 软件和信息技术服务业 | 政府部门办 | 10 | 9 | 1 | 8 | 2 | 0 | 8 | 200 | 120 | 0 |
| 基础教育研究中心 | 16 | 2008/12/12 | 学校自建 | 跨系所 | 校级重点研究基地 | 教育学 | 其他服务业 | 单位自办 | 7 | 6 | 1 | 5 | 0 | 0 | 2 | 10 | 50 | 0 |

续表

| 机构名称 | 编号 | 成立时间 | 批准部门 | 组成方式 | 机构类型 | 学科分类 | 服务的国民经济行业 | 组成类型 | R&D活动人员(人) 合计 | 其中 博士毕业 | 其中 硕士毕业 | 其中 高级职称 | 其中 中级职称 | 其中 初级职称 | 培养研究生(人) | R&D经费支出(千元) | 仪器设备原价(千元) | 其中 进口(千元) |
|---|---|---|---|---|---|---|---|---|---|---|---|---|---|---|---|---|---|---|
| | | L01 | L02 | L03 | L04 | L05 | L06 | L07 | L08 | L09 | L10 | L11 | L12 | L13 | L14 | L15 | L16 | L17 |
| 江苏省决策咨询研究基地江苏区域协调发展研究基地 | 17 | 2011/11/1 | 非学校上级主管部门 | 独立设置研究所 | 省级重点研究基地 | 经济学 | 国家机构 | 政府部门办 | 12 | 11 | 1 | 10 | 2 | 0 | 5 | 100 | 380 | 0 |
| 江苏省中国特色社会主义理论体系研究基地 | 18 | 2015/4/2 | 非学校上级主管部门 | 独立设置研究所 | 省级重点研究基地 | 马克思主义 | 国家机构 | 政府部门办 | 15 | 14 | 1 | 12 | 3 | 0 | 5 | 160 | 150 | 0 |
| 留学生与中国现代化研究基地 | 19 | 2018/7/19 | 学校上级主管部门 | 独立设置研究所 | 省级重点研究基地 | 历史学 | 教育 | 政府部门办 | 15 | 14 | 1 | 12 | 3 | 0 | 10 | 350 | 700 | 0 |
| 欧美同学会留学报国研究基地 | 20 | 2016/11/22 | 非学校上级主管部门 | 与校外合办所 | 中央其他部委重点研究基地 | 历史学 | 教育 | 与国内独立研究机构合办 | 10 | 10 | 0 | 7 | 3 | 0 | 8 | 100 | 200 | 0 |
| 苏北农村治理创新研究基地 | 21 | 2009/3/18 | 学校上级主管部门 | 与校外合办所 | 省级重点研究基地 | 社会学 | 社会工作 | 政府部门办 | 15 | 15 | 0 | 12 | 3 | 0 | 8 | 100 | 500 | 0 |
| 苏北三农研究中心 | 22 | 2008/12/12 | 学校自建 | 独立设置研究所 | 校级重点研究基地 | 经济学 | 科技推广和应用服务 | 单位自办 | 5 | 5 | 0 | 4 | 1 | 0 | 5 | 10 | 20 | 0 |
| 苏台合作与发展研究中心 | 23 | 2017/10/18 | 非学校上级主管部门 | 与校外合办所 | 其他智库,江苏省人民政府台湾事务办公室立项建设 | 管理学 | 教育 | 政府部门办 | 15 | 15 | 0 | 13 | 2 | 0 | 7 | 230 | 350 | 0 |
| 特色镇村建设与土地管理研究基地 | 24 | 2017/7/7 | 学校上级主管部门 | 与校外合办所 | 省级重点研究基地 | 经济学 | 土地管理业 | 政府部门办 | 15 | 14 | 1 | 10 | 5 | 0 | 9 | 300 | 360 | 0 |
| 新时代党的历史与党的建设研究中心 | 25 | 2019/9/2 | 学校自建 | 独立设置研究所 | 校级重点研究基地 | 马克思主义 | 国家机构 | 单位自办 | 10 | 8 | 2 | 7 | 3 | 0 | 5 | 100 | 100 | 0 |
| 语言能力高等研究院 | 26 | 2017/6/27 | 非学校上级主管部门 | 与校外合办所 | 省级智库 | 中国文学 | 其他服务业 | 与国内独立研究机构合办 | 40 | 40 | 0 | 36 | 4 | 0 | 16 | 500 | 3 000 | 0 |
| 语言能力协同创新中心 | 27 | 2014/3/14 | 学校上级主管部门 | 与校外合办所 | 省级2011协同创新中心 | 语言学 | 其他服务业 | 与国内高校合办 | 88 | 84 | 4 | 73 | 15 | 0 | 100 | 7 000 | 8 410 | 2 200 |
| 语言研究所 | 28 | 1997/3/30 | 学校上级主管部门 | 独立设置研究所 | 省级重点研究基地 | 语言学 | 教育 | 政府部门办 | 36 | 31 | 5 | 19 | 17 | 0 | 35 | 300 | 3 000 | 900 |
| 哲学范式研究院 | 29 | 2019/9/2 | 学校自建 | 跨系所 | 校级重点研究基地 | 马克思主义 | 教育 | 单位自办 | 10 | 10 | 0 | 7 | 3 | 0 | 5 | 100 | 50 | 0 |
| 职业技术教育研究院 | 30 | 2019/9/2 | 学校自建 | 跨系所 | 校级重点研究基地 | 教育学 | 教育 | 单位自办 | 10 | 10 | 0 | 7 | 3 | 0 | 5 | 50 | 20 | 0 |
| 智慧教育研究中心 | 31 | 2015/1/30 | 学校上级主管部门 | 独立设置研究所 | 省级重点研究基地 | 教育学 | 其他服务业 | 政府部门办 | 21 | 12 | 5 | 17 | 4 | 0 | 24 | 100 | 350 | 0 |
| 中共中央编译局发展理论研究中心 | 32 | 2011/7/1 | 非学校上级主管部门 | 与校外合办所 | 中央其他部委重点研究基地 | 马克思主义 | 其他服务业 | 政府部门办 | 12 | 12 | 0 | 9 | 3 | 0 | 5 | 100 | 200 | 0 |

| | | | | | | | | | | | | | | | | | | |
|---|---|---|---|---|---|---|---|---|---|---|---|---|---|---|---|---|---|---|
| 中国-巴基斯坦教育文化研究中心 | 33 | 2013/6/18 | 学校上级主管部门 | 独立设置研究所 | 省级重点研究基地 | 国际问题研究 | 中国共产党机关 | 政府部门办 | 10 | 9 | 1 | 8 | 2 | 0 | 5 | 100 | 120 | 0 |
| 中华词学与文化传承研究中心 | 34 | 2019/9/2 | 学校自建 | 跨系所 | 校级重点研究基地 | 中国文学 | 教育 | 单位自办 | 12 | 12 | 0 | 7 | 3 | 0 | 10 | 50 | 100 | 0 |
| 中华家文化研究基地 | 35 | 2017/6/27 | 非学校上级主管部门 | 独立设置研究所 | 省级重点研究基地 | 马克思主义 | 社会工作 | 政府部门办 | 15 | 11 | 4 | 12 | 3 | 0 | 5 | 200 | 200 | 0 |
| 中拉人文交流研究基地 | 36 | 2019/9/2 | 非学校上级主管部门 | 与校外合办所 | 其他智库 | 外国文学 | 国家机构 | 与国内独立研究机构合办 | 12 | 12 | 0 | 9 | 3 | 0 | 5 | 100 | 150 | 0 |
| 自贸区研究院 | 37 | 2019/9/2 | 非学校上级主管部门 | 与校外合办所 | 其他智库 | 经济学 | 国家机构 | 政府部门办 | 12 | 12 | 0 | 9 | 3 | 0 | 5 | 180 | 100 | 0 |
| 淮阴师范学院 | 022 | / | / | / | / | / | / | / | 163 | 122 | 30 | 128 | 34 | 1 | 15 | 3 860 | 8 065 | 40 |
| 大运河文化带建设研究院淮安分院 | 1 | 2018/7/25 | 非学校上级主管部门 | 与校外合办所 | 省级智库 | 法学 | 生态保护和环境治理业 | 政府部门办 | 21 | 18 | 3 | 19 | 2 | 0 | 0 | 360 | 30 | 0 |
| 淮安市创意设计产业科技公共服务平台 | 2 | 2015/3/20 | 学校上级主管部门 | 跨系所 | 其他智库,淮安市政府立项建设 | 经济学 | 文化艺术业 | 单位自办 | 15 | 8 | 4 | 8 | 7 | 0 | 0 | 600 | 350 | 40 |
| 淮河生态经济带研究院 | 3 | 2020/9/14 | 学校上级主管部门 | 跨系所 | 省级重点研究基地 | 经济学 | 生态保护和环境治理业 | 政府部门办 | 25 | 24 | 1 | 20 | 5 | 0 | 3 | 490 | 7 000 | 0 |
| 教师教育协同创新研究中心 | 4 | 2018/7/19 | 学校上级主管部门 | 独立设置研究所 | 省级重点研究基地 | 教育学 | 教育 | 政府部门办 | 20 | 18 | 2 | 18 | 2 | 0 | 0 | 310 | 45 | 0 |
| 欧美国家边界争端与化解研究中心 | 5 | 2013/10/9 | 学校上级主管部门 | 独立设置研究所 | 省级重点研究基地 | 历史学 | 其他服务业 | 政府部门办 | 8 | 6 | 2 | 6 | 2 | 0 | 0 | 340 | 160 | 0 |
| 社会风险评估与治理法治化研究基地 | 6 | 2017/7/7 | 学校上级主管部门 | 独立设置研究所 | 省级重点研究基地 | 法学 | 社会保障 | 政府部门办 | 17 | 12 | 4 | 15 | 2 | 0 | 0 | 290 | 80 | 0 |
| 文化创意产业研究中心 | 7 | 2015/1/15 | 学校上级主管部门 | 跨系所 | 省级重点研究基地 | 中国文学 | 文化艺术业 | 政府部门办 | 32 | 19 | 9 | 26 | 6 | 0 | 12 | 800 | 100 | 0 |
| 周恩来精神与青少年教育研究中心 | 8 | 2010/10/22 | 学校上级主管部门 | 独立设置研究所 | 省级重点研究基地 | 教育学 | 教育 | 政府部门办 | 25 | 17 | 5 | 16 | 8 | 1 | 0 | 670 | 300 | 0 |
| 盐城师范学院 | 023 | / | / | / | / | / | / | / | 102 | 65 | 35 | 76 | 26 | 0 | 2 | 3 330 | 4 720 | 1 783 |
| 江苏农村教育发展研究中心 | 1 | 2007/5/1 | 学校上级主管部门 | 独立设置研究所 | 省级重点研究基地 | 教育学 | 教育 | 政府部门办 | 17 | 12 | 3 | 12 | 5 | 0 | 0 | 200 | 1 500 | 0 |
| 江苏省沿海开发研究基地 | 2 | 2009/3/1 | 非学校上级主管部门 | 独立设置研究所 | 省级重点研究基地 | 经济学 | 其他服务业 | 政府部门办 | 12 | 7 | 5 | 10 | 2 | 0 | 0 | 365 | 732 | 502 |
| 江苏沿海发展研究基地 | 3 | 2011/12/9 | 非学校上级主管部门 | 独立设置研究所 | 省级重点研究基地 | 经济学 | 其他服务业 | 政府部门办 | 14 | 11 | 3 | 12 | 2 | 0 | 0 | 352 | 746 | 399 |
| 苏北农业农村现代化研究院 | 4 | 2020/9/23 | 学校上级主管部门 | 独立设置研究所 | 省级重点研究基地 | 社会学 | 农业 | 政府部门办 | 25 | 12 | 13 | 12 | 13 | 0 | 2 | 1 500 | 800 | 200 |

续表

| 机构名称 | 编号 | 成立时间 | 批准部门 | 组成方式 | 机构类型 | 学科分类 | 服务的国民经济行业 | 组成类型 | R&D活动人员(人) 合计 | 其中 博士毕业 | 其中 硕士毕业 | 其中 高级职称 | 其中 中级职称 | 其中 初级职称 | 培养研究生(人) | R&D经费支出(千元) | 仪器设备原价(千元) | 其中 进口(千元) |
|---|---|---|---|---|---|---|---|---|---|---|---|---|---|---|---|---|---|---|
| | | L01 | L02 | L03 | L04 | L05 | L06 | L07 | L08 | L09 | L10 | L11 | L12 | L13 | L14 | L15 | L16 | L17 |
| 新四军研究院 | 5 | 2018/6/1 | 学校上级主管部门 | 独立设置研究所 | 省级重点研究基地 | 历史学 | 社会工作 | 政府部门办 | 19 | 11 | 8 | 16 | 3 | 0 | 0 | 130 | 65 | 0 |
| 沿海发展智库 | 6 | 2016/12/10 | 非学校上级主管部门 | 独立设置研究所 | 省级智库 | 经济学 | 其他服务业 | 单位自办 | 15 | 12 | 3 | 14 | 1 | 0 | 0 | 783 | 877 | 682 |
| 南京财经大学 | 024 | / | / | / | / | / | / | / | 108 | 70 | 28 | 46 | 43 | 0 | 48 | 7 526 | 1 840 | 10 |
| 财务大数据研究院 | 1 | 2020/6/5 | 学校自建 | 独立设置研究所 | 校级社科研究基地 | 管理学 | 其他金融业 | 单位自办 | 17 | 7 | 0 | 7 | 10 | 0 | 0 | 40 | 0 | 0 |
| 江苏产业发展研究院 | 2 | 2001/1/15 | 学校上级主管部门 | 与校外合办所 | 省级重点研究基地 | 经济学 | 商务服务业 | 政府部门办 | 7 | 3 | 4 | 3 | 4 | 0 | 7 | 110 | 50 | 0 |
| 江苏高校现代服务业协同创新中心 | 3 | 2013/5/4 | 学校上级主管部门 | 与校外合办所 | 其他2011协同创新中心,江苏省教育厅,江苏省教育厅协同他新中心 | 经济学 | 其他服务业 | 与国内高校合办 | 10 | 2 | 8 | 2 | 8 | 0 | 4 | 3 800 | 800 | 0 |
| 江苏省企业高质量发展研究院 | 4 | 2020/9/16 | 学校上级主管部门 | 独立设置研究所 | 其他重点研究基地 | 管理学 | 商务服务业 | 单位自办 | 41 | 41 | 0 | 22 | 0 | 0 | 0 | 800 | 800 | 0 |
| 江苏现代财税治理协同创新中心 | 5 | 2017/7/12 | 非学校上级主管部门 | 与校外合办所 | 省级2011协同创新中心 | 经济学 | 其他服务业 | 政府部门办 | 3 | 1 | 2 | 1 | 2 | 0 | 3 | 2 055 | 100 | 0 |
| 江苏现代服务业研究院 | 6 | 2012/1/1 | 非学校上级主管部门 | 与校外合办所 | 省级重点研究基地 | 经济学 | 机动车、电子产品和日用产品修理业 | 其他 | 10 | 5 | 5 | 4 | 6 | 0 | 12 | 141 | 25 | 0 |
| 江苏现代物流重点实验室 | 7 | 2014/6/15 | 学校上级主管部门 | 独立设置研究所 | 省级重点实验室 | 管理学 | 商务服务业 | 单位自办 | 17 | 10 | 7 | 5 | 12 | 0 | 20 | 80 | 15 | 0 |
| 现代服务业智库 | 8 | 2016/4/1 | 非学校上级主管部门 | 跨系所 | 省级智库 | 经济学 | 其他服务业 | 政府部门办 | 3 | 1 | 2 | 2 | 1 | 0 | 2 | 500 | 50 | 10 |
| 江苏警官学院 | 025 | / | / | / | / | / | / | / | 19 | 6 | 9 | 9 | 10 | 0 | 0 | 390 | 680 | 0 |
| 江苏现代警务研究中心 | 1 | 2010/7/20 | 学校上级主管部门 | 独立设置研究所 | 省级智库,其他智库,省级重点研究基地 | 法学 | 社会保障 | 其他 | 19 | 6 | 9 | 9 | 10 | 0 | 0 | 390 | 680 | 0 |
| 南京体育学院 | 026 | / | / | / | / | / | / | / | 78 | 24 | 50 | 44 | 13 | 19 | 55 | 3 726.55 | 490.47 | 86.4 |
| 奥林匹克教育研究中心 | 1 | 2016/12/1 | 学校自建 | 独立设置研究所 | 校级重点研究基地 | 体育科学 | 体育 | 单位自办 | 12 | 5 | 7 | 5 | 3 | 4 | 0 | 50 | 16 | 0 |

| | | | | | | | | | | | | | | | | | |
|---|---|---|---|---|---|---|---|---|---|---|---|---|---|---|---|---|---|
| 江苏省体育赛事研究中心 | 2 | 2018/7/20 | 学校上级主管部门 | 独立设置研究所 | 其他重点研究基地 | 体育科学 | 体育 | 单位自办 | 8 | 4 | 4 | 3 | 3 | 1 | 12 | 241.66 | 178 | 0 |
| 江苏省体育足球研究中心 | 3 | 2017/6/8 | 学校上级主管部门 | 独立设置研究所 | 校级重点研究基地 | 体育科学 | 体育 | 单位自办 | 11 | 2 | 5 | 10 | 1 | 0 | 9 | 98 | 48 | 0 |
| 江苏省学生体质健康监测与干预行动研究中心 | 4 | 2015/7/1 | 学校上级主管部门 | 独立设置研究所 | 其他重点研究基地 | 体育科学 | 教育 | 单位自办 | 9 | 1 | 8 | 2 | 3 | 4 | 3 | 2 107.18 | 1.12 | 0 |
| 科学训练研究中心 | 5 | 2019/3/30 | 学校自建 | 独立设置研究所 | 校级重点研究基地 | 体育科学 | 体育 | 单位自办 | 13 | 2 | 11 | 4 | 0 | 9 | 0 | 112.89 | 99.12 | 86.4 |
| 体育发展与规划研究院 | 6 | 2018/3/28 | 学校自建 | 独立设置研究所 | 校级重点研究基地 | 体育科学 | 体育 | 单位自办 | 5 | 3 | 2 | 5 | 0 | 0 | 8 | 301.2 | 65.08 | 0 |
| 中国近代武术研究中心 | 7 | 2018/9/26 | 学校自建 | 独立设置研究所 | 校级重点研究基地 | 体育科学 | 体育 | 单位自办 | 11 | 3 | 8 | 7 | 2 | 1 | 8 | 615.62 | 3.15 | 0 |
| 中国体育非物质文化遗产研究中心 | 8 | 2019/9/12 | 学校自建 | 独立设置研究所 | 校级重点研究基地 | 体育科学 | 体育 | 单位自办 | 9 | 4 | 5 | 8 | 1 | 0 | 15 | 200 | 80 | 0 |
| 南京艺术学院 | 027 | / | / | / | / | / | / | / | 69 | 44 | 23 | 47 | 21 | 1 | 35 | 2 788.99 | 482.22 | 180 |
| 江苏省文化创意与综合设计重点实验室 | 1 | 2014/9/1 | 学校上级主管部门 | 独立设置研究所 | 省级重点实验室 | 艺术学 | 文化艺术业 | 单位自办 | 15 | 4 | 9 | 6 | 9 | 0 | 10 | 60.23 | 40.12 | 15 |
| 江苏文艺产业决策咨询研究基地 | 2 | 2015/4/15 | 非学校上级主管部门 | 独立设置研究所 | 省级重点研究基地 | 艺术学 | 文化艺术业 | 单位自办 | 4 | 4 | 0 | 3 | 1 | 0 | 3 | 50 | 12 | 0 |
| 文化创意协同创新中心 | 3 | 2011/9/15 | 学校上级主管部门 | 与校外合办所 | 省级 2011 协同创新中心 | 艺术学 | 文化艺术业 | 与国内高校合办 | 21 | 12 | 9 | 16 | 4 | 1 | 9 | 1 746.73 | 376.9 | 165 |
| 艺术教育高等研究院 | 4 | 2019/9/1 | 学校自建 | 独立设置研究所 | 研究中心 | 艺术学 | 文化艺术业 | 单位自办 | 1 | 1 | 0 | 1 | 0 | 0 | 0 | 60 | 8 | 0 |
| 艺术学研究所 | 5 | 2004/10/19 | 学校自建 | 独立设置研究所 | 研究所 | 艺术学 | 文化艺术业 | 单位自办 | 12 | 11 | 1 | 10 | 2 | 0 | 10 | 146.32 | 11.8 | 0 |
| 音乐学研究所 | 6 | 2002/7/1 | 学校自建 | 独立设置研究所 | 研究中心 | 艺术学 | 文化艺术业 | 单位自办 | 1 | 1 | 0 | 1 | 0 | 0 | 0 | 8 | 3.4 | 0 |
| 紫金文创研究院 | 7 | 2015/11/10 | 学校上级主管部门 | 跨系所 | 省级智库 | 艺术学 | 文化艺术业 | 单位自办 | 15 | 11 | 4 | 10 | 5 | 0 | 3 | 717.71 | 30 | 0 |
| 苏州科技大学 | 028 | / | / | / | / | / | / | / | 211 | 139 | 58 | 151 | 60 | 0 | 76 | 2 180 | 1 062.7 | 350 |
| 长三角一体化发展研究基地 | 1 | 2019/8/15 | 学校上级主管部门 | 与校外合办所 | 省级重点研究基地 | 经济学 | 生态保护和环境治理业 | 政府部门办 | 20 | 18 | 2 | 15 | 5 | 0 | 0 | 150 | 50 | 0 |
| 城市发展智库 | 2 | 2018/7/26 | 学校上级主管部门 | 与校外合办所 | 省级重点研究基地 | 管理学 | 国家机构 | 政府部门办 | 37 | 31 | 6 | 37 | 0 | 0 | 0 | 200 | 50 | 0 |
| 苏州城乡一体化改革发展研究院 | 3 | 2012/1/17 | 学校上级主管部门 | 与校外合办所 | 省级重点研究基地 | 管理学 | 生态保护和环境治理业 | 政府部门办 | 60 | 35 | 25 | 41 | 19 | 0 | 20 | 300 | 200 | 0 |

续表

| 机构名称 | 编号 | 成立时间 | 批准部门 | 组成方式 | 机构类型 | 学科分类 | 服务的国民经济行业 | 组成类型 | R&D活动人员(人) 合计 | 其中 博士毕业 | 其中 硕士毕业 | 其中 高级职称 | 其中 中级职称 | 其中 初级职称 | 培养研究生(人) | R&D经费支出(千元) | 仪器设备原价(千元) | 其中 进口(千元) |
|---|---|---|---|---|---|---|---|---|---|---|---|---|---|---|---|---|---|---|
|  |  | L01 | L02 | L03 | L04 | L05 | L06 | L07 | L08 | L09 | L10 | L11 | L12 | L13 | L14 | L15 | L16 | L17 |
| 苏州国家历史文化名城保护研究院 | 4 | 2014/3/26 | 学校上级主管部门 | 与校外合办所 | 省级重点研究基地 | 管理学 | 生态保护和环境治理业 | 政府部门办 | 49 | 21 | 14 | 28 | 21 | 0 | 25 | 280 | 212.7 | 0 |
| 苏州与国内外先进地区创新竞争力比较研究中心 | 5 | 2016/5/19 | 非学校上级主管部门 | 与校外合办所 | 校级重点研究基地 | 政治学 | 商务服务业 | 政府部门办 | 19 | 16 | 3 | 14 | 5 | 0 | 0 | 50 | 20 | 0 |
| 心理与行为科学研究中心 | 6 | 2020/9/14 | 学校上级主管部门 | 独立设置研究所 | 省级重点研究基地 | 教育学 | 教育 | 政府部门办 | 15 | 12 | 3 | 7 | 8 | 0 | 0 | 1 000 | 500 | 350 |
| 亚太国家现代化与国际问题研究中心 | 7 | 2013/6/3 | 学校上级主管部门 | 独立设置研究所 | 省级重点研究基地 | 政治学 | 国际组织 | 政府部门办 | 11 | 6 | 5 | 9 | 2 | 0 | 31 | 200 | 30 | 0 |
| 常熟理工学院 | 029 | / | / | / | / | / | / | / | 106 | 51 | 42 | 89 | 17 | 0 | 0 | 120 | 108 | 0 |
| “琴川清风”预防职务犯罪研究中心 | 1 | 2014/12/1 | 学校自建 | 与校外合办所 | 校级重点研究基地 | 社会学 | 中国共产党机关 | 单位自办 | 6 | 3 | 2 | 5 | 1 | 0 | 0 | 10 | 10 | 0 |
| 苏南经济与社会发展研究基地 | 2 | 2012/9/2 | 学校自建 | 与校外合办所 | 校级重点研究基地 | 社会学 | 中国共产党机关 | 单位自办 | 18 | 11 | 6 | 18 | 0 | 0 | 0 | 10 | 10 | 0 |
| 苏南区域文化建设研究中心 | 3 | 2009/7/1 | 学校自建 | 与校外合办所 | 校级重点研究基地 | 中国文学 | 文化艺术业 | 单位自办 | 16 | 5 | 5 | 15 | 1 | 0 | 0 | 10 | 5 | 0 |
| 苏州农业现代化研究中心 | 4 | 2017/7/7 | 学校上级主管部门 | 与校外合办所 | 省级重点研究基地 | 管理学 | 农业 | 政府部门办 | 15 | 8 | 7 | 12 | 3 | 0 | 0 | 30 | 30 | 0 |
| 苏州琴川智库 | 5 | 2019/6/12 | 学校上级主管部门 | 与校外合办所 | 其他智库,苏州市新型智库 | 管理学 | 国家机构 | 单位自办 | 12 | 8 | 3 | 9 | 3 | 0 | 0 | 15 | 20 | 0 |
| 现代民政研究中心 | 6 | 2015/4/30 | 学校自建 | 与校外合办所 | 校级重点研究基地 | 社会学 | 人民政协、民主党派 | 单位自办 | 7 | 4 | 3 | 6 | 1 | 0 | 0 | 15 | 10 | 0 |
| 县域科技体制综合改革与发展研究中心 | 7 | 2015/11/30 | 学校自建 | 与校外合办所 | 校级重点研究基地 | 管理学 | 中国共产党机关 | 单位自办 | 10 | 6 | 4 | 8 | 2 | 0 | 0 | 10 | 10 | 0 |
| 学前教育研究中心 | 8 | 2018/11/9 | 学校自建 | 跨系所 | 校级重点研究基地 | 教育学 | 教育 | 与境内注册其他企业合办 | 15 | 4 | 7 | 11 | 4 | 0 | 0 | 10 | 10 | 0 |
| 中国县域金融研究中心 | 9 | 2014/12/1 | 学校自建 | 与校外合办所 | 校级重点研究基地 | 经济学 | 其他金融业 | 单位自办 | 7 | 2 | 5 | 5 | 2 | 0 | 0 | 10 | 3 | 0 |
| 淮阴工学院 | 030 | / | / | / | / | / | / | / | 119 | 56 | 62 | 68 | 30 | 0 | 0 | 2225 | 262.87 | 0 |
| 创新创业研究中心 | 1 | 2018/10/18 | 学校上级主管部门 | 跨系所 | 省级重点研究基地 | 教育学 | 教育 | 单位自办 | 17 | 10 | 6 | 10 | 7 | 0 | 0 | 100 | 24.27 | 0 |
| 工业设计中心 | 2 | 2013/6/5 | 非学校上级主管部门 | 与校外合办所 | 其他重点实验室,江苏经济和信息化委员会批准 | 艺术学 | 文化艺术业 | 其他 | 26 | 4 | 22 | 13 | 13 | 0 | 0 | 100 | 76 | 0 |

| | | | | | | | | | | | | | | | | | |
|---|---|---|---|---|---|---|---|---|---|---|---|---|---|---|---|---|---|
| 苏北发展研究院 | 3 | 2015/2/3 | 非学校上级主管部门 | 与校外合办所 | 省级智库 | 经济学 | 其他服务业 | 与国内独立研究机构合办 | 45 | 20 | 25 | 23 | 1 | 0 | 0 | 1 825 | 86.6 | 0 |
| 苏北社区治理现代化研究中心 | 4 | 2020/9/24 | 学校上级主管部门 | 跨系所 | 省级重点研究基地 | 社会学 | 社会工作 | 单位自办 | 19 | 11 | 8 | 11 | 8 | 0 | 0 | 100 | 56 | 0 |
| 台商研究中心 | 5 | 2017/7/20 | 学校上级主管部门 | 与校外合办所 | 省级重点研究基地 | 经济学 | 商务服务业 | 政府部门办 | 12 | 11 | 1 | 11 | 1 | 0 | 0 | 100 | 20 | 0 |
| 常州工学院 | 031 | / | / | / | / | / | / | / | 157 | 78 | 47 | 95 | 62 | 0 | 0 | 2 244.78 | 147.08 | 0 |
| 产业工人队伍建设改革常州研究院 | 1 | 2020/12/1 | 非学校上级主管部门 | 独立设置研究所 | 其他智库，市级智库 | 管理学 | 教育 | 单位自办 | 5 | 3 | 1 | 4 | 1 | 0 | 0 | 5.5 | 0 | 0 |
| 常州市创新创业与改革发展研究中心 | 2 | 2016/3/29 | 非学校上级主管部门 | 与校外合办所 | 市级科技平台 | 经济学 | 专业技术服务业 | 政府部门办 | 10 | 4 | 6 | 10 | 0 | 0 | 0 | 150 | 7.5 | 0 |
| 常州市发展规划研究中心常工院分中心 | 3 | 2020/7/1 | 非学校上级主管部门 | 独立设置研究所 | 其他智库，市级高校智库 | 经济学 | 教育 | 单位自办 | 6 | 5 | 1 | 2 | 4 | 0 | 0 | 72.85 | 0 | 0 |
| 常州市社会科学院数据科学与经济社会发展研究中心 | 4 | 2016/10/26 | 非学校上级主管部门 | 独立设置研究所 | 市级科研平台 | 经济学 | 专业技术服务业 | 其他 | 6 | 2 | 4 | 6 | 0 | 0 | 0 | 5.5 | 0 | 0 |
| 常州市手球研究中心 | 5 | 2020/11/1 | 非学校上级主管部门 | 独立设置研究所 | 其他重点研究基地，市级研究基地 | 体育科学 | 体育 | 单位自办 | 5 | 2 | 0 | 4 | 1 | 0 | 0 | 5 | 0 | 0 |
| 常州市未成年人思想道德建设研究会 | 6 | 2014/2/1 | 非学校上级主管部门 | 独立设置研究所 | 其他智库，市级智库 | 教育学 | 教育 | 单位自办 | 6 | 3 | 2 | 4 | 2 | 0 | 0 | 195.54 | 0 | 0 |
| 常州研究中心 | 7 | 2009/5/1 | 非学校上级主管部门 | 独立设置研究所 | 其他智库，市级智库 | 管理学 | 教育 | 单位自办 | 6 | 0 | 3 | 5 | 1 | 0 | 0 | 220 | 0 | 0 |
| 常州中外文化交流研究院 | 8 | 2020/7/1 | 学校自建 | 独立设置研究所 | 其他智库，校级智库 | 语言学 | 教育 | 单位自办 | 14 | 9 | 5 | 5 | 9 | 0 | 0 | 378.88 | 14.73 | 0 |
| 长三角文旅休闲产业研究院 | 9 | 2020/7/1 | 学校自建 | 独立设置研究所 | 其他智库，校级智库 | 经济学 | 教育 | 单位自办 | 13 | 10 | 3 | 5 | 8 | 0 | 0 | 65.03 | 0 | 0 |
| 大运河文化带建设研究院常州分院 | 10 | 2019/8/20 | 非学校上级主管部门 | 与校外合办所 | 省级智库 | 管理学 | 教育 | 与国内独立研究机构合办 | 8 | 7 | 1 | 5 | 3 | 0 | 0 | 160.66 | 18.5 | 0 |
| 江南文史与文化传播研究院 | 11 | 2020/7/1 | 学校自建 | 独立设置研究所 | 其他智库，校级智库 | 中国文学 | 教育 | 单位自办 | 21 | 14 | 5 | 12 | 9 | 0 | 0 | 60.36 | 0 | 0 |
| 江苏当代文学研究基地 | 12 | 2020/11/1 | 非学校上级主管部门 | 独立设置研究所 | 其他重点研究基地，市级研究基地 | 中国文学 | 教育 | 单位自办 | 5 | 4 | 0 | 2 | 3 | 0 | 0 | 12.55 | 0 | 0 |
| 江苏高校文化创意协同创新中心 | 13 | 2014/3/13 | 非学校上级主管部门 | 与校外合办所 | 省级2011协同创新中心 | 艺术学 | 教育 | 政府部门办 | 19 | 9 | 6 | 9 | 10 | 0 | 0 | 558 | 98.5 | 0 |
| 习近平新时代中国特色社会主义思想研究院 | 14 | 2020/7/1 | 学校自建 | 独立设置研究所 | 其他智库，校级智库 | 马克思主义 | 教育 | 单位自办 | 13 | 0 | 0 | 8 | 5 | 0 | 0 | 150.51 | 7.85 | 0 |

续表

| 机构名称 | 编号 | 成立时间 | 批准部门 | 组成方式 | 机构类型 | 学科分类 | 服务的国民经济行业 | 组成类型 | R&D活动人员(人) 合计 | 其中 博士毕业 | 其中 硕士毕业 | 其中 高级职称 | 其中 中级职称 | 其中 初级职称 | 培养研究生(人) | R&D经费支出(千元) | 仪器设备原价(千元) | 其中 进口(千元) |
|---|---|---|---|---|---|---|---|---|---|---|---|---|---|---|---|---|---|---|
| | | L01 | L02 | L03 | L04 | L05 | L06 | L07 | L08 | L09 | L10 | L11 | L12 | L13 | L14 | L15 | L16 | L17 |
| 先进制造产业研究院 | 15 | 2020/7/1 | 学校自建 | 独立设置研究所 | 其他智库，校级智库 | 经济学 | 教育 | 单位自办 | 6 | 3 | 3 | 3 | 3 | 0 | 0 | 9 | 0 | 0 |
| 乡村振兴战略研究院 | 16 | 2020/7/1 | 学校自建 | 独立设置研究所 | 其他智库，校级智库 | 经济学 | 教育 | 单位自办 | 9 | 2 | 5 | 7 | 2 | 0 | 0 | 162.26 | 0 | 0 |
| 瞿秋白研究中心 | 17 | 2020/6/1 | 非学校上级主管部门 | 独立设置研究所 | 其他重点研究基地，市级社科普及示范基地 | 中国文学 | 教育 | 单位自办 | 5 | 1 | 2 | 4 | 1 | 0 | 0 | 33.14 | 0 | 0 |
| 扬州大学 | 032 | / | / | / | / | / | / | / | 271 | 188 | 64 | 230 | 37 | 1 | 250 | 1 503 | 406.8 | 0 |
| “美声之林”声乐艺术中心 | 1 | 2016/9/15 | 学校自建 | 独立设置研究所 | 校研究机构 | 艺术学 | 文化艺术业 | 单位自办 | 7 | 0 | 7 | 3 | 1 | 1 | 12 | 100 | 15 | 0 |
| 当代中国民主政治研究中心 | 2 | 2014/3/28 | 学校自建 | 独立设置研究所 | 校级重点研究基地 | 马克思主义 | 中国共产党机关 | 单位自办 | 12 | 10 | 2 | 12 | 0 | 0 | 32 | 100 | 22 | 0 |
| 淮扬文化研究中心 | 3 | 2010/8/5 | 学校上级主管部门 | 独立设置研究所 | 省级重点研究基地 | 历史学 | 文化艺术业 | 单位自办 | 15 | 2 | 4 | 15 | 0 | 0 | 26 | 50 | 16 | 0 |
| 江苏城乡融合发展研究中心 | 4 | 2018/8/16 | 学校上级主管部门 | 跨系所 | 其他重点研究基地，省教育厅 | 经济学 | 科技推广和应用服务 | 单位自办 | 12 | 10 | 1 | 12 | 0 | 0 | 30 | 100 | 25 | 0 |
| 江苏省学生心理健康运动干预研究中心 | 5 | 2016/4/6 | 学校上级主管部门 | 独立设置研究所 | 其他重点研究基地，省教育厅研究基地 | 体育科学 | 教育 | 单位自办 | 6 | 0 | 2 | 4 | 2 | 0 | 4 | 100 | 30 | 0 |
| 江苏苏中发展研究基地 | 6 | 2013/8/6 | 非学校上级主管部门 | 独立设置研究所 | 其他重点研究基地 | 管理学 | 中国共产党机关 | 单位自办 | 3 | 3 | 0 | 3 | 0 | 0 | 0 | 12 | 6.8 | 0 |
| 江苏现代物流研究基地 | 7 | 2019/11/20 | 学校上级主管部门 | 独立设置研究所 | 其他重点研究基地，省社科联 | 管理学 | 装卸搬运和仓储业 | 单位自办 | 24 | 19 | 4 | 16 | 7 | 0 | 0 | 5 | 2 | 0 |
| 马克思主义大众化研究与传播中心 | 8 | 2012/11/30 | 学校上级主管部门 | 跨系所 | 其他重点研究基地，省马克思主义大众化学习实践基地 | 马克思主义 | 中国共产党机关 | 单位自办 | 16 | 12 | 4 | 16 | 0 | 0 | 32 | 100 | 28 | 0 |
| 儒家经典诠释与域外传播研究中心 | 9 | 2020/6/22 | 学校上级主管部门 | 独立设置研究所 | 其他重点研究基地 | 中国文学 | 文化艺术业 | 单位自办 | 33 | 31 | 2 | 29 | 4 | 0 | 32 | 20 | 6 | 0 |

| | | | | | | | | | | | | | | | | | | |
|---|---|---|---|---|---|---|---|---|---|---|---|---|---|---|---|---|---|---|
| 苏丹和南苏丹研究中心 | 10 | 2020/8/4 | 非学校上级主管部门 | 独立设置研究所 | 国家民委“一带一路”国别和区域研究中心 | 国际问题研究 | 国际组织 | 单位自办 | 16 | 12 | 4 | 5 | 11 | 0 | 5 | 50 | 8 | 0 |
| 苏中发展研究院 | 11 | 1997/1/1 | 学校上级主管部门 | 独立设置研究所 | 其他重点研究基地 | 经济学 | 科技推广和应用服务 | 政府部门办 | 5 | 5 | 0 | 5 | 0 | 0 | 0 | 90 | 30 | 0 |
| 体育运动与脑科学研究所 | 12 | 2017/2/24 | 学校自建 | 独立设置研究所 | 校研究机构 | 体育科学 | 体育 | 单位自办 | 14 | 5 | 9 | 8 | 6 | 0 | 0 | 200 | 48 | 0 |
| 政府治理与公共政策研究中心 | 13 | 2016/9/15 | 学校自建 | 与校外合办所 | 校研究机构 | 管理学 | 中国共产党机关 | 与国内高校合办 | 6 | 6 | 0 | 6 | 0 | 0 | 12 | 200 | 40 | 0 |
| 中国大运河研究院 | 14 | 2017/5/12 | 学校上级主管部门 | 独立设置研究所 | 其他重点研究基地 | 管理学 | 生态保护和环境治理业 | 单位自办 | 18 | 8 | 6 | 18 | 0 | 0 | 0 | 100 | 30 | 0 |
| 中国法律文化与法治发展研究中心 | 15 | 2014/3/28 | 学校自建 | 独立设置研究所 | 校级重点研究基地 | 法学 | 社会保障 | 单位自办 | 15 | 13 | 2 | 14 | 1 | 0 | 8 | 100 | 22 | 0 |
| 中国近代史研究中心 | 16 | 1999/1/10 | 学校自建 | 独立设置研究所 | 校级重点研究基地 | 历史学 | 文化艺术业 | 单位自办 | 5 | 4 | 1 | 5 | 0 | 0 | 18 | 56 | 40 | 0 |
| 中国特色社会主义研究中心 | 17 | 2012/12/22 | 学校上级主管部门 | 跨系所 | 其他重点研究基地，省中国特色社会主义理论体系研究基地 | 马克思主义 | 中国共产党机关 | 单位自办 | 50 | 40 | 10 | 45 | 5 | 0 | 15 | 20 | 5 | 0 |
| 中外语言文化比较研究中心 | 18 | 2014/3/28 | 学校自建 | 独立设置研究所 | 校级重点研究基地 | 语言学 | 文化艺术业 | 单位自办 | 14 | 8 | 6 | 14 | 0 | 0 | 24 | 100 | 33 | 0 |
| 南京审计大学 | 033 | / | / | / | / | / | / | / | 240 | 194 | 18 | 126 | 109 | 3 | 223 | 1 452.25 | 6 052.09 | 0 |
| 城市发展研究院 | 1 | 2016/12/1 | 学校自建 | 独立设置研究所 | 校级研究院 | 管理学 | 其他服务业 | 单位自办 | 18 | 18 | 0 | 5 | 13 | 0 | 5 | 95 | 418 | 0 |
| 国家监察与审计法治研究院 | 2 | 2017/3/31 | 学校自建 | 独立设置研究所 | 校级研究院 | 法学 | 商务服务业 | 单位自办 | 14 | 13 | 1 | 10 | 4 | 0 | 20 | 14.98 | 0 | 0 |
| 国家审计大数据研究中心 | 3 | 2016/3/1 | 学校自建 | 独立设置研究所 | 校级研究中心 | 管理学 | 其他服务业 | 单位自办 | 3 | 3 | 0 | 1 | 2 | 0 | 3 | 100 | 2 500 | 0 |
| 国民经济研究所 | 4 | 2006/7/3 | 学校自建 | 独立设置研究所 | 校级研究所 | 经济学 | 其他服务业 | 单位自办 | 2 | 2 | 0 | 2 | 0 | 0 | 8 | 15 | 16.41 | 0 |
| 江苏省劳动法治研究基地 | 5 | 2017/3/15 | 非学校上级主管部门 | 与校外合办所 | 省级重点研究基地 | 法学 | 其他服务业 | 政府部门办 | 22 | 3 | 4 | 10 | 10 | 2 | 7 | 3 | 10 | 0 |
| 金融风险管理研究中心 | 6 | 2010/8/1 | 学校上级主管部门 | 独立设置研究所 | 省级重点研究基地 | 经济学 | 其他服务业 | 政府部门办 | 15 | 9 | 0 | 6 | 9 | 0 | 10 | 30 | 50 | 0 |
| 经济与金融研究院 | 7 | 2015/10/27 | 学校自建 | 独立设置研究所 | 校级研究中心 | 经济学 | 其他服务业 | 单位自办 | 26 | 23 | 3 | 5 | 18 | 1 | 0 | 500 | 15 | 0 |

续表

| 机构名称 | 编号 | 成立时间 | 批准部门 | 组成方式 | 机构类型 | 学科分类 | 服务的国民经济行业 | 组成类型 | R&D活动人员(人) 合计 | 其中 博士毕业 | 其中 硕士毕业 | 其中 高级职称 | 其中 中级职称 | 其中 初级职称 | 培养研究生(人) | R&D经费支出(千元) | 仪器设备原价(千元) | 其中 进口(千元) |
|---|---|---|---|---|---|---|---|---|---|---|---|---|---|---|---|---|---|---|
| | | L01 | L02 | L03 | L04 | L05 | L06 | L07 | L08 | L09 | L10 | L11 | L12 | L13 | L14 | L15 | L16 | L17 |
| 区块链实验室(新零售研究中心) | 8 | 2018/12/19 | 学校自建 | 跨系所 | 其他重点实验室,院级实验室 | 经济学 | 社会工作 | 单位自办 | 8 | 7 | 1 | 4 | 4 | 0 | 5 | 54 | 0 | 0 |
| 社会与经济研究院 | 9 | 2016/9/1 | 学校自建 | 独立设置研究所 | 校级研究中心 | 经济学 | 其他服务业 | 单位自办 | 12 | 12 | 0 | 6 | 6 | 0 | 10 | 14.96 | 132.93 | 0 |
| 新经济研究院 | 10 | 2017/11/1 | 学校上级主管部门 | 独立设置研究所 | 校级研究院 | 经济学 | 其他服务业 | 单位自办 | 8 | 7 | 1 | 7 | 1 | 0 | 17 | 13.99 | 141.44 | 0 |
| 泽尔腾经济学实验室 | 11 | 2018/8/1 | 学校自建 | 独立设置研究所 | 校级重点实验室 | 经济学 | 其他服务业 | 单位自办 | 8 | 8 | 0 | 2 | 6 | 0 | 4 | 130.41 | 600 | 0 |
| 政府审计与区域治理法治化研究院 | 12 | 2018/7/19 | 非学校上级主管部门 | 跨系所 | 省级重点研究基地 | 法学 | 其他服务业 | 政府部门办 | 60 | 46 | 8 | 44 | 16 | 0 | 98 | 61 | 30 | 0 |
| 政治与经济研究院 | 13 | 2016/4/1 | 学校自建 | 独立设置研究所 | 校级研究院 | 管理学 | 其他服务业 | 单位自办 | 16 | 16 | 0 | 6 | 10 | 0 | 18 | 14.95 | 138.31 | 0 |
| 智能管理会计与内部控制研究院 | 14 | 2020/10/28 | 学校自建 | 独立设置研究所 | 其他智库,校级智库 | 管理学 | 社会工作 | 单位自办 | 15 | 15 | 0 | 8 | 7 | 0 | 10 | 60 | 0 | 0 |
| 中国古典学研究中心 | 15 | 2014/9/24 | 学校自建 | 独立设置研究所 | 校级研究中心 | 中国文学 | 文化艺术业 | 单位自办 | 8 | 7 | 0 | 7 | 1 | 0 | 0 | 30 | 0 | 0 |
| 中国审计情报中心 | 16 | 2014/9/1 | 学校自建 | 独立设置研究所 | 校级研究院 | 管理学 | 其他服务业 | 单位自办 | 3 | 3 | 0 | 1 | 2 | 0 | 3 | 300 | 2 000 | 0 |
| 中匈学术文化研究中心 | 17 | 2021/2/26 | 学校自建 | 独立设置研究所 | 研究中心 | 经济学 | 商务服务业 | 单位自办 | 2 | 2 | 0 | 2 | 0 | 0 | 5 | 14.96 | 0 | 0 |
| 南京晓庄学院 | 034 | / | / | / | / | / | / | / | 45 | 24 | 19 | 18 | 19 | 8 | 0 | 410 | 190 | 0 |
| 江苏红色文化资源保护利用研究中心 | 1 | 2018/10/1 | 学校上级主管部门 | 独立设置研究所 | 其他重点研究基地,江苏高校人文社会科学校外研究基地 | 马克思主义 | 教育 | 单位自办 | 8 | 5 | 3 | 3 | 4 | 1 | 0 | 70 | 20 | 0 |
| 南京市中小学生心理援助中心 | 2 | 2017/5/1 | 学校上级主管部门 | 独立设置研究所 | 其他重点研究基地,江苏省社会科学普及研发基地 | 心理学 | 教育 | 单位自办 | 8 | 5 | 3 | 3 | 3 | 2 | 0 | 110 | 50 | 0 |
| 南京未成年人心理健康研究院 | 3 | 2018/6/1 | 学校上级主管部门 | 独立设置研究所 | 其他智库,南京市首批重点新型智库 | 心理学 | 教育 | 单位自办 | 10 | 6 | 4 | 5 | 3 | 2 | 0 | 100 | 50 | 0 |

| | | | | | | | | | | | | | | | | |
|---|---|---|---|---|---|---|---|---|---|---|---|---|---|---|---|---|
| 陶行知研究所 | 4 | 2000/10/6 | 学校自建 | 独立设置研究所 | 校级重点研究基地 | 教育学 | 教育 | 单位自办 | 10 | 3 | 5 | 5 | 4 | 1 | 0 | 60 | 30 | 0 |
| 心理健康研究所 | 5 | 2000/10/6 | 学校自建 | 独立设置研究所 | 校级重点研究基地 | 心理学 | 教育 | 单位自办 | 9 | 5 | 4 | 2 | 5 | 2 | 0 | 70 | 40 | 0 |
| 江苏理工学院 | 035 | / | / | / | / | / | / | / | 257 | 111 | 117 | 163 | 90 | 0 | 0 | 428 | 199.4 | 0 |
| 财税法学研究中心 | 1 | 2014/9/17 | 学校自建 | 独立设置研究所 | 校级重点研究基地 | 经济学 | 商务服务业 | 单位自办 | 17 | 7 | 10 | 9 | 8 | 0 | 0 | 12 | 6 | 0 |
| 财务与会计研究中心 | 2 | 2014/7/16 | 学校自建 | 独立设置研究所 | 校级重点研究基地 | 经济学 | 商务服务业 | 单位自办 | 15 | 5 | 10 | 7 | 8 | 0 | 0 | 11 | 4 | 0 |
| 常州画派研究所 | 3 | 2009/3/27 | 学校自建 | 独立设置研究所 | 校级重点研究基地 | 艺术学 | 文化艺术业 | 单位自办 | 5 | 0 | 2 | 4 | 1 | 0 | 0 | 3 | 2 | 0 |
| 常州历史文化研究所 | 4 | 2015/7/14 | 学校自建 | 独立设置研究所 | 校级重点研究基地 | 民族学与文化学 | 文化艺术业 | 单位自办 | 12 | 6 | 6 | 5 | 7 | 0 | 0 | 3 | 2 | 0 |
| 常州旅游文化研究所 | 5 | 2015/9/16 | 学校自建 | 独立设置研究所 | 校级重点研究基地 | 民族学与文化学 | 文化艺术业 | 单位自办 | 14 | 6 | 8 | 7 | 7 | 0 | 0 | 11 | 4 | 0 |
| 常州民营经济研究所 | 6 | 2006/6/2 | 学校自建 | 独立设置研究所 | 校级重点研究基地 | 经济学 | 商务服务业 | 单位自办 | 8 | 2 | 5 | 7 | 1 | 0 | 0 | 20 | 5.2 | 0 |
| 常州市名人研究院 | 7 | 2015/10/16 | 学校自建 | 独立设置研究所 | 校级重点研究基地 | 民族学与文化学 | 文化艺术业 | 单位自办 | 7 | 7 | 0 | 6 | 1 | 0 | 0 | 20 | 5 | 0 |
| 常州市青少年心理研究与指导中心 | 8 | 2015/3/2 | 学校自建 | 独立设置研究所 | 校级重点研究基地 | 教育学 | 教育 | 单位自办 | 8 | 5 | 0 | 5 | 3 | 0 | 0 | 20 | 4.6 | 0 |
| 传统壁画研究所 | 9 | 2014/10/14 | 学校自建 | 独立设置研究所 | 校级重点研究基地 | 艺术学 | 文化艺术业 | 单位自办 | 11 | 3 | 8 | 5 | 6 | 0 | 0 | 3 | 2 | 0 |
| 传统文化艺术研究所 | 10 | 2006/4/6 | 学校自建 | 独立设置研究所 | 校级重点研究基地 | 艺术学 | 文化艺术业 | 单位自办 | 7 | 1 | 4 | 7 | 0 | 0 | 0 | 10 | 3.7 | 0 |
| 江苏理工学院创新设计研究院 | 11 | 2018/7/12 | 学校上级主管部门 | 独立设置研究所 | 其他重点研究基地 | 艺术学 | 文化艺术业 | 政府部门办 | 30 | 20 | 10 | 19 | 11 | 0 | 0 | 3 | 2 | 0 |
| 江苏省职业技术教育科学研究中心 | 12 | 1989/5/1 | 非学校上级主管部门 | 独立设置研究所 | 其他 | 教育学 | 教育 | 政府部门办 | 16 | 4 | 7 | 12 | 0 | 0 | 0 | 182 | 110 | 0 |
| 江苏职业教育研究基地 | 13 | 2011/11/1 | 非学校上级主管部门 | 独立设置研究所 | 江苏省决策咨询研究基地 | 教育学 | 教育 | 政府部门办 | 12 | 4 | 4 | 12 | 0 | 0 | 0 | 25 | 5.6 | 0 |
| 跨语际文化与翻译研究所 | 14 | 2014/9/10 | 学校自建 | 独立设置研究所 | 校级重点研究基地 | 外国文学 | 文化艺术业 | 单位自办 | 14 | 4 | 10 | 7 | 7 | 0 | 0 | 11 | 4 | 0 |
| 马克思主义中国化研究所 | 15 | 2015/7/15 | 学校自建 | 独立设置研究所 | 校级重点研究基地 | 马克思主义 | 文化艺术业 | 单位自办 | 12 | 4 | 8 | 5 | 7 | 0 | 0 | 11 | 4 | 0 |
| 农村职业教育研究所 | 16 | 2006/2/10 | 学校自建 | 独立设置研究所 | 校级重点研究基地 | 教育学 | 其他服务业 | 单位自办 | 6 | 1 | 3 | 5 | 1 | 0 | 0 | 3 | 2 | 0 |

续表

| 机构名称 | | 成立时间 | 批准部门 | 组成方式 | 机构类型 | 学科分类 | 服务的国民经济行业 | 组成类型 | R&D活动人员(人) | | | | | | 培养研究生(人) | R&D经费支出(千元) | 仪器设备原价(千元) | 其中 |
|---|---|---|---|---|---|---|---|---|---|---|---|---|---|---|---|---|---|---|
| | | | | | | | | | 合计 | 其中 | | | | | | | | 进口(千元) |
| | | | | | | | | | | 博士毕业 | 硕士毕业 | 高级职称 | 中级职称 | 初级职称 | | | | |
| | 编号 | L01 | L02 | L03 | L04 | L05 | L06 | L07 | L08 | L09 | L10 | L11 | L12 | L13 | L14 | L15 | L16 | L17 |
| 人力资源开发研究中心 | 17 | 2006/10/9 | 学校自建 | 独立设置研究所 | 校级重点研究基地 | 管理学 | 商务服务业 | 单位自办 | 6 | 4 | 1 | 5 | 1 | 0 | 0 | 5 | 3.6 | 0 |
| 双语教育研究所 | 18 | 2015/9/24 | 学校自建 | 独立设置研究所 | 校级重点研究基地 | 教育学 | 教育 | 单位自办 | 8 | 5 | 3 | 4 | 4 | 0 | 0 | 10 | 4 | 0 |
| 心理教育研究所 | 19 | 2004/4/8 | 学校自建 | 独立设置研究所 | 校级重点研究基地 | 心理学 | 教育 | 单位自办 | 8 | 5 | 0 | 5 | 3 | 0 | 0 | 10 | 5.6 | 0 |
| 艺术设计研究所 | 20 | 2014/8/20 | 学校自建 | 独立设置研究所 | 校级重点研究基地 | 艺术学 | 文化艺术业 | 单位自办 | 9 | 4 | 5 | 3 | 6 | 0 | 0 | 3 | 2 | 0 |
| 应用经济研究所 | 21 | 2015/2/19 | 学校自建 | 独立设置研究所 | 校级重点研究基地 | 经济学 | 商务服务业 | 单位自办 | 11 | 5 | 6 | 4 | 7 | 0 | 0 | 12 | 3 | 0 |
| 职业教育研究院 | 22 | 1989/5/11 | 学校自建 | 独立设置研究所 | 校级重点研究基地 | 教育学 | 教育 | 单位自办 | 11 | 5 | 4 | 11 | 0 | 0 | 0 | 20 | 4.6 | 0 |
| 职业教育与社会发展研究所 | 23 | 2006/10/20 | 学校自建 | 独立设置研究所 | 校级重点研究基地 | 教育学 | 教育 | 单位自办 | 5 | 4 | 1 | 5 | 0 | 0 | 0 | 10 | 4.2 | 0 |
| 职业心理研究所 | 24 | 2009/3/26 | 学校自建 | 独立设置研究所 | 校级重点研究基地 | 心理学 | 教育 | 单位自办 | 5 | 0 | 2 | 4 | 1 | 0 | 0 | 10 | 6.3 | 0 |
| 江苏海洋大学 | 036 | / | / | / | / | / | / | / | 124 | 58 | 66 | 73 | 50 | 0 | 0 | 725 | 136 | 0 |
| 中国社科院知识社会(连云港)研究基地 | 1 | 2016/12/8 | 非学校上级主管部门 | 独立设置研究所 | 中央其他部委重点研究基地 | 经济学 | 专业技术服务业 | 与国内独立研究机构合办 | 12 | 6 | 6 | 7 | 5 | 0 | 0 | 18 | 4 | 0 |
| 国家东中西合作示范区研究基地 | 2 | 2013/11/1 | 非学校上级主管部门 | 与校外合办所 | 其他重点研究基地 | 经济学 | 专业技术服务业 | 与国内独立研究机构合办 | 9 | 4 | 5 | 5 | 4 | 0 | 0 | 65 | 5 | 0 |
| 江苏海洋发展研究院 | 3 | 2016/11/4 | 非学校上级主管部门 | 与校外合办所 | 其他重点研究基地 | 经济学 | 专业技术服务业 | 与国内独立研究机构合办 | 15 | 7 | 8 | 11 | 4 | 0 | 0 | 40 | 6 | 0 |
| 江苏省"一带一路"法律服务研究中心 | 4 | 2015/11/20 | 非学校上级主管部门 | 与校外合办所 | 其他智库 | 法学 | 专业技术服务业 | 与国内独立研究机构合办 | 12 | 5 | 7 | 5 | 7 | 0 | 0 | 60 | 7 | 0 |
| 江苏省大学生村官研究所 | 5 | 2009/4/9 | 非学校上级主管部门 | 与校外合办所 | 其他智库,与江苏省选聘高校毕业生到村任职工作领导小组办公室共建研究基地 | 管理学 | 其他服务业 | 其他 | 24 | 9 | 15 | 17 | 7 | 0 | 0 | 320 | 80 | 0 |

| | | | | | | | | | | | | | | | | | | |
|---|---|---|---|---|---|---|---|---|---|---|---|---|---|---|---|---|---|---|
| 江苏省海洋经济研究中心 | 6 | 2009/11/15 | 学校上级主管部门 | 独立设置研究所 | 省级培育重点研究基地 | 经济学 | 专业技术服务业 | 单位自办 | 14 | 8 | 6 | 7 | 7 | 0 | 0 | 36 | 11 | 0 |
| 江苏省海洋文化产业研究院 | 7 | 2012/9/12 | 非学校上级主管部门 | 与校外合办所 | 该院经校批准,由江苏省文联与本校共建 | 艺术学 | 广播、电视、电影和影视录音制作业 | 其他 | 8 | 2 | 6 | 3 | 4 | 0 | 0 | 90 | 12 | 0 |
| 连云港市地方立法咨询研究基地 | 8 | 2016/7/10 | 非学校上级主管部门 | 独立设置研究所 | 地方立法咨询 | 法学 | 专业技术服务业 | 单位自办 | 10 | 5 | 5 | 4 | 6 | 0 | 0 | 65 | 6 | 0 |
| 中国社科院"一带一路"(连云港)研究基地 | 9 | 2016/12/8 | 非学校上级主管部门 | 独立设置研究所 | 中央其他部委重点研究基地 | 经济学 | 专业技术服务业 | 与国内独立研究机构合办 | 20 | 12 | 8 | 14 | 6 | 0 | 0 | 31 | 5 | 0 |
| 南京特殊教育师范学院 | 037 | / | / | / | / | / | / | / | 37 | 4 | 0 | 27 | 7 | 0 | 0 | 385.5 | 826 | 140 |
| 残障与发展研究基地 | 1 | 2017/7/15 | 学校上级主管部门 | 跨系所 | 省级重点研究基地 | 管理学 | 社会工作 | 政府部门办 | 10 | 0 | 0 | 8 | 2 | 0 | 0 | 107 | 260 | 0 |
| 江苏共享发展研究基地 | 2 | 2019/10/9 | 非学校上级主管部门 | 独立设置研究所 | 省级重点研究基地 | 管理学 | 社会保障 | 与国内高校合办 | 9 | 0 | 0 | 6 | 2 | 0 | 0 | 86 | 198 | 0 |
| 特殊教育发展研究中心 | 3 | 2020/9/14 | 学校上级主管部门 | 跨系所 | 省级重点研究基地 | 教育学 | 教育 | 单位自办 | 6 | 4 | 0 | 2 | 2 | 0 | 0 | 140 | 18 | 0 |
| 中国手语盲文研究院 | 4 | 2018/8/16 | 学校上级主管部门 | 跨系所 | 省级重点研究基地 | 语言学 | 教育 | 单位自办 | 12 | 0 | 0 | 11 | 1 | 0 | 0 | 52.5 | 350 | 140 |
| 金陵科技学院 | 038 | / | / | / | / | / | / | / | 80 | 48 | 29 | 21 | 53 | 4 | 0 | 585 | 63 | 0 |
| 互联网经济与产业研究中心 | 1 | 2015/10/22 | 学校自建 | 独立设置研究所 | 校级重点研究基地 | 经济学 | 货币金融服务 | 单位自办 | 10 | 3 | 7 | 3 | 7 | 0 | 0 | 20 | 5 | 0 |
| 江苏省企业知识产权战略研究中心 | 2 | 2011/5/1 | 学校自建 | 独立设置研究所 | 校级重点研究基地 | 经济学 | 其他金融业 | 与国内独立研究机构合办 | 15 | 4 | 10 | 3 | 10 | 0 | 0 | 250 | 10 | 0 |
| 南京产业协同创新研究院 | 3 | 2015/10/8 | 学校自建 | 与校外合办所 | 校级重点研究基地 | 经济学 | 科技推广和应用服务 | 单位自办 | 35 | 28 | 7 | 5 | 30 | 0 | 0 | 10 | 4 | 0 |
| 南京知识产权人才培训基地 | 4 | 2009/11/1 | 学校自建 | 独立设置研究所 | 校级重点研究基地 | 经济学 | 软件和信息技术服务业 | 单位自办 | 5 | 4 | 1 | 2 | 3 | 0 | 0 | 200 | 19 | 0 |
| 数字艺术创意与应用实验室 | 5 | 2014/9/10 | 非学校上级主管部门 | 跨系所 | 省级重点实验室 | 艺术学 | 广播、电视、电影和影视录音制作业 | 政府部门办 | 5 | 0 | 3 | 2 | 3 | 0 | 0 | 55 | 15 | 0 |
| 智能物流运输与配送技术研究中心 | 6 | 2016/12/10 | 学校上级主管部门 | 独立设置研究所 | 校级重点实验室 | 管理学 | 道路运输业 | 单位自办 | 10 | 9 | 1 | 6 | 0 | 4 | 0 | 50 | 10 | 0 |
| 江苏第二师范学院 | 039 | / | / | / | / | / | / | / | 50 | 37 | 12 | 29 | 13 | 3 | 0 | 641.69 | 71.92 | 0 |
| 二师院中华优秀传统文化传承基地 | 1 | 2019/11/1 | 学校上级主管部门 | 独立设置研究所 | 其他重点研究基地 | 艺术学 | 文化艺术业 | 单位自办 | 7 | 0 | 6 | 1 | 3 | 3 | 0 | 44.8 | 0 | 0 |
| 教育现代化研究院 | 2 | 2016/7/4 | 学校上级主管部门 | 独立设置研究所 | 省级智库 | 教育学 | 教育 | 单位自办 | 7 | 6 | 1 | 6 | 1 | 0 | 0 | 459.78 | 8.98 | 0 |
| 示范马克思主义学院基地 | 3 | 2018/7/19 | 学校上级主管部门 | 独立设置研究所 | 其他重点研究基地 | 马克思主义 | 教育 | 单位自办 | 20 | 15 | 5 | 10 | 5 | 0 | 0 | 94.54 | 54.42 | 0 |

续表

| 机构名称 | 编号 | 成立时间 | 批准部门 | 组成方式 | 机构类型 | 学科分类 | 服务的国民经济行业 | 组成类型 | R&D活动人员(人) 合计 | 其中 博士毕业 | 硕士毕业 | 高级职称 | 中级职称 | 初级职称 | 培养研究生(人) | R&D经费支出(千元) | 仪器设备原价(千元) | 其中 进口(千元) |
|---|---|---|---|---|---|---|---|---|---|---|---|---|---|---|---|---|---|---|
| | | L01 | L02 | L03 | L04 | L05 | L06 | L07 | L08 | L09 | L10 | L11 | L12 | L13 | L14 | L15 | L16 | L17 |
| 新时代师德教育研究中心 | 4 | 2018/7/19 | 学校上级主管部门 | 独立设置研究所 | 省级重点研究基地 | 教育学 | 教育 | 单位自办 | 16 | 16 | 0 | 12 | 4 | 0 | 0 | 42.57 | 8.52 | 0 |
| 无锡职业技术学院 | 040 | / | / | / | / | / | / | / | 30 | 9 | 21 | 19 | 11 | 0 | 0 | 118 | 47 | 0 |
| 高职思想政治教育研究所 | 1 | 2015/6/15 | 学校自建 | 独立设置研究所 | 校级重点研究基地 | 马克思主义 | 教育 | 单位自办 | 8 | 3 | 5 | 7 | 1 | 0 | 0 | 10 | 7 | 0 |
| 管理与创新研究所 | 2 | 2015/6/15 | 学校自建 | 独立设置研究所 | 校级重点研究基地 | 管理学 | 商务服务业 | 单位自办 | 10 | 3 | 7 | 8 | 2 | 0 | 0 | 8 | 10 | 0 |
| 无锡现代职教研究中心 | 3 | 2015/1/20 | 学校自建 | 独立设置研究所 | 校级重点研究基地 | 教育学 | 社会工作 | 单位自办 | 12 | 3 | 9 | 4 | 8 | 0 | 0 | 100 | 30 | 0 |
| 南京工业职业技术大学 | 041 | / | / | / | / | / | / | / | 27 | 9 | 15 | 24 | 3 | 0 | 0 | 316 | 161 | 0 |
| 高等职业教育研究所 | 1 | 2002/11/1 | 学校自建 | 独立设置研究所 | 校级重点研究基地 | 教育学 | 其他服务业 | 单位自办 | 6 | 3 | 3 | 5 | 1 | 0 | 0 | 116 | 73 | 0 |
| 国际贸易与物流管理研究所 | 2 | 2011/5/11 | 学校自建 | 独立设置研究所 | 校级重点研究基地 | 管理学 | 其他金融业 | 单位自办 | 9 | 2 | 5 | 8 | 1 | 0 | 0 | 100 | 50 | 0 |
| 黄炎培职业教育思想研究会学术中心 | 3 | 2013/11/18 | 非学校上级主管部门 | 独立设置研究所 | 其他重点研究基地,江苏省教育厅高校哲社研究基地 | 教育学 | 其他服务业 | 与国内独立研究机构合办 | 12 | 4 | 7 | 11 | 1 | 0 | 0 | 100 | 38 | 0 |
| 苏州工艺美术职业技术学院 | 042 | / | / | / | / | / | / | / | 8 | 1 | 6 | 5 | 2 | 1 | 0 | 268 | 55 | 0 |
| 高等教育研究所 | 1 | 2017/4/15 | 学校自建 | 独立设置研究所 | 校级重点研究基地 | 教育学 | 教育 | 单位自办 | 4 | 1 | 2 | 3 | 1 | 0 | 0 | 260 | 25 | 0 |
| 桃花坞木刻年画研究所 | 2 | 2009/4/16 | 学校自建 | 与校外合办所 | 校级重点研究基地 | 艺术学 | 文化艺术业 | 与境内注册其他企业合办 | 4 | 0 | 4 | 2 | 1 | 1 | 0 | 8 | 30 | 0 |
| 苏州职业大学 | 043 | / | / | / | / | / | / | / | 99 | 50 | 45 | 80 | 15 | 3 | 0 | 1 284.34 | 269 | 5 |
| 大运河(江苏段)文旅融合研究协同创新基地 | 1 | 2020/11/26 | 非学校上级主管部门 | 独立设置研究所 | 省级重点研究基地 | 中国文学 | 文化艺术业 | 政府部门办 | 17 | 5 | 10 | 17 | 0 | 0 | 0 | 10 | 60 | 0 |
| 江苏省作家协会儿童文学创研基地 | 2 | 2012/1/20 | 非学校上级主管部门 | 与校外合办所 | 其他重点研究基地,省作协基地,省作协基地 | 中国文学 | 教育 | 其他 | 4 | 1 | 2 | 1 | 1 | 2 | 0 | 25 | 16 | 5 |
| 劳动与职业教育研究所 | 3 | 2019/3/13 | 学校自建 | 独立设置研究所 | 校级重点研究基地 | 教育学 | 教育 | 单位自办 | 1 | 0 | 1 | 1 | 0 | 0 | 0 | 12 | 9 | 0 |

| | | | | | | | | | | | | | | | | | |
|---|---|---|---|---|---|---|---|---|---|---|---|---|---|---|---|---|---|
| 石湖智库 | 4 | 2017/11/25 | 非学校上级主管部门 | 跨系所 | 其他智库 | 管理学 | 教育 | 其他 | 4 | 1 | 2 | 3 | 1 | 0 | 0 | 430 | 50 | 0 |
| 数字经济研究中心 | 5 | 2018/12/20 | 学校自建 | 独立设置研究所 | 校级重点研究基地 | 经济学 | 其他服务业 | 单位自办 | 11 | 5 | 6 | 11 | 0 | 0 | 0 | 5 | 10 | 0 |
| 外国语言文化研究中心 | 6 | 2013/6/13 | 学校自建 | 独立设置研究所 | 校级重点研究基地 | 外国文学 | 教育 | 单位自办 | 18 | 3 | 15 | 8 | 9 | 0 | 0 | 12.34 | 4 | 0 |
| 吴文化传承与创新研究中心 | 7 | 2018/9/13 | 学校上级主管部门 | 跨系所 | 省级重点研究基地 | 中国文学 | 文化艺术业 | 政府部门办 | 44 | 35 | 9 | 39 | 4 | 1 | 0 | 790 | 120 | 0 |
| 泰州职业技术学院 | 044 | / | / | / | / | / | / | / | 6 | 1 | 3 | 4 | 2 | 0 | 0 | 8.5 | 4.6 | 0 |
| 泰州市工业经济研究院 | 1 | 2014/7/2 | 学校上级主管部门 | 与校外合办所 | 其他 | 经济学 | 研究和试验发展 | 政府部门办 | 6 | 1 | 3 | 4 | 2 | 0 | 0 | 8.5 | 4.6 | 0 |
| 江苏海事职业技术学院 | 045 | / | / | / | / | / | / | / | 22 | 6 | 15 | 6 | 12 | 0 | 0 | 300 | 230 | 0 |
| 一带一路应用型海事人才研究院 | 1 | 2018/10/18 | 学校上级主管部门 | 独立设置研究所 | 其他智库 | 管理学 | 水上运输业 | 单位自办 | 22 | 6 | 15 | 6 | 12 | 0 | 0 | 300 | 230 | 0 |
| 江苏医药职业学院 | 046 | / | / | / | / | / | / | / | 41 | 18 | 23 | 24 | 10 | 7 | 0 | 293 | 100 | 0 |
| 江苏基层卫生发展与全科医学教育研究中心 | 1 | 2018/7/19 | 学校上级主管部门 | 独立设置研究所 | 省级重点研究基地 | 管理学 | 卫生 | 单位自办 | 41 | 18 | 23 | 24 | 10 | 7 | 0 | 293 | 100 | 0 |
| 苏州经贸职业技术学院 | 047 | / | / | / | / | / | / | / | 56 | 9 | 35 | 20 | 30 | 6 | 0 | 121.3 | 13 | 0 |
| 大学生素质教育研究所 | 1 | 2015/1/1 | 学校自建 | 跨系所 | 校级自建研究机构 | 教育学 | 教育 | 单位自办 | 12 | 1 | 7 | 1 | 10 | 1 | 0 | 11.5 | 3 | 0 |
| 范成大文化研究中心 | 2 | 2015/1/1 | 学校自建 | 跨系所 | 校级自建研究机构 | 中国文学 | 文化艺术业 | 单位自办 | 10 | 1 | 5 | 6 | 3 | 1 | 0 | 10 | 3 | 0 |
| 跨境电子商务应用研究与人才培养协同创新中心 | 3 | 2019/6/10 | 非学校上级主管部门 | 独立设置研究所 | 协同创新中心 | 管理学 | 教育 | 单位自办 | 12 | 5 | 7 | 3 | 7 | 2 | 0 | 80 | 0 | 0 |
| 苏州市电子商务研究中心 | 4 | 2015/2/1 | 学校自建 | 跨系所 | 校级自建研发中心 | 经济学 | 商务服务业 | 单位自办 | 11 | 1 | 7 | 5 | 5 | 1 | 0 | 10 | 5 | 0 |
| 吴商文化研究所 | 5 | 2015/1/1 | 学校自建 | 跨系所 | 校级自建研究机构 | 经济学 | 文化艺术业 | 单位自办 | 11 | 1 | 9 | 5 | 5 | 1 | 0 | 9.8 | 2 | 0 |
| 无锡商业职业技术学院 | 048 | / | / | / | / | / | / | / | 40 | 14 | 25 | 22 | 18 | 0 | 0 | 24.3 | 70 | 0 |
| 江苏省非物质文化遗产研究基地 | 1 | 2014/6/18 | 非学校上级主管部门 | 独立设置研究所 | 其他重点研究基地,江苏省文化厅非遗研究基地 | 艺术学 | 文教、工美、体育和娱乐用品制造业 | 单位自办 | 11 | 0 | 11 | 7 | 4 | 0 | 0 | 19.3 | 65 | 0 |
| 江苏省社科应用研究协同创新基地 | 2 | 2020/11/16 | 学校上级主管部门 | 与校外合办所 | 其他重点研究基地 | 经济学 | 商务服务业 | 单位自办 | 29 | 14 | 14 | 15 | 14 | 0 | 0 | 5 | 5 | 0 |

续表

| 机构名称 | 编号 | 成立时间 | 批准部门 | 组成方式 | 机构类型 | 学科分类 | 服务的国民经济行业 | 组成类型 | R&D活动人员(人) 合计 | 其中 博士毕业 | 硕士毕业 | 高级职称 | 中级职称 | 初级职称 | 培养研究生(人) | R&D经费支出(千元) | 仪器设备原价(千元) | 其中 进口(千元) |
|---|---|---|---|---|---|---|---|---|---|---|---|---|---|---|---|---|---|---|
| | | L01 | L02 | L03 | L04 | L05 | L06 | L07 | L08 | L09 | L10 | L11 | L12 | L13 | L14 | L15 | L16 | L17 |
| 常州纺织服装职业技术学院 | 049 | / | / | / | / | / | / | / | 30 | 4 | 23 | 13 | 16 | 1 | 0 | 38 | 8 | 0 |
| 江苏服饰文化研究院 | 1 | 2020/9/14 | 学校上级主管部门 | 跨系所 | 省级重点研究基地 | 艺术学 | 纺织服装、服饰业 | 单位自办 | 29 | 4 | 23 | 13 | 15 | 1 | 0 | 28 | 5 | 0 |
| 口述历史研究中心 | 2 | 2020/1/1 | 学校自建 | 独立设置研究所 | 校级重点研究基地 | 历史学 | 文化艺术业 | 单位自办 | 1 | 0 | 0 | 0 | 1 | 0 | 0 | 10 | 3 | 0 |
| 苏州农业职业技术学院 | 050 | / | / | / | / | / | / | / | 25 | 3 | 22 | 13 | 10 | 2 | 0 | 90 | 30 | 0 |
| 苏州农村改革与发展研究院 | 1 | 2014/6/20 | 学校自建 | 独立设置研究所 | 校级重点研究基地 | 经济学 | 农、林、牧、渔专业及辅助性活动 | 单位自办 | 25 | 3 | 22 | 13 | 10 | 2 | 0 | 90 | 30 | 0 |
| 南京铁道职业技术学院 | 051 | / | / | / | / | / | / | / | 7 | 2 | 1 | 4 | 3 | 0 | 0 | 220 | 128 | 0 |
| 高等教育研究所 | 1 | 2005/3/9 | 学校自建 | 独立设置研究所 | 校级研究机构 | 教育学 | 教育 | 单位自办 | 2 | 1 | 1 | 1 | 1 | 0 | 0 | 100 | 20 | 0 |
| 江苏铁路文化研究中心 | 2 | 2013/7/1 | 学校自建 | 独立设置研究所 | 校级研究机构 | 民族学与文化学 | 教育 | 单位自办 | 3 | 0 | 0 | 2 | 1 | 0 | 0 | 100 | 100 | 0 |
| 哲社研究中心 | 3 | 2013/11/20 | 学校自建 | 独立设置研究所 | 校级研究机构 | 马克思主义 | 教育 | 单位自办 | 2 | 1 | 0 | 1 | 1 | 0 | 0 | 20 | 8 | 0 |
| 南京信息职业技术学院 | 052 | / | / | / | / | / | / | / | 42 | 6 | 32 | 19 | 19 | 4 | 0 | 247 | 0 | 0 |
| 党建与思想政治教育研究会 | 1 | 2004/7/1 | 学校自建 | 独立设置研究所 | 校级研究会 | 马克思主义 | 教育 | 单位自办 | 19 | 3 | 15 | 9 | 10 | 0 | 0 | 39 | 0 | 0 |
| 江苏民营经济统战研究 | 2 | 2020/11/16 | 非学校上级主管部门 | 独立设置研究所 | 其他重点研究基地，江苏省社科应用协同创新研究基地 | 经济学 | 资本市场服务 | 单位自办 | 13 | 2 | 11 | 7 | 4 | 2 | 0 | 50 | 0 | 0 |
| 江苏协创民营经济研究院 | 3 | 2020/7/6 | 学校自建 | 独立设置研究所 | 校级重点研究基地 | 经济学 | 资本市场服务 | 单位自办 | 10 | 1 | 6 | 3 | 5 | 2 | 0 | 158 | 0 | 0 |
| 江苏财经职业技术学院 | 053 | / | / | / | / | / | / | / | 12 | 3 | 7 | 6 | 6 | 0 | 0 | 32 | 112 | 0 |
| 周恩来文化研究所 | 1 | 2014/3/1 | 学校自建 | 跨系所 | 校级重点研究基地 | 教育学 | 文化艺术业 | 单位自办 | 12 | 3 | 7 | 6 | 6 | 0 | 0 | 32 | 112 | 0 |
| 扬州工业职业技术学院 | 054 | / | / | / | / | / | / | / | 44 | 10 | 30 | 30 | 14 | 0 | 0 | 56 | 0 | 0 |

| | | | | | | | | | | | | | | | |
|---|---|---|---|---|---|---|---|---|---|---|---|---|---|---|---|
| 高职院校"大思政"研究协同创新基地 | 1 | 2020/11/27 | 非学校上级主管部门 | 独立设置研究所 | 其他重点研究基地，江苏省高职院校社科应用研究协同创新 | 马克思主义 | 教育 | 单位自办 | 36 | 8 | 25 | 26 | 10 | 0 | 0 | 36 | 0 | 0 |
| 中国特色社会主义研究中心 | 2 | 2017/1/5 | 学校自建 | 独立设置研究所 | 研究中心 | 马克思主义 | 教育 | 单位自办 | 8 | 2 | 5 | 4 | 4 | 0 | 0 | 20 | 0 | 0 |
| 江苏城市职业学院 | 055 | / | / | / | / | / | / | / | 35 | 12 | 20 | 18 | 17 | 0 | 0 | 38.78 | 18.55 | 0 |
| 互联网产业链管理创新研究所 | 1 | 2018/10/31 | 学校自建 | 独立设置研究所 | 校级重点研究基地 | 管理学 | 装卸搬运和仓储业 | 单位自办 | 10 | 5 | 5 | 4 | 6 | 0 | 0 | 12.89 | 5.96 | 0 |
| 马克思主义中国化与中华传统文化研究中心 | 2 | 2018/10/31 | 学校自建 | 独立设置研究所 | 校级重点研究基地 | 马克思主义 | 教育 | 单位自办 | 6 | 4 | 1 | 4 | 2 | 0 | 0 | 6.72 | 3.5 | 0 |
| 美业文化研究中心 | 3 | 2018/10/31 | 学校自建 | 独立设置研究所 | 校级重点研究基地 | 艺术学 | 教育 | 单位自办 | 8 | 0 | 6 | 2 | 6 | 0 | 0 | 8.61 | 4.87 | 0 |
| 数字创意研发中心 | 4 | 2018/10/31 | 学校自建 | 独立设置研究所 | 校级重点研究基地 | 艺术学 | 文化艺术业 | 单位自办 | 11 | 3 | 8 | 8 | 3 | 0 | 0 | 10.56 | 4.22 | 0 |
| 江苏卫生健康职业学院 | 056 | / | / | / | / | / | / | / | 4 | 1 | 3 | 1 | 3 | 0 | 0 | 83 | 25 | 0 |
| 江苏省卫生职业院校文化研究室 | 1 | 2015/2/19 | 学校自建 | 与校外合办所 | 校级重点研究基地 | 教育学 | 其他服务业 | 单位自办 | 4 | 1 | 3 | 1 | 3 | 0 | 0 | 83 | 25 | 0 |
| 苏州工业园区服务外包职业学院 | 057 | / | / | / | / | / | / | / | 10 | 3 | 7 | 5 | 5 | 0 | 0 | 20 | 6 | 0 |
| 江苏服务外包研究中心 | 1 | 2017/7/13 | 学校上级主管部门 | 与校外合办所 | 省级重点研究基地 | 经济学 | 商务服务业 | 政府部门办 | 10 | 3 | 7 | 5 | 5 | 0 | 0 | 20 | 6 | 0 |
| 徐州幼儿师范高等专科学校 | 058 | / | / | / | / | / | / | / | 91 | 5 | 86 | 41 | 0 | 0 | 0 | 60 | 21 | 0 |
| 儿童数字音乐研究中心 | 1 | 2019/9/15 | 学校自建 | 独立设置研究所 | 内设科研机构 | 教育学 | 教育 | 单位自办 | 7 | 1 | 6 | 0 | 0 | 0 | 0 | 5 | 1 | 0 |
| 儿童戏曲教育研究中心 | 2 | 2019/9/15 | 学校自建 | 独立设置研究所 | 内设科研机构 | 教育学 | 教育 | 单位自办 | 9 | 0 | 9 | 4 | 0 | 0 | 0 | 5 | 1 | 0 |
| 儿童音乐剧教育研究中心 | 3 | 2019/9/15 | 学校自建 | 独立设置研究所 | 内设科研机构 | 教育学 | 教育 | 单位自办 | 6 | 1 | 5 | 2 | 0 | 0 | 0 | 5 | 1 | 0 |
| 淮海民间美术幼儿玩具研究中心 | 4 | 2019/9/15 | 学校自建 | 独立设置研究所 | 内设科研机构 | 教育学 | 教育 | 单位自办 | 9 | 0 | 9 | 3 | 0 | 0 | 0 | 5 | 1 | 0 |
| 特殊儿童音乐干预研究中心 | 5 | 2019/9/15 | 学校自建 | 独立设置研究所 | 内设科研机构 | 教育学 | 教育 | 单位自办 | 8 | 0 | 8 | 5 | 0 | 0 | 0 | 5 | 1 | 0 |
| 幼儿健康大数据研究中心 | 6 | 2019/9/15 | 学校自建 | 独立设置研究所 | 内设科研机构 | 教育学 | 教育 | 单位自办 | 4 | 0 | 4 | 2 | 0 | 0 | 0 | 5 | 1 | 0 |

续表

| 机构名称 | 编号 | 成立时间 | 批准部门 | 组成方式 | 机构类型 | 学科分类 | 服务的国民经济行业 | 组成类型 | R&D活动人员(人) 合计 | 其中 博士毕业 | 其中 硕士毕业 | 其中 高级职称 | 其中 中级职称 | 其中 初级职称 | 培养研究生(人) | R&D经费支出(千元) | 仪器设备原价(千元) | 其中 进口(千元) |
|---|---|---|---|---|---|---|---|---|---|---|---|---|---|---|---|---|---|---|
| | | L01 | L02 | L03 | L04 | L05 | L06 | L07 | L08 | L09 | L10 | L11 | L12 | L13 | L14 | L15 | L16 | L17 |
| 幼儿教育人工智能研究中心 | 7 | 2019/9/15 | 学校自建 | 独立设置研究所 | 内设科研机构 | 教育学 | 教育 | 单位自办 | 5 | 0 | 5 | 2 | 0 | 0 | 0 | 5 | 1 | 0 |
| 幼儿科学教育课程研究中心 | 8 | 2019/9/15 | 学校自建 | 独立设置研究所 | 内设科研机构 | 教育学 | 教育 | 单位自办 | 9 | 0 | 9 | 5 | 0 | 0 | 0 | 5 | 1 | 0 |
| 幼儿园空间与环境创设研究中心 | 9 | 2019/9/15 | 学校自建 | 独立设置研究所 | 内设科研机构 | 教育学 | 教育 | 单位自办 | 9 | 0 | 9 | 4 | 0 | 0 | 0 | 5 | 10 | 0 |
| 幼师生师德养成研究中心 | 10 | 2019/9/15 | 学校自建 | 独立设置研究所 | 内设科研机构 | 教育学 | 教育 | 单位自办 | 11 | 2 | 9 | 8 | 0 | 0 | 0 | 5 | 1 | 0 |
| 中外儿童文学比较研究中心 | 11 | 2019/9/15 | 学校自建 | 独立设置研究所 | 内设科研机构 | 教育学 | 教育 | 单位自办 | 8 | 1 | 7 | 3 | 0 | 0 | 0 | 5 | 1 | 0 |
| 睢宁儿童画研究中心 | 12 | 2019/9/15 | 学校自建 | 独立设置研究所 | 内设科研机构 | 教育学 | 教育 | 单位自办 | 6 | 0 | 6 | 3 | 0 | 0 | 0 | 5 | 1 | 0 |
| 硅湖职业技术学院 | 059 | / | / | / | / | / | / | / | 32 | 4 | 12 | 8 | 12 | 10 | 0 | 110 | 150 | 0 |
| 电子商务重点实验室 | 1 | 2017/9/1 | 学校自建 | 独立设置研究所 | 校级重点实验室 | 管理学 | 其他服务业 | 单位自办 | 7 | 1 | 2 | 2 | 3 | 2 | 0 | 10 | 10 | 0 |
| 丝绸服饰文化创意产业设计研发中心 | 2 | 2017/9/11 | 学校自建 | 独立设置研究所 | 校级重点研究基地 | 艺术学 | 广播、电视、电影和影视录音制作业 | 与境内注册其他企业合办 | 9 | 1 | 3 | 2 | 3 | 3 | 0 | 80 | 120 | 0 |
| 物流管理研究基地 | 3 | 2017/11/1 | 学校自建 | 独立设置研究所 | 校级重点研究基地 | 管理学 | 其他服务业 | 单位自办 | 8 | 1 | 3 | 2 | 3 | 3 | 0 | 10 | 10 | 0 |
| 现代服务业研究室 | 4 | 2017/11/15 | 学校自建 | 独立设置研究所 | 校级重点实验室 | 管理学 | 商务服务业 | 与境内注册其他企业合办 | 8 | 1 | 4 | 2 | 3 | 2 | 0 | 10 | 10 | 0 |
| 无锡太湖学院 | 060 | / | / | / | / | / | / | / | 47 | 22 | 24 | 44 | 2 | 0 | 0 | 147 | 45 | 0 |
| 苏南产业转型创新发展研究中心 | 1 | 2018/7/19 | 学校上级主管部门 | 独立设置研究所 | 省级重点研究基地 | 管理学 | 商务服务业 | 单位自办 | 28 | 7 | 20 | 28 | 0 | 0 | 0 | 35 | 15 | 0 |
| 苏南资本市场研究中心 | 2 | 2017/9/1 | 学校上级主管部门 | 与校外合办所 | 省级重点研究基地 | 经济学 | 资本市场服务 | 与境内注册其他企业合办 | 19 | 15 | 4 | 16 | 2 | 0 | 0 | 112 | 30 | 0 |
| 南京大学金陵学院 | 061 | / | / | / | / | / | / | / | 66 | 8 | 48 | 24 | 40 | 2 | 0 | 745.56 | 180 | 0 |

| | | | | | | | | | | | | | | | | | | |
|---|---|---|---|---|---|---|---|---|---|---|---|---|---|---|---|---|---|---|
| 拉丁美洲研究中心 | 1 | 2006/11/1 | 学校自建 | 独立设置研究所 | 校级重点研究基地 | 外国文学 | 其他服务业 | 单位自办 | 9 | 0 | 6 | 2 | 7 | 0 | 0 | 25 | 0 | 0 |
| 企业生态研究中心 | 2 | 2014/6/1 | 学校自建 | 独立设置研究所 | 校级重点研究基地 | 经济学 | 生态保护和环境治理业 | 单位自办 | 35 | 6 | 29 | 15 | 19 | 1 | 0 | 200 | 0 | 0 |
| 塞万提斯研究中心 | 3 | 2006/11/1 | 学校自建 | 独立设置研究所 | 校级重点研究基地 | 外国文学 | 其他服务业 | 单位自办 | 9 | 0 | 6 | 2 | 7 | 0 | 0 | 15 | 0 | 0 |
| 数字传播媒介研究中心 | 4 | 2014/12/30 | 学校自建 | 独立设置研究所 | 校级重点研究基地 | 新闻学与传播学 | 新闻和出版业 | 单位自办 | 2 | 0 | 0 | 2 | 0 | 0 | 0 | 100 | 100 | 0 |
| 丝路文明研究中心 | 5 | 2018/5/1 | 学校自建 | 独立设置研究所 | 其他智库 | 外国文学 | 教育 | 单位自办 | 6 | 0 | 5 | 2 | 4 | 0 | 0 | 5 | 80 | 0 |
| 学科交叉研究院 | 6 | 2019/9/5 | 学校自建 | 独立设置研究所 | 校级重点研究院 | 教育学 | 教育 | 单位自办 | 5 | 2 | 2 | 1 | 3 | 1 | 0 | 400.56 | 0 | 0 |
| 南京传媒学院 | 062 | / | / | / | / | / | / | / | 34 | 3 | 24 | 20 | 9 | 5 | 0 | 318 | 447 | 0 |
| 航空摄影研究所 | 1 | 2009/11/23 | 学校自建 | 与校外合办所 | 校级重点实验室 | 艺术学 | 教育 | 与境内注册其他企业合办 | 6 | 0 | 1 | 2 | 0 | 4 | 0 | 283 | 47 | 0 |
| 千叶彻弥漫画革新研究所 | 2 | 2019/10/25 | 学校自建 | 独立设置研究所 | 校级重点实验室 | 艺术学 | 文化艺术业 | 单位自办 | 8 | 0 | 8 | 5 | 2 | 1 | 0 | 10 | 250 | 0 |
| 区域发展和城乡传播研究中心 | 3 | 2012/11/5 | 学校自建 | 独立设置研究所 | （自定义）智库 | 新闻学与传播学 | 新闻和出版业 | 单位自办 | 13 | 3 | 8 | 11 | 2 | 0 | 0 | 20 | 0 | 0 |
| 新媒体艺术研究中心 | 4 | 2017/9/20 | 学校自建 | 独立设置研究所 | 校级重点实验室 | 艺术学 | 文化艺术业 | 单位自办 | 7 | 0 | 7 | 2 | 5 | 0 | 0 | 5 | 150 | 0 |
| 南京师范大学中北学院 | 063 | / | / | / | / | / | / | / | 7 | 1 | 6 | 3 | 1 | 3 | 0 | 4 | 4 | 0 |
| 文化艺术传播研究中心 | 1 | 2020/7/14 | 学校自建 | 独立设置研究所 | 校级社科重点研究基地 | 新闻学与传播学 | 文化艺术业 | 单位自办 | 7 | 1 | 6 | 3 | 1 | 3 | 0 | 4 | 4 | 0 |
| 南京信息工程大学滨江学院 | 064 | / | / | / | / | / | / | / | 18 | 6 | 11 | 3 | 5 | 10 | 0 | 89 | 20 | 0 |
| 数字经济与产业发展研究院 | 1 | 2020/10/26 | 学校自建 | 独立设置研究所 | 研究院 | 经济学 | 其他金融业 | 单位自办 | 18 | 6 | 11 | 3 | 5 | 10 | 0 | 89 | 20 | 0 |
| 苏州高博软件技术职业学院 | 065 | / | / | / | / | / | / | / | 10 | 0 | 6 | 7 | 3 | 0 | 0 | 10 | 0 | 0 |
| 苏南非遗文化传承与创新研究基地 | 1 | 2017/9/12 | 学校上级主管部门 | 与校外合办所 | 其他重点研究基地 | 艺术学 | 广播、电视、电影和影视录音制作业 | 其他 | 10 | 0 | 6 | 7 | 3 | 0 | 0 | 10 | 0 | 0 |

# 七、社科研究、课题与成果

## 1. 全省高等学校人文、社会科学研究与课题成果情况表

| 学科门类 | | 总数 | | | | | 出版著作(部) | | | | | | | 古籍整理(部) | 译著(部) | 发表译文(篇) | 电子出版物(件) | 发表论文(篇) | | | | 获奖成果数(项) | | | | 研究与咨询报告(篇) | |
|---|---|---|---|---|---|---|---|---|---|---|---|---|---|---|---|---|---|---|---|---|---|---|---|---|---|---|---|
| | | 课题数(项) | 当年投入人数(人年) | 其中:研究生(人年) | 当年拨入经费(千元) | 当年支出经费(千元) | 合计 | 专著 | 其中:被译成外文 | 编著教材 | 工具书参考书 | 皮书/发展报告 | 科普读物 | | | | | 合计 | 国内学术刊物 | 国外学术刊物 | 港澳、台地区刊物 | 合计 | 国家级奖 | 部级奖 | 省级奖 | 合计 | 其中:被采纳数 |
| | 编号 | L01 | L02 | L03 | L04 | L05 | L06 | L07 | L08 | L09 | L10 | L11 | L12 | L13 | L14 | L15 | L16 | L17 | L18 | L19 | L20 | L21 | L22 | L23 | L24 | L25 | L26 |
| 合计 | / | 42 169 | 9 104.8 | 950.3 | 1 084 820.45 | 966 169.76 | 1 773 | 1 145 | 21 | 520 | 31 | 36 | 41 | 13 | 144 | 14 | 49 | 30 708 | 29 111 | 1 590 | 7 | 754 | 0 | 143 | 611 | 3 005 | 1 601 |
| 管理学 | 1 | 10 409 | 2 249.2 | 299 | 374 899.62 | 335 493.86 | 303 | 189 | 3 | 93 | 4 | 6 | 11 | 0 | 4 | 0 | 22 | 6 208 | 5 586 | 619 | 3 | 118 | 0 | 16 | 102 | 1 103 | 617 |
| 马克思主义 | 2 | 2 063 | 445.1 | 46.3 | 30 923.14 | 28 796.68 | 74 | 51 | 0 | 18 | 1 | 0 | 4 | 0 | 0 | 0 | 1 | 1 625 | 1 617 | 8 | 0 | 42 | 0 | 9 | 33 | 87 | 42 |
| 哲学 | 3 | 465 | 126.5 | 18.9 | 9 774.79 | 10 269.3 | 44 | 36 | 1 | 8 | 0 | 0 | 0 | 0 | 8 | 2 | 0 | 429 | 414 | 13 | 2 | 33 | 0 | 8 | 25 | 12 | 7 |
| 逻辑学 | 4 | 18 | 5.5 | 1.2 | 62 | 358.55 | 6 | 6 | 0 | 0 | 0 | 0 | 0 | 0 | 0 | 0 | 1 | 65 | 65 | 0 | 0 | 0 | 0 | 0 | 0 | 13 | 1 |
| 宗教学 | 5 | 53 | 12.2 | 1.6 | 2 126 | 1 787.65 | 5 | 5 | 0 | 0 | 0 | 0 | 0 | 0 | 2 | 0 | 0 | 24 | 24 | 0 | 0 | 2 | 0 | 2 | 0 | 1 | 0 |
| 语言学 | 6 | 1 567 | 382.2 | 35.3 | 40 965.51 | 40 215.31 | 119 | 73 | 4 | 41 | 4 | 1 | 0 | 0 | 25 | 0 | 1 | 1 325 | 1 232 | 92 | 1 | 44 | 0 | 10 | 34 | 50 | 15 |
| 中国文学 | 7 | 1 046 | 265.9 | 28.4 | 31 827.27 | 38 538.97 | 135 | 95 | 2 | 39 | 1 | 0 | 0 | 10 | 13 | 1 | 0 | 1 225 | 1 215 | 10 | 0 | 77 | 0 | 16 | 61 | 20 | 8 |
| 外国文学 | 8 | 563 | 143.2 | 15.2 | 6 743.6 | 8 924.36 | 47 | 37 | 2 | 8 | 1 | 0 | 1 | 0 | 49 | 5 | 0 | 575 | 531 | 43 | 1 | 10 | 0 | 3 | 7 | 37 | 17 |
| 艺术学 | 9 | 3 308 | 790.3 | 91.4 | 83 462.24 | 79 315.54 | 230 | 146 | 3 | 76 | 2 | 5 | 1 | 0 | 11 | 2 | 4 | 3 503 | 3 422 | 81 | 0 | 58 | 0 | 14 | 44 | 283 | 94 |
| 历史学 | 10 | 631 | 166.6 | 26.8 | 23 708.85 | 21 741.01 | 54 | 43 | 1 | 11 | 0 | 0 | 0 | 2 | 5 | 0 | 0 | 422 | 416 | 6 | 0 | 36 | 0 | 9 | 27 | 15 | 8 |
| 考古学 | 11 | 163 | 25.8 | 10.9 | 34 461.76 | 19 285.6 | 11 | 3 | 0 | 6 | 2 | 0 | 0 | 0 | 0 | 0 | 0 | 17 | 17 | 0 | 0 | 1 | 0 | 0 | 1 | 4 | 4 |
| 经济学 | 12 | 4 172 | 917.5 | 86.3 | 127 662.6 | 111 703.31 | 154 | 94 | 1 | 51 | 2 | 2 | 5 | 0 | 1 | 0 | 10 | 2 694 | 2 449 | 245 | 0 | 96 | 0 | 17 | 79 | 494 | 266 |
| 政治学 | 13 | 775 | 174.1 | 19.3 | 14 954.3 | 10 008.2 | 22 | 15 | 0 | 4 | 0 | 3 | 0 | 0 | 4 | 0 | 0 | 517 | 510 | 7 | 0 | 14 | 0 | 2 | 12 | 53 | 41 |
| 法学 | 14 | 1 576 | 325.6 | 33.9 | 36 742.18 | 31 245.09 | 103 | 73 | 2 | 13 | 9 | 0 | 8 | 0 | 6 | 3 | 0 | 949 | 919 | 30 | 0 | 36 | 0 | 6 | 30 | 123 | 96 |
| 社会学 | 15 | 2 243 | 456.1 | 62.2 | 67 494.74 | 64 606.17 | 61 | 35 | 0 | 7 | 2 | 9 | 8 | 0 | 3 | 0 | 0 | 996 | 914 | 82 | 0 | 33 | 0 | 5 | 28 | 174 | 104 |
| 民族学与文化学 | 16 | 349 | 65.5 | 4.9 | 7 745.8 | 6 341.05 | 2 | 1 | 0 | 1 | 0 | 0 | 0 | 0 | 0 | 0 | 0 | 173 | 167 | 6 | 0 | 1 | 0 | 0 | 1 | 31 | 20 |
| 新闻学与传播学 | 17 | 628 | 139.3 | 11.7 | 17 492.11 | 13 291.85 | 37 | 28 | 0 | 9 | 0 | 0 | 0 | 0 | 0 | 0 | 0 | 577 | 548 | 29 | 0 | 27 | 0 | 6 | 21 | 35 | 17 |
| 图书馆、情报与文献学 | 18 | 765 | 184 | 30.1 | 22 888.39 | 18 821.78 | 28 | 19 | 0 | 9 | 0 | 0 | 0 | 1 | 1 | 0 | 1 | 738 | 702 | 36 | 0 | 9 | 0 | 2 | 7 | 55 | 30 |
| 教育学 | 19 | 9 607 | 1 856.6 | 96.1 | 111 055.98 | 93 714.5 | 231 | 130 | 1 | 89 | 3 | 7 | 2 | 0 | 10 | 1 | 2 | 7 194 | 7 040 | 154 | 0 | 84 | 0 | 12 | 72 | 283 | 131 |
| 统计学 | 20 | 226 | 56.5 | 16 | 6 274.06 | 3 557.64 | 8 | 3 | 0 | 3 | 0 | 2 | 0 | 0 | 0 | 0 | 7 | 157 | 122 | 35 | 0 | 2 | 0 | 1 | 1 | 14 | 14 |
| 心理学 | 21 | 486 | 97.4 | 6.8 | 7 822.75 | 6 075.55 | 15 | 8 | 0 | 7 | 0 | 0 | 0 | 0 | 2 | 0 | 0 | 285 | 237 | 48 | 0 | 8 | 0 | 3 | 5 | 19 | 11 |
| 体育科学 | 22 | 1 056 | 219.7 | 8 | 25 732.76 | 22 077.79 | 84 | 55 | 1 | 27 | 0 | 1 | 1 | 0 | 0 | 0 | 0 | 1 010 | 964 | 46 | 0 | 23 | 0 | 2 | 21 | 99 | 58 |

## 2. 公办本科高等学校人文、社会科学研究与课题成果情况表

| 学科门类 | 编号 | 总数：课题数(项) | 总数：当年投入人数(人年) | 总数：其中：研究生(人年) | 总数：当年拨入经费(千元) | 总数：当年支出经费(千元) | 出版著作(部)：合计 | 出版著作(部)：专著 | 出版著作(部)：其中：被译成外文 | 出版著作(部)：编著教材 | 出版著作(部)：工具书参考书 | 出版著作(部)：皮书/发展报告 | 出版著作(部)：科普读物 | 古籍整理(部) | 译著(部) | 发表译文(篇) | 电子出版物(件) | 发表论文(篇)：合计 | 发表论文(篇)：国内学术刊物 | 发表论文(篇)：国外学术刊物 | 发表论文(篇)：港、澳、台地区刊物 | 获奖成果数(项)：合计 | 获奖成果数(项)：国家级奖 | 获奖成果数(项)：部级奖 | 获奖成果数(项)：省级奖 | 研究与咨询报告(篇)：合计 | 研究与咨询报告(篇)：其中：被采纳数 |
|---|---|---|---|---|---|---|---|---|---|---|---|---|---|---|---|---|---|---|---|---|---|---|---|---|---|---|---|
| | | L01 | L02 | L03 | L04 | L05 | L06 | L07 | L08 | L09 | L10 | L11 | L12 | L13 | L14 | L15 | L16 | L17 | L18 | L19 | L20 | L21 | L22 | L23 | L24 | L25 | L26 |
| 合计 | / | 28 351 | 6 430.6 | 946.8 | 995 140.3 | 884 548.4 | 1 376 | 993 | 21 | 304 | 24 | 16 | 39 | 12 | 119 | 11 | 45 | 17 600 | 16 170 | 1 425 | 5 | 749 | 0 | 143 | 606 | 1 946 | 1 158 |
| 管理学 | 1 | 7 576 | 1 642.9 | 298.3 | 345 884 | 309 514.3 | 219 | 161 | 3 | 38 | 3 | 6 | 11 | 0 | 2 | 0 | 22 | 3 790 | 3 207 | 581 | 2 | 117 | 0 | 16 | 101 | 725 | 455 |
| 马克思主义 | 2 | 1375 | 316.9 | 46.3 | 28 699.34 | 26 808.17 | 62 | 45 | 0 | 12 | 1 | 0 | 4 | 0 | 0 | 0 | 0 | 1 060 | 1 053 | 7 | 0 | 42 | 0 | 9 | 33 | 62 | 32 |
| 哲学 | 3 | 410 | 113 | 18.9 | 9 634.59 | 10 086.49 | 43 | 35 | 1 | 8 | 0 | 0 | 0 | 0 | 8 | 2 | 0 | 387 | 372 | 13 | 2 | 33 | 0 | 8 | 25 | 10 | 6 |
| 逻辑学 | 4 | 14 | 4 | 1.2 | 56 | 350.55 | 6 | 6 | 0 | 0 | 0 | 0 | 0 | 0 | 0 | 0 | 1 | 53 | 53 | 0 | 0 | 0 | 0 | 0 | 0 | 13 | 1 |
| 宗教学 | 5 | 53 | 12.2 | 1.6 | 2 126 | 1 787.65 | 5 | 5 | 0 | 0 | 0 | 0 | 0 | 0 | 2 | 0 | 0 | 22 | 22 | 0 | 0 | 2 | 0 | 2 | 0 | 1 | 0 |
| 语言学 | 6 | 1 241 | 310.9 | 35.3 | 38 175.06 | 37 287.13 | 99 | 65 | 4 | 31 | 3 | 0 | 0 | 0 | 22 | 0 | 1 | 790 | 715 | 75 | 0 | 44 | 0 | 10 | 34 | 34 | 9 |
| 中国文学 | 7 | 939 | 240.6 | 28.4 | 31 334.87 | 38 123.07 | 117 | 86 | 2 | 30 | 1 | 0 | 0 | 10 | 5 | 1 | 0 | 989 | 980 | 9 | 0 | 76 | 0 | 16 | 60 | 17 | 7 |
| 外国文学 | 8 | 507 | 129.7 | 15.2 | 6 439.2 | 8 740.08 | 47 | 37 | 2 | 8 | 1 | 0 | 1 | 0 | 43 | 3 | 0 | 400 | 362 | 37 | 1 | 10 | 0 | 3 | 7 | 36 | 17 |
| 艺术学 | 9 | 2 264 | 569 | 91.4 | 69 265.02 | 65 630.96 | 178 | 126 | 3 | 49 | 1 | 1 | 1 | 0 | 8 | 2 | 4 | 2 061 | 1 994 | 67 | 0 | 58 | 0 | 14 | 44 | 138 | 48 |
| 历史学 | 10 | 578 | 156.3 | 26.8 | 23 121.85 | 20 829.72 | 50 | 40 | 1 | 10 | 0 | 0 | 0 | 1 | 5 | 0 | 0 | 391 | 385 | 6 | 0 | 36 | 0 | 9 | 27 | 10 | 7 |
| 考古学 | 11 | 159 | 22.9 | 9.1 | 34 438.76 | 19 272.22 | 11 | 3 | 0 | 6 | 2 | 0 | 0 | 0 | 0 | 0 | 0 | 14 | 14 | 0 | 0 | 1 | 0 | 0 | 1 | 4 | 4 |
| 经济学 | 12 | 2 956 | 673.8 | 86.3 | 116 820.6 | 101 971.1 | 114 | 86 | 1 | 22 | 1 | 0 | 5 | 0 | 1 | 0 | 9 | 1 635 | 1 402 | 233 | 0 | 96 | 0 | 17 | 79 | 283 | 165 |
| 政治学 | 13 | 598 | 143.5 | 19.3 | 14 341.1 | 9 654.37 | 15 | 14 | 0 | 1 | 0 | 0 | 0 | 0 | 4 | 0 | 0 | 350 | 343 | 7 | 0 | 14 | 0 | 2 | 12 | 50 | 40 |
| 法学 | 14 | 1 476 | 303.4 | 33.9 | 35 422.93 | 29 839.98 | 98 | 73 | 2 | 11 | 6 | 0 | 8 | 0 | 6 | 3 | 0 | 857 | 827 | 30 | 0 | 36 | 0 | 6 | 30 | 115 | 89 |
| 社会学 | 15 | 1 757 | 370.2 | 61.2 | 64 612.84 | 62 547.44 | 52 | 32 | 0 | 3 | 2 | 7 | 8 | 0 | 3 | 0 | 0 | 718 | 637 | 81 | 0 | 33 | 0 | 5 | 28 | 139 | 93 |
| 民族学与文化学 | 16 | 247 | 48.9 | 4.9 | 6 361.4 | 5 502.14 | 1 | 0 | 0 | 1 | 0 | 0 | 0 | 0 | 0 | 0 | 0 | 69 | 66 | 3 | 0 | 1 | 0 | 0 | 1 | 23 | 14 |
| 新闻学与传播学 | 17 | 532 | 116.1 | 11.7 | 16 724.71 | 12 704.79 | 33 | 25 | 0 | 8 | 0 | 0 | 0 | 0 | 0 | 0 | 0 | 416 | 390 | 26 | 0 | 27 | 0 | 6 | 21 | 23 | 15 |
| 图书馆、情报与文献学 | 18 | 622 | 153.8 | 30.1 | 22 375.99 | 18 272.82 | 22 | 15 | 0 | 7 | 0 | 0 | 0 | 1 | 1 | 0 | 1 | 537 | 503 | 34 | 0 | 9 | 0 | 2 | 7 | 47 | 29 |
| 教育学 | 19 | 3 750 | 822.8 | 96.1 | 92 696.06 | 76 977.87 | 122 | 83 | 1 | 36 | 3 | 0 | 0 | 0 | 7 | 0 | 0 | 2 141 | 2 044 | 97 | 0 | 81 | 0 | 12 | 69 | 136 | 77 |
| 统计学 | 20 | 196 | 50.9 | 16 | 5 918.06 | 3 429.91 | 7 | 3 | 0 | 2 | 0 | 2 | 0 | 0 | 0 | 0 | 7 | 142 | 107 | 35 | 0 | 2 | 0 | 1 | 1 | 14 | 14 |
| 心理学 | 21 | 298 | 62.1 | 6.8 | 7 179.85 | 5 490.11 | 11 | 6 | 0 | 5 | 0 | 0 | 0 | 0 | 2 | 0 | 0 | 155 | 111 | 44 | 0 | 8 | 0 | 3 | 5 | 14 | 8 |
| 体育科学 | 22 | 803 | 166.7 | 8 | 23 512.06 | 19 727.46 | 64 | 47 | 1 | 16 | 0 | 0 | 1 | 0 | 0 | 0 | 0 | 623 | 583 | 40 | 0 | 23 | 0 | 2 | 21 | 52 | 28 |

## 2.1 管理学人文、社会科学研究与课题成果情况表

| 高校名称 | 编号 | 总数：课题数（项） | 总数：当年投入人数（人年） | 总数：其中：研究生（人年） | 总数：当年拨入经费（千元） | 总数：当年支出经费（千元） | 出版著作（部）：合计 | 出版著作（部）：专著 | 出版著作（部）：其中：被译成外文 | 出版著作（部）：编著教材 | 出版著作（部）：工具书参考书 | 出版著作（部）：皮书/发展报告 | 出版著作（部）：科普读物 | 古籍整理（部） | 译著（部） | 发表译文（篇） | 电子出版物（件） | 发表论文（篇）：合计 | 发表论文（篇）：国内学术刊物 | 发表论文（篇）：国外学术刊物 | 发表论文（篇）：港、澳、台地区刊物 | 获奖成果数（项）：合计 | 获奖成果数（项）：国家级奖 | 获奖成果数（项）：部级奖 | 获奖成果数（项）：省级奖 | 研究与咨询报告（篇）：合计 | 研究与咨询报告（篇）：其中：被采纳数 |
|---|---|---|---|---|---|---|---|---|---|---|---|---|---|---|---|---|---|---|---|---|---|---|---|---|---|---|---|
| | | L01 | L02 | L03 | L04 | L05 | L06 | L07 | L08 | L09 | L10 | L11 | L12 | L13 | L14 | L15 | L16 | L17 | L18 | L19 | L20 | L21 | L22 | L23 | L24 | L25 | L26 |
| 合计 | / | 7 576 | 1 642.9 | 298.3 | 345 884 | 309 514.3 | 219 | 161 | 3 | 38 | 3 | 6 | 11 | 0 | 2 | 0 | 22 | 3 790 | 3 207 | 581 | 2 | 117 | 0 | 16 | 101 | 725 | 455 |
| 南京大学 | 1 | 192 | 57.4 | 11.9 | 15 576.94 | 8 240.18 | 25 | 23 | 0 | 2 | 0 | 0 | 0 | 0 | 1 | 0 | 0 | 113 | 98 | 15 | 0 | 24 | 0 | 2 | 22 | 10 | 7 |
| 东南大学 | 2 | 161 | 29.1 | 0 | 10 502.2 | 9 485.57 | 11 | 9 | 0 | 2 | 0 | 0 | 0 | 0 | 0 | 0 | 0 | 67 | 58 | 8 | 1 | 5 | 0 | 0 | 5 | 0 | 0 |
| 江南大学 | 3 | 138 | 112.8 | 76.1 | 13 457 | 13 202 | 7 | 5 | 0 | 1 | 1 | 0 | 0 | 0 | 0 | 0 | 0 | 30 | 29 | 1 | 0 | 3 | 0 | 0 | 3 | 14 | 12 |
| 南京农业大学 | 4 | 1 039 | 175 | 61.3 | 30 845.85 | 30 068.19 | 17 | 17 | 0 | 0 | 0 | 0 | 0 | 0 | 0 | 0 | 0 | 416 | 409 | 7 | 0 | 13 | 0 | 3 | 10 | 47 | 14 |
| 中国矿业大学 | 5 | 368 | 81.7 | 11.2 | 12 912.03 | 7 085.73 | 9 | 7 | 0 | 2 | 0 | 0 | 0 | 0 | 0 | 0 | 0 | 239 | 127 | 112 | 0 | 7 | 0 | 1 | 6 | 68 | 55 |
| 河海大学 | 6 | 304 | 98.9 | 63 | 19 101.08 | 16 496.59 | 22 | 6 | 0 | 2 | 1 | 3 | 10 | 0 | 0 | 0 | 21 | 354 | 258 | 96 | 0 | 4 | 0 | 1 | 3 | 86 | 75 |
| 南京理工大学 | 7 | 183 | 24.4 | 2.4 | 12 218.96 | 14 612.57 | 5 | 2 | 2 | 3 | 0 | 0 | 0 | 0 | 0 | 0 | 0 | 103 | 60 | 43 | 0 | 3 | 0 | 0 | 3 | 2 | 2 |
| 南京航空航天大学 | 8 | 176 | 35 | 0.4 | 10 824 | 10 976.2 | 4 | 2 | 0 | 2 | 0 | 0 | 0 | 0 | 0 | 0 | 0 | 80 | 30 | 50 | 0 | 7 | 0 | 2 | 5 | 5 | 5 |
| 中国药科大学 | 9 | 295 | 30.9 | 0 | 11 724.26 | 11 124.92 | 3 | 2 | 0 | 1 | 0 | 0 | 0 | 0 | 0 | 0 | 0 | 123 | 98 | 25 | 0 | 0 | 0 | 0 | 0 | 0 | 0 |
| 南京森林警察学院 | 10 | 19 | 2.1 | 0 | 9 | 51.68 | 0 | 0 | 0 | 0 | 0 | 0 | 0 | 0 | 0 | 0 | 0 | 30 | 27 | 3 | 0 | 0 | 0 | 0 | 0 | 1 | 0 |
| 苏州大学 | 11 | 143 | 25.3 | 3.9 | 12 196 | 6 688 | 0 | 0 | 0 | 0 | 0 | 0 | 0 | 0 | 0 | 0 | 0 | 58 | 24 | 34 | 0 | 5 | 0 | 2 | 3 | 11 | 8 |
| 江苏科技大学 | 12 | 140 | 40 | 7 | 3 946 | 2 904 | 3 | 3 | 0 | 0 | 0 | 0 | 0 | 0 | 0 | 0 | 0 | 89 | 67 | 22 | 0 | 1 | 0 | 0 | 1 | 2 | 1 |
| 南京工业大学 | 13 | 178 | 23.5 | 2.3 | 980 | 1 311.55 | 5 | 5 | 0 | 0 | 0 | 0 | 0 | 0 | 0 | 0 | 0 | 76 | 70 | 6 | 0 | 4 | 0 | 0 | 4 | 14 | 11 |
| 常州大学 | 14 | 103 | 35.6 | 0 | 3 287 | 3 793.2 | 0 | 0 | 0 | 0 | 0 | 0 | 0 | 0 | 0 | 0 | 0 | 4 | 4 | 0 | 0 | 4 | 0 | 1 | 3 | 0 | 0 |
| 南京邮电大学 | 15 | 177 | 71.8 | 25.2 | 6 350 | 6 258.3 | 4 | 2 | 0 | 1 | 1 | 0 | 0 | 0 | 0 | 0 | 0 | 88 | 88 | 0 | 0 | 3 | 0 | 0 | 3 | 17 | 17 |
| 南京林业大学 | 16 | 91 | 9.6 | 0 | 1 170 | 1 556.2 | 6 | 6 | 0 | 0 | 0 | 0 | 0 | 0 | 0 | 0 | 0 | 49 | 38 | 11 | 0 | 2 | 0 | 0 | 2 | 12 | 9 |
| 江苏大学 | 17 | 305 | 48.2 | 17.4 | 8 791.34 | 8 756.34 | 3 | 3 | 0 | 0 | 0 | 0 | 0 | 0 | 0 | 0 | 0 | 210 | 210 | 0 | 0 | 1 | 0 | 0 | 1 | 0 | 0 |
| 南京信息工程大学 | 18 | 354 | 135.9 | 5.9 | 10 575.5 | 6 418.65 | 5 | 5 | 0 | 0 | 0 | 0 | 0 | 0 | 0 | 0 | 0 | 117 | 71 | 46 | 0 | 3 | 0 | 0 | 3 | 24 | 24 |
| 南通大学 | 19 | 41 | 9 | 0.2 | 649.2 | 743.2 | 0 | 0 | 0 | 0 | 0 | 0 | 0 | 0 | 1 | 0 | 0 | 56 | 56 | 0 | 0 | 0 | 0 | 0 | 0 | 9 | 8 |
| 盐城工学院 | 20 | 81 | 8.2 | 0 | 2 405.94 | 2 277.94 | 3 | 3 | 0 | 0 | 0 | 0 | 0 | 0 | 0 | 0 | 0 | 42 | 41 | 1 | 0 | 0 | 0 | 0 | 0 | 6 | 4 |

| 南京医科大学 | 21 | 90 | 11.7 | 0 | 586 | 465.43 | 4 | 4 | 0 | 0 | 0 | 0 | 0 | 0 | 0 | 0 | 0 | 29 | 29 | 0 | 0 | 0 | 0 | 0 | 0 | 1 | 0 |
|---|---|---|---|---|---|---|---|---|---|---|---|---|---|---|---|---|---|---|---|---|---|---|---|---|---|---|---|
| 徐州医科大学 | 22 | 16 | 3.4 | 0 | 80 | 81.7 | 0 | 0 | 0 | 0 | 0 | 0 | 0 | 0 | 0 | 0 | 0 | 16 | 16 | 0 | 0 | 0 | 0 | 0 | 0 | 2 | 2 |
| 南京中医药大学 | 23 | 107 | 32.3 | 0 | 1 616.5 | 2 076.45 | 0 | 0 | 0 | 0 | 0 | 0 | 0 | 0 | 0 | 0 | 0 | 39 | 38 | 1 | 0 | 0 | 0 | 0 | 0 | 1 | 1 |
| 南京师范大学 | 24 | 43 | 12 | 0.8 | 981 | 390.45 | 4 | 2 | 0 | 2 | 0 | 0 | 0 | 0 | 0 | 0 | 0 | 52 | 35 | 17 | 0 | 3 | 0 | 1 | 2 | 0 | 0 |
| 江苏师范大学 | 25 | 172 | 61.7 | 0.6 | 19 046 | 20 865.5 | 6 | 4 | 0 | 2 | 0 | 0 | 0 | 0 | 0 | 0 | 0 | 89 | 73 | 16 | 0 | 2 | 0 | 0 | 2 | 24 | 24 |
| 淮阴师范学院 | 26 | 94 | 11.7 | 0 | 7 198.6 | 8 299.6 | 3 | 1 | 0 | 2 | 0 | 0 | 0 | 0 | 0 | 0 | 0 | 33 | 30 | 3 | 0 | 0 | 0 | 0 | 0 | 0 | 0 |
| 盐城师范学院 | 27 | 182 | 37.3 | 0 | 26 666.6 | 16 678.1 | 9 | 5 | 0 | 4 | 0 | 0 | 0 | 0 | 0 | 0 | 0 | 109 | 101 | 7 | 1 | 0 | 0 | 0 | 0 | 37 | 8 |
| 南京财经大学 | 28 | 329 | 56.1 | 3.1 | 18 672.36 | 19 466.81 | 9 | 7 | 0 | 2 | 0 | 0 | 0 | 0 | 0 | 0 | 0 | 172 | 172 | 0 | 0 | 7 | 0 | 1 | 6 | 4 | 4 |
| 江苏警官学院 | 29 | 125 | 15 | 0 | 105 | 20 | 7 | 3 | 0 | 2 | 0 | 2 | 0 | 0 | 0 | 0 | 0 | 34 | 33 | 1 | 0 | 0 | 0 | 0 | 0 | 0 | 0 |
| 南京体育学院 | 30 | 1 | 0.1 | 0 | 0 | 0 | 1 | 1 | 0 | 0 | 0 | 0 | 0 | 0 | 0 | 0 | 0 | 5 | 4 | 1 | 0 | 0 | 0 | 0 | 0 | 0 | 0 |
| 南京艺术学院 | 31 | 28 | 5.6 | 0 | 40 | 64.96 | 0 | 0 | 0 | 0 | 0 | 0 | 0 | 0 | 0 | 0 | 0 | 14 | 14 | 0 | 0 | 0 | 0 | 0 | 0 | 0 | 0 |
| 苏州科技大学 | 32 | 196 | 36.1 | 3.1 | 8 970.5 | 9 443.5 | 1 | 1 | 0 | 0 | 0 | 0 | 0 | 0 | 0 | 0 | 0 | 75 | 66 | 9 | 0 | 0 | 0 | 0 | 0 | 21 | 18 |
| 常熟理工学院 | 33 | 110 | 18.2 | 0 | 6 746.76 | 4 877.37 | 5 | 2 | 0 | 3 | 0 | 0 | 0 | 0 | 0 | 0 | 0 | 40 | 33 | 7 | 0 | 0 | 0 | 0 | 0 | 41 | 32 |
| 淮阴工学院 | 34 | 218 | 41.3 | 0 | 6 152 | 8 991.83 | 3 | 3 | 0 | 0 | 0 | 0 | 0 | 0 | 0 | 0 | 0 | 60 | 55 | 5 | 0 | 0 | 0 | 0 | 0 | 0 | 0 |
| 常州工学院 | 35 | 155 | 34.1 | 0 | 7 943.5 | 5 679.31 | 2 | 1 | 0 | 1 | 0 | 0 | 0 | 0 | 0 | 0 | 0 | 9 | 6 | 3 | 0 | 1 | 0 | 0 | 1 | 20 | 6 |
| 扬州大学 | 36 | 199 | 24.8 | 0.1 | 13 848.5 | 13 469.17 | 6 | 3 | 1 | 2 | 0 | 1 | 0 | 0 | 0 | 0 | 0 | 86 | 75 | 11 | 0 | 4 | 0 | 0 | 4 | 57 | 52 |
| 南京工程学院 | 37 | 114 | 20.2 | 0 | 14 423.66 | 13 512.41 | 2 | 2 | 0 | 0 | 0 | 0 | 0 | 0 | 0 | 0 | 0 | 52 | 52 | 0 | 0 | 0 | 0 | 0 | 0 | 0 | 0 |
| 南京审计大学 | 38 | 240 | 71 | 2.4 | 8 162.51 | 3 768.85 | 2 | 2 | 0 | 0 | 0 | 0 | 0 | 0 | 0 | 0 | 0 | 247 | 231 | 16 | 0 | 5 | 0 | 1 | 4 | 21 | 21 |
| 南京晓庄学院 | 39 | 35 | 4.4 | 0 | 991 | 656 | 1 | 1 | 0 | 0 | 0 | 0 | 0 | 0 | 0 | 0 | 0 | 22 | 21 | 1 | 0 | 0 | 0 | 0 | 0 | 0 | 0 |
| 江苏理工学院 | 40 | 162 | 22.4 | 0 | 6 192.5 | 6 851.84 | 1 | 1 | 0 | 0 | 0 | 0 | 0 | 0 | 0 | 0 | 0 | 38 | 38 | 0 | 0 | 0 | 0 | 0 | 0 | 31 | 16 |
| 江苏海洋大学 | 41 | 255 | 25.5 | 0 | 8 351.75 | 8 659.24 | 6 | 6 | 0 | 0 | 0 | 0 | 0 | 0 | 0 | 0 | 0 | 75 | 75 | 0 | 0 | 3 | 0 | 0 | 3 | 100 | 12 |
| 徐州工程学院 | 42 | 61 | 12.2 | 0 | 328 | 110.2 | 12 | 11 | 0 | 0 | 0 | 0 | 1 | 0 | 0 | 0 | 1 | 75 | 73 | 2 | 0 | 3 | 0 | 1 | 2 | 32 | 5 |
| 南京特殊教育师范学院 | 43 | 10 | 2 | 0 | 15 | 28 | 1 | 0 | 0 | 1 | 0 | 0 | 0 | 0 | 0 | 0 | 0 | 8 | 8 | 0 | 0 | 0 | 0 | 0 | 0 | 0 | 0 |
| 泰州学院 | 44 | 29 | 9.9 | 0 | 26 | 173.1 | 0 | 0 | 0 | 0 | 0 | 0 | 0 | 0 | 0 | 0 | 0 | 31 | 30 | 1 | 0 | 0 | 0 | 0 | 0 | 2 | 2 |
| 金陵科技学院 | 45 | 97 | 15.1 | 0 | 1 218 | 2 800.2 | 2 | 1 | 0 | 1 | 0 | 0 | 0 | 0 | 0 | 0 | 0 | 27 | 27 | 0 | 0 | 0 | 0 | 0 | 0 | 3 | 0 |
| 江苏第二师范学院 | 46 | 20 | 4.4 | 0 | 0 | 33.29 | 0 | 0 | 0 | 0 | 0 | 0 | 0 | 0 | 0 | 0 | 0 | 9 | 9 | 0 | 0 | 0 | 0 | 0 | 0 | 0 | 0 |

## 2.2 马克思主义人文、社会科学研究与课题成果情况表

| 高校名称 | 编号 | 总数：课题数(项) | 总数：当年投入人数(人年) | 总数：其中：研究生(人年) | 总数：当年拨入经费(千元) | 总数：当年支出经费(千元) | 出版著作(部)：合计 | 出版著作(部)：专著 | 出版著作(部)：其中：被译成外文 | 出版著作(部)：编著教材 | 出版著作(部)：工具书参考书 | 出版著作(部)：皮书/发展报告 | 出版著作(部)：科普读物 | 古籍整理(部) | 译著(部) | 发表译文(篇) | 电子出版物(件) | 发表论文(篇)：合计 | 发表论文(篇)：国内学术刊物 | 发表论文(篇)：国外学术刊物 | 发表论文(篇)：港、澳、台地区刊物 | 获奖成果数(项)：合计 | 获奖成果数(项)：国家级奖 | 获奖成果数(项)：部级奖 | 获奖成果数(项)：省级奖 | 研究与咨询报告(篇)：合计 | 研究与咨询报告(篇)：其中：被采纳数 |
|---|---|---|---|---|---|---|---|---|---|---|---|---|---|---|---|---|---|---|---|---|---|---|---|---|---|---|---|
| | | L01 | L02 | L03 | L04 | L05 | L06 | L07 | L08 | L09 | L10 | L11 | L12 | L13 | L14 | L15 | L16 | L17 | L18 | L19 | L20 | L21 | L22 | L23 | L24 | L25 | L26 |
| 合计 | / | 1 375 | 316.9 | 46.3 | 28 699.34 | 26 808.17 | 62 | 45 | 0 | 12 | 1 | 0 | 4 | 0 | 0 | 0 | 0 | 1 060 | 1 053 | 7 | 0 | 42 | 0 | 9 | 33 | 62 | 32 |
| 南京大学 | 1 | 52 | 11.3 | 0.2 | 2 386 | 1 893.77 | 4 | 3 | 0 | 1 | 0 | 0 | 0 | 0 | 0 | 0 | 0 | 126 | 125 | 1 | 0 | 6 | 0 | 1 | 5 | 0 | 0 |
| 东南大学 | 2 | 76 | 12.1 | 0 | 3 546 | 3 587.6 | 2 | 0 | 0 | 2 | 0 | 0 | 0 | 0 | 0 | 0 | 0 | 31 | 31 | 0 | 0 | 0 | 0 | 0 | 0 | 12 | 4 |
| 江南大学 | 3 | 30 | 23.1 | 16 | 930 | 982 | 4 | 1 | 0 | 2 | 1 | 0 | 0 | 0 | 0 | 0 | 0 | 17 | 14 | 3 | 0 | 2 | 0 | 1 | 1 | 2 | 2 |
| 南京农业大学 | 4 | 22 | 4.5 | 1.8 | 50 | 40 | 0 | 0 | 0 | 0 | 0 | 0 | 0 | 0 | 0 | 0 | 0 | 10 | 10 | 0 | 0 | 0 | 0 | 0 | 0 | 0 | 0 |
| 中国矿业大学 | 5 | 68 | 17 | 1.9 | 1 630.12 | 366.68 | 1 | 1 | 0 | 0 | 0 | 0 | 0 | 0 | 0 | 0 | 0 | 42 | 42 | 0 | 0 | 1 | 0 | 0 | 1 | 2 | 1 |
| 河海大学 | 6 | 70 | 20.1 | 12.9 | 740.5 | 939.78 | 6 | 5 | 0 | 0 | 0 | 0 | 1 | 0 | 0 | 0 | 0 | 86 | 84 | 2 | 0 | 2 | 0 | 2 | 0 | 20 | 17 |
| 南京理工大学 | 7 | 34 | 5.2 | 0.7 | 465 | 423 | 0 | 0 | 0 | 0 | 0 | 0 | 0 | 0 | 0 | 0 | 0 | 7 | 7 | 0 | 0 | 0 | 0 | 0 | 0 | 0 | 0 |
| 南京航空航天大学 | 8 | 31 | 5.7 | 0 | 181 | 177 | 3 | 2 | 0 | 1 | 0 | 0 | 0 | 0 | 0 | 0 | 0 | 36 | 36 | 0 | 0 | 3 | 0 | 0 | 3 | 0 | 0 |
| 中国药科大学 | 9 | 12 | 1.2 | 0 | 5 | 2 | 0 | 0 | 0 | 0 | 0 | 0 | 0 | 0 | 0 | 0 | 0 | 5 | 5 | 0 | 0 | 0 | 0 | 0 | 0 | 0 | 0 |
| 南京森林警察学院 | 10 | 4 | 0.4 | 0 | 0 | 0 | 0 | 0 | 0 | 0 | 0 | 0 | 0 | 0 | 0 | 0 | 0 | 2 | 2 | 0 | 0 | 0 | 0 | 0 | 0 | 0 | 0 |
| 苏州大学 | 11 | 70 | 14.6 | 2.8 | 1 462 | 2 047 | 5 | 3 | 0 | 2 | 0 | 0 | 0 | 0 | 0 | 0 | 0 | 81 | 81 | 0 | 0 | 2 | 0 | 1 | 1 | 0 | 0 |
| 江苏科技大学 | 12 | 23 | 6.2 | 0.7 | 172 | 204.6 | 1 | 1 | 0 | 0 | 0 | 0 | 0 | 0 | 0 | 0 | 0 | 9 | 9 | 0 | 0 | 0 | 0 | 0 | 0 | 3 | 3 |
| 南京工业大学 | 13 | 28 | 4 | 0.3 | 508.5 | 508.5 | 0 | 0 | 0 | 0 | 0 | 0 | 0 | 0 | 0 | 0 | 0 | 8 | 8 | 0 | 0 | 0 | 0 | 0 | 0 | 0 | 0 |
| 常州大学 | 14 | 40 | 12.5 | 0 | 900 | 726.5 | 3 | 3 | 0 | 0 | 0 | 0 | 0 | 0 | 0 | 0 | 0 | 31 | 31 | 0 | 0 | 1 | 0 | 0 | 1 | 1 | 0 |
| 南京邮电大学 | 15 | 16 | 6.3 | 2.4 | 454 | 507 | 1 | 1 | 0 | 0 | 0 | 0 | 0 | 0 | 0 | 0 | 0 | 4 | 4 | 0 | 0 | 0 | 0 | 0 | 0 | 0 | 0 |
| 南京林业大学 | 16 | 26 | 2.8 | 0 | 262.22 | 422.65 | 1 | 1 | 0 | 0 | 0 | 0 | 0 | 0 | 0 | 0 | 0 | 17 | 17 | 0 | 0 | 2 | 0 | 0 | 2 | 0 | 0 |
| 江苏大学 | 17 | 27 | 8.1 | 3.7 | 1 370 | 1 270 | 1 | 0 | 0 | 1 | 0 | 0 | 0 | 0 | 0 | 0 | 0 | 13 | 13 | 0 | 0 | 0 | 0 | 0 | 0 | 0 | 0 |
| 南京信息工程大学 | 18 | 48 | 19.7 | 0.8 | 1 382.5 | 849.66 | 0 | 0 | 0 | 0 | 0 | 0 | 0 | 0 | 0 | 0 | 0 | 22 | 22 | 0 | 0 | 3 | 0 | 0 | 3 | 0 | 0 |
| 南通大学 | 19 | 56 | 12.6 | 0 | 61.5 | 181.5 | 4 | 1 | 0 | 0 | 0 | 0 | 3 | 0 | 0 | 0 | 0 | 51 | 51 | 0 | 0 | 1 | 0 | 0 | 1 | 1 | 1 |
| 盐城工学院 | 20 | 31 | 3.1 | 0 | 368 | 338 | 0 | 0 | 0 | 0 | 0 | 0 | 0 | 0 | 0 | 0 | 0 | 19 | 19 | 0 | 0 | 0 | 0 | 0 | 0 | 0 | 0 |

| | | | | | | | | | | | | | | | | | | | | | | | | | | | |
|---|---|---|---|---|---|---|---|---|---|---|---|---|---|---|---|---|---|---|---|---|---|---|---|---|---|---|---|
| 南京医科大学 | 21 | 5 | 0.9 | 0 | 3 | 1 | 0 | 0 | 0 | 0 | 0 | 0 | 0 | 0 | 0 | 0 | 0 | 0 | 0 | 0 | 0 | 0 | 0 | 0 | 0 | 0 | 0 |
| 徐州医科大学 | 22 | 7 | 1.4 | 0 | 25 | 21 | 0 | 0 | 0 | 0 | 0 | 0 | 0 | 0 | 0 | 0 | 0 | 3 | 3 | 0 | 0 | 0 | 0 | 0 | 0 | 0 | 0 |
| 南京中医药大学 | 23 | 5 | 1.6 | 0 | 10 | 4.3 | 0 | 0 | 0 | 0 | 0 | 0 | 0 | 0 | 0 | 0 | 0 | 1 | 1 | 0 | 0 | 0 | 0 | 0 | 0 | 0 | 0 |
| 南京师范大学 | 24 | 69 | 18.5 | 1.4 | 2 609.3 | 1 549 | 3 | 3 | 0 | 0 | 0 | 0 | 0 | 0 | 0 | 0 | 0 | 72 | 72 | 0 | 0 | 8 | 0 | 3 | 5 | 1 | 1 |
| 江苏师范大学 | 25 | 36 | 15.5 | 0 | 1 545 | 2 600 | 1 | 1 | 0 | 0 | 0 | 0 | 0 | 0 | 0 | 0 | 0 | 25 | 25 | 0 | 0 | 2 | 0 | 1 | 1 | 0 | 0 |
| 淮阴师范学院 | 26 | 56 | 10 | 0 | 2 144 | 2 043 | 3 | 3 | 0 | 0 | 0 | 0 | 0 | 0 | 0 | 0 | 0 | 21 | 21 | 0 | 0 | 3 | 0 | 0 | 3 | 0 | 0 |
| 盐城师范学院 | 27 | 32 | 7.6 | 0 | 607 | 642.1 | 4 | 3 | 0 | 1 | 0 | 0 | 0 | 0 | 0 | 0 | 0 | 19 | 19 | 0 | 0 | 1 | 0 | 0 | 1 | 2 | 0 |
| 南京财经大学 | 28 | 39 | 8.5 | 0 | 682 | 598.53 | 1 | 1 | 0 | 0 | 0 | 0 | 0 | 0 | 0 | 0 | 0 | 19 | 19 | 0 | 0 | 0 | 0 | 0 | 0 | 0 | 0 |
| 江苏警官学院 | 29 | 23 | 2.6 | 0 | 2 | 0 | 0 | 0 | 0 | 0 | 0 | 0 | 0 | 0 | 0 | 0 | 0 | 16 | 16 | 0 | 0 | 0 | 0 | 0 | 0 | 0 | 0 |
| 南京体育学院 | 30 | 3 | 0.3 | 0 | 220 | 3.2 | 0 | 0 | 0 | 0 | 0 | 0 | 0 | 0 | 0 | 0 | 0 | 0 | 0 | 0 | 0 | 1 | 0 | 0 | 1 | 0 | 0 |
| 南京艺术学院 | 31 | 12 | 2.2 | 0 | 108 | 27.97 | 0 | 0 | 0 | 0 | 0 | 0 | 0 | 0 | 0 | 0 | 0 | 11 | 11 | 0 | 0 | 0 | 0 | 0 | 0 | 0 | 0 |
| 苏州科技大学 | 32 | 17 | 4.7 | 0.3 | 252 | 232 | 0 | 0 | 0 | 0 | 0 | 0 | 0 | 0 | 0 | 0 | 0 | 22 | 22 | 0 | 0 | 0 | 0 | 0 | 0 | 0 | 0 |
| 常熟理工学院 | 33 | 34 | 5.5 | 0 | 293.2 | 193.16 | 2 | 0 | 0 | 2 | 0 | 0 | 0 | 0 | 0 | 0 | 0 | 25 | 24 | 1 | 0 | 0 | 0 | 0 | 0 | 0 | 0 |
| 淮阴工学院 | 34 | 13 | 2.6 | 0 | 40 | 130.73 | 4 | 4 | 0 | 0 | 0 | 0 | 0 | 0 | 0 | 0 | 0 | 2 | 2 | 0 | 0 | 0 | 0 | 0 | 0 | 0 | 0 |
| 常州工学院 | 35 | 28 | 5.6 | 0 | 463 | 330.2 | 0 | 0 | 0 | 0 | 0 | 0 | 0 | 0 | 0 | 0 | 0 | 5 | 5 | 0 | 0 | 0 | 0 | 0 | 0 | 4 | 1 |
| 扬州大学 | 36 | 68 | 11.8 | 0.4 | 1 113 | 1 280.49 | 1 | 1 | 0 | 0 | 0 | 0 | 0 | 0 | 0 | 0 | 0 | 68 | 68 | 0 | 0 | 3 | 0 | 0 | 3 | 0 | 0 |
| 南京工程学院 | 37 | 0 | 0 | 0 | 0 | 0 | 0 | 0 | 0 | 0 | 0 | 0 | 0 | 0 | 0 | 0 | 0 | 0 | 0 | 0 | 0 | 0 | 0 | 0 | 0 | 0 | 0 |
| 南京审计大学 | 38 | 25 | 6.1 | 0 | 525 | 175.5 | 0 | 0 | 0 | 0 | 0 | 0 | 0 | 0 | 0 | 0 | 0 | 22 | 22 | 0 | 0 | 0 | 0 | 0 | 0 | 0 | 0 |
| 南京晓庄学院 | 39 | 19 | 2.3 | 0 | 15 | 79 | 3 | 3 | 0 | 0 | 0 | 0 | 0 | 0 | 0 | 0 | 0 | 10 | 10 | 0 | 0 | 0 | 0 | 0 | 0 | 0 | 0 |
| 江苏理工学院 | 40 | 25 | 3.8 | 0 | 127 | 429.6 | 1 | 1 | 0 | 0 | 0 | 0 | 0 | 0 | 0 | 0 | 0 | 8 | 8 | 0 | 0 | 0 | 0 | 0 | 0 | 5 | 1 |
| 江苏海洋大学 | 41 | 47 | 4.7 | 0 | 959.5 | 799.75 | 1 | 1 | 0 | 0 | 0 | 0 | 0 | 0 | 0 | 0 | 0 | 63 | 63 | 0 | 0 | 0 | 0 | 0 | 0 | 4 | 0 |
| 徐州工程学院 | 42 | 20 | 5.1 | 0 | 0 | 0 | 1 | 1 | 0 | 0 | 0 | 0 | 0 | 0 | 0 | 0 | 0 | 11 | 11 | 0 | 0 | 0 | 0 | 0 | 0 | 4 | 1 |
| 南京特殊教育师范学院 | 43 | 14 | 2.7 | 0 | 32 | 52 | 0 | 0 | 0 | 0 | 0 | 0 | 0 | 0 | 0 | 0 | 0 | 1 | 1 | 0 | 0 | 0 | 0 | 0 | 0 | 0 | 0 |
| 泰州学院 | 44 | 2 | 0.9 | 0 | 0 | 83.5 | 0 | 0 | 0 | 0 | 0 | 0 | 0 | 0 | 0 | 0 | 0 | 6 | 6 | 0 | 0 | 0 | 0 | 0 | 0 | 0 | 0 |
| 金陵科技学院 | 45 | 10 | 1.2 | 0 | 50 | 50.7 | 1 | 1 | 0 | 0 | 0 | 0 | 0 | 0 | 0 | 0 | 0 | 2 | 2 | 0 | 0 | 0 | 0 | 0 | 0 | 0 | 0 |
| 江苏第二师范学院 | 46 | 2 | 0.3 | 0 | 0 | 14.2 | 0 | 0 | 0 | 0 | 0 | 0 | 0 | 0 | 0 | 0 | 0 | 11 | 11 | 0 | 0 | 1 | 0 | 0 | 1 | 1 | 0 |

## 2.3 哲学人文、社会科学研究与课题成果情况表

| 高校名称 | | 总数 | | | | | 出版著作(部) | | | | | | | 古籍整理(部) | 译著(部) | 发表译文(篇) | 电子出版物(件) | 发表论文(篇) | | | | 获奖成果数(项) | | | | 研究与咨询报告(篇) | |
|---|---|---|---|---|---|---|---|---|---|---|---|---|---|---|---|---|---|---|---|---|---|---|---|---|---|---|---|
| | | 课题数(项) | 当年投入人数(人年) | 其中:研究生(人年) | 当年拨入经费(千元) | 当年支出经费(千元) | 合计 | 专著 | 其中:被译成外文 | 编著教材 | 工具书参考书 | 皮书/发展报告 | 科普读物 | | | | | 合计 | 国内学术刊物 | 国外学术刊物 | 港澳、台地区刊物 | 合计 | 国家级奖 | 部级奖 | 省级奖 | 合计 | 其中:被采纳数 |
| | 编号 | L01 | L02 | L03 | L04 | L05 | L06 | L07 | L08 | L09 | L10 | L11 | L12 | L13 | L14 | L15 | L16 | L17 | L18 | L19 | L20 | L21 | L22 | L23 | L24 | L25 | L26 |
| 合计 | / | 410 | 113 | 18.9 | 9 634.59 | 10 086.49 | 43 | 35 | 1 | 8 | 0 | 0 | 0 | 0 | 8 | 2 | 0 | 387 | 372 | 13 | 2 | 33 | 0 | 8 | 25 | 10 | 6 |
| 南京大学 | 1 | 37 | 7.7 | 0.4 | 1 035 | 648.31 | 25 | 21 | 1 | 4 | 0 | 0 | 0 | 0 | 4 | 0 | 0 | 64 | 61 | 3 | 0 | 13 | 0 | 4 | 9 | 0 | 0 |
| 东南大学 | 2 | 66 | 9.9 | 0 | 2 426 | 2 130.5 | 0 | 0 | 0 | 0 | 0 | 0 | 0 | 0 | 0 | 0 | 0 | 59 | 50 | 8 | 1 | 4 | 0 | 1 | 3 | 4 | 1 |
| 江南大学 | 3 | 14 | 11.9 | 7.3 | 410 | 386 | 0 | 0 | 0 | 0 | 0 | 0 | 0 | 0 | 0 | 0 | 0 | 8 | 8 | 0 | 0 | 0 | 0 | 0 | 0 | 0 | 0 |
| 南京农业大学 | 4 | 9 | 1.2 | 0.2 | 28 | 26.9 | 1 | 1 | 0 | 0 | 0 | 0 | 0 | 0 | 0 | 0 | 0 | 4 | 4 | 0 | 0 | 0 | 0 | 0 | 0 | 0 | 0 |
| 中国矿业大学 | 5 | 5 | 1.6 | 0.2 | 170 | 8 | 0 | 0 | 0 | 0 | 0 | 0 | 0 | 0 | 0 | 0 | 0 | 0 | 0 | 0 | 0 | 0 | 0 | 0 | 0 | 1 | 1 |
| 河海大学 | 6 | 18 | 8.3 | 5 | 295 | 295 | 2 | 2 | 0 | 0 | 0 | 0 | 0 | 0 | 0 | 0 | 0 | 17 | 17 | 0 | 0 | 1 | 0 | 0 | 1 | 3 | 3 |
| 南京理工大学 | 7 | 7 | 0.9 | 0 | 20 | 46.2 | 1 | 1 | 0 | 0 | 0 | 0 | 0 | 0 | 0 | 0 | 0 | 3 | 3 | 0 | 0 | 0 | 0 | 0 | 0 | 0 | 0 |
| 南京航空航天大学 | 8 | 3 | 0.5 | 0 | 212 | 199 | 1 | 1 | 0 | 0 | 0 | 0 | 0 | 0 | 0 | 0 | 0 | 8 | 8 | 0 | 0 | 1 | 0 | 0 | 1 | 0 | 0 |
| 中国药科大学 | 9 | 1 | 0.1 | 0 | 0 | 0 | 0 | 0 | 0 | 0 | 0 | 0 | 0 | 0 | 0 | 0 | 0 | 1 | 1 | 0 | 0 | 0 | 0 | 0 | 0 | 0 | 0 |
| 南京森林警察学院 | 10 | 2 | 0.2 | 0 | 0 | 0 | 0 | 0 | 0 | 0 | 0 | 0 | 0 | 0 | 0 | 0 | 0 | 0 | 0 | 0 | 0 | 0 | 0 | 0 | 0 | 0 | 0 |
| 苏州大学 | 11 | 27 | 8.9 | 2.3 | 1 630 | 1 124 | 2 | 1 | 0 | 1 | 0 | 0 | 0 | 0 | 0 | 0 | 0 | 27 | 27 | 0 | 0 | 3 | 0 | 2 | 1 | 0 | 0 |
| 江苏科技大学 | 12 | 6 | 2.1 | 0 | 10 | 43.5 | 0 | 0 | 0 | 0 | 0 | 0 | 0 | 0 | 0 | 0 | 0 | 1 | 0 | 0 | 1 | 0 | 0 | 0 | 0 | 0 | 0 |
| 南京工业大学 | 13 | 4 | 0.5 | 0 | 70 | 70 | 0 | 0 | 0 | 0 | 0 | 0 | 0 | 0 | 1 | 0 | 0 | 6 | 6 | 0 | 0 | 0 | 0 | 0 | 0 | 0 | 0 |
| 常州大学 | 14 | 5 | 1.7 | 0 | 1 | 118 | 0 | 0 | 0 | 0 | 0 | 0 | 0 | 0 | 0 | 0 | 0 | 1 | 1 | 0 | 0 | 0 | 0 | 0 | 0 | 0 | 0 |
| 南京邮电大学 | 15 | 7 | 4.2 | 1.5 | 20 | 165 | 0 | 0 | 0 | 0 | 0 | 0 | 0 | 0 | 0 | 0 | 0 | 9 | 9 | 0 | 0 | 0 | 0 | 0 | 0 | 0 | 0 |
| 南京林业大学 | 16 | 16 | 2.1 | 0 | 32 | 166.02 | 1 | 1 | 0 | 0 | 0 | 0 | 0 | 0 | 0 | 0 | 0 | 6 | 6 | 0 | 0 | 1 | 0 | 0 | 1 | 0 | 0 |
| 江苏大学 | 17 | 4 | 0.4 | 0.1 | 30 | 30 | 0 | 0 | 0 | 0 | 0 | 0 | 0 | 0 | 0 | 0 | 0 | 0 | 0 | 0 | 0 | 0 | 0 | 0 | 0 | 0 | 0 |
| 南京信息工程大学 | 18 | 25 | 7.4 | 0.2 | 467 | 543.07 | 0 | 0 | 0 | 0 | 0 | 0 | 0 | 0 | 0 | 0 | 0 | 11 | 11 | 0 | 0 | 1 | 0 | 0 | 1 | 0 | 0 |
| 南通大学 | 19 | 5 | 1.2 | 0 | 30 | 44 | 0 | 0 | 0 | 0 | 0 | 0 | 0 | 0 | 0 | 0 | 0 | 7 | 7 | 0 | 0 | 1 | 0 | 0 | 1 | 0 | 0 |
| 盐城工学院 | 20 | 7 | 0.7 | 0 | 20 | 20 | 0 | 0 | 0 | 0 | 0 | 0 | 0 | 0 | 0 | 0 | 0 | 0 | 0 | 0 | 0 | 0 | 0 | 0 | 0 | 0 | 0 |

| | | | | | | | | | | | | | | | | | | | | | | | | | | | |
|---|---|---|---|---|---|---|---|---|---|---|---|---|---|---|---|---|---|---|---|---|---|---|---|---|---|---|---|
| 南京医科大学 | 21 | 3 | 0.4 | 0 | 0 | 85 | 0 | 0 | 0 | 0 | 0 | 0 | 0 | 0 | 0 | 0 | 0 | 0 | 0 | 0 | 0 | 0 | 0 | 0 | 0 | 0 | 0 |
| 徐州医科大学 | 22 | 0 | 0 | 0 | 0 | 0 | 0 | 0 | 0 | 0 | 0 | 0 | 0 | 0 | 0 | 0 | 0 | 2 | 2 | 0 | 0 | 0 | 0 | 0 | 0 | 0 | 0 |
| 南京中医药大学 | 23 | 10 | 3 | 0 | 250 | 229.33 | 0 | 0 | 0 | 0 | 0 | 0 | 0 | 0 | 0 | 0 | 0 | 12 | 12 | 0 | 0 | 0 | 0 | 0 | 0 | 0 | 0 |
| 南京师范大学 | 24 | 24 | 9.5 | 1.1 | 637.9 | 656.6 | 3 | 2 | 0 | 1 | 0 | 0 | 0 | 0 | 2 | 2 | 0 | 48 | 46 | 2 | 0 | 4 | 0 | 0 | 4 | 0 | 0 |
| 江苏师范大学 | 25 | 13 | 6.5 | 0 | 530 | 1 784 | 2 | 1 | 0 | 1 | 0 | 0 | 0 | 0 | 1 | 0 | 0 | 23 | 23 | 0 | 0 | 2 | 0 | 1 | 1 | 0 | 0 |
| 淮阴师范学院 | 26 | 6 | 1.8 | 0 | 40 | 196 | 0 | 0 | 0 | 0 | 0 | 0 | 0 | 0 | 0 | 0 | 0 | 1 | 1 | 0 | 0 | 0 | 0 | 0 | 0 | 0 | 0 |
| 盐城师范学院 | 27 | 1 | 0.3 | 0 | 0 | 30 | 0 | 0 | 0 | 0 | 0 | 0 | 0 | 0 | 0 | 0 | 0 | 2 | 2 | 0 | 0 | 0 | 0 | 0 | 0 | 0 | 0 |
| 南京财经大学 | 28 | 3 | 0.7 | 0.1 | 0 | 0 | 0 | 0 | 0 | 0 | 0 | 0 | 0 | 0 | 0 | 0 | 0 | 7 | 7 | 0 | 0 | 1 | 0 | 0 | 1 | 0 | 0 |
| 江苏警官学院 | 29 | 4 | 0.5 | 0 | 0 | 0 | 1 | 0 | 0 | 1 | 0 | 0 | 0 | 0 | 0 | 0 | 0 | 3 | 3 | 0 | 0 | 1 | 0 | 0 | 1 | 0 | 0 |
| 南京体育学院 | 30 | 0 | 0 | 0 | 0 | 0 | 0 | 0 | 0 | 0 | 0 | 0 | 0 | 0 | 0 | 0 | 0 | 0 | 0 | 0 | 0 | 0 | 0 | 0 | 0 | 0 | 0 |
| 南京艺术学院 | 31 | 0 | 0 | 0 | 0 | 0 | 1 | 1 | 0 | 0 | 0 | 0 | 0 | 0 | 0 | 0 | 0 | 0 | 0 | 0 | 0 | 0 | 0 | 0 | 0 | 0 | 0 |
| 苏州科技大学 | 32 | 19 | 4.4 | 0.2 | 62 | 95 | 1 | 1 | 0 | 0 | 0 | 0 | 0 | 0 | 0 | 0 | 0 | 12 | 12 | 0 | 0 | 0 | 0 | 0 | 0 | 0 | 0 |
| 常熟理工学院 | 33 | 5 | 0.7 | 0 | 320 | 207.08 | 0 | 0 | 0 | 0 | 0 | 0 | 0 | 0 | 0 | 0 | 0 | 3 | 3 | 0 | 0 | 0 | 0 | 0 | 0 | 1 | 1 |
| 淮阴工学院 | 34 | 4 | 0.4 | 0 | 10 | 18 | 0 | 0 | 0 | 0 | 0 | 0 | 0 | 0 | 0 | 0 | 0 | 10 | 10 | 0 | 0 | 0 | 0 | 0 | 0 | 0 | 0 |
| 常州工学院 | 35 | 1 | 0.2 | 0 | 0 | 0 | 0 | 0 | 0 | 0 | 0 | 0 | 0 | 0 | 0 | 0 | 0 | 3 | 3 | 0 | 0 | 0 | 0 | 0 | 0 | 1 | 0 |
| 扬州大学 | 36 | 12 | 3.5 | 0.3 | 650 | 597.3 | 0 | 0 | 0 | 0 | 0 | 0 | 0 | 0 | 0 | 0 | 0 | 14 | 14 | 0 | 0 | 0 | 0 | 0 | 0 | 0 | 0 |
| 南京工程学院 | 37 | 0 | 0 | 0 | 0 | 0 | 1 | 1 | 0 | 0 | 0 | 0 | 0 | 0 | 0 | 0 | 0 | 2 | 2 | 0 | 0 | 0 | 0 | 0 | 0 | 0 | 0 |
| 南京审计大学 | 38 | 20 | 6.5 | 0 | 203.69 | 45.64 | 0 | 0 | 0 | 0 | 0 | 0 | 0 | 0 | 0 | 0 | 0 | 1 | 1 | 0 | 0 | 0 | 0 | 0 | 0 | 0 | 0 |
| 南京晓庄学院 | 39 | 2 | 0.2 | 0 | 15 | 3 | 0 | 0 | 0 | 0 | 0 | 0 | 0 | 0 | 0 | 0 | 0 | 3 | 3 | 0 | 0 | 0 | 0 | 0 | 0 | 0 | 0 |
| 江苏理工学院 | 40 | 6 | 1.1 | 0 | 10 | 24.1 | 0 | 0 | 0 | 0 | 0 | 0 | 0 | 0 | 0 | 0 | 0 | 3 | 3 | 0 | 0 | 0 | 0 | 0 | 0 | 0 | 0 |
| 江苏海洋大学 | 41 | 3 | 0.3 | 0 | 0 | 4.9 | 0 | 0 | 0 | 0 | 0 | 0 | 0 | 0 | 0 | 0 | 0 | 0 | 0 | 0 | 0 | 0 | 0 | 0 | 0 | 0 | 0 |
| 徐州工程学院 | 42 | 0 | 0 | 0 | 0 | 0 | 0 | 0 | 0 | 0 | 0 | 0 | 0 | 0 | 0 | 0 | 0 | 0 | 0 | 0 | 0 | 0 | 0 | 0 | 0 | 0 | 0 |
| 南京特殊教育师范学院 | 43 | 0 | 0 | 0 | 0 | 0 | 0 | 0 | 0 | 0 | 0 | 0 | 0 | 0 | 0 | 0 | 0 | 1 | 1 | 0 | 0 | 0 | 0 | 0 | 0 | 0 | 0 |
| 泰州学院 | 44 | 0 | 0 | 0 | 0 | 0 | 0 | 0 | 0 | 0 | 0 | 0 | 0 | 0 | 0 | 0 | 0 | 4 | 4 | 0 | 0 | 0 | 0 | 0 | 0 | 0 | 0 |
| 金陵科技学院 | 45 | 1 | 0.1 | 0 | 0 | 1 | 0 | 0 | 0 | 0 | 0 | 0 | 0 | 0 | 0 | 0 | 0 | 0 | 0 | 0 | 0 | 0 | 0 | 0 | 0 | 0 | 0 |
| 江苏第二师范学院 | 46 | 5 | 1.4 | 0 | 0 | 46.04 | 1 | 1 | 0 | 0 | 0 | 0 | 0 | 0 | 0 | 0 | 0 | 1 | 1 | 0 | 0 | 0 | 0 | 0 | 0 | 0 | 0 |

## 2.4 逻辑学人文、社会科学研究与课题成果情况表

| 高校名称 | | 总数 | | | | | 出版著作(部) | | | | | | | 古籍整理(部) | 译著(部) | 发表译文(篇) | 电子出版物(件) | 发表论文(篇) | | | | 获奖成果数(项) | | | | 研究与咨询报告(篇) | |
|---|---|---|---|---|---|---|---|---|---|---|---|---|---|---|---|---|---|---|---|---|---|---|---|---|---|---|---|
| | | 课题数(项) | 当年投入人数(人年) | 其中：研究生(人年) | 当年拨入经费(千元) | 当年支出经费(千元) | 合计 | 专著 | 其中：被译成外文 | 编著教材 | 工具书参考书 | 皮书/发展报告 | 科普读物 | | | | | 合计 | 国内学术刊物 | 国外学术刊物 | 港澳、台地区刊物 | 合计 | 国家级奖 | 部级奖 | 省级奖 | 合计 | 其中：被采纳数 |
| | 编号 | L01 | L02 | L03 | L04 | L05 | L06 | L07 | L08 | L09 | L10 | L11 | L12 | L13 | L14 | L15 | L16 | L17 | L18 | L19 | L20 | L21 | L22 | L23 | L24 | L25 | L26 |
| 合计 | / | 14 | 4 | 1.2 | 56 | 350.55 | 6 | 6 | 0 | 0 | 0 | 0 | 0 | 0 | 0 | 0 | 1 | 53 | 53 | 0 | 0 | 0 | 0 | 0 | 0 | 13 | 1 |
| 南京大学 | 1 | 5 | 0.9 | 0 | 0 | 249.35 | 0 | 0 | 0 | 0 | 0 | 0 | 0 | 0 | 0 | 0 | 0 | 25 | 25 | 0 | 0 | 0 | 0 | 0 | 0 | 0 | 0 |
| 东南大学 | 2 | 0 | 0 | 0 | 0 | 0 | 0 | 0 | 0 | 0 | 0 | 0 | 0 | 0 | 0 | 0 | 0 | 0 | 0 | 0 | 0 | 0 | 0 | 0 | 0 | 0 | 0 |
| 江南大学 | 3 | 0 | 0 | 0 | 0 | 0 | 0 | 0 | 0 | 0 | 0 | 0 | 0 | 0 | 0 | 0 | 0 | 0 | 0 | 0 | 0 | 0 | 0 | 0 | 0 | 0 | 0 |
| 南京农业大学 | 4 | 0 | 0 | 0 | 0 | 0 | 0 | 0 | 0 | 0 | 0 | 0 | 0 | 0 | 0 | 0 | 0 | 0 | 0 | 0 | 0 | 0 | 0 | 0 | 0 | 0 | 0 |
| 中国矿业大学 | 5 | 0 | 0 | 0 | 0 | 0 | 0 | 0 | 0 | 0 | 0 | 0 | 0 | 0 | 0 | 0 | 0 | 0 | 0 | 0 | 0 | 0 | 0 | 0 | 0 | 0 | 0 |
| 河海大学 | 6 | 2 | 0.9 | 0.5 | 5 | 5 | 0 | 0 | 0 | 0 | 0 | 0 | 0 | 0 | 0 | 0 | 0 | 3 | 3 | 0 | 0 | 0 | 0 | 0 | 0 | 0 | 0 |
| 南京理工大学 | 7 | 0 | 0 | 0 | 0 | 0 | 0 | 0 | 0 | 0 | 0 | 0 | 0 | 0 | 0 | 0 | 0 | 0 | 0 | 0 | 0 | 0 | 0 | 0 | 0 | 0 | 0 |
| 南京航空航天大学 | 8 | 0 | 0 | 0 | 0 | 0 | 0 | 0 | 0 | 0 | 0 | 0 | 0 | 0 | 0 | 0 | 0 | 0 | 0 | 0 | 0 | 0 | 0 | 0 | 0 | 0 | 0 |
| 中国药科大学 | 9 | 0 | 0 | 0 | 0 | 0 | 0 | 0 | 0 | 0 | 0 | 0 | 0 | 0 | 0 | 0 | 0 | 0 | 0 | 0 | 0 | 0 | 0 | 0 | 0 | 0 | 0 |
| 南京森林警察学院 | 10 | 0 | 0 | 0 | 0 | 0 | 0 | 0 | 0 | 0 | 0 | 0 | 0 | 0 | 0 | 0 | 0 | 0 | 0 | 0 | 0 | 0 | 0 | 0 | 0 | 0 | 0 |
| 苏州大学 | 11 | 0 | 0 | 0 | 0 | 0 | 0 | 0 | 0 | 0 | 0 | 0 | 0 | 0 | 0 | 0 | 0 | 0 | 0 | 0 | 0 | 0 | 0 | 0 | 0 | 0 | 0 |
| 江苏科技大学 | 12 | 0 | 0 | 0 | 0 | 0 | 0 | 0 | 0 | 0 | 0 | 0 | 0 | 0 | 0 | 0 | 0 | 0 | 0 | 0 | 0 | 0 | 0 | 0 | 0 | 0 | 0 |
| 南京工业大学 | 13 | 0 | 0 | 0 | 0 | 0 | 0 | 0 | 0 | 0 | 0 | 0 | 0 | 0 | 0 | 0 | 0 | 0 | 0 | 0 | 0 | 0 | 0 | 0 | 0 | 0 | 0 |
| 常州大学 | 14 | 0 | 0 | 0 | 0 | 0 | 0 | 0 | 0 | 0 | 0 | 0 | 0 | 0 | 0 | 0 | 0 | 0 | 0 | 0 | 0 | 0 | 0 | 0 | 0 | 0 | 0 |
| 南京邮电大学 | 15 | 1 | 0.7 | 0.6 | 0 | 0 | 3 | 3 | 0 | 0 | 0 | 0 | 0 | 0 | 0 | 0 | 0 | 0 | 0 | 0 | 0 | 0 | 0 | 0 | 0 | 0 | 0 |
| 南京林业大学 | 16 | 0 | 0 | 0 | 0 | 0 | 0 | 0 | 0 | 0 | 0 | 0 | 0 | 0 | 0 | 0 | 0 | 0 | 0 | 0 | 0 | 0 | 0 | 0 | 0 | 0 | 0 |
| 江苏大学 | 17 | 0 | 0 | 0 | 0 | 0 | 0 | 0 | 0 | 0 | 0 | 0 | 0 | 0 | 0 | 0 | 0 | 0 | 0 | 0 | 0 | 0 | 0 | 0 | 0 | 0 | 0 |
| 南京信息工程大学 | 18 | 1 | 0.3 | 0 | 0 | 16.7 | 0 | 0 | 0 | 0 | 0 | 0 | 0 | 0 | 0 | 0 | 0 | 0 | 0 | 0 | 0 | 0 | 0 | 0 | 0 | 0 | 0 |
| 南通大学 | 19 | 0 | 0 | 0 | 0 | 0 | 0 | 0 | 0 | 0 | 0 | 0 | 0 | 0 | 0 | 0 | 0 | 0 | 0 | 0 | 0 | 0 | 0 | 0 | 0 | 0 | 0 |
| 盐城工学院 | 20 | 0 | 0 | 0 | 0 | 0 | 0 | 0 | 0 | 0 | 0 | 0 | 0 | 0 | 0 | 0 | 0 | 0 | 0 | 0 | 0 | 0 | 0 | 0 | 0 | 0 | 0 |

| | | | | | | | | | | | | | | | | | | | | | | | | | | | |
|---|---|---|---|---|---|---|---|---|---|---|---|---|---|---|---|---|---|---|---|---|---|---|---|---|---|---|---|
| 南京医科大学 | 21 | 0 | 0 | 0 | 0 | 0 | 0 | 0 | 0 | 0 | 0 | 0 | 0 | 0 | 0 | 0 | 0 | 0 | 0 | 0 | 0 | 0 | 0 | 0 | 0 | 0 | 0 |
| 徐州医科大学 | 22 | 0 | 0 | 0 | 0 | 0 | 0 | 0 | 0 | 0 | 0 | 0 | 0 | 0 | 0 | 0 | 0 | 0 | 0 | 0 | 0 | 0 | 0 | 0 | 0 | 0 | 0 |
| 南京中医药大学 | 23 | 1 | 0.3 | 0 | 1 | 1 | 0 | 0 | 0 | 0 | 0 | 0 | 0 | 0 | 0 | 0 | 0 | 0 | 0 | 0 | 0 | 0 | 0 | 0 | 0 | 0 | 0 |
| 南京师范大学 | 24 | 1 | 0.1 | 0 | 20 | 39.8 | 0 | 0 | 0 | 0 | 0 | 0 | 0 | 0 | 0 | 0 | 0 | 0 | 0 | 0 | 0 | 0 | 0 | 0 | 0 | 0 | 0 |
| 江苏师范大学 | 25 | 0 | 0 | 0 | 0 | 0 | 0 | 0 | 0 | 0 | 0 | 0 | 0 | 0 | 0 | 0 | 0 | 0 | 0 | 0 | 0 | 0 | 0 | 0 | 0 | 0 | 0 |
| 淮阴师范学院 | 26 | 0 | 0 | 0 | 0 | 0 | 0 | 0 | 0 | 0 | 0 | 0 | 0 | 0 | 0 | 0 | 0 | 0 | 0 | 0 | 0 | 0 | 0 | 0 | 0 | 0 | 0 |
| 盐城师范学院 | 27 | 0 | 0 | 0 | 0 | 0 | 0 | 0 | 0 | 0 | 0 | 0 | 0 | 0 | 0 | 0 | 0 | 0 | 0 | 0 | 0 | 0 | 0 | 0 | 0 | 0 | 0 |
| 南京财经大学 | 28 | 1 | 0.3 | 0 | 30 | 20.7 | 0 | 0 | 0 | 0 | 0 | 0 | 0 | 0 | 0 | 0 | 0 | 0 | 0 | 0 | 0 | 0 | 0 | 0 | 0 | 0 | 0 |
| 江苏警官学院 | 29 | 0 | 0 | 0 | 0 | 0 | 0 | 0 | 0 | 0 | 0 | 0 | 0 | 0 | 0 | 0 | 0 | 0 | 0 | 0 | 0 | 0 | 0 | 0 | 0 | 0 | 0 |
| 南京体育学院 | 30 | 0 | 0 | 0 | 0 | 0 | 0 | 0 | 0 | 0 | 0 | 0 | 0 | 0 | 0 | 0 | 0 | 0 | 0 | 0 | 0 | 0 | 0 | 0 | 0 | 0 | 0 |
| 南京艺术学院 | 31 | 0 | 0 | 0 | 0 | 0 | 0 | 0 | 0 | 0 | 0 | 0 | 0 | 0 | 0 | 0 | 0 | 0 | 0 | 0 | 0 | 0 | 0 | 0 | 0 | 0 | 0 |
| 苏州科技大学 | 32 | 0 | 0 | 0 | 0 | 0 | 0 | 0 | 0 | 0 | 0 | 0 | 0 | 0 | 0 | 0 | 0 | 0 | 0 | 0 | 0 | 0 | 0 | 0 | 0 | 0 | 0 |
| 常熟理工学院 | 33 | 0 | 0 | 0 | 0 | 0 | 0 | 0 | 0 | 0 | 0 | 0 | 0 | 0 | 0 | 0 | 0 | 0 | 0 | 0 | 0 | 0 | 0 | 0 | 0 | 0 | 0 |
| 淮阴工学院 | 34 | 0 | 0 | 0 | 0 | 0 | 0 | 0 | 0 | 0 | 0 | 0 | 0 | 0 | 0 | 0 | 0 | 0 | 0 | 0 | 0 | 0 | 0 | 0 | 0 | 0 | 0 |
| 常州工学院 | 35 | 0 | 0 | 0 | 0 | 0 | 0 | 0 | 0 | 0 | 0 | 0 | 0 | 0 | 0 | 0 | 0 | 0 | 0 | 0 | 0 | 0 | 0 | 0 | 0 | 0 | 0 |
| 扬州大学 | 36 | 2 | 0.5 | 0.1 | 0 | 18 | 0 | 0 | 0 | 0 | 0 | 0 | 0 | 0 | 0 | 0 | 0 | 0 | 0 | 0 | 0 | 0 | 0 | 0 | 0 | 0 | 0 |
| 南京工程学院 | 37 | 0 | 0 | 0 | 0 | 0 | 0 | 0 | 0 | 0 | 0 | 0 | 0 | 0 | 0 | 0 | 0 | 0 | 0 | 0 | 0 | 0 | 0 | 0 | 0 | 0 | 0 |
| 南京审计大学 | 38 | 0 | 0 | 0 | 0 | 0 | 0 | 0 | 0 | 0 | 0 | 0 | 0 | 0 | 0 | 0 | 0 | 0 | 0 | 0 | 0 | 0 | 0 | 0 | 0 | 0 | 0 |
| 南京晓庄学院 | 39 | 0 | 0 | 0 | 0 | 0 | 0 | 0 | 0 | 0 | 0 | 0 | 0 | 0 | 0 | 0 | 0 | 0 | 0 | 0 | 0 | 0 | 0 | 0 | 0 | 0 | 0 |
| 江苏理工学院 | 40 | 0 | 0 | 0 | 0 | 0 | 0 | 0 | 0 | 0 | 0 | 0 | 0 | 0 | 0 | 0 | 0 | 0 | 0 | 0 | 0 | 0 | 0 | 0 | 0 | 0 | 0 |
| 江苏海洋大学 | 41 | 0 | 0 | 0 | 0 | 0 | 0 | 0 | 0 | 0 | 0 | 0 | 0 | 0 | 0 | 0 | 0 | 0 | 0 | 0 | 0 | 0 | 0 | 0 | 0 | 0 | 0 |
| 徐州工程学院 | 42 | 0 | 0 | 0 | 0 | 0 | 3 | 3 | 0 | 0 | 0 | 0 | 0 | 0 | 0 | 0 | 1 | 25 | 25 | 0 | 0 | 0 | 0 | 0 | 0 | 13 | 1 |
| 南京特殊教育师范学院 | 43 | 0 | 0 | 0 | 0 | 0 | 0 | 0 | 0 | 0 | 0 | 0 | 0 | 0 | 0 | 0 | 0 | 0 | 0 | 0 | 0 | 0 | 0 | 0 | 0 | 0 | 0 |
| 泰州学院 | 44 | 0 | 0 | 0 | 0 | 0 | 0 | 0 | 0 | 0 | 0 | 0 | 0 | 0 | 0 | 0 | 0 | 0 | 0 | 0 | 0 | 0 | 0 | 0 | 0 | 0 | 0 |
| 金陵科技学院 | 45 | 0 | 0 | 0 | 0 | 0 | 0 | 0 | 0 | 0 | 0 | 0 | 0 | 0 | 0 | 0 | 0 | 0 | 0 | 0 | 0 | 0 | 0 | 0 | 0 | 0 | 0 |
| 江苏第二师范学院 | 46 | 0 | 0 | 0 | 0 | 0 | 0 | 0 | 0 | 0 | 0 | 0 | 0 | 0 | 0 | 0 | 0 | 0 | 0 | 0 | 0 | 0 | 0 | 0 | 0 | 0 | 0 |

## 2.5 宗教学人文、社会科学研究与课题成果情况表

| 高校名称 | | 总数 | | | | | 出版著作(部) | | | | | | | 古籍整理(部) | 译著(部) | 发表译文(篇) | 电子出版物(件) | 发表论文(篇) | | | | 获奖成果数(项) | | | | 研究与咨询报告(篇) | |
|---|---|---|---|---|---|---|---|---|---|---|---|---|---|---|---|---|---|---|---|---|---|---|---|---|---|---|---|
| | | 课题数(项) | 当年投入人数(人年) | 其中：研究生(人年) | 当年拨入经费(千元) | 当年支出经费(千元) | 合计 | 专著 | 其中：被译成外文 | 编著教材 | 工具书参考书 | 皮书/发展报告 | 科普读物 | | | | | 合计 | 国内学术刊物 | 国外学术刊物 | 港、澳、台地区刊物 | 合计 | 国家级奖 | 部级奖 | 省级奖 | 合计 | 其中：被采纳数 |
| | 编号 | L01 | L02 | L03 | L04 | L05 | L06 | L07 | L08 | L09 | L10 | L11 | L12 | L13 | L14 | L15 | L16 | L17 | L18 | L19 | L20 | L21 | L22 | L23 | L24 | L25 | L26 |
| 合计 | / | 53 | 12.2 | 1.6 | 2 126 | 1 787.65 | 5 | 5 | 0 | 0 | 0 | 0 | 0 | 0 | 2 | 0 | 0 | 22 | 22 | 0 | 0 | 2 | 0 | 2 | 0 | 1 | 0 |
| 南京大学 | 1 | 16 | 3.2 | 0.3 | 1 030 | 901.77 | 4 | 4 | 0 | 0 | 0 | 0 | 0 | 0 | 2 | 0 | 0 | 8 | 8 | 0 | 0 | 2 | 0 | 2 | 0 | 0 | 0 |
| 东南大学 | 2 | 8 | 1.2 | 0 | 21 | 47.9 | 0 | 0 | 0 | 0 | 0 | 0 | 0 | 0 | 0 | 0 | 0 | 0 | 0 | 0 | 0 | 0 | 0 | 0 | 0 | 0 | 0 |
| 江南大学 | 3 | 1 | 1.2 | 1.2 | 225 | 190 | 0 | 0 | 0 | 0 | 0 | 0 | 0 | 0 | 0 | 0 | 0 | 0 | 0 | 0 | 0 | 0 | 0 | 0 | 0 | 0 | 0 |
| 南京农业大学 | 4 | 10 | 1.5 | 0.1 | 240 | 230 | 0 | 0 | 0 | 0 | 0 | 0 | 0 | 0 | 0 | 0 | 0 | 0 | 0 | 0 | 0 | 0 | 0 | 0 | 0 | 0 | 0 |
| 中国矿业大学 | 5 | 0 | 0 | 0 | 0 | 0 | 0 | 0 | 0 | 0 | 0 | 0 | 0 | 0 | 0 | 0 | 0 | 0 | 0 | 0 | 0 | 0 | 0 | 0 | 0 | 0 | 0 |
| 河海大学 | 6 | 1 | 0 | 0 | 0 | 0 | 0 | 0 | 0 | 0 | 0 | 0 | 0 | 0 | 0 | 0 | 0 | 4 | 4 | 0 | 0 | 0 | 0 | 0 | 0 | 1 | 0 |
| 南京理工大学 | 7 | 0 | 0 | 0 | 0 | 0 | 0 | 0 | 0 | 0 | 0 | 0 | 0 | 0 | 0 | 0 | 0 | 0 | 0 | 0 | 0 | 0 | 0 | 0 | 0 | 0 | 0 |
| 南京航空航天大学 | 8 | 0 | 0 | 0 | 0 | 0 | 0 | 0 | 0 | 0 | 0 | 0 | 0 | 0 | 0 | 0 | 0 | 0 | 0 | 0 | 0 | 0 | 0 | 0 | 0 | 0 | 0 |
| 中国药科大学 | 9 | 0 | 0 | 0 | 0 | 0 | 0 | 0 | 0 | 0 | 0 | 0 | 0 | 0 | 0 | 0 | 0 | 0 | 0 | 0 | 0 | 0 | 0 | 0 | 0 | 0 | 0 |
| 南京森林警察学院 | 10 | 0 | 0 | 0 | 0 | 0 | 0 | 0 | 0 | 0 | 0 | 0 | 0 | 0 | 0 | 0 | 0 | 0 | 0 | 0 | 0 | 0 | 0 | 0 | 0 | 0 | 0 |
| 苏州大学 | 11 | 2 | 0.2 | 0 | 80 | 32 | 1 | 1 | 0 | 0 | 0 | 0 | 0 | 0 | 0 | 0 | 0 | 4 | 4 | 0 | 0 | 0 | 0 | 0 | 0 | 0 | 0 |
| 江苏科技大学 | 12 | 1 | 0.3 | 0 | 0 | 0.06 | 0 | 0 | 0 | 0 | 0 | 0 | 0 | 0 | 0 | 0 | 0 | 0 | 0 | 0 | 0 | 0 | 0 | 0 | 0 | 0 | 0 |
| 南京工业大学 | 13 | 1 | 0.2 | 0 | 0 | 0 | 0 | 0 | 0 | 0 | 0 | 0 | 0 | 0 | 0 | 0 | 0 | 0 | 0 | 0 | 0 | 0 | 0 | 0 | 0 | 0 | 0 |
| 常州大学 | 14 | 1 | 0.4 | 0 | 0 | 2 | 0 | 0 | 0 | 0 | 0 | 0 | 0 | 0 | 0 | 0 | 0 | 0 | 0 | 0 | 0 | 0 | 0 | 0 | 0 | 0 | 0 |
| 南京邮电大学 | 15 | 0 | 0 | 0 | 0 | 0 | 0 | 0 | 0 | 0 | 0 | 0 | 0 | 0 | 0 | 0 | 0 | 0 | 0 | 0 | 0 | 0 | 0 | 0 | 0 | 0 | 0 |
| 南京林业大学 | 16 | 1 | 0.1 | 0 | 170 | 80.5 | 0 | 0 | 0 | 0 | 0 | 0 | 0 | 0 | 0 | 0 | 0 | 0 | 0 | 0 | 0 | 0 | 0 | 0 | 0 | 0 | 0 |
| 江苏大学 | 17 | 0 | 0 | 0 | 0 | 0 | 0 | 0 | 0 | 0 | 0 | 0 | 0 | 0 | 0 | 0 | 0 | 0 | 0 | 0 | 0 | 0 | 0 | 0 | 0 | 0 | 0 |
| 南京信息工程大学 | 18 | 0 | 0 | 0 | 0 | 0 | 0 | 0 | 0 | 0 | 0 | 0 | 0 | 0 | 0 | 0 | 0 | 0 | 0 | 0 | 0 | 0 | 0 | 0 | 0 | 0 | 0 |
| 南通大学 | 19 | 0 | 0 | 0 | 0 | 0 | 0 | 0 | 0 | 0 | 0 | 0 | 0 | 0 | 0 | 0 | 0 | 0 | 0 | 0 | 0 | 0 | 0 | 0 | 0 | 0 | 0 |
| 盐城工学院 | 20 | 0 | 0 | 0 | 0 | 0 | 0 | 0 | 0 | 0 | 0 | 0 | 0 | 0 | 0 | 0 | 0 | 0 | 0 | 0 | 0 | 0 | 0 | 0 | 0 | 0 | 0 |

| | | | | | | | | | | | | | | | | | | | | | | | | | | | |
|---|---|---|---|---|---|---|---|---|---|---|---|---|---|---|---|---|---|---|---|---|---|---|---|---|---|---|---|
| 南京医科大学 | 21 | 0 | 0 | 0 | 0 | 0 | 0 | 0 | 0 | 0 | 0 | 0 | 0 | 0 | 0 | 0 | 0 | 0 | 0 | 0 | 0 | 0 | 0 | 0 | 0 | 0 | 0 |
| 徐州医科大学 | 22 | 0 | 0 | 0 | 0 | 0 | 0 | 0 | 0 | 0 | 0 | 0 | 0 | 0 | 0 | 0 | 0 | 0 | 0 | 0 | 0 | 0 | 0 | 0 | 0 | 0 | 0 |
| 南京中医药大学 | 23 | 1 | 0.5 | 0 | 10 | 10.4 | 0 | 0 | 0 | 0 | 0 | 0 | 0 | 0 | 0 | 0 | 0 | 0 | 0 | 0 | 0 | 0 | 0 | 0 | 0 | 0 | 0 |
| 南京师范大学 | 24 | 1 | 0.5 | 0 | 0 | 0 | 0 | 0 | 0 | 0 | 0 | 0 | 0 | 0 | 0 | 0 | 0 | 1 | 1 | 0 | 0 | 0 | 0 | 0 | 0 | 0 | 0 |
| 江苏师范大学 | 25 | 3 | 1.8 | 0 | 340 | 183 | 0 | 0 | 0 | 0 | 0 | 0 | 0 | 0 | 0 | 0 | 0 | 2 | 2 | 0 | 0 | 0 | 0 | 0 | 0 | 0 | 0 |
| 淮阴师范学院 | 26 | 1 | 0.2 | 0 | 0 | 50 | 0 | 0 | 0 | 0 | 0 | 0 | 0 | 0 | 0 | 0 | 0 | 0 | 0 | 0 | 0 | 0 | 0 | 0 | 0 | 0 | 0 |
| 盐城师范学院 | 27 | 1 | 0.2 | 0 | 0 | 50 | 0 | 0 | 0 | 0 | 0 | 0 | 0 | 0 | 0 | 0 | 0 | 0 | 0 | 0 | 0 | 0 | 0 | 0 | 0 | 0 | 0 |
| 南京财经大学 | 28 | 0 | 0 | 0 | 0 | 0 | 0 | 0 | 0 | 0 | 0 | 0 | 0 | 0 | 0 | 0 | 0 | 0 | 0 | 0 | 0 | 0 | 0 | 0 | 0 | 0 | 0 |
| 江苏警官学院 | 29 | 1 | 0.1 | 0 | 0 | 0 | 0 | 0 | 0 | 0 | 0 | 0 | 0 | 0 | 0 | 0 | 0 | 0 | 0 | 0 | 0 | 0 | 0 | 0 | 0 | 0 | 0 |
| 南京体育学院 | 30 | 0 | 0 | 0 | 0 | 0 | 0 | 0 | 0 | 0 | 0 | 0 | 0 | 0 | 0 | 0 | 0 | 0 | 0 | 0 | 0 | 0 | 0 | 0 | 0 | 0 | 0 |
| 南京艺术学院 | 31 | 0 | 0 | 0 | 0 | 0 | 0 | 0 | 0 | 0 | 0 | 0 | 0 | 0 | 0 | 0 | 0 | 0 | 0 | 0 | 0 | 0 | 0 | 0 | 0 | 0 | 0 |
| 苏州科技大学 | 32 | 0 | 0 | 0 | 0 | 0 | 0 | 0 | 0 | 0 | 0 | 0 | 0 | 0 | 0 | 0 | 0 | 0 | 0 | 0 | 0 | 0 | 0 | 0 | 0 | 0 | 0 |
| 常熟理工学院 | 33 | 0 | 0 | 0 | 0 | 0 | 0 | 0 | 0 | 0 | 0 | 0 | 0 | 0 | 0 | 0 | 0 | 0 | 0 | 0 | 0 | 0 | 0 | 0 | 0 | 0 | 0 |
| 淮阴工学院 | 34 | 0 | 0 | 0 | 0 | 0 | 0 | 0 | 0 | 0 | 0 | 0 | 0 | 0 | 0 | 0 | 0 | 0 | 0 | 0 | 0 | 0 | 0 | 0 | 0 | 0 | 0 |
| 常州工学院 | 35 | 0 | 0 | 0 | 0 | 0 | 0 | 0 | 0 | 0 | 0 | 0 | 0 | 0 | 0 | 0 | 0 | 0 | 0 | 0 | 0 | 0 | 0 | 0 | 0 | 0 | 0 |
| 扬州大学 | 36 | 2 | 0.2 | 0 | 0 | 0 | 0 | 0 | 0 | 0 | 0 | 0 | 0 | 0 | 0 | 0 | 0 | 2 | 2 | 0 | 0 | 0 | 0 | 0 | 0 | 0 | 0 |
| 南京工程学院 | 37 | 0 | 0 | 0 | 0 | 0 | 0 | 0 | 0 | 0 | 0 | 0 | 0 | 0 | 0 | 0 | 0 | 1 | 1 | 0 | 0 | 0 | 0 | 0 | 0 | 0 | 0 |
| 南京审计大学 | 38 | 0 | 0 | 0 | 0 | 0 | 0 | 0 | 0 | 0 | 0 | 0 | 0 | 0 | 0 | 0 | 0 | 0 | 0 | 0 | 0 | 0 | 0 | 0 | 0 | 0 | 0 |
| 南京晓庄学院 | 39 | 0 | 0 | 0 | 0 | 0 | 0 | 0 | 0 | 0 | 0 | 0 | 0 | 0 | 0 | 0 | 0 | 0 | 0 | 0 | 0 | 0 | 0 | 0 | 0 | 0 | 0 |
| 江苏理工学院 | 40 | 0 | 0 | 0 | 0 | 0 | 0 | 0 | 0 | 0 | 0 | 0 | 0 | 0 | 0 | 0 | 0 | 0 | 0 | 0 | 0 | 0 | 0 | 0 | 0 | 0 | 0 |
| 江苏海洋大学 | 41 | 0 | 0 | 0 | 0 | 0 | 0 | 0 | 0 | 0 | 0 | 0 | 0 | 0 | 0 | 0 | 0 | 0 | 0 | 0 | 0 | 0 | 0 | 0 | 0 | 0 | 0 |
| 徐州工程学院 | 42 | 0 | 0 | 0 | 0 | 0 | 0 | 0 | 0 | 0 | 0 | 0 | 0 | 0 | 0 | 0 | 0 | 0 | 0 | 0 | 0 | 0 | 0 | 0 | 0 | 0 | 0 |
| 南京特殊教育师范学院 | 43 | 0 | 0 | 0 | 0 | 0 | 0 | 0 | 0 | 0 | 0 | 0 | 0 | 0 | 0 | 0 | 0 | 0 | 0 | 0 | 0 | 0 | 0 | 0 | 0 | 0 | 0 |
| 泰州学院 | 44 | 0 | 0 | 0 | 0 | 0 | 0 | 0 | 0 | 0 | 0 | 0 | 0 | 0 | 0 | 0 | 0 | 0 | 0 | 0 | 0 | 0 | 0 | 0 | 0 | 0 | 0 |
| 金陵科技学院 | 45 | 0 | 0 | 0 | 0 | 0 | 0 | 0 | 0 | 0 | 0 | 0 | 0 | 0 | 0 | 0 | 0 | 0 | 0 | 0 | 0 | 0 | 0 | 0 | 0 | 0 | 0 |
| 江苏第二师范学院 | 46 | 1 | 0.4 | 0 | 10 | 10.02 | 0 | 0 | 0 | 0 | 0 | 0 | 0 | 0 | 0 | 0 | 0 | 0 | 0 | 0 | 0 | 0 | 0 | 0 | 0 | 0 | 0 |

## 2.6 语言学人文、社会科学研究与课题成果情况表

| 高校名称 | 编号 | 总数：课题数(项) | 总数：当年投入人数(人年) | 总数：其中：研究生(人年) | 总数：当年拨入经费(千元) | 总数：当年支出经费(千元) | 出版著作(部)：合计 | 出版著作(部)：专著 | 出版著作(部)：其中：被译成外文 | 出版著作(部)：编著教材 | 出版著作(部)：工具书参考书 | 出版著作(部)：皮书/发展报告 | 出版著作(部)：科普读物 | 古籍整理(部) | 译著(部) | 发表译文(篇) | 电子出版物(件) | 发表论文(篇)：合计 | 发表论文(篇)：国内学术刊物 | 发表论文(篇)：国外学术刊物 | 发表论文(篇)：港澳、台地区刊物 | 获奖成果数(项)：合计 | 获奖成果数(项)：国家级奖 | 获奖成果数(项)：部级奖 | 获奖成果数(项)：省级奖 | 研究与咨询报告(篇)：合计 | 研究与咨询报告(篇)：其中：被采纳数 |
|---|---|---|---|---|---|---|---|---|---|---|---|---|---|---|---|---|---|---|---|---|---|---|---|---|---|---|---|
| | | L01 | L02 | L03 | L04 | L05 | L06 | L07 | L08 | L09 | L10 | L11 | L12 | L13 | L14 | L15 | L16 | L17 | L18 | L19 | L20 | L21 | L22 | L23 | L24 | L25 | L26 |
| 合计 | / | 1 241 | 310.9 | 35.3 | 38 175.06 | 37 287.13 | 99 | 65 | 4 | 31 | 3 | 0 | 0 | 0 | 22 | 0 | 1 | 790 | 715 | 75 | 0 | 44 | 0 | 10 | 34 | 34 | 9 |
| 南京大学 | 1 | 37 | 7.3 | 0 | 1 824 | 1 296.59 | 4 | 4 | 0 | 0 | 0 | 0 | 0 | 0 | 0 | 0 | 0 | 67 | 65 | 2 | 0 | 5 | 0 | 2 | 3 | 0 | 0 |
| 东南大学 | 2 | 46 | 9.6 | 0 | 472.9 | 403.73 | 3 | 3 | 2 | 0 | 0 | 0 | 0 | 0 | 1 | 0 | 0 | 12 | 12 | 0 | 0 | 1 | 0 | 0 | 1 | 0 | 0 |
| 江南大学 | 3 | 32 | 26 | 19.6 | 448 | 456 | 0 | 0 | 0 | 0 | 0 | 0 | 0 | 0 | 0 | 0 | 0 | 3 | 3 | 0 | 0 | 2 | 0 | 1 | 1 | 0 | 0 |
| 南京农业大学 | 4 | 59 | 7.6 | 0.6 | 56.4 | 65.42 | 0 | 0 | 0 | 0 | 0 | 0 | 0 | 0 | 0 | 0 | 0 | 4 | 4 | 0 | 0 | 0 | 0 | 0 | 0 | 3 | 0 |
| 中国矿业大学 | 5 | 33 | 10.6 | 0.5 | 92.44 | 109.68 | 1 | 1 | 0 | 0 | 0 | 0 | 0 | 0 | 0 | 0 | 0 | 22 | 20 | 2 | 0 | 0 | 0 | 0 | 0 | 1 | 0 |
| 河海大学 | 6 | 10 | 3.3 | 2.4 | 54 | 54 | 0 | 0 | 0 | 0 | 0 | 0 | 0 | 0 | 0 | 0 | 0 | 9 | 9 | 0 | 0 | 0 | 0 | 0 | 0 | 3 | 3 |
| 南京理工大学 | 7 | 19 | 6.1 | 0.1 | 250 | 328.47 | 0 | 0 | 0 | 0 | 0 | 0 | 0 | 0 | 0 | 0 | 0 | 6 | 5 | 1 | 0 | 1 | 0 | 0 | 1 | 0 | 0 |
| 南京航空航天大学 | 8 | 22 | 3.9 | 0 | 400 | 400 | 4 | 4 | 1 | 0 | 0 | 0 | 0 | 0 | 1 | 0 | 0 | 21 | 15 | 6 | 0 | 2 | 0 | 0 | 2 | 0 | 0 |
| 中国药科大学 | 9 | 14 | 1.9 | 0 | 160 | 160 | 1 | 0 | 0 | 1 | 0 | 0 | 0 | 0 | 0 | 0 | 0 | 9 | 9 | 0 | 0 | 0 | 0 | 0 | 0 | 0 | 0 |
| 南京森林警察学院 | 10 | 3 | 0.4 | 0 | 0 | 0 | 0 | 0 | 0 | 0 | 0 | 0 | 0 | 0 | 0 | 0 | 0 | 3 | 3 | 0 | 0 | 0 | 0 | 0 | 0 | 0 | 0 |
| 苏州大学 | 11 | 40 | 11 | 2.3 | 701 | 728 | 8 | 3 | 0 | 5 | 0 | 0 | 0 | 0 | 0 | 0 | 0 | 55 | 36 | 19 | 0 | 6 | 0 | 2 | 4 | 0 | 0 |
| 江苏科技大学 | 12 | 38 | 12.1 | 0 | 338.5 | 211.6 | 1 | 1 | 0 | 0 | 0 | 0 | 0 | 0 | 0 | 0 | 0 | 36 | 27 | 9 | 0 | 0 | 0 | 0 | 0 | 0 | 0 |
| 南京工业大学 | 13 | 33 | 4 | 0.1 | 340 | 340 | 3 | 2 | 0 | 1 | 0 | 0 | 0 | 0 | 1 | 0 | 0 | 21 | 20 | 1 | 0 | 1 | 0 | 0 | 1 | 0 | 0 |
| 常州大学 | 14 | 19 | 5.8 | 0 | 247.9 | 308.4 | 1 | 1 | 0 | 0 | 0 | 0 | 0 | 0 | 1 | 0 | 0 | 9 | 9 | 0 | 0 | 0 | 0 | 0 | 0 | 2 | 2 |
| 南京邮电大学 | 15 | 24 | 9.5 | 2.4 | 850 | 526 | 4 | 4 | 0 | 0 | 0 | 0 | 0 | 0 | 0 | 0 | 0 | 14 | 14 | 0 | 0 | 0 | 0 | 0 | 0 | 1 | 0 |
| 南京林业大学 | 16 | 33 | 3.6 | 0 | 162 | 310.8 | 0 | 0 | 0 | 0 | 0 | 0 | 0 | 0 | 7 | 0 | 0 | 1 | 1 | 0 | 0 | 1 | 0 | 0 | 1 | 0 | 0 |
| 江苏大学 | 17 | 38 | 8.4 | 0 | 494 | 494 | 0 | 0 | 0 | 0 | 0 | 0 | 0 | 0 | 3 | 0 | 0 | 14 | 14 | 0 | 0 | 0 | 0 | 0 | 0 | 0 | 0 |
| 南京信息工程大学 | 18 | 31 | 14.4 | 1.2 | 545 | 334.09 | 1 | 1 | 0 | 0 | 0 | 0 | 0 | 0 | 0 | 0 | 0 | 24 | 23 | 1 | 0 | 0 | 0 | 0 | 0 | 3 | 1 |
| 南通大学 | 19 | 20 | 4.2 | 0 | 120 | 130 | 4 | 4 | 0 | 0 | 0 | 0 | 0 | 0 | 0 | 0 | 0 | 30 | 30 | 0 | 0 | 2 | 0 | 0 | 2 | 0 | 0 |
| 盐城工学院 | 20 | 9 | 0.9 | 0 | 0 | 0 | 2 | 2 | 0 | 0 | 0 | 0 | 0 | 0 | 1 | 0 | 0 | 29 | 29 | 0 | 0 | 0 | 0 | 0 | 0 | 0 | 0 |

| | | | | | | | | | | | | | | | | | | | | | | | | | | | |
|---|---|---|---|---|---|---|---|---|---|---|---|---|---|---|---|---|---|---|---|---|---|---|---|---|---|---|---|
| 南京医科大学 | 21 | 3 | 0.4 | 0 | 0 | 5 | 0 | 0 | 0 | 0 | 0 | 0 | 0 | 0 | 0 | 0 | 0 | 0 | 0 | 0 | 0 | 0 | 0 | 0 | 0 | 0 | 0 |
| 徐州医科大学 | 22 | 3 | 0.7 | 0 | 0 | 2.2 | 0 | 0 | 0 | 0 | 0 | 0 | 0 | 0 | 0 | 0 | 0 | 1 | 1 | 0 | 0 | 0 | 0 | 0 | 0 | 0 | 0 |
| 南京中医药大学 | 23 | 26 | 10.6 | 0 | 349 | 309.12 | 0 | 0 | 0 | 0 | 0 | 0 | 0 | 0 | 0 | 0 | 0 | 4 | 4 | 0 | 0 | 0 | 0 | 0 | 0 | 0 | 0 |
| 南京师范大学 | 24 | 79 | 23.3 | 4.1 | 1 804.8 | 1 142.35 | 14 | 7 | 1 | 4 | 3 | 0 | 0 | 0 | 0 | 0 | 1 | 98 | 84 | 14 | 0 | 7 | 0 | 1 | 6 | 0 | 0 |
| 江苏师范大学 | 25 | 68 | 29.5 | 0.8 | 11 400 | 14 485.8 | 4 | 2 | 0 | 2 | 0 | 0 | 0 | 0 | 0 | 0 | 0 | 49 | 47 | 2 | 0 | 6 | 0 | 3 | 3 | 2 | 2 |
| 淮阴师范学院 | 26 | 30 | 4.3 | 0 | 4 256 | 3 278 | 0 | 0 | 0 | 0 | 0 | 0 | 0 | 0 | 0 | 0 | 0 | 11 | 11 | 0 | 0 | 0 | 0 | 0 | 0 | 0 | 0 |
| 盐城师范学院 | 27 | 44 | 10.8 | 0 | 4 167.6 | 2 800.68 | 4 | 3 | 0 | 1 | 0 | 0 | 0 | 0 | 2 | 0 | 0 | 34 | 23 | 11 | 0 | 1 | 0 | 0 | 1 | 2 | 0 |
| 南京财经大学 | 28 | 5 | 0.8 | 0.3 | 5 | 27 | 7 | 2 | 0 | 5 | 0 | 0 | 0 | 0 | 1 | 0 | 0 | 8 | 8 | 0 | 0 | 0 | 0 | 0 | 0 | 0 | 0 |
| 江苏警官学院 | 29 | 8 | 1.2 | 0 | 0 | 0 | 1 | 1 | 0 | 0 | 0 | 0 | 0 | 0 | 0 | 0 | 0 | 10 | 10 | 0 | 0 | 0 | 0 | 0 | 0 | 0 | 0 |
| 南京体育学院 | 30 | 3 | 0.3 | 0 | 0 | 0 | 0 | 0 | 0 | 0 | 0 | 0 | 0 | 0 | 0 | 0 | 0 | 0 | 0 | 0 | 0 | 0 | 0 | 0 | 0 | 0 | 0 |
| 南京艺术学院 | 31 | 5 | 1.1 | 0 | 6 | 5.31 | 0 | 0 | 0 | 0 | 0 | 0 | 0 | 0 | 0 | 0 | 0 | 2 | 2 | 0 | 0 | 0 | 0 | 0 | 0 | 0 | 0 |
| 苏州科技大学 | 32 | 20 | 5.9 | 0.3 | 280 | 253 | 1 | 1 | 0 | 0 | 0 | 0 | 0 | 0 | 0 | 0 | 0 | 16 | 16 | 0 | 0 | 0 | 0 | 0 | 0 | 0 | 0 |
| 常熟理工学院 | 33 | 36 | 6.8 | 0 | 947.94 | 627.35 | 8 | 2 | 0 | 6 | 0 | 0 | 0 | 0 | 0 | 0 | 0 | 27 | 27 | 0 | 0 | 1 | 0 | 0 | 1 | 0 | 0 |
| 淮阴工学院 | 34 | 24 | 3.5 | 0 | 2 090 | 1 958.38 | 0 | 0 | 0 | 0 | 0 | 0 | 0 | 0 | 0 | 0 | 0 | 4 | 4 | 0 | 0 | 0 | 0 | 0 | 0 | 0 | 0 |
| 常州工学院 | 35 | 65 | 13.8 | 0 | 1 537.58 | 1 839.89 | 6 | 6 | 0 | 0 | 0 | 0 | 0 | 0 | 0 | 0 | 0 | 14 | 14 | 0 | 0 | 1 | 0 | 0 | 1 | 5 | 0 |
| 扬州大学 | 36 | 39 | 7.4 | 0.6 | 540 | 749.26 | 6 | 4 | 0 | 2 | 0 | 0 | 0 | 0 | 1 | 0 | 0 | 46 | 41 | 5 | 0 | 3 | 0 | 1 | 2 | 0 | 0 |
| 南京工程学院 | 37 | 10 | 1.1 | 0 | 36 | 77.83 | 0 | 0 | 0 | 0 | 0 | 0 | 0 | 0 | 0 | 0 | 0 | 0 | 0 | 0 | 0 | 0 | 0 | 0 | 0 | 0 | 0 |
| 南京审计大学 | 38 | 30 | 10.6 | 0 | 544 | 155.46 | 0 | 0 | 0 | 0 | 0 | 0 | 0 | 0 | 0 | 0 | 0 | 16 | 16 | 0 | 0 | 1 | 0 | 0 | 1 | 0 | 0 |
| 南京晓庄学院 | 39 | 11 | 1.4 | 0 | 225 | 277.5 | 3 | 1 | 0 | 2 | 0 | 0 | 0 | 0 | 0 | 0 | 0 | 18 | 17 | 1 | 0 | 0 | 0 | 0 | 0 | 1 | 1 |
| 江苏理工学院 | 40 | 35 | 6.5 | 0 | 370 | 599.14 | 5 | 3 | 0 | 2 | 0 | 0 | 0 | 0 | 0 | 0 | 0 | 13 | 13 | 0 | 0 | 1 | 0 | 0 | 1 | 1 | 0 |
| 江苏海洋大学 | 41 | 42 | 4.2 | 0 | 1 156 | 1 426.5 | 1 | 1 | 0 | 0 | 0 | 0 | 0 | 0 | 0 | 0 | 0 | 12 | 12 | 0 | 0 | 0 | 0 | 0 | 0 | 7 | 0 |
| 徐州工程学院 | 42 | 50 | 7.9 | 0 | 340 | 162 | 0 | 0 | 0 | 0 | 0 | 0 | 0 | 0 | 0 | 0 | 0 | 0 | 0 | 0 | 0 | 0 | 0 | 0 | 0 | 0 | 0 |
| 南京特殊教育师范学院 | 43 | 11 | 1.5 | 0 | 290 | 274 | 1 | 1 | 0 | 0 | 0 | 0 | 0 | 0 | 0 | 0 | 0 | 1 | 1 | 0 | 0 | 0 | 0 | 0 | 0 | 0 | 0 |
| 泰州学院 | 44 | 2 | 0.4 | 0 | 100 | 33 | 1 | 1 | 0 | 0 | 0 | 0 | 0 | 0 | 0 | 0 | 0 | 10 | 9 | 1 | 0 | 1 | 0 | 0 | 1 | 0 | 0 |
| 金陵科技学院 | 45 | 14 | 2.1 | 0 | 82 | 78 | 0 | 0 | 0 | 0 | 0 | 0 | 0 | 0 | 3 | 0 | 0 | 7 | 7 | 0 | 0 | 0 | 0 | 0 | 0 | 3 | 0 |
| 江苏第二师范学院 | 46 | 18 | 4.2 | 0 | 92 | 63.58 | 0 | 0 | 0 | 0 | 0 | 0 | 0 | 0 | 0 | 0 | 0 | 0 | 0 | 0 | 0 | 1 | 0 | 0 | 1 | 0 | 0 |

## 2.7 中国文学人文、社会科学研究与课题成果情况表

| 高校名称 | | 总数 | | | | | 出版著作(部) | | | | | | | 古籍整理(部) | 译著(部) | 发表译文(篇) | 电子出版物(件) | 发表论文(篇) | | | | 获奖成果数(项) | | | | 研究与咨询报告(篇) | |
|---|---|---|---|---|---|---|---|---|---|---|---|---|---|---|---|---|---|---|---|---|---|---|---|---|---|---|---|
| | | 课题数(项) | 当年投入人数(人年) | 其中:研究生(人年) | 当年拨入经费(千元) | 当年支出经费(千元) | 合计 | 专著 | 其中:被译成外文 | 编著教材 | 工具书参考书 | 皮书/发展报告 | 科普读物 | | | | | 合计 | 国内学术刊物 | 国外学术刊物 | 港、澳、台地区刊物 | 合计 | 国家级奖 | 部级奖 | 省级奖 | 合计 | 其中:被采纳数 |
| | 编号 | L01 | L02 | L03 | L04 | L05 | L06 | L07 | L08 | L09 | L10 | L11 | L12 | L13 | L14 | L15 | L16 | L17 | L18 | L19 | L20 | L21 | L22 | L23 | L24 | L25 | L26 |
| 合计 | / | 939 | 240.6 | 28.4 | 31 334.87 | 38 123.07 | 117 | 86 | 2 | 30 | 1 | 0 | 0 | 10 | 5 | 1 | 0 | 989 | 980 | 9 | 0 | 76 | 0 | 16 | 60 | 17 | 7 |
| 南京大学 | 1 | 75 | 15.9 | 0.5 | 9 090 | 4 492.42 | 21 | 21 | 0 | 0 | 0 | 0 | 0 | 0 | 0 | 0 | 0 | 180 | 180 | 0 | 0 | 21 | 0 | 9 | 12 | 0 | 0 |
| 东南大学 | 2 | 31 | 4.7 | 0 | 877.15 | 768.8 | 5 | 3 | 0 | 2 | 0 | 0 | 0 | 0 | 0 | 0 | 0 | 5 | 5 | 0 | 0 | 0 | 0 | 0 | 0 | 0 | 0 |
| 江南大学 | 3 | 28 | 20.9 | 13.8 | 685 | 679 | 0 | 0 | 0 | 0 | 0 | 0 | 0 | 0 | 0 | 0 | 0 | 8 | 8 | 0 | 0 | 3 | 0 | 0 | 3 | 0 | 0 |
| 南京农业大学 | 4 | 0 | 0 | 0 | 0 | 0 | 0 | 0 | 0 | 0 | 0 | 0 | 0 | 0 | 0 | 0 | 0 | 0 | 0 | 0 | 0 | 0 | 0 | 0 | 0 | 0 | 0 |
| 中国矿业大学 | 5 | 22 | 4.5 | 0.2 | 459.6 | 113.58 | 5 | 4 | 0 | 1 | 0 | 0 | 0 | 0 | 0 | 0 | 0 | 22 | 21 | 1 | 0 | 1 | 0 | 0 | 1 | 0 | 0 |
| 河海大学 | 6 | 6 | 2 | 1.2 | 361 | 5 | 0 | 0 | 0 | 0 | 0 | 0 | 0 | 0 | 0 | 0 | 0 | 7 | 7 | 0 | 0 | 0 | 0 | 0 | 0 | 2 | 1 |
| 南京理工大学 | 7 | 3 | 0.6 | 0 | 0 | 60 | 0 | 0 | 0 | 0 | 0 | 0 | 0 | 0 | 0 | 0 | 0 | 0 | 0 | 0 | 0 | 0 | 0 | 0 | 0 | 0 | 0 |
| 南京航空航天大学 | 8 | 0 | 0 | 0 | 0 | 0 | 0 | 0 | 0 | 0 | 0 | 0 | 0 | 0 | 0 | 0 | 0 | 1 | 1 | 0 | 0 | 0 | 0 | 0 | 0 | 0 | 0 |
| 中国药科大学 | 9 | 0 | 0 | 0 | 0 | 0 | 0 | 0 | 0 | 0 | 0 | 0 | 0 | 0 | 0 | 0 | 0 | 0 | 0 | 0 | 0 | 0 | 0 | 0 | 0 | 0 | 0 |
| 南京森林警察学院 | 10 | 0 | 0 | 0 | 0 | 0 | 0 | 0 | 0 | 0 | 0 | 0 | 0 | 0 | 0 | 0 | 0 | 2 | 2 | 0 | 0 | 0 | 0 | 0 | 0 | 0 | 0 |
| 苏州大学 | 11 | 68 | 20.6 | 5.4 | 1 802 | 1 967 | 17 | 5 | 1 | 12 | 0 | 0 | 0 | 2 | 0 | 0 | 0 | 75 | 75 | 0 | 0 | 10 | 0 | 2 | 8 | 0 | 0 |
| 江苏科技大学 | 12 | 11 | 5.4 | 2.7 | 7 | 17.35 | 0 | 0 | 0 | 0 | 0 | 0 | 0 | 0 | 0 | 0 | 0 | 4 | 4 | 0 | 0 | 0 | 0 | 0 | 0 | 0 | 0 |
| 南京工业大学 | 13 | 9 | 1.2 | 0.2 | 0 | 0 | 1 | 1 | 0 | 0 | 0 | 0 | 0 | 0 | 0 | 0 | 0 | 7 | 7 | 0 | 0 | 0 | 0 | 0 | 0 | 0 | 0 |
| 常州大学 | 14 | 13 | 4.2 | 0 | 515 | 349.2 | 0 | 0 | 0 | 0 | 0 | 0 | 0 | 0 | 0 | 0 | 0 | 3 | 3 | 0 | 0 | 0 | 0 | 0 | 0 | 0 | 0 |
| 南京邮电大学 | 15 | 0 | 0 | 0 | 0 | 0 | 0 | 0 | 0 | 0 | 0 | 0 | 0 | 0 | 0 | 0 | 0 | 3 | 3 | 0 | 0 | 0 | 0 | 0 | 0 | 0 | 0 |
| 南京林业大学 | 16 | 6 | 0.6 | 0 | 64 | 42.28 | 0 | 0 | 0 | 0 | 0 | 0 | 0 | 1 | 0 | 0 | 0 | 2 | 2 | 0 | 0 | 0 | 0 | 0 | 0 | 0 | 0 |
| 江苏大学 | 17 | 19 | 3.1 | 0.8 | 328 | 428 | 1 | 1 | 0 | 0 | 0 | 0 | 0 | 0 | 0 | 0 | 0 | 11 | 11 | 0 | 0 | 0 | 0 | 0 | 0 | 0 | 0 |
| 南京信息工程大学 | 18 | 19 | 6.5 | 0 | 189 | 242.96 | 1 | 1 | 0 | 0 | 0 | 0 | 0 | 0 | 0 | 0 | 0 | 18 | 18 | 0 | 0 | 0 | 0 | 0 | 0 | 0 | 0 |
| 南通大学 | 19 | 50 | 11.3 | 0 | 190 | 745 | 6 | 6 | 0 | 0 | 0 | 0 | 0 | 0 | 2 | 0 | 0 | 67 | 67 | 0 | 0 | 3 | 0 | 0 | 3 | 0 | 0 |
| 盐城工学院 | 20 | 9 | 0.9 | 0 | 0 | 0 | 0 | 0 | 0 | 0 | 0 | 0 | 0 | 0 | 0 | 0 | 0 | 14 | 14 | 0 | 0 | 0 | 0 | 0 | 0 | 0 | 0 |

| | | | | | | | | | | | | | | | | | | | | | | | | | | | |
|---|---|---|---|---|---|---|---|---|---|---|---|---|---|---|---|---|---|---|---|---|---|---|---|---|---|---|---|
| 南京医科大学 | 21 | 0 | 0 | 0 | 0 | 0 | 0 | 0 | 0 | 0 | 0 | 0 | 0 | 0 | 0 | 0 | 0 | 0 | 0 | 0 | 0 | 0 | 0 | 0 | 0 | 0 | 0 |
| 徐州医科大学 | 22 | 1 | 0.3 | 0 | 0 | 11 | 0 | 0 | 0 | 0 | 0 | 0 | 0 | 0 | 0 | 0 | 0 | 0 | 0 | 0 | 0 | 0 | 0 | 0 | 0 | 0 | 0 |
| 南京中医药大学 | 23 | 2 | 0.8 | 0 | 0 | 0 | 0 | 0 | 0 | 0 | 0 | 0 | 0 | 0 | 0 | 0 | 0 | 0 | 0 | 0 | 0 | 0 | 0 | 0 | 0 | 0 | 0 |
| 南京师范大学 | 24 | 59 | 17.6 | 2.1 | 1 087.8 | 796.62 | 9 | 8 | 0 | 1 | 0 | 0 | 0 | 3 | 0 | 1 | 0 | 76 | 71 | 5 | 0 | 13 | 0 | 3 | 10 | 0 | 0 |
| 江苏师范大学 | 25 | 52 | 22.3 | 0 | 5 210 | 16 008 | 3 | 3 | 0 | 0 | 0 | 0 | 0 | 0 | 0 | 0 | 0 | 46 | 46 | 0 | 0 | 3 | 0 | 0 | 3 | 1 | 1 |
| 淮阴师范学院 | 26 | 31 | 4.7 | 0 | 1 605.32 | 1 776.32 | 2 | 2 | 0 | 0 | 0 | 0 | 0 | 0 | 0 | 0 | 0 | 19 | 19 | 0 | 0 | 1 | 0 | 0 | 1 | 1 | 1 |
| 盐城师范学院 | 27 | 51 | 12.1 | 0 | 2 114 | 1 345.8 | 3 | 3 | 0 | 0 | 0 | 0 | 2 | 0 | 0 | 0 | 0 | 31 | 31 | 0 | 0 | 1 | 0 | 0 | 1 | 6 | 0 |
| 南京财经大学 | 28 | 3 | 0.6 | 0 | 60 | 38 | 3 | 1 | 0 | 1 | 1 | 0 | 0 | 0 | 1 | 0 | 0 | 14 | 14 | 0 | 0 | 1 | 0 | 0 | 1 | 0 | 0 |
| 江苏警官学院 | 29 | 2 | 0.3 | 0 | 40 | 0 | 0 | 0 | 0 | 0 | 0 | 0 | 0 | 0 | 0 | 0 | 0 | 6 | 6 | 0 | 0 | 0 | 0 | 0 | 0 | 0 | 0 |
| 南京体育学院 | 30 | 0 | 0 | 0 | 0 | 0 | 0 | 0 | 0 | 0 | 0 | 0 | 0 | 0 | 0 | 0 | 0 | 0 | 0 | 0 | 0 | 0 | 0 | 0 | 0 | 0 | 0 |
| 南京艺术学院 | 31 | 4 | 1 | 0 | 0 | 9.04 | 1 | 1 | 0 | 0 | 0 | 0 | 0 | 0 | 0 | 0 | 0 | 7 | 7 | 0 | 0 | 0 | 0 | 0 | 0 | 0 | 0 |
| 苏州科技大学 | 32 | 23 | 5.2 | 1.1 | 426 | 489 | 1 | 1 | 0 | 0 | 0 | 0 | 0 | 0 | 0 | 0 | 0 | 16 | 16 | 0 | 0 | 0 | 0 | 0 | 0 | 0 | 0 |
| 常熟理工学院 | 33 | 25 | 7.8 | 0 | 320 | 202.34 | 3 | 3 | 0 | 0 | 0 | 0 | 0 | 0 | 0 | 0 | 0 | 27 | 27 | 0 | 0 | 1 | 0 | 0 | 1 | 0 | 0 |
| 淮阴工学院 | 34 | 13 | 2.6 | 0 | 100 | 108.69 | 0 | 0 | 0 | 0 | 0 | 0 | 0 | 0 | 0 | 0 | 0 | 3 | 3 | 0 | 0 | 0 | 0 | 0 | 0 | 0 | 0 |
| 常州工学院 | 35 | 31 | 5.8 | 0 | 520.5 | 778.28 | 3 | 1 | 0 | 2 | 0 | 0 | 0 | 0 | 0 | 0 | 0 | 13 | 13 | 0 | 0 | 0 | 0 | 0 | 0 | 2 | 0 |
| 扬州大学 | 36 | 79 | 16.9 | 0.4 | 2 742 | 3 613.46 | 16 | 12 | 1 | 4 | 0 | 0 | 0 | 0 | 1 | 0 | 0 | 162 | 161 | 1 | 0 | 11 | 0 | 2 | 9 | 1 | 1 |
| 南京工程学院 | 37 | 2 | 0.4 | 0 | 3 | 22.57 | 0 | 0 | 0 | 0 | 0 | 0 | 0 | 0 | 0 | 0 | 0 | 0 | 0 | 0 | 0 | 0 | 0 | 0 | 0 | 0 | 0 |
| 南京审计大学 | 38 | 9 | 2.7 | 0 | 119 | 42.46 | 0 | 0 | 0 | 0 | 0 | 0 | 0 | 0 | 0 | 0 | 0 | 4 | 4 | 0 | 0 | 0 | 0 | 0 | 0 | 0 | 0 |
| 南京晓庄学院 | 39 | 27 | 4.3 | 0 | 428 | 550.9 | 7 | 4 | 0 | 3 | 0 | 0 | 0 | 0 | 0 | 0 | 0 | 43 | 42 | 1 | 0 | 1 | 0 | 0 | 1 | 0 | 0 |
| 江苏理工学院 | 40 | 40 | 6.1 | 0 | 477.5 | 944.5 | 0 | 0 | 0 | 0 | 0 | 0 | 0 | 0 | 0 | 0 | 0 | 18 | 18 | 0 | 0 | 1 | 0 | 0 | 1 | 2 | 1 |
| 江苏海洋大学 | 41 | 15 | 1.5 | 0 | 480 | 320.5 | 1 | 1 | 0 | 0 | 0 | 0 | 0 | 0 | 0 | 0 | 0 | 4 | 4 | 0 | 0 | 0 | 0 | 0 | 0 | 0 | 0 |
| 徐州工程学院 | 42 | 26 | 4.8 | 0 | 172 | 385 | 1 | 1 | 0 | 0 | 0 | 0 | 0 | 0 | 0 | 0 | 0 | 3 | 3 | 0 | 0 | 3 | 0 | 0 | 3 | 0 | 0 |
| 南京特殊教育师范学院 | 43 | 4 | 0.5 | 0 | 80 | 50 | 0 | 0 | 0 | 0 | 0 | 0 | 0 | 0 | 0 | 0 | 0 | 0 | 0 | 0 | 0 | 0 | 0 | 0 | 0 | 0 | 0 |
| 泰州学院 | 44 | 19 | 5.9 | 0 | 146 | 150.2 | 3 | 0 | 0 | 3 | 0 | 0 | 0 | 2 | 0 | 0 | 0 | 10 | 9 | 1 | 0 | 0 | 0 | 0 | 0 | 2 | 2 |
| 金陵科技学院 | 45 | 10 | 1.3 | 0 | 88 | 111 | 1 | 1 | 0 | 0 | 0 | 0 | 0 | 0 | 0 | 0 | 0 | 21 | 21 | 0 | 0 | 0 | 0 | 0 | 0 | 0 | 0 |
| 江苏第二师范学院 | 46 | 42 | 12.7 | 0 | 548 | 458.8 | 3 | 2 | 0 | 1 | 0 | 0 | 0 | 0 | 1 | 0 | 0 | 37 | 37 | 0 | 0 | 2 | 0 | 0 | 2 | 0 | 0 |

## 2.8 外国文学人文、社会科学研究与课题成果情况表

| 高校名称 | | 总数 | | | | | 出版著作(部) | | | | | | | 古籍整理(部) | 译著(部) | 发表译文(篇) | 电子出版物(件) | 发表论文(篇) | | | | 获奖成果数(项) | | | | 研究与咨询报告(篇) | |
|---|---|---|---|---|---|---|---|---|---|---|---|---|---|---|---|---|---|---|---|---|---|---|---|---|---|---|---|
| | | 课题数(项) | 当年投入人数(人年) | 其中:研究生(人年) | 当年拨入经费(千元) | 当年支出经费(千元) | 合计 | 专著 | 其中:被译成外文 | 编著教材 | 工具书参考书 | 皮书/发展报告 | 科普读物 | | | | | 合计 | 国内学术刊物 | 国外学术刊物 | 港、澳、台地区刊物 | 合计 | 国家级奖 | 部级奖 | 省级奖 | 合计 | 其中:被采纳数 |
| | 编号 | L01 | L02 | L03 | L04 | L05 | L06 | L07 | L08 | L09 | L10 | L11 | L12 | L13 | L14 | L15 | L16 | L17 | L18 | L19 | L20 | L21 | L22 | L23 | L24 | L25 | L26 |
| 合计 | / | 507 | 129.7 | 15.2 | 6 439.2 | 8 740.08 | 47 | 37 | 2 | 8 | 1 | 0 | 1 | 0 | 43 | 3 | 0 | 400 | 362 | 37 | 1 | 10 | 0 | 3 | 7 | 36 | 17 |
| 南京大学 | 1 | 48 | 10.1 | 0 | 656 | 761.56 | 7 | 5 | 1 | 2 | 0 | 0 | 0 | 0 | 11 | 0 | 0 | 46 | 39 | 7 | 0 | 2 | 0 | 2 | 0 | 0 | 0 |
| 东南大学 | 2 | 14 | 3 | 0 | 400 | 366.1 | 0 | 0 | 0 | 0 | 0 | 0 | 0 | 0 | 0 | 0 | 0 | 2 | 2 | 0 | 0 | 0 | 0 | 0 | 0 | 0 | 0 |
| 江南大学 | 3 | 11 | 9.5 | 6 | 140 | 136 | 0 | 0 | 0 | 0 | 0 | 0 | 0 | 0 | 0 | 0 | 0 | 4 | 4 | 0 | 0 | 1 | 0 | 0 | 1 | 2 | 2 |
| 南京农业大学 | 4 | 12 | 1.4 | 0.2 | 0 | 0 | 2 | 2 | 0 | 0 | 0 | 0 | 0 | 0 | 0 | 0 | 0 | 1 | 1 | 0 | 0 | 0 | 0 | 0 | 0 | 0 | 0 |
| 中国矿业大学 | 5 | 4 | 0.6 | 0 | 6 | 5.88 | 1 | 0 | 0 | 1 | 0 | 0 | 0 | 0 | 0 | 0 | 0 | 12 | 12 | 0 | 0 | 0 | 0 | 0 | 0 | 0 | 0 |
| 河海大学 | 6 | 8 | 3 | 1.8 | 108 | 118 | 0 | 0 | 0 | 0 | 0 | 0 | 0 | 0 | 0 | 0 | 0 | 12 | 10 | 2 | 0 | 0 | 0 | 0 | 0 | 2 | 2 |
| 南京理工大学 | 7 | 10 | 2.6 | 0.2 | 30 | 115.05 | 0 | 0 | 0 | 0 | 0 | 0 | 0 | 0 | 0 | 0 | 0 | 2 | 2 | 0 | 0 | 0 | 0 | 0 | 0 | 0 | 0 |
| 南京航空航天大学 | 8 | 14 | 3.4 | 0 | 115 | 125 | 0 | 0 | 0 | 0 | 0 | 0 | 0 | 0 | 1 | 0 | 0 | 6 | 4 | 2 | 0 | 0 | 0 | 0 | 0 | 0 | 0 |
| 中国药科大学 | 9 | 0 | 0 | 0 | 0 | 0 | 0 | 0 | 0 | 0 | 0 | 0 | 0 | 0 | 0 | 0 | 0 | 0 | 0 | 0 | 0 | 0 | 0 | 0 | 0 | 0 | 0 |
| 南京森林警察学院 | 10 | 0 | 0 | 0 | 0 | 0 | 0 | 0 | 0 | 0 | 0 | 0 | 0 | 0 | 0 | 0 | 0 | 0 | 0 | 0 | 0 | 0 | 0 | 0 | 0 | 0 | 0 |
| 苏州大学 | 11 | 36 | 10.6 | 2.5 | 380 | 461 | 8 | 7 | 0 | 1 | 0 | 0 | 0 | 0 | 1 | 0 | 0 | 38 | 32 | 6 | 0 | 0 | 0 | 0 | 0 | 0 | 0 |
| 江苏科技大学 | 12 | 13 | 3.7 | 0.1 | 26 | 21.66 | 1 | 1 | 0 | 0 | 0 | 0 | 0 | 0 | 0 | 0 | 0 | 4 | 4 | 0 | 0 | 0 | 0 | 0 | 0 | 0 | 0 |
| 南京工业大学 | 13 | 20 | 3 | 0.5 | 440 | 440 | 3 | 1 | 0 | 2 | 0 | 0 | 0 | 0 | 1 | 0 | 0 | 19 | 15 | 4 | 0 | 1 | 0 | 0 | 1 | 0 | 0 |
| 常州大学 | 14 | 6 | 1.5 | 0 | 170 | 79.5 | 0 | 0 | 0 | 0 | 0 | 0 | 0 | 0 | 7 | 0 | 0 | 2 | 2 | 0 | 0 | 0 | 0 | 0 | 0 | 0 | 0 |
| 南京邮电大学 | 15 | 24 | 10.6 | 3.3 | 179 | 497.85 | 1 | 1 | 0 | 0 | 0 | 0 | 0 | 0 | 4 | 0 | 0 | 10 | 10 | 0 | 0 | 0 | 0 | 0 | 0 | 0 | 0 |
| 南京林业大学 | 16 | 7 | 0.7 | 0 | 3 | 8.4 | 0 | 0 | 0 | 0 | 0 | 0 | 0 | 0 | 0 | 0 | 0 | 0 | 0 | 0 | 0 | 0 | 0 | 0 | 0 | 0 | 0 |
| 江苏大学 | 17 | 9 | 1.9 | 0.2 | 238 | 238 | 0 | 0 | 0 | 0 | 0 | 0 | 0 | 0 | 0 | 0 | 0 | 0 | 0 | 0 | 0 | 1 | 0 | 0 | 1 | 0 | 0 |
| 南京信息工程大学 | 18 | 13 | 8 | 0 | 155 | 290.5 | 0 | 0 | 0 | 0 | 0 | 0 | 0 | 0 | 0 | 0 | 0 | 2 | 2 | 0 | 0 | 1 | 0 | 0 | 1 | 0 | 0 |
| 南通大学 | 19 | 22 | 4.6 | 0 | 50 | 206 | 0 | 0 | 0 | 0 | 0 | 0 | 0 | 0 | 0 | 0 | 0 | 0 | 0 | 0 | 0 | 0 | 0 | 0 | 0 | 0 | 0 |
| 盐城工学院 | 20 | 10 | 1 | 0 | 651 | 651 | 1 | 1 | 0 | 0 | 0 | 0 | 0 | 0 | 0 | 0 | 0 | 16 | 15 | 1 | 0 | 0 | 0 | 0 | 0 | 3 | 3 |

| | | | | | | | | | | | | | | | | | | | | | | | | | | | |
|---|---|---|---|---|---|---|---|---|---|---|---|---|---|---|---|---|---|---|---|---|---|---|---|---|---|---|---|
| 南京医科大学 | 21 | 0 | 0 | 0 | 0 | 0 | 0 | 0 | 0 | 0 | 0 | 0 | 0 | 0 | 0 | 0 | 0 | 0 | 0 | 0 | 0 | 0 | 0 | 0 | 0 | 0 | 0 |
| 徐州医科大学 | 22 | 0 | 0 | 0 | 0 | 0 | 0 | 0 | 0 | 0 | 0 | 0 | 0 | 0 | 0 | 0 | 0 | 0 | 0 | 0 | 0 | 0 | 0 | 0 | 0 | 0 | 0 |
| 南京中医药大学 | 23 | 1 | 0.2 | 0 | 1.8 | 1.8 | 0 | 0 | 0 | 0 | 0 | 0 | 0 | 0 | 0 | 0 | 0 | 0 | 0 | 0 | 0 | 0 | 0 | 0 | 0 | 0 | 0 |
| 南京师范大学 | 24 | 32 | 7.9 | 0.3 | 591.4 | 738.46 | 10 | 8 | 1 | 1 | 1 | 0 | 0 | 0 | 8 | 3 | 0 | 47 | 42 | 4 | 1 | 4 | 0 | 1 | 3 | 0 | 0 |
| 江苏师范大学 | 25 | 24 | 8.9 | 0 | 605 | 1 713.2 | 0 | 0 | 0 | 0 | 0 | 0 | 0 | 0 | 1 | 0 | 0 | 9 | 9 | 0 | 0 | 0 | 0 | 0 | 0 | 1 | 1 |
| 淮阴师范学院 | 26 | 3 | 0.3 | 0 | 130 | 135 | 1 | 1 | 0 | 0 | 0 | 0 | 0 | 0 | 0 | 0 | 0 | 3 | 3 | 0 | 0 | 0 | 0 | 0 | 0 | 0 | 0 |
| 盐城师范学院 | 27 | 11 | 2 | 0 | 230 | 264.2 | 1 | 1 | 0 | 0 | 0 | 0 | 0 | 0 | 0 | 0 | 0 | 15 | 13 | 2 | 0 | 0 | 0 | 0 | 0 | 0 | 0 |
| 南京财经大学 | 28 | 12 | 2.6 | 0 | 315 | 227.64 | 0 | 0 | 0 | 0 | 0 | 0 | 0 | 0 | 0 | 0 | 0 | 1 | 1 | 0 | 0 | 0 | 0 | 0 | 0 | 0 | 0 |
| 江苏警官学院 | 29 | 0 | 0 | 0 | 0 | 0 | 0 | 0 | 0 | 0 | 0 | 0 | 0 | 0 | 0 | 0 | 0 | 0 | 0 | 0 | 0 | 0 | 0 | 0 | 0 | 0 | 0 |
| 南京体育学院 | 30 | 0 | 0 | 0 | 0 | 0 | 0 | 0 | 0 | 0 | 0 | 0 | 0 | 0 | 0 | 0 | 0 | 0 | 0 | 0 | 0 | 0 | 0 | 0 | 0 | 0 | 0 |
| 南京艺术学院 | 31 | 1 | 0.1 | 0 | 0 | 3.74 | 0 | 0 | 0 | 0 | 0 | 0 | 0 | 0 | 0 | 0 | 0 | 2 | 2 | 0 | 0 | 0 | 0 | 0 | 0 | 0 | 0 |
| 苏州科技大学 | 32 | 10 | 1.9 | 0.1 | 70 | 70 | 2 | 2 | 0 | 0 | 0 | 0 | 0 | 0 | 1 | 0 | 0 | 15 | 15 | 0 | 0 | 0 | 0 | 0 | 0 | 0 | 0 |
| 常熟理工学院 | 33 | 14 | 3.6 | 0 | 20 | 12.15 | 0 | 0 | 0 | 0 | 0 | 0 | 0 | 0 | 0 | 0 | 0 | 3 | 3 | 0 | 0 | 0 | 0 | 0 | 0 | 0 | 0 |
| 淮阴工学院 | 34 | 12 | 2 | 0 | 60 | 101.89 | 0 | 0 | 0 | 0 | 0 | 0 | 0 | 0 | 0 | 0 | 0 | 9 | 3 | 6 | 0 | 0 | 0 | 0 | 0 | 0 | 0 |
| 常州工学院 | 35 | 13 | 2.4 | 0 | 70 | 81.61 | 1 | 1 | 0 | 0 | 0 | 0 | 0 | 0 | 1 | 0 | 0 | 4 | 4 | 0 | 0 | 0 | 0 | 0 | 0 | 0 | 0 |
| 扬州大学 | 36 | 28 | 4.8 | 0 | 100 | 294 | 0 | 0 | 0 | 0 | 0 | 0 | 0 | 0 | 0 | 0 | 0 | 8 | 7 | 1 | 0 | 0 | 0 | 0 | 0 | 0 | 0 |
| 南京工程学院 | 37 | 4 | 0.8 | 0 | 40 | 20 | 2 | 2 | 0 | 0 | 0 | 0 | 0 | 0 | 4 | 0 | 0 | 55 | 55 | 0 | 0 | 0 | 0 | 0 | 0 | 0 | 0 |
| 南京审计大学 | 38 | 8 | 2.9 | 0 | 60 | 4.88 | 0 | 0 | 0 | 0 | 0 | 0 | 0 | 0 | 0 | 0 | 0 | 0 | 0 | 0 | 0 | 0 | 0 | 0 | 0 | 0 | 0 |
| 南京晓庄学院 | 39 | 13 | 1.8 | 0 | 10 | 87.4 | 0 | 0 | 0 | 0 | 0 | 0 | 0 | 0 | 0 | 0 | 0 | 0 | 0 | 0 | 0 | 0 | 0 | 0 | 0 | 0 | 0 |
| 江苏理工学院 | 40 | 14 | 3.7 | 0 | 310 | 253.9 | 1 | 1 | 0 | 0 | 0 | 0 | 0 | 0 | 3 | 0 | 0 | 10 | 10 | 0 | 0 | 0 | 0 | 0 | 0 | 3 | 2 |
| 江苏海洋大学 | 41 | 10 | 1 | 0 | 63 | 156.9 | 2 | 2 | 0 | 0 | 0 | 0 | 0 | 0 | 0 | 0 | 0 | 0 | 0 | 0 | 0 | 0 | 0 | 0 | 0 | 1 | 0 |
| 徐州工程学院 | 42 | 4 | 1.1 | 0 | 0 | 0 | 3 | 1 | 0 | 1 | 0 | 0 | 1 | 0 | 0 | 0 | 0 | 25 | 24 | 1 | 0 | 0 | 0 | 0 | 0 | 24 | 7 |
| 南京特殊教育师范学院 | 43 | 1 | 0.2 | 0 | 0 | 0 | 0 | 0 | 0 | 0 | 0 | 0 | 0 | 0 | 0 | 0 | 0 | 0 | 0 | 0 | 0 | 0 | 0 | 0 | 0 | 0 | 0 |
| 泰州学院 | 44 | 3 | 0.9 | 0 | 10 | 6 | 0 | 0 | 0 | 0 | 0 | 0 | 0 | 0 | 0 | 0 | 0 | 3 | 2 | 1 | 0 | 0 | 0 | 0 | 0 | 0 | 0 |
| 金陵科技学院 | 45 | 2 | 0.2 | 0 | 6 | 12 | 0 | 0 | 0 | 0 | 0 | 0 | 0 | 0 | 0 | 0 | 0 | 5 | 5 | 0 | 0 | 0 | 0 | 0 | 0 | 0 | 0 |
| 江苏第二师范学院 | 46 | 6 | 1.2 | 0 | 0 | 33.81 | 0 | 0 | 0 | 0 | 0 | 0 | 0 | 0 | 0 | 0 | 0 | 10 | 10 | 0 | 0 | 0 | 0 | 0 | 0 | 0 | 0 |

## 2.9 艺术学人文、社会科学研究与课题成果情况表

| 高校名称 | | 总数 | | | | | 出版著作(部) | | | | | | | 古籍整理(部) | 译著(部) | 发表译文(篇) | 电子出版物(件) | 发表论文(篇) | | | | 获奖成果数(项) | | | | 研究与咨询报告(篇) | |
|---|---|---|---|---|---|---|---|---|---|---|---|---|---|---|---|---|---|---|---|---|---|---|---|---|---|---|---|
| | | 课题数(项) | 当年投入人数(人年) | 其中：研究生(人年) | 当年拨入经费(千元) | 当年支出经费(千元) | 合计 | 专著 | 其中：被译成外文 | 编著教材 | 工具书参考书 | 皮书/发展报告 | 科普读物 | | | | | 合计 | 国内学术刊物 | 国外学术刊物 | 港、澳、台地区刊物 | 合计 | 国家级奖 | 部级奖 | 省级奖 | 合计 | 其中：被采纳数 |
| | 编号 | L01 | L02 | L03 | L04 | L05 | L06 | L07 | L08 | L09 | L10 | L11 | L12 | L13 | L14 | L15 | L16 | L17 | L18 | L19 | L20 | L21 | L22 | L23 | L24 | L25 | L26 |
| 合计 | / | 2 264 | 569 | 91.4 | 69 265.02 | 65 630.96 | 178 | 126 | 3 | 49 | 1 | 1 | 1 | 0 | 8 | 2 | 4 | 2 061 | 1 994 | 67 | 0 | 58 | 0 | 14 | 44 | 138 | 48 |
| 南京大学 | 1 | 40 | 8.7 | 0.6 | 3 448 | 1 530.05 | 9 | 8 | 0 | 1 | 0 | 0 | 0 | 0 | 1 | 0 | 0 | 95 | 93 | 2 | 0 | 7 | 0 | 3 | 4 | 9 | 5 |
| 东南大学 | 2 | 100 | 15.1 | 0 | 1 651.4 | 1 621.46 | 14 | 14 | 0 | 0 | 0 | 0 | 0 | 0 | 0 | 0 | 0 | 119 | 119 | 0 | 0 | 10 | 0 | 3 | 7 | 1 | 0 |
| 江南大学 | 3 | 130 | 111.2 | 64.1 | 12 854 | 13 446 | 0 | 0 | 0 | 0 | 0 | 0 | 0 | 0 | 0 | 0 | 0 | 32 | 32 | 0 | 0 | 7 | 0 | 2 | 5 | 0 | 0 |
| 南京农业大学 | 4 | 14 | 1.4 | 0 | 8 | 54.6 | 0 | 0 | 0 | 0 | 0 | 0 | 0 | 0 | 0 | 0 | 0 | 1 | 1 | 0 | 0 | 1 | 0 | 1 | 0 | 0 | 0 |
| 中国矿业大学 | 5 | 63 | 15.4 | 1.4 | 577 | 502.64 | 0 | 0 | 0 | 0 | 0 | 0 | 0 | 0 | 0 | 0 | 0 | 20 | 13 | 7 | 0 | 1 | 0 | 0 | 1 | 4 | 0 |
| 河海大学 | 6 | 4 | 1.6 | 1.1 | 24 | 28.8 | 0 | 0 | 0 | 0 | 0 | 0 | 0 | 0 | 0 | 0 | 0 | 7 | 7 | 0 | 0 | 0 | 0 | 0 | 0 | 1 | 1 |
| 南京理工大学 | 7 | 38 | 4.9 | 0.1 | 1 515.93 | 594.45 | 2 | 1 | 0 | 1 | 0 | 0 | 0 | 0 | 0 | 0 | 0 | 8 | 8 | 0 | 0 | 0 | 0 | 0 | 0 | 2 | 2 |
| 南京航空航天大学 | 8 | 29 | 8.5 | 0 | 395 | 406 | 6 | 6 | 2 | 0 | 0 | 0 | 0 | 0 | 0 | 0 | 0 | 30 | 22 | 8 | 0 | 1 | 0 | 0 | 1 | 0 | 0 |
| 中国药科大学 | 9 | 0 | 0 | 0 | 0 | 0 | 0 | 0 | 0 | 0 | 0 | 0 | 0 | 0 | 0 | 0 | 0 | 0 | 0 | 0 | 0 | 0 | 0 | 0 | 0 | 0 | 0 |
| 南京森林警察学院 | 10 | 1 | 0.1 | 0 | 20 | 20 | 0 | 0 | 0 | 0 | 0 | 0 | 0 | 0 | 0 | 0 | 0 | 1 | 1 | 0 | 0 | 0 | 0 | 0 | 0 | 0 | 0 |
| 苏州大学 | 11 | 83 | 18.3 | 3.5 | 2 217.5 | 2 330 | 16 | 3 | 0 | 13 | 0 | 0 | 0 | 0 | 0 | 0 | 0 | 46 | 38 | 8 | 0 | 1 | 0 | 1 | 0 | 0 | 0 |
| 江苏科技大学 | 12 | 2 | 0.2 | 0 | 0 | 0.1 | 0 | 0 | 0 | 0 | 0 | 0 | 0 | 0 | 1 | 0 | 0 | 0 | 0 | 0 | 0 | 0 | 0 | 0 | 0 | 0 | 0 |
| 南京工业大学 | 13 | 26 | 3.8 | 0.2 | 240 | 80 | 3 | 2 | 0 | 1 | 0 | 0 | 0 | 0 | 0 | 0 | 0 | 42 | 42 | 0 | 0 | 0 | 0 | 0 | 0 | 0 | 0 |
| 常州大学 | 14 | 59 | 18.5 | 0 | 1 242 | 1 362.4 | 1 | 1 | 0 | 0 | 0 | 0 | 0 | 0 | 0 | 0 | 0 | 42 | 42 | 0 | 0 | 0 | 0 | 0 | 0 | 0 | 0 |
| 南京邮电大学 | 15 | 27 | 9 | 2.3 | 923 | 1074 | 2 | 1 | 0 | 0 | 1 | 0 | 0 | 0 | 0 | 0 | 0 | 25 | 25 | 0 | 0 | 2 | 0 | 0 | 2 | 5 | 4 |
| 南京林业大学 | 16 | 72 | 7.4 | 0 | 723.7 | 717.5 | 2 | 2 | 0 | 0 | 0 | 0 | 0 | 0 | 0 | 0 | 0 | 69 | 68 | 1 | 0 | 0 | 0 | 0 | 0 | 1 | 1 |
| 江苏大学 | 17 | 47 | 15.4 | 11.8 | 422 | 422 | 2 | 2 | 0 | 0 | 0 | 0 | 0 | 0 | 0 | 0 | 0 | 19 | 19 | 0 | 0 | 0 | 0 | 0 | 0 | 0 | 0 |
| 南京信息工程大学 | 18 | 45 | 18.3 | 1.4 | 1 986 | 665.01 | 0 | 0 | 0 | 0 | 0 | 0 | 0 | 0 | 0 | 0 | 0 | 50 | 50 | 0 | 0 | 0 | 0 | 0 | 0 | 2 | 0 |
| 南通大学 | 19 | 34 | 6.9 | 0.2 | 1 354.8 | 721.8 | 12 | 9 | 0 | 3 | 0 | 0 | 0 | 0 | 0 | 0 | 0 | 106 | 106 | 0 | 0 | 0 | 0 | 0 | 0 | 1 | 1 |
| 盐城工学院 | 20 | 47 | 4.7 | 0 | 202 | 228 | 2 | 2 | 0 | 0 | 0 | 0 | 0 | 0 | 0 | 0 | 0 | 40 | 39 | 1 | 0 | 0 | 0 | 0 | 0 | 2 | 2 |

| | | | | | | | | | | | | | | | | | | | | | | | | | | | |
|---|---|---|---|---|---|---|---|---|---|---|---|---|---|---|---|---|---|---|---|---|---|---|---|---|---|---|---|
| 南京医科大学 | 21 | 0 | 0 | 0 | 0 | 0 | 0 | 0 | 0 | 0 | 0 | 0 | 0 | 0 | 0 | 0 | 0 | 0 | 0 | 0 | 0 | 0 | 0 | 0 | 0 | 0 | 0 |
| 徐州医科大学 | 22 | 0 | 0 | 0 | 0 | 0 | 0 | 0 | 0 | 0 | 0 | 0 | 0 | 0 | 0 | 0 | 0 | 1 | 1 | 0 | 0 | 0 | 0 | 0 | 0 | 0 | 0 |
| 南京中医药大学 | 23 | 1 | 0.2 | 0 | 0 | 0 | 0 | 0 | 0 | 0 | 0 | 0 | 0 | 0 | 0 | 0 | 0 | 2 | 2 | 0 | 0 | 0 | 0 | 0 | 0 | 0 | 0 |
| 南京师范大学 | 24 | 94 | 14.5 | 1.5 | 725.5 | 695.56 | 13 | 10 | 0 | 3 | 0 | 0 | 0 | 0 | 4 | 2 | 0 | 65 | 62 | 3 | 0 | 6 | 0 | 1 | 5 | 0 | 0 |
| 江苏师范大学 | 25 | 84 | 30.2 | 0.2 | 3 769.95 | 5 438.35 | 4 | 3 | 0 | 1 | 0 | 0 | 0 | 0 | 0 | 0 | 0 | 121 | 120 | 1 | 0 | 1 | 0 | 0 | 1 | 5 | 4 |
| 淮阴师范学院 | 26 | 70 | 7.9 | 0 | 6 382.68 | 6 094.68 | 2 | 2 | 0 | 0 | 0 | 0 | 0 | 0 | 0 | 0 | 0 | 36 | 29 | 7 | 0 | 1 | 0 | 0 | 1 | 0 | 0 |
| 盐城师范学院 | 27 | 70 | 16.8 | 0 | 3 433 | 3 707.86 | 6 | 2 | 0 | 4 | 0 | 0 | 0 | 0 | 0 | 0 | 0 | 54 | 54 | 0 | 0 | 0 | 0 | 0 | 0 | 15 | 1 |
| 南京财经大学 | 28 | 22 | 4.4 | 0.3 | 785 | 845.7 | 0 | 0 | 0 | 0 | 0 | 0 | 0 | 0 | 0 | 0 | 0 | 20 | 20 | 0 | 0 | 1 | 0 | 0 | 1 | 0 | 0 |
| 江苏警官学院 | 29 | 2 | 0.2 | 0 | 0 | 0 | 0 | 0 | 0 | 0 | 0 | 0 | 0 | 0 | 0 | 0 | 0 | 3 | 3 | 0 | 0 | 0 | 0 | 0 | 0 | 0 | 0 |
| 南京体育学院 | 30 | 0 | 0 | 0 | 0 | 0 | 0 | 0 | 0 | 0 | 0 | 0 | 0 | 0 | 0 | 0 | 0 | 0 | 0 | 0 | 0 | 0 | 0 | 0 | 0 | 0 | 0 |
| 南京艺术学院 | 31 | 258 | 82.3 | 1.2 | 2 753.21 | 2 259.81 | 29 | 19 | 1 | 10 | 0 | 0 | 0 | 0 | 1 | 0 | 3 | 430 | 424 | 6 | 0 | 9 | 0 | 3 | 6 | 6 | 6 |
| 苏州科技大学 | 32 | 88 | 22.9 | 1.2 | 1 234.5 | 1 286.5 | 3 | 1 | 0 | 2 | 0 | 0 | 0 | 0 | 0 | 0 | 0 | 66 | 62 | 4 | 0 | 2 | 0 | 0 | 2 | 0 | 0 |
| 常熟理工学院 | 33 | 51 | 9.9 | 0 | 1 670.88 | 1 014.67 | 4 | 1 | 0 | 3 | 0 | 0 | 0 | 0 | 0 | 0 | 0 | 47 | 43 | 4 | 0 | 0 | 0 | 0 | 0 | 4 | 4 |
| 淮阴工学院 | 34 | 31 | 5.7 | 0 | 3 089 | 2 368.69 | 6 | 6 | 0 | 0 | 0 | 0 | 0 | 0 | 0 | 0 | 0 | 13 | 12 | 1 | 0 | 1 | 0 | 0 | 1 | 1 | 0 |
| 常州工学院 | 35 | 127 | 24 | 0 | 4 646.5 | 4 755.81 | 1 | 1 | 0 | 0 | 0 | 0 | 0 | 0 | 0 | 0 | 1 | 45 | 45 | 0 | 0 | 0 | 0 | 0 | 0 | 8 | 0 |
| 扬州大学 | 36 | 73 | 11.6 | 0.3 | 2 584 | 2 606.22 | 7 | 6 | 0 | 1 | 0 | 0 | 0 | 0 | 0 | 0 | 0 | 106 | 102 | 4 | 0 | 1 | 0 | 0 | 1 | 12 | 10 |
| 南京工程学院 | 37 | 60 | 9.7 | 0 | 949.7 | 1 076.22 | 1 | 1 | 0 | 0 | 0 | 0 | 0 | 0 | 0 | 0 | 0 | 18 | 12 | 6 | 0 | 0 | 0 | 0 | 0 | 0 | 0 |
| 南京审计大学 | 38 | 4 | 0.7 | 0 | 495.44 | 204.15 | 0 | 0 | 0 | 0 | 0 | 0 | 0 | 0 | 0 | 0 | 0 | 7 | 7 | 0 | 0 | 0 | 0 | 0 | 0 | 0 | 0 |
| 南京晓庄学院 | 39 | 47 | 6.4 | 0 | 197.5 | 260.5 | 6 | 5 | 0 | 1 | 0 | 0 | 0 | 0 | 0 | 0 | 0 | 43 | 40 | 3 | 0 | 3 | 0 | 0 | 3 | 0 | 0 |
| 江苏理工学院 | 40 | 49 | 8.3 | 0 | 1 066.68 | 2 038.02 | 1 | 1 | 0 | 0 | 0 | 0 | 0 | 0 | 0 | 0 | 0 | 37 | 37 | 0 | 0 | 0 | 0 | 0 | 0 | 4 | 1 |
| 江苏海洋大学 | 41 | 50 | 5 | 0 | 1 275.98 | 1 753.33 | 1 | 1 | 0 | 0 | 0 | 0 | 0 | 0 | 0 | 0 | 0 | 11 | 11 | 0 | 0 | 0 | 0 | 0 | 0 | 21 | 3 |
| 徐州工程学院 | 42 | 96 | 14.6 | 0 | 836 | 314 | 11 | 7 | 0 | 2 | 0 | 1 | 1 | 0 | 0 | 0 | 0 | 37 | 37 | 0 | 0 | 1 | 0 | 0 | 1 | 12 | 2 |
| 南京特殊教育师范学院 | 43 | 3 | 0.5 | 0 | 0 | 0 | 1 | 0 | 0 | 1 | 0 | 0 | 0 | 0 | 0 | 0 | 0 | 5 | 5 | 0 | 0 | 1 | 0 | 0 | 1 | 0 | 0 |
| 泰州学院 | 44 | 17 | 5.4 | 0 | 550 | 309.4 | 5 | 4 | 0 | 1 | 0 | 0 | 0 | 0 | 0 | 0 | 0 | 58 | 58 | 0 | 0 | 1 | 0 | 0 | 1 | 0 | 0 |
| 金陵科技学院 | 45 | 52 | 5.6 | 0 | 2 117.67 | 2 528.67 | 5 | 5 | 0 | 0 | 0 | 0 | 0 | 0 | 0 | 0 | 0 | 27 | 26 | 1 | 0 | 0 | 0 | 0 | 0 | 22 | 1 |
| 江苏第二师范学院 | 46 | 54 | 12.8 | 0 | 897.5 | 268.01 | 1 | 0 | 0 | 1 | 0 | 0 | 0 | 0 | 1 | 0 | 0 | 57 | 57 | 0 | 0 | 0 | 0 | 0 | 0 | 0 | 0 |

## 2.10 历史学人文、社会科学研究与课题成果情况表

| 高校名称 | 编号 | 总数 | | | | | 出版著作(部) | | | | | | | 古籍整理(部) | 译著(部) | 发表译文(篇) | 电子出版物(件) | 发表论文(篇) | | | | 获奖成果数(项) | | | | 研究与咨询报告(篇) | |
|---|---|---|---|---|---|---|---|---|---|---|---|---|---|---|---|---|---|---|---|---|---|---|---|---|---|---|---|
| | | 课题数(项) | 当年投入人数(人年) | 其中：研究生(人年) | 当年拨入经费(千元) | 当年支出经费(千元) | 合计 | 专著 | 其中：被译成外文 | 编著教材 | 工具书参考书 | 皮书/发展报告 | 科普读物 | | | | | 合计 | 国内学术刊物 | 国外学术刊物 | 港、澳、台地区刊物 | 合计 | 国家级奖 | 部级奖 | 省级奖 | 合计 | 其中：被采纳数 |
| | | L01 | L02 | L03 | L04 | L05 | L06 | L07 | L08 | L09 | L10 | L11 | L12 | L13 | L14 | L15 | L16 | L17 | L18 | L19 | L20 | L21 | L22 | L23 | L24 | L25 | L26 |
| 合计 | / | 578 | 156.3 | 26.8 | 23 121.85 | 20 829.72 | 50 | 40 | 1 | 10 | 0 | 0 | 0 | 1 | 5 | 0 | 0 | 391 | 385 | 6 | 0 | 36 | 0 | 9 | 27 | 10 | 7 |
| 南京大学 | 1 | 90 | 19.6 | 0.7 | 10 063.25 | 7 554.69 | 11 | 10 | 1 | 1 | 0 | 0 | 0 | 0 | 1 | 0 | 0 | 96 | 95 | 1 | 0 | 14 | 0 | 4 | 10 | 1 | 1 |
| 东南大学 | 2 | 10 | 1.2 | 0 | 210 | 162 | 3 | 2 | 0 | 1 | 0 | 0 | 0 | 0 | 0 | 0 | 0 | 1 | 0 | 1 | 0 | 0 | 0 | 0 | 0 | 0 | 0 |
| 江南大学 | 3 | 13 | 10.9 | 8.9 | 540 | 513 | 0 | 0 | 0 | 0 | 0 | 0 | 0 | 0 | 0 | 0 | 0 | 4 | 4 | 0 | 0 | 0 | 0 | 0 | 0 | 0 | 0 |
| 南京农业大学 | 4 | 78 | 11.9 | 3.3 | 840 | 897.4 | 2 | 2 | 0 | 0 | 0 | 0 | 0 | 0 | 0 | 0 | 0 | 12 | 12 | 0 | 0 | 0 | 0 | 0 | 0 | 0 | 0 |
| 中国矿业大学 | 5 | 12 | 3 | 0 | 262 | 65 | 0 | 0 | 0 | 0 | 0 | 0 | 0 | 0 | 0 | 0 | 0 | 8 | 8 | 0 | 0 | 0 | 0 | 0 | 0 | 1 | 1 |
| 河海大学 | 6 | 15 | 6.3 | 3.2 | 30 | 30 | 0 | 0 | 0 | 0 | 0 | 0 | 0 | 0 | 0 | 0 | 0 | 12 | 12 | 0 | 0 | 0 | 0 | 0 | 0 | 1 | 1 |
| 南京理工大学 | 7 | 6 | 1.3 | 0.1 | 70 | 70 | 1 | 1 | 0 | 0 | 0 | 0 | 0 | 0 | 0 | 0 | 0 | 1 | 1 | 0 | 0 | 0 | 0 | 0 | 0 | 0 | 0 |
| 南京航空航天大学 | 8 | 0 | 0 | 0 | 0 | 0 | 0 | 0 | 0 | 0 | 0 | 0 | 0 | 0 | 0 | 0 | 0 | 1 | 1 | 0 | 0 | 0 | 0 | 0 | 0 | 0 | 0 |
| 中国药科大学 | 9 | 4 | 0.4 | 0 | 20 | 20 | 1 | 1 | 0 | 0 | 0 | 0 | 0 | 0 | 0 | 0 | 0 | 3 | 3 | 0 | 0 | 0 | 0 | 0 | 0 | 0 | 0 |
| 南京森林警察学院 | 10 | 0 | 0 | 0 | 0 | 0 | 0 | 0 | 0 | 0 | 0 | 0 | 0 | 0 | 0 | 0 | 0 | 0 | 0 | 0 | 0 | 0 | 0 | 0 | 0 | 0 | 0 |
| 苏州大学 | 11 | 42 | 11.6 | 3 | 1 704 | 1 411 | 11 | 6 | 0 | 5 | 0 | 0 | 0 | 0 | 0 | 0 | 0 | 26 | 26 | 0 | 0 | 5 | 0 | 1 | 4 | 0 | 0 |
| 江苏科技大学 | 12 | 17 | 9.3 | 1.4 | 122 | 91.5 | 0 | 0 | 0 | 0 | 0 | 0 | 0 | 0 | 0 | 0 | 0 | 5 | 5 | 0 | 0 | 0 | 0 | 0 | 0 | 0 | 0 |
| 南京工业大学 | 13 | 1 | 0.1 | 0 | 170 | 170 | 0 | 0 | 0 | 0 | 0 | 0 | 0 | 0 | 0 | 0 | 0 | 2 | 2 | 0 | 0 | 0 | 0 | 0 | 0 | 0 | 0 |
| 常州大学 | 14 | 3 | 1.3 | 0 | 0 | 52.3 | 1 | 1 | 0 | 0 | 0 | 0 | 0 | 0 | 0 | 0 | 0 | 3 | 3 | 0 | 0 | 0 | 0 | 0 | 0 | 0 | 0 |
| 南京邮电大学 | 15 | 15 | 7.6 | 3.3 | 550 | 452 | 3 | 3 | 0 | 0 | 0 | 0 | 0 | 0 | 0 | 0 | 0 | 7 | 7 | 0 | 0 | 1 | 0 | 1 | 0 | 0 | 0 |
| 南京林业大学 | 16 | 2 | 0.2 | 0 | 40 | 20.95 | 0 | 0 | 0 | 0 | 0 | 0 | 0 | 0 | 0 | 0 | 0 | 0 | 0 | 0 | 0 | 1 | 0 | 0 | 1 | 0 | 0 |
| 江苏大学 | 17 | 3 | 0.7 | 0 | 100 | 100 | 0 | 0 | 0 | 0 | 0 | 0 | 0 | 0 | 0 | 0 | 0 | 0 | 0 | 0 | 0 | 0 | 0 | 0 | 0 | 0 | 0 |
| 南京信息工程大学 | 18 | 19 | 5.8 | 0.6 | 579.8 | 277.29 | 0 | 0 | 0 | 0 | 0 | 0 | 0 | 0 | 0 | 0 | 0 | 13 | 13 | 0 | 0 | 0 | 0 | 0 | 0 | 0 | 0 |
| 南通大学 | 19 | 6 | 0.9 | 0 | 15 | 10 | 1 | 1 | 0 | 0 | 0 | 0 | 0 | 0 | 0 | 0 | 0 | 14 | 14 | 0 | 0 | 0 | 0 | 0 | 0 | 0 | 0 |
| 盐城工学院 | 20 | 4 | 0.4 | 0 | 0 | 0 | 0 | 0 | 0 | 0 | 0 | 0 | 0 | 0 | 0 | 0 | 0 | 3 | 3 | 0 | 0 | 0 | 0 | 0 | 0 | 0 | 0 |

| | | | | | | | | | | | | | | | | | | | | | | | | | | | |
|---|---|---|---|---|---|---|---|---|---|---|---|---|---|---|---|---|---|---|---|---|---|---|---|---|---|---|---|
| 南京医科大学 | 21 | 1 | 0.2 | 0 | 0 | 14.9 | 0 | 0 | 0 | 0 | 0 | 0 | 0 | 0 | 0 | 0 | 0 | 0 | 0 | 0 | 0 | 0 | 0 | 0 | 0 | 0 | 0 |
| 徐州医科大学 | 22 | 1 | 0.1 | 0 | 0 | 0 | 0 | 0 | 0 | 0 | 0 | 0 | 0 | 0 | 0 | 0 | 0 | 0 | 0 | 0 | 0 | 0 | 0 | 0 | 0 | 0 | 0 |
| 南京中医药大学 | 23 | 11 | 3.8 | 0 | 118 | 102.78 | 1 | 1 | 0 | 0 | 0 | 0 | 0 | 0 | 0 | 0 | 0 | 3 | 3 | 0 | 0 | 0 | 0 | 0 | 0 | 0 | 0 |
| 南京师范大学 | 24 | 48 | 9.4 | 0.3 | 2 363.8 | 1 540 | 1 | 1 | 0 | 0 | 0 | 0 | 0 | 0 | 2 | 0 | 0 | 31 | 30 | 1 | 0 | 8 | 0 | 2 | 6 | 1 | 1 |
| 江苏师范大学 | 25 | 51 | 22.1 | 0.3 | 2 430 | 4 344.4 | 2 | 2 | 0 | 0 | 0 | 0 | 0 | 0 | 0 | 0 | 0 | 27 | 27 | 0 | 0 | 1 | 0 | 0 | 1 | 0 | 0 |
| 淮阴师范学院 | 26 | 14 | 2.8 | 0 | 265 | 505 | 1 | 1 | 0 | 0 | 0 | 0 | 0 | 0 | 0 | 0 | 0 | 11 | 11 | 0 | 0 | 2 | 0 | 0 | 2 | 0 | 0 |
| 盐城师范学院 | 27 | 6 | 1.9 | 0 | 70 | 52.8 | 3 | 1 | 0 | 2 | 0 | 0 | 0 | 0 | 0 | 0 | 0 | 12 | 12 | 0 | 0 | 0 | 0 | 0 | 0 | 3 | 1 |
| 南京财经大学 | 28 | 1 | 0.1 | 0 | 0 | 0 | 1 | 1 | 0 | 0 | 0 | 0 | 0 | 0 | 0 | 0 | 0 | 2 | 2 | 0 | 0 | 0 | 0 | 0 | 0 | 0 | 0 |
| 江苏警官学院 | 29 | 2 | 0.3 | 0 | 0 | 0 | 0 | 0 | 0 | 0 | 0 | 0 | 0 | 0 | 0 | 0 | 0 | 2 | 2 | 0 | 0 | 0 | 0 | 0 | 0 | 0 | 0 |
| 南京体育学院 | 30 | 1 | 0.2 | 0 | 20 | 0 | 0 | 0 | 0 | 0 | 0 | 0 | 0 | 0 | 0 | 0 | 0 | 1 | 1 | 0 | 0 | 0 | 0 | 0 | 0 | 0 | 0 |
| 南京艺术学院 | 31 | 0 | 0 | 0 | 0 | 0 | 0 | 0 | 0 | 0 | 0 | 0 | 0 | 0 | 0 | 0 | 0 | 0 | 0 | 0 | 0 | 0 | 0 | 0 | 0 | 0 | 0 |
| 苏州科技大学 | 32 | 26 | 5.9 | 1.2 | 612 | 668 | 3 | 3 | 0 | 0 | 0 | 0 | 0 | 0 | 2 | 0 | 0 | 27 | 27 | 0 | 0 | 0 | 0 | 0 | 0 | 0 | 0 |
| 常熟理工学院 | 33 | 3 | 0.6 | 0 | 78 | 16.94 | 1 | 0 | 0 | 1 | 0 | 0 | 0 | 0 | 0 | 0 | 0 | 4 | 4 | 0 | 0 | 0 | 0 | 0 | 0 | 1 | 1 |
| 淮阴工学院 | 34 | 1 | 0.1 | 0 | 0 | 0 | 0 | 0 | 0 | 0 | 0 | 0 | 0 | 0 | 0 | 0 | 0 | 6 | 6 | 0 | 0 | 0 | 0 | 0 | 0 | 0 | 0 |
| 常州工学院 | 35 | 13 | 3.1 | 0 | 411 | 242.42 | 0 | 0 | 0 | 0 | 0 | 0 | 0 | 1 | 0 | 0 | 0 | 6 | 4 | 2 | 0 | 0 | 0 | 0 | 0 | 1 | 1 |
| 扬州大学 | 36 | 29 | 6.2 | 0.5 | 1 054 | 819.06 | 1 | 1 | 0 | 0 | 0 | 0 | 0 | 0 | 0 | 0 | 0 | 31 | 31 | 0 | 0 | 4 | 0 | 1 | 3 | 0 | 0 |
| 南京工程学院 | 37 | 2 | 0.2 | 0 | 15 | 22.32 | 0 | 0 | 0 | 0 | 0 | 0 | 0 | 0 | 0 | 0 | 0 | 0 | 0 | 0 | 0 | 0 | 0 | 0 | 0 | 0 | 0 |
| 南京审计大学 | 38 | 3 | 1.1 | 0 | 116.5 | 66.63 | 0 | 0 | 0 | 0 | 0 | 0 | 0 | 0 | 0 | 0 | 0 | 4 | 4 | 0 | 0 | 0 | 0 | 0 | 0 | 0 | 0 |
| 南京晓庄学院 | 39 | 9 | 1.3 | 0 | 202.5 | 226.5 | 0 | 0 | 0 | 0 | 0 | 0 | 0 | 0 | 0 | 0 | 0 | 8 | 7 | 1 | 0 | 0 | 0 | 0 | 0 | 0 | 0 |
| 江苏理工学院 | 40 | 3 | 0.8 | 0 | 30 | 33 | 0 | 0 | 0 | 0 | 0 | 0 | 0 | 0 | 0 | 0 | 0 | 2 | 2 | 0 | 0 | 0 | 0 | 0 | 0 | 0 | 0 |
| 江苏海洋大学 | 41 | 1 | 0.1 | 0 | 0 | 2 | 0 | 0 | 0 | 0 | 0 | 0 | 0 | 0 | 0 | 0 | 0 | 0 | 0 | 0 | 0 | 0 | 0 | 0 | 0 | 0 | 0 |
| 徐州工程学院 | 42 | 0 | 0 | 0 | 0 | 0 | 0 | 0 | 0 | 0 | 0 | 0 | 0 | 0 | 0 | 0 | 0 | 0 | 0 | 0 | 0 | 0 | 0 | 0 | 0 | 0 | 0 |
| 南京特殊教育师范学院 | 43 | 0 | 0 | 0 | 0 | 0 | 0 | 0 | 0 | 0 | 0 | 0 | 0 | 0 | 0 | 0 | 0 | 0 | 0 | 0 | 0 | 0 | 0 | 0 | 0 | 0 | 0 |
| 泰州学院 | 44 | 1 | 0.2 | 0 | 10 | 10 | 0 | 0 | 0 | 0 | 0 | 0 | 0 | 0 | 0 | 0 | 0 | 1 | 1 | 0 | 0 | 0 | 0 | 0 | 0 | 0 | 0 |
| 金陵科技学院 | 45 | 3 | 1 | 0 | 10 | 59.17 | 0 | 0 | 0 | 0 | 0 | 0 | 0 | 0 | 0 | 0 | 0 | 0 | 0 | 0 | 0 | 0 | 0 | 0 | 0 | 1 | 0 |
| 江苏第二师范学院 | 46 | 8 | 2.3 | 0 | 0 | 206.67 | 2 | 2 | 0 | 0 | 0 | 0 | 0 | 0 | 0 | 0 | 0 | 2 | 2 | 0 | 0 | 0 | 0 | 0 | 0 | 0 | 0 |

## 2.11 考古学人文、社会科学研究与课题成果情况表

| 高校名称 | | 总数 | | | | | 出版著作(部) | | | | | | | 古籍整理(部) | 译著(部) | 发表译文(篇) | 电子出版物(件) | 发表论文(篇) | | | | 获奖成果数(项) | | | | 研究与咨询报告(篇) | |
|---|---|---|---|---|---|---|---|---|---|---|---|---|---|---|---|---|---|---|---|---|---|---|---|---|---|---|---|
| | | 课题数(项) | 当年投入人数(人年) | 其中：研究生(人年) | 当年拨入经费(千元) | 当年支出经费(千元) | 合计 | 专著 | 其中：被译成外文 | 编著教材 | 工具书参考书 | 皮书/发展报告 | 科普读物 | | | | | 合计 | 国内学术刊物 | 国外学术刊物 | 港、澳、台地区刊物 | 合计 | 国家级奖 | 部级奖 | 省级奖 | 合计 | 其中：被采纳数 |
| | 编号 | L01 | L02 | L03 | L04 | L05 | L06 | L07 | L08 | L09 | L10 | L11 | L12 | L13 | L14 | L15 | L16 | L17 | L18 | L19 | L20 | L21 | L22 | L23 | L24 | L25 | L26 |
| 合计 | / | 159 | 22.9 | 9.1 | 34 438.76 | 19 272.22 | 11 | 3 | 0 | 6 | 2 | 0 | 0 | 0 | 0 | 0 | 0 | 14 | 14 | 0 | 0 | 1 | 0 | 0 | 1 | 4 | 4 |
| 南京大学 | 1 | 116 | 12.4 | 8.6 | 23 866.27 | 9 909.64 | 10 | 2 | 0 | 6 | 2 | 0 | 0 | 0 | 0 | 0 | 0 | 7 | 7 | 0 | 0 | 0 | 0 | 0 | 0 | 0 | 0 |
| 东南大学 | 2 | 0 | 0 | 0 | 0 | 0 | 0 | 0 | 0 | 0 | 0 | 0 | 0 | 0 | 0 | 0 | 0 | 0 | 0 | 0 | 0 | 0 | 0 | 0 | 0 | 0 | 0 |
| 江南大学 | 3 | 0 | 0 | 0 | 0 | 0 | 0 | 0 | 0 | 0 | 0 | 0 | 0 | 0 | 0 | 0 | 0 | 0 | 0 | 0 | 0 | 0 | 0 | 0 | 0 | 0 | 0 |
| 南京农业大学 | 4 | 0 | 0 | 0 | 0 | 0 | 0 | 0 | 0 | 0 | 0 | 0 | 0 | 0 | 0 | 0 | 0 | 0 | 0 | 0 | 0 | 0 | 0 | 0 | 0 | 0 | 0 |
| 中国矿业大学 | 5 | 0 | 0 | 0 | 0 | 0 | 0 | 0 | 0 | 0 | 0 | 0 | 0 | 0 | 0 | 0 | 0 | 0 | 0 | 0 | 0 | 0 | 0 | 0 | 0 | 0 | 0 |
| 河海大学 | 6 | 0 | 0 | 0 | 0 | 0 | 0 | 0 | 0 | 0 | 0 | 0 | 0 | 0 | 0 | 0 | 0 | 0 | 0 | 0 | 0 | 0 | 0 | 0 | 0 | 0 | 0 |
| 南京理工大学 | 7 | 0 | 0 | 0 | 0 | 0 | 0 | 0 | 0 | 0 | 0 | 0 | 0 | 0 | 0 | 0 | 0 | 0 | 0 | 0 | 0 | 0 | 0 | 0 | 0 | 0 | 0 |
| 南京航空航天大学 | 8 | 0 | 0 | 0 | 0 | 0 | 0 | 0 | 0 | 0 | 0 | 0 | 0 | 0 | 0 | 0 | 0 | 0 | 0 | 0 | 0 | 0 | 0 | 0 | 0 | 0 | 0 |
| 中国药科大学 | 9 | 0 | 0 | 0 | 0 | 0 | 0 | 0 | 0 | 0 | 0 | 0 | 0 | 0 | 0 | 0 | 0 | 0 | 0 | 0 | 0 | 0 | 0 | 0 | 0 | 0 | 0 |
| 南京森林警察学院 | 10 | 0 | 0 | 0 | 0 | 0 | 0 | 0 | 0 | 0 | 0 | 0 | 0 | 0 | 0 | 0 | 0 | 0 | 0 | 0 | 0 | 0 | 0 | 0 | 0 | 0 | 0 |
| 苏州大学 | 11 | 0 | 0 | 0 | 0 | 0 | 0 | 0 | 0 | 0 | 0 | 0 | 0 | 0 | 0 | 0 | 0 | 0 | 0 | 0 | 0 | 0 | 0 | 0 | 0 | 0 | 0 |
| 江苏科技大学 | 12 | 1 | 0.2 | 0 | 0 | 0 | 0 | 0 | 0 | 0 | 0 | 0 | 0 | 0 | 0 | 0 | 0 | 0 | 0 | 0 | 0 | 0 | 0 | 0 | 0 | 0 | 0 |
| 南京工业大学 | 13 | 0 | 0 | 0 | 0 | 0 | 0 | 0 | 0 | 0 | 0 | 0 | 0 | 0 | 0 | 0 | 0 | 0 | 0 | 0 | 0 | 0 | 0 | 0 | 0 | 0 | 0 |
| 常州大学 | 14 | 0 | 0 | 0 | 0 | 0 | 0 | 0 | 0 | 0 | 0 | 0 | 0 | 0 | 0 | 0 | 0 | 0 | 0 | 0 | 0 | 0 | 0 | 0 | 0 | 0 | 0 |
| 南京邮电大学 | 15 | 0 | 0 | 0 | 0 | 0 | 0 | 0 | 0 | 0 | 0 | 0 | 0 | 0 | 0 | 0 | 0 | 0 | 0 | 0 | 0 | 0 | 0 | 0 | 0 | 0 | 0 |
| 南京林业大学 | 16 | 0 | 0 | 0 | 0 | 0 | 0 | 0 | 0 | 0 | 0 | 0 | 0 | 0 | 0 | 0 | 0 | 0 | 0 | 0 | 0 | 0 | 0 | 0 | 0 | 0 | 0 |
| 江苏大学 | 17 | 0 | 0 | 0 | 0 | 0 | 0 | 0 | 0 | 0 | 0 | 0 | 0 | 0 | 0 | 0 | 0 | 0 | 0 | 0 | 0 | 0 | 0 | 0 | 0 | 0 | 0 |
| 南京信息工程大学 | 18 | 4 | 1.9 | 0 | 68 | 44.91 | 0 | 0 | 0 | 0 | 0 | 0 | 0 | 0 | 0 | 0 | 0 | 0 | 0 | 0 | 0 | 0 | 0 | 0 | 0 | 0 | 0 |
| 南通大学 | 19 | 0 | 0 | 0 | 0 | 0 | 0 | 0 | 0 | 0 | 0 | 0 | 0 | 0 | 0 | 0 | 0 | 0 | 0 | 0 | 0 | 0 | 0 | 0 | 0 | 0 | 0 |
| 盐城工学院 | 20 | 0 | 0 | 0 | 0 | 0 | 0 | 0 | 0 | 0 | 0 | 0 | 0 | 0 | 0 | 0 | 0 | 0 | 0 | 0 | 0 | 0 | 0 | 0 | 0 | 0 | 0 |

| | | | | | | | | | | | | | | | | | | | | | | | | | | | |
|---|---|---|---|---|---|---|---|---|---|---|---|---|---|---|---|---|---|---|---|---|---|---|---|---|---|---|---|
| 南京医科大学 | 21 | 0 | 0 | 0 | 0 | 0 | 0 | 0 | 0 | 0 | 0 | 0 | 0 | 0 | 0 | 0 | 0 | 0 | 0 | 0 | 0 | 0 | 0 | 0 | 0 | 0 | 0 |
| 徐州医科大学 | 22 | 0 | 0 | 0 | 0 | 0 | 0 | 0 | 0 | 0 | 0 | 0 | 0 | 0 | 0 | 0 | 0 | 0 | 0 | 0 | 0 | 0 | 0 | 0 | 0 | 0 | 0 |
| 南京中医药大学 | 23 | 1 | 0.3 | 0 | 10 | 3 | 0 | 0 | 0 | 0 | 0 | 0 | 0 | 0 | 0 | 0 | 0 | 0 | 0 | 0 | 0 | 0 | 0 | 0 | 0 | 0 | 0 |
| 南京师范大学 | 24 | 27 | 4 | 0.5 | 10 234.49 | 8 964.67 | 1 | 1 | 0 | 0 | 0 | 0 | 0 | 0 | 0 | 0 | 0 | 5 | 5 | 0 | 0 | 1 | 0 | 0 | 1 | 4 | 4 |
| 江苏师范大学 | 25 | 10 | 4.1 | 0 | 260 | 350 | 0 | 0 | 0 | 0 | 0 | 0 | 0 | 0 | 0 | 0 | 0 | 2 | 2 | 0 | 0 | 0 | 0 | 0 | 0 | 0 | 0 |
| 淮阴师范学院 | 26 | 0 | 0 | 0 | 0 | 0 | 0 | 0 | 0 | 0 | 0 | 0 | 0 | 0 | 0 | 0 | 0 | 0 | 0 | 0 | 0 | 0 | 0 | 0 | 0 | 0 | 0 |
| 盐城师范学院 | 27 | 0 | 0 | 0 | 0 | 0 | 0 | 0 | 0 | 0 | 0 | 0 | 0 | 0 | 0 | 0 | 0 | 0 | 0 | 0 | 0 | 0 | 0 | 0 | 0 | 0 | 0 |
| 南京财经大学 | 28 | 0 | 0 | 0 | 0 | 0 | 0 | 0 | 0 | 0 | 0 | 0 | 0 | 0 | 0 | 0 | 0 | 0 | 0 | 0 | 0 | 0 | 0 | 0 | 0 | 0 | 0 |
| 江苏警官学院 | 29 | 0 | 0 | 0 | 0 | 0 | 0 | 0 | 0 | 0 | 0 | 0 | 0 | 0 | 0 | 0 | 0 | 0 | 0 | 0 | 0 | 0 | 0 | 0 | 0 | 0 | 0 |
| 南京体育学院 | 30 | 0 | 0 | 0 | 0 | 0 | 0 | 0 | 0 | 0 | 0 | 0 | 0 | 0 | 0 | 0 | 0 | 0 | 0 | 0 | 0 | 0 | 0 | 0 | 0 | 0 | 0 |
| 南京艺术学院 | 31 | 0 | 0 | 0 | 0 | 0 | 0 | 0 | 0 | 0 | 0 | 0 | 0 | 0 | 0 | 0 | 0 | 0 | 0 | 0 | 0 | 0 | 0 | 0 | 0 | 0 | 0 |
| 苏州科技大学 | 32 | 0 | 0 | 0 | 0 | 0 | 0 | 0 | 0 | 0 | 0 | 0 | 0 | 0 | 0 | 0 | 0 | 0 | 0 | 0 | 0 | 0 | 0 | 0 | 0 | 0 | 0 |
| 常熟理工学院 | 33 | 0 | 0 | 0 | 0 | 0 | 0 | 0 | 0 | 0 | 0 | 0 | 0 | 0 | 0 | 0 | 0 | 0 | 0 | 0 | 0 | 0 | 0 | 0 | 0 | 0 | 0 |
| 淮阴工学院 | 34 | 0 | 0 | 0 | 0 | 0 | 0 | 0 | 0 | 0 | 0 | 0 | 0 | 0 | 0 | 0 | 0 | 0 | 0 | 0 | 0 | 0 | 0 | 0 | 0 | 0 | 0 |
| 常州工学院 | 35 | 0 | 0 | 0 | 0 | 0 | 0 | 0 | 0 | 0 | 0 | 0 | 0 | 0 | 0 | 0 | 0 | 0 | 0 | 0 | 0 | 0 | 0 | 0 | 0 | 0 | 0 |
| 扬州大学 | 36 | 0 | 0 | 0 | 0 | 0 | 0 | 0 | 0 | 0 | 0 | 0 | 0 | 0 | 0 | 0 | 0 | 0 | 0 | 0 | 0 | 0 | 0 | 0 | 0 | 0 | 0 |
| 南京工程学院 | 37 | 0 | 0 | 0 | 0 | 0 | 0 | 0 | 0 | 0 | 0 | 0 | 0 | 0 | 0 | 0 | 0 | 0 | 0 | 0 | 0 | 0 | 0 | 0 | 0 | 0 | 0 |
| 南京审计大学 | 38 | 0 | 0 | 0 | 0 | 0 | 0 | 0 | 0 | 0 | 0 | 0 | 0 | 0 | 0 | 0 | 0 | 0 | 0 | 0 | 0 | 0 | 0 | 0 | 0 | 0 | 0 |
| 南京晓庄学院 | 39 | 0 | 0 | 0 | 0 | 0 | 0 | 0 | 0 | 0 | 0 | 0 | 0 | 0 | 0 | 0 | 0 | 0 | 0 | 0 | 0 | 0 | 0 | 0 | 0 | 0 | 0 |
| 江苏理工学院 | 40 | 0 | 0 | 0 | 0 | 0 | 0 | 0 | 0 | 0 | 0 | 0 | 0 | 0 | 0 | 0 | 0 | 0 | 0 | 0 | 0 | 0 | 0 | 0 | 0 | 0 | 0 |
| 江苏海洋大学 | 41 | 0 | 0 | 0 | 0 | 0 | 0 | 0 | 0 | 0 | 0 | 0 | 0 | 0 | 0 | 0 | 0 | 0 | 0 | 0 | 0 | 0 | 0 | 0 | 0 | 0 | 0 |
| 徐州工程学院 | 42 | 0 | 0 | 0 | 0 | 0 | 0 | 0 | 0 | 0 | 0 | 0 | 0 | 0 | 0 | 0 | 0 | 0 | 0 | 0 | 0 | 0 | 0 | 0 | 0 | 0 | 0 |
| 南京特殊教育师范学院 | 43 | 0 | 0 | 0 | 0 | 0 | 0 | 0 | 0 | 0 | 0 | 0 | 0 | 0 | 0 | 0 | 0 | 0 | 0 | 0 | 0 | 0 | 0 | 0 | 0 | 0 | 0 |
| 泰州学院 | 44 | 0 | 0 | 0 | 0 | 0 | 0 | 0 | 0 | 0 | 0 | 0 | 0 | 0 | 0 | 0 | 0 | 0 | 0 | 0 | 0 | 0 | 0 | 0 | 0 | 0 | 0 |
| 金陵科技学院 | 45 | 0 | 0 | 0 | 0 | 0 | 0 | 0 | 0 | 0 | 0 | 0 | 0 | 0 | 0 | 0 | 0 | 0 | 0 | 0 | 0 | 0 | 0 | 0 | 0 | 0 | 0 |
| 江苏第二师范学院 | 46 | 0 | 0 | 0 | 0 | 0 | 0 | 0 | 0 | 0 | 0 | 0 | 0 | 0 | 0 | 0 | 0 | 0 | 0 | 0 | 0 | 0 | 0 | 0 | 0 | 0 | 0 |

## 2.12 经济学人文、社会科学研究与课题成果情况表

| 高校名称 | | 总数 | | | | | 出版著作(部) | | | | | | | 古籍整理(部) | 译著(部) | 发表译文(篇) | 电子出版物(件) | 发表论文(篇) | | | | 获奖成果数(项) | | | | 研究与咨询报告(篇) | |
|---|---|---|---|---|---|---|---|---|---|---|---|---|---|---|---|---|---|---|---|---|---|---|---|---|---|---|---|
| | | 课题数(项) | 当年投入人数(人年) | 其中:研究生(人年) | 当年拨入经费(千元) | 当年支出经费(千元) | 合计 | 专著 | 其中:被译成外文 | 编著教材 | 工具书参考书 | 皮书/发展报告 | 科普读物 | | | | | 合计 | 国内学术刊物 | 国外学术刊物 | 港澳、台地区刊物 | 合计 | 国家级奖 | 部级奖 | 省级奖 | 合计 | 其中:被采纳数 |
| | 编号 | L01 | L02 | L03 | L04 | L05 | L06 | L07 | L08 | L09 | L10 | L11 | L12 | L13 | L14 | L15 | L16 | L17 | L18 | L19 | L20 | L21 | L22 | L23 | L24 | L25 | L26 |
| 合计 | / | 2 956 | 673.8 | 86.3 | 116 820.6 | 101 971.1 | 114 | 86 | 1 | 22 | 1 | 0 | 5 | 0 | 1 | 0 | 9 | 1 635 | 1 402 | 233 | 0 | 96 | 0 | 17 | 79 | 283 | 165 |
| 南京大学 | 1 | 185 | 49.9 | 8.2 | 14 628.49 | 7 665.41 | 24 | 21 | 0 | 3 | 0 | 0 | 0 | 0 | 0 | 0 | 0 | 156 | 146 | 10 | 0 | 32 | 0 | 6 | 26 | 12 | 2 |
| 东南大学 | 2 | 115 | 14.2 | 0 | 4 013.3 | 4 105.55 | 10 | 8 | 0 | 2 | 0 | 0 | 0 | 0 | 0 | 0 | 0 | 42 | 42 | 0 | 0 | 8 | 0 | 4 | 4 | 14 | 9 |
| 江南大学 | 3 | 33 | 29.7 | 19 | 510 | 778 | 0 | 0 | 0 | 0 | 0 | 0 | 0 | 0 | 0 | 0 | 0 | 21 | 21 | 0 | 0 | 2 | 0 | 0 | 2 | 0 | 0 |
| 南京农业大学 | 4 | 162 | 27 | 7.9 | 3 604.5 | 3 826.86 | 2 | 2 | 0 | 0 | 0 | 0 | 0 | 0 | 0 | 0 | 0 | 81 | 70 | 11 | 0 | 3 | 0 | 0 | 3 | 3 | 2 |
| 中国矿业大学 | 5 | 53 | 11.9 | 1.6 | 848 | 181.08 | 1 | 1 | 0 | 0 | 0 | 0 | 0 | 0 | 0 | 0 | 0 | 31 | 15 | 16 | 0 | 2 | 0 | 0 | 2 | 2 | 0 |
| 河海大学 | 6 | 62 | 24.9 | 16.6 | 2 841.35 | 2 059.04 | 9 | 2 | 0 | 1 | 1 | 0 | 5 | 0 | 0 | 0 | 8 | 132 | 60 | 72 | 0 | 0 | 0 | 0 | 0 | 14 | 14 |
| 南京理工大学 | 7 | 17 | 2.1 | 0 | 310 | 285.75 | 0 | 0 | 0 | 0 | 0 | 0 | 0 | 0 | 0 | 0 | 0 | 14 | 3 | 11 | 0 | 3 | 0 | 1 | 2 | 0 | 0 |
| 南京航空航天大学 | 8 | 27 | 5.2 | 0 | 164 | 187 | 0 | 0 | 0 | 0 | 0 | 0 | 0 | 0 | 0 | 0 | 0 | 15 | 7 | 8 | 0 | 0 | 0 | 0 | 0 | 0 | 0 |
| 中国药科大学 | 9 | 77 | 8.8 | 0.1 | 4 496.68 | 3 223.38 | 0 | 0 | 0 | 0 | 0 | 0 | 0 | 0 | 0 | 0 | 0 | 0 | 0 | 0 | 0 | 0 | 0 | 0 | 0 | 0 | 0 |
| 南京森林警察学院 | 10 | 2 | 0.2 | 0 | 0 | 0 | 0 | 0 | 0 | 0 | 0 | 0 | 0 | 0 | 0 | 0 | 0 | 3 | 3 | 0 | 0 | 0 | 0 | 0 | 0 | 0 | 0 |
| 苏州大学 | 11 | 70 | 16.7 | 3.9 | 2 145.5 | 2 202.5 | 7 | 0 | 0 | 7 | 0 | 0 | 0 | 0 | 0 | 0 | 0 | 33 | 25 | 8 | 0 | 2 | 0 | 1 | 1 | 31 | 26 |
| 江苏科技大学 | 12 | 59 | 14.9 | 1.9 | 500 | 522.91 | 0 | 0 | 0 | 0 | 0 | 0 | 0 | 0 | 0 | 0 | 0 | 8 | 8 | 0 | 0 | 1 | 0 | 0 | 1 | 2 | 2 |
| 南京工业大学 | 13 | 40 | 6 | 1.5 | 936 | 936 | 1 | 1 | 0 | 0 | 0 | 0 | 0 | 0 | 1 | 0 | 0 | 97 | 88 | 9 | 0 | 1 | 0 | 0 | 1 | 6 | 6 |
| 常州大学 | 14 | 42 | 14.1 | 0 | 1 143 | 973.2 | 0 | 0 | 0 | 0 | 0 | 0 | 0 | 0 | 0 | 0 | 0 | 22 | 16 | 6 | 0 | 0 | 0 | 0 | 0 | 2 | 1 |
| 南京邮电大学 | 15 | 60 | 20.4 | 7.3 | 500 | 856.5 | 3 | 3 | 0 | 0 | 0 | 0 | 0 | 0 | 0 | 0 | 0 | 28 | 28 | 0 | 0 | 0 | 0 | 0 | 0 | 1 | 1 |
| 南京林业大学 | 16 | 35 | 3.6 | 0 | 265 | 420.91 | 3 | 3 | 0 | 0 | 0 | 0 | 0 | 0 | 0 | 0 | 0 | 25 | 21 | 4 | 0 | 0 | 0 | 0 | 0 | 0 | 0 |
| 江苏大学 | 17 | 56 | 10 | 5 | 1 383.77 | 1 393.77 | 0 | 0 | 0 | 0 | 0 | 0 | 0 | 0 | 0 | 0 | 0 | 76 | 76 | 0 | 0 | 1 | 0 | 0 | 1 | 0 | 0 |
| 南京信息工程大学 | 18 | 43 | 16.1 | 1.2 | 1 908.5 | 857.01 | 3 | 3 | 0 | 0 | 0 | 0 | 0 | 0 | 0 | 0 | 0 | 30 | 15 | 15 | 0 | 0 | 0 | 0 | 0 | 2 | 2 |
| 南通大学 | 19 | 66 | 12.4 | 0.6 | 1 691.5 | 1 431.5 | 6 | 5 | 1 | 1 | 0 | 0 | 0 | 0 | 0 | 0 | 0 | 43 | 43 | 0 | 0 | 2 | 0 | 0 | 2 | 33 | 22 |
| 盐城工学院 | 20 | 27 | 2.8 | 0 | 1 888.84 | 1 890.84 | 0 | 0 | 0 | 0 | 0 | 0 | 0 | 0 | 0 | 0 | 0 | 16 | 14 | 2 | 0 | 0 | 0 | 0 | 0 | 2 | 1 |

| | | | | | | | | | | | | | | | | | | | | | | | | | | | |
|---|---|---|---|---|---|---|---|---|---|---|---|---|---|---|---|---|---|---|---|---|---|---|---|---|---|---|---|
| 南京医科大学 | 21 | 0 | 0 | 0 | 0 | 0 | 0 | 0 | 0 | 0 | 0 | 0 | 0 | 0 | 0 | 0 | 0 | 0 | 0 | 0 | 0 | 0 | 0 | 0 | 0 | 0 | 0 |
| 徐州医科大学 | 22 | 2 | 0.5 | 0 | 0 | 70.5 | 0 | 0 | 0 | 0 | 0 | 0 | 0 | 0 | 0 | 0 | 0 | 3 | 3 | 0 | 0 | 1 | 0 | 0 | 1 | 0 | 0 |
| 南京中医药大学 | 23 | 4 | 1.2 | 0 | 10 | 8.02 | 0 | 0 | 0 | 0 | 0 | 0 | 0 | 0 | 0 | 0 | 0 | 3 | 3 | 0 | 0 | 0 | 0 | 0 | 0 | 0 | 0 |
| 南京师范大学 | 24 | 52 | 11.9 | 2.7 | 1 074.8 | 704.84 | 1 | 0 | 0 | 1 | 0 | 0 | 0 | 0 | 0 | 0 | 0 | 33 | 23 | 10 | 0 | 1 | 0 | 0 | 1 | 3 | 2 |
| 江苏师范大学 | 25 | 131 | 44.7 | 1 | 6 719 | 7 721.83 | 3 | 2 | 0 | 1 | 0 | 0 | 0 | 0 | 0 | 0 | 0 | 45 | 38 | 7 | 0 | 3 | 0 | 0 | 3 | 23 | 22 |
| 淮阴师范学院 | 26 | 42 | 5.5 | 0 | 1 717.8 | 2 338 | 1 | 1 | 0 | 0 | 0 | 0 | 0 | 0 | 0 | 0 | 0 | 7 | 7 | 0 | 0 | 0 | 0 | 0 | 0 | 1 | 0 |
| 盐城师范学院 | 27 | 110 | 21.3 | 0 | 6 199.5 | 4 545.21 | 3 | 3 | 0 | 0 | 0 | 0 | 0 | 0 | 0 | 0 | 0 | 17 | 17 | 0 | 0 | 0 | 0 | 0 | 0 | 21 | 8 |
| 南京财经大学 | 28 | 368 | 71.3 | 4 | 19 132.54 | 19 800.7 | 3 | 2 | 0 | 1 | 0 | 0 | 0 | 0 | 0 | 0 | 0 | 200 | 200 | 0 | 0 | 11 | 0 | 2 | 9 | 3 | 3 |
| 江苏警官学院 | 29 | 3 | 0.4 | 0 | 0 | 0 | 0 | 0 | 0 | 0 | 0 | 0 | 0 | 0 | 0 | 0 | 0 | 0 | 0 | 0 | 0 | 0 | 0 | 0 | 0 | 0 | 0 |
| 南京体育学院 | 30 | 0 | 0 | 0 | 0 | 0 | 1 | 1 | 0 | 0 | 0 | 0 | 0 | 0 | 0 | 0 | 0 | 6 | 6 | 0 | 0 | 0 | 0 | 0 | 0 | 0 | 0 |
| 南京艺术学院 | 31 | 0 | 0 | 0 | 0 | 0 | 0 | 0 | 0 | 0 | 0 | 0 | 0 | 0 | 0 | 0 | 0 | 1 | 1 | 0 | 0 | 0 | 0 | 0 | 0 | 0 | 0 |
| 苏州科技大学 | 32 | 40 | 10.2 | 1.6 | 412 | 412 | 1 | 1 | 0 | 0 | 0 | 0 | 0 | 0 | 0 | 0 | 0 | 32 | 26 | 6 | 0 | 0 | 0 | 0 | 0 | 16 | 10 |
| 常熟理工学院 | 33 | 20 | 4.1 | 0 | 320 | 209.04 | 2 | 0 | 0 | 2 | 0 | 0 | 0 | 0 | 0 | 0 | 0 | 18 | 17 | 1 | 0 | 0 | 0 | 0 | 0 | 0 | 0 |
| 淮阴工学院 | 34 | 118 | 20.6 | 0 | 14 561.96 | 12 715.42 | 1 | 1 | 0 | 0 | 0 | 0 | 0 | 0 | 0 | 0 | 0 | 43 | 38 | 5 | 0 | 1 | 0 | 0 | 1 | 0 | 0 |
| 常州工学院 | 35 | 95 | 18.4 | 0 | 461 | 1 065.03 | 0 | 0 | 0 | 0 | 0 | 0 | 0 | 0 | 0 | 0 | 0 | 31 | 27 | 4 | 0 | 1 | 0 | 0 | 1 | 16 | 2 |
| 扬州大学 | 36 | 57 | 8.2 | 0.4 | 1 582 | 1 947.1 | 3 | 3 | 0 | 0 | 0 | 0 | 0 | 0 | 0 | 0 | 0 | 13 | 12 | 1 | 0 | 1 | 0 | 1 | 0 | 12 | 12 |
| 南京工程学院 | 37 | 56 | 10.4 | 0 | 5 106.2 | 4 575.25 | 0 | 0 | 0 | 0 | 0 | 0 | 0 | 0 | 0 | 0 | 0 | 7 | 7 | 0 | 0 | 0 | 0 | 0 | 0 | 0 | 0 |
| 南京审计大学 | 38 | 260 | 96.2 | 1.8 | 7 790.82 | 4 574.61 | 5 | 5 | 0 | 0 | 0 | 0 | 0 | 0 | 0 | 0 | 0 | 167 | 144 | 23 | 0 | 13 | 0 | 2 | 11 | 7 | 7 |
| 南京晓庄学院 | 39 | 34 | 3.8 | 0 | 57.5 | 182.5 | 5 | 5 | 0 | 0 | 0 | 0 | 0 | 0 | 0 | 0 | 0 | 25 | 22 | 3 | 0 | 0 | 0 | 0 | 0 | 0 | 0 |
| 江苏理工学院 | 40 | 75 | 14 | 0 | 1 664 | 1 389 | 2 | 2 | 0 | 0 | 0 | 0 | 0 | 0 | 0 | 0 | 0 | 25 | 25 | 0 | 0 | 0 | 0 | 0 | 0 | 12 | 3 |
| 江苏海洋大学 | 41 | 95 | 9.5 | 0 | 2 163 | 2 709.25 | 4 | 4 | 0 | 0 | 0 | 0 | 0 | 0 | 0 | 0 | 0 | 35 | 35 | 0 | 0 | 3 | 0 | 0 | 3 | 30 | 3 |
| 徐州工程学院 | 42 | 123 | 23.2 | 0 | 867 | 680 | 6 | 4 | 0 | 2 | 0 | 0 | 0 | 0 | 0 | 0 | 1 | 36 | 36 | 0 | 0 | 1 | 0 | 0 | 1 | 15 | 5 |
| 南京特殊教育师范学院 | 43 | 0 | 0 | 0 | 0 | 0 | 0 | 0 | 0 | 0 | 0 | 0 | 0 | 0 | 0 | 0 | 0 | 0 | 0 | 0 | 0 | 0 | 0 | 0 | 0 | 0 | 0 |
| 泰州学院 | 44 | 5 | 1.6 | 0 | 30 | 113 | 0 | 0 | 0 | 0 | 0 | 0 | 0 | 0 | 0 | 0 | 0 | 5 | 4 | 1 | 0 | 0 | 0 | 0 | 0 | 0 | 0 |
| 金陵科技学院 | 45 | 27 | 4 | 0 | 3 173 | 2 377 | 3 | 2 | 0 | 1 | 0 | 0 | 0 | 0 | 0 | 0 | 0 | 9 | 9 | 0 | 0 | 3 | 0 | 0 | 3 | 0 | 0 |
| 江苏第二师范学院 | 46 | 8 | 1.9 | 0 | 0 | 35.63 | 1 | 1 | 0 | 0 | 0 | 0 | 0 | 0 | 0 | 0 | 0 | 1 | 1 | 0 | 0 | 0 | 0 | 0 | 0 | 0 | 0 |

## 2.13 政治学人文、社会科学研究与课题成果情况表

| 高校名称 | 编号 | 总数 课题数(项) | 当年投入人数(人年) | 其中：研究生(人年) | 当年拨入经费(千元) | 当年支出经费(千元) | 出版著作(部) 合计 | 专著 | 其中：被译成外文 | 编著教材 | 工具书参考书 | 皮书/发展报告 | 科普读物 | 古籍整理(部) | 译著(部) | 发表译文(篇) | 电子出版物(件) | 发表论文(篇) 合计 | 国内学术刊物 | 国外学术刊物 | 港澳台地区刊物 | 获奖成果数(项) 合计 | 国家级奖 | 部级奖 | 省级奖 | 研究与咨询报告(篇) 合计 | 其中：被采纳数 |
|---|---|---|---|---|---|---|---|---|---|---|---|---|---|---|---|---|---|---|---|---|---|---|---|---|---|---|---|
| | | L01 | L02 | L03 | L04 | L05 | L06 | L07 | L08 | L09 | L10 | L11 | L12 | L13 | L14 | L15 | L16 | L17 | L18 | L19 | L20 | L21 | L22 | L23 | L24 | L25 | L26 |
| 合计 | / | 598 | 143.5 | 19.3 | 14 341.1 | 9 654.37 | 15 | 14 | 0 | 1 | 0 | 0 | 0 | 0 | 4 | 0 | 0 | 350 | 343 | 7 | 0 | 14 | 0 | 2 | 12 | 50 | 40 |
| 南京大学 | 1 | 88 | 18.6 | 0.8 | 4 763 | 2 673.81 | 7 | 6 | 0 | 1 | 0 | 0 | 0 | 0 | 2 | 0 | 0 | 73 | 69 | 4 | 0 | 2 | 0 | 2 | 0 | 0 | 0 |
| 东南大学 | 2 | 10 | 1.6 | 0 | 70 | 92.5 | 0 | 0 | 0 | 0 | 0 | 0 | 0 | 0 | 0 | 0 | 0 | 0 | 0 | 0 | 0 | 0 | 0 | 0 | 0 | 0 | 0 |
| 江南大学 | 3 | 15 | 11.2 | 7.6 | 400 | 372 | 0 | 0 | 0 | 0 | 0 | 0 | 0 | 0 | 0 | 0 | 0 | 3 | 3 | 0 | 0 | 1 | 0 | 0 | 1 | 4 | 4 |
| 南京农业大学 | 4 | 17 | 1.8 | 0 | 170 | 174 | 1 | 1 | 0 | 0 | 0 | 0 | 0 | 0 | 0 | 0 | 0 | 3 | 3 | 0 | 0 | 0 | 0 | 0 | 0 | 2 | 0 |
| 中国矿业大学 | 5 | 24 | 5.5 | 0.2 | 722.5 | 362.7 | 0 | 0 | 0 | 0 | 0 | 0 | 0 | 0 | 0 | 0 | 0 | 8 | 8 | 0 | 0 | 1 | 0 | 0 | 1 | 1 | 1 |
| 河海大学 | 6 | 26 | 4.6 | 3.1 | 40 | 41.6 | 0 | 0 | 0 | 0 | 0 | 0 | 0 | 0 | 0 | 0 | 0 | 19 | 19 | 0 | 0 | 0 | 0 | 0 | 0 | 10 | 7 |
| 南京理工大学 | 7 | 10 | 1.9 | 0.1 | 40 | 174 | 2 | 2 | 0 | 0 | 0 | 0 | 0 | 0 | 0 | 0 | 0 | 6 | 6 | 0 | 0 | 2 | 0 | 0 | 2 | 1 | 1 |
| 南京航空航天大学 | 8 | 4 | 0.6 | 0 | 180 | 180 | 0 | 0 | 0 | 0 | 0 | 0 | 0 | 0 | 0 | 0 | 0 | 4 | 4 | 0 | 0 | 0 | 0 | 0 | 0 | 0 | 0 |
| 中国药科大学 | 9 | 0 | 0 | 0 | 0 | 0 | 0 | 0 | 0 | 0 | 0 | 0 | 0 | 0 | 0 | 0 | 0 | 0 | 0 | 0 | 0 | 0 | 0 | 0 | 0 | 0 | 0 |
| 南京森林警察学院 | 10 | 4 | 0.6 | 0 | 10 | 105.89 | 0 | 0 | 0 | 0 | 0 | 0 | 0 | 0 | 0 | 0 | 0 | 4 | 4 | 0 | 0 | 0 | 0 | 0 | 0 | 0 | 0 |
| 苏州大学 | 11 | 30 | 9.8 | 3.3 | 1 588 | 888 | 0 | 0 | 0 | 0 | 0 | 0 | 0 | 0 | 0 | 0 | 0 | 32 | 31 | 1 | 0 | 0 | 0 | 0 | 0 | 2 | 0 |
| 江苏科技大学 | 12 | 12 | 1.6 | 0 | 6 | 25.75 | 0 | 0 | 0 | 0 | 0 | 0 | 0 | 0 | 1 | 0 | 0 | 0 | 0 | 0 | 0 | 0 | 0 | 0 | 0 | 0 | 0 |
| 南京工业大学 | 13 | 13 | 2 | 0 | 460 | 150 | 1 | 1 | 0 | 0 | 0 | 0 | 0 | 0 | 0 | 0 | 0 | 32 | 32 | 0 | 0 | 0 | 0 | 0 | 0 | 0 | 0 |
| 常州大学 | 14 | 4 | 1.7 | 0 | 0 | 82 | 0 | 0 | 0 | 0 | 0 | 0 | 0 | 0 | 0 | 0 | 0 | 0 | 0 | 0 | 0 | 0 | 0 | 0 | 0 | 0 | 0 |
| 南京邮电大学 | 15 | 16 | 6.6 | 2.4 | 272 | 207 | 0 | 0 | 0 | 0 | 0 | 0 | 0 | 0 | 0 | 0 | 0 | 4 | 4 | 0 | 0 | 1 | 0 | 0 | 1 | 0 | 0 |
| 南京林业大学 | 16 | 3 | 0.3 | 0 | 0 | 45.4 | 0 | 0 | 0 | 0 | 0 | 0 | 0 | 0 | 0 | 0 | 0 | 0 | 0 | 0 | 0 | 0 | 0 | 0 | 0 | 0 | 0 |
| 江苏大学 | 17 | 2 | 0.3 | 0 | 0 | 0 | 0 | 0 | 0 | 0 | 0 | 0 | 0 | 0 | 0 | 0 | 0 | 0 | 0 | 0 | 0 | 0 | 0 | 0 | 0 | 0 | 0 |
| 南京信息工程大学 | 18 | 14 | 5.9 | 0.8 | 68 | 129.81 | 0 | 0 | 0 | 0 | 0 | 0 | 0 | 0 | 0 | 0 | 0 | 1 | 1 | 0 | 0 | 0 | 0 | 0 | 0 | 0 | 0 |
| 南通大学 | 19 | 46 | 8.3 | 0 | 959.5 | 575.5 | 0 | 0 | 0 | 0 | 0 | 0 | 0 | 0 | 0 | 0 | 0 | 4 | 4 | 0 | 0 | 1 | 0 | 0 | 1 | 4 | 4 |
| 盐城工学院 | 20 | 3 | 0.3 | 0 | 13 | 13 | 0 | 0 | 0 | 0 | 0 | 0 | 0 | 0 | 0 | 0 | 0 | 1 | 1 | 0 | 0 | 0 | 0 | 0 | 0 | 0 | 0 |

|  |  |  |  |  |  |  |  |  |  |  |  |  |  |  |  |  |  |  |  |  |  |  |  |  |  |  |  |
|---|---|---|---|---|---|---|---|---|---|---|---|---|---|---|---|---|---|---|---|---|---|---|---|---|---|---|---|
| 南京医科大学 | 21 | 1 | 0.1 | 0 | 0 | 121.9 | 0 | 0 | 0 | 0 | 0 | 0 | 0 | 0 | 0 | 0 | 0 | 0 | 0 | 0 | 0 | 0 | 0 | 0 | 0 | 0 | 0 |
| 徐州医科大学 | 22 | 1 | 0.2 | 0 | 0 | 1.6 | 0 | 0 | 0 | 0 | 0 | 0 | 0 | 0 | 0 | 0 | 0 | 2 | 2 | 0 | 0 | 0 | 0 | 0 | 0 | 0 | 0 |
| 南京中医药大学 | 23 | 4 | 1.7 | 0 | 0 | 0 | 0 | 0 | 0 | 0 | 0 | 0 | 0 | 0 | 0 | 0 | 0 | 3 | 3 | 0 | 0 | 0 | 0 | 0 | 0 | 0 | 0 |
| 南京师范大学 | 24 | 50 | 12.6 | 0.5 | 1 748.1 | 628.8 | 1 | 1 | 0 | 0 | 0 | 0 | 0 | 0 | 1 | 0 | 0 | 53 | 52 | 1 | 0 | 6 | 0 | 0 | 6 | 1 | 1 |
| 江苏师范大学 | 25 | 38 | 12.4 | 0 | 250 | 548 | 0 | 0 | 0 | 0 | 0 | 0 | 0 | 0 | 0 | 0 | 0 | 8 | 8 | 0 | 0 | 0 | 0 | 0 | 0 | 17 | 17 |
| 淮阴师范学院 | 26 | 3 | 0.3 | 0 | 70 | 40 | 0 | 0 | 0 | 0 | 0 | 0 | 0 | 0 | 0 | 0 | 0 | 4 | 3 | 1 | 0 | 0 | 0 | 0 | 0 | 0 | 0 |
| 盐城师范学院 | 27 | 10 | 1.8 | 0 | 695 | 404.3 | 0 | 0 | 0 | 0 | 0 | 0 | 0 | 0 | 0 | 0 | 0 | 7 | 7 | 0 | 0 | 0 | 0 | 0 | 0 | 1 | 1 |
| 南京财经大学 | 28 | 5 | 1 | 0 | 85 | 74 | 1 | 1 | 0 | 0 | 0 | 0 | 0 | 0 | 0 | 0 | 0 | 6 | 6 | 0 | 0 | 0 | 0 | 0 | 0 | 0 | 0 |
| 江苏警官学院 | 29 | 16 | 2.2 | 0 | 30 | 0 | 0 | 0 | 0 | 0 | 0 | 0 | 0 | 0 | 0 | 0 | 0 | 12 | 12 | 0 | 0 | 0 | 0 | 0 | 0 | 0 | 0 |
| 南京体育学院 | 30 | 1 | 0.2 | 0 | 0 | 4 | 0 | 0 | 0 | 0 | 0 | 0 | 0 | 0 | 0 | 0 | 0 | 3 | 3 | 0 | 0 | 0 | 0 | 0 | 0 | 0 | 0 |
| 南京艺术学院 | 31 | 0 | 0 | 0 | 0 | 0 | 0 | 0 | 0 | 0 | 0 | 0 | 0 | 0 | 0 | 0 | 0 | 0 | 0 | 0 | 0 | 0 | 0 | 0 | 0 | 0 | 0 |
| 苏州科技大学 | 32 | 16 | 3.6 | 0.3 | 326 | 299 | 0 | 0 | 0 | 0 | 0 | 0 | 0 | 0 | 0 | 0 | 0 | 3 | 3 | 0 | 0 | 0 | 0 | 0 | 0 | 0 | 0 |
| 常熟理工学院 | 33 | 2 | 0.6 | 0 | 0 | 21.35 | 0 | 0 | 0 | 0 | 0 | 0 | 0 | 0 | 0 | 0 | 0 | 1 | 1 | 0 | 0 | 0 | 0 | 0 | 0 | 0 | 0 |
| 淮阴工学院 | 34 | 2 | 0.5 | 0 | 0 | 1.2 | 0 | 0 | 0 | 0 | 0 | 0 | 0 | 0 | 0 | 0 | 0 | 3 | 3 | 0 | 0 | 0 | 0 | 0 | 0 | 0 | 0 |
| 常州工学院 | 35 | 3 | 0.6 | 0 | 30 | 15.21 | 0 | 0 | 0 | 0 | 0 | 0 | 0 | 0 | 0 | 0 | 0 | 4 | 4 | 0 | 0 | 0 | 0 | 0 | 0 | 1 | 0 |
| 扬州大学 | 36 | 32 | 4.8 | 0 | 35 | 272.5 | 0 | 0 | 0 | 0 | 0 | 0 | 0 | 0 | 0 | 0 | 0 | 3 | 3 | 0 | 0 | 0 | 0 | 0 | 0 | 0 | 0 |
| 南京工程学院 | 37 | 3 | 0.6 | 0 | 12 | 23.8 | 0 | 0 | 0 | 0 | 0 | 0 | 0 | 0 | 0 | 0 | 0 | 11 | 11 | 0 | 0 | 0 | 0 | 0 | 0 | 0 | 0 |
| 南京审计大学 | 38 | 18 | 7.2 | 0.2 | 724 | 278.03 | 0 | 0 | 0 | 0 | 0 | 0 | 0 | 0 | 0 | 0 | 0 | 23 | 23 | 0 | 0 | 0 | 0 | 0 | 0 | 3 | 3 |
| 南京晓庄学院 | 39 | 5 | 0.7 | 0 | 0 | 11 | 2 | 2 | 0 | 0 | 0 | 0 | 0 | 0 | 0 | 0 | 0 | 0 | 0 | 0 | 0 | 0 | 0 | 0 | 0 | 0 | 0 |
| 江苏理工学院 | 40 | 12 | 2 | 0 | 50 | 78.6 | 0 | 0 | 0 | 0 | 0 | 0 | 0 | 0 | 0 | 0 | 0 | 3 | 3 | 0 | 0 | 0 | 0 | 0 | 0 | 0 | 0 |
| 江苏海洋大学 | 41 | 18 | 1.8 | 0 | 182.5 | 197.2 | 0 | 0 | 0 | 0 | 0 | 0 | 0 | 0 | 0 | 0 | 0 | 3 | 3 | 0 | 0 | 0 | 0 | 0 | 0 | 3 | 1 |
| 徐州工程学院 | 42 | 2 | 0.3 | 0 | 0 | 1 | 0 | 0 | 0 | 0 | 0 | 0 | 0 | 0 | 0 | 0 | 0 | 0 | 0 | 0 | 0 | 0 | 0 | 0 | 0 | 0 | 0 |
| 南京特殊教育师范学院 | 43 | 1 | 0.2 | 0 | 0 | 0 | 0 | 0 | 0 | 0 | 0 | 0 | 0 | 0 | 0 | 0 | 0 | 2 | 2 | 0 | 0 | 0 | 0 | 0 | 0 | 0 | 0 |
| 泰州学院 | 44 | 8 | 3.2 | 0 | 0 | 25.9 | 0 | 0 | 0 | 0 | 0 | 0 | 0 | 0 | 0 | 0 | 0 | 1 | 1 | 0 | 0 | 0 | 0 | 0 | 0 | 0 | 0 |
| 金陵科技学院 | 45 | 0 | 0 | 0 | 0 | 0 | 0 | 0 | 0 | 0 | 0 | 0 | 0 | 0 | 0 | 0 | 0 | 0 | 0 | 0 | 0 | 0 | 0 | 0 | 0 | 0 | 0 |
| 江苏第二师范学院 | 46 | 6 | 1.7 | 0 | 341.5 | 314.02 | 0 | 0 | 0 | 0 | 0 | 0 | 0 | 0 | 0 | 0 | 0 | 1 | 1 | 0 | 0 | 0 | 0 | 0 | 0 | 0 | 0 |

## 2.14 法学人文、社会科学研究与课题成果情况表

| 高校名称 | 编号 | 总数 | | | | | 出版著作(部) | | | | | | | 古籍整理(部) | 译著(部) | 发表译文(篇) | 电子出版物(件) | 发表论文(篇) | | | | 获奖成果数(项) | | | | 研究与咨询报告(篇) | |
|---|---|---|---|---|---|---|---|---|---|---|---|---|---|---|---|---|---|---|---|---|---|---|---|---|---|---|---|
| | | 课题数(项) | 当年投入人数(人年) | 其中:研究生(人年) | 当年拨入经费(千元) | 当年支出经费(千元) | 合计 | 专著 | 其中:被译成外文 | 编著教材 | 工具书参考书 | 皮书/发展报告 | 科普读物 | | | | | 合计 | 国内学术刊物 | 国外学术刊物 | 港、澳、台地区刊物 | 合计 | 国家级奖 | 部级奖 | 省级奖 | 合计 | 其中:被采纳数 |
| | | L01 | L02 | L03 | L04 | L05 | L06 | L07 | L08 | L09 | L10 | L11 | L12 | L13 | L14 | L15 | L16 | L17 | L18 | L19 | L20 | L21 | L22 | L23 | L24 | L25 | L26 |
| 合计 | / | 1 476 | 303.4 | 33.9 | 35 422.93 | 29 839.98 | 98 | 73 | 2 | 11 | 6 | 0 | 8 | 0 | 6 | 3 | 0 | 857 | 827 | 30 | 0 | 36 | 0 | 6 | 30 | 115 | 89 |
| 南京大学 | 1 | 84 | 16.4 | 0.1 | 3 541.9 | 1 532.05 | 5 | 5 | 0 | 0 | 0 | 0 | 0 | 0 | 0 | 0 | 0 | 83 | 82 | 1 | 0 | 9 | 0 | 2 | 7 | 0 | 0 |
| 东南大学 | 2 | 181 | 23.9 | 0 | 3 936.8 | 3 736.22 | 17 | 17 | 0 | 0 | 0 | 0 | 0 | 0 | 0 | 0 | 0 | 89 | 87 | 2 | 0 | 6 | 0 | 1 | 5 | 19 | 19 |
| 江南大学 | 3 | 14 | 15.6 | 13.6 | 120 | 182 | 21 | 13 | 2 | 3 | 5 | 0 | 0 | 0 | 1 | 0 | 0 | 25 | 10 | 15 | 0 | 0 | 0 | 0 | 0 | 0 | 0 |
| 南京农业大学 | 4 | 21 | 2.3 | 0.1 | 140 | 172.4 | 0 | 0 | 0 | 0 | 0 | 0 | 0 | 0 | 0 | 0 | 0 | 5 | 5 | 0 | 0 | 0 | 0 | 0 | 0 | 1 | 0 |
| 中国矿业大学 | 5 | 6 | 1 | 0 | 0 | 0 | 1 | 1 | 0 | 0 | 0 | 0 | 0 | 0 | 0 | 0 | 0 | 0 | 0 | 0 | 0 | 0 | 0 | 0 | 0 | 1 | 1 |
| 河海大学 | 6 | 53 | 16 | 10.5 | 1 636.5 | 1 362.51 | 12 | 2 | 0 | 2 | 0 | 0 | 8 | 0 | 0 | 0 | 0 | 79 | 76 | 3 | 0 | 1 | 0 | 1 | 0 | 15 | 15 |
| 南京理工大学 | 7 | 77 | 17.5 | 2.6 | 3 265 | 2 255.03 | 0 | 0 | 0 | 0 | 0 | 0 | 0 | 0 | 0 | 0 | 0 | 9 | 8 | 1 | 0 | 0 | 0 | 0 | 0 | 8 | 8 |
| 南京航空航天大学 | 8 | 23 | 4 | 0 | 228 | 252 | 1 | 1 | 0 | 0 | 0 | 0 | 0 | 0 | 0 | 0 | 0 | 20 | 19 | 1 | 0 | 2 | 0 | 0 | 2 | 2 | 2 |
| 中国药科大学 | 9 | 0 | 0 | 0 | 0 | 0 | 0 | 0 | 0 | 0 | 0 | 0 | 0 | 0 | 0 | 0 | 0 | 0 | 0 | 0 | 0 | 0 | 0 | 0 | 0 | 0 | 0 |
| 南京森林警察学院 | 10 | 69 | 7.7 | 0 | 2 041.62 | 623.94 | 4 | 3 | 0 | 0 | 1 | 0 | 0 | 0 | 0 | 0 | 0 | 51 | 50 | 1 | 0 | 1 | 0 | 0 | 1 | 3 | 0 |
| 苏州大学 | 11 | 110 | 22.8 | 2.5 | 1 832 | 2 986 | 6 | 5 | 0 | 1 | 0 | 0 | 0 | 0 | 0 | 0 | 0 | 80 | 80 | 0 | 0 | 5 | 0 | 0 | 5 | 0 | 0 |
| 江苏科技大学 | 12 | 9 | 1.7 | 0 | 35 | 10 | 0 | 0 | 0 | 0 | 0 | 0 | 0 | 0 | 0 | 0 | 0 | 1 | 1 | 0 | 0 | 0 | 0 | 0 | 0 | 2 | 2 |
| 南京工业大学 | 13 | 35 | 6.7 | 1.4 | 372.5 | 372.5 | 2 | 1 | 0 | 1 | 0 | 0 | 0 | 0 | 0 | 0 | 0 | 12 | 12 | 0 | 0 | 0 | 0 | 0 | 0 | 1 | 0 |
| 常州大学 | 14 | 62 | 20.2 | 0 | 2 114.2 | 2 508.3 | 4 | 4 | 0 | 0 | 0 | 0 | 0 | 0 | 0 | 0 | 0 | 27 | 27 | 0 | 0 | 0 | 0 | 0 | 0 | 1 | 1 |
| 南京邮电大学 | 15 | 3 | 0.7 | 0 | 0 | 0 | 0 | 0 | 0 | 0 | 0 | 0 | 0 | 0 | 0 | 0 | 0 | 3 | 3 | 0 | 0 | 0 | 0 | 0 | 0 | 0 | 0 |
| 南京林业大学 | 16 | 2 | 0.2 | 0 | 170 | 141.94 | 0 | 0 | 0 | 0 | 0 | 0 | 0 | 0 | 0 | 0 | 0 | 5 | 5 | 0 | 0 | 1 | 0 | 0 | 1 | 1 | 1 |
| 江苏大学 | 17 | 52 | 10.6 | 0 | 1 236 | 1 231 | 0 | 0 | 0 | 0 | 0 | 0 | 0 | 0 | 0 | 0 | 0 | 10 | 10 | 0 | 0 | 1 | 0 | 0 | 1 | 0 | 0 |
| 南京信息工程大学 | 18 | 37 | 9.8 | 0 | 841 | 596.06 | 1 | 1 | 0 | 0 | 0 | 0 | 0 | 0 | 0 | 0 | 0 | 18 | 18 | 0 | 0 | 0 | 0 | 0 | 0 | 6 | 6 |
| 南通大学 | 19 | 5 | 1.1 | 0.2 | 368.95 | 218.95 | 0 | 0 | 0 | 0 | 0 | 0 | 0 | 0 | 0 | 0 | 0 | 8 | 8 | 0 | 0 | 0 | 0 | 0 | 0 | 2 | 2 |
| 盐城工学院 | 20 | 16 | 1.6 | 0 | 140 | 200 | 0 | 0 | 0 | 0 | 0 | 0 | 0 | 0 | 0 | 0 | 0 | 1 | 1 | 0 | 0 | 0 | 0 | 0 | 0 | 0 | 0 |

| | | | | | | | | | | | | | | | | | | | | | | | | | | | |
|---|---|---|---|---|---|---|---|---|---|---|---|---|---|---|---|---|---|---|---|---|---|---|---|---|---|---|---|
| 南京医科大学 | 21 | 1 | 0.1 | 0 | 0 | 0 | 0 | 0 | 0 | 0 | 0 | 0 | 0 | 0 | 0 | 0 | 0 | 0 | 0 | 0 | 0 | 0 | 0 | 0 | 0 | 0 | 0 |
| 徐州医科大学 | 22 | 3 | 0.6 | 0 | 0 | 7.5 | 0 | 0 | 0 | 0 | 0 | 0 | 0 | 0 | 0 | 0 | 0 | 6 | 6 | 0 | 0 | 0 | 0 | 0 | 0 | 0 | 0 |
| 南京中医药大学 | 23 | 9 | 3.3 | 0 | 99 | 76.83 | 0 | 0 | 0 | 0 | 0 | 0 | 0 | 0 | 0 | 0 | 0 | 0 | 0 | 0 | 0 | 0 | 0 | 0 | 0 | 2 | 2 |
| 南京师范大学 | 24 | 115 | 21.8 | 2.2 | 3 535 | 2 350.63 | 7 | 4 | 0 | 3 | 0 | 0 | 0 | 0 | 2 | 3 | 0 | 88 | 86 | 2 | 0 | 6 | 0 | 2 | 4 | 24 | 16 |
| 江苏师范大学 | 25 | 32 | 13.3 | 0.2 | 345 | 1 242 | 5 | 5 | 0 | 0 | 0 | 0 | 0 | 0 | 3 | 0 | 0 | 30 | 27 | 3 | 0 | 0 | 0 | 0 | 0 | 1 | 1 |
| 淮阴师范学院 | 26 | 40 | 6.4 | 0 | 2 981.5 | 2 776.5 | 0 | 0 | 0 | 0 | 0 | 0 | 0 | 0 | 0 | 0 | 0 | 5 | 5 | 0 | 0 | 1 | 0 | 0 | 1 | 0 | 0 |
| 盐城师范学院 | 27 | 36 | 6.8 | 0 | 1 000 | 752.8 | 0 | 0 | 0 | 0 | 0 | 0 | 0 | 0 | 0 | 0 | 0 | 9 | 9 | 0 | 0 | 0 | 0 | 0 | 0 | 3 | 3 |
| 南京财经大学 | 28 | 32 | 6.3 | 0 | 1 005.04 | 956.1 | 1 | 1 | 0 | 0 | 0 | 0 | 0 | 0 | 0 | 0 | 0 | 16 | 16 | 0 | 0 | 0 | 0 | 0 | 0 | 0 | 0 |
| 江苏警官学院 | 29 | 131 | 17.2 | 0 | 255 | 19 | 5 | 5 | 0 | 0 | 0 | 0 | 0 | 0 | 0 | 0 | 0 | 48 | 48 | 0 | 0 | 0 | 0 | 0 | 0 | 0 | 0 |
| 南京体育学院 | 30 | 0 | 0 | 0 | 0 | 0 | 0 | 0 | 0 | 0 | 0 | 0 | 0 | 0 | 0 | 0 | 0 | 0 | 0 | 0 | 0 | 0 | 0 | 0 | 0 | 0 | 0 |
| 南京艺术学院 | 31 | 0 | 0 | 0 | 0 | 0 | 0 | 0 | 0 | 0 | 0 | 0 | 0 | 0 | 0 | 0 | 0 | 0 | 0 | 0 | 0 | 0 | 0 | 0 | 0 | 0 | 0 |
| 苏州科技大学 | 32 | 0 | 0 | 0 | 0 | 0 | 0 | 0 | 0 | 0 | 0 | 0 | 0 | 0 | 0 | 0 | 0 | 0 | 0 | 0 | 0 | 0 | 0 | 0 | 0 | 0 | 0 |
| 常熟理工学院 | 33 | 12 | 1.9 | 0 | 163.98 | 139.78 | 0 | 0 | 0 | 0 | 0 | 0 | 0 | 0 | 0 | 0 | 0 | 4 | 4 | 0 | 0 | 0 | 0 | 0 | 0 | 0 | 0 |
| 淮阴工学院 | 34 | 4 | 1.4 | 0 | 100 | 111 | 1 | 1 | 0 | 0 | 0 | 0 | 0 | 0 | 0 | 0 | 0 | 23 | 23 | 0 | 0 | 0 | 0 | 0 | 0 | 0 | 0 |
| 常州工学院 | 35 | 8 | 1.4 | 0 | 296 | 325.5 | 0 | 0 | 0 | 0 | 0 | 0 | 0 | 0 | 0 | 0 | 0 | 1 | 1 | 0 | 0 | 0 | 0 | 0 | 0 | 2 | 0 |
| 扬州大学 | 36 | 47 | 8.8 | 0.3 | 874 | 1 125.52 | 3 | 2 | 0 | 1 | 0 | 0 | 0 | 0 | 0 | 0 | 0 | 40 | 40 | 0 | 0 | 2 | 0 | 0 | 2 | 6 | 6 |
| 南京工程学院 | 37 | 2 | 0.4 | 0 | 0 | 0 | 0 | 0 | 0 | 0 | 0 | 0 | 0 | 0 | 0 | 0 | 0 | 6 | 6 | 0 | 0 | 0 | 0 | 0 | 0 | 0 | 0 |
| 南京审计大学 | 38 | 91 | 25.7 | 0.2 | 1 788.94 | 672.72 | 0 | 0 | 0 | 0 | 0 | 0 | 0 | 0 | 0 | 0 | 0 | 30 | 30 | 0 | 0 | 1 | 0 | 0 | 1 | 1 | 1 |
| 南京晓庄学院 | 39 | 4 | 0.4 | 0 | 15 | 60 | 0 | 0 | 0 | 0 | 0 | 0 | 0 | 0 | 0 | 0 | 0 | 2 | 2 | 0 | 0 | 0 | 0 | 0 | 0 | 0 | 0 |
| 江苏理工学院 | 40 | 7 | 1 | 0 | 324 | 130 | 0 | 0 | 0 | 0 | 0 | 0 | 0 | 0 | 0 | 0 | 0 | 3 | 3 | 0 | 0 | 0 | 0 | 0 | 0 | 4 | 2 |
| 江苏海洋大学 | 41 | 26 | 2.6 | 0 | 494 | 645.2 | 2 | 2 | 0 | 0 | 0 | 0 | 0 | 0 | 0 | 0 | 0 | 8 | 8 | 0 | 0 | 0 | 0 | 0 | 0 | 10 | 1 |
| 徐州工程学院 | 42 | 0 | 0 | 0 | 0 | 0 | 0 | 0 | 0 | 0 | 0 | 0 | 0 | 0 | 0 | 0 | 0 | 0 | 0 | 0 | 0 | 0 | 0 | 0 | 0 | 0 | 0 |
| 南京特殊教育师范学院 | 43 | 1 | 0.1 | 0 | 21 | 24 | 0 | 0 | 0 | 0 | 0 | 0 | 0 | 0 | 0 | 0 | 0 | 0 | 0 | 0 | 0 | 0 | 0 | 0 | 0 | 0 | 0 |
| 泰州学院 | 44 | 10 | 2.7 | 0 | 60 | 38 | 0 | 0 | 0 | 0 | 0 | 0 | 0 | 0 | 0 | 0 | 0 | 11 | 10 | 1 | 0 | 0 | 0 | 0 | 0 | 0 | 0 |
| 金陵科技学院 | 45 | 1 | 0.1 | 0 | 6 | 6 | 0 | 0 | 0 | 0 | 0 | 0 | 0 | 0 | 0 | 0 | 0 | 0 | 0 | 0 | 0 | 0 | 0 | 0 | 0 | 0 | 0 |
| 江苏第二师范学院 | 46 | 5 | 1.3 | 0 | 40 | 0 | 0 | 0 | 0 | 0 | 0 | 0 | 0 | 0 | 0 | 0 | 0 | 1 | 1 | 0 | 0 | 0 | 0 | 0 | 0 | 0 | 0 |

## 2.15 社会学人文、社会科学研究与课题成果情况表

| 高校名称 | | 总数 | | | | | 出版著作(部) | | | | | | | 古籍整理(部) | 译著(部) | 发表译文(篇) | 电子出版物(件) | 发表论文(篇) | | | | 获奖成果数(项) | | | | 研究与咨询报告(篇) | |
|---|---|---|---|---|---|---|---|---|---|---|---|---|---|---|---|---|---|---|---|---|---|---|---|---|---|---|---|
| | | 课题数(项) | 当年投入人数(人年) | 其中：研究生(人年) | 当年拨入经费(千元) | 当年支出经费(千元) | 合计 | 专著 | 其中：被译成外文 | 编著教材 | 工具书参考书 | 皮书/发展报告 | 科普读物 | | | | | 合计 | 国内学术刊物 | 国外学术刊物 | 港澳、台地区刊物 | 合计 | 国家级奖 | 部级奖 | 省级奖 | 合计 | 其中：被采纳数 |
| | 编号 | L01 | L02 | L03 | L04 | L05 | L06 | L07 | L08 | L09 | L10 | L11 | L12 | L13 | L14 | L15 | L16 | L17 | L18 | L19 | L20 | L21 | L22 | L23 | L24 | L25 | L26 |
| 合计 | / | 1 757 | 370.2 | 61.2 | 64 612.84 | 62 547.44 | 52 | 32 | 0 | 3 | 2 | 7 | 8 | 0 | 3 | 0 | 0 | 718 | 637 | 81 | 0 | 33 | 0 | 5 | 28 | 139 | 93 |
| 南京大学 | 1 | 88 | 14.9 | 0.8 | 7 164.6 | 4 795.58 | 7 | 7 | 0 | 0 | 0 | 0 | 0 | 0 | 1 | 0 | 0 | 110 | 93 | 17 | 0 | 15 | 0 | 4 | 11 | 6 | 6 |
| 东南大学 | 2 | 118 | 19.1 | 0 | 2 651.71 | 2 463.52 | 1 | 1 | 0 | 0 | 0 | 0 | 0 | 0 | 0 | 0 | 0 | 21 | 11 | 10 | 0 | 0 | 0 | 0 | 0 | 0 | 0 |
| 江南大学 | 3 | 12 | 8.1 | 5.5 | 80 | 81 | 9 | 4 | 0 | 3 | 2 | 0 | 0 | 0 | 0 | 0 | 0 | 14 | 6 | 8 | 0 | 2 | 0 | 0 | 2 | 0 | 0 |
| 南京农业大学 | 4 | 39 | 7.5 | 2.7 | 219.9 | 383.06 | 0 | 0 | 0 | 0 | 0 | 0 | 0 | 0 | 0 | 0 | 0 | 14 | 14 | 0 | 0 | 1 | 0 | 0 | 1 | 1 | 0 |
| 中国矿业大学 | 5 | 17 | 3.7 | 0.7 | 200.5 | 129.97 | 0 | 0 | 0 | 0 | 0 | 0 | 0 | 0 | 0 | 0 | 0 | 4 | 4 | 0 | 0 | 0 | 0 | 0 | 0 | 0 | 0 |
| 河海大学 | 6 | 169 | 49.6 | 28.9 | 16 172.84 | 18 354.74 | 16 | 3 | 0 | 0 | 0 | 7 | 6 | 0 | 0 | 0 | 0 | 196 | 163 | 33 | 0 | 5 | 0 | 1 | 4 | 62 | 54 |
| 南京理工大学 | 7 | 50 | 9 | 3.3 | 913 | 975.65 | 2 | 1 | 0 | 0 | 0 | 0 | 1 | 0 | 0 | 0 | 0 | 31 | 31 | 0 | 0 | 1 | 0 | 0 | 1 | 4 | 1 |
| 南京航空航天大学 | 8 | 21 | 4.4 | 0 | 180 | 180 | 1 | 1 | 0 | 0 | 0 | 0 | 0 | 0 | 0 | 0 | 0 | 5 | 4 | 1 | 0 | 0 | 0 | 0 | 0 | 0 | 0 |
| 中国药科大学 | 9 | 0 | 0 | 0 | 0 | 0 | 0 | 0 | 0 | 0 | 0 | 0 | 0 | 0 | 0 | 0 | 0 | 0 | 0 | 0 | 0 | 0 | 0 | 0 | 0 | 0 | 0 |
| 南京森林警察学院 | 10 | 4 | 0.5 | 0 | 0 | 0 | 0 | 0 | 0 | 0 | 0 | 0 | 0 | 0 | 0 | 0 | 0 | 10 | 10 | 0 | 0 | 0 | 0 | 0 | 0 | 0 | 0 |
| 苏州大学 | 11 | 36 | 6.8 | 0.9 | 3 078 | 1 686 | 2 | 2 | 0 | 0 | 0 | 0 | 0 | 0 | 0 | 0 | 0 | 8 | 6 | 2 | 0 | 0 | 0 | 0 | 0 | 0 | 0 |
| 江苏科技大学 | 12 | 114 | 19.5 | 0.2 | 316 | 388.7 | 0 | 0 | 0 | 0 | 0 | 0 | 0 | 0 | 0 | 0 | 0 | 43 | 41 | 2 | 0 | 0 | 0 | 0 | 0 | 1 | 1 |
| 南京工业大学 | 13 | 49 | 7.2 | 1.8 | 614 | 614 | 1 | 1 | 0 | 0 | 0 | 0 | 0 | 0 | 0 | 0 | 0 | 37 | 36 | 1 | 0 | 0 | 0 | 0 | 0 | 1 | 1 |
| 常州大学 | 14 | 28 | 8.8 | 0 | 427 | 512.9 | 2 | 1 | 0 | 0 | 0 | 0 | 1 | 0 | 1 | 0 | 0 | 12 | 12 | 0 | 0 | 0 | 0 | 0 | 0 | 1 | 1 |
| 南京邮电大学 | 15 | 97 | 35.3 | 11.2 | 2 278.73 | 2 741.73 | 3 | 3 | 0 | 0 | 0 | 0 | 0 | 0 | 0 | 0 | 0 | 20 | 20 | 0 | 0 | 2 | 0 | 0 | 2 | 8 | 8 |
| 南京林业大学 | 16 | 22 | 2.3 | 0 | 120 | 185.08 | 0 | 0 | 0 | 0 | 0 | 0 | 0 | 0 | 0 | 0 | 0 | 15 | 14 | 1 | 0 | 0 | 0 | 0 | 0 | 0 | 0 |
| 江苏大学 | 17 | 5 | 0.9 | 0 | 3 | 3 | 0 | 0 | 0 | 0 | 0 | 0 | 0 | 0 | 0 | 0 | 0 | 0 | 0 | 0 | 0 | 0 | 0 | 0 | 0 | 0 | 0 |
| 南京信息工程大学 | 18 | 31 | 12.9 | 0.2 | 463 | 413.83 | 1 | 1 | 0 | 0 | 0 | 0 | 0 | 0 | 0 | 0 | 0 | 1 | 1 | 0 | 0 | 0 | 0 | 0 | 0 | 1 | 1 |
| 南通大学 | 19 | 115 | 22.4 | 0.4 | 1 249.7 | 1 212.7 | 0 | 0 | 0 | 0 | 0 | 0 | 0 | 0 | 0 | 0 | 0 | 6 | 6 | 0 | 0 | 0 | 0 | 0 | 0 | 4 | 4 |
| 盐城工学院 | 20 | 11 | 1.1 | 0 | 559 | 559 | 0 | 0 | 0 | 0 | 0 | 0 | 0 | 0 | 0 | 0 | 0 | 11 | 11 | 0 | 0 | 0 | 0 | 0 | 0 | 2 | 2 |

| | | | | | | | | | | | | | | | | | | | | | | | | | | | |
|---|---|---|---|---|---|---|---|---|---|---|---|---|---|---|---|---|---|---|---|---|---|---|---|---|---|---|---|
| 南京医科大学 | 21 | 3 | 0.4 | 0 | 20 | 45 | 0 | 0 | 0 | 0 | 0 | 0 | 0 | 0 | 0 | 0 | 0 | 0 | 0 | 0 | 0 | 0 | 0 | 0 | 0 | 0 | 0 |
| 徐州医科大学 | 22 | 20 | 3.5 | 0 | 225 | 179.2 | 0 | 0 | 0 | 0 | 0 | 0 | 0 | 0 | 0 | 0 | 0 | 24 | 21 | 3 | 0 | 0 | 0 | 0 | 0 | 2 | 2 |
| 南京中医药大学 | 23 | 22 | 8.2 | 0 | 143 | 252.34 | 1 | 1 | 0 | 0 | 0 | 0 | 0 | 0 | 0 | 0 | 0 | 19 | 19 | 0 | 0 | 0 | 0 | 0 | 0 | 1 | 1 |
| 南京师范大学 | 24 | 84 | 18.4 | 2.2 | 4 117.2 | 2 804.71 | 0 | 0 | 0 | 0 | 0 | 0 | 0 | 0 | 0 | 0 | 0 | 7 | 5 | 2 | 0 | 3 | 0 | 0 | 3 | 2 | 2 |
| 江苏师范大学 | 25 | 21 | 7.1 | 0.4 | 410 | 475.6 | 0 | 0 | 0 | 0 | 0 | 0 | 0 | 0 | 0 | 0 | 0 | 8 | 8 | 0 | 0 | 0 | 0 | 0 | 0 | 1 | 1 |
| 淮阴师范学院 | 26 | 31 | 3.2 | 0 | 2 244.3 | 2 517.3 | 0 | 0 | 0 | 0 | 0 | 0 | 0 | 0 | 0 | 0 | 0 | 3 | 3 | 0 | 0 | 0 | 0 | 0 | 0 | 2 | 2 |
| 盐城师范学院 | 27 | 17 | 4.7 | 0 | 506.2 | 526.7 | 0 | 0 | 0 | 0 | 0 | 0 | 0 | 0 | 0 | 0 | 0 | 7 | 7 | 0 | 0 | 0 | 0 | 0 | 0 | 19 | 1 |
| 南京财经大学 | 28 | 23 | 4.2 | 0.1 | 1 289.2 | 899 | 1 | 1 | 0 | 0 | 0 | 0 | 0 | 0 | 0 | 0 | 0 | 7 | 7 | 0 | 0 | 0 | 0 | 0 | 0 | 0 | 0 |
| 江苏警官学院 | 29 | 26 | 3.2 | 0 | 225 | 160 | 0 | 0 | 0 | 0 | 0 | 0 | 0 | 0 | 0 | 0 | 0 | 6 | 6 | 0 | 0 | 1 | 0 | 0 | 1 | 0 | 0 |
| 南京体育学院 | 30 | 0 | 0 | 0 | 0 | 0 | 0 | 0 | 0 | 0 | 0 | 0 | 0 | 0 | 0 | 0 | 0 | 0 | 0 | 0 | 0 | 0 | 0 | 0 | 0 | 0 | 0 |
| 南京艺术学院 | 31 | 2 | 0.5 | 0 | 50 | 55.67 | 0 | 0 | 0 | 0 | 0 | 0 | 0 | 0 | 0 | 0 | 0 | 0 | 0 | 0 | 0 | 0 | 0 | 0 | 0 | 0 | 0 |
| 苏州科技大学 | 32 | 29 | 7 | 1.3 | 1 046 | 1 206 | 1 | 1 | 0 | 0 | 0 | 0 | 0 | 0 | 1 | 0 | 0 | 16 | 16 | 0 | 0 | 0 | 0 | 0 | 0 | 0 | 0 |
| 常熟理工学院 | 33 | 23 | 3.5 | 0 | 325.06 | 187.6 | 0 | 0 | 0 | 0 | 0 | 0 | 0 | 0 | 0 | 0 | 0 | 3 | 3 | 0 | 0 | 0 | 0 | 0 | 0 | 0 | 0 |
| 淮阴工学院 | 34 | 35 | 6.5 | 0 | 813.2 | 1035.3 | 2 | 2 | 0 | 0 | 0 | 0 | 0 | 0 | 0 | 0 | 0 | 17 | 17 | 0 | 0 | 0 | 0 | 0 | 0 | 2 | 1 |
| 常州工学院 | 35 | 16 | 3.1 | 0 | 72 | 97.49 | 0 | 0 | 0 | 0 | 0 | 0 | 0 | 0 | 0 | 0 | 0 | 3 | 3 | 0 | 0 | 0 | 0 | 0 | 0 | 9 | 1 |
| 扬州大学 | 36 | 85 | 13.6 | 0.6 | 838 | 1 219.64 | 0 | 0 | 0 | 0 | 0 | 0 | 0 | 0 | 0 | 0 | 0 | 3 | 2 | 1 | 0 | 2 | 0 | 0 | 2 | 1 | 0 |
| 南京工程学院 | 37 | 125 | 20.7 | 0 | 14 054.7 | 13 250.15 | 0 | 0 | 0 | 0 | 0 | 0 | 0 | 0 | 0 | 0 | 0 | 5 | 5 | 0 | 0 | 0 | 0 | 0 | 0 | 0 | 0 |
| 南京审计大学 | 38 | 1 | 0.4 | 0 | 40 | 0 | 0 | 0 | 0 | 0 | 0 | 0 | 0 | 0 | 0 | 0 | 0 | 0 | 0 | 0 | 0 | 0 | 0 | 0 | 0 | 0 | 0 |
| 南京晓庄学院 | 39 | 18 | 1.9 | 0 | 353 | 328.5 | 1 | 1 | 0 | 0 | 0 | 0 | 0 | 0 | 0 | 0 | 0 | 6 | 6 | 0 | 0 | 0 | 0 | 0 | 0 | 0 | 0 |
| 江苏理工学院 | 40 | 46 | 7.3 | 0 | 386.5 | 1 047.24 | 0 | 0 | 0 | 0 | 0 | 0 | 0 | 0 | 0 | 0 | 0 | 20 | 20 | 0 | 0 | 0 | 0 | 0 | 0 | 6 | 1 |
| 江苏海洋大学 | 41 | 6 | 0.6 | 0 | 281.5 | 180.1 | 0 | 0 | 0 | 0 | 0 | 0 | 0 | 0 | 0 | 0 | 0 | 2 | 2 | 0 | 0 | 1 | 0 | 0 | 1 | 2 | 2 |
| 徐州工程学院 | 42 | 54 | 8.7 | 0 | 180 | 76 | 0 | 0 | 0 | 0 | 0 | 0 | 0 | 0 | 0 | 0 | 0 | 0 | 0 | 0 | 0 | 0 | 0 | 0 | 0 | 0 | 0 |
| 南京特殊教育师范学院 | 43 | 33 | 5.9 | 0 | 286 | 298.6 | 1 | 1 | 0 | 0 | 0 | 0 | 0 | 0 | 0 | 0 | 0 | 1 | 1 | 0 | 0 | 0 | 0 | 0 | 0 | 0 | 0 |
| 泰州学院 | 44 | 3 | 1 | 0 | 0 | 6.7 | 0 | 0 | 0 | 0 | 0 | 0 | 0 | 0 | 0 | 0 | 0 | 2 | 2 | 0 | 0 | 0 | 0 | 0 | 0 | 0 | 0 |
| 金陵科技学院 | 45 | 0 | 0 | 0 | 0 | 0 | 0 | 0 | 0 | 0 | 0 | 0 | 0 | 0 | 0 | 0 | 0 | 1 | 1 | 0 | 0 | 0 | 0 | 0 | 0 | 1 | 0 |
| 江苏第二师范学院 | 46 | 8 | 2.6 | 0 | 16 | 18.14 | 0 | 0 | 0 | 0 | 0 | 0 | 0 | 0 | 0 | 0 | 0 | 0 | 0 | 0 | 0 | 0 | 0 | 0 | 0 | 0 | 0 |

## 2.16 民族学与文化学人文、社会科学研究与课题成果情况表

| 高校名称 | | 总数 | | | | | 出版著作(部) | | | | | | | 古籍整理(部) | 译著(部) | 发表译文(篇) | 电子出版物(件) | 发表论文(篇) | | | | 获奖成果数(项) | | | | 研究与咨询报告(篇) | |
|---|---|---|---|---|---|---|---|---|---|---|---|---|---|---|---|---|---|---|---|---|---|---|---|---|---|---|---|
| | | 课题数(项) | 当年投入人数(人年) | 其中：研究生(人年) | 当年拨入经费(千元) | 当年支出经费(千元) | 合计 | 专著 | 其中：被译成外文 | 编著教材 | 工具书参考书 | 皮书/发展报告 | 科普读物 | | | | | 合计 | 国内学术刊物 | 国外学术刊物 | 港、澳、台地区刊物 | 合计 | 国家级奖 | 部级奖 | 省级奖 | 合计 | 其中：被采纳数 |
| | 编号 | L01 | L02 | L03 | L04 | L05 | L06 | L07 | L08 | L09 | L10 | L11 | L12 | L13 | L14 | L15 | L16 | L17 | L18 | L19 | L20 | L21 | L22 | L23 | L24 | L25 | L26 |
| 合计 | / | 247 | 48.9 | 4.9 | 6 361.4 | 5 502.14 | 1 | 0 | 0 | 1 | 0 | 0 | 0 | 0 | 0 | 0 | 0 | 69 | 66 | 3 | 0 | 1 | 0 | 0 | 1 | 23 | 14 |
| 南京大学 | 1 | 4 | 0.7 | 0 | 0 | 111.31 | 0 | 0 | 0 | 0 | 0 | 0 | 0 | 0 | 0 | 0 | 0 | 4 | 4 | 0 | 0 | 0 | 0 | 0 | 0 | 0 | 0 |
| 东南大学 | 2 | 8 | 1.2 | 0 | 0 | 100 | 0 | 0 | 0 | 0 | 0 | 0 | 0 | 0 | 0 | 0 | 0 | 0 | 0 | 0 | 0 | 0 | 0 | 0 | 0 | 0 | 0 |
| 江南大学 | 3 | 0 | 0 | 0 | 0 | 0 | 0 | 0 | 0 | 0 | 0 | 0 | 0 | 0 | 0 | 0 | 0 | 7 | 7 | 0 | 0 | 0 | 0 | 0 | 0 | 0 | 0 |
| 南京农业大学 | 4 | 15 | 1.7 | 0.1 | 60 | 57.8 | 0 | 0 | 0 | 0 | 0 | 0 | 0 | 0 | 0 | 0 | 0 | 1 | 1 | 0 | 0 | 0 | 0 | 0 | 0 | 0 | 0 |
| 中国矿业大学 | 5 | 7 | 1.7 | 0 | 6 | 25 | 0 | 0 | 0 | 0 | 0 | 0 | 0 | 0 | 0 | 0 | 0 | 0 | 0 | 0 | 0 | 0 | 0 | 0 | 0 | 0 | 0 |
| 河海大学 | 6 | 20 | 5.6 | 4.2 | 1 806.26 | 1 614.7 | 0 | 0 | 0 | 0 | 0 | 0 | 0 | 0 | 0 | 0 | 0 | 20 | 17 | 3 | 0 | 0 | 0 | 0 | 0 | 8 | 8 |
| 南京理工大学 | 7 | 1 | 0.1 | 0 | 760 | 460 | 0 | 0 | 0 | 0 | 0 | 0 | 0 | 0 | 0 | 0 | 0 | 0 | 0 | 0 | 0 | 0 | 0 | 0 | 0 | 0 | 0 |
| 南京航空航天大学 | 8 | 2 | 0.4 | 0 | 0 | 0 | 0 | 0 | 0 | 0 | 0 | 0 | 0 | 0 | 0 | 0 | 0 | 0 | 0 | 0 | 0 | 0 | 0 | 0 | 0 | 0 | 0 |
| 中国药科大学 | 9 | 0 | 0 | 0 | 0 | 0 | 0 | 0 | 0 | 0 | 0 | 0 | 0 | 0 | 0 | 0 | 0 | 0 | 0 | 0 | 0 | 0 | 0 | 0 | 0 | 0 | 0 |
| 南京森林警察学院 | 10 | 0 | 0 | 0 | 0 | 0 | 0 | 0 | 0 | 0 | 0 | 0 | 0 | 0 | 0 | 0 | 0 | 3 | 3 | 0 | 0 | 0 | 0 | 0 | 0 | 0 | 0 |
| 苏州大学 | 11 | 0 | 0 | 0 | 0 | 0 | 0 | 0 | 0 | 0 | 0 | 0 | 0 | 0 | 0 | 0 | 0 | 0 | 0 | 0 | 0 | 0 | 0 | 0 | 0 | 0 | 0 |
| 江苏科技大学 | 12 | 11 | 1.7 | 0 | 0 | 3.3 | 0 | 0 | 0 | 0 | 0 | 0 | 0 | 0 | 0 | 0 | 0 | 0 | 0 | 0 | 0 | 0 | 0 | 0 | 0 | 0 | 0 |
| 南京工业大学 | 13 | 10 | 1.5 | 0.5 | 140 | 140 | 0 | 0 | 0 | 0 | 0 | 0 | 0 | 0 | 0 | 0 | 0 | 1 | 1 | 0 | 0 | 0 | 0 | 0 | 0 | 0 | 0 |
| 常州大学 | 14 | 3 | 0.9 | 0 | 0 | 10 | 0 | 0 | 0 | 0 | 0 | 0 | 0 | 0 | 0 | 0 | 0 | 1 | 1 | 0 | 0 | 0 | 0 | 0 | 0 | 0 | 0 |
| 南京邮电大学 | 15 | 2 | 0.4 | 0 | 225.4 | 225.4 | 1 | 0 | 0 | 1 | 0 | 0 | 0 | 0 | 0 | 0 | 0 | 0 | 0 | 0 | 0 | 0 | 0 | 0 | 0 | 2 | 1 |
| 南京林业大学 | 16 | 8 | 0.8 | 0 | 6 | 5.8 | 0 | 0 | 0 | 0 | 0 | 0 | 0 | 0 | 0 | 0 | 0 | 0 | 0 | 0 | 0 | 0 | 0 | 0 | 0 | 0 | 0 |
| 江苏大学 | 17 | 0 | 0 | 0 | 0 | 0 | 0 | 0 | 0 | 0 | 0 | 0 | 0 | 0 | 0 | 0 | 0 | 1 | 1 | 0 | 0 | 0 | 0 | 0 | 0 | 0 | 0 |
| 南京信息工程大学 | 18 | 0 | 0 | 0 | 0 | 0 | 0 | 0 | 0 | 0 | 0 | 0 | 0 | 0 | 0 | 0 | 0 | 0 | 0 | 0 | 0 | 0 | 0 | 0 | 0 | 0 | 0 |
| 南通大学 | 19 | 19 | 2.6 | 0.1 | 107.5 | 72.5 | 0 | 0 | 0 | 0 | 0 | 0 | 0 | 0 | 0 | 0 | 0 | 1 | 1 | 0 | 0 | 0 | 0 | 0 | 0 | 0 | 0 |
| 盐城工学院 | 20 | 1 | 0.1 | 0 | 0 | 0 | 0 | 0 | 0 | 0 | 0 | 0 | 0 | 0 | 0 | 0 | 0 | 1 | 1 | 0 | 0 | 0 | 0 | 0 | 0 | 0 | 0 |

| | | | | | | | | | | | | | | | | | | | | | | | | | | | |
|---|---|---|---|---|---|---|---|---|---|---|---|---|---|---|---|---|---|---|---|---|---|---|---|---|---|---|---|
| 南京医科大学 | 21 | 0 | 0 | 0 | 0 | 0 | 0 | 0 | 0 | 0 | 0 | 0 | 0 | 0 | 0 | 0 | 0 | 0 | 0 | 0 | 0 | 0 | 0 | 0 | 0 | 0 | 0 |
| 徐州医科大学 | 22 | 0 | 0 | 0 | 0 | 0 | 0 | 0 | 0 | 0 | 0 | 0 | 0 | 0 | 0 | 0 | 0 | 1 | 1 | 0 | 0 | 0 | 0 | 0 | 0 | 0 | 0 |
| 南京中医药大学 | 23 | 5 | 1.1 | 0 | 0 | 2 | 0 | 0 | 0 | 0 | 0 | 0 | 0 | 0 | 0 | 0 | 0 | 1 | 1 | 0 | 0 | 0 | 0 | 0 | 0 | 0 | 0 |
| 南京师范大学 | 24 | 0 | 0 | 0 | 0 | 0 | 0 | 0 | 0 | 0 | 0 | 0 | 0 | 0 | 0 | 0 | 0 | 0 | 0 | 0 | 0 | 0 | 0 | 0 | 0 | 0 | 0 |
| 江苏师范大学 | 25 | 14 | 5.7 | 0 | 70 | 279.7 | 0 | 0 | 0 | 0 | 0 | 0 | 0 | 0 | 0 | 0 | 0 | 6 | 6 | 0 | 0 | 0 | 0 | 0 | 0 | 1 | 1 |
| 淮阴师范学院 | 26 | 0 | 0 | 0 | 0 | 0 | 0 | 0 | 0 | 0 | 0 | 0 | 0 | 0 | 0 | 0 | 0 | 0 | 0 | 0 | 0 | 0 | 0 | 0 | 0 | 0 | 0 |
| 盐城师范学院 | 27 | 13 | 2.4 | 0 | 1 535 | 773.9 | 0 | 0 | 0 | 0 | 0 | 0 | 0 | 0 | 0 | 0 | 0 | 0 | 0 | 0 | 0 | 0 | 0 | 0 | 0 | 6 | 0 |
| 南京财经大学 | 28 | 2 | 0.5 | 0 | 69 | 45 | 0 | 0 | 0 | 0 | 0 | 0 | 0 | 0 | 0 | 0 | 0 | 0 | 0 | 0 | 0 | 0 | 0 | 0 | 0 | 0 | 0 |
| 江苏警官学院 | 29 | 4 | 0.6 | 0 | 0 | 0 | 0 | 0 | 0 | 0 | 0 | 0 | 0 | 0 | 0 | 0 | 0 | 0 | 0 | 0 | 0 | 0 | 0 | 0 | 0 | 0 | 0 |
| 南京体育学院 | 30 | 0 | 0 | 0 | 0 | 0 | 0 | 0 | 0 | 0 | 0 | 0 | 0 | 0 | 0 | 0 | 0 | 0 | 0 | 0 | 0 | 0 | 0 | 0 | 0 | 0 | 0 |
| 南京艺术学院 | 31 | 1 | 0.4 | 0 | 96.74 | 23.05 | 0 | 0 | 0 | 0 | 0 | 0 | 0 | 0 | 0 | 0 | 0 | 0 | 0 | 0 | 0 | 0 | 0 | 0 | 0 | 0 | 0 |
| 苏州科技大学 | 32 | 0 | 0 | 0 | 0 | 0 | 0 | 0 | 0 | 0 | 0 | 0 | 0 | 0 | 0 | 0 | 0 | 0 | 0 | 0 | 0 | 0 | 0 | 0 | 0 | 0 | 0 |
| 常熟理工学院 | 33 | 3 | 0.4 | 0 | 860 | 537.82 | 0 | 0 | 0 | 0 | 0 | 0 | 0 | 0 | 0 | 0 | 0 | 0 | 0 | 0 | 0 | 0 | 0 | 0 | 0 | 0 | 0 |
| 淮阴工学院 | 34 | 10 | 1.6 | 0 | 0 | 28.01 | 0 | 0 | 0 | 0 | 0 | 0 | 0 | 0 | 0 | 0 | 0 | 6 | 6 | 0 | 0 | 0 | 0 | 0 | 0 | 0 | 0 |
| 常州工学院 | 35 | 5 | 1 | 0 | 232 | 119.36 | 0 | 0 | 0 | 0 | 0 | 0 | 0 | 0 | 0 | 0 | 0 | 1 | 1 | 0 | 0 | 0 | 0 | 0 | 0 | 1 | 0 |
| 扬州大学 | 36 | 36 | 4.4 | 0 | 328 | 484.76 | 0 | 0 | 0 | 0 | 0 | 0 | 0 | 0 | 0 | 0 | 0 | 8 | 8 | 0 | 0 | 1 | 0 | 0 | 1 | 2 | 2 |
| 南京工程学院 | 37 | 17 | 3.3 | 0 | 53.5 | 113.53 | 0 | 0 | 0 | 0 | 0 | 0 | 0 | 0 | 0 | 0 | 0 | 0 | 0 | 0 | 0 | 0 | 0 | 0 | 0 | 0 | 0 |
| 南京审计大学 | 38 | 2 | 0.8 | 0 | 0 | 0 | 0 | 0 | 0 | 0 | 0 | 0 | 0 | 0 | 0 | 0 | 0 | 0 | 0 | 0 | 0 | 0 | 0 | 0 | 0 | 0 | 0 |
| 南京晓庄学院 | 39 | 0 | 0 | 0 | 0 | 0 | 0 | 0 | 0 | 0 | 0 | 0 | 0 | 0 | 0 | 0 | 0 | 0 | 0 | 0 | 0 | 0 | 0 | 0 | 0 | 0 | 0 |
| 江苏理工学院 | 40 | 5 | 0.6 | 0 | 0 | 30.2 | 0 | 0 | 0 | 0 | 0 | 0 | 0 | 0 | 0 | 0 | 0 | 2 | 2 | 0 | 0 | 0 | 0 | 0 | 0 | 0 | 0 |
| 江苏海洋大学 | 41 | 0 | 0 | 0 | 0 | 0 | 0 | 0 | 0 | 0 | 0 | 0 | 0 | 0 | 0 | 0 | 0 | 1 | 1 | 0 | 0 | 0 | 0 | 0 | 0 | 0 | 0 |
| 徐州工程学院 | 42 | 16 | 6.2 | 0 | 0 | 233 | 0 | 0 | 0 | 0 | 0 | 0 | 0 | 0 | 0 | 0 | 0 | 0 | 0 | 0 | 0 | 0 | 0 | 0 | 0 | 1 | 0 |
| 南京特殊教育师范学院 | 43 | 1 | 0.1 | 0 | 0 | 0 | 0 | 0 | 0 | 0 | 0 | 0 | 0 | 0 | 0 | 0 | 0 | 0 | 0 | 0 | 0 | 0 | 0 | 0 | 0 | 0 | 0 |
| 泰州学院 | 44 | 2 | 0.4 | 0 | 6 | 6 | 0 | 0 | 0 | 0 | 0 | 0 | 0 | 0 | 0 | 0 | 0 | 0 | 0 | 0 | 0 | 0 | 0 | 0 | 0 | 2 | 2 |
| 金陵科技学院 | 45 | 0 | 0 | 0 | 0 | 0 | 0 | 0 | 0 | 0 | 0 | 0 | 0 | 0 | 0 | 0 | 0 | 3 | 3 | 0 | 0 | 0 | 0 | 0 | 0 | 0 | 0 |
| 江苏第二师范学院 | 46 | 0 | 0 | 0 | 0 | 0 | 0 | 0 | 0 | 0 | 0 | 0 | 0 | 0 | 0 | 0 | 0 | 0 | 0 | 0 | 0 | 0 | 0 | 0 | 0 | 0 | 0 |

## 2.17 新闻学与传播学人文、社会科学研究与课题成果情况表

| 高校名称 | | 总数 | | | | | 出版著作(部) | | | | | | | 古籍整理(部) | 译著(部) | 发表译文(篇) | 电子出版物(件) | 发表论文(篇) | | | | 获奖成果数(项) | | | | 研究与咨询报告(篇) | |
|---|---|---|---|---|---|---|---|---|---|---|---|---|---|---|---|---|---|---|---|---|---|---|---|---|---|---|---|
| | | 课题数(项) | 当年投入人数(人年) | 其中：研究生(人年) | 当年拨入经费(千元) | 当年支出经费(千元) | 合计 | 专著 | 其中：被译成外文 | 编著教材 | 工具书参考书 | 皮书/发展报告 | 科普读物 | | | | | 合计 | 国内学术刊物 | 国外学术刊物 | 港、澳、台地区刊物 | 合计 | 国家级奖 | 部级奖 | 省级奖 | 合计 | 其中：被采纳数 |
| | 编号 | L01 | L02 | L03 | L04 | L05 | L06 | L07 | L08 | L09 | L10 | L11 | L12 | L13 | L14 | L15 | L16 | L17 | L18 | L19 | L20 | L21 | L22 | L23 | L24 | L25 | L26 |
| 合计 | / | 532 | 116.1 | 11.7 | 16 724.71 | 12 704.79 | 33 | 25 | 0 | 8 | 0 | 0 | 0 | 0 | 0 | 0 | 0 | 416 | 390 | 26 | 0 | 27 | 0 | 6 | 21 | 23 | 15 |
| 南京大学 | 1 | 76 | 16 | 0.2 | 3 542.61 | 2 828.43 | 12 | 12 | 0 | 0 | 0 | 0 | 0 | 0 | 0 | 0 | 0 | 106 | 102 | 4 | 0 | 14 | 0 | 3 | 11 | 1 | 1 |
| 东南大学 | 2 | 3 | 0.3 | 0 | 20 | 20 | 0 | 0 | 0 | 0 | 0 | 0 | 0 | 0 | 0 | 0 | 0 | 0 | 0 | 0 | 0 | 0 | 0 | 0 | 0 | 0 | 0 |
| 江南大学 | 3 | 13 | 6.3 | 0 | 0 | 0 | 0 | 0 | 0 | 0 | 0 | 0 | 0 | 0 | 0 | 0 | 0 | 0 | 0 | 0 | 0 | 0 | 0 | 0 | 0 | 0 | 0 |
| 南京农业大学 | 4 | 5 | 0.6 | 0 | 0 | 0 | 0 | 0 | 0 | 0 | 0 | 0 | 0 | 0 | 0 | 0 | 0 | 0 | 0 | 0 | 0 | 0 | 0 | 0 | 0 | 2 | 0 |
| 中国矿业大学 | 5 | 4 | 1 | 0 | 60 | 6 | 0 | 0 | 0 | 0 | 0 | 0 | 0 | 0 | 0 | 0 | 0 | 0 | 0 | 0 | 0 | 0 | 0 | 0 | 0 | 0 | 0 |
| 河海大学 | 6 | 16 | 5.5 | 3.9 | 559 | 96.8 | 0 | 0 | 0 | 0 | 0 | 0 | 0 | 0 | 0 | 0 | 0 | 29 | 17 | 12 | 0 | 1 | 0 | 0 | 1 | 2 | 2 |
| 南京理工大学 | 7 | 7 | 1 | 0 | 20 | 141.14 | 0 | 0 | 0 | 0 | 0 | 0 | 0 | 0 | 0 | 0 | 0 | 0 | 0 | 0 | 0 | 0 | 0 | 0 | 0 | 0 | 0 |
| 南京航空航天大学 | 8 | 5 | 1.5 | 0 | 32 | 32 | 1 | 1 | 0 | 0 | 0 | 0 | 0 | 0 | 0 | 0 | 0 | 14 | 14 | 0 | 0 | 0 | 0 | 0 | 0 | 0 | 0 |
| 中国药科大学 | 9 | 0 | 0 | 0 | 0 | 0 | 0 | 0 | 0 | 0 | 0 | 0 | 0 | 0 | 0 | 0 | 0 | 1 | 1 | 0 | 0 | 0 | 0 | 0 | 0 | 0 | 0 |
| 南京森林警察学院 | 10 | 5 | 0.5 | 0 | 0 | 1.25 | 0 | 0 | 0 | 0 | 0 | 0 | 0 | 0 | 0 | 0 | 0 | 10 | 10 | 0 | 0 | 0 | 0 | 0 | 0 | 0 | 0 |
| 苏州大学 | 11 | 83 | 16.2 | 3 | 5 440 | 3 638.2 | 6 | 2 | 0 | 4 | 0 | 0 | 0 | 0 | 0 | 0 | 0 | 62 | 53 | 9 | 0 | 2 | 0 | 1 | 1 | 2 | 2 |
| 江苏科技大学 | 12 | 2 | 0.3 | 0 | 0 | 0 | 0 | 0 | 0 | 0 | 0 | 0 | 0 | 0 | 0 | 0 | 0 | 0 | 0 | 0 | 0 | 0 | 0 | 0 | 0 | 0 | 0 |
| 南京工业大学 | 13 | 4 | 0.5 | 0 | 0 | 0 | 0 | 0 | 0 | 0 | 0 | 0 | 0 | 0 | 0 | 0 | 0 | 1 | 1 | 0 | 0 | 0 | 0 | 0 | 0 | 0 | 0 |
| 常州大学 | 14 | 3 | 0.8 | 0 | 0 | 2 | 0 | 0 | 0 | 0 | 0 | 0 | 0 | 0 | 0 | 0 | 0 | 1 | 1 | 0 | 0 | 0 | 0 | 0 | 0 | 0 | 0 |
| 南京邮电大学 | 15 | 26 | 10.6 | 2.7 | 832.5 | 735.5 | 2 | 2 | 0 | 0 | 0 | 0 | 0 | 0 | 0 | 0 | 0 | 13 | 13 | 0 | 0 | 1 | 0 | 0 | 1 | 1 | 1 |
| 南京林业大学 | 16 | 19 | 2.2 | 0 | 320 | 216.93 | 1 | 1 | 0 | 0 | 0 | 0 | 0 | 0 | 0 | 0 | 0 | 13 | 13 | 0 | 0 | 0 | 0 | 0 | 0 | 0 | 0 |
| 江苏大学 | 17 | 2 | 0.6 | 0 | 0 | 0 | 0 | 0 | 0 | 0 | 0 | 0 | 0 | 0 | 0 | 0 | 0 | 0 | 0 | 0 | 0 | 0 | 0 | 0 | 0 | 0 | 0 |
| 南京信息工程大学 | 18 | 11 | 4.8 | 0.3 | 32 | 94.41 | 0 | 0 | 0 | 0 | 0 | 0 | 0 | 0 | 0 | 0 | 0 | 2 | 2 | 0 | 0 | 0 | 0 | 0 | 0 | 0 | 0 |
| 南通大学 | 19 | 8 | 1.8 | 0 | 30 | 36 | 0 | 0 | 0 | 0 | 0 | 0 | 0 | 0 | 0 | 0 | 0 | 6 | 6 | 0 | 0 | 0 | 0 | 0 | 0 | 0 | 0 |
| 盐城工学院 | 20 | 1 | 0.1 | 0 | 0 | 0 | 0 | 0 | 0 | 0 | 0 | 0 | 0 | 0 | 0 | 0 | 0 | 0 | 0 | 0 | 0 | 0 | 0 | 0 | 0 | 0 | 0 |

| | | | | | | | | | | | | | | | | | | | | | | | | | | |
|---|---|---|---|---|---|---|---|---|---|---|---|---|---|---|---|---|---|---|---|---|---|---|---|---|---|---|
| 南京医科大学 | 21 | 0 | 0 | 0 | 0 | 0 | 0 | 0 | 0 | 0 | 0 | 0 | 0 | 0 | 0 | 0 | 0 | 0 | 0 | 0 | 0 | 0 | 0 | 0 | 0 | 0 |
| 徐州医科大学 | 22 | 1 | 0.3 | 0 | 0 | 1.6 | 0 | 0 | 0 | 0 | 0 | 0 | 0 | 0 | 0 | 0 | 0 | 0 | 0 | 0 | 0 | 0 | 0 | 0 | 0 | 0 |
| 南京中医药大学 | 23 | 1 | 0.6 | 0 | 32 | 30.1 | 0 | 0 | 0 | 0 | 0 | 0 | 0 | 0 | 0 | 0 | 0 | 1 | 1 | 0 | 0 | 0 | 0 | 0 | 0 | 0 |
| 南京师范大学 | 24 | 67 | 14.9 | 1.5 | 2 500.6 | 1 227.4 | 5 | 4 | 0 | 1 | 0 | 0 | 0 | 0 | 0 | 0 | 40 | 39 | 1 | 0 | 7 | 0 | 2 | 5 | 3 | 3 |
| 江苏师范大学 | 25 | 13 | 3.9 | 0 | 149 | 484 | 2 | 0 | 0 | 2 | 0 | 0 | 0 | 0 | 0 | 0 | 34 | 34 | 0 | 0 | 0 | 0 | 0 | 0 | 3 | 3 |
| 淮阴师范学院 | 26 | 11 | 1.1 | 0 | 968 | 673.4 | 0 | 0 | 0 | 0 | 0 | 0 | 0 | 0 | 0 | 0 | 3 | 3 | 0 | 0 | 0 | 0 | 0 | 0 | 0 | 0 |
| 盐城师范学院 | 27 | 8 | 1.5 | 0 | 40 | 36.3 | 0 | 0 | 0 | 0 | 0 | 0 | 0 | 0 | 0 | 0 | 7 | 7 | 0 | 0 | 0 | 0 | 0 | 0 | 2 | 0 |
| 南京财经大学 | 28 | 26 | 5.3 | 0 | 573 | 533.87 | 2 | 1 | 0 | 1 | 0 | 0 | 0 | 0 | 0 | 0 | 11 | 11 | 0 | 0 | 0 | 0 | 0 | 0 | 0 | 0 |
| 江苏警官学院 | 29 | 2 | 0.2 | 0 | 0 | 0 | 0 | 0 | 0 | 0 | 0 | 0 | 0 | 0 | 0 | 0 | 2 | 2 | 0 | 0 | 0 | 0 | 0 | 0 | 0 | 0 |
| 南京体育学院 | 30 | 1 | 0.1 | 0 | 0 | 0 | 0 | 0 | 0 | 0 | 0 | 0 | 0 | 0 | 0 | 0 | 4 | 4 | 0 | 0 | 0 | 0 | 0 | 0 | 0 | 0 |
| 南京艺术学院 | 31 | 1 | 0.4 | 0 | 10 | 0.5 | 0 | 0 | 0 | 0 | 0 | 0 | 0 | 0 | 0 | 0 | 0 | 0 | 0 | 0 | 0 | 0 | 0 | 0 | 0 | 0 |
| 苏州科技大学 | 32 | 1 | 0.3 | 0 | 0 | 0 | 0 | 0 | 0 | 0 | 0 | 0 | 0 | 0 | 0 | 0 | 7 | 7 | 0 | 0 | 0 | 0 | 0 | 0 | 0 | 0 |
| 常熟理工学院 | 33 | 1 | 0.2 | 0 | 0 | 1 | 0 | 0 | 0 | 0 | 0 | 0 | 0 | 0 | 0 | 0 | 4 | 4 | 0 | 0 | 0 | 0 | 0 | 0 | 0 | 0 |
| 淮阴工学院 | 34 | 2 | 0.2 | 0 | 0 | 2.51 | 0 | 0 | 0 | 0 | 0 | 0 | 0 | 0 | 0 | 0 | 5 | 5 | 0 | 0 | 0 | 0 | 0 | 0 | 0 | 0 |
| 常州工学院 | 35 | 25 | 4.1 | 0 | 416 | 377.91 | 0 | 0 | 0 | 0 | 0 | 0 | 0 | 0 | 0 | 0 | 2 | 2 | 0 | 0 | 0 | 0 | 0 | 0 | 2 | 0 |
| 扬州大学 | 36 | 28 | 5 | 0.1 | 500 | 598.55 | 2 | 2 | 0 | 0 | 0 | 0 | 0 | 0 | 0 | 0 | 16 | 16 | 0 | 0 | 2 | 0 | 0 | 2 | 1 | 1 |
| 南京工程学院 | 37 | 2 | 0.3 | 0 | 92 | 152.88 | 0 | 0 | 0 | 0 | 0 | 0 | 0 | 0 | 0 | 0 | 1 | 1 | 0 | 0 | 0 | 0 | 0 | 0 | 0 | 0 |
| 南京审计大学 | 38 | 1 | 0.4 | 0 | 0 | 0 | 0 | 0 | 0 | 0 | 0 | 0 | 0 | 0 | 0 | 0 | 2 | 2 | 0 | 0 | 0 | 0 | 0 | 0 | 0 | 0 |
| 南京晓庄学院 | 39 | 17 | 1.9 | 0 | 60 | 165 | 0 | 0 | 0 | 0 | 0 | 0 | 0 | 0 | 0 | 0 | 7 | 7 | 0 | 0 | 0 | 0 | 0 | 0 | 0 | 0 |
| 江苏理工学院 | 40 | 3 | 0.4 | 0 | 0 | 79 | 0 | 0 | 0 | 0 | 0 | 0 | 0 | 0 | 0 | 0 | 0 | 0 | 0 | 0 | 0 | 0 | 0 | 0 | 0 | 0 |
| 江苏海洋大学 | 41 | 7 | 0.7 | 0 | 265 | 169.35 | 0 | 0 | 0 | 0 | 0 | 0 | 0 | 0 | 0 | 0 | 9 | 9 | 0 | 0 | 0 | 0 | 0 | 0 | 2 | 2 |
| 徐州工程学院 | 42 | 1 | 0.2 | 0 | 0 | 1 | 0 | 0 | 0 | 0 | 0 | 0 | 0 | 0 | 0 | 0 | 0 | 0 | 0 | 0 | 0 | 0 | 0 | 0 | 0 | 0 |
| 南京特殊教育师范学院 | 43 | 6 | 0.9 | 0 | 94 | 71 | 0 | 0 | 0 | 0 | 0 | 0 | 0 | 0 | 0 | 0 | 0 | 0 | 0 | 0 | 0 | 0 | 0 | 0 | 0 | 0 |
| 泰州学院 | 44 | 2 | 0.6 | 0 | 25 | 41 | 0 | 0 | 0 | 0 | 0 | 0 | 0 | 0 | 0 | 0 | 2 | 2 | 0 | 0 | 0 | 0 | 0 | 0 | 0 | 0 |
| 金陵科技学院 | 45 | 6 | 0.8 | 0 | 112 | 154 | 0 | 0 | 0 | 0 | 0 | 0 | 0 | 0 | 0 | 0 | 1 | 1 | 0 | 0 | 0 | 0 | 0 | 0 | 2 | 0 |
| 江苏第二师范学院 | 46 | 6 | 1.2 | 0 | 0 | 55.76 | 0 | 0 | 0 | 0 | 0 | 0 | 0 | 0 | 0 | 0 | 0 | 0 | 0 | 0 | 0 | 0 | 0 | 0 | 0 | 0 |

## 2.18 图书馆、情报与文献学人文、社会科学研究与课题成果情况表

| 高校名称 | | 总数 | | | | | 出版著作(部) | | | | | | | 古籍整理(部) | 译著(部) | 发表译文(篇) | 电子出版物(件) | 发表论文(篇) | | | | 获奖成果数(项) | | | | 研究与咨询报告(篇) | |
|---|---|---|---|---|---|---|---|---|---|---|---|---|---|---|---|---|---|---|---|---|---|---|---|---|---|---|---|
| | | 课题数(项) | 当年投入人数(人年) | 其中:研究生(人年) | 当年拨入经费(千元) | 当年支出经费(千元) | 合计 | 专著 | 其中:被译成外文 | 编著教材 | 工具书参考书 | 皮书/发展报告 | 科普读物 | | | | | 合计 | 国内学术刊物 | 国外学术刊物 | 港澳、台地区刊物 | 合计 | 国家级奖 | 部级奖 | 省级奖 | 合计 | 其中:被采纳数 |
| | 编号 | L01 | L02 | L03 | L04 | L05 | L06 | L07 | L08 | L09 | L10 | L11 | L12 | L13 | L14 | L15 | L16 | L17 | L18 | L19 | L20 | L21 | L22 | L23 | L24 | L25 | L26 |
| 合计 | / | 622 | 153.8 | 30.1 | 22 375.99 | 18 272.82 | 22 | 15 | 0 | 7 | 0 | 0 | 0 | 1 | 1 | 0 | 1 | 537 | 503 | 34 | 0 | 9 | 0 | 2 | 7 | 47 | 29 |
| 南京大学 | 1 | 128 | 32.6 | 5.6 | 11 587.08 | 6 817.49 | 8 | 4 | 0 | 4 | 0 | 0 | 0 | 0 | 1 | 0 | 0 | 118 | 109 | 9 | 0 | 2 | 0 | 2 | 0 | 6 | 3 |
| 东南大学 | 2 | 18 | 4.8 | 0 | 110 | 136.6 | 1 | 1 | 0 | 0 | 0 | 0 | 0 | 0 | 0 | 0 | 0 | 14 | 14 | 0 | 0 | 0 | 0 | 0 | 0 | 0 | 0 |
| 江南大学 | 3 | 8 | 5.2 | 3.7 | 0 | 20 | 0 | 0 | 0 | 0 | 0 | 0 | 0 | 0 | 0 | 0 | 0 | 12 | 12 | 0 | 0 | 0 | 0 | 0 | 0 | 0 | 0 |
| 南京农业大学 | 4 | 63 | 7.8 | 0.6 | 1 212.5 | 1 299.39 | 0 | 0 | 0 | 0 | 0 | 0 | 0 | 0 | 0 | 0 | 0 | 1 | 1 | 0 | 0 | 2 | 0 | 0 | 2 | 0 | 0 |
| 中国矿业大学 | 5 | 10 | 2.2 | 0 | 0 | 28.67 | 0 | 0 | 0 | 0 | 0 | 0 | 0 | 0 | 0 | 0 | 0 | 2 | 2 | 0 | 0 | 0 | 0 | 0 | 0 | 3 | 0 |
| 河海大学 | 6 | 68 | 23 | 14.2 | 4 034.42 | 5 170.53 | 0 | 0 | 0 | 0 | 0 | 0 | 0 | 0 | 0 | 0 | 0 | 56 | 39 | 17 | 0 | 0 | 0 | 0 | 0 | 11 | 9 |
| 南京理工大学 | 7 | 12 | 2.2 | 0.1 | 144 | 236.43 | 0 | 0 | 0 | 0 | 0 | 0 | 0 | 0 | 0 | 0 | 0 | 1 | 0 | 1 | 0 | 0 | 0 | 0 | 0 | 0 | 0 |
| 南京航空航天大学 | 8 | 13 | 3.5 | 0 | 110 | 110 | 0 | 0 | 0 | 0 | 0 | 0 | 0 | 0 | 0 | 0 | 0 | 20 | 17 | 3 | 0 | 0 | 0 | 0 | 0 | 18 | 15 |
| 中国药科大学 | 9 | 9 | 1.1 | 0 | 68 | 68 | 0 | 0 | 0 | 0 | 0 | 0 | 0 | 0 | 0 | 0 | 1 | 16 | 16 | 0 | 0 | 0 | 0 | 0 | 0 | 0 | 0 |
| 南京森林警察学院 | 10 | 11 | 1.5 | 0 | 218.17 | 270.43 | 0 | 0 | 0 | 0 | 0 | 0 | 0 | 0 | 0 | 0 | 0 | 8 | 8 | 0 | 0 | 0 | 0 | 0 | 0 | 0 | 0 |
| 苏州大学 | 11 | 16 | 6.5 | 1.8 | 510 | 420.5 | 1 | 1 | 0 | 0 | 0 | 0 | 0 | 0 | 0 | 0 | 0 | 29 | 28 | 1 | 0 | 1 | 0 | 0 | 1 | 0 | 0 |
| 江苏科技大学 | 12 | 0 | 0 | 0 | 0 | 0 | 0 | 0 | 0 | 0 | 0 | 0 | 0 | 0 | 0 | 0 | 0 | 2 | 2 | 0 | 0 | 0 | 0 | 0 | 0 | 0 | 0 |
| 南京工业大学 | 13 | 17 | 2.1 | 0.2 | 276 | 276 | 1 | 0 | 0 | 1 | 0 | 0 | 0 | 0 | 0 | 0 | 0 | 32 | 32 | 0 | 0 | 1 | 0 | 0 | 1 | 0 | 0 |
| 常州大学 | 14 | 1 | 0.5 | 0 | 0 | 29.4 | 0 | 0 | 0 | 0 | 0 | 0 | 0 | 1 | 0 | 0 | 0 | 0 | 0 | 0 | 0 | 0 | 0 | 0 | 0 | 0 | 0 |
| 南京邮电大学 | 15 | 17 | 7.4 | 2.5 | 42 | 149 | 0 | 0 | 0 | 0 | 0 | 0 | 0 | 0 | 0 | 0 | 0 | 3 | 3 | 0 | 0 | 0 | 0 | 0 | 0 | 1 | 1 |
| 南京林业大学 | 16 | 2 | 0.2 | 0 | 170 | 86.24 | 0 | 0 | 0 | 0 | 0 | 0 | 0 | 0 | 0 | 0 | 0 | 0 | 0 | 0 | 0 | 0 | 0 | 0 | 0 | 0 | 0 |
| 江苏大学 | 17 | 19 | 4.1 | 0.7 | 330 | 330 | 1 | 1 | 0 | 0 | 0 | 0 | 0 | 0 | 0 | 0 | 0 | 25 | 24 | 1 | 0 | 0 | 0 | 0 | 0 | 3 | 0 |
| 南京信息工程大学 | 18 | 17 | 9.4 | 0.2 | 217 | 175.12 | 0 | 0 | 0 | 0 | 0 | 0 | 0 | 0 | 0 | 0 | 0 | 17 | 17 | 0 | 0 | 0 | 0 | 0 | 0 | 0 | 0 |
| 南通大学 | 19 | 13 | 2.8 | 0 | 850 | 344 | 1 | 1 | 0 | 0 | 0 | 0 | 0 | 0 | 0 | 0 | 0 | 10 | 10 | 0 | 0 | 0 | 0 | 0 | 0 | 0 | 0 |
| 盐城工学院 | 20 | 11 | 1.1 | 0 | 2 | 20 | 0 | 0 | 0 | 0 | 0 | 0 | 0 | 0 | 0 | 0 | 0 | 5 | 5 | 0 | 0 | 0 | 0 | 0 | 0 | 0 | 0 |

| | | | | | | | | | | | | | | | | | | | | | | | | | | |
|---|---|---|---|---|---|---|---|---|---|---|---|---|---|---|---|---|---|---|---|---|---|---|---|---|---|---|
| 南京医科大学 | 21 | 7 | 1.3 | 0 | 0 | 16 | 0 | 0 | 0 | 0 | 0 | 0 | 0 | 0 | 0 | 0 | 0 | 2 | 2 | 0 | 0 | 0 | 0 | 0 | 0 | 0 |
| 徐州医科大学 | 22 | 8 | 1.4 | 0 | 0 | 21 | 1 | 1 | 0 | 0 | 0 | 0 | 0 | 0 | 0 | 0 | 0 | 12 | 12 | 0 | 0 | 0 | 0 | 0 | 0 | 0 |
| 南京中医药大学 | 23 | 18 | 5.6 | 0 | 190 | 154.4 | 0 | 0 | 0 | 0 | 0 | 0 | 0 | 0 | 0 | 0 | 0 | 22 | 22 | 0 | 0 | 0 | 0 | 0 | 0 | 0 |
| 南京师范大学 | 24 | 13 | 2.9 | 0.2 | 290 | 245.9 | 1 | 0 | 0 | 1 | 0 | 0 | 0 | 0 | 0 | 0 | 0 | 18 | 17 | 1 | 0 | 2 | 0 | 0 | 2 | 1 | 1 |
| 江苏师范大学 | 25 | 4 | 2.8 | 0 | 50 | 122 | 0 | 0 | 0 | 0 | 0 | 0 | 0 | 0 | 0 | 0 | 0 | 4 | 4 | 0 | 0 | 0 | 0 | 0 | 0 | 0 | 0 |
| 淮阴师范学院 | 26 | 8 | 0.8 | 0 | 60 | 78 | 1 | 1 | 0 | 0 | 0 | 0 | 0 | 0 | 0 | 0 | 0 | 5 | 5 | 0 | 0 | 0 | 0 | 0 | 0 | 0 | 0 |
| 盐城师范学院 | 27 | 6 | 1.7 | 0 | 510 | 271.5 | 0 | 0 | 0 | 0 | 0 | 0 | 0 | 0 | 0 | 0 | 0 | 15 | 15 | 0 | 0 | 0 | 0 | 0 | 0 | 1 | 0 |
| 南京财经大学 | 28 | 3 | 0.4 | 0.1 | 5 | 7 | 0 | 0 | 0 | 0 | 0 | 0 | 0 | 0 | 0 | 0 | 0 | 2 | 2 | 0 | 0 | 0 | 0 | 0 | 0 | 0 | 0 |
| 江苏警官学院 | 29 | 8 | 1.2 | 0 | 40 | 0 | 0 | 0 | 0 | 0 | 0 | 0 | 0 | 0 | 0 | 0 | 0 | 5 | 5 | 0 | 0 | 0 | 0 | 0 | 0 | 0 | 0 |
| 南京体育学院 | 30 | 3 | 0.3 | 0 | 0 | 0 | 0 | 0 | 0 | 0 | 0 | 0 | 0 | 0 | 0 | 0 | 0 | 0 | 0 | 0 | 0 | 0 | 0 | 0 | 0 | 0 | 0 |
| 南京艺术学院 | 31 | 6 | 1.7 | 0.1 | 10 | 0.5 | 1 | 0 | 0 | 1 | 0 | 0 | 0 | 0 | 0 | 0 | 0 | 5 | 5 | 0 | 0 | 0 | 0 | 0 | 0 | 0 | 0 |
| 苏州科技大学 | 32 | 1 | 0.3 | 0 | 0 | 0 | 0 | 0 | 0 | 0 | 0 | 0 | 0 | 0 | 0 | 0 | 0 | 4 | 4 | 0 | 0 | 0 | 0 | 0 | 0 | 0 | 0 |
| 常熟理工学院 | 33 | 6 | 1.4 | 0 | 50 | 15.63 | 1 | 1 | 0 | 0 | 0 | 0 | 0 | 0 | 0 | 0 | 0 | 6 | 6 | 0 | 0 | 0 | 0 | 0 | 0 | 0 | 0 |
| 淮阴工学院 | 34 | 1 | 0.2 | 0 | 0 | 1.2 | 0 | 0 | 0 | 0 | 0 | 0 | 0 | 0 | 0 | 0 | 0 | 0 | 0 | 0 | 0 | 0 | 0 | 0 | 0 | 0 | 0 |
| 常州工学院 | 35 | 4 | 0.9 | 0 | 44.92 | 28.61 | 0 | 0 | 0 | 0 | 0 | 0 | 0 | 0 | 0 | 0 | 0 | 1 | 1 | 0 | 0 | 0 | 0 | 0 | 0 | 2 | 0 |
| 扬州大学 | 36 | 13 | 2.3 | 0.1 | 335 | 252.6 | 0 | 0 | 0 | 0 | 0 | 0 | 0 | 0 | 0 | 0 | 0 | 6 | 6 | 0 | 0 | 1 | 0 | 0 | 1 | 0 | 0 |
| 南京工程学院 | 37 | 7 | 1.1 | 0 | 20 | 106.97 | 0 | 0 | 0 | 0 | 0 | 0 | 0 | 0 | 0 | 0 | 0 | 3 | 3 | 0 | 0 | 0 | 0 | 0 | 0 | 0 | 0 |
| 南京审计大学 | 38 | 5 | 1.8 | 0 | 20 | 6.81 | 0 | 0 | 0 | 0 | 0 | 0 | 0 | 0 | 0 | 0 | 0 | 11 | 11 | 0 | 0 | 0 | 0 | 0 | 0 | 0 | 0 |
| 南京晓庄学院 | 39 | 10 | 1.1 | 0 | 107.5 | 102 | 2 | 2 | 0 | 0 | 0 | 0 | 0 | 0 | 0 | 0 | 0 | 19 | 18 | 1 | 0 | 0 | 0 | 0 | 0 | 0 | 0 |
| 江苏理工学院 | 40 | 12 | 2.5 | 0 | 155 | 151.45 | 0 | 0 | 0 | 0 | 0 | 0 | 0 | 0 | 0 | 0 | 0 | 9 | 9 | 0 | 0 | 0 | 0 | 0 | 0 | 1 | 0 |
| 江苏海洋大学 | 41 | 5 | 0.5 | 0 | 3 | 4.65 | 2 | 2 | 0 | 0 | 0 | 0 | 0 | 0 | 0 | 0 | 0 | 15 | 15 | 0 | 0 | 0 | 0 | 0 | 0 | 0 | 0 |
| 徐州工程学院 | 42 | 0 | 0 | 0 | 0 | 0 | 0 | 0 | 0 | 0 | 0 | 0 | 0 | 0 | 0 | 0 | 0 | 0 | 0 | 0 | 0 | 0 | 0 | 0 | 0 | 0 | 0 |
| 南京特殊教育师范学院 | 43 | 2 | 0.4 | 0 | 170 | 80 | 0 | 0 | 0 | 0 | 0 | 0 | 0 | 0 | 0 | 0 | 0 | 0 | 0 | 0 | 0 | 0 | 0 | 0 | 0 | 0 | 0 |
| 泰州学院 | 44 | 1 | 0.4 | 0 | 0 | 7.4 | 0 | 0 | 0 | 0 | 0 | 0 | 0 | 0 | 0 | 0 | 0 | 0 | 0 | 0 | 0 | 0 | 0 | 0 | 0 | 0 | 0 |
| 金陵科技学院 | 45 | 16 | 2.4 | 0 | 434.4 | 611.4 | 0 | 0 | 0 | 0 | 0 | 0 | 0 | 0 | 0 | 0 | 0 | 2 | 2 | 0 | 0 | 0 | 0 | 0 | 0 | 0 | 0 |
| 江苏第二师范学院 | 46 | 2 | 0.4 | 0 | 0 | 0 | 0 | 0 | 0 | 0 | 0 | 0 | 0 | 0 | 0 | 0 | 0 | 0 | 0 | 0 | 0 | 0 | 0 | 0 | 0 | 0 | 0 |

## 2.19 教育学人文、社会科学研究与课题成果情况表

| 高校名称 | | 总数 | | | | | 出版著作(部) | | | | | | | 古籍整理(部) | 译著(部) | 发表译文(篇) | 电子出版物(件) | 发表论文(篇) | | | | 获奖成果数(项) | | | | 研究与咨询报告(篇) | |
|---|---|---|---|---|---|---|---|---|---|---|---|---|---|---|---|---|---|---|---|---|---|---|---|---|---|---|---|
| | | 课题数(项) | 当年投入人数(人年) | 其中:研究生(人年) | 当年拨入经费(千元) | 当年支出经费(千元) | 合计 | 专著 | 其中:被译成外文 | 编著教材 | 工具书参考书 | 皮书/发展报告 | 科普读物 | | | | | 合计 | 国内学术刊物 | 国外学术刊物 | 港、澳、台地区刊物 | 合计 | 国家级奖 | 部级奖 | 省级奖 | 合计 | 其中:被采纳数 |
| | 编号 | L01 | L02 | L03 | L04 | L05 | L06 | L07 | L08 | L09 | L10 | L11 | L12 | L13 | L14 | L15 | L16 | L17 | L18 | L19 | L20 | L21 | L22 | L23 | L24 | L25 | L26 |
| 合计 | / | 3 750 | 822.8 | 96.1 | 92 696.06 | 76 977.87 | 122 | 83 | 1 | 36 | 3 | 0 | 0 | 0 | 7 | 0 | 0 | 2 141 | 2 044 | 97 | 0 | 81 | 0 | 12 | 69 | 136 | 77 |
| 南京大学 | 1 | 39 | 7.6 | 0.1 | 1 938 | 1 134.41 | 3 | 2 | 0 | 1 | 0 | 0 | 0 | 0 | 1 | 0 | 0 | 52 | 52 | 0 | 0 | 9 | 0 | 1 | 8 | 1 | 1 |
| 东南大学 | 2 | 49 | 8.1 | 0 | 198.8 | 264.55 | 1 | 1 | 1 | 0 | 0 | 0 | 0 | 0 | 0 | 0 | 0 | 0 | 0 | 0 | 0 | 1 | 0 | 0 | 1 | 0 | 0 |
| 江南大学 | 3 | 73 | 42.4 | 27.4 | 892 | 919 | 14 | 7 | 0 | 5 | 2 | 0 | 0 | 0 | 0 | 0 | 0 | 39 | 36 | 3 | 0 | 5 | 0 | 2 | 3 | 4 | 4 |
| 南京农业大学 | 4 | 104 | 11.8 | 0.7 | 654.5 | 672.85 | 0 | 0 | 0 | 0 | 0 | 0 | 0 | 0 | 0 | 0 | 0 | 7 | 7 | 0 | 0 | 1 | 0 | 0 | 1 | 2 | 0 |
| 中国矿业大学 | 5 | 58 | 14.1 | 1.4 | 531 | 401.44 | 1 | 1 | 0 | 0 | 0 | 0 | 0 | 0 | 0 | 0 | 0 | 103 | 90 | 13 | 0 | 0 | 0 | 0 | 0 | 3 | 0 |
| 河海大学 | 6 | 104 | 35.6 | 28.6 | 725 | 725 | 1 | 1 | 0 | 0 | 0 | 0 | 0 | 0 | 0 | 0 | 0 | 83 | 78 | 5 | 0 | 0 | 0 | 0 | 0 | 12 | 11 |
| 南京理工大学 | 7 | 25 | 4 | 0.4 | 170 | 130.4 | 0 | 0 | 0 | 0 | 0 | 0 | 0 | 0 | 0 | 0 | 0 | 6 | 6 | 0 | 0 | 0 | 0 | 0 | 0 | 0 | 0 |
| 南京航空航天大学 | 8 | 31 | 6.3 | 0 | 290 | 290 | 1 | 1 | 0 | 0 | 0 | 0 | 0 | 0 | 0 | 0 | 0 | 14 | 11 | 3 | 0 | 0 | 0 | 0 | 0 | 0 | 0 |
| 中国药科大学 | 9 | 13 | 1.4 | 0 | 0 | 0 | 0 | 0 | 0 | 0 | 0 | 0 | 0 | 0 | 0 | 0 | 0 | 4 | 4 | 0 | 0 | 0 | 0 | 0 | 0 | 0 | 0 |
| 南京森林警察学院 | 10 | 17 | 2 | 0 | 700 | 55.16 | 0 | 0 | 0 | 0 | 0 | 0 | 0 | 0 | 0 | 0 | 0 | 28 | 28 | 0 | 0 | 0 | 0 | 0 | 0 | 0 | 0 |
| 苏州大学 | 11 | 69 | 14.1 | 2.5 | 2 897 | 2 107 | 5 | 5 | 0 | 0 | 0 | 0 | 0 | 0 | 0 | 0 | 0 | 41 | 39 | 2 | 0 | 5 | 0 | 0 | 5 | 5 | 5 |
| 江苏科技大学 | 12 | 73 | 14.2 | 0.7 | 143 | 305.39 | 0 | 0 | 0 | 0 | 0 | 0 | 0 | 0 | 0 | 0 | 0 | 15 | 15 | 0 | 0 | 0 | 0 | 0 | 0 | 0 | 0 |
| 南京工业大学 | 13 | 190 | 24.8 | 7.4 | 648.5 | 648.5 | 5 | 5 | 0 | 0 | 0 | 0 | 0 | 0 | 0 | 0 | 0 | 107 | 107 | 0 | 0 | 0 | 0 | 0 | 0 | 2 | 2 |
| 常州大学 | 14 | 59 | 16.3 | 0 | 281 | 411.8 | 0 | 0 | 0 | 0 | 0 | 0 | 0 | 0 | 0 | 0 | 0 | 9 | 9 | 0 | 0 | 0 | 0 | 0 | 0 | 1 | 1 |
| 南京邮电大学 | 15 | 141 | 42.3 | 8.8 | 1 924 | 1 520.5 | 1 | 0 | 0 | 1 | 0 | 0 | 0 | 0 | 0 | 0 | 0 | 29 | 29 | 0 | 0 | 3 | 0 | 1 | 2 | 9 | 2 |
| 南京林业大学 | 16 | 42 | 4.2 | 0 | 0 | 38.67 | 2 | 2 | 0 | 0 | 0 | 0 | 0 | 0 | 0 | 0 | 0 | 0 | 0 | 0 | 0 | 0 | 0 | 0 | 0 | 0 | 0 |
| 江苏大学 | 17 | 55 | 13 | 6.7 | 856.5 | 806.5 | 1 | 1 | 0 | 0 | 0 | 0 | 0 | 0 | 0 | 0 | 0 | 23 | 19 | 4 | 0 | 1 | 0 | 0 | 1 | 0 | 0 |
| 南京信息工程大学 | 18 | 149 | 63.2 | 1.3 | 1 490 | 1 302.64 | 0 | 0 | 0 | 0 | 0 | 0 | 0 | 0 | 0 | 0 | 0 | 34 | 34 | 0 | 0 | 0 | 0 | 0 | 0 | 8 | 6 |
| 南通大学 | 19 | 114 | 23.4 | 0.2 | 1 940.5 | 1 507.5 | 6 | 5 | 0 | 0 | 1 | 0 | 0 | 0 | 0 | 0 | 0 | 113 | 113 | 0 | 0 | 3 | 0 | 0 | 3 | 3 | 3 |
| 盐城工学院 | 20 | 68 | 6.8 | 0 | 727.5 | 726.5 | 0 | 0 | 0 | 0 | 0 | 0 | 0 | 0 | 0 | 0 | 0 | 34 | 34 | 0 | 0 | 0 | 0 | 0 | 0 | 3 | 3 |

| | | | | | | | | | | | | | | | | | | | | | | | | | | |
|---|---|---|---|---|---|---|---|---|---|---|---|---|---|---|---|---|---|---|---|---|---|---|---|---|---|---|
| 南京医科大学 | 21 | 3 | 0.3 | 0 | 0 | 0 | 6 | 6 | 0 | 0 | 0 | 0 | 0 | 0 | 0 | 0 | 0 | 6 | 6 | 0 | 0 | 0 | 0 | 0 | 0 | 0 |
| 徐州医科大学 | 22 | 44 | 8.5 | 0 | 46 | 51.6 | 1 | 1 | 0 | 0 | 0 | 0 | 0 | 0 | 0 | 0 | 0 | 16 | 13 | 3 | 0 | 0 | 0 | 0 | 0 | 1 | 1 |
| 南京中医药大学 | 23 | 42 | 14.3 | 0 | 243 | 162.6 | 0 | 0 | 0 | 0 | 0 | 0 | 0 | 0 | 0 | 0 | 0 | 23 | 22 | 1 | 0 | 0 | 0 | 0 | 0 | 0 | 0 |
| 南京师范大学 | 24 | 199 | 41.1 | 6.5 | 10 313.7 | 4 932.97 | 9 | 6 | 0 | 3 | 0 | 0 | 0 | 0 | 2 | 0 | 0 | 145 | 122 | 23 | 0 | 21 | 0 | 5 | 16 | 2 | 2 |
| 江苏师范大学 | 25 | 176 | 59.7 | 0.4 | 31 568.96 | 26 684.46 | 7 | 4 | 0 | 3 | 0 | 0 | 0 | 0 | 1 | 0 | 0 | 190 | 180 | 10 | 0 | 12 | 0 | 2 | 10 | 4 | 4 |
| 淮阴师范学院 | 26 | 93 | 12.9 | 0 | 3 860.16 | 5 061.16 | 3 | 3 | 0 | 0 | 0 | 0 | 0 | 0 | 0 | 0 | 0 | 33 | 31 | 2 | 0 | 1 | 0 | 0 | 1 | 0 | 0 |
| 盐城师范学院 | 27 | 154 | 31.8 | 0 | 8 112 | 8 524.06 | 4 | 3 | 0 | 1 | 0 | 0 | 0 | 0 | 0 | 0 | 0 | 59 | 50 | 9 | 0 | 2 | 0 | 0 | 2 | 14 | 4 |
| 南京财经大学 | 28 | 40 | 6.9 | 0.1 | 281.35 | 229.85 | 0 | 0 | 0 | 0 | 0 | 0 | 0 | 0 | 0 | 0 | 0 | 22 | 22 | 0 | 0 | 1 | 0 | 0 | 1 | 0 | 0 |
| 江苏警官学院 | 29 | 42 | 5.3 | 0 | 20 | 0 | 0 | 0 | 0 | 0 | 0 | 0 | 0 | 0 | 0 | 0 | 0 | 30 | 30 | 0 | 0 | 0 | 0 | 0 | 0 | 0 | 0 |
| 南京体育学院 | 30 | 31 | 3.1 | 0 | 0 | 0 | 0 | 0 | 0 | 0 | 0 | 0 | 0 | 0 | 0 | 0 | 0 | 54 | 53 | 1 | 0 | 0 | 0 | 0 | 0 | 0 | 0 |
| 南京艺术学院 | 31 | 12 | 4.4 | 0 | 60 | 11.88 | 1 | 1 | 0 | 0 | 0 | 0 | 0 | 0 | 0 | 0 | 0 | 27 | 27 | 0 | 0 | 0 | 0 | 0 | 0 | 0 | 0 |
| 苏州科技大学 | 32 | 88 | 23.5 | 2.4 | 3 642.5 | 3 162.5 | 1 | 0 | 0 | 1 | 0 | 0 | 0 | 0 | 0 | 0 | 0 | 53 | 49 | 4 | 0 | 0 | 0 | 0 | 0 | 0 | 0 |
| 常熟理工学院 | 33 | 122 | 25.4 | 0 | 1 763.69 | 1 497.44 | 8 | 1 | 0 | 7 | 0 | 0 | 0 | 0 | 0 | 0 | 0 | 91 | 89 | 2 | 0 | 0 | 0 | 0 | 0 | 4 | 4 |
| 淮阴工学院 | 34 | 37 | 6.7 | 0 | 560 | 531.3 | 3 | 3 | 0 | 0 | 0 | 0 | 0 | 0 | 0 | 0 | 0 | 70 | 70 | 0 | 0 | 1 | 0 | 0 | 1 | 0 | 0 |
| 常州工学院 | 35 | 148 | 27.6 | 0 | 4 358.79 | 2 464.07 | 0 | 0 | 0 | 0 | 0 | 0 | 0 | 0 | 0 | 0 | 0 | 41 | 40 | 1 | 0 | 1 | 0 | 0 | 1 | 13 | 2 |
| 扬州大学 | 36 | 139 | 19.3 | 0.5 | 1 268 | 1 642.68 | 9 | 4 | 0 | 5 | 0 | 0 | 0 | 0 | 1 | 0 | 0 | 85 | 81 | 4 | 0 | 6 | 0 | 0 | 6 | 2 | 2 |
| 南京工程学院 | 37 | 129 | 24 | 0 | 216.6 | 286.81 | 1 | 1 | 0 | 0 | 0 | 0 | 0 | 0 | 0 | 0 | 0 | 29 | 29 | 0 | 0 | 0 | 0 | 0 | 0 | 1 | 1 |
| 南京审计大学 | 38 | 51 | 17.7 | 0 | 179.12 | 161.74 | 0 | 0 | 0 | 0 | 0 | 0 | 0 | 0 | 0 | 0 | 0 | 92 | 92 | 0 | 0 | 0 | 0 | 0 | 0 | 1 | 1 |
| 南京晓庄学院 | 39 | 132 | 16.8 | 0 | 762.5 | 1291 | 8 | 7 | 0 | 1 | 0 | 0 | 0 | 0 | 0 | 0 | 0 | 87 | 82 | 5 | 0 | 2 | 0 | 0 | 2 | 0 | 0 |
| 江苏理工学院 | 40 | 218 | 36.7 | 0 | 4 808.4 | 3 740.45 | 3 | 2 | 0 | 1 | 0 | 0 | 0 | 0 | 0 | 0 | 0 | 52 | 52 | 0 | 0 | 3 | 0 | 1 | 2 | 24 | 13 |
| 江苏海洋大学 | 41 | 25 | 2.5 | 0 | 295 | 249.2 | 3 | 3 | 0 | 0 | 0 | 0 | 0 | 0 | 0 | 0 | 0 | 18 | 18 | 0 | 0 | 0 | 0 | 0 | 0 | 1 | 0 |
| 徐州工程学院 | 42 | 32 | 7.8 | 0 | 56 | 35 | 3 | 2 | 0 | 1 | 0 | 0 | 0 | 0 | 0 | 0 | 0 | 16 | 16 | 0 | 0 | 0 | 0 | 0 | 0 | 15 | 4 |
| 南京特殊教育师范学院 | 43 | 119 | 19.6 | 0 | 629 | 558.3 | 5 | 2 | 0 | 3 | 0 | 0 | 0 | 0 | 1 | 0 | 0 | 29 | 29 | 0 | 0 | 0 | 0 | 0 | 0 | 0 | 0 |
| 泰州学院 | 44 | 43 | 13.8 | 0 | 199 | 222.9 | 2 | 2 | 0 | 0 | 0 | 0 | 0 | 0 | 0 | 0 | 0 | 48 | 46 | 2 | 0 | 1 | 0 | 0 | 1 | 1 | 1 |
| 金陵科技学院 | 45 | 19 | 2.6 | 0 | 100 | 97 | 0 | 0 | 0 | 0 | 0 | 0 | 0 | 0 | 0 | 0 | 0 | 8 | 8 | 0 | 0 | 0 | 0 | 0 | 0 | 0 | 0 |
| 江苏第二师范学院 | 46 | 139 | 34.9 | 0 | 2 344.99 | 1 411.09 | 4 | 1 | 0 | 3 | 0 | 0 | 0 | 0 | 1 | 0 | 0 | 76 | 76 | 0 | 0 | 2 | 0 | 0 | 2 | 0 | 0 |

## 2.20 统计学人文、社会科学研究与课题成果情况表

| 高校名称 | 编号 | 总数 | | | | | 出版著作(部) | | | | | | | 古籍整理(部) | 译著(部) | 发表译文(篇) | 电子出版物(件) | 发表论文(篇) | | | | 获奖成果数(项) | | | | 研究与咨询报告(篇) | |
|---|---|---|---|---|---|---|---|---|---|---|---|---|---|---|---|---|---|---|---|---|---|---|---|---|---|---|---|
| | | 课题数(项) | 当年投入人数(人年) | 其中：研究生(人年) | 当年拨入经费(千元) | 当年支出经费(千元) | 合计 | 专著 | 其中：被译成外文 | 编著教材 | 工具书参考书 | 皮书/发展报告 | 科普读物 | | | | | 合计 | 国内学术刊物 | 国外学术刊物 | 港、澳、台地区刊物 | 合计 | 国家级奖 | 部级奖 | 省级奖 | 合计 | 其中：被采纳数 |
| | | L01 | L02 | L03 | L04 | L05 | L06 | L07 | L08 | L09 | L10 | L11 | L12 | L13 | L14 | L15 | L16 | L17 | L18 | L19 | L20 | L21 | L22 | L23 | L24 | L25 | L26 |
| 合计 | / | 196 | 50.9 | 16 | 5 918.06 | 3 429.91 | 7 | 3 | 0 | 2 | 0 | 2 | 0 | 0 | 0 | 0 | 7 | 142 | 107 | 35 | 0 | 2 | 0 | 1 | 1 | 14 | 14 |
| 南京大学 | 1 | 0 | 0 | 0 | 0 | 0 | 0 | 0 | 0 | 0 | 0 | 0 | 0 | 0 | 0 | 0 | 0 | 0 | 0 | 0 | 0 | 0 | 0 | 0 | 0 | 0 | 0 |
| 东南大学 | 2 | 1 | 0.1 | 0 | 0 | 0 | 0 | 0 | 0 | 0 | 0 | 0 | 0 | 0 | 0 | 0 | 0 | 0 | 0 | 0 | 0 | 0 | 0 | 0 | 0 | 0 | 0 |
| 江南大学 | 3 | 0 | 0 | 0 | 0 | 0 | 0 | 0 | 0 | 0 | 0 | 0 | 0 | 0 | 0 | 0 | 0 | 4 | 4 | 0 | 0 | 0 | 0 | 0 | 0 | 0 | 0 |
| 南京农业大学 | 4 | 0 | 0 | 0 | 0 | 0 | 0 | 0 | 0 | 0 | 0 | 0 | 0 | 0 | 0 | 0 | 0 | 0 | 0 | 0 | 0 | 0 | 0 | 0 | 0 | 0 | 0 |
| 中国矿业大学 | 5 | 4 | 0.7 | 0.1 | 4 | 0.16 | 0 | 0 | 0 | 0 | 0 | 0 | 0 | 0 | 0 | 0 | 0 | 0 | 0 | 0 | 0 | 0 | 0 | 0 | 0 | 0 | 0 |
| 河海大学 | 6 | 61 | 19.5 | 14.6 | 1 687.4 | 477.4 | 4 | 2 | 0 | 0 | 0 | 2 | 0 | 0 | 0 | 0 | 7 | 90 | 58 | 32 | 0 | 0 | 0 | 0 | 0 | 13 | 13 |
| 南京理工大学 | 7 | 3 | 0.4 | 0 | 6 | 34 | 1 | 0 | 0 | 1 | 0 | 0 | 0 | 0 | 0 | 0 | 0 | 0 | 0 | 0 | 0 | 0 | 0 | 0 | 0 | 0 | 0 |
| 南京航空航天大学 | 8 | 1 | 0.3 | 0 | 0 | 0 | 0 | 0 | 0 | 0 | 0 | 0 | 0 | 0 | 0 | 0 | 0 | 0 | 0 | 0 | 0 | 0 | 0 | 0 | 0 | 0 | 0 |
| 中国药科大学 | 9 | 1 | 0.1 | 0 | 10 | 10 | 0 | 0 | 0 | 0 | 0 | 0 | 0 | 0 | 0 | 0 | 0 | 0 | 0 | 0 | 0 | 0 | 0 | 0 | 0 | 0 | 0 |
| 南京森林警察学院 | 10 | 3 | 0.3 | 0 | 0 | 0 | 0 | 0 | 0 | 0 | 0 | 0 | 0 | 0 | 0 | 0 | 0 | 2 | 2 | 0 | 0 | 0 | 0 | 0 | 0 | 0 | 0 |
| 苏州大学 | 11 | 0 | 0 | 0 | 0 | 0 | 0 | 0 | 0 | 0 | 0 | 0 | 0 | 0 | 0 | 0 | 0 | 0 | 0 | 0 | 0 | 0 | 0 | 0 | 0 | 0 | 0 |
| 江苏科技大学 | 12 | 1 | 0.1 | 0 | 0 | 0 | 0 | 0 | 0 | 0 | 0 | 0 | 0 | 0 | 0 | 0 | 0 | 0 | 0 | 0 | 0 | 0 | 0 | 0 | 0 | 0 | 0 |
| 南京工业大学 | 13 | 1 | 0.1 | 0 | 0 | 0 | 0 | 0 | 0 | 0 | 0 | 0 | 0 | 0 | 0 | 0 | 0 | 5 | 5 | 0 | 0 | 0 | 0 | 0 | 0 | 0 | 0 |
| 常州大学 | 14 | 3 | 1.6 | 0 | 0 | 122.2 | 0 | 0 | 0 | 0 | 0 | 0 | 0 | 0 | 0 | 0 | 0 | 0 | 0 | 0 | 0 | 0 | 0 | 0 | 0 | 0 | 0 |
| 南京邮电大学 | 15 | 1 | 0.6 | 0.3 | 0 | 0 | 0 | 0 | 0 | 0 | 0 | 0 | 0 | 0 | 0 | 0 | 0 | 3 | 3 | 0 | 0 | 0 | 0 | 0 | 0 | 0 | 0 |
| 南京林业大学 | 16 | 2 | 0.2 | 0 | 0 | 16.91 | 0 | 0 | 0 | 0 | 0 | 0 | 0 | 0 | 0 | 0 | 0 | 1 | 0 | 1 | 0 | 0 | 0 | 0 | 0 | 0 | 0 |
| 江苏大学 | 17 | 9 | 1.5 | 0.7 | 0 | 0 | 0 | 0 | 0 | 0 | 0 | 0 | 0 | 0 | 0 | 0 | 0 | 0 | 0 | 0 | 0 | 0 | 0 | 0 | 0 | 0 | 0 |
| 南京信息工程大学 | 18 | 3 | 1.1 | 0 | 0 | 46.1 | 0 | 0 | 0 | 0 | 0 | 0 | 0 | 0 | 0 | 0 | 0 | 1 | 1 | 0 | 0 | 0 | 0 | 0 | 0 | 0 | 0 |
| 南通大学 | 19 | 3 | 0.6 | 0 | 80 | 30 | 0 | 0 | 0 | 0 | 0 | 0 | 0 | 0 | 0 | 0 | 0 | 2 | 2 | 0 | 0 | 0 | 0 | 0 | 0 | 0 | 0 |
| 盐城工学院 | 20 | 0 | 0 | 0 | 0 | 0 | 0 | 0 | 0 | 0 | 0 | 0 | 0 | 0 | 0 | 0 | 0 | 0 | 0 | 0 | 0 | 0 | 0 | 0 | 0 | 0 | 0 |

| | | | | | | | | | | | | | | | | | | | | | | | | | | | |
|---|---|---|---|---|---|---|---|---|---|---|---|---|---|---|---|---|---|---|---|---|---|---|---|---|---|---|---|
| 南京医科大学 | 21 | 0 | 0 | 0 | 0 | 0 | 0 | 0 | 0 | 0 | 0 | 0 | 0 | 0 | 0 | 0 | 0 | 0 | 0 | 0 | 0 | 0 | 0 | 0 | 0 | 0 | 0 |
| 徐州医科大学 | 22 | 2 | 0.5 | 0 | 0 | 13 | 0 | 0 | 0 | 0 | 0 | 0 | 0 | 0 | 0 | 0 | 0 | 4 | 4 | 0 | 0 | 0 | 0 | 0 | 0 | 0 | 0 |
| 南京中医药大学 | 23 | 3 | 1 | 0 | 100 | 93.4 | 0 | 0 | 0 | 0 | 0 | 0 | 0 | 0 | 0 | 0 | 0 | 3 | 3 | 0 | 0 | 0 | 0 | 0 | 0 | 0 | 0 |
| 南京师范大学 | 24 | 1 | 0.1 | 0 | 0 | 6.8 | 0 | 0 | 0 | 0 | 0 | 0 | 0 | 0 | 0 | 0 | 0 | 0 | 0 | 0 | 0 | 0 | 0 | 0 | 0 | 0 | 0 |
| 江苏师范大学 | 25 | 5 | 1.8 | 0 | 65 | 69 | 1 | 0 | 0 | 1 | 0 | 0 | 0 | 0 | 0 | 0 | 0 | 0 | 0 | 0 | 0 | 0 | 0 | 0 | 0 | 0 | 0 |
| 淮阴师范学院 | 26 | 1 | 0.3 | 0 | 0 | 5 | 0 | 0 | 0 | 0 | 0 | 0 | 0 | 0 | 0 | 0 | 0 | 0 | 0 | 0 | 0 | 0 | 0 | 0 | 0 | 0 | 0 |
| 盐城师范学院 | 27 | 5 | 1.5 | 0 | 260 | 126.3 | 0 | 0 | 0 | 0 | 0 | 0 | 0 | 0 | 0 | 0 | 0 | 3 | 2 | 1 | 0 | 0 | 0 | 0 | 0 | 0 | 0 |
| 南京财经大学 | 28 | 6 | 0.8 | 0 | 488 | 377.5 | 0 | 0 | 0 | 0 | 0 | 0 | 0 | 0 | 0 | 0 | 0 | 13 | 13 | 0 | 0 | 1 | 0 | 0 | 1 | 0 | 0 |
| 江苏警官学院 | 29 | 0 | 0 | 0 | 0 | 0 | 0 | 0 | 0 | 0 | 0 | 0 | 0 | 0 | 0 | 0 | 0 | 1 | 0 | 1 | 0 | 0 | 0 | 0 | 0 | 0 | 0 |
| 南京体育学院 | 30 | 0 | 0 | 0 | 0 | 0 | 0 | 0 | 0 | 0 | 0 | 0 | 0 | 0 | 0 | 0 | 0 | 0 | 0 | 0 | 0 | 0 | 0 | 0 | 0 | 0 | 0 |
| 南京艺术学院 | 31 | 0 | 0 | 0 | 0 | 0 | 0 | 0 | 0 | 0 | 0 | 0 | 0 | 0 | 0 | 0 | 0 | 0 | 0 | 0 | 0 | 0 | 0 | 0 | 0 | 0 | 0 |
| 苏州科技大学 | 32 | 0 | 0 | 0 | 0 | 0 | 0 | 0 | 0 | 0 | 0 | 0 | 0 | 0 | 0 | 0 | 0 | 0 | 0 | 0 | 0 | 0 | 0 | 0 | 0 | 0 | 0 |
| 常熟理工学院 | 33 | 14 | 3.3 | 0 | 569.94 | 369.35 | 0 | 0 | 0 | 0 | 0 | 0 | 0 | 0 | 0 | 0 | 0 | 0 | 0 | 0 | 0 | 0 | 0 | 0 | 0 | 1 | 1 |
| 淮阴工学院 | 34 | 3 | 0.4 | 0 | 0 | 4 | 1 | 1 | 0 | 0 | 0 | 0 | 0 | 0 | 0 | 0 | 0 | 4 | 4 | 0 | 0 | 0 | 0 | 0 | 0 | 0 | 0 |
| 常州工学院 | 35 | 22 | 3.6 | 0 | 1 509 | 921.35 | 0 | 0 | 0 | 0 | 0 | 0 | 0 | 0 | 0 | 0 | 0 | 0 | 0 | 0 | 0 | 0 | 0 | 0 | 0 | 0 | 0 |
| 扬州大学 | 36 | 0 | 0 | 0 | 0 | 0 | 0 | 0 | 0 | 0 | 0 | 0 | 0 | 0 | 0 | 0 | 0 | 0 | 0 | 0 | 0 | 0 | 0 | 0 | 0 | 0 | 0 |
| 南京工程学院 | 37 | 1 | 0.1 | 0 | 0 | 1.27 | 0 | 0 | 0 | 0 | 0 | 0 | 0 | 0 | 0 | 0 | 0 | 0 | 0 | 0 | 0 | 0 | 0 | 0 | 0 | 0 | 0 |
| 南京审计大学 | 38 | 22 | 8 | 0.3 | 708.72 | 364.77 | 0 | 0 | 0 | 0 | 0 | 0 | 0 | 0 | 0 | 0 | 0 | 3 | 3 | 0 | 0 | 0 | 0 | 0 | 0 | 0 | 0 |
| 南京晓庄学院 | 39 | 0 | 0 | 0 | 0 | 0 | 0 | 0 | 0 | 0 | 0 | 0 | 0 | 0 | 0 | 0 | 0 | 0 | 0 | 0 | 0 | 0 | 0 | 0 | 0 | 0 | 0 |
| 江苏理工学院 | 40 | 4 | 0.9 | 0 | 50 | 89.4 | 0 | 0 | 0 | 0 | 0 | 0 | 0 | 0 | 0 | 0 | 0 | 2 | 2 | 0 | 0 | 0 | 0 | 0 | 0 | 0 | 0 |
| 江苏海洋大学 | 41 | 0 | 0 | 0 | 0 | 0 | 0 | 0 | 0 | 0 | 0 | 0 | 0 | 0 | 0 | 0 | 0 | 0 | 0 | 0 | 0 | 0 | 0 | 0 | 0 | 0 | 0 |
| 徐州工程学院 | 42 | 4 | 0.6 | 0 | 0 | 2 | 0 | 0 | 0 | 0 | 0 | 0 | 0 | 0 | 0 | 0 | 0 | 0 | 0 | 0 | 0 | 0 | 0 | 0 | 0 | 0 | 0 |
| 南京特殊教育师范学院 | 43 | 5 | 0.7 | 0 | 380 | 248 | 0 | 0 | 0 | 0 | 0 | 0 | 0 | 0 | 0 | 0 | 0 | 1 | 1 | 0 | 0 | 1 | 0 | 1 | 0 | 0 | 0 |
| 泰州学院 | 44 | 0 | 0 | 0 | 0 | 0 | 0 | 0 | 0 | 0 | 0 | 0 | 0 | 0 | 0 | 0 | 0 | 0 | 0 | 0 | 0 | 0 | 0 | 0 | 0 | 0 | 0 |
| 金陵科技学院 | 45 | 1 | 0.1 | 0 | 0 | 2 | 0 | 0 | 0 | 0 | 0 | 0 | 0 | 0 | 0 | 0 | 0 | 0 | 0 | 0 | 0 | 0 | 0 | 0 | 0 | 0 | 0 |
| 江苏第二师范学院 | 46 | 0 | 0 | 0 | 0 | 0 | 0 | 0 | 0 | 0 | 0 | 0 | 0 | 0 | 0 | 0 | 0 | 0 | 0 | 0 | 0 | 0 | 0 | 0 | 0 | 0 | 0 |

## 2.21 心理学人文、社会科学研究与课题成果情况表

| 高校名称 | | 总数 | | | | | 出版著作(部) | | | | | | | 古籍整理(部) | 译著(部) | 发表译文(篇) | 电子出版物(件) | 发表论文(篇) | | | | 获奖成果数(项) | | | | 研究与咨询报告(篇) | |
|---|---|---|---|---|---|---|---|---|---|---|---|---|---|---|---|---|---|---|---|---|---|---|---|---|---|---|---|
| | | 课题数(项) | 当年投入人数(人年) | 其中：研究生(人年) | 当年拨入经费(千元) | 当年支出经费(千元) | 合计 | 专著 | 其中：被译成外文 | 编著教材 | 工具书参考书 | 皮书/发展报告 | 科普读物 | | | | | 合计 | 国内学术刊物 | 国外学术刊物 | 港澳、台地区刊物 | 合计 | 国家级奖 | 部级奖 | 省级奖 | 合计 | 其中：被采纳数 |
| | 编号 | L01 | L02 | L03 | L04 | L05 | L06 | L07 | L08 | L09 | L10 | L11 | L12 | L13 | L14 | L15 | L16 | L17 | L18 | L19 | L20 | L21 | L22 | L23 | L24 | L25 | L26 |
| 合计 | / | 298 | 62.1 | 6.8 | 7 179.85 | 5 490.11 | 11 | 6 | 0 | 5 | 0 | 0 | 0 | 0 | 2 | 0 | 0 | 155 | 111 | 44 | 0 | 8 | 0 | 3 | 5 | 14 | 8 |
| 南京大学 | 1 | 17 | 3.7 | 0.4 | 705.35 | 512.63 | 0 | 0 | 0 | 0 | 0 | 0 | 0 | 0 | 0 | 0 | 0 | 3 | 1 | 2 | 0 | 1 | 0 | 1 | 0 | 0 | 0 |
| 东南大学 | 2 | 13 | 1.5 | 0 | 288.4 | 246.2 | 0 | 0 | 0 | 0 | 0 | 0 | 0 | 0 | 0 | 0 | 0 | 0 | 0 | 0 | 0 | 0 | 0 | 0 | 0 | 0 | 0 |
| 江南大学 | 3 | 0 | 0 | 0 | 0 | 0 | 0 | 0 | 0 | 0 | 0 | 0 | 0 | 0 | 0 | 0 | 0 | 0 | 0 | 0 | 0 | 0 | 0 | 0 | 0 | 0 | 0 |
| 南京农业大学 | 4 | 0 | 0 | 0 | 0 | 0 | 0 | 0 | 0 | 0 | 0 | 0 | 0 | 0 | 0 | 0 | 0 | 0 | 0 | 0 | 0 | 0 | 0 | 0 | 0 | 0 | 0 |
| 中国矿业大学 | 5 | 0 | 0 | 0 | 0 | 0 | 0 | 0 | 0 | 0 | 0 | 0 | 0 | 0 | 0 | 0 | 0 | 0 | 0 | 0 | 0 | 0 | 0 | 0 | 0 | 0 | 0 |
| 河海大学 | 6 | 16 | 5.6 | 3.7 | 552 | 592.66 | 0 | 0 | 0 | 0 | 0 | 0 | 0 | 0 | 0 | 0 | 0 | 11 | 11 | 0 | 0 | 1 | 0 | 0 | 1 | 4 | 4 |
| 南京理工大学 | 7 | 3 | 0.3 | 0 | 10 | 10 | 0 | 0 | 0 | 0 | 0 | 0 | 0 | 0 | 0 | 0 | 0 | 1 | 1 | 0 | 0 | 0 | 0 | 0 | 0 | 0 | 0 |
| 南京航空航天大学 | 8 | 3 | 0.6 | 0 | 37 | 37 | 1 | 1 | 0 | 0 | 0 | 0 | 0 | 0 | 0 | 0 | 0 | 0 | 0 | 0 | 0 | 0 | 0 | 0 | 0 | 0 | 0 |
| 中国药科大学 | 9 | 1 | 0.3 | 0 | 0 | 0 | 0 | 0 | 0 | 0 | 0 | 0 | 0 | 0 | 0 | 0 | 0 | 4 | 4 | 0 | 0 | 0 | 0 | 0 | 0 | 0 | 0 |
| 南京森林警察学院 | 10 | 1 | 0.1 | 0 | 0 | 0 | 0 | 0 | 0 | 0 | 0 | 0 | 0 | 0 | 0 | 0 | 0 | 3 | 3 | 0 | 0 | 0 | 0 | 0 | 0 | 0 | 0 |
| 苏州大学 | 11 | 39 | 7.8 | 1.2 | 599 | 825 | 7 | 3 | 0 | 4 | 0 | 0 | 0 | 0 | 0 | 0 | 0 | 42 | 21 | 21 | 0 | 1 | 0 | 1 | 0 | 0 | 0 |
| 江苏科技大学 | 12 | 1 | 0.2 | 0 | 0 | 0 | 0 | 0 | 0 | 0 | 0 | 0 | 0 | 0 | 0 | 0 | 0 | 2 | 2 | 0 | 0 | 0 | 0 | 0 | 0 | 0 | 0 |
| 南京工业大学 | 13 | 5 | 0.6 | 0.2 | 14 | 14 | 0 | 0 | 0 | 0 | 0 | 0 | 0 | 0 | 0 | 0 | 0 | 13 | 13 | 0 | 0 | 0 | 0 | 0 | 0 | 0 | 0 |
| 常州大学 | 14 | 0 | 0 | 0 | 0 | 0 | 0 | 0 | 0 | 0 | 0 | 0 | 0 | 0 | 0 | 0 | 0 | 0 | 0 | 0 | 0 | 0 | 0 | 0 | 0 | 0 | 0 |
| 南京邮电大学 | 15 | 3 | 0.9 | 0 | 0 | 21 | 1 | 0 | 0 | 1 | 0 | 0 | 0 | 0 | 0 | 0 | 0 | 0 | 0 | 0 | 0 | 0 | 0 | 0 | 0 | 0 | 0 |
| 南京林业大学 | 16 | 3 | 0.3 | 0 | 0 | 1.52 | 1 | 1 | 0 | 0 | 0 | 0 | 0 | 0 | 0 | 0 | 0 | 2 | 2 | 0 | 0 | 0 | 0 | 0 | 0 | 0 | 0 |
| 江苏大学 | 17 | 1 | 0.1 | 0 | 0 | 0 | 0 | 0 | 0 | 0 | 0 | 0 | 0 | 0 | 0 | 0 | 0 | 0 | 0 | 0 | 0 | 0 | 0 | 0 | 0 | 0 | 0 |
| 南京信息工程大学 | 18 | 5 | 1 | 0 | 13 | 24.28 | 0 | 0 | 0 | 0 | 0 | 0 | 0 | 0 | 0 | 0 | 0 | 1 | 1 | 0 | 0 | 0 | 0 | 0 | 0 | 0 | 0 |
| 南通大学 | 19 | 14 | 3.4 | 0 | 682 | 316 | 0 | 0 | 0 | 0 | 0 | 0 | 0 | 0 | 0 | 0 | 0 | 0 | 0 | 0 | 0 | 0 | 0 | 0 | 0 | 0 | 0 |
| 盐城工学院 | 20 | 2 | 0.2 | 0 | 0 | 0 | 0 | 0 | 0 | 0 | 0 | 0 | 0 | 0 | 0 | 0 | 0 | 0 | 0 | 0 | 0 | 0 | 0 | 0 | 0 | 0 | 0 |

| | | | | | | | | | | | | | | | | | | | | | | | | | | | |
|---|---|---|---|---|---|---|---|---|---|---|---|---|---|---|---|---|---|---|---|---|---|---|---|---|---|---|---|
| 南京医科大学 | 21 | 1 | 0.1 | 0 | 0 | 0 | 0 | 0 | 0 | 0 | 0 | 0 | 0 | 0 | 0 | 0 | 0 | 0 | 0 | 0 | 0 | 0 | 0 | 0 | 0 | 0 | 0 |
| 徐州医科大学 | 22 | 6 | 1.4 | 0 | 40 | 26.7 | 0 | 0 | 0 | 0 | 0 | 0 | 0 | 0 | 0 | 0 | 0 | 0 | 0 | 0 | 0 | 0 | 0 | 0 | 0 | 0 | 0 |
| 南京中医药大学 | 23 | 16 | 5.3 | 0 | 50 | 94.15 | 0 | 0 | 0 | 0 | 0 | 0 | 0 | 0 | 1 | 0 | 0 | 5 | 5 | 0 | 0 | 0 | 0 | 0 | 0 | 0 | 0 |
| 南京师范大学 | 24 | 39 | 5.9 | 1.3 | 1 687.8 | 1 031.57 | 0 | 0 | 0 | 0 | 0 | 0 | 0 | 0 | 1 | 0 | 0 | 33 | 14 | 19 | 0 | 5 | 0 | 1 | 4 | 1 | 1 |
| 江苏师范大学 | 25 | 9 | 3.2 | 0 | 141 | 213 | 0 | 0 | 0 | 0 | 0 | 0 | 0 | 0 | 0 | 0 | 0 | 0 | 0 | 0 | 0 | 0 | 0 | 0 | 0 | 0 | 0 |
| 淮阴师范学院 | 26 | 1 | 0.1 | 0 | 0 | 50 | 0 | 0 | 0 | 0 | 0 | 0 | 0 | 0 | 0 | 0 | 0 | 0 | 0 | 0 | 0 | 0 | 0 | 0 | 0 | 0 | 0 |
| 盐城师范学院 | 27 | 18 | 4.3 | 0 | 1 775 | 970.7 | 1 | 1 | 0 | 0 | 0 | 0 | 0 | 0 | 0 | 0 | 0 | 4 | 3 | 1 | 0 | 0 | 0 | 0 | 0 | 6 | 1 |
| 南京财经大学 | 28 | 2 | 0.4 | 0 | 15 | 13 | 0 | 0 | 0 | 0 | 0 | 0 | 0 | 0 | 0 | 0 | 0 | 0 | 0 | 0 | 0 | 0 | 0 | 0 | 0 | 0 | 0 |
| 江苏警官学院 | 29 | 0 | 0 | 0 | 0 | 0 | 0 | 0 | 0 | 0 | 0 | 0 | 0 | 0 | 0 | 0 | 0 | 0 | 0 | 0 | 0 | 0 | 0 | 0 | 0 | 0 | 0 |
| 南京体育学院 | 30 | 1 | 0.1 | 0 | 0 | 0 | 0 | 0 | 0 | 0 | 0 | 0 | 0 | 0 | 0 | 0 | 0 | 0 | 0 | 0 | 0 | 0 | 0 | 0 | 0 | 0 | 0 |
| 南京艺术学院 | 31 | 1 | 0.4 | 0 | 10 | 3.2 | 0 | 0 | 0 | 0 | 0 | 0 | 0 | 0 | 0 | 0 | 0 | 0 | 0 | 0 | 0 | 0 | 0 | 0 | 0 | 0 | 0 |
| 苏州科技大学 | 32 | 0 | 0 | 0 | 0 | 0 | 0 | 0 | 0 | 0 | 0 | 0 | 0 | 0 | 0 | 0 | 0 | 0 | 0 | 0 | 0 | 0 | 0 | 0 | 0 | 0 | 0 |
| 常熟理工学院 | 33 | 4 | 0.8 | 0 | 0 | 10.5 | 0 | 0 | 0 | 0 | 0 | 0 | 0 | 0 | 0 | 0 | 0 | 0 | 0 | 0 | 0 | 0 | 0 | 0 | 0 | 0 | 0 |
| 淮阴工学院 | 34 | 1 | 0.2 | 0 | 0 | 2 | 0 | 0 | 0 | 0 | 0 | 0 | 0 | 0 | 0 | 0 | 0 | 0 | 0 | 0 | 0 | 0 | 0 | 0 | 0 | 0 | 0 |
| 常州工学院 | 35 | 8 | 1.5 | 0 | 137.3 | 112.97 | 0 | 0 | 0 | 0 | 0 | 0 | 0 | 0 | 0 | 0 | 0 | 2 | 2 | 0 | 0 | 0 | 0 | 0 | 0 | 0 | 0 |
| 扬州大学 | 36 | 8 | 0.9 | 0 | 130 | 78.58 | 0 | 0 | 0 | 0 | 0 | 0 | 0 | 0 | 0 | 0 | 0 | 6 | 5 | 1 | 0 | 0 | 0 | 0 | 0 | 0 | 0 |
| 南京工程学院 | 37 | 0 | 0 | 0 | 0 | 0 | 0 | 0 | 0 | 0 | 0 | 0 | 0 | 0 | 0 | 0 | 0 | 0 | 0 | 0 | 0 | 0 | 0 | 0 | 0 | 0 | 0 |
| 南京审计大学 | 38 | 4 | 1.4 | 0 | 40 | 0 | 0 | 0 | 0 | 0 | 0 | 0 | 0 | 0 | 0 | 0 | 0 | 0 | 0 | 0 | 0 | 0 | 0 | 0 | 0 | 0 | 0 |
| 南京晓庄学院 | 39 | 19 | 2.5 | 0 | 75 | 144 | 0 | 0 | 0 | 0 | 0 | 0 | 0 | 0 | 0 | 0 | 0 | 11 | 11 | 0 | 0 | 0 | 0 | 0 | 0 | 0 | 0 |
| 江苏理工学院 | 40 | 12 | 1.9 | 0 | 172 | 104.2 | 0 | 0 | 0 | 0 | 0 | 0 | 0 | 0 | 0 | 0 | 0 | 4 | 4 | 0 | 0 | 0 | 0 | 0 | 0 | 3 | 2 |
| 江苏海洋大学 | 41 | 1 | 0.1 | 0 | 0 | 1 | 0 | 0 | 0 | 0 | 0 | 0 | 0 | 0 | 0 | 0 | 0 | 0 | 0 | 0 | 0 | 0 | 0 | 0 | 0 | 0 | 0 |
| 徐州工程学院 | 42 | 3 | 0.6 | 0 | 0 | 2 | 0 | 0 | 0 | 0 | 0 | 0 | 0 | 0 | 0 | 0 | 0 | 0 | 0 | 0 | 0 | 0 | 0 | 0 | 0 | 0 | 0 |
| 南京特殊教育师范学院 | 43 | 1 | 0.2 | 0 | 0 | 0 | 0 | 0 | 0 | 0 | 0 | 0 | 0 | 0 | 0 | 0 | 0 | 0 | 0 | 0 | 0 | 0 | 0 | 0 | 0 | 0 | 0 |
| 泰州学院 | 44 | 0 | 0 | 0 | 0 | 0 | 0 | 0 | 0 | 0 | 0 | 0 | 0 | 0 | 0 | 0 | 0 | 0 | 0 | 0 | 0 | 0 | 0 | 0 | 0 | 0 | 0 |
| 金陵科技学院 | 45 | 1 | 0.1 | 0 | 6 | 3 | 0 | 0 | 0 | 0 | 0 | 0 | 0 | 0 | 0 | 0 | 0 | 1 | 1 | 0 | 0 | 0 | 0 | 0 | 0 | 0 | 0 |
| 江苏第二师范学院 | 46 | 15 | 4.1 | 0 | 0 | 29.25 | 0 | 0 | 0 | 0 | 0 | 0 | 0 | 0 | 0 | 0 | 0 | 7 | 7 | 0 | 0 | 0 | 0 | 0 | 0 | 0 | 0 |

## 2.22 体育科学人文、社会科学研究与课题成果情况表

| 高校名称 | | 总数 | | | | | 出版著作(部) | | | | | | | 古籍整理(部) | 译著(部) | 发表译文(篇) | 电子出版物(件) | 发表论文(篇) | | | | 获奖成果数(项) | | | | 研究与咨询报告(篇) | |
|---|---|---|---|---|---|---|---|---|---|---|---|---|---|---|---|---|---|---|---|---|---|---|---|---|---|---|---|
| | | 课题数(项) | 当年投入人数(人年) | 其中：研究生(人年) | 当年拨入经费(千元) | 当年支出经费(千元) | 合计 | 专著 | 其中：被译成外文 | 编著教材 | 工具书参考书 | 皮书/发展报告 | 科普读物 | | | | | 合计 | 国内学术刊物 | 国外学术刊物 | 港澳、台地区刊物 | 合计 | 国家级奖 | 部级奖 | 省级奖 | 合计 | 其中：被采纳数 |
| | 编号 | L01 | L02 | L03 | L04 | L05 | L06 | L07 | L08 | L09 | L10 | L11 | L12 | L13 | L14 | L15 | L16 | L17 | L18 | L19 | L20 | L21 | L22 | L23 | L24 | L25 | L26 |
| 合计 | / | 803 | 166.7 | 8 | 23 512.06 | 19 727.46 | 64 | 47 | 1 | 16 | 0 | 0 | 1 | 0 | 0 | 0 | 0 | 623 | 583 | 40 | 0 | 23 | 0 | 2 | 21 | 52 | 28 |
| 南京大学 | 1 | 7 | 1.1 | 0 | 110 | 66.41 | 0 | 0 | 0 | 0 | 0 | 0 | 0 | 0 | 0 | 0 | 0 | 17 | 16 | 1 | 0 | 0 | 0 | 0 | 0 | 0 | 0 |
| 东南大学 | 2 | 8 | 2.1 | 0 | 44 | 69 | 1 | 0 | 0 | 1 | 0 | 0 | 0 | 0 | 0 | 0 | 0 | 18 | 15 | 3 | 0 | 0 | 0 | 0 | 0 | 1 | 0 |
| 江南大学 | 3 | 5 | 2.1 | 0 | 0 | 0 | 0 | 0 | 0 | 0 | 0 | 0 | 0 | 0 | 0 | 0 | 0 | 1 | 1 | 0 | 0 | 0 | 0 | 0 | 0 | 0 | 0 |
| 南京农业大学 | 4 | 15 | 2.8 | 0.3 | 54 | 62 | 0 | 0 | 0 | 0 | 0 | 0 | 0 | 0 | 0 | 0 | 0 | 2 | 2 | 0 | 0 | 0 | 0 | 0 | 0 | 0 | 0 |
| 中国矿业大学 | 5 | 24 | 8.4 | 0.2 | 320 | 136.43 | 7 | 1 | 0 | 6 | 0 | 0 | 0 | 0 | 0 | 0 | 0 | 10 | 8 | 2 | 0 | 1 | 0 | 0 | 1 | 0 | 0 |
| 河海大学 | 6 | 9 | 2.8 | 1.6 | 227.6 | 227.61 | 0 | 0 | 0 | 0 | 0 | 0 | 0 | 0 | 0 | 0 | 0 | 12 | 12 | 0 | 0 | 0 | 0 | 0 | 0 | 1 | 1 |
| 南京理工大学 | 7 | 5 | 0.6 | 0 | 20 | 20 | 0 | 0 | 0 | 0 | 0 | 0 | 0 | 0 | 0 | 0 | 0 | 1 | 1 | 0 | 0 | 0 | 0 | 0 | 0 | 0 | 0 |
| 南京航空航天大学 | 8 | 21 | 4.3 | 0 | 620 | 620 | 0 | 0 | 0 | 0 | 0 | 0 | 0 | 0 | 0 | 0 | 0 | 13 | 11 | 2 | 0 | 1 | 0 | 0 | 1 | 0 | 0 |
| 中国药科大学 | 9 | 20 | 1.4 | 0 | 0 | 0 | 0 | 0 | 0 | 0 | 0 | 0 | 0 | 0 | 0 | 0 | 0 | 12 | 12 | 0 | 0 | 0 | 0 | 0 | 0 | 0 | 0 |
| 南京森林警察学院 | 10 | 13 | 1.7 | 0 | 480 | 213.56 | 0 | 0 | 0 | 0 | 0 | 0 | 0 | 0 | 0 | 0 | 0 | 18 | 18 | 0 | 0 | 0 | 0 | 0 | 0 | 0 | 0 |
| 苏州大学 | 11 | 74 | 17.7 | 3.7 | 2 583 | 2 717 | 8 | 4 | 0 | 4 | 0 | 0 | 0 | 0 | 0 | 0 | 0 | 52 | 44 | 8 | 0 | 4 | 0 | 1 | 3 | 1 | 1 |
| 江苏科技大学 | 12 | 17 | 7.1 | 0 | 38 | 36.74 | 1 | 1 | 0 | 0 | 0 | 0 | 0 | 0 | 0 | 0 | 0 | 10 | 10 | 0 | 0 | 0 | 0 | 0 | 0 | 0 | 0 |
| 南京工业大学 | 13 | 10 | 1.6 | 0 | 242 | 242 | 0 | 0 | 0 | 0 | 0 | 0 | 0 | 0 | 0 | 0 | 0 | 8 | 8 | 0 | 0 | 0 | 0 | 0 | 0 | 0 | 0 |
| 常州大学 | 14 | 24 | 7.1 | 0 | 520 | 433.7 | 0 | 0 | 0 | 0 | 0 | 0 | 0 | 0 | 0 | 0 | 0 | 12 | 12 | 0 | 0 | 1 | 0 | 0 | 1 | 6 | 6 |
| 南京邮电大学 | 15 | 9 | 2.3 | 0.3 | 10 | 19 | 0 | 0 | 0 | 0 | 0 | 0 | 0 | 0 | 0 | 0 | 0 | 4 | 4 | 0 | 0 | 0 | 0 | 0 | 0 | 0 | 0 |
| 南京林业大学 | 16 | 4 | 0.4 | 0 | 13 | 34.29 | 3 | 3 | 0 | 0 | 0 | 0 | 0 | 0 | 0 | 0 | 0 | 9 | 8 | 1 | 0 | 0 | 0 | 0 | 0 | 0 | 0 |
| 江苏大学 | 17 | 24 | 3.8 | 0 | 0 | 0 | 0 | 0 | 0 | 0 | 0 | 0 | 0 | 0 | 0 | 0 | 0 | 2 | 1 | 1 | 0 | 0 | 0 | 0 | 0 | 0 | 0 |
| 南京信息工程大学 | 18 | 7 | 4.3 | 0 | 60 | 62.25 | 0 | 0 | 0 | 0 | 0 | 0 | 0 | 0 | 0 | 0 | 0 | 17 | 16 | 1 | 0 | 0 | 0 | 0 | 0 | 0 | 0 |
| 南通大学 | 19 | 23 | 5.2 | 0 | 250 | 232 | 12 | 12 | 1 | 0 | 0 | 0 | 0 | 0 | 0 | 0 | 0 | 29 | 29 | 0 | 0 | 1 | 0 | 0 | 1 | 0 | 0 |
| 盐城工学院 | 20 | 18 | 1.9 | 0 | 220 | 252 | 1 | 1 | 0 | 0 | 0 | 0 | 0 | 0 | 0 | 0 | 0 | 15 | 15 | 0 | 0 | 0 | 0 | 0 | 0 | 2 | 2 |

| | | | | | | | | | | | | | | | | | | | | | | | | | | | |
|---|---|---|---|---|---|---|---|---|---|---|---|---|---|---|---|---|---|---|---|---|---|---|---|---|---|---|---|
| 南京医科大学 | 21 | 0 | 0 | 0 | 0 | 0 | 0 | 0 | 0 | 0 | 0 | 0 | 0 | 0 | 0 | 0 | 0 | 0 | 0 | 0 | 0 | 0 | 0 | 0 | 0 | 0 | 0 |
| 徐州医科大学 | 22 | 0 | 0 | 0 | 0 | 0 | 0 | 0 | 0 | 0 | 0 | 0 | 0 | 0 | 0 | 0 | 0 | 3 | 3 | 0 | 0 | 0 | 0 | 0 | 0 | 0 | 0 |
| 南京中医药大学 | 23 | 2 | 0.5 | 0 | 40 | 29.5 | 0 | 0 | 0 | 0 | 0 | 0 | 0 | 0 | 0 | 0 | 0 | 1 | 1 | 0 | 0 | 0 | 0 | 0 | 0 | 0 | 0 |
| 南京师范大学 | 24 | 46 | 11.9 | 1.3 | 1 066 | 710.8 | 2 | 2 | 0 | 0 | 0 | 0 | 0 | 0 | 0 | 0 | 0 | 28 | 19 | 9 | 0 | 5 | 0 | 0 | 5 | 0 | 0 |
| 江苏师范大学 | 25 | 14 | 7.2 | 0.4 | 435 | 519 | 2 | 2 | 0 | 0 | 0 | 0 | 0 | 0 | 0 | 0 | 0 | 22 | 22 | 0 | 0 | 1 | 0 | 0 | 1 | 0 | 0 |
| 淮阴师范学院 | 26 | 23 | 2.6 | 0 | 4 210 | 3 490 | 0 | 0 | 0 | 0 | 0 | 0 | 0 | 0 | 0 | 0 | 0 | 5 | 5 | 0 | 0 | 0 | 0 | 0 | 0 | 0 | 0 |
| 盐城师范学院 | 27 | 76 | 16.1 | 0 | 3 924 | 3 441.6 | 2 | 0 | 0 | 2 | 0 | 0 | 0 | 0 | 0 | 0 | 0 | 50 | 50 | 0 | 0 | 1 | 0 | 0 | 1 | 2 | 0 |
| 南京财经大学 | 28 | 6 | 1.5 | 0 | 1 272 | 830.85 | 1 | 1 | 0 | 0 | 0 | 0 | 0 | 0 | 0 | 0 | 0 | 4 | 4 | 0 | 0 | 0 | 0 | 0 | 0 | 0 | 0 |
| 江苏警官学院 | 29 | 5 | 0.5 | 0 | 0 | 0 | 1 | 0 | 0 | 1 | 0 | 0 | 0 | 0 | 0 | 0 | 0 | 20 | 20 | 0 | 0 | 0 | 0 | 0 | 0 | 0 | 0 |
| 南京体育学院 | 30 | 121 | 13.4 | 0 | 1 744 | 912.54 | 10 | 8 | 0 | 1 | 0 | 0 | 1 | 0 | 0 | 0 | 0 | 86 | 83 | 3 | 0 | 6 | 0 | 1 | 5 | 1 | 1 |
| 南京艺术学院 | 31 | 1 | 0.5 | 0 | 30 | 30 | 0 | 0 | 0 | 0 | 0 | 0 | 0 | 0 | 0 | 0 | 0 | 2 | 2 | 0 | 0 | 0 | 0 | 0 | 0 | 0 | 0 |
| 苏州科技大学 | 32 | 11 | 4.9 | 0 | 40 | 40 | 4 | 4 | 0 | 0 | 0 | 0 | 0 | 0 | 0 | 0 | 0 | 8 | 8 | 0 | 0 | 0 | 0 | 0 | 0 | 0 | 0 |
| 常熟理工学院 | 33 | 7 | 1.5 | 0 | 70 | 19.83 | 0 | 0 | 0 | 0 | 0 | 0 | 0 | 0 | 0 | 0 | 0 | 10 | 10 | 0 | 0 | 0 | 0 | 0 | 0 | 0 | 0 |
| 淮阴工学院 | 34 | 4 | 0.4 | 0 | 110 | 110 | 4 | 4 | 0 | 0 | 0 | 0 | 0 | 0 | 0 | 0 | 0 | 6 | 4 | 2 | 0 | 0 | 0 | 0 | 0 | 0 | 0 |
| 常州工学院 | 35 | 31 | 7.2 | 0 | 1 808.16 | 1 305.5 | 0 | 0 | 0 | 0 | 0 | 0 | 0 | 0 | 0 | 0 | 0 | 6 | 6 | 0 | 0 | 0 | 0 | 0 | 0 | 4 | 0 |
| 扬州大学 | 36 | 27 | 3.9 | 0.2 | 1 120 | 937.3 | 1 | 1 | 0 | 0 | 0 | 0 | 0 | 0 | 0 | 0 | 0 | 25 | 22 | 3 | 0 | 2 | 0 | 0 | 2 | 8 | 8 |
| 南京工程学院 | 37 | 7 | 1.4 | 0 | 40.8 | 33.4 | 2 | 2 | 0 | 0 | 0 | 0 | 0 | 0 | 0 | 0 | 0 | 12 | 12 | 0 | 0 | 0 | 0 | 0 | 0 | 1 | 1 |
| 南京审计大学 | 38 | 2 | 1.7 | 0 | 10 | 50.32 | 0 | 0 | 0 | 0 | 0 | 0 | 0 | 0 | 0 | 0 | 0 | 3 | 3 | 0 | 0 | 0 | 0 | 0 | 0 | 0 | 0 |
| 南京晓庄学院 | 39 | 9 | 1 | 0 | 35 | 81 | 0 | 0 | 0 | 0 | 0 | 0 | 0 | 0 | 0 | 0 | 0 | 11 | 10 | 1 | 0 | 0 | 0 | 0 | 0 | 1 | 1 |
| 江苏理工学院 | 40 | 16 | 3 | 0 | 259.5 | 131.05 | 0 | 0 | 0 | 0 | 0 | 0 | 0 | 0 | 0 | 0 | 0 | 5 | 5 | 0 | 0 | 0 | 0 | 0 | 0 | 3 | 1 |
| 江苏海洋大学 | 41 | 35 | 3.5 | 0 | 1 282 | 1 373.25 | 0 | 0 | 0 | 0 | 0 | 0 | 0 | 0 | 0 | 0 | 0 | 17 | 17 | 0 | 0 | 0 | 0 | 0 | 0 | 21 | 6 |
| 徐州工程学院 | 42 | 13 | 2.2 | 0 | 94 | 30 | 1 | 0 | 0 | 1 | 0 | 0 | 0 | 0 | 0 | 0 | 0 | 0 | 0 | 0 | 0 | 0 | 0 | 0 | 0 | 0 | 0 |
| 南京特殊教育师范学院 | 43 | 1 | 0.2 | 0 | 60 | 110 | 0 | 0 | 0 | 0 | 0 | 0 | 0 | 0 | 0 | 0 | 0 | 0 | 0 | 0 | 0 | 0 | 0 | 0 | 0 | 0 | 0 |
| 泰州学院 | 44 | 3 | 1.1 | 0 | 0 | 7.3 | 1 | 1 | 0 | 0 | 0 | 0 | 0 | 0 | 0 | 0 | 0 | 21 | 18 | 3 | 0 | 0 | 0 | 0 | 0 | 0 | 0 |
| 金陵科技学院 | 45 | 0 | 0 | 0 | 0 | 0 | 0 | 0 | 0 | 0 | 0 | 0 | 0 | 0 | 0 | 0 | 0 | 0 | 0 | 0 | 0 | 0 | 0 | 0 | 0 | 0 | 0 |
| 江苏第二师范学院 | 46 | 6 | 1.8 | 0 | 50 | 90.23 | 0 | 0 | 0 | 0 | 0 | 0 | 0 | 0 | 0 | 0 | 0 | 16 | 16 | 0 | 0 | 0 | 0 | 0 | 0 | 0 | 0 |

## 3. 公办专科高等学校人文、社会科学研究与课题成果情况表

| 高校名称 | 编号 | 总数 课题数(项) | 总数 当年投入人数(人年) | 总数 其中：研究生(人年) | 总数 当年拨入经费(千元) | 总数 当年支出经费(千元) | 出版著作(部) 合计 | 出版著作(部) 专著 | 出版著作(部) 其中：被译成外文 | 出版著作(部) 编著教材 | 出版著作(部) 工具书参考书 | 出版著作(部) 皮书/发展报告 | 出版著作(部) 科普读物 | 古籍整理(部) | 译著(部) | 发表译文(篇) | 电子出版物(件) | 发表论文(篇) 合计 | 发表论文(篇) 国内学术刊物 | 发表论文(篇) 国外学术刊物 | 发表论文(篇) 港、澳、台地区刊物 | 获奖成果数(项) 合计 | 获奖成果数(项) 国家级奖 | 获奖成果数(项) 部级奖 | 获奖成果数(项) 省级奖 | 研究与咨询报告(篇) 合计 | 研究与咨询报告(篇) 其中：被采纳数 |
|---|---|---|---|---|---|---|---|---|---|---|---|---|---|---|---|---|---|---|---|---|---|---|---|---|---|---|---|
| | | L01 | L02 | L03 | L04 | L05 | L06 | L07 | L08 | L09 | L10 | L11 | L12 | L13 | L14 | L15 | L16 | L17 | L18 | L19 | L20 | L21 | L22 | L23 | L24 | L25 | L26 |
| 合计 | / | 10 385 | 1 991.1 | 0 | 67 728.44 | 64 160.87 | 285 | 117 | 0 | 155 | 1 | 10 | 2 | 1 | 9 | 1 | 0 | 9 631 | 9 547 | 82 | 2 | 4 | 0 | 0 | 4 | 951 | 428 |
| 管理学 | 1 | 2 148 | 471.2 | 0 | 23 303.95 | 21 452.5 | 58 | 19 | 0 | 39 | 0 | 0 | 0 | 0 | 1 | 0 | 0 | 1 639 | 1 623 | 15 | 1 | 0 | 0 | 0 | 0 | 350 | 157 |
| 马克思主义 | 2 | 548 | 101.3 | 0 | 1 840.9 | 1 636.23 | 9 | 5 | 0 | 4 | 0 | 0 | 0 | 0 | 0 | 0 | 0 | 416 | 416 | 0 | 0 | 0 | 0 | 0 | 0 | 23 | 10 |
| 哲学 | 3 | 41 | 10.7 | 0 | 86.2 | 141.51 | 1 | 1 | 0 | 0 | 0 | 0 | 0 | 0 | 0 | 0 | 0 | 25 | 25 | 0 | 0 | 0 | 0 | 0 | 0 | 2 | 1 |
| 逻辑学 | 4 | 3 | 1.2 | 0 | 0 | 2 | 0 | 0 | 0 | 0 | 0 | 0 | 0 | 0 | 0 | 0 | 0 | 7 | 7 | 0 | 0 | 0 | 0 | 0 | 0 | 0 | 0 |
| 宗教学 | 5 | 0 | 0 | 0 | 0 | 0 | 0 | 0 | 0 | 0 | 0 | 0 | 0 | 0 | 0 | 0 | 0 | 1 | 1 | 0 | 0 | 0 | 0 | 0 | 0 | 0 | 0 |
| 语言学 | 6 | 168 | 40.2 | 0 | 2 234.15 | 2 242.16 | 9 | 5 | 0 | 4 | 0 | 0 | 0 | 0 | 2 | 0 | 0 | 275 | 264 | 10 | 1 | 0 | 0 | 0 | 0 | 10 | 6 |
| 中国文学 | 7 | 73 | 17.3 | 0 | 230.6 | 214.83 | 12 | 6 | 0 | 6 | 0 | 0 | 0 | 0 | 0 | 0 | 0 | 190 | 189 | 1 | 0 | 1 | 0 | 0 | 1 | 3 | 1 |
| 外国文学 | 8 | 21 | 6.4 | 0 | 32 | 58.8 | 0 | 0 | 0 | 0 | 0 | 0 | 0 | 0 | 0 | 0 | 0 | 70 | 69 | 1 | 0 | 0 | 0 | 0 | 0 | 0 | 0 |
| 艺术学 | 9 | 657 | 133.1 | 0 | 10 349.62 | 10 025.39 | 35 | 16 | 0 | 19 | 0 | 0 | 0 | 0 | 3 | 0 | 0 | 877 | 866 | 11 | 0 | 0 | 0 | 0 | 0 | 129 | 44 |
| 历史学 | 10 | 40 | 7.2 | 0 | 82 | 258.09 | 4 | 3 | 0 | 1 | 0 | 0 | 0 | 1 | 0 | 0 | 0 | 23 | 23 | 0 | 0 | 0 | 0 | 0 | 0 | 2 | 1 |
| 考古学 | 11 | 2 | 0.2 | 0 | 0 | 7 | 0 | 0 | 0 | 0 | 0 | 0 | 0 | 0 | 0 | 0 | 0 | 3 | 3 | 0 | 0 | 0 | 0 | 0 | 0 | 0 | 0 |
| 经济学 | 12 | 819 | 156.7 | 0 | 7 338.15 | 6 937.99 | 28 | 6 | 0 | 20 | 1 | 1 | 0 | 0 | 0 | 0 | 0 | 747 | 740 | 7 | 0 | 0 | 0 | 0 | 0 | 182 | 98 |
| 政治学 | 13 | 126 | 19.8 | 0 | 340.6 | 256.2 | 3 | 1 | 0 | 2 | 0 | 0 | 0 | 0 | 0 | 0 | 0 | 141 | 141 | 0 | 0 | 0 | 0 | 0 | 0 | 2 | 1 |
| 法学 | 14 | 53 | 14.7 | 0 | 949.25 | 985.48 | 1 | 0 | 0 | 1 | 0 | 0 | 0 | 0 | 0 | 0 | 0 | 52 | 52 | 0 | 0 | 0 | 0 | 0 | 0 | 3 | 2 |
| 社会学 | 15 | 328 | 60.3 | 0 | 1 763.9 | 1 597.91 | 8 | 2 | 0 | 4 | 0 | 2 | 0 | 0 | 0 | 0 | 0 | 206 | 206 | 0 | 0 | 0 | 0 | 0 | 0 | 30 | 11 |
| 民族学与文化学 | 16 | 87 | 11.6 | 0 | 198.4 | 413.45 | 1 | 1 | 0 | 0 | 0 | 0 | 0 | 0 | 0 | 0 | 0 | 84 | 83 | 1 | 0 | 0 | 0 | 0 | 0 | 8 | 6 |
| 新闻学与传播学 | 17 | 48 | 12.2 | 0 | 393.5 | 308.68 | 2 | 2 | 0 | 0 | 0 | 0 | 0 | 0 | 0 | 0 | 0 | 76 | 76 | 0 | 0 | 0 | 0 | 0 | 0 | 9 | 2 |
| 图书馆、情报与文献学 | 18 | 109 | 21.7 | 0 | 286.4 | 350.71 | 4 | 4 | 0 | 0 | 0 | 0 | 0 | 0 | 0 | 0 | 0 | 167 | 165 | 2 | 0 | 0 | 0 | 0 | 0 | 3 | 1 |
| 教育学 | 19 | 4 751 | 832.3 | 0 | 15 531.42 | 14 576.76 | 95 | 41 | 0 | 45 | 0 | 7 | 2 | 0 | 3 | 1 | 0 | 4 222 | 4 192 | 30 | 0 | 3 | 0 | 0 | 3 | 145 | 54 |
| 统计学 | 20 | 22 | 4.1 | 0 | 196 | 108.76 | 1 | 0 | 0 | 1 | 0 | 0 | 0 | 0 | 0 | 0 | 0 | 13 | 13 | 0 | 0 | 0 | 0 | 0 | 0 | 0 | 0 |
| 心理学 | 21 | 149 | 27.1 | 0 | 579.9 | 494.28 | 3 | 1 | 0 | 2 | 0 | 0 | 0 | 0 | 0 | 0 | 0 | 104 | 103 | 1 | 0 | 0 | 0 | 0 | 0 | 4 | 3 |
| 体育科学 | 22 | 192 | 41.8 | 0 | 1 991.5 | 2 092.14 | 11 | 4 | 0 | 7 | 0 | 0 | 0 | 0 | 0 | 0 | 0 | 293 | 290 | 3 | 0 | 0 | 0 | 0 | 0 | 46 | 30 |

## 3.1 管理学人文、社会科学研究与课题成果情况表

| 高校名称 | 编号 | 总数 | | | | | 出版著作(部) | | | | | | | 古籍整理(部) | 译著(部) | 发表译文(篇) | 电子出版物(件) | 发表论文(篇) | | | | 获奖成果数(项) | | | | 研究与咨询报告(篇) | |
|---|---|---|---|---|---|---|---|---|---|---|---|---|---|---|---|---|---|---|---|---|---|---|---|---|---|---|---|
| | | 课题数(项) | 当年投入人数(人年) | 其中：研究生(人年) | 当年拨入经费(千元) | 当年支出经费(千元) | 合计 | 专著 | 其中：被译成外文 | 编著教材 | 工具书参考书 | 皮书/发展报告 | 科普读物 | | | | | 合计 | 国内学术刊物 | 国外学术刊物 | 港、澳、台地区刊物 | 合计 | 国家级奖 | 部级奖 | 省级奖 | 合计 | 其中：被采纳数 |
| | | L01 | L02 | L03 | L04 | L05 | L06 | L07 | L08 | L09 | L10 | L11 | L12 | L13 | L14 | L15 | L16 | L17 | L18 | L19 | L20 | L21 | L22 | L23 | L24 | L25 | L26 |
| 合计 | / | 2 148 | 471.2 | 0 | 23 303.95 | 21 452.5 | 58 | 19 | 0 | 39 | 0 | 0 | 0 | 0 | 1 | 0 | 0 | 1 639 | 1 623 | 15 | 1 | 0 | 0 | 0 | 0 | 350 | 157 |
| 盐城幼儿师范高等专科学校 | 1 | 9 | 1.4 | 0 | 31 | 31 | 0 | 0 | 0 | 0 | 0 | 0 | 0 | 0 | 0 | 0 | 0 | 2 | 2 | 0 | 0 | 0 | 0 | 0 | 0 | 0 | 0 |
| 苏州幼儿师范高等专科学校 | 2 | 0 | 0 | 0 | 0 | 0 | 0 | 0 | 0 | 0 | 0 | 0 | 0 | 0 | 0 | 0 | 0 | 1 | 1 | 0 | 0 | 0 | 0 | 0 | 0 | 0 | 0 |
| 无锡职业技术学院 | 3 | 72 | 12.7 | 0 | 257 | 322 | 1 | 1 | 0 | 0 | 0 | 0 | 0 | 0 | 0 | 0 | 0 | 60 | 60 | 0 | 0 | 0 | 0 | 0 | 0 | 2 | 2 |
| 江苏建筑职业技术学院 | 4 | 96 | 26.6 | 0 | 497 | 381.6 | 8 | 6 | 0 | 2 | 0 | 0 | 0 | 0 | 0 | 0 | 0 | 30 | 30 | 0 | 0 | 0 | 0 | 0 | 0 | 3 | 2 |
| 南京工业职业技术大学 | 5 | 108 | 52.2 | 0 | 1 883.8 | 1 840.89 | 0 | 0 | 0 | 0 | 0 | 0 | 0 | 0 | 0 | 0 | 0 | 15 | 15 | 0 | 0 | 0 | 0 | 0 | 0 | 0 | 0 |
| 江苏工程职业技术学院 | 6 | 26 | 2.8 | 0 | 31 | 38.6 | 0 | 0 | 0 | 0 | 0 | 0 | 0 | 0 | 0 | 0 | 0 | 17 | 17 | 0 | 0 | 0 | 0 | 0 | 0 | 0 | 0 |
| 苏州工艺美术职业技术学院 | 7 | 1 | 0.3 | 0 | 2 | 1 | 0 | 0 | 0 | 0 | 0 | 0 | 0 | 0 | 0 | 0 | 0 | 9 | 9 | 0 | 0 | 0 | 0 | 0 | 0 | 0 | 0 |
| 连云港职业技术学院 | 8 | 18 | 4.6 | 0 | 27 | 36 | 0 | 0 | 0 | 0 | 0 | 0 | 0 | 0 | 0 | 0 | 0 | 9 | 9 | 0 | 0 | 0 | 0 | 0 | 0 | 1 | 0 |
| 镇江市高等专科学校 | 9 | 22 | 12.6 | 0 | 195.29 | 179.5 | 0 | 0 | 0 | 0 | 0 | 0 | 0 | 0 | 0 | 0 | 0 | 20 | 18 | 2 | 0 | 0 | 0 | 0 | 0 | 3 | 2 |
| 南通职业大学 | 10 | 11 | 2.1 | 0 | 66 | 73 | 0 | 0 | 0 | 0 | 0 | 0 | 0 | 0 | 0 | 0 | 0 | 21 | 21 | 0 | 0 | 0 | 0 | 0 | 0 | 0 | 0 |
| 苏州职业大学 | 11 | 35 | 15.6 | 0 | 457 | 424.38 | 5 | 0 | 0 | 5 | 0 | 0 | 0 | 0 | 0 | 0 | 0 | 63 | 61 | 2 | 0 | 0 | 0 | 0 | 0 | 33 | 10 |
| 沙洲职业工学院 | 12 | 5 | 0.6 | 0 | 90 | 97 | 0 | 0 | 0 | 0 | 0 | 0 | 0 | 0 | 0 | 0 | 0 | 31 | 31 | 0 | 0 | 0 | 0 | 0 | 0 | 5 | 0 |
| 扬州市职业大学 | 13 | 61 | 14.9 | 0 | 1 011.1 | 1 131.44 | 0 | 0 | 0 | 0 | 0 | 0 | 0 | 0 | 0 | 0 | 0 | 25 | 25 | 0 | 0 | 0 | 0 | 0 | 0 | 36 | 36 |
| 连云港师范高等专科学校 | 14 | 9 | 1 | 0 | 2 | 4 | 1 | 0 | 0 | 1 | 0 | 0 | 0 | 0 | 0 | 0 | 0 | 16 | 16 | 0 | 0 | 0 | 0 | 0 | 0 | 0 | 0 |
| 江苏经贸职业技术学院 | 15 | 110 | 21.3 | 0 | 941 | 2 199 | 8 | 0 | 0 | 8 | 0 | 0 | 0 | 0 | 0 | 0 | 0 | 72 | 72 | 0 | 0 | 0 | 0 | 0 | 0 | 7 | 3 |

续表

| 高校名称 | | 总数 | | | | | 出版著作(部) | | | | | | | 古籍整理(部) | 译著(部) | 发表译文(篇) | 电子出版物(件) | 发表论文(篇) | | | | 获奖成果数(项) | | | | 研究与咨询报告(篇) | |
|---|---|---|---|---|---|---|---|---|---|---|---|---|---|---|---|---|---|---|---|---|---|---|---|---|---|---|---|
| | | 课题数(项) | 当年投入人数(人年) | 其中:研究生(人年) | 当年拨入经费(千元) | 当年支出经费(千元) | 合计 | 专著 | 其中:被译成外文 | 编著教材 | 工具书参考书 | 皮书/发展报告 | 科普读物 | | | | | 合计 | 国内学术刊物 | 国外学术刊物 | 港、澳、台地区刊物 | 合计 | 国家级奖 | 部级奖 | 省级奖 | 合计 | 其中:被采纳数 |
| | 编号 | L01 | L02 | L03 | L04 | L05 | L06 | L07 | L08 | L09 | L10 | L11 | L12 | L13 | L14 | L15 | L16 | L17 | L18 | L19 | L20 | L21 | L22 | L23 | L24 | L25 | L26 |
| 泰州职业技术学院 | 16 | 12 | 2.4 | 0 | 86 | 22.28 | 2 | 0 | 0 | 2 | 0 | 0 | 0 | 0 | 0 | 0 | 0 | 20 | 20 | 0 | 0 | 0 | 0 | 0 | 0 | 0 | 0 |
| 常州信息职业技术学院 | 17 | 14 | 4.5 | 0 | 159 | 129 | 0 | 0 | 0 | 0 | 0 | 0 | 0 | 0 | 0 | 0 | 0 | 33 | 33 | 0 | 0 | 0 | 0 | 0 | 0 | 0 | 0 |
| 江苏海事职业技术学院 | 18 | 21 | 6 | 0 | 921.2 | 829.96 | 0 | 0 | 0 | 0 | 0 | 0 | 0 | 0 | 0 | 0 | 0 | 9 | 5 | 4 | 0 | 0 | 0 | 0 | 0 | 4 | 3 |
| 无锡科技职业学院 | 19 | 32 | 11 | 0 | 124 | 131 | 1 | 1 | 0 | 0 | 0 | 0 | 0 | 0 | 1 | 0 | 0 | 22 | 21 | 1 | 0 | 0 | 0 | 0 | 0 | 1 | 1 |
| 江苏医药职业学院 | 20 | 113 | 18.5 | 0 | 278.22 | 33.67 | 1 | 0 | 0 | 1 | 0 | 0 | 0 | 0 | 0 | 0 | 0 | 17 | 17 | 0 | 0 | 0 | 0 | 0 | 0 | 1 | 1 |
| 南通科技职业学院 | 21 | 18 | 4.2 | 0 | 96 | 179.8 | 0 | 0 | 0 | 0 | 0 | 0 | 0 | 0 | 0 | 0 | 0 | 3 | 3 | 0 | 0 | 0 | 0 | 0 | 0 | 0 | 0 |
| 苏州经贸职业技术学院 | 22 | 143 | 76.4 | 0 | 1 989 | 1 171.63 | 3 | 0 | 0 | 3 | 0 | 0 | 0 | 0 | 0 | 0 | 0 | 171 | 171 | 0 | 0 | 0 | 0 | 0 | 0 | 46 | 2 |
| 苏州工业职业技术学院 | 23 | 59 | 10.6 | 0 | 1 192 | 1 302.48 | 0 | 0 | 0 | 0 | 0 | 0 | 0 | 0 | 0 | 0 | 0 | 26 | 24 | 2 | 0 | 0 | 0 | 0 | 0 | 34 | 30 |
| 苏州卫生职业技术学院 | 24 | 12 | 2.1 | 0 | 13 | 32.4 | 0 | 0 | 0 | 0 | 0 | 0 | 0 | 0 | 0 | 0 | 0 | 22 | 22 | 0 | 0 | 0 | 0 | 0 | 0 | 0 | 0 |
| 无锡商业职业技术学院 | 25 | 75 | 7.9 | 0 | 1 301.7 | 1 084.14 | 5 | 0 | 0 | 5 | 0 | 0 | 0 | 0 | 0 | 0 | 0 | 24 | 24 | 0 | 0 | 0 | 0 | 0 | 0 | 3 | 3 |
| 江苏航运职业技术学院 | 26 | 47 | 5.9 | 0 | 261.5 | 111.5 | 0 | 0 | 0 | 0 | 0 | 0 | 0 | 0 | 0 | 0 | 0 | 26 | 26 | 0 | 0 | 0 | 0 | 0 | 0 | 0 | 0 |
| 南京交通职业技术学院 | 27 | 27 | 3 | 0 | 126 | 125.5 | 0 | 0 | 0 | 0 | 0 | 0 | 0 | 0 | 0 | 0 | 0 | 14 | 12 | 1 | 1 | 0 | 0 | 0 | 0 | 3 | 2 |
| 江苏电子信息职业学院 | 28 | 10 | 2 | 0 | 25 | 19.5 | 0 | 0 | 0 | 0 | 0 | 0 | 0 | 0 | 0 | 0 | 0 | 4 | 4 | 0 | 0 | 0 | 0 | 0 | 0 | 0 | 0 |
| 江苏农牧科技职业学院 | 29 | 2 | 0.2 | 0 | 20 | 4.8 | 0 | 0 | 0 | 0 | 0 | 0 | 0 | 0 | 0 | 0 | 0 | 4 | 4 | 0 | 0 | 0 | 0 | 0 | 0 | 0 | 0 |
| 常州纺织服装职业技术学院 | 30 | 34 | 4.3 | 0 | 118 | 23.2 | 2 | 0 | 0 | 2 | 0 | 0 | 0 | 0 | 0 | 0 | 0 | 48 | 48 | 0 | 0 | 0 | 0 | 0 | 0 | 14 | 0 |
| 苏州农业职业技术学院 | 31 | 3 | 0.8 | 0 | 16 | 16 | 0 | 0 | 0 | 0 | 0 | 0 | 0 | 0 | 0 | 0 | 0 | 6 | 6 | 0 | 0 | 0 | 0 | 0 | 0 | 0 | 0 |

| | | | | | | | | | | | | | | | | | | | | | | | | | | |
|---|---|---|---|---|---|---|---|---|---|---|---|---|---|---|---|---|---|---|---|---|---|---|---|---|---|---|
| 南京科技职业学院 | 32 | 35 | 4.7 | 0 | 59 | 56 | 0 | 0 | 0 | 0 | 0 | 0 | 0 | 0 | 0 | 0 | 0 | 31 | 30 | 1 | 0 | 0 | 0 | 0 | 0 | 2 | 2 |
| 常州工业职业技术学院 | 33 | 37 | 6.9 | 0 | 1 567.07 | 1 040.41 | 1 | 0 | 0 | 1 | 0 | 0 | 0 | 0 | 0 | 0 | 0 | 13 | 13 | 0 | 0 | 0 | 0 | 0 | 0 | 16 | 16 |
| 常州工程职业技术学院 | 34 | 53 | 5.3 | 0 | 2 261.8 | 1 354.3 | 6 | 6 | 0 | 0 | 0 | 0 | 0 | 0 | 0 | 0 | 0 | 73 | 73 | 0 | 0 | 0 | 0 | 0 | 0 | 7 | 0 |
| 江苏农林职业技术学院 | 35 | 13 | 1.9 | 0 | 115 | 102 | 0 | 0 | 0 | 0 | 0 | 0 | 0 | 0 | 0 | 0 | 0 | 14 | 14 | 0 | 0 | 0 | 0 | 0 | 0 | 0 | 0 |
| 江苏食品药品职业技术学院 | 36 | 2 | 0.5 | 0 | 80 | 49.5 | 0 | 0 | 0 | 0 | 0 | 0 | 0 | 0 | 0 | 0 | 0 | 1 | 1 | 0 | 0 | 0 | 0 | 0 | 0 | 0 | 0 |
| 南京铁道职业技术学院 | 37 | 18 | 1.9 | 0 | 104 | 21 | 0 | 0 | 0 | 0 | 0 | 0 | 0 | 0 | 0 | 0 | 0 | 25 | 25 | 0 | 0 | 0 | 0 | 0 | 0 | 0 | 0 |
| 徐州工业职业技术学院 | 38 | 23 | 2.4 | 0 | 63 | 55.3 | 0 | 0 | 0 | 0 | 0 | 0 | 0 | 0 | 0 | 0 | 0 | 14 | 14 | 0 | 0 | 0 | 0 | 0 | 0 | 1 | 0 |
| 江苏信息职业技术学院 | 39 | 72 | 8.8 | 0 | 222 | 234.29 | 2 | 0 | 0 | 2 | 0 | 0 | 0 | 0 | 0 | 0 | 0 | 32 | 32 | 0 | 0 | 0 | 0 | 0 | 0 | 1 | 1 |
| 南京信息职业技术学院 | 40 | 26 | 3.5 | 0 | 140 | 69.7 | 1 | 0 | 0 | 1 | 0 | 0 | 0 | 0 | 0 | 0 | 0 | 20 | 20 | 0 | 0 | 0 | 0 | 0 | 0 | 0 | 0 |
| 常州机电职业技术学院 | 41 | 16 | 3.3 | 0 | 57.5 | 108.21 | 0 | 0 | 0 | 0 | 0 | 0 | 0 | 0 | 0 | 0 | 0 | 33 | 33 | 0 | 0 | 0 | 0 | 0 | 0 | 0 | 0 |
| 江阴职业技术学院 | 42 | 13 | 1.3 | 0 | 79 | 48.5 | 2 | 2 | 0 | 0 | 0 | 0 | 0 | 0 | 0 | 0 | 0 | 26 | 26 | 0 | 0 | 0 | 0 | 0 | 0 | 0 | 0 |
| 无锡城市职业技术学院 | 43 | 7 | 2.1 | 0 | 5 | 7.75 | 0 | 0 | 0 | 0 | 0 | 0 | 0 | 0 | 0 | 0 | 0 | 38 | 38 | 0 | 0 | 0 | 0 | 0 | 0 | 4 | 0 |
| 无锡工艺职业技术学院 | 44 | 47 | 8.5 | 0 | 1 805 | 1 754 | 1 | 0 | 0 | 1 | 0 | 0 | 0 | 0 | 0 | 0 | 0 | 23 | 22 | 1 | 0 | 0 | 0 | 0 | 0 | 28 | 13 |
| 苏州健雄职业技术学院 | 45 | 21 | 5.1 | 0 | 305 | 305 | 0 | 0 | 0 | 0 | 0 | 0 | 0 | 0 | 0 | 0 | 0 | 22 | 22 | 0 | 0 | 0 | 0 | 0 | 0 | 7 | 4 |
| 盐城工业职业技术学院 | 46 | 80 | 9.3 | 0 | 533 | 609 | 0 | 0 | 0 | 0 | 0 | 0 | 0 | 0 | 0 | 0 | 0 | 19 | 19 | 0 | 0 | 0 | 0 | 0 | 0 | 9 | 6 |
| 江苏财经职业技术学院 | 47 | 74 | 8.9 | 0 | 1 566 | 1 401.82 | 0 | 0 | 0 | 0 | 0 | 0 | 0 | 0 | 0 | 0 | 0 | 60 | 60 | 0 | 0 | 0 | 0 | 0 | 0 | 2 | 0 |
| 扬州工业职业技术学院 | 48 | 35 | 3.5 | 0 | 75 | 73.7 | 0 | 0 | 0 | 0 | 0 | 0 | 0 | 0 | 0 | 0 | 0 | 22 | 22 | 0 | 0 | 0 | 0 | 0 | 0 | 7 | 4 |
| 江苏城市职业学院 | 49 | 37 | 9.6 | 0 | 269.5 | 327.05 | 1 | 1 | 0 | 0 | 0 | 0 | 0 | 0 | 0 | 0 | 0 | 45 | 45 | 0 | 0 | 0 | 0 | 0 | 0 | 0 | 0 |
| 南京城市职业学院 | 50 | 30 | 3 | 0 | 35.85 | 35.85 | 0 | 0 | 0 | 0 | 0 | 0 | 0 | 0 | 0 | 0 | 0 | 28 | 28 | 0 | 0 | 0 | 0 | 0 | 0 | 0 | 0 |

续表

| 高校名称 | | 总数 | | | | | 出版著作(部) | | | | | | | 古籍整理(部) | 译著(部) | 发表译文(篇) | 电子出版物(件) | 发表论文(篇) | | | | 获奖成果数(项) | | | | 研究与咨询报告(篇) | |
|---|---|---|---|---|---|---|---|---|---|---|---|---|---|---|---|---|---|---|---|---|---|---|---|---|---|---|---|
| | | 课题数(项) | 当年投入人数(人年) | 其中：研究生(人年) | 当年拨入经费(千元) | 当年支出经费(千元) | 合计 | 专著 | 其中：被译成外文 | 编著教材 | 工具书参考书 | 皮书/发展报告 | 科普读物 | | | | | 合计 | 国内学术刊物 | 国外学术刊物 | 港、澳、台地区刊物 | 合计 | 国家级奖 | 部级奖 | 省级奖 | 合计 | 其中：被采纳数 |
| | 编号 | L01 | L02 | L03 | L04 | L05 | L06 | L07 | L08 | L09 | L10 | L11 | L12 | L13 | L14 | L15 | L16 | L17 | L18 | L19 | L20 | L21 | L22 | L23 | L24 | L25 | L26 |
| 南京机电职业技术学院 | 51 | 20 | 2.8 | 0 | 0 | 59.9 | 0 | 0 | 0 | 0 | 0 | 0 | 0 | 0 | 0 | 0 | 0 | 16 | 16 | 0 | 0 | 0 | 0 | 0 | 0 | 4 | 1 |
| 南京旅游职业学院 | 52 | 42 | 6.2 | 0 | 109.4 | 240.29 | 0 | 0 | 0 | 0 | 0 | 0 | 0 | 0 | 0 | 0 | 0 | 83 | 83 | 0 | 0 | 0 | 0 | 0 | 0 | 0 | 0 |
| 江苏卫生健康职业学院 | 53 | 43 | 6.7 | 0 | 116 | 59.57 | 0 | 0 | 0 | 0 | 0 | 0 | 0 | 0 | 0 | 0 | 0 | 16 | 15 | 1 | 0 | 0 | 0 | 0 | 0 | 0 | 0 |
| 苏州信息职业技术学院 | 54 | 5 | 1.4 | 0 | 35 | 19.98 | 0 | 0 | 0 | 0 | 0 | 0 | 0 | 0 | 0 | 0 | 0 | 6 | 6 | 0 | 0 | 0 | 0 | 0 | 0 | 2 | 2 |
| 苏州工业园区服务外包职业学院 | 55 | 48 | 5 | 0 | 1 213.26 | 1 215.41 | 5 | 2 | 0 | 3 | 0 | 0 | 0 | 0 | 0 | 0 | 0 | 37 | 37 | 0 | 0 | 0 | 0 | 0 | 0 | 11 | 11 |
| 徐州幼儿师范高等专科学校 | 56 | 0 | 0 | 0 | 0 | 0 | 0 | 0 | 0 | 0 | 0 | 0 | 0 | 0 | 0 | 0 | 0 | 2 | 2 | 0 | 0 | 0 | 0 | 0 | 0 | 0 | 0 |
| 徐州生物工程职业技术学院 | 57 | 17 | 1.7 | 0 | 10 | 7.1 | 0 | 0 | 0 | 0 | 0 | 0 | 0 | 0 | 0 | 0 | 0 | 13 | 13 | 0 | 0 | 0 | 0 | 0 | 0 | 0 | 0 |
| 江苏商贸职业学院 | 58 | 31 | 7.6 | 0 | 130.5 | 66.3 | 2 | 0 | 0 | 2 | 0 | 0 | 0 | 0 | 0 | 0 | 0 | 36 | 36 | 0 | 0 | 0 | 0 | 0 | 0 | 5 | 0 |
| 南通师范高等专科学校 | 59 | 2 | 0.4 | 0 | 4 | 4 | 0 | 0 | 0 | 0 | 0 | 0 | 0 | 0 | 0 | 0 | 0 | 0 | 0 | 0 | 0 | 0 | 0 | 0 | 0 | 0 | 0 |
| 江苏护理职业学院 | 60 | 3 | 0.3 | 0 | 10 | 9 | 0 | 0 | 0 | 0 | 0 | 0 | 0 | 0 | 0 | 0 | 0 | 0 | 0 | 0 | 0 | 0 | 0 | 0 | 0 | 0 | 0 |
| 江苏财会职业学院 | 61 | 1 | 0 | 0 | 0 | 0 | 0 | 0 | 0 | 0 | 0 | 0 | 0 | 0 | 0 | 0 | 0 | 0 | 0 | 0 | 0 | 0 | 0 | 0 | 0 | 0 | 0 |
| 江苏城乡建设职业学院 | 62 | 71 | 16 | 0 | 73.26 | 125.5 | 0 | 0 | 0 | 0 | 0 | 0 | 0 | 0 | 0 | 0 | 0 | 46 | 46 | 0 | 0 | 0 | 0 | 0 | 0 | 48 | 0 |
| 江苏航空职业技术学院 | 63 | 8 | 2.8 | 0 | 32 | 10.8 | 0 | 0 | 0 | 0 | 0 | 0 | 0 | 0 | 0 | 0 | 0 | 2 | 2 | 0 | 0 | 0 | 0 | 0 | 0 | 0 | 0 |
| 江苏安全技术职业学院 | 64 | 0 | 0 | 0 | 0 | 0 | 0 | 0 | 0 | 0 | 0 | 0 | 0 | 0 | 0 | 0 | 0 | 1 | 1 | 0 | 0 | 0 | 0 | 0 | 0 | 0 | 0 |
| 江苏旅游职业学院 | 65 | 13 | 1.3 | 0 | 10 | 5 | 0 | 0 | 0 | 0 | 0 | 0 | 0 | 0 | 0 | 0 | 0 | 2 | 2 | 0 | 0 | 0 | 0 | 0 | 0 | 0 | 0 |

## 3.2 马克思主义人文、社会科学研究与课题成果情况表

| 高校名称 | | 总数 | | | | | 出版著作(部) | | | | | | | 古籍整理(部) | 译著(部) | 发表译文(篇) | 电子出版物(件) | 发表论文(篇) | | | | 获奖成果数(项) | | | | 研究与咨询报告(篇) | |
|---|---|---|---|---|---|---|---|---|---|---|---|---|---|---|---|---|---|---|---|---|---|---|---|---|---|---|---|
| | | 课题数(项) | 当年投入人数(人年) | 其中:研究生(人年) | 当年拨入经费(千元) | 当年支出经费(千元) | 合计 | 专著 | 其中:被译成外文 | 编著教材 | 工具书参考书 | 皮书/发展报告 | 科普读物 | | | | | 合计 | 国内学术刊物 | 国外学术刊物 | 港澳、台地区刊物 | 合计 | 国家级奖 | 部级奖 | 省级奖 | 合计 | 其中:被采纳数 |
| | 编号 | L01 | L02 | L03 | L04 | L05 | L06 | L07 | L08 | L09 | L10 | L11 | L12 | L13 | L14 | L15 | L16 | L17 | L18 | L19 | L20 | L21 | L22 | L23 | L24 | L25 | L26 |
| 合计 | / | 548 | 101.3 | 0 | 1 840.9 | 1 636.23 | 9 | 5 | 0 | 4 | 0 | 0 | 0 | 0 | 0 | 0 | 0 | 416 | 416 | 0 | 0 | 0 | 0 | 0 | 0 | 23 | 10 |
| 盐城幼儿师范高等专科学校 | 1 | 10 | 1 | 0 | 50 | 50 | 0 | 0 | 0 | 0 | 0 | 0 | 0 | 0 | 0 | 0 | 0 | 0 | 0 | 0 | 0 | 0 | 0 | 0 | 0 | 0 | 0 |
| 苏州幼儿师范高等专科学校 | 2 | 5 | 0.5 | 0 | 40 | 15.3 | 0 | 0 | 0 | 0 | 0 | 0 | 0 | 0 | 0 | 0 | 0 | 2 | 2 | 0 | 0 | 0 | 0 | 0 | 0 | 0 | 0 |
| 无锡职业技术学院 | 3 | 22 | 3.8 | 0 | 40 | 150.05 | 1 | 1 | 0 | 0 | 0 | 0 | 0 | 0 | 0 | 0 | 0 | 11 | 11 | 0 | 0 | 0 | 0 | 0 | 0 | 0 | 0 |
| 江苏建筑职业技术学院 | 4 | 3 | 1 | 0 | 0 | 0 | 0 | 0 | 0 | 0 | 0 | 0 | 0 | 0 | 0 | 0 | 0 | 8 | 8 | 0 | 0 | 0 | 0 | 0 | 0 | 0 | 0 |
| 南京工业职业技术大学 | 5 | 12 | 5.6 | 0 | 10 | 55.7 | 0 | 0 | 0 | 0 | 0 | 0 | 0 | 0 | 0 | 0 | 0 | 12 | 12 | 0 | 0 | 0 | 0 | 0 | 0 | 2 | 0 |
| 江苏工程职业技术学院 | 6 | 7 | 1.1 | 0 | 0 | 10.3 | 0 | 0 | 0 | 0 | 0 | 0 | 0 | 0 | 0 | 0 | 0 | 10 | 10 | 0 | 0 | 0 | 0 | 0 | 0 | 0 | 0 |
| 苏州工艺美术职业技术学院 | 7 | 4 | 1 | 0 | 63 | 27 | 1 | 1 | 0 | 0 | 0 | 0 | 0 | 0 | 0 | 0 | 0 | 2 | 2 | 0 | 0 | 0 | 0 | 0 | 0 | 0 | 0 |
| 连云港职业技术学院 | 8 | 12 | 3.6 | 0 | 18 | 18 | 0 | 0 | 0 | 0 | 0 | 0 | 0 | 0 | 0 | 0 | 0 | 3 | 3 | 0 | 0 | 0 | 0 | 0 | 0 | 1 | 1 |
| 镇江市高等专科学校 | 9 | 3 | 1.7 | 0 | 8 | 6 | 0 | 0 | 0 | 0 | 0 | 0 | 0 | 0 | 0 | 0 | 0 | 2 | 2 | 0 | 0 | 0 | 0 | 0 | 0 | 0 | 0 |
| 南通职业大学 | 10 | 13 | 2.3 | 0 | 179 | 126 | 0 | 0 | 0 | 0 | 0 | 0 | 0 | 0 | 0 | 0 | 0 | 11 | 11 | 0 | 0 | 0 | 0 | 0 | 0 | 1 | 1 |
| 苏州职业大学 | 11 | 13 | 9.4 | 0 | 50 | 56 | 1 | 0 | 0 | 1 | 0 | 0 | 0 | 0 | 0 | 0 | 0 | 24 | 24 | 0 | 0 | 0 | 0 | 0 | 0 | 0 | 0 |
| 沙洲职业工学院 | 12 | 0 | 0 | 0 | 0 | 0 | 0 | 0 | 0 | 0 | 0 | 0 | 0 | 0 | 0 | 0 | 0 | 10 | 10 | 0 | 0 | 0 | 0 | 0 | 0 | 0 | 0 |
| 扬州市职业大学 | 13 | 15 | 4.1 | 0 | 0 | 13.26 | 0 | 0 | 0 | 0 | 0 | 0 | 0 | 0 | 0 | 0 | 0 | 19 | 19 | 0 | 0 | 0 | 0 | 0 | 0 | 3 | 3 |
| 连云港师范高等专科学校 | 14 | 4 | 0.4 | 0 | 4 | 4 | 0 | 0 | 0 | 0 | 0 | 0 | 0 | 0 | 0 | 0 | 0 | 8 | 8 | 0 | 0 | 0 | 0 | 0 | 0 | 0 | 0 |
| 江苏经贸职业技术学院 | 15 | 15 | 3.5 | 0 | 28 | 28 | 1 | 0 | 0 | 1 | 0 | 0 | 0 | 0 | 0 | 0 | 0 | 6 | 6 | 0 | 0 | 0 | 0 | 0 | 0 | 0 | 0 |

续表

| 高校名称 | | 总数 | | | | | 出版著作(部) | | | | | | | 古籍整理(部) | 译著(部) | 发表译文(篇) | 电子出版物(件) | 发表论文(篇) | | | | 获奖成果数(项) | | | | 研究与咨询报告(篇) | |
|---|---|---|---|---|---|---|---|---|---|---|---|---|---|---|---|---|---|---|---|---|---|---|---|---|---|---|---|
| | | 课题数(项) | 当年投入人数(人年) | 其中:研究生(人年) | 当年拨入经费(千元) | 当年支出经费(千元) | 合计 | 专著 | 其中:被译成外文 | 编著教材 | 工具书参考书 | 皮书/发展报告 | 科普读物 | | | | | 合计 | 国内学术刊物 | 国外学术刊物 | 港、澳、台地区刊物 | 合计 | 国家级奖 | 部级奖 | 省级奖 | 合计 | 其中:被采纳数 |
| | 编号 | L01 | L02 | L03 | L04 | L05 | L06 | L07 | L08 | L09 | L10 | L11 | L12 | L13 | L14 | L15 | L16 | L17 | L18 | L19 | L20 | L21 | L22 | L23 | L24 | L25 | L26 |
| 泰州职业技术学院 | 16 | 7 | 1.4 | 0 | 0 | 14.51 | 0 | 0 | 0 | 0 | 0 | 0 | 0 | 0 | 0 | 0 | 0 | 2 | 2 | 0 | 0 | 0 | 0 | 0 | 0 | 0 | 0 |
| 常州信息职业技术学院 | 17 | 1 | 0.4 | 0 | 0 | 0 | 0 | 0 | 0 | 0 | 0 | 0 | 0 | 0 | 0 | 0 | 0 | 0 | 0 | 0 | 0 | 0 | 0 | 0 | 0 | 0 | 0 |
| 江苏海事职业技术学院 | 18 | 12 | 2.6 | 0 | 25.2 | 23.35 | 0 | 0 | 0 | 0 | 0 | 0 | 0 | 0 | 0 | 0 | 0 | 5 | 5 | 0 | 0 | 0 | 0 | 0 | 0 | 0 | 0 |
| 无锡科技职业学院 | 19 | 1 | 0.5 | 0 | 5 | 5 | 0 | 0 | 0 | 0 | 0 | 0 | 0 | 0 | 0 | 0 | 0 | 3 | 3 | 0 | 0 | 0 | 0 | 0 | 0 | 0 | 0 |
| 江苏医药职业学院 | 20 | 7 | 1.6 | 0 | 0 | 0 | 0 | 0 | 0 | 0 | 0 | 0 | 0 | 0 | 0 | 0 | 0 | 0 | 0 | 0 | 0 | 0 | 0 | 0 | 0 | 0 | 0 |
| 南通科技职业学院 | 21 | 7 | 1.6 | 0 | 11 | 21.6 | 0 | 0 | 0 | 0 | 0 | 0 | 0 | 0 | 0 | 0 | 0 | 1 | 1 | 0 | 0 | 0 | 0 | 0 | 0 | 0 | 0 |
| 苏州经贸职业技术学院 | 22 | 3 | 0.7 | 0 | 0 | 3.67 | 0 | 0 | 0 | 0 | 0 | 0 | 0 | 0 | 0 | 0 | 0 | 7 | 7 | 0 | 0 | 0 | 0 | 0 | 0 | 0 | 0 |
| 苏州工业职业技术学院 | 23 | 4 | 0.6 | 0 | 50 | 25.6 | 1 | 0 | 0 | 1 | 0 | 0 | 0 | 0 | 0 | 0 | 0 | 5 | 5 | 0 | 0 | 0 | 0 | 0 | 0 | 0 | 0 |
| 苏州卫生职业技术学院 | 24 | 1 | 0.1 | 0 | 10 | 4.2 | 0 | 0 | 0 | 0 | 0 | 0 | 0 | 0 | 0 | 0 | 0 | 0 | 0 | 0 | 0 | 0 | 0 | 0 | 0 | 0 | 0 |
| 无锡商业职业技术学院 | 25 | 7 | 0.7 | 0 | 10 | 71 | 0 | 0 | 0 | 0 | 0 | 0 | 0 | 0 | 0 | 0 | 0 | 0 | 0 | 0 | 0 | 0 | 0 | 0 | 0 | 0 | 0 |
| 江苏航运职业技术学院 | 26 | 0 | 0 | 0 | 0 | 0 | 0 | 0 | 0 | 0 | 0 | 0 | 0 | 0 | 0 | 0 | 0 | 5 | 5 | 0 | 0 | 0 | 0 | 0 | 0 | 0 | 0 |
| 南京交通职业技术学院 | 27 | 2 | 0.2 | 0 | 0 | 0 | 0 | 0 | 0 | 0 | 0 | 0 | 0 | 0 | 0 | 0 | 0 | 7 | 7 | 0 | 0 | 0 | 0 | 0 | 0 | 0 | 0 |
| 江苏电子信息职业学院 | 28 | 3 | 0.4 | 0 | 30 | 18 | 0 | 0 | 0 | 0 | 0 | 0 | 0 | 0 | 0 | 0 | 0 | 0 | 0 | 0 | 0 | 0 | 0 | 0 | 0 | 0 | 0 |
| 江苏农牧科技职业学院 | 29 | 10 | 1 | 0 | 30 | 37.9 | 0 | 0 | 0 | 0 | 0 | 0 | 0 | 0 | 0 | 0 | 0 | 3 | 3 | 0 | 0 | 0 | 0 | 0 | 0 | 0 | 0 |
| 常州纺织服装职业技术学院 | 30 | 3 | 0.4 | 0 | 0 | 6.1 | 0 | 0 | 0 | 0 | 0 | 0 | 0 | 0 | 0 | 0 | 0 | 1 | 1 | 0 | 0 | 0 | 0 | 0 | 0 | 0 | 0 |
| 苏州农业职业技术学院 | 31 | 0 | 0 | 0 | 0 | 0 | 0 | 0 | 0 | 0 | 0 | 0 | 0 | 0 | 0 | 0 | 0 | 0 | 0 | 0 | 0 | 0 | 0 | 0 | 0 | 0 | 0 |

| | | | | | | | | | | | | | | | | | | | | | | | | | | | |
|---|---|---|---|---|---|---|---|---|---|---|---|---|---|---|---|---|---|---|---|---|---|---|---|---|---|---|---|
| 南京科技职业学院 | 32 | 20 | 2.3 | 0 | 20 | 10 | 0 | 0 | 0 | 0 | 0 | 0 | 0 | 0 | 0 | 0 | 0 | 6 | 6 | 0 | 0 | 0 | 0 | 0 | 0 | 0 | 0 |
| 常州工业职业技术学院 | 33 | 22 | 4.7 | 0 | 120 | 60 | 0 | 0 | 0 | 0 | 0 | 0 | 0 | 0 | 0 | 0 | 0 | 14 | 14 | 0 | 0 | 0 | 0 | 0 | 0 | 5 | 1 |
| 常州工程职业技术学院 | 34 | 0 | 0 | 0 | 0 | 0 | 0 | 0 | 0 | 0 | 0 | 0 | 0 | 0 | 0 | 0 | 0 | 0 | 0 | 0 | 0 | 0 | 0 | 0 | 0 | 0 | 0 |
| 江苏农林职业技术学院 | 35 | 5 | 1 | 0 | 50 | 45 | 0 | 0 | 0 | 0 | 0 | 0 | 0 | 0 | 0 | 0 | 0 | 17 | 17 | 0 | 0 | 0 | 0 | 0 | 0 | 0 | 0 |
| 江苏食品药品职业技术学院 | 36 | 4 | 0.7 | 0 | 13 | 13 | 0 | 0 | 0 | 0 | 0 | 0 | 0 | 0 | 0 | 0 | 0 | 0 | 0 | 0 | 0 | 0 | 0 | 0 | 0 | 0 | 0 |
| 南京铁道职业技术学院 | 37 | 29 | 2.9 | 0 | 96 | 21 | 0 | 0 | 0 | 0 | 0 | 0 | 0 | 0 | 0 | 0 | 0 | 15 | 15 | 0 | 0 | 0 | 0 | 0 | 0 | 2 | 0 |
| 徐州工业职业技术学院 | 38 | 0 | 0 | 0 | 0 | 0 | 0 | 0 | 0 | 0 | 0 | 0 | 0 | 0 | 0 | 0 | 0 | 0 | 0 | 0 | 0 | 0 | 0 | 0 | 0 | 1 | 0 |
| 江苏信息职业技术学院 | 39 | 12 | 1.4 | 0 | 51 | 36.46 | 0 | 0 | 0 | 0 | 0 | 0 | 0 | 0 | 0 | 0 | 0 | 6 | 6 | 0 | 0 | 0 | 0 | 0 | 0 | 0 | 0 |
| 南京信息职业技术学院 | 40 | 61 | 6.5 | 0 | 219 | 135.7 | 2 | 2 | 0 | 0 | 0 | 0 | 0 | 0 | 0 | 0 | 0 | 32 | 32 | 0 | 0 | 0 | 0 | 0 | 0 | 0 | 0 |
| 常州机电职业技术学院 | 41 | 5 | 1.1 | 0 | 0 | 19.16 | 0 | 0 | 0 | 0 | 0 | 0 | 0 | 0 | 0 | 0 | 0 | 10 | 10 | 0 | 0 | 0 | 0 | 0 | 0 | 0 | 0 |
| 江阴职业技术学院 | 42 | 5 | 0.5 | 0 | 36 | 18 | 0 | 0 | 0 | 0 | 0 | 0 | 0 | 0 | 0 | 0 | 0 | 2 | 2 | 0 | 0 | 0 | 0 | 0 | 0 | 0 | 0 |
| 无锡城市职业技术学院 | 43 | 5 | 1.5 | 0 | 0 | 2.7 | 0 | 0 | 0 | 0 | 0 | 0 | 0 | 0 | 0 | 0 | 0 | 17 | 17 | 0 | 0 | 0 | 0 | 0 | 0 | 0 | 0 |
| 无锡工艺职业技术学院 | 44 | 0 | 0 | 0 | 0 | 0 | 0 | 0 | 0 | 0 | 0 | 0 | 0 | 0 | 0 | 0 | 0 | 5 | 5 | 0 | 0 | 0 | 0 | 0 | 0 | 0 | 0 |
| 苏州健雄职业技术学院 | 45 | 10 | 2.3 | 0 | 94 | 91 | 0 | 0 | 0 | 0 | 0 | 0 | 0 | 0 | 0 | 0 | 0 | 10 | 10 | 0 | 0 | 0 | 0 | 0 | 0 | 0 | 0 |
| 盐城工业职业技术学院 | 46 | 3 | 0.4 | 0 | 33 | 34 | 0 | 0 | 0 | 0 | 0 | 0 | 0 | 0 | 0 | 0 | 0 | 3 | 3 | 0 | 0 | 0 | 0 | 0 | 0 | 0 | 0 |
| 江苏财经职业技术学院 | 47 | 18 | 2.2 | 0 | 30 | 24.85 | 0 | 0 | 0 | 0 | 0 | 0 | 0 | 0 | 0 | 0 | 0 | 5 | 5 | 0 | 0 | 0 | 0 | 0 | 0 | 0 | 0 |
| 扬州工业职业技术学院 | 48 | 20 | 2 | 0 | 14 | 41 | 0 | 0 | 0 | 0 | 0 | 0 | 0 | 0 | 0 | 0 | 0 | 16 | 16 | 0 | 0 | 0 | 0 | 0 | 0 | 5 | 3 |
| 江苏城市职业学院 | 49 | 19 | 6.5 | 0 | 152.5 | 151.22 | 0 | 0 | 0 | 0 | 0 | 0 | 0 | 0 | 0 | 0 | 0 | 10 | 10 | 0 | 0 | 0 | 0 | 0 | 0 | 0 | 0 |
| 南京城市职业学院 | 50 | 0 | 0 | 0 | 0 | 0 | 0 | 0 | 0 | 0 | 0 | 0 | 0 | 0 | 0 | 0 | 0 | 0 | 0 | 0 | 0 | 0 | 0 | 0 | 0 | 0 | 0 |

续表

| 高校名称 | | 总数 | | | | | 出版著作(部) | | | | | | | 古籍整理(部) | 译著(部) | 发表译文(篇) | 电子出版物(件) | 发表论文(篇) | | | | 获奖成果数(项) | | | | 研究与咨询报告(篇) | |
|---|---|---|---|---|---|---|---|---|---|---|---|---|---|---|---|---|---|---|---|---|---|---|---|---|---|---|---|
| | | 课题数(项) | 当年投入人数(人年) | 其中：研究生(人年) | 当年拨入经费(千元) | 当年支出经费(千元) | 合计 | 专著 | 其中：被译成外文 | 编著教材 | 工具书参考书 | 皮书/发展报告 | 科普读物 | | | | | 合计 | 国内学术刊物 | 国外学术刊物 | 港、澳、台地区刊物 | 合计 | 国家级奖 | 部级奖 | 省级奖 | 合计 | 其中：被采纳数 |
| | 编号 | L01 | L02 | L03 | L04 | L05 | L06 | L07 | L08 | L09 | L10 | L11 | L12 | L13 | L14 | L15 | L16 | L17 | L18 | L19 | L20 | L21 | L22 | L23 | L24 | L25 | L26 |
| 南京机电职业技术学院 | 51 | 16 | 1.6 | 0 | 11 | 32 | 0 | 0 | 0 | 0 | 0 | 0 | 0 | 0 | 0 | 0 | 0 | 8 | 8 | 0 | 0 | 0 | 0 | 0 | 0 | 2 | 1 |
| 南京旅游职业学院 | 52 | 6 | 0.6 | 0 | 10 | 10.5 | 0 | 0 | 0 | 0 | 0 | 0 | 0 | 0 | 0 | 0 | 0 | 12 | 12 | 0 | 0 | 0 | 0 | 0 | 0 | 0 | 0 |
| 江苏卫生健康职业学院 | 53 | 20 | 3 | 0 | 71 | 18.1 | 0 | 0 | 0 | 0 | 0 | 0 | 0 | 0 | 0 | 0 | 0 | 1 | 1 | 0 | 0 | 0 | 0 | 0 | 0 | 0 | 0 |
| 苏州信息职业技术学院 | 54 | 5 | 1 | 0 | 50 | 0 | 1 | 0 | 0 | 1 | 0 | 0 | 0 | 0 | 0 | 0 | 0 | 2 | 2 | 0 | 0 | 0 | 0 | 0 | 0 | 0 | 0 |
| 苏州工业园区服务外包职业学院 | 55 | 17 | 1.9 | 0 | 45 | 33.8 | 1 | 1 | 0 | 0 | 0 | 0 | 0 | 0 | 0 | 0 | 0 | 13 | 13 | 0 | 0 | 0 | 0 | 0 | 0 | 0 | 0 |
| 徐州幼儿师范高等专科学校 | 56 | 1 | 0.1 | 0 | 0 | 4 | 0 | 0 | 0 | 0 | 0 | 0 | 0 | 0 | 0 | 0 | 0 | 0 | 0 | 0 | 0 | 0 | 0 | 0 | 0 | 0 | 0 |
| 徐州生物工程职业技术学院 | 57 | 2 | 0.2 | 0 | 1 | 1 | 0 | 0 | 0 | 0 | 0 | 0 | 0 | 0 | 0 | 0 | 0 | 2 | 2 | 0 | 0 | 0 | 0 | 0 | 0 | 0 | 0 |
| 江苏商贸职业学院 | 58 | 9 | 2 | 0 | 17.2 | 11.2 | 0 | 0 | 0 | 0 | 0 | 0 | 0 | 0 | 0 | 0 | 0 | 26 | 26 | 0 | 0 | 0 | 0 | 0 | 0 | 1 | 0 |
| 南通师范高等专科学校 | 59 | 3 | 0.5 | 0 | 0 | 0 | 0 | 0 | 0 | 0 | 0 | 0 | 0 | 0 | 0 | 0 | 0 | 10 | 10 | 0 | 0 | 0 | 0 | 0 | 0 | 0 | 0 |
| 江苏护理职业学院 | 60 | 9 | 0.9 | 0 | 20 | 18 | 0 | 0 | 0 | 0 | 0 | 0 | 0 | 0 | 0 | 0 | 0 | 1 | 1 | 0 | 0 | 0 | 0 | 0 | 0 | 0 | 0 |
| 江苏财会职业学院 | 61 | 0 | 0 | 0 | 0 | 0 | 0 | 0 | 0 | 0 | 0 | 0 | 0 | 0 | 0 | 0 | 0 | 0 | 0 | 0 | 0 | 0 | 0 | 0 | 0 | 0 | 0 |
| 江苏城乡建设职业学院 | 62 | 3 | 0.6 | 0 | 0 | 0 | 0 | 0 | 0 | 0 | 0 | 0 | 0 | 0 | 0 | 0 | 0 | 0 | 0 | 0 | 0 | 0 | 0 | 0 | 0 | 0 | 0 |
| 江苏航空职业技术学院 | 63 | 3 | 0.6 | 0 | 5 | 0 | 0 | 0 | 0 | 0 | 0 | 0 | 0 | 0 | 0 | 0 | 0 | 1 | 1 | 0 | 0 | 0 | 0 | 0 | 0 | 0 | 0 |
| 江苏安全技术职业学院 | 64 | 1 | 0.3 | 0 | 6 | 6 | 0 | 0 | 0 | 0 | 0 | 0 | 0 | 0 | 0 | 0 | 0 | 5 | 5 | 0 | 0 | 0 | 0 | 0 | 0 | 0 | 0 |
| 江苏旅游职业学院 | 65 | 9 | 0.8 | 0 | 15 | 8 | 0 | 0 | 0 | 0 | 0 | 0 | 0 | 0 | 0 | 0 | 0 | 0 | 0 | 0 | 0 | 0 | 0 | 0 | 0 | 0 | 0 |

## 3.3 哲学人文、社会科学研究与课题成果情况表

| 高校名称 | 编号 | 总数：课题数(项) | 总数：当年投入人数(人年) | 总数：其中：研究生(人年) | 总数：当年拨入经费(千元) | 总数：当年支出经费(千元) | 出版著作(部)：合计 | 出版著作(部)：专著 | 出版著作(部)：其中：被译成外文 | 出版著作(部)：编著教材 | 出版著作(部)：工具书参考书 | 出版著作(部)：皮书/发展报告 | 出版著作(部)：科普读物 | 古籍整理(部) | 译著(部) | 发表译文(篇) | 电子出版物(件) | 发表论文(篇)：合计 | 发表论文(篇)：国内学术刊物 | 发表论文(篇)：国外学术刊物 | 发表论文(篇)：港澳台地区刊物 | 获奖成果数(项)：合计 | 获奖成果数(项)：国家级奖 | 获奖成果数(项)：部级奖 | 获奖成果数(项)：省级奖 | 研究与咨询报告(篇)：合计 | 研究与咨询报告(篇)：其中：被采纳数 |
|---|---|---|---|---|---|---|---|---|---|---|---|---|---|---|---|---|---|---|---|---|---|---|---|---|---|---|---|
| | | L01 | L02 | L03 | L04 | L05 | L06 | L07 | L08 | L09 | L10 | L11 | L12 | L13 | L14 | L15 | L16 | L17 | L18 | L19 | L20 | L21 | L22 | L23 | L24 | L25 | L26 |
| 合计 | / | 41 | 10.7 | 0 | 86.2 | 141.51 | 1 | 1 | 0 | 0 | 0 | 0 | 0 | 0 | 0 | 0 | 0 | 25 | 25 | 0 | 0 | 0 | 0 | 0 | 0 | 2 | 1 |
| 盐城幼儿师范高等专科学校 | 1 | 0 | 0 | 0 | 0 | 0 | 0 | 0 | 0 | 0 | 0 | 0 | 0 | 0 | 0 | 0 | 0 | 0 | 0 | 0 | 0 | 0 | 0 | 0 | 0 | 0 | 0 |
| 苏州幼儿师范高等专科学校 | 2 | 1 | 0.1 | 0 | 10 | 0 | 0 | 0 | 0 | 0 | 0 | 0 | 0 | 0 | 0 | 0 | 0 | 0 | 0 | 0 | 0 | 0 | 0 | 0 | 0 | 0 | 0 |
| 无锡职业技术学院 | 3 | 0 | 0 | 0 | 0 | 0 | 0 | 0 | 0 | 0 | 0 | 0 | 0 | 0 | 0 | 0 | 0 | 1 | 1 | 0 | 0 | 0 | 0 | 0 | 0 | 0 | 0 |
| 江苏建筑职业技术学院 | 4 | 1 | 0.1 | 0 | 3 | 1 | 0 | 0 | 0 | 0 | 0 | 0 | 0 | 0 | 0 | 0 | 0 | 2 | 2 | 0 | 0 | 0 | 0 | 0 | 0 | 0 | 0 |
| 南京工业职业技术大学 | 5 | 0 | 0 | 0 | 0 | 0 | 0 | 0 | 0 | 0 | 0 | 0 | 0 | 0 | 0 | 0 | 0 | 0 | 0 | 0 | 0 | 0 | 0 | 0 | 0 | 0 | 0 |
| 江苏工程职业技术学院 | 6 | 0 | 0 | 0 | 0 | 0 | 0 | 0 | 0 | 0 | 0 | 0 | 0 | 0 | 0 | 0 | 0 | 0 | 0 | 0 | 0 | 0 | 0 | 0 | 0 | 0 | 0 |
| 苏州工艺美术职业技术学院 | 7 | 0 | 0 | 0 | 0 | 0 | 0 | 0 | 0 | 0 | 0 | 0 | 0 | 0 | 0 | 0 | 0 | 0 | 0 | 0 | 0 | 0 | 0 | 0 | 0 | 0 | 0 |
| 连云港职业技术学院 | 8 | 0 | 0 | 0 | 0 | 0 | 0 | 0 | 0 | 0 | 0 | 0 | 0 | 0 | 0 | 0 | 0 | 0 | 0 | 0 | 0 | 0 | 0 | 0 | 0 | 0 | 0 |
| 镇江市高等专科学校 | 9 | 0 | 0 | 0 | 0 | 0 | 0 | 0 | 0 | 0 | 0 | 0 | 0 | 0 | 0 | 0 | 0 | 0 | 0 | 0 | 0 | 0 | 0 | 0 | 0 | 0 | 0 |
| 南通职业大学 | 10 | 0 | 0 | 0 | 0 | 0 | 0 | 0 | 0 | 0 | 0 | 0 | 0 | 0 | 0 | 0 | 0 | 0 | 0 | 0 | 0 | 0 | 0 | 0 | 0 | 0 | 0 |
| 苏州职业大学 | 11 | 14 | 5.3 | 0 | 10 | 50.2 | 0 | 0 | 0 | 0 | 0 | 0 | 0 | 0 | 0 | 0 | 0 | 3 | 3 | 0 | 0 | 0 | 0 | 0 | 0 | 0 | 0 |
| 沙洲职业工学院 | 12 | 0 | 0 | 0 | 0 | 0 | 0 | 0 | 0 | 0 | 0 | 0 | 0 | 0 | 0 | 0 | 0 | 0 | 0 | 0 | 0 | 0 | 0 | 0 | 0 | 0 | 0 |
| 扬州市职业大学 | 13 | 0 | 0 | 0 | 0 | 0 | 0 | 0 | 0 | 0 | 0 | 0 | 0 | 0 | 0 | 0 | 0 | 0 | 0 | 0 | 0 | 0 | 0 | 0 | 0 | 0 | 0 |
| 连云港师范高等专科学校 | 14 | 0 | 0 | 0 | 0 | 0 | 0 | 0 | 0 | 0 | 0 | 0 | 0 | 0 | 0 | 0 | 0 | 0 | 0 | 0 | 0 | 0 | 0 | 0 | 0 | 0 | 0 |
| 江苏经贸职业技术学院 | 15 | 0 | 0 | 0 | 0 | 0 | 0 | 0 | 0 | 0 | 0 | 0 | 0 | 0 | 0 | 0 | 0 | 1 | 1 | 0 | 0 | 0 | 0 | 0 | 0 | 0 | 0 |

续表

| 高校名称 | | 总数 | | | | | 出版著作(部) | | | | | | | 古籍整理(部) | 译著(部) | 发表译文(篇) | 电子出版物(件) | 发表论文(篇) | | | | 获奖成果数(项) | | | | 研究与咨询报告(篇) | |
|---|---|---|---|---|---|---|---|---|---|---|---|---|---|---|---|---|---|---|---|---|---|---|---|---|---|---|---|
| | | 课题数(项) | 当年投入人数(人年) | 其中：研究生(人年) | 当年拨入经费(千元) | 当年支出经费(千元) | 合计 | 专著 | 其中：被译成外文 | 编著教材 | 工具书参考书 | 皮书/发展报告 | 科普读物 | | | | | 合计 | 国内学术刊物 | 国外学术刊物 | 港、澳、台地区刊物 | 合计 | 国家级奖 | 部级奖 | 省级奖 | 合计 | 其中：被采纳数 |
| | 编号 | L01 | L02 | L03 | L04 | L05 | L06 | L07 | L08 | L09 | L10 | L11 | L12 | L13 | L14 | L15 | L16 | L17 | L18 | L19 | L20 | L21 | L22 | L23 | L24 | L25 | L26 |
| 泰州职业技术学院 | 16 | 0 | 0 | 0 | 0 | 0 | 0 | 0 | 0 | 0 | 0 | 0 | 0 | 0 | 0 | 0 | 0 | 0 | 0 | 0 | 0 | 0 | 0 | 0 | 0 | 0 | 0 |
| 常州信息职业技术学院 | 17 | 0 | 0 | 0 | 0 | 0 | 0 | 0 | 0 | 0 | 0 | 0 | 0 | 0 | 0 | 0 | 0 | 0 | 0 | 0 | 0 | 0 | 0 | 0 | 0 | 0 | 0 |
| 江苏海事职业技术学院 | 18 | 6 | 1.3 | 0 | 13.2 | 9.25 | 0 | 0 | 0 | 0 | 0 | 0 | 0 | 0 | 0 | 0 | 0 | 2 | 2 | 0 | 0 | 0 | 0 | 0 | 0 | 1 | 1 |
| 无锡科技职业学院 | 19 | 0 | 0 | 0 | 0 | 0 | 0 | 0 | 0 | 0 | 0 | 0 | 0 | 0 | 0 | 0 | 0 | 0 | 0 | 0 | 0 | 0 | 0 | 0 | 0 | 0 | 0 |
| 江苏医药职业学院 | 20 | 0 | 0 | 0 | 0 | 0 | 0 | 0 | 0 | 0 | 0 | 0 | 0 | 0 | 0 | 0 | 0 | 0 | 0 | 0 | 0 | 0 | 0 | 0 | 0 | 0 | 0 |
| 南通科技职业学院 | 21 | 2 | 0.4 | 0 | 0 | 10.8 | 0 | 0 | 0 | 0 | 0 | 0 | 0 | 0 | 0 | 0 | 0 | 3 | 3 | 0 | 0 | 0 | 0 | 0 | 0 | 0 | 0 |
| 苏州经贸职业技术学院 | 22 | 1 | 0.4 | 0 | 0 | 1.12 | 0 | 0 | 0 | 0 | 0 | 0 | 0 | 0 | 0 | 0 | 0 | 2 | 2 | 0 | 0 | 0 | 0 | 0 | 0 | 0 | 0 |
| 苏州工业职业技术学院 | 23 | 0 | 0 | 0 | 0 | 0 | 0 | 0 | 0 | 0 | 0 | 0 | 0 | 0 | 0 | 0 | 0 | 0 | 0 | 0 | 0 | 0 | 0 | 0 | 0 | 0 | 0 |
| 苏州卫生职业技术学院 | 24 | 1 | 0.1 | 0 | 0 | 9.8 | 0 | 0 | 0 | 0 | 0 | 0 | 0 | 0 | 0 | 0 | 0 | 0 | 0 | 0 | 0 | 0 | 0 | 0 | 0 | 0 | 0 |
| 无锡商业职业技术学院 | 25 | 0 | 0 | 0 | 0 | 0 | 0 | 0 | 0 | 0 | 0 | 0 | 0 | 0 | 0 | 0 | 0 | 0 | 0 | 0 | 0 | 0 | 0 | 0 | 0 | 0 | 0 |
| 江苏航运职业技术学院 | 26 | 0 | 0 | 0 | 0 | 0 | 0 | 0 | 0 | 0 | 0 | 0 | 0 | 0 | 0 | 0 | 0 | 0 | 0 | 0 | 0 | 0 | 0 | 0 | 0 | 0 | 0 |
| 南京交通职业技术学院 | 27 | 0 | 0 | 0 | 0 | 0 | 0 | 0 | 0 | 0 | 0 | 0 | 0 | 0 | 0 | 0 | 0 | 0 | 0 | 0 | 0 | 0 | 0 | 0 | 0 | 0 | 0 |
| 江苏电子信息职业学院 | 28 | 0 | 0 | 0 | 0 | 0 | 0 | 0 | 0 | 0 | 0 | 0 | 0 | 0 | 0 | 0 | 0 | 0 | 0 | 0 | 0 | 0 | 0 | 0 | 0 | 0 | 0 |
| 江苏农牧科技职业学院 | 29 | 0 | 0 | 0 | 0 | 0 | 0 | 0 | 0 | 0 | 0 | 0 | 0 | 0 | 0 | 0 | 0 | 0 | 0 | 0 | 0 | 0 | 0 | 0 | 0 | 0 | 0 |
| 常州纺织服装职业技术学院 | 30 | 0 | 0 | 0 | 0 | 0 | 0 | 0 | 0 | 0 | 0 | 0 | 0 | 0 | 0 | 0 | 0 | 0 | 0 | 0 | 0 | 0 | 0 | 0 | 0 | 0 | 0 |
| 苏州农业职业技术学院 | 31 | 0 | 0 | 0 | 0 | 0 | 0 | 0 | 0 | 0 | 0 | 0 | 0 | 0 | 0 | 0 | 0 | 0 | 0 | 0 | 0 | 0 | 0 | 0 | 0 | 0 | 0 |

| | | | | | | | | | | | | | | | | | | | | | | | | | | | |
|---|---|---|---|---|---|---|---|---|---|---|---|---|---|---|---|---|---|---|---|---|---|---|---|---|---|---|---|
| 南京科技职业学院 | 32 | 1 | 0.1 | 0 | 0 | 0 | 0 | 0 | 0 | 0 | 0 | 0 | 0 | 0 | 0 | 0 | 0 | 0 | 0 | 0 | 0 | 0 | 0 | 0 | 0 | 0 | 0 |
| 常州工业职业技术学院 | 33 | 0 | 0 | 0 | 0 | 0 | 0 | 0 | 0 | 0 | 0 | 0 | 0 | 0 | 0 | 0 | 0 | 0 | 0 | 0 | 0 | 0 | 0 | 0 | 0 | 0 | 0 |
| 常州工程职业技术学院 | 34 | 0 | 0 | 0 | 0 | 0 | 0 | 0 | 0 | 0 | 0 | 0 | 0 | 0 | 0 | 0 | 0 | 1 | 1 | 0 | 0 | 0 | 0 | 0 | 0 | 0 | 0 |
| 江苏农林职业技术学院 | 35 | 0 | 0 | 0 | 0 | 0 | 0 | 0 | 0 | 0 | 0 | 0 | 0 | 0 | 0 | 0 | 0 | 0 | 0 | 0 | 0 | 0 | 0 | 0 | 0 | 0 | 0 |
| 江苏食品药品职业技术学院 | 36 | 0 | 0 | 0 | 0 | 0 | 0 | 0 | 0 | 0 | 0 | 0 | 0 | 0 | 0 | 0 | 0 | 0 | 0 | 0 | 0 | 0 | 0 | 0 | 0 | 0 | 0 |
| 南京铁道职业技术学院 | 37 | 0 | 0 | 0 | 0 | 0 | 0 | 0 | 0 | 0 | 0 | 0 | 0 | 0 | 0 | 0 | 0 | 1 | 1 | 0 | 0 | 0 | 0 | 0 | 0 | 0 | 0 |
| 徐州工业职业技术学院 | 38 | 2 | 0.2 | 0 | 0 | 1.4 | 0 | 0 | 0 | 0 | 0 | 0 | 0 | 0 | 0 | 0 | 0 | 3 | 3 | 0 | 0 | 0 | 0 | 0 | 0 | 0 | 0 |
| 江苏信息职业技术学院 | 39 | 0 | 0 | 0 | 0 | 0 | 0 | 0 | 0 | 0 | 0 | 0 | 0 | 0 | 0 | 0 | 0 | 1 | 1 | 0 | 0 | 0 | 0 | 0 | 0 | 0 | 0 |
| 南京信息职业技术学院 | 40 | 0 | 0 | 0 | 0 | 0 | 0 | 0 | 0 | 0 | 0 | 0 | 0 | 0 | 0 | 0 | 0 | 0 | 0 | 0 | 0 | 0 | 0 | 0 | 0 | 0 | 0 |
| 常州机电职业技术学院 | 41 | 0 | 0 | 0 | 0 | 0 | 0 | 0 | 0 | 0 | 0 | 0 | 0 | 0 | 0 | 0 | 0 | 0 | 0 | 0 | 0 | 0 | 0 | 0 | 0 | 0 | 0 |
| 江阴职业技术学院 | 42 | 0 | 0 | 0 | 0 | 0 | 0 | 0 | 0 | 0 | 0 | 0 | 0 | 0 | 0 | 0 | 0 | 0 | 0 | 0 | 0 | 0 | 0 | 0 | 0 | 0 | 0 |
| 无锡城市职业技术学院 | 43 | 0 | 0 | 0 | 0 | 0 | 0 | 0 | 0 | 0 | 0 | 0 | 0 | 0 | 0 | 0 | 0 | 0 | 0 | 0 | 0 | 0 | 0 | 0 | 0 | 0 | 0 |
| 无锡工艺职业技术学院 | 44 | 0 | 0 | 0 | 0 | 0 | 0 | 0 | 0 | 0 | 0 | 0 | 0 | 0 | 0 | 0 | 0 | 0 | 0 | 0 | 0 | 0 | 0 | 0 | 0 | 0 | 0 |
| 苏州健雄职业技术学院 | 45 | 0 | 0 | 0 | 0 | 0 | 0 | 0 | 0 | 0 | 0 | 0 | 0 | 0 | 0 | 0 | 0 | 0 | 0 | 0 | 0 | 0 | 0 | 0 | 0 | 0 | 0 |
| 盐城工业职业技术学院 | 46 | 0 | 0 | 0 | 0 | 0 | 0 | 0 | 0 | 0 | 0 | 0 | 0 | 0 | 0 | 0 | 0 | 0 | 0 | 0 | 0 | 0 | 0 | 0 | 0 | 0 | 0 |
| 江苏财经职业技术学院 | 47 | 0 | 0 | 0 | 0 | 0 | 0 | 0 | 0 | 0 | 0 | 0 | 0 | 0 | 0 | 0 | 0 | 0 | 0 | 0 | 0 | 0 | 0 | 0 | 0 | 0 | 0 |
| 扬州工业职业技术学院 | 48 | 0 | 0 | 0 | 0 | 0 | 0 | 0 | 0 | 0 | 0 | 0 | 0 | 0 | 0 | 0 | 0 | 0 | 0 | 0 | 0 | 0 | 0 | 0 | 0 | 0 | 0 |
| 江苏城市职业学院 | 49 | 4 | 1.7 | 0 | 20 | 30.62 | 0 | 0 | 0 | 0 | 0 | 0 | 0 | 0 | 0 | 0 | 0 | 2 | 2 | 0 | 0 | 0 | 0 | 0 | 0 | 0 | 0 |
| 南京城市职业学院 | 50 | 4 | 0.4 | 0 | 0 | 0 | 0 | 0 | 0 | 0 | 0 | 0 | 0 | 0 | 0 | 0 | 0 | 0 | 0 | 0 | 0 | 0 | 0 | 0 | 0 | 0 | 0 |

续表

| 高校名称 | 编号 | 总数 | | | | | 出版著作(部) | | | | | | | 古籍整理(部) | 译著(部) | 发表译文(篇) | 电子出版物(件) | 发表论文(篇) | | | | 获奖成果数(项) | | | | 研究与咨询报告(篇) | |
|---|---|---|---|---|---|---|---|---|---|---|---|---|---|---|---|---|---|---|---|---|---|---|---|---|---|---|---|
| | | 课题数(项) | 当年投入人数(人年) | 其中：研究生(人年) | 当年拨入经费(千元) | 当年支出经费(千元) | 合计 | 专著 | 其中：被译成外文 | 编著教材 | 工具书参考书 | 皮书/发展报告 | 科普读物 | | | | | 合计 | 国内学术刊物 | 国外学术刊物 | 港、澳、台地区刊物 | 合计 | 国家级奖 | 部级奖 | 省级奖 | 合计 | 其中：被采纳数 |
| | 编号 | L01 | L02 | L03 | L04 | L05 | L06 | L07 | L08 | L09 | L10 | L11 | L12 | L13 | L14 | L15 | L16 | L17 | L18 | L19 | L20 | L21 | L22 | L23 | L24 | L25 | L26 |
| 南京机电职业技术学院 | 51 | 0 | 0 | 0 | 0 | 0 | 0 | 0 | 0 | 0 | 0 | 0 | 0 | 0 | 0 | 0 | 0 | 0 | 0 | 0 | 0 | 0 | 0 | 0 | 0 | 0 | 0 |
| 南京旅游职业学院 | 52 | 0 | 0 | 0 | 0 | 0 | 0 | 0 | 0 | 0 | 0 | 0 | 0 | 0 | 0 | 0 | 0 | 0 | 0 | 0 | 0 | 0 | 0 | 0 | 0 | 0 | 0 |
| 江苏卫生健康职业学院 | 53 | 1 | 0.2 | 0 | 0 | 2.32 | 0 | 0 | 0 | 0 | 0 | 0 | 0 | 0 | 0 | 0 | 0 | 0 | 0 | 0 | 0 | 0 | 0 | 0 | 0 | 0 | 0 |
| 苏州信息职业技术学院 | 54 | 0 | 0 | 0 | 0 | 0 | 0 | 0 | 0 | 0 | 0 | 0 | 0 | 0 | 0 | 0 | 0 | 0 | 0 | 0 | 0 | 0 | 0 | 0 | 0 | 0 | 0 |
| 苏州工业园区服务外包职业学院 | 55 | 0 | 0 | 0 | 0 | 0 | 0 | 0 | 0 | 0 | 0 | 0 | 0 | 0 | 0 | 0 | 0 | 0 | 0 | 0 | 0 | 0 | 0 | 0 | 0 | 0 | 0 |
| 徐州幼儿师范高等专科学校 | 56 | 0 | 0 | 0 | 0 | 0 | 0 | 0 | 0 | 0 | 0 | 0 | 0 | 0 | 0 | 0 | 0 | 0 | 0 | 0 | 0 | 0 | 0 | 0 | 0 | 0 | 0 |
| 徐州生物工程职业技术学院 | 57 | 0 | 0 | 0 | 0 | 0 | 0 | 0 | 0 | 0 | 0 | 0 | 0 | 0 | 0 | 0 | 0 | 1 | 1 | 0 | 0 | 0 | 0 | 0 | 0 | 0 | 0 |
| 江苏商贸职业学院 | 58 | 1 | 0.2 | 0 | 20 | 20 | 0 | 0 | 0 | 0 | 0 | 0 | 0 | 0 | 0 | 0 | 0 | 0 | 0 | 0 | 0 | 0 | 0 | 0 | 0 | 1 | 0 |
| 南通师范高等专科学校 | 59 | 0 | 0 | 0 | 0 | 0 | 0 | 0 | 0 | 0 | 0 | 0 | 0 | 0 | 0 | 0 | 0 | 0 | 0 | 0 | 0 | 0 | 0 | 0 | 0 | 0 | 0 |
| 江苏护理职业学院 | 60 | 0 | 0 | 0 | 0 | 0 | 1 | 1 | 0 | 0 | 0 | 0 | 0 | 0 | 0 | 0 | 0 | 1 | 1 | 0 | 0 | 0 | 0 | 0 | 0 | 0 | 0 |
| 江苏财会职业学院 | 61 | 0 | 0 | 0 | 0 | 0 | 0 | 0 | 0 | 0 | 0 | 0 | 0 | 0 | 0 | 0 | 0 | 0 | 0 | 0 | 0 | 0 | 0 | 0 | 0 | 0 | 0 |
| 江苏城乡建设职业学院 | 62 | 0 | 0 | 0 | 0 | 0 | 0 | 0 | 0 | 0 | 0 | 0 | 0 | 0 | 0 | 0 | 0 | 0 | 0 | 0 | 0 | 0 | 0 | 0 | 0 | 0 | 0 |
| 江苏航空职业技术学院 | 63 | 0 | 0 | 0 | 0 | 0 | 0 | 0 | 0 | 0 | 0 | 0 | 0 | 0 | 0 | 0 | 0 | 1 | 1 | 0 | 0 | 0 | 0 | 0 | 0 | 0 | 0 |
| 江苏安全技术职业学院 | 64 | 0 | 0 | 0 | 0 | 0 | 0 | 0 | 0 | 0 | 0 | 0 | 0 | 0 | 0 | 0 | 0 | 0 | 0 | 0 | 0 | 0 | 0 | 0 | 0 | 0 | 0 |
| 江苏旅游职业学院 | 65 | 2 | 0.2 | 0 | 10 | 5 | 0 | 0 | 0 | 0 | 0 | 0 | 0 | 0 | 0 | 0 | 0 | 0 | 0 | 0 | 0 | 0 | 0 | 0 | 0 | 0 | 0 |

## 3.4 逻辑学人文、社会科学研究与课题成果情况表

| 高校名称 | | 总数 | | | | | 出版著作(部) | | | | | | | 古籍整理(部) | 译著(部) | 发表译文(篇) | 电子出版物(件) | 发表论文(篇) | | | | 获奖成果数(项) | | | | 研究与咨询报告(篇) | |
|---|---|---|---|---|---|---|---|---|---|---|---|---|---|---|---|---|---|---|---|---|---|---|---|---|---|---|---|
| | | 课题数(项) | 当年投入人数(人年) | 其中：研究生(人年) | 当年拨入经费(千元) | 当年支出经费(千元) | 合计 | 专著 | 其中：被译成外文 | 编著教材 | 工具书参考书 | 皮书/发展报告 | 科普读物 | | | | | 合计 | 国内学术刊物 | 国外学术刊物 | 港、澳、台地区刊物 | 合计 | 国家级奖 | 部级奖 | 省级奖 | 合计 | 其中：被采纳数 |
| | 编号 | L01 | L02 | L03 | L04 | L05 | L06 | L07 | L08 | L09 | L10 | L11 | L12 | L13 | L14 | L15 | L16 | L17 | L18 | L19 | L20 | L21 | L22 | L23 | L24 | L25 | L26 |
| 合计 | / | 3 | 1.2 | 0 | 0 | 2 | 0 | 0 | 0 | 0 | 0 | 0 | 0 | 0 | 0 | 0 | 0 | 7 | 7 | 0 | 0 | 0 | 0 | 0 | 0 | 0 | 0 |
| 盐城幼儿师范高等专科学校 | 1 | 0 | 0 | 0 | 0 | 0 | 0 | 0 | 0 | 0 | 0 | 0 | 0 | 0 | 0 | 0 | 0 | 0 | 0 | 0 | 0 | 0 | 0 | 0 | 0 | 0 | 0 |
| 苏州幼儿师范高等专科学校 | 2 | 1 | 0.1 | 0 | 0 | 0 | 0 | 0 | 0 | 0 | 0 | 0 | 0 | 0 | 0 | 0 | 0 | 5 | 5 | 0 | 0 | 0 | 0 | 0 | 0 | 0 | 0 |
| 无锡职业技术学院 | 3 | 0 | 0 | 0 | 0 | 0 | 0 | 0 | 0 | 0 | 0 | 0 | 0 | 0 | 0 | 0 | 0 | 0 | 0 | 0 | 0 | 0 | 0 | 0 | 0 | 0 | 0 |
| 江苏建筑职业技术学院 | 4 | 0 | 0 | 0 | 0 | 0 | 0 | 0 | 0 | 0 | 0 | 0 | 0 | 0 | 0 | 0 | 0 | 0 | 0 | 0 | 0 | 0 | 0 | 0 | 0 | 0 | 0 |
| 南京工业职业技术大学 | 5 | 1 | 1 | 0 | 0 | 2 | 0 | 0 | 0 | 0 | 0 | 0 | 0 | 0 | 0 | 0 | 0 | 0 | 0 | 0 | 0 | 0 | 0 | 0 | 0 | 0 | 0 |
| 江苏工程职业技术学院 | 6 | 0 | 0 | 0 | 0 | 0 | 0 | 0 | 0 | 0 | 0 | 0 | 0 | 0 | 0 | 0 | 0 | 0 | 0 | 0 | 0 | 0 | 0 | 0 | 0 | 0 | 0 |
| 苏州工艺美术职业技术学院 | 7 | 0 | 0 | 0 | 0 | 0 | 0 | 0 | 0 | 0 | 0 | 0 | 0 | 0 | 0 | 0 | 0 | 0 | 0 | 0 | 0 | 0 | 0 | 0 | 0 | 0 | 0 |
| 连云港职业技术学院 | 8 | 0 | 0 | 0 | 0 | 0 | 0 | 0 | 0 | 0 | 0 | 0 | 0 | 0 | 0 | 0 | 0 | 0 | 0 | 0 | 0 | 0 | 0 | 0 | 0 | 0 | 0 |
| 镇江市高等专科学校 | 9 | 0 | 0 | 0 | 0 | 0 | 0 | 0 | 0 | 0 | 0 | 0 | 0 | 0 | 0 | 0 | 0 | 0 | 0 | 0 | 0 | 0 | 0 | 0 | 0 | 0 | 0 |
| 南通职业大学 | 10 | 0 | 0 | 0 | 0 | 0 | 0 | 0 | 0 | 0 | 0 | 0 | 0 | 0 | 0 | 0 | 0 | 0 | 0 | 0 | 0 | 0 | 0 | 0 | 0 | 0 | 0 |
| 苏州职业大学 | 11 | 0 | 0 | 0 | 0 | 0 | 0 | 0 | 0 | 0 | 0 | 0 | 0 | 0 | 0 | 0 | 0 | 0 | 0 | 0 | 0 | 0 | 0 | 0 | 0 | 0 | 0 |
| 沙洲职业工学院 | 12 | 0 | 0 | 0 | 0 | 0 | 0 | 0 | 0 | 0 | 0 | 0 | 0 | 0 | 0 | 0 | 0 | 0 | 0 | 0 | 0 | 0 | 0 | 0 | 0 | 0 | 0 |
| 扬州市职业大学 | 13 | 0 | 0 | 0 | 0 | 0 | 0 | 0 | 0 | 0 | 0 | 0 | 0 | 0 | 0 | 0 | 0 | 0 | 0 | 0 | 0 | 0 | 0 | 0 | 0 | 0 | 0 |
| 连云港师范高等专科学校 | 14 | 0 | 0 | 0 | 0 | 0 | 0 | 0 | 0 | 0 | 0 | 0 | 0 | 0 | 0 | 0 | 0 | 0 | 0 | 0 | 0 | 0 | 0 | 0 | 0 | 0 | 0 |
| 江苏经贸职业技术学院 | 15 | 0 | 0 | 0 | 0 | 0 | 0 | 0 | 0 | 0 | 0 | 0 | 0 | 0 | 0 | 0 | 0 | 0 | 0 | 0 | 0 | 0 | 0 | 0 | 0 | 0 | 0 |

续表

| 高校名称 | | 总数 | | | | | 出版著作(部) | | | | | | | 古籍整理(部) | 译著(部) | 发表译文(篇) | 电子出版物(件) | 发表论文(篇) | | | | 获奖成果数(项) | | | | 研究与咨询报告(篇) | |
|---|---|---|---|---|---|---|---|---|---|---|---|---|---|---|---|---|---|---|---|---|---|---|---|---|---|---|---|
| | | 课题数(项) | 当年投入人数(人年) | 其中：研究生(人年) | 当年拨入经费(千元) | 当年支出经费(千元) | 合计 | 专著 | 其中：被译成外文 | 编著教材 | 工具书参考书 | 皮书/发展报告 | 科普读物 | | | | | 合计 | 国内学术刊物 | 国外学术刊物 | 港、澳、台地区刊物 | 合计 | 国家级奖 | 部级奖 | 省级奖 | 合计 | 其中：被采纳数 |
| | 编号 | L01 | L02 | L03 | L04 | L05 | L06 | L07 | L08 | L09 | L10 | L11 | L12 | L13 | L14 | L15 | L16 | L17 | L18 | L19 | L20 | L21 | L22 | L23 | L24 | L25 | L26 |
| 泰州职业技术学院 | 16 | 0 | 0 | 0 | 0 | 0 | 0 | 0 | 0 | 0 | 0 | 0 | 0 | 0 | 0 | 0 | 0 | 0 | 0 | 0 | 0 | 0 | 0 | 0 | 0 | 0 | 0 |
| 常州信息职业技术学院 | 17 | 0 | 0 | 0 | 0 | 0 | 0 | 0 | 0 | 0 | 0 | 0 | 0 | 0 | 0 | 0 | 0 | 0 | 0 | 0 | 0 | 0 | 0 | 0 | 0 | 0 | 0 |
| 江苏海事职业技术学院 | 18 | 0 | 0 | 0 | 0 | 0 | 0 | 0 | 0 | 0 | 0 | 0 | 0 | 0 | 0 | 0 | 0 | 0 | 0 | 0 | 0 | 0 | 0 | 0 | 0 | 0 | 0 |
| 无锡科技职业学院 | 19 | 0 | 0 | 0 | 0 | 0 | 0 | 0 | 0 | 0 | 0 | 0 | 0 | 0 | 0 | 0 | 0 | 1 | 1 | 0 | 0 | 0 | 0 | 0 | 0 | 0 | 0 |
| 江苏医药职业学院 | 20 | 0 | 0 | 0 | 0 | 0 | 0 | 0 | 0 | 0 | 0 | 0 | 0 | 0 | 0 | 0 | 0 | 0 | 0 | 0 | 0 | 0 | 0 | 0 | 0 | 0 | 0 |
| 南通科技职业学院 | 21 | 0 | 0 | 0 | 0 | 0 | 0 | 0 | 0 | 0 | 0 | 0 | 0 | 0 | 0 | 0 | 0 | 0 | 0 | 0 | 0 | 0 | 0 | 0 | 0 | 0 | 0 |
| 苏州经贸职业技术学院 | 22 | 0 | 0 | 0 | 0 | 0 | 0 | 0 | 0 | 0 | 0 | 0 | 0 | 0 | 0 | 0 | 0 | 0 | 0 | 0 | 0 | 0 | 0 | 0 | 0 | 0 | 0 |
| 苏州工业职业技术学院 | 23 | 0 | 0 | 0 | 0 | 0 | 0 | 0 | 0 | 0 | 0 | 0 | 0 | 0 | 0 | 0 | 0 | 0 | 0 | 0 | 0 | 0 | 0 | 0 | 0 | 0 | 0 |
| 苏州卫生职业技术学院 | 24 | 0 | 0 | 0 | 0 | 0 | 0 | 0 | 0 | 0 | 0 | 0 | 0 | 0 | 0 | 0 | 0 | 0 | 0 | 0 | 0 | 0 | 0 | 0 | 0 | 0 | 0 |
| 无锡商业职业技术学院 | 25 | 0 | 0 | 0 | 0 | 0 | 0 | 0 | 0 | 0 | 0 | 0 | 0 | 0 | 0 | 0 | 0 | 0 | 0 | 0 | 0 | 0 | 0 | 0 | 0 | 0 | 0 |
| 江苏航运职业技术学院 | 26 | 0 | 0 | 0 | 0 | 0 | 0 | 0 | 0 | 0 | 0 | 0 | 0 | 0 | 0 | 0 | 0 | 0 | 0 | 0 | 0 | 0 | 0 | 0 | 0 | 0 | 0 |
| 南京交通职业技术学院 | 27 | 0 | 0 | 0 | 0 | 0 | 0 | 0 | 0 | 0 | 0 | 0 | 0 | 0 | 0 | 0 | 0 | 0 | 0 | 0 | 0 | 0 | 0 | 0 | 0 | 0 | 0 |
| 江苏电子信息职业学院 | 28 | 0 | 0 | 0 | 0 | 0 | 0 | 0 | 0 | 0 | 0 | 0 | 0 | 0 | 0 | 0 | 0 | 0 | 0 | 0 | 0 | 0 | 0 | 0 | 0 | 0 | 0 |
| 江苏农牧科技职业学院 | 29 | 0 | 0 | 0 | 0 | 0 | 0 | 0 | 0 | 0 | 0 | 0 | 0 | 0 | 0 | 0 | 0 | 0 | 0 | 0 | 0 | 0 | 0 | 0 | 0 | 0 | 0 |
| 常州纺织服装职业技术学院 | 30 | 0 | 0 | 0 | 0 | 0 | 0 | 0 | 0 | 0 | 0 | 0 | 0 | 0 | 0 | 0 | 0 | 0 | 0 | 0 | 0 | 0 | 0 | 0 | 0 | 0 | 0 |
| 苏州农业职业技术学院 | 31 | 0 | 0 | 0 | 0 | 0 | 0 | 0 | 0 | 0 | 0 | 0 | 0 | 0 | 0 | 0 | 0 | 0 | 0 | 0 | 0 | 0 | 0 | 0 | 0 | 0 | 0 |

| | | | | | | | | | | | | | | | | | | | | | | | | | | | |
|---|---|---|---|---|---|---|---|---|---|---|---|---|---|---|---|---|---|---|---|---|---|---|---|---|---|---|---|
| 南京科技职业学院 | 32 | 0 | 0 | 0 | 0 | 0 | 0 | 0 | 0 | 0 | 0 | 0 | 0 | 0 | 0 | 0 | 0 | 0 | 0 | 0 | 0 | 0 | 0 | 0 | 0 | 0 | 0 |
| 常州工业职业技术学院 | 33 | 0 | 0 | 0 | 0 | 0 | 0 | 0 | 0 | 0 | 0 | 0 | 0 | 0 | 0 | 0 | 0 | 0 | 0 | 0 | 0 | 0 | 0 | 0 | 0 | 0 | 0 |
| 常州工程职业技术学院 | 34 | 1 | 0.1 | 0 | 0 | 0 | 0 | 0 | 0 | 0 | 0 | 0 | 0 | 0 | 0 | 0 | 0 | 0 | 0 | 0 | 0 | 0 | 0 | 0 | 0 | 0 | 0 |
| 江苏农林职业技术学院 | 35 | 0 | 0 | 0 | 0 | 0 | 0 | 0 | 0 | 0 | 0 | 0 | 0 | 0 | 0 | 0 | 0 | 0 | 0 | 0 | 0 | 0 | 0 | 0 | 0 | 0 | 0 |
| 江苏食品药品职业技术学院 | 36 | 0 | 0 | 0 | 0 | 0 | 0 | 0 | 0 | 0 | 0 | 0 | 0 | 0 | 0 | 0 | 0 | 0 | 0 | 0 | 0 | 0 | 0 | 0 | 0 | 0 | 0 |
| 南京铁道职业技术学院 | 37 | 0 | 0 | 0 | 0 | 0 | 0 | 0 | 0 | 0 | 0 | 0 | 0 | 0 | 0 | 0 | 0 | 0 | 0 | 0 | 0 | 0 | 0 | 0 | 0 | 0 | 0 |
| 徐州工业职业技术学院 | 38 | 0 | 0 | 0 | 0 | 0 | 0 | 0 | 0 | 0 | 0 | 0 | 0 | 0 | 0 | 0 | 0 | 0 | 0 | 0 | 0 | 0 | 0 | 0 | 0 | 0 | 0 |
| 江苏信息职业技术学院 | 39 | 0 | 0 | 0 | 0 | 0 | 0 | 0 | 0 | 0 | 0 | 0 | 0 | 0 | 0 | 0 | 0 | 0 | 0 | 0 | 0 | 0 | 0 | 0 | 0 | 0 | 0 |
| 南京信息职业技术学院 | 40 | 0 | 0 | 0 | 0 | 0 | 0 | 0 | 0 | 0 | 0 | 0 | 0 | 0 | 0 | 0 | 0 | 0 | 0 | 0 | 0 | 0 | 0 | 0 | 0 | 0 | 0 |
| 常州机电职业技术学院 | 41 | 0 | 0 | 0 | 0 | 0 | 0 | 0 | 0 | 0 | 0 | 0 | 0 | 0 | 0 | 0 | 0 | 0 | 0 | 0 | 0 | 0 | 0 | 0 | 0 | 0 | 0 |
| 江阴职业技术学院 | 42 | 0 | 0 | 0 | 0 | 0 | 0 | 0 | 0 | 0 | 0 | 0 | 0 | 0 | 0 | 0 | 0 | 0 | 0 | 0 | 0 | 0 | 0 | 0 | 0 | 0 | 0 |
| 无锡城市职业技术学院 | 43 | 0 | 0 | 0 | 0 | 0 | 0 | 0 | 0 | 0 | 0 | 0 | 0 | 0 | 0 | 0 | 0 | 0 | 0 | 0 | 0 | 0 | 0 | 0 | 0 | 0 | 0 |
| 无锡工艺职业技术学院 | 44 | 0 | 0 | 0 | 0 | 0 | 0 | 0 | 0 | 0 | 0 | 0 | 0 | 0 | 0 | 0 | 0 | 0 | 0 | 0 | 0 | 0 | 0 | 0 | 0 | 0 | 0 |
| 苏州健雄职业技术学院 | 45 | 0 | 0 | 0 | 0 | 0 | 0 | 0 | 0 | 0 | 0 | 0 | 0 | 0 | 0 | 0 | 0 | 0 | 0 | 0 | 0 | 0 | 0 | 0 | 0 | 0 | 0 |
| 盐城工业职业技术学院 | 46 | 0 | 0 | 0 | 0 | 0 | 0 | 0 | 0 | 0 | 0 | 0 | 0 | 0 | 0 | 0 | 0 | 0 | 0 | 0 | 0 | 0 | 0 | 0 | 0 | 0 | 0 |
| 江苏财经职业技术学院 | 47 | 0 | 0 | 0 | 0 | 0 | 0 | 0 | 0 | 0 | 0 | 0 | 0 | 0 | 0 | 0 | 0 | 0 | 0 | 0 | 0 | 0 | 0 | 0 | 0 | 0 | 0 |
| 扬州工业职业技术学院 | 48 | 0 | 0 | 0 | 0 | 0 | 0 | 0 | 0 | 0 | 0 | 0 | 0 | 0 | 0 | 0 | 0 | 0 | 0 | 0 | 0 | 0 | 0 | 0 | 0 | 0 | 0 |
| 江苏城市职业学院 | 49 | 0 | 0 | 0 | 0 | 0 | 0 | 0 | 0 | 0 | 0 | 0 | 0 | 0 | 0 | 0 | 0 | 0 | 0 | 0 | 0 | 0 | 0 | 0 | 0 | 0 | 0 |
| 南京城市职业学院 | 50 | 0 | 0 | 0 | 0 | 0 | 0 | 0 | 0 | 0 | 0 | 0 | 0 | 0 | 0 | 0 | 0 | 0 | 0 | 0 | 0 | 0 | 0 | 0 | 0 | 0 | 0 |

续表

| 高校名称 | 编号 | 总数：课题数（项） | 总数：当年投入人数（人年） | 其中：研究生（人年） | 当年拨入经费（千元） | 当年支出经费（千元） | 出版著作（部）：合计 | 专著 | 其中：被译成外文 | 编著教材 | 工具书参考书 | 皮书/发展报告 | 科普读物 | 古籍整理（部） | 译著（部） | 发表译文（篇） | 电子出版物（件） | 发表论文（篇）：合计 | 国内学术刊物 | 国外学术刊物 | 港、澳、台地区刊物 | 获奖成果数（项）：合计 | 国家级奖 | 部级奖 | 省级奖 | 研究与咨询报告（篇）：合计 | 其中：被采纳数 |
|---|---|---|---|---|---|---|---|---|---|---|---|---|---|---|---|---|---|---|---|---|---|---|---|---|---|---|---|
| | | L01 | L02 | L03 | L04 | L05 | L06 | L07 | L08 | L09 | L10 | L11 | L12 | L13 | L14 | L15 | L16 | L17 | L18 | L19 | L20 | L21 | L22 | L23 | L24 | L25 | L26 |
| 南京机电职业技术学院 | 51 | 0 | 0 | 0 | 0 | 0 | 0 | 0 | 0 | 0 | 0 | 0 | 0 | 0 | 0 | 0 | 0 | 0 | 0 | 0 | 0 | 0 | 0 | 0 | 0 | 0 | 0 |
| 南京旅游职业学院 | 52 | 0 | 0 | 0 | 0 | 0 | 0 | 0 | 0 | 0 | 0 | 0 | 0 | 0 | 0 | 0 | 0 | 0 | 0 | 0 | 0 | 0 | 0 | 0 | 0 | 0 | 0 |
| 江苏卫生健康职业学院 | 53 | 0 | 0 | 0 | 0 | 0 | 0 | 0 | 0 | 0 | 0 | 0 | 0 | 0 | 0 | 0 | 0 | 0 | 0 | 0 | 0 | 0 | 0 | 0 | 0 | 0 | 0 |
| 苏州信息职业技术学院 | 54 | 0 | 0 | 0 | 0 | 0 | 0 | 0 | 0 | 0 | 0 | 0 | 0 | 0 | 0 | 0 | 0 | 0 | 0 | 0 | 0 | 0 | 0 | 0 | 0 | 0 | 0 |
| 苏州工业园区服务外包职业学院 | 55 | 0 | 0 | 0 | 0 | 0 | 0 | 0 | 0 | 0 | 0 | 0 | 0 | 0 | 0 | 0 | 0 | 0 | 0 | 0 | 0 | 0 | 0 | 0 | 0 | 0 | 0 |
| 徐州幼儿师范高等专科学校 | 56 | 0 | 0 | 0 | 0 | 0 | 0 | 0 | 0 | 0 | 0 | 0 | 0 | 0 | 0 | 0 | 0 | 0 | 0 | 0 | 0 | 0 | 0 | 0 | 0 | 0 | 0 |
| 徐州生物工程职业技术学院 | 57 | 0 | 0 | 0 | 0 | 0 | 0 | 0 | 0 | 0 | 0 | 0 | 0 | 0 | 0 | 0 | 0 | 1 | 1 | 0 | 0 | 0 | 0 | 0 | 0 | 0 | 0 |
| 江苏商贸职业学院 | 58 | 0 | 0 | 0 | 0 | 0 | 0 | 0 | 0 | 0 | 0 | 0 | 0 | 0 | 0 | 0 | 0 | 0 | 0 | 0 | 0 | 0 | 0 | 0 | 0 | 0 | 0 |
| 南通师范高等专科学校 | 59 | 0 | 0 | 0 | 0 | 0 | 0 | 0 | 0 | 0 | 0 | 0 | 0 | 0 | 0 | 0 | 0 | 0 | 0 | 0 | 0 | 0 | 0 | 0 | 0 | 0 | 0 |
| 江苏护理职业学院 | 60 | 0 | 0 | 0 | 0 | 0 | 0 | 0 | 0 | 0 | 0 | 0 | 0 | 0 | 0 | 0 | 0 | 0 | 0 | 0 | 0 | 0 | 0 | 0 | 0 | 0 | 0 |
| 江苏财会职业学院 | 61 | 0 | 0 | 0 | 0 | 0 | 0 | 0 | 0 | 0 | 0 | 0 | 0 | 0 | 0 | 0 | 0 | 0 | 0 | 0 | 0 | 0 | 0 | 0 | 0 | 0 | 0 |
| 江苏城乡建设职业学院 | 62 | 0 | 0 | 0 | 0 | 0 | 0 | 0 | 0 | 0 | 0 | 0 | 0 | 0 | 0 | 0 | 0 | 0 | 0 | 0 | 0 | 0 | 0 | 0 | 0 | 0 | 0 |
| 江苏航空职业技术学院 | 63 | 0 | 0 | 0 | 0 | 0 | 0 | 0 | 0 | 0 | 0 | 0 | 0 | 0 | 0 | 0 | 0 | 0 | 0 | 0 | 0 | 0 | 0 | 0 | 0 | 0 | 0 |
| 江苏安全技术职业学院 | 64 | 0 | 0 | 0 | 0 | 0 | 0 | 0 | 0 | 0 | 0 | 0 | 0 | 0 | 0 | 0 | 0 | 0 | 0 | 0 | 0 | 0 | 0 | 0 | 0 | 0 | 0 |
| 江苏旅游职业学院 | 65 | 0 | 0 | 0 | 0 | 0 | 0 | 0 | 0 | 0 | 0 | 0 | 0 | 0 | 0 | 0 | 0 | 0 | 0 | 0 | 0 | 0 | 0 | 0 | 0 | 0 | 0 |

## 3.5 宗教学人文、社会科学研究与课题成果情况表

| 高校名称 | 编号 | 总数 课题数(项) | 总数 当年投入人数(人年) | 其中：研究生(人年) | 当年拨入经费(千元) | 当年支出经费(千元) | 出版著作(部) 合计 | 专著 | 其中：被译成外文 | 编著教材 | 工具书参考书 | 皮书/发展报告 | 科普读物 | 古籍整理(部) | 译著(部) | 发表译文(篇) | 电子出版物(件) | 发表论文(篇) 合计 | 国内学术刊物 | 国外学术刊物 | 港、澳、台地区刊物 | 获奖成果数(项) 合计 | 国家级奖 | 部级奖 | 省级奖 | 研究与咨询报告(篇) 合计 | 其中：被采纳数 |
|---|---|---|---|---|---|---|---|---|---|---|---|---|---|---|---|---|---|---|---|---|---|---|---|---|---|---|---|
| | | L01 | L02 | L03 | L04 | L05 | L06 | L07 | L08 | L09 | L10 | L11 | L12 | L13 | L14 | L15 | L16 | L17 | L18 | L19 | L20 | L21 | L22 | L23 | L24 | L25 | L26 |
| 合计 | / | 0 | 0 | 0 | 0 | 0 | 0 | 0 | 0 | 0 | 0 | 0 | 0 | 0 | 0 | 0 | 0 | 1 | 1 | 0 | 0 | 0 | 0 | 0 | 0 | 0 | 0 |
| 盐城幼儿师范高等专科学校 | 1 | 0 | 0 | 0 | 0 | 0 | 0 | 0 | 0 | 0 | 0 | 0 | 0 | 0 | 0 | 0 | 0 | 0 | 0 | 0 | 0 | 0 | 0 | 0 | 0 | 0 | 0 |
| 苏州幼儿师范高等专科学校 | 2 | 0 | 0 | 0 | 0 | 0 | 0 | 0 | 0 | 0 | 0 | 0 | 0 | 0 | 0 | 0 | 0 | 0 | 0 | 0 | 0 | 0 | 0 | 0 | 0 | 0 | 0 |
| 无锡职业技术学院 | 3 | 0 | 0 | 0 | 0 | 0 | 0 | 0 | 0 | 0 | 0 | 0 | 0 | 0 | 0 | 0 | 0 | 0 | 0 | 0 | 0 | 0 | 0 | 0 | 0 | 0 | 0 |
| 江苏建筑职业技术学院 | 4 | 0 | 0 | 0 | 0 | 0 | 0 | 0 | 0 | 0 | 0 | 0 | 0 | 0 | 0 | 0 | 0 | 0 | 0 | 0 | 0 | 0 | 0 | 0 | 0 | 0 | 0 |
| 南京工业职业技术大学 | 5 | 0 | 0 | 0 | 0 | 0 | 0 | 0 | 0 | 0 | 0 | 0 | 0 | 0 | 0 | 0 | 0 | 0 | 0 | 0 | 0 | 0 | 0 | 0 | 0 | 0 | 0 |
| 江苏工程职业技术学院 | 6 | 0 | 0 | 0 | 0 | 0 | 0 | 0 | 0 | 0 | 0 | 0 | 0 | 0 | 0 | 0 | 0 | 0 | 0 | 0 | 0 | 0 | 0 | 0 | 0 | 0 | 0 |
| 苏州工艺美术职业技术学院 | 7 | 0 | 0 | 0 | 0 | 0 | 0 | 0 | 0 | 0 | 0 | 0 | 0 | 0 | 0 | 0 | 0 | 0 | 0 | 0 | 0 | 0 | 0 | 0 | 0 | 0 | 0 |
| 连云港职业技术学院 | 8 | 0 | 0 | 0 | 0 | 0 | 0 | 0 | 0 | 0 | 0 | 0 | 0 | 0 | 0 | 0 | 0 | 0 | 0 | 0 | 0 | 0 | 0 | 0 | 0 | 0 | 0 |
| 镇江市高等专科学校 | 9 | 0 | 0 | 0 | 0 | 0 | 0 | 0 | 0 | 0 | 0 | 0 | 0 | 0 | 0 | 0 | 0 | 0 | 0 | 0 | 0 | 0 | 0 | 0 | 0 | 0 | 0 |
| 南通职业大学 | 10 | 0 | 0 | 0 | 0 | 0 | 0 | 0 | 0 | 0 | 0 | 0 | 0 | 0 | 0 | 0 | 0 | 0 | 0 | 0 | 0 | 0 | 0 | 0 | 0 | 0 | 0 |
| 苏州职业大学 | 11 | 0 | 0 | 0 | 0 | 0 | 0 | 0 | 0 | 0 | 0 | 0 | 0 | 0 | 0 | 0 | 0 | 0 | 0 | 0 | 0 | 0 | 0 | 0 | 0 | 0 | 0 |
| 沙洲职业工学院 | 12 | 0 | 0 | 0 | 0 | 0 | 0 | 0 | 0 | 0 | 0 | 0 | 0 | 0 | 0 | 0 | 0 | 0 | 0 | 0 | 0 | 0 | 0 | 0 | 0 | 0 | 0 |
| 扬州市职业大学 | 13 | 0 | 0 | 0 | 0 | 0 | 0 | 0 | 0 | 0 | 0 | 0 | 0 | 0 | 0 | 0 | 0 | 0 | 0 | 0 | 0 | 0 | 0 | 0 | 0 | 0 | 0 |
| 连云港师范高等专科学校 | 14 | 0 | 0 | 0 | 0 | 0 | 0 | 0 | 0 | 0 | 0 | 0 | 0 | 0 | 0 | 0 | 0 | 0 | 0 | 0 | 0 | 0 | 0 | 0 | 0 | 0 | 0 |
| 江苏经贸职业技术学院 | 15 | 0 | 0 | 0 | 0 | 0 | 0 | 0 | 0 | 0 | 0 | 0 | 0 | 0 | 0 | 0 | 0 | 0 | 0 | 0 | 0 | 0 | 0 | 0 | 0 | 0 | 0 |

续表

| 高校名称 | 编号 | 总数 | | | | | 出版著作(部) | | | | | | | 古籍整理(部) | 译著(部) | 发表译文(篇) | 电子出版物(件) | 发表论文(篇) | | | | 获奖成果数(项) | | | | 研究与咨询报告(篇) | |
|---|---|---|---|---|---|---|---|---|---|---|---|---|---|---|---|---|---|---|---|---|---|---|---|---|---|---|---|
| | | 课题数(项) | 当年投入人数(人年) | 其中：研究生(人年) | 当年拨入经费(千元) | 当年支出经费(千元) | 合计 | 专著 | 其中：被译成外文 | 编著教材 | 工具书参考书 | 皮书/发展报告 | 科普读物 | | | | | 合计 | 国内学术刊物 | 国外学术刊物 | 港、澳、台地区刊物 | 合计 | 国家级奖 | 部级奖 | 省级奖 | 合计 | 其中：被采纳数 |
| | 编号 | L01 | L02 | L03 | L04 | L05 | L06 | L07 | L08 | L09 | L10 | L11 | L12 | L13 | L14 | L15 | L16 | L17 | L18 | L19 | L20 | L21 | L22 | L23 | L24 | L25 | L26 |
| 泰州职业技术学院 | 16 | 0 | 0 | 0 | 0 | 0 | 0 | 0 | 0 | 0 | 0 | 0 | 0 | 0 | 0 | 0 | 0 | 0 | 0 | 0 | 0 | 0 | 0 | 0 | 0 | 0 | 0 |
| 常州信息职业技术学院 | 17 | 0 | 0 | 0 | 0 | 0 | 0 | 0 | 0 | 0 | 0 | 0 | 0 | 0 | 0 | 0 | 0 | 0 | 0 | 0 | 0 | 0 | 0 | 0 | 0 | 0 | 0 |
| 江苏海事职业技术学院 | 18 | 0 | 0 | 0 | 0 | 0 | 0 | 0 | 0 | 0 | 0 | 0 | 0 | 0 | 0 | 0 | 0 | 1 | 1 | 0 | 0 | 0 | 0 | 0 | 0 | 0 | 0 |
| 无锡科技职业学院 | 19 | 0 | 0 | 0 | 0 | 0 | 0 | 0 | 0 | 0 | 0 | 0 | 0 | 0 | 0 | 0 | 0 | 0 | 0 | 0 | 0 | 0 | 0 | 0 | 0 | 0 | 0 |
| 江苏医药职业学院 | 20 | 0 | 0 | 0 | 0 | 0 | 0 | 0 | 0 | 0 | 0 | 0 | 0 | 0 | 0 | 0 | 0 | 0 | 0 | 0 | 0 | 0 | 0 | 0 | 0 | 0 | 0 |
| 南通科技职业学院 | 21 | 0 | 0 | 0 | 0 | 0 | 0 | 0 | 0 | 0 | 0 | 0 | 0 | 0 | 0 | 0 | 0 | 0 | 0 | 0 | 0 | 0 | 0 | 0 | 0 | 0 | 0 |
| 苏州经贸职业技术学院 | 22 | 0 | 0 | 0 | 0 | 0 | 0 | 0 | 0 | 0 | 0 | 0 | 0 | 0 | 0 | 0 | 0 | 0 | 0 | 0 | 0 | 0 | 0 | 0 | 0 | 0 | 0 |
| 苏州工业职业技术学院 | 23 | 0 | 0 | 0 | 0 | 0 | 0 | 0 | 0 | 0 | 0 | 0 | 0 | 0 | 0 | 0 | 0 | 0 | 0 | 0 | 0 | 0 | 0 | 0 | 0 | 0 | 0 |
| 苏州卫生职业技术学院 | 24 | 0 | 0 | 0 | 0 | 0 | 0 | 0 | 0 | 0 | 0 | 0 | 0 | 0 | 0 | 0 | 0 | 0 | 0 | 0 | 0 | 0 | 0 | 0 | 0 | 0 | 0 |
| 无锡商业职业技术学院 | 25 | 0 | 0 | 0 | 0 | 0 | 0 | 0 | 0 | 0 | 0 | 0 | 0 | 0 | 0 | 0 | 0 | 0 | 0 | 0 | 0 | 0 | 0 | 0 | 0 | 0 | 0 |
| 江苏航运职业技术学院 | 26 | 0 | 0 | 0 | 0 | 0 | 0 | 0 | 0 | 0 | 0 | 0 | 0 | 0 | 0 | 0 | 0 | 0 | 0 | 0 | 0 | 0 | 0 | 0 | 0 | 0 | 0 |
| 南京交通职业技术学院 | 27 | 0 | 0 | 0 | 0 | 0 | 0 | 0 | 0 | 0 | 0 | 0 | 0 | 0 | 0 | 0 | 0 | 0 | 0 | 0 | 0 | 0 | 0 | 0 | 0 | 0 | 0 |
| 江苏电子信息职业学院 | 28 | 0 | 0 | 0 | 0 | 0 | 0 | 0 | 0 | 0 | 0 | 0 | 0 | 0 | 0 | 0 | 0 | 0 | 0 | 0 | 0 | 0 | 0 | 0 | 0 | 0 | 0 |
| 江苏农牧科技职业学院 | 29 | 0 | 0 | 0 | 0 | 0 | 0 | 0 | 0 | 0 | 0 | 0 | 0 | 0 | 0 | 0 | 0 | 0 | 0 | 0 | 0 | 0 | 0 | 0 | 0 | 0 | 0 |
| 常州纺织服装职业技术学院 | 30 | 0 | 0 | 0 | 0 | 0 | 0 | 0 | 0 | 0 | 0 | 0 | 0 | 0 | 0 | 0 | 0 | 0 | 0 | 0 | 0 | 0 | 0 | 0 | 0 | 0 | 0 |
| 苏州农业职业技术学院 | 31 | 0 | 0 | 0 | 0 | 0 | 0 | 0 | 0 | 0 | 0 | 0 | 0 | 0 | 0 | 0 | 0 | 0 | 0 | 0 | 0 | 0 | 0 | 0 | 0 | 0 | 0 |

| | | | | | | | | | | | | | | | | | | | | | | | | | | | |
|---|---|---|---|---|---|---|---|---|---|---|---|---|---|---|---|---|---|---|---|---|---|---|---|---|---|---|---|
| 南京科技职业学院 | 32 | 0 | 0 | 0 | 0 | 0 | 0 | 0 | 0 | 0 | 0 | 0 | 0 | 0 | 0 | 0 | 0 | 0 | 0 | 0 | 0 | 0 | 0 | 0 | 0 | 0 | 0 |
| 常州工业职业技术学院 | 33 | 0 | 0 | 0 | 0 | 0 | 0 | 0 | 0 | 0 | 0 | 0 | 0 | 0 | 0 | 0 | 0 | 0 | 0 | 0 | 0 | 0 | 0 | 0 | 0 | 0 | 0 |
| 常州工程职业技术学院 | 34 | 0 | 0 | 0 | 0 | 0 | 0 | 0 | 0 | 0 | 0 | 0 | 0 | 0 | 0 | 0 | 0 | 0 | 0 | 0 | 0 | 0 | 0 | 0 | 0 | 0 | 0 |
| 江苏农林职业技术学院 | 35 | 0 | 0 | 0 | 0 | 0 | 0 | 0 | 0 | 0 | 0 | 0 | 0 | 0 | 0 | 0 | 0 | 0 | 0 | 0 | 0 | 0 | 0 | 0 | 0 | 0 | 0 |
| 江苏食品药品职业技术学院 | 36 | 0 | 0 | 0 | 0 | 0 | 0 | 0 | 0 | 0 | 0 | 0 | 0 | 0 | 0 | 0 | 0 | 0 | 0 | 0 | 0 | 0 | 0 | 0 | 0 | 0 | 0 |
| 南京铁道职业技术学院 | 37 | 0 | 0 | 0 | 0 | 0 | 0 | 0 | 0 | 0 | 0 | 0 | 0 | 0 | 0 | 0 | 0 | 0 | 0 | 0 | 0 | 0 | 0 | 0 | 0 | 0 | 0 |
| 徐州工业职业技术学院 | 38 | 0 | 0 | 0 | 0 | 0 | 0 | 0 | 0 | 0 | 0 | 0 | 0 | 0 | 0 | 0 | 0 | 0 | 0 | 0 | 0 | 0 | 0 | 0 | 0 | 0 | 0 |
| 江苏信息职业技术学院 | 39 | 0 | 0 | 0 | 0 | 0 | 0 | 0 | 0 | 0 | 0 | 0 | 0 | 0 | 0 | 0 | 0 | 0 | 0 | 0 | 0 | 0 | 0 | 0 | 0 | 0 | 0 |
| 南京信息职业技术学院 | 40 | 0 | 0 | 0 | 0 | 0 | 0 | 0 | 0 | 0 | 0 | 0 | 0 | 0 | 0 | 0 | 0 | 0 | 0 | 0 | 0 | 0 | 0 | 0 | 0 | 0 | 0 |
| 常州机电职业技术学院 | 41 | 0 | 0 | 0 | 0 | 0 | 0 | 0 | 0 | 0 | 0 | 0 | 0 | 0 | 0 | 0 | 0 | 0 | 0 | 0 | 0 | 0 | 0 | 0 | 0 | 0 | 0 |
| 江阴职业技术学院 | 42 | 0 | 0 | 0 | 0 | 0 | 0 | 0 | 0 | 0 | 0 | 0 | 0 | 0 | 0 | 0 | 0 | 0 | 0 | 0 | 0 | 0 | 0 | 0 | 0 | 0 | 0 |
| 无锡城市职业技术学院 | 43 | 0 | 0 | 0 | 0 | 0 | 0 | 0 | 0 | 0 | 0 | 0 | 0 | 0 | 0 | 0 | 0 | 0 | 0 | 0 | 0 | 0 | 0 | 0 | 0 | 0 | 0 |
| 无锡工艺职业技术学院 | 44 | 0 | 0 | 0 | 0 | 0 | 0 | 0 | 0 | 0 | 0 | 0 | 0 | 0 | 0 | 0 | 0 | 0 | 0 | 0 | 0 | 0 | 0 | 0 | 0 | 0 | 0 |
| 苏州健雄职业技术学院 | 45 | 0 | 0 | 0 | 0 | 0 | 0 | 0 | 0 | 0 | 0 | 0 | 0 | 0 | 0 | 0 | 0 | 0 | 0 | 0 | 0 | 0 | 0 | 0 | 0 | 0 | 0 |
| 盐城工业职业技术学院 | 46 | 0 | 0 | 0 | 0 | 0 | 0 | 0 | 0 | 0 | 0 | 0 | 0 | 0 | 0 | 0 | 0 | 0 | 0 | 0 | 0 | 0 | 0 | 0 | 0 | 0 | 0 |
| 江苏财经职业技术学院 | 47 | 0 | 0 | 0 | 0 | 0 | 0 | 0 | 0 | 0 | 0 | 0 | 0 | 0 | 0 | 0 | 0 | 0 | 0 | 0 | 0 | 0 | 0 | 0 | 0 | 0 | 0 |
| 扬州工业职业技术学院 | 48 | 0 | 0 | 0 | 0 | 0 | 0 | 0 | 0 | 0 | 0 | 0 | 0 | 0 | 0 | 0 | 0 | 0 | 0 | 0 | 0 | 0 | 0 | 0 | 0 | 0 | 0 |
| 江苏城市职业学院 | 49 | 0 | 0 | 0 | 0 | 0 | 0 | 0 | 0 | 0 | 0 | 0 | 0 | 0 | 0 | 0 | 0 | 0 | 0 | 0 | 0 | 0 | 0 | 0 | 0 | 0 | 0 |
| 南京城市职业学院 | 50 | 0 | 0 | 0 | 0 | 0 | 0 | 0 | 0 | 0 | 0 | 0 | 0 | 0 | 0 | 0 | 0 | 0 | 0 | 0 | 0 | 0 | 0 | 0 | 0 | 0 | 0 |

续表

| 高校名称 | 编号 | 总数 课题数(项) | 当年投入人数(人年) | 其中：研究生(人年) | 当年拨入经费(千元) | 当年支出经费(千元) | 出版著作(部) 合计 | 专著 | 其中：被译成外文 | 编著教材 | 工具书参考书 | 皮书/发展报告 | 科普读物 | 古籍整理(部) | 译著(部) | 发表译文(篇) | 电子出版物(件) | 发表论文(篇) 合计 | 国内学术刊物 | 国外学术刊物 | 港、澳、台地区刊物 | 获奖成果数(项) 合计 | 国家级奖 | 部级奖 | 省级奖 | 研究与咨询报告(篇) 合计 | 其中：被采纳数 |
|---|---|---|---|---|---|---|---|---|---|---|---|---|---|---|---|---|---|---|---|---|---|---|---|---|---|---|---|
| | | L01 | L02 | L03 | L04 | L05 | L06 | L07 | L08 | L09 | L10 | L11 | L12 | L13 | L14 | L15 | L16 | L17 | L18 | L19 | L20 | L21 | L22 | L23 | L24 | L25 | L26 |
| 南京机电职业技术学院 | 51 | 0 | 0 | 0 | 0 | 0 | 0 | 0 | 0 | 0 | 0 | 0 | 0 | 0 | 0 | 0 | 0 | 0 | 0 | 0 | 0 | 0 | 0 | 0 | 0 | 0 | 0 |
| 南京旅游职业学院 | 52 | 0 | 0 | 0 | 0 | 0 | 0 | 0 | 0 | 0 | 0 | 0 | 0 | 0 | 0 | 0 | 0 | 0 | 0 | 0 | 0 | 0 | 0 | 0 | 0 | 0 | 0 |
| 江苏卫生健康职业学院 | 53 | 0 | 0 | 0 | 0 | 0 | 0 | 0 | 0 | 0 | 0 | 0 | 0 | 0 | 0 | 0 | 0 | 0 | 0 | 0 | 0 | 0 | 0 | 0 | 0 | 0 | 0 |
| 苏州信息职业技术学院 | 54 | 0 | 0 | 0 | 0 | 0 | 0 | 0 | 0 | 0 | 0 | 0 | 0 | 0 | 0 | 0 | 0 | 0 | 0 | 0 | 0 | 0 | 0 | 0 | 0 | 0 | 0 |
| 苏州工业园区服务外包职业学院 | 55 | 0 | 0 | 0 | 0 | 0 | 0 | 0 | 0 | 0 | 0 | 0 | 0 | 0 | 0 | 0 | 0 | 0 | 0 | 0 | 0 | 0 | 0 | 0 | 0 | 0 | 0 |
| 徐州幼儿师范高等专科学校 | 56 | 0 | 0 | 0 | 0 | 0 | 0 | 0 | 0 | 0 | 0 | 0 | 0 | 0 | 0 | 0 | 0 | 0 | 0 | 0 | 0 | 0 | 0 | 0 | 0 | 0 | 0 |
| 徐州生物工程职业技术学院 | 57 | 0 | 0 | 0 | 0 | 0 | 0 | 0 | 0 | 0 | 0 | 0 | 0 | 0 | 0 | 0 | 0 | 0 | 0 | 0 | 0 | 0 | 0 | 0 | 0 | 0 | 0 |
| 江苏商贸职业学院 | 58 | 0 | 0 | 0 | 0 | 0 | 0 | 0 | 0 | 0 | 0 | 0 | 0 | 0 | 0 | 0 | 0 | 0 | 0 | 0 | 0 | 0 | 0 | 0 | 0 | 0 | 0 |
| 南通师范高等专科学校 | 59 | 0 | 0 | 0 | 0 | 0 | 0 | 0 | 0 | 0 | 0 | 0 | 0 | 0 | 0 | 0 | 0 | 0 | 0 | 0 | 0 | 0 | 0 | 0 | 0 | 0 | 0 |
| 江苏护理职业学院 | 60 | 0 | 0 | 0 | 0 | 0 | 0 | 0 | 0 | 0 | 0 | 0 | 0 | 0 | 0 | 0 | 0 | 0 | 0 | 0 | 0 | 0 | 0 | 0 | 0 | 0 | 0 |
| 江苏财会职业学院 | 61 | 0 | 0 | 0 | 0 | 0 | 0 | 0 | 0 | 0 | 0 | 0 | 0 | 0 | 0 | 0 | 0 | 0 | 0 | 0 | 0 | 0 | 0 | 0 | 0 | 0 | 0 |
| 江苏城乡建设职业学院 | 62 | 0 | 0 | 0 | 0 | 0 | 0 | 0 | 0 | 0 | 0 | 0 | 0 | 0 | 0 | 0 | 0 | 0 | 0 | 0 | 0 | 0 | 0 | 0 | 0 | 0 | 0 |
| 江苏航空职业技术学院 | 63 | 0 | 0 | 0 | 0 | 0 | 0 | 0 | 0 | 0 | 0 | 0 | 0 | 0 | 0 | 0 | 0 | 0 | 0 | 0 | 0 | 0 | 0 | 0 | 0 | 0 | 0 |
| 江苏安全技术职业学院 | 64 | 0 | 0 | 0 | 0 | 0 | 0 | 0 | 0 | 0 | 0 | 0 | 0 | 0 | 0 | 0 | 0 | 0 | 0 | 0 | 0 | 0 | 0 | 0 | 0 | 0 | 0 |
| 江苏旅游职业学院 | 65 | 0 | 0 | 0 | 0 | 0 | 0 | 0 | 0 | 0 | 0 | 0 | 0 | 0 | 0 | 0 | 0 | 0 | 0 | 0 | 0 | 0 | 0 | 0 | 0 | 0 | 0 |

## 3.6 语言学人文、社会科学研究与课题成果情况表

| 高校名称 | 编号 | 总数：课题数(项) | 总数：当年投入人数(人年) | 总数：其中：研究生(人年) | 总数：当年拨入经费(千元) | 总数：当年支出经费(千元) | 出版著作(部)：合计 | 出版著作(部)：专著 | 出版著作(部)：其中：被译成外文 | 出版著作(部)：编著教材 | 出版著作(部)：工具书参考书 | 出版著作(部)：皮书/发展报告 | 出版著作(部)：科普读物 | 古籍整理(部) | 译著(部) | 发表译文(篇) | 电子出版物(件) | 发表论文(篇)：合计 | 发表论文(篇)：国内学术刊物 | 发表论文(篇)：国外学术刊物 | 发表论文(篇)：港、澳、台地区刊物 | 获奖成果数(项)：合计 | 获奖成果数(项)：国家级奖 | 获奖成果数(项)：部级奖 | 获奖成果数(项)：省级奖 | 研究与咨询报告(篇)：合计 | 研究与咨询报告(篇)：其中：被采纳数 |
|---|---|---|---|---|---|---|---|---|---|---|---|---|---|---|---|---|---|---|---|---|---|---|---|---|---|---|---|
| | | L01 | L02 | L03 | L04 | L05 | L06 | L07 | L08 | L09 | L10 | L11 | L12 | L13 | L14 | L15 | L16 | L17 | L18 | L19 | L20 | L21 | L22 | L23 | L24 | L25 | L26 |
| 合计 | / | 168 | 40.2 | 0 | 2 234.15 | 2 242.16 | 9 | 5 | 0 | 4 | 0 | 0 | 0 | 0 | 2 | 0 | 0 | 275 | 264 | 10 | 1 | 0 | 0 | 0 | 0 | 10 | 6 |
| 盐城幼儿师范高等专科学校 | 1 | 3 | 0.6 | 0 | 6 | 24 | 0 | 0 | 0 | 0 | 0 | 0 | 0 | 0 | 0 | 0 | 0 | 9 | 9 | 0 | 0 | 0 | 0 | 0 | 0 | 0 | 0 |
| 苏州幼儿师范高等专科学校 | 2 | 2 | 0.2 | 0 | 10 | 0 | 1 | 1 | 0 | 0 | 0 | 0 | 0 | 0 | 0 | 0 | 0 | 6 | 6 | 0 | 0 | 0 | 0 | 0 | 0 | 0 | 0 |
| 无锡职业技术学院 | 3 | 6 | 1.1 | 0 | 20 | 17 | 0 | 0 | 0 | 0 | 0 | 0 | 0 | 0 | 0 | 0 | 0 | 1 | 1 | 0 | 0 | 0 | 0 | 0 | 0 | 0 | 0 |
| 江苏建筑职业技术学院 | 4 | 4 | 1.2 | 0 | 7 | 7 | 0 | 0 | 0 | 0 | 0 | 0 | 0 | 0 | 0 | 0 | 0 | 8 | 8 | 0 | 0 | 0 | 0 | 0 | 0 | 0 | 0 |
| 南京工业职业技术大学 | 5 | 6 | 3.4 | 0 | 0 | 5.5 | 0 | 0 | 0 | 0 | 0 | 0 | 0 | 0 | 0 | 0 | 0 | 0 | 0 | 0 | 0 | 0 | 0 | 0 | 0 | 0 | 0 |
| 江苏工程职业技术学院 | 6 | 2 | 0.3 | 0 | 0 | 2 | 0 | 0 | 0 | 0 | 0 | 0 | 0 | 0 | 0 | 0 | 0 | 2 | 2 | 0 | 0 | 0 | 0 | 0 | 0 | 0 | 0 |
| 苏州工艺美术职业技术学院 | 7 | 1 | 0.1 | 0 | 6 | 6 | 0 | 0 | 0 | 0 | 0 | 0 | 0 | 0 | 0 | 0 | 0 | 3 | 3 | 0 | 0 | 0 | 0 | 0 | 0 | 0 | 0 |
| 连云港职业技术学院 | 8 | 1 | 0.3 | 0 | 0 | 0 | 0 | 0 | 0 | 0 | 0 | 0 | 0 | 0 | 0 | 0 | 0 | 1 | 1 | 0 | 0 | 0 | 0 | 0 | 0 | 0 | 0 |
| 镇江市高等专科学校 | 9 | 4 | 2.8 | 0 | 27 | 26.5 | 1 | 0 | 0 | 1 | 0 | 0 | 0 | 0 | 0 | 0 | 0 | 3 | 3 | 0 | 0 | 0 | 0 | 0 | 0 | 0 | 0 |
| 南通职业大学 | 10 | 5 | 1.1 | 0 | 33 | 43 | 0 | 0 | 0 | 0 | 0 | 0 | 0 | 0 | 0 | 0 | 0 | 2 | 2 | 0 | 0 | 0 | 0 | 0 | 0 | 0 | 0 |
| 苏州职业大学 | 11 | 3 | 1 | 0 | 10 | 14 | 0 | 0 | 0 | 0 | 0 | 0 | 0 | 0 | 0 | 0 | 0 | 15 | 14 | 0 | 1 | 0 | 0 | 0 | 0 | 0 | 0 |
| 沙洲职业工学院 | 12 | 4 | 0.4 | 0 | 0 | 9.9 | 0 | 0 | 0 | 0 | 0 | 0 | 0 | 0 | 0 | 0 | 0 | 0 | 0 | 0 | 0 | 0 | 0 | 0 | 0 | 0 | 0 |
| 扬州市职业大学 | 13 | 7 | 1.6 | 0 | 0 | 14.13 | 0 | 0 | 0 | 0 | 0 | 0 | 0 | 0 | 0 | 0 | 0 | 4 | 4 | 0 | 0 | 0 | 0 | 0 | 0 | 0 | 0 |
| 连云港师范高等专科学校 | 14 | 5 | 0.5 | 0 | 8 | 12 | 0 | 0 | 0 | 0 | 0 | 0 | 0 | 0 | 0 | 0 | 0 | 6 | 6 | 0 | 0 | 0 | 0 | 0 | 0 | 0 | 0 |
| 江苏经贸职业技术学院 | 15 | 0 | 0 | 0 | 0 | 0 | 1 | 0 | 0 | 1 | 0 | 0 | 0 | 0 | 0 | 0 | 0 | 3 | 3 | 0 | 0 | 0 | 0 | 0 | 0 | 0 | 0 |

续表

| 高校名称 | 编号 | 总数：课题数（项） | 总数：当年投入人数（人年） | 总数：其中：研究生（人年） | 总数：当年拨入经费（千元） | 总数：当年支出经费（千元） | 出版著作（部）：合计 | 出版著作（部）：专著 | 出版著作（部）：其中：被译成外文 | 出版著作（部）：编著教材 | 出版著作（部）：工具书参考书 | 出版著作（部）：皮书/发展报告 | 出版著作（部）：科普读物 | 古籍整理（部） | 译著（部） | 发表译文（篇） | 电子出版物（件） | 发表论文（篇）：合计 | 发表论文（篇）：国内学术刊物 | 发表论文（篇）：国外学术刊物 | 发表论文（篇）：港、澳、台地区刊物 | 获奖成果数（项）：合计 | 获奖成果数（项）：国家级奖 | 获奖成果数（项）：部级奖 | 获奖成果数（项）：省级奖 | 研究与咨询报告（篇）：合计 | 研究与咨询报告（篇）：其中：被采纳数 |
|---|---|---|---|---|---|---|---|---|---|---|---|---|---|---|---|---|---|---|---|---|---|---|---|---|---|---|---|
| | | L01 | L02 | L03 | L04 | L05 | L06 | L07 | L08 | L09 | L10 | L11 | L12 | L13 | L14 | L15 | L16 | L17 | L18 | L19 | L20 | L21 | L22 | L23 | L24 | L25 | L26 |
| 泰州职业技术学院 | 16 | 1 | 0.2 | 0 | 0 | 3.22 | 0 | 0 | 0 | 0 | 0 | 0 | 0 | 0 | 0 | 0 | 0 | 5 | 5 | 0 | 0 | 0 | 0 | 0 | 0 | 0 | 0 |
| 常州信息职业技术学院 | 17 | 3 | 1.8 | 0 | 20 | 20 | 0 | 0 | 0 | 0 | 0 | 0 | 0 | 0 | 0 | 0 | 0 | 6 | 6 | 0 | 0 | 0 | 0 | 0 | 0 | 0 | 0 |
| 江苏海事职业技术学院 | 18 | 12 | 4.5 | 0 | 796.4 | 791.47 | 0 | 0 | 0 | 0 | 0 | 0 | 0 | 0 | 2 | 0 | 0 | 16 | 8 | 8 | 0 | 0 | 0 | 0 | 0 | 0 | 0 |
| 无锡科技职业学院 | 19 | 4 | 1 | 0 | 15 | 15 | 0 | 0 | 0 | 0 | 0 | 0 | 0 | 0 | 0 | 0 | 0 | 7 | 7 | 0 | 0 | 0 | 0 | 0 | 0 | 0 | 0 |
| 江苏医药职业学院 | 20 | 0 | 0 | 0 | 0 | 0 | 0 | 0 | 0 | 0 | 0 | 0 | 0 | 0 | 0 | 0 | 0 | 0 | 0 | 0 | 0 | 0 | 0 | 0 | 0 | 0 | 0 |
| 南通科技职业学院 | 21 | 3 | 0.7 | 0 | 10 | 11.8 | 0 | 0 | 0 | 0 | 0 | 0 | 0 | 0 | 0 | 0 | 0 | 2 | 2 | 0 | 0 | 0 | 0 | 0 | 0 | 0 | 0 |
| 苏州经贸职业技术学院 | 22 | 0 | 0 | 0 | 0 | 0 | 0 | 0 | 0 | 0 | 0 | 0 | 0 | 0 | 0 | 0 | 0 | 5 | 5 | 0 | 0 | 0 | 0 | 0 | 0 | 0 | 0 |
| 苏州工业职业技术学院 | 23 | 2 | 0.4 | 0 | 66.75 | 59.85 | 0 | 0 | 0 | 0 | 0 | 0 | 0 | 0 | 0 | 0 | 0 | 15 | 15 | 0 | 0 | 0 | 0 | 0 | 0 | 1 | 1 |
| 苏州卫生职业技术学院 | 24 | 1 | 0.1 | 0 | 0 | 9 | 0 | 0 | 0 | 0 | 0 | 0 | 0 | 0 | 0 | 0 | 0 | 6 | 6 | 0 | 0 | 0 | 0 | 0 | 0 | 0 | 0 |
| 无锡商业职业技术学院 | 25 | 1 | 0.1 | 0 | 0 | 2 | 0 | 0 | 0 | 0 | 0 | 0 | 0 | 0 | 0 | 0 | 0 | 1 | 1 | 0 | 0 | 0 | 0 | 0 | 0 | 0 | 0 |
| 江苏航运职业技术学院 | 26 | 0 | 0 | 0 | 0 | 0 | 0 | 0 | 0 | 0 | 0 | 0 | 0 | 0 | 0 | 0 | 0 | 4 | 4 | 0 | 0 | 0 | 0 | 0 | 0 | 0 | 0 |
| 南京交通职业技术学院 | 27 | 0 | 0 | 0 | 0 | 0 | 0 | 0 | 0 | 0 | 0 | 0 | 0 | 0 | 0 | 0 | 0 | 1 | 1 | 0 | 0 | 0 | 0 | 0 | 0 | 0 | 0 |
| 江苏电子信息职业学院 | 28 | 0 | 0 | 0 | 0 | 0 | 1 | 1 | 0 | 0 | 0 | 0 | 0 | 0 | 0 | 0 | 0 | 4 | 4 | 0 | 0 | 0 | 0 | 0 | 0 | 0 | 0 |
| 江苏农牧科技职业学院 | 29 | 0 | 0 | 0 | 0 | 0 | 0 | 0 | 0 | 0 | 0 | 0 | 0 | 0 | 0 | 0 | 0 | 0 | 0 | 0 | 0 | 0 | 0 | 0 | 0 | 0 | 0 |
| 常州纺织服装职业技术学院 | 30 | 3 | 0.4 | 0 | 10 | 7 | 0 | 0 | 0 | 0 | 0 | 0 | 0 | 0 | 0 | 0 | 0 | 4 | 4 | 0 | 0 | 0 | 0 | 0 | 0 | 0 | 0 |
| 苏州农业职业技术学院 | 31 | 0 | 0 | 0 | 0 | 0 | 0 | 0 | 0 | 0 | 0 | 0 | 0 | 0 | 0 | 0 | 0 | 1 | 1 | 0 | 0 | 0 | 0 | 0 | 0 | 0 | 0 |

| | | | | | | | | | | | | | | | | | | | | | | | | | | | |
|---|---|---|---|---|---|---|---|---|---|---|---|---|---|---|---|---|---|---|---|---|---|---|---|---|---|---|---|
| 南京科技职业学院 | 32 | 1 | 0.1 | 0 | 0 | 0 | 0 | 0 | 0 | 0 | 0 | 0 | 0 | 0 | 0 | 0 | 0 | 6 | 6 | 0 | 0 | 0 | 0 | 0 | 0 | 0 | 0 |
| 常州工业职业技术学院 | 33 | 4 | 0.7 | 0 | 200 | 130 | 2 | 0 | 0 | 2 | 0 | 0 | 0 | 0 | 0 | 0 | 0 | 4 | 4 | 0 | 0 | 0 | 0 | 0 | 0 | 1 | 1 |
| 常州工程职业技术学院 | 34 | 0 | 0 | 0 | 0 | 0 | 0 | 0 | 0 | 0 | 0 | 0 | 0 | 0 | 0 | 0 | 0 | 0 | 0 | 0 | 0 | 0 | 0 | 0 | 0 | 0 | 0 |
| 江苏农林职业技术学院 | 35 | 4 | 0.5 | 0 | 10 | 11 | 0 | 0 | 0 | 0 | 0 | 0 | 0 | 0 | 0 | 0 | 0 | 5 | 5 | 0 | 0 | 0 | 0 | 0 | 0 | 0 | 0 |
| 江苏食品药品职业技术学院 | 36 | 0 | 0 | 0 | 0 | 0 | 0 | 0 | 0 | 0 | 0 | 0 | 0 | 0 | 0 | 0 | 0 | 1 | 1 | 0 | 0 | 0 | 0 | 0 | 0 | 0 | 0 |
| 南京铁道职业技术学院 | 37 | 0 | 0 | 0 | 0 | 0 | 0 | 0 | 0 | 0 | 0 | 0 | 0 | 0 | 0 | 0 | 0 | 8 | 8 | 0 | 0 | 0 | 0 | 0 | 0 | 0 | 0 |
| 徐州工业职业技术学院 | 38 | 2 | 0.2 | 0 | 13 | 7 | 0 | 0 | 0 | 0 | 0 | 0 | 0 | 0 | 0 | 0 | 0 | 0 | 0 | 0 | 0 | 0 | 0 | 0 | 0 | 0 | 0 |
| 江苏信息职业技术学院 | 39 | 0 | 0 | 0 | 0 | 0 | 0 | 0 | 0 | 0 | 0 | 0 | 0 | 0 | 0 | 0 | 0 | 0 | 0 | 0 | 0 | 0 | 0 | 0 | 0 | 0 | 0 |
| 南京信息职业技术学院 | 40 | 6 | 0.6 | 0 | 160 | 77 | 0 | 0 | 0 | 0 | 0 | 0 | 0 | 0 | 0 | 0 | 0 | 3 | 3 | 0 | 0 | 0 | 0 | 0 | 0 | 0 | 0 |
| 常州机电职业技术学院 | 41 | 0 | 0 | 0 | 0 | 0 | 0 | 0 | 0 | 0 | 0 | 0 | 0 | 0 | 0 | 0 | 0 | 4 | 4 | 0 | 0 | 0 | 0 | 0 | 0 | 0 | 0 |
| 江阴职业技术学院 | 42 | 2 | 0.2 | 0 | 0 | 7 | 0 | 0 | 0 | 0 | 0 | 0 | 0 | 0 | 0 | 0 | 0 | 7 | 7 | 0 | 0 | 0 | 0 | 0 | 0 | 0 | 0 |
| 无锡城市职业技术学院 | 43 | 0 | 0 | 0 | 0 | 0 | 0 | 0 | 0 | 0 | 0 | 0 | 0 | 0 | 0 | 0 | 0 | 2 | 2 | 0 | 0 | 0 | 0 | 0 | 0 | 0 | 0 |
| 无锡工艺职业技术学院 | 44 | 8 | 1.2 | 0 | 222 | 222 | 0 | 0 | 0 | 0 | 0 | 0 | 0 | 0 | 0 | 0 | 0 | 3 | 3 | 0 | 0 | 0 | 0 | 0 | 0 | 3 | 0 |
| 苏州健雄职业技术学院 | 45 | 3 | 0.6 | 0 | 20 | 20.4 | 0 | 0 | 0 | 0 | 0 | 0 | 0 | 0 | 0 | 0 | 0 | 3 | 3 | 0 | 0 | 0 | 0 | 0 | 0 | 0 | 0 |
| 盐城工业职业技术学院 | 46 | 2 | 0.2 | 0 | 0 | 4 | 0 | 0 | 0 | 0 | 0 | 0 | 0 | 0 | 0 | 0 | 0 | 3 | 3 | 0 | 0 | 0 | 0 | 0 | 0 | 0 | 0 |
| 江苏财经职业技术学院 | 47 | 2 | 0.3 | 0 | 0 | 2.1 | 0 | 0 | 0 | 0 | 0 | 0 | 0 | 0 | 0 | 0 | 0 | 0 | 0 | 0 | 0 | 0 | 0 | 0 | 0 | 0 | 0 |
| 扬州工业职业技术学院 | 48 | 3 | 0.3 | 0 | 0 | 4.6 | 0 | 0 | 0 | 0 | 0 | 0 | 0 | 0 | 0 | 0 | 0 | 3 | 3 | 0 | 0 | 0 | 0 | 0 | 0 | 0 | 0 |
| 江苏城市职业学院 | 49 | 17 | 6 | 0 | 88 | 104.22 | 0 | 0 | 0 | 0 | 0 | 0 | 0 | 0 | 0 | 0 | 0 | 13 | 11 | 2 | 0 | 0 | 0 | 0 | 0 | 0 | 0 |
| 南京城市职业学院 | 50 | 0 | 0 | 0 | 0 | 0 | 0 | 0 | 0 | 0 | 0 | 0 | 0 | 0 | 0 | 0 | 0 | 0 | 0 | 0 | 0 | 0 | 0 | 0 | 0 | 0 | 0 |

续表

| 高校名称 | | 总数 | | | | | 出版著作(部) | | | | | | | 古籍整理(部) | 译著(部) | 发表译文(篇) | 电子出版物(件) | 发表论文(篇) | | | | 获奖成果数(项) | | | | 研究与咨询报告(篇) | |
|---|---|---|---|---|---|---|---|---|---|---|---|---|---|---|---|---|---|---|---|---|---|---|---|---|---|---|---|
| | | 课题数(项) | 当年投入人数(人年) | 其中：研究生(人年) | 当年拨入经费(千元) | 当年支出经费(千元) | 合计 | 专著 | 其中：被译成外文 | 编著教材 | 工具书参考书 | 皮书/发展报告 | 科普读物 | | | | | 合计 | 国内学术刊物 | 国外学术刊物 | 港、澳、台地区刊物 | 合计 | 国家级奖 | 部级奖 | 省级奖 | 合计 | 其中：被采纳数 |
| | 编号 | L01 | L02 | L03 | L04 | L05 | L06 | L07 | L08 | L09 | L10 | L11 | L12 | L13 | L14 | L15 | L16 | L17 | L18 | L19 | L20 | L21 | L22 | L23 | L24 | L25 | L26 |
| 南京机电职业技术学院 | 51 | 0 | 0 | 0 | 0 | 0 | 0 | 0 | 0 | 0 | 0 | 0 | 0 | 0 | 0 | 0 | 0 | 0 | 0 | 0 | 0 | 0 | 0 | 0 | 0 | 0 | 0 |
| 南京旅游职业学院 | 52 | 1 | 0.1 | 0 | 0 | 80 | 0 | 0 | 0 | 0 | 0 | 0 | 0 | 0 | 0 | 0 | 0 | 11 | 11 | 0 | 0 | 0 | 0 | 0 | 0 | 0 | 0 |
| 江苏卫生健康职业学院 | 53 | 2 | 0.3 | 0 | 10 | 0.4 | 0 | 0 | 0 | 0 | 0 | 0 | 0 | 0 | 0 | 0 | 0 | 0 | 0 | 0 | 0 | 0 | 0 | 0 | 0 | 0 | 0 |
| 苏州信息职业技术学院 | 54 | 1 | 0.1 | 0 | 0 | 0 | 0 | 0 | 0 | 0 | 0 | 0 | 0 | 0 | 0 | 0 | 0 | 0 | 0 | 0 | 0 | 0 | 0 | 0 | 0 | 0 | 0 |
| 苏州工业园区服务外包职业学院 | 55 | 8 | 0.8 | 0 | 405 | 405 | 1 | 1 | 0 | 0 | 0 | 0 | 0 | 0 | 0 | 0 | 0 | 9 | 9 | 0 | 0 | 0 | 0 | 0 | 0 | 4 | 4 |
| 徐州幼儿师范高等专科学校 | 56 | 4 | 0.8 | 0 | 0 | 5.5 | 0 | 0 | 0 | 0 | 0 | 0 | 0 | 0 | 0 | 0 | 0 | 0 | 0 | 0 | 0 | 0 | 0 | 0 | 0 | 0 | 0 |
| 徐州生物工程职业技术学院 | 57 | 2 | 0.2 | 0 | 15 | 9 | 2 | 2 | 0 | 0 | 0 | 0 | 0 | 0 | 0 | 0 | 0 | 11 | 11 | 0 | 0 | 0 | 0 | 0 | 0 | 0 | 0 |
| 江苏商贸职业学院 | 58 | 10 | 2.8 | 0 | 46 | 20.77 | 0 | 0 | 0 | 0 | 0 | 0 | 0 | 0 | 0 | 0 | 0 | 24 | 24 | 0 | 0 | 0 | 0 | 0 | 0 | 1 | 0 |
| 南通师范高等专科学校 | 59 | 3 | 0.4 | 0 | 0 | 31.8 | 0 | 0 | 0 | 0 | 0 | 0 | 0 | 0 | 0 | 0 | 0 | 1 | 1 | 0 | 0 | 0 | 0 | 0 | 0 | 0 | 0 |
| 江苏护理职业学院 | 60 | 0 | 0 | 0 | 0 | 0 | 0 | 0 | 0 | 0 | 0 | 0 | 0 | 0 | 0 | 0 | 0 | 1 | 1 | 0 | 0 | 0 | 0 | 0 | 0 | 0 | 0 |
| 江苏财会职业学院 | 61 | 0 | 0 | 0 | 0 | 0 | 0 | 0 | 0 | 0 | 0 | 0 | 0 | 0 | 0 | 0 | 0 | 1 | 1 | 0 | 0 | 0 | 0 | 0 | 0 | 0 | 0 |
| 江苏城乡建设职业学院 | 62 | 0 | 0 | 0 | 0 | 0 | 0 | 0 | 0 | 0 | 0 | 0 | 0 | 0 | 0 | 0 | 0 | 4 | 4 | 0 | 0 | 0 | 0 | 0 | 0 | 0 | 0 |
| 江苏航空职业技术学院 | 63 | 0 | 0 | 0 | 0 | 0 | 0 | 0 | 0 | 0 | 0 | 0 | 0 | 0 | 0 | 0 | 0 | 2 | 2 | 0 | 0 | 0 | 0 | 0 | 0 | 0 | 0 |
| 江苏安全技术职业学院 | 64 | 0 | 0 | 0 | 0 | 0 | 0 | 0 | 0 | 0 | 0 | 0 | 0 | 0 | 0 | 0 | 0 | 3 | 3 | 0 | 0 | 0 | 0 | 0 | 0 | 0 | 0 |
| 江苏旅游职业学院 | 65 | 0 | 0 | 0 | 0 | 0 | 0 | 0 | 0 | 0 | 0 | 0 | 0 | 0 | 0 | 0 | 0 | 3 | 3 | 0 | 0 | 0 | 0 | 0 | 0 | 0 | 0 |

## 3.7 中国文学人文、社会科学研究与课题成果情况表

| 高校名称 | 编号 | 总数：课题数(项) | 总数：当年投入人数(人年) | 总数：其中：研究生(人年) | 总数：当年拨入经费(千元) | 总数：当年支出经费(千元) | 出版著作(部)：合计 | 出版著作(部)：专著 | 出版著作(部)：其中：被译成外文 | 出版著作(部)：编著教材 | 出版著作(部)：工具书参考书 | 出版著作(部)：皮书/发展报告 | 出版著作(部)：科普读物 | 古籍整理(部) | 译著(部) | 发表译文(篇) | 电子出版物(件) | 发表论文(篇)：合计 | 发表论文(篇)：国内学术刊物 | 发表论文(篇)：国外学术刊物 | 发表论文(篇)：港、澳、台地区刊物 | 获奖成果数(项)：合计 | 获奖成果数(项)：国家级奖 | 获奖成果数(项)：部级奖 | 获奖成果数(项)：省级奖 | 研究与咨询报告(篇)：合计 | 研究与咨询报告(篇)：其中：被采纳数 |
|---|---|---|---|---|---|---|---|---|---|---|---|---|---|---|---|---|---|---|---|---|---|---|---|---|---|---|---|
| | | L01 | L02 | L03 | L04 | L05 | L06 | L07 | L08 | L09 | L10 | L11 | L12 | L13 | L14 | L15 | L16 | L17 | L18 | L19 | L20 | L21 | L22 | L23 | L24 | L25 | L26 |
| 合计 | / | 73 | 17.3 | 0 | 230.6 | 214.83 | 12 | 6 | 0 | 6 | 0 | 0 | 0 | 0 | 0 | 0 | 0 | 190 | 189 | 1 | 0 | 1 | 0 | 0 | 1 | 3 | 1 |
| 盐城幼儿师范高等专科学校 | 1 | 5 | 0.7 | 0 | 11 | 11 | 0 | 0 | 0 | 0 | 0 | 0 | 0 | 0 | 0 | 0 | 0 | 30 | 30 | 0 | 0 | 0 | 0 | 0 | 0 | 0 | 0 |
| 苏州幼儿师范高等专科学校 | 2 | 3 | 0.3 | 0 | 20 | 9.6 | 0 | 0 | 0 | 0 | 0 | 0 | 0 | 0 | 0 | 0 | 0 | 5 | 5 | 0 | 0 | 0 | 0 | 0 | 0 | 0 | 0 |
| 无锡职业技术学院 | 3 | 2 | 0.4 | 0 | 40 | 7 | 0 | 0 | 0 | 0 | 0 | 0 | 0 | 0 | 0 | 0 | 0 | 5 | 5 | 0 | 0 | 0 | 0 | 0 | 0 | 0 | 0 |
| 江苏建筑职业技术学院 | 4 | 0 | 0 | 0 | 0 | 0 | 1 | 1 | 0 | 0 | 0 | 0 | 0 | 0 | 0 | 0 | 0 | 0 | 0 | 0 | 0 | 0 | 0 | 0 | 0 | 0 | 0 |
| 南京工业职业技术大学 | 5 | 0 | 0 | 0 | 0 | 0 | 0 | 0 | 0 | 0 | 0 | 0 | 0 | 0 | 0 | 0 | 0 | 6 | 6 | 0 | 0 | 0 | 0 | 0 | 0 | 1 | 0 |
| 江苏工程职业技术学院 | 6 | 0 | 0 | 0 | 0 | 0 | 0 | 0 | 0 | 0 | 0 | 0 | 0 | 0 | 0 | 0 | 0 | 1 | 1 | 0 | 0 | 0 | 0 | 0 | 0 | 0 | 0 |
| 苏州工艺美术职业技术学院 | 7 | 0 | 0 | 0 | 0 | 0 | 0 | 0 | 0 | 0 | 0 | 0 | 0 | 0 | 0 | 0 | 0 | 0 | 0 | 0 | 0 | 0 | 0 | 0 | 0 | 0 | 0 |
| 连云港职业技术学院 | 8 | 0 | 0 | 0 | 0 | 0 | 0 | 0 | 0 | 0 | 0 | 0 | 0 | 0 | 0 | 0 | 0 | 0 | 0 | 0 | 0 | 0 | 0 | 0 | 0 | 0 | 0 |
| 镇江市高等专科学校 | 9 | 5 | 3.6 | 0 | 38 | 28.8 | 1 | 0 | 0 | 1 | 0 | 0 | 0 | 0 | 0 | 0 | 0 | 8 | 8 | 0 | 0 | 0 | 0 | 0 | 0 | 1 | 1 |
| 南通职业大学 | 10 | 0 | 0 | 0 | 0 | 0 | 0 | 0 | 0 | 0 | 0 | 0 | 0 | 0 | 0 | 0 | 0 | 1 | 1 | 0 | 0 | 0 | 0 | 0 | 0 | 0 | 0 |
| 苏州职业大学 | 11 | 8 | 2.5 | 0 | 38 | 37.9 | 4 | 1 | 0 | 3 | 0 | 0 | 0 | 0 | 0 | 0 | 0 | 41 | 40 | 1 | 0 | 0 | 0 | 0 | 0 | 0 | 0 |
| 沙洲职业工学院 | 12 | 0 | 0 | 0 | 0 | 0 | 0 | 0 | 0 | 0 | 0 | 0 | 0 | 0 | 0 | 0 | 0 | 0 | 0 | 0 | 0 | 0 | 0 | 0 | 0 | 0 | 0 |
| 扬州市职业大学 | 13 | 2 | 0.4 | 0 | 0 | 0 | 1 | 1 | 0 | 0 | 0 | 0 | 0 | 0 | 0 | 0 | 0 | 6 | 6 | 0 | 0 | 0 | 0 | 0 | 0 | 0 | 0 |
| 连云港师范高等专科学校 | 14 | 9 | 1 | 0 | 4 | 10.2 | 1 | 0 | 0 | 1 | 0 | 0 | 0 | 0 | 0 | 0 | 0 | 11 | 11 | 0 | 0 | 1 | 0 | 0 | 1 | 0 | 0 |
| 江苏经贸职业技术学院 | 15 | 0 | 0 | 0 | 0 | 0 | 1 | 0 | 0 | 1 | 0 | 0 | 0 | 0 | 0 | 0 | 0 | 1 | 1 | 0 | 0 | 0 | 0 | 0 | 0 | 0 | 0 |

续表

| 高校名称 | 编号 | 总数 | | | | | 出版著作(部) | | | | | | | 古籍整理(部) | 译著(部) | 发表译文(篇) | 电子出版物(件) | 发表论文(篇) | | | | 获奖成果数(项) | | | | 研究与咨询报告(篇) | |
|---|---|---|---|---|---|---|---|---|---|---|---|---|---|---|---|---|---|---|---|---|---|---|---|---|---|---|---|
| | | 课题数(项) | 当年投入人数(人年) | 其中：研究生(人年) | 当年拨入经费(千元) | 当年支出经费(千元) | 合计 | 专著 | 其中：被译成外文 | 编著教材 | 工具书参考书 | 皮书/发展报告 | 科普读物 | | | | | 合计 | 国内学术刊物 | 国外学术刊物 | 港、澳、台地区刊物 | 合计 | 国家级奖 | 部级奖 | 省级奖 | 合计 | 其中：被采纳数 |
| | | L01 | L02 | L03 | L04 | L05 | L06 | L07 | L08 | L09 | L10 | L11 | L12 | L13 | L14 | L15 | L16 | L17 | L18 | L19 | L20 | L21 | L22 | L23 | L24 | L25 | L26 |
| 泰州职业技术学院 | 16 | 0 | 0 | 0 | 0 | 0 | 0 | 0 | 0 | 0 | 0 | 0 | 0 | 0 | 0 | 0 | 0 | 0 | 0 | 0 | 0 | 0 | 0 | 0 | 0 | 0 | 0 |
| 常州信息职业技术学院 | 17 | 1 | 0.9 | 0 | 0 | 0 | 0 | 0 | 0 | 0 | 0 | 0 | 0 | 0 | 0 | 0 | 0 | 0 | 0 | 0 | 0 | 0 | 0 | 0 | 0 | 0 | 0 |
| 江苏海事职业技术学院 | 18 | 0 | 0 | 0 | 0 | 0 | 0 | 0 | 0 | 0 | 0 | 0 | 0 | 0 | 0 | 0 | 0 | 0 | 0 | 0 | 0 | 0 | 0 | 0 | 0 | 0 | 0 |
| 无锡科技职业学院 | 19 | 0 | 0 | 0 | 0 | 0 | 0 | 0 | 0 | 0 | 0 | 0 | 0 | 0 | 0 | 0 | 0 | 1 | 1 | 0 | 0 | 0 | 0 | 0 | 0 | 0 | 0 |
| 江苏医药职业学院 | 20 | 1 | 0.1 | 0 | 3 | 0 | 0 | 0 | 0 | 0 | 0 | 0 | 0 | 0 | 0 | 0 | 0 | 0 | 0 | 0 | 0 | 0 | 0 | 0 | 0 | 0 | 0 |
| 南通科技职业学院 | 21 | 0 | 0 | 0 | 0 | 0 | 0 | 0 | 0 | 0 | 0 | 0 | 0 | 0 | 0 | 0 | 0 | 0 | 0 | 0 | 0 | 0 | 0 | 0 | 0 | 0 | 0 |
| 苏州经贸职业技术学院 | 22 | 0 | 0 | 0 | 0 | 0 | 0 | 0 | 0 | 0 | 0 | 0 | 0 | 0 | 0 | 0 | 0 | 2 | 2 | 0 | 0 | 0 | 0 | 0 | 0 | 0 | 0 |
| 苏州工业职业技术学院 | 23 | 0 | 0 | 0 | 0 | 0 | 0 | 0 | 0 | 0 | 0 | 0 | 0 | 0 | 0 | 0 | 0 | 4 | 4 | 0 | 0 | 0 | 0 | 0 | 0 | 0 | 0 |
| 苏州卫生职业技术学院 | 24 | 0 | 0 | 0 | 0 | 0 | 0 | 0 | 0 | 0 | 0 | 0 | 0 | 0 | 0 | 0 | 0 | 4 | 4 | 0 | 0 | 0 | 0 | 0 | 0 | 0 | 0 |
| 无锡商业职业技术学院 | 25 | 0 | 0 | 0 | 0 | 0 | 0 | 0 | 0 | 0 | 0 | 0 | 0 | 0 | 0 | 0 | 0 | 1 | 1 | 0 | 0 | 0 | 0 | 0 | 0 | 0 | 0 |
| 江苏航运职业技术学院 | 26 | 0 | 0 | 0 | 0 | 0 | 0 | 0 | 0 | 0 | 0 | 0 | 0 | 0 | 0 | 0 | 0 | 0 | 0 | 0 | 0 | 0 | 0 | 0 | 0 | 0 | 0 |
| 南京交通职业技术学院 | 27 | 0 | 0 | 0 | 0 | 0 | 0 | 0 | 0 | 0 | 0 | 0 | 0 | 0 | 0 | 0 | 0 | 0 | 0 | 0 | 0 | 0 | 0 | 0 | 0 | 0 | 0 |
| 江苏电子信息职业学院 | 28 | 1 | 0.3 | 0 | 0 | 0 | 0 | 0 | 0 | 0 | 0 | 0 | 0 | 0 | 0 | 0 | 0 | 2 | 2 | 0 | 0 | 0 | 0 | 0 | 0 | 0 | 0 |
| 江苏农牧科技职业学院 | 29 | 0 | 0 | 0 | 0 | 0 | 0 | 0 | 0 | 0 | 0 | 0 | 0 | 0 | 0 | 0 | 0 | 0 | 0 | 0 | 0 | 0 | 0 | 0 | 0 | 0 | 0 |
| 常州纺织服装职业技术学院 | 30 | 0 | 0 | 0 | 0 | 0 | 0 | 0 | 0 | 0 | 0 | 0 | 0 | 0 | 0 | 0 | 0 | 1 | 1 | 0 | 0 | 0 | 0 | 0 | 0 | 0 | 0 |
| 苏州农业职业技术学院 | 31 | 0 | 0 | 0 | 0 | 0 | 0 | 0 | 0 | 0 | 0 | 0 | 0 | 0 | 0 | 0 | 0 | 1 | 1 | 0 | 0 | 0 | 0 | 0 | 0 | 0 | 0 |

| | | | | | | | | | | | | | | | | | | | | | | | | | | | |
|---|---|---|---|---|---|---|---|---|---|---|---|---|---|---|---|---|---|---|---|---|---|---|---|---|---|---|---|
| 南京科技职业学院 | 32 | 1 | 0.1 | 0 | 0 | 0 | 0 | 0 | 0 | 0 | 0 | 0 | 0 | 0 | 0 | 0 | 0 | 0 | 0 | 0 | 0 | 0 | 0 | 0 | 0 | 0 | 0 |
| 常州工业职业技术学院 | 33 | 0 | 0 | 0 | 0 | 0 | 0 | 0 | 0 | 0 | 0 | 0 | 0 | 0 | 0 | 0 | 0 | 1 | 1 | 0 | 0 | 0 | 0 | 0 | 0 | 0 | 0 |
| 常州工程职业技术学院 | 34 | 1 | 0.1 | 0 | 1 | 1 | 0 | 0 | 0 | 0 | 0 | 0 | 0 | 0 | 0 | 0 | 0 | 0 | 0 | 0 | 0 | 0 | 0 | 0 | 0 | 0 | 0 |
| 江苏农林职业技术学院 | 35 | 0 | 0 | 0 | 0 | 0 | 0 | 0 | 0 | 0 | 0 | 0 | 0 | 0 | 0 | 0 | 0 | 0 | 0 | 0 | 0 | 0 | 0 | 0 | 0 | 0 | 0 |
| 江苏食品药品职业技术学院 | 36 | 0 | 0 | 0 | 0 | 0 | 0 | 0 | 0 | 0 | 0 | 0 | 0 | 0 | 0 | 0 | 0 | 0 | 0 | 0 | 0 | 0 | 0 | 0 | 0 | 0 | 0 |
| 南京铁道职业技术学院 | 37 | 0 | 0 | 0 | 0 | 0 | 0 | 0 | 0 | 0 | 0 | 0 | 0 | 0 | 0 | 0 | 0 | 1 | 1 | 0 | 0 | 0 | 0 | 0 | 0 | 0 | 0 |
| 徐州工业职业技术学院 | 38 | 0 | 0 | 0 | 0 | 0 | 0 | 0 | 0 | 0 | 0 | 0 | 0 | 0 | 0 | 0 | 0 | 0 | 0 | 0 | 0 | 0 | 0 | 0 | 0 | 0 | 0 |
| 江苏信息职业技术学院 | 39 | 0 | 0 | 0 | 0 | 0 | 2 | 2 | 0 | 0 | 0 | 0 | 0 | 0 | 0 | 0 | 0 | 2 | 2 | 0 | 0 | 0 | 0 | 0 | 0 | 0 | 0 |
| 南京信息职业技术学院 | 40 | 0 | 0 | 0 | 0 | 0 | 0 | 0 | 0 | 0 | 0 | 0 | 0 | 0 | 0 | 0 | 0 | 2 | 2 | 0 | 0 | 0 | 0 | 0 | 0 | 0 | 0 |
| 常州机电职业技术学院 | 41 | 0 | 0 | 0 | 0 | 0 | 0 | 0 | 0 | 0 | 0 | 0 | 0 | 0 | 0 | 0 | 0 | 0 | 0 | 0 | 0 | 0 | 0 | 0 | 0 | 0 | 0 |
| 江阴职业技术学院 | 42 | 0 | 0 | 0 | 0 | 0 | 0 | 0 | 0 | 0 | 0 | 0 | 0 | 0 | 0 | 0 | 0 | 0 | 0 | 0 | 0 | 0 | 0 | 0 | 0 | 0 | 0 |
| 无锡城市职业技术学院 | 43 | 0 | 0 | 0 | 0 | 0 | 0 | 0 | 0 | 0 | 0 | 0 | 0 | 0 | 0 | 0 | 0 | 5 | 5 | 0 | 0 | 0 | 0 | 0 | 0 | 0 | 0 |
| 无锡工艺职业技术学院 | 44 | 0 | 0 | 0 | 0 | 0 | 0 | 0 | 0 | 0 | 0 | 0 | 0 | 0 | 0 | 0 | 0 | 0 | 0 | 0 | 0 | 0 | 0 | 0 | 0 | 0 | 0 |
| 苏州健雄职业技术学院 | 45 | 1 | 0.2 | 0 | 0 | 3 | 0 | 0 | 0 | 0 | 0 | 0 | 0 | 0 | 0 | 0 | 0 | 1 | 1 | 0 | 0 | 0 | 0 | 0 | 0 | 0 | 0 |
| 盐城工业职业技术学院 | 46 | 0 | 0 | 0 | 0 | 0 | 0 | 0 | 0 | 0 | 0 | 0 | 0 | 0 | 0 | 0 | 0 | 0 | 0 | 0 | 0 | 0 | 0 | 0 | 0 | 0 | 0 |
| 江苏财经职业技术学院 | 47 | 2 | 0.3 | 0 | 0 | 25 | 0 | 0 | 0 | 0 | 0 | 0 | 0 | 0 | 0 | 0 | 0 | 4 | 4 | 0 | 0 | 0 | 0 | 0 | 0 | 0 | 0 |
| 扬州工业职业技术学院 | 48 | 0 | 0 | 0 | 0 | 0 | 0 | 0 | 0 | 0 | 0 | 0 | 0 | 0 | 0 | 0 | 0 | 0 | 0 | 0 | 0 | 0 | 0 | 0 | 0 | 0 | 0 |
| 江苏城市职业学院 | 49 | 3 | 0.6 | 0 | 0 | 4.15 | 0 | 0 | 0 | 0 | 0 | 0 | 0 | 0 | 0 | 0 | 0 | 2 | 2 | 0 | 0 | 0 | 0 | 0 | 0 | 0 | 0 |
| 南京城市职业学院 | 50 | 0 | 0 | 0 | 0 | 0 | 0 | 0 | 0 | 0 | 0 | 0 | 0 | 0 | 0 | 0 | 0 | 0 | 0 | 0 | 0 | 0 | 0 | 0 | 0 | 0 | 0 |

续表

| 高校名称 | 编号 | 总数：课题数(项) | 总数：当年投入人数(人年) | 总数：其中：研究生(人年) | 总数：当年拨入经费(千元) | 总数：当年支出经费(千元) | 出版著作(部)：合计 | 出版著作(部)：专著 | 出版著作(部)：其中：被译成外文 | 出版著作(部)：编著教材 | 出版著作(部)：工具书参考书 | 出版著作(部)：皮书/发展报告 | 出版著作(部)：科普读物 | 古籍整理(部) | 译著(部) | 发表译文(篇) | 电子出版物(件) | 发表论文(篇)：合计 | 发表论文(篇)：国内学术刊物 | 发表论文(篇)：国外学术刊物 | 发表论文(篇)：港、澳、台地区刊物 | 获奖成果数(项)：合计 | 获奖成果数(项)：国家级奖 | 获奖成果数(项)：部级奖 | 获奖成果数(项)：省级奖 | 研究与咨询报告(篇)：合计 | 研究与咨询报告(篇)：其中：被采纳数 |
|---|---|---|---|---|---|---|---|---|---|---|---|---|---|---|---|---|---|---|---|---|---|---|---|---|---|---|---|
| | | L01 | L02 | L03 | L04 | L05 | L06 | L07 | L08 | L09 | L10 | L11 | L12 | L13 | L14 | L15 | L16 | L17 | L18 | L19 | L20 | L21 | L22 | L23 | L24 | L25 | L26 |
| 南京机电职业技术学院 | 51 | 1 | 0.1 | 0 | 0 | 2 | 0 | 0 | 0 | 0 | 0 | 0 | 0 | 0 | 0 | 0 | 0 | 0 | 0 | 0 | 0 | 0 | 0 | 0 | 0 | 0 | 0 |
| 南京旅游职业学院 | 52 | 1 | 0.1 | 0 | 0 | 1 | 0 | 0 | 0 | 0 | 0 | 0 | 0 | 0 | 0 | 0 | 0 | 0 | 0 | 0 | 0 | 0 | 0 | 0 | 0 | 0 | 0 |
| 江苏卫生健康职业学院 | 53 | 0 | 0 | 0 | 0 | 0 | 0 | 0 | 0 | 0 | 0 | 0 | 0 | 0 | 0 | 0 | 0 | 1 | 1 | 0 | 0 | 0 | 0 | 0 | 0 | 0 | 0 |
| 苏州信息职业技术学院 | 54 | 0 | 0 | 0 | 0 | 0 | 0 | 0 | 0 | 0 | 0 | 0 | 0 | 0 | 0 | 0 | 0 | 0 | 0 | 0 | 0 | 0 | 0 | 0 | 0 | 0 | 0 |
| 苏州工业园区服务外包职业学院 | 55 | 2 | 0.2 | 0 | 0 | 5.3 | 0 | 0 | 0 | 0 | 0 | 0 | 0 | 0 | 0 | 0 | 0 | 2 | 2 | 0 | 0 | 0 | 0 | 0 | 0 | 0 | 0 |
| 徐州幼儿师范高等专科学校 | 56 | 2 | 0.4 | 0 | 0 | 6 | 0 | 0 | 0 | 0 | 0 | 0 | 0 | 0 | 0 | 0 | 0 | 0 | 0 | 0 | 0 | 0 | 0 | 0 | 0 | 0 | 0 |
| 徐州生物工程职业技术学院 | 57 | 1 | 0.1 | 0 | 5 | 3 | 0 | 0 | 0 | 0 | 0 | 0 | 0 | 0 | 0 | 0 | 0 | 3 | 3 | 0 | 0 | 0 | 0 | 0 | 0 | 0 | 0 |
| 江苏商贸职业学院 | 58 | 7 | 2.9 | 0 | 44.6 | 45.1 | 0 | 0 | 0 | 0 | 0 | 0 | 0 | 0 | 0 | 0 | 0 | 10 | 10 | 0 | 0 | 0 | 0 | 0 | 0 | 1 | 0 |
| 南通师范高等专科学校 | 59 | 9 | 1.5 | 0 | 25 | 13.78 | 0 | 0 | 0 | 0 | 0 | 0 | 0 | 0 | 0 | 0 | 0 | 14 | 14 | 0 | 0 | 0 | 0 | 0 | 0 | 0 | 0 |
| 江苏护理职业学院 | 60 | 5 | 0.5 | 0 | 1 | 1 | 1 | 1 | 0 | 0 | 0 | 0 | 0 | 0 | 0 | 0 | 0 | 5 | 5 | 0 | 0 | 0 | 0 | 0 | 0 | 0 | 0 |
| 江苏财会职业学院 | 61 | 0 | 0 | 0 | 0 | 0 | 0 | 0 | 0 | 0 | 0 | 0 | 0 | 0 | 0 | 0 | 0 | 2 | 2 | 0 | 0 | 0 | 0 | 0 | 0 | 0 | 0 |
| 江苏城乡建设职业学院 | 62 | 0 | 0 | 0 | 0 | 0 | 0 | 0 | 0 | 0 | 0 | 0 | 0 | 0 | 0 | 0 | 0 | 0 | 0 | 0 | 0 | 0 | 0 | 0 | 0 | 0 | 0 |
| 江苏航空职业技术学院 | 63 | 0 | 0 | 0 | 0 | 0 | 0 | 0 | 0 | 0 | 0 | 0 | 0 | 0 | 0 | 0 | 0 | 0 | 0 | 0 | 0 | 0 | 0 | 0 | 0 | 0 | 0 |
| 江苏安全技术职业学院 | 64 | 0 | 0 | 0 | 0 | 0 | 0 | 0 | 0 | 0 | 0 | 0 | 0 | 0 | 0 | 0 | 0 | 4 | 4 | 0 | 0 | 0 | 0 | 0 | 0 | 0 | 0 |
| 江苏旅游职业学院 | 65 | 0 | 0 | 0 | 0 | 0 | 0 | 0 | 0 | 0 | 0 | 0 | 0 | 0 | 0 | 0 | 0 | 0 | 0 | 0 | 0 | 0 | 0 | 0 | 0 | 0 | 0 |

## 3.8 外国文学人文、社会科学研究与课题成果情况表

| 高校名称 | | 总数 | | | | | 出版著作(部) | | | | | | | 古籍整理(部) | 译著(部) | 发表译文(篇) | 电子出版物(件) | 发表论文(篇) | | | | 获奖成果数(项) | | | | 研究与咨询报告(篇) | |
|---|---|---|---|---|---|---|---|---|---|---|---|---|---|---|---|---|---|---|---|---|---|---|---|---|---|---|---|
| | | 课题数(项) | 当年投入人数(人年) | 其中：研究生(人年) | 当年拨入经费(千元) | 当年支出经费(千元) | 合计 | 专著 | 其中：被译成外文 | 编著教材 | 工具书参考书 | 皮书/发展报告 | 科普读物 | | | | | 合计 | 国内学术刊物 | 国外学术刊物 | 港澳、台地区刊物 | 合计 | 国家级奖 | 部级奖 | 省级奖 | 合计 | 其中：被采纳数 |
| | 编号 | L01 | L02 | L03 | L04 | L05 | L06 | L07 | L08 | L09 | L10 | L11 | L12 | L13 | L14 | L15 | L16 | L17 | L18 | L19 | L20 | L21 | L22 | L23 | L24 | L25 | L26 |
| 合计 | / | 21 | 6.4 | 0 | 32 | 58.8 | 0 | 0 | 0 | 0 | 0 | 0 | 0 | 0 | 0 | 0 | 0 | 70 | 69 | 1 | 0 | 0 | 0 | 0 | 0 | 0 | 0 |
| 盐城幼儿师范高等专科学校 | 1 | 1 | 0.2 | 0 | 0 | 0 | 0 | 0 | 0 | 0 | 0 | 0 | 0 | 0 | 0 | 0 | 0 | 2 | 2 | 0 | 0 | 0 | 0 | 0 | 0 | 0 | 0 |
| 苏州幼儿师范高等专科学校 | 2 | 0 | 0 | 0 | 0 | 0 | 0 | 0 | 0 | 0 | 0 | 0 | 0 | 0 | 0 | 0 | 0 | 0 | 0 | 0 | 0 | 0 | 0 | 0 | 0 | 0 | 0 |
| 无锡职业技术学院 | 3 | 1 | 0.2 | 0 | 0 | 16 | 0 | 0 | 0 | 0 | 0 | 0 | 0 | 0 | 0 | 0 | 0 | 3 | 3 | 0 | 0 | 0 | 0 | 0 | 0 | 0 | 0 |
| 江苏建筑职业技术学院 | 4 | 1 | 0.6 | 0 | 0 | 2 | 0 | 0 | 0 | 0 | 0 | 0 | 0 | 0 | 0 | 0 | 0 | 3 | 3 | 0 | 0 | 0 | 0 | 0 | 0 | 0 | 0 |
| 南京工业职业技术大学 | 5 | 0 | 0 | 0 | 0 | 0 | 0 | 0 | 0 | 0 | 0 | 0 | 0 | 0 | 0 | 0 | 0 | 2 | 2 | 0 | 0 | 0 | 0 | 0 | 0 | 0 | 0 |
| 江苏工程职业技术学院 | 6 | 0 | 0 | 0 | 0 | 0 | 0 | 0 | 0 | 0 | 0 | 0 | 0 | 0 | 0 | 0 | 0 | 0 | 0 | 0 | 0 | 0 | 0 | 0 | 0 | 0 | 0 |
| 苏州工艺美术职业技术学院 | 7 | 2 | 0.7 | 0 | 4 | 3 | 0 | 0 | 0 | 0 | 0 | 0 | 0 | 0 | 0 | 0 | 0 | 0 | 0 | 0 | 0 | 0 | 0 | 0 | 0 | 0 | 0 |
| 连云港职业技术学院 | 8 | 1 | 0.3 | 0 | 2 | 2 | 0 | 0 | 0 | 0 | 0 | 0 | 0 | 0 | 0 | 0 | 0 | 2 | 2 | 0 | 0 | 0 | 0 | 0 | 0 | 0 | 0 |
| 镇江市高等专科学校 | 9 | 1 | 0.5 | 0 | 6 | 3 | 0 | 0 | 0 | 0 | 0 | 0 | 0 | 0 | 0 | 0 | 0 | 1 | 1 | 0 | 0 | 0 | 0 | 0 | 0 | 0 | 0 |
| 南通职业大学 | 10 | 0 | 0 | 0 | 0 | 0 | 0 | 0 | 0 | 0 | 0 | 0 | 0 | 0 | 0 | 0 | 0 | 0 | 0 | 0 | 0 | 0 | 0 | 0 | 0 | 0 | 0 |
| 苏州职业大学 | 11 | 3 | 1.8 | 0 | 10 | 19.5 | 0 | 0 | 0 | 0 | 0 | 0 | 0 | 0 | 0 | 0 | 0 | 14 | 14 | 0 | 0 | 0 | 0 | 0 | 0 | 0 | 0 |
| 沙洲职业工学院 | 12 | 0 | 0 | 0 | 0 | 0 | 0 | 0 | 0 | 0 | 0 | 0 | 0 | 0 | 0 | 0 | 0 | 8 | 8 | 0 | 0 | 0 | 0 | 0 | 0 | 0 | 0 |
| 扬州市职业大学 | 13 | 0 | 0 | 0 | 0 | 0 | 0 | 0 | 0 | 0 | 0 | 0 | 0 | 0 | 0 | 0 | 0 | 0 | 0 | 0 | 0 | 0 | 0 | 0 | 0 | 0 | 0 |
| 连云港师范高等专科学校 | 14 | 3 | 0.3 | 0 | 4 | 4 | 0 | 0 | 0 | 0 | 0 | 0 | 0 | 0 | 0 | 0 | 0 | 5 | 5 | 0 | 0 | 0 | 0 | 0 | 0 | 0 | 0 |
| 江苏经贸职业技术学院 | 15 | 0 | 0 | 0 | 0 | 0 | 0 | 0 | 0 | 0 | 0 | 0 | 0 | 0 | 0 | 0 | 0 | 0 | 0 | 0 | 0 | 0 | 0 | 0 | 0 | 0 | 0 |

续表

| 高校名称 | | 总数 | | | | | 出版著作(部) | | | | | | | 古籍整理(部) | 译著(部) | 发表译文(篇) | 电子出版物(件) | 发表论文(篇) | | | | 获奖成果数(项) | | | | 研究与咨询报告(篇) | |
|---|---|---|---|---|---|---|---|---|---|---|---|---|---|---|---|---|---|---|---|---|---|---|---|---|---|---|---|
| | | 课题数(项) | 当年投入人数(人年) | 其中:研究生(人年) | 当年拨入经费(千元) | 当年支出经费(千元) | 合计 | 专著 | 其中:被译成外文 | 编著教材 | 工具书参考书 | 皮书/发展报告 | 科普读物 | | | | | 合计 | 国内学术刊物 | 国外学术刊物 | 港、澳、台地区刊物 | 合计 | 国家级奖 | 部级奖 | 省级奖 | 合计 | 其中:被采纳数 |
| | 编号 | L01 | L02 | L03 | L04 | L05 | L06 | L07 | L08 | L09 | L10 | L11 | L12 | L13 | L14 | L15 | L16 | L17 | L18 | L19 | L20 | L21 | L22 | L23 | L24 | L25 | L26 |
| 泰州职业技术学院 | 16 | 0 | 0 | 0 | 0 | 0 | 0 | 0 | 0 | 0 | 0 | 0 | 0 | 0 | 0 | 0 | 0 | 0 | 0 | 0 | 0 | 0 | 0 | 0 | 0 | 0 | 0 |
| 常州信息职业技术学院 | 17 | 0 | 0 | 0 | 0 | 0 | 0 | 0 | 0 | 0 | 0 | 0 | 0 | 0 | 0 | 0 | 0 | 0 | 0 | 0 | 0 | 0 | 0 | 0 | 0 | 0 | 0 |
| 江苏海事职业技术学院 | 18 | 0 | 0 | 0 | 0 | 0 | 0 | 0 | 0 | 0 | 0 | 0 | 0 | 0 | 0 | 0 | 0 | 0 | 0 | 0 | 0 | 0 | 0 | 0 | 0 | 0 | 0 |
| 无锡科技职业学院 | 19 | 0 | 0 | 0 | 0 | 0 | 0 | 0 | 0 | 0 | 0 | 0 | 0 | 0 | 0 | 0 | 0 | 0 | 0 | 0 | 0 | 0 | 0 | 0 | 0 | 0 | 0 |
| 江苏医药职业学院 | 20 | 0 | 0 | 0 | 0 | 0 | 0 | 0 | 0 | 0 | 0 | 0 | 0 | 0 | 0 | 0 | 0 | 0 | 0 | 0 | 0 | 0 | 0 | 0 | 0 | 0 | 0 |
| 南通科技职业学院 | 21 | 1 | 0.4 | 0 | 0 | 1.3 | 0 | 0 | 0 | 0 | 0 | 0 | 0 | 0 | 0 | 0 | 0 | 0 | 0 | 0 | 0 | 0 | 0 | 0 | 0 | 0 | 0 |
| 苏州经贸职业技术学院 | 22 | 0 | 0 | 0 | 0 | 0 | 0 | 0 | 0 | 0 | 0 | 0 | 0 | 0 | 0 | 0 | 0 | 1 | 1 | 0 | 0 | 0 | 0 | 0 | 0 | 0 | 0 |
| 苏州工业职业技术学院 | 23 | 0 | 0 | 0 | 0 | 0 | 0 | 0 | 0 | 0 | 0 | 0 | 0 | 0 | 0 | 0 | 0 | 0 | 0 | 0 | 0 | 0 | 0 | 0 | 0 | 0 | 0 |
| 苏州卫生职业技术学院 | 24 | 0 | 0 | 0 | 0 | 0 | 0 | 0 | 0 | 0 | 0 | 0 | 0 | 0 | 0 | 0 | 0 | 1 | 1 | 0 | 0 | 0 | 0 | 0 | 0 | 0 | 0 |
| 无锡商业职业技术学院 | 25 | 0 | 0 | 0 | 0 | 0 | 0 | 0 | 0 | 0 | 0 | 0 | 0 | 0 | 0 | 0 | 0 | 0 | 0 | 0 | 0 | 0 | 0 | 0 | 0 | 0 | 0 |
| 江苏航运职业技术学院 | 26 | 0 | 0 | 0 | 0 | 0 | 0 | 0 | 0 | 0 | 0 | 0 | 0 | 0 | 0 | 0 | 0 | 0 | 0 | 0 | 0 | 0 | 0 | 0 | 0 | 0 | 0 |
| 南京交通职业技术学院 | 27 | 0 | 0 | 0 | 0 | 0 | 0 | 0 | 0 | 0 | 0 | 0 | 0 | 0 | 0 | 0 | 0 | 0 | 0 | 0 | 0 | 0 | 0 | 0 | 0 | 0 | 0 |
| 江苏电子信息职业学院 | 28 | 0 | 0 | 0 | 0 | 0 | 0 | 0 | 0 | 0 | 0 | 0 | 0 | 0 | 0 | 0 | 0 | 2 | 2 | 0 | 0 | 0 | 0 | 0 | 0 | 0 | 0 |
| 江苏农牧科技职业学院 | 29 | 0 | 0 | 0 | 0 | 0 | 0 | 0 | 0 | 0 | 0 | 0 | 0 | 0 | 0 | 0 | 0 | 0 | 0 | 0 | 0 | 0 | 0 | 0 | 0 | 0 | 0 |
| 常州纺织服装职业技术学院 | 30 | 0 | 0 | 0 | 0 | 0 | 0 | 0 | 0 | 0 | 0 | 0 | 0 | 0 | 0 | 0 | 0 | 1 | 1 | 0 | 0 | 0 | 0 | 0 | 0 | 0 | 0 |
| 苏州农业职业技术学院 | 31 | 0 | 0 | 0 | 0 | 0 | 0 | 0 | 0 | 0 | 0 | 0 | 0 | 0 | 0 | 0 | 0 | 0 | 0 | 0 | 0 | 0 | 0 | 0 | 0 | 0 | 0 |

| | | | | | | | | | | | | | | | | | | | | | | | | | | | |
|---|---|---|---|---|---|---|---|---|---|---|---|---|---|---|---|---|---|---|---|---|---|---|---|---|---|---|---|
| 南京科技职业学院 | 32 | 0 | 0 | 0 | 0 | 0 | 0 | 0 | 0 | 0 | 0 | 0 | 0 | 0 | 0 | 0 | 0 | 0 | 0 | 0 | 0 | 0 | 0 | 0 | 0 | 0 | 0 |
| 常州工业职业技术学院 | 33 | 0 | 0 | 0 | 0 | 0 | 0 | 0 | 0 | 0 | 0 | 0 | 0 | 0 | 0 | 0 | 0 | 0 | 0 | 0 | 0 | 0 | 0 | 0 | 0 | 0 | 0 |
| 常州工程职业技术学院 | 34 | 0 | 0 | 0 | 0 | 0 | 0 | 0 | 0 | 0 | 0 | 0 | 0 | 0 | 0 | 0 | 0 | 0 | 0 | 0 | 0 | 0 | 0 | 0 | 0 | 0 | 0 |
| 江苏农林职业技术学院 | 35 | 0 | 0 | 0 | 0 | 0 | 0 | 0 | 0 | 0 | 0 | 0 | 0 | 0 | 0 | 0 | 0 | 0 | 0 | 0 | 0 | 0 | 0 | 0 | 0 | 0 | 0 |
| 江苏食品药品职业技术学院 | 36 | 0 | 0 | 0 | 0 | 0 | 0 | 0 | 0 | 0 | 0 | 0 | 0 | 0 | 0 | 0 | 0 | 0 | 0 | 0 | 0 | 0 | 0 | 0 | 0 | 0 | 0 |
| 南京铁道职业技术学院 | 37 | 0 | 0 | 0 | 0 | 0 | 0 | 0 | 0 | 0 | 0 | 0 | 0 | 0 | 0 | 0 | 0 | 0 | 0 | 0 | 0 | 0 | 0 | 0 | 0 | 0 | 0 |
| 徐州工业职业技术学院 | 38 | 0 | 0 | 0 | 0 | 0 | 0 | 0 | 0 | 0 | 0 | 0 | 0 | 0 | 0 | 0 | 0 | 0 | 0 | 0 | 0 | 0 | 0 | 0 | 0 | 0 | 0 |
| 江苏信息职业技术学院 | 39 | 0 | 0 | 0 | 0 | 0 | 0 | 0 | 0 | 0 | 0 | 0 | 0 | 0 | 0 | 0 | 0 | 0 | 0 | 0 | 0 | 0 | 0 | 0 | 0 | 0 | 0 |
| 南京信息职业技术学院 | 40 | 0 | 0 | 0 | 0 | 0 | 0 | 0 | 0 | 0 | 0 | 0 | 0 | 0 | 0 | 0 | 0 | 2 | 2 | 0 | 0 | 0 | 0 | 0 | 0 | 0 | 0 |
| 常州机电职业技术学院 | 41 | 0 | 0 | 0 | 0 | 0 | 0 | 0 | 0 | 0 | 0 | 0 | 0 | 0 | 0 | 0 | 0 | 0 | 0 | 0 | 0 | 0 | 0 | 0 | 0 | 0 | 0 |
| 江阴职业技术学院 | 42 | 0 | 0 | 0 | 0 | 0 | 0 | 0 | 0 | 0 | 0 | 0 | 0 | 0 | 0 | 0 | 0 | 0 | 0 | 0 | 0 | 0 | 0 | 0 | 0 | 0 | 0 |
| 无锡城市职业技术学院 | 43 | 0 | 0 | 0 | 0 | 0 | 0 | 0 | 0 | 0 | 0 | 0 | 0 | 0 | 0 | 0 | 0 | 0 | 0 | 0 | 0 | 0 | 0 | 0 | 0 | 0 | 0 |
| 无锡工艺职业技术学院 | 44 | 0 | 0 | 0 | 0 | 0 | 0 | 0 | 0 | 0 | 0 | 0 | 0 | 0 | 0 | 0 | 0 | 0 | 0 | 0 | 0 | 0 | 0 | 0 | 0 | 0 | 0 |
| 苏州健雄职业技术学院 | 45 | 0 | 0 | 0 | 0 | 0 | 0 | 0 | 0 | 0 | 0 | 0 | 0 | 0 | 0 | 0 | 0 | 1 | 1 | 0 | 0 | 0 | 0 | 0 | 0 | 0 | 0 |
| 盐城工业职业技术学院 | 46 | 0 | 0 | 0 | 0 | 0 | 0 | 0 | 0 | 0 | 0 | 0 | 0 | 0 | 0 | 0 | 0 | 0 | 0 | 0 | 0 | 0 | 0 | 0 | 0 | 0 | 0 |
| 江苏财经职业技术学院 | 47 | 2 | 0.4 | 0 | 6 | 3.3 | 0 | 0 | 0 | 0 | 0 | 0 | 0 | 0 | 0 | 0 | 0 | 0 | 0 | 0 | 0 | 0 | 0 | 0 | 0 | 0 | 0 |
| 扬州工业职业技术学院 | 48 | 0 | 0 | 0 | 0 | 0 | 0 | 0 | 0 | 0 | 0 | 0 | 0 | 0 | 0 | 0 | 0 | 0 | 0 | 0 | 0 | 0 | 0 | 0 | 0 | 0 | 0 |
| 江苏城市职业学院 | 49 | 2 | 0.5 | 0 | 0 | 4.7 | 0 | 0 | 0 | 0 | 0 | 0 | 0 | 0 | 0 | 0 | 0 | 4 | 3 | 1 | 0 | 0 | 0 | 0 | 0 | 0 | 0 |
| 南京城市职业学院 | 50 | 0 | 0 | 0 | 0 | 0 | 0 | 0 | 0 | 0 | 0 | 0 | 0 | 0 | 0 | 0 | 0 | 0 | 0 | 0 | 0 | 0 | 0 | 0 | 0 | 0 | 0 |

续表

| 高校名称 | 编号 | 总数 课题数(项) | 当年投入人数(人年) | 其中:研究生(人年) | 当年拨入经费(千元) | 当年支出经费(千元) | 出版著作(部) 合计 | 专著 | 其中:被译成外文 | 编著教材 | 工具书参考书 | 皮书/发展报告 | 科普读物 | 古籍整理(部) | 译著(部) | 发表译文(篇) | 电子出版物(件) | 发表论文(篇) 合计 | 国内学术刊物 | 国外学术刊物 | 港、澳、台地区刊物 | 获奖成果数(项) 合计 | 国家级奖 | 部级奖 | 省级奖 | 研究与咨询报告(篇) 合计 | 其中:被采纳数 |
|---|---|---|---|---|---|---|---|---|---|---|---|---|---|---|---|---|---|---|---|---|---|---|---|---|---|---|---|
| | | L01 | L02 | L03 | L04 | L05 | L06 | L07 | L08 | L09 | L10 | L11 | L12 | L13 | L14 | L15 | L16 | L17 | L18 | L19 | L20 | L21 | L22 | L23 | L24 | L25 | L26 |
| 南京机电职业技术学院 | 51 | 0 | 0 | 0 | 0 | 0 | 0 | 0 | 0 | 0 | 0 | 0 | 0 | 0 | 0 | 0 | 0 | 1 | 1 | 0 | 0 | 0 | 0 | 0 | 0 | 0 | 0 |
| 南京旅游职业学院 | 52 | 1 | 0.2 | 0 | 0 | 0 | 0 | 0 | 0 | 0 | 0 | 0 | 0 | 0 | 0 | 0 | 0 | 3 | 3 | 0 | 0 | 0 | 0 | 0 | 0 | 0 | 0 |
| 江苏卫生健康职业学院 | 53 | 0 | 0 | 0 | 0 | 0 | 0 | 0 | 0 | 0 | 0 | 0 | 0 | 0 | 0 | 0 | 0 | 0 | 0 | 0 | 0 | 0 | 0 | 0 | 0 | 0 | 0 |
| 苏州信息职业技术学院 | 54 | 0 | 0 | 0 | 0 | 0 | 0 | 0 | 0 | 0 | 0 | 0 | 0 | 0 | 0 | 0 | 0 | 0 | 0 | 0 | 0 | 0 | 0 | 0 | 0 | 0 | 0 |
| 苏州工业园区服务外包职业学院 | 55 | 0 | 0 | 0 | 0 | 0 | 0 | 0 | 0 | 0 | 0 | 0 | 0 | 0 | 0 | 0 | 0 | 4 | 4 | 0 | 0 | 0 | 0 | 0 | 0 | 0 | 0 |
| 徐州幼儿师范高等专科学校 | 56 | 0 | 0 | 0 | 0 | 0 | 0 | 0 | 0 | 0 | 0 | 0 | 0 | 0 | 0 | 0 | 0 | 0 | 0 | 0 | 0 | 0 | 0 | 0 | 0 | 0 | 0 |
| 徐州生物工程职业技术学院 | 57 | 0 | 0 | 0 | 0 | 0 | 0 | 0 | 0 | 0 | 0 | 0 | 0 | 0 | 0 | 0 | 0 | 1 | 1 | 0 | 0 | 0 | 0 | 0 | 0 | 0 | 0 |
| 江苏商贸职业学院 | 58 | 0 | 0 | 0 | 0 | 0 | 0 | 0 | 0 | 0 | 0 | 0 | 0 | 0 | 0 | 0 | 0 | 6 | 6 | 0 | 0 | 0 | 0 | 0 | 0 | 0 | 0 |
| 南通师范高等专科学校 | 59 | 2 | 0.3 | 0 | 0 | 0 | 0 | 0 | 0 | 0 | 0 | 0 | 0 | 0 | 0 | 0 | 0 | 2 | 2 | 0 | 0 | 0 | 0 | 0 | 0 | 0 | 0 |
| 江苏护理职业学院 | 60 | 0 | 0 | 0 | 0 | 0 | 0 | 0 | 0 | 0 | 0 | 0 | 0 | 0 | 0 | 0 | 0 | 0 | 0 | 0 | 0 | 0 | 0 | 0 | 0 | 0 | 0 |
| 江苏财会职业学院 | 61 | 0 | 0 | 0 | 0 | 0 | 0 | 0 | 0 | 0 | 0 | 0 | 0 | 0 | 0 | 0 | 0 | 1 | 1 | 0 | 0 | 0 | 0 | 0 | 0 | 0 | 0 |
| 江苏城乡建设职业学院 | 62 | 0 | 0 | 0 | 0 | 0 | 0 | 0 | 0 | 0 | 0 | 0 | 0 | 0 | 0 | 0 | 0 | 0 | 0 | 0 | 0 | 0 | 0 | 0 | 0 | 0 | 0 |
| 江苏航空职业技术学院 | 63 | 0 | 0 | 0 | 0 | 0 | 0 | 0 | 0 | 0 | 0 | 0 | 0 | 0 | 0 | 0 | 0 | 0 | 0 | 0 | 0 | 0 | 0 | 0 | 0 | 0 | 0 |
| 江苏安全技术职业学院 | 64 | 0 | 0 | 0 | 0 | 0 | 0 | 0 | 0 | 0 | 0 | 0 | 0 | 0 | 0 | 0 | 0 | 0 | 0 | 0 | 0 | 0 | 0 | 0 | 0 | 0 | 0 |
| 江苏旅游职业学院 | 65 | 0 | 0 | 0 | 0 | 0 | 0 | 0 | 0 | 0 | 0 | 0 | 0 | 0 | 0 | 0 | 0 | 0 | 0 | 0 | 0 | 0 | 0 | 0 | 0 | 0 | 0 |

## 3.9 艺术学人文、社会科学研究与课题成果情况表

| 高校名称 | 编号 | 总数 课题数(项) | 当年投入人数(人年) | 其中：研究生(人年) | 当年拨入经费(千元) | 当年支出经费(千元) | 出版著作(部) 合计 | 专著 | 其中：被译成外文 | 编著教材 | 工具书参考书 | 皮书/发展报告 | 科普读物 | 古籍整理(部) | 译著(部) | 发表译文(篇) | 电子出版物(件) | 发表论文(篇) 合计 | 国内学术刊物 | 国外学术刊物 | 港、澳、台地区刊物 | 获奖成果数(项) 合计 | 国家级奖 | 部级奖 | 省级奖 | 研究与咨询报告(篇) 合计 | 其中：被采纳数 |
|---|---|---|---|---|---|---|---|---|---|---|---|---|---|---|---|---|---|---|---|---|---|---|---|---|---|---|---|
| | | L01 | L02 | L03 | L04 | L05 | L06 | L07 | L08 | L09 | L10 | L11 | L12 | L13 | L14 | L15 | L16 | L17 | L18 | L19 | L20 | L21 | L22 | L23 | L24 | L25 | L26 |
| 合计 | / | 657 | 133.1 | 0 | 10 349.62 | 10 025.39 | 35 | 16 | 0 | 19 | 0 | 0 | 0 | 0 | 3 | 0 | 0 | 877 | 866 | 11 | 0 | 0 | 0 | 0 | 0 | 129 | 44 |
| 盐城幼儿师范高等专科学校 | 1 | 17 | 2.5 | 0 | 43.5 | 43.5 | 0 | 0 | 0 | 0 | 0 | 0 | 0 | 0 | 0 | 0 | 0 | 31 | 31 | 0 | 0 | 0 | 0 | 0 | 0 | 0 | 0 |
| 苏州幼儿师范高等专科学校 | 2 | 5 | 0.5 | 0 | 50 | 30.1 | 1 | 0 | 0 | 1 | 0 | 0 | 0 | 0 | 0 | 0 | 0 | 41 | 39 | 2 | 0 | 0 | 0 | 0 | 0 | 0 | 0 |
| 无锡职业技术学院 | 3 | 15 | 2.3 | 0 | 29 | 30.6 | 0 | 0 | 0 | 0 | 0 | 0 | 0 | 0 | 0 | 0 | 0 | 18 | 16 | 2 | 0 | 0 | 0 | 0 | 0 | 0 | 0 |
| 江苏建筑职业技术学院 | 4 | 26 | 4.9 | 0 | 35 | 35 | 2 | 1 | 0 | 1 | 0 | 0 | 0 | 0 | 0 | 0 | 0 | 28 | 28 | 0 | 0 | 0 | 0 | 0 | 0 | 3 | 0 |
| 南京工业职业技术大学 | 5 | 45 | 15.2 | 0 | 1 208 | 903.47 | 0 | 0 | 0 | 0 | 0 | 0 | 0 | 0 | 0 | 0 | 0 | 17 | 17 | 0 | 0 | 0 | 0 | 0 | 0 | 2 | 0 |
| 江苏工程职业技术学院 | 6 | 8 | 1.3 | 0 | 2 | 14.5 | 0 | 0 | 0 | 0 | 0 | 0 | 0 | 0 | 0 | 0 | 0 | 23 | 23 | 0 | 0 | 0 | 0 | 0 | 0 | 0 | 0 |
| 苏州工艺美术职业技术学院 | 7 | 40 | 7.7 | 0 | 381 | 394 | 5 | 0 | 0 | 5 | 0 | 0 | 0 | 0 | 2 | 0 | 0 | 78 | 76 | 2 | 0 | 0 | 0 | 0 | 0 | 4 | 3 |
| 连云港职业技术学院 | 8 | 10 | 2.2 | 0 | 42 | 42 | 3 | 3 | 0 | 0 | 0 | 0 | 0 | 0 | 0 | 0 | 0 | 3 | 3 | 0 | 0 | 0 | 0 | 0 | 0 | 2 | 2 |
| 镇江市高等专科学校 | 9 | 2 | 1.2 | 0 | 29 | 21 | 0 | 0 | 0 | 0 | 0 | 0 | 0 | 0 | 0 | 0 | 0 | 3 | 1 | 2 | 0 | 0 | 0 | 0 | 0 | 0 | 0 |
| 南通职业大学 | 10 | 7 | 1.6 | 0 | 32 | 62 | 0 | 0 | 0 | 0 | 0 | 0 | 0 | 0 | 0 | 0 | 0 | 12 | 12 | 0 | 0 | 0 | 0 | 0 | 0 | 0 | 0 |
| 苏州职业大学 | 11 | 29 | 11.3 | 0 | 206 | 303.2 | 2 | 0 | 0 | 2 | 0 | 0 | 0 | 0 | 0 | 0 | 0 | 48 | 47 | 1 | 0 | 0 | 0 | 0 | 0 | 0 | 0 |
| 沙洲职业工学院 | 12 | 0 | 0 | 0 | 0 | 0 | 0 | 0 | 0 | 0 | 0 | 0 | 0 | 0 | 0 | 0 | 0 | 0 | 0 | 0 | 0 | 0 | 0 | 0 | 0 | 0 | 0 |
| 扬州市职业大学 | 13 | 22 | 4.2 | 0 | 80 | 50 | 5 | 5 | 0 | 0 | 0 | 0 | 0 | 0 | 0 | 0 | 0 | 14 | 14 | 0 | 0 | 0 | 0 | 0 | 0 | 9 | 9 |
| 连云港师范高等专科学校 | 14 | 8 | 0.9 | 0 | 58 | 10 | 0 | 0 | 0 | 0 | 0 | 0 | 0 | 0 | 0 | 0 | 0 | 15 | 15 | 0 | 0 | 0 | 0 | 0 | 0 | 0 | 0 |
| 江苏经贸职业技术学院 | 15 | 13 | 1.7 | 0 | 362.6 | 297 | 0 | 0 | 0 | 0 | 0 | 0 | 0 | 0 | 0 | 0 | 0 | 15 | 15 | 0 | 0 | 0 | 0 | 0 | 0 | 3 | 0 |

续表

| 高校名称 | 编号 | 总数：课题数(项) | 总数：当年投入人数(人年) | 总数：其中：研究生(人年) | 总数：当年拨入经费(千元) | 总数：当年支出经费(千元) | 出版著作(部)：合计 | 出版著作(部)：专著 | 出版著作(部)：其中：被译成外文 | 出版著作(部)：编著教材 | 出版著作(部)：工具书参考书 | 出版著作(部)：皮书/发展报告 | 出版著作(部)：科普读物 | 古籍整理(部) | 译著(部) | 发表译文(篇) | 电子出版物(件) | 发表论文(篇)：合计 | 发表论文(篇)：国内学术刊物 | 发表论文(篇)：国外学术刊物 | 发表论文(篇)：港、澳、台地区刊物 | 获奖成果数(项)：合计 | 获奖成果数(项)：国家级奖 | 获奖成果数(项)：部级奖 | 获奖成果数(项)：省级奖 | 研究与咨询报告(篇)：合计 | 研究与咨询报告(篇)：其中：被采纳数 |
|---|---|---|---|---|---|---|---|---|---|---|---|---|---|---|---|---|---|---|---|---|---|---|---|---|---|---|---|
| | | L01 | L02 | L03 | L04 | L05 | L06 | L07 | L08 | L09 | L10 | L11 | L12 | L13 | L14 | L15 | L16 | L17 | L18 | L19 | L20 | L21 | L22 | L23 | L24 | L25 | L26 |
| 泰州职业技术学院 | 16 | 7 | 1.2 | 0 | 11 | 12.27 | 0 | 0 | 0 | 0 | 0 | 0 | 0 | 0 | 0 | 0 | 0 | 4 | 4 | 0 | 0 | 0 | 0 | 0 | 0 | 0 | 0 |
| 常州信息职业技术学院 | 17 | 6 | 2.3 | 0 | 50 | 53.87 | 1 | 0 | 0 | 1 | 0 | 0 | 0 | 0 | 0 | 0 | 0 | 8 | 8 | 0 | 0 | 0 | 0 | 0 | 0 | 0 | 0 |
| 江苏海事职业技术学院 | 18 | 4 | 1.2 | 0 | 9 | 7.71 | 0 | 0 | 0 | 0 | 0 | 0 | 0 | 0 | 0 | 0 | 0 | 8 | 6 | 2 | 0 | 0 | 0 | 0 | 0 | 0 | 0 |
| 无锡科技职业学院 | 19 | 2 | 0.9 | 0 | 25 | 25 | 0 | 0 | 0 | 0 | 0 | 0 | 0 | 0 | 0 | 0 | 0 | 4 | 4 | 0 | 0 | 0 | 0 | 0 | 0 | 0 | 0 |
| 江苏医药职业学院 | 20 | 0 | 0 | 0 | 0 | 0 | 0 | 0 | 0 | 0 | 0 | 0 | 0 | 0 | 0 | 0 | 0 | 0 | 0 | 0 | 0 | 0 | 0 | 0 | 0 | 0 | 0 |
| 南通科技职业学院 | 21 | 3 | 0.5 | 0 | 10 | 12.4 | 0 | 0 | 0 | 0 | 0 | 0 | 0 | 0 | 0 | 0 | 0 | 1 | 1 | 0 | 0 | 0 | 0 | 0 | 0 | 0 | 0 |
| 苏州经贸职业技术学院 | 22 | 1 | 0.4 | 0 | 0 | 1.28 | 0 | 0 | 0 | 0 | 0 | 0 | 0 | 0 | 0 | 0 | 0 | 38 | 38 | 0 | 0 | 0 | 0 | 0 | 0 | 0 | 0 |
| 苏州工业职业技术学院 | 23 | 2 | 0.3 | 0 | 35 | 37 | 0 | 0 | 0 | 0 | 0 | 0 | 0 | 0 | 0 | 0 | 0 | 7 | 7 | 0 | 0 | 0 | 0 | 0 | 0 | 1 | 1 |
| 苏州卫生职业技术学院 | 24 | 0 | 0 | 0 | 0 | 0 | 0 | 0 | 0 | 0 | 0 | 0 | 0 | 0 | 0 | 0 | 0 | 0 | 0 | 0 | 0 | 0 | 0 | 0 | 0 | 0 | 0 |
| 无锡商业职业技术学院 | 25 | 8 | 0.9 | 0 | 10 | 23 | 1 | 0 | 0 | 1 | 0 | 0 | 0 | 0 | 0 | 0 | 0 | 14 | 14 | 0 | 0 | 0 | 0 | 0 | 0 | 0 | 0 |
| 江苏航运职业技术学院 | 26 | 1 | 0.1 | 0 | 10 | 4 | 0 | 0 | 0 | 0 | 0 | 0 | 0 | 0 | 0 | 0 | 0 | 16 | 16 | 0 | 0 | 0 | 0 | 0 | 0 | 0 | 0 |
| 南京交通职业技术学院 | 27 | 9 | 0.9 | 0 | 5 | 6.35 | 0 | 0 | 0 | 0 | 0 | 0 | 0 | 0 | 1 | 0 | 0 | 8 | 8 | 0 | 0 | 0 | 0 | 0 | 0 | 0 | 0 |
| 江苏电子信息职业学院 | 28 | 1 | 0.5 | 0 | 5 | 3 | 0 | 0 | 0 | 0 | 0 | 0 | 0 | 0 | 0 | 0 | 0 | 11 | 11 | 0 | 0 | 0 | 0 | 0 | 0 | 0 | 0 |
| 江苏农牧科技职业学院 | 29 | 0 | 0 | 0 | 0 | 0 | 0 | 0 | 0 | 0 | 0 | 0 | 0 | 0 | 0 | 0 | 0 | 2 | 2 | 0 | 0 | 0 | 0 | 0 | 0 | 0 | 0 |
| 常州纺织服装职业技术学院 | 30 | 17 | 2.4 | 0 | 57 | 20.6 | 2 | 1 | 0 | 1 | 0 | 0 | 0 | 0 | 0 | 0 | 0 | 39 | 39 | 0 | 0 | 0 | 0 | 0 | 0 | 3 | 0 |
| 苏州农业职业技术学院 | 31 | 0 | 0 | 0 | 0 | 0 | 0 | 0 | 0 | 0 | 0 | 0 | 0 | 0 | 0 | 0 | 0 | 0 | 0 | 0 | 0 | 0 | 0 | 0 | 0 | 0 | 0 |

| | | | | | | | | | | | | | | | | | | | | | | | | | | | |
|---|---|---|---|---|---|---|---|---|---|---|---|---|---|---|---|---|---|---|---|---|---|---|---|---|---|---|---|
| 南京科技职业学院 | 32 | 1 | 0.1 | 0 | 0 | 4 | 0 | 0 | 0 | 0 | 0 | 0 | 0 | 0 | 0 | 0 | 0 | 2 | 2 | 0 | 0 | 0 | 0 | 0 | 0 | 0 | 0 |
| 常州工业职业技术学院 | 33 | 26 | 5.2 | 0 | 1 391 | 1 314 | 2 | 0 | 0 | 2 | 0 | 0 | 0 | 0 | 0 | 0 | 0 | 6 | 6 | 0 | 0 | 0 | 0 | 0 | 0 | 19 | 16 |
| 常州工程职业技术学院 | 34 | 3 | 0.3 | 0 | 146 | 107 | 1 | 1 | 0 | 0 | 0 | 0 | 0 | 0 | 0 | 0 | 0 | 1 | 1 | 0 | 0 | 0 | 0 | 0 | 0 | 0 | 0 |
| 江苏农林职业技术学院 | 35 | 1 | 0.2 | 0 | 10 | 9 | 0 | 0 | 0 | 0 | 0 | 0 | 0 | 0 | 0 | 0 | 0 | 6 | 6 | 0 | 0 | 0 | 0 | 0 | 0 | 0 | 0 |
| 江苏食品药品职业技术学院 | 36 | 0 | 0 | 0 | 0 | 0 | 0 | 0 | 0 | 0 | 0 | 0 | 0 | 0 | 0 | 0 | 0 | 0 | 0 | 0 | 0 | 0 | 0 | 0 | 0 | 0 | 0 |
| 南京铁道职业技术学院 | 37 | 10 | 1.2 | 0 | 20 | 24 | 0 | 0 | 0 | 0 | 0 | 0 | 0 | 0 | 0 | 0 | 0 | 24 | 24 | 0 | 0 | 0 | 0 | 0 | 0 | 0 | 0 |
| 徐州工业职业技术学院 | 38 | 0 | 0 | 0 | 0 | 0 | 0 | 0 | 0 | 0 | 0 | 0 | 0 | 0 | 0 | 0 | 0 | 0 | 0 | 0 | 0 | 0 | 0 | 0 | 0 | 0 | 0 |
| 江苏信息职业技术学院 | 39 | 16 | 2 | 0 | 57.9 | 28.82 | 1 | 1 | 0 | 0 | 0 | 0 | 0 | 0 | 0 | 0 | 0 | 30 | 30 | 0 | 0 | 0 | 0 | 0 | 0 | 0 | 0 |
| 南京信息职业技术学院 | 40 | 9 | 1 | 0 | 15 | 21.7 | 0 | 0 | 0 | 0 | 0 | 0 | 0 | 0 | 0 | 0 | 0 | 14 | 14 | 0 | 0 | 0 | 0 | 0 | 0 | 0 | 0 |
| 常州机电职业技术学院 | 41 | 3 | 0.6 | 0 | 0 | 7.9 | 0 | 0 | 0 | 0 | 0 | 0 | 0 | 0 | 0 | 0 | 0 | 8 | 8 | 0 | 0 | 0 | 0 | 0 | 0 | 0 | 0 |
| 江阴职业技术学院 | 42 | 4 | 0.4 | 0 | 25 | 20 | 1 | 1 | 0 | 0 | 0 | 0 | 0 | 0 | 0 | 0 | 0 | 42 | 42 | 0 | 0 | 0 | 0 | 0 | 0 | 0 | 0 |
| 无锡城市职业技术学院 | 43 | 4 | 1.3 | 0 | 0 | 9.2 | 0 | 0 | 0 | 0 | 0 | 0 | 0 | 0 | 0 | 0 | 0 | 27 | 27 | 0 | 0 | 0 | 0 | 0 | 0 | 0 | 0 |
| 无锡工艺职业技术学院 | 44 | 117 | 21.1 | 0 | 4 805.33 | 4 746.83 | 3 | 1 | 0 | 2 | 0 | 0 | 0 | 0 | 0 | 0 | 0 | 58 | 58 | 0 | 0 | 0 | 0 | 0 | 0 | 66 | 2 |
| 苏州健雄职业技术学院 | 45 | 10 | 2.4 | 0 | 199.8 | 199.8 | 0 | 0 | 0 | 0 | 0 | 0 | 0 | 0 | 0 | 0 | 0 | 10 | 10 | 0 | 0 | 0 | 0 | 0 | 0 | 0 | 0 |
| 盐城工业职业技术学院 | 46 | 40 | 4.6 | 0 | 178 | 394.5 | 0 | 0 | 0 | 0 | 0 | 0 | 0 | 0 | 0 | 0 | 0 | 17 | 17 | 0 | 0 | 0 | 0 | 0 | 0 | 12 | 7 |
| 江苏财经职业技术学院 | 47 | 2 | 0.2 | 0 | 8 | 2.7 | 0 | 0 | 0 | 0 | 0 | 0 | 0 | 0 | 0 | 0 | 0 | 2 | 2 | 0 | 0 | 0 | 0 | 0 | 0 | 0 | 0 |
| 扬州工业职业技术学院 | 48 | 3 | 0.3 | 0 | 10 | 27.2 | 0 | 0 | 0 | 0 | 0 | 0 | 0 | 0 | 0 | 0 | 0 | 11 | 11 | 0 | 0 | 0 | 0 | 0 | 0 | 0 | 0 |
| 江苏城市职业学院 | 49 | 47 | 14.5 | 0 | 540.95 | 445.45 | 1 | 0 | 0 | 1 | 0 | 0 | 0 | 0 | 0 | 0 | 0 | 33 | 33 | 0 | 0 | 0 | 0 | 0 | 0 | 0 | 0 |
| 南京城市职业学院 | 50 | 2 | 0.2 | 0 | 4 | 5 | 0 | 0 | 0 | 0 | 0 | 0 | 0 | 0 | 0 | 0 | 0 | 1 | 1 | 0 | 0 | 0 | 0 | 0 | 0 | 0 | 0 |

续表

| 高校名称 | 编号 | 总数 课题数(项) | 总数 当年投入人数(人年) | 总数 其中：研究生(人年) | 总数 当年拨入经费(千元) | 总数 当年支出经费(千元) | 出版著作(部) 合计 | 出版著作(部) 专著 | 出版著作(部) 其中：被译成外文 | 出版著作(部) 编著教材 | 出版著作(部) 工具书参考书 | 出版著作(部) 皮书/发展报告 | 出版著作(部) 科普读物 | 古籍整理(部) | 译著(部) | 发表译文(篇) | 电子出版物(件) | 发表论文(篇) 合计 | 发表论文(篇) 国内学术刊物 | 发表论文(篇) 国外学术刊物 | 发表论文(篇) 港、澳、台地区刊物 | 获奖成果数(项) 合计 | 获奖成果数(项) 国家级奖 | 获奖成果数(项) 部级奖 | 获奖成果数(项) 省级奖 | 研究与咨询报告(篇) 合计 | 研究与咨询报告(篇) 其中：被采纳数 |
|---|---|---|---|---|---|---|---|---|---|---|---|---|---|---|---|---|---|---|---|---|---|---|---|---|---|---|---|
|  |  | L01 | L02 | L03 | L04 | L05 | L06 | L07 | L08 | L09 | L10 | L11 | L12 | L13 | L14 | L15 | L16 | L17 | L18 | L19 | L20 | L21 | L22 | L23 | L24 | L25 | L26 |
| 南京机电职业技术学院 | 51 | 1 | 0.1 | 0 | 3 | 1 | 0 | 0 | 0 | 0 | 0 | 0 | 0 | 0 | 0 | 0 | 0 | 0 | 0 | 0 | 0 | 0 | 0 | 0 | 0 | 0 | 0 |
| 南京旅游职业学院 | 52 | 2 | 1 | 0 | 0 | 77 | 2 | 2 | 0 | 0 | 0 | 0 | 0 | 0 | 0 | 0 | 0 | 10 | 10 | 0 | 0 | 0 | 0 | 0 | 0 | 0 | 0 |
| 江苏卫生健康职业学院 | 53 | 0 | 0 | 0 | 0 | 0 | 0 | 0 | 0 | 0 | 0 | 0 | 0 | 0 | 0 | 0 | 0 | 0 | 0 | 0 | 0 | 0 | 0 | 0 | 0 | 0 | 0 |
| 苏州信息职业技术学院 | 54 | 0 | 0 | 0 | 0 | 0 | 0 | 0 | 0 | 0 | 0 | 0 | 0 | 0 | 0 | 0 | 0 | 0 | 0 | 0 | 0 | 0 | 0 | 0 | 0 | 0 | 0 |
| 苏州工业园区服务外包职业学院 | 55 | 16 | 1.8 | 0 | 133.34 | 130.94 | 0 | 0 | 0 | 0 | 0 | 0 | 0 | 0 | 0 | 0 | 0 | 15 | 15 | 0 | 0 | 0 | 0 | 0 | 0 | 4 | 4 |
| 徐州幼儿师范高等专科学校 | 56 | 6 | 1.1 | 0 | 0 | 2.5 | 0 | 0 | 0 | 0 | 0 | 0 | 0 | 0 | 0 | 0 | 0 | 2 | 2 | 0 | 0 | 0 | 0 | 0 | 0 | 0 | 0 |
| 徐州生物工程职业技术学院 | 57 | 0 | 0 | 0 | 0 | 0 | 0 | 0 | 0 | 0 | 0 | 0 | 0 | 0 | 0 | 0 | 0 | 3 | 3 | 0 | 0 | 0 | 0 | 0 | 0 | 0 | 0 |
| 江苏商贸职业学院 | 58 | 8 | 1.5 | 0 | 17.2 | 4 | 1 | 0 | 0 | 1 | 0 | 0 | 0 | 0 | 0 | 0 | 0 | 25 | 25 | 0 | 0 | 0 | 0 | 0 | 0 | 1 | 0 |
| 南通师范高等专科学校 | 59 | 10 | 1.9 | 0 | 0 | 0 | 1 | 0 | 0 | 1 | 0 | 0 | 0 | 0 | 0 | 0 | 0 | 22 | 22 | 0 | 0 | 0 | 0 | 0 | 0 | 0 | 0 |
| 江苏护理职业学院 | 60 | 0 | 0 | 0 | 0 | 0 | 0 | 0 | 0 | 0 | 0 | 0 | 0 | 0 | 0 | 0 | 0 | 0 | 0 | 0 | 0 | 0 | 0 | 0 | 0 | 0 | 0 |
| 江苏财会职业学院 | 61 | 0 | 0 | 0 | 0 | 0 | 0 | 0 | 0 | 0 | 0 | 0 | 0 | 0 | 0 | 0 | 0 | 0 | 0 | 0 | 0 | 0 | 0 | 0 | 0 | 0 | 0 |
| 江苏城乡建设职业学院 | 62 | 0 | 0 | 0 | 0 | 0 | 0 | 0 | 0 | 0 | 0 | 0 | 0 | 0 | 0 | 0 | 0 | 2 | 2 | 0 | 0 | 0 | 0 | 0 | 0 | 0 | 0 |
| 江苏航空职业技术学院 | 63 | 1 | 0.3 | 0 | 0 | 0 | 0 | 0 | 0 | 0 | 0 | 0 | 0 | 0 | 0 | 0 | 0 | 0 | 0 | 0 | 0 | 0 | 0 | 0 | 0 | 0 | 0 |
| 江苏安全技术职业学院 | 64 | 0 | 0 | 0 | 0 | 0 | 0 | 0 | 0 | 0 | 0 | 0 | 0 | 0 | 0 | 0 | 0 | 0 | 0 | 0 | 0 | 0 | 0 | 0 | 0 | 0 | 0 |
| 江苏旅游职业学院 | 65 | 7 | 0.7 | 0 | 0 | 0 | 0 | 0 | 0 | 0 | 0 | 0 | 0 | 0 | 0 | 0 | 0 | 0 | 0 | 0 | 0 | 0 | 0 | 0 | 0 | 0 | 0 |

## 3.10 历史学人文、社会科学研究与课题成果情况表

| 高校名称 | | 总数 | | | | | 出版著作(部) | | | | | | | 古籍整理(部) | 译著(部) | 发表译文(篇) | 电子出版物(件) | 发表论文(篇) | | | | 获奖成果数(项) | | | | 研究与咨询报告(篇) | |
|---|---|---|---|---|---|---|---|---|---|---|---|---|---|---|---|---|---|---|---|---|---|---|---|---|---|---|---|
| | | 课题数(项) | 当年投入人数(人年) | 其中：研究生(人年) | 当年拨入经费(千元) | 当年支出经费(千元) | 合计 | 专著 | 其中：被译成外文 | 编著教材 | 工具书参考书 | 皮书/发展报告 | 科普读物 | | | | | 合计 | 国内学术刊物 | 国外学术刊物 | 港、澳、台地区刊物 | 合计 | 国家级奖 | 部级奖 | 省级奖 | 合计 | 其中：被采纳数 |
| | 编号 | L01 | L02 | L03 | L04 | L05 | L06 | L07 | L08 | L09 | L10 | L11 | L12 | L13 | L14 | L15 | L16 | L17 | L18 | L19 | L20 | L21 | L22 | L23 | L24 | L25 | L26 |
| 合计 | / | 40 | 7.2 | 0 | 82 | 258.09 | 4 | 3 | 0 | 1 | 0 | 0 | 0 | 1 | 0 | 0 | 0 | 23 | 23 | 0 | 0 | 0 | 0 | 0 | 0 | 2 | 1 |
| 盐城幼儿师范高等专科学校 | 1 | 4 | 0.8 | 0 | 8 | 8 | 1 | 1 | 0 | 0 | 0 | 0 | 0 | 0 | 0 | 0 | 0 | 1 | 1 | 0 | 0 | 0 | 0 | 0 | 0 | 0 | 0 |
| 苏州幼儿师范高等专科学校 | 2 | 2 | 0.2 | 0 | 15 | 17.9 | 0 | 0 | 0 | 0 | 0 | 0 | 0 | 0 | 0 | 0 | 0 | 6 | 6 | 0 | 0 | 0 | 0 | 0 | 0 | 0 | 0 |
| 无锡职业技术学院 | 3 | 6 | 1.2 | 0 | 0 | 20.5 | 0 | 0 | 0 | 0 | 0 | 0 | 0 | 0 | 0 | 0 | 0 | 5 | 5 | 0 | 0 | 0 | 0 | 0 | 0 | 0 | 0 |
| 江苏建筑职业技术学院 | 4 | 3 | 0.7 | 0 | 0 | 0 | 0 | 0 | 0 | 0 | 0 | 0 | 0 | 0 | 0 | 0 | 0 | 0 | 0 | 0 | 0 | 0 | 0 | 0 | 0 | 0 | 0 |
| 南京工业职业技术大学 | 5 | 1 | 0.2 | 0 | 10 | 1 | 0 | 0 | 0 | 0 | 0 | 0 | 0 | 0 | 0 | 0 | 0 | 0 | 0 | 0 | 0 | 0 | 0 | 0 | 0 | 0 | 0 |
| 江苏工程职业技术学院 | 6 | 0 | 0 | 0 | 0 | 0 | 0 | 0 | 0 | 0 | 0 | 0 | 0 | 0 | 0 | 0 | 0 | 0 | 0 | 0 | 0 | 0 | 0 | 0 | 0 | 0 | 0 |
| 苏州工艺美术职业技术学院 | 7 | 0 | 0 | 0 | 0 | 0 | 0 | 0 | 0 | 0 | 0 | 0 | 0 | 0 | 0 | 0 | 0 | 0 | 0 | 0 | 0 | 0 | 0 | 0 | 0 | 0 | 0 |
| 连云港职业技术学院 | 8 | 2 | 0.5 | 0 | 32 | 35 | 1 | 1 | 0 | 0 | 0 | 0 | 0 | 0 | 0 | 0 | 0 | 0 | 0 | 0 | 0 | 0 | 0 | 0 | 0 | 1 | 0 |
| 镇江市高等专科学校 | 9 | 0 | 0 | 0 | 0 | 0 | 0 | 0 | 0 | 0 | 0 | 0 | 0 | 0 | 0 | 0 | 0 | 1 | 1 | 0 | 0 | 0 | 0 | 0 | 0 | 0 | 0 |
| 南通职业大学 | 10 | 0 | 0 | 0 | 0 | 0 | 0 | 0 | 0 | 0 | 0 | 0 | 0 | 0 | 0 | 0 | 0 | 0 | 0 | 0 | 0 | 0 | 0 | 0 | 0 | 0 | 0 |
| 苏州职业大学 | 11 | 3 | 0.5 | 0 | 0 | 18 | 0 | 0 | 0 | 0 | 0 | 0 | 0 | 0 | 0 | 0 | 0 | 1 | 1 | 0 | 0 | 0 | 0 | 0 | 0 | 0 | 0 |
| 沙洲职业工学院 | 12 | 0 | 0 | 0 | 0 | 0 | 0 | 0 | 0 | 0 | 0 | 0 | 0 | 0 | 0 | 0 | 0 | 0 | 0 | 0 | 0 | 0 | 0 | 0 | 0 | 0 | 0 |
| 扬州市职业大学 | 13 | 3 | 0.8 | 0 | 0 | 33.04 | 0 | 0 | 0 | 0 | 0 | 0 | 0 | 0 | 0 | 0 | 0 | 0 | 0 | 0 | 0 | 0 | 0 | 0 | 0 | 1 | 1 |
| 连云港师范高等专科学校 | 14 | 0 | 0 | 0 | 0 | 0 | 0 | 0 | 0 | 0 | 0 | 0 | 0 | 0 | 0 | 0 | 0 | 0 | 0 | 0 | 0 | 0 | 0 | 0 | 0 | 0 | 0 |
| 江苏经贸职业技术学院 | 15 | 0 | 0 | 0 | 0 | 0 | 0 | 0 | 0 | 0 | 0 | 0 | 0 | 0 | 0 | 0 | 0 | 1 | 1 | 0 | 0 | 0 | 0 | 0 | 0 | 0 | 0 |

续表

| 高校名称 | | 总数 | | | | | 出版著作(部) | | | | | | | 古籍整理(部) | 译著(部) | 发表译文(篇) | 电子出版物(件) | 发表论文(篇) | | | | 获奖成果数(项) | | | | 研究与咨询报告(篇) | |
|---|---|---|---|---|---|---|---|---|---|---|---|---|---|---|---|---|---|---|---|---|---|---|---|---|---|---|---|
| | | 课题数(项) | 当年投入人数(人年) | 其中：研究生(人年) | 当年拨入经费(千元) | 当年支出经费(千元) | 合计 | 专著 | 其中：被译成外文 | 编著教材 | 工具书参考书 | 皮书/发展报告 | 科普读物 | | | | | 合计 | 国内学术刊物 | 国外学术刊物 | 港、澳、台地区刊物 | 合计 | 国家级奖 | 部级奖 | 省级奖 | 合计 | 其中：被采纳数 |
| | 编号 | L01 | L02 | L03 | L04 | L05 | L06 | L07 | L08 | L09 | L10 | L11 | L12 | L13 | L14 | L15 | L16 | L17 | L18 | L19 | L20 | L21 | L22 | L23 | L24 | L25 | L26 |
| 泰州职业技术学院 | 16 | 0 | 0 | 0 | 0 | 0 | 0 | 0 | 0 | 0 | 0 | 0 | 0 | 0 | 0 | 0 | 0 | 0 | 0 | 0 | 0 | 0 | 0 | 0 | 0 | 0 | 0 |
| 常州信息职业技术学院 | 17 | 0 | 0 | 0 | 0 | 0 | 1 | 0 | 0 | 1 | 0 | 0 | 0 | 0 | 0 | 0 | 0 | 0 | 0 | 0 | 0 | 0 | 0 | 0 | 0 | 0 | 0 |
| 江苏海事职业技术学院 | 18 | 0 | 0 | 0 | 0 | 0 | 0 | 0 | 0 | 0 | 0 | 0 | 0 | 0 | 0 | 0 | 0 | 0 | 0 | 0 | 0 | 0 | 0 | 0 | 0 | 0 | 0 |
| 无锡科技职业学院 | 19 | 0 | 0 | 0 | 0 | 0 | 0 | 0 | 0 | 0 | 0 | 0 | 0 | 0 | 0 | 0 | 0 | 0 | 0 | 0 | 0 | 0 | 0 | 0 | 0 | 0 | 0 |
| 江苏医药职业学院 | 20 | 0 | 0 | 0 | 0 | 0 | 0 | 0 | 0 | 0 | 0 | 0 | 0 | 0 | 0 | 0 | 0 | 0 | 0 | 0 | 0 | 0 | 0 | 0 | 0 | 0 | 0 |
| 南通科技职业学院 | 21 | 1 | 0.2 | 0 | 0 | 4 | 0 | 0 | 0 | 0 | 0 | 0 | 0 | 0 | 0 | 0 | 0 | 0 | 0 | 0 | 0 | 0 | 0 | 0 | 0 | 0 | 0 |
| 苏州经贸职业技术学院 | 22 | 0 | 0 | 0 | 0 | 0 | 0 | 0 | 0 | 0 | 0 | 0 | 0 | 0 | 0 | 0 | 0 | 0 | 0 | 0 | 0 | 0 | 0 | 0 | 0 | 0 | 0 |
| 苏州工业职业技术学院 | 23 | 0 | 0 | 0 | 0 | 0 | 0 | 0 | 0 | 0 | 0 | 0 | 0 | 0 | 0 | 0 | 0 | 0 | 0 | 0 | 0 | 0 | 0 | 0 | 0 | 0 | 0 |
| 苏州卫生职业技术学院 | 24 | 1 | 0.3 | 0 | 0 | 18 | 0 | 0 | 0 | 0 | 0 | 0 | 0 | 0 | 0 | 0 | 0 | 0 | 0 | 0 | 0 | 0 | 0 | 0 | 0 | 0 | 0 |
| 无锡商业职业技术学院 | 25 | 0 | 0 | 0 | 0 | 0 | 0 | 0 | 0 | 0 | 0 | 0 | 0 | 0 | 0 | 0 | 0 | 0 | 0 | 0 | 0 | 0 | 0 | 0 | 0 | 0 | 0 |
| 江苏航运职业技术学院 | 26 | 0 | 0 | 0 | 0 | 0 | 0 | 0 | 0 | 0 | 0 | 0 | 0 | 0 | 0 | 0 | 0 | 0 | 0 | 0 | 0 | 0 | 0 | 0 | 0 | 0 | 0 |
| 南京交通职业技术学院 | 27 | 0 | 0 | 0 | 0 | 0 | 0 | 0 | 0 | 0 | 0 | 0 | 0 | 0 | 0 | 0 | 0 | 0 | 0 | 0 | 0 | 0 | 0 | 0 | 0 | 0 | 0 |
| 江苏电子信息职业学院 | 28 | 0 | 0 | 0 | 0 | 0 | 0 | 0 | 0 | 0 | 0 | 0 | 0 | 0 | 0 | 0 | 0 | 0 | 0 | 0 | 0 | 0 | 0 | 0 | 0 | 0 | 0 |
| 江苏农牧科技职业学院 | 29 | 0 | 0 | 0 | 0 | 0 | 0 | 0 | 0 | 0 | 0 | 0 | 0 | 0 | 0 | 0 | 0 | 0 | 0 | 0 | 0 | 0 | 0 | 0 | 0 | 0 | 0 |
| 常州纺织服装职业技术学院 | 30 | 0 | 0 | 0 | 0 | 0 | 0 | 0 | 0 | 0 | 0 | 0 | 0 | 0 | 0 | 0 | 0 | 1 | 1 | 0 | 0 | 0 | 0 | 0 | 0 | 0 | 0 |
| 苏州农业职业技术学院 | 31 | 0 | 0 | 0 | 0 | 0 | 0 | 0 | 0 | 0 | 0 | 0 | 0 | 0 | 0 | 0 | 0 | 0 | 0 | 0 | 0 | 0 | 0 | 0 | 0 | 0 | 0 |

| | | | | | | | | | | | | | | | | | | | | | | | | | | | |
|---|---|---|---|---|---|---|---|---|---|---|---|---|---|---|---|---|---|---|---|---|---|---|---|---|---|---|---|
| 南京科技职业学院 | 32 | 0 | 0 | 0 | 0 | 0 | 0 | 0 | 0 | 0 | 0 | 0 | 0 | 0 | 0 | 0 | 0 | 0 | 0 | 0 | 0 | 0 | 0 | 0 | 0 | 0 | 0 |
| 常州工业职业技术学院 | 33 | 0 | 0 | 0 | 0 | 0 | 0 | 0 | 0 | 0 | 0 | 0 | 0 | 0 | 0 | 0 | 0 | 0 | 0 | 0 | 0 | 0 | 0 | 0 | 0 | 0 | 0 |
| 常州工程职业技术学院 | 34 | 0 | 0 | 0 | 0 | 0 | 0 | 0 | 0 | 0 | 0 | 0 | 0 | 0 | 0 | 0 | 0 | 0 | 0 | 0 | 0 | 0 | 0 | 0 | 0 | 0 | 0 |
| 江苏农林职业技术学院 | 35 | 0 | 0 | 0 | 0 | 0 | 0 | 0 | 0 | 0 | 0 | 0 | 0 | 0 | 0 | 0 | 0 | 0 | 0 | 0 | 0 | 0 | 0 | 0 | 0 | 0 | 0 |
| 江苏食品药品职业技术学院 | 36 | 0 | 0 | 0 | 0 | 0 | 0 | 0 | 0 | 0 | 0 | 0 | 0 | 0 | 0 | 0 | 0 | 0 | 0 | 0 | 0 | 0 | 0 | 0 | 0 | 0 | 0 |
| 南京铁道职业技术学院 | 37 | 3 | 0.3 | 0 | 12 | 5 | 0 | 0 | 0 | 0 | 0 | 0 | 0 | 0 | 0 | 0 | 0 | 0 | 0 | 0 | 0 | 0 | 0 | 0 | 0 | 0 | 0 |
| 徐州工业职业技术学院 | 38 | 0 | 0 | 0 | 0 | 0 | 0 | 0 | 0 | 0 | 0 | 0 | 0 | 0 | 0 | 0 | 0 | 0 | 0 | 0 | 0 | 0 | 0 | 0 | 0 | 0 | 0 |
| 江苏信息职业技术学院 | 39 | 2 | 0.2 | 0 | 0 | 0 | 0 | 0 | 0 | 0 | 0 | 0 | 0 | 0 | 0 | 0 | 0 | 1 | 1 | 0 | 0 | 0 | 0 | 0 | 0 | 0 | 0 |
| 南京信息职业技术学院 | 40 | 0 | 0 | 0 | 0 | 0 | 0 | 0 | 0 | 0 | 0 | 0 | 0 | 0 | 0 | 0 | 0 | 0 | 0 | 0 | 0 | 0 | 0 | 0 | 0 | 0 | 0 |
| 常州机电职业技术学院 | 41 | 0 | 0 | 0 | 0 | 0 | 0 | 0 | 0 | 0 | 0 | 0 | 0 | 0 | 0 | 0 | 0 | 1 | 1 | 0 | 0 | 0 | 0 | 0 | 0 | 0 | 0 |
| 江阴职业技术学院 | 42 | 0 | 0 | 0 | 0 | 0 | 0 | 0 | 0 | 0 | 0 | 0 | 0 | 0 | 0 | 0 | 0 | 0 | 0 | 0 | 0 | 0 | 0 | 0 | 0 | 0 | 0 |
| 无锡城市职业技术学院 | 43 | 0 | 0 | 0 | 0 | 0 | 1 | 1 | 0 | 0 | 0 | 0 | 0 | 1 | 0 | 0 | 0 | 2 | 2 | 0 | 0 | 0 | 0 | 0 | 0 | 0 | 0 |
| 无锡工艺职业技术学院 | 44 | 0 | 0 | 0 | 0 | 0 | 0 | 0 | 0 | 0 | 0 | 0 | 0 | 0 | 0 | 0 | 0 | 0 | 0 | 0 | 0 | 0 | 0 | 0 | 0 | 0 | 0 |
| 苏州健雄职业技术学院 | 45 | 0 | 0 | 0 | 0 | 0 | 0 | 0 | 0 | 0 | 0 | 0 | 0 | 0 | 0 | 0 | 0 | 0 | 0 | 0 | 0 | 0 | 0 | 0 | 0 | 0 | 0 |
| 盐城工业职业技术学院 | 46 | 0 | 0 | 0 | 0 | 0 | 0 | 0 | 0 | 0 | 0 | 0 | 0 | 0 | 0 | 0 | 0 | 0 | 0 | 0 | 0 | 0 | 0 | 0 | 0 | 0 | 0 |
| 江苏财经职业技术学院 | 47 | 0 | 0 | 0 | 0 | 0 | 0 | 0 | 0 | 0 | 0 | 0 | 0 | 0 | 0 | 0 | 0 | 0 | 0 | 0 | 0 | 0 | 0 | 0 | 0 | 0 | 0 |
| 扬州工业职业技术学院 | 48 | 1 | 0.1 | 0 | 0 | 3.4 | 0 | 0 | 0 | 0 | 0 | 0 | 0 | 0 | 0 | 0 | 0 | 0 | 0 | 0 | 0 | 0 | 0 | 0 | 0 | 0 | 0 |
| 江苏城市职业学院 | 49 | 1 | 0.3 | 0 | 5 | 4.25 | 0 | 0 | 0 | 0 | 0 | 0 | 0 | 0 | 0 | 0 | 0 | 0 | 0 | 0 | 0 | 0 | 0 | 0 | 0 | 0 | 0 |
| 南京城市职业学院 | 50 | 0 | 0 | 0 | 0 | 0 | 0 | 0 | 0 | 0 | 0 | 0 | 0 | 0 | 0 | 0 | 0 | 0 | 0 | 0 | 0 | 0 | 0 | 0 | 0 | 0 | 0 |

续表

| 高校名称 | | 总数 | | | | | 出版著作(部) | | | | | | | 古籍整理(部) | 译著(部) | 发表译文(篇) | 电子出版物(件) | 发表论文(篇) | | | | 获奖成果数(项) | | | | 研究与咨询报告(篇) | |
|---|---|---|---|---|---|---|---|---|---|---|---|---|---|---|---|---|---|---|---|---|---|---|---|---|---|---|---|
| | | 课题数(项) | 当年投入人数(人年) | 其中：研究生(人年) | 当年拨入经费(千元) | 当年支出经费(千元) | 合计 | 专著 | 其中：被译成外文 | 编著教材 | 工具书参考书 | 皮书/发展报告 | 科普读物 | | | | | 合计 | 国内学术刊物 | 国外学术刊物 | 港、澳、台地区刊物 | 合计 | 国家级奖 | 部级奖 | 省级奖 | 合计 | 其中：被采纳数 |
| | 编号 | L01 | L02 | L03 | L04 | L05 | L06 | L07 | L08 | L09 | L10 | L11 | L12 | L13 | L14 | L15 | L16 | L17 | L18 | L19 | L20 | L21 | L22 | L23 | L24 | L25 | L26 |
| 南京机电职业技术学院 | 51 | 0 | 0 | 0 | 0 | 0 | 0 | 0 | 0 | 0 | 0 | 0 | 0 | 0 | 0 | 0 | 0 | 0 | 0 | 0 | 0 | 0 | 0 | 0 | 0 | 0 | 0 |
| 南京旅游职业学院 | 52 | 1 | 0.2 | 0 | 0 | 90 | 0 | 0 | 0 | 0 | 0 | 0 | 0 | 0 | 0 | 0 | 0 | 0 | 0 | 0 | 0 | 0 | 0 | 0 | 0 | 0 | 0 |
| 江苏卫生健康职业学院 | 53 | 0 | 0 | 0 | 0 | 0 | 0 | 0 | 0 | 0 | 0 | 0 | 0 | 0 | 0 | 0 | 0 | 0 | 0 | 0 | 0 | 0 | 0 | 0 | 0 | 0 | 0 |
| 苏州信息职业技术学院 | 54 | 0 | 0 | 0 | 0 | 0 | 0 | 0 | 0 | 0 | 0 | 0 | 0 | 0 | 0 | 0 | 0 | 0 | 0 | 0 | 0 | 0 | 0 | 0 | 0 | 0 | 0 |
| 苏州工业园区服务外包职业学院 | 55 | 0 | 0 | 0 | 0 | 0 | 0 | 0 | 0 | 0 | 0 | 0 | 0 | 0 | 0 | 0 | 0 | 0 | 0 | 0 | 0 | 0 | 0 | 0 | 0 | 0 | 0 |
| 徐州幼儿师范高等专科学校 | 56 | 1 | 0.1 | 0 | 0 | 0 | 0 | 0 | 0 | 0 | 0 | 0 | 0 | 0 | 0 | 0 | 0 | 0 | 0 | 0 | 0 | 0 | 0 | 0 | 0 | 0 | 0 |
| 徐州生物工程职业技术学院 | 57 | 0 | 0 | 0 | 0 | 0 | 0 | 0 | 0 | 0 | 0 | 0 | 0 | 0 | 0 | 0 | 0 | 0 | 0 | 0 | 0 | 0 | 0 | 0 | 0 | 0 | 0 |
| 江苏商贸职业学院 | 58 | 0 | 0 | 0 | 0 | 0 | 0 | 0 | 0 | 0 | 0 | 0 | 0 | 0 | 0 | 0 | 0 | 0 | 0 | 0 | 0 | 0 | 0 | 0 | 0 | 0 | 0 |
| 南通师范高等专科学校 | 59 | 0 | 0 | 0 | 0 | 0 | 0 | 0 | 0 | 0 | 0 | 0 | 0 | 0 | 0 | 0 | 0 | 0 | 0 | 0 | 0 | 0 | 0 | 0 | 0 | 0 | 0 |
| 江苏护理职业学院 | 60 | 3 | 0.3 | 0 | 0 | 0 | 0 | 0 | 0 | 0 | 0 | 0 | 0 | 0 | 0 | 0 | 0 | 1 | 1 | 0 | 0 | 0 | 0 | 0 | 0 | 0 | 0 |
| 江苏财会职业学院 | 61 | 0 | 0 | 0 | 0 | 0 | 0 | 0 | 0 | 0 | 0 | 0 | 0 | 0 | 0 | 0 | 0 | 0 | 0 | 0 | 0 | 0 | 0 | 0 | 0 | 0 | 0 |
| 江苏城乡建设职业学院 | 62 | 2 | 0.3 | 0 | 0 | 0 | 0 | 0 | 0 | 0 | 0 | 0 | 0 | 0 | 0 | 0 | 0 | 2 | 2 | 0 | 0 | 0 | 0 | 0 | 0 | 0 | 0 |
| 江苏航空职业技术学院 | 63 | 0 | 0 | 0 | 0 | 0 | 0 | 0 | 0 | 0 | 0 | 0 | 0 | 0 | 0 | 0 | 0 | 0 | 0 | 0 | 0 | 0 | 0 | 0 | 0 | 0 | 0 |
| 江苏安全技术职业学院 | 64 | 0 | 0 | 0 | 0 | 0 | 0 | 0 | 0 | 0 | 0 | 0 | 0 | 0 | 0 | 0 | 0 | 0 | 0 | 0 | 0 | 0 | 0 | 0 | 0 | 0 | 0 |
| 江苏旅游职业学院 | 65 | 0 | 0 | 0 | 0 | 0 | 0 | 0 | 0 | 0 | 0 | 0 | 0 | 0 | 0 | 0 | 0 | 0 | 0 | 0 | 0 | 0 | 0 | 0 | 0 | 0 | 0 |

## 3.11 考古学人文、社会科学研究与课题成果情况表

| 高校名称 | 编号 | 总数：课题数(项) | 总数：当年投入人数(人年) | 总数：其中：研究生(人年) | 总数：当年拨入经费(千元) | 总数：当年支出经费(千元) | 出版著作(部)：合计 | 出版著作(部)：专著 | 出版著作(部)：其中：被译成外文 | 出版著作(部)：编著教材 | 出版著作(部)：工具书参考书 | 出版著作(部)：皮书/发展报告 | 出版著作(部)：科普读物 | 古籍整理(部) | 译著(部) | 发表译文(篇) | 电子出版物(件) | 发表论文(篇)：合计 | 发表论文(篇)：国内学术刊物 | 发表论文(篇)：国外学术刊物 | 发表论文(篇)：港、澳、台地区刊物 | 获奖成果数(项)：合计 | 获奖成果数(项)：国家级奖 | 获奖成果数(项)：部级奖 | 获奖成果数(项)：省级奖 | 研究与咨询报告(篇)：合计 | 研究与咨询报告(篇)：其中：被采纳数 |
|---|---|---|---|---|---|---|---|---|---|---|---|---|---|---|---|---|---|---|---|---|---|---|---|---|---|---|---|
| | | L01 | L02 | L03 | L04 | L05 | L06 | L07 | L08 | L09 | L10 | L11 | L12 | L13 | L14 | L15 | L16 | L17 | L18 | L19 | L20 | L21 | L22 | L23 | L24 | L25 | L26 |
| 合计 | / | 2 | 0.2 | 0 | 0 | 7 | 0 | 0 | 0 | 0 | 0 | 0 | 0 | 0 | 0 | 0 | 0 | 3 | 3 | 0 | 0 | 0 | 0 | 0 | 0 | 0 | 0 |
| 盐城幼儿师范高等专科学校 | 1 | 0 | 0 | 0 | 0 | 0 | 0 | 0 | 0 | 0 | 0 | 0 | 0 | 0 | 0 | 0 | 0 | 0 | 0 | 0 | 0 | 0 | 0 | 0 | 0 | 0 | 0 |
| 苏州幼儿师范高等专科学校 | 2 | 0 | 0 | 0 | 0 | 0 | 0 | 0 | 0 | 0 | 0 | 0 | 0 | 0 | 0 | 0 | 0 | 0 | 0 | 0 | 0 | 0 | 0 | 0 | 0 | 0 | 0 |
| 无锡职业技术学院 | 3 | 0 | 0 | 0 | 0 | 0 | 0 | 0 | 0 | 0 | 0 | 0 | 0 | 0 | 0 | 0 | 0 | 0 | 0 | 0 | 0 | 0 | 0 | 0 | 0 | 0 | 0 |
| 江苏建筑职业技术学院 | 4 | 0 | 0 | 0 | 0 | 0 | 0 | 0 | 0 | 0 | 0 | 0 | 0 | 0 | 0 | 0 | 0 | 0 | 0 | 0 | 0 | 0 | 0 | 0 | 0 | 0 | 0 |
| 南京工业职业技术大学 | 5 | 0 | 0 | 0 | 0 | 0 | 0 | 0 | 0 | 0 | 0 | 0 | 0 | 0 | 0 | 0 | 0 | 0 | 0 | 0 | 0 | 0 | 0 | 0 | 0 | 0 | 0 |
| 江苏工程职业技术学院 | 6 | 0 | 0 | 0 | 0 | 0 | 0 | 0 | 0 | 0 | 0 | 0 | 0 | 0 | 0 | 0 | 0 | 0 | 0 | 0 | 0 | 0 | 0 | 0 | 0 | 0 | 0 |
| 苏州工艺美术职业技术学院 | 7 | 0 | 0 | 0 | 0 | 0 | 0 | 0 | 0 | 0 | 0 | 0 | 0 | 0 | 0 | 0 | 0 | 0 | 0 | 0 | 0 | 0 | 0 | 0 | 0 | 0 | 0 |
| 连云港职业技术学院 | 8 | 0 | 0 | 0 | 0 | 0 | 0 | 0 | 0 | 0 | 0 | 0 | 0 | 0 | 0 | 0 | 0 | 0 | 0 | 0 | 0 | 0 | 0 | 0 | 0 | 0 | 0 |
| 镇江市高等专科学校 | 9 | 0 | 0 | 0 | 0 | 0 | 0 | 0 | 0 | 0 | 0 | 0 | 0 | 0 | 0 | 0 | 0 | 0 | 0 | 0 | 0 | 0 | 0 | 0 | 0 | 0 | 0 |
| 南通职业大学 | 10 | 1 | 0.1 | 0 | 0 | 3 | 0 | 0 | 0 | 0 | 0 | 0 | 0 | 0 | 0 | 0 | 0 | 0 | 0 | 0 | 0 | 0 | 0 | 0 | 0 | 0 | 0 |
| 苏州职业大学 | 11 | 0 | 0 | 0 | 0 | 0 | 0 | 0 | 0 | 0 | 0 | 0 | 0 | 0 | 0 | 0 | 0 | 0 | 0 | 0 | 0 | 0 | 0 | 0 | 0 | 0 | 0 |
| 沙洲职业工学院 | 12 | 0 | 0 | 0 | 0 | 0 | 0 | 0 | 0 | 0 | 0 | 0 | 0 | 0 | 0 | 0 | 0 | 0 | 0 | 0 | 0 | 0 | 0 | 0 | 0 | 0 | 0 |
| 扬州市职业大学 | 13 | 0 | 0 | 0 | 0 | 0 | 0 | 0 | 0 | 0 | 0 | 0 | 0 | 0 | 0 | 0 | 0 | 0 | 0 | 0 | 0 | 0 | 0 | 0 | 0 | 0 | 0 |
| 连云港师范高等专科学校 | 14 | 0 | 0 | 0 | 0 | 0 | 0 | 0 | 0 | 0 | 0 | 0 | 0 | 0 | 0 | 0 | 0 | 0 | 0 | 0 | 0 | 0 | 0 | 0 | 0 | 0 | 0 |
| 江苏经贸职业技术学院 | 15 | 0 | 0 | 0 | 0 | 0 | 0 | 0 | 0 | 0 | 0 | 0 | 0 | 0 | 0 | 0 | 0 | 0 | 0 | 0 | 0 | 0 | 0 | 0 | 0 | 0 | 0 |

续表

| 高校名称 | | 总数 | | | | | 出版著作(部) | | | | | | | 古籍整理(部) | 译著(部) | 发表译文(篇) | 电子出版物(件) | 发表论文(篇) | | | | 获奖成果数(项) | | | | 研究与咨询报告(篇) | |
|---|---|---|---|---|---|---|---|---|---|---|---|---|---|---|---|---|---|---|---|---|---|---|---|---|---|---|---|
| | | 课题数(项) | 当年投入人数(人年) | 其中：研究生(人年) | 当年拨入经费(千元) | 当年支出经费(千元) | 合计 | 专著 | 其中：被译成外文 | 编著教材 | 工具书参考书 | 皮书/发展报告 | 科普读物 | | | | | 合计 | 国内学术刊物 | 国外学术刊物 | 港、澳、台地区刊物 | 合计 | 国家级奖 | 部级奖 | 省级奖 | 合计 | 其中：被采纳数 |
| | 编号 | L01 | L02 | L03 | L04 | L05 | L06 | L07 | L08 | L09 | L10 | L11 | L12 | L13 | L14 | L15 | L16 | L17 | L18 | L19 | L20 | L21 | L22 | L23 | L24 | L25 | L26 |
| 泰州职业技术学院 | 16 | 0 | 0 | 0 | 0 | 0 | 0 | 0 | 0 | 0 | 0 | 0 | 0 | 0 | 0 | 0 | 0 | 0 | 0 | 0 | 0 | 0 | 0 | 0 | 0 | 0 | 0 |
| 常州信息职业技术学院 | 17 | 0 | 0 | 0 | 0 | 0 | 0 | 0 | 0 | 0 | 0 | 0 | 0 | 0 | 0 | 0 | 0 | 0 | 0 | 0 | 0 | 0 | 0 | 0 | 0 | 0 | 0 |
| 江苏海事职业技术学院 | 18 | 0 | 0 | 0 | 0 | 0 | 0 | 0 | 0 | 0 | 0 | 0 | 0 | 0 | 0 | 0 | 0 | 0 | 0 | 0 | 0 | 0 | 0 | 0 | 0 | 0 | 0 |
| 无锡科技职业学院 | 19 | 0 | 0 | 0 | 0 | 0 | 0 | 0 | 0 | 0 | 0 | 0 | 0 | 0 | 0 | 0 | 0 | 0 | 0 | 0 | 0 | 0 | 0 | 0 | 0 | 0 | 0 |
| 江苏医药职业学院 | 20 | 0 | 0 | 0 | 0 | 0 | 0 | 0 | 0 | 0 | 0 | 0 | 0 | 0 | 0 | 0 | 0 | 0 | 0 | 0 | 0 | 0 | 0 | 0 | 0 | 0 | 0 |
| 南通科技职业学院 | 21 | 0 | 0 | 0 | 0 | 0 | 0 | 0 | 0 | 0 | 0 | 0 | 0 | 0 | 0 | 0 | 0 | 0 | 0 | 0 | 0 | 0 | 0 | 0 | 0 | 0 | 0 |
| 苏州经贸职业技术学院 | 22 | 0 | 0 | 0 | 0 | 0 | 0 | 0 | 0 | 0 | 0 | 0 | 0 | 0 | 0 | 0 | 0 | 0 | 0 | 0 | 0 | 0 | 0 | 0 | 0 | 0 | 0 |
| 苏州工业职业技术学院 | 23 | 0 | 0 | 0 | 0 | 0 | 0 | 0 | 0 | 0 | 0 | 0 | 0 | 0 | 0 | 0 | 0 | 0 | 0 | 0 | 0 | 0 | 0 | 0 | 0 | 0 | 0 |
| 苏州卫生职业技术学院 | 24 | 0 | 0 | 0 | 0 | 0 | 0 | 0 | 0 | 0 | 0 | 0 | 0 | 0 | 0 | 0 | 0 | 0 | 0 | 0 | 0 | 0 | 0 | 0 | 0 | 0 | 0 |
| 无锡商业职业技术学院 | 25 | 0 | 0 | 0 | 0 | 0 | 0 | 0 | 0 | 0 | 0 | 0 | 0 | 0 | 0 | 0 | 0 | 0 | 0 | 0 | 0 | 0 | 0 | 0 | 0 | 0 | 0 |
| 江苏航运职业技术学院 | 26 | 1 | 0.1 | 0 | 0 | 4 | 0 | 0 | 0 | 0 | 0 | 0 | 0 | 0 | 0 | 0 | 0 | 0 | 0 | 0 | 0 | 0 | 0 | 0 | 0 | 0 | 0 |
| 南京交通职业技术学院 | 27 | 0 | 0 | 0 | 0 | 0 | 0 | 0 | 0 | 0 | 0 | 0 | 0 | 0 | 0 | 0 | 0 | 0 | 0 | 0 | 0 | 0 | 0 | 0 | 0 | 0 | 0 |
| 江苏电子信息职业学院 | 28 | 0 | 0 | 0 | 0 | 0 | 0 | 0 | 0 | 0 | 0 | 0 | 0 | 0 | 0 | 0 | 0 | 0 | 0 | 0 | 0 | 0 | 0 | 0 | 0 | 0 | 0 |
| 江苏农牧科技职业学院 | 29 | 0 | 0 | 0 | 0 | 0 | 0 | 0 | 0 | 0 | 0 | 0 | 0 | 0 | 0 | 0 | 0 | 0 | 0 | 0 | 0 | 0 | 0 | 0 | 0 | 0 | 0 |
| 常州纺织服装职业技术学院 | 30 | 0 | 0 | 0 | 0 | 0 | 0 | 0 | 0 | 0 | 0 | 0 | 0 | 0 | 0 | 0 | 0 | 0 | 0 | 0 | 0 | 0 | 0 | 0 | 0 | 0 | 0 |
| 苏州农业职业技术学院 | 31 | 0 | 0 | 0 | 0 | 0 | 0 | 0 | 0 | 0 | 0 | 0 | 0 | 0 | 0 | 0 | 0 | 0 | 0 | 0 | 0 | 0 | 0 | 0 | 0 | 0 | 0 |

| | | | | | | | | | | | | | | | | | | | | | | | | | | | |
|---|---|---|---|---|---|---|---|---|---|---|---|---|---|---|---|---|---|---|---|---|---|---|---|---|---|---|---|
| 南京科技职业学院 | 32 | 0 | 0 | 0 | 0 | 0 | 0 | 0 | 0 | 0 | 0 | 0 | 0 | 0 | 0 | 0 | 0 | 0 | 0 | 0 | 0 | 0 | 0 | 0 | 0 | 0 | 0 |
| 常州工业职业技术学院 | 33 | 0 | 0 | 0 | 0 | 0 | 0 | 0 | 0 | 0 | 0 | 0 | 0 | 0 | 0 | 0 | 0 | 0 | 0 | 0 | 0 | 0 | 0 | 0 | 0 | 0 | 0 |
| 常州工程职业技术学院 | 34 | 0 | 0 | 0 | 0 | 0 | 0 | 0 | 0 | 0 | 0 | 0 | 0 | 0 | 0 | 0 | 0 | 0 | 0 | 0 | 0 | 0 | 0 | 0 | 0 | 0 | 0 |
| 江苏农林职业技术学院 | 35 | 0 | 0 | 0 | 0 | 0 | 0 | 0 | 0 | 0 | 0 | 0 | 0 | 0 | 0 | 0 | 0 | 0 | 0 | 0 | 0 | 0 | 0 | 0 | 0 | 0 | 0 |
| 江苏食品药品职业技术学院 | 36 | 0 | 0 | 0 | 0 | 0 | 0 | 0 | 0 | 0 | 0 | 0 | 0 | 0 | 0 | 0 | 0 | 0 | 0 | 0 | 0 | 0 | 0 | 0 | 0 | 0 | 0 |
| 南京铁道职业技术学院 | 37 | 0 | 0 | 0 | 0 | 0 | 0 | 0 | 0 | 0 | 0 | 0 | 0 | 0 | 0 | 0 | 0 | 0 | 0 | 0 | 0 | 0 | 0 | 0 | 0 | 0 | 0 |
| 徐州工业职业技术学院 | 38 | 0 | 0 | 0 | 0 | 0 | 0 | 0 | 0 | 0 | 0 | 0 | 0 | 0 | 0 | 0 | 0 | 0 | 0 | 0 | 0 | 0 | 0 | 0 | 0 | 0 | 0 |
| 江苏信息职业技术学院 | 39 | 0 | 0 | 0 | 0 | 0 | 0 | 0 | 0 | 0 | 0 | 0 | 0 | 0 | 0 | 0 | 0 | 0 | 0 | 0 | 0 | 0 | 0 | 0 | 0 | 0 | 0 |
| 南京信息职业技术学院 | 40 | 0 | 0 | 0 | 0 | 0 | 0 | 0 | 0 | 0 | 0 | 0 | 0 | 0 | 0 | 0 | 0 | 0 | 0 | 0 | 0 | 0 | 0 | 0 | 0 | 0 | 0 |
| 常州机电职业技术学院 | 41 | 0 | 0 | 0 | 0 | 0 | 0 | 0 | 0 | 0 | 0 | 0 | 0 | 0 | 0 | 0 | 0 | 0 | 0 | 0 | 0 | 0 | 0 | 0 | 0 | 0 | 0 |
| 江阴职业技术学院 | 42 | 0 | 0 | 0 | 0 | 0 | 0 | 0 | 0 | 0 | 0 | 0 | 0 | 0 | 0 | 0 | 0 | 0 | 0 | 0 | 0 | 0 | 0 | 0 | 0 | 0 | 0 |
| 无锡城市职业技术学院 | 43 | 0 | 0 | 0 | 0 | 0 | 0 | 0 | 0 | 0 | 0 | 0 | 0 | 0 | 0 | 0 | 0 | 0 | 0 | 0 | 0 | 0 | 0 | 0 | 0 | 0 | 0 |
| 无锡工艺职业技术学院 | 44 | 0 | 0 | 0 | 0 | 0 | 0 | 0 | 0 | 0 | 0 | 0 | 0 | 0 | 0 | 0 | 0 | 0 | 0 | 0 | 0 | 0 | 0 | 0 | 0 | 0 | 0 |
| 苏州健雄职业技术学院 | 45 | 0 | 0 | 0 | 0 | 0 | 0 | 0 | 0 | 0 | 0 | 0 | 0 | 0 | 0 | 0 | 0 | 0 | 0 | 0 | 0 | 0 | 0 | 0 | 0 | 0 | 0 |
| 盐城工业职业技术学院 | 46 | 0 | 0 | 0 | 0 | 0 | 0 | 0 | 0 | 0 | 0 | 0 | 0 | 0 | 0 | 0 | 0 | 0 | 0 | 0 | 0 | 0 | 0 | 0 | 0 | 0 | 0 |
| 江苏财经职业技术学院 | 47 | 0 | 0 | 0 | 0 | 0 | 0 | 0 | 0 | 0 | 0 | 0 | 0 | 0 | 0 | 0 | 0 | 0 | 0 | 0 | 0 | 0 | 0 | 0 | 0 | 0 | 0 |
| 扬州工业职业技术学院 | 48 | 0 | 0 | 0 | 0 | 0 | 0 | 0 | 0 | 0 | 0 | 0 | 0 | 0 | 0 | 0 | 0 | 0 | 0 | 0 | 0 | 0 | 0 | 0 | 0 | 0 | 0 |
| 江苏城市职业学院 | 49 | 0 | 0 | 0 | 0 | 0 | 0 | 0 | 0 | 0 | 0 | 0 | 0 | 0 | 0 | 0 | 0 | 0 | 0 | 0 | 0 | 0 | 0 | 0 | 0 | 0 | 0 |
| 南京城市职业学院 | 50 | 0 | 0 | 0 | 0 | 0 | 0 | 0 | 0 | 0 | 0 | 0 | 0 | 0 | 0 | 0 | 0 | 0 | 0 | 0 | 0 | 0 | 0 | 0 | 0 | 0 | 0 |

续表

| 高校名称 | 编号 | 总数 课题数(项) | 总数 当年投入人数(人年) | 总数 其中:研究生(人年) | 总数 当年拨入经费(千元) | 总数 当年支出经费(千元) | 出版著作(部) 合计 | 出版著作(部) 专著 | 出版著作(部) 其中:被译成外文 | 出版著作(部) 编著教材 | 出版著作(部) 工具书参考书 | 出版著作(部) 皮书/发展报告 | 出版著作(部) 科普读物 | 古籍整理(部) | 译著(部) | 发表译文(篇) | 电子出版物(件) | 发表论文(篇) 合计 | 发表论文(篇) 国内学术刊物 | 发表论文(篇) 国外学术刊物 | 发表论文(篇) 港、澳、台地区刊物 | 获奖成果数(项) 合计 | 获奖成果数(项) 国家级奖 | 获奖成果数(项) 部级奖 | 获奖成果数(项) 省级奖 | 研究与咨询报告(篇) 合计 | 研究与咨询报告(篇) 其中:被采纳数 |
|---|---|---|---|---|---|---|---|---|---|---|---|---|---|---|---|---|---|---|---|---|---|---|---|---|---|---|---|
| | | L01 | L02 | L03 | L04 | L05 | L06 | L07 | L08 | L09 | L10 | L11 | L12 | L13 | L14 | L15 | L16 | L17 | L18 | L19 | L20 | L21 | L22 | L23 | L24 | L25 | L26 |
| 南京机电职业技术学院 | 51 | 0 | 0 | 0 | 0 | 0 | 0 | 0 | 0 | 0 | 0 | 0 | 0 | 0 | 0 | 0 | 0 | 0 | 0 | 0 | 0 | 0 | 0 | 0 | 0 | 0 | 0 |
| 南京旅游职业学院 | 52 | 0 | 0 | 0 | 0 | 0 | 0 | 0 | 0 | 0 | 0 | 0 | 0 | 0 | 0 | 0 | 0 | 2 | 2 | 0 | 0 | 0 | 0 | 0 | 0 | 0 | 0 |
| 江苏卫生健康职业学院 | 53 | 0 | 0 | 0 | 0 | 0 | 0 | 0 | 0 | 0 | 0 | 0 | 0 | 0 | 0 | 0 | 0 | 0 | 0 | 0 | 0 | 0 | 0 | 0 | 0 | 0 | 0 |
| 苏州信息职业技术学院 | 54 | 0 | 0 | 0 | 0 | 0 | 0 | 0 | 0 | 0 | 0 | 0 | 0 | 0 | 0 | 0 | 0 | 0 | 0 | 0 | 0 | 0 | 0 | 0 | 0 | 0 | 0 |
| 苏州工业园区服务外包职业学院 | 55 | 0 | 0 | 0 | 0 | 0 | 0 | 0 | 0 | 0 | 0 | 0 | 0 | 0 | 0 | 0 | 0 | 0 | 0 | 0 | 0 | 0 | 0 | 0 | 0 | 0 | 0 |
| 徐州幼儿师范高等专科学校 | 56 | 0 | 0 | 0 | 0 | 0 | 0 | 0 | 0 | 0 | 0 | 0 | 0 | 0 | 0 | 0 | 0 | 0 | 0 | 0 | 0 | 0 | 0 | 0 | 0 | 0 | 0 |
| 徐州生物工程职业技术学院 | 57 | 0 | 0 | 0 | 0 | 0 | 0 | 0 | 0 | 0 | 0 | 0 | 0 | 0 | 0 | 0 | 0 | 0 | 0 | 0 | 0 | 0 | 0 | 0 | 0 | 0 | 0 |
| 江苏商贸职业学院 | 58 | 0 | 0 | 0 | 0 | 0 | 0 | 0 | 0 | 0 | 0 | 0 | 0 | 0 | 0 | 0 | 0 | 0 | 0 | 0 | 0 | 0 | 0 | 0 | 0 | 0 | 0 |
| 南通师范高等专科学校 | 59 | 0 | 0 | 0 | 0 | 0 | 0 | 0 | 0 | 0 | 0 | 0 | 0 | 0 | 0 | 0 | 0 | 0 | 0 | 0 | 0 | 0 | 0 | 0 | 0 | 0 | 0 |
| 江苏护理职业学院 | 60 | 0 | 0 | 0 | 0 | 0 | 0 | 0 | 0 | 0 | 0 | 0 | 0 | 0 | 0 | 0 | 0 | 0 | 0 | 0 | 0 | 0 | 0 | 0 | 0 | 0 | 0 |
| 江苏财会职业学院 | 61 | 0 | 0 | 0 | 0 | 0 | 0 | 0 | 0 | 0 | 0 | 0 | 0 | 0 | 0 | 0 | 0 | 1 | 1 | 0 | 0 | 0 | 0 | 0 | 0 | 0 | 0 |
| 江苏城乡建设职业学院 | 62 | 0 | 0 | 0 | 0 | 0 | 0 | 0 | 0 | 0 | 0 | 0 | 0 | 0 | 0 | 0 | 0 | 0 | 0 | 0 | 0 | 0 | 0 | 0 | 0 | 0 | 0 |
| 江苏航空职业技术学院 | 63 | 0 | 0 | 0 | 0 | 0 | 0 | 0 | 0 | 0 | 0 | 0 | 0 | 0 | 0 | 0 | 0 | 0 | 0 | 0 | 0 | 0 | 0 | 0 | 0 | 0 | 0 |
| 江苏安全技术职业学院 | 64 | 0 | 0 | 0 | 0 | 0 | 0 | 0 | 0 | 0 | 0 | 0 | 0 | 0 | 0 | 0 | 0 | 0 | 0 | 0 | 0 | 0 | 0 | 0 | 0 | 0 | 0 |
| 江苏旅游职业学院 | 65 | 0 | 0 | 0 | 0 | 0 | 0 | 0 | 0 | 0 | 0 | 0 | 0 | 0 | 0 | 0 | 0 | 0 | 0 | 0 | 0 | 0 | 0 | 0 | 0 | 0 | 0 |

## 3.12 经济学人文、社会科学研究与课题成果情况表

| 高校名称 | 编号 | 总数：课题数（项） | 总数：当年投入人数（人年） | 总数：其中：研究生（人年） | 总数：当年拨入经费（千元） | 总数：当年支出经费（千元） | 出版著作（部）：合计 | 出版著作（部）：专著 | 出版著作（部）：其中：被译成外文 | 出版著作（部）：编著教材 | 出版著作（部）：工具书参考书 | 出版著作（部）：皮书/发展报告 | 出版著作（部）：科普读物 | 古籍整理（部） | 译著（部） | 发表译文（篇） | 电子出版物（件） | 发表论文（篇）：合计 | 发表论文（篇）：国内学术刊物 | 发表论文（篇）：国外学术刊物 | 发表论文（篇）：港、澳、台地区刊物 | 获奖成果数（项）：合计 | 获奖成果数（项）：国家级奖 | 获奖成果数（项）：部级奖 | 获奖成果数（项）：省级奖 | 研究与咨询报告（篇）：合计 | 研究与咨询报告（篇）：其中：被采纳数 |
|---|---|---|---|---|---|---|---|---|---|---|---|---|---|---|---|---|---|---|---|---|---|---|---|---|---|---|---|
|  | 编号 | L01 | L02 | L03 | L04 | L05 | L06 | L07 | L08 | L09 | L10 | L11 | L12 | L13 | L14 | L15 | L16 | L17 | L18 | L19 | L20 | L21 | L22 | L23 | L24 | L25 | L26 |
| 合计 | / | 819 | 156.7 | 0 | 7 338.15 | 6 937.99 | 28 | 6 | 0 | 20 | 1 | 1 | 0 | 0 | 0 | 0 | 0 | 747 | 740 | 7 | 0 | 0 | 0 | 0 | 0 | 182 | 98 |
| 盐城幼儿师范高等专科学校 | 1 | 6 | 1.2 | 0 | 9 | 9 | 0 | 0 | 0 | 0 | 0 | 0 | 0 | 0 | 0 | 0 | 0 | 2 | 2 | 0 | 0 | 0 | 0 | 0 | 0 | 0 | 0 |
| 苏州幼儿师范高等专科学校 | 2 | 0 | 0 | 0 | 0 | 0 | 0 | 0 | 0 | 0 | 0 | 0 | 0 | 0 | 0 | 0 | 0 | 0 | 0 | 0 | 0 | 0 | 0 | 0 | 0 | 0 | 0 |
| 无锡职业技术学院 | 3 | 13 | 1.7 | 0 | 17 | 35.27 | 0 | 0 | 0 | 0 | 0 | 0 | 0 | 0 | 0 | 0 | 0 | 14 | 14 | 0 | 0 | 0 | 0 | 0 | 0 | 0 | 0 |
| 江苏建筑职业技术学院 | 4 | 11 | 2.8 | 0 | 30 | 22 | 1 | 0 | 0 | 1 | 0 | 0 | 0 | 0 | 0 | 0 | 0 | 2 | 1 | 1 | 0 | 0 | 0 | 0 | 0 | 0 | 0 |
| 南京工业职业技术大学 | 5 | 25 | 8.9 | 0 | 200 | 149.4 | 1 | 1 | 0 | 0 | 0 | 0 | 0 | 0 | 0 | 0 | 0 | 36 | 36 | 0 | 0 | 0 | 0 | 0 | 0 | 3 | 0 |
| 江苏工程职业技术学院 | 6 | 26 | 4.1 | 0 | 30 | 31.7 | 0 | 0 | 0 | 0 | 0 | 0 | 0 | 0 | 0 | 0 | 0 | 10 | 10 | 0 | 0 | 0 | 0 | 0 | 0 | 0 | 0 |
| 苏州工艺美术职业技术学院 | 7 | 0 | 0 | 0 | 0 | 0 | 0 | 0 | 0 | 0 | 0 | 0 | 0 | 0 | 0 | 0 | 0 | 0 | 0 | 0 | 0 | 0 | 0 | 0 | 0 | 0 | 0 |
| 连云港职业技术学院 | 8 | 4 | 1.7 | 0 | 0 | 0 | 0 | 0 | 0 | 0 | 0 | 0 | 0 | 0 | 0 | 0 | 0 | 5 | 5 | 0 | 0 | 0 | 0 | 0 | 0 | 3 | 1 |
| 镇江市高等专科学校 | 9 | 3 | 1.3 | 0 | 30 | 11 | 0 | 0 | 0 | 0 | 0 | 0 | 0 | 0 | 0 | 0 | 0 | 4 | 4 | 0 | 0 | 0 | 0 | 0 | 0 | 1 | 1 |
| 南通职业大学 | 10 | 36 | 7 | 0 | 114 | 124 | 0 | 0 | 0 | 0 | 0 | 0 | 0 | 0 | 0 | 0 | 0 | 27 | 27 | 0 | 0 | 0 | 0 | 0 | 0 | 5 | 5 |
| 苏州职业大学 | 11 | 21 | 10.9 | 0 | 283 | 309.2 | 2 | 0 | 0 | 2 | 0 | 0 | 0 | 0 | 0 | 0 | 0 | 61 | 59 | 2 | 0 | 0 | 0 | 0 | 0 | 4 | 4 |
| 沙洲职业工学院 | 12 | 5 | 0.6 | 0 | 24 | 26 | 0 | 0 | 0 | 0 | 0 | 0 | 0 | 0 | 0 | 0 | 0 | 0 | 0 | 0 | 0 | 0 | 0 | 0 | 0 | 4 | 0 |
| 扬州市职业大学 | 13 | 73 | 15.3 | 0 | 552.8 | 364.73 | 1 | 1 | 0 | 0 | 0 | 0 | 0 | 0 | 0 | 0 | 0 | 35 | 35 | 0 | 0 | 0 | 0 | 0 | 0 | 46 | 46 |
| 连云港师范高等专科学校 | 14 | 1 | 0.1 | 0 | 0 | 0 | 0 | 0 | 0 | 0 | 0 | 0 | 0 | 0 | 0 | 0 | 0 | 4 | 4 | 0 | 0 | 0 | 0 | 0 | 0 | 0 | 0 |
| 江苏经贸职业技术学院 | 15 | 32 | 8.2 | 0 | 96 | 91.6 | 3 | 0 | 0 | 3 | 0 | 0 | 0 | 0 | 0 | 0 | 0 | 18 | 18 | 0 | 0 | 0 | 0 | 0 | 0 | 0 | 0 |

续表

| 高校名称 | 编号 | 总数 |  |  |  |  | 出版著作(部) |  |  |  |  |  |  | 古籍整理(部) | 译著(部) | 发表译文(篇) | 电子出版物(件) | 发表论文(篇) |  |  |  | 获奖成果数(项) |  |  |  | 研究与咨询报告(篇) |  |
|---|---|---|---|---|---|---|---|---|---|---|---|---|---|---|---|---|---|---|---|---|---|---|---|---|---|---|---|
|  |  | 课题数(项) | 当年投入人数(人年) | 其中：研究生(人年) | 当年拨入经费(千元) | 当年支出经费(千元) | 合计 | 专著 | 其中：被译成外文 | 编著教材 | 工具书参考书 | 皮书/发展报告 | 科普读物 |  |  |  |  | 合计 | 国内学术刊物 | 国外学术刊物 | 港、澳、台地区刊物 | 合计 | 国家级奖 | 部级奖 | 省级奖 | 合计 | 其中：被采纳数 |
|  |  | L01 | L02 | L03 | L04 | L05 | L06 | L07 | L08 | L09 | L10 | L11 | L12 | L13 | L14 | L15 | L16 | L17 | L18 | L19 | L20 | L21 | L22 | L23 | L24 | L25 | L26 |
| 泰州职业技术学院 | 16 | 19 | 3.8 | 0 | 70 | 225.93 | 0 | 0 | 0 | 0 | 0 | 0 | 0 | 0 | 0 | 0 | 0 | 10 | 10 | 0 | 0 | 0 | 0 | 0 | 0 | 1 | 0 |
| 常州信息职业技术学院 | 17 | 5 | 2.6 | 0 | 5 | 5 | 0 | 0 | 0 | 0 | 0 | 0 | 0 | 0 | 0 | 0 | 0 | 4 | 4 | 0 | 0 | 0 | 0 | 0 | 0 | 8 | 0 |
| 江苏海事职业技术学院 | 18 | 11 | 3.7 | 0 | 554 | 475.91 | 0 | 0 | 0 | 0 | 0 | 0 | 0 | 0 | 0 | 0 | 0 | 6 | 5 | 1 | 0 | 0 | 0 | 0 | 0 | 4 | 3 |
| 无锡科技职业学院 | 19 | 4 | 2.1 | 0 | 0 | 5 | 0 | 0 | 0 | 0 | 0 | 0 | 0 | 0 | 0 | 0 | 0 | 2 | 2 | 0 | 0 | 0 | 0 | 0 | 0 | 0 | 0 |
| 江苏医药职业学院 | 20 | 1 | 0.1 | 0 | 0 | 3.93 | 0 | 0 | 0 | 0 | 0 | 0 | 0 | 0 | 0 | 0 | 0 | 0 | 0 | 0 | 0 | 0 | 0 | 0 | 0 | 0 | 0 |
| 南通科技职业学院 | 21 | 17 | 3.5 | 0 | 724 | 625.7 | 0 | 0 | 0 | 0 | 0 | 0 | 0 | 0 | 0 | 0 | 0 | 4 | 4 | 0 | 0 | 0 | 0 | 0 | 0 | 7 | 7 |
| 苏州经贸职业技术学院 | 22 | 3 | 0.5 | 0 | 0 | 64.99 | 0 | 0 | 0 | 0 | 0 | 0 | 0 | 0 | 0 | 0 | 0 | 44 | 44 | 0 | 0 | 0 | 0 | 0 | 0 | 8 | 0 |
| 苏州工业职业技术学院 | 23 | 1 | 0.1 | 0 | 0 | 5.4 | 0 | 0 | 0 | 0 | 0 | 0 | 0 | 0 | 0 | 0 | 0 | 0 | 0 | 0 | 0 | 0 | 0 | 0 | 0 | 0 | 0 |
| 苏州卫生职业技术学院 | 24 | 1 | 0.1 | 0 | 2 | 0.8 | 0 | 0 | 0 | 0 | 0 | 0 | 0 | 0 | 0 | 0 | 0 | 8 | 8 | 0 | 0 | 0 | 0 | 0 | 0 | 0 | 0 |
| 无锡商业职业技术学院 | 25 | 14 | 2.1 | 0 | 1 353 | 684 | 5 | 0 | 0 | 5 | 0 | 0 | 0 | 0 | 0 | 0 | 0 | 43 | 42 | 1 | 0 | 0 | 0 | 0 | 0 | 5 | 5 |
| 江苏航运职业技术学院 | 26 | 7 | 1 | 0 | 23 | 13 | 0 | 0 | 0 | 0 | 0 | 0 | 0 | 0 | 0 | 0 | 0 | 4 | 4 | 0 | 0 | 0 | 0 | 0 | 0 | 0 | 0 |
| 南京交通职业技术学院 | 27 | 8 | 0.8 | 0 | 5 | 28.6 | 0 | 0 | 0 | 0 | 0 | 0 | 0 | 0 | 0 | 0 | 0 | 3 | 3 | 0 | 0 | 0 | 0 | 0 | 0 | 1 | 1 |
| 江苏电子信息职业学院 | 28 | 8 | 1.9 | 0 | 43 | 37.5 | 1 | 1 | 0 | 0 | 0 | 0 | 0 | 0 | 0 | 0 | 0 | 11 | 11 | 0 | 0 | 0 | 0 | 0 | 0 | 0 | 0 |
| 江苏农牧科技职业学院 | 29 | 5 | 0.5 | 0 | 20 | 15 | 0 | 0 | 0 | 0 | 0 | 0 | 0 | 0 | 0 | 0 | 0 | 1 | 1 | 0 | 0 | 0 | 0 | 0 | 0 | 0 | 0 |
| 常州纺织服装职业技术学院 | 30 | 28 | 3.9 | 0 | 44.5 | 65.2 | 0 | 0 | 0 | 0 | 0 | 0 | 0 | 0 | 0 | 0 | 0 | 47 | 47 | 0 | 0 | 0 | 0 | 0 | 0 | 20 | 1 |
| 苏州农业职业技术学院 | 31 | 3 | 0.7 | 0 | 5.6 | 5.6 | 0 | 0 | 0 | 0 | 0 | 0 | 0 | 0 | 0 | 0 | 0 | 4 | 4 | 0 | 0 | 0 | 0 | 0 | 0 | 0 | 0 |

| | | | | | | | | | | | | | | | | | | | | | | | | | | | |
|---|---|---|---|---|---|---|---|---|---|---|---|---|---|---|---|---|---|---|---|---|---|---|---|---|---|---|---|
| 南京科技职业学院 | 32 | 10 | 1.3 | 0 | 0 | 3 | 0 | 0 | 0 | 0 | 0 | 0 | 0 | 0 | 0 | 0 | 0 | 13 | 11 | 2 | 0 | 0 | 0 | 0 | 0 | 0 | 0 |
| 常州工业职业技术学院 | 33 | 24 | 4.4 | 0 | 146 | 71 | 1 | 0 | 0 | 1 | 0 | 0 | 0 | 0 | 0 | 0 | 0 | 3 | 3 | 0 | 0 | 0 | 0 | 0 | 0 | 3 | 1 |
| 常州工程职业技术学院 | 34 | 5 | 0.5 | 0 | 0 | 114 | 2 | 2 | 0 | 0 | 0 | 0 | 0 | 0 | 0 | 0 | 0 | 3 | 3 | 0 | 0 | 0 | 0 | 0 | 0 | 0 | 0 |
| 江苏农林职业技术学院 | 35 | 4 | 0.4 | 0 | 0 | 2 | 0 | 0 | 0 | 0 | 0 | 0 | 0 | 0 | 0 | 0 | 0 | 10 | 10 | 0 | 0 | 0 | 0 | 0 | 0 | 0 | 0 |
| 江苏食品药品职业技术学院 | 36 | 12 | 2.3 | 0 | 190 | 85.4 | 0 | 0 | 0 | 0 | 0 | 0 | 0 | 0 | 0 | 0 | 0 | 14 | 14 | 0 | 0 | 0 | 0 | 0 | 0 | 2 | 0 |
| 南京铁道职业技术学院 | 37 | 13 | 1.4 | 0 | 4 | 12 | 0 | 0 | 0 | 0 | 0 | 0 | 0 | 0 | 0 | 0 | 0 | 10 | 10 | 0 | 0 | 0 | 0 | 0 | 0 | 0 | 0 |
| 徐州工业职业技术学院 | 38 | 9 | 1 | 0 | 42 | 46 | 1 | 0 | 0 | 1 | 0 | 0 | 0 | 0 | 0 | 0 | 0 | 10 | 10 | 0 | 0 | 0 | 0 | 0 | 0 | 1 | 1 |
| 江苏信息职业技术学院 | 39 | 63 | 7 | 0 | 517 | 399.67 | 2 | 0 | 0 | 2 | 0 | 0 | 0 | 0 | 0 | 0 | 0 | 25 | 25 | 0 | 0 | 0 | 0 | 0 | 0 | 5 | 5 |
| 南京信息职业技术学院 | 40 | 12 | 1.7 | 0 | 145 | 66.4 | 1 | 0 | 0 | 1 | 0 | 0 | 0 | 0 | 0 | 0 | 0 | 10 | 10 | 0 | 0 | 0 | 0 | 0 | 0 | 1 | 1 |
| 常州机电职业技术学院 | 41 | 3 | 0.7 | 0 | 20 | 13.6 | 0 | 0 | 0 | 0 | 0 | 0 | 0 | 0 | 0 | 0 | 0 | 12 | 12 | 0 | 0 | 0 | 0 | 0 | 0 | 1 | 0 |
| 江阴职业技术学院 | 42 | 7 | 0.7 | 0 | 29 | 21 | 0 | 0 | 0 | 0 | 0 | 0 | 0 | 0 | 0 | 0 | 0 | 7 | 7 | 0 | 0 | 0 | 0 | 0 | 0 | 0 | 0 |
| 无锡城市职业技术学院 | 43 | 9 | 2.2 | 0 | 14 | 15.8 | 0 | 0 | 0 | 0 | 0 | 0 | 0 | 0 | 0 | 0 | 0 | 32 | 32 | 0 | 0 | 0 | 0 | 0 | 0 | 1 | 0 |
| 无锡工艺职业技术学院 | 44 | 10 | 1.8 | 0 | 385 | 385 | 2 | 0 | 0 | 2 | 0 | 0 | 0 | 0 | 0 | 0 | 0 | 3 | 3 | 0 | 0 | 0 | 0 | 0 | 0 | 8 | 2 |
| 苏州健雄职业技术学院 | 45 | 6 | 1.3 | 0 | 75 | 39 | 0 | 0 | 0 | 0 | 0 | 0 | 0 | 0 | 0 | 0 | 0 | 4 | 4 | 0 | 0 | 0 | 0 | 0 | 0 | 3 | 1 |
| 盐城工业职业技术学院 | 46 | 38 | 5.1 | 0 | 254 | 316.5 | 0 | 0 | 0 | 0 | 0 | 0 | 0 | 0 | 0 | 0 | 0 | 8 | 8 | 0 | 0 | 0 | 0 | 0 | 0 | 8 | 5 |
| 江苏财经职业技术学院 | 47 | 50 | 5.6 | 0 | 240.4 | 831.26 | 0 | 0 | 0 | 0 | 0 | 0 | 0 | 0 | 0 | 0 | 0 | 22 | 22 | 0 | 0 | 0 | 0 | 0 | 0 | 2 | 0 |
| 扬州工业职业技术学院 | 48 | 25 | 2.5 | 0 | 90 | 82.7 | 1 | 1 | 0 | 0 | 0 | 0 | 0 | 0 | 0 | 0 | 0 | 20 | 20 | 0 | 0 | 0 | 0 | 0 | 0 | 6 | 2 |
| 江苏城市职业学院 | 49 | 30 | 9.1 | 0 | 190.75 | 297.85 | 0 | 0 | 0 | 0 | 0 | 0 | 0 | 0 | 0 | 0 | 0 | 11 | 11 | 0 | 0 | 0 | 0 | 0 | 0 | 0 | 0 |
| 南京城市职业学院 | 50 | 7 | 0.7 | 0 | 12.6 | 15.6 | 0 | 0 | 0 | 0 | 0 | 0 | 0 | 0 | 0 | 0 | 0 | 7 | 7 | 0 | 0 | 0 | 0 | 0 | 0 | 0 | 0 |

续表

| 高校名称 | | 总数 | | | | | 出版著作(部) | | | | | | | 古籍整理(部) | 译著(部) | 发表译文(篇) | 电子出版物(件) | 发表论文(篇) | | | | 获奖成果数(项) | | | | 研究与咨询报告(篇) | |
|---|---|---|---|---|---|---|---|---|---|---|---|---|---|---|---|---|---|---|---|---|---|---|---|---|---|---|---|
| | | 课题数(项) | 当年投入人数(人年) | 其中:研究生(人年) | 当年拨入经费(千元) | 当年支出经费(千元) | 合计 | 专著 | 其中:被译成外文 | 编著教材 | 工具书参考书 | 皮书/发展报告 | 科普读物 | | | | | 合计 | 国内学术刊物 | 国外学术刊物 | 港、澳、台地区刊物 | 合计 | 国家级奖 | 部级奖 | 省级奖 | 合计 | 其中:被采纳数 |
| | 编号 | L01 | L02 | L03 | L04 | L05 | L06 | L07 | L08 | L09 | L10 | L11 | L12 | L13 | L14 | L15 | L16 | L17 | L18 | L19 | L20 | L21 | L22 | L23 | L24 | L25 | L26 |
| 南京机电职业技术学院 | 51 | 4 | 0.4 | 0 | 10 | 0 | 0 | 0 | 0 | 0 | 0 | 0 | 0 | 0 | 0 | 0 | 0 | 0 | 0 | 0 | 0 | 0 | 0 | 0 | 0 | 0 | 0 |
| 南京旅游职业学院 | 52 | 4 | 0.5 | 0 | 0 | 0 | 0 | 0 | 0 | 0 | 0 | 0 | 0 | 0 | 0 | 0 | 0 | 1 | 1 | 0 | 0 | 0 | 0 | 0 | 0 | 0 | 0 |
| 江苏卫生健康职业学院 | 53 | 0 | 0 | 0 | 0 | 0 | 0 | 0 | 0 | 0 | 0 | 0 | 0 | 0 | 0 | 0 | 0 | 0 | 0 | 0 | 0 | 0 | 0 | 0 | 0 | 0 | 0 |
| 苏州信息职业技术学院 | 54 | 4 | 1 | 0 | 30 | 0 | 0 | 0 | 0 | 0 | 0 | 0 | 0 | 0 | 0 | 0 | 0 | 3 | 3 | 0 | 0 | 0 | 0 | 0 | 0 | 0 | 0 |
| 苏州工业园区服务外包职业学院 | 55 | 17 | 1.9 | 0 | 520 | 533.7 | 0 | 0 | 0 | 0 | 0 | 0 | 0 | 0 | 0 | 0 | 0 | 8 | 8 | 0 | 0 | 0 | 0 | 0 | 0 | 6 | 6 |
| 徐州幼儿师范高等专科学校 | 56 | 0 | 0 | 0 | 0 | 0 | 0 | 0 | 0 | 0 | 0 | 0 | 0 | 0 | 0 | 0 | 0 | 0 | 0 | 0 | 0 | 0 | 0 | 0 | 0 | 0 | 0 |
| 徐州生物工程职业技术学院 | 57 | 3 | 0.3 | 0 | 0 | 0 | 2 | 0 | 0 | 1 | 1 | 0 | 0 | 0 | 0 | 0 | 0 | 23 | 23 | 0 | 0 | 0 | 0 | 0 | 0 | 1 | 0 |
| 江苏商贸职业学院 | 58 | 15 | 3 | 0 | 94 | 32.95 | 1 | 0 | 0 | 1 | 0 | 0 | 0 | 0 | 0 | 0 | 0 | 38 | 38 | 0 | 0 | 0 | 0 | 0 | 0 | 4 | 0 |
| 南通师范高等专科学校 | 59 | 2 | 0.2 | 0 | 0 | 0 | 0 | 0 | 0 | 0 | 0 | 0 | 0 | 0 | 0 | 0 | 0 | 0 | 0 | 0 | 0 | 0 | 0 | 0 | 0 | 0 | 0 |
| 江苏护理职业学院 | 60 | 0 | 0 | 0 | 0 | 0 | 0 | 0 | 0 | 0 | 0 | 0 | 0 | 0 | 0 | 0 | 0 | 0 | 0 | 0 | 0 | 0 | 0 | 0 | 0 | 0 | 0 |
| 江苏财会职业学院 | 61 | 26 | 5.8 | 0 | 89.5 | 89.5 | 0 | 0 | 0 | 0 | 0 | 0 | 0 | 0 | 0 | 0 | 0 | 23 | 23 | 0 | 0 | 0 | 0 | 0 | 0 | 6 | 0 |
| 江苏城乡建设职业学院 | 62 | 7 | 1.8 | 0 | 3 | 26.6 | 0 | 0 | 0 | 0 | 0 | 0 | 0 | 0 | 0 | 0 | 0 | 7 | 7 | 0 | 0 | 0 | 0 | 0 | 0 | 4 | 0 |
| 江苏航空职业技术学院 | 63 | 0 | 0 | 0 | 0 | 0 | 1 | 0 | 0 | 0 | 0 | 1 | 0 | 0 | 0 | 0 | 0 | 1 | 1 | 0 | 0 | 0 | 0 | 0 | 0 | 0 | 0 |
| 江苏安全技术职业学院 | 64 | 0 | 0 | 0 | 0 | 0 | 0 | 0 | 0 | 0 | 0 | 0 | 0 | 0 | 0 | 0 | 0 | 0 | 0 | 0 | 0 | 0 | 0 | 0 | 0 | 0 | 0 |
| 江苏旅游职业学院 | 65 | 9 | 0.9 | 0 | 2 | 2 | 0 | 0 | 0 | 0 | 0 | 0 | 0 | 0 | 0 | 0 | 0 | 10 | 10 | 0 | 0 | 0 | 0 | 0 | 0 | 0 | 0 |

## 3.13 政治学人文、社会科学研究与课题成果情况表

| 高校名称 | 编号 | 总数 | | | | | 出版著作(部) | | | | | | | 古籍整理(部) | 译著(部) | 发表译文(篇) | 电子出版物(件) | 发表论文(篇) | | | | 获奖成果数(项) | | | | 研究与咨询报告(篇) | |
|---|---|---|---|---|---|---|---|---|---|---|---|---|---|---|---|---|---|---|---|---|---|---|---|---|---|---|---|
| | | 课题数(项) | 当年投入人数(人年) | 其中:研究生(人年) | 当年拨入经费(千元) | 当年支出经费(千元) | 合计 | 专著 | 其中:被译成外文 | 编著教材 | 工具书参考书 | 皮书/发展报告 | 科普读物 | | | | | 合计 | 国内学术刊物 | 国外学术刊物 | 港、澳、台地区刊物 | 合计 | 国家级奖 | 部级奖 | 省级奖 | 合计 | 其中:被采纳数 |
| | 编号 | L01 | L02 | L03 | L04 | L05 | L06 | L07 | L08 | L09 | L10 | L11 | L12 | L13 | L14 | L15 | L16 | L17 | L18 | L19 | L20 | L21 | L22 | L23 | L24 | L25 | L26 |
| 合计 | / | 126 | 19.8 | 0 | 340.6 | 256.2 | 3 | 1 | 0 | 2 | 0 | 0 | 0 | 0 | 0 | 0 | 0 | 141 | 141 | 0 | 0 | 0 | 0 | 0 | 0 | 2 | 1 |
| 盐城幼儿师范高等专科学校 | 1 | 5 | 0.9 | 0 | 13.5 | 13.5 | 0 | 0 | 0 | 0 | 0 | 0 | 0 | 0 | 0 | 0 | 0 | 2 | 2 | 0 | 0 | 0 | 0 | 0 | 0 | 0 | 0 |
| 苏州幼儿师范高等专科学校 | 2 | 3 | 0.3 | 0 | 0 | 8.1 | 0 | 0 | 0 | 0 | 0 | 0 | 0 | 0 | 0 | 0 | 0 | 5 | 5 | 0 | 0 | 0 | 0 | 0 | 0 | 0 | 0 |
| 无锡职业技术学院 | 3 | 4 | 0.8 | 0 | 35 | 24 | 0 | 0 | 0 | 0 | 0 | 0 | 0 | 0 | 0 | 0 | 0 | 0 | 0 | 0 | 0 | 0 | 0 | 0 | 0 | 0 | 0 |
| 江苏建筑职业技术学院 | 4 | 2 | 0.4 | 0 | 0 | 0 | 0 | 0 | 0 | 0 | 0 | 0 | 0 | 0 | 0 | 0 | 0 | 0 | 0 | 0 | 0 | 0 | 0 | 0 | 0 | 0 | 0 |
| 南京工业职业技术大学 | 5 | 2 | 0.4 | 0 | 20 | 6.06 | 0 | 0 | 0 | 0 | 0 | 0 | 0 | 0 | 0 | 0 | 0 | 1 | 1 | 0 | 0 | 0 | 0 | 0 | 0 | 0 | 0 |
| 江苏工程职业技术学院 | 6 | 2 | 0.2 | 0 | 0 | 5.5 | 0 | 0 | 0 | 0 | 0 | 0 | 0 | 0 | 0 | 0 | 0 | 1 | 1 | 0 | 0 | 0 | 0 | 0 | 0 | 0 | 0 |
| 苏州工艺美术职业技术学院 | 7 | 0 | 0 | 0 | 0 | 0 | 0 | 0 | 0 | 0 | 0 | 0 | 0 | 0 | 0 | 0 | 0 | 0 | 0 | 0 | 0 | 0 | 0 | 0 | 0 | 0 | 0 |
| 连云港职业技术学院 | 8 | 1 | 0.2 | 0 | 0 | 0 | 0 | 0 | 0 | 0 | 0 | 0 | 0 | 0 | 0 | 0 | 0 | 0 | 0 | 0 | 0 | 0 | 0 | 0 | 0 | 0 | 0 |
| 镇江市高等专科学校 | 9 | 1 | 0.5 | 0 | 21 | 11 | 0 | 0 | 0 | 0 | 0 | 0 | 0 | 0 | 0 | 0 | 0 | 0 | 0 | 0 | 0 | 0 | 0 | 0 | 0 | 0 | 0 |
| 南通职业大学 | 10 | 0 | 0 | 0 | 0 | 0 | 0 | 0 | 0 | 0 | 0 | 0 | 0 | 0 | 0 | 0 | 0 | 0 | 0 | 0 | 0 | 0 | 0 | 0 | 0 | 0 | 0 |
| 苏州职业大学 | 11 | 1 | 0.6 | 0 | 0 | 0 | 0 | 0 | 0 | 0 | 0 | 0 | 0 | 0 | 0 | 0 | 0 | 1 | 1 | 0 | 0 | 0 | 0 | 0 | 0 | 0 | 0 |
| 沙洲职业工学院 | 12 | 1 | 0.1 | 0 | 0 | 1 | 0 | 0 | 0 | 0 | 0 | 0 | 0 | 0 | 0 | 0 | 0 | 20 | 20 | 0 | 0 | 0 | 0 | 0 | 0 | 0 | 0 |
| 扬州市职业大学 | 13 | 4 | 1.2 | 0 | 0 | 0 | 0 | 0 | 0 | 0 | 0 | 0 | 0 | 0 | 0 | 0 | 0 | 0 | 0 | 0 | 0 | 0 | 0 | 0 | 0 | 0 | 0 |
| 连云港师范高等专科学校 | 14 | 3 | 0.4 | 0 | 0 | 4 | 0 | 0 | 0 | 0 | 0 | 0 | 0 | 0 | 0 | 0 | 0 | 1 | 1 | 0 | 0 | 0 | 0 | 0 | 0 | 0 | 0 |
| 江苏经贸职业技术学院 | 15 | 0 | 0 | 0 | 0 | 0 | 0 | 0 | 0 | 0 | 0 | 0 | 0 | 0 | 0 | 0 | 0 | 0 | 0 | 0 | 0 | 0 | 0 | 0 | 0 | 0 | 0 |

续表

| 高校名称 | | 总数 | | | | | 出版著作(部) | | | | | | | 古籍整理(部) | 译著(部) | 发表译文(篇) | 电子出版物(件) | 发表论文(篇) | | | | 获奖成果数(项) | | | | 研究与咨询报告(篇) | |
|---|---|---|---|---|---|---|---|---|---|---|---|---|---|---|---|---|---|---|---|---|---|---|---|---|---|---|---|
| | | 课题数(项) | 当年投入人数(人年) | 其中：研究生(人年) | 当年拨入经费(千元) | 当年支出经费(千元) | 合计 | 专著 | 其中：被译成外文 | 编著教材 | 工具书参考书 | 皮书/发展报告 | 科普读物 | | | | | 合计 | 国内学术刊物 | 国外学术刊物 | 港、澳、台地区刊物 | 合计 | 国家级奖 | 部级奖 | 省级奖 | 合计 | 其中：被采纳数 |
| | 编号 | L01 | L02 | L03 | L04 | L05 | L06 | L07 | L08 | L09 | L10 | L11 | L12 | L13 | L14 | L15 | L16 | L17 | L18 | L19 | L20 | L21 | L22 | L23 | L24 | L25 | L26 |
| 泰州职业技术学院 | 16 | 1 | 0.1 | 0 | 0 | 2.1 | 0 | 0 | 0 | 0 | 0 | 0 | 0 | 0 | 0 | 0 | 0 | 5 | 5 | 0 | 0 | 0 | 0 | 0 | 0 | 0 | 0 |
| 常州信息职业技术学院 | 17 | 1 | 0.4 | 0 | 5 | 5 | 0 | 0 | 0 | 0 | 0 | 0 | 0 | 0 | 0 | 0 | 0 | 4 | 4 | 0 | 0 | 0 | 0 | 0 | 0 | 0 | 0 |
| 江苏海事职业技术学院 | 18 | 2 | 0.5 | 0 | 1.2 | 2.01 | 0 | 0 | 0 | 0 | 0 | 0 | 0 | 0 | 0 | 0 | 0 | 0 | 0 | 0 | 0 | 0 | 0 | 0 | 0 | 0 | 0 |
| 无锡科技职业学院 | 19 | 2 | 0.9 | 0 | 5 | 5 | 0 | 0 | 0 | 0 | 0 | 0 | 0 | 0 | 0 | 0 | 0 | 0 | 0 | 0 | 0 | 0 | 0 | 0 | 0 | 0 | 0 |
| 江苏医药职业学院 | 20 | 0 | 0 | 0 | 0 | 0 | 0 | 0 | 0 | 0 | 0 | 0 | 0 | 0 | 0 | 0 | 0 | 0 | 0 | 0 | 0 | 0 | 0 | 0 | 0 | 0 | 0 |
| 南通科技职业学院 | 21 | 3 | 0.8 | 0 | 10 | 7.3 | 0 | 0 | 0 | 0 | 0 | 0 | 0 | 0 | 0 | 0 | 0 | 0 | 0 | 0 | 0 | 0 | 0 | 0 | 0 | 0 | 0 |
| 苏州经贸职业技术学院 | 22 | 0 | 0 | 0 | 0 | 0 | 0 | 0 | 0 | 0 | 0 | 0 | 0 | 0 | 0 | 0 | 0 | 5 | 5 | 0 | 0 | 0 | 0 | 0 | 0 | 0 | 0 |
| 苏州工业职业技术学院 | 23 | 0 | 0 | 0 | 0 | 0 | 0 | 0 | 0 | 0 | 0 | 0 | 0 | 0 | 0 | 0 | 0 | 0 | 0 | 0 | 0 | 0 | 0 | 0 | 0 | 0 | 0 |
| 苏州卫生职业技术学院 | 24 | 7 | 0.7 | 0 | 100 | 38.1 | 0 | 0 | 0 | 0 | 0 | 0 | 0 | 0 | 0 | 0 | 0 | 9 | 9 | 0 | 0 | 0 | 0 | 0 | 0 | 0 | 0 |
| 无锡商业职业技术学院 | 25 | 1 | 0.1 | 0 | 0 | 2 | 0 | 0 | 0 | 0 | 0 | 0 | 0 | 0 | 0 | 0 | 0 | 0 | 0 | 0 | 0 | 0 | 0 | 0 | 0 | 0 | 0 |
| 江苏航运职业技术学院 | 26 | 2 | 0.2 | 0 | 5 | 6 | 0 | 0 | 0 | 0 | 0 | 0 | 0 | 0 | 0 | 0 | 0 | 2 | 2 | 0 | 0 | 0 | 0 | 0 | 0 | 0 | 0 |
| 南京交通职业技术学院 | 27 | 0 | 0 | 0 | 0 | 0 | 0 | 0 | 0 | 0 | 0 | 0 | 0 | 0 | 0 | 0 | 0 | 0 | 0 | 0 | 0 | 0 | 0 | 0 | 0 | 0 | 0 |
| 江苏电子信息职业学院 | 28 | 0 | 0 | 0 | 0 | 0 | 0 | 0 | 0 | 0 | 0 | 0 | 0 | 0 | 0 | 0 | 0 | 0 | 0 | 0 | 0 | 0 | 0 | 0 | 0 | 0 | 0 |
| 江苏农牧科技职业学院 | 29 | 0 | 0 | 0 | 0 | 0 | 0 | 0 | 0 | 0 | 0 | 0 | 0 | 0 | 0 | 0 | 0 | 0 | 0 | 0 | 0 | 0 | 0 | 0 | 0 | 0 | 0 |
| 常州纺织服装职业技术学院 | 30 | 1 | 0.1 | 0 | 0 | 1.3 | 0 | 0 | 0 | 0 | 0 | 0 | 0 | 0 | 0 | 0 | 0 | 0 | 0 | 0 | 0 | 0 | 0 | 0 | 0 | 0 | 0 |
| 苏州农业职业技术学院 | 31 | 1 | 0.1 | 0 | 1.7 | 1.7 | 0 | 0 | 0 | 0 | 0 | 0 | 0 | 0 | 0 | 0 | 0 | 0 | 0 | 0 | 0 | 0 | 0 | 0 | 0 | 0 | 0 |

| 南京科技职业学院 | 32 | 2 | 0.2 | 0 | 10 | 4 | 0 | 0 | 0 | 0 | 0 | 0 | 0 | 0 | 0 | 0 | 0 | 0 | 0 | 0 | 0 | 0 | 0 | 0 | 0 | 0 | 0 |
|---|---|---|---|---|---|---|---|---|---|---|---|---|---|---|---|---|---|---|---|---|---|---|---|---|---|---|---|
| 常州工业职业技术学院 | 33 | 1 | 0.2 | 0 | 0 | 0 | 0 | 0 | 0 | 0 | 0 | 0 | 0 | 0 | 0 | 0 | 0 | 0 | 0 | 0 | 0 | 0 | 0 | 0 | 0 | 0 | 0 |
| 常州工程职业技术学院 | 34 | 0 | 0 | 0 | 0 | 0 | 0 | 0 | 0 | 0 | 0 | 0 | 0 | 0 | 0 | 0 | 0 | 0 | 0 | 0 | 0 | 0 | 0 | 0 | 0 | 0 | 0 |
| 江苏农林职业技术学院 | 35 | 14 | 1.4 | 0 | 0 | 7 | 0 | 0 | 0 | 0 | 0 | 0 | 0 | 0 | 0 | 0 | 0 | 10 | 10 | 0 | 0 | 0 | 0 | 0 | 0 | 0 | 0 |
| 江苏食品药品职业技术学院 | 36 | 0 | 0 | 0 | 0 | 0 | 0 | 0 | 0 | 0 | 0 | 0 | 0 | 0 | 0 | 0 | 0 | 4 | 4 | 0 | 0 | 0 | 0 | 0 | 0 | 0 | 0 |
| 南京铁道职业技术学院 | 37 | 0 | 0 | 0 | 0 | 0 | 0 | 0 | 0 | 0 | 0 | 0 | 0 | 0 | 0 | 0 | 0 | 0 | 0 | 0 | 0 | 0 | 0 | 0 | 0 | 0 | 0 |
| 徐州工业职业技术学院 | 38 | 7 | 0.7 | 0 | 20 | 10.9 | 0 | 0 | 0 | 0 | 0 | 0 | 0 | 0 | 0 | 0 | 0 | 5 | 5 | 0 | 0 | 0 | 0 | 0 | 0 | 0 | 0 |
| 江苏信息职业技术学院 | 39 | 15 | 1.6 | 0 | 10 | 19.82 | 2 | 0 | 0 | 2 | 0 | 0 | 0 | 0 | 0 | 0 | 0 | 18 | 18 | 0 | 0 | 0 | 0 | 0 | 0 | 0 | 0 |
| 南京信息职业技术学院 | 40 | 0 | 0 | 0 | 0 | 0 | 1 | 1 | 0 | 0 | 0 | 0 | 0 | 0 | 0 | 0 | 0 | 1 | 1 | 0 | 0 | 0 | 0 | 0 | 0 | 0 | 0 |
| 常州机电职业技术学院 | 41 | 6 | 0.8 | 0 | 32 | 18.1 | 0 | 0 | 0 | 0 | 0 | 0 | 0 | 0 | 0 | 0 | 0 | 7 | 7 | 0 | 0 | 0 | 0 | 0 | 0 | 0 | 0 |
| 江阴职业技术学院 | 42 | 4 | 0.4 | 0 | 16 | 13 | 0 | 0 | 0 | 0 | 0 | 0 | 0 | 0 | 0 | 0 | 0 | 1 | 1 | 0 | 0 | 0 | 0 | 0 | 0 | 0 | 0 |
| 无锡城市职业技术学院 | 43 | 0 | 0 | 0 | 0 | 0 | 0 | 0 | 0 | 0 | 0 | 0 | 0 | 0 | 0 | 0 | 0 | 0 | 0 | 0 | 0 | 0 | 0 | 0 | 0 | 0 | 0 |
| 无锡工艺职业技术学院 | 44 | 3 | 0.3 | 0 | 0 | 6 | 0 | 0 | 0 | 0 | 0 | 0 | 0 | 0 | 0 | 0 | 0 | 0 | 0 | 0 | 0 | 0 | 0 | 0 | 0 | 0 | 0 |
| 苏州健雄职业技术学院 | 45 | 0 | 0 | 0 | 0 | 0 | 0 | 0 | 0 | 0 | 0 | 0 | 0 | 0 | 0 | 0 | 0 | 0 | 0 | 0 | 0 | 0 | 0 | 0 | 0 | 0 | 0 |
| 盐城工业职业技术学院 | 46 | 0 | 0 | 0 | 0 | 0 | 0 | 0 | 0 | 0 | 0 | 0 | 0 | 0 | 0 | 0 | 0 | 0 | 0 | 0 | 0 | 0 | 0 | 0 | 0 | 0 | 0 |
| 江苏财经职业技术学院 | 47 | 2 | 0.2 | 0 | 12 | 7.81 | 0 | 0 | 0 | 0 | 0 | 0 | 0 | 0 | 0 | 0 | 0 | 0 | 0 | 0 | 0 | 0 | 0 | 0 | 0 | 0 | 0 |
| 扬州工业职业技术学院 | 48 | 1 | 0.1 | 0 | 0 | 0 | 0 | 0 | 0 | 0 | 0 | 0 | 0 | 0 | 0 | 0 | 0 | 0 | 0 | 0 | 0 | 0 | 0 | 0 | 0 | 0 | 0 |
| 江苏城市职业学院 | 49 | 0 | 0 | 0 | 0 | 0 | 0 | 0 | 0 | 0 | 0 | 0 | 0 | 0 | 0 | 0 | 0 | 1 | 1 | 0 | 0 | 0 | 0 | 0 | 0 | 0 | 0 |
| 南京城市职业学院 | 50 | 0 | 0 | 0 | 0 | 0 | 0 | 0 | 0 | 0 | 0 | 0 | 0 | 0 | 0 | 0 | 0 | 1 | 1 | 0 | 0 | 0 | 0 | 0 | 0 | 0 | 0 |

续表

| 高校名称 | | 总数 | | | | | 出版著作(部) | | | | | | | 古籍整理(部) | 译著(部) | 发表译文(篇) | 电子出版物(件) | 发表论文(篇) | | | | 获奖成果数(项) | | | | 研究与咨询报告(篇) | |
|---|---|---|---|---|---|---|---|---|---|---|---|---|---|---|---|---|---|---|---|---|---|---|---|---|---|---|---|
| | | 课题数(项) | 当年投入人数(人年) | 其中：研究生(人年) | 当年拨入经费(千元) | 当年支出经费(千元) | 合计 | 专著 | 其中：被译成外文 | 编著教材 | 工具书参考书 | 皮书/发展报告 | 科普读物 | | | | | 合计 | 国内学术刊物 | 国外学术刊物 | 港、澳、台地区刊物 | 合计 | 国家级奖 | 部级奖 | 省级奖 | 合计 | 其中：被采纳数 |
| | 编号 | L01 | L02 | L03 | L04 | L05 | L06 | L07 | L08 | L09 | L10 | L11 | L12 | L13 | L14 | L15 | L16 | L17 | L18 | L19 | L20 | L21 | L22 | L23 | L24 | L25 | L26 |
| 南京机电职业技术学院 | 51 | 5 | 0.5 | 0 | 9 | 6 | 0 | 0 | 0 | 0 | 0 | 0 | 0 | 0 | 0 | 0 | 0 | 19 | 19 | 0 | 0 | 0 | 0 | 0 | 0 | 2 | 1 |
| 南京旅游职业学院 | 52 | 0 | 0 | 0 | 0 | 0 | 0 | 0 | 0 | 0 | 0 | 0 | 0 | 0 | 0 | 0 | 0 | 0 | 0 | 0 | 0 | 0 | 0 | 0 | 0 | 0 | 0 |
| 江苏卫生健康职业学院 | 53 | 0 | 0 | 0 | 0 | 0 | 0 | 0 | 0 | 0 | 0 | 0 | 0 | 0 | 0 | 0 | 0 | 1 | 1 | 0 | 0 | 0 | 0 | 0 | 0 | 0 | 0 |
| 苏州信息职业技术学院 | 54 | 0 | 0 | 0 | 0 | 0 | 0 | 0 | 0 | 0 | 0 | 0 | 0 | 0 | 0 | 0 | 0 | 0 | 0 | 0 | 0 | 0 | 0 | 0 | 0 | 0 | 0 |
| 苏州工业园区服务外包职业学院 | 55 | 2 | 0.2 | 0 | 0 | 6.6 | 0 | 0 | 0 | 0 | 0 | 0 | 0 | 0 | 0 | 0 | 0 | 0 | 0 | 0 | 0 | 0 | 0 | 0 | 0 | 0 | 0 |
| 徐州幼儿师范高等专科学校 | 56 | 0 | 0 | 0 | 0 | 0 | 0 | 0 | 0 | 0 | 0 | 0 | 0 | 0 | 0 | 0 | 0 | 1 | 1 | 0 | 0 | 0 | 0 | 0 | 0 | 0 | 0 |
| 徐州生物工程职业技术学院 | 57 | 4 | 0.4 | 0 | 0 | 1.8 | 0 | 0 | 0 | 0 | 0 | 0 | 0 | 0 | 0 | 0 | 0 | 3 | 3 | 0 | 0 | 0 | 0 | 0 | 0 | 0 | 0 |
| 江苏商贸职业学院 | 58 | 6 | 1.2 | 0 | 7.2 | 4.5 | 0 | 0 | 0 | 0 | 0 | 0 | 0 | 0 | 0 | 0 | 0 | 6 | 6 | 0 | 0 | 0 | 0 | 0 | 0 | 0 | 0 |
| 南通师范高等专科学校 | 59 | 2 | 0.6 | 0 | 0 | 0 | 0 | 0 | 0 | 0 | 0 | 0 | 0 | 0 | 0 | 0 | 0 | 0 | 0 | 0 | 0 | 0 | 0 | 0 | 0 | 0 | 0 |
| 江苏护理职业学院 | 60 | 0 | 0 | 0 | 0 | 0 | 0 | 0 | 0 | 0 | 0 | 0 | 0 | 0 | 0 | 0 | 0 | 1 | 1 | 0 | 0 | 0 | 0 | 0 | 0 | 0 | 0 |
| 江苏财会职业学院 | 61 | 0 | 0 | 0 | 0 | 0 | 0 | 0 | 0 | 0 | 0 | 0 | 0 | 0 | 0 | 0 | 0 | 0 | 0 | 0 | 0 | 0 | 0 | 0 | 0 | 0 | 0 |
| 江苏城乡建设职业学院 | 62 | 0 | 0 | 0 | 0 | 0 | 0 | 0 | 0 | 0 | 0 | 0 | 0 | 0 | 0 | 0 | 0 | 0 | 0 | 0 | 0 | 0 | 0 | 0 | 0 | 0 | 0 |
| 江苏航空职业技术学院 | 63 | 0 | 0 | 0 | 0 | 0 | 0 | 0 | 0 | 0 | 0 | 0 | 0 | 0 | 0 | 0 | 0 | 0 | 0 | 0 | 0 | 0 | 0 | 0 | 0 | 0 | 0 |
| 江苏安全技术职业学院 | 64 | 2 | 1.1 | 0 | 7 | 7 | 0 | 0 | 0 | 0 | 0 | 0 | 0 | 0 | 0 | 0 | 0 | 3 | 3 | 0 | 0 | 0 | 0 | 0 | 0 | 0 | 0 |
| 江苏旅游职业学院 | 65 | 0 | 0 | 0 | 0 | 0 | 0 | 0 | 0 | 0 | 0 | 0 | 0 | 0 | 0 | 0 | 0 | 3 | 3 | 0 | 0 | 0 | 0 | 0 | 0 | 0 | 0 |

## 3.14 法学人文、社会科学研究与课题成果情况表

| 高校名称 | | 总数 | | | | | 出版著作(部) | | | | | | | 古籍整理(部) | 译著(部) | 发表译文(篇) | 电子出版物(件) | 发表论文(篇) | | | | 获奖成果数(项) | | | | 研究与咨询报告(篇) | |
|---|---|---|---|---|---|---|---|---|---|---|---|---|---|---|---|---|---|---|---|---|---|---|---|---|---|---|---|
| | | 课题数(项) | 当年投入人数(人年) | 其中：研究生(人年) | 当年拨入经费(千元) | 当年支出经费(千元) | 合计 | 专著 | 其中：被译成外文 | 编著教材 | 工具书参考书 | 皮书/发展报告 | 科普读物 | | | | | 合计 | 国内学术刊物 | 国外学术刊物 | 港、澳、台地区刊物 | 合计 | 国家级奖 | 部级奖 | 省级奖 | 合计 | 其中：被采纳数 |
| | 编号 | L01 | L02 | L03 | L04 | L05 | L06 | L07 | L08 | L09 | L10 | L11 | L12 | L13 | L14 | L15 | L16 | L17 | L18 | L19 | L20 | L21 | L22 | L23 | L24 | L25 | L26 |
| 合计 | / | 53 | 14.7 | 0 | 949.25 | 985.48 | 1 | 0 | 0 | 1 | 0 | 0 | 0 | 0 | 0 | 0 | 0 | 52 | 52 | 0 | 0 | 0 | 0 | 0 | 0 | 3 | 2 |
| 盐城幼儿师范高等专科学校 | 1 | 0 | 0 | 0 | 0 | 0 | 0 | 0 | 0 | 0 | 0 | 0 | 0 | 0 | 0 | 0 | 0 | 0 | 0 | 0 | 0 | 0 | 0 | 0 | 0 | 0 | 0 |
| 苏州幼儿师范高等专科学校 | 2 | 1 | 0.1 | 0 | 0 | 0 | 0 | 0 | 0 | 0 | 0 | 0 | 0 | 0 | 0 | 0 | 0 | 0 | 0 | 0 | 0 | 0 | 0 | 0 | 0 | 0 | 0 |
| 无锡职业技术学院 | 3 | 0 | 0 | 0 | 0 | 0 | 0 | 0 | 0 | 0 | 0 | 0 | 0 | 0 | 0 | 0 | 0 | 0 | 0 | 0 | 0 | 0 | 0 | 0 | 0 | 0 | 0 |
| 江苏建筑职业技术学院 | 4 | 0 | 0 | 0 | 0 | 0 | 0 | 0 | 0 | 0 | 0 | 0 | 0 | 0 | 0 | 0 | 0 | 0 | 0 | 0 | 0 | 0 | 0 | 0 | 0 | 0 | 0 |
| 南京工业职业技术大学 | 5 | 2 | 0.9 | 0 | 30 | 4 | 0 | 0 | 0 | 0 | 0 | 0 | 0 | 0 | 0 | 0 | 0 | 0 | 0 | 0 | 0 | 0 | 0 | 0 | 0 | 0 | 0 |
| 江苏工程职业技术学院 | 6 | 0 | 0 | 0 | 0 | 0 | 0 | 0 | 0 | 0 | 0 | 0 | 0 | 0 | 0 | 0 | 0 | 0 | 0 | 0 | 0 | 0 | 0 | 0 | 0 | 0 | 0 |
| 苏州工艺美术职业技术学院 | 7 | 0 | 0 | 0 | 0 | 0 | 0 | 0 | 0 | 0 | 0 | 0 | 0 | 0 | 0 | 0 | 0 | 2 | 2 | 0 | 0 | 0 | 0 | 0 | 0 | 0 | 0 |
| 连云港职业技术学院 | 8 | 0 | 0 | 0 | 0 | 0 | 0 | 0 | 0 | 0 | 0 | 0 | 0 | 0 | 0 | 0 | 0 | 0 | 0 | 0 | 0 | 0 | 0 | 0 | 0 | 0 | 0 |
| 镇江市高等专科学校 | 9 | 4 | 2.7 | 0 | 38 | 39 | 0 | 0 | 0 | 0 | 0 | 0 | 0 | 0 | 0 | 0 | 0 | 0 | 0 | 0 | 0 | 0 | 0 | 0 | 0 | 0 | 0 |
| 南通职业大学 | 10 | 0 | 0 | 0 | 0 | 0 | 0 | 0 | 0 | 0 | 0 | 0 | 0 | 0 | 0 | 0 | 0 | 0 | 0 | 0 | 0 | 0 | 0 | 0 | 0 | 0 | 0 |
| 苏州职业大学 | 11 | 1 | 1.8 | 0 | 0 | 8 | 0 | 0 | 0 | 0 | 0 | 0 | 0 | 0 | 0 | 0 | 0 | 2 | 2 | 0 | 0 | 0 | 0 | 0 | 0 | 0 | 0 |
| 沙洲职业工学院 | 12 | 1 | 0.1 | 0 | 0 | 0 | 0 | 0 | 0 | 0 | 0 | 0 | 0 | 0 | 0 | 0 | 0 | 0 | 0 | 0 | 0 | 0 | 0 | 0 | 0 | 0 | 0 |
| 扬州市职业大学 | 13 | 0 | 0 | 0 | 0 | 0 | 0 | 0 | 0 | 0 | 0 | 0 | 0 | 0 | 0 | 0 | 0 | 1 | 1 | 0 | 0 | 0 | 0 | 0 | 0 | 0 | 0 |
| 连云港师范高等专科学校 | 14 | 0 | 0 | 0 | 0 | 0 | 0 | 0 | 0 | 0 | 0 | 0 | 0 | 0 | 0 | 0 | 0 | 0 | 0 | 0 | 0 | 0 | 0 | 0 | 0 | 0 | 0 |
| 江苏经贸职业技术学院 | 15 | 4 | 0.8 | 0 | 0 | 0 | 0 | 0 | 0 | 0 | 0 | 0 | 0 | 0 | 0 | 0 | 0 | 3 | 3 | 0 | 0 | 0 | 0 | 0 | 0 | 0 | 0 |

续表

| 高校名称 | 编号 | 总数 课题数(项) | 当年投入人数(人年) | 其中：研究生(人年) | 当年拨入经费(千元) | 当年支出经费(千元) | 出版著作(部) 合计 | 专著 | 其中：被译成外文 | 编著教材 | 工具书参考书 | 皮书/发展报告 | 科普读物 | 古籍整理(部) | 译著(部) | 发表译文(篇) | 电子出版物(件) | 发表论文(篇) 合计 | 国内学术刊物 | 国外学术刊物 | 港、澳、台地区刊物 | 获奖成果数(项) 合计 | 国家级奖 | 部级奖 | 省级奖 | 研究与咨询报告(篇) 合计 | 其中：被采纳数 |
|---|---|---|---|---|---|---|---|---|---|---|---|---|---|---|---|---|---|---|---|---|---|---|---|---|---|---|---|
|  |  | L01 | L02 | L03 | L04 | L05 | L06 | L07 | L08 | L09 | L10 | L11 | L12 | L13 | L14 | L15 | L16 | L17 | L18 | L19 | L20 | L21 | L22 | L23 | L24 | L25 | L26 |
| 泰州职业技术学院 | 16 | 0 | 0 | 0 | 0 | 0 | 0 | 0 | 0 | 0 | 0 | 0 | 0 | 0 | 0 | 0 | 0 | 0 | 0 | 0 | 0 | 0 | 0 | 0 | 0 | 0 | 0 |
| 常州信息职业技术学院 | 17 | 0 | 0 | 0 | 0 | 0 | 0 | 0 | 0 | 0 | 0 | 0 | 0 | 0 | 0 | 0 | 0 | 0 | 0 | 0 | 0 | 0 | 0 | 0 | 0 | 0 | 0 |
| 江苏海事职业技术学院 | 18 | 1 | 0.3 | 0 | 6 | 4.33 | 0 | 0 | 0 | 0 | 0 | 0 | 0 | 0 | 0 | 0 | 0 | 1 | 1 | 0 | 0 | 0 | 0 | 0 | 0 | 0 | 0 |
| 无锡科技职业学院 | 19 | 0 | 0 | 0 | 0 | 0 | 0 | 0 | 0 | 0 | 0 | 0 | 0 | 0 | 0 | 0 | 0 | 1 | 1 | 0 | 0 | 0 | 0 | 0 | 0 | 0 | 0 |
| 江苏医药职业学院 | 20 | 0 | 0 | 0 | 0 | 0 | 0 | 0 | 0 | 0 | 0 | 0 | 0 | 0 | 0 | 0 | 0 | 0 | 0 | 0 | 0 | 0 | 0 | 0 | 0 | 0 | 0 |
| 南通科技职业学院 | 21 | 3 | 0.9 | 0 | 0 | 9.1 | 0 | 0 | 0 | 0 | 0 | 0 | 0 | 0 | 0 | 0 | 0 | 0 | 0 | 0 | 0 | 0 | 0 | 0 | 0 | 0 | 0 |
| 苏州经贸职业技术学院 | 22 | 1 | 0.2 | 0 | 0 | 0.8 | 0 | 0 | 0 | 0 | 0 | 0 | 0 | 0 | 0 | 0 | 0 | 4 | 4 | 0 | 0 | 0 | 0 | 0 | 0 | 0 | 0 |
| 苏州工业职业技术学院 | 23 | 0 | 0 | 0 | 0 | 0 | 0 | 0 | 0 | 0 | 0 | 0 | 0 | 0 | 0 | 0 | 0 | 0 | 0 | 0 | 0 | 0 | 0 | 0 | 0 | 0 | 0 |
| 苏州卫生职业技术学院 | 24 | 0 | 0 | 0 | 0 | 0 | 0 | 0 | 0 | 0 | 0 | 0 | 0 | 0 | 0 | 0 | 0 | 1 | 1 | 0 | 0 | 0 | 0 | 0 | 0 | 0 | 0 |
| 无锡商业职业技术学院 | 25 | 0 | 0 | 0 | 0 | 0 | 0 | 0 | 0 | 0 | 0 | 0 | 0 | 0 | 0 | 0 | 0 | 0 | 0 | 0 | 0 | 0 | 0 | 0 | 0 | 0 | 0 |
| 江苏航运职业技术学院 | 26 | 0 | 0 | 0 | 0 | 0 | 0 | 0 | 0 | 0 | 0 | 0 | 0 | 0 | 0 | 0 | 0 | 3 | 3 | 0 | 0 | 0 | 0 | 0 | 0 | 0 | 0 |
| 南京交通职业技术学院 | 27 | 4 | 0.4 | 0 | 0 | 5.84 | 0 | 0 | 0 | 0 | 0 | 0 | 0 | 0 | 0 | 0 | 0 | 5 | 5 | 0 | 0 | 0 | 0 | 0 | 0 | 0 | 0 |
| 江苏电子信息职业学院 | 28 | 0 | 0 | 0 | 0 | 0 | 0 | 0 | 0 | 0 | 0 | 0 | 0 | 0 | 0 | 0 | 0 | 0 | 0 | 0 | 0 | 0 | 0 | 0 | 0 | 0 | 0 |
| 江苏农牧科技职业学院 | 29 | 0 | 0 | 0 | 0 | 0 | 0 | 0 | 0 | 0 | 0 | 0 | 0 | 0 | 0 | 0 | 0 | 0 | 0 | 0 | 0 | 0 | 0 | 0 | 0 | 0 | 0 |
| 常州纺织服装职业技术学院 | 30 | 0 | 0 | 0 | 0 | 0 | 0 | 0 | 0 | 0 | 0 | 0 | 0 | 0 | 0 | 0 | 0 | 1 | 1 | 0 | 0 | 0 | 0 | 0 | 0 | 0 | 0 |
| 苏州农业职业技术学院 | 31 | 0 | 0 | 0 | 0 | 0 | 0 | 0 | 0 | 0 | 0 | 0 | 0 | 0 | 0 | 0 | 0 | 1 | 1 | 0 | 0 | 0 | 0 | 0 | 0 | 0 | 0 |

| | | | | | | | | | | | | | | | | | | | | | | | | | | | |
|---|---|---|---|---|---|---|---|---|---|---|---|---|---|---|---|---|---|---|---|---|---|---|---|---|---|---|---|
| 南京科技职业学院 | 32 | 0 | 0 | 0 | 0 | 0 | 0 | 0 | 0 | 0 | 0 | 0 | 0 | 0 | 0 | 0 | 0 | 0 | 0 | 0 | 0 | 0 | 0 | 0 | 0 | 0 | 0 |
| 常州工业职业技术学院 | 33 | 2 | 0.5 | 0 | 500 | 500 | 0 | 0 | 0 | 0 | 0 | 0 | 0 | 0 | 0 | 0 | 0 | 1 | 1 | 0 | 0 | 0 | 0 | 0 | 0 | 1 | 1 |
| 常州工程职业技术学院 | 34 | 0 | 0 | 0 | 0 | 0 | 0 | 0 | 0 | 0 | 0 | 0 | 0 | 0 | 0 | 0 | 0 | 1 | 1 | 0 | 0 | 0 | 0 | 0 | 0 | 0 | 0 |
| 江苏农林职业技术学院 | 35 | 0 | 0 | 0 | 0 | 0 | 0 | 0 | 0 | 0 | 0 | 0 | 0 | 0 | 0 | 0 | 0 | 0 | 0 | 0 | 0 | 0 | 0 | 0 | 0 | 0 | 0 |
| 江苏食品药品职业技术学院 | 36 | 0 | 0 | 0 | 0 | 0 | 0 | 0 | 0 | 0 | 0 | 0 | 0 | 0 | 0 | 0 | 0 | 0 | 0 | 0 | 0 | 0 | 0 | 0 | 0 | 0 | 0 |
| 南京铁道职业技术学院 | 37 | 2 | 0.2 | 0 | 0 | 4 | 0 | 0 | 0 | 0 | 0 | 0 | 0 | 0 | 0 | 0 | 0 | 0 | 0 | 0 | 0 | 0 | 0 | 0 | 0 | 0 | 0 |
| 徐州工业职业技术学院 | 38 | 0 | 0 | 0 | 0 | 0 | 0 | 0 | 0 | 0 | 0 | 0 | 0 | 0 | 0 | 0 | 0 | 0 | 0 | 0 | 0 | 0 | 0 | 0 | 0 | 0 | 0 |
| 江苏信息职业技术学院 | 39 | 0 | 0 | 0 | 0 | 0 | 0 | 0 | 0 | 0 | 0 | 0 | 0 | 0 | 0 | 0 | 0 | 0 | 0 | 0 | 0 | 0 | 0 | 0 | 0 | 0 | 0 |
| 南京信息职业技术学院 | 40 | 0 | 0 | 0 | 0 | 0 | 0 | 0 | 0 | 0 | 0 | 0 | 0 | 0 | 0 | 0 | 0 | 0 | 0 | 0 | 0 | 0 | 0 | 0 | 0 | 0 | 0 |
| 常州机电职业技术学院 | 41 | 0 | 0 | 0 | 0 | 0 | 0 | 0 | 0 | 0 | 0 | 0 | 0 | 0 | 0 | 0 | 0 | 0 | 0 | 0 | 0 | 0 | 0 | 0 | 0 | 0 | 0 |
| 江阴职业技术学院 | 42 | 0 | 0 | 0 | 0 | 0 | 0 | 0 | 0 | 0 | 0 | 0 | 0 | 0 | 0 | 0 | 0 | 0 | 0 | 0 | 0 | 0 | 0 | 0 | 0 | 0 | 0 |
| 无锡城市职业技术学院 | 43 | 0 | 0 | 0 | 0 | 0 | 0 | 0 | 0 | 0 | 0 | 0 | 0 | 0 | 0 | 0 | 0 | 0 | 0 | 0 | 0 | 0 | 0 | 0 | 0 | 0 | 0 |
| 无锡工艺职业技术学院 | 44 | 0 | 0 | 0 | 0 | 0 | 0 | 0 | 0 | 0 | 0 | 0 | 0 | 0 | 0 | 0 | 0 | 0 | 0 | 0 | 0 | 0 | 0 | 0 | 0 | 0 | 0 |
| 苏州健雄职业技术学院 | 45 | 0 | 0 | 0 | 0 | 0 | 0 | 0 | 0 | 0 | 0 | 0 | 0 | 0 | 0 | 0 | 0 | 0 | 0 | 0 | 0 | 0 | 0 | 0 | 0 | 0 | 0 |
| 盐城工业职业技术学院 | 46 | 0 | 0 | 0 | 0 | 0 | 0 | 0 | 0 | 0 | 0 | 0 | 0 | 0 | 0 | 0 | 0 | 0 | 0 | 0 | 0 | 0 | 0 | 0 | 0 | 0 | 0 |
| 江苏财经职业技术学院 | 47 | 7 | 0.8 | 0 | 289 | 288.3 | 0 | 0 | 0 | 0 | 0 | 0 | 0 | 0 | 0 | 0 | 0 | 1 | 1 | 0 | 0 | 0 | 0 | 0 | 0 | 0 | 0 |
| 扬州工业职业技术学院 | 48 | 0 | 0 | 0 | 0 | 0 | 0 | 0 | 0 | 0 | 0 | 0 | 0 | 0 | 0 | 0 | 0 | 0 | 0 | 0 | 0 | 0 | 0 | 0 | 0 | 0 | 0 |
| 江苏城市职业学院 | 49 | 9 | 2.9 | 0 | 61.25 | 104.21 | 0 | 0 | 0 | 0 | 0 | 0 | 0 | 0 | 0 | 0 | 0 | 6 | 6 | 0 | 0 | 0 | 0 | 0 | 0 | 0 | 0 |
| 南京城市职业学院 | 50 | 0 | 0 | 0 | 0 | 0 | 0 | 0 | 0 | 0 | 0 | 0 | 0 | 0 | 0 | 0 | 0 | 0 | 0 | 0 | 0 | 0 | 0 | 0 | 0 | 0 | 0 |

续表

| 高校名称 | | 总数 | | | | | 出版著作(部) | | | | | | | 古籍整理(部) | 译著(部) | 发表译文(篇) | 电子出版物(件) | 发表论文(篇) | | | | 获奖成果数(项) | | | | 研究与咨询报告(篇) | |
|---|---|---|---|---|---|---|---|---|---|---|---|---|---|---|---|---|---|---|---|---|---|---|---|---|---|---|---|
| | | 课题数(项) | 当年投入人数(人年) | 其中:研究生(人年) | 当年拨入经费(千元) | 当年支出经费(千元) | 合计 | 专著 | 其中:被译成外文 | 编著教材 | 工具书参考书 | 皮书/发展报告 | 科普读物 | | | | | 合计 | 国内学术刊物 | 国外学术刊物 | 港、澳、台地区刊物 | 合计 | 国家级奖 | 部级奖 | 省级奖 | 合计 | 其中:被采纳数 |
| | 编号 | L01 | L02 | L03 | L04 | L05 | L06 | L07 | L08 | L09 | L10 | L11 | L12 | L13 | L14 | L15 | L16 | L17 | L18 | L19 | L20 | L21 | L22 | L23 | L24 | L25 | L26 |
| 南京机电职业技术学院 | 51 | 0 | 0 | 0 | 0 | 0 | 0 | 0 | 0 | 0 | 0 | 0 | 0 | 0 | 0 | 0 | 0 | 1 | 1 | 0 | 0 | 0 | 0 | 0 | 0 | 0 | 0 |
| 南京旅游职业学院 | 52 | 3 | 0.3 | 0 | 20 | 7 | 0 | 0 | 0 | 0 | 0 | 0 | 0 | 0 | 0 | 0 | 0 | 2 | 2 | 0 | 0 | 0 | 0 | 0 | 0 | 0 | 0 |
| 江苏卫生健康职业学院 | 53 | 2 | 0.5 | 0 | 0 | 3.6 | 0 | 0 | 0 | 0 | 0 | 0 | 0 | 0 | 0 | 0 | 0 | 0 | 0 | 0 | 0 | 0 | 0 | 0 | 0 | 0 | 0 |
| 苏州信息职业技术学院 | 54 | 1 | 0.3 | 0 | 5 | 1 | 0 | 0 | 0 | 0 | 0 | 0 | 0 | 0 | 0 | 0 | 0 | 2 | 2 | 0 | 0 | 0 | 0 | 0 | 0 | 1 | 1 |
| 苏州工业园区服务外包职业学院 | 55 | 2 | 0.3 | 0 | 0 | 6.3 | 0 | 0 | 0 | 0 | 0 | 0 | 0 | 0 | 0 | 0 | 0 | 4 | 4 | 0 | 0 | 0 | 0 | 0 | 0 | 0 | 0 |
| 徐州幼儿师范高等专科学校 | 56 | 1 | 0.3 | 0 | 0 | 0 | 0 | 0 | 0 | 0 | 0 | 0 | 0 | 0 | 0 | 0 | 0 | 0 | 0 | 0 | 0 | 0 | 0 | 0 | 0 | 0 | 0 |
| 徐州生物工程职业技术学院 | 57 | 0 | 0 | 0 | 0 | 0 | 0 | 0 | 0 | 0 | 0 | 0 | 0 | 0 | 0 | 0 | 0 | 1 | 1 | 0 | 0 | 0 | 0 | 0 | 0 | 0 | 0 |
| 江苏商贸职业学院 | 58 | 1 | 0.2 | 0 | 0 | 0 | 1 | 0 | 0 | 1 | 0 | 0 | 0 | 0 | 0 | 0 | 0 | 4 | 4 | 0 | 0 | 0 | 0 | 0 | 0 | 0 | 0 |
| 南通师范高等专科学校 | 59 | 0 | 0 | 0 | 0 | 0 | 0 | 0 | 0 | 0 | 0 | 0 | 0 | 0 | 0 | 0 | 0 | 0 | 0 | 0 | 0 | 0 | 0 | 0 | 0 | 0 | 0 |
| 江苏护理职业学院 | 60 | 0 | 0 | 0 | 0 | 0 | 0 | 0 | 0 | 0 | 0 | 0 | 0 | 0 | 0 | 0 | 0 | 0 | 0 | 0 | 0 | 0 | 0 | 0 | 0 | 0 | 0 |
| 江苏财会职业学院 | 61 | 1 | 0.2 | 0 | 0 | 0 | 0 | 0 | 0 | 0 | 0 | 0 | 0 | 0 | 0 | 0 | 0 | 1 | 1 | 0 | 0 | 0 | 0 | 0 | 0 | 1 | 0 |
| 江苏城乡建设职业学院 | 62 | 0 | 0 | 0 | 0 | 0 | 0 | 0 | 0 | 0 | 0 | 0 | 0 | 0 | 0 | 0 | 0 | 0 | 0 | 0 | 0 | 0 | 0 | 0 | 0 | 0 | 0 |
| 江苏航空职业技术学院 | 63 | 0 | 0 | 0 | 0 | 0 | 0 | 0 | 0 | 0 | 0 | 0 | 0 | 0 | 0 | 0 | 0 | 3 | 3 | 0 | 0 | 0 | 0 | 0 | 0 | 0 | 0 |
| 江苏安全技术职业学院 | 64 | 0 | 0 | 0 | 0 | 0 | 0 | 0 | 0 | 0 | 0 | 0 | 0 | 0 | 0 | 0 | 0 | 0 | 0 | 0 | 0 | 0 | 0 | 0 | 0 | 0 | 0 |
| 江苏旅游职业学院 | 65 | 0 | 0 | 0 | 0 | 0 | 0 | 0 | 0 | 0 | 0 | 0 | 0 | 0 | 0 | 0 | 0 | 0 | 0 | 0 | 0 | 0 | 0 | 0 | 0 | 0 | 0 |

## 3.15 社会学人文、社会科学研究与课题成果情况表

| 高校名称 | 编号 | 总数 | | | | | 出版著作(部) | | | | | | | 古籍整理(部) | 译著(部) | 发表译文(篇) | 电子出版物(件) | 发表论文(篇) | | | | 获奖成果数(项) | | | | 研究与咨询报告(篇) | |
|---|---|---|---|---|---|---|---|---|---|---|---|---|---|---|---|---|---|---|---|---|---|---|---|---|---|---|---|
| | | 课题数(项) | 当年投入人数(人年) | 其中:研究生(人年) | 当年拨入经费(千元) | 当年支出经费(千元) | 合计 | 专著 | 其中:被译成外文 | 编著教材 | 工具书参考书 | 皮书/发展报告 | 科普读物 | | | | | 合计 | 国内学术刊物 | 国外学术刊物 | 港、澳、台地区刊物 | 合计 | 国家级奖 | 部级奖 | 省级奖 | 合计 | 其中:被采纳数 |
| | 编号 | L01 | L02 | L03 | L04 | L05 | L06 | L07 | L08 | L09 | L10 | L11 | L12 | L13 | L14 | L15 | L16 | L17 | L18 | L19 | L20 | L21 | L22 | L23 | L24 | L25 | L26 |
| 合计 | / | 328 | 60.3 | 0 | 1 763.9 | 1 597.91 | 8 | 2 | 0 | 4 | 0 | 2 | 0 | 0 | 0 | 0 | 0 | 206 | 206 | 0 | 0 | 0 | 0 | 0 | 0 | 30 | 11 |
| 盐城幼儿师范高等专科学校 | 1 | 4 | 0.7 | 0 | 12 | 12 | 0 | 0 | 0 | 0 | 0 | 0 | 0 | 0 | 0 | 0 | 0 | 0 | 0 | 0 | 0 | 0 | 0 | 0 | 0 | 0 | 0 |
| 苏州幼儿师范高等专科学校 | 2 | 2 | 0.2 | 0 | 0 | 7 | 0 | 0 | 0 | 0 | 0 | 0 | 0 | 0 | 0 | 0 | 0 | 0 | 0 | 0 | 0 | 0 | 0 | 0 | 0 | 0 | 0 |
| 无锡职业技术学院 | 3 | 25 | 3.4 | 0 | 31 | 44.5 | 1 | 0 | 0 | 0 | 0 | 1 | 0 | 0 | 0 | 0 | 0 | 7 | 7 | 0 | 0 | 0 | 0 | 0 | 0 | 0 | 0 |
| 江苏建筑职业技术学院 | 4 | 5 | 1.3 | 0 | 3 | 1 | 0 | 0 | 0 | 0 | 0 | 0 | 0 | 0 | 0 | 0 | 0 | 1 | 1 | 0 | 0 | 0 | 0 | 0 | 0 | 0 | 0 |
| 南京工业职业技术大学 | 5 | 28 | 9.7 | 0 | 241 | 182.25 | 0 | 0 | 0 | 0 | 0 | 0 | 0 | 0 | 0 | 0 | 0 | 23 | 23 | 0 | 0 | 0 | 0 | 0 | 0 | 3 | 0 |
| 江苏工程职业技术学院 | 6 | 20 | 3 | 0 | 4 | 33.5 | 0 | 0 | 0 | 0 | 0 | 0 | 0 | 0 | 0 | 0 | 0 | 28 | 28 | 0 | 0 | 0 | 0 | 0 | 0 | 0 | 0 |
| 苏州工艺美术职业技术学院 | 7 | 3 | 0.4 | 0 | 5 | 3 | 0 | 0 | 0 | 0 | 0 | 0 | 0 | 0 | 0 | 0 | 0 | 0 | 0 | 0 | 0 | 0 | 0 | 0 | 0 | 0 | 0 |
| 连云港职业技术学院 | 8 | 1 | 0.1 | 0 | 0 | 0 | 0 | 0 | 0 | 0 | 0 | 0 | 0 | 0 | 0 | 0 | 0 | 2 | 2 | 0 | 0 | 0 | 0 | 0 | 0 | 1 | 0 |
| 镇江市高等专科学校 | 9 | 0 | 0 | 0 | 0 | 0 | 0 | 0 | 0 | 0 | 0 | 0 | 0 | 0 | 0 | 0 | 0 | 0 | 0 | 0 | 0 | 0 | 0 | 0 | 0 | 0 | 0 |
| 南通职业大学 | 10 | 2 | 0.4 | 0 | 3 | 3 | 0 | 0 | 0 | 0 | 0 | 0 | 0 | 0 | 0 | 0 | 0 | 5 | 5 | 0 | 0 | 0 | 0 | 0 | 0 | 0 | 0 |
| 苏州职业大学 | 11 | 3 | 1.3 | 0 | 20 | 110 | 0 | 0 | 0 | 0 | 0 | 0 | 0 | 0 | 0 | 0 | 0 | 1 | 1 | 0 | 0 | 0 | 0 | 0 | 0 | 0 | 0 |
| 沙洲职业工学院 | 12 | 1 | 0.1 | 0 | 0 | 3 | 0 | 0 | 0 | 0 | 0 | 0 | 0 | 0 | 0 | 0 | 0 | 0 | 0 | 0 | 0 | 0 | 0 | 0 | 0 | 2 | 0 |
| 扬州市职业大学 | 13 | 6 | 1.7 | 0 | 5 | 21.5 | 0 | 0 | 0 | 0 | 0 | 0 | 0 | 0 | 0 | 0 | 0 | 6 | 6 | 0 | 0 | 0 | 0 | 0 | 0 | 3 | 3 |
| 连云港师范高等专科学校 | 14 | 5 | 0.6 | 0 | 2 | 0 | 0 | 0 | 0 | 0 | 0 | 0 | 0 | 0 | 0 | 0 | 0 | 0 | 0 | 0 | 0 | 0 | 0 | 0 | 0 | 0 | 0 |
| 江苏经贸职业技术学院 | 15 | 4 | 0.9 | 0 | 0 | 0 | 0 | 0 | 0 | 0 | 0 | 0 | 0 | 0 | 0 | 0 | 0 | 3 | 3 | 0 | 0 | 0 | 0 | 0 | 0 | 0 | 0 |

续表

| 高校名称 | | 总数 | | | | | 出版著作(部) | | | | | | | 古籍整理(部) | 译著(部) | 发表译文(篇) | 电子出版物(件) | 发表论文(篇) | | | | 获奖成果数(项) | | | | 研究与咨询报告(篇) | |
|---|---|---|---|---|---|---|---|---|---|---|---|---|---|---|---|---|---|---|---|---|---|---|---|---|---|---|---|
| | | 课题数(项) | 当年投入人数(人年) | 其中：研究生(人年) | 当年拨入经费(千元) | 当年支出经费(千元) | 合计 | 专著 | 其中：被译成外文 | 编著教材 | 工具书参考书 | 皮书/发展报告 | 科普读物 | | | | | 合计 | 国内学术刊物 | 国外学术刊物 | 港、澳、台地区刊物 | 合计 | 国家级奖 | 部级奖 | 省级奖 | 合计 | 其中：被采纳数 |
| | 编号 | L01 | L02 | L03 | L04 | L05 | L06 | L07 | L08 | L09 | L10 | L11 | L12 | L13 | L14 | L15 | L16 | L17 | L18 | L19 | L20 | L21 | L22 | L23 | L24 | L25 | L26 |
| 泰州职业技术学院 | 16 | 1 | 0.1 | 0 | 4 | 4 | 0 | 0 | 0 | 0 | 0 | 0 | 0 | 0 | 0 | 0 | 0 | 3 | 3 | 0 | 0 | 0 | 0 | 0 | 0 | 1 | 1 |
| 常州信息职业技术学院 | 17 | 0 | 0 | 0 | 0 | 0 | 0 | 0 | 0 | 0 | 0 | 0 | 0 | 0 | 0 | 0 | 0 | 0 | 0 | 0 | 0 | 0 | 0 | 0 | 0 | 0 | 0 |
| 江苏海事职业技术学院 | 18 | 5 | 1.2 | 0 | 111.2 | 74.32 | 2 | 0 | 0 | 1 | 0 | 1 | 0 | 0 | 0 | 0 | 0 | 1 | 1 | 0 | 0 | 0 | 0 | 0 | 0 | 0 | 0 |
| 无锡科技职业学院 | 19 | 3 | 1.2 | 0 | 50 | 50 | 2 | 1 | 0 | 1 | 0 | 0 | 0 | 0 | 0 | 0 | 0 | 2 | 2 | 0 | 0 | 0 | 0 | 0 | 0 | 0 | 0 |
| 江苏医药职业学院 | 20 | 9 | 1.5 | 0 | 0 | 4.04 | 0 | 0 | 0 | 0 | 0 | 0 | 0 | 0 | 0 | 0 | 0 | 3 | 3 | 0 | 0 | 0 | 0 | 0 | 0 | 1 | 0 |
| 南通科技职业学院 | 21 | 12 | 2.2 | 0 | 74 | 73 | 0 | 0 | 0 | 0 | 0 | 0 | 0 | 0 | 0 | 0 | 0 | 5 | 5 | 0 | 0 | 0 | 0 | 0 | 0 | 1 | 1 |
| 苏州经贸职业技术学院 | 22 | 0 | 0 | 0 | 0 | 0 | 0 | 0 | 0 | 0 | 0 | 0 | 0 | 0 | 0 | 0 | 0 | 2 | 2 | 0 | 0 | 0 | 0 | 0 | 0 | 0 | 0 |
| 苏州工业职业技术学院 | 23 | 0 | 0 | 0 | 0 | 0 | 0 | 0 | 0 | 0 | 0 | 0 | 0 | 0 | 0 | 0 | 0 | 0 | 0 | 0 | 0 | 0 | 0 | 0 | 0 | 0 | 0 |
| 苏州卫生职业技术学院 | 24 | 23 | 2.5 | 0 | 123 | 164.6 | 0 | 0 | 0 | 0 | 0 | 0 | 0 | 0 | 0 | 0 | 0 | 14 | 14 | 0 | 0 | 0 | 0 | 0 | 0 | 0 | 0 |
| 无锡商业职业技术学院 | 25 | 14 | 1.9 | 0 | 491 | 224 | 0 | 0 | 0 | 0 | 0 | 0 | 0 | 0 | 0 | 0 | 0 | 8 | 8 | 0 | 0 | 0 | 0 | 0 | 0 | 0 | 0 |
| 江苏航运职业技术学院 | 26 | 1 | 0.1 | 0 | 0 | 1 | 0 | 0 | 0 | 0 | 0 | 0 | 0 | 0 | 0 | 0 | 0 | 2 | 2 | 0 | 0 | 0 | 0 | 0 | 0 | 0 | 0 |
| 南京交通职业技术学院 | 27 | 6 | 0.6 | 0 | 0 | 58.7 | 0 | 0 | 0 | 0 | 0 | 0 | 0 | 0 | 0 | 0 | 0 | 1 | 1 | 0 | 0 | 0 | 0 | 0 | 0 | 1 | 0 |
| 江苏电子信息职业学院 | 28 | 1 | 0.3 | 0 | 0 | 2 | 0 | 0 | 0 | 0 | 0 | 0 | 0 | 0 | 0 | 0 | 0 | 0 | 0 | 0 | 0 | 0 | 0 | 0 | 0 | 0 | 0 |
| 江苏农牧科技职业学院 | 29 | 2 | 0.2 | 0 | 0 | 12 | 0 | 0 | 0 | 0 | 0 | 0 | 0 | 0 | 0 | 0 | 0 | 0 | 0 | 0 | 0 | 0 | 0 | 0 | 0 | 0 | 0 |
| 常州纺织服装职业技术学院 | 30 | 1 | 0.1 | 0 | 0 | 2.01 | 0 | 0 | 0 | 0 | 0 | 0 | 0 | 0 | 0 | 0 | 0 | 0 | 0 | 0 | 0 | 0 | 0 | 0 | 0 | 0 | 0 |
| 苏州农业职业技术学院 | 31 | 4 | 1.2 | 0 | 19 | 15.8 | 0 | 0 | 0 | 0 | 0 | 0 | 0 | 0 | 0 | 0 | 0 | 1 | 1 | 0 | 0 | 0 | 0 | 0 | 0 | 0 | 0 |

| | | | | | | | | | | | | | | | | | | | | | | | | | | | |
|---|---|---|---|---|---|---|---|---|---|---|---|---|---|---|---|---|---|---|---|---|---|---|---|---|---|---|---|
| 南京科技职业学院 | 32 | 9 | 1.2 | 0 | 3 | 6 | 0 | 0 | 0 | 0 | 0 | 0 | 0 | 0 | 0 | 0 | 0 | 3 | 3 | 0 | 0 | 0 | 0 | 0 | 0 | 0 | 0 |
| 常州工业职业技术学院 | 33 | 5 | 1 | 0 | 2 | 2 | 0 | 0 | 0 | 0 | 0 | 0 | 0 | 0 | 0 | 0 | 0 | 2 | 2 | 0 | 0 | 0 | 0 | 0 | 0 | 4 | 4 |
| 常州工程职业技术学院 | 34 | 1 | 0.1 | 0 | 41 | 21 | 0 | 0 | 0 | 0 | 0 | 0 | 0 | 0 | 0 | 0 | 0 | 0 | 0 | 0 | 0 | 0 | 0 | 0 | 0 | 0 | 0 |
| 江苏农林职业技术学院 | 35 | 0 | 0 | 0 | 0 | 0 | 0 | 0 | 0 | 0 | 0 | 0 | 0 | 0 | 0 | 0 | 0 | 0 | 0 | 0 | 0 | 0 | 0 | 0 | 0 | 0 | 0 |
| 江苏食品药品职业技术学院 | 36 | 11 | 2.3 | 0 | 37 | 31.5 | 0 | 0 | 0 | 0 | 0 | 0 | 0 | 0 | 0 | 0 | 0 | 1 | 1 | 0 | 0 | 0 | 0 | 0 | 0 | 7 | 0 |
| 南京铁道职业技术学院 | 37 | 0 | 0 | 0 | 0 | 0 | 0 | 0 | 0 | 0 | 0 | 0 | 0 | 0 | 0 | 0 | 0 | 0 | 0 | 0 | 0 | 0 | 0 | 0 | 0 | 0 | 0 |
| 徐州工业职业技术学院 | 38 | 6 | 0.6 | 0 | 10 | 25 | 1 | 0 | 0 | 1 | 0 | 0 | 0 | 0 | 0 | 0 | 0 | 8 | 8 | 0 | 0 | 0 | 0 | 0 | 0 | 0 | 0 |
| 江苏信息职业技术学院 | 39 | 17 | 2.8 | 0 | 20 | 46.1 | 0 | 0 | 0 | 0 | 0 | 0 | 0 | 0 | 0 | 0 | 0 | 7 | 7 | 0 | 0 | 0 | 0 | 0 | 0 | 0 | 0 |
| 南京信息职业技术学院 | 40 | 4 | 0.6 | 0 | 170 | 29 | 0 | 0 | 0 | 0 | 0 | 0 | 0 | 0 | 0 | 0 | 0 | 2 | 2 | 0 | 0 | 0 | 0 | 0 | 0 | 0 | 0 |
| 常州机电职业技术学院 | 41 | 4 | 0.6 | 0 | 19 | 10.7 | 0 | 0 | 0 | 0 | 0 | 0 | 0 | 0 | 0 | 0 | 0 | 2 | 2 | 0 | 0 | 0 | 0 | 0 | 0 | 0 | 0 |
| 江阴职业技术学院 | 42 | 4 | 0.6 | 0 | 0 | 11 | 0 | 0 | 0 | 0 | 0 | 0 | 0 | 0 | 0 | 0 | 0 | 0 | 0 | 0 | 0 | 0 | 0 | 0 | 0 | 0 | 0 |
| 无锡城市职业技术学院 | 43 | 0 | 0 | 0 | 0 | 0 | 0 | 0 | 0 | 0 | 0 | 0 | 0 | 0 | 0 | 0 | 0 | 0 | 0 | 0 | 0 | 0 | 0 | 0 | 0 | 0 | 0 |
| 无锡工艺职业技术学院 | 44 | 0 | 0 | 0 | 0 | 8 | 0 | 0 | 0 | 0 | 0 | 0 | 0 | 0 | 0 | 0 | 0 | 0 | 0 | 0 | 0 | 0 | 0 | 0 | 0 | 0 | 0 |
| 苏州健雄职业技术学院 | 45 | 6 | 1.3 | 0 | 69 | 47 | 0 | 0 | 0 | 0 | 0 | 0 | 0 | 0 | 0 | 0 | 0 | 3 | 3 | 0 | 0 | 0 | 0 | 0 | 0 | 2 | 2 |
| 盐城工业职业技术学院 | 46 | 0 | 0 | 0 | 0 | 0 | 0 | 0 | 0 | 0 | 0 | 0 | 0 | 0 | 0 | 0 | 0 | 0 | 0 | 0 | 0 | 0 | 0 | 0 | 0 | 0 | 0 |
| 江苏财经职业技术学院 | 47 | 11 | 1.4 | 0 | 20.8 | 22.29 | 0 | 0 | 0 | 0 | 0 | 0 | 0 | 0 | 0 | 0 | 0 | 7 | 7 | 0 | 0 | 0 | 0 | 0 | 0 | 1 | 0 |
| 扬州工业职业技术学院 | 48 | 3 | 0.3 | 0 | 0 | 0 | 0 | 0 | 0 | 0 | 0 | 0 | 0 | 0 | 0 | 0 | 0 | 7 | 7 | 0 | 0 | 0 | 0 | 0 | 0 | 0 | 0 |
| 江苏城市职业学院 | 49 | 1 | 0.2 | 0 | 15 | 23 | 0 | 0 | 0 | 0 | 0 | 0 | 0 | 0 | 0 | 0 | 0 | 0 | 0 | 0 | 0 | 0 | 0 | 0 | 0 | 0 | 0 |
| 南京城市职业学院 | 50 | 3 | 0.3 | 0 | 6.9 | 6.9 | 1 | 1 | 0 | 0 | 0 | 0 | 0 | 0 | 0 | 0 | 0 | 0 | 0 | 0 | 0 | 0 | 0 | 0 | 0 | 0 | 0 |

续表

| 高校名称 | 编号 | 总数 | | | | | 出版著作(部) | | | | | | | 古籍整理(部) | 译著(部) | 发表译文(篇) | 电子出版物(件) | 发表论文(篇) | | | | 获奖成果数(项) | | | | 研究与咨询报告(篇) | |
|---|---|---|---|---|---|---|---|---|---|---|---|---|---|---|---|---|---|---|---|---|---|---|---|---|---|---|---|
| | | 课题数(项) | 当年投入人数(人年) | 其中:研究生(人年) | 当年拨入经费(千元) | 当年支出经费(千元) | 合计 | 专著 | 其中:被译成外文 | 编著教材 | 工具书参考书 | 皮书/发展报告 | 科普读物 | | | | | 合计 | 国内学术刊物 | 国外学术刊物 | 港、澳、台地区刊物 | 合计 | 国家级奖 | 部级奖 | 省级奖 | 合计 | 其中:被采纳数 |
| | | L01 | L02 | L03 | L04 | L05 | L06 | L07 | L08 | L09 | L10 | L11 | L12 | L13 | L14 | L15 | L16 | L17 | L18 | L19 | L20 | L21 | L22 | L23 | L24 | L25 | L26 |
| 南京机电职业技术学院 | 51 | 6 | 0.6 | 0 | 19 | 20 | 0 | 0 | 0 | 0 | 0 | 0 | 0 | 0 | 0 | 0 | 0 | 0 | 0 | 0 | 0 | 0 | 0 | 0 | 0 | 0 | 0 |
| 南京旅游职业学院 | 52 | 2 | 0.2 | 0 | 0 | 8 | 0 | 0 | 0 | 0 | 0 | 0 | 0 | 0 | 0 | 0 | 0 | 2 | 2 | 0 | 0 | 0 | 0 | 0 | 0 | 0 | 0 |
| 江苏卫生健康职业学院 | 53 | 5 | 1.1 | 0 | 10 | 5.2 | 1 | 0 | 0 | 1 | 0 | 0 | 0 | 0 | 0 | 0 | 0 | 3 | 3 | 0 | 0 | 0 | 0 | 0 | 0 | 0 | 0 |
| 苏州信息职业技术学院 | 54 | 0 | 0 | 0 | 0 | 0 | 0 | 0 | 0 | 0 | 0 | 0 | 0 | 0 | 0 | 0 | 0 | 0 | 0 | 0 | 0 | 0 | 0 | 0 | 0 | 0 | 0 |
| 苏州工业园区服务外包职业学院 | 55 | 2 | 0.3 | 0 | 10 | 10 | 0 | 0 | 0 | 0 | 0 | 0 | 0 | 0 | 0 | 0 | 0 | 2 | 2 | 0 | 0 | 0 | 0 | 0 | 0 | 0 | 0 |
| 徐州幼儿师范高等专科学校 | 56 | 9 | 1.6 | 0 | 0 | 42 | 0 | 0 | 0 | 0 | 0 | 0 | 0 | 0 | 0 | 0 | 0 | 0 | 0 | 0 | 0 | 0 | 0 | 0 | 0 | 0 | 0 |
| 徐州生物工程职业技术学院 | 57 | 0 | 0 | 0 | 0 | 0 | 0 | 0 | 0 | 0 | 0 | 0 | 0 | 0 | 0 | 0 | 0 | 0 | 0 | 0 | 0 | 0 | 0 | 0 | 0 | 1 | 0 |
| 江苏商贸职业学院 | 58 | 2 | 0.4 | 0 | 10 | 1.5 | 0 | 0 | 0 | 0 | 0 | 0 | 0 | 0 | 0 | 0 | 0 | 1 | 1 | 0 | 0 | 0 | 0 | 0 | 0 | 0 | 0 |
| 南通师范高等专科学校 | 59 | 1 | 0.1 | 0 | 0 | 0 | 0 | 0 | 0 | 0 | 0 | 0 | 0 | 0 | 0 | 0 | 0 | 0 | 0 | 0 | 0 | 0 | 0 | 0 | 0 | 0 | 0 |
| 江苏护理职业学院 | 60 | 1 | 0.1 | 0 | 0 | 0 | 0 | 0 | 0 | 0 | 0 | 0 | 0 | 0 | 0 | 0 | 0 | 0 | 0 | 0 | 0 | 0 | 0 | 0 | 0 | 0 | 0 |
| 江苏财会职业学院 | 61 | 10 | 2.3 | 0 | 60 | 60 | 0 | 0 | 0 | 0 | 0 | 0 | 0 | 0 | 0 | 0 | 0 | 8 | 8 | 0 | 0 | 0 | 0 | 0 | 0 | 2 | 0 |
| 江苏城乡建设职业学院 | 62 | 2 | 0.6 | 0 | 12 | 28.5 | 0 | 0 | 0 | 0 | 0 | 0 | 0 | 0 | 0 | 0 | 0 | 0 | 0 | 0 | 0 | 0 | 0 | 0 | 0 | 0 | 0 |
| 江苏航空职业技术学院 | 63 | 2 | 0.7 | 0 | 0 | 0 | 0 | 0 | 0 | 0 | 0 | 0 | 0 | 0 | 0 | 0 | 0 | 0 | 0 | 0 | 0 | 0 | 0 | 0 | 0 | 0 | 0 |
| 江苏安全技术职业学院 | 64 | 4 | 1.5 | 0 | 21 | 20 | 0 | 0 | 0 | 0 | 0 | 0 | 0 | 0 | 0 | 0 | 0 | 4 | 4 | 0 | 0 | 0 | 0 | 0 | 0 | 0 | 0 |
| 江苏旅游职业学院 | 65 | 6 | 0.6 | 0 | 10 | 7 | 0 | 0 | 0 | 0 | 0 | 0 | 0 | 0 | 0 | 0 | 0 | 26 | 26 | 0 | 0 | 0 | 0 | 0 | 0 | 0 | 0 |

## 3.16 民族学与文化学人文、社会科学研究与课题成果情况表

| 高校名称 | | 总数 | | | | | 出版著作(部) | | | | | | | 古籍整理(部) | 译著(部) | 发表译文(篇) | 电子出版物(件) | 发表论文(篇) | | | | 获奖成果数(项) | | | | 研究与咨询报告(篇) | |
|---|---|---|---|---|---|---|---|---|---|---|---|---|---|---|---|---|---|---|---|---|---|---|---|---|---|---|---|
| | | 课题数(项) | 当年投入人数(人年) | 其中:研究生(人年) | 当年拨入经费(千元) | 当年支出经费(千元) | 合计 | 专著 | 其中:被译成外文 | 编著教材 | 工具书参考书 | 皮书/发展报告 | 科普读物 | | | | | 合计 | 国内学术刊物 | 国外学术刊物 | 港、澳、台地区刊物 | 合计 | 国家级奖 | 部级奖 | 省级奖 | 合计 | 其中:被采纳数 |
| | 编号 | L01 | L02 | L03 | L04 | L05 | L06 | L07 | L08 | L09 | L10 | L11 | L12 | L13 | L14 | L15 | L16 | L17 | L18 | L19 | L20 | L21 | L22 | L23 | L24 | L25 | L26 |
| 合计 | / | 87 | 11.6 | 0 | 198.4 | 413.45 | 1 | 1 | 0 | 0 | 0 | 0 | 0 | 0 | 0 | 0 | 0 | 84 | 83 | 1 | 0 | 0 | 0 | 0 | 0 | 8 | 6 |
| 盐城幼儿师范高等专科学校 | 1 | 0 | 0 | 0 | 0 | 0 | 0 | 0 | 0 | 0 | 0 | 0 | 0 | 0 | 0 | 0 | 0 | 0 | 0 | 0 | 0 | 0 | 0 | 0 | 0 | 0 | 0 |
| 苏州幼儿师范高等专科学校 | 2 | 2 | 0.5 | 0 | 0 | 72.5 | 0 | 0 | 0 | 0 | 0 | 0 | 0 | 0 | 0 | 0 | 0 | 0 | 0 | 0 | 0 | 0 | 0 | 0 | 0 | 0 | 0 |
| 无锡职业技术学院 | 3 | 2 | 0.3 | 0 | 3 | 0.75 | 0 | 0 | 0 | 0 | 0 | 0 | 0 | 0 | 0 | 0 | 0 | 0 | 0 | 0 | 0 | 0 | 0 | 0 | 0 | 1 | 1 |
| 江苏建筑职业技术学院 | 4 | 1 | 0.2 | 0 | 0 | 0 | 0 | 0 | 0 | 0 | 0 | 0 | 0 | 0 | 0 | 0 | 0 | 1 | 1 | 0 | 0 | 0 | 0 | 0 | 0 | 0 | 0 |
| 南京工业职业技术大学 | 5 | 0 | 0 | 0 | 0 | 0 | 0 | 0 | 0 | 0 | 0 | 0 | 0 | 0 | 0 | 0 | 0 | 0 | 0 | 0 | 0 | 0 | 0 | 0 | 0 | 0 | 0 |
| 江苏工程职业技术学院 | 6 | 2 | 0.2 | 0 | 3 | 3.5 | 0 | 0 | 0 | 0 | 0 | 0 | 0 | 0 | 0 | 0 | 0 | 5 | 5 | 0 | 0 | 0 | 0 | 0 | 0 | 0 | 0 |
| 苏州工艺美术职业技术学院 | 7 | 0 | 0 | 0 | 0 | 0 | 0 | 0 | 0 | 0 | 0 | 0 | 0 | 0 | 0 | 0 | 0 | 0 | 0 | 0 | 0 | 0 | 0 | 0 | 0 | 0 | 0 |
| 连云港职业技术学院 | 8 | 0 | 0 | 0 | 0 | 0 | 0 | 0 | 0 | 0 | 0 | 0 | 0 | 0 | 0 | 0 | 0 | 2 | 2 | 0 | 0 | 0 | 0 | 0 | 0 | 0 | 0 |
| 镇江市高等专科学校 | 9 | 0 | 0 | 0 | 0 | 0 | 0 | 0 | 0 | 0 | 0 | 0 | 0 | 0 | 0 | 0 | 0 | 1 | 0 | 1 | 0 | 0 | 0 | 0 | 0 | 0 | 0 |
| 南通职业大学 | 10 | 0 | 0 | 0 | 0 | 0 | 0 | 0 | 0 | 0 | 0 | 0 | 0 | 0 | 0 | 0 | 0 | 0 | 0 | 0 | 0 | 0 | 0 | 0 | 0 | 0 | 0 |
| 苏州职业大学 | 11 | 0 | 0 | 0 | 0 | 0 | 0 | 0 | 0 | 0 | 0 | 0 | 0 | 0 | 0 | 0 | 0 | 2 | 2 | 0 | 0 | 0 | 0 | 0 | 0 | 0 | 0 |
| 沙洲职业工学院 | 12 | 0 | 0 | 0 | 0 | 0 | 0 | 0 | 0 | 0 | 0 | 0 | 0 | 0 | 0 | 0 | 0 | 0 | 0 | 0 | 0 | 0 | 0 | 0 | 0 | 0 | 0 |
| 扬州市职业大学 | 13 | 8 | 1.4 | 0 | 15 | 0 | 0 | 0 | 0 | 0 | 0 | 0 | 0 | 0 | 0 | 0 | 0 | 10 | 10 | 0 | 0 | 0 | 0 | 0 | 0 | 4 | 4 |
| 连云港师范高等专科学校 | 14 | 24 | 2.5 | 0 | 34 | 3.6 | 0 | 0 | 0 | 0 | 0 | 0 | 0 | 0 | 0 | 0 | 0 | 3 | 3 | 0 | 0 | 0 | 0 | 0 | 0 | 0 | 0 |
| 江苏经贸职业技术学院 | 15 | 0 | 0 | 0 | 0 | 0 | 0 | 0 | 0 | 0 | 0 | 0 | 0 | 0 | 0 | 0 | 0 | 0 | 0 | 0 | 0 | 0 | 0 | 0 | 0 | 0 | 0 |

续表

| 高校名称 | | 总数 | | | | | 出版著作(部) | | | | | | | 古籍整理(部) | 译著(部) | 发表译文(篇) | 电子出版物(件) | 发表论文(篇) | | | | 获奖成果数(项) | | | | 研究与咨询报告(篇) | |
|---|---|---|---|---|---|---|---|---|---|---|---|---|---|---|---|---|---|---|---|---|---|---|---|---|---|---|---|
| | | 课题数(项) | 当年投入人数(人年) | 其中:研究生(人年) | 当年拨入经费(千元) | 当年支出经费(千元) | 合计 | 专著 | 其中:被译成外文 | 编著教材 | 工具书参考书 | 皮书/发展报告 | 科普读物 | | | | | 合计 | 国内学术刊物 | 国外学术刊物 | 港、澳、台地区刊物 | 合计 | 国家级奖 | 部级奖 | 省级奖 | 合计 | 其中:被采纳数 |
| | 编号 | L01 | L02 | L03 | L04 | L05 | L06 | L07 | L08 | L09 | L10 | L11 | L12 | L13 | L14 | L15 | L16 | L17 | L18 | L19 | L20 | L21 | L22 | L23 | L24 | L25 | L26 |
| 泰州职业技术学院 | 16 | 1 | 0.2 | 0 | 16 | 0 | 0 | 0 | 0 | 0 | 0 | 0 | 0 | 0 | 0 | 0 | 0 | 1 | 1 | 0 | 0 | 0 | 0 | 0 | 0 | 0 | 0 |
| 常州信息职业技术学院 | 17 | 1 | 0.2 | 0 | 20 | 20 | 0 | 0 | 0 | 0 | 0 | 0 | 0 | 0 | 0 | 0 | 0 | 0 | 0 | 0 | 0 | 0 | 0 | 0 | 0 | 0 | 0 |
| 江苏海事职业技术学院 | 18 | 1 | 0.2 | 0 | 2 | 2 | 0 | 0 | 0 | 0 | 0 | 0 | 0 | 0 | 0 | 0 | 0 | 2 | 2 | 0 | 0 | 0 | 0 | 0 | 0 | 0 | 0 |
| 无锡科技职业学院 | 19 | 0 | 0 | 0 | 0 | 0 | 0 | 0 | 0 | 0 | 0 | 0 | 0 | 0 | 0 | 0 | 0 | 2 | 2 | 0 | 0 | 0 | 0 | 0 | 0 | 0 | 0 |
| 江苏医药职业学院 | 20 | 0 | 0 | 0 | 0 | 0 | 0 | 0 | 0 | 0 | 0 | 0 | 0 | 0 | 0 | 0 | 0 | 0 | 0 | 0 | 0 | 0 | 0 | 0 | 0 | 0 | 0 |
| 南通科技职业学院 | 21 | 3 | 0.4 | 0 | 8 | 9.2 | 0 | 0 | 0 | 0 | 0 | 0 | 0 | 0 | 0 | 0 | 0 | 4 | 4 | 0 | 0 | 0 | 0 | 0 | 0 | 0 | 0 |
| 苏州经贸职业技术学院 | 22 | 0 | 0 | 0 | 0 | 0 | 0 | 0 | 0 | 0 | 0 | 0 | 0 | 0 | 0 | 0 | 0 | 0 | 0 | 0 | 0 | 0 | 0 | 0 | 0 | 0 | 0 |
| 苏州工业职业技术学院 | 23 | 0 | 0 | 0 | 0 | 0 | 0 | 0 | 0 | 0 | 0 | 0 | 0 | 0 | 0 | 0 | 0 | 0 | 0 | 0 | 0 | 0 | 0 | 0 | 0 | 0 | 0 |
| 苏州卫生职业技术学院 | 24 | 0 | 0 | 0 | 0 | 0 | 0 | 0 | 0 | 0 | 0 | 0 | 0 | 0 | 0 | 0 | 0 | 0 | 0 | 0 | 0 | 0 | 0 | 0 | 0 | 0 | 0 |
| 无锡商业职业技术学院 | 25 | 0 | 0 | 0 | 0 | 0 | 0 | 0 | 0 | 0 | 0 | 0 | 0 | 0 | 0 | 0 | 0 | 0 | 0 | 0 | 0 | 0 | 0 | 0 | 0 | 0 | 0 |
| 江苏航运职业技术学院 | 26 | 0 | 0 | 0 | 0 | 0 | 0 | 0 | 0 | 0 | 0 | 0 | 0 | 0 | 0 | 0 | 0 | 1 | 1 | 0 | 0 | 0 | 0 | 0 | 0 | 0 | 0 |
| 南京交通职业技术学院 | 27 | 3 | 0.3 | 0 | 20 | 9 | 0 | 0 | 0 | 0 | 0 | 0 | 0 | 0 | 0 | 0 | 0 | 1 | 1 | 0 | 0 | 0 | 0 | 0 | 0 | 0 | 0 |
| 江苏电子信息职业学院 | 28 | 2 | 0.5 | 0 | 5 | 6 | 1 | 1 | 0 | 0 | 0 | 0 | 0 | 0 | 0 | 0 | 0 | 1 | 1 | 0 | 0 | 0 | 0 | 0 | 0 | 0 | 0 |
| 江苏农牧科技职业学院 | 29 | 0 | 0 | 0 | 0 | 0 | 0 | 0 | 0 | 0 | 0 | 0 | 0 | 0 | 0 | 0 | 0 | 0 | 0 | 0 | 0 | 0 | 0 | 0 | 0 | 0 | 0 |
| 常州纺织服装职业技术学院 | 30 | 1 | 0.2 | 0 | 8 | 162 | 0 | 0 | 0 | 0 | 0 | 0 | 0 | 0 | 0 | 0 | 0 | 6 | 6 | 0 | 0 | 0 | 0 | 0 | 0 | 0 | 0 |
| 苏州农业职业技术学院 | 31 | 0 | 0 | 0 | 0 | 0 | 0 | 0 | 0 | 0 | 0 | 0 | 0 | 0 | 0 | 0 | 0 | 0 | 0 | 0 | 0 | 0 | 0 | 0 | 0 | 0 | 0 |

| | | | | | | | | | | | | | | | | | | | | | | | | | | | |
|---|---|---|---|---|---|---|---|---|---|---|---|---|---|---|---|---|---|---|---|---|---|---|---|---|---|---|---|
| 南京科技职业学院 | 32 | 1 | 0.1 | 0 | 0 | 0 | 0 | 0 | 0 | 0 | 0 | 0 | 0 | 0 | 0 | 0 | 0 | 0 | 0 | 0 | 0 | 0 | 0 | 0 | 0 | 0 | 0 |
| 常州工业职业技术学院 | 33 | 0 | 0 | 0 | 0 | 0 | 0 | 0 | 0 | 0 | 0 | 0 | 0 | 0 | 0 | 0 | 0 | 0 | 0 | 0 | 0 | 0 | 0 | 0 | 0 | 0 | 0 |
| 常州工程职业技术学院 | 34 | 0 | 0 | 0 | 0 | 0 | 0 | 0 | 0 | 0 | 0 | 0 | 0 | 0 | 0 | 0 | 0 | 0 | 0 | 0 | 0 | 0 | 0 | 0 | 0 | 0 | 0 |
| 江苏农林职业技术学院 | 35 | 0 | 0 | 0 | 0 | 0 | 0 | 0 | 0 | 0 | 0 | 0 | 0 | 0 | 0 | 0 | 0 | 0 | 0 | 0 | 0 | 0 | 0 | 0 | 0 | 0 | 0 |
| 江苏食品药品职业技术学院 | 36 | 4 | 0.5 | 0 | 12 | 12 | 0 | 0 | 0 | 0 | 0 | 0 | 0 | 0 | 0 | 0 | 0 | 4 | 4 | 0 | 0 | 0 | 0 | 0 | 0 | 2 | 0 |
| 南京铁道职业技术学院 | 37 | 2 | 0.2 | 0 | 2 | 0 | 0 | 0 | 0 | 0 | 0 | 0 | 0 | 0 | 0 | 0 | 0 | 1 | 1 | 0 | 0 | 0 | 0 | 0 | 0 | 0 | 0 |
| 徐州工业职业技术学院 | 38 | 4 | 0.4 | 0 | 6 | 10.5 | 0 | 0 | 0 | 0 | 0 | 0 | 0 | 0 | 0 | 0 | 0 | 2 | 2 | 0 | 0 | 0 | 0 | 0 | 0 | 0 | 0 |
| 江苏信息职业技术学院 | 39 | 7 | 0.7 | 0 | 0 | 11.08 | 0 | 0 | 0 | 0 | 0 | 0 | 0 | 0 | 0 | 0 | 0 | 4 | 4 | 0 | 0 | 0 | 0 | 0 | 0 | 0 | 0 |
| 南京信息职业技术学院 | 40 | 0 | 0 | 0 | 0 | 0 | 0 | 0 | 0 | 0 | 0 | 0 | 0 | 0 | 0 | 0 | 0 | 0 | 0 | 0 | 0 | 0 | 0 | 0 | 0 | 0 | 0 |
| 常州机电职业技术学院 | 41 | 1 | 0.1 | 0 | 0 | 1.32 | 0 | 0 | 0 | 0 | 0 | 0 | 0 | 0 | 0 | 0 | 0 | 1 | 1 | 0 | 0 | 0 | 0 | 0 | 0 | 0 | 0 |
| 江阴职业技术学院 | 42 | 0 | 0 | 0 | 0 | 0 | 0 | 0 | 0 | 0 | 0 | 0 | 0 | 0 | 0 | 0 | 0 | 0 | 0 | 0 | 0 | 0 | 0 | 0 | 0 | 0 | 0 |
| 无锡城市职业技术学院 | 43 | 1 | 0.1 | 0 | 0 | 0 | 0 | 0 | 0 | 0 | 0 | 0 | 0 | 0 | 0 | 0 | 0 | 0 | 0 | 0 | 0 | 0 | 0 | 0 | 0 | 0 | 0 |
| 无锡工艺职业技术学院 | 44 | 1 | 0.2 | 0 | 38.4 | 30 | 0 | 0 | 0 | 0 | 0 | 0 | 0 | 0 | 0 | 0 | 0 | 0 | 0 | 0 | 0 | 0 | 0 | 0 | 0 | 0 | 0 |
| 苏州健雄职业技术学院 | 45 | 0 | 0 | 0 | 0 | 0 | 0 | 0 | 0 | 0 | 0 | 0 | 0 | 0 | 0 | 0 | 0 | 0 | 0 | 0 | 0 | 0 | 0 | 0 | 0 | 0 | 0 |
| 盐城工业职业技术学院 | 46 | 0 | 0 | 0 | 0 | 0 | 0 | 0 | 0 | 0 | 0 | 0 | 0 | 0 | 0 | 0 | 0 | 0 | 0 | 0 | 0 | 0 | 0 | 0 | 0 | 0 | 0 |
| 江苏财经职业技术学院 | 47 | 6 | 0.7 | 0 | 0 | 43.2 | 0 | 0 | 0 | 0 | 0 | 0 | 0 | 0 | 0 | 0 | 0 | 0 | 0 | 0 | 0 | 0 | 0 | 0 | 0 | 0 | 0 |
| 扬州工业职业技术学院 | 48 | 4 | 0.4 | 0 | 0 | 4.6 | 0 | 0 | 0 | 0 | 0 | 0 | 0 | 0 | 0 | 0 | 0 | 19 | 19 | 0 | 0 | 0 | 0 | 0 | 0 | 1 | 1 |
| 江苏城市职业学院 | 49 | 1 | 0.4 | 0 | 5 | 5.2 | 0 | 0 | 0 | 0 | 0 | 0 | 0 | 0 | 0 | 0 | 0 | 0 | 0 | 0 | 0 | 0 | 0 | 0 | 0 | 0 | 0 |
| 南京城市职业学院 | 50 | 0 | 0 | 0 | 0 | 0 | 0 | 0 | 0 | 0 | 0 | 0 | 0 | 0 | 0 | 0 | 0 | 0 | 0 | 0 | 0 | 0 | 0 | 0 | 0 | 0 | 0 |

续表

| 高校名称 | | 总数 | | | | | 出版著作(部) | | | | | | | 古籍整理(部) | 译著(部) | 发表译文(篇) | 电子出版物(件) | 发表论文(篇) | | | | 获奖成果数(项) | | | | 研究与咨询报告(篇) | |
|---|---|---|---|---|---|---|---|---|---|---|---|---|---|---|---|---|---|---|---|---|---|---|---|---|---|---|---|
| | | 课题数(项) | 当年投入人数(人年) | 其中：研究生(人年) | 当年拨入经费(千元) | 当年支出经费(千元) | 合计 | 专著 | 其中：被译成外文 | 编著教材 | 工具书参考书 | 皮书/发展报告 | 科普读物 | | | | | 合计 | 国内学术刊物 | 国外学术刊物 | 港、澳、台地区刊物 | 合计 | 国家级奖 | 部级奖 | 省级奖 | 合计 | 其中：被采纳数 |
| | 编号 | L01 | L02 | L03 | L04 | L05 | L06 | L07 | L08 | L09 | L10 | L11 | L12 | L13 | L14 | L15 | L16 | L17 | L18 | L19 | L20 | L21 | L22 | L23 | L24 | L25 | L26 |
| 南京机电职业技术学院 | 51 | 0 | 0 | 0 | 0 | 0 | 0 | 0 | 0 | 0 | 0 | 0 | 0 | 0 | 0 | 0 | 0 | 0 | 0 | 0 | 0 | 0 | 0 | 0 | 0 | 0 | 0 |
| 南京旅游职业学院 | 52 | 0 | 0 | 0 | 0 | 0 | 0 | 0 | 0 | 0 | 0 | 0 | 0 | 0 | 0 | 0 | 0 | 1 | 1 | 0 | 0 | 0 | 0 | 0 | 0 | 0 | 0 |
| 江苏卫生健康职业学院 | 53 | 2 | 0.4 | 0 | 0 | 2 | 0 | 0 | 0 | 0 | 0 | 0 | 0 | 0 | 0 | 0 | 0 | 0 | 0 | 0 | 0 | 0 | 0 | 0 | 0 | 0 | 0 |
| 苏州信息职业技术学院 | 54 | 0 | 0 | 0 | 0 | 0 | 0 | 0 | 0 | 0 | 0 | 0 | 0 | 0 | 0 | 0 | 0 | 0 | 0 | 0 | 0 | 0 | 0 | 0 | 0 | 0 | 0 |
| 苏州工业园区服务外包职业学院 | 55 | 0 | 0 | 0 | 0 | 0 | 0 | 0 | 0 | 0 | 0 | 0 | 0 | 0 | 0 | 0 | 0 | 0 | 0 | 0 | 0 | 0 | 0 | 0 | 0 | 0 | 0 |
| 徐州幼儿师范高等专科学校 | 56 | 1 | 0.2 | 0 | 0 | 4 | 0 | 0 | 0 | 0 | 0 | 0 | 0 | 0 | 0 | 0 | 0 | 0 | 0 | 0 | 0 | 0 | 0 | 0 | 0 | 0 | 0 |
| 徐州生物工程职业技术学院 | 57 | 0 | 0 | 0 | 0 | 0 | 0 | 0 | 0 | 0 | 0 | 0 | 0 | 0 | 0 | 0 | 0 | 0 | 0 | 0 | 0 | 0 | 0 | 0 | 0 | 0 | 0 |
| 江苏商贸职业学院 | 58 | 0 | 0 | 0 | 0 | 0 | 0 | 0 | 0 | 0 | 0 | 0 | 0 | 0 | 0 | 0 | 0 | 1 | 1 | 0 | 0 | 0 | 0 | 0 | 0 | 0 | 0 |
| 南通师范高等专科学校 | 59 | 0 | 0 | 0 | 0 | 0 | 0 | 0 | 0 | 0 | 0 | 0 | 0 | 0 | 0 | 0 | 0 | 0 | 0 | 0 | 0 | 0 | 0 | 0 | 0 | 0 | 0 |
| 江苏护理职业学院 | 60 | 1 | 0.1 | 0 | 1 | 1 | 0 | 0 | 0 | 0 | 0 | 0 | 0 | 0 | 0 | 0 | 0 | 0 | 0 | 0 | 0 | 0 | 0 | 0 | 0 | 0 | 0 |
| 江苏财会职业学院 | 61 | 0 | 0 | 0 | 0 | 0 | 0 | 0 | 0 | 0 | 0 | 0 | 0 | 0 | 0 | 0 | 0 | 0 | 0 | 0 | 0 | 0 | 0 | 0 | 0 | 0 | 0 |
| 江苏城乡建设职业学院 | 62 | 0 | 0 | 0 | 0 | 0 | 0 | 0 | 0 | 0 | 0 | 0 | 0 | 0 | 0 | 0 | 0 | 0 | 0 | 0 | 0 | 0 | 0 | 0 | 0 | 0 | 0 |
| 江苏航空职业技术学院 | 63 | 0 | 0 | 0 | 0 | 0 | 0 | 0 | 0 | 0 | 0 | 0 | 0 | 0 | 0 | 0 | 0 | 0 | 0 | 0 | 0 | 0 | 0 | 0 | 0 | 0 | 0 |
| 江苏安全技术职业学院 | 64 | 0 | 0 | 0 | 0 | 0 | 0 | 0 | 0 | 0 | 0 | 0 | 0 | 0 | 0 | 0 | 0 | 0 | 0 | 0 | 0 | 0 | 0 | 0 | 0 | 0 | 0 |
| 江苏旅游职业学院 | 65 | 0 | 0 | 0 | 0 | 0 | 0 | 0 | 0 | 0 | 0 | 0 | 0 | 0 | 0 | 0 | 0 | 9 | 9 | 0 | 0 | 0 | 0 | 0 | 0 | 0 | 0 |

## 3.17 新闻学与传播学人文、社会科学研究与课题成果情况表

| 高校名称 | 编号 | 总数：课题数（项） | 总数：当年投入人数（人年） | 总数：其中：研究生（人年） | 总数：当年拨入经费（千元） | 总数：当年支出经费（千元） | 出版著作（部）：合计 | 出版著作（部）：专著 | 出版著作（部）：其中：被译成外文 | 出版著作（部）：编著教材 | 出版著作（部）：工具书参考书 | 出版著作（部）：皮书/发展报告 | 出版著作（部）：科普读物 | 古籍整理（部） | 译著（部） | 发表译文（篇） | 电子出版物（件） | 发表论文（篇）：合计 | 发表论文（篇）：国内学术刊物 | 发表论文（篇）：国外学术刊物 | 发表论文（篇）：港、澳、台地区刊物 | 获奖成果数（项）：合计 | 获奖成果数（项）：国家级奖 | 获奖成果数（项）：部级奖 | 获奖成果数（项）：省级奖 | 研究与咨询报告（篇）：合计 | 研究与咨询报告（篇）：其中：被采纳数 |
|---|---|---|---|---|---|---|---|---|---|---|---|---|---|---|---|---|---|---|---|---|---|---|---|---|---|---|---|
| | | L01 | L02 | L03 | L04 | L05 | L06 | L07 | L08 | L09 | L10 | L11 | L12 | L13 | L14 | L15 | L16 | L17 | L18 | L19 | L20 | L21 | L22 | L23 | L24 | L25 | L26 |
| 合计 | / | 48 | 12.2 | 0 | 393.5 | 308.68 | 2 | 2 | 0 | 0 | 0 | 0 | 0 | 0 | 0 | 0 | 0 | 76 | 76 | 0 | 0 | 0 | 0 | 0 | 0 | 9 | 2 |
| 盐城幼儿师范高等专科学校 | 1 | 0 | 0 | 0 | 0 | 0 | 0 | 0 | 0 | 0 | 0 | 0 | 0 | 0 | 0 | 0 | 0 | 3 | 3 | 0 | 0 | 0 | 0 | 0 | 0 | 0 | 0 |
| 苏州幼儿师范高等专科学校 | 2 | 0 | 0 | 0 | 0 | 0 | 0 | 0 | 0 | 0 | 0 | 0 | 0 | 0 | 0 | 0 | 0 | 0 | 0 | 0 | 0 | 0 | 0 | 0 | 0 | 0 | 0 |
| 无锡职业技术学院 | 3 | 2 | 0.3 | 0 | 13 | 2 | 0 | 0 | 0 | 0 | 0 | 0 | 0 | 0 | 0 | 0 | 0 | 2 | 2 | 0 | 0 | 0 | 0 | 0 | 0 | 0 | 0 |
| 江苏建筑职业技术学院 | 4 | 3 | 0.4 | 0 | 3 | 3 | 0 | 0 | 0 | 0 | 0 | 0 | 0 | 0 | 0 | 0 | 0 | 2 | 2 | 0 | 0 | 0 | 0 | 0 | 0 | 0 | 0 |
| 南京工业职业技术大学 | 5 | 6 | 1.8 | 0 | 30 | 27.58 | 0 | 0 | 0 | 0 | 0 | 0 | 0 | 0 | 0 | 0 | 0 | 10 | 10 | 0 | 0 | 0 | 0 | 0 | 0 | 2 | 0 |
| 江苏工程职业技术学院 | 6 | 0 | 0 | 0 | 0 | 0 | 1 | 1 | 0 | 0 | 0 | 0 | 0 | 0 | 0 | 0 | 0 | 1 | 1 | 0 | 0 | 0 | 0 | 0 | 0 | 0 | 0 |
| 苏州工艺美术职业技术学院 | 7 | 1 | 0.3 | 0 | 50 | 40 | 0 | 0 | 0 | 0 | 0 | 0 | 0 | 0 | 0 | 0 | 0 | 3 | 3 | 0 | 0 | 0 | 0 | 0 | 0 | 0 | 0 |
| 连云港职业技术学院 | 8 | 2 | 0.2 | 0 | 2 | 2 | 0 | 0 | 0 | 0 | 0 | 0 | 0 | 0 | 0 | 0 | 0 | 1 | 1 | 0 | 0 | 0 | 0 | 0 | 0 | 0 | 0 |
| 镇江市高等专科学校 | 9 | 2 | 1.2 | 0 | 0 | 6 | 1 | 1 | 0 | 0 | 0 | 0 | 0 | 0 | 0 | 0 | 0 | 1 | 1 | 0 | 0 | 0 | 0 | 0 | 0 | 0 | 0 |
| 南通职业大学 | 10 | 0 | 0 | 0 | 0 | 0 | 0 | 0 | 0 | 0 | 0 | 0 | 0 | 0 | 0 | 0 | 0 | 0 | 0 | 0 | 0 | 0 | 0 | 0 | 0 | 0 | 0 |
| 苏州职业大学 | 11 | 2 | 1.6 | 0 | 10 | 10 | 0 | 0 | 0 | 0 | 0 | 0 | 0 | 0 | 0 | 0 | 0 | 7 | 7 | 0 | 0 | 0 | 0 | 0 | 0 | 0 | 0 |
| 沙洲职业工学院 | 12 | 0 | 0 | 0 | 0 | 0 | 0 | 0 | 0 | 0 | 0 | 0 | 0 | 0 | 0 | 0 | 0 | 0 | 0 | 0 | 0 | 0 | 0 | 0 | 0 | 0 | 0 |
| 扬州市职业大学 | 13 | 2 | 0.6 | 0 | 0 | 0 | 0 | 0 | 0 | 0 | 0 | 0 | 0 | 0 | 0 | 0 | 0 | 1 | 1 | 0 | 0 | 0 | 0 | 0 | 0 | 2 | 2 |
| 连云港师范高等专科学校 | 14 | 0 | 0 | 0 | 0 | 0 | 0 | 0 | 0 | 0 | 0 | 0 | 0 | 0 | 0 | 0 | 0 | 1 | 1 | 0 | 0 | 0 | 0 | 0 | 0 | 0 | 0 |
| 江苏经贸职业技术学院 | 15 | 2 | 0.2 | 0 | 0 | 0 | 0 | 0 | 0 | 0 | 0 | 0 | 0 | 0 | 0 | 0 | 0 | 4 | 4 | 0 | 0 | 0 | 0 | 0 | 0 | 0 | 0 |

续表

| 高校名称 | | 总数 | | | | | 出版著作(部) | | | | | | | 古籍整理(部) | 译著(部) | 发表译文(篇) | 电子出版物(件) | 发表论文(篇) | | | | 获奖成果数(项) | | | | 研究与咨询报告(篇) | |
|---|---|---|---|---|---|---|---|---|---|---|---|---|---|---|---|---|---|---|---|---|---|---|---|---|---|---|---|
| | | 课题数(项) | 当年投入人数(人年) | 其中:研究生(人年) | 当年拨入经费(千元) | 当年支出经费(千元) | 合计 | 专著 | 其中:被译成外文 | 编著教材 | 工具书参考书 | 皮书/发展报告 | 科普读物 | | | | | 合计 | 国内学术刊物 | 国外学术刊物 | 港、澳、台地区刊物 | 合计 | 国家级奖 | 部级奖 | 省级奖 | 合计 | 其中:被采纳数 |
| | 编号 | L01 | L02 | L03 | L04 | L05 | L06 | L07 | L08 | L09 | L10 | L11 | L12 | L13 | L14 | L15 | L16 | L17 | L18 | L19 | L20 | L21 | L22 | L23 | L24 | L25 | L26 |
| 泰州职业技术学院 | 16 | 0 | 0 | 0 | 0 | 0 | 0 | 0 | 0 | 0 | 0 | 0 | 0 | 0 | 0 | 0 | 0 | 0 | 0 | 0 | 0 | 0 | 0 | 0 | 0 | 0 | 0 |
| 常州信息职业技术学院 | 17 | 0 | 0 | 0 | 0 | 0 | 0 | 0 | 0 | 0 | 0 | 0 | 0 | 0 | 0 | 0 | 0 | 2 | 2 | 0 | 0 | 0 | 0 | 0 | 0 | 0 | 0 |
| 江苏海事职业技术学院 | 18 | 2 | 0.8 | 0 | 104 | 104.48 | 0 | 0 | 0 | 0 | 0 | 0 | 0 | 0 | 0 | 0 | 0 | 0 | 0 | 0 | 0 | 0 | 0 | 0 | 0 | 0 | 0 |
| 无锡科技职业学院 | 19 | 0 | 0 | 0 | 0 | 0 | 0 | 0 | 0 | 0 | 0 | 0 | 0 | 0 | 0 | 0 | 0 | 0 | 0 | 0 | 0 | 0 | 0 | 0 | 0 | 0 | 0 |
| 江苏医药职业学院 | 20 | 0 | 0 | 0 | 0 | 0 | 0 | 0 | 0 | 0 | 0 | 0 | 0 | 0 | 0 | 0 | 0 | 0 | 0 | 0 | 0 | 0 | 0 | 0 | 0 | 0 | 0 |
| 南通科技职业学院 | 21 | 0 | 0 | 0 | 0 | 0 | 0 | 0 | 0 | 0 | 0 | 0 | 0 | 0 | 0 | 0 | 0 | 1 | 1 | 0 | 0 | 0 | 0 | 0 | 0 | 0 | 0 |
| 苏州经贸职业技术学院 | 22 | 0 | 0 | 0 | 0 | 0 | 0 | 0 | 0 | 0 | 0 | 0 | 0 | 0 | 0 | 0 | 0 | 2 | 2 | 0 | 0 | 0 | 0 | 0 | 0 | 0 | 0 |
| 苏州工业职业技术学院 | 23 | 0 | 0 | 0 | 0 | 0 | 0 | 0 | 0 | 0 | 0 | 0 | 0 | 0 | 0 | 0 | 0 | 0 | 0 | 0 | 0 | 0 | 0 | 0 | 0 | 0 | 0 |
| 苏州卫生职业技术学院 | 24 | 2 | 0.2 | 0 | 40 | 11.6 | 0 | 0 | 0 | 0 | 0 | 0 | 0 | 0 | 0 | 0 | 0 | 9 | 9 | 0 | 0 | 0 | 0 | 0 | 0 | 0 | 0 |
| 无锡商业职业技术学院 | 25 | 0 | 0 | 0 | 0 | 0 | 0 | 0 | 0 | 0 | 0 | 0 | 0 | 0 | 0 | 0 | 0 | 0 | 0 | 0 | 0 | 0 | 0 | 0 | 0 | 0 | 0 |
| 江苏航运职业技术学院 | 26 | 0 | 0 | 0 | 0 | 0 | 0 | 0 | 0 | 0 | 0 | 0 | 0 | 0 | 0 | 0 | 0 | 1 | 1 | 0 | 0 | 0 | 0 | 0 | 0 | 0 | 0 |
| 南京交通职业技术学院 | 27 | 0 | 0 | 0 | 0 | 0 | 0 | 0 | 0 | 0 | 0 | 0 | 0 | 0 | 0 | 0 | 0 | 0 | 0 | 0 | 0 | 0 | 0 | 0 | 0 | 0 | 0 |
| 江苏电子信息职业学院 | 28 | 0 | 0 | 0 | 0 | 0 | 0 | 0 | 0 | 0 | 0 | 0 | 0 | 0 | 0 | 0 | 0 | 0 | 0 | 0 | 0 | 0 | 0 | 0 | 0 | 0 | 0 |
| 江苏农牧科技职业学院 | 29 | 0 | 0 | 0 | 0 | 0 | 0 | 0 | 0 | 0 | 0 | 0 | 0 | 0 | 0 | 0 | 0 | 0 | 0 | 0 | 0 | 0 | 0 | 0 | 0 | 0 | 0 |
| 常州纺织服装职业技术学院 | 30 | 1 | 0.1 | 0 | 3 | 3 | 0 | 0 | 0 | 0 | 0 | 0 | 0 | 0 | 0 | 0 | 0 | 3 | 3 | 0 | 0 | 0 | 0 | 0 | 0 | 1 | 0 |
| 苏州农业职业技术学院 | 31 | 0 | 0 | 0 | 0 | 0 | 0 | 0 | 0 | 0 | 0 | 0 | 0 | 0 | 0 | 0 | 0 | 0 | 0 | 0 | 0 | 0 | 0 | 0 | 0 | 0 | 0 |

| | | | | | | | | | | | | | | | | | | | | | | | | | | | |
|---|---|---|---|---|---|---|---|---|---|---|---|---|---|---|---|---|---|---|---|---|---|---|---|---|---|---|---|
| 南京科技职业学院 | 32 | 0 | 0 | 0 | 0 | 0 | 0 | 0 | 0 | 0 | 0 | 0 | 0 | 0 | 0 | 0 | 0 | 0 | 0 | 0 | 0 | 0 | 0 | 0 | 0 | 0 | 0 |
| 常州工业职业技术学院 | 33 | 0 | 0 | 0 | 0 | 0 | 0 | 0 | 0 | 0 | 0 | 0 | 0 | 0 | 0 | 0 | 0 | 0 | 0 | 0 | 0 | 0 | 0 | 0 | 0 | 0 | 0 |
| 常州工程职业技术学院 | 34 | 0 | 0 | 0 | 0 | 0 | 0 | 0 | 0 | 0 | 0 | 0 | 0 | 0 | 0 | 0 | 0 | 0 | 0 | 0 | 0 | 0 | 0 | 0 | 0 | 0 | 0 |
| 江苏农林职业技术学院 | 35 | 0 | 0 | 0 | 0 | 0 | 0 | 0 | 0 | 0 | 0 | 0 | 0 | 0 | 0 | 0 | 0 | 0 | 0 | 0 | 0 | 0 | 0 | 0 | 0 | 0 | 0 |
| 江苏食品药品职业技术学院 | 36 | 3 | 0.5 | 0 | 17 | 8 | 0 | 0 | 0 | 0 | 0 | 0 | 0 | 0 | 0 | 0 | 0 | 1 | 1 | 0 | 0 | 0 | 0 | 0 | 0 | 4 | 0 |
| 南京铁道职业技术学院 | 37 | 0 | 0 | 0 | 0 | 0 | 0 | 0 | 0 | 0 | 0 | 0 | 0 | 0 | 0 | 0 | 0 | 0 | 0 | 0 | 0 | 0 | 0 | 0 | 0 | 0 | 0 |
| 徐州工业职业技术学院 | 38 | 0 | 0 | 0 | 0 | 0 | 0 | 0 | 0 | 0 | 0 | 0 | 0 | 0 | 0 | 0 | 0 | 0 | 0 | 0 | 0 | 0 | 0 | 0 | 0 | 0 | 0 |
| 江苏信息职业技术学院 | 39 | 1 | 0.1 | 0 | 0 | 2.85 | 0 | 0 | 0 | 0 | 0 | 0 | 0 | 0 | 0 | 0 | 0 | 0 | 0 | 0 | 0 | 0 | 0 | 0 | 0 | 0 | 0 |
| 南京信息职业技术学院 | 40 | 0 | 0 | 0 | 0 | 0 | 0 | 0 | 0 | 0 | 0 | 0 | 0 | 0 | 0 | 0 | 0 | 0 | 0 | 0 | 0 | 0 | 0 | 0 | 0 | 0 | 0 |
| 常州机电职业技术学院 | 41 | 1 | 0.2 | 0 | 0 | 3.45 | 0 | 0 | 0 | 0 | 0 | 0 | 0 | 0 | 0 | 0 | 0 | 1 | 1 | 0 | 0 | 0 | 0 | 0 | 0 | 0 | 0 |
| 江阴职业技术学院 | 42 | 0 | 0 | 0 | 0 | 0 | 0 | 0 | 0 | 0 | 0 | 0 | 0 | 0 | 0 | 0 | 0 | 0 | 0 | 0 | 0 | 0 | 0 | 0 | 0 | 0 | 0 |
| 无锡城市职业技术学院 | 43 | 0 | 0 | 0 | 0 | 0 | 0 | 0 | 0 | 0 | 0 | 0 | 0 | 0 | 0 | 0 | 0 | 2 | 2 | 0 | 0 | 0 | 0 | 0 | 0 | 0 | 0 |
| 无锡工艺职业技术学院 | 44 | 0 | 0 | 0 | 0 | 0 | 0 | 0 | 0 | 0 | 0 | 0 | 0 | 0 | 0 | 0 | 0 | 0 | 0 | 0 | 0 | 0 | 0 | 0 | 0 | 0 | 0 |
| 苏州健雄职业技术学院 | 45 | 0 | 0 | 0 | 0 | 0 | 0 | 0 | 0 | 0 | 0 | 0 | 0 | 0 | 0 | 0 | 0 | 1 | 1 | 0 | 0 | 0 | 0 | 0 | 0 | 0 | 0 |
| 盐城工业职业技术学院 | 46 | 0 | 0 | 0 | 0 | 0 | 0 | 0 | 0 | 0 | 0 | 0 | 0 | 0 | 0 | 0 | 0 | 0 | 0 | 0 | 0 | 0 | 0 | 0 | 0 | 0 | 0 |
| 江苏财经职业技术学院 | 47 | 1 | 0.1 | 0 | 4 | 1 | 0 | 0 | 0 | 0 | 0 | 0 | 0 | 0 | 0 | 0 | 0 | 4 | 4 | 0 | 0 | 0 | 0 | 0 | 0 | 0 | 0 |
| 扬州工业职业技术学院 | 48 | 0 | 0 | 0 | 0 | 0 | 0 | 0 | 0 | 0 | 0 | 0 | 0 | 0 | 0 | 0 | 0 | 0 | 0 | 0 | 0 | 0 | 0 | 0 | 0 | 0 | 0 |
| 江苏城市职业学院 | 49 | 5 | 1.9 | 0 | 34.5 | 32.22 | 0 | 0 | 0 | 0 | 0 | 0 | 0 | 0 | 0 | 0 | 0 | 4 | 4 | 0 | 0 | 0 | 0 | 0 | 0 | 0 | 0 |
| 南京城市职业学院 | 50 | 0 | 0 | 0 | 0 | 0 | 0 | 0 | 0 | 0 | 0 | 0 | 0 | 0 | 0 | 0 | 0 | 1 | 1 | 0 | 0 | 0 | 0 | 0 | 0 | 0 | 0 |

续表

| 高校名称 | | 总数 | | | | | 出版著作(部) | | | | | | | 古籍整理(部) | 译著(部) | 发表译文(篇) | 电子出版物(件) | 发表论文(篇) | | | | 获奖成果数(项) | | | | 研究与咨询报告(篇) | |
|---|---|---|---|---|---|---|---|---|---|---|---|---|---|---|---|---|---|---|---|---|---|---|---|---|---|---|---|
| | | 课题数(项) | 当年投入人数(人年) | 其中:研究生(人年) | 当年拨入经费(千元) | 当年支出经费(千元) | 合计 | 专著 | 其中:被译成外文 | 编著教材 | 工具书参考书 | 皮书/发展报告 | 科普读物 | | | | | 合计 | 国内学术刊物 | 国外学术刊物 | 港、澳、台地区刊物 | 合计 | 国家级奖 | 部级奖 | 省级奖 | 合计 | 其中:被采纳数 |
| | 编号 | L01 | L02 | L03 | L04 | L05 | L06 | L07 | L08 | L09 | L10 | L11 | L12 | L13 | L14 | L15 | L16 | L17 | L18 | L19 | L20 | L21 | L22 | L23 | L24 | L25 | L26 |
| 南京机电职业技术学院 | 51 | 2 | 0.2 | 0 | 22 | 5 | 0 | 0 | 0 | 0 | 0 | 0 | 0 | 0 | 0 | 0 | 0 | 0 | 0 | 0 | 0 | 0 | 0 | 0 | 0 | 0 | 0 |
| 南京旅游职业学院 | 52 | 0 | 0 | 0 | 0 | 0 | 0 | 0 | 0 | 0 | 0 | 0 | 0 | 0 | 0 | 0 | 0 | 2 | 2 | 0 | 0 | 0 | 0 | 0 | 0 | 0 | 0 |
| 江苏卫生健康职业学院 | 53 | 2 | 0.4 | 0 | 10 | 0 | 0 | 0 | 0 | 0 | 0 | 0 | 0 | 0 | 0 | 0 | 0 | 2 | 2 | 0 | 0 | 0 | 0 | 0 | 0 | 0 | 0 |
| 苏州信息职业技术学院 | 54 | 0 | 0 | 0 | 0 | 0 | 0 | 0 | 0 | 0 | 0 | 0 | 0 | 0 | 0 | 0 | 0 | 0 | 0 | 0 | 0 | 0 | 0 | 0 | 0 | 0 | 0 |
| 苏州工业园区服务外包职业学院 | 55 | 2 | 0.4 | 0 | 30 | 31.5 | 0 | 0 | 0 | 0 | 0 | 0 | 0 | 0 | 0 | 0 | 0 | 2 | 2 | 0 | 0 | 0 | 0 | 0 | 0 | 0 | 0 |
| 徐州幼儿师范高等专科学校 | 56 | 0 | 0 | 0 | 0 | 0 | 0 | 0 | 0 | 0 | 0 | 0 | 0 | 0 | 0 | 0 | 0 | 0 | 0 | 0 | 0 | 0 | 0 | 0 | 0 | 0 | 0 |
| 徐州生物工程职业技术学院 | 57 | 0 | 0 | 0 | 0 | 0 | 0 | 0 | 0 | 0 | 0 | 0 | 0 | 0 | 0 | 0 | 0 | 2 | 2 | 0 | 0 | 0 | 0 | 0 | 0 | 0 | 0 |
| 江苏商贸职业学院 | 58 | 1 | 0.4 | 0 | 10 | 5 | 0 | 0 | 0 | 0 | 0 | 0 | 0 | 0 | 0 | 0 | 0 | 0 | 0 | 0 | 0 | 0 | 0 | 0 | 0 | 0 | 0 |
| 南通师范高等专科学校 | 59 | 0 | 0 | 0 | 0 | 0 | 0 | 0 | 0 | 0 | 0 | 0 | 0 | 0 | 0 | 0 | 0 | 0 | 0 | 0 | 0 | 0 | 0 | 0 | 0 | 0 | 0 |
| 江苏护理职业学院 | 60 | 3 | 0.3 | 0 | 11 | 10 | 0 | 0 | 0 | 0 | 0 | 0 | 0 | 0 | 0 | 0 | 0 | 0 | 0 | 0 | 0 | 0 | 0 | 0 | 0 | 0 | 0 |
| 江苏财会职业学院 | 61 | 0 | 0 | 0 | 0 | 0 | 0 | 0 | 0 | 0 | 0 | 0 | 0 | 0 | 0 | 0 | 0 | 0 | 0 | 0 | 0 | 0 | 0 | 0 | 0 | 0 | 0 |
| 江苏城乡建设职业学院 | 62 | 0 | 0 | 0 | 0 | 0 | 0 | 0 | 0 | 0 | 0 | 0 | 0 | 0 | 0 | 0 | 0 | 0 | 0 | 0 | 0 | 0 | 0 | 0 | 0 | 0 | 0 |
| 江苏航空职业技术学院 | 63 | 0 | 0 | 0 | 0 | 0 | 0 | 0 | 0 | 0 | 0 | 0 | 0 | 0 | 0 | 0 | 0 | 0 | 0 | 0 | 0 | 0 | 0 | 0 | 0 | 0 | 0 |
| 江苏安全技术职业学院 | 64 | 0 | 0 | 0 | 0 | 0 | 0 | 0 | 0 | 0 | 0 | 0 | 0 | 0 | 0 | 0 | 0 | 0 | 0 | 0 | 0 | 0 | 0 | 0 | 0 | 0 | 0 |
| 江苏旅游职业学院 | 65 | 0 | 0 | 0 | 0 | 0 | 0 | 0 | 0 | 0 | 0 | 0 | 0 | 0 | 0 | 0 | 0 | 0 | 0 | 0 | 0 | 0 | 0 | 0 | 0 | 0 | 0 |

## 3.18 图书馆、情报与文献学人文、社会科学研究与课题成果情况表

| 高校名称 | | 总数 | | | | | 出版著作(部) | | | | | | | 古籍整理(部) | 译著(部) | 发表译文(篇) | 电子出版物(件) | 发表论文(篇) | | | | 获奖成果数(项) | | | | 研究与咨询报告(篇) | |
|---|---|---|---|---|---|---|---|---|---|---|---|---|---|---|---|---|---|---|---|---|---|---|---|---|---|---|---|
| | | 课题数(项) | 当年投入人数(人年) | 其中:研究生(人年) | 当年拨入经费(千元) | 当年支出经费(千元) | 合计 | 专著 | 其中:被译成外文 | 编著教材 | 工具书参考书 | 皮书/发展报告 | 科普读物 | | | | | 合计 | 国内学术刊物 | 国外学术刊物 | 港澳、台地区刊物 | 合计 | 国家级奖 | 部级奖 | 省级奖 | 合计 | 其中:被采纳数 |
| | 编号 | L01 | L02 | L03 | L04 | L05 | L06 | L07 | L08 | L09 | L10 | L11 | L12 | L13 | L14 | L15 | L16 | L17 | L18 | L19 | L20 | L21 | L22 | L23 | L24 | L25 | L26 |
| 合计 | / | 109 | 21.7 | 0 | 286.4 | 350.71 | 4 | 4 | 0 | 0 | 0 | 0 | 0 | 0 | 0 | 0 | 0 | 167 | 165 | 2 | 0 | 0 | 0 | 0 | 0 | 3 | 1 |
| 盐城幼儿师范高等专科学校 | 1 | 3 | 0.6 | 0 | 5 | 5 | 1 | 1 | 0 | 0 | 0 | 0 | 0 | 0 | 0 | 0 | 0 | 2 | 2 | 0 | 0 | 0 | 0 | 0 | 0 | 0 | 0 |
| 苏州幼儿师范高等专科学校 | 2 | 1 | 0.1 | 0 | 0 | 0 | 0 | 0 | 0 | 0 | 0 | 0 | 0 | 0 | 0 | 0 | 0 | 0 | 0 | 0 | 0 | 0 | 0 | 0 | 0 | 0 | 0 |
| 无锡职业技术学院 | 3 | 7 | 1.1 | 0 | 10 | 5.2 | 0 | 0 | 0 | 0 | 0 | 0 | 0 | 0 | 0 | 0 | 0 | 8 | 8 | 0 | 0 | 0 | 0 | 0 | 0 | 0 | 0 |
| 江苏建筑职业技术学院 | 4 | 3 | 0.4 | 0 | 7 | 14 | 1 | 1 | 0 | 0 | 0 | 0 | 0 | 0 | 0 | 0 | 0 | 3 | 3 | 0 | 0 | 0 | 0 | 0 | 0 | 1 | 1 |
| 南京工业职业技术大学 | 5 | 3 | 0.7 | 0 | 20 | 7.73 | 0 | 0 | 0 | 0 | 0 | 0 | 0 | 0 | 0 | 0 | 0 | 7 | 7 | 0 | 0 | 0 | 0 | 0 | 0 | 1 | 0 |
| 江苏工程职业技术学院 | 6 | 6 | 0.7 | 0 | 0 | 3 | 1 | 1 | 0 | 0 | 0 | 0 | 0 | 0 | 0 | 0 | 0 | 5 | 5 | 0 | 0 | 0 | 0 | 0 | 0 | 0 | 0 |
| 苏州工艺美术职业技术学院 | 7 | 0 | 0 | 0 | 0 | 0 | 0 | 0 | 0 | 0 | 0 | 0 | 0 | 0 | 0 | 0 | 0 | 1 | 1 | 0 | 0 | 0 | 0 | 0 | 0 | 0 | 0 |
| 连云港职业技术学院 | 8 | 1 | 0.3 | 0 | 0 | 0 | 1 | 1 | 0 | 0 | 0 | 0 | 0 | 0 | 0 | 0 | 0 | 5 | 5 | 0 | 0 | 0 | 0 | 0 | 0 | 0 | 0 |
| 镇江市高等专科学校 | 9 | 2 | 1 | 0 | 0 | 3 | 0 | 0 | 0 | 0 | 0 | 0 | 0 | 0 | 0 | 0 | 0 | 2 | 2 | 0 | 0 | 0 | 0 | 0 | 0 | 0 | 0 |
| 南通职业大学 | 10 | 0 | 0 | 0 | 0 | 0 | 0 | 0 | 0 | 0 | 0 | 0 | 0 | 0 | 0 | 0 | 0 | 3 | 3 | 0 | 0 | 0 | 0 | 0 | 0 | 0 | 0 |
| 苏州职业大学 | 11 | 11 | 4 | 0 | 0 | 21 | 0 | 0 | 0 | 0 | 0 | 0 | 0 | 0 | 0 | 0 | 0 | 20 | 20 | 0 | 0 | 0 | 0 | 0 | 0 | 0 | 0 |
| 沙洲职业工学院 | 12 | 0 | 0 | 0 | 0 | 0 | 0 | 0 | 0 | 0 | 0 | 0 | 0 | 0 | 0 | 0 | 0 | 0 | 0 | 0 | 0 | 0 | 0 | 0 | 0 | 0 | 0 |
| 扬州市职业大学 | 13 | 0 | 0 | 0 | 0 | 0 | 0 | 0 | 0 | 0 | 0 | 0 | 0 | 0 | 0 | 0 | 0 | 2 | 2 | 0 | 0 | 0 | 0 | 0 | 0 | 0 | 0 |
| 连云港师范高等专科学校 | 14 | 3 | 0.4 | 0 | 0 | 0 | 0 | 0 | 0 | 0 | 0 | 0 | 0 | 0 | 0 | 0 | 0 | 3 | 3 | 0 | 0 | 0 | 0 | 0 | 0 | 0 | 0 |
| 江苏经贸职业技术学院 | 15 | 2 | 0.3 | 0 | 0 | 0 | 0 | 0 | 0 | 0 | 0 | 0 | 0 | 0 | 0 | 0 | 0 | 1 | 1 | 0 | 0 | 0 | 0 | 0 | 0 | 0 | 0 |

续表

| 高校名称 | | 总数 | | | | | 出版著作(部) | | | | | | | 古籍整理(部) | 译著(部) | 发表译文(篇) | 电子出版物(件) | 发表论文(篇) | | | | 获奖成果数(项) | | | | 研究与咨询报告(篇) | |
|---|---|---|---|---|---|---|---|---|---|---|---|---|---|---|---|---|---|---|---|---|---|---|---|---|---|---|---|
| | | 课题数(项) | 当年投入人数(人年) | 其中：研究生(人年) | 当年拨入经费(千元) | 当年支出经费(千元) | 合计 | 专著 | 其中：被译成外文 | 编著教材 | 工具书参考书 | 皮书/发展报告 | 科普读物 | | | | | 合计 | 国内学术刊物 | 国外学术刊物 | 港、澳、台地区刊物 | 合计 | 国家级奖 | 部级奖 | 省级奖 | 合计 | 其中：被采纳数 |
| | 编号 | L01 | L02 | L03 | L04 | L05 | L06 | L07 | L08 | L09 | L10 | L11 | L12 | L13 | L14 | L15 | L16 | L17 | L18 | L19 | L20 | L21 | L22 | L23 | L24 | L25 | L26 |
| 泰州职业技术学院 | 16 | 1 | 0.3 | 0 | 0 | 5.68 | 0 | 0 | 0 | 0 | 0 | 0 | 0 | 0 | 0 | 0 | 0 | 1 | 1 | 0 | 0 | 0 | 0 | 0 | 0 | 0 | 0 |
| 常州信息职业技术学院 | 17 | 1 | 0.5 | 0 | 0 | 0 | 0 | 0 | 0 | 0 | 0 | 0 | 0 | 0 | 0 | 0 | 0 | 12 | 12 | 0 | 0 | 0 | 0 | 0 | 0 | 0 | 0 |
| 江苏海事职业技术学院 | 18 | 3 | 0.9 | 0 | 130 | 129.2 | 0 | 0 | 0 | 0 | 0 | 0 | 0 | 0 | 0 | 0 | 0 | 7 | 6 | 1 | 0 | 0 | 0 | 0 | 0 | 0 | 0 |
| 无锡科技职业学院 | 19 | 0 | 0 | 0 | 0 | 0 | 0 | 0 | 0 | 0 | 0 | 0 | 0 | 0 | 0 | 0 | 0 | 1 | 1 | 0 | 0 | 0 | 0 | 0 | 0 | 0 | 0 |
| 江苏医药职业学院 | 20 | 0 | 0 | 0 | 0 | 0 | 0 | 0 | 0 | 0 | 0 | 0 | 0 | 0 | 0 | 0 | 0 | 3 | 3 | 0 | 0 | 0 | 0 | 0 | 0 | 0 | 0 |
| 南通科技职业学院 | 21 | 0 | 0 | 0 | 0 | 0 | 0 | 0 | 0 | 0 | 0 | 0 | 0 | 0 | 0 | 0 | 0 | 0 | 0 | 0 | 0 | 0 | 0 | 0 | 0 | 0 | 0 |
| 苏州经贸职业技术学院 | 22 | 0 | 0 | 0 | 0 | 0 | 0 | 0 | 0 | 0 | 0 | 0 | 0 | 0 | 0 | 0 | 0 | 0 | 0 | 0 | 0 | 0 | 0 | 0 | 0 | 0 | 0 |
| 苏州工业职业技术学院 | 23 | 0 | 0 | 0 | 0 | 0 | 0 | 0 | 0 | 0 | 0 | 0 | 0 | 0 | 0 | 0 | 0 | 0 | 0 | 0 | 0 | 0 | 0 | 0 | 0 | 0 | 0 |
| 苏州卫生职业技术学院 | 24 | 0 | 0 | 0 | 0 | 0 | 0 | 0 | 0 | 0 | 0 | 0 | 0 | 0 | 0 | 0 | 0 | 2 | 2 | 0 | 0 | 0 | 0 | 0 | 0 | 0 | 0 |
| 无锡商业职业技术学院 | 25 | 0 | 0 | 0 | 0 | 0 | 0 | 0 | 0 | 0 | 0 | 0 | 0 | 0 | 0 | 0 | 0 | 0 | 0 | 0 | 0 | 0 | 0 | 0 | 0 | 0 | 0 |
| 江苏航运职业技术学院 | 26 | 0 | 0 | 0 | 0 | 0 | 0 | 0 | 0 | 0 | 0 | 0 | 0 | 0 | 0 | 0 | 0 | 4 | 4 | 0 | 0 | 0 | 0 | 0 | 0 | 0 | 0 |
| 南京交通职业技术学院 | 27 | 7 | 0.7 | 0 | 0 | 4.34 | 0 | 0 | 0 | 0 | 0 | 0 | 0 | 0 | 0 | 0 | 0 | 8 | 8 | 0 | 0 | 0 | 0 | 0 | 0 | 0 | 0 |
| 江苏电子信息职业学院 | 28 | 1 | 0.5 | 0 | 20 | 20 | 0 | 0 | 0 | 0 | 0 | 0 | 0 | 0 | 0 | 0 | 0 | 1 | 1 | 0 | 0 | 0 | 0 | 0 | 0 | 0 | 0 |
| 江苏农牧科技职业学院 | 29 | 0 | 0 | 0 | 0 | 0 | 0 | 0 | 0 | 0 | 0 | 0 | 0 | 0 | 0 | 0 | 0 | 0 | 0 | 0 | 0 | 0 | 0 | 0 | 0 | 0 | 0 |
| 常州纺织服装职业技术学院 | 30 | 0 | 0 | 0 | 0 | 0 | 0 | 0 | 0 | 0 | 0 | 0 | 0 | 0 | 0 | 0 | 0 | 2 | 2 | 0 | 0 | 0 | 0 | 0 | 0 | 0 | 0 |
| 苏州农业职业技术学院 | 31 | 0 | 0 | 0 | 0 | 0 | 0 | 0 | 0 | 0 | 0 | 0 | 0 | 0 | 0 | 0 | 0 | 0 | 0 | 0 | 0 | 0 | 0 | 0 | 0 | 0 | 0 |

| | | | | | | | | | | | | | | | | | | | | | | | | | | | |
|---|---|---|---|---|---|---|---|---|---|---|---|---|---|---|---|---|---|---|---|---|---|---|---|---|---|---|---|
| 南京科技职业学院 | 32 | 2 | 0.4 | 0 | 3 | 3 | 0 | 0 | 0 | 0 | 0 | 0 | 0 | 0 | 0 | 0 | 0 | 4 | 4 | 0 | 0 | 0 | 0 | 0 | 0 | 0 | 0 |
| 常州工业职业技术学院 | 33 | 1 | 0.2 | 0 | 3 | 0 | 0 | 0 | 0 | 0 | 0 | 0 | 0 | 0 | 0 | 0 | 0 | 0 | 0 | 0 | 0 | 0 | 0 | 0 | 0 | 0 | 0 |
| 常州工程职业技术学院 | 34 | 3 | 0.3 | 0 | 0 | 4 | 0 | 0 | 0 | 0 | 0 | 0 | 0 | 0 | 0 | 0 | 0 | 0 | 0 | 0 | 0 | 0 | 0 | 0 | 0 | 0 | 0 |
| 江苏农林职业技术学院 | 35 | 1 | 0.1 | 0 | 0 | 1 | 0 | 0 | 0 | 0 | 0 | 0 | 0 | 0 | 0 | 0 | 0 | 2 | 2 | 0 | 0 | 0 | 0 | 0 | 0 | 0 | 0 |
| 江苏食品药品职业技术学院 | 36 | 0 | 0 | 0 | 0 | 0 | 0 | 0 | 0 | 0 | 0 | 0 | 0 | 0 | 0 | 0 | 0 | 5 | 5 | 0 | 0 | 0 | 0 | 0 | 0 | 0 | 0 |
| 南京铁道职业技术学院 | 37 | 8 | 0.8 | 0 | 14 | 22 | 0 | 0 | 0 | 0 | 0 | 0 | 0 | 0 | 0 | 0 | 0 | 2 | 2 | 0 | 0 | 0 | 0 | 0 | 0 | 0 | 0 |
| 徐州工业职业技术学院 | 38 | 6 | 0.7 | 0 | 18 | 12.8 | 0 | 0 | 0 | 0 | 0 | 0 | 0 | 0 | 0 | 0 | 0 | 3 | 3 | 0 | 0 | 0 | 0 | 0 | 0 | 0 | 0 |
| 江苏信息职业技术学院 | 39 | 0 | 0 | 0 | 0 | 0 | 0 | 0 | 0 | 0 | 0 | 0 | 0 | 0 | 0 | 0 | 0 | 2 | 2 | 0 | 0 | 0 | 0 | 0 | 0 | 0 | 0 |
| 南京信息职业技术学院 | 40 | 1 | 0.1 | 0 | 0 | 0 | 0 | 0 | 0 | 0 | 0 | 0 | 0 | 0 | 0 | 0 | 0 | 0 | 0 | 0 | 0 | 0 | 0 | 0 | 0 | 0 | 0 |
| 常州机电职业技术学院 | 41 | 6 | 1 | 0 | 11 | 14.69 | 0 | 0 | 0 | 0 | 0 | 0 | 0 | 0 | 0 | 0 | 0 | 2 | 2 | 0 | 0 | 0 | 0 | 0 | 0 | 0 | 0 |
| 江阴职业技术学院 | 42 | 0 | 0 | 0 | 0 | 0 | 0 | 0 | 0 | 0 | 0 | 0 | 0 | 0 | 0 | 0 | 0 | 0 | 0 | 0 | 0 | 0 | 0 | 0 | 0 | 0 | 0 |
| 无锡城市职业技术学院 | 43 | 3 | 1.1 | 0 | 0 | 26.7 | 0 | 0 | 0 | 0 | 0 | 0 | 0 | 0 | 0 | 0 | 0 | 2 | 2 | 0 | 0 | 0 | 0 | 0 | 0 | 0 | 0 |
| 无锡工艺职业技术学院 | 44 | 1 | 0.1 | 0 | 10 | 2 | 0 | 0 | 0 | 0 | 0 | 0 | 0 | 0 | 0 | 0 | 0 | 10 | 9 | 1 | 0 | 0 | 0 | 0 | 0 | 0 | 0 |
| 苏州健雄职业技术学院 | 45 | 2 | 0.4 | 0 | 0 | 8 | 0 | 0 | 0 | 0 | 0 | 0 | 0 | 0 | 0 | 0 | 0 | 2 | 2 | 0 | 0 | 0 | 0 | 0 | 0 | 0 | 0 |
| 盐城工业职业技术学院 | 46 | 1 | 0.2 | 0 | 0 | 2 | 0 | 0 | 0 | 0 | 0 | 0 | 0 | 0 | 0 | 0 | 0 | 0 | 0 | 0 | 0 | 0 | 0 | 0 | 0 | 0 | 0 |
| 江苏财经职业技术学院 | 47 | 1 | 0.1 | 0 | 4 | 1.02 | 0 | 0 | 0 | 0 | 0 | 0 | 0 | 0 | 0 | 0 | 0 | 13 | 13 | 0 | 0 | 0 | 0 | 0 | 0 | 0 | 0 |
| 扬州工业职业技术学院 | 48 | 0 | 0 | 0 | 0 | 0 | 0 | 0 | 0 | 0 | 0 | 0 | 0 | 0 | 0 | 0 | 0 | 1 | 1 | 0 | 0 | 0 | 0 | 0 | 0 | 0 | 0 |
| 江苏城市职业学院 | 49 | 2 | 0.6 | 0 | 5 | 10 | 0 | 0 | 0 | 0 | 0 | 0 | 0 | 0 | 0 | 0 | 0 | 2 | 2 | 0 | 0 | 0 | 0 | 0 | 0 | 0 | 0 |
| 南京城市职业学院 | 50 | 0 | 0 | 0 | 0 | 0 | 0 | 0 | 0 | 0 | 0 | 0 | 0 | 0 | 0 | 0 | 0 | 0 | 0 | 0 | 0 | 0 | 0 | 0 | 0 | 0 | 0 |

续表

| 高校名称 | | 总数 | | | | | 出版著作(部) | | | | | | | 古籍整理(部) | 译著(部) | 发表译文(篇) | 电子出版物(件) | 发表论文(篇) | | | | 获奖成果数(项) | | | | 研究与咨询报告(篇) | |
|---|---|---|---|---|---|---|---|---|---|---|---|---|---|---|---|---|---|---|---|---|---|---|---|---|---|---|---|
| | | 课题数(项) | 当年投入人数(人年) | 其中：研究生(人年) | 当年拨入经费(千元) | 当年支出经费(千元) | 合计 | 专著 | 其中：被译成外文 | 编著教材 | 工具书参考书 | 皮书/发展报告 | 科普读物 | | | | | 合计 | 国内学术刊物 | 国外学术刊物 | 港、澳、台地区刊物 | 合计 | 国家级奖 | 部级奖 | 省级奖 | 合计 | 其中：被采纳数 |
| | 编号 | L01 | L02 | L03 | L04 | L05 | L06 | L07 | L08 | L09 | L10 | L11 | L12 | L13 | L14 | L15 | L16 | L17 | L18 | L19 | L20 | L21 | L22 | L23 | L24 | L25 | L26 |
| 南京机电职业技术学院 | 51 | 2 | 0.4 | 0 | 3 | 8 | 0 | 0 | 0 | 0 | 0 | 0 | 0 | 0 | 0 | 0 | 0 | 0 | 0 | 0 | 0 | 0 | 0 | 0 | 0 | 0 | 0 |
| 南京旅游职业学院 | 52 | 0 | 0 | 0 | 0 | 0 | 0 | 0 | 0 | 0 | 0 | 0 | 0 | 0 | 0 | 0 | 0 | 0 | 0 | 0 | 0 | 0 | 0 | 0 | 0 | 0 | 0 |
| 江苏卫生健康职业学院 | 53 | 3 | 0.5 | 0 | 5 | 0.6 | 0 | 0 | 0 | 0 | 0 | 0 | 0 | 0 | 0 | 0 | 0 | 2 | 2 | 0 | 0 | 0 | 0 | 0 | 0 | 0 | 0 |
| 苏州信息职业技术学院 | 54 | 0 | 0 | 0 | 0 | 0 | 0 | 0 | 0 | 0 | 0 | 0 | 0 | 0 | 0 | 0 | 0 | 0 | 0 | 0 | 0 | 0 | 0 | 0 | 0 | 0 | 0 |
| 苏州工业园区服务外包职业学院 | 55 | 3 | 0.3 | 0 | 0 | 0.75 | 0 | 0 | 0 | 0 | 0 | 0 | 0 | 0 | 0 | 0 | 0 | 2 | 2 | 0 | 0 | 0 | 0 | 0 | 0 | 0 | 0 |
| 徐州幼儿师范高等专科学校 | 56 | 0 | 0 | 0 | 0 | 0 | 0 | 0 | 0 | 0 | 0 | 0 | 0 | 0 | 0 | 0 | 0 | 0 | 0 | 0 | 0 | 0 | 0 | 0 | 0 | 0 | 0 |
| 徐州生物工程职业技术学院 | 57 | 1 | 0.1 | 0 | 0 | 0 | 0 | 0 | 0 | 0 | 0 | 0 | 0 | 0 | 0 | 0 | 0 | 0 | 0 | 0 | 0 | 0 | 0 | 0 | 0 | 0 | 0 |
| 江苏商贸职业学院 | 58 | 4 | 0.7 | 0 | 2.4 | 1 | 0 | 0 | 0 | 0 | 0 | 0 | 0 | 0 | 0 | 0 | 0 | 5 | 5 | 0 | 0 | 0 | 0 | 0 | 0 | 1 | 0 |
| 南通师范高等专科学校 | 59 | 0 | 0 | 0 | 0 | 0 | 0 | 0 | 0 | 0 | 0 | 0 | 0 | 0 | 0 | 0 | 0 | 0 | 0 | 0 | 0 | 0 | 0 | 0 | 0 | 0 | 0 |
| 江苏护理职业学院 | 60 | 1 | 0.1 | 0 | 10 | 9 | 0 | 0 | 0 | 0 | 0 | 0 | 0 | 0 | 0 | 0 | 0 | 2 | 2 | 0 | 0 | 0 | 0 | 0 | 0 | 0 | 0 |
| 江苏财会职业学院 | 61 | 1 | 0.2 | 0 | 2 | 2 | 0 | 0 | 0 | 0 | 0 | 0 | 0 | 0 | 0 | 0 | 0 | 1 | 1 | 0 | 0 | 0 | 0 | 0 | 0 | 0 | 0 |
| 江苏城乡建设职业学院 | 62 | 0 | 0 | 0 | 0 | 0 | 0 | 0 | 0 | 0 | 0 | 0 | 0 | 0 | 0 | 0 | 0 | 0 | 0 | 0 | 0 | 0 | 0 | 0 | 0 | 0 | 0 |
| 江苏航空职业技术学院 | 63 | 1 | 0.8 | 0 | 4 | 4 | 0 | 0 | 0 | 0 | 0 | 0 | 0 | 0 | 0 | 0 | 0 | 2 | 2 | 0 | 0 | 0 | 0 | 0 | 0 | 0 | 0 |
| 江苏安全技术职业学院 | 64 | 0 | 0 | 0 | 0 | 0 | 0 | 0 | 0 | 0 | 0 | 0 | 0 | 0 | 0 | 0 | 0 | 0 | 0 | 0 | 0 | 0 | 0 | 0 | 0 | 0 | 0 |
| 江苏旅游职业学院 | 65 | 0 | 0 | 0 | 0 | 0 | 0 | 0 | 0 | 0 | 0 | 0 | 0 | 0 | 0 | 0 | 0 | 0 | 0 | 0 | 0 | 0 | 0 | 0 | 0 | 0 | 0 |

## 3.19 教育学人文、社会科学研究与课题成果情况表

| 高校名称 | 编号 | 总数 | | | | | 出版著作(部) | | | | | | | 古籍整理(部) | 译著(部) | 发表译文(篇) | 电子出版物(件) | 发表论文(篇) | | | | 获奖成果数(项) | | | | 研究与咨询报告(篇) | |
|---|---|---|---|---|---|---|---|---|---|---|---|---|---|---|---|---|---|---|---|---|---|---|---|---|---|---|---|
| | | 课题数(项) | 当年投入人数(人年) | 其中：研究生(人年) | 当年拨入经费(千元) | 当年支出经费(千元) | 合计 | 专著 | 其中：被译成外文 | 编著教材 | 工具书参考书 | 皮书/发展报告 | 科普读物 | | | | | 合计 | 国内学术刊物 | 国外学术刊物 | 港、澳、台地区刊物 | 合计 | 国家级奖 | 部级奖 | 省级奖 | 合计 | 其中：被采纳数 |
| | 编号 | L01 | L02 | L03 | L04 | L05 | L06 | L07 | L08 | L09 | L10 | L11 | L12 | L13 | L14 | L15 | L16 | L17 | L18 | L19 | L20 | L21 | L22 | L23 | L24 | L25 | L26 |
| 合计 | / | 4 751 | 832.3 | 0 | 15 531.42 | 14 576.76 | 95 | 41 | 0 | 45 | 0 | 7 | 2 | 0 | 3 | 1 | 0 | 4 222 | 4 192 | 30 | 0 | 3 | 0 | 0 | 3 | 145 | 54 |
| 盐城幼儿师范高等专科学校 | 1 | 78 | 13.4 | 0 | 168.5 | 168.5 | 1 | 1 | 0 | 0 | 0 | 0 | 0 | 0 | 0 | 0 | 0 | 100 | 100 | 0 | 0 | 0 | 0 | 0 | 0 | 0 | 0 |
| 苏州幼儿师范高等专科学校 | 2 | 79 | 8.7 | 0 | 274 | 392.08 | 6 | 4 | 0 | 2 | 0 | 0 | 0 | 0 | 1 | 0 | 0 | 42 | 39 | 3 | 0 | 0 | 0 | 0 | 0 | 5 | 0 |
| 无锡职业技术学院 | 3 | 58 | 10.2 | 0 | 665 | 216.56 | 3 | 3 | 0 | 0 | 0 | 0 | 0 | 0 | 0 | 0 | 0 | 72 | 72 | 0 | 0 | 0 | 0 | 0 | 0 | 4 | 4 |
| 江苏建筑职业技术学院 | 4 | 44 | 11.7 | 0 | 50 | 66 | 9 | 4 | 0 | 5 | 0 | 0 | 0 | 0 | 0 | 0 | 0 | 147 | 147 | 0 | 0 | 0 | 0 | 0 | 0 | 5 | 3 |
| 南京工业职业技术大学 | 5 | 167 | 71.8 | 0 | 882 | 760.96 | 0 | 0 | 0 | 0 | 0 | 0 | 0 | 0 | 0 | 0 | 0 | 97 | 96 | 1 | 0 | 0 | 0 | 0 | 0 | 5 | 0 |
| 江苏工程职业技术学院 | 6 | 48 | 6.1 | 0 | 42 | 61.5 | 2 | 2 | 0 | 0 | 0 | 0 | 0 | 0 | 0 | 0 | 0 | 98 | 98 | 0 | 0 | 0 | 0 | 0 | 0 | 0 | 0 |
| 苏州工艺美术职业技术学院 | 7 | 31 | 6.1 | 0 | 171 | 161 | 0 | 0 | 0 | 0 | 0 | 0 | 0 | 0 | 0 | 0 | 0 | 37 | 37 | 0 | 0 | 0 | 0 | 0 | 0 | 1 | 1 |
| 连云港职业技术学院 | 8 | 48 | 13.2 | 0 | 32 | 40 | 1 | 1 | 0 | 0 | 0 | 0 | 0 | 0 | 0 | 1 | 0 | 19 | 19 | 0 | 0 | 0 | 0 | 0 | 0 | 5 | 1 |
| 镇江市高等专科学校 | 9 | 23 | 12.7 | 0 | 48.25 | 119 | 1 | 0 | 0 | 1 | 0 | 0 | 0 | 0 | 0 | 0 | 0 | 16 | 14 | 2 | 0 | 0 | 0 | 0 | 0 | 1 | 1 |
| 南通职业大学 | 10 | 37 | 6.9 | 0 | 169 | 165 | 5 | 1 | 0 | 4 | 0 | 0 | 0 | 0 | 0 | 0 | 0 | 76 | 76 | 0 | 0 | 0 | 0 | 0 | 0 | 1 | 1 |
| 苏州职业大学 | 11 | 37 | 14.7 | 0 | 138 | 186 | 1 | 0 | 0 | 1 | 0 | 0 | 0 | 0 | 0 | 0 | 0 | 39 | 38 | 1 | 0 | 0 | 0 | 0 | 0 | 1 | 0 |
| 沙洲职业工学院 | 12 | 59 | 5.9 | 0 | 281 | 236.4 | 0 | 0 | 0 | 0 | 0 | 0 | 0 | 0 | 0 | 0 | 0 | 23 | 23 | 0 | 0 | 0 | 0 | 0 | 0 | 4 | 0 |
| 扬州市职业大学 | 13 | 78 | 17.6 | 0 | 430.5 | 189.34 | 7 | 7 | 0 | 0 | 0 | 0 | 0 | 0 | 0 | 0 | 0 | 89 | 89 | 0 | 0 | 0 | 0 | 0 | 0 | 21 | 21 |
| 连云港师范高等专科学校 | 14 | 49 | 5.2 | 0 | 26 | 28 | 1 | 0 | 0 | 1 | 0 | 0 | 0 | 0 | 0 | 0 | 0 | 42 | 42 | 0 | 0 | 0 | 0 | 0 | 0 | 0 | 0 |
| 江苏经贸职业技术学院 | 15 | 111 | 24 | 0 | 413 | 1056 | 3 | 1 | 0 | 2 | 0 | 0 | 0 | 0 | 0 | 0 | 0 | 31 | 31 | 0 | 0 | 0 | 0 | 0 | 0 | 3 | 0 |

续表

| 高校名称 | 编号 | 总数 | | | | | 出版著作(部) | | | | | | | 古籍整理(部) | 译著(部) | 发表译文(篇) | 电子出版物(件) | 发表论文(篇) | | | | 获奖成果数(项) | | | | 研究与咨询报告(篇) | |
|---|---|---|---|---|---|---|---|---|---|---|---|---|---|---|---|---|---|---|---|---|---|---|---|---|---|---|---|
| | | 课题数(项) | 当年投入人数(人年) | 其中:研究生(人年) | 当年拨入经费(千元) | 当年支出经费(千元) | 合计 | 专著 | 其中:被译成外文 | 编著教材 | 工具书参考书 | 皮书/发展报告 | 科普读物 | | | | | 合计 | 国内学术刊物 | 国外学术刊物 | 港、澳、台地区刊物 | 合计 | 国家级奖 | 部级奖 | 省级奖 | 合计 | 其中:被采纳数 |
| | | L01 | L02 | L03 | L04 | L05 | L06 | L07 | L08 | L09 | L10 | L11 | L12 | L13 | L14 | L15 | L16 | L17 | L18 | L19 | L20 | L21 | L22 | L23 | L24 | L25 | L26 |
| 泰州职业技术学院 | 16 | 19 | 3.8 | 0 | 44 | 52.8 | 1 | 0 | 0 | 1 | 0 | 0 | 0 | 0 | 0 | 0 | 0 | 51 | 50 | 1 | 0 | 0 | 0 | 0 | 0 | 0 | 0 |
| 常州信息职业技术学院 | 17 | 54 | 18.9 | 0 | 889.5 | 889.5 | 0 | 0 | 0 | 0 | 0 | 0 | 0 | 0 | 0 | 0 | 0 | 110 | 110 | 0 | 0 | 0 | 0 | 0 | 0 | 0 | 0 |
| 江苏海事职业技术学院 | 18 | 38 | 8.9 | 0 | 260.2 | 267.55 | 4 | 1 | 0 | 0 | 0 | 2 | 1 | 0 | 1 | 0 | 0 | 26 | 21 | 5 | 0 | 0 | 0 | 0 | 0 | 2 | 2 |
| 无锡科技职业学院 | 19 | 22 | 7.9 | 0 | 58.5 | 63.5 | 0 | 0 | 0 | 0 | 0 | 0 | 0 | 0 | 0 | 0 | 0 | 14 | 13 | 1 | 0 | 0 | 0 | 0 | 0 | 0 | 0 |
| 江苏医药职业学院 | 20 | 171 | 36.5 | 0 | 130 | 63.21 | 1 | 0 | 0 | 1 | 0 | 0 | 0 | 0 | 0 | 0 | 0 | 44 | 44 | 0 | 0 | 0 | 0 | 0 | 0 | 0 | 0 |
| 南通科技职业学院 | 21 | 43 | 7.5 | 0 | 140 | 133.6 | 1 | 0 | 0 | 1 | 0 | 0 | 0 | 0 | 0 | 0 | 0 | 23 | 23 | 0 | 0 | 0 | 0 | 0 | 0 | 1 | 1 |
| 苏州经贸职业技术学院 | 22 | 13 | 2.5 | 0 | 0 | 7.51 | 4 | 4 | 0 | 0 | 0 | 0 | 0 | 0 | 0 | 0 | 0 | 56 | 56 | 0 | 0 | 0 | 0 | 0 | 0 | 0 | 0 |
| 苏州工业职业技术学院 | 23 | 18 | 2.8 | 0 | 130 | 56.9 | 0 | 0 | 0 | 0 | 0 | 0 | 0 | 0 | 0 | 0 | 0 | 40 | 40 | 0 | 0 | 0 | 0 | 0 | 0 | 0 | 0 |
| 苏州卫生职业技术学院 | 24 | 83 | 9.4 | 0 | 406 | 400.1 | 0 | 0 | 0 | 0 | 0 | 0 | 0 | 0 | 0 | 0 | 0 | 41 | 41 | 0 | 0 | 0 | 0 | 0 | 0 | 0 | 0 |
| 无锡商业职业技术学院 | 25 | 201 | 21.8 | 0 | 874 | 517.59 | 1 | 1 | 0 | 0 | 0 | 0 | 0 | 0 | 0 | 0 | 0 | 199 | 196 | 3 | 0 | 1 | 0 | 0 | 1 | 0 | 0 |
| 江苏航运职业技术学院 | 26 | 124 | 13.7 | 0 | 0 | 336 | 0 | 0 | 0 | 0 | 0 | 0 | 0 | 0 | 0 | 0 | 0 | 85 | 85 | 0 | 0 | 0 | 0 | 0 | 0 | 0 | 0 |
| 南京交通职业技术学院 | 27 | 103 | 10.9 | 0 | 71 | 90.24 | 0 | 0 | 0 | 0 | 0 | 0 | 0 | 0 | 0 | 0 | 0 | 74 | 74 | 0 | 0 | 0 | 0 | 0 | 0 | 0 | 0 |
| 江苏电子信息职业学院 | 28 | 133 | 24.6 | 0 | 336 | 285.4 | 1 | 1 | 0 | 0 | 0 | 0 | 0 | 0 | 0 | 0 | 0 | 72 | 72 | 0 | 0 | 0 | 0 | 0 | 0 | 0 | 0 |
| 江苏农牧科技职业学院 | 29 | 36 | 3.6 | 0 | 170 | 135.66 | 0 | 0 | 0 | 0 | 0 | 0 | 0 | 0 | 0 | 0 | 0 | 57 | 57 | 0 | 0 | 0 | 0 | 0 | 0 | 0 | 0 |
| 常州纺织服装职业技术学院 | 30 | 133 | 19.4 | 0 | 300.5 | 136.56 | 1 | 1 | 0 | 0 | 0 | 0 | 0 | 0 | 0 | 0 | 0 | 122 | 122 | 0 | 0 | 0 | 0 | 0 | 0 | 2 | 0 |
| 苏州农业职业技术学院 | 31 | 37 | 8.5 | 0 | 69.8 | 93.2 | 1 | 1 | 0 | 0 | 0 | 0 | 0 | 0 | 0 | 0 | 0 | 10 | 10 | 0 | 0 | 0 | 0 | 0 | 0 | 0 | 0 |

| | | | | | | | | | | | | | | | | | | | | | | | | | | | |
|---|---|---|---|---|---|---|---|---|---|---|---|---|---|---|---|---|---|---|---|---|---|---|---|---|---|---|---|
| 南京科技职业学院 | 32 | 133 | 15.2 | 0 | 214.5 | 265.5 | 0 | 0 | 0 | 0 | 0 | 0 | 0 | 0 | 0 | 0 | 0 | 69 | 69 | 0 | 0 | 0 | 0 | 0 | 0 | 0 | 0 |
| 常州工业职业技术学院 | 33 | 136 | 28.8 | 0 | 642 | 299.5 | 3 | 0 | 0 | 3 | 0 | 0 | 0 | 0 | 0 | 0 | 0 | 57 | 57 | 0 | 0 | 0 | 0 | 0 | 0 | 23 | 6 |
| 常州工程职业技术学院 | 34 | 144 | 14.5 | 0 | 520 | 556 | 3 | 2 | 0 | 1 | 0 | 0 | 0 | 0 | 0 | 0 | 0 | 141 | 141 | 0 | 0 | 0 | 0 | 0 | 0 | 14 | 0 |
| 江苏农林职业技术学院 | 35 | 14 | 2.2 | 0 | 100 | 92 | 0 | 0 | 0 | 0 | 0 | 0 | 0 | 0 | 0 | 0 | 0 | 26 | 26 | 0 | 0 | 0 | 0 | 0 | 0 | 0 | 0 |
| 江苏食品药品职业技术学院 | 36 | 77 | 14.6 | 0 | 285.5 | 211.3 | 0 | 0 | 0 | 0 | 0 | 0 | 0 | 0 | 0 | 0 | 0 | 49 | 49 | 0 | 0 | 0 | 0 | 0 | 0 | 1 | 0 |
| 南京铁道职业技术学院 | 37 | 83 | 8.5 | 0 | 78 | 129.3 | 0 | 0 | 0 | 0 | 0 | 0 | 0 | 0 | 0 | 0 | 0 | 68 | 68 | 0 | 0 | 0 | 0 | 0 | 0 | 2 | 0 |
| 徐州工业职业技术学院 | 38 | 114 | 11.4 | 0 | 349 | 307 | 3 | 0 | 0 | 2 | 0 | 0 | 1 | 0 | 0 | 0 | 0 | 41 | 41 | 0 | 0 | 0 | 0 | 0 | 0 | 1 | 0 |
| 江苏信息职业技术学院 | 39 | 30 | 4.3 | 0 | 91.5 | 194.33 | 0 | 0 | 0 | 0 | 0 | 0 | 0 | 0 | 0 | 0 | 0 | 40 | 40 | 0 | 0 | 0 | 0 | 0 | 0 | 0 | 0 |
| 南京信息职业技术学院 | 40 | 79 | 8.8 | 0 | 183 | 171.3 | 2 | 0 | 0 | 2 | 0 | 0 | 0 | 0 | 1 | 0 | 0 | 65 | 65 | 0 | 0 | 0 | 0 | 0 | 0 | 0 | 0 |
| 常州机电职业技术学院 | 41 | 151 | 25.6 | 0 | 663 | 569.17 | 0 | 0 | 0 | 0 | 0 | 0 | 0 | 0 | 0 | 0 | 0 | 100 | 100 | 0 | 0 | 0 | 0 | 0 | 0 | 6 | 0 |
| 江阴职业技术学院 | 42 | 21 | 2.6 | 0 | 0 | 42.2 | 0 | 0 | 0 | 0 | 0 | 0 | 0 | 0 | 0 | 0 | 0 | 50 | 50 | 0 | 0 | 0 | 0 | 0 | 0 | 0 | 0 |
| 无锡城市职业技术学院 | 43 | 96 | 23 | 0 | 745.62 | 708.47 | 1 | 0 | 0 | 1 | 0 | 0 | 0 | 0 | 0 | 0 | 0 | 52 | 52 | 0 | 0 | 0 | 0 | 0 | 0 | 0 | 0 |
| 无锡工艺职业技术学院 | 44 | 123 | 12.4 | 0 | 322 | 219 | 0 | 0 | 0 | 0 | 0 | 0 | 0 | 0 | 0 | 0 | 0 | 115 | 104 | 11 | 0 | 0 | 0 | 0 | 0 | 0 | 0 |
| 苏州健雄职业技术学院 | 45 | 52 | 10.9 | 0 | 320 | 154 | 0 | 0 | 0 | 0 | 0 | 0 | 0 | 0 | 0 | 0 | 0 | 50 | 50 | 0 | 0 | 0 | 0 | 0 | 0 | 3 | 1 |
| 盐城工业职业技术学院 | 46 | 24 | 2.6 | 0 | 73 | 116 | 0 | 0 | 0 | 0 | 0 | 0 | 0 | 0 | 0 | 0 | 0 | 50 | 50 | 0 | 0 | 0 | 0 | 0 | 0 | 3 | 2 |
| 江苏财经职业技术学院 | 47 | 66 | 7.6 | 0 | 318 | 319.27 | 2 | 2 | 0 | 0 | 0 | 0 | 0 | 0 | 0 | 0 | 0 | 122 | 122 | 0 | 0 | 0 | 0 | 0 | 0 | 0 | 0 |
| 扬州工业职业技术学院 | 48 | 104 | 10.7 | 0 | 117 | 164.6 | 0 | 0 | 0 | 0 | 0 | 0 | 0 | 0 | 0 | 0 | 0 | 110 | 110 | 0 | 0 | 0 | 0 | 0 | 0 | 12 | 7 |
| 江苏城市职业学院 | 49 | 106 | 32.7 | 0 | 573.25 | 610.07 | 1 | 0 | 0 | 1 | 0 | 0 | 0 | 0 | 0 | 0 | 0 | 94 | 94 | 0 | 0 | 1 | 0 | 0 | 1 | 1 | 1 |
| 南京城市职业学院 | 50 | 105 | 10.5 | 0 | 91.2 | 110.2 | 1 | 1 | 0 | 0 | 0 | 0 | 0 | 0 | 0 | 0 | 0 | 48 | 48 | 0 | 0 | 0 | 0 | 0 | 0 | 0 | 0 |

续表

| 高校名称 | | 总数 | | | | | 出版著作(部) | | | | | | | 古籍整理(部) | 译著(部) | 发表译文(篇) | 电子出版物(件) | 发表论文(篇) | | | | 获奖成果数(项) | | | | 研究与咨询报告(篇) | |
|---|---|---|---|---|---|---|---|---|---|---|---|---|---|---|---|---|---|---|---|---|---|---|---|---|---|---|---|
| | | 课题数(项) | 当年投入人数(人年) | 其中：研究生(人年) | 当年拨入经费(千元) | 当年支出经费(千元) | 合计 | 专著 | 其中：被译成外文 | 编著教材 | 工具书参考书 | 皮书/发展报告 | 科普读物 | | | | | 合计 | 国内学术刊物 | 国外学术刊物 | 港、澳、台地区刊物 | 合计 | 国家级奖 | 部级奖 | 省级奖 | 合计 | 其中：被采纳数 |
| | 编号 | L01 | L02 | L03 | L04 | L05 | L06 | L07 | L08 | L09 | L10 | L11 | L12 | L13 | L14 | L15 | L16 | L17 | L18 | L19 | L20 | L21 | L22 | L23 | L24 | L25 | L26 |
| 南京机电职业技术学院 | 51 | 49 | 6.8 | 0 | 120 | 116 | 0 | 0 | 0 | 0 | 0 | 0 | 0 | 0 | 0 | 0 | 0 | 31 | 31 | 0 | 0 | 0 | 0 | 0 | 0 | 2 | 1 |
| 南京旅游职业学院 | 52 | 59 | 8.8 | 0 | 299.9 | 215.76 | 0 | 0 | 0 | 0 | 0 | 0 | 0 | 0 | 0 | 0 | 0 | 70 | 69 | 1 | 0 | 0 | 0 | 0 | 0 | 0 | 0 |
| 江苏卫生健康职业学院 | 53 | 62 | 9.8 | 0 | 99 | 62.25 | 0 | 0 | 0 | 0 | 0 | 0 | 0 | 0 | 0 | 0 | 0 | 29 | 28 | 1 | 0 | 0 | 0 | 0 | 0 | 0 | 0 |
| 苏州信息职业技术学院 | 54 | 17 | 4.5 | 0 | 30 | 9.5 | 0 | 0 | 0 | 0 | 0 | 0 | 0 | 0 | 0 | 0 | 0 | 17 | 17 | 0 | 0 | 0 | 0 | 0 | 0 | 0 | 0 |
| 苏州工业园区服务外包职业学院 | 55 | 57 | 7.3 | 0 | 205 | 138.1 | 2 | 2 | 0 | 0 | 0 | 0 | 0 | 0 | 0 | 0 | 0 | 36 | 36 | 0 | 0 | 0 | 0 | 0 | 0 | 1 | 1 |
| 徐州幼儿师范高等专科学校 | 56 | 185 | 25.5 | 0 | 292 | 339.3 | 6 | 0 | 0 | 6 | 0 | 0 | 0 | 0 | 0 | 0 | 0 | 103 | 103 | 0 | 0 | 0 | 0 | 0 | 0 | 0 | 0 |
| 徐州生物工程职业技术学院 | 57 | 41 | 4.1 | 0 | 13 | 19.3 | 5 | 0 | 0 | 5 | 0 | 0 | 0 | 0 | 0 | 0 | 0 | 56 | 56 | 0 | 0 | 0 | 0 | 0 | 0 | 1 | 0 |
| 江苏商贸职业学院 | 58 | 45 | 12.2 | 0 | 102.3 | 111.75 | 0 | 0 | 0 | 0 | 0 | 0 | 0 | 0 | 0 | 0 | 0 | 42 | 42 | 0 | 0 | 0 | 0 | 0 | 0 | 0 | 0 |
| 南通师范高等专科学校 | 59 | 72 | 11.7 | 0 | 19 | 18.66 | 0 | 0 | 0 | 0 | 0 | 0 | 0 | 0 | 0 | 0 | 0 | 78 | 78 | 0 | 0 | 1 | 0 | 0 | 1 | 1 | 0 |
| 江苏护理职业学院 | 60 | 56 | 5.7 | 0 | 184 | 163 | 2 | 0 | 0 | 2 | 0 | 0 | 0 | 0 | 0 | 0 | 0 | 40 | 40 | 0 | 0 | 0 | 0 | 0 | 0 | 0 | 0 |
| 江苏财会职业学院 | 61 | 55 | 12.1 | 0 | 53 | 53 | 0 | 0 | 0 | 0 | 0 | 0 | 0 | 0 | 0 | 0 | 0 | 85 | 85 | 0 | 0 | 0 | 0 | 0 | 0 | 6 | 0 |
| 江苏城乡建设职业学院 | 62 | 99 | 28.6 | 0 | 640.9 | 652.73 | 3 | 0 | 0 | 3 | 0 | 0 | 0 | 0 | 0 | 0 | 0 | 114 | 114 | 0 | 0 | 0 | 0 | 0 | 0 | 7 | 0 |
| 江苏航空职业技术学院 | 63 | 22 | 8.5 | 0 | 92 | 41.54 | 6 | 1 | 0 | 0 | 0 | 5 | 0 | 0 | 0 | 0 | 0 | 14 | 14 | 0 | 0 | 0 | 0 | 0 | 0 | 0 | 0 |
| 江苏安全技术职业学院 | 64 | 3 | 1.1 | 0 | 15 | 15 | 0 | 0 | 0 | 0 | 0 | 0 | 0 | 0 | 0 | 0 | 0 | 15 | 15 | 0 | 0 | 0 | 0 | 0 | 0 | 0 | 0 |
| 江苏旅游职业学院 | 65 | 96 | 9.8 | 0 | 10 | 6 | 0 | 0 | 0 | 0 | 0 | 0 | 0 | 0 | 0 | 0 | 0 | 193 | 193 | 0 | 0 | 0 | 0 | 0 | 0 | 0 | 0 |

## 3.20 统计学人文、社会科学研究与课题成果情况表

| 高校名称 | | 总数 | | | | | 出版著作(部) | | | | | | | 古籍整理(部) | 译著(部) | 发表译文(篇) | 电子出版物(件) | 发表论文(篇) | | | | 获奖成果数(项) | | | | 研究与咨询报告(篇) | |
|---|---|---|---|---|---|---|---|---|---|---|---|---|---|---|---|---|---|---|---|---|---|---|---|---|---|---|---|
| | | 课题数(项) | 当年投入人数(人年) | 其中:研究生(人年) | 当年拨入经费(千元) | 当年支出经费(千元) | 合计 | 专著 | 其中:被译成外文 | 编著教材 | 工具书参考书 | 皮书/发展报告 | 科普读物 | | | | | 合计 | 国内学术刊物 | 国外学术刊物 | 港、澳、台地区刊物 | 合计 | 国家级奖 | 部级奖 | 省级奖 | 合计 | 其中:被采纳数 |
| | 编号 | L01 | L02 | L03 | L04 | L05 | L06 | L07 | L08 | L09 | L10 | L11 | L12 | L13 | L14 | L15 | L16 | L17 | L18 | L19 | L20 | L21 | L22 | L23 | L24 | L25 | L26 |
| 合计 | / | 22 | 4.1 | 0 | 196 | 108.76 | 1 | 0 | 0 | 1 | 0 | 0 | 0 | 0 | 0 | 0 | 0 | 13 | 13 | 0 | 0 | 0 | 0 | 0 | 0 | 0 | 0 |
| 盐城幼儿师范高等专科学校 | 1 | 0 | 0 | 0 | 0 | 0 | 0 | 0 | 0 | 0 | 0 | 0 | 0 | 0 | 0 | 0 | 0 | 0 | 0 | 0 | 0 | 0 | 0 | 0 | 0 | 0 | 0 |
| 苏州幼儿师范高等专科学校 | 2 | 0 | 0 | 0 | 0 | 0 | 0 | 0 | 0 | 0 | 0 | 0 | 0 | 0 | 0 | 0 | 0 | 0 | 0 | 0 | 0 | 0 | 0 | 0 | 0 | 0 | 0 |
| 无锡职业技术学院 | 3 | 0 | 0 | 0 | 0 | 0 | 0 | 0 | 0 | 0 | 0 | 0 | 0 | 0 | 0 | 0 | 0 | 0 | 0 | 0 | 0 | 0 | 0 | 0 | 0 | 0 | 0 |
| 江苏建筑职业技术学院 | 4 | 0 | 0 | 0 | 0 | 0 | 0 | 0 | 0 | 0 | 0 | 0 | 0 | 0 | 0 | 0 | 0 | 1 | 1 | 0 | 0 | 0 | 0 | 0 | 0 | 0 | 0 |
| 南京工业职业技术大学 | 5 | 0 | 0 | 0 | 0 | 0 | 0 | 0 | 0 | 0 | 0 | 0 | 0 | 0 | 0 | 0 | 0 | 0 | 0 | 0 | 0 | 0 | 0 | 0 | 0 | 0 | 0 |
| 江苏工程职业技术学院 | 6 | 0 | 0 | 0 | 0 | 0 | 0 | 0 | 0 | 0 | 0 | 0 | 0 | 0 | 0 | 0 | 0 | 0 | 0 | 0 | 0 | 0 | 0 | 0 | 0 | 0 | 0 |
| 苏州工艺美术职业技术学院 | 7 | 0 | 0 | 0 | 0 | 0 | 0 | 0 | 0 | 0 | 0 | 0 | 0 | 0 | 0 | 0 | 0 | 0 | 0 | 0 | 0 | 0 | 0 | 0 | 0 | 0 | 0 |
| 连云港职业技术学院 | 8 | 0 | 0 | 0 | 0 | 0 | 0 | 0 | 0 | 0 | 0 | 0 | 0 | 0 | 0 | 0 | 0 | 0 | 0 | 0 | 0 | 0 | 0 | 0 | 0 | 0 | 0 |
| 镇江市高等专科学校 | 9 | 0 | 0 | 0 | 0 | 0 | 0 | 0 | 0 | 0 | 0 | 0 | 0 | 0 | 0 | 0 | 0 | 0 | 0 | 0 | 0 | 0 | 0 | 0 | 0 | 0 | 0 |
| 南通职业大学 | 10 | 1 | 0.2 | 0 | 0 | 0 | 0 | 0 | 0 | 0 | 0 | 0 | 0 | 0 | 0 | 0 | 0 | 0 | 0 | 0 | 0 | 0 | 0 | 0 | 0 | 0 | 0 |
| 苏州职业大学 | 11 | 0 | 0 | 0 | 0 | 0 | 0 | 0 | 0 | 0 | 0 | 0 | 0 | 0 | 0 | 0 | 0 | 0 | 0 | 0 | 0 | 0 | 0 | 0 | 0 | 0 | 0 |
| 沙洲职业工学院 | 12 | 0 | 0 | 0 | 0 | 0 | 0 | 0 | 0 | 0 | 0 | 0 | 0 | 0 | 0 | 0 | 0 | 0 | 0 | 0 | 0 | 0 | 0 | 0 | 0 | 0 | 0 |
| 扬州市职业大学 | 13 | 1 | 0.2 | 0 | 0 | 0 | 0 | 0 | 0 | 0 | 0 | 0 | 0 | 0 | 0 | 0 | 0 | 1 | 1 | 0 | 0 | 0 | 0 | 0 | 0 | 0 | 0 |
| 连云港师范高等专科学校 | 14 | 2 | 0.2 | 0 | 4 | 4 | 0 | 0 | 0 | 0 | 0 | 0 | 0 | 0 | 0 | 0 | 0 | 1 | 1 | 0 | 0 | 0 | 0 | 0 | 0 | 0 | 0 |
| 江苏经贸职业技术学院 | 15 | 0 | 0 | 0 | 0 | 0 | 0 | 0 | 0 | 0 | 0 | 0 | 0 | 0 | 0 | 0 | 0 | 0 | 0 | 0 | 0 | 0 | 0 | 0 | 0 | 0 | 0 |

续表

| 高校名称 | | 总数 | | | | | 出版著作(部) | | | | | | | 古籍整理(部) | 译著(部) | 发表译文(篇) | 电子出版物(件) | 发表论文(篇) | | | | 获奖成果数(项) | | | | 研究与咨询报告(篇) | |
|---|---|---|---|---|---|---|---|---|---|---|---|---|---|---|---|---|---|---|---|---|---|---|---|---|---|---|---|
| | | 课题数(项) | 当年投入人数(人年) | 其中：研究生(人年) | 当年拨入经费(千元) | 当年支出经费(千元) | 合计 | 专著 | 其中：被译成外文 | 编著教材 | 工具书参考书 | 皮书/发展报告 | 科普读物 | | | | | 合计 | 国内学术刊物 | 国外学术刊物 | 港、澳、台地区刊物 | 合计 | 国家级奖 | 部级奖 | 省级奖 | 合计 | 其中：被采纳数 |
| | 编号 | L01 | L02 | L03 | L04 | L05 | L06 | L07 | L08 | L09 | L10 | L11 | L12 | L13 | L14 | L15 | L16 | L17 | L18 | L19 | L20 | L21 | L22 | L23 | L24 | L25 | L26 |
| 泰州职业技术学院 | 16 | 0 | 0 | 0 | 0 | 0 | 0 | 0 | 0 | 0 | 0 | 0 | 0 | 0 | 0 | 0 | 0 | 0 | 0 | 0 | 0 | 0 | 0 | 0 | 0 | 0 | 0 |
| 常州信息职业技术学院 | 17 | 0 | 0 | 0 | 0 | 0 | 0 | 0 | 0 | 0 | 0 | 0 | 0 | 0 | 0 | 0 | 0 | 0 | 0 | 0 | 0 | 0 | 0 | 0 | 0 | 0 | 0 |
| 江苏海事职业技术学院 | 18 | 0 | 0 | 0 | 0 | 0 | 0 | 0 | 0 | 0 | 0 | 0 | 0 | 0 | 0 | 0 | 0 | 0 | 0 | 0 | 0 | 0 | 0 | 0 | 0 | 0 | 0 |
| 无锡科技职业学院 | 19 | 1 | 0.3 | 0 | 5 | 5 | 0 | 0 | 0 | 0 | 0 | 0 | 0 | 0 | 0 | 0 | 0 | 1 | 1 | 0 | 0 | 0 | 0 | 0 | 0 | 0 | 0 |
| 江苏医药职业学院 | 20 | 0 | 0 | 0 | 0 | 0 | 0 | 0 | 0 | 0 | 0 | 0 | 0 | 0 | 0 | 0 | 0 | 0 | 0 | 0 | 0 | 0 | 0 | 0 | 0 | 0 | 0 |
| 南通科技职业学院 | 21 | 3 | 0.5 | 0 | 30 | 15.7 | 0 | 0 | 0 | 0 | 0 | 0 | 0 | 0 | 0 | 0 | 0 | 0 | 0 | 0 | 0 | 0 | 0 | 0 | 0 | 0 | 0 |
| 苏州经贸职业技术学院 | 22 | 0 | 0 | 0 | 0 | 0 | 0 | 0 | 0 | 0 | 0 | 0 | 0 | 0 | 0 | 0 | 0 | 0 | 0 | 0 | 0 | 0 | 0 | 0 | 0 | 0 | 0 |
| 苏州工业职业技术学院 | 23 | 0 | 0 | 0 | 0 | 0 | 0 | 0 | 0 | 0 | 0 | 0 | 0 | 0 | 0 | 0 | 0 | 0 | 0 | 0 | 0 | 0 | 0 | 0 | 0 | 0 | 0 |
| 苏州卫生职业技术学院 | 24 | 0 | 0 | 0 | 0 | 0 | 0 | 0 | 0 | 0 | 0 | 0 | 0 | 0 | 0 | 0 | 0 | 0 | 0 | 0 | 0 | 0 | 0 | 0 | 0 | 0 | 0 |
| 无锡商业职业技术学院 | 25 | 0 | 0 | 0 | 0 | 0 | 0 | 0 | 0 | 0 | 0 | 0 | 0 | 0 | 0 | 0 | 0 | 0 | 0 | 0 | 0 | 0 | 0 | 0 | 0 | 0 | 0 |
| 江苏航运职业技术学院 | 26 | 0 | 0 | 0 | 0 | 0 | 0 | 0 | 0 | 0 | 0 | 0 | 0 | 0 | 0 | 0 | 0 | 0 | 0 | 0 | 0 | 0 | 0 | 0 | 0 | 0 | 0 |
| 南京交通职业技术学院 | 27 | 0 | 0 | 0 | 0 | 0 | 0 | 0 | 0 | 0 | 0 | 0 | 0 | 0 | 0 | 0 | 0 | 0 | 0 | 0 | 0 | 0 | 0 | 0 | 0 | 0 | 0 |
| 江苏电子信息职业学院 | 28 | 0 | 0 | 0 | 0 | 0 | 0 | 0 | 0 | 0 | 0 | 0 | 0 | 0 | 0 | 0 | 0 | 0 | 0 | 0 | 0 | 0 | 0 | 0 | 0 | 0 | 0 |
| 江苏农牧科技职业学院 | 29 | 0 | 0 | 0 | 0 | 0 | 0 | 0 | 0 | 0 | 0 | 0 | 0 | 0 | 0 | 0 | 0 | 0 | 0 | 0 | 0 | 0 | 0 | 0 | 0 | 0 | 0 |
| 常州纺织服装职业技术学院 | 30 | 0 | 0 | 0 | 0 | 0 | 0 | 0 | 0 | 0 | 0 | 0 | 0 | 0 | 0 | 0 | 0 | 1 | 1 | 0 | 0 | 0 | 0 | 0 | 0 | 0 | 0 |
| 苏州农业职业技术学院 | 31 | 0 | 0 | 0 | 0 | 0 | 0 | 0 | 0 | 0 | 0 | 0 | 0 | 0 | 0 | 0 | 0 | 0 | 0 | 0 | 0 | 0 | 0 | 0 | 0 | 0 | 0 |

| | | | | | | | | | | | | | | | | | | | | | | | | | | | |
|---|---|---|---|---|---|---|---|---|---|---|---|---|---|---|---|---|---|---|---|---|---|---|---|---|---|---|---|
| 南京科技职业学院 | 32 | 0 | 0 | 0 | 0 | 0 | 0 | 0 | 0 | 0 | 0 | 0 | 0 | 0 | 0 | 0 | 0 | 0 | 0 | 0 | 0 | 0 | 0 | 0 | 0 | 0 | 0 |
| 常州工业职业技术学院 | 33 | 0 | 0 | 0 | 0 | 0 | 1 | 0 | 0 | 1 | 0 | 0 | 0 | 0 | 0 | 0 | 0 | 0 | 0 | 0 | 0 | 0 | 0 | 0 | 0 | 0 | 0 |
| 常州工程职业技术学院 | 34 | 0 | 0 | 0 | 0 | 0 | 0 | 0 | 0 | 0 | 0 | 0 | 0 | 0 | 0 | 0 | 0 | 0 | 0 | 0 | 0 | 0 | 0 | 0 | 0 | 0 | 0 |
| 江苏农林职业技术学院 | 35 | 0 | 0 | 0 | 0 | 0 | 0 | 0 | 0 | 0 | 0 | 0 | 0 | 0 | 0 | 0 | 0 | 0 | 0 | 0 | 0 | 0 | 0 | 0 | 0 | 0 | 0 |
| 江苏食品药品职业技术学院 | 36 | 0 | 0 | 0 | 0 | 0 | 0 | 0 | 0 | 0 | 0 | 0 | 0 | 0 | 0 | 0 | 0 | 0 | 0 | 0 | 0 | 0 | 0 | 0 | 0 | 0 | 0 |
| 南京铁道职业技术学院 | 37 | 0 | 0 | 0 | 0 | 0 | 0 | 0 | 0 | 0 | 0 | 0 | 0 | 0 | 0 | 0 | 0 | 2 | 2 | 0 | 0 | 0 | 0 | 0 | 0 | 0 | 0 |
| 徐州工业职业技术学院 | 38 | 0 | 0 | 0 | 0 | 0 | 0 | 0 | 0 | 0 | 0 | 0 | 0 | 0 | 0 | 0 | 0 | 0 | 0 | 0 | 0 | 0 | 0 | 0 | 0 | 0 | 0 |
| 江苏信息职业技术学院 | 39 | 0 | 0 | 0 | 0 | 0 | 0 | 0 | 0 | 0 | 0 | 0 | 0 | 0 | 0 | 0 | 0 | 0 | 0 | 0 | 0 | 0 | 0 | 0 | 0 | 0 | 0 |
| 南京信息职业技术学院 | 40 | 0 | 0 | 0 | 0 | 0 | 0 | 0 | 0 | 0 | 0 | 0 | 0 | 0 | 0 | 0 | 0 | 1 | 1 | 0 | 0 | 0 | 0 | 0 | 0 | 0 | 0 |
| 常州机电职业技术学院 | 41 | 0 | 0 | 0 | 0 | 0 | 0 | 0 | 0 | 0 | 0 | 0 | 0 | 0 | 0 | 0 | 0 | 0 | 0 | 0 | 0 | 0 | 0 | 0 | 0 | 0 | 0 |
| 江阴职业技术学院 | 42 | 0 | 0 | 0 | 0 | 0 | 0 | 0 | 0 | 0 | 0 | 0 | 0 | 0 | 0 | 0 | 0 | 0 | 0 | 0 | 0 | 0 | 0 | 0 | 0 | 0 | 0 |
| 无锡城市职业技术学院 | 43 | 0 | 0 | 0 | 0 | 0 | 0 | 0 | 0 | 0 | 0 | 0 | 0 | 0 | 0 | 0 | 0 | 0 | 0 | 0 | 0 | 0 | 0 | 0 | 0 | 0 | 0 |
| 无锡工艺职业技术学院 | 44 | 0 | 0 | 0 | 0 | 0 | 0 | 0 | 0 | 0 | 0 | 0 | 0 | 0 | 0 | 0 | 0 | 0 | 0 | 0 | 0 | 0 | 0 | 0 | 0 | 0 | 0 |
| 苏州健雄职业技术学院 | 45 | 0 | 0 | 0 | 0 | 0 | 0 | 0 | 0 | 0 | 0 | 0 | 0 | 0 | 0 | 0 | 0 | 0 | 0 | 0 | 0 | 0 | 0 | 0 | 0 | 0 | 0 |
| 盐城工业职业技术学院 | 46 | 0 | 0 | 0 | 0 | 0 | 0 | 0 | 0 | 0 | 0 | 0 | 0 | 0 | 0 | 0 | 0 | 0 | 0 | 0 | 0 | 0 | 0 | 0 | 0 | 0 | 0 |
| 江苏财经职业技术学院 | 47 | 1 | 0.2 | 0 | 0 | 4 | 0 | 0 | 0 | 0 | 0 | 0 | 0 | 0 | 0 | 0 | 0 | 0 | 0 | 0 | 0 | 0 | 0 | 0 | 0 | 0 | 0 |
| 扬州工业职业技术学院 | 48 | 0 | 0 | 0 | 0 | 0 | 0 | 0 | 0 | 0 | 0 | 0 | 0 | 0 | 0 | 0 | 0 | 0 | 0 | 0 | 0 | 0 | 0 | 0 | 0 | 0 | 0 |
| 江苏城市职业学院 | 49 | 4 | 1.4 | 0 | 20 | 24.16 | 0 | 0 | 0 | 0 | 0 | 0 | 0 | 0 | 0 | 0 | 0 | 0 | 0 | 0 | 0 | 0 | 0 | 0 | 0 | 0 | 0 |
| 南京城市职业学院 | 50 | 0 | 0 | 0 | 0 | 0 | 0 | 0 | 0 | 0 | 0 | 0 | 0 | 0 | 0 | 0 | 0 | 0 | 0 | 0 | 0 | 0 | 0 | 0 | 0 | 0 | 0 |

续表

| 高校名称 | 编号 | 总数：课题数（项） | 总数：当年投入人数（人年） | 总数：其中：研究生（人年） | 总数：当年拨入经费（千元） | 总数：当年支出经费（千元） | 出版著作（部）：合计 | 出版著作（部）：专著 | 出版著作（部）：其中：被译成外文 | 出版著作（部）：编著教材 | 出版著作（部）：工具书参考书 | 出版著作（部）：皮书/发展报告 | 出版著作（部）：科普读物 | 古籍整理（部） | 译著（部） | 发表译文（篇） | 电子出版物（件） | 发表论文（篇）：合计 | 发表论文（篇）：国内学术刊物 | 发表论文（篇）：国外学术刊物 | 发表论文（篇）：港、澳、台地区刊物 | 获奖成果数（项）：合计 | 获奖成果数（项）：国家级奖 | 获奖成果数（项）：部级奖 | 获奖成果数（项）：省级奖 | 研究与咨询报告（篇）：合计 | 研究与咨询报告（篇）：其中：被采纳数 |
|---|---|---|---|---|---|---|---|---|---|---|---|---|---|---|---|---|---|---|---|---|---|---|---|---|---|---|---|
| | | L01 | L02 | L03 | L04 | L05 | L06 | L07 | L08 | L09 | L10 | L11 | L12 | L13 | L14 | L15 | L16 | L17 | L18 | L19 | L20 | L21 | L22 | L23 | L24 | L25 | L26 |
| 南京机电职业技术学院 | 51 | 7 | 0.7 | 0 | 117 | 46 | 0 | 0 | 0 | 0 | 0 | 0 | 0 | 0 | 0 | 0 | 0 | 0 | 0 | 0 | 0 | 0 | 0 | 0 | 0 | 0 | 0 |
| 南京旅游职业学院 | 52 | 0 | 0 | 0 | 0 | 0 | 0 | 0 | 0 | 0 | 0 | 0 | 0 | 0 | 0 | 0 | 0 | 0 | 0 | 0 | 0 | 0 | 0 | 0 | 0 | 0 | 0 |
| 江苏卫生健康职业学院 | 53 | 1 | 0.1 | 0 | 0 | 1.9 | 0 | 0 | 0 | 0 | 0 | 0 | 0 | 0 | 0 | 0 | 0 | 1 | 1 | 0 | 0 | 0 | 0 | 0 | 0 | 0 | 0 |
| 苏州信息职业技术学院 | 54 | 0 | 0 | 0 | 0 | 0 | 0 | 0 | 0 | 0 | 0 | 0 | 0 | 0 | 0 | 0 | 0 | 0 | 0 | 0 | 0 | 0 | 0 | 0 | 0 | 0 | 0 |
| 苏州工业园区服务外包职业学院 | 55 | 0 | 0 | 0 | 0 | 0 | 0 | 0 | 0 | 0 | 0 | 0 | 0 | 0 | 0 | 0 | 0 | 0 | 0 | 0 | 0 | 0 | 0 | 0 | 0 | 0 | 0 |
| 徐州幼儿师范高等专科学校 | 56 | 0 | 0 | 0 | 0 | 0 | 0 | 0 | 0 | 0 | 0 | 0 | 0 | 0 | 0 | 0 | 0 | 0 | 0 | 0 | 0 | 0 | 0 | 0 | 0 | 0 | 0 |
| 徐州生物工程职业技术学院 | 57 | 0 | 0 | 0 | 0 | 0 | 0 | 0 | 0 | 0 | 0 | 0 | 0 | 0 | 0 | 0 | 0 | 0 | 0 | 0 | 0 | 0 | 0 | 0 | 0 | 0 | 0 |
| 江苏商贸职业学院 | 58 | 0 | 0 | 0 | 0 | 0 | 0 | 0 | 0 | 0 | 0 | 0 | 0 | 0 | 0 | 0 | 0 | 0 | 0 | 0 | 0 | 0 | 0 | 0 | 0 | 0 | 0 |
| 南通师范高等专科学校 | 59 | 0 | 0 | 0 | 0 | 0 | 0 | 0 | 0 | 0 | 0 | 0 | 0 | 0 | 0 | 0 | 0 | 0 | 0 | 0 | 0 | 0 | 0 | 0 | 0 | 0 | 0 |
| 江苏护理职业学院 | 60 | 0 | 0 | 0 | 0 | 0 | 0 | 0 | 0 | 0 | 0 | 0 | 0 | 0 | 0 | 0 | 0 | 3 | 3 | 0 | 0 | 0 | 0 | 0 | 0 | 0 | 0 |
| 江苏财会职业学院 | 61 | 0 | 0 | 0 | 0 | 0 | 0 | 0 | 0 | 0 | 0 | 0 | 0 | 0 | 0 | 0 | 0 | 0 | 0 | 0 | 0 | 0 | 0 | 0 | 0 | 0 | 0 |
| 江苏城乡建设职业学院 | 62 | 0 | 0 | 0 | 0 | 0 | 0 | 0 | 0 | 0 | 0 | 0 | 0 | 0 | 0 | 0 | 0 | 0 | 0 | 0 | 0 | 0 | 0 | 0 | 0 | 0 | 0 |
| 江苏航空职业技术学院 | 63 | 0 | 0 | 0 | 0 | 0 | 0 | 0 | 0 | 0 | 0 | 0 | 0 | 0 | 0 | 0 | 0 | 0 | 0 | 0 | 0 | 0 | 0 | 0 | 0 | 0 | 0 |
| 江苏安全技术职业学院 | 64 | 1 | 0.3 | 0 | 20 | 8 | 0 | 0 | 0 | 0 | 0 | 0 | 0 | 0 | 0 | 0 | 0 | 1 | 1 | 0 | 0 | 0 | 0 | 0 | 0 | 0 | 0 |
| 江苏旅游职业学院 | 65 | 0 | 0 | 0 | 0 | 0 | 0 | 0 | 0 | 0 | 0 | 0 | 0 | 0 | 0 | 0 | 0 | 0 | 0 | 0 | 0 | 0 | 0 | 0 | 0 | 0 | 0 |

## 3.21 心理学人文、社会科学研究与课题成果情况表

| 高校名称 | 编号 | 总数：课题数（项） | 总数：当年投入人数（人年） | 总数：其中：研究生（人年） | 总数：当年拨入经费（千元） | 总数：当年支出经费（千元） | 出版著作（部）：合计 | 出版著作（部）：专著 | 出版著作（部）：其中：被译成外文 | 出版著作（部）：编著教材 | 出版著作（部）：工具书参考书 | 出版著作（部）：皮书/发展报告 | 出版著作（部）：科普读物 | 古籍整理（部） | 译著（部） | 发表译文（篇） | 电子出版物（件） | 发表论文（篇）：合计 | 发表论文（篇）：国内学术刊物 | 发表论文（篇）：国外学术刊物 | 发表论文（篇）：港、澳、台地区刊物 | 获奖成果数（项）：合计 | 获奖成果数（项）：国家级奖 | 获奖成果数（项）：部级奖 | 获奖成果数（项）：省级奖 | 研究与咨询报告（篇）：合计 | 研究与咨询报告（篇）：其中：被采纳数 |
|---|---|---|---|---|---|---|---|---|---|---|---|---|---|---|---|---|---|---|---|---|---|---|---|---|---|---|---|
| | | L01 | L02 | L03 | L04 | L05 | L06 | L07 | L08 | L09 | L10 | L11 | L12 | L13 | L14 | L15 | L16 | L17 | L18 | L19 | L20 | L21 | L22 | L23 | L24 | L25 | L26 |
| 合计 | / | 149 | 27.1 | 0 | 579.9 | 494.28 | 3 | 1 | 0 | 2 | 0 | 0 | 0 | 0 | 0 | 0 | 0 | 104 | 103 | 1 | 0 | 0 | 0 | 0 | 0 | 4 | 3 |
| 盐城幼儿师范高等专科学校 | 1 | 2 | 0.3 | 0 | 2 | 2 | 0 | 0 | 0 | 0 | 0 | 0 | 0 | 0 | 0 | 0 | 0 | 1 | 1 | 0 | 0 | 0 | 0 | 0 | 0 | 0 | 0 |
| 苏州幼儿师范高等专科学校 | 2 | 0 | 0 | 0 | 0 | 0 | 0 | 0 | 0 | 0 | 0 | 0 | 0 | 0 | 0 | 0 | 0 | 0 | 0 | 0 | 0 | 0 | 0 | 0 | 0 | 0 | 0 |
| 无锡职业技术学院 | 3 | 1 | 0.2 | 0 | 0 | 0.5 | 0 | 0 | 0 | 0 | 0 | 0 | 0 | 0 | 0 | 0 | 0 | 1 | 1 | 0 | 0 | 0 | 0 | 0 | 0 | 0 | 0 |
| 江苏建筑职业技术学院 | 4 | 7 | 1 | 0 | 6 | 11 | 0 | 0 | 0 | 0 | 0 | 0 | 0 | 0 | 0 | 0 | 0 | 1 | 1 | 0 | 0 | 0 | 0 | 0 | 0 | 0 | 0 |
| 南京工业职业技术大学 | 5 | 3 | 1.4 | 0 | 20 | 12.81 | 0 | 0 | 0 | 0 | 0 | 0 | 0 | 0 | 0 | 0 | 0 | 1 | 1 | 0 | 0 | 0 | 0 | 0 | 0 | 0 | 0 |
| 江苏工程职业技术学院 | 6 | 6 | 0.6 | 0 | 3 | 13.8 | 0 | 0 | 0 | 0 | 0 | 0 | 0 | 0 | 0 | 0 | 0 | 3 | 3 | 0 | 0 | 0 | 0 | 0 | 0 | 0 | 0 |
| 苏州工艺美术职业技术学院 | 7 | 2 | 0.3 | 0 | 17 | 14 | 0 | 0 | 0 | 0 | 0 | 0 | 0 | 0 | 0 | 0 | 0 | 0 | 0 | 0 | 0 | 0 | 0 | 0 | 0 | 0 | 0 |
| 连云港职业技术学院 | 8 | 4 | 0.8 | 0 | 0 | 0 | 0 | 0 | 0 | 0 | 0 | 0 | 0 | 0 | 0 | 0 | 0 | 1 | 1 | 0 | 0 | 0 | 0 | 0 | 0 | 0 | 0 |
| 镇江市高等专科学校 | 9 | 2 | 1.3 | 0 | 13 | 13 | 0 | 0 | 0 | 0 | 0 | 0 | 0 | 0 | 0 | 0 | 0 | 0 | 0 | 0 | 0 | 0 | 0 | 0 | 0 | 0 | 0 |
| 南通职业大学 | 10 | 0 | 0 | 0 | 0 | 0 | 0 | 0 | 0 | 0 | 0 | 0 | 0 | 0 | 0 | 0 | 0 | 6 | 6 | 0 | 0 | 0 | 0 | 0 | 0 | 0 | 0 |
| 苏州职业大学 | 11 | 2 | 1.2 | 0 | 30 | 32 | 0 | 0 | 0 | 0 | 0 | 0 | 0 | 0 | 0 | 0 | 0 | 4 | 3 | 1 | 0 | 0 | 0 | 0 | 0 | 0 | 0 |
| 沙洲职业工学院 | 12 | 1 | 0.1 | 0 | 2 | 2 | 0 | 0 | 0 | 0 | 0 | 0 | 0 | 0 | 0 | 0 | 0 | 0 | 0 | 0 | 0 | 0 | 0 | 0 | 0 | 0 | 0 |
| 扬州市职业大学 | 13 | 4 | 0.5 | 0 | 60 | 50 | 0 | 0 | 0 | 0 | 0 | 0 | 0 | 0 | 0 | 0 | 0 | 0 | 0 | 0 | 0 | 0 | 0 | 0 | 0 | 3 | 3 |
| 连云港师范高等专科学校 | 14 | 4 | 0.5 | 0 | 4 | 4 | 0 | 0 | 0 | 0 | 0 | 0 | 0 | 0 | 0 | 0 | 0 | 4 | 4 | 0 | 0 | 0 | 0 | 0 | 0 | 0 | 0 |
| 江苏经贸职业技术学院 | 15 | 7 | 0.9 | 0 | 0 | 0 | 0 | 0 | 0 | 0 | 0 | 0 | 0 | 0 | 0 | 0 | 0 | 0 | 0 | 0 | 0 | 0 | 0 | 0 | 0 | 0 | 0 |

续表

| 高校名称 | 编号 | 总数 课题数(项) | 当年投入人数(人年) | 其中:研究生(人年) | 当年拨入经费(千元) | 当年支出经费(千元) | 出版著作(部) 合计 | 专著 | 其中:被译成外文 | 编著教材 | 工具书参考书 | 皮书/发展报告 | 科普读物 | 古籍整理(部) | 译著(部) | 发表译文(篇) | 电子出版物(件) | 发表论文(篇) 合计 | 国内学术刊物 | 国外学术刊物 | 港、澳、台地区刊物 | 获奖成果数(项) 合计 | 国家级奖 | 部级奖 | 省级奖 | 研究与咨询报告(篇) 合计 | 其中:被采纳数 |
|---|---|---|---|---|---|---|---|---|---|---|---|---|---|---|---|---|---|---|---|---|---|---|---|---|---|---|---|
| | | L01 | L02 | L03 | L04 | L05 | L06 | L07 | L08 | L09 | L10 | L11 | L12 | L13 | L14 | L15 | L16 | L17 | L18 | L19 | L20 | L21 | L22 | L23 | L24 | L25 | L26 |
| 泰州职业技术学院 | 16 | 2 | 0.4 | 0 | 0 | 5.47 | 0 | 0 | 0 | 0 | 0 | 0 | 0 | 0 | 0 | 0 | 0 | 1 | 1 | 0 | 0 | 0 | 0 | 0 | 0 | 0 | 0 |
| 常州信息职业技术学院 | 17 | 2 | 0.8 | 0 | 0.5 | 0.5 | 0 | 0 | 0 | 0 | 0 | 0 | 0 | 0 | 0 | 0 | 0 | 1 | 1 | 0 | 0 | 0 | 0 | 0 | 0 | 0 | 0 |
| 江苏海事职业技术学院 | 18 | 6 | 1.5 | 0 | 18 | 16 | 0 | 0 | 0 | 0 | 0 | 0 | 0 | 0 | 0 | 0 | 0 | 6 | 6 | 0 | 0 | 0 | 0 | 0 | 0 | 0 | 0 |
| 无锡科技职业学院 | 19 | 0 | 0 | 0 | 0 | 0 | 0 | 0 | 0 | 0 | 0 | 0 | 0 | 0 | 0 | 0 | 0 | 0 | 0 | 0 | 0 | 0 | 0 | 0 | 0 | 0 | 0 |
| 江苏医药职业学院 | 20 | 7 | 1.6 | 0 | 0 | 2.6 | 1 | 0 | 0 | 1 | 0 | 0 | 0 | 0 | 0 | 0 | 0 | 1 | 1 | 0 | 0 | 0 | 0 | 0 | 0 | 0 | 0 |
| 南通科技职业学院 | 21 | 5 | 0.8 | 0 | 10 | 20.4 | 0 | 0 | 0 | 0 | 0 | 0 | 0 | 0 | 0 | 0 | 0 | 10 | 10 | 0 | 0 | 0 | 0 | 0 | 0 | 0 | 0 |
| 苏州经贸职业技术学院 | 22 | 0 | 0 | 0 | 0 | 0 | 0 | 0 | 0 | 0 | 0 | 0 | 0 | 0 | 0 | 0 | 0 | 4 | 4 | 0 | 0 | 0 | 0 | 0 | 0 | 0 | 0 |
| 苏州工业职业技术学院 | 23 | 0 | 0 | 0 | 0 | 0 | 0 | 0 | 0 | 0 | 0 | 0 | 0 | 0 | 0 | 0 | 0 | 0 | 0 | 0 | 0 | 0 | 0 | 0 | 0 | 0 | 0 |
| 苏州卫生职业技术学院 | 24 | 9 | 1 | 0 | 31 | 38.9 | 0 | 0 | 0 | 0 | 0 | 0 | 0 | 0 | 0 | 0 | 0 | 10 | 10 | 0 | 0 | 0 | 0 | 0 | 0 | 0 | 0 |
| 无锡商业职业技术学院 | 25 | 0 | 0 | 0 | 0 | 0 | 0 | 0 | 0 | 0 | 0 | 0 | 0 | 0 | 0 | 0 | 0 | 1 | 1 | 0 | 0 | 0 | 0 | 0 | 0 | 0 | 0 |
| 江苏航运职业技术学院 | 26 | 0 | 0 | 0 | 0 | 0 | 0 | 0 | 0 | 0 | 0 | 0 | 0 | 0 | 0 | 0 | 0 | 0 | 0 | 0 | 0 | 0 | 0 | 0 | 0 | 0 | 0 |
| 南京交通职业技术学院 | 27 | 0 | 0 | 0 | 0 | 0 | 0 | 0 | 0 | 0 | 0 | 0 | 0 | 0 | 0 | 0 | 0 | 0 | 0 | 0 | 0 | 0 | 0 | 0 | 0 | 0 | 0 |
| 江苏电子信息职业学院 | 28 | 0 | 0 | 0 | 0 | 0 | 0 | 0 | 0 | 0 | 0 | 0 | 0 | 0 | 0 | 0 | 0 | 0 | 0 | 0 | 0 | 0 | 0 | 0 | 0 | 0 | 0 |
| 江苏农牧科技职业学院 | 29 | 0 | 0 | 0 | 0 | 0 | 0 | 0 | 0 | 0 | 0 | 0 | 0 | 0 | 0 | 0 | 0 | 0 | 0 | 0 | 0 | 0 | 0 | 0 | 0 | 0 | 0 |
| 常州纺织服装职业技术学院 | 30 | 5 | 0.7 | 0 | 10 | 6.4 | 0 | 0 | 0 | 0 | 0 | 0 | 0 | 0 | 0 | 0 | 0 | 6 | 6 | 0 | 0 | 0 | 0 | 0 | 0 | 0 | 0 |
| 苏州农业职业技术学院 | 31 | 0 | 0 | 0 | 0 | 0 | 0 | 0 | 0 | 0 | 0 | 0 | 0 | 0 | 0 | 0 | 0 | 0 | 0 | 0 | 0 | 0 | 0 | 0 | 0 | 0 | 0 |

| | | | | | | | | | | | | | | | | | | | | | | | | | | | |
|---|---|---|---|---|---|---|---|---|---|---|---|---|---|---|---|---|---|---|---|---|---|---|---|---|---|---|---|
| 南京科技职业学院 | 32 | 3 | 0.4 | 0 | 0 | 0 | 0 | 0 | 0 | 0 | 0 | 0 | 0 | 0 | 0 | 0 | 0 | 0 | 0 | 0 | 0 | 0 | 0 | 0 | 0 | 0 | 0 |
| 常州工业职业技术学院 | 33 | 2 | 0.4 | 0 | 0 | 5 | 0 | 0 | 0 | 0 | 0 | 0 | 0 | 0 | 0 | 0 | 0 | 0 | 0 | 0 | 0 | 0 | 0 | 0 | 0 | 1 | 0 |
| 常州工程职业技术学院 | 34 | 0 | 0 | 0 | 0 | 0 | 0 | 0 | 0 | 0 | 0 | 0 | 0 | 0 | 0 | 0 | 0 | 0 | 0 | 0 | 0 | 0 | 0 | 0 | 0 | 0 | 0 |
| 江苏农林职业技术学院 | 35 | 0 | 0 | 0 | 0 | 0 | 0 | 0 | 0 | 0 | 0 | 0 | 0 | 0 | 0 | 0 | 0 | 1 | 1 | 0 | 0 | 0 | 0 | 0 | 0 | 0 | 0 |
| 江苏食品药品职业技术学院 | 36 | 1 | 0.1 | 0 | 0 | 2.5 | 0 | 0 | 0 | 0 | 0 | 0 | 0 | 0 | 0 | 0 | 0 | 1 | 1 | 0 | 0 | 0 | 0 | 0 | 0 | 0 | 0 |
| 南京铁道职业技术学院 | 37 | 4 | 0.4 | 0 | 2 | 8 | 0 | 0 | 0 | 0 | 0 | 0 | 0 | 0 | 0 | 0 | 0 | 4 | 4 | 0 | 0 | 0 | 0 | 0 | 0 | 0 | 0 |
| 徐州工业职业技术学院 | 38 | 2 | 0.2 | 0 | 10 | 5.4 | 0 | 0 | 0 | 0 | 0 | 0 | 0 | 0 | 0 | 0 | 0 | 1 | 1 | 0 | 0 | 0 | 0 | 0 | 0 | 0 | 0 |
| 江苏信息职业技术学院 | 39 | 5 | 0.6 | 0 | 10 | 11.45 | 0 | 0 | 0 | 0 | 0 | 0 | 0 | 0 | 0 | 0 | 0 | 3 | 3 | 0 | 0 | 0 | 0 | 0 | 0 | 0 | 0 |
| 南京信息职业技术学院 | 40 | 4 | 0.4 | 0 | 0 | 16.8 | 1 | 0 | 0 | 1 | 0 | 0 | 0 | 0 | 0 | 0 | 0 | 5 | 5 | 0 | 0 | 0 | 0 | 0 | 0 | 0 | 0 |
| 常州机电职业技术学院 | 41 | 0 | 0 | 0 | 0 | 0 | 0 | 0 | 0 | 0 | 0 | 0 | 0 | 0 | 0 | 0 | 0 | 1 | 1 | 0 | 0 | 0 | 0 | 0 | 0 | 0 | 0 |
| 江阴职业技术学院 | 42 | 0 | 0 | 0 | 0 | 0 | 0 | 0 | 0 | 0 | 0 | 0 | 0 | 0 | 0 | 0 | 0 | 0 | 0 | 0 | 0 | 0 | 0 | 0 | 0 | 0 | 0 |
| 无锡城市职业技术学院 | 43 | 4 | 1 | 0 | 0 | 2.75 | 0 | 0 | 0 | 0 | 0 | 0 | 0 | 0 | 0 | 0 | 0 | 4 | 4 | 0 | 0 | 0 | 0 | 0 | 0 | 0 | 0 |
| 无锡工艺职业技术学院 | 44 | 2 | 0.2 | 0 | 0 | 5.5 | 0 | 0 | 0 | 0 | 0 | 0 | 0 | 0 | 0 | 0 | 0 | 0 | 0 | 0 | 0 | 0 | 0 | 0 | 0 | 0 | 0 |
| 苏州健雄职业技术学院 | 45 | 1 | 0.2 | 0 | 7 | 7 | 0 | 0 | 0 | 0 | 0 | 0 | 0 | 0 | 0 | 0 | 0 | 1 | 1 | 0 | 0 | 0 | 0 | 0 | 0 | 0 | 0 |
| 盐城工业职业技术学院 | 46 | 1 | 0.2 | 0 | 40 | 13 | 0 | 0 | 0 | 0 | 0 | 0 | 0 | 0 | 0 | 0 | 0 | 3 | 3 | 0 | 0 | 0 | 0 | 0 | 0 | 0 | 0 |
| 江苏财经职业技术学院 | 47 | 6 | 0.9 | 0 | 240 | 137.3 | 0 | 0 | 0 | 0 | 0 | 0 | 0 | 0 | 0 | 0 | 0 | 3 | 3 | 0 | 0 | 0 | 0 | 0 | 0 | 0 | 0 |
| 扬州工业职业技术学院 | 48 | 2 | 0.2 | 0 | 0 | 0 | 0 | 0 | 0 | 0 | 0 | 0 | 0 | 0 | 0 | 0 | 0 | 0 | 0 | 0 | 0 | 0 | 0 | 0 | 0 | 0 | 0 |
| 江苏城市职业学院 | 49 | 1 | 0.3 | 0 | 0 | 0 | 0 | 0 | 0 | 0 | 0 | 0 | 0 | 0 | 0 | 0 | 0 | 0 | 0 | 0 | 0 | 0 | 0 | 0 | 0 | 0 | 0 |
| 南京城市职业学院 | 50 | 2 | 0.2 | 0 | 3 | 3 | 1 | 1 | 0 | 0 | 0 | 0 | 0 | 0 | 0 | 0 | 0 | 0 | 0 | 0 | 0 | 0 | 0 | 0 | 0 | 0 | 0 |

续表

| 高校名称 | | 总数 | | | | | 出版著作(部) | | | | | | | 古籍整理(部) | 译著(部) | 发表译文(篇) | 电子出版物(件) | 发表论文(篇) | | | | 获奖成果数(项) | | | | 研究与咨询报告(篇) | |
|---|---|---|---|---|---|---|---|---|---|---|---|---|---|---|---|---|---|---|---|---|---|---|---|---|---|---|---|
| | | 课题数(项) | 当年投入人数(人年) | 其中：研究生(人年) | 当年拨入经费(千元) | 当年支出经费(千元) | 合计 | 专著 | 其中：被译成外文 | 编著教材 | 工具书参考书 | 皮书/发展报告 | 科普读物 | | | | | 合计 | 国内学术刊物 | 国外学术刊物 | 港、澳、台地区刊物 | 合计 | 国家级奖 | 部级奖 | 省级奖 | 合计 | 其中：被采纳数 |
| | 编号 | L01 | L02 | L03 | L04 | L05 | L06 | L07 | L08 | L09 | L10 | L11 | L12 | L13 | L14 | L15 | L16 | L17 | L18 | L19 | L20 | L21 | L22 | L23 | L24 | L25 | L26 |
| 南京机电职业技术学院 | 51 | 1 | 0.3 | 0 | 0 | 2 | 0 | 0 | 0 | 0 | 0 | 0 | 0 | 0 | 0 | 0 | 0 | 0 | 0 | 0 | 0 | 0 | 0 | 0 | 0 | 0 | 0 |
| 南京旅游职业学院 | 52 | 0 | 0 | 0 | 0 | 0 | 0 | 0 | 0 | 0 | 0 | 0 | 0 | 0 | 0 | 0 | 0 | 0 | 0 | 0 | 0 | 0 | 0 | 0 | 0 | 0 | 0 |
| 江苏卫生健康职业学院 | 53 | 11 | 2.1 | 0 | 12 | 10.7 | 0 | 0 | 0 | 0 | 0 | 0 | 0 | 0 | 0 | 0 | 0 | 2 | 2 | 0 | 0 | 0 | 0 | 0 | 0 | 0 | 0 |
| 苏州信息职业技术学院 | 54 | 1 | 0.2 | 0 | 10 | 0 | 0 | 0 | 0 | 0 | 0 | 0 | 0 | 0 | 0 | 0 | 0 | 2 | 2 | 0 | 0 | 0 | 0 | 0 | 0 | 0 | 0 |
| 苏州工业园区服务外包职业学院 | 55 | 0 | 0 | 0 | 0 | 0 | 0 | 0 | 0 | 0 | 0 | 0 | 0 | 0 | 0 | 0 | 0 | 0 | 0 | 0 | 0 | 0 | 0 | 0 | 0 | 0 | 0 |
| 徐州幼儿师范高等专科学校 | 56 | 2 | 0.4 | 0 | 0 | 6 | 0 | 0 | 0 | 0 | 0 | 0 | 0 | 0 | 0 | 0 | 0 | 0 | 0 | 0 | 0 | 0 | 0 | 0 | 0 | 0 | 0 |
| 徐州生物工程职业技术学院 | 57 | 4 | 0.4 | 0 | 6 | 4.6 | 0 | 0 | 0 | 0 | 0 | 0 | 0 | 0 | 0 | 0 | 0 | 1 | 1 | 0 | 0 | 0 | 0 | 0 | 0 | 0 | 0 |
| 江苏商贸职业学院 | 58 | 2 | 0.3 | 0 | 2.4 | 0.5 | 0 | 0 | 0 | 0 | 0 | 0 | 0 | 0 | 0 | 0 | 0 | 3 | 3 | 0 | 0 | 0 | 0 | 0 | 0 | 0 | 0 |
| 南通师范高等专科学校 | 59 | 0 | 0 | 0 | 0 | 0 | 0 | 0 | 0 | 0 | 0 | 0 | 0 | 0 | 0 | 0 | 0 | 4 | 4 | 0 | 0 | 0 | 0 | 0 | 0 | 0 | 0 |
| 江苏护理职业学院 | 60 | 2 | 0.2 | 0 | 0 | 0 | 0 | 0 | 0 | 0 | 0 | 0 | 0 | 0 | 0 | 0 | 0 | 0 | 0 | 0 | 0 | 0 | 0 | 0 | 0 | 0 | 0 |
| 江苏财会职业学院 | 61 | 1 | 0.2 | 0 | 2 | 2 | 0 | 0 | 0 | 0 | 0 | 0 | 0 | 0 | 0 | 0 | 0 | 1 | 1 | 0 | 0 | 0 | 0 | 0 | 0 | 0 | 0 |
| 江苏城乡建设职业学院 | 62 | 1 | 0.5 | 0 | 0 | 1.4 | 0 | 0 | 0 | 0 | 0 | 0 | 0 | 0 | 0 | 0 | 0 | 0 | 0 | 0 | 0 | 0 | 0 | 0 | 0 | 0 | 0 |
| 江苏航空职业技术学院 | 63 | 3 | 0.9 | 0 | 9 | 4 | 0 | 0 | 0 | 0 | 0 | 0 | 0 | 0 | 0 | 0 | 0 | 2 | 2 | 0 | 0 | 0 | 0 | 0 | 0 | 0 | 0 |
| 江苏安全技术职业学院 | 64 | 0 | 0 | 0 | 0 | 0 | 0 | 0 | 0 | 0 | 0 | 0 | 0 | 0 | 0 | 0 | 0 | 0 | 0 | 0 | 0 | 0 | 0 | 0 | 0 | 0 | 0 |
| 江苏旅游职业学院 | 65 | 0 | 0 | 0 | 0 | 0 | 0 | 0 | 0 | 0 | 0 | 0 | 0 | 0 | 0 | 0 | 0 | 0 | 0 | 0 | 0 | 0 | 0 | 0 | 0 | 0 | 0 |

## 3.22 体育科学人文、社会科学研究与课题成果情况表

| 高校名称 | 编号 | 总数：课题数（项） | 总数：当年投入人数（人年） | 总数：其中：研究生（人年） | 总数：当年拨入经费（千元） | 总数：当年支出经费（千元） | 出版著作（部）：合计 | 出版著作（部）：专著 | 出版著作（部）：其中：被译成外文 | 出版著作（部）：编著教材 | 出版著作（部）：工具书参考书 | 出版著作（部）：皮书/发展报告 | 出版著作（部）：科普读物 | 古籍整理（部） | 译著（部） | 发表译文（篇） | 电子出版物（件） | 发表论文（篇）：合计 | 发表论文（篇）：国内学术刊物 | 发表论文（篇）：国外学术刊物 | 发表论文（篇）：港、澳、台地区刊物 | 获奖成果数（项）：合计 | 获奖成果数（项）：国家级奖 | 获奖成果数（项）：部级奖 | 获奖成果数（项）：省级奖 | 研究与咨询报告（篇）：合计 | 研究与咨询报告（篇）：其中：被采纳数 |
|---|---|---|---|---|---|---|---|---|---|---|---|---|---|---|---|---|---|---|---|---|---|---|---|---|---|---|---|
| | | L01 | L02 | L03 | L04 | L05 | L06 | L07 | L08 | L09 | L10 | L11 | L12 | L13 | L14 | L15 | L16 | L17 | L18 | L19 | L20 | L21 | L22 | L23 | L24 | L25 | L26 |
| 合计 | / | 192 | 41.8 | 0 | 1 991.5 | 2 092.14 | 11 | 4 | 0 | 7 | 0 | 0 | 0 | 0 | 0 | 0 | 0 | 293 | 290 | 3 | 0 | 0 | 0 | 0 | 0 | 46 | 30 |
| 盐城幼儿师范高等专科学校 | 1 | 1 | 0.2 | 0 | 1 | 1 | 0 | 0 | 0 | 0 | 0 | 0 | 0 | 0 | 0 | 0 | 0 | 6 | 6 | 0 | 0 | 0 | 0 | 0 | 0 | 0 | 0 |
| 苏州幼儿师范高等专科学校 | 2 | 6 | 0.7 | 0 | 0 | 7.7 | 0 | 0 | 0 | 0 | 0 | 0 | 0 | 0 | 0 | 0 | 0 | 6 | 6 | 0 | 0 | 0 | 0 | 0 | 0 | 0 | 0 |
| 无锡职业技术学院 | 3 | 9 | 1.7 | 0 | 3 | 0 | 0 | 0 | 0 | 0 | 0 | 0 | 0 | 0 | 0 | 0 | 0 | 5 | 5 | 0 | 0 | 0 | 0 | 0 | 0 | 1 | 0 |
| 江苏建筑职业技术学院 | 4 | 3 | 0.6 | 0 | 0 | 3 | 0 | 0 | 0 | 0 | 0 | 0 | 0 | 0 | 0 | 0 | 0 | 6 | 6 | 0 | 0 | 0 | 0 | 0 | 0 | 0 | 0 |
| 南京工业职业技术大学 | 5 | 5 | 2 | 0 | 0 | 6.39 | 0 | 0 | 0 | 0 | 0 | 0 | 0 | 0 | 0 | 0 | 0 | 11 | 11 | 0 | 0 | 0 | 0 | 0 | 0 | 4 | 0 |
| 江苏工程职业技术学院 | 6 | 0 | 0 | 0 | 0 | 0 | 0 | 0 | 0 | 0 | 0 | 0 | 0 | 0 | 0 | 0 | 0 | 1 | 1 | 0 | 0 | 0 | 0 | 0 | 0 | 0 | 0 |
| 苏州工艺美术职业技术学院 | 7 | 0 | 0 | 0 | 0 | 0 | 0 | 0 | 0 | 0 | 0 | 0 | 0 | 0 | 0 | 0 | 0 | 12 | 11 | 1 | 0 | 0 | 0 | 0 | 0 | 0 | 0 |
| 连云港职业技术学院 | 8 | 0 | 0 | 0 | 0 | 0 | 0 | 0 | 0 | 0 | 0 | 0 | 0 | 0 | 0 | 0 | 0 | 0 | 0 | 0 | 0 | 0 | 0 | 0 | 0 | 0 | 0 |
| 镇江市高等专科学校 | 9 | 2 | 1.8 | 0 | 8 | 8 | 0 | 0 | 0 | 0 | 0 | 0 | 0 | 0 | 0 | 0 | 0 | 1 | 1 | 0 | 0 | 0 | 0 | 0 | 0 | 0 | 0 |
| 南通职业大学 | 10 | 0 | 0 | 0 | 0 | 0 | 0 | 0 | 0 | 0 | 0 | 0 | 0 | 0 | 0 | 0 | 0 | 4 | 4 | 0 | 0 | 0 | 0 | 0 | 0 | 0 | 0 |
| 苏州职业大学 | 11 | 23 | 10.2 | 0 | 296 | 303.32 | 1 | 0 | 0 | 1 | 0 | 0 | 0 | 0 | 0 | 0 | 0 | 12 | 12 | 0 | 0 | 0 | 0 | 0 | 0 | 1 | 1 |
| 沙洲职业工学院 | 12 | 2 | 0.2 | 0 | 40.5 | 40.5 | 0 | 0 | 0 | 0 | 0 | 0 | 0 | 0 | 0 | 0 | 0 | 0 | 0 | 0 | 0 | 0 | 0 | 0 | 0 | 2 | 0 |
| 扬州市职业大学 | 13 | 18 | 4.1 | 0 | 183.5 | 168.94 | 2 | 2 | 0 | 0 | 0 | 0 | 0 | 0 | 0 | 0 | 0 | 12 | 11 | 1 | 0 | 0 | 0 | 0 | 0 | 10 | 10 |
| 连云港师范高等专科学校 | 14 | 3 | 0.3 | 0 | 2 | 0 | 0 | 0 | 0 | 0 | 0 | 0 | 0 | 0 | 0 | 0 | 0 | 8 | 8 | 0 | 0 | 0 | 0 | 0 | 0 | 0 | 0 |
| 江苏经贸职业技术学院 | 15 | 3 | 0.4 | 0 | 3 | 3 | 0 | 0 | 0 | 0 | 0 | 0 | 0 | 0 | 0 | 0 | 0 | 3 | 3 | 0 | 0 | 0 | 0 | 0 | 0 | 0 | 0 |

续表

| 高校名称 | | 总数 | | | | | 出版著作(部) | | | | | | | 古籍整理(部) | 译著(部) | 发表译文(篇) | 电子出版物(件) | 发表论文(篇) | | | | 获奖成果数(项) | | | | 研究与咨询报告(篇) | |
|---|---|---|---|---|---|---|---|---|---|---|---|---|---|---|---|---|---|---|---|---|---|---|---|---|---|---|---|
| | | 课题数(项) | 当年投入人数(人年) | 其中：研究生(人年) | 当年拨入经费(千元) | 当年支出经费(千元) | 合计 | 专著 | 其中：被译成外文 | 编著教材 | 工具书参考书 | 皮书/发展报告 | 科普读物 | | | | | 合计 | 国内学术刊物 | 国外学术刊物 | 港、澳、台地区刊物 | 合计 | 国家级奖 | 部级奖 | 省级奖 | 合计 | 其中：被采纳数 |
| | 编号 | L01 | L02 | L03 | L04 | L05 | L06 | L07 | L08 | L09 | L10 | L11 | L12 | L13 | L14 | L15 | L16 | L17 | L18 | L19 | L20 | L21 | L22 | L23 | L24 | L25 | L26 |
| 泰州职业技术学院 | 16 | 1 | 0.2 | 0 | 0 | 0 | 0 | 0 | 0 | 0 | 0 | 0 | 0 | 0 | 0 | 0 | 0 | 2 | 1 | 1 | 0 | 0 | 0 | 0 | 0 | 0 | 0 |
| 常州信息职业技术学院 | 17 | 1 | 0.4 | 0 | 7.5 | 7.5 | 0 | 0 | 0 | 0 | 0 | 0 | 0 | 0 | 0 | 0 | 0 | 4 | 4 | 0 | 0 | 0 | 0 | 0 | 0 | 0 | 0 |
| 江苏海事职业技术学院 | 18 | 4 | 1.4 | 0 | 206 | 205.82 | 0 | 0 | 0 | 0 | 0 | 0 | 0 | 0 | 0 | 0 | 0 | 5 | 5 | 0 | 0 | 0 | 0 | 0 | 0 | 1 | 1 |
| 无锡科技职业学院 | 19 | 0 | 0 | 0 | 0 | 0 | 0 | 0 | 0 | 0 | 0 | 0 | 0 | 0 | 0 | 0 | 0 | 2 | 2 | 0 | 0 | 0 | 0 | 0 | 0 | 0 | 0 |
| 江苏医药职业学院 | 20 | 5 | 0.8 | 0 | 0 | 0.92 | 0 | 0 | 0 | 0 | 0 | 0 | 0 | 0 | 0 | 0 | 0 | 5 | 5 | 0 | 0 | 0 | 0 | 0 | 0 | 0 | 0 |
| 南通科技职业学院 | 21 | 1 | 0.1 | 0 | 3 | 1 | 0 | 0 | 0 | 0 | 0 | 0 | 0 | 0 | 0 | 0 | 0 | 1 | 1 | 0 | 0 | 0 | 0 | 0 | 0 | 2 | 2 |
| 苏州经贸职业技术学院 | 22 | 0 | 0 | 0 | 0 | 0 | 0 | 0 | 0 | 0 | 0 | 0 | 0 | 0 | 0 | 0 | 0 | 8 | 8 | 0 | 0 | 0 | 0 | 0 | 0 | 0 | 0 |
| 苏州工业职业技术学院 | 23 | 0 | 0 | 0 | 0 | 0 | 0 | 0 | 0 | 0 | 0 | 0 | 0 | 0 | 0 | 0 | 0 | 36 | 36 | 0 | 0 | 0 | 0 | 0 | 0 | 0 | 0 |
| 苏州卫生职业技术学院 | 24 | 5 | 0.5 | 0 | 26 | 14.6 | 0 | 0 | 0 | 0 | 0 | 0 | 0 | 0 | 0 | 0 | 0 | 14 | 14 | 0 | 0 | 0 | 0 | 0 | 0 | 0 | 0 |
| 无锡商业职业技术学院 | 25 | 0 | 0 | 0 | 0 | 0 | 0 | 0 | 0 | 0 | 0 | 0 | 0 | 0 | 0 | 0 | 0 | 9 | 9 | 0 | 0 | 0 | 0 | 0 | 0 | 0 | 0 |
| 江苏航运职业技术学院 | 26 | 0 | 0 | 0 | 0 | 0 | 0 | 0 | 0 | 0 | 0 | 0 | 0 | 0 | 0 | 0 | 0 | 1 | 1 | 0 | 0 | 0 | 0 | 0 | 0 | 0 | 0 |
| 南京交通职业技术学院 | 27 | 0 | 0 | 0 | 0 | 0 | 0 | 0 | 0 | 0 | 0 | 0 | 0 | 0 | 0 | 0 | 0 | 3 | 3 | 0 | 0 | 0 | 0 | 0 | 0 | 0 | 0 |
| 江苏电子信息职业学院 | 28 | 0 | 0 | 0 | 0 | 0 | 1 | 1 | 0 | 0 | 0 | 0 | 0 | 0 | 0 | 0 | 0 | 4 | 4 | 0 | 0 | 0 | 0 | 0 | 0 | 0 | 0 |
| 江苏农牧科技职业学院 | 29 | 0 | 0 | 0 | 0 | 0 | 0 | 0 | 0 | 0 | 0 | 0 | 0 | 0 | 0 | 0 | 0 | 0 | 0 | 0 | 0 | 0 | 0 | 0 | 0 | 0 | 0 |
| 常州纺织服装职业技术学院 | 30 | 2 | 0.3 | 0 | 0 | 4 | 0 | 0 | 0 | 0 | 0 | 0 | 0 | 0 | 0 | 0 | 0 | 2 | 2 | 0 | 0 | 0 | 0 | 0 | 0 | 0 | 0 |
| 苏州农业职业技术学院 | 31 | 0 | 0 | 0 | 0 | 0 | 0 | 0 | 0 | 0 | 0 | 0 | 0 | 0 | 0 | 0 | 0 | 0 | 0 | 0 | 0 | 0 | 0 | 0 | 0 | 0 | 0 |

| | | | | | | | | | | | | | | | | | | | | | | | | | | | |
|---|---|---|---|---|---|---|---|---|---|---|---|---|---|---|---|---|---|---|---|---|---|---|---|---|---|---|---|
| 南京科技职业学院 | 32 | 9 | 0.9 | 0 | 4.5 | 8.5 | 0 | 0 | 0 | 0 | 0 | 0 | 0 | 0 | 0 | 0 | 0 | 8 | 8 | 0 | 0 | 0 | 0 | 0 | 0 | 0 | 0 |
| 常州工业职业技术学院 | 33 | 1 | 0.2 | 0 | 180 | 180 | 0 | 0 | 0 | 0 | 0 | 0 | 0 | 0 | 0 | 0 | 0 | 3 | 3 | 0 | 0 | 0 | 0 | 0 | 0 | 2 | 2 |
| 常州工程职业技术学院 | 34 | 1 | 0.1 | 0 | 10 | 10 | 0 | 0 | 0 | 0 | 0 | 0 | 0 | 0 | 0 | 0 | 0 | 0 | 0 | 0 | 0 | 0 | 0 | 0 | 0 | 0 | 0 |
| 江苏农林职业技术学院 | 35 | 1 | 0.1 | 0 | 0 | 1 | 0 | 0 | 0 | 0 | 0 | 0 | 0 | 0 | 0 | 0 | 0 | 4 | 4 | 0 | 0 | 0 | 0 | 0 | 0 | 0 | 0 |
| 江苏食品药品职业技术学院 | 36 | 0 | 0 | 0 | 0 | 0 | 0 | 0 | 0 | 0 | 0 | 0 | 0 | 0 | 0 | 0 | 0 | 2 | 2 | 0 | 0 | 0 | 0 | 0 | 0 | 0 | 0 |
| 南京铁道职业技术学院 | 37 | 5 | 0.5 | 0 | 14 | 6.5 | 1 | 1 | 0 | 0 | 0 | 0 | 0 | 0 | 0 | 0 | 0 | 8 | 8 | 0 | 0 | 0 | 0 | 0 | 0 | 0 | 0 |
| 徐州工业职业技术学院 | 38 | 1 | 0.1 | 0 | 0 | 0.5 | 0 | 0 | 0 | 0 | 0 | 0 | 0 | 0 | 0 | 0 | 0 | 1 | 1 | 0 | 0 | 0 | 0 | 0 | 0 | 0 | 0 |
| 江苏信息职业技术学院 | 39 | 1 | 0.1 | 0 | 0 | 0.35 | 0 | 0 | 0 | 0 | 0 | 0 | 0 | 0 | 0 | 0 | 0 | 3 | 3 | 0 | 0 | 0 | 0 | 0 | 0 | 0 | 0 |
| 南京信息职业技术学院 | 40 | 4 | 0.8 | 0 | 20 | 25 | 0 | 0 | 0 | 0 | 0 | 0 | 0 | 0 | 0 | 0 | 0 | 4 | 4 | 0 | 0 | 0 | 0 | 0 | 0 | 0 | 0 |
| 常州机电职业技术学院 | 41 | 4 | 0.6 | 0 | 5 | 5.6 | 0 | 0 | 0 | 0 | 0 | 0 | 0 | 0 | 0 | 0 | 0 | 1 | 1 | 0 | 0 | 0 | 0 | 0 | 0 | 0 | 0 |
| 江阴职业技术学院 | 42 | 1 | 0.1 | 0 | 0 | 2 | 0 | 0 | 0 | 0 | 0 | 0 | 0 | 0 | 0 | 0 | 0 | 0 | 0 | 0 | 0 | 0 | 0 | 0 | 0 | 0 | 0 |
| 无锡城市职业技术学院 | 43 | 0 | 0 | 0 | 0 | 0 | 1 | 0 | 0 | 1 | 0 | 0 | 0 | 0 | 0 | 0 | 0 | 10 | 10 | 0 | 0 | 0 | 0 | 0 | 0 | 0 | 0 |
| 无锡工艺职业技术学院 | 44 | 17 | 3.1 | 0 | 640 | 630 | 0 | 0 | 0 | 0 | 0 | 0 | 0 | 0 | 0 | 0 | 0 | 4 | 4 | 0 | 0 | 0 | 0 | 0 | 0 | 14 | 7 |
| 苏州健雄职业技术学院 | 45 | 1 | 0.5 | 0 | 73 | 73 | 0 | 0 | 0 | 0 | 0 | 0 | 0 | 0 | 0 | 0 | 0 | 4 | 4 | 0 | 0 | 0 | 0 | 0 | 0 | 0 | 0 |
| 盐城工业职业技术学院 | 46 | 9 | 0.9 | 0 | 0 | 114 | 0 | 0 | 0 | 0 | 0 | 0 | 0 | 0 | 0 | 0 | 0 | 1 | 1 | 0 | 0 | 0 | 0 | 0 | 0 | 6 | 4 |
| 江苏财经职业技术学院 | 47 | 1 | 0.1 | 0 | 50 | 50 | 0 | 0 | 0 | 0 | 0 | 0 | 0 | 0 | 0 | 0 | 0 | 0 | 0 | 0 | 0 | 0 | 0 | 0 | 0 | 0 | 0 |
| 扬州工业职业技术学院 | 48 | 5 | 0.5 | 0 | 10 | 15 | 0 | 0 | 0 | 0 | 0 | 0 | 0 | 0 | 0 | 0 | 0 | 6 | 6 | 0 | 0 | 0 | 0 | 0 | 0 | 1 | 1 |
| 江苏城市职业学院 | 49 | 3 | 0.8 | 0 | 47.5 | 27.5 | 0 | 0 | 0 | 0 | 0 | 0 | 0 | 0 | 0 | 0 | 0 | 7 | 7 | 0 | 0 | 0 | 0 | 0 | 0 | 0 | 0 |
| 南京城市职业学院 | 50 | 1 | 0.1 | 0 | 0 | 0 | 0 | 0 | 0 | 0 | 0 | 0 | 0 | 0 | 0 | 0 | 0 | 0 | 0 | 0 | 0 | 0 | 0 | 0 | 0 | 0 | 0 |

续表

| 高校名称 | 编号 | 总数：课题数(项) | 总数：当年投入人数(人年) | 总数：其中：研究生(人年) | 总数：当年拨入经费(千元) | 总数：当年支出经费(千元) | 出版著作(部)：合计 | 出版著作(部)：专著 | 出版著作(部)：其中：被译成外文 | 出版著作(部)：编著教材 | 出版著作(部)：工具书参考书 | 出版著作(部)：皮书/发展报告 | 出版著作(部)：科普读物 | 古籍整理(部) | 译著(部) | 发表译文(篇) | 电子出版物(件) | 发表论文(篇)：合计 | 发表论文(篇)：国内学术刊物 | 发表论文(篇)：国外学术刊物 | 发表论文(篇)：港、澳、台地区刊物 | 获奖成果数(项)：合计 | 获奖成果数(项)：国家级奖 | 获奖成果数(项)：部级奖 | 获奖成果数(项)：省级奖 | 研究与咨询报告(篇)：合计 | 研究与咨询报告(篇)：其中：被采纳数 |
|---|---|---|---|---|---|---|---|---|---|---|---|---|---|---|---|---|---|---|---|---|---|---|---|---|---|---|---|
| | | L01 | L02 | L03 | L04 | L05 | L06 | L07 | L08 | L09 | L10 | L11 | L12 | L13 | L14 | L15 | L16 | L17 | L18 | L19 | L20 | L21 | L22 | L23 | L24 | L25 | L26 |
| 南京机电职业技术学院 | 51 | 1 | 0.1 | 0 | 3 | 1 | 0 | 0 | 0 | 0 | 0 | 0 | 0 | 0 | 0 | 0 | 0 | 1 | 1 | 0 | 0 | 0 | 0 | 0 | 0 | 0 | 0 |
| 南京旅游职业学院 | 52 | 1 | 0.1 | 0 | 0 | 0 | 0 | 0 | 0 | 0 | 0 | 0 | 0 | 0 | 0 | 0 | 0 | 7 | 7 | 0 | 0 | 0 | 0 | 0 | 0 | 0 | 0 |
| 江苏卫生健康职业学院 | 53 | 3 | 0.5 | 0 | 0 | 5.7 | 0 | 0 | 0 | 0 | 0 | 0 | 0 | 0 | 0 | 0 | 0 | 2 | 2 | 0 | 0 | 0 | 0 | 0 | 0 | 0 | 0 |
| 苏州信息职业技术学院 | 54 | 1 | 0.2 | 0 | 0 | 0 | 0 | 0 | 0 | 0 | 0 | 0 | 0 | 0 | 0 | 0 | 0 | 2 | 2 | 0 | 0 | 0 | 0 | 0 | 0 | 0 | 0 |
| 苏州工业园区服务外包职业学院 | 55 | 6 | 0.6 | 0 | 130 | 133.1 | 0 | 0 | 0 | 0 | 0 | 0 | 0 | 0 | 0 | 0 | 0 | 1 | 1 | 0 | 0 | 0 | 0 | 0 | 0 | 2 | 2 |
| 徐州幼儿师范高等专科学校 | 56 | 4 | 0.8 | 0 | 1 | 8 | 0 | 0 | 0 | 0 | 0 | 0 | 0 | 0 | 0 | 0 | 0 | 0 | 0 | 0 | 0 | 0 | 0 | 0 | 0 | 0 | 0 |
| 徐州生物工程职业技术学院 | 57 | 4 | 0.4 | 0 | 0 | 0 | 5 | 0 | 0 | 5 | 0 | 0 | 0 | 0 | 0 | 0 | 0 | 13 | 13 | 0 | 0 | 0 | 0 | 0 | 0 | 0 | 0 |
| 江苏商贸职业学院 | 58 | 2 | 0.4 | 0 | 10 | 10.5 | 0 | 0 | 0 | 0 | 0 | 0 | 0 | 0 | 0 | 0 | 0 | 5 | 5 | 0 | 0 | 0 | 0 | 0 | 0 | 0 | 0 |
| 南通师范高等专科学校 | 59 | 1 | 0.2 | 0 | 0 | 0 | 0 | 0 | 0 | 0 | 0 | 0 | 0 | 0 | 0 | 0 | 0 | 6 | 6 | 0 | 0 | 0 | 0 | 0 | 0 | 0 | 0 |
| 江苏护理职业学院 | 60 | 0 | 0 | 0 | 0 | 0 | 0 | 0 | 0 | 0 | 0 | 0 | 0 | 0 | 0 | 0 | 0 | 2 | 2 | 0 | 0 | 0 | 0 | 0 | 0 | 0 | 0 |
| 江苏财会职业学院 | 61 | 1 | 0.2 | 0 | 0 | 0 | 0 | 0 | 0 | 0 | 0 | 0 | 0 | 0 | 0 | 0 | 0 | 0 | 0 | 0 | 0 | 0 | 0 | 0 | 0 | 0 | 0 |
| 江苏城乡建设职业学院 | 62 | 2 | 0.8 | 0 | 0 | 1.2 | 0 | 0 | 0 | 0 | 0 | 0 | 0 | 0 | 0 | 0 | 0 | 0 | 0 | 0 | 0 | 0 | 0 | 0 | 0 | 0 | 0 |
| 江苏航空职业技术学院 | 63 | 4 | 1.9 | 0 | 14 | 8 | 0 | 0 | 0 | 0 | 0 | 0 | 0 | 0 | 0 | 0 | 0 | 1 | 1 | 0 | 0 | 0 | 0 | 0 | 0 | 0 | 0 |
| 江苏安全技术职业学院 | 64 | 0 | 0 | 0 | 0 | 0 | 0 | 0 | 0 | 0 | 0 | 0 | 0 | 0 | 0 | 0 | 0 | 3 | 3 | 0 | 0 | 0 | 0 | 0 | 0 | 0 | 0 |
| 江苏旅游职业学院 | 65 | 3 | 0.2 | 0 | 0 | 0 | 0 | 0 | 0 | 0 | 0 | 0 | 0 | 0 | 0 | 0 | 0 | 1 | 1 | 0 | 0 | 0 | 0 | 0 | 0 | 0 | 0 |

## 4. 民办及中外合作办学高等学校人文、社会科学研究与课题成果情况表

| 学科门类 | | 总数 | | | | | 出版著作(部) | | | | | | | 古籍整理(部) | 译著(部) | 发表译文(篇) | 电子出版物(件) | 发表论文(篇) | | | | 获奖成果数(项) | | | | 研究与咨询报告(篇) | |
|---|---|---|---|---|---|---|---|---|---|---|---|---|---|---|---|---|---|---|---|---|---|---|---|---|---|---|---|
| | | 课题数(项) | 当年投入人数(人年) | 其中:研究生(人年) | 当年拨入经费(千元) | 当年支出经费(千元) | 合计 | 专著 | 其中:被译成外文 | 编著教材 | 工具书参考书 | 皮书/发展报告 | 科普读物 | | | | | 合计 | 国内学术刊物 | 国外学术刊物 | 港、澳、台地区刊物 | 合计 | 国家级奖 | 部级奖 | 省级奖 | 合计 | 其中:被采纳数 |
| | 编号 | L01 | L02 | L03 | L04 | L05 | L06 | L07 | L08 | L09 | L10 | L11 | L12 | L13 | L14 | L15 | L16 | L17 | L18 | L19 | L20 | L21 | L22 | L23 | L24 | L25 | L26 |
| 合计 | / | 3 433 | 683.1 | 3.5 | 21 951.73 | 17 460.5 | 112 | 35 | 0 | 61 | 6 | 10 | 0 | 0 | 16 | 2 | 4 | 3 477 | 3 394 | 83 | 0 | 1 | 0 | 0 | 1 | 108 | 15 |
| 管理学 | 1 | 685 | 135.1 | 0.7 | 5 711.63 | 4 527.04 | 26 | 9 | 0 | 16 | 1 | 0 | 0 | 0 | 1 | 0 | 0 | 779 | 756 | 23 | 0 | 1 | 0 | 0 | 1 | 28 | 5 |
| 马克思主义 | 2 | 140 | 26.9 | 0 | 382.9 | 352.28 | 3 | 1 | 0 | 2 | 0 | 0 | 0 | 0 | 0 | 0 | 1 | 149 | 148 | 1 | 0 | 0 | 0 | 0 | 0 | 2 | 0 |
| 哲学 | 3 | 14 | 2.8 | 0 | 54 | 41.3 | 0 | 0 | 0 | 0 | 0 | 0 | 0 | 0 | 0 | 0 | 0 | 17 | 17 | 0 | 0 | 0 | 0 | 0 | 0 | 0 | 0 |
| 逻辑学 | 4 | 1 | 0.3 | 0 | 6 | 6 | 0 | 0 | 0 | 0 | 0 | 0 | 0 | 0 | 0 | 0 | 0 | 5 | 5 | 0 | 0 | 0 | 0 | 0 | 0 | 0 | 0 |
| 宗教学 | 5 | 0 | 0 | 0 | 0 | 0 | 0 | 0 | 0 | 0 | 0 | 0 | 0 | 0 | 0 | 0 | 0 | 1 | 1 | 0 | 0 | 0 | 0 | 0 | 0 | 0 | 0 |
| 语言学 | 6 | 158 | 31.1 | 0 | 556.3 | 686.02 | 11 | 3 | 0 | 6 | 1 | 1 | 0 | 0 | 1 | 0 | 0 | 260 | 253 | 7 | 0 | 0 | 0 | 0 | 0 | 6 | 0 |
| 中国文学 | 7 | 34 | 8 | 0 | 261.8 | 201.07 | 6 | 3 | 0 | 3 | 0 | 0 | 0 | 0 | 8 | 0 | 0 | 46 | 46 | 0 | 0 | 0 | 0 | 0 | 0 | 0 | 0 |
| 外国文学 | 8 | 35 | 7.1 | 0 | 272.4 | 125.48 | 0 | 0 | 0 | 0 | 0 | 0 | 0 | 0 | 6 | 2 | 0 | 105 | 100 | 5 | 0 | 0 | 0 | 0 | 0 | 1 | 0 |
| 艺术学 | 9 | 387 | 88.2 | 0 | 3 847.6 | 3 659.19 | 17 | 4 | 0 | 8 | 1 | 4 | 0 | 0 | 0 | 0 | 0 | 565 | 562 | 3 | 0 | 0 | 0 | 0 | 0 | 16 | 2 |
| 历史学 | 10 | 13 | 3.1 | 0 | 505 | 653.2 | 0 | 0 | 0 | 0 | 0 | 0 | 0 | 0 | 0 | 0 | 0 | 8 | 8 | 0 | 0 | 0 | 0 | 0 | 0 | 3 | 0 |
| 考古学 | 11 | 2 | 2.7 | 1.8 | 23 | 6.38 | 0 | 0 | 0 | 0 | 0 | 0 | 0 | 0 | 0 | 0 | 0 | 0 | 0 | 0 | 0 | 0 | 0 | 0 | 0 | 0 | 0 |
| 经济学 | 12 | 397 | 87 | 0 | 3 503.9 | 2 794.18 | 12 | 2 | 0 | 9 | 0 | 1 | 0 | 0 | 0 | 0 | 1 | 312 | 307 | 5 | 0 | 0 | 0 | 0 | 0 | 29 | 3 |
| 政治学 | 13 | 51 | 10.8 | 0 | 272.6 | 97.63 | 4 | 0 | 0 | 1 | 0 | 3 | 0 | 0 | 0 | 0 | 0 | 26 | 26 | 0 | 0 | 0 | 0 | 0 | 0 | 1 | 0 |
| 法学 | 14 | 47 | 7.5 | 0 | 370 | 419.63 | 4 | 0 | 0 | 1 | 3 | 0 | 0 | 0 | 0 | 0 | 0 | 40 | 40 | 0 | 0 | 0 | 0 | 0 | 0 | 5 | 5 |
| 社会学 | 15 | 158 | 25.6 | 1 | 1 118 | 460.82 | 1 | 1 | 0 | 0 | 0 | 0 | 0 | 0 | 0 | 0 | 0 | 72 | 71 | 1 | 0 | 0 | 0 | 0 | 0 | 5 | 0 |
| 民族学与文化学 | 16 | 15 | 5 | 0 | 1 186 | 425.46 | 0 | 0 | 0 | 0 | 0 | 0 | 0 | 0 | 0 | 0 | 0 | 20 | 18 | 2 | 0 | 0 | 0 | 0 | 0 | 0 | 0 |
| 新闻学与传播学 | 17 | 48 | 11 | 0 | 373.9 | 278.38 | 2 | 1 | 0 | 1 | 0 | 0 | 0 | 0 | 0 | 0 | 0 | 85 | 82 | 3 | 0 | 0 | 0 | 0 | 0 | 3 | 0 |
| 图书馆、情报与文献学 | 18 | 34 | 8.5 | 0 | 226 | 198.25 | 2 | 0 | 0 | 2 | 0 | 0 | 0 | 0 | 0 | 0 | 0 | 34 | 34 | 0 | 0 | 0 | 0 | 0 | 0 | 5 | 0 |
| 教育学 | 19 | 1 106 | 201.5 | 0 | 2 828.5 | 2 159.87 | 14 | 6 | 0 | 8 | 0 | 0 | 0 | 0 | 0 | 0 | 2 | 831 | 804 | 27 | 0 | 0 | 0 | 0 | 0 | 2 | 0 |
| 统计学 | 20 | 8 | 1.5 | 0 | 160 | 18.97 | 0 | 0 | 0 | 0 | 0 | 0 | 0 | 0 | 0 | 0 | 0 | 2 | 2 | 0 | 0 | 0 | 0 | 0 | 0 | 0 | 0 |
| 心理学 | 21 | 39 | 8.2 | 0 | 63 | 91.16 | 1 | 1 | 0 | 0 | 0 | 0 | 0 | 0 | 0 | 0 | 0 | 26 | 23 | 3 | 0 | 0 | 0 | 0 | 0 | 1 | 0 |
| 体育科学 | 22 | 61 | 11.2 | 0 | 229.2 | 258.19 | 9 | 4 | 0 | 4 | 0 | 1 | 0 | 0 | 0 | 0 | 0 | 94 | 91 | 3 | 0 | 0 | 0 | 0 | 0 | 1 | 0 |

注:由于篇幅限制,此节不对民办及中外合作办学高等学校人文、社会科学研究与课题成果情况细分说明。

# 八、社科研究、课题与成果(来源情况)

## 1. 全省高等学校人文、社会科学研究与课题成果来源情况表

| | | | 课题来源 | | | | | | | | | | | | | | | |
|---|---|---|---|---|---|---|---|---|---|---|---|---|---|---|---|---|---|---|
| | | | 合计 | 国家社科基金项目 | 国家社科基金单列学科项目 | 教育部人文社科研究项目 | 高校古籍整理研究项目 | 国家自然科学基金项目 | 中央其他部门社科专门项目 | 省、市、自治区社科基金项目 | 省教育厅社科项目 | 地、市、厅、局等政府部门项目 | 国际合作研究项目 | 与港、澳、台地区合作研究项目 | 企事业单位委托项目 | 学校社科项目 | 外资项目 | 其他 |
| | | 编号 | L01 | L02 | L03 | L04 | L05 | L06 | L07 | L08 | L09 | L10 | L11 | L12 | L13 | L14 | L15 | L16 |
| 课题数(项) | | 1 | 42 169 | 2 674 | 232 | 1 724 | 26 | 638 | 800 | 3 144 | 11 127 | 7 488 | 30 | 3 | 7 861 | 6 329 | 7 | 86 |
| 当年投入人数 | 合计(人年) | 2 | 9 104.8 | 939.1 | 97.7 | 529.5 | 6.3 | 194.1 | 180.3 | 780.8 | 2 237.7 | 1 513.1 | 8.1 | 0.3 | 1 454.6 | 1 147.3 | 2.1 | 13.8 |
| | 研究生(人年) | 3 | 950.3 | 147.3 | 14.5 | 73.9 | 0.2 | 49.7 | 22.3 | 124.3 | 74.2 | 143.5 | 2.7 | 0 | 156.2 | 140.5 | 1 | 0 |
| 当年拨入经费 | 合计(千元) | 4 | 1 084 820.45 | 138 476.36 | 8 340.5 | 33 883.05 | 60 | 48 243.22 | 33 618.29 | 47 820.45 | 39 624.11 | 102 950.51 | 2 194.74 | 300 | 561 991.86 | 65 606.29 | 1 498.07 | 213 |
| | 当年立项项目拨入经费(千元) | 5 | 906 422.72 | 119 132.22 | 7 776 | 14 622.7 | 60 | 29 656.05 | 26 556.85 | 32 667.5 | 29 693.07 | 90 095.93 | 490 | 300 | 506 615.45 | 47 548.78 | 1 000.17 | 208 |
| 当年支出经费(千元) | | 6 | 966 169.76 | 123 522.61 | 8 532.45 | 27 214.08 | 173.39 | 46 368.29 | 26 775.07 | 45 021.97 | 36 339.31 | 97 475.23 | 2 005.39 | 323.5 | 476 338.52 | 74 306.18 | 1 431.23 | 342.54 |
| 当年新开课题数(项) | | 7 | 15 514 | 560 | 45 | 325 | 2 | 151 | 190 | 811 | 3 415 | 3 569 | 7 | 3 | 4 282 | 2 118 | 3 | 33 |
| 当年新开课题批准经费(千元) | | 8 | 1 210 127.35 | 141 645 | 11 450 | 32 175.8 | 60 | 58 619.67 | 35 085.2 | 41 238.1 | 42 345.07 | 116 459.07 | 689.89 | 326.9 | 649 728.25 | 77 995.9 | 1 987 | 321.5 |
| 当年完成课题数(项) | | 9 | 13 514 | 336 | 32 | 305 | 7 | 84 | 155 | 721 | 2 751 | 3 340 | 15 | 1 | 3 542 | 2 179 | 4 | 42 |

| | | | | | | | | | | | | | | | | | | | | |
|---|---|---|---|---|---|---|---|---|---|---|---|---|---|---|---|---|---|---|---|---|
| 出版著作(部) | 合计 | | 10 | 1 158 | 255 | 19 | 115 | 3 | 30 | 22 | 134 | 117 | 197 | 1 | 1 | 80 | 155 | 0 | 29 |
| | 专著 | 合计 | 11 | 822 | 216 | 14 | 88 | 1 | 26 | 16 | 104 | 84 | 129 | 1 | 0 | 36 | 95 | 0 | 12 |
| | | 被译成外文 | 12 | 12 | 1 | 0 | 0 | 0 | 2 | 0 | 0 | 1 | 1 | 0 | 0 | 0 | 7 | 0 | 0 |
| | 编著教材 | | 13 | 252 | 25 | 4 | 20 | 2 | 4 | 5 | 19 | 31 | 50 | 0 | 1 | 25 | 50 | 0 | 16 |
| | 工具书/参考书 | | 14 | 16 | 3 | 1 | 4 | 0 | 0 | 0 | 3 | 0 | 2 | 0 | 0 | 3 | 0 | 0 | 0 |
| | 皮书/发展报告 | | 15 | 31 | 5 | 0 | 2 | 0 | 0 | 0 | 4 | 1 | 6 | 0 | 0 | 9 | 3 | 0 | 1 |
| | 科普读物 | | 16 | 37 | 6 | 0 | 1 | 0 | 0 | 1 | 4 | 1 | 10 | 0 | 0 | 7 | 7 | 0 | 0 |
| 古籍整理(部) | | | 17 | 8 | 2 | 0 | 0 | 4 | 0 | 2 | 0 | 0 | 0 | 0 | 0 | 0 | 0 | 0 | 0 |
| 译著(部) | | | 18 | 61 | 3 | 3 | 4 | 1 | 1 | 0 | 4 | 11 | 3 | 0 | 0 | 17 | 6 | 8 | 0 |
| 发表译文(篇) | | | 19 | 6 | 5 | 0 | 0 | 0 | 0 | 0 | 1 | 0 | 0 | 0 | 0 | 0 | 0 | 0 | 0 |
| 电子出版物(件) | | | 20 | 45 | 8 | 0 | 1 | 0 | 0 | 2 | 10 | 2 | 7 | 0 | 0 | 9 | 6 | 0 | 0 |
| 发表论文(篇) | 合计 | | 21 | 21 103 | 2 985 | 265 | 1 273 | 6 | 899 | 258 | 1 855 | 5 409 | 3 600 | 22 | 0 | 1 308 | 3 149 | 16 | 58 |
| | 国内学术刊物 | | 22 | 19 916 | 2 787 | 252 | 1 117 | 6 | 655 | 238 | 1 727 | 5 299 | 3 485 | 11 | 0 | 1 231 | 3 049 | 3 | 56 |
| | 国外学术刊物 | | 23 | 1 183 | 196 | 13 | 156 | 0 | 243 | 20 | 128 | 109 | 115 | 11 | 0 | 77 | 100 | 13 | 2 |
| | 港、澳、台刊物 | | 24 | 4 | 2 | 0 | 0 | 0 | 1 | 0 | 0 | 1 | 0 | 0 | 0 | 0 | 0 | 0 | 0 |
| 研究与咨询报告(篇) | 合计 | | 25 | 2 783 | 74 | 1 | 20 | 0 | 9 | 62 | 124 | 77 | 728 | 4 | 0 | 1 532 | 139 | 4 | 9 |
| | 被采纳数 | | 26 | 1 461 | 60 | 1 | 17 | 0 | 9 | 57 | 62 | 31 | 392 | 4 | 0 | 751 | 73 | 2 | 2 |

## 2. 公办本科高等学校人文、社会科学研究与课题成果来源情况表

| | | | 课题来源 | | | | | | | | | | | | | | | |
|---|---|---|---|---|---|---|---|---|---|---|---|---|---|---|---|---|---|---|
| | | | 合计 | 国家社科基金项目 | 国家社科基金单列学科项目 | 教育部人文社科研究项目 | 高校古籍整理研究项目 | 国家自然科学基金项目 | 中央其他部门社科专门项目 | 省、市、自治区社科基金项目 | 省教育厅社科项目 | 地、市、厅、局等政府部门项目 | 国际合作研究项目 | 与港、澳、台地区合作研究项目 | 企事业单位委托项目 | 学校社科项目 | 外资项目 | 其他 |
| | | 编号 | L01 | L02 | L03 | L04 | L05 | L06 | L07 | L08 | L09 | L10 | L11 | L12 | L13 | L14 | L15 | L16 |
| 课题数(项) | | 1 | 28 351 | 2 659 | 229 | 1 630 | 25 | 629 | 773 | 2 758 | 5 894 | 4 317 | 24 | 3 | 6 162 | 3 219 | 5 | 24 |
| 当年投入人数 | 合计(人年) | 2 | 6 430.6 | 934.1 | 96 | 493.3 | 6.2 | 189.8 | 173.2 | 700.1 | 1 211.2 | 904.1 | 5.9 | 0.3 | 1 083.1 | 627 | 1.4 | 4.9 |
| | 研究生(人年) | 3 | 946.8 | 147.3 | 14.5 | 73.4 | 0.2 | 49.7 | 22.3 | 124.3 | 74.2 | 140.7 | 2.7 | 0 | 156 | 140.5 | 1 | 0 |
| 当年拨入经费 | 合计(千元) | 4 | 995 140.28 | 138 154.36 | 8 333.5 | 32 206.55 | 60 | 47 313.52 | 33 052.79 | 46 256.45 | 24 136.11 | 93 948.49 | 2 194.74 | 300 | 508 762.97 | 58 969.59 | 1 290.71 | 160.5 |
| | 当年立项项目拨入经费(千元) | 5 | 827 734.5 | 118 842.22 | 7 776 | 13 717.7 | 60 | 28 966.35 | 26 001.85 | 31 513.5 | 16 571.87 | 82 376.73 | 490 | 300 | 458 192.8 | 41 957.98 | 809 | 158.5 |
| 当年支出经费(千元) | | 6 | 884 548.39 | 123 018.2 | 8 270.85 | 25 688.66 | 173.39 | 45 792.73 | 26 490.29 | 43 486.57 | 22 233.06 | 88 166.96 | 2 001.09 | 323.5 | 428 031.81 | 69 294.25 | 1 359.63 | 217.4 |
| 当年新开课题数(项) | | 7 | 9 647 | 558 | 45 | 303 | 2 | 146 | 185 | 706 | 1 641 | 1 830 | 4 | 3 | 3 268 | 938 | 2 | 16 |
| 当年新开课题批准经费(千元) | | 8 | 1 118 090.94 | 141 095 | 11 450 | 30 385.8 | 60 | 57 465.97 | 34 385.2 | 39 727.1 | 26 041.67 | 107 054.47 | 627.09 | 326.9 | 595 830.18 | 71 661.7 | 1 744.86 | 235 |
| 当年完成课题数(项) | | 9 | 8 758 | 334 | 32 | 289 | 6 | 83 | 147 | 578 | 1 450 | 1 844 | 12 | 1 | 2 642 | 1 328 | 3 | 9 |

| | | | | | | | | | | | | | | | | | | | |
|---|---|---|---|---|---|---|---|---|---|---|---|---|---|---|---|---|---|---|---|
| 出版著作(部) | 合计 | | 10 | 949 | 255 | 19 | 108 | 3 | 30 | 18 | 117 | 73 | 125 | 1 | 1 | 58 | 114 | 0 | 27 |
| | 专著 | 合计 | 11 | 716 | 216 | 14 | 83 | 1 | 26 | 15 | 93 | 56 | 87 | 1 | 0 | 33 | 79 | 0 | 12 |
| | | 被译成外文 | 12 | 12 | 1 | 0 | 0 | 0 | 2 | 0 | 0 | 1 | 1 | 0 | 0 | 0 | 7 | 0 | 0 |
| | 编著教材 | | 13 | 166 | 25 | 4 | 18 | 2 | 4 | 2 | 16 | 15 | 22 | 0 | 1 | 15 | 27 | 0 | 15 |
| | 工具书/参考书 | | 14 | 15 | 3 | 1 | 4 | 0 | 0 | 0 | 3 | 0 | 2 | 0 | 0 | 2 | 0 | 0 | 0 |
| | 皮书/发展报告 | | 15 | 16 | 5 | 0 | 2 | 0 | 0 | 0 | 1 | 1 | 4 | 0 | 0 | 2 | 1 | 0 | 0 |
| | 科普读物 | | 16 | 36 | 6 | 0 | 1 | 0 | 0 | 1 | 4 | 1 | 10 | 0 | 0 | 6 | 7 | 0 | 0 |
| 古籍整理(部) | | | 17 | 8 | 2 | 0 | 0 | 4 | 0 | 2 | 0 | 0 | 0 | 0 | 0 | 0 | 0 | 0 | 0 |
| 译著(部) | | | 18 | 47 | 3 | 3 | 4 | 1 | 1 | 0 | 4 | 8 | 2 | 0 | 0 | 16 | 5 | 0 | 0 |
| 发表译文(篇) | | | 19 | 6 | 5 | 0 | 0 | 0 | 0 | 0 | 1 | 0 | 0 | 0 | 0 | 0 | 0 | 0 | 0 |
| 电子出版物(件) | | | 20 | 44 | 8 | 0 | 1 | 0 | 0 | 2 | 10 | 1 | 7 | 0 | 0 | 9 | 6 | 0 | 0 |
| 发表论文(篇) | 合计 | | 21 | 13 404 | 2 962 | 263 | 1 189 | 6 | 887 | 245 | 1 566 | 2 125 | 1 753 | 20 | 0 | 973 | 1 387 | 5 | 23 |
| | 国内学术刊物 | | 22 | 12 307 | 2 766 | 250 | 1 040 | 6 | 643 | 225 | 1 444 | 2 048 | 1 646 | 9 | 0 | 910 | 1 299 | 0 | 21 |
| | 国外学术刊物 | | 23 | 1 093 | 194 | 13 | 149 | 0 | 243 | 20 | 122 | 76 | 107 | 11 | 0 | 63 | 88 | 5 | 2 |
| | 港、澳、台刊物 | | 24 | 4 | 2 | 0 | 0 | 0 | 1 | 0 | 0 | 1 | 0 | 0 | 0 | 0 | 0 | 0 | 0 |
| 研究与咨询报告(篇) | 合计 | | 25 | 1 737 | 74 | 1 | 16 | 0 | 9 | 61 | 89 | 33 | 402 | 4 | 0 | 909 | 126 | 4 | 9 |
| | 被采纳数 | | 26 | 1 027 | 60 | 1 | 16 | 0 | 9 | 57 | 59 | 23 | 262 | 4 | 0 | 461 | 71 | 2 | 2 |

## 2.1 南京大学人文、社会科学研究与课题成果来源情况表

| | | | 课题来源 | | | | | | | | | | | | | | | |
|---|---|---|---|---|---|---|---|---|---|---|---|---|---|---|---|---|---|---|
| | | | 合计 | 国家社科基金项目 | 国家社科基金单列学科项目 | 教育部人文社科研究项目 | 高校古籍整理研究项目 | 国家自然科学基金项目 | 中央其他部门社科专门项目 | 省、市、自治区社科基金项目 | 省教育厅社科项目 | 地、市、厅、局等政府部门项目 | 国际合作研究项目 | 与港、澳、台地区合作研究项目 | 企事业单位委托项目 | 学校社科项目 | 外资项目 | 其他 |
| | | 编号 | L01 | L02 | L03 | L04 | L05 | L06 | L07 | L08 | L09 | L10 | L11 | L12 | L13 | L14 | L15 | L16 |
| 课题数(项) | | 1 | 1 424 | 377 | 21 | 128 | 2 | 146 | 12 | 198 | 31 | 55 | 1 | 0 | 324 | 129 | 0 | 0 |
| 当年投入人数 | 合计(人年) | 2 | 316 | 85.3 | 4.2 | 27.5 | 0.2 | 62 | 3.4 | 49.8 | 3.2 | 7.2 | 0.1 | 0 | 39.4 | 33.7 | 0 | 0 |
| | 研究生(人年) | 3 | 39.4 | 0.6 | 0.4 | 0 | 0 | 15.8 | 0.2 | 1.8 | 0 | 1.5 | 0 | 0 | 12.6 | 6.5 | 0 | 0 |
| 当年拨入经费 | 合计(千元) | 4 | 116 956.49 | 31 027.71 | 540 | 5 353 | 0 | 12 372.78 | 694 | 4 240 | 160 | 1 859 | 0 | 0 | 44 356 | 16 354 | 0 | 0 |
| | 当年立项项目拨入经费(千元) | 5 | 72 280.81 | 22 450 | 540 | 1 540 | 0 | 7 030 | 569 | 1 672 | 160 | 1 580 | 0 | 0 | 35 779.81 | 960 | 0 | 0 |
| 当年支出经费(千元) | | 6 | 65 615.86 | 18 052.42 | 728.37 | 886 | 4.49 | 7 234.75 | 434.38 | 2 590.72 | 160.03 | 1 329.21 | 0 | 0 | 17 841.49 | 16 354 | 0 | 0 |
| 当年新开课题数(项) | | 7 | 521 | 67 | 3 | 20 | 0 | 49 | 7 | 30 | 4 | 35 | 1 | 0 | 243 | 62 | 0 | 0 |
| 当年新开课题批准经费(千元) | | 8 | 110 939.19 | 25 050 | 1 800 | 3 080 | 0 | 17 635 | 860 | 2 100 | 400 | 1 902 | 127.09 | 0 | 54 025.1 | 3 960 | 0 | 0 |
| 当年完成课题数(项) | | 9 | 444 | 52 | 2 | 5 | 0 | 24 | 2 | 40 | 6 | 18 | 0 | 0 | 204 | 91 | 0 | 0 |

| | | | | | | | | | | | | | | | | | | | |
|---|---|---|---|---|---|---|---|---|---|---|---|---|---|---|---|---|---|---|---|
| 出版著作（部） | 合计 | | 10 | 4 | 2 | 0 | 0 | 0 | 0 | 0 | 0 | 0 | 1 | 0 | 0 | 1 | 0 | 0 | 0 |
| | 专著 | 合计 | 11 | 4 | 2 | 0 | 0 | 0 | 0 | 0 | 0 | 0 | 1 | 0 | 0 | 1 | 0 | 0 | 0 |
| | | 被译成外文 | 12 | 0 | 0 | 0 | 0 | 0 | 0 | 0 | 0 | 0 | 0 | 0 | 0 | 0 | 0 | 0 | 0 |
| | 编著教材 | | 13 | 0 | 0 | 0 | 0 | 0 | 0 | 0 | 0 | 0 | 0 | 0 | 0 | 0 | 0 | 0 | 0 |
| | 工具书/参考书 | | 14 | 0 | 0 | 0 | 0 | 0 | 0 | 0 | 0 | 0 | 0 | 0 | 0 | 0 | 0 | 0 | 0 |
| | 皮书/发展报告 | | 15 | 0 | 0 | 0 | 0 | 0 | 0 | 0 | 0 | 0 | 0 | 0 | 0 | 0 | 0 | 0 | 0 |
| | 科普读物 | | 16 | 0 | 0 | 0 | 0 | 0 | 0 | 0 | 0 | 0 | 0 | 0 | 0 | 0 | 0 | 0 | 0 |
| 古籍整理（部） | | | 17 | 0 | 0 | 0 | 0 | 0 | 0 | 0 | 0 | 0 | 0 | 0 | 0 | 0 | 0 | 0 | 0 |
| 译著（部） | | | 18 | 0 | 0 | 0 | 0 | 0 | 0 | 0 | 0 | 0 | 0 | 0 | 0 | 0 | 0 | 0 | 0 |
| 发表译文（篇） | | | 19 | 0 | 0 | 0 | 0 | 0 | 0 | 0 | 0 | 0 | 0 | 0 | 0 | 0 | 0 | 0 | 0 |
| 电子出版物（件） | | | 20 | 0 | 0 | 0 | 0 | 0 | 0 | 0 | 0 | 0 | 0 | 0 | 0 | 0 | 0 | 0 | 0 |
| 发表论文（篇） | 合计 | | 21 | 338 | 71 | 2 | 18 | 0 | 10 | 5 | 36 | 41 | 63 | 0 | 0 | 75 | 17 | 0 | 0 |
| | 国内学术刊物 | | 22 | 337 | 70 | 2 | 18 | 0 | 10 | 5 | 36 | 41 | 63 | 0 | 0 | 75 | 17 | 0 | 0 |
| | 国外学术刊物 | | 23 | 1 | 1 | 0 | 0 | 0 | 0 | 0 | 0 | 0 | 0 | 0 | 0 | 0 | 0 | 0 | 0 |
| | 港、澳、台刊物 | | 24 | 0 | 0 | 0 | 0 | 0 | 0 | 0 | 0 | 0 | 0 | 0 | 0 | 0 | 0 | 0 | 0 |
| 研究与咨询报告（篇） | 合计 | | 25 | 3 | 0 | 0 | 0 | 0 | 0 | 0 | 0 | 2 | 1 | 0 | 0 | 0 | 0 | 0 | 0 |
| | 被采纳数 | | 26 | 0 | 0 | 0 | 0 | 0 | 0 | 0 | 0 | 0 | 0 | 0 | 0 | 0 | 0 | 0 | 0 |

## 2.2 东南大学人文、社会科学研究与课题成果来源情况表

| | | | 课题来源 | | | | | | | | | | | | | | | |
|---|---|---|---|---|---|---|---|---|---|---|---|---|---|---|---|---|---|---|
| | | | 合计 | 国家社科基金项目 | 国家社科基金单列学科项目 | 教育部人文社科研究项目 | 高校古籍整理研究项目 | 国家自然科学基金项目 | 中央其他部门社科专门项目 | 省、市、自治区社科基金项目 | 省教育厅社科项目 | 地、市、厅、局等政府部门项目 | 国际合作研究项目 | 与港、澳、台地区合作研究项目 | 企事业单位委托项目 | 学校社科项目 | 外资项目 | 其他 |
| | | 编号 | L01 | L02 | L03 | L04 | L05 | L06 | L07 | L08 | L09 | L10 | L11 | L12 | L13 | L14 | L15 | L16 |
| 课题数(项) | | 1 | 1 036 | 180 | 18 | 59 | 0 | 0 | 39 | 136 | 68 | 117 | 2 | 0 | 77 | 338 | 0 | 2 |
| 当年投入人数 | 合计(人年) | 2 | 162.8 | 39.9 | 4.1 | 15.4 | 0 | 0 | 4 | 23.8 | 14.9 | 13.4 | 0.8 | 0 | 7.7 | 38.6 | 0 | 0.2 |
| | 研究生(人年) | 3 | 0 | 0 | 0 | 0 | 0 | 0 | 0 | 0 | 0 | 0 | 0 | 0 | 0 | 0 | 0 | 0 |
| 当年拨入经费 | 合计(千元) | 4 | 31 439.66 | 9 028 | 7.5 | 815 | 0 | 0 | 549 | 8 036.55 | 1 878 | 4 194.94 | 17.6 | 0 | 6 798.07 | 15 | 0 | 100 |
| | 当年立项项目拨入经费(千元) | 5 | 15 594.61 | 5 900 | 0 | 585 | 0 | 0 | 300 | 787 | 370 | 2 038.34 | 0 | 0 | 55 14.27 | 0 | 0 | 100 |
| 当年支出经费(千元) | | 6 | 29 807.8 | 8 278.75 | 176.1 | 816 | 0 | 0 | 651.84 | 7 726.6 | 1 790.46 | 3 882.39 | 17.6 | 0 | 6 293.34 | 15 | 0 | 159.72 |
| 当年新开课题数(项) | | 7 | 313 | 32 | 1 | 14 | 0 | 0 | 5 | 24 | 10 | 59 | 0 | 0 | 60 | 107 | 0 | 1 |
| 当年新开课题批准经费(千元) | | 8 | 37 578.39 | 8 860 | 0 | 1 280 | 0 | 0 | 965 | 1 210 | 920 | 4 227.5 | 0 | 0 | 14 805.89 | 5 210 | 0 | 100 |
| 当年完成课题数(项) | | 9 | 290 | 21 | 1 | 10 | 0 | 0 | 2 | 13 | 10 | 28 | 2 | 0 | 13 | 189 | 0 | 1 |

| | | | | | | | | | | | | | | | | | | | |
|---|---|---|---|---|---|---|---|---|---|---|---|---|---|---|---|---|---|---|---|
| 出版著作(部) | 合计 | | 10 | 4 | 2 | 0 | 0 | 0 | 0 | 0 | 0 | 0 | 1 | 0 | 0 | 1 | 0 | 0 | 0 |
| | 专著 | 合计 | 11 | 4 | 2 | 0 | 0 | 0 | 0 | 0 | 0 | 0 | 1 | 0 | 0 | 1 | 0 | 0 | 0 |
| | | 被译成外文 | 12 | 0 | 0 | 0 | 0 | 0 | 0 | 0 | 0 | 0 | 0 | 0 | 0 | 0 | 0 | 0 | 0 |
| | 编著教材 | | 13 | 0 | 0 | 0 | 0 | 0 | 0 | 0 | 0 | 0 | 0 | 0 | 0 | 0 | 0 | 0 | 0 |
| | 工具书/参考书 | | 14 | 0 | 0 | 0 | 0 | 0 | 0 | 0 | 0 | 0 | 0 | 0 | 0 | 0 | 0 | 0 | 0 |
| | 皮书/发展报告 | | 15 | 0 | 0 | 0 | 0 | 0 | 0 | 0 | 0 | 0 | 0 | 0 | 0 | 0 | 0 | 0 | 0 |
| | 科普读物 | | 16 | 0 | 0 | 0 | 0 | 0 | 0 | 0 | 0 | 0 | 0 | 0 | 0 | 0 | 0 | 0 | 0 |
| 古籍整理(部) | | | 17 | 0 | 0 | 0 | 0 | 0 | 0 | 0 | 0 | 0 | 0 | 0 | 0 | 0 | 0 | 0 | 0 |
| 译著(部) | | | 18 | 0 | 0 | 0 | 0 | 0 | 0 | 0 | 0 | 0 | 0 | 0 | 0 | 0 | 0 | 0 | 0 |
| 发表译文(篇) | | | 19 | 0 | 0 | 0 | 0 | 0 | 0 | 0 | 0 | 0 | 0 | 0 | 0 | 0 | 0 | 0 | 0 |
| 电子出版物(件) | | | 20 | 0 | 0 | 0 | 0 | 0 | 0 | 0 | 0 | 0 | 0 | 0 | 0 | 0 | 0 | 0 | 0 |
| 发表论文(篇) | 合计 | | 21 | 338 | 71 | 2 | 18 | 0 | 10 | 5 | 36 | 41 | 63 | 0 | 0 | 75 | 17 | 0 | 0 |
| | 国内学术刊物 | | 22 | 337 | 70 | 2 | 18 | 0 | 10 | 5 | 36 | 41 | 63 | 0 | 0 | 75 | 17 | 0 | 0 |
| | 国外学术刊物 | | 23 | 1 | 1 | 0 | 0 | 0 | 0 | 0 | 0 | 0 | 0 | 0 | 0 | 0 | 0 | 0 | 0 |
| | 港、澳、台刊物 | | 24 | 0 | 0 | 0 | 0 | 0 | 0 | 0 | 0 | 0 | 0 | 0 | 0 | 0 | 0 | 0 | 0 |
| 研究与咨询报告(篇) | 合计 | | 25 | 3 | 0 | 0 | 0 | 0 | 0 | 0 | 0 | 2 | 1 | 0 | 0 | 0 | 0 | 0 | 0 |
| | 被采纳数 | | 26 | 0 | 0 | 0 | 0 | 0 | 0 | 0 | 0 | 0 | 0 | 0 | 0 | 0 | 0 | 0 | 0 |

## 2.3 江南大学人文、社会科学研究与课题成果来源情况表

| | | | 课题来源 | | | | | | | | | | | | | | | |
|---|---|---|---|---|---|---|---|---|---|---|---|---|---|---|---|---|---|---|
| | | | 合计 | 国家社科基金项目 | 国家社科基金单列学科项目 | 教育部人文社科研究项目 | 高校古籍整理研究项目 | 国家自然科学基金项目 | 中央其他部门社科专门项目 | 省、市、自治区社科基金项目 | 省教育厅社科项目 | 地、市、厅、局等政府部门项目 | 国际合作研究项目 | 与港、澳、台地区合作研究项目 | 企事业单位委托项目 | 学校社科项目 | 外资项目 | 其他 |
| | | 编号 | L01 | L02 | L03 | L04 | L05 | L06 | L07 | L08 | L09 | L10 | L11 | L12 | L13 | L14 | L15 | L16 |
| 课题数(项) | | 1 | 570 | 33 | 8 | 77 | 0 | 13 | 13 | 57 | 94 | 135 | 0 | 0 | 98 | 42 | 0 | 0 |
| 当年投入人数 | 合计(人年) | 2 | 448.1 | 41.1 | 11.2 | 53.1 | 0 | 12.8 | 10.8 | 70.3 | 38.7 | 100.8 | 0 | 0 | 71.3 | 38 | 0 | 0 |
| | 研究生(人年) | 3 | 289.8 | 35.8 | 7.6 | 28 | 0 | 5 | 2.3 | 60.7 | 26.3 | 51 | 0 | 0 | 36.4 | 36.7 | 0 | 0 |
| 当年拨入经费 | 合计(千元) | 4 | 31 691 | 3 285 | 0 | 1 270 | 0 | 1 560 | 450 | 2 996 | 0 | 890 | 0 | 0 | 20 000 | 1 240 | 0 | 0 |
| | 当年立项项目拨入经费(千元) | 5 | 31 691 | 3 285 | 0 | 1 270 | 0 | 1 560 | 450 | 2 996 | 0 | 890 | 0 | 0 | 20 000 | 1 240 | 0 | 0 |
| 当年支出经费(千元) | | 6 | 32 342 | 3 220 | 130 | 1 216 | 0 | 1 380 | 390 | 2 820 | 2 | 915 | 0 | 0 | 21 033 | 1 236 | 0 | 0 |
| 当年新开课题数(项) | | 7 | 232 | 14 | 1 | 20 | 0 | 7 | 2 | 38 | 42 | 52 | 0 | 0 | 20 | 36 | 0 | 0 |
| 当年新开课题批准经费(千元) | | 8 | 34 818 | 3 650 | 200 | 2 320 | 0 | 2 160 | 500 | 3 440 | 0 | 1 008 | 0 | 0 | 20 000 | 1 540 | 0 | 0 |
| 当年完成课题数(项) | | 9 | 173 | 6 | 5 | 21 | 0 | 5 | 1 | 16 | 36 | 45 | 0 | 0 | 31 | 7 | 0 | 0 |

| | | | | | | | | | | | | | | | | | | |
|---|---|---|---|---|---|---|---|---|---|---|---|---|---|---|---|---|---|---|
| 出版著作(部) | 合计 | | 10 | 4 | 2 | 0 | 0 | 0 | 0 | 0 | 0 | 0 | 1 | 0 | 0 | 1 | 0 | 0 | 0 |
| | 专著 | 合计 | 11 | 4 | 2 | 0 | 0 | 0 | 0 | 0 | 0 | 0 | 1 | 0 | 0 | 1 | 0 | 0 | 0 |
| | | 被译成外文 | 12 | 0 | 0 | 0 | 0 | 0 | 0 | 0 | 0 | 0 | 0 | 0 | 0 | 0 | 0 | 0 | 0 |
| | 编著教材 | | 13 | 0 | 0 | 0 | 0 | 0 | 0 | 0 | 0 | 0 | 0 | 0 | 0 | 0 | 0 | 0 | 0 |
| | 工具书/参考书 | | 14 | 0 | 0 | 0 | 0 | 0 | 0 | 0 | 0 | 0 | 0 | 0 | 0 | 0 | 0 | 0 | 0 |
| | 皮书/发展报告 | | 15 | 0 | 0 | 0 | 0 | 0 | 0 | 0 | 0 | 0 | 0 | 0 | 0 | 0 | 0 | 0 | 0 |
| | 科普读物 | | 16 | 0 | 0 | 0 | 0 | 0 | 0 | 0 | 0 | 0 | 0 | 0 | 0 | 0 | 0 | 0 | 0 |
| 古籍整理(部) | | | 17 | 0 | 0 | 0 | 0 | 0 | 0 | 0 | 0 | 0 | 0 | 0 | 0 | 0 | 0 | 0 | 0 |
| 译著(部) | | | 18 | 0 | 0 | 0 | 0 | 0 | 0 | 0 | 0 | 0 | 0 | 0 | 0 | 0 | 0 | 0 | 0 |
| 发表译文(篇) | | | 19 | 0 | 0 | 0 | 0 | 0 | 0 | 0 | 0 | 0 | 0 | 0 | 0 | 0 | 0 | 0 | 0 |
| 电子出版物(件) | | | 20 | 0 | 0 | 0 | 0 | 0 | 0 | 0 | 0 | 0 | 0 | 0 | 0 | 0 | 0 | 0 | 0 |
| 发表论文(篇) | 合计 | | 21 | 338 | 71 | 2 | 18 | 0 | 10 | 5 | 36 | 41 | 63 | 0 | 0 | 75 | 17 | 0 | 0 |
| | 国内学术刊物 | | 22 | 337 | 70 | 2 | 18 | 0 | 10 | 5 | 36 | 41 | 63 | 0 | 0 | 75 | 17 | 0 | 0 |
| | 国外学术刊物 | | 23 | 1 | 1 | 0 | 0 | 0 | 0 | 0 | 0 | 0 | 0 | 0 | 0 | 0 | 0 | 0 | 0 |
| | 港、澳、台刊物 | | 24 | 0 | 0 | 0 | 0 | 0 | 0 | 0 | 0 | 0 | 0 | 0 | 0 | 0 | 0 | 0 | 0 |
| 研究与咨询报告(篇) | 合计 | | 25 | 3 | 0 | 0 | 0 | 0 | 0 | 0 | 0 | 2 | 1 | 0 | 0 | 0 | 0 | 0 | 0 |
| | 被采纳数 | | 26 | 0 | 0 | 0 | 0 | 0 | 0 | 0 | 0 | 0 | 0 | 0 | 0 | 0 | 0 | 0 | 0 |

## 2.4 南京农业大学人文、社会科学研究与课题成果来源情况表

| | | | 课题来源 | | | | | | | | | | | | | | | |
|---|---|---|---|---|---|---|---|---|---|---|---|---|---|---|---|---|---|---|
| | | | 合计 | 国家社科基金项目 | 国家社科基金单列学科项目 | 教育部人文社科研究项目 | 高校古籍整理研究项目 | 国家自然科学基金项目 | 中央其他部门社科专门项目 | 省、市、自治区社科基金项目 | 省教育厅社科项目 | 地、市、厅、局等政府部门项目 | 国际合作研究项目 | 与港、澳、台地区合作研究项目 | 企事业单位委托项目 | 学校社科项目 | 外资项目 | 其他 |
| | | 编号 | L01 | L02 | L03 | L04 | L05 | L06 | L07 | L08 | L09 | L10 | L11 | L12 | L13 | L14 | L15 | L16 |
| 课题数(项) | | 1 | 1 684 | 73 | 0 | 62 | 0 | 92 | 132 | 55 | 101 | 332 | 1 | 0 | 361 | 475 | 0 | 0 |
| 当年投入人数 | 合计(人年) | 2 | 267.8 | 24.5 | 0 | 8.2 | 0 | 25.6 | 20 | 7.8 | 12.4 | 42.5 | 0.1 | 0 | 49 | 77.7 | 0 | 0 |
| | 研究生(人年) | 3 | 79.9 | 12.1 | 0 | 1.4 | 0 | 14.4 | 4.9 | 0.7 | 1 | 8.7 | 0 | 0 | 11.8 | 24.9 | 0 | 0 |
| 当年拨入经费 | 合计(千元) | 4 | 38 183.65 | 6 180 | 0 | 674 | 0 | 6 947.6 | 7 814.45 | 590 | 387 | 9 797.8 | 0 | 0 | 5 792.8 | 0 | 0 | 0 |
| | 当年立项项目拨入经费(千元) | 5 | 24 521.45 | 4 530 | 0 | 220 | 0 | 5 679 | 3 844.75 | 490 | 100 | 6 427 | 0 | 0 | 3 230.7 | 0 | 0 | 0 |
| 当年支出经费(千元) | | 6 | 38 030.87 | 5 063.59 | 0 | 904.47 | 0 | 6 964.7 | 8 659.4 | 566.6 | 547.84 | 8 772.94 | 5.87 | 0 | 6 545.46 | 0 | 0 | 0 |
| 当年新开课题数(项) | | 7 | 391 | 17 | 0 | 7 | 0 | 19 | 30 | 13 | 26 | 89 | 0 | 0 | 70 | 120 | 0 | 0 |
| 当年新开课题批准经费(千元) | | 8 | 52 954.25 | 5 300 | 0 | 600 | 0 | 10 720 | 7 652.1 | 620 | 330 | 16 355 | 0 | 0 | 6 440.15 | 4 937 | 0 | 0 |
| 当年完成课题数(项) | | 9 | 339 | 10 | 0 | 20 | 0 | 0 | 1 | 8 | 15 | 13 | 0 | 0 | 40 | 232 | 0 | 0 |

| | | | | | | | | | | | | | | | | | | |
|---|---|---|---|---|---|---|---|---|---|---|---|---|---|---|---|---|---|---|
| 出版著作(部) | 合计 | | 10 | 4 | 2 | 0 | 0 | 0 | 0 | 0 | 0 | 0 | 1 | 0 | 0 | 1 | 0 | 0 | 0 |
| | 专著 | 合计 | 11 | 4 | 2 | 0 | 0 | 0 | 0 | 0 | 0 | 0 | 1 | 0 | 0 | 1 | 0 | 0 | 0 |
| | | 被译成外文 | 12 | 0 | 0 | 0 | 0 | 0 | 0 | 0 | 0 | 0 | 0 | 0 | 0 | 0 | 0 | 0 | 0 |
| | 编著教材 | | 13 | 0 | 0 | 0 | 0 | 0 | 0 | 0 | 0 | 0 | 0 | 0 | 0 | 0 | 0 | 0 | 0 |
| | 工具书/参考书 | | 14 | 0 | 0 | 0 | 0 | 0 | 0 | 0 | 0 | 0 | 0 | 0 | 0 | 0 | 0 | 0 | 0 |
| | 皮书/发展报告 | | 15 | 0 | 0 | 0 | 0 | 0 | 0 | 0 | 0 | 0 | 0 | 0 | 0 | 0 | 0 | 0 | 0 |
| | 科普读物 | | 16 | 0 | 0 | 0 | 0 | 0 | 0 | 0 | 0 | 0 | 0 | 0 | 0 | 0 | 0 | 0 | 0 |
| 古籍整理(部) | | | 17 | 0 | 0 | 0 | 0 | 0 | 0 | 0 | 0 | 0 | 0 | 0 | 0 | 0 | 0 | 0 | 0 |
| 译著(部) | | | 18 | 0 | 0 | 0 | 0 | 0 | 0 | 0 | 0 | 0 | 0 | 0 | 0 | 0 | 0 | 0 | 0 |
| 发表译文(篇) | | | 19 | 0 | 0 | 0 | 0 | 0 | 0 | 0 | 0 | 0 | 0 | 0 | 0 | 0 | 0 | 0 | 0 |
| 电子出版物(件) | | | 20 | 0 | 0 | 0 | 0 | 0 | 0 | 0 | 0 | 0 | 0 | 0 | 0 | 0 | 0 | 0 | 0 |
| 发表论文(篇) | 合计 | | 21 | 338 | 71 | 2 | 18 | 0 | 10 | 5 | 36 | 41 | 63 | 0 | 0 | 75 | 17 | 0 | 0 |
| | 国内学术刊物 | | 22 | 337 | 70 | 2 | 18 | 0 | 10 | 5 | 36 | 41 | 63 | 0 | 0 | 75 | 17 | 0 | 0 |
| | 国外学术刊物 | | 23 | 1 | 1 | 0 | 0 | 0 | 0 | 0 | 0 | 0 | 0 | 0 | 0 | 0 | 0 | 0 | 0 |
| | 港、澳、台刊物 | | 24 | 0 | 0 | 0 | 0 | 0 | 0 | 0 | 0 | 0 | 0 | 0 | 0 | 0 | 0 | 0 | 0 |
| 研究与咨询报告(篇) | 合计 | | 25 | 3 | 0 | 0 | 0 | 0 | 0 | 0 | 0 | 2 | 1 | 0 | 0 | 0 | 0 | 0 | 0 |
| | 被采纳数 | | 26 | 0 | 0 | 0 | 0 | 0 | 0 | 0 | 0 | 0 | 0 | 0 | 0 | 0 | 0 | 0 | 0 |

## 2.5 中国矿业大学人文、社会科学研究与课题成果来源情况表

| | | | 课题来源 | | | | | | | | | | | | | | | |
|---|---|---|---|---|---|---|---|---|---|---|---|---|---|---|---|---|---|---|
| | | | 合计 | 国家社科基金项目 | 国家社科基金单列学科项目 | 教育部人文社科研究项目 | 高校古籍整理研究项目 | 国家自然科学基金项目 | 中央其他部门社科专门项目 | 省、市、自治区社科基金项目 | 省教育厅社科项目 | 地、市、厅、局等政府部门项目 | 国际合作研究项目 | 与港、澳、台地区合作研究项目 | 企事业单位委托项目 | 学校社科项目 | 外资项目 | 其他 |
| | | 编号 | L01 | L02 | L03 | L04 | L05 | L06 | L07 | L08 | L09 | L10 | L11 | L12 | L13 | L14 | L15 | L16 |
| 课题数(项) | | 1 | 782 | 66 | 0 | 62 | 0 | 46 | 24 | 63 | 79 | 157 | 0 | 0 | 180 | 105 | 0 | 0 |
| 当年投入人数 | 合计(人年) | 2 | 184.6 | 16.8 | 0 | 19.9 | 0 | 8.6 | 3.9 | 16.5 | 18.3 | 34.2 | 0 | 0 | 41.9 | 24.5 | 0 | 0 |
| | 研究生(人年) | 3 | 19.6 | 1 | 0 | 2.5 | 0 | 0.7 | 0.4 | 2.1 | 0.3 | 3.3 | 0 | 0 | 6.5 | 2.8 | 0 | 0 |
| 当年拨入经费 | 合计(千元) | 4 | 18 801.19 | 3 778.12 | 0 | 691 | 0 | 1 845.3 | 1 049 | 700 | 904 | 741.5 | 0 | 0 | 9 092.27 | 0 | 0 | 0 |
| | 当年立项项目拨入经费(千元) | 5 | 12 673.56 | 3 450 | 0 | 170 | 0 | 1 508 | 604 | 548 | 300 | 345 | 0 | 0 | 5 748.56 | 0 | 0 | 0 |
| 当年支出经费(千元) | | 6 | 9 528.64 | 1 511.53 | 5.4 | 0 | 0 | 1 698.75 | 503.32 | 390.08 | 342.35 | 521.91 | 0 | 0 | 4 555.3 | 0 | 0 | 0 |
| 当年新开课题数(项) | | 7 | 247 | 18 | 0 | 5 | 0 | 7 | 4 | 18 | 25 | 52 | 0 | 0 | 79 | 39 | 0 | 0 |
| 当年新开课题批准经费(千元) | | 8 | 29 052.08 | 3 850 | 0 | 300 | 0 | 2 920 | 1 230 | 850 | 1 500 | 1 125 | 0 | 0 | 12 577.08 | 4 700 | 0 | 0 |
| 当年完成课题数(项) | | 9 | 208 | 9 | 0 | 11 | 0 | 10 | 10 | 8 | 20 | 32 | 0 | 0 | 72 | 36 | 0 | 0 |

| | | | | | | | | | | | | | | | | | | | |
|---|---|---|---|---|---|---|---|---|---|---|---|---|---|---|---|---|---|---|---|
| 出版著作(部) | 合计 | | 10 | 4 | 2 | 0 | 0 | 0 | 0 | 0 | 0 | 0 | 1 | 0 | 0 | 1 | 0 | 0 | 0 |
| | 专著 | 合计 | 11 | 4 | 2 | 0 | 0 | 0 | 0 | 0 | 0 | 0 | 1 | 0 | 0 | 1 | 0 | 0 | 0 |
| | | 被译成外文 | 12 | 0 | 0 | 0 | 0 | 0 | 0 | 0 | 0 | 0 | 0 | 0 | 0 | 0 | 0 | 0 | 0 |
| | 编著教材 | | 13 | 0 | 0 | 0 | 0 | 0 | 0 | 0 | 0 | 0 | 0 | 0 | 0 | 0 | 0 | 0 | 0 |
| | 工具书/参考书 | | 14 | 0 | 0 | 0 | 0 | 0 | 0 | 0 | 0 | 0 | 0 | 0 | 0 | 0 | 0 | 0 | 0 |
| | 皮书/发展报告 | | 15 | 0 | 0 | 0 | 0 | 0 | 0 | 0 | 0 | 0 | 0 | 0 | 0 | 0 | 0 | 0 | 0 |
| | 科普读物 | | 16 | 0 | 0 | 0 | 0 | 0 | 0 | 0 | 0 | 0 | 0 | 0 | 0 | 0 | 0 | 0 | 0 |
| 古籍整理(部) | | | 17 | 0 | 0 | 0 | 0 | 0 | 0 | 0 | 0 | 0 | 0 | 0 | 0 | 0 | 0 | 0 | 0 |
| 译著(部) | | | 18 | 0 | 0 | 0 | 0 | 0 | 0 | 0 | 0 | 0 | 0 | 0 | 0 | 0 | 0 | 0 | 0 |
| 发表译文(篇) | | | 19 | 0 | 0 | 0 | 0 | 0 | 0 | 0 | 0 | 0 | 0 | 0 | 0 | 0 | 0 | 0 | 0 |
| 电子出版物(件) | | | 20 | 0 | 0 | 0 | 0 | 0 | 0 | 0 | 0 | 0 | 0 | 0 | 0 | 0 | 0 | 0 | 0 |
| 发表论文(篇) | 合计 | | 21 | 338 | 71 | 2 | 18 | 0 | 10 | 5 | 36 | 41 | 63 | 0 | 0 | 75 | 17 | 0 | 0 |
| | 国内学术刊物 | | 22 | 337 | 70 | 2 | 18 | 0 | 10 | 5 | 36 | 41 | 63 | 0 | 0 | 75 | 17 | 0 | 0 |
| | 国外学术刊物 | | 23 | 1 | 1 | 0 | 0 | 0 | 0 | 0 | 0 | 0 | 0 | 0 | 0 | 0 | 0 | 0 | 0 |
| | 港、澳、台刊物 | | 24 | 0 | 0 | 0 | 0 | 0 | 0 | 0 | 0 | 0 | 0 | 0 | 0 | 0 | 0 | 0 | 0 |
| 研究与咨询报告(篇) | 合计 | | 25 | 3 | 0 | 0 | 0 | 0 | 0 | 0 | 0 | 2 | 1 | 0 | 0 | 0 | 0 | 0 | 0 |
| | 被采纳数 | | 26 | 0 | 0 | 0 | 0 | 0 | 0 | 0 | 0 | 0 | 0 | 0 | 0 | 0 | 0 | 0 | 0 |

## 2.6 河海大学人文、社会科学研究与课题成果来源情况表

| | | 编号 | 课题来源 | | | | | | | | | | | | | | | |
|---|---|---|---|---|---|---|---|---|---|---|---|---|---|---|---|---|---|---|
| | | | 合计 | 国家社科基金项目 | 国家社科基金单列学科项目 | 教育部人文社科研究项目 | 高校古籍整理研究项目 | 国家自然科学基金项目 | 中央其他部门社科专门项目 | 省、市、自治区社科基金项目 | 省教育厅社科项目 | 地、市、厅、局等政府部门项目 | 国际合作研究项目 | 与港、澳、台地区合作研究项目 | 企事业单位委托项目 | 学校社科项目 | 外资项目 | 其他 |
| | | | L01 | L02 | L03 | L04 | L05 | L06 | L07 | L08 | L09 | L10 | L11 | L12 | L13 | L14 | L15 | L16 |
| 课题数(项) | | 1 | 1 042 | 87 | 4 | 54 | 0 | 57 | 31 | 112 | 84 | 141 | 17 | 0 | 197 | 253 | 5 | 0 |
| 当年投入人数 | 合计(人年) | 2 | 337.1 | 29.1 | 0.9 | 16.9 | 0 | 17.1 | 11.2 | 28.8 | 27.6 | 53.3 | 4.5 | 0 | 71.4 | 74.9 | 1.4 | 0 |
| | 研究生(人年) | 3 | 221 | 13.5 | 0.2 | 8 | 0 | 9.1 | 7.7 | 17.8 | 19.7 | 37.4 | 2.7 | 0 | 45.9 | 58 | 1 | 0 |
| 当年拨入经费 | 合计(千元) | 4 | 51 000.95 | 2 630 | 0 | 1 167.2 | 0 | 5 341.57 | 3 380.5 | 750 | 382 | 12 068.56 | 2 137.14 | 0 | 21 719.27 | 134 | 1 290.71 | 0 |
| | 当年立项项目拨入经费(千元) | 5 | 32 519.34 | 2 280 | 0 | 152 | 0 | 1 839.17 | 1 998 | 528 | 96 | 9 953.96 | 450 | 0 | 14 334.21 | 79 | 809 | 0 |
| 当年支出经费(千元) | | 6 | 48 694.76 | 2 200.2 | 64 | 980.79 | 0 | 4 421.32 | 2 794.44 | 739 | 357.2 | 12 118.89 | 1 899.27 | 0 | 21 626.42 | 133.6 | 1 359.63 | 0 |
| 当年新开课题数(项) | | 7 | 332 | 13 | 0 | 5 | 0 | 12 | 12 | 15 | 24 | 67 | 2 | 0 | 88 | 92 | 2 | 0 |
| 当年新开课题批准经费(千元) | | 8 | 50 601.08 | 2 900 | 0 | 460 | 0 | 3 550.67 | 2 240 | 745 | 300 | 13 097.46 | 450 | 0 | 18 414.09 | 6 699 | 1 744.86 | 0 |
| 当年完成课题数(项) | | 9 | 352 | 9 | 0 | 17 | 0 | 4 | 18 | 24 | 21 | 68 | 8 | 0 | 70 | 110 | 3 | 0 |

| | | | | | | | | | | | | | | | | | | | |
|---|---|---|---|---|---|---|---|---|---|---|---|---|---|---|---|---|---|---|---|
| 出版著作(部) | 合计 | | 10 | 4 | 2 | 0 | 0 | 0 | 0 | 0 | 0 | 0 | 1 | 0 | 0 | 1 | 0 | 0 | 0 |
| | 专著 | 合计 | 11 | 4 | 2 | 0 | 0 | 0 | 0 | 0 | 0 | 0 | 1 | 0 | 0 | 1 | 0 | 0 | 0 |
| | | 被译成外文 | 12 | 0 | 0 | 0 | 0 | 0 | 0 | 0 | 0 | 0 | 0 | 0 | 0 | 0 | 0 | 0 | 0 |
| | 编著教材 | | 13 | 0 | 0 | 0 | 0 | 0 | 0 | 0 | 0 | 0 | 0 | 0 | 0 | 0 | 0 | 0 | 0 |
| | 工具书/参考书 | | 14 | 0 | 0 | 0 | 0 | 0 | 0 | 0 | 0 | 0 | 0 | 0 | 0 | 0 | 0 | 0 | 0 |
| | 皮书/发展报告 | | 15 | 0 | 0 | 0 | 0 | 0 | 0 | 0 | 0 | 0 | 0 | 0 | 0 | 0 | 0 | 0 | 0 |
| | 科普读物 | | 16 | 0 | 0 | 0 | 0 | 0 | 0 | 0 | 0 | 0 | 0 | 0 | 0 | 0 | 0 | 0 | 0 |
| 古籍整理(部) | | | 17 | 0 | 0 | 0 | 0 | 0 | 0 | 0 | 0 | 0 | 0 | 0 | 0 | 0 | 0 | 0 | 0 |
| 译著(部) | | | 18 | 0 | 0 | 0 | 0 | 0 | 0 | 0 | 0 | 0 | 0 | 0 | 0 | 0 | 0 | 0 | 0 |
| 发表译文(篇) | | | 19 | 0 | 0 | 0 | 0 | 0 | 0 | 0 | 0 | 0 | 0 | 0 | 0 | 0 | 0 | 0 | 0 |
| 电子出版物(件) | | | 20 | 0 | 0 | 0 | 0 | 0 | 0 | 0 | 0 | 0 | 0 | 0 | 0 | 0 | 0 | 0 | 0 |
| 发表论文(篇) | 合计 | | 21 | 338 | 71 | 2 | 18 | 0 | 10 | 5 | 36 | 41 | 63 | 0 | 0 | 75 | 17 | 0 | 0 |
| | 国内学术刊物 | | 22 | 337 | 70 | 2 | 18 | 0 | 10 | 5 | 36 | 41 | 63 | 0 | 0 | 75 | 17 | 0 | 0 |
| | 国外学术刊物 | | 23 | 1 | 1 | 0 | 0 | 0 | 0 | 0 | 0 | 0 | 0 | 0 | 0 | 0 | 0 | 0 | 0 |
| | 港、澳、台刊物 | | 24 | 0 | 0 | 0 | 0 | 0 | 0 | 0 | 0 | 0 | 0 | 0 | 0 | 0 | 0 | 0 | 0 |
| 研究与咨询报告(篇) | 合计 | | 25 | 3 | 0 | 0 | 0 | 0 | 0 | 0 | 0 | 2 | 1 | 0 | 0 | 0 | 0 | 0 | 0 |
| | 被采纳数 | | 26 | 0 | 0 | 0 | 0 | 0 | 0 | 0 | 0 | 0 | 0 | 0 | 0 | 0 | 0 | 0 | 0 |

## 2.7 南京理工大学人文、社会科学研究与课题成果来源情况表

| | | | 课题来源 | | | | | | | | | | | | | | | |
|---|---|---|---|---|---|---|---|---|---|---|---|---|---|---|---|---|---|---|
| | | | 合计 | 国家社科基金项目 | 国家社科基金单列学科项目 | 教育部人文社科研究项目 | 高校古籍整理研究项目 | 国家自然科学基金项目 | 中央其他部门社科专门项目 | 省、市、自治区社科基金项目 | 省教育厅社科项目 | 地、市、厅、局等政府部门项目 | 国际合作研究项目 | 与港、澳、台地区合作研究项目 | 企事业单位委托项目 | 学校社科项目 | 外资项目 | 其他 |
| | | 编号 | L01 | L02 | L03 | L04 | L05 | L06 | L07 | L08 | L09 | L10 | L11 | L12 | L13 | L14 | L15 | L16 |
| 课题数(项) | | 1 | 510 | 35 | 1 | 37 | 0 | 39 | 33 | 57 | 57 | 90 | 0 | 0 | 87 | 74 | 0 | 0 |
| 当年投入人数 | 合计(人年) | 2 | 85.1 | 6.8 | 0.7 | 6.4 | 0 | 4.1 | 4.8 | 11.3 | 8.7 | 16.4 | 0 | 0 | 11.6 | 14.3 | 0 | 0 |
| | 研究生(人年) | 3 | 10.1 | 0.7 | 0 | 0.4 | 0 | 0.1 | 0.3 | 1 | 0.1 | 4 | 0 | 0 | 1.6 | 1.9 | 0 | 0 |
| 当年拨入经费 | 合计(千元) | 4 | 20 227.89 | 2 360 | 0 | 374.5 | 0 | 4 608.19 | 1 180 | 673 | 660 | 5 942.82 | 0 | 0 | 3 778.45 | 650.93 | 0 | 0 |
| | 当年立项项目拨入经费(千元) | 5 | 16 088.92 | 2 340 | 0 | 30 | 0 | 2 926 | 1 150 | 368 | 630 | 5 632.82 | 0 | 0 | 2 582.1 | 430 | 0 | 0 |
| 当年支出经费(千元) | | 6 | 20 972.14 | 1 902.19 | 83.35 | 664.23 | 0 | 6 923.1 | 1 299.57 | 545.61 | 448.1 | 4 275.71 | 0 | 0 | 4 251.99 | 578.29 | 0 | 0 |
| 当年新开课题数(项) | | 7 | 205 | 9 | 0 | 1 | 0 | 17 | 17 | 10 | 33 | 57 | 0 | 0 | 38 | 23 | 0 | 0 |
| 当年新开课题批准经费(千元) | | 8 | 28 353.8 | 2 550 | 0 | 80 | 0 | 5 745 | 1 690 | 460 | 870 | 8 125 | 0 | 0 | 8 343.8 | 490 | 0 | 0 |
| 当年完成课题数(项) | | 9 | 132 | 6 | 0 | 10 | 0 | 1 | 12 | 12 | 6 | 25 | 0 | 0 | 39 | 21 | 0 | 0 |

| | | | | | | | | | | | | | | | | | | |
|---|---|---|---|---|---|---|---|---|---|---|---|---|---|---|---|---|---|---|
| 出版著作(部) | 合计 | | 10 | 4 | 2 | 0 | 0 | 0 | 0 | 0 | 0 | 0 | 1 | 0 | 0 | 1 | 0 | 0 | 0 |
| | 专著 | 合计 | 11 | 4 | 2 | 0 | 0 | 0 | 0 | 0 | 0 | 0 | 1 | 0 | 0 | 1 | 0 | 0 | 0 |
| | | 被译成外文 | 12 | 0 | 0 | 0 | 0 | 0 | 0 | 0 | 0 | 0 | 0 | 0 | 0 | 0 | 0 | 0 | 0 |
| | 编著教材 | | 13 | 0 | 0 | 0 | 0 | 0 | 0 | 0 | 0 | 0 | 0 | 0 | 0 | 0 | 0 | 0 | 0 |
| | 工具书/参考书 | | 14 | 0 | 0 | 0 | 0 | 0 | 0 | 0 | 0 | 0 | 0 | 0 | 0 | 0 | 0 | 0 | 0 |
| | 皮书/发展报告 | | 15 | 0 | 0 | 0 | 0 | 0 | 0 | 0 | 0 | 0 | 0 | 0 | 0 | 0 | 0 | 0 | 0 |
| | 科普读物 | | 16 | 0 | 0 | 0 | 0 | 0 | 0 | 0 | 0 | 0 | 0 | 0 | 0 | 0 | 0 | 0 | 0 |
| 古籍整理(部) | | | 17 | 0 | 0 | 0 | 0 | 0 | 0 | 0 | 0 | 0 | 0 | 0 | 0 | 0 | 0 | 0 | 0 |
| 译著(部) | | | 18 | 0 | 0 | 0 | 0 | 0 | 0 | 0 | 0 | 0 | 0 | 0 | 0 | 0 | 0 | 0 | 0 |
| 发表译文(篇) | | | 19 | 0 | 0 | 0 | 0 | 0 | 0 | 0 | 0 | 0 | 0 | 0 | 0 | 0 | 0 | 0 | 0 |
| 电子出版物(件) | | | 20 | 0 | 0 | 0 | 0 | 0 | 0 | 0 | 0 | 0 | 0 | 0 | 0 | 0 | 0 | 0 | 0 |
| 发表论文(篇) | 合计 | | 21 | 338 | 71 | 2 | 18 | 0 | 10 | 5 | 36 | 41 | 63 | 0 | 0 | 75 | 17 | 0 | 0 |
| | 国内学术刊物 | | 22 | 337 | 70 | 2 | 18 | 0 | 10 | 5 | 36 | 41 | 63 | 0 | 0 | 75 | 17 | 0 | 0 |
| | 国外学术刊物 | | 23 | 1 | 1 | 0 | 0 | 0 | 0 | 0 | 0 | 0 | 0 | 0 | 0 | 0 | 0 | 0 | 0 |
| | 港、澳、台刊物 | | 24 | 0 | 0 | 0 | 0 | 0 | 0 | 0 | 0 | 0 | 0 | 0 | 0 | 0 | 0 | 0 | 0 |
| 研究与咨询报告(篇) | 合计 | | 25 | 3 | 0 | 0 | 0 | 0 | 0 | 0 | 0 | 2 | 1 | 0 | 0 | 0 | 0 | 0 | 0 |
| | 被采纳数 | | 26 | 0 | 0 | 0 | 0 | 0 | 0 | 0 | 0 | 0 | 0 | 0 | 0 | 0 | 0 | 0 | 0 |

## 2.8 南京航空航天大学人文、社会科学研究与课题成果来源情况表

| | | 编号 | 合计 | 国家社科基金项目 | 国家社科基金单列学科项目 | 教育部人文社科研究项目 | 高校古籍整理研究项目 | 国家自然科学基金项目 | 中央其他部门社科专门项目 | 省、市、自治区社科基金项目 | 省教育厅社科项目 | 地、市、厅、局等政府部门项目 | 国际合作研究项目 | 与港、澳、台地区合作研究项目 | 企事业单位委托项目 | 学校社科项目 | 外资项目 | 其他 |
|---|---|---|---|---|---|---|---|---|---|---|---|---|---|---|---|---|---|---|
| | | | 课题来源 | | | | | | | | | | | | | | | |
| | | | L01 | L02 | L03 | L04 | L05 | L06 | L07 | L08 | L09 | L10 | L11 | L12 | L13 | L14 | L15 | L16 |
| 课题数(项) | | 1 | 426 | 62 | 4 | 36 | 0 | 41 | 16 | 94 | 35 | 35 | 0 | 0 | 59 | 44 | 0 | 0 |
| 当年投入人数 | 合计(人年) | 2 | 88.1 | 13.8 | 1 | 7.7 | 0 | 10.6 | 3.4 | 18 | 6.9 | 7.1 | 0 | 0 | 13.1 | 6.5 | 0 | 0 |
| | 研究生(人年) | 3 | 0.4 | 0 | 0 | 0 | 0 | 0 | 0 | 0.4 | 0 | 0 | 0 | 0 | 0 | 0 | 0 | 0 |
| 当年拨入经费 | 合计(千元) | 4 | 13 968 | 3 932 | 0 | 535 | 0 | 3 223 | 50 | 1 589 | 562 | 1 267 | 0 | 0 | 2 810 | 0 | 0 | 0 |
| | 当年立项项目拨入经费(千元) | 5 | 13 044 | 3 880 | 0 | 137 | 0 | 3 223 | 50 | 1 437 | 240 | 1 267 | 0 | 0 | 2 810 | 0 | 0 | 0 |
| 当年支出经费(千元) | | 6 | 14 171.2 | 3 956 | 15 | 535 | 0 | 3 334 | 50 | 1 590 | 577 | 1 092.6 | 0 | 0 | 3 021.6 | 0 | 0 | 0 |
| 当年新开课题数(项) | | 7 | 127 | 13 | 0 | 4 | 0 | 11 | 6 | 43 | 6 | 5 | 0 | 0 | 23 | 16 | 0 | 0 |
| 当年新开课题批准经费(千元) | | 8 | 22 580 | 4 400 | 0 | 340 | 0 | 6 350 | 50 | 1 746 | 600 | 1 291 | 0 | 0 | 4 470 | 3 333 | 0 | 0 |
| 当年完成课题数(项) | | 9 | 88 | 7 | 0 | 5 | 0 | 9 | 0 | 19 | 14 | 6 | 0 | 0 | 2 | 26 | 0 | 0 |

| | | | | | | | | | | | | | | | | | | | |
|---|---|---|---|---|---|---|---|---|---|---|---|---|---|---|---|---|---|---|---|
| 出版著作（部） | 合计 | | 10 | 4 | 2 | 0 | 0 | 0 | 0 | 0 | 0 | 0 | 1 | 0 | 0 | 1 | 0 | 0 | 0 |
| | 专著 | 合计 | 11 | 4 | 2 | 0 | 0 | 0 | 0 | 0 | 0 | 0 | 1 | 0 | 0 | 1 | 0 | 0 | 0 |
| | | 被译成外文 | 12 | 0 | 0 | 0 | 0 | 0 | 0 | 0 | 0 | 0 | 0 | 0 | 0 | 0 | 0 | 0 | 0 |
| | 编著教材 | | 13 | 0 | 0 | 0 | 0 | 0 | 0 | 0 | 0 | 0 | 0 | 0 | 0 | 0 | 0 | 0 | 0 |
| | 工具书/参考书 | | 14 | 0 | 0 | 0 | 0 | 0 | 0 | 0 | 0 | 0 | 0 | 0 | 0 | 0 | 0 | 0 | 0 |
| | 皮书/发展报告 | | 15 | 0 | 0 | 0 | 0 | 0 | 0 | 0 | 0 | 0 | 0 | 0 | 0 | 0 | 0 | 0 | 0 |
| | 科普读物 | | 16 | 0 | 0 | 0 | 0 | 0 | 0 | 0 | 0 | 0 | 0 | 0 | 0 | 0 | 0 | 0 | 0 |
| 古籍整理（部） | | | 17 | 0 | 0 | 0 | 0 | 0 | 0 | 0 | 0 | 0 | 0 | 0 | 0 | 0 | 0 | 0 | 0 |
| 译著（部） | | | 18 | 0 | 0 | 0 | 0 | 0 | 0 | 0 | 0 | 0 | 0 | 0 | 0 | 0 | 0 | 0 | 0 |
| 发表译文（篇） | | | 19 | 0 | 0 | 0 | 0 | 0 | 0 | 0 | 0 | 0 | 0 | 0 | 0 | 0 | 0 | 0 | 0 |
| 电子出版物（件） | | | 20 | 0 | 0 | 0 | 0 | 0 | 0 | 0 | 0 | 0 | 0 | 0 | 0 | 0 | 0 | 0 | 0 |
| 发表论文（篇） | 合计 | | 21 | 338 | 71 | 2 | 18 | 0 | 10 | 5 | 36 | 41 | 63 | 0 | 0 | 75 | 17 | 0 | 0 |
| | 国内学术刊物 | | 22 | 337 | 70 | 2 | 18 | 0 | 10 | 5 | 36 | 41 | 63 | 0 | 0 | 75 | 17 | 0 | 0 |
| | 国外学术刊物 | | 23 | 1 | 1 | 0 | 0 | 0 | 0 | 0 | 0 | 0 | 0 | 0 | 0 | 0 | 0 | 0 | 0 |
| | 港、澳、台刊物 | | 24 | 0 | 0 | 0 | 0 | 0 | 0 | 0 | 0 | 0 | 0 | 0 | 0 | 0 | 0 | 0 | 0 |
| 研究与咨询报告（篇） | 合计 | | 25 | 3 | 0 | 0 | 0 | 0 | 0 | 0 | 0 | 2 | 1 | 0 | 0 | 0 | 0 | 0 | 0 |
| | 被采纳数 | | 26 | 0 | 0 | 0 | 0 | 0 | 0 | 0 | 0 | 0 | 0 | 0 | 0 | 0 | 0 | 0 | 0 |

## 2.9 中国药科大学人文、社会科学研究与课题成果来源情况表

| | | | 课题来源 | | | | | | | | | | | | | | | |
|---|---|---|---|---|---|---|---|---|---|---|---|---|---|---|---|---|---|---|
| | | | 合计 | 国家社科基金项目 | 国家社科基金单列学科项目 | 教育部人文社科研究项目 | 高校古籍整理研究项目 | 国家自然科学基金项目 | 中央其他部门社科专门项目 | 省、市、自治区社科基金项目 | 省教育厅社科项目 | 地、市、厅、局等政府部门项目 | 国际合作研究项目 | 与港、澳、台地区合作研究项目 | 企事业单位委托项目 | 学校社科项目 | 外资项目 | 其他 |
| | | 编号 | L01 | L02 | L03 | L04 | L05 | L06 | L07 | L08 | L09 | L10 | L11 | L12 | L13 | L14 | L15 | L16 |
| 课题数(项) | | 1 | 447 | 3 | 0 | 10 | 0 | 5 | 60 | 38 | 70 | 14 | 0 | 1 | 231 | 13 | 0 | 2 |
| 当年投入人数 | 合计(人年) | 2 | 47.6 | 0.4 | 0 | 1 | 0 | 0.5 | 6 | 3.9 | 7.2 | 1.7 | 0 | 0.1 | 25.5 | 1.1 | 0 | 0.2 |
| | 研究生(人年) | 3 | 0.1 | 0 | 0 | 0 | 0 | 0 | 0 | 0 | 0 | 0 | 0 | 0 | 0.1 | 0 | 0 | 0 |
| 当年拨入经费 | 合计(千元) | 4 | 16 483.94 | 10 | 0 | 256 | 0 | 839.5 | 1141 | 1 413.6 | 58 | 228 | 0 | 100 | 12 422.84 | 10 | 0 | 5 |
| | 当年立项项目拨入经费(千元) | 5 | 15 215.54 | 0 | 0 | 0 | 0 | 483 | 1 097.1 | 1 413.6 | 0 | 228 | 0 | 100 | 11 878.84 | 10 | 0 | 5 |
| 当年支出经费(千元) | | 6 | 14 608.3 | 10 | 0 | 231 | 0 | 614.1 | 532.7 | 1 272.52 | 58 | 91 | 0 | 50 | 11 736.98 | 10 | 0 | 2 |
| 当年新开课题数(项) | | 7 | 244 | 0 | 0 | 0 | 0 | 3 | 13 | 26 | 12 | 2 | 0 | 1 | 177 | 9 | 0 | 1 |
| 当年新开课题批准经费(千元) | | 8 | 48 150 | 0 | 0 | 0 | 0 | 870 | 1 097.1 | 1 975.6 | 12 | 228 | 0 | 100 | 43 812.3 | 50 | 0 | 5 |
| 当年完成课题数(项) | | 9 | 105 | 1 | 0 | 3 | 0 | 2 | 3 | 2 | 49 | 1 | 0 | 0 | 38 | 5 | 0 | 1 |

| | | | | | | | | | | | | | | | | | | |
|---|---|---|---|---|---|---|---|---|---|---|---|---|---|---|---|---|---|---|
| 出版著作(部) | 合计 | | 10 | 4 | 2 | 0 | 0 | 0 | 0 | 0 | 0 | 0 | 1 | 0 | 0 | 1 | 0 | 0 | 0 |
| | 专著 | 合计 | 11 | 4 | 2 | 0 | 0 | 0 | 0 | 0 | 0 | 0 | 1 | 0 | 0 | 1 | 0 | 0 | 0 |
| | | 被译成外文 | 12 | 0 | 0 | 0 | 0 | 0 | 0 | 0 | 0 | 0 | 0 | 0 | 0 | 0 | 0 | 0 | 0 |
| | 编著教材 | | 13 | 0 | 0 | 0 | 0 | 0 | 0 | 0 | 0 | 0 | 0 | 0 | 0 | 0 | 0 | 0 | 0 |
| | 工具书/参考书 | | 14 | 0 | 0 | 0 | 0 | 0 | 0 | 0 | 0 | 0 | 0 | 0 | 0 | 0 | 0 | 0 | 0 |
| | 皮书/发展报告 | | 15 | 0 | 0 | 0 | 0 | 0 | 0 | 0 | 0 | 0 | 0 | 0 | 0 | 0 | 0 | 0 | 0 |
| | 科普读物 | | 16 | 0 | 0 | 0 | 0 | 0 | 0 | 0 | 0 | 0 | 0 | 0 | 0 | 0 | 0 | 0 | 0 |
| 古籍整理(部) | | | 17 | 0 | 0 | 0 | 0 | 0 | 0 | 0 | 0 | 0 | 0 | 0 | 0 | 0 | 0 | 0 | 0 |
| 译著(部) | | | 18 | 0 | 0 | 0 | 0 | 0 | 0 | 0 | 0 | 0 | 0 | 0 | 0 | 0 | 0 | 0 | 0 |
| 发表译文(篇) | | | 19 | 0 | 0 | 0 | 0 | 0 | 0 | 0 | 0 | 0 | 0 | 0 | 0 | 0 | 0 | 0 | 0 |
| 电子出版物(件) | | | 20 | 0 | 0 | 0 | 0 | 0 | 0 | 0 | 0 | 0 | 0 | 0 | 0 | 0 | 0 | 0 | 0 |
| 发表论文(篇) | 合计 | | 21 | 338 | 71 | 2 | 18 | 0 | 10 | 5 | 36 | 41 | 63 | 0 | 0 | 75 | 17 | 0 | 0 |
| | 国内学术刊物 | | 22 | 337 | 70 | 2 | 18 | 0 | 10 | 5 | 36 | 41 | 63 | 0 | 0 | 75 | 17 | 0 | 0 |
| | 国外学术刊物 | | 23 | 1 | 1 | 0 | 0 | 0 | 0 | 0 | 0 | 0 | 0 | 0 | 0 | 0 | 0 | 0 | 0 |
| | 港、澳、台刊物 | | 24 | 0 | 0 | 0 | 0 | 0 | 0 | 0 | 0 | 0 | 0 | 0 | 0 | 0 | 0 | 0 | 0 |
| 研究与咨询报告(篇) | 合计 | | 25 | 3 | 0 | 0 | 0 | 0 | 0 | 0 | 0 | 2 | 1 | 0 | 0 | 0 | 0 | 0 | 0 |
| | 被采纳数 | | 26 | 0 | 0 | 0 | 0 | 0 | 0 | 0 | 0 | 0 | 0 | 0 | 0 | 0 | 0 | 0 | 0 |

## 2.10 南京森林警察学院人文、社会科学研究与课题成果来源情况表

| | | | 课题来源 | | | | | | | | | | | | | | | |
|---|---|---|---|---|---|---|---|---|---|---|---|---|---|---|---|---|---|---|
| | | | 合计 | 国家社科基金项目 | 国家社科基金单列学科项目 | 教育部人文社科研究项目 | 高校古籍整理研究项目 | 国家自然科学基金项目 | 中央其他部门社科专门项目 | 省、市、自治区社科基金项目 | 省教育厅社科项目 | 地、市、厅、局等政府部门项目 | 国际合作研究项目 | 与港、澳、台地区合作研究项目 | 企事业单位委托项目 | 学校社科项目 | 外资项目 | 其他 |
| | | 编号 | L01 | L02 | L03 | L04 | L05 | L06 | L07 | L08 | L09 | L10 | L11 | L12 | L13 | L14 | L15 | L16 |
| 课题数(项) | | 1 | 158 | 5 | 0 | 4 | 0 | 0 | 6 | 9 | 93 | 0 | 0 | 0 | 28 | 13 | 0 | 0 |
| 当年投入人数 | 合计(人年) | 2 | 18.3 | 0.6 | 0 | 0.4 | 0 | 0 | 0.6 | 1 | 11.1 | 0 | 0 | 0 | 3 | 1.6 | 0 | 0 |
| | 研究生(人年) | 3 | 0 | 0 | 0 | 0 | 0 | 0 | 0 | 0 | 0 | 0 | 0 | 0 | 0 | 0 | 0 | 0 |
| 当年拨入经费 | 合计(千元) | 4 | 3 478.79 | 770 | 0 | 75 | 0 | 0 | 0 | 50 | 0 | 0 | 0 | 0 | 2 418.79 | 165 | 0 | 0 |
| | 当年立项项目拨入经费(千元) | 5 | 3 189.62 | 760 | 0 | 0 | 0 | 0 | 0 | 40 | 0 | 0 | 0 | 0 | 2 224.62 | 165 | 0 | 0 |
| 当年支出经费(千元) | | 6 | 1 341.91 | 324.49 | 0 | 165.9 | 0 | 0 | 0 | 66.92 | 30 | 0 | 0 | 0 | 589.6 | 165 | 0 | 0 |
| 当年新开课题数(项) | | 7 | 56 | 3 | 0 | 0 | 0 | 0 | 0 | 1 | 36 | 0 | 0 | 0 | 6 | 10 | 0 | 0 |
| 当年新开课题批准经费(千元) | | 8 | 3 821.14 | 850 | 0 | 0 | 0 | 0 | 0 | 50 | 0 | 0 | 0 | 0 | 2 756.14 | 165 | 0 | 0 |
| 当年完成课题数(项) | | 9 | 48 | 0 | 0 | 2 | 0 | 0 | 0 | 2 | 20 | 0 | 0 | 0 | 12 | 12 | 0 | 0 |

|  |  |  |  |  |  |  |  |  |  |  |  |  |  |  |  |  |  |  |  |
|---|---|---|---|---|---|---|---|---|---|---|---|---|---|---|---|---|---|---|---|
| 出版著作(部) | 合计 |  | 10 | 4 | 2 | 0 | 0 | 0 | 0 | 0 | 0 | 0 | 1 | 0 | 0 | 1 | 0 | 0 | 0 |
|  | 专著 | 合计 | 11 | 4 | 2 | 0 | 0 | 0 | 0 | 0 | 0 | 0 | 1 | 0 | 0 | 1 | 0 | 0 | 0 |
|  |  | 被译成外文 | 12 | 0 | 0 | 0 | 0 | 0 | 0 | 0 | 0 | 0 | 0 | 0 | 0 | 0 | 0 | 0 | 0 |
|  | 编著教材 |  | 13 | 0 | 0 | 0 | 0 | 0 | 0 | 0 | 0 | 0 | 0 | 0 | 0 | 0 | 0 | 0 | 0 |
|  | 工具书/参考书 |  | 14 | 0 | 0 | 0 | 0 | 0 | 0 | 0 | 0 | 0 | 0 | 0 | 0 | 0 | 0 | 0 | 0 |
|  | 皮书/发展报告 |  | 15 | 0 | 0 | 0 | 0 | 0 | 0 | 0 | 0 | 0 | 0 | 0 | 0 | 0 | 0 | 0 | 0 |
|  | 科普读物 |  | 16 | 0 | 0 | 0 | 0 | 0 | 0 | 0 | 0 | 0 | 0 | 0 | 0 | 0 | 0 | 0 | 0 |
| 古籍整理(部) |  |  | 17 | 0 | 0 | 0 | 0 | 0 | 0 | 0 | 0 | 0 | 0 | 0 | 0 | 0 | 0 | 0 | 0 |
| 译著(部) |  |  | 18 | 0 | 0 | 0 | 0 | 0 | 0 | 0 | 0 | 0 | 0 | 0 | 0 | 0 | 0 | 0 | 0 |
| 发表译文(篇) |  |  | 19 | 0 | 0 | 0 | 0 | 0 | 0 | 0 | 0 | 0 | 0 | 0 | 0 | 0 | 0 | 0 | 0 |
| 电子出版物(件) |  |  | 20 | 0 | 0 | 0 | 0 | 0 | 0 | 0 | 0 | 0 | 0 | 0 | 0 | 0 | 0 | 0 | 0 |
| 发表论文(篇) | 合计 |  | 21 | 338 | 71 | 2 | 18 | 0 | 10 | 5 | 36 | 41 | 63 | 0 | 0 | 75 | 17 | 0 | 0 |
|  | 国内学术刊物 |  | 22 | 337 | 70 | 2 | 18 | 0 | 10 | 5 | 36 | 41 | 63 | 0 | 0 | 75 | 17 | 0 | 0 |
|  | 国外学术刊物 |  | 23 | 1 | 1 | 0 | 0 | 0 | 0 | 0 | 0 | 0 | 0 | 0 | 0 | 0 | 0 | 0 | 0 |
|  | 港、澳、台刊物 |  | 24 | 0 | 0 | 0 | 0 | 0 | 0 | 0 | 0 | 0 | 0 | 0 | 0 | 0 | 0 | 0 | 0 |
| 研究与咨询报告(篇) | 合计 |  | 25 | 3 | 0 | 0 | 0 | 0 | 0 | 0 | 0 | 2 | 1 | 0 | 0 | 0 | 0 | 0 | 0 |
|  | 被采纳数 |  | 26 | 0 | 0 | 0 | 0 | 0 | 0 | 0 | 0 | 0 | 0 | 0 | 0 | 0 | 0 | 0 | 0 |

## 2.11 苏州大学人文、社会科学研究与课题成果来源情况表

| | | | 课题来源 | | | | | | | | | | | | | | | |
|---|---|---|---|---|---|---|---|---|---|---|---|---|---|---|---|---|---|---|
| | | | 合计 | 国家社科基金项目 | 国家社科基金单列学科项目 | 教育部人文社科研究项目 | 高校古籍整理研究项目 | 国家自然科学基金项目 | 中央其他部门社科专门项目 | 省、市、自治区社科基金项目 | 省教育厅社科项目 | 地、市、厅、局等政府部门项目 | 国际合作研究项目 | 与港、澳、台地区合作研究项目 | 企事业单位委托项目 | 学校社科项目 | 外资项目 | 其他 |
| | | 编号 | L01 | L02 | L03 | L04 | L05 | L06 | L07 | L08 | L09 | L10 | L11 | L12 | L13 | L14 | L15 | L16 |
| 课题数(项) | | 1 | 1 038 | 185 | 22 | 82 | 7 | 17 | 27 | 92 | 165 | 154 | 0 | 0 | 252 | 35 | 0 | 0 |
| 当年投入人数 | 合计(人年) | 2 | 239.5 | 100 | 11.2 | 22.7 | 1.2 | 4 | 5.7 | 20.9 | 20.1 | 23 | 0 | 0 | 26.2 | 4.5 | 0 | 0 |
| | 研究生(人年) | 3 | 48.5 | 31.1 | 2.6 | 5.1 | 0.2 | 0 | 1.2 | 4.2 | 0.2 | 3.8 | 0 | 0 | 0 | 0.1 | 0 | 0 |
| 当年拨入经费 | 合计(千元) | 4 | 42 845 | 8 700 | 980 | 1 715 | 30 | 0 | 640 | 1 012 | 311 | 3 060 | 0 | 0 | 25 771.5 | 625.5 | 0 | 0 |
| | 当年立项项目拨入经费(千元) | 5 | 39 539 | 7 460 | 980 | 1 085 | 30 | 0 | 547 | 852 | 160 | 2 738 | 0 | 0 | 25 061.5 | 625.5 | 0 | 0 |
| 当年支出经费(千元) | | 6 | 34 258.2 | 7 058.7 | 714 | 1 680 | 46 | 617 | 693 | 1 449 | 692 | 3 346 | 0 | 0 | 16 867 | 1 095.5 | 0 | 0 |
| 当年新开课题数(项) | | 7 | 310 | 35 | 5 | 25 | 1 | 0 | 6 | 21 | 58 | 49 | 0 | 0 | 103 | 7 | 0 | 0 |
| 当年新开课题批准经费(千元) | | 8 | 43 812.5 | 8 400 | 1 150 | 2 300 | 30 | 0 | 790 | 1 420 | 400 | 3 186 | 0 | 0 | 25 436.5 | 700 | 0 | 0 |
| 当年完成课题数(项) | | 9 | 303 | 28 | 4 | 17 | 2 | 3 | 12 | 19 | 40 | 95 | 0 | 0 | 72 | 11 | 0 | 0 |

| | | | | | | | | | | | | | | | | | | | |
|---|---|---|---|---|---|---|---|---|---|---|---|---|---|---|---|---|---|---|---|
| 出版著作(部) | 合计 | | 10 | 4 | 2 | 0 | 0 | 0 | 0 | 0 | 0 | 0 | 1 | 0 | 0 | 1 | 0 | 0 | 0 |
| | 专著 | 合计 | 11 | 4 | 2 | 0 | 0 | 0 | 0 | 0 | 0 | 0 | 1 | 0 | 0 | 1 | 0 | 0 | 0 |
| | | 被译成外文 | 12 | 0 | 0 | 0 | 0 | 0 | 0 | 0 | 0 | 0 | 0 | 0 | 0 | 0 | 0 | 0 | 0 |
| | 编著教材 | | 13 | 0 | 0 | 0 | 0 | 0 | 0 | 0 | 0 | 0 | 0 | 0 | 0 | 0 | 0 | 0 | 0 |
| | 工具书/参考书 | | 14 | 0 | 0 | 0 | 0 | 0 | 0 | 0 | 0 | 0 | 0 | 0 | 0 | 0 | 0 | 0 | 0 |
| | 皮书/发展报告 | | 15 | 0 | 0 | 0 | 0 | 0 | 0 | 0 | 0 | 0 | 0 | 0 | 0 | 0 | 0 | 0 | 0 |
| | 科普读物 | | 16 | 0 | 0 | 0 | 0 | 0 | 0 | 0 | 0 | 0 | 0 | 0 | 0 | 0 | 0 | 0 | 0 |
| 古籍整理(部) | | | 17 | 0 | 0 | 0 | 0 | 0 | 0 | 0 | 0 | 0 | 0 | 0 | 0 | 0 | 0 | 0 | 0 |
| 译著(部) | | | 18 | 0 | 0 | 0 | 0 | 0 | 0 | 0 | 0 | 0 | 0 | 0 | 0 | 0 | 0 | 0 | 0 |
| 发表译文(篇) | | | 19 | 0 | 0 | 0 | 0 | 0 | 0 | 0 | 0 | 0 | 0 | 0 | 0 | 0 | 0 | 0 | 0 |
| 电子出版物(件) | | | 20 | 0 | 0 | 0 | 0 | 0 | 0 | 0 | 0 | 0 | 0 | 0 | 0 | 0 | 0 | 0 | 0 |
| 发表论文(篇) | 合计 | | 21 | 338 | 71 | 2 | 18 | 0 | 10 | 5 | 36 | 41 | 63 | 0 | 0 | 75 | 17 | 0 | 0 |
| | 国内学术刊物 | | 22 | 337 | 70 | 2 | 18 | 0 | 10 | 5 | 36 | 41 | 63 | 0 | 0 | 75 | 17 | 0 | 0 |
| | 国外学术刊物 | | 23 | 1 | 1 | 0 | 0 | 0 | 0 | 0 | 0 | 0 | 0 | 0 | 0 | 0 | 0 | 0 | 0 |
| | 港、澳、台刊物 | | 24 | 0 | 0 | 0 | 0 | 0 | 0 | 0 | 0 | 0 | 0 | 0 | 0 | 0 | 0 | 0 | 0 |
| 研究与咨询报告(篇) | 合计 | | 25 | 3 | 0 | 0 | 0 | 0 | 0 | 0 | 0 | 2 | 1 | 0 | 0 | 0 | 0 | 0 | 0 |
| | 被采纳数 | | 26 | 0 | 0 | 0 | 0 | 0 | 0 | 0 | 0 | 0 | 0 | 0 | 0 | 0 | 0 | 0 | 0 |

## 2.12 江苏科技大学人文、社会科学研究与课题成果来源情况表

| | | | 课题来源 | | | | | | | | | | | | | | | |
|---|---|---|---|---|---|---|---|---|---|---|---|---|---|---|---|---|---|---|
| | | | 合计 | 国家社科基金项目 | 国家社科基金单列学科项目 | 教育部人文社科研究项目 | 高校古籍整理研究项目 | 国家自然科学基金项目 | 中央其他部门社科专门项目 | 省、市、自治区社科基金项目 | 省教育厅社科项目 | 地、市、厅、局等政府部门项目 | 国际合作研究项目 | 与港、澳、台地区合作研究项目 | 企事业单位委托项目 | 学校社科项目 | 外资项目 | 其他 |
| | | 编号 | L01 | L02 | L03 | L04 | L05 | L06 | L07 | L08 | L09 | L10 | L11 | L12 | L13 | L14 | L15 | L16 |
| 课题数(项) | | 1 | 551 | 21 | 0 | 27 | 1 | 18 | 1 | 42 | 142 | 169 | 0 | 0 | 82 | 48 | 0 | 0 |
| 当年投入人数 | 合计(人年) | 2 | 140.8 | 7.4 | 0 | 6.6 | 0.3 | 6.3 | 0.1 | 12.8 | 31 | 51.2 | 0 | 0 | 9.5 | 15.6 | 0 | 0 |
| | 研究生(人年) | 3 | 14.7 | 1 | 0 | 0.2 | 0 | 1.5 | 0 | 3.5 | 1.2 | 4.9 | 0 | 0 | 0.9 | 1.5 | 0 | 0 |
| 当年拨入经费 | 合计(千元) | 4 | 5 659.5 | 610 | 0 | 185 | 0 | 629 | 0 | 160 | 449 | 533 | 0 | 0 | 2 529 | 564.5 | 0 | 0 |
| | 当年立项项目拨入经费(千元) | 5 | 3 818.5 | 610 | 0 | 185 | 0 | 629 | 0 | 160 | 349 | 493 | 0 | 0 | 828 | 564.5 | 0 | 0 |
| 当年支出经费(千元) | | 6 | 4 787.16 | 586.7 | 0 | 241.4 | 4 | 627.8 | 0.3 | 122.8 | 420.97 | 290.79 | 0 | 0 | 2 186.7 | 305.7 | 0 | 0 |
| 当年新开课题数(项) | | 7 | 164 | 3 | 0 | 4 | 0 | 3 | 0 | 9 | 26 | 75 | 0 | 0 | 15 | 29 | 0 | 0 |
| 当年新开课题批准经费(千元) | | 8 | 4 775 | 650 | 0 | 360 | 0 | 1 210 | 0 | 170 | 406 | 503 | 0 | 0 | 828 | 648 | 0 | 0 |
| 当年完成课题数(项) | | 9 | 120 | 2 | 0 | 6 | 0 | 6 | 0 | 10 | 18 | 78 | 0 | 0 | 0 | 0 | 0 | 0 |

| | | | | | | | | | | | | | | | | | | | |
|---|---|---|---|---|---|---|---|---|---|---|---|---|---|---|---|---|---|---|---|
| 出版著作（部） | 合计 | | 10 | 4 | 2 | 0 | 0 | 0 | 0 | 0 | 0 | 0 | 1 | 0 | 0 | 1 | 0 | 0 | 0 |
| | 专著 | 合计 | 11 | 4 | 2 | 0 | 0 | 0 | 0 | 0 | 0 | 0 | 1 | 0 | 0 | 1 | 0 | 0 | 0 |
| | | 被译成外文 | 12 | 0 | 0 | 0 | 0 | 0 | 0 | 0 | 0 | 0 | 0 | 0 | 0 | 0 | 0 | 0 | 0 |
| | 编著教材 | | 13 | 0 | 0 | 0 | 0 | 0 | 0 | 0 | 0 | 0 | 0 | 0 | 0 | 0 | 0 | 0 | 0 |
| | 工具书/参考书 | | 14 | 0 | 0 | 0 | 0 | 0 | 0 | 0 | 0 | 0 | 0 | 0 | 0 | 0 | 0 | 0 | 0 |
| | 皮书/发展报告 | | 15 | 0 | 0 | 0 | 0 | 0 | 0 | 0 | 0 | 0 | 0 | 0 | 0 | 0 | 0 | 0 | 0 |
| | 科普读物 | | 16 | 0 | 0 | 0 | 0 | 0 | 0 | 0 | 0 | 0 | 0 | 0 | 0 | 0 | 0 | 0 | 0 |
| 古籍整理（部） | | | 17 | 0 | 0 | 0 | 0 | 0 | 0 | 0 | 0 | 0 | 0 | 0 | 0 | 0 | 0 | 0 | 0 |
| 译著（部） | | | 18 | 0 | 0 | 0 | 0 | 0 | 0 | 0 | 0 | 0 | 0 | 0 | 0 | 0 | 0 | 0 | 0 |
| 发表译文（篇） | | | 19 | 0 | 0 | 0 | 0 | 0 | 0 | 0 | 0 | 0 | 0 | 0 | 0 | 0 | 0 | 0 | 0 |
| 电子出版物（件） | | | 20 | 0 | 0 | 0 | 0 | 0 | 0 | 0 | 0 | 0 | 0 | 0 | 0 | 0 | 0 | 0 | 0 |
| 发表论文（篇） | 合计 | | 21 | 338 | 71 | 2 | 18 | 0 | 10 | 5 | 36 | 41 | 63 | 0 | 0 | 75 | 17 | 0 | 0 |
| | 国内学术刊物 | | 22 | 337 | 70 | 2 | 18 | 0 | 10 | 5 | 36 | 41 | 63 | 0 | 0 | 75 | 17 | 0 | 0 |
| | 国外学术刊物 | | 23 | 1 | 1 | 0 | 0 | 0 | 0 | 0 | 0 | 0 | 0 | 0 | 0 | 0 | 0 | 0 | 0 |
| | 港、澳、台刊物 | | 24 | 0 | 0 | 0 | 0 | 0 | 0 | 0 | 0 | 0 | 0 | 0 | 0 | 0 | 0 | 0 | 0 |
| 研究与咨询报告（篇） | 合计 | | 25 | 3 | 0 | 0 | 0 | 0 | 0 | 0 | 0 | 2 | 1 | 0 | 0 | 0 | 0 | 0 | 0 |
| | 被采纳数 | | 26 | 0 | 0 | 0 | 0 | 0 | 0 | 0 | 0 | 0 | 0 | 0 | 0 | 0 | 0 | 0 | 0 |

## 2.13 南京工业大学人文、社会科学研究与课题成果来源情况表

| | | | 课题来源 | | | | | | | | | | | | | | | |
|---|---|---|---|---|---|---|---|---|---|---|---|---|---|---|---|---|---|---|
| | | | 合计 | 国家社科基金项目 | 国家社科基金单列学科项目 | 教育部人文社科研究项目 | 高校古籍整理研究项目 | 国家自然科学基金项目 | 中央其他部门社科专门项目 | 省、市、自治区社科基金项目 | 省教育厅社科项目 | 地、市、厅、局等政府部门项目 | 国际合作研究项目 | 与港、澳、台地区合作研究项目 | 企事业单位委托项目 | 学校社科项目 | 外资项目 | 其他 |
| | | 编号 | L01 | L02 | L03 | L04 | L05 | L06 | L07 | L08 | L09 | L10 | L11 | L12 | L13 | L14 | L15 | L16 |
| 课题数(项) | | 1 | 674 | 38 | 2 | 28 | 0 | 11 | 10 | 80 | 192 | 135 | 0 | 0 | 21 | 157 | 0 | 0 |
| 当年投入人数 | 合计(人年) | 2 | 93.4 | 9.4 | 0.3 | 4.8 | 0 | 1.2 | 1.4 | 14 | 20.5 | 19.9 | 0 | 0 | 3 | 18.9 | 0 | 0 |
| | 研究生(人年) | 3 | 16.6 | 2.1 | 0 | 0.5 | 0 | 0 | 0.3 | 2.4 | 0 | 6.4 | 0 | 0 | 1.3 | 3.6 | 0 | 0 |
| 当年拨入经费 | 合计(千元) | 4 | 6 451.5 | 1 940 | 160 | 499 | 0 | 345 | 430 | 730 | 812 | 961.5 | 0 | 0 | 214 | 360 | 0 | 0 |
| | 当年立项项目拨入经费(千元) | 5 | 5 414.5 | 1 860 | 160 | 95 | 0 | 0 | 430 | 714 | 620 | 961.5 | 0 | 0 | 214 | 360 | 0 | 0 |
| 当年支出经费(千元) | | 6 | 6 313.05 | 2 271.55 | 0 | 499 | 0 | 345 | 120 | 730 | 812 | 961.5 | 0 | 0 | 214 | 360 | 0 | 0 |
| 当年新开课题数(项) | | 7 | 174 | 9 | 1 | 2 | 0 | 0 | 4 | 20 | 50 | 43 | 0 | 0 | 11 | 34 | 0 | 0 |
| 当年新开课题批准经费(千元) | | 8 | 6 655.5 | 2150 | 200 | 180 | 0 | 0 | 750 | 880 | 860 | 1 061.5 | 0 | 0 | 214 | 360 | 0 | 0 |
| 当年完成课题数(项) | | 9 | 159 | 4 | 0 | 3 | 0 | 2 | 5 | 8 | 26 | 61 | 0 | 0 | 5 | 45 | 0 | 0 |

| | | | | | | | | | | | | | | | | | | | |
|---|---|---|---|---|---|---|---|---|---|---|---|---|---|---|---|---|---|---|---|
| 出版著作（部） | 合计 | | 10 | 4 | 2 | 0 | 0 | 0 | 0 | 0 | 0 | 0 | 1 | 0 | 0 | 1 | 0 | 0 | 0 |
| | 专著 | 合计 | 11 | 4 | 2 | 0 | 0 | 0 | 0 | 0 | 0 | 0 | 1 | 0 | 0 | 1 | 0 | 0 | 0 |
| | | 被译成外文 | 12 | 0 | 0 | 0 | 0 | 0 | 0 | 0 | 0 | 0 | 0 | 0 | 0 | 0 | 0 | 0 | 0 |
| | 编著教材 | | 13 | 0 | 0 | 0 | 0 | 0 | 0 | 0 | 0 | 0 | 0 | 0 | 0 | 0 | 0 | 0 | 0 |
| | 工具书/参考书 | | 14 | 0 | 0 | 0 | 0 | 0 | 0 | 0 | 0 | 0 | 0 | 0 | 0 | 0 | 0 | 0 | 0 |
| | 皮书/发展报告 | | 15 | 0 | 0 | 0 | 0 | 0 | 0 | 0 | 0 | 0 | 0 | 0 | 0 | 0 | 0 | 0 | 0 |
| | 科普读物 | | 16 | 0 | 0 | 0 | 0 | 0 | 0 | 0 | 0 | 0 | 0 | 0 | 0 | 0 | 0 | 0 | 0 |
| 古籍整理（部） | | | 17 | 0 | 0 | 0 | 0 | 0 | 0 | 0 | 0 | 0 | 0 | 0 | 0 | 0 | 0 | 0 | 0 |
| 译著（部） | | | 18 | 0 | 0 | 0 | 0 | 0 | 0 | 0 | 0 | 0 | 0 | 0 | 0 | 0 | 0 | 0 | 0 |
| 发表译文（篇） | | | 19 | 0 | 0 | 0 | 0 | 0 | 0 | 0 | 0 | 0 | 0 | 0 | 0 | 0 | 0 | 0 | 0 |
| 电子出版物（件） | | | 20 | 0 | 0 | 0 | 0 | 0 | 0 | 0 | 0 | 0 | 0 | 0 | 0 | 0 | 0 | 0 | 0 |
| 发表论文（篇） | 合计 | | 21 | 338 | 71 | 2 | 18 | 0 | 10 | 5 | 36 | 41 | 63 | 0 | 0 | 75 | 17 | 0 | 0 |
| | 国内学术刊物 | | 22 | 337 | 70 | 2 | 18 | 0 | 10 | 5 | 36 | 41 | 63 | 0 | 0 | 75 | 17 | 0 | 0 |
| | 国外学术刊物 | | 23 | 1 | 1 | 0 | 0 | 0 | 0 | 0 | 0 | 0 | 0 | 0 | 0 | 0 | 0 | 0 | 0 |
| | 港、澳、台刊物 | | 24 | 0 | 0 | 0 | 0 | 0 | 0 | 0 | 0 | 0 | 0 | 0 | 0 | 0 | 0 | 0 | 0 |
| 研究与咨询报告（篇） | 合计 | | 25 | 3 | 0 | 0 | 0 | 0 | 0 | 0 | 0 | 2 | 1 | 0 | 0 | 0 | 0 | 0 | 0 |
| | 被采纳数 | | 26 | 0 | 0 | 0 | 0 | 0 | 0 | 0 | 0 | 0 | 0 | 0 | 0 | 0 | 0 | 0 | 0 |

## 2.14 常州大学人文、社会科学研究与课题成果来源情况表

| | | | 课题来源 | | | | | | | | | | | | | | | |
|---|---|---|---|---|---|---|---|---|---|---|---|---|---|---|---|---|---|---|
| | | | 合计 | 国家社科基金项目 | 国家社科基金单列学科项目 | 教育部人文社科研究项目 | 高校古籍整理研究项目 | 国家自然科学基金项目 | 中央其他部门社科专门项目 | 省、市、自治区社科基金项目 | 省教育厅社科项目 | 地、市、厅、局等政府部门项目 | 国际合作研究项目 | 与港、澳、台地区合作研究项目 | 企事业单位委托项目 | 学校社科项目 | 外资项目 | 其他 |
| | | 编号 | L01 | L02 | L03 | L04 | L05 | L06 | L07 | L08 | L09 | L10 | L11 | L12 | L13 | L14 | L15 | L16 |
| 课题数(项) | | 1 | 478 | 93 | 2 | 24 | 0 | 0 | 7 | 59 | 140 | 99 | 0 | 0 | 52 | 0 | 0 | 2 |
| 当年投入人数 | 合计(人年) | 2 | 153.5 | 45 | 0.8 | 9.1 | 0 | 0 | 2.4 | 15.9 | 35.1 | 28.6 | 0 | 0 | 16.1 | 0 | 0 | 0.5 |
| | 研究生(人年) | 3 | 0 | 0 | 0 | 0 | 0 | 0 | 0 | 0 | 0 | 0 | 0 | 0 | 0 | 0 | 0 | 0 |
| 当年拨入经费 | 合计(千元) | 4 | 10 848.1 | 4 640 | 430 | 510 | 0 | 0 | 190 | 370 | 308 | 1 765 | 0 | 0 | 2 635.1 | 0 | 0 | 0 |
| | 当年立项项目拨入经费(千元) | 5 | 9 890.1 | 4510 | 430 | 90 | 0 | 0 | 190 | 290 | 130 | 1 615 | 0 | 0 | 2 635.1 | 0 | 0 | 0 |
| 当年支出经费(千元) | | 6 | 11 877 | 5 242.6 | 127.6 | 522.3 | 0 | 0 | 242.3 | 503 | 383.2 | 2 409.5 | 0 | 0 | 2 421.5 | 0 | 0 | 25 |
| 当年新开课题数(项) | | 7 | 141 | 25 | 2 | 3 | 0 | 0 | 1 | 12 | 24 | 34 | 0 | 0 | 40 | 0 | 0 | 0 |
| 当年新开课题批准经费(千元) | | 8 | 11 200.1 | 5 300 | 450 | 260 | 0 | 0 | 200 | 380 | 310 | 1 665 | 0 | 0 | 2 635.1 | 0 | 0 | 0 |
| 当年完成课题数(项) | | 9 | 138 | 6 | 0 | 3 | 0 | 0 | 2 | 19 | 31 | 39 | 0 | 0 | 37 | 0 | 0 | 1 |

| | | | | | | | | | | | | | | | | | | | |
|---|---|---|---|---|---|---|---|---|---|---|---|---|---|---|---|---|---|---|---|
| 出版著作(部) | 合计 | | 10 | 4 | 2 | 0 | 0 | 0 | 0 | 0 | 0 | 0 | 1 | 0 | 0 | 1 | 0 | 0 | 0 |
| | 专著 | 合计 | 11 | 4 | 2 | 0 | 0 | 0 | 0 | 0 | 0 | 0 | 1 | 0 | 0 | 1 | 0 | 0 | 0 |
| | | 被译成外文 | 12 | 0 | 0 | 0 | 0 | 0 | 0 | 0 | 0 | 0 | 0 | 0 | 0 | 0 | 0 | 0 | 0 |
| | 编著教材 | | 13 | 0 | 0 | 0 | 0 | 0 | 0 | 0 | 0 | 0 | 0 | 0 | 0 | 0 | 0 | 0 | 0 |
| | 工具书/参考书 | | 14 | 0 | 0 | 0 | 0 | 0 | 0 | 0 | 0 | 0 | 0 | 0 | 0 | 0 | 0 | 0 | 0 |
| | 皮书/发展报告 | | 15 | 0 | 0 | 0 | 0 | 0 | 0 | 0 | 0 | 0 | 0 | 0 | 0 | 0 | 0 | 0 | 0 |
| | 科普读物 | | 16 | 0 | 0 | 0 | 0 | 0 | 0 | 0 | 0 | 0 | 0 | 0 | 0 | 0 | 0 | 0 | 0 |
| 古籍整理(部) | | | 17 | 0 | 0 | 0 | 0 | 0 | 0 | 0 | 0 | 0 | 0 | 0 | 0 | 0 | 0 | 0 | 0 |
| 译著(部) | | | 18 | 0 | 0 | 0 | 0 | 0 | 0 | 0 | 0 | 0 | 0 | 0 | 0 | 0 | 0 | 0 | 0 |
| 发表译文(篇) | | | 19 | 0 | 0 | 0 | 0 | 0 | 0 | 0 | 0 | 0 | 0 | 0 | 0 | 0 | 0 | 0 | 0 |
| 电子出版物(件) | | | 20 | 0 | 0 | 0 | 0 | 0 | 0 | 0 | 0 | 0 | 0 | 0 | 0 | 0 | 0 | 0 | 0 |
| 发表论文(篇) | 合计 | | 21 | 338 | 71 | 2 | 18 | 0 | 10 | 5 | 36 | 41 | 63 | 0 | 0 | 75 | 17 | 0 | 0 |
| | 国内学术刊物 | | 22 | 337 | 70 | 2 | 18 | 0 | 10 | 5 | 36 | 41 | 63 | 0 | 0 | 75 | 17 | 0 | 0 |
| | 国外学术刊物 | | 23 | 1 | 1 | 0 | 0 | 0 | 0 | 0 | 0 | 0 | 0 | 0 | 0 | 0 | 0 | 0 | 0 |
| | 港、澳、台刊物 | | 24 | 0 | 0 | 0 | 0 | 0 | 0 | 0 | 0 | 0 | 0 | 0 | 0 | 0 | 0 | 0 | 0 |
| 研究与咨询报告(篇) | 合计 | | 25 | 3 | 0 | 0 | 0 | 0 | 0 | 0 | 0 | 2 | 1 | 0 | 0 | 0 | 0 | 0 | 0 |
| | 被采纳数 | | 26 | 0 | 0 | 0 | 0 | 0 | 0 | 0 | 0 | 0 | 0 | 0 | 0 | 0 | 0 | 0 | 0 |

## 2.15 南京邮电大学人文、社会科学研究与课题成果来源情况表

| | | | 课题来源 | | | | | | | | | | | | | | | |
|---|---|---|---|---|---|---|---|---|---|---|---|---|---|---|---|---|---|---|
| | | | 合计 | 国家社科基金项目 | 国家社科基金单列学科项目 | 教育部人文社科研究项目 | 高校古籍整理研究项目 | 国家自然科学基金项目 | 中央其他部门社科专门项目 | 省、市、自治区社科基金项目 | 省教育厅社科项目 | 地、市、厅、局等政府部门项目 | 国际合作研究项目 | 与港、澳、台地区合作研究项目 | 企事业单位委托项目 | 学校社科项目 | 外资项目 | 其他 |
| | | 编号 | L01 | L02 | L03 | L04 | L05 | L06 | L07 | L08 | L09 | L10 | L11 | L12 | L13 | L14 | L15 | L16 |
| 课题数(项) | | 1 | 666 | 58 | 2 | 53 | 0 | 0 | 6 | 68 | 196 | 72 | 0 | 0 | 120 | 91 | 0 | 0 |
| 当年投入人数 | 合计(人年) | 2 | 247.2 | 43.7 | 2 | 36.9 | 0 | 0 | 2.7 | 34.5 | 54.3 | 20.1 | 0 | 0 | 37.2 | 15.8 | 0 | 0 |
| | 研究生(人年) | 3 | 76.5 | 17.2 | 0.8 | 15.1 | 0 | 0 | 0.9 | 13.1 | 11.3 | 6 | 0 | 0 | 11.3 | 0.8 | 0 | 0 |
| 当年拨入经费 | 合计(千元) | 4 | 15 410.63 | 3 600 | 190 | 896 | 0 | 0 | 206 | 766 | 1 163 | 680 | 0 | 0 | 7 909.63 | 0 | 0 | 0 |
| | 当年立项项目拨入经费(千元) | 5 | 13 341.63 | 3 600 | 190 | 530 | 0 | 0 | 200 | 570 | 907 | 418 | 0 | 0 | 6 926.63 | 0 | 0 | 0 |
| 当年支出经费(千元) | | 6 | 15 955.78 | 2 841.85 | 185 | 1 039.4 | 0 | 120 | 125 | 924 | 864.9 | 815 | 0 | 0 | 8 070.63 | 970 | 0 | 0 |
| 当年新开课题数(项) | | 7 | 198 | 18 | 1 | 16 | 0 | 0 | 4 | 17 | 53 | 15 | 0 | 0 | 74 | 0 | 0 | 0 |
| 当年新开课题批准经费(千元) | | 8 | 19 996.8 | 4 100 | 200 | 1 380 | 0 | 0 | 210 | 700 | 1 533 | 780 | 0 | 0 | 11 093.8 | 0 | 0 | 0 |
| 当年完成课题数(项) | | 9 | 131 | 6 | 0 | 13 | 0 | 0 | 1 | 6 | 31 | 9 | 0 | 0 | 54 | 11 | 0 | 0 |

| | | | | | | | | | | | | | | | | | | | |
|---|---|---|---|---|---|---|---|---|---|---|---|---|---|---|---|---|---|---|---|
| 出版著作（部） | 合计 | | 10 | 4 | 2 | 0 | 0 | 0 | 0 | 0 | 0 | 0 | 1 | 0 | 0 | 1 | 0 | 0 | 0 |
| | 专著 | 合计 | 11 | 4 | 2 | 0 | 0 | 0 | 0 | 0 | 0 | 0 | 1 | 0 | 0 | 1 | 0 | 0 | 0 |
| | | 被译成外文 | 12 | 0 | 0 | 0 | 0 | 0 | 0 | 0 | 0 | 0 | 0 | 0 | 0 | 0 | 0 | 0 | 0 |
| | 编著教材 | | 13 | 0 | 0 | 0 | 0 | 0 | 0 | 0 | 0 | 0 | 0 | 0 | 0 | 0 | 0 | 0 | 0 |
| | 工具书/参考书 | | 14 | 0 | 0 | 0 | 0 | 0 | 0 | 0 | 0 | 0 | 0 | 0 | 0 | 0 | 0 | 0 | 0 |
| | 皮书/发展报告 | | 15 | 0 | 0 | 0 | 0 | 0 | 0 | 0 | 0 | 0 | 0 | 0 | 0 | 0 | 0 | 0 | 0 |
| | 科普读物 | | 16 | 0 | 0 | 0 | 0 | 0 | 0 | 0 | 0 | 0 | 0 | 0 | 0 | 0 | 0 | 0 | 0 |
| 古籍整理（部） | | | 17 | 0 | 0 | 0 | 0 | 0 | 0 | 0 | 0 | 0 | 0 | 0 | 0 | 0 | 0 | 0 | 0 |
| 译著（部） | | | 18 | 0 | 0 | 0 | 0 | 0 | 0 | 0 | 0 | 0 | 0 | 0 | 0 | 0 | 0 | 0 | 0 |
| 发表译文（篇） | | | 19 | 0 | 0 | 0 | 0 | 0 | 0 | 0 | 0 | 0 | 0 | 0 | 0 | 0 | 0 | 0 | 0 |
| 电子出版物（件） | | | 20 | 0 | 0 | 0 | 0 | 0 | 0 | 0 | 0 | 0 | 0 | 0 | 0 | 0 | 0 | 0 | 0 |
| 发表论文（篇） | 合计 | | 21 | 338 | 71 | 2 | 18 | 0 | 10 | 5 | 36 | 41 | 63 | 0 | 0 | 75 | 17 | 0 | 0 |
| | 国内学术刊物 | | 22 | 337 | 70 | 2 | 18 | 0 | 10 | 5 | 36 | 41 | 63 | 0 | 0 | 75 | 17 | 0 | 0 |
| | 国外学术刊物 | | 23 | 1 | 1 | 0 | 0 | 0 | 0 | 0 | 0 | 0 | 0 | 0 | 0 | 0 | 0 | 0 | 0 |
| | 港、澳、台刊物 | | 24 | 0 | 0 | 0 | 0 | 0 | 0 | 0 | 0 | 0 | 0 | 0 | 0 | 0 | 0 | 0 | 0 |
| 研究与咨询报告（篇） | 合计 | | 25 | 3 | 0 | 0 | 0 | 0 | 0 | 0 | 0 | 2 | 1 | 0 | 0 | 0 | 0 | 0 | 0 |
| | 被采纳数 | | 26 | 0 | 0 | 0 | 0 | 0 | 0 | 0 | 0 | 0 | 0 | 0 | 0 | 0 | 0 | 0 | 0 |

## 2.16 南京林业大学人文、社会科学研究与课题成果来源情况表

| | | 编号 | 合计 | 国家社科基金项目 | 国家社科基金单列学科项目 | 教育部人文社科研究项目 | 高校古籍整理研究项目 | 国家自然科学基金项目 | 中央其他部门社科专门项目 | 省、市、自治区社科基金项目 | 省教育厅社科项目 | 地、市、厅、局等政府部门项目 | 国际合作研究项目 | 与港、澳、台地区合作研究项目 | 企事业单位委托项目 | 学校社科项目 | 外资项目 | 其他 |
|---|---|---|---|---|---|---|---|---|---|---|---|---|---|---|---|---|---|---|
| | | | L01 | L02 | L03 | L04 | L05 | L06 | L07 | L08 | L09 | L10 | L11 | L12 | L13 | L14 | L15 | L16 |
| 课题数(项) | | 1 | 396 | 24 | 2 | 50 | 0 | 0 | 10 | 42 | 192 | 27 | 0 | 0 | 12 | 37 | 0 | 0 |
| 当年投入人数 | 合计(人年) | 2 | 41.8 | 2.7 | 0.2 | 5.4 | 0 | 0 | 1 | 4.9 | 19.5 | 2.9 | 0 | 0 | 1.5 | 3.7 | 0 | 0 |
| | 研究生(人年) | 3 | 0 | 0 | 0 | 0 | 0 | 0 | 0 | 0 | 0 | 0 | 0 | 0 | 0 | 0 | 0 | 0 |
| 当年拨入经费 | 合计(千元) | 4 | 3 690.92 | 1 376.22 | 0 | 568.7 | 0 | 0 | 226 | 472 | 390 | 505 | 0 | 0 | 153 | 0 | 0 | 0 |
| | 当年立项项目拨入经费(千元) | 5 | 2 959.22 | 1 022.22 | 0 | 465 | 0 | 0 | 226 | 396 | 230 | 467 | 0 | 0 | 153 | 0 | 0 | 0 |
| 当年支出经费(千元) | | 6 | 4 518.99 | 1 514.32 | 30 | 757.22 | 0 | 0 | 330.13 | 482.52 | 607.97 | 375.84 | 0 | 0 | 416.02 | 4.97 | 0 | 0 |
| 当年新开课题数(项) | | 7 | 103 | 7 | 0 | 12 | 0 | 0 | 2 | 9 | 61 | 10 | 0 | 0 | 2 | 0 | 0 | 0 |
| 当年新开课题批准经费(千元) | | 8 | 3 952 | 1 220 | 0 | 753 | 0 | 0 | 226 | 472 | 370 | 608 | 0 | 0 | 303 | 0 | 0 | 0 |
| 当年完成课题数(项) | | 9 | 84 | 4 | 1 | 8 | 0 | 0 | 0 | 4 | 53 | 11 | 0 | 0 | 0 | 3 | 0 | 0 |

| | | | | | | | | | | | | | | | | | | | |
|---|---|---|---|---|---|---|---|---|---|---|---|---|---|---|---|---|---|---|---|
| 出版著作(部) | 合计 | | 10 | 4 | 2 | 0 | 0 | 0 | 0 | 0 | 0 | 0 | 1 | 0 | 0 | 1 | 0 | 0 | 0 |
| | 专著 | 合计 | 11 | 4 | 2 | 0 | 0 | 0 | 0 | 0 | 0 | 0 | 1 | 0 | 0 | 1 | 0 | 0 | 0 |
| | | 被译成外文 | 12 | 0 | 0 | 0 | 0 | 0 | 0 | 0 | 0 | 0 | 0 | 0 | 0 | 0 | 0 | 0 | 0 |
| | 编著教材 | | 13 | 0 | 0 | 0 | 0 | 0 | 0 | 0 | 0 | 0 | 0 | 0 | 0 | 0 | 0 | 0 | 0 |
| | 工具书/参考书 | | 14 | 0 | 0 | 0 | 0 | 0 | 0 | 0 | 0 | 0 | 0 | 0 | 0 | 0 | 0 | 0 | 0 |
| | 皮书/发展报告 | | 15 | 0 | 0 | 0 | 0 | 0 | 0 | 0 | 0 | 0 | 0 | 0 | 0 | 0 | 0 | 0 | 0 |
| | 科普读物 | | 16 | 0 | 0 | 0 | 0 | 0 | 0 | 0 | 0 | 0 | 0 | 0 | 0 | 0 | 0 | 0 | 0 |
| 古籍整理(部) | | | 17 | 0 | 0 | 0 | 0 | 0 | 0 | 0 | 0 | 0 | 0 | 0 | 0 | 0 | 0 | 0 | 0 |
| 译著(部) | | | 18 | 0 | 0 | 0 | 0 | 0 | 0 | 0 | 0 | 0 | 0 | 0 | 0 | 0 | 0 | 0 | 0 |
| 发表译文(篇) | | | 19 | 0 | 0 | 0 | 0 | 0 | 0 | 0 | 0 | 0 | 0 | 0 | 0 | 0 | 0 | 0 | 0 |
| 电子出版物(件) | | | 20 | 0 | 0 | 0 | 0 | 0 | 0 | 0 | 0 | 0 | 0 | 0 | 0 | 0 | 0 | 0 | 0 |
| 发表论文(篇) | 合计 | | 21 | 338 | 71 | 2 | 18 | 0 | 10 | 5 | 36 | 41 | 63 | 0 | 0 | 75 | 17 | 0 | 0 |
| | 国内学术刊物 | | 22 | 337 | 70 | 2 | 18 | 0 | 10 | 5 | 36 | 41 | 63 | 0 | 0 | 75 | 17 | 0 | 0 |
| | 国外学术刊物 | | 23 | 1 | 1 | 0 | 0 | 0 | 0 | 0 | 0 | 0 | 0 | 0 | 0 | 0 | 0 | 0 | 0 |
| | 港、澳、台刊物 | | 24 | 0 | 0 | 0 | 0 | 0 | 0 | 0 | 0 | 0 | 0 | 0 | 0 | 0 | 0 | 0 | 0 |
| 研究与咨询报告(篇) | 合计 | | 25 | 3 | 0 | 0 | 0 | 0 | 0 | 0 | 0 | 2 | 1 | 0 | 0 | 0 | 0 | 0 | 0 |
| | 被采纳数 | | 26 | 0 | 0 | 0 | 0 | 0 | 0 | 0 | 0 | 0 | 0 | 0 | 0 | 0 | 0 | 0 | 0 |

## 2.17 江苏大学人文、社会科学研究与课题成果来源情况表

| | | | 课题来源 | | | | | | | | | | | | | | | |
|---|---|---|---|---|---|---|---|---|---|---|---|---|---|---|---|---|---|---|
| | | | 合计 | 国家社科基金项目 | 国家社科基金单列学科项目 | 教育部人文社科研究项目 | 高校古籍整理研究项目 | 国家自然科学基金项目 | 中央其他部门社科专门项目 | 省、市、自治区社科基金项目 | 省教育厅社科项目 | 地、市、厅、局等政府部门项目 | 国际合作研究项目 | 与港、澳、台地区合作研究项目 | 企事业单位委托项目 | 学校社科项目 | 外资项目 | 其他 |
| | | 编号 | L01 | L02 | L03 | L04 | L05 | L06 | L07 | L08 | L09 | L10 | L11 | L12 | L13 | L14 | L15 | L16 |
| 课题数(项) | | 1 | 677 | 75 | 6 | 49 | 0 | 18 | 17 | 93 | 105 | 116 | 0 | 0 | 167 | 31 | 0 | 0 |
| 当年投入人数 | 合计(人年) | 2 | 131.1 | 21.1 | 1.9 | 10.9 | 0 | 4.2 | 4.3 | 20 | 15.4 | 19 | 0 | 0 | 30.1 | 4.2 | 0 | 0 |
| | 研究生(人年) | 3 | 47.1 | 8.9 | 0.3 | 3.5 | 0 | 2.1 | 2.1 | 8.8 | 2.5 | 3.1 | 0 | 0 | 15.8 | 0 | 0 | 0 |
| 当年拨入经费 | 合计(千元) | 4 | 15 582.61 | 3 260 | 380 | 692 | 0 | 3 241 | 0 | 316 | 466.37 | 3 066.8 | 0 | 0 | 4 160.44 | 0 | 0 | 0 |
| | 当年立项项目拨入经费(千元) | 5 | 13 646.61 | 3 220 | 380 | 250 | 0 | 1 792 | 0 | 316 | 466.37 | 3 066.8 | 0 | 0 | 4 155.44 | 0 | 0 | 0 |
| 当年支出经费(千元) | | 6 | 15 502.61 | 3 260 | 380 | 662 | 0 | 3 241 | 10 | 301 | 416.37 | 3 071.8 | 0 | 0 | 4 160.44 | 0 | 0 | 0 |
| 当年新开课题数(项) | | 7 | 170 | 16 | 2 | 4 | 0 | 5 | 0 | 12 | 25 | 45 | 0 | 0 | 61 | 0 | 0 | 0 |
| 当年新开课题批准经费(千元) | | 8 | 15 090.61 | 3 350 | 400 | 340 | 0 | 2 216 | 0 | 356 | 656.37 | 3 376.8 | 0 | 0 | 4 395.44 | 0 | 0 | 0 |
| 当年完成课题数(项) | | 9 | 256 | 17 | 0 | 7 | 0 | 1 | 4 | 32 | 42 | 54 | 0 | 0 | 87 | 12 | 0 | 0 |

| | | | | | | | | | | | | | | | | | | | |
|---|---|---|---|---|---|---|---|---|---|---|---|---|---|---|---|---|---|---|---|
| 出版著作(部) | 合计 | | 10 | 4 | 2 | 0 | 0 | 0 | 0 | 0 | 0 | 0 | 1 | 0 | 0 | 1 | 0 | 0 | 0 |
| | 专著 | 合计 | 11 | 4 | 2 | 0 | 0 | 0 | 0 | 0 | 0 | 0 | 1 | 0 | 0 | 1 | 0 | 0 | 0 |
| | | 被译成外文 | 12 | 0 | 0 | 0 | 0 | 0 | 0 | 0 | 0 | 0 | 0 | 0 | 0 | 0 | 0 | 0 | 0 |
| | 编著教材 | | 13 | 0 | 0 | 0 | 0 | 0 | 0 | 0 | 0 | 0 | 0 | 0 | 0 | 0 | 0 | 0 | 0 |
| | 工具书/参考书 | | 14 | 0 | 0 | 0 | 0 | 0 | 0 | 0 | 0 | 0 | 0 | 0 | 0 | 0 | 0 | 0 | 0 |
| | 皮书/发展报告 | | 15 | 0 | 0 | 0 | 0 | 0 | 0 | 0 | 0 | 0 | 0 | 0 | 0 | 0 | 0 | 0 | 0 |
| | 科普读物 | | 16 | 0 | 0 | 0 | 0 | 0 | 0 | 0 | 0 | 0 | 0 | 0 | 0 | 0 | 0 | 0 | 0 |
| 古籍整理(部) | | | 17 | 0 | 0 | 0 | 0 | 0 | 0 | 0 | 0 | 0 | 0 | 0 | 0 | 0 | 0 | 0 | 0 |
| 译著(部) | | | 18 | 0 | 0 | 0 | 0 | 0 | 0 | 0 | 0 | 0 | 0 | 0 | 0 | 0 | 0 | 0 | 0 |
| 发表译文(篇) | | | 19 | 0 | 0 | 0 | 0 | 0 | 0 | 0 | 0 | 0 | 0 | 0 | 0 | 0 | 0 | 0 | 0 |
| 电子出版物(件) | | | 20 | 0 | 0 | 0 | 0 | 0 | 0 | 0 | 0 | 0 | 0 | 0 | 0 | 0 | 0 | 0 | 0 |
| 发表论文(篇) | 合计 | | 21 | 338 | 71 | 2 | 18 | 0 | 10 | 5 | 36 | 41 | 63 | 0 | 0 | 75 | 17 | 0 | 0 |
| | 国内学术刊物 | | 22 | 337 | 70 | 2 | 18 | 0 | 10 | 5 | 36 | 41 | 63 | 0 | 0 | 75 | 17 | 0 | 0 |
| | 国外学术刊物 | | 23 | 1 | 1 | 0 | 0 | 0 | 0 | 0 | 0 | 0 | 0 | 0 | 0 | 0 | 0 | 0 | 0 |
| | 港、澳、台刊物 | | 24 | 0 | 0 | 0 | 0 | 0 | 0 | 0 | 0 | 0 | 0 | 0 | 0 | 0 | 0 | 0 | 0 |
| 研究与咨询报告(篇) | 合计 | | 25 | 3 | 0 | 0 | 0 | 0 | 0 | 0 | 0 | 2 | 1 | 0 | 0 | 0 | 0 | 0 | 0 |
| | 被采纳数 | | 26 | 0 | 0 | 0 | 0 | 0 | 0 | 0 | 0 | 0 | 0 | 0 | 0 | 0 | 0 | 0 | 0 |

## 2.18 南京信息工程大学人文、社会科学研究与课题成果来源情况表

| | | | 课题来源 | | | | | | | | | | | | | | | |
|---|---|---|---|---|---|---|---|---|---|---|---|---|---|---|---|---|---|---|
| | | | 合计 | 国家社科基金项目 | 国家社科基金单列学科项目 | 教育部人文社科研究项目 | 高校古籍整理研究项目 | 国家自然科学基金项目 | 中央其他部门社科专门项目 | 省、市、自治区社科基金项目 | 省教育厅社科项目 | 地、市、厅、局等政府部门项目 | 国际合作研究项目 | 与港、澳、台地区合作研究项目 | 企事业单位委托项目 | 学校社科项目 | 外资项目 | 其他 |
| | | 编号 | L01 | L02 | L03 | L04 | L05 | L06 | L07 | L08 | L09 | L10 | L11 | L12 | L13 | L14 | L15 | L16 |
| 课题数(项) | | 1 | 876 | 80 | 1 | 73 | 1 | 41 | 58 | 95 | 228 | 111 | 0 | 0 | 173 | 15 | 0 | 0 |
| 当年投入人数 | 合计(人年) | 2 | 346.7 | 26.9 | 0.6 | 31.8 | 0.1 | 14.4 | 28.7 | 35.3 | 93.8 | 46.5 | 0 | 0 | 67.2 | 1.4 | 0 | 0 |
| | 研究生(人年) | 3 | 14.1 | 1.4 | 0 | 0.2 | 0 | 0.6 | 1.2 | 1.2 | 0.8 | 3.8 | 0 | 0 | 4.9 | 0 | 0 | 0 |
| 当年拨入经费 | 合计(千元) | 4 | 21 040.3 | 2 730 | 0 | 1 972 | 0 | 2 665.6 | 210 | 958 | 920 | 579 | 0 | 0 | 11 005.7 | 0 | 0 | 0 |
| | 当年立项项目拨入经费(千元) | 5 | 17 181.5 | 2 430 | 0 | 860 | 0 | 1 728 | 0 | 862 | 597 | 461 | 0 | 0 | 10 243.5 | 0 | 0 | 0 |
| 当年支出经费(千元) | | 6 | 13 384.35 | 2 128.31 | 67.75 | 1 548.28 | 0 | 2 282.77 | 412.12 | 1 286.9 | 970.77 | 616.67 | 0 | 0 | 4 070.78 | 0 | 0 | 0 |
| 当年新开课题数(项) | | 7 | 271 | 13 | 0 | 13 | 0 | 10 | 15 | 21 | 62 | 29 | 0 | 0 | 108 | 0 | 0 | 0 |
| 当年新开课题批准经费(千元) | | 8 | 23 266.7 | 2 800 | 0 | 1840 | 0 | 3 120 | 150 | 1 050 | 1 070 | 728 | 0 | 0 | 12 508.7 | 0 | 0 | 0 |
| 当年完成课题数(项) | | 9 | 261 | 17 | 0 | 8 | 1 | 13 | 24 | 20 | 50 | 80 | 0 | 0 | 44 | 4 | 0 | 0 |

| | | | | | | | | | | | | | | | | | | |
|---|---|---|---|---|---|---|---|---|---|---|---|---|---|---|---|---|---|---|
| 出版著作(部) | 合计 | | 10 | 4 | 2 | 0 | 0 | 0 | 0 | 0 | 0 | 0 | 1 | 0 | 0 | 1 | 0 | 0 | 0 |
| | 专著 | 合计 | 11 | 4 | 2 | 0 | 0 | 0 | 0 | 0 | 0 | 0 | 1 | 0 | 0 | 1 | 0 | 0 | 0 |
| | | 被译成外文 | 12 | 0 | 0 | 0 | 0 | 0 | 0 | 0 | 0 | 0 | 0 | 0 | 0 | 0 | 0 | 0 | 0 |
| | 编著教材 | | 13 | 0 | 0 | 0 | 0 | 0 | 0 | 0 | 0 | 0 | 0 | 0 | 0 | 0 | 0 | 0 | 0 |
| | 工具书/参考书 | | 14 | 0 | 0 | 0 | 0 | 0 | 0 | 0 | 0 | 0 | 0 | 0 | 0 | 0 | 0 | 0 | 0 |
| | 皮书/发展报告 | | 15 | 0 | 0 | 0 | 0 | 0 | 0 | 0 | 0 | 0 | 0 | 0 | 0 | 0 | 0 | 0 | 0 |
| | 科普读物 | | 16 | 0 | 0 | 0 | 0 | 0 | 0 | 0 | 0 | 0 | 0 | 0 | 0 | 0 | 0 | 0 | 0 |
| 古籍整理(部) | | | 17 | 0 | 0 | 0 | 0 | 0 | 0 | 0 | 0 | 0 | 0 | 0 | 0 | 0 | 0 | 0 | 0 |
| 译著(部) | | | 18 | 0 | 0 | 0 | 0 | 0 | 0 | 0 | 0 | 0 | 0 | 0 | 0 | 0 | 0 | 0 | 0 |
| 发表译文(篇) | | | 19 | 0 | 0 | 0 | 0 | 0 | 0 | 0 | 0 | 0 | 0 | 0 | 0 | 0 | 0 | 0 | 0 |
| 电子出版物(件) | | | 20 | 0 | 0 | 0 | 0 | 0 | 0 | 0 | 0 | 0 | 0 | 0 | 0 | 0 | 0 | 0 | 0 |
| 发表论文(篇) | 合计 | | 21 | 338 | 71 | 2 | 18 | 0 | 10 | 5 | 36 | 41 | 63 | 0 | 0 | 75 | 17 | 0 | 0 |
| | 国内学术刊物 | | 22 | 337 | 70 | 2 | 18 | 0 | 10 | 5 | 36 | 41 | 63 | 0 | 0 | 75 | 17 | 0 | 0 |
| | 国外学术刊物 | | 23 | 1 | 1 | 0 | 0 | 0 | 0 | 0 | 0 | 0 | 0 | 0 | 0 | 0 | 0 | 0 | 0 |
| | 港、澳、台刊物 | | 24 | 0 | 0 | 0 | 0 | 0 | 0 | 0 | 0 | 0 | 0 | 0 | 0 | 0 | 0 | 0 | 0 |
| 研究与咨询报告(篇) | 合计 | | 25 | 3 | 0 | 0 | 0 | 0 | 0 | 0 | 0 | 2 | 1 | 0 | 0 | 0 | 0 | 0 | 0 |
| | 被采纳数 | | 26 | 0 | 0 | 0 | 0 | 0 | 0 | 0 | 0 | 0 | 0 | 0 | 0 | 0 | 0 | 0 | 0 |

## 2.19 南通大学人文、社会科学研究与课题成果来源情况表

| | | 编号 | 合计 | 国家社科基金项目 | 国家社科基金单列学科项目 | 教育部人文社科研究项目 | 高校古籍整理研究项目 | 国家自然科学基金项目 | 中央其他部门社科专门项目 | 省、市、自治区社科基金项目 | 省教育厅社科项目 | 地、市、厅、局等政府部门项目 | 国际合作研究项目 | 与港、澳、台地区合作研究项目 | 企事业单位委托项目 | 学校社科项目 | 外资项目 | 其他 |
|---|---|---|---|---|---|---|---|---|---|---|---|---|---|---|---|---|---|---|
| | | | L01 | L02 | L03 | L04 | L05 | L06 | L07 | L08 | L09 | L10 | L11 | L12 | L13 | L14 | L15 | L16 |
| 课题数(项) | | 1 | 660 | 84 | 2 | 51 | 1 | 0 | 15 | 56 | 163 | 231 | 0 | 0 | 32 | 25 | 0 | 0 |
| 当年投入人数 | 合计(人年) | 2 | 134.7 | 22.6 | 0.4 | 12.8 | 0.3 | 0 | 4 | 11.3 | 35.8 | 37.9 | 0 | 0 | 6.8 | 2.8 | 0 | 0 |
| | 研究生(人年) | 3 | 1.9 | 0.1 | 0 | 0 | 0 | 0 | 0 | 0 | 0.2 | 0.7 | 0 | 0 | 0.9 | 0 | 0 | 0 |
| 当年拨入经费 | 合计(千元) | 4 | 10 680.15 | 3 820 | 0 | 1 088 | 30 | 0 | 80 | 360 | 560 | 1 479 | 0 | 0 | 3 263.15 | 0 | 0 | 0 |
| | 当年立项项目拨入经费(千元) | 5 | 10 025.15 | 3 700 | 0 | 553 | 30 | 0 | 80 | 360 | 560 | 1 479 | 0 | 0 | 3 263.15 | 0 | 0 | 0 |
| 当年支出经费(千元) | | 6 | 8 758.15 | 2 946 | 135 | 690 | 14 | 0 | 167 | 156 | 778 | 629 | 0 | 0 | 3243.15 | 0 | 0 | 0 |
| 当年新开课题数(项) | | 7 | 209 | 21 | 0 | 14 | 1 | 0 | 2 | 13 | 52 | 75 | 0 | 0 | 31 | 0 | 0 | 0 |
| 当年新开课题批准经费(千元) | | 8 | 11 976.15 | 4 350 | 0 | 1 280 | 30 | 0 | 100 | 450 | 812 | 1 691 | 0 | 0 | 3 263.15 | 0 | 0 | 0 |
| 当年完成课题数(项) | | 9 | 160 | 7 | 0 | 4 | 0 | 0 | 0 | 9 | 37 | 71 | 0 | 0 | 31 | 1 | 0 | 0 |

| | | | | | | | | | | | | | | | | | | | |
|---|---|---|---|---|---|---|---|---|---|---|---|---|---|---|---|---|---|---|---|
| 出版著作(部) | 合计 | | 10 | 4 | 2 | 0 | 0 | 0 | 0 | 0 | 0 | 0 | 1 | 0 | 0 | 1 | 0 | 0 | 0 |
| | 专著 | 合计 | 11 | 4 | 2 | 0 | 0 | 0 | 0 | 0 | 0 | 0 | 1 | 0 | 0 | 1 | 0 | 0 | 0 |
| | | 被译成外文 | 12 | 0 | 0 | 0 | 0 | 0 | 0 | 0 | 0 | 0 | 0 | 0 | 0 | 0 | 0 | 0 | 0 |
| | 编著教材 | | 13 | 0 | 0 | 0 | 0 | 0 | 0 | 0 | 0 | 0 | 0 | 0 | 0 | 0 | 0 | 0 | 0 |
| | 工具书/参考书 | | 14 | 0 | 0 | 0 | 0 | 0 | 0 | 0 | 0 | 0 | 0 | 0 | 0 | 0 | 0 | 0 | 0 |
| | 皮书/发展报告 | | 15 | 0 | 0 | 0 | 0 | 0 | 0 | 0 | 0 | 0 | 0 | 0 | 0 | 0 | 0 | 0 | 0 |
| | 科普读物 | | 16 | 0 | 0 | 0 | 0 | 0 | 0 | 0 | 0 | 0 | 0 | 0 | 0 | 0 | 0 | 0 | 0 |
| 古籍整理(部) | | | 17 | 0 | 0 | 0 | 0 | 0 | 0 | 0 | 0 | 0 | 0 | 0 | 0 | 0 | 0 | 0 | 0 |
| 译著(部) | | | 18 | 0 | 0 | 0 | 0 | 0 | 0 | 0 | 0 | 0 | 0 | 0 | 0 | 0 | 0 | 0 | 0 |
| 发表译文(篇) | | | 19 | 0 | 0 | 0 | 0 | 0 | 0 | 0 | 0 | 0 | 0 | 0 | 0 | 0 | 0 | 0 | 0 |
| 电子出版物(件) | | | 20 | 0 | 0 | 0 | 0 | 0 | 0 | 0 | 0 | 0 | 0 | 0 | 0 | 0 | 0 | 0 | 0 |
| 发表论文(篇) | 合计 | | 21 | 338 | 71 | 2 | 18 | 0 | 10 | 5 | 36 | 41 | 63 | 0 | 0 | 75 | 17 | 0 | 0 |
| | 国内学术刊物 | | 22 | 337 | 70 | 2 | 18 | 0 | 10 | 5 | 36 | 41 | 63 | 0 | 0 | 75 | 17 | 0 | 0 |
| | 国外学术刊物 | | 23 | 1 | 1 | 0 | 0 | 0 | 0 | 0 | 0 | 0 | 0 | 0 | 0 | 0 | 0 | 0 | 0 |
| | 港、澳、台刊物 | | 24 | 0 | 0 | 0 | 0 | 0 | 0 | 0 | 0 | 0 | 0 | 0 | 0 | 0 | 0 | 0 | 0 |
| 研究与咨询报告(篇) | 合计 | | 25 | 3 | 0 | 0 | 0 | 0 | 0 | 0 | 0 | 2 | 1 | 0 | 0 | 0 | 0 | 0 | 0 |
| | 被采纳数 | | 26 | 0 | 0 | 0 | 0 | 0 | 0 | 0 | 0 | 0 | 0 | 0 | 0 | 0 | 0 | 0 | 0 |

## 2.20 盐城工学院人文、社会科学研究与课题成果来源情况表

| | | | 课题来源 | | | | | | | | | | | | | | | |
|---|---|---|---|---|---|---|---|---|---|---|---|---|---|---|---|---|---|---|
| | | | 合计 | 国家社科基金项目 | 国家社科基金单列学科项目 | 教育部人文社科研究项目 | 高校古籍整理研究项目 | 国家自然科学基金项目 | 中央其他部门社科专门项目 | 省、市、自治区社科基金项目 | 省教育厅社科项目 | 地、市、厅、局等政府部门项目 | 国际合作研究项目 | 与港、澳、台地区合作研究项目 | 企事业单位委托项目 | 学校社科项目 | 外资项目 | 其他 |
| | | 编号 | L01 | L02 | L03 | L04 | L05 | L06 | L07 | L08 | L09 | L10 | L11 | L12 | L13 | L14 | L15 | L16 |
| 课题数(项) | | 1 | 356 | 15 | 1 | 12 | 0 | 0 | 5 | 39 | 145 | 68 | 0 | 0 | 37 | 34 | 0 | 0 |
| 当年投入人数 | 合计(人年) | 2 | 35.9 | 1.8 | 0.1 | 1.2 | 0 | 0 | 0.5 | 3.9 | 14.5 | 6.8 | 0 | 0 | 3.7 | 3.4 | 0 | 0 |
| | 研究生(人年) | 3 | 0 | 0 | 0 | 0 | 0 | 0 | 0 | 0 | 0 | 0 | 0 | 0 | 0 | 0 | 0 | 0 |
| 当年拨入经费 | 合计(千元) | 4 | 7 197.28 | 950 | 0 | 290 | 0 | 0 | 10 | 288 | 562 | 1 512 | 0 | 0 | 3 490.28 | 95 | 0 | 0 |
| | 当年立项项目拨入经费(千元) | 5 | 6 815.28 | 950 | 0 | 70 | 0 | 0 | 10 | 258 | 430 | 1 512 | 0 | 0 | 3 490.28 | 95 | 0 | 0 |
| 当年支出经费(千元) | | 6 | 7 176.28 | 944 | 0 | 290 | 0 | 0 | 15 | 298 | 566 | 1 462 | 0 | 0 | 3 506.28 | 95 | 0 | 0 |
| 当年新开课题数(项) | | 7 | 160 | 5 | 0 | 2 | 0 | 0 | 1 | 7 | 32 | 63 | 0 | 0 | 23 | 27 | 0 | 0 |
| 当年新开课题批准经费(千元) | | 8 | 7 123.28 | 1 000 | 0 | 160 | 0 | 0 | 10 | 340 | 500 | 1 528 | 0 | 0 | 3 490.28 | 95 | 0 | 0 |
| 当年完成课题数(项) | | 9 | 199 | 0 | 1 | 4 | 0 | 0 | 4 | 14 | 66 | 47 | 0 | 0 | 31 | 32 | 0 | 0 |

| | | | | | | | | | | | | | | | | | | | |
|---|---|---|---|---|---|---|---|---|---|---|---|---|---|---|---|---|---|---|---|
| 出版著作(部) | 合计 | | 10 | 4 | 2 | 0 | 0 | 0 | 0 | 0 | 0 | 0 | 1 | 0 | 0 | 1 | 0 | 0 | 0 |
| | 专著 | 合计 | 11 | 4 | 2 | 0 | 0 | 0 | 0 | 0 | 0 | 0 | 1 | 0 | 0 | 1 | 0 | 0 | 0 |
| | | 被译成外文 | 12 | 0 | 0 | 0 | 0 | 0 | 0 | 0 | 0 | 0 | 0 | 0 | 0 | 0 | 0 | 0 | 0 |
| | 编著教材 | | 13 | 0 | 0 | 0 | 0 | 0 | 0 | 0 | 0 | 0 | 0 | 0 | 0 | 0 | 0 | 0 | 0 |
| | 工具书/参考书 | | 14 | 0 | 0 | 0 | 0 | 0 | 0 | 0 | 0 | 0 | 0 | 0 | 0 | 0 | 0 | 0 | 0 |
| | 皮书/发展报告 | | 15 | 0 | 0 | 0 | 0 | 0 | 0 | 0 | 0 | 0 | 0 | 0 | 0 | 0 | 0 | 0 | 0 |
| | 科普读物 | | 16 | 0 | 0 | 0 | 0 | 0 | 0 | 0 | 0 | 0 | 0 | 0 | 0 | 0 | 0 | 0 | 0 |
| 古籍整理(部) | | | 17 | 0 | 0 | 0 | 0 | 0 | 0 | 0 | 0 | 0 | 0 | 0 | 0 | 0 | 0 | 0 | 0 |
| 译著(部) | | | 18 | 0 | 0 | 0 | 0 | 0 | 0 | 0 | 0 | 0 | 0 | 0 | 0 | 0 | 0 | 0 | 0 |
| 发表译文(篇) | | | 19 | 0 | 0 | 0 | 0 | 0 | 0 | 0 | 0 | 0 | 0 | 0 | 0 | 0 | 0 | 0 | 0 |
| 电子出版物(件) | | | 20 | 0 | 0 | 0 | 0 | 0 | 0 | 0 | 0 | 0 | 0 | 0 | 0 | 0 | 0 | 0 | 0 |
| 发表论文(篇) | 合计 | | 21 | 338 | 71 | 2 | 18 | 0 | 10 | 5 | 36 | 41 | 63 | 0 | 0 | 75 | 17 | 0 | 0 |
| | 国内学术刊物 | | 22 | 337 | 70 | 2 | 18 | 0 | 10 | 5 | 36 | 41 | 63 | 0 | 0 | 75 | 17 | 0 | 0 |
| | 国外学术刊物 | | 23 | 1 | 1 | 0 | 0 | 0 | 0 | 0 | 0 | 0 | 0 | 0 | 0 | 0 | 0 | 0 | 0 |
| | 港、澳、台刊物 | | 24 | 0 | 0 | 0 | 0 | 0 | 0 | 0 | 0 | 0 | 0 | 0 | 0 | 0 | 0 | 0 | 0 |
| 研究与咨询报告(篇) | 合计 | | 25 | 3 | 0 | 0 | 0 | 0 | 0 | 0 | 0 | 2 | 1 | 0 | 0 | 0 | 0 | 0 | 0 |
| | 被采纳数 | | 26 | 0 | 0 | 0 | 0 | 0 | 0 | 0 | 0 | 0 | 0 | 0 | 0 | 0 | 0 | 0 | 0 |

## 2.21 南京医科大学人文、社会科学研究与课题成果来源情况表

| | | | 课题来源 | | | | | | | | | | | | | | | |
|---|---|---|---|---|---|---|---|---|---|---|---|---|---|---|---|---|---|---|
| | | | 合计 | 国家社科基金项目 | 国家社科基金单列学科项目 | 教育部人文社科研究项目 | 高校古籍整理研究项目 | 国家自然科学基金项目 | 中央其他部门社科专门项目 | 省、市、自治区社科基金项目 | 省教育厅社科项目 | 地、市、厅、局等政府部门项目 | 国际合作研究项目 | 与港、澳、台地区合作研究项目 | 企事业单位委托项目 | 学校社科项目 | 外资项目 | 其他 |
| | | 编号 | L01 | L02 | L03 | L04 | L05 | L06 | L07 | L08 | L09 | L10 | L11 | L12 | L13 | L14 | L15 | L16 |
| 课题数(项) | | 1 | 118 | 7 | 1 | 2 | 0 | 0 | 0 | 10 | 45 | 23 | 0 | 0 | 8 | 21 | 0 | 1 |
| 当年投入人数 | 合计(人年) | 2 | 15.9 | 1 | 0.1 | 0.4 | 0 | 0 | 0 | 1.9 | 5.8 | 2.4 | 0 | 0 | 1.1 | 3.1 | 0 | 0.1 |
| | 研究生(人年) | 3 | 0 | 0 | 0 | 0 | 0 | 0 | 0 | 0 | 0 | 0 | 0 | 0 | 0 | 0 | 0 | 0 |
| 当年拨入经费 | 合计(千元) | 4 | 609 | 350 | 0 | 0 | 0 | 0 | 0 | 70 | 0 | 189 | 0 | 0 | 0 | 0 | 0 | 0 |
| | 当年立项项目拨入经费(千元) | 5 | 589 | 330 | 0 | 0 | 0 | 0 | 0 | 70 | 0 | 189 | 0 | 0 | 0 | 0 | 0 | 0 |
| 当年支出经费(千元) | | 6 | 754.23 | 216 | 121.9 | 12 | 0 | 0 | 0 | 184.9 | 137.51 | 0 | 0 | 0 | 79.92 | 2 | 0 | 0 |
| 当年新开课题数(项) | | 7 | 23 | 1 | 0 | 0 | 0 | 0 | 0 | 1 | 0 | 21 | 0 | 0 | 0 | 0 | 0 | 0 |
| 当年新开课题批准经费(千元) | | 8 | 619 | 350 | 0 | 0 | 0 | 0 | 0 | 80 | 0 | 189 | 0 | 0 | 0 | 0 | 0 | 0 |
| 当年完成课题数(项) | | 9 | 29 | 2 | 0 | 1 | 0 | 0 | 0 | 0 | 9 | 1 | 0 | 0 | 7 | 8 | 0 | 1 |

| | | | | | | | | | | | | | | | | | | |
|---|---|---|---|---|---|---|---|---|---|---|---|---|---|---|---|---|---|---|
| 出版著作(部) | 合计 | | 10 | 4 | 2 | 0 | 0 | 0 | 0 | 0 | 0 | 0 | 1 | 0 | 0 | 1 | 0 | 0 | 0 |
| | 专著 | 合计 | 11 | 4 | 2 | 0 | 0 | 0 | 0 | 0 | 0 | 0 | 1 | 0 | 0 | 1 | 0 | 0 | 0 |
| | | 被译成外文 | 12 | 0 | 0 | 0 | 0 | 0 | 0 | 0 | 0 | 0 | 0 | 0 | 0 | 0 | 0 | 0 | 0 |
| | 编著教材 | | 13 | 0 | 0 | 0 | 0 | 0 | 0 | 0 | 0 | 0 | 0 | 0 | 0 | 0 | 0 | 0 | 0 |
| | 工具书/参考书 | | 14 | 0 | 0 | 0 | 0 | 0 | 0 | 0 | 0 | 0 | 0 | 0 | 0 | 0 | 0 | 0 | 0 |
| | 皮书/发展报告 | | 15 | 0 | 0 | 0 | 0 | 0 | 0 | 0 | 0 | 0 | 0 | 0 | 0 | 0 | 0 | 0 | 0 |
| | 科普读物 | | 16 | 0 | 0 | 0 | 0 | 0 | 0 | 0 | 0 | 0 | 0 | 0 | 0 | 0 | 0 | 0 | 0 |
| 古籍整理(部) | | | 17 | 0 | 0 | 0 | 0 | 0 | 0 | 0 | 0 | 0 | 0 | 0 | 0 | 0 | 0 | 0 | 0 |
| 译著(部) | | | 18 | 0 | 0 | 0 | 0 | 0 | 0 | 0 | 0 | 0 | 0 | 0 | 0 | 0 | 0 | 0 | 0 |
| 发表译文(篇) | | | 19 | 0 | 0 | 0 | 0 | 0 | 0 | 0 | 0 | 0 | 0 | 0 | 0 | 0 | 0 | 0 | 0 |
| 电子出版物(件) | | | 20 | 0 | 0 | 0 | 0 | 0 | 0 | 0 | 0 | 0 | 0 | 0 | 0 | 0 | 0 | 0 | 0 |
| 发表论文(篇) | 合计 | | 21 | 338 | 71 | 2 | 18 | 0 | 10 | 5 | 36 | 41 | 63 | 0 | 0 | 75 | 17 | 0 | 0 |
| | 国内学术刊物 | | 22 | 337 | 70 | 2 | 18 | 0 | 10 | 5 | 36 | 41 | 63 | 0 | 0 | 75 | 17 | 0 | 0 |
| | 国外学术刊物 | | 23 | 1 | 1 | 0 | 0 | 0 | 0 | 0 | 0 | 0 | 0 | 0 | 0 | 0 | 0 | 0 | 0 |
| | 港、澳、台刊物 | | 24 | 0 | 0 | 0 | 0 | 0 | 0 | 0 | 0 | 0 | 0 | 0 | 0 | 0 | 0 | 0 | 0 |
| 研究与咨询报告(篇) | 合计 | | 25 | 3 | 0 | 0 | 0 | 0 | 0 | 0 | 0 | 2 | 1 | 0 | 0 | 0 | 0 | 0 | 0 |
| | 被采纳数 | | 26 | 0 | 0 | 0 | 0 | 0 | 0 | 0 | 0 | 0 | 0 | 0 | 0 | 0 | 0 | 0 | 0 |

## 2.22 徐州医科大学人文、社会科学研究与课题成果来源情况表

| | | | 课题来源 | | | | | | | | | | | | | | | |
|---|---|---|---|---|---|---|---|---|---|---|---|---|---|---|---|---|---|---|
| | | | 合计 | 国家社科基金项目 | 国家社科基金单列学科项目 | 教育部人文社科研究项目 | 高校古籍整理研究项目 | 国家自然科学基金项目 | 中央其他部门社科专门项目 | 省、市、自治区社科基金项目 | 省教育厅社科项目 | 地、市、厅、局等政府部门项目 | 国际合作研究项目 | 与港、澳、台地区合作研究项目 | 企事业单位委托项目 | 学校社科项目 | 外资项目 | 其他 |
| | | 编号 | L01 | L02 | L03 | L04 | L05 | L06 | L07 | L08 | L09 | L10 | L11 | L12 | L13 | L14 | L15 | L16 |
| 课题数(项) | | 1 | 115 | 2 | 0 | 4 | 0 | 0 | 0 | 6 | 91 | 6 | 0 | 0 | 6 | 0 | 0 | 0 |
| 当年投入人数 | 合计(人年) | 2 | 22.8 | 0.9 | 0 | 1.1 | 0 | 0 | 0 | 1.3 | 17.6 | 1 | 0 | 0 | 0.9 | 0 | 0 | 0 |
| | 研究生(人年) | 3 | 0 | 0 | 0 | 0 | 0 | 0 | 0 | 0 | 0 | 0 | 0 | 0 | 0 | 0 | 0 | 0 |
| 当年拨入经费 | 合计(千元) | 4 | 416 | 0 | 0 | 50 | 0 | 0 | 0 | 40 | 80 | 153 | 0 | 0 | 93 | 0 | 0 | 0 |
| | 当年立项项目拨入经费(千元) | 5 | 386 | 0 | 0 | 20 | 0 | 0 | 0 | 40 | 80 | 153 | 0 | 0 | 93 | 0 | 0 | 0 |
| 当年支出经费(千元) | | 6 | 488.6 | 60 | 0 | 56 | 0 | 0 | 0 | 86.5 | 103.1 | 95 | 0 | 0 | 88 | 0 | 0 | 0 |
| 当年新开课题数(项) | | 7 | 15 | 0 | 0 | 1 | 0 | 0 | 0 | 1 | 2 | 5 | 0 | 0 | 6 | 0 | 0 | 0 |
| 当年新开课题批准经费(千元) | | 8 | 596 | 0 | 0 | 100 | 0 | 0 | 0 | 50 | 200 | 153 | 0 | 0 | 93 | 0 | 0 | 0 |
| 当年完成课题数(项) | | 9 | 36 | 0 | 0 | 1 | 0 | 0 | 0 | 2 | 26 | 4 | 0 | 0 | 3 | 0 | 0 | 0 |

| | | | | | | | | | | | | | | | | | | |
|---|---|---|---|---|---|---|---|---|---|---|---|---|---|---|---|---|---|---|
| 出版著作（部） | 合计 | | 10 | 4 | 2 | 0 | 0 | 0 | 0 | 0 | 0 | 0 | 1 | 0 | 0 | 1 | 0 | 0 | 0 |
| | 专著 | 合计 | 11 | 4 | 2 | 0 | 0 | 0 | 0 | 0 | 0 | 0 | 1 | 0 | 0 | 1 | 0 | 0 | 0 |
| | | 被译成外文 | 12 | 0 | 0 | 0 | 0 | 0 | 0 | 0 | 0 | 0 | 0 | 0 | 0 | 0 | 0 | 0 | 0 |
| | 编著教材 | | 13 | 0 | 0 | 0 | 0 | 0 | 0 | 0 | 0 | 0 | 0 | 0 | 0 | 0 | 0 | 0 | 0 |
| | 工具书/参考书 | | 14 | 0 | 0 | 0 | 0 | 0 | 0 | 0 | 0 | 0 | 0 | 0 | 0 | 0 | 0 | 0 | 0 |
| | 皮书/发展报告 | | 15 | 0 | 0 | 0 | 0 | 0 | 0 | 0 | 0 | 0 | 0 | 0 | 0 | 0 | 0 | 0 | 0 |
| | 科普读物 | | 16 | 0 | 0 | 0 | 0 | 0 | 0 | 0 | 0 | 0 | 0 | 0 | 0 | 0 | 0 | 0 | 0 |
| 古籍整理（部） | | | 17 | 0 | 0 | 0 | 0 | 0 | 0 | 0 | 0 | 0 | 0 | 0 | 0 | 0 | 0 | 0 | 0 |
| 译著（部） | | | 18 | 0 | 0 | 0 | 0 | 0 | 0 | 0 | 0 | 0 | 0 | 0 | 0 | 0 | 0 | 0 | 0 |
| 发表译文（篇） | | | 19 | 0 | 0 | 0 | 0 | 0 | 0 | 0 | 0 | 0 | 0 | 0 | 0 | 0 | 0 | 0 | 0 |
| 电子出版物（件） | | | 20 | 0 | 0 | 0 | 0 | 0 | 0 | 0 | 0 | 0 | 0 | 0 | 0 | 0 | 0 | 0 | 0 |
| 发表论文（篇） | 合计 | | 21 | 338 | 71 | 2 | 18 | 0 | 10 | 5 | 36 | 41 | 63 | 0 | 0 | 75 | 17 | 0 | 0 |
| | 国内学术刊物 | | 22 | 337 | 70 | 2 | 18 | 0 | 10 | 5 | 36 | 41 | 63 | 0 | 0 | 75 | 17 | 0 | 0 |
| | 国外学术刊物 | | 23 | 1 | 1 | 0 | 0 | 0 | 0 | 0 | 0 | 0 | 0 | 0 | 0 | 0 | 0 | 0 | 0 |
| | 港、澳、台刊物 | | 24 | 0 | 0 | 0 | 0 | 0 | 0 | 0 | 0 | 0 | 0 | 0 | 0 | 0 | 0 | 0 | 0 |
| 研究与咨询报告（篇） | 合计 | | 25 | 3 | 0 | 0 | 0 | 0 | 0 | 0 | 0 | 2 | 1 | 0 | 0 | 0 | 0 | 0 | 0 |
| | 被采纳数 | | 26 | 0 | 0 | 0 | 0 | 0 | 0 | 0 | 0 | 0 | 0 | 0 | 0 | 0 | 0 | 0 | 0 |

## 2.23 南京中医药大学人文、社会科学研究与课题成果来源情况表

| | | | 课题来源 | | | | | | | | | | | | | | | |
|---|---|---|---|---|---|---|---|---|---|---|---|---|---|---|---|---|---|---|
| | | | 合计 | 国家社科基金项目 | 国家社科基金单列学科项目 | 教育部人文社科研究项目 | 高校古籍整理研究项目 | 国家自然科学基金项目 | 中央其他部门社科专门项目 | 省、市、自治区社科基金项目 | 省教育厅社科项目 | 地、市、厅、局等政府部门项目 | 国际合作研究项目 | 与港、澳、台地区合作研究项目 | 企事业单位委托项目 | 学校社科项目 | 外资项目 | 其他 |
| | | 编号 | L01 | L02 | L03 | L04 | L05 | L06 | L07 | L08 | L09 | L10 | L11 | L12 | L13 | L14 | L15 | L16 |
| 课题数(项) | | 1 | 292 | 15 | 0 | 18 | 1 | 4 | 5 | 28 | 171 | 23 | 0 | 0 | 20 | 7 | 0 | 0 |
| 当年投入人数 | 合计(人年) | 2 | 96.4 | 7.3 | 0 | 8.6 | 0.2 | 1.4 | 0.7 | 10 | 53.9 | 7.2 | 0 | 0 | 5.1 | 2 | 0 | 0 |
| | 研究生(人年) | 3 | 0 | 0 | 0 | 0 | 0 | 0 | 0 | 0 | 0 | 0 | 0 | 0 | 0 | 0 | 0 | 0 |
| 当年拨入经费 | 合计(千元) | 4 | 3 273.3 | 600 | 0 | 468 | 0 | 333.1 | 0 | 230 | 504 | 167 | 0 | 0 | 941.4 | 29.8 | 0 | 0 |
| | 当年立项项目拨入经费(千元) | 5 | 2 265.4 | 580 | 0 | 60 | 0 | 240 | 0 | 160 | 410 | 80 | 0 | 0 | 707.4 | 28 | 0 | 0 |
| 当年支出经费(千元) | | 6 | 3 641.52 | 769.71 | 0 | 346.16 | 3 | 205.3 | 40 | 257.7 | 497.2 | 192.3 | 0 | 0 | 1 292.8 | 37.35 | 0 | 0 |
| 当年新开课题数(项) | | 7 | 71 | 4 | 0 | 2 | 0 | 1 | 0 | 5 | 38 | 10 | 0 | 0 | 8 | 3 | 0 | 0 |
| 当年新开课题批准经费(千元) | | 8 | 3 345 | 1 000 | 0 | 160 | 0 | 480 | 0 | 180 | 470 | 92 | 0 | 0 | 935 | 28 | 0 | 0 |
| 当年完成课题数(项) | | 9 | 66 | 2 | 0 | 2 | 0 | 1 | 4 | 8 | 27 | 11 | 0 | 0 | 8 | 3 | 0 | 0 |

| | | | | | | | | | | | | | | | | | | | |
|---|---|---|---|---|---|---|---|---|---|---|---|---|---|---|---|---|---|---|---|
| 出版著作（部） | 合计 | | 10 | 4 | 2 | 0 | 0 | 0 | 0 | 0 | 0 | 0 | 1 | 0 | 0 | 1 | 0 | 0 | 0 |
| | 专著 | 合计 | 11 | 4 | 2 | 0 | 0 | 0 | 0 | 0 | 0 | 0 | 1 | 0 | 0 | 1 | 0 | 0 | 0 |
| | | 被译成外文 | 12 | 0 | 0 | 0 | 0 | 0 | 0 | 0 | 0 | 0 | 0 | 0 | 0 | 0 | 0 | 0 | 0 |
| | 编著教材 | | 13 | 0 | 0 | 0 | 0 | 0 | 0 | 0 | 0 | 0 | 0 | 0 | 0 | 0 | 0 | 0 | 0 |
| | 工具书/参考书 | | 14 | 0 | 0 | 0 | 0 | 0 | 0 | 0 | 0 | 0 | 0 | 0 | 0 | 0 | 0 | 0 | 0 |
| | 皮书/发展报告 | | 15 | 0 | 0 | 0 | 0 | 0 | 0 | 0 | 0 | 0 | 0 | 0 | 0 | 0 | 0 | 0 | 0 |
| | 科普读物 | | 16 | 0 | 0 | 0 | 0 | 0 | 0 | 0 | 0 | 0 | 0 | 0 | 0 | 0 | 0 | 0 | 0 |
| 古籍整理(部) | | | 17 | 0 | 0 | 0 | 0 | 0 | 0 | 0 | 0 | 0 | 0 | 0 | 0 | 0 | 0 | 0 | 0 |
| 译著(部) | | | 18 | 0 | 0 | 0 | 0 | 0 | 0 | 0 | 0 | 0 | 0 | 0 | 0 | 0 | 0 | 0 | 0 |
| 发表译文(篇) | | | 19 | 0 | 0 | 0 | 0 | 0 | 0 | 0 | 0 | 0 | 0 | 0 | 0 | 0 | 0 | 0 | 0 |
| 电子出版物(件) | | | 20 | 0 | 0 | 0 | 0 | 0 | 0 | 0 | 0 | 0 | 0 | 0 | 0 | 0 | 0 | 0 | 0 |
| 发表论文（篇） | 合计 | | 21 | 338 | 71 | 2 | 18 | 0 | 10 | 5 | 36 | 41 | 63 | 0 | 0 | 75 | 17 | 0 | 0 |
| | 国内学术刊物 | | 22 | 337 | 70 | 2 | 18 | 0 | 10 | 5 | 36 | 41 | 63 | 0 | 0 | 75 | 17 | 0 | 0 |
| | 国外学术刊物 | | 23 | 1 | 1 | 0 | 0 | 0 | 0 | 0 | 0 | 0 | 0 | 0 | 0 | 0 | 0 | 0 | 0 |
| | 港、澳、台刊物 | | 24 | 0 | 0 | 0 | 0 | 0 | 0 | 0 | 0 | 0 | 0 | 0 | 0 | 0 | 0 | 0 | 0 |
| 研究与咨询报告（篇） | 合计 | | 25 | 3 | 0 | 0 | 0 | 0 | 0 | 0 | 0 | 2 | 1 | 0 | 0 | 0 | 0 | 0 | 0 |
| | 被采纳数 | | 26 | 0 | 0 | 0 | 0 | 0 | 0 | 0 | 0 | 0 | 0 | 0 | 0 | 0 | 0 | 0 | 0 |

## 2.24 南京师范大学人文、社会科学研究与课题成果来源情况表

| | | 编号 | 课题来源：合计 | 国家社科基金项目 | 国家社科基金单列学科项目 | 教育部人文社科研究项目 | 高校古籍整理研究项目 | 国家自然科学基金项目 | 中央其他部门社科专门项目 | 省、市、自治区社科基金项目 | 省教育厅社科项目 | 地、市、厅、局等政府部门项目 | 国际合作研究项目 | 与港、澳、台地区合作研究项目 | 企事业单位委托项目 | 学校社科项目 | 外资项目 | 其他 |
|---|---|---|---|---|---|---|---|---|---|---|---|---|---|---|---|---|---|---|
| | | | L01 | L02 | L03 | L04 | L05 | L06 | L07 | L08 | L09 | L10 | L11 | L12 | L13 | L14 | L15 | L16 |
| 课题数(项) | | 1 | 1 143 | 277 | 23 | 87 | 2 | 0 | 35 | 175 | 191 | 79 | 2 | 2 | 245 | 25 | 0 | 0 |
| 当年投入人数 | 合计(人年) | 2 | 258.8 | 102.7 | 5.8 | 34.9 | 0.2 | 0 | 3.8 | 33.2 | 40.3 | 10 | 0.2 | 0.2 | 24.7 | 2.8 | 0 | 0 |
| | 研究生(人年) | 3 | 30.5 | 13.8 | 1.4 | 5.8 | 0 | 0 | 0.4 | 4.5 | 3.9 | 0.6 | 0 | 0 | 0.1 | 0 | 0 | 0 |
| 当年拨入经费 | 合计(千元) | 4 | 47 389.19 | 10 836.3 | 690 | 2 071.35 | 0 | 0 | 161.1 | 1 748.9 | 847.5 | 3 354.7 | 40 | 200 | 27 439.34 | 0 | 0 | 0 |
| | 当年立项项目拨入经费(千元) | 5 | 36 262.4 | 10 180 | 492 | 1 579.5 | 0 | 0 | 83 | 1 209 | 332.5 | 3 308.7 | 40 | 200 | 18 837.7 | 0 | 0 | 0 |
| 当年支出经费(千元) | | 6 | 31 157.93 | 5 312.07 | 258.9 | 1 643.92 | 4.8 | 0 | 309.35 | 2 183.38 | 604.4 | 3 256.35 | 69.85 | 273.5 | 17 173.91 | 67.5 | 0 | 0 |
| 当年新开课题数(项) | | 7 | 339 | 59 | 3 | 20 | 0 | 0 | 2 | 44 | 41 | 28 | 1 | 2 | 139 | 0 | 0 | 0 |
| 当年新开课题批准经费(千元) | | 8 | 58 402.26 | 14 420 | 600 | 4 088.8 | 0 | 0 | 130 | 2 095 | 1 572.5 | 4 817.4 | 50 | 226.9 | 30 401.66 | 0 | 0 | 0 |
| 当年完成课题数(项) | | 9 | 189 | 19 | 1 | 6 | 0 | 0 | 1 | 19 | 25 | 22 | 1 | 1 | 80 | 14 | 0 | 0 |

| | | | 编号 | | | | | | | | | | | | | | | | |
|---|---|---|---|---|---|---|---|---|---|---|---|---|---|---|---|---|---|---|---|
| 出版著作（部） | 合计 | | 10 | 4 | 2 | 0 | 0 | 0 | 0 | 0 | 0 | 0 | 1 | 0 | 0 | 1 | 0 | 0 | 0 |
| | 专著 | 合计 | 11 | 4 | 2 | 0 | 0 | 0 | 0 | 0 | 0 | 0 | 1 | 0 | 0 | 1 | 0 | 0 | 0 |
| | | 被译成外文 | 12 | 0 | 0 | 0 | 0 | 0 | 0 | 0 | 0 | 0 | 0 | 0 | 0 | 0 | 0 | 0 | 0 |
| | 编著教材 | | 13 | 0 | 0 | 0 | 0 | 0 | 0 | 0 | 0 | 0 | 0 | 0 | 0 | 0 | 0 | 0 | 0 |
| | 工具书/参考书 | | 14 | 0 | 0 | 0 | 0 | 0 | 0 | 0 | 0 | 0 | 0 | 0 | 0 | 0 | 0 | 0 | 0 |
| | 皮书/发展报告 | | 15 | 0 | 0 | 0 | 0 | 0 | 0 | 0 | 0 | 0 | 0 | 0 | 0 | 0 | 0 | 0 | 0 |
| | 科普读物 | | 16 | 0 | 0 | 0 | 0 | 0 | 0 | 0 | 0 | 0 | 0 | 0 | 0 | 0 | 0 | 0 | 0 |
| 古籍整理（部） | | | 17 | 0 | 0 | 0 | 0 | 0 | 0 | 0 | 0 | 0 | 0 | 0 | 0 | 0 | 0 | 0 | 0 |
| 译著（部） | | | 18 | 0 | 0 | 0 | 0 | 0 | 0 | 0 | 0 | 0 | 0 | 0 | 0 | 0 | 0 | 0 | 0 |
| 发表译文（篇） | | | 19 | 0 | 0 | 0 | 0 | 0 | 0 | 0 | 0 | 0 | 0 | 0 | 0 | 0 | 0 | 0 | 0 |
| 电子出版物（件） | | | 20 | 0 | 0 | 0 | 0 | 0 | 0 | 0 | 0 | 0 | 0 | 0 | 0 | 0 | 0 | 0 | 0 |
| 发表论文（篇） | 合计 | | 21 | 338 | 71 | 2 | 18 | 0 | 10 | 5 | 36 | 41 | 63 | 0 | 0 | 75 | 17 | 0 | 0 |
| | 国内学术刊物 | | 22 | 337 | 70 | 2 | 18 | 0 | 10 | 5 | 36 | 41 | 63 | 0 | 0 | 75 | 17 | 0 | 0 |
| | 国外学术刊物 | | 23 | 1 | 1 | 0 | 0 | 0 | 0 | 0 | 0 | 0 | 0 | 0 | 0 | 0 | 0 | 0 | 0 |
| | 港、澳、台刊物 | | 24 | 0 | 0 | 0 | 0 | 0 | 0 | 0 | 0 | 0 | 0 | 0 | 0 | 0 | 0 | 0 | 0 |
| 研究与咨询报告（篇） | 合计 | | 25 | 3 | 0 | 0 | 0 | 0 | 0 | 0 | 0 | 2 | 1 | 0 | 0 | 0 | 0 | 0 | 0 |
| | 被采纳数 | | 26 | 0 | 0 | 0 | 0 | 0 | 0 | 0 | 0 | 0 | 0 | 0 | 0 | 0 | 0 | 0 | 0 |

## 2.25 江苏师范大学人文、社会科学研究与课题成果来源情况表

| | | | 课题来源 | | | | | | | | | | | | | | | |
|---|---|---|---|---|---|---|---|---|---|---|---|---|---|---|---|---|---|---|
| | | | 合计 | 国家社科基金项目 | 国家社科基金单列学科项目 | 教育部人文社科研究项目 | 高校古籍整理研究项目 | 国家自然科学基金项目 | 中央其他部门社科专门项目 | 省、市、自治区社科基金项目 | 省教育厅社科项目 | 地、市、厅、局等政府部门项目 | 国际合作研究项目 | 与港、澳、台地区合作研究项目 | 企事业单位委托项目 | 学校社科项目 | 外资项目 | 其他 |
| | | 编号 | L01 | L02 | L03 | L04 | L05 | L06 | L07 | L08 | L09 | L10 | L11 | L12 | L13 | L14 | L15 | L16 |
| 课题数(项) | | 1 | 970 | 145 | 11 | 65 | 5 | 7 | 17 | 93 | 192 | 147 | 0 | 0 | 169 | 117 | 0 | 2 |
| 当年投入人数 | 合计(人年) | 2 | 364.4 | 84.9 | 4.5 | 22.5 | 2.1 | 1.8 | 7.4 | 34.8 | 58.3 | 49.8 | 0 | 0 | 46.7 | 50.5 | 0 | 1.1 |
| | 研究生(人年) | 3 | 4.3 | 2.2 | 0 | 0 | 0 | 0 | 0 | 0.5 | 0.4 | 0.6 | 0 | 0 | 0.6 | 0 | 0 | 0 |
| 当年拨入经费 | 合计(千元) | 4 | 85 338.91 | 5 090 | 160 | 1 771 | 0 | 0 | 12 490 | 3 490 | 678 | 7 574.16 | 0 | 0 | 22 437.95 | 31 632.8 | 0 | 15 |
| | 当年立项项目拨入经费(千元) | 5 | 84 011.91 | 4 990 | 160 | 544 | 0 | 0 | 12 490 | 3 490 | 678 | 7 574.16 | 0 | 0 | 22 437.95 | 31 632.8 | 0 | 15 |
| 当年支出经费(千元) | | 6 | 106 130.84 | 16 674 | 870 | 1 473 | 54 | 248 | 6 632.5 | 3 938.7 | 1 126.9 | 11 275.66 | 0 | 0 | 22 832.88 | 40 995.2 | 0 | 10 |
| 当年新开课题数(项) | | 7 | 338 | 24 | 1 | 15 | 0 | 0 | 6 | 25 | 57 | 81 | 0 | 0 | 99 | 28 | 0 | 2 |
| 当年新开课题批准经费(千元) | | 8 | 85 377.91 | 5 500 | 200 | 1 200 | 0 | 0 | 12 490 | 3 576 | 750 | 7 576.16 | 0 | 0 | 22 437.95 | 31 632.8 | 0 | 15 |
| 当年完成课题数(项) | | 9 | 464 | 31 | 5 | 9 | 2 | 0 | 10 | 26 | 71 | 133 | 0 | 0 | 99 | 78 | 0 | 0 |

| | | | | | | | | | | | | | | | | | | | |
|---|---|---|---|---|---|---|---|---|---|---|---|---|---|---|---|---|---|---|---|
| 出版著作(部) | 合计 | | 10 | 4 | 2 | 0 | 0 | 0 | 0 | 0 | 0 | 0 | 1 | 0 | 0 | 1 | 0 | 0 | 0 |
| | 专著 | 合计 | 11 | 4 | 2 | 0 | 0 | 0 | 0 | 0 | 0 | 0 | 1 | 0 | 0 | 1 | 0 | 0 | 0 |
| | | 被译成外文 | 12 | 0 | 0 | 0 | 0 | 0 | 0 | 0 | 0 | 0 | 0 | 0 | 0 | 0 | 0 | 0 | 0 |
| | 编著教材 | | 13 | 0 | 0 | 0 | 0 | 0 | 0 | 0 | 0 | 0 | 0 | 0 | 0 | 0 | 0 | 0 | 0 |
| | 工具书/参考书 | | 14 | 0 | 0 | 0 | 0 | 0 | 0 | 0 | 0 | 0 | 0 | 0 | 0 | 0 | 0 | 0 | 0 |
| | 皮书/发展报告 | | 15 | 0 | 0 | 0 | 0 | 0 | 0 | 0 | 0 | 0 | 0 | 0 | 0 | 0 | 0 | 0 | 0 |
| | 科普读物 | | 16 | 0 | 0 | 0 | 0 | 0 | 0 | 0 | 0 | 0 | 0 | 0 | 0 | 0 | 0 | 0 | 0 |
| 古籍整理(部) | | | 17 | 0 | 0 | 0 | 0 | 0 | 0 | 0 | 0 | 0 | 0 | 0 | 0 | 0 | 0 | 0 | 0 |
| 译著(部) | | | 18 | 0 | 0 | 0 | 0 | 0 | 0 | 0 | 0 | 0 | 0 | 0 | 0 | 0 | 0 | 0 | 0 |
| 发表译文(篇) | | | 19 | 0 | 0 | 0 | 0 | 0 | 0 | 0 | 0 | 0 | 0 | 0 | 0 | 0 | 0 | 0 | 0 |
| 电子出版物(件) | | | 20 | 0 | 0 | 0 | 0 | 0 | 0 | 0 | 0 | 0 | 0 | 0 | 0 | 0 | 0 | 0 | 0 |
| 发表论文(篇) | 合计 | | 21 | 338 | 71 | 2 | 18 | 0 | 10 | 5 | 36 | 41 | 63 | 0 | 0 | 75 | 17 | 0 | 0 |
| | 国内学术刊物 | | 22 | 337 | 70 | 2 | 18 | 0 | 10 | 5 | 36 | 41 | 63 | 0 | 0 | 75 | 17 | 0 | 0 |
| | 国外学术刊物 | | 23 | 1 | 1 | 0 | 0 | 0 | 0 | 0 | 0 | 0 | 0 | 0 | 0 | 0 | 0 | 0 | 0 |
| | 港、澳、台刊物 | | 24 | 0 | 0 | 0 | 0 | 0 | 0 | 0 | 0 | 0 | 0 | 0 | 0 | 0 | 0 | 0 | 0 |
| 研究与咨询报告(篇) | 合计 | | 25 | 3 | 0 | 0 | 0 | 0 | 0 | 0 | 0 | 2 | 1 | 0 | 0 | 0 | 0 | 0 | 0 |
| | 被采纳数 | | 26 | 0 | 0 | 0 | 0 | 0 | 0 | 0 | 0 | 0 | 0 | 0 | 0 | 0 | 0 | 0 | 0 |

## 2.26 淮阴师范学院人文、社会科学研究与课题成果来源情况表

| | | | 课题来源 | | | | | | | | | | | | | | | |
|---|---|---|---|---|---|---|---|---|---|---|---|---|---|---|---|---|---|---|
| | | | 合计 | 国家社科基金项目 | 国家社科基金单列学科项目 | 教育部人文社科研究项目 | 高校古籍整理研究项目 | 国家自然科学基金项目 | 中央其他部门社科专门项目 | 省、市、自治区社科基金项目 | 省教育厅社科项目 | 地、市、厅、局等政府部门项目 | 国际合作研究项目 | 与港、澳、台地区合作研究项目 | 企事业单位委托项目 | 学校社科项目 | 外资项目 | 其他 |
| | | 编号 | L01 | L02 | L03 | L04 | L05 | L06 | L07 | L08 | L09 | L10 | L11 | L12 | L13 | L14 | L15 | L16 |
| 课题数(项) | | 1 | 558 | 35 | 0 | 42 | 0 | 1 | 2 | 63 | 73 | 38 | 0 | 0 | 303 | 1 | 0 | 0 |
| 当年投入人数 | 合计(人年) | 2 | 76.9 | 8.5 | 0 | 9.6 | 0 | 0.1 | 0.5 | 10.6 | 8.8 | 4.1 | 0 | 0 | 34.6 | 0.1 | 0 | 0 |
| | 研究生(人年) | 3 | 0 | 0 | 0 | 0 | 0 | 0 | 0 | 0 | 0 | 0 | 0 | 0 | 0 | 0 | 0 | 0 |
| 当年拨入经费 | 合计(千元) | 4 | 38 133.36 | 1 410 | 0 | 1 110 | 0 | 220 | 0 | 930 | 475 | 241 | 0 | 0 | 33 747.36 | 0 | 0 | 0 |
| | 当年立项项目拨入经费(千元) | 5 | 38 043.36 | 1 370 | 0 | 1 060 | 0 | 220 | 0 | 930 | 475 | 241 | 0 | 0 | 33 747.36 | 0 | 0 | 0 |
| 当年支出经费(千元) | | 6 | 39 406.96 | 2 055 | 0 | 1 242 | 0 | 180 | 220 | 1 275 | 554 | 276.4 | 0 | 0 | 33 604.56 | 0 | 0 | 0 |
| 当年新开课题数(项) | | 7 | 268 | 8 | 0 | 16 | 0 | 1 | 0 | 17 | 20 | 28 | 0 | 0 | 178 | 0 | 0 | 0 |
| 当年新开课题批准经费(千元) | | 8 | 38 794.33 | 1 600 | 0 | 1 340 | 0 | 240 | 0 | 1 030 | 475 | 245 | 0 | 0 | 33 864.33 | 0 | 0 | 0 |
| 当年完成课题数(项) | | 9 | 262 | 9 | 0 | 7 | 0 | 0 | 1 | 27 | 31 | 23 | 0 | 0 | 163 | 1 | 0 | 0 |

| | | | | | | | | | | | | | | | | | | |
|---|---|---|---|---|---|---|---|---|---|---|---|---|---|---|---|---|---|---|
| 出版著作(部) | 合计 | | 10 | 4 | 2 | 0 | 0 | 0 | 0 | 0 | 0 | 0 | 1 | 0 | 0 | 1 | 0 | 0 | 0 |
| | 专著 | 合计 | 11 | 4 | 2 | 0 | 0 | 0 | 0 | 0 | 0 | 0 | 1 | 0 | 0 | 1 | 0 | 0 | 0 |
| | | 被译成外文 | 12 | 0 | 0 | 0 | 0 | 0 | 0 | 0 | 0 | 0 | 0 | 0 | 0 | 0 | 0 | 0 | 0 |
| | 编著教材 | | 13 | 0 | 0 | 0 | 0 | 0 | 0 | 0 | 0 | 0 | 0 | 0 | 0 | 0 | 0 | 0 | 0 |
| | 工具书/参考书 | | 14 | 0 | 0 | 0 | 0 | 0 | 0 | 0 | 0 | 0 | 0 | 0 | 0 | 0 | 0 | 0 | 0 |
| | 皮书/发展报告 | | 15 | 0 | 0 | 0 | 0 | 0 | 0 | 0 | 0 | 0 | 0 | 0 | 0 | 0 | 0 | 0 | 0 |
| | 科普读物 | | 16 | 0 | 0 | 0 | 0 | 0 | 0 | 0 | 0 | 0 | 0 | 0 | 0 | 0 | 0 | 0 | 0 |
| 古籍整理(部) | | | 17 | 0 | 0 | 0 | 0 | 0 | 0 | 0 | 0 | 0 | 0 | 0 | 0 | 0 | 0 | 0 | 0 |
| 译著(部) | | | 18 | 0 | 0 | 0 | 0 | 0 | 0 | 0 | 0 | 0 | 0 | 0 | 0 | 0 | 0 | 0 | 0 |
| 发表译文(篇) | | | 19 | 0 | 0 | 0 | 0 | 0 | 0 | 0 | 0 | 0 | 0 | 0 | 0 | 0 | 0 | 0 | 0 |
| 电子出版物(件) | | | 20 | 0 | 0 | 0 | 0 | 0 | 0 | 0 | 0 | 0 | 0 | 0 | 0 | 0 | 0 | 0 | 0 |
| 发表论文(篇) | 合计 | | 21 | 338 | 71 | 2 | 18 | 0 | 10 | 5 | 36 | 41 | 63 | 0 | 0 | 75 | 17 | 0 | 0 |
| | 国内学术刊物 | | 22 | 337 | 70 | 2 | 18 | 0 | 10 | 5 | 36 | 41 | 63 | 0 | 0 | 75 | 17 | 0 | 0 |
| | 国外学术刊物 | | 23 | 1 | 1 | 0 | 0 | 0 | 0 | 0 | 0 | 0 | 0 | 0 | 0 | 0 | 0 | 0 | 0 |
| | 港、澳、台刊物 | | 24 | 0 | 0 | 0 | 0 | 0 | 0 | 0 | 0 | 0 | 0 | 0 | 0 | 0 | 0 | 0 | 0 |
| 研究与咨询报告(篇) | 合计 | | 25 | 3 | 0 | 0 | 0 | 0 | 0 | 0 | 0 | 2 | 1 | 0 | 0 | 0 | 0 | 0 | 0 |
| | 被采纳数 | | 26 | 0 | 0 | 0 | 0 | 0 | 0 | 0 | 0 | 0 | 0 | 0 | 0 | 0 | 0 | 0 | 0 |

## 2.27 盐城师范学院人文、社会科学研究与课题成果来源情况表

| | | | 课题来源 | | | | | | | | | | | | | | | |
|---|---|---|---|---|---|---|---|---|---|---|---|---|---|---|---|---|---|---|
| | | | 合计 | 国家社科基金项目 | 国家社科基金单列学科项目 | 教育部人文社科研究项目 | 高校古籍整理研究项目 | 国家自然科学基金项目 | 中央其他部门社科专门项目 | 省、市、自治区社科基金项目 | 省教育厅社科项目 | 地、市、厅、局等政府部门项目 | 国际合作研究项目 | 与港、澳、台地区合作研究项目 | 企事业单位委托项目 | 学校社科项目 | 外资项目 | 其他 |
| | | 编号 | L01 | L02 | L03 | L04 | L05 | L06 | L07 | L08 | L09 | L10 | L11 | L12 | L13 | L14 | L15 | L16 |
| 课题数(项) | | 1 | 851 | 43 | 7 | 23 | 0 | 0 | 8 | 75 | 165 | 84 | 0 | 0 | 356 | 90 | 0 | 0 |
| 当年投入人数 | 合计(人年) | 2 | 182.9 | 14.6 | 3.2 | 6.8 | 0 | 0 | 1.5 | 19.4 | 35 | 14.1 | 0 | 0 | 71.2 | 17.1 | 0 | 0 |
| | 研究生(人年) | 3 | 0 | 0 | 0 | 0 | 0 | 0 | 0 | 0 | 0 | 0 | 0 | 0 | 0 | 0 | 0 | 0 |
| 当年拨入经费 | 合计(千元) | 4 | 61 844.9 | 2 300 | 358 | 470 | 0 | 0 | 170 | 1 254 | 696 | 195 | 0 | 0 | 56 196.9 | 205 | 0 | 0 |
| | 当年立项项目拨入经费(千元) | 5 | 60 772.9 | 2240 | 340 | 90 | 0 | 0 | 170 | 824 | 520 | 187 | 0 | 0 | 56 196.9 | 205 | 0 | 0 |
| 当年支出经费(千元) | | 6 | 45 944.91 | 1 992 | 267.5 | 520.06 | 0 | 0 | 291 | 870.9 | 742.1 | 231.7 | 0 | 0 | 40 744.65 | 285 | 0 | 0 |
| 当年新开课题数(项) | | 7 | 394 | 12 | 2 | 4 | 0 | 0 | 1 | 24 | 52 | 31 | 0 | 0 | 235 | 33 | 0 | 0 |
| 当年新开课题批准经费(千元) | | 8 | 61 508.9 | 2 550 | 400 | 200 | 0 | 0 | 200 | 1 020 | 520 | 217 | 0 | 0 | 56 196.9 | 205 | 0 | 0 |
| 当年完成课题数(项) | | 9 | 315 | 6 | 1 | 6 | 0 | 0 | 0 | 17 | 54 | 53 | 0 | 0 | 121 | 57 | 0 | 0 |

| | | | | | | | | | | | | | | | | | | | |
|---|---|---|---|---|---|---|---|---|---|---|---|---|---|---|---|---|---|---|---|
| 出版著作(部) | 合计 | | 10 | 4 | 2 | 0 | 0 | 0 | 0 | 0 | 0 | 0 | 1 | 0 | 0 | 1 | 0 | 0 | 0 |
| | 专著 | 合计 | 11 | 4 | 2 | 0 | 0 | 0 | 0 | 0 | 0 | 0 | 1 | 0 | 0 | 1 | 0 | 0 | 0 |
| | | 被译成外文 | 12 | 0 | 0 | 0 | 0 | 0 | 0 | 0 | 0 | 0 | 0 | 0 | 0 | 0 | 0 | 0 | 0 |
| | 编著教材 | | 13 | 0 | 0 | 0 | 0 | 0 | 0 | 0 | 0 | 0 | 0 | 0 | 0 | 0 | 0 | 0 | 0 |
| | 工具书/参考书 | | 14 | 0 | 0 | 0 | 0 | 0 | 0 | 0 | 0 | 0 | 0 | 0 | 0 | 0 | 0 | 0 | 0 |
| | 皮书/发展报告 | | 15 | 0 | 0 | 0 | 0 | 0 | 0 | 0 | 0 | 0 | 0 | 0 | 0 | 0 | 0 | 0 | 0 |
| | 科普读物 | | 16 | 0 | 0 | 0 | 0 | 0 | 0 | 0 | 0 | 0 | 0 | 0 | 0 | 0 | 0 | 0 | 0 |
| 古籍整理(部) | | | 17 | 0 | 0 | 0 | 0 | 0 | 0 | 0 | 0 | 0 | 0 | 0 | 0 | 0 | 0 | 0 | 0 |
| 译著(部) | | | 18 | 0 | 0 | 0 | 0 | 0 | 0 | 0 | 0 | 0 | 0 | 0 | 0 | 0 | 0 | 0 | 0 |
| 发表译文(篇) | | | 19 | 0 | 0 | 0 | 0 | 0 | 0 | 0 | 0 | 0 | 0 | 0 | 0 | 0 | 0 | 0 | 0 |
| 电子出版物(件) | | | 20 | 0 | 0 | 0 | 0 | 0 | 0 | 0 | 0 | 0 | 0 | 0 | 0 | 0 | 0 | 0 | 0 |
| 发表论文(篇) | 合计 | | 21 | 338 | 71 | 2 | 18 | 0 | 10 | 5 | 36 | 41 | 63 | 0 | 0 | 75 | 17 | 0 | 0 |
| | 国内学术刊物 | | 22 | 337 | 70 | 2 | 18 | 0 | 10 | 5 | 36 | 41 | 63 | 0 | 0 | 75 | 17 | 0 | 0 |
| | 国外学术刊物 | | 23 | 1 | 1 | 0 | 0 | 0 | 0 | 0 | 0 | 0 | 0 | 0 | 0 | 0 | 0 | 0 | 0 |
| | 港、澳、台刊物 | | 24 | 0 | 0 | 0 | 0 | 0 | 0 | 0 | 0 | 0 | 0 | 0 | 0 | 0 | 0 | 0 | 0 |
| 研究与咨询报告(篇) | 合计 | | 25 | 3 | 0 | 0 | 0 | 0 | 0 | 0 | 0 | 2 | 1 | 0 | 0 | 0 | 0 | 0 | 0 |
| | 被采纳数 | | 26 | 0 | 0 | 0 | 0 | 0 | 0 | 0 | 0 | 0 | 0 | 0 | 0 | 0 | 0 | 0 | 0 |

## 2.28 南京财经大学人文、社会科学研究与课题成果来源情况表

| | | 编号 | 合计 | 国家社科基金项目 | 国家社科基金单列学科项目 | 教育部人文社科研究项目 | 高校古籍整理研究项目 | 国家自然科学基金项目 | 中央其他部门社科专门项目 | 省、市、自治区社科基金项目 | 省教育厅社科项目 | 地、市、厅、局等政府部门项目 | 国际合作研究项目 | 与港、澳、台地区合作研究项目 | 企事业单位委托项目 | 学校社科项目 | 外资项目 | 其他 |
|---|---|---|---|---|---|---|---|---|---|---|---|---|---|---|---|---|---|---|
| | | | L01 | L02 | L03 | L04 | L05 | L06 | L07 | L08 | L09 | L10 | L11 | L12 | L13 | L14 | L15 | L16 |
| 课题数(项) | | 1 | 928 | 99 | 2 | 51 | 0 | 72 | 3 | 101 | 173 | 86 | 0 | 0 | 315 | 26 | 0 | 0 |
| 当年投入人数 | 合计(人年) | 2 | 172.7 | 24 | 0.5 | 12.6 | 0 | 14.8 | 0.3 | 18 | 33.5 | 15.9 | 0 | 0 | 48.7 | 4.4 | 0 | 0 |
| | 研究生(人年) | 3 | 8.1 | 0.2 | 0 | 0.1 | 0 | 0.4 | 0 | 0.8 | 1 | 0.8 | 0 | 0 | 4.5 | 0.3 | 0 | 0 |
| 当年拨入经费 | 合计(千元) | 4 | 44 764.49 | 6 290 | 330 | 1 023.2 | 0 | 3 129.58 | 0 | 3 328 | 576 | 14 902.3 | 0 | 0 | 15 130.41 | 55 | 0 | 0 |
| | 当年立项项目拨入经费(千元) | 5 | 37 067.49 | 5 500 | 330 | 390.2 | 0 | 109.18 | 0 | 2 928 | 455 | 14 568 | 0 | 0 | 12 732.11 | 55 | 0 | 0 |
| 当年支出经费(千元) | | 6 | 44 991.25 | 6 265.6 | 202 | 1 047.82 | 0 | 5 282.54 | 161.24 | 2 338 | 590 | 12 085.53 | 0 | 0 | 16 937.52 | 81 | 0 | 0 |
| 当年新开课题数(项) | | 7 | 328 | 31 | 2 | 13 | 0 | 1 | 0 | 41 | 60 | 40 | 0 | 0 | 129 | 11 | 0 | 0 |
| 当年新开课题批准经费(千元) | | 8 | 46 976.24 | 7 390 | 400 | 1 020 | 0 | 249.3 | 0 | 3 340 | 920 | 14 781 | 0 | 0 | 18 815.94 | 60 | 0 | 0 |
| 当年完成课题数(项) | | 9 | 303 | 8 | 0 | 5 | 0 | 2 | 1 | 24 | 63 | 20 | 0 | 0 | 178 | 2 | 0 | 0 |

| | | | | | | | | | | | | | | | | | | | |
|---|---|---|---|---|---|---|---|---|---|---|---|---|---|---|---|---|---|---|---|
| 出版著作（部） | 合计 | | 10 | 4 | 2 | 0 | 0 | 0 | 0 | 0 | 0 | 0 | 1 | 0 | 0 | 1 | 0 | 0 | 0 |
| | 专著 | 合计 | 11 | 4 | 2 | 0 | 0 | 0 | 0 | 0 | 0 | 0 | 1 | 0 | 0 | 1 | 0 | 0 | 0 |
| | | 被译成外文 | 12 | 0 | 0 | 0 | 0 | 0 | 0 | 0 | 0 | 0 | 0 | 0 | 0 | 0 | 0 | 0 | 0 |
| | 编著教材 | | 13 | 0 | 0 | 0 | 0 | 0 | 0 | 0 | 0 | 0 | 0 | 0 | 0 | 0 | 0 | 0 | 0 |
| | 工具书/参考书 | | 14 | 0 | 0 | 0 | 0 | 0 | 0 | 0 | 0 | 0 | 0 | 0 | 0 | 0 | 0 | 0 | 0 |
| | 皮书/发展报告 | | 15 | 0 | 0 | 0 | 0 | 0 | 0 | 0 | 0 | 0 | 0 | 0 | 0 | 0 | 0 | 0 | 0 |
| | 科普读物 | | 16 | 0 | 0 | 0 | 0 | 0 | 0 | 0 | 0 | 0 | 0 | 0 | 0 | 0 | 0 | 0 | 0 |
| 古籍整理（部） | | | 17 | 0 | 0 | 0 | 0 | 0 | 0 | 0 | 0 | 0 | 0 | 0 | 0 | 0 | 0 | 0 | 0 |
| 译著（部） | | | 18 | 0 | 0 | 0 | 0 | 0 | 0 | 0 | 0 | 0 | 0 | 0 | 0 | 0 | 0 | 0 | 0 |
| 发表译文（篇） | | | 19 | 0 | 0 | 0 | 0 | 0 | 0 | 0 | 0 | 0 | 0 | 0 | 0 | 0 | 0 | 0 | 0 |
| 电子出版物（件） | | | 20 | 0 | 0 | 0 | 0 | 0 | 0 | 0 | 0 | 0 | 0 | 0 | 0 | 0 | 0 | 0 | 0 |
| 发表论文（篇） | 合计 | | 21 | 338 | 71 | 2 | 18 | 0 | 10 | 5 | 36 | 41 | 63 | 0 | 0 | 75 | 17 | 0 | 0 |
| | 国内学术刊物 | | 22 | 337 | 70 | 2 | 18 | 0 | 10 | 5 | 36 | 41 | 63 | 0 | 0 | 75 | 17 | 0 | 0 |
| | 国外学术刊物 | | 23 | 1 | 1 | 0 | 0 | 0 | 0 | 0 | 0 | 0 | 0 | 0 | 0 | 0 | 0 | 0 | 0 |
| | 港、澳、台刊物 | | 24 | 0 | 0 | 0 | 0 | 0 | 0 | 0 | 0 | 0 | 0 | 0 | 0 | 0 | 0 | 0 | 0 |
| 研究与咨询报告（篇） | 合计 | | 25 | 3 | 0 | 0 | 0 | 0 | 0 | 0 | 0 | 2 | 1 | 0 | 0 | 0 | 0 | 0 | 0 |
| | 被采纳数 | | 26 | 0 | 0 | 0 | 0 | 0 | 0 | 0 | 0 | 0 | 0 | 0 | 0 | 0 | 0 | 0 | 0 |

## 2.29 江苏警官学院人文、社会科学研究与课题成果来源情况表

| | | | 课题来源 | | | | | | | | | | | | | | | |
|---|---|---|---|---|---|---|---|---|---|---|---|---|---|---|---|---|---|---|
| | | | 合计 | 国家社科基金项目 | 国家社科基金单列学科项目 | 教育部人文社科研究项目 | 高校古籍整理研究项目 | 国家自然科学基金项目 | 中央其他部门社科专门项目 | 省、市、自治区社科基金项目 | 省教育厅社科项目 | 地、市、厅、局等政府部门项目 | 国际合作研究项目 | 与港、澳、台地区合作研究项目 | 企事业单位委托项目 | 学校社科项目 | 外资项目 | 其他 |
| | | 编号 | L01 | L02 | L03 | L04 | L05 | L06 | L07 | L08 | L09 | L10 | L11 | L12 | L13 | L14 | L15 | L16 |
| 课题数(项) | | 1 | 404 | 4 | 0 | 9 | 0 | 0 | 39 | 28 | 132 | 84 | 0 | 0 | 36 | 72 | 0 | 0 |
| 当年投入人数 | 合计(人年) | 2 | 51 | 1.1 | 0 | 1.1 | 0 | 0 | 4.7 | 3.6 | 17.2 | 11.5 | 0 | 0 | 4.1 | 7.7 | 0 | 0 |
| | 研究生(人年) | 3 | 0 | 0 | 0 | 0 | 0 | 0 | 0 | 0 | 0 | 0 | 0 | 0 | 0 | 0 | 0 | 0 |
| 当年拨入经费 | 合计(千元) | 4 | 717 | 160 | 0 | 130 | 0 | 0 | 220 | 130 | 0 | 5 | 0 | 0 | 72 | 0 | 0 | 0 |
| | 当年立项项目拨入经费(千元) | 5 | 542 | 0 | 0 | 130 | 0 | 0 | 220 | 120 | 0 | 0 | 0 | 0 | 72 | 0 | 0 | 0 |
| 当年支出经费(千元) | | 6 | 199 | 160 | 0 | 4 | 0 | 0 | 0 | 10 | 0 | 10 | 0 | 0 | 15 | 0 | 0 | 0 |
| 当年新开课题数(项) | | 7 | 79 | 0 | 0 | 3 | 0 | 0 | 8 | 11 | 40 | 0 | 0 | 0 | 15 | 2 | 0 | 0 |
| 当年新开课题批准经费(千元) | | 8 | 905 | 0 | 0 | 260 | 0 | 0 | 220 | 200 | 0 | 0 | 0 | 0 | 205 | 20 | 0 | 0 |
| 当年完成课题数(项) | | 9 | 73 | 3 | 0 | 0 | 0 | 0 | 7 | 12 | 16 | 13 | 0 | 0 | 10 | 12 | 0 | 0 |

|  |  |  |  |  |  |  |  |  |  |  |  |  |  |  |  |  |  |  |  |
|---|---|---|---|---|---|---|---|---|---|---|---|---|---|---|---|---|---|---|---|
| 出版著作(部) | 合计 |  | 10 | 4 | 2 | 0 | 0 | 0 | 0 | 0 | 0 | 0 | 1 | 0 | 0 | 1 | 0 | 0 | 0 |
|  | 专著 | 合计 | 11 | 4 | 2 | 0 | 0 | 0 | 0 | 0 | 0 | 0 | 1 | 0 | 0 | 1 | 0 | 0 | 0 |
|  |  | 被译成外文 | 12 | 0 | 0 | 0 | 0 | 0 | 0 | 0 | 0 | 0 | 0 | 0 | 0 | 0 | 0 | 0 | 0 |
|  | 编著教材 |  | 13 | 0 | 0 | 0 | 0 | 0 | 0 | 0 | 0 | 0 | 0 | 0 | 0 | 0 | 0 | 0 | 0 |
|  | 工具书/参考书 |  | 14 | 0 | 0 | 0 | 0 | 0 | 0 | 0 | 0 | 0 | 0 | 0 | 0 | 0 | 0 | 0 | 0 |
|  | 皮书/发展报告 |  | 15 | 0 | 0 | 0 | 0 | 0 | 0 | 0 | 0 | 0 | 0 | 0 | 0 | 0 | 0 | 0 | 0 |
|  | 科普读物 |  | 16 | 0 | 0 | 0 | 0 | 0 | 0 | 0 | 0 | 0 | 0 | 0 | 0 | 0 | 0 | 0 | 0 |
| 古籍整理(部) |  |  | 17 | 0 | 0 | 0 | 0 | 0 | 0 | 0 | 0 | 0 | 0 | 0 | 0 | 0 | 0 | 0 | 0 |
| 译著(部) |  |  | 18 | 0 | 0 | 0 | 0 | 0 | 0 | 0 | 0 | 0 | 0 | 0 | 0 | 0 | 0 | 0 | 0 |
| 发表译文(篇) |  |  | 19 | 0 | 0 | 0 | 0 | 0 | 0 | 0 | 0 | 0 | 0 | 0 | 0 | 0 | 0 | 0 | 0 |
| 电子出版物(件) |  |  | 20 | 0 | 0 | 0 | 0 | 0 | 0 | 0 | 0 | 0 | 0 | 0 | 0 | 0 | 0 | 0 | 0 |
| 发表论文(篇) | 合计 |  | 21 | 338 | 71 | 2 | 18 | 0 | 10 | 5 | 36 | 41 | 63 | 0 | 0 | 75 | 17 | 0 | 0 |
|  | 国内学术刊物 |  | 22 | 337 | 70 | 2 | 18 | 0 | 10 | 5 | 36 | 41 | 63 | 0 | 0 | 75 | 17 | 0 | 0 |
|  | 国外学术刊物 |  | 23 | 1 | 1 | 0 | 0 | 0 | 0 | 0 | 0 | 0 | 0 | 0 | 0 | 0 | 0 | 0 | 0 |
|  | 港、澳、台刊物 |  | 24 | 0 | 0 | 0 | 0 | 0 | 0 | 0 | 0 | 0 | 0 | 0 | 0 | 0 | 0 | 0 | 0 |
| 研究与咨询报告(篇) | 合计 |  | 25 | 3 | 0 | 0 | 0 | 0 | 0 | 0 | 0 | 2 | 1 | 0 | 0 | 0 | 0 | 0 | 0 |
|  | 被采纳数 |  | 26 | 0 | 0 | 0 | 0 | 0 | 0 | 0 | 0 | 0 | 0 | 0 | 0 | 0 | 0 | 0 | 0 |

## 2.30 南京体育学院人文、社会科学研究与课题成果来源情况表

| | | | 课题来源 | | | | | | | | | | | | | | | |
|---|---|---|---|---|---|---|---|---|---|---|---|---|---|---|---|---|---|---|
| | | | 合计 | 国家社科基金项目 | 国家社科基金单列学科项目 | 教育部人文社科研究项目 | 高校古籍整理研究项目 | 国家自然科学基金项目 | 中央其他部门社科专门项目 | 省、市、自治区社科基金项目 | 省教育厅社科项目 | 地、市、厅、局等政府部门项目 | 国际合作研究项目 | 与港、澳、台地区合作研究项目 | 企事业单位委托项目 | 学校社科项目 | 外资项目 | 其他 |
| | | 编号 | L01 | L02 | L03 | L04 | L05 | L06 | L07 | L08 | L09 | L10 | L11 | L12 | L13 | L14 | L15 | L16 |
| 课题数(项) | | 1 | 166 | 16 | 1 | 5 | 0 | 0 | 7 | 18 | 34 | 51 | 0 | 0 | 4 | 30 | 0 | 0 |
| 当年投入人数 | 合计(人年) | 2 | 18.1 | 2.1 | 0.1 | 0.6 | 0 | 0 | 1.2 | 2 | 3.6 | 5.1 | 0 | 0 | 0.4 | 3 | 0 | 0 |
| | 研究生(人年) | 3 | 0 | 0 | 0 | 0 | 0 | 0 | 0 | 0 | 0 | 0 | 0 | 0 | 0 | 0 | 0 | 0 |
| 当年拨入经费 | 合计(千元) | 4 | 1 984 | 360 | 190 | 98 | 0 | 0 | 324 | 214 | 32 | 318 | 0 | 0 | 448 | 0 | 0 | 0 |
| | 当年立项项目拨入经费(千元) | 5 | 1 004 | 170 | 0 | 20 | 0 | 0 | 264 | 214 | 0 | 8 | 0 | 0 | 328 | 0 | 0 | 0 |
| 当年支出经费(千元) | | 6 | 919.74 | 330.2 | 0 | 39.57 | 0 | 0 | 126.12 | 142.96 | 44 | 141.58 | 0 | 0 | 95.31 | 0 | 0 | 0 |
| 当年新开课题数(项) | | 7 | 64 | 1 | 0 | 1 | 0 | 0 | 5 | 7 | 0 | 40 | 0 | 0 | 3 | 7 | 0 | 0 |
| 当年新开课题批准经费(千元) | | 8 | 2 058 | 200 | 0 | 80 | 0 | 0 | 330 | 280 | 0 | 400 | 0 | 0 | 628 | 140 | 0 | 0 |
| 当年完成课题数(项) | | 9 | 18 | 1 | 0 | 1 | 0 | 0 | 5 | 1 | 6 | 4 | 0 | 0 | 0 | 0 | 0 | 0 |

| | | | 编号 | 1 | 2 | 3 | 4 | 5 | 6 | 7 | 8 | 9 | 10 | 11 | 12 | 13 | 14 | 15 | 16 |
|---|---|---|---|---|---|---|---|---|---|---|---|---|---|---|---|---|---|---|---|
| 出版著作(部) | 合计 | | 10 | 4 | 2 | 0 | 0 | 0 | 0 | 0 | 0 | 0 | 1 | 0 | 0 | 1 | 0 | 0 | 0 |
| | 专著 | 合计 | 11 | 4 | 2 | 0 | 0 | 0 | 0 | 0 | 0 | 0 | 1 | 0 | 0 | 1 | 0 | 0 | 0 |
| | | 被译成外文 | 12 | 0 | 0 | 0 | 0 | 0 | 0 | 0 | 0 | 0 | 0 | 0 | 0 | 0 | 0 | 0 | 0 |
| | 编著教材 | | 13 | 0 | 0 | 0 | 0 | 0 | 0 | 0 | 0 | 0 | 0 | 0 | 0 | 0 | 0 | 0 | 0 |
| | 工具书/参考书 | | 14 | 0 | 0 | 0 | 0 | 0 | 0 | 0 | 0 | 0 | 0 | 0 | 0 | 0 | 0 | 0 | 0 |
| | 皮书/发展报告 | | 15 | 0 | 0 | 0 | 0 | 0 | 0 | 0 | 0 | 0 | 0 | 0 | 0 | 0 | 0 | 0 | 0 |
| | 科普读物 | | 16 | 0 | 0 | 0 | 0 | 0 | 0 | 0 | 0 | 0 | 0 | 0 | 0 | 0 | 0 | 0 | 0 |
| 古籍整理(部) | | | 17 | 0 | 0 | 0 | 0 | 0 | 0 | 0 | 0 | 0 | 0 | 0 | 0 | 0 | 0 | 0 | 0 |
| 译著(部) | | | 18 | 0 | 0 | 0 | 0 | 0 | 0 | 0 | 0 | 0 | 0 | 0 | 0 | 0 | 0 | 0 | 0 |
| 发表译文(篇) | | | 19 | 0 | 0 | 0 | 0 | 0 | 0 | 0 | 0 | 0 | 0 | 0 | 0 | 0 | 0 | 0 | 0 |
| 电子出版物(件) | | | 20 | 0 | 0 | 0 | 0 | 0 | 0 | 0 | 0 | 0 | 0 | 0 | 0 | 0 | 0 | 0 | 0 |
| 发表论文(篇) | 合计 | | 21 | 338 | 71 | 2 | 18 | 0 | 10 | 5 | 36 | 41 | 63 | 0 | 0 | 75 | 17 | 0 | 0 |
| | 国内学术刊物 | | 22 | 337 | 70 | 2 | 18 | 0 | 10 | 5 | 36 | 41 | 63 | 0 | 0 | 75 | 17 | 0 | 0 |
| | 国外学术刊物 | | 23 | 1 | 1 | 0 | 0 | 0 | 0 | 0 | 0 | 0 | 0 | 0 | 0 | 0 | 0 | 0 | 0 |
| | 港、澳、台刊物 | | 24 | 0 | 0 | 0 | 0 | 0 | 0 | 0 | 0 | 0 | 0 | 0 | 0 | 0 | 0 | 0 | 0 |
| 研究与咨询报告(篇) | 合计 | | 25 | 3 | 0 | 0 | 0 | 0 | 0 | 0 | 0 | 2 | 1 | 0 | 0 | 0 | 0 | 0 | 0 |
| | 被采纳数 | | 26 | 0 | 0 | 0 | 0 | 0 | 0 | 0 | 0 | 0 | 0 | 0 | 0 | 0 | 0 | 0 | 0 |

## 2.31 南京艺术学院人文、社会科学研究与课题成果来源情况表

| | | | 课题来源 | | | | | | | | | | | | | | | |
|---|---|---|---|---|---|---|---|---|---|---|---|---|---|---|---|---|---|---|
| | | | 合计 | 国家社科基金项目 | 国家社科基金单列学科项目 | 教育部人文社科研究项目 | 高校古籍整理研究项目 | 国家自然科学基金项目 | 中央其他部门社科专门项目 | 省、市、自治区社科基金项目 | 省教育厅社科项目 | 地、市、厅、局等政府部门项目 | 国际合作研究项目 | 与港、澳、台地区合作研究项目 | 企事业单位委托项目 | 学校社科项目 | 外资项目 | 其他 |
| | | 编号 | L01 | L02 | L03 | L04 | L05 | L06 | L07 | L08 | L09 | L10 | L11 | L12 | L13 | L14 | L15 | L16 |
| 课题数(项) | | 1 | 332 | 3 | 30 | 10 | 0 | 0 | 31 | 29 | 133 | 34 | 0 | 0 | 29 | 33 | 0 | 0 |
| 当年投入人数 | 合计(人年) | 2 | 100.6 | 1.7 | 22.2 | 3.8 | 0 | 0 | 8.6 | 8.4 | 36.4 | 8.9 | 0 | 0 | 3.9 | 6.7 | 0 | 0 |
| | 研究生(人年) | 3 | 1.3 | 0 | 0.4 | 0 | 0 | 0 | 0 | 0 | 0.7 | 0.2 | 0 | 0 | 0 | 0 | 0 | 0 |
| 当年拨入经费 | 合计(千元) | 4 | 3 173.95 | 170 | 764 | 213 | 0 | 0 | 336.74 | 314 | 644 | 190.21 | 0 | 0 | 542 | 0 | 0 | 0 |
| | 当年立项项目拨入经费(千元) | 5 | 2 358 | 170 | 684 | 30 | 0 | 0 | 200 | 264 | 450 | 168 | 0 | 0 | 392 | 0 | 0 | 0 |
| 当年支出经费(千元) | | 6 | 2 495.63 | 72.09 | 913.01 | 192.25 | 0 | 0 | 319.43 | 128.38 | 210.9 | 157.03 | 0 | 0 | 449.8 | 52.74 | 0 | 0 |
| 当年新开课题数(项) | | 7 | 76 | 1 | 4 | 1 | 0 | 0 | 4 | 7 | 45 | 8 | 0 | 0 | 6 | 0 | 0 | 0 |
| 当年新开课题批准经费(千元) | | 8 | 3 560 | 200 | 1 600 | 80 | 0 | 0 | 200 | 330 | 450 | 200 | 0 | 0 | 500 | 0 | 0 | 0 |
| 当年完成课题数(项) | | 9 | 72 | 1 | 5 | 3 | 0 | 0 | 5 | 1 | 26 | 9 | 0 | 0 | 6 | 16 | 0 | 0 |

| | | | | | | | | | | | | | | | | | | | |
|---|---|---|---|---|---|---|---|---|---|---|---|---|---|---|---|---|---|---|---|
| 出版著作（部） | 合计 | | 10 | 4 | 2 | 0 | 0 | 0 | 0 | 0 | 0 | 0 | 1 | 0 | 0 | 1 | 0 | 0 | 0 |
| | 专著 | 合计 | 11 | 4 | 2 | 0 | 0 | 0 | 0 | 0 | 0 | 0 | 1 | 0 | 0 | 1 | 0 | 0 | 0 |
| | | 被译成外文 | 12 | 0 | 0 | 0 | 0 | 0 | 0 | 0 | 0 | 0 | 0 | 0 | 0 | 0 | 0 | 0 | 0 |
| | 编著教材 | | 13 | 0 | 0 | 0 | 0 | 0 | 0 | 0 | 0 | 0 | 0 | 0 | 0 | 0 | 0 | 0 | 0 |
| | 工具书/参考书 | | 14 | 0 | 0 | 0 | 0 | 0 | 0 | 0 | 0 | 0 | 0 | 0 | 0 | 0 | 0 | 0 | 0 |
| | 皮书/发展报告 | | 15 | 0 | 0 | 0 | 0 | 0 | 0 | 0 | 0 | 0 | 0 | 0 | 0 | 0 | 0 | 0 | 0 |
| | 科普读物 | | 16 | 0 | 0 | 0 | 0 | 0 | 0 | 0 | 0 | 0 | 0 | 0 | 0 | 0 | 0 | 0 | 0 |
| 古籍整理（部） | | | 17 | 0 | 0 | 0 | 0 | 0 | 0 | 0 | 0 | 0 | 0 | 0 | 0 | 0 | 0 | 0 | 0 |
| 译著（部） | | | 18 | 0 | 0 | 0 | 0 | 0 | 0 | 0 | 0 | 0 | 0 | 0 | 0 | 0 | 0 | 0 | 0 |
| 发表译文（篇） | | | 19 | 0 | 0 | 0 | 0 | 0 | 0 | 0 | 0 | 0 | 0 | 0 | 0 | 0 | 0 | 0 | 0 |
| 电子出版物（件） | | | 20 | 0 | 0 | 0 | 0 | 0 | 0 | 0 | 0 | 0 | 0 | 0 | 0 | 0 | 0 | 0 | 0 |
| 发表论文（篇） | 合计 | | 21 | 338 | 71 | 2 | 18 | 0 | 10 | 5 | 36 | 41 | 63 | 0 | 0 | 75 | 17 | 0 | 0 |
| | 国内学术刊物 | | 22 | 337 | 70 | 2 | 18 | 0 | 10 | 5 | 36 | 41 | 63 | 0 | 0 | 75 | 17 | 0 | 0 |
| | 国外学术刊物 | | 23 | 1 | 1 | 0 | 0 | 0 | 0 | 0 | 0 | 0 | 0 | 0 | 0 | 0 | 0 | 0 | 0 |
| | 港、澳、台刊物 | | 24 | 0 | 0 | 0 | 0 | 0 | 0 | 0 | 0 | 0 | 0 | 0 | 0 | 0 | 0 | 0 | 0 |
| 研究与咨询报告（篇） | 合计 | | 25 | 3 | 0 | 0 | 0 | 0 | 0 | 0 | 0 | 2 | 1 | 0 | 0 | 0 | 0 | 0 | 0 |
| | 被采纳数 | | 26 | 0 | 0 | 0 | 0 | 0 | 0 | 0 | 0 | 0 | 0 | 0 | 0 | 0 | 0 | 0 | 0 |

## 2.32 苏州科技大学人文、社会科学研究与课题成果来源情况表

| | | | 课题来源 | | | | | | | | | | | | | | | |
|---|---|---|---|---|---|---|---|---|---|---|---|---|---|---|---|---|---|---|
| | | | 合计 | 国家社科基金项目 | 国家社科基金单列学科项目 | 教育部人文社科研究项目 | 高校古籍整理研究项目 | 国家自然科学基金项目 | 中央其他部门社科专门项目 | 省、市、自治区社科基金项目 | 省教育厅社科项目 | 地、市、厅、局等政府部门项目 | 国际合作研究项目 | 与港、澳、台地区合作研究项目 | 企事业单位委托项目 | 学校社科项目 | 外资项目 | 其他 |
| | | 编号 | L01 | L02 | L03 | L04 | L05 | L06 | L07 | L08 | L09 | L10 | L11 | L12 | L13 | L14 | L15 | L16 |
| 课题数(项) | | 1 | 585 | 48 | 6 | 26 | 0 | 0 | 0 | 52 | 135 | 163 | 0 | 0 | 100 | 55 | 0 | 0 |
| 当年投入人数 | 合计(人年) | 2 | 136.8 | 13.7 | 3.1 | 8.9 | 0 | 0 | 0 | 17 | 34.5 | 36.2 | 0 | 0 | 11.8 | 11.6 | 0 | 0 |
| | 研究生(人年) | 3 | 13.1 | 1.9 | 0 | 0.6 | 0 | 0 | 0 | 0.1 | 4.4 | 2.4 | 0 | 0 | 0.6 | 3.1 | 0 | 0 |
| 当年拨入经费 | 合计(千元) | 4 | 17 373.5 | 1 210 | 178 | 510 | 0 | 0 | 0 | 446 | 304 | 5 867.5 | 0 | 0 | 8 658 | 200 | 0 | 0 |
| | 当年立项项目拨入经费(千元) | 5 | 15 665.5 | 1 160 | 160 | 330 | 0 | 0 | 0 | 340 | 80 | 5 237.5 | 0 | 0 | 8 158 | 200 | 0 | 0 |
| 当年支出经费(千元) | | 6 | 17 656.5 | 1 261 | 175 | 510 | 0 | 0 | 0 | 546 | 304 | 5 462.5 | 0 | 0 | 9 198 | 200 | 0 | 0 |
| 当年新开课题数(项) | | 7 | 188 | 6 | 1 | 10 | 0 | 0 | 0 | 9 | 45 | 56 | 0 | 0 | 50 | 11 | 0 | 0 |
| 当年新开课题批准经费(千元) | | 8 | 16 635.5 | 1 300 | 200 | 880 | 0 | 0 | 0 | 410 | 200 | 5 237.5 | 0 | 0 | 8 158 | 250 | 0 | 0 |
| 当年完成课题数(项) | | 9 | 185 | 3 | 1 | 4 | 0 | 0 | 0 | 10 | 29 | 51 | 0 | 0 | 53 | 34 | 0 | 0 |

| | | | | | | | | | | | | | | | | | | |
|---|---|---|---|---|---|---|---|---|---|---|---|---|---|---|---|---|---|---|
| 出版著作(部) | 合计 | | 10 | 4 | 2 | 0 | 0 | 0 | 0 | 0 | 0 | 0 | 1 | 0 | 0 | 1 | 0 | 0 | 0 |
| | 专著 | 合计 | 11 | 4 | 2 | 0 | 0 | 0 | 0 | 0 | 0 | 0 | 1 | 0 | 0 | 1 | 0 | 0 | 0 |
| | | 被译成外文 | 12 | 0 | 0 | 0 | 0 | 0 | 0 | 0 | 0 | 0 | 0 | 0 | 0 | 0 | 0 | 0 | 0 |
| | 编著教材 | | 13 | 0 | 0 | 0 | 0 | 0 | 0 | 0 | 0 | 0 | 0 | 0 | 0 | 0 | 0 | 0 | 0 |
| | 工具书/参考书 | | 14 | 0 | 0 | 0 | 0 | 0 | 0 | 0 | 0 | 0 | 0 | 0 | 0 | 0 | 0 | 0 | 0 |
| | 皮书/发展报告 | | 15 | 0 | 0 | 0 | 0 | 0 | 0 | 0 | 0 | 0 | 0 | 0 | 0 | 0 | 0 | 0 | 0 |
| | 科普读物 | | 16 | 0 | 0 | 0 | 0 | 0 | 0 | 0 | 0 | 0 | 0 | 0 | 0 | 0 | 0 | 0 | 0 |
| 古籍整理(部) | | | 17 | 0 | 0 | 0 | 0 | 0 | 0 | 0 | 0 | 0 | 0 | 0 | 0 | 0 | 0 | 0 | 0 |
| 译著(部) | | | 18 | 0 | 0 | 0 | 0 | 0 | 0 | 0 | 0 | 0 | 0 | 0 | 0 | 0 | 0 | 0 | 0 |
| 发表译文(篇) | | | 19 | 0 | 0 | 0 | 0 | 0 | 0 | 0 | 0 | 0 | 0 | 0 | 0 | 0 | 0 | 0 | 0 |
| 电子出版物(件) | | | 20 | 0 | 0 | 0 | 0 | 0 | 0 | 0 | 0 | 0 | 0 | 0 | 0 | 0 | 0 | 0 | 0 |
| 发表论文(篇) | 合计 | | 21 | 338 | 71 | 2 | 18 | 0 | 10 | 5 | 36 | 41 | 63 | 0 | 0 | 75 | 17 | 0 | 0 |
| | 国内学术刊物 | | 22 | 337 | 70 | 2 | 18 | 0 | 10 | 5 | 36 | 41 | 63 | 0 | 0 | 75 | 17 | 0 | 0 |
| | 国外学术刊物 | | 23 | 1 | 1 | 0 | 0 | 0 | 0 | 0 | 0 | 0 | 0 | 0 | 0 | 0 | 0 | 0 | 0 |
| | 港、澳、台刊物 | | 24 | 0 | 0 | 0 | 0 | 0 | 0 | 0 | 0 | 0 | 0 | 0 | 0 | 0 | 0 | 0 | 0 |
| 研究与咨询报告(篇) | 合计 | | 25 | 3 | 0 | 0 | 0 | 0 | 0 | 0 | 0 | 2 | 1 | 0 | 0 | 0 | 0 | 0 | 0 |
| | 被采纳数 | | 26 | 0 | 0 | 0 | 0 | 0 | 0 | 0 | 0 | 0 | 0 | 0 | 0 | 0 | 0 | 0 | 0 |

## 2.33 常熟理工学院人文、社会科学研究与课题成果来源情况表

| | | | 课题来源 | | | | | | | | | | | | | | | |
|---|---|---|---|---|---|---|---|---|---|---|---|---|---|---|---|---|---|---|
| | | | 合计 | 国家社科基金项目 | 国家社科基金单列学科项目 | 教育部人文社科研究项目 | 高校古籍整理研究项目 | 国家自然科学基金项目 | 中央其他部门社科专门项目 | 省、市、自治区社科基金项目 | 省教育厅社科项目 | 地、市、厅、局等政府部门项目 | 国际合作研究项目 | 与港、澳、台地区合作研究项目 | 企事业单位委托项目 | 学校社科项目 | 外资项目 | 其他 |
| | | 编号 | L01 | L02 | L03 | L04 | L05 | L06 | L07 | L08 | L09 | L10 | L11 | L12 | L13 | L14 | L15 | L16 |
| 课题数(项) | | 1 | 492 | 14 | 1 | 25 | 0 | 0 | 5 | 26 | 158 | 94 | 0 | 0 | 160 | 5 | 0 | 4 |
| 当年投入人数 | 合计(人年) | 2 | 96.2 | 3.9 | 0.3 | 9.4 | 0 | 0 | 1.2 | 7.2 | 40.4 | 13.9 | 0 | 0 | 19.5 | 0 | 0 | 0.4 |
| | 研究生(人年) | 3 | 0 | 0 | 0 | 0 | 0 | 0 | 0 | 0 | 0 | 0 | 0 | 0 | 0 | 0 | 0 | 0 |
| 当年拨入经费 | 合计(千元) | 4 | 14 519.45 | 352.01 | 160 | 321.6 | 0 | 0 | 0 | 260 | 498 | 508.5 | 0 | 0 | 12 359.84 | 40 | 0 | 19.5 |
| | 当年立项项目拨入经费(千元) | 5 | 13 169.49 | 170 | 160 | 90 | 0 | 0 | 0 | 240 | 450 | 508.5 | 0 | 0 | 11 493.49 | 40 | 0 | 17.5 |
| 当年支出经费(千元) | | 6 | 10 160.4 | 211.09 | 48 | 180.22 | 0 | 0 | 8.03 | 195.1 | 207.05 | 147.25 | 0 | 0 | 9 156.98 | 0 | 0 | 6.68 |
| 当年新开课题数(项) | | 7 | 251 | 1 | 1 | 3 | 0 | 0 | 1 | 10 | 46 | 58 | 0 | 0 | 123 | 5 | 0 | 3 |
| 当年新开课题批准经费(千元) | | 8 | 15 293.61 | 200 | 200 | 260 | 0 | 0 | 0 | 420 | 460 | 530.5 | 0 | 0 | 13 164.11 | 40 | 0 | 19 |
| 当年完成课题数(项) | | 9 | 122 | 4 | 0 | 7 | 0 | 0 | 1 | 6 | 10 | 34 | 0 | 0 | 59 | 0 | 0 | 1 |

| | | | | | | | | | | | | | | | | | | | |
|---|---|---|---|---|---|---|---|---|---|---|---|---|---|---|---|---|---|---|---|
| 出版著作(部) | 合计 | | 10 | 4 | 2 | 0 | 0 | 0 | 0 | 0 | 0 | 0 | 1 | 0 | 0 | 1 | 0 | 0 | 0 |
| | 专著 | 合计 | 11 | 4 | 2 | 0 | 0 | 0 | 0 | 0 | 0 | 0 | 1 | 0 | 0 | 1 | 0 | 0 | 0 |
| | | 被译成外文 | 12 | 0 | 0 | 0 | 0 | 0 | 0 | 0 | 0 | 0 | 0 | 0 | 0 | 0 | 0 | 0 | 0 |
| | 编著教材 | | 13 | 0 | 0 | 0 | 0 | 0 | 0 | 0 | 0 | 0 | 0 | 0 | 0 | 0 | 0 | 0 | 0 |
| | 工具书/参考书 | | 14 | 0 | 0 | 0 | 0 | 0 | 0 | 0 | 0 | 0 | 0 | 0 | 0 | 0 | 0 | 0 | 0 |
| | 皮书/发展报告 | | 15 | 0 | 0 | 0 | 0 | 0 | 0 | 0 | 0 | 0 | 0 | 0 | 0 | 0 | 0 | 0 | 0 |
| | 科普读物 | | 16 | 0 | 0 | 0 | 0 | 0 | 0 | 0 | 0 | 0 | 0 | 0 | 0 | 0 | 0 | 0 | 0 |
| 古籍整理(部) | | | 17 | 0 | 0 | 0 | 0 | 0 | 0 | 0 | 0 | 0 | 0 | 0 | 0 | 0 | 0 | 0 | 0 |
| 译著(部) | | | 18 | 0 | 0 | 0 | 0 | 0 | 0 | 0 | 0 | 0 | 0 | 0 | 0 | 0 | 0 | 0 | 0 |
| 发表译文(篇) | | | 19 | 0 | 0 | 0 | 0 | 0 | 0 | 0 | 0 | 0 | 0 | 0 | 0 | 0 | 0 | 0 | 0 |
| 电子出版物(件) | | | 20 | 0 | 0 | 0 | 0 | 0 | 0 | 0 | 0 | 0 | 0 | 0 | 0 | 0 | 0 | 0 | 0 |
| 发表论文(篇) | 合计 | | 21 | 338 | 71 | 2 | 18 | 0 | 10 | 5 | 36 | 41 | 63 | 0 | 0 | 75 | 17 | 0 | 0 |
| | 国内学术刊物 | | 22 | 337 | 70 | 2 | 18 | 0 | 10 | 5 | 36 | 41 | 63 | 0 | 0 | 75 | 17 | 0 | 0 |
| | 国外学术刊物 | | 23 | 1 | 1 | 0 | 0 | 0 | 0 | 0 | 0 | 0 | 0 | 0 | 0 | 0 | 0 | 0 | 0 |
| | 港、澳、台刊物 | | 24 | 0 | 0 | 0 | 0 | 0 | 0 | 0 | 0 | 0 | 0 | 0 | 0 | 0 | 0 | 0 | 0 |
| 研究与咨询报告(篇) | 合计 | | 25 | 3 | 0 | 0 | 0 | 0 | 0 | 0 | 0 | 2 | 1 | 0 | 0 | 0 | 0 | 0 | 0 |
| | 被采纳数 | | 26 | 0 | 0 | 0 | 0 | 0 | 0 | 0 | 0 | 0 | 0 | 0 | 0 | 0 | 0 | 0 | 0 |

## 2.34 淮阴工学院人文、社会科学研究与课题成果来源情况表

| | | | 课题来源 | | | | | | | | | | | | | | | |
|---|---|---|---|---|---|---|---|---|---|---|---|---|---|---|---|---|---|---|
| | | | 合计 | 国家社科基金项目 | 国家社科基金单列学科项目 | 教育部人文社科研究项目 | 高校古籍整理研究项目 | 国家自然科学基金项目 | 中央其他部门社科专门项目 | 省、市、自治区社科基金项目 | 省教育厅社科项目 | 地、市、厅、局等政府部门项目 | 国际合作研究项目 | 与港、澳、台地区合作研究项目 | 企事业单位委托项目 | 学校社科项目 | 外资项目 | 其他 |
| | | 编号 | L01 | L02 | L03 | L04 | L05 | L06 | L07 | L08 | L09 | L10 | L11 | L12 | L13 | L14 | L15 | L16 |
| 课题数(项) | | 1 | 533 | 9 | 1 | 13 | 0 | 0 | 4 | 33 | 139 | 38 | 0 | 0 | 287 | 9 | 0 | 0 |
| 当年投入人数 | 合计(人年) | 2 | 96.9 | 2.7 | 0.7 | 3 | 0 | 0 | 1 | 7.1 | 25.6 | 5.4 | 0 | 0 | 50.4 | 1 | 0 | 0 |
| | 研究生(人年) | 3 | 0 | 0 | 0 | 0 | 0 | 0 | 0 | 0 | 0 | 0 | 0 | 0 | 0 | 0 | 0 | 0 |
| 当年拨入经费 | 合计(千元) | 4 | 27 686.16 | 170 | 0 | 120 | 0 | 0 | 0 | 210 | 670 | 167 | 0 | 0 | 26 289.16 | 60 | 0 | 0 |
| | 当年立项项目拨入经费(千元) | 5 | 27 546.16 | 170 | 0 | 70 | 0 | 0 | 0 | 120 | 670 | 167 | 0 | 0 | 26 289.16 | 60 | 0 | 0 |
| 当年支出经费(千元) | | 6 | 28 220.15 | 324.5 | 30 | 229.5 | 0 | 0 | 12 | 297 | 773.89 | 170 | 0 | 0 | 26 299.26 | 84 | 0 | 0 |
| 当年新开课题数(项) | | 7 | 249 | 1 | 0 | 2 | 0 | 0 | 0 | 4 | 49 | 18 | 0 | 0 | 169 | 6 | 0 | 0 |
| 当年新开课题批准经费(千元) | | 8 | 27 686.16 | 200 | 0 | 180 | 0 | 0 | 0 | 120 | 670 | 167 | 0 | 0 | 26 289.16 | 60 | 0 | 0 |
| 当年完成课题数(项) | | 9 | 351 | 0 | 0 | 5 | 0 | 0 | 3 | 12 | 43 | 36 | 0 | 0 | 252 | 0 | 0 | 0 |

| | | | | | | | | | | | | | | | | | | | |
|---|---|---|---|---|---|---|---|---|---|---|---|---|---|---|---|---|---|---|---|
| 出版著作(部) | 合计 | | 10 | 4 | 2 | 0 | 0 | 0 | 0 | 0 | 0 | 0 | 1 | 0 | 0 | 1 | 0 | 0 | 0 |
| | 专著 | 合计 | 11 | 4 | 2 | 0 | 0 | 0 | 0 | 0 | 0 | 0 | 1 | 0 | 0 | 1 | 0 | 0 | 0 |
| | | 被译成外文 | 12 | 0 | 0 | 0 | 0 | 0 | 0 | 0 | 0 | 0 | 0 | 0 | 0 | 0 | 0 | 0 | 0 |
| | 编著教材 | | 13 | 0 | 0 | 0 | 0 | 0 | 0 | 0 | 0 | 0 | 0 | 0 | 0 | 0 | 0 | 0 | 0 |
| | 工具书/参考书 | | 14 | 0 | 0 | 0 | 0 | 0 | 0 | 0 | 0 | 0 | 0 | 0 | 0 | 0 | 0 | 0 | 0 |
| | 皮书/发展报告 | | 15 | 0 | 0 | 0 | 0 | 0 | 0 | 0 | 0 | 0 | 0 | 0 | 0 | 0 | 0 | 0 | 0 |
| | 科普读物 | | 16 | 0 | 0 | 0 | 0 | 0 | 0 | 0 | 0 | 0 | 0 | 0 | 0 | 0 | 0 | 0 | 0 |
| 古籍整理(部) | | | 17 | 0 | 0 | 0 | 0 | 0 | 0 | 0 | 0 | 0 | 0 | 0 | 0 | 0 | 0 | 0 | 0 |
| 译著(部) | | | 18 | 0 | 0 | 0 | 0 | 0 | 0 | 0 | 0 | 0 | 0 | 0 | 0 | 0 | 0 | 0 | 0 |
| 发表译文(篇) | | | 19 | 0 | 0 | 0 | 0 | 0 | 0 | 0 | 0 | 0 | 0 | 0 | 0 | 0 | 0 | 0 | 0 |
| 电子出版物(件) | | | 20 | 0 | 0 | 0 | 0 | 0 | 0 | 0 | 0 | 0 | 0 | 0 | 0 | 0 | 0 | 0 | 0 |
| 发表论文(篇) | 合计 | | 21 | 338 | 71 | 2 | 18 | 0 | 10 | 5 | 36 | 41 | 63 | 0 | 0 | 75 | 17 | 0 | 0 |
| | 国内学术刊物 | | 22 | 337 | 70 | 2 | 18 | 0 | 10 | 5 | 36 | 41 | 63 | 0 | 0 | 75 | 17 | 0 | 0 |
| | 国外学术刊物 | | 23 | 1 | 1 | 0 | 0 | 0 | 0 | 0 | 0 | 0 | 0 | 0 | 0 | 0 | 0 | 0 | 0 |
| | 港、澳、台刊物 | | 24 | 0 | 0 | 0 | 0 | 0 | 0 | 0 | 0 | 0 | 0 | 0 | 0 | 0 | 0 | 0 | 0 |
| 研究与咨询报告(篇) | 合计 | | 25 | 3 | 0 | 0 | 0 | 0 | 0 | 0 | 0 | 2 | 1 | 0 | 0 | 0 | 0 | 0 | 0 |
| | 被采纳数 | | 26 | 0 | 0 | 0 | 0 | 0 | 0 | 0 | 0 | 0 | 0 | 0 | 0 | 0 | 0 | 0 | 0 |

## 2.35 常州工学院人文、社会科学研究与课题成果来源情况表

| | | 编号 | 合计 | 国家社科基金项目 | 国家社科基金单列学科项目 | 教育部人文社科研究项目 | 高校古籍整理研究项目 | 国家自然科学基金项目 | 中央其他部门社科专门项目 | 省、市、自治区社科基金项目 | 省教育厅社科项目 | 地、市、厅、局等政府部门项目 | 国际合作研究项目 | 与港、澳、台地区合作研究项目 | 企事业单位委托项目 | 学校社科项目 | 外资项目 | 其他 |
|---|---|---|---|---|---|---|---|---|---|---|---|---|---|---|---|---|---|---|
| | | | L01 | L02 | L03 | L04 | L05 | L06 | L07 | L08 | L09 | L10 | L11 | L12 | L13 | L14 | L15 | L16 |
| 课题数(项) | | 1 | 798 | 4 | 3 | 25 | 1 | 1 | 5 | 22 | 162 | 169 | 1 | 0 | 316 | 89 | 0 | 0 |
| 当年投入人数 | 合计(人年) | 2 | 158.4 | 1.4 | 0.6 | 5.8 | 0.3 | 0.3 | 0.9 | 5.8 | 32.3 | 36.5 | 0.2 | 0 | 57.6 | 16.7 | 0 | 0 |
| | 研究生(人年) | 3 | 0 | 0 | 0 | 0 | 0 | 0 | 0 | 0 | 0 | 0 | 0 | 0 | 0 | 0 | 0 | 0 |
| 当年拨入经费 | 合计(千元) | 4 | 24 957.25 | 510 | 350 | 337 | 0 | 12.3 | 6 | 160 | 1 332 | 1 556.5 | 0 | 0 | 19 797.45 | 896 | 0 | 0 |
| | 当年立项项目拨入经费(千元) | 5 | 24 667.95 | 510 | 350 | 160 | 0 | 0 | 0 | 150 | 1 299 | 1 505.5 | 0 | 0 | 19 797.45 | 896 | 0 | 0 |
| 当年支出经费(千元) | | 6 | 20 540.52 | 303.88 | 148.96 | 448.02 | 7.6 | 72.6 | 14.52 | 278.65 | 863.22 | 838.22 | 8.5 | 0 | 16 909.26 | 647.09 | 0 | 0 |
| 当年新开课题数(项) | | 7 | 395 | 3 | 2 | 5 | 0 | 0 | 1 | 6 | 53 | 128 | 0 | 0 | 171 | 26 | 0 | 0 |
| 当年新开课题批准经费(千元) | | 8 | 35 792.49 | 600 | 400 | 380 | 0 | 0 | 0 | 160 | 1 497 | 1 660.5 | 0 | 0 | 29 734.99 | 1 360 | 0 | 0 |
| 当年完成课题数(项) | | 9 | 334 | 0 | 1 | 9 | 0 | 0 | 2 | 7 | 35 | 118 | 1 | 0 | 138 | 23 | 0 | 0 |

|  |  |  |  |  |  |  |  |  |  |  |  |  |  |  |  |  |  |  |  |
|---|---|---|---|---|---|---|---|---|---|---|---|---|---|---|---|---|---|---|---|
| 出版著作（部） | 合计 |  | 10 | 4 | 2 | 0 | 0 | 0 | 0 | 0 | 0 | 0 | 1 | 0 | 0 | 1 | 0 | 0 | 0 |
|  | 专著 | 合计 | 11 | 4 | 2 | 0 | 0 | 0 | 0 | 0 | 0 | 0 | 1 | 0 | 0 | 1 | 0 | 0 | 0 |
|  |  | 被译成外文 | 12 | 0 | 0 | 0 | 0 | 0 | 0 | 0 | 0 | 0 | 0 | 0 | 0 | 0 | 0 | 0 | 0 |
|  | 编著教材 |  | 13 | 0 | 0 | 0 | 0 | 0 | 0 | 0 | 0 | 0 | 0 | 0 | 0 | 0 | 0 | 0 | 0 |
|  | 工具书/参考书 |  | 14 | 0 | 0 | 0 | 0 | 0 | 0 | 0 | 0 | 0 | 0 | 0 | 0 | 0 | 0 | 0 | 0 |
|  | 皮书/发展报告 |  | 15 | 0 | 0 | 0 | 0 | 0 | 0 | 0 | 0 | 0 | 0 | 0 | 0 | 0 | 0 | 0 | 0 |
|  | 科普读物 |  | 16 | 0 | 0 | 0 | 0 | 0 | 0 | 0 | 0 | 0 | 0 | 0 | 0 | 0 | 0 | 0 | 0 |
| 古籍整理（部） |  |  | 17 | 0 | 0 | 0 | 0 | 0 | 0 | 0 | 0 | 0 | 0 | 0 | 0 | 0 | 0 | 0 | 0 |
| 译著（部） |  |  | 18 | 0 | 0 | 0 | 0 | 0 | 0 | 0 | 0 | 0 | 0 | 0 | 0 | 0 | 0 | 0 | 0 |
| 发表译文（篇） |  |  | 19 | 0 | 0 | 0 | 0 | 0 | 0 | 0 | 0 | 0 | 0 | 0 | 0 | 0 | 0 | 0 | 0 |
| 电子出版物（件） |  |  | 20 | 0 | 0 | 0 | 0 | 0 | 0 | 0 | 0 | 0 | 0 | 0 | 0 | 0 | 0 | 0 | 0 |
| 发表论文（篇） | 合计 |  | 21 | 338 | 71 | 2 | 18 | 0 | 10 | 5 | 36 | 41 | 63 | 0 | 0 | 75 | 17 | 0 | 0 |
|  | 国内学术刊物 |  | 22 | 337 | 70 | 2 | 18 | 0 | 10 | 5 | 36 | 41 | 63 | 0 | 0 | 75 | 17 | 0 | 0 |
|  | 国外学术刊物 |  | 23 | 1 | 1 | 0 | 0 | 0 | 0 | 0 | 0 | 0 | 0 | 0 | 0 | 0 | 0 | 0 | 0 |
|  | 港、澳、台刊物 |  | 24 | 0 | 0 | 0 | 0 | 0 | 0 | 0 | 0 | 0 | 0 | 0 | 0 | 0 | 0 | 0 | 0 |
| 研究与咨询报告（篇） | 合计 |  | 25 | 3 | 0 | 0 | 0 | 0 | 0 | 0 | 0 | 2 | 1 | 0 | 0 | 0 | 0 | 0 | 0 |
|  | 被采纳数 |  | 26 | 0 | 0 | 0 | 0 | 0 | 0 | 0 | 0 | 0 | 0 | 0 | 0 | 0 | 0 | 0 | 0 |

## 2.36 扬州大学人文、社会科学研究与课题成果来源情况表

| | | | 课题来源 | | | | | | | | | | | | | | | |
|---|---|---|---|---|---|---|---|---|---|---|---|---|---|---|---|---|---|---|
| | | | 合计 | 国家社科基金项目 | 国家社科基金单列学科项目 | 教育部人文社科研究项目 | 高校古籍整理研究项目 | 国家自然科学基金项目 | 中央其他部门社科专门项目 | 省、市、自治区社科基金项目 | 省教育厅社科项目 | 地、市、厅、局等政府部门项目 | 国际合作研究项目 | 与港、澳、台地区合作研究项目 | 企事业单位委托项目 | 学校社科项目 | 外资项目 | 其他 |
| | | 编号 | L01 | L02 | L03 | L04 | L05 | L06 | L07 | L08 | L09 | L10 | L11 | L12 | L13 | L14 | L15 | L16 |
| 课题数(项) | | 1 | 1 003 | 145 | 27 | 81 | 2 | 0 | 21 | 110 | 262 | 138 | 0 | 0 | 133 | 84 | 0 | 0 |
| 当年投入人数 | 合计(人年) | 2 | 158.9 | 43.5 | 8.5 | 17.7 | 0.4 | 0 | 3.8 | 20.9 | 27.4 | 11.9 | 0 | 0 | 17.3 | 7.5 | 0 | 0 |
| | 研究生(人年) | 3 | 4.9 | 2.9 | 0.8 | 1.2 | 0 | 0 | 0 | 0 | 0 | 0 | 0 | 0 | 0 | 0 | 0 | 0 |
| 当年拨入经费 | 合计(千元) | 4 | 29 641.5 | 5 182 | 1 456 | 603 | 0 | 0 | 0 | 852 | 827 | 12 | 0 | 0 | 20 429.5 | 280 | 0 | 0 |
| | 当年立项项目拨入经费(千元) | 5 | 26 833 | 4 940 | 1 420 | 183 | 0 | 0 | 0 | 852 | 817 | 0 | 0 | 0 | 18 341 | 280 | 0 | 0 |
| 当年支出经费(千元) | | 6 | 32 006.19 | 7 417.7 | 1 506.7 | 774.12 | 35.5 | 0 | 192.5 | 1 073.78 | 1 028.41 | 49.35 | 0 | 0 | 19 726.5 | 201.63 | 0 | 0 |
| 当年新开课题数(项) | | 7 | 371 | 24 | 8 | 13 | 0 | 0 | 5 | 27 | 76 | 52 | 0 | 0 | 119 | 47 | 0 | 0 |
| 当年新开课题批准经费(千元) | | 8 | 30 628 | 5 450 | 2 000 | 1 000 | 0 | 0 | 900 | 1 270 | 1 190 | 8 | 0 | 0 | 18 340 | 470 | 0 | 0 |
| 当年完成课题数(项) | | 9 | 322 | 12 | 2 | 9 | 0 | 0 | 1 | 1 | 101 | 74 | 0 | 0 | 113 | 9 | 0 | 0 |

| | | | | | | | | | | | | | | | | | | |
|---|---|---|---|---|---|---|---|---|---|---|---|---|---|---|---|---|---|---|
| 出版著作（部） | 合计 | | 10 | 4 | 2 | 0 | 0 | 0 | 0 | 0 | 0 | 0 | 1 | 0 | 0 | 1 | 0 | 0 | 0 |
| | 专著 | 合计 | 11 | 4 | 2 | 0 | 0 | 0 | 0 | 0 | 0 | 0 | 1 | 0 | 0 | 1 | 0 | 0 | 0 |
| | | 被译成外文 | 12 | 0 | 0 | 0 | 0 | 0 | 0 | 0 | 0 | 0 | 0 | 0 | 0 | 0 | 0 | 0 | 0 |
| | 编著教材 | | 13 | 0 | 0 | 0 | 0 | 0 | 0 | 0 | 0 | 0 | 0 | 0 | 0 | 0 | 0 | 0 | 0 |
| | 工具书/参考书 | | 14 | 0 | 0 | 0 | 0 | 0 | 0 | 0 | 0 | 0 | 0 | 0 | 0 | 0 | 0 | 0 | 0 |
| | 皮书/发展报告 | | 15 | 0 | 0 | 0 | 0 | 0 | 0 | 0 | 0 | 0 | 0 | 0 | 0 | 0 | 0 | 0 | 0 |
| | 科普读物 | | 16 | 0 | 0 | 0 | 0 | 0 | 0 | 0 | 0 | 0 | 0 | 0 | 0 | 0 | 0 | 0 | 0 |
| 古籍整理（部） | | | 17 | 0 | 0 | 0 | 0 | 0 | 0 | 0 | 0 | 0 | 0 | 0 | 0 | 0 | 0 | 0 | 0 |
| 译著（部） | | | 18 | 0 | 0 | 0 | 0 | 0 | 0 | 0 | 0 | 0 | 0 | 0 | 0 | 0 | 0 | 0 | 0 |
| 发表译文（篇） | | | 19 | 0 | 0 | 0 | 0 | 0 | 0 | 0 | 0 | 0 | 0 | 0 | 0 | 0 | 0 | 0 | 0 |
| 电子出版物（件） | | | 20 | 0 | 0 | 0 | 0 | 0 | 0 | 0 | 0 | 0 | 0 | 0 | 0 | 0 | 0 | 0 | 0 |
| 发表论文（篇） | 合计 | | 21 | 338 | 71 | 2 | 18 | 0 | 10 | 5 | 36 | 41 | 63 | 0 | 0 | 75 | 17 | 0 | 0 |
| | 国内学术刊物 | | 22 | 337 | 70 | 2 | 18 | 0 | 10 | 5 | 36 | 41 | 63 | 0 | 0 | 75 | 17 | 0 | 0 |
| | 国外学术刊物 | | 23 | 1 | 1 | 0 | 0 | 0 | 0 | 0 | 0 | 0 | 0 | 0 | 0 | 0 | 0 | 0 | 0 |
| | 港、澳、台刊物 | | 24 | 0 | 0 | 0 | 0 | 0 | 0 | 0 | 0 | 0 | 0 | 0 | 0 | 0 | 0 | 0 | 0 |
| 研究与咨询报告（篇） | 合计 | | 25 | 3 | 0 | 0 | 0 | 0 | 0 | 0 | 0 | 2 | 1 | 0 | 0 | 0 | 0 | 0 | 0 |
| | 被采纳数 | | 26 | 0 | 0 | 0 | 0 | 0 | 0 | 0 | 0 | 0 | 0 | 0 | 0 | 0 | 0 | 0 | 0 |

## 2.37 南京工程学院人文、社会科学研究与课题成果来源情况表

| | | | 课题来源 | | | | | | | | | | | | | | | |
|---|---|---|---|---|---|---|---|---|---|---|---|---|---|---|---|---|---|---|
| | | | 合计 | 国家社科基金项目 | 国家社科基金单列学科项目 | 教育部人文社科研究项目 | 高校古籍整理研究项目 | 国家自然科学基金项目 | 中央其他部门社科专门项目 | 省、市、自治区社科基金项目 | 省教育厅社科项目 | 地、市、厅、局等政府部门项目 | 国际合作研究项目 | 与港、澳、台地区合作研究项目 | 企事业单位委托项目 | 学校社科项目 | 外资项目 | 其他 |
| | | 编号 | L01 | L02 | L03 | L04 | L05 | L06 | L07 | L08 | L09 | L10 | L11 | L12 | L13 | L14 | L15 | L16 |
| 课题数(项) | | 1 | 541 | 6 | 0 | 10 | 0 | 0 | 3 | 18 | 124 | 34 | 0 | 0 | 132 | 214 | 0 | 0 |
| 当年投入人数 | 合计(人年) | 2 | 94.7 | 1.1 | 0 | 1.4 | 0 | 0 | 0.5 | 3.3 | 20.2 | 5.7 | 0 | 0 | 24 | 38.5 | 0 | 0 |
| | 研究生(人年) | 3 | 0 | 0 | 0 | 0 | 0 | 0 | 0 | 0 | 0 | 0 | 0 | 0 | 0 | 0 | 0 | 0 |
| 当年拨入经费 | 合计(千元) | 4 | 35 063.16 | 425 | 0 | 189 | 0 | 0 | 19 | 544.4 | 471 | 203.3 | 0 | 0 | 31 759.9 | 1 451.56 | 0 | 0 |
| | 当年立项项目拨入经费(千元) | 5 | 32 685.74 | 395 | 0 | 24 | 0 | 0 | 19 | 518.9 | 428 | 148.8 | 0 | 0 | 30 732.86 | 419.18 | 0 | 0 |
| 当年支出经费(千元) | | 6 | 33 275.41 | 406.24 | 0 | 204.64 | 0 | 0 | 15.2 | 604.62 | 599.51 | 186.94 | 0 | 0 | 29 723.19 | 1 535.07 | 0 | 0 |
| 当年新开课题数(项) | | 7 | 227 | 3 | 0 | 1 | 0 | 0 | 2 | 13 | 37 | 14 | 0 | 0 | 93 | 64 | 0 | 0 |
| 当年新开课题批准经费(千元) | | 8 | 38 970.6 | 405 | 0 | 24 | 0 | 0 | 25 | 610.5 | 612.8 | 174 | 0 | 0 | 36 634.9 | 484.4 | 0 | 0 |
| 当年完成课题数(项) | | 9 | 178 | 1 | 0 | 5 | 0 | 0 | 0 | 9 | 43 | 11 | 0 | 0 | 50 | 59 | 0 | 0 |

| | | | | | | | | | | | | | | | | | | | |
|---|---|---|---|---|---|---|---|---|---|---|---|---|---|---|---|---|---|---|---|
| 出版著作(部) | 合计 | | 10 | 4 | 2 | 0 | 0 | 0 | 0 | 0 | 0 | 0 | 1 | 0 | 0 | 1 | 0 | 0 | 0 |
| | 专著 | 合计 | 11 | 4 | 2 | 0 | 0 | 0 | 0 | 0 | 0 | 0 | 1 | 0 | 0 | 1 | 0 | 0 | 0 |
| | | 被译成外文 | 12 | 0 | 0 | 0 | 0 | 0 | 0 | 0 | 0 | 0 | 0 | 0 | 0 | 0 | 0 | 0 | 0 |
| | 编著教材 | | 13 | 0 | 0 | 0 | 0 | 0 | 0 | 0 | 0 | 0 | 0 | 0 | 0 | 0 | 0 | 0 | 0 |
| | 工具书/参考书 | | 14 | 0 | 0 | 0 | 0 | 0 | 0 | 0 | 0 | 0 | 0 | 0 | 0 | 0 | 0 | 0 | 0 |
| | 皮书/发展报告 | | 15 | 0 | 0 | 0 | 0 | 0 | 0 | 0 | 0 | 0 | 0 | 0 | 0 | 0 | 0 | 0 | 0 |
| | 科普读物 | | 16 | 0 | 0 | 0 | 0 | 0 | 0 | 0 | 0 | 0 | 0 | 0 | 0 | 0 | 0 | 0 | 0 |
| 古籍整理(部) | | | 17 | 0 | 0 | 0 | 0 | 0 | 0 | 0 | 0 | 0 | 0 | 0 | 0 | 0 | 0 | 0 | 0 |
| 译著(部) | | | 18 | 0 | 0 | 0 | 0 | 0 | 0 | 0 | 0 | 0 | 0 | 0 | 0 | 0 | 0 | 0 | 0 |
| 发表译文(篇) | | | 19 | 0 | 0 | 0 | 0 | 0 | 0 | 0 | 0 | 0 | 0 | 0 | 0 | 0 | 0 | 0 | 0 |
| 电子出版物(件) | | | 20 | 0 | 0 | 0 | 0 | 0 | 0 | 0 | 0 | 0 | 0 | 0 | 0 | 0 | 0 | 0 | 0 |
| 发表论文(篇) | 合计 | | 21 | 338 | 71 | 2 | 18 | 0 | 10 | 5 | 36 | 41 | 63 | 0 | 0 | 75 | 17 | 0 | 0 |
| | 国内学术刊物 | | 22 | 337 | 70 | 2 | 18 | 0 | 10 | 5 | 36 | 41 | 63 | 0 | 0 | 75 | 17 | 0 | 0 |
| | 国外学术刊物 | | 23 | 1 | 1 | 0 | 0 | 0 | 0 | 0 | 0 | 0 | 0 | 0 | 0 | 0 | 0 | 0 | 0 |
| | 港、澳、台刊物 | | 24 | 0 | 0 | 0 | 0 | 0 | 0 | 0 | 0 | 0 | 0 | 0 | 0 | 0 | 0 | 0 | 0 |
| 研究与咨询报告(篇) | 合计 | | 25 | 3 | 0 | 0 | 0 | 0 | 0 | 0 | 0 | 2 | 1 | 0 | 0 | 0 | 0 | 0 | 0 |
| | 被采纳数 | | 26 | 0 | 0 | 0 | 0 | 0 | 0 | 0 | 0 | 0 | 0 | 0 | 0 | 0 | 0 | 0 | 0 |

## 2.38 南京审计大学人文、社会科学研究与课题成果来源情况表

| | | 编号 | 合计 | 国家社科基金项目 | 国家社科基金单列学科项目 | 教育部人文社科研究项目 | 高校古籍整理研究项目 | 国家自然科学基金项目 | 中央其他部门社科专门项目 | 省、市、自治区社科基金项目 | 省教育厅社科项目 | 地、市、厅、局等政府部门项目 | 国际合作研究项目 | 与港、澳、台地区合作研究项目 | 企事业单位委托项目 | 学校社科项目 | 外资项目 | 其他 |
|---|---|---|---|---|---|---|---|---|---|---|---|---|---|---|---|---|---|---|
| | | | L01 | L02 | L03 | L04 | L05 | L06 | L07 | L08 | L09 | L10 | L11 | L12 | L13 | L14 | L15 | L16 |
| 课题数(项) | | 1 | 796 | 106 | 1 | 51 | 0 | 0 | 42 | 104 | 203 | 62 | 0 | 0 | 158 | 69 | 0 | 0 |
| 当年投入人数 | 合计(人年) | 2 | 262.9 | 54.7 | 0.2 | 22.2 | 0 | 0 | 13.3 | 35.8 | 69.2 | 17.3 | 0 | 0 | 25.5 | 24.7 | 0 | 0 |
| | 研究生(人年) | 3 | 4.9 | 0.8 | 0 | 0.8 | 0 | 0 | 0.4 | 0.7 | 0.2 | 1.5 | 0 | 0 | 0.2 | 0.3 | 0 | 0 |
| 当年拨入经费 | 合计(千元) | 4 | 21 527.74 | 5 052 | 0 | 1 506 | 0 | 0 | 160 | 1 918.5 | 1 620.74 | 153.25 | 0 | 0 | 10 317.25 | 800 | 0 | 0 |
| | 当年立项项目拨入经费(千元) | 5 | 13 628.07 | 4 890 | 0 | 345 | 0 | 0 | 10 | 1 149 | 520 | 82 | 0 | 0 | 6 112.07 | 520 | 0 | 0 |
| 当年支出经费(千元) | | 6 | 10 572.57 | 2 622.38 | 23 | 625.54 | 0 | 0 | 65.29 | 932.6 | 509.14 | 93.51 | 0 | 0 | 5 427.14 | 273.97 | 0 | 0 |
| 当年新开课题数(项) | | 7 | 266 | 26 | 0 | 12 | 0 | 0 | 13 | 26 | 47 | 27 | 0 | 0 | 93 | 22 | 0 | 0 |
| 当年新开课题批准经费(千元) | | 8 | 24 580.05 | 5 750 | 0 | 1 040 | 0 | 0 | 260 | 1 490 | 650 | 383 | 0 | 0 | 14 407.05 | 600 | 0 | 0 |
| 当年完成课题数(项) | | 9 | 160 | 9 | 0 | 3 | 0 | 0 | 1 | 25 | 42 | 2 | 0 | 0 | 69 | 9 | 0 | 0 |

| | | | | | | | | | | | | | | | | | | | |
|---|---|---|---|---|---|---|---|---|---|---|---|---|---|---|---|---|---|---|---|
| 出版著作(部) | 合计 | | 10 | 4 | 2 | 0 | 0 | 0 | 0 | 0 | 0 | 0 | 1 | 0 | 0 | 1 | 0 | 0 | 0 |
| | 专著 | 合计 | 11 | 4 | 2 | 0 | 0 | 0 | 0 | 0 | 0 | 0 | 1 | 0 | 0 | 1 | 0 | 0 | 0 |
| | | 被译成外文 | 12 | 0 | 0 | 0 | 0 | 0 | 0 | 0 | 0 | 0 | 0 | 0 | 0 | 0 | 0 | 0 | 0 |
| | 编著教材 | | 13 | 0 | 0 | 0 | 0 | 0 | 0 | 0 | 0 | 0 | 0 | 0 | 0 | 0 | 0 | 0 | 0 |
| | 工具书/参考书 | | 14 | 0 | 0 | 0 | 0 | 0 | 0 | 0 | 0 | 0 | 0 | 0 | 0 | 0 | 0 | 0 | 0 |
| | 皮书/发展报告 | | 15 | 0 | 0 | 0 | 0 | 0 | 0 | 0 | 0 | 0 | 0 | 0 | 0 | 0 | 0 | 0 | 0 |
| | 科普读物 | | 16 | 0 | 0 | 0 | 0 | 0 | 0 | 0 | 0 | 0 | 0 | 0 | 0 | 0 | 0 | 0 | 0 |
| 古籍整理(部) | | | 17 | 0 | 0 | 0 | 0 | 0 | 0 | 0 | 0 | 0 | 0 | 0 | 0 | 0 | 0 | 0 | 0 |
| 译著(部) | | | 18 | 0 | 0 | 0 | 0 | 0 | 0 | 0 | 0 | 0 | 0 | 0 | 0 | 0 | 0 | 0 | 0 |
| 发表译文(篇) | | | 19 | 0 | 0 | 0 | 0 | 0 | 0 | 0 | 0 | 0 | 0 | 0 | 0 | 0 | 0 | 0 | 0 |
| 电子出版物(件) | | | 20 | 0 | 0 | 0 | 0 | 0 | 0 | 0 | 0 | 0 | 0 | 0 | 0 | 0 | 0 | 0 | 0 |
| 发表论文(篇) | 合计 | | 21 | 338 | 71 | 2 | 18 | 0 | 10 | 5 | 36 | 41 | 63 | 0 | 0 | 75 | 17 | 0 | 0 |
| | 国内学术刊物 | | 22 | 337 | 70 | 2 | 18 | 0 | 10 | 5 | 36 | 41 | 63 | 0 | 0 | 75 | 17 | 0 | 0 |
| | 国外学术刊物 | | 23 | 1 | 1 | 0 | 0 | 0 | 0 | 0 | 0 | 0 | 0 | 0 | 0 | 0 | 0 | 0 | 0 |
| | 港、澳、台刊物 | | 24 | 0 | 0 | 0 | 0 | 0 | 0 | 0 | 0 | 0 | 0 | 0 | 0 | 0 | 0 | 0 | 0 |
| 研究与咨询报告(篇) | 合计 | | 25 | 3 | 0 | 0 | 0 | 0 | 0 | 0 | 0 | 2 | 1 | 0 | 0 | 0 | 0 | 0 | 0 |
| | 被采纳数 | | 26 | 0 | 0 | 0 | 0 | 0 | 0 | 0 | 0 | 0 | 0 | 0 | 0 | 0 | 0 | 0 | 0 |

## 2.39 南京晓庄学院人文、社会科学研究与课题成果来源情况表

| | | | 课题来源 | | | | | | | | | | | | | | | |
|---|---|---|---|---|---|---|---|---|---|---|---|---|---|---|---|---|---|---|
| | | | 合计 | 国家社科基金项目 | 国家社科基金单列学科项目 | 教育部人文社科研究项目 | 高校古籍整理研究项目 | 国家自然科学基金项目 | 中央其他部门社科专门项目 | 省、市、自治区社科基金项目 | 省教育厅社科项目 | 地、市、厅、局等政府部门项目 | 国际合作研究项目 | 与港、澳、台地区合作研究项目 | 企事业单位委托项目 | 学校社科项目 | 外资项目 | 其他 |
| | | 编号 | L01 | L02 | L03 | L04 | L05 | L06 | L07 | L08 | L09 | L10 | L11 | L12 | L13 | L14 | L15 | L16 |
| 课题数(项) | | 1 | 411 | 17 | 3 | 11 | 0 | 0 | 3 | 75 | 145 | 51 | 0 | 0 | 11 | 94 | 0 | 1 |
| 当年投入人数 | 合计(人年) | 2 | 52.2 | 3.6 | 0.9 | 2.2 | 0 | 0 | 0.5 | 11.5 | 16.4 | 6.1 | 0 | 0 | 1.2 | 9.6 | 0 | 0.2 |
| | 研究生(人年) | 3 | 0 | 0 | 0 | 0 | 0 | 0 | 0 | 0 | 0 | 0 | 0 | 0 | 0 | 0 | 0 | 0 |
| 当年拨入经费 | 合计(千元) | 4 | 3 549.5 | 920 | 380 | 80 | 0 | 0 | 0 | 344 | 450 | 160 | 0 | 0 | 1 013 | 202.5 | 0 | 0 |
| | 当年立项项目拨入经费(千元) | 5 | 3 549.5 | 920 | 380 | 80 | 0 | 0 | 0 | 344 | 450 | 160 | 0 | 0 | 1 013 | 202.5 | 0 | 0 |
| 当年支出经费(千元) | | 6 | 4 505.8 | 883 | 260 | 107 | 0 | 0 | 30 | 531.8 | 578 | 310 | 0 | 0 | 951 | 851 | 0 | 4 |
| 当年新开课题数(项) | | 7 | 108 | 5 | 2 | 3 | 0 | 0 | 0 | 20 | 45 | 7 | 0 | 0 | 8 | 18 | 0 | 0 |
| 当年新开课题批准经费(千元) | | 8 | 4 177 | 1 050 | 400 | 240 | 0 | 0 | 0 | 546 | 450 | 160 | 0 | 0 | 1 061 | 270 | 0 | 0 |
| 当年完成课题数(项) | | 9 | 94 | 1 | 0 | 1 | 0 | 0 | 0 | 22 | 32 | 9 | 0 | 0 | 3 | 25 | 0 | 1 |

| | | | | | | | | | | | | | | | | | | | |
|---|---|---|---|---|---|---|---|---|---|---|---|---|---|---|---|---|---|---|---|
| 出版著作(部) | 合计 | | 10 | 4 | 2 | 0 | 0 | 0 | 0 | 0 | 0 | 0 | 1 | 0 | 0 | 1 | 0 | 0 | 0 |
| | 专著 | 合计 | 11 | 4 | 2 | 0 | 0 | 0 | 0 | 0 | 0 | 0 | 1 | 0 | 0 | 1 | 0 | 0 | 0 |
| | | 被译成外文 | 12 | 0 | 0 | 0 | 0 | 0 | 0 | 0 | 0 | 0 | 0 | 0 | 0 | 0 | 0 | 0 | 0 |
| | 编著教材 | | 13 | 0 | 0 | 0 | 0 | 0 | 0 | 0 | 0 | 0 | 0 | 0 | 0 | 0 | 0 | 0 | 0 |
| | 工具书/参考书 | | 14 | 0 | 0 | 0 | 0 | 0 | 0 | 0 | 0 | 0 | 0 | 0 | 0 | 0 | 0 | 0 | 0 |
| | 皮书/发展报告 | | 15 | 0 | 0 | 0 | 0 | 0 | 0 | 0 | 0 | 0 | 0 | 0 | 0 | 0 | 0 | 0 | 0 |
| | 科普读物 | | 16 | 0 | 0 | 0 | 0 | 0 | 0 | 0 | 0 | 0 | 0 | 0 | 0 | 0 | 0 | 0 | 0 |
| 古籍整理(部) | | | 17 | 0 | 0 | 0 | 0 | 0 | 0 | 0 | 0 | 0 | 0 | 0 | 0 | 0 | 0 | 0 | 0 |
| 译著(部) | | | 18 | 0 | 0 | 0 | 0 | 0 | 0 | 0 | 0 | 0 | 0 | 0 | 0 | 0 | 0 | 0 | 0 |
| 发表译文(篇) | | | 19 | 0 | 0 | 0 | 0 | 0 | 0 | 0 | 0 | 0 | 0 | 0 | 0 | 0 | 0 | 0 | 0 |
| 电子出版物(件) | | | 20 | 0 | 0 | 0 | 0 | 0 | 0 | 0 | 0 | 0 | 0 | 0 | 0 | 0 | 0 | 0 | 0 |
| 发表论文(篇) | 合计 | | 21 | 338 | 71 | 2 | 18 | 0 | 10 | 5 | 36 | 41 | 63 | 0 | 0 | 75 | 17 | 0 | 0 |
| | 国内学术刊物 | | 22 | 337 | 70 | 2 | 18 | 0 | 10 | 5 | 36 | 41 | 63 | 0 | 0 | 75 | 17 | 0 | 0 |
| | 国外学术刊物 | | 23 | 1 | 1 | 0 | 0 | 0 | 0 | 0 | 0 | 0 | 0 | 0 | 0 | 0 | 0 | 0 | 0 |
| | 港、澳、台刊物 | | 24 | 0 | 0 | 0 | 0 | 0 | 0 | 0 | 0 | 0 | 0 | 0 | 0 | 0 | 0 | 0 | 0 |
| 研究与咨询报告(篇) | 合计 | | 25 | 3 | 0 | 0 | 0 | 0 | 0 | 0 | 0 | 2 | 1 | 0 | 0 | 0 | 0 | 0 | 0 |
| | 被采纳数 | | 26 | 0 | 0 | 0 | 0 | 0 | 0 | 0 | 0 | 0 | 0 | 0 | 0 | 0 | 0 | 0 | 0 |

## 2.40 江苏理工学院人文、社会科学研究与课题成果来源情况表

| | | | 课题来源 | | | | | | | | | | | | | | | |
|---|---|---|---|---|---|---|---|---|---|---|---|---|---|---|---|---|---|---|
| | | | 合计 | 国家社科基金项目 | 国家社科基金单列学科项目 | 教育部人文社科研究项目 | 高校古籍整理研究项目 | 国家自然科学基金项目 | 中央其他部门社科专门项目 | 省、市、自治区社科基金项目 | 省教育厅社科项目 | 地、市、厅、局等政府部门项目 | 国际合作研究项目 | 与港、澳、台地区合作研究项目 | 企事业单位委托项目 | 学校社科项目 | 外资项目 | 其他 |
| | | 编号 | L01 | L02 | L03 | L04 | L05 | L06 | L07 | L08 | L09 | L10 | L11 | L12 | L13 | L14 | L15 | L16 |
| 课题数(项) | | 1 | 744 | 18 | 10 | 42 | 0 | 0 | 3 | 56 | 136 | 111 | 0 | 0 | 308 | 57 | 0 | 3 |
| 当年投入人数 | 合计(人年) | 2 | 123 | 7.1 | 3.4 | 10.7 | 0 | 0 | 0.9 | 12.8 | 21.5 | 12.5 | 0 | 0 | 45.6 | 8.2 | 0 | 0.3 |
| | 研究生(人年) | 3 | 0 | 0 | 0 | 0 | 0 | 0 | 0 | 0 | 0 | 0 | 0 | 0 | 0 | 0 | 0 | 0 |
| 当年拨入经费 | 合计(千元) | 4 | 16 453.08 | 420 | 390 | 932 | 0 | 0 | 490 | 650 | 130 | 248 | 0 | 0 | 10 967.08 | 2 220 | 0 | 6 |
| | 当年立项项目拨入经费(千元) | 5 | 15 280.58 | 360 | 380 | 80 | 0 | 0 | 490 | 450 | 130 | 240 | 0 | 0 | 10 924.58 | 2 220 | 0 | 6 |
| 当年支出经费(千元) | | 6 | 18 144.69 | 541.98 | 369 | 906.1 | 0 | 0 | 250 | 592.4 | 161.85 | 245.2 | 0 | 0 | 13 245.71 | 1 826.45 | 0 | 6 |
| 当年新开课题数(项) | | 7 | 286 | 2 | 2 | 3 | 0 | 0 | 1 | 13 | 43 | 102 | 0 | 0 | 97 | 20 | 0 | 3 |
| 当年新开课题批准经费(千元) | | 8 | 16 663.43 | 400 | 400 | 280 | 0 | 0 | 490 | 550 | 310 | 240 | 0 | 0 | 11 767.43 | 2 220 | 0 | 6 |
| 当年完成课题数(项) | | 9 | 260 | 6 | 1 | 13 | 0 | 0 | 0 | 16 | 28 | 108 | 0 | 0 | 72 | 13 | 0 | 3 |

| | | | | | | | | | | | | | | | | | | | |
|---|---|---|---|---|---|---|---|---|---|---|---|---|---|---|---|---|---|---|---|
| 出版著作(部) | 合计 | | 10 | 4 | 2 | 0 | 0 | 0 | 0 | 0 | 0 | 0 | 1 | 0 | 0 | 1 | 0 | 0 | 0 |
| | 专著 | 合计 | 11 | 4 | 2 | 0 | 0 | 0 | 0 | 0 | 0 | 0 | 1 | 0 | 0 | 1 | 0 | 0 | 0 |
| | | 被译成外文 | 12 | 0 | 0 | 0 | 0 | 0 | 0 | 0 | 0 | 0 | 0 | 0 | 0 | 0 | 0 | 0 | 0 |
| | 编著教材 | | 13 | 0 | 0 | 0 | 0 | 0 | 0 | 0 | 0 | 0 | 0 | 0 | 0 | 0 | 0 | 0 | 0 |
| | 工具书/参考书 | | 14 | 0 | 0 | 0 | 0 | 0 | 0 | 0 | 0 | 0 | 0 | 0 | 0 | 0 | 0 | 0 | 0 |
| | 皮书/发展报告 | | 15 | 0 | 0 | 0 | 0 | 0 | 0 | 0 | 0 | 0 | 0 | 0 | 0 | 0 | 0 | 0 | 0 |
| | 科普读物 | | 16 | 0 | 0 | 0 | 0 | 0 | 0 | 0 | 0 | 0 | 0 | 0 | 0 | 0 | 0 | 0 | 0 |
| 古籍整理(部) | | | 17 | 0 | 0 | 0 | 0 | 0 | 0 | 0 | 0 | 0 | 0 | 0 | 0 | 0 | 0 | 0 | 0 |
| 译著(部) | | | 18 | 0 | 0 | 0 | 0 | 0 | 0 | 0 | 0 | 0 | 0 | 0 | 0 | 0 | 0 | 0 | 0 |
| 发表译文(篇) | | | 19 | 0 | 0 | 0 | 0 | 0 | 0 | 0 | 0 | 0 | 0 | 0 | 0 | 0 | 0 | 0 | 0 |
| 电子出版物(件) | | | 20 | 0 | 0 | 0 | 0 | 0 | 0 | 0 | 0 | 0 | 0 | 0 | 0 | 0 | 0 | 0 | 0 |
| 发表论文(篇) | 合计 | | 21 | 338 | 71 | 2 | 18 | 0 | 10 | 5 | 36 | 41 | 63 | 0 | 0 | 75 | 17 | 0 | 0 |
| | 国内学术刊物 | | 22 | 337 | 70 | 2 | 18 | 0 | 10 | 5 | 36 | 41 | 63 | 0 | 0 | 75 | 17 | 0 | 0 |
| | 国外学术刊物 | | 23 | 1 | 1 | 0 | 0 | 0 | 0 | 0 | 0 | 0 | 0 | 0 | 0 | 0 | 0 | 0 | 0 |
| | 港、澳、台刊物 | | 24 | 0 | 0 | 0 | 0 | 0 | 0 | 0 | 0 | 0 | 0 | 0 | 0 | 0 | 0 | 0 | 0 |
| 研究与咨询报告(篇) | 合计 | | 25 | 3 | 0 | 0 | 0 | 0 | 0 | 0 | 0 | 2 | 1 | 0 | 0 | 0 | 0 | 0 | 0 |
| | 被采纳数 | | 26 | 0 | 0 | 0 | 0 | 0 | 0 | 0 | 0 | 0 | 0 | 0 | 0 | 0 | 0 | 0 | 0 |

## 2.41 江苏海洋大学人文、社会科学研究与课题成果来源情况表

| | | | 课题来源 | | | | | | | | | | | | | | | |
|---|---|---|---|---|---|---|---|---|---|---|---|---|---|---|---|---|---|---|
| | | | 合计 | 国家社科基金项目 | 国家社科基金单列学科项目 | 教育部人文社科研究项目 | 高校古籍整理研究项目 | 国家自然科学基金项目 | 中央其他部门社科专门项目 | 省、市、自治区社科基金项目 | 省教育厅社科项目 | 地、市、厅、局等政府部门项目 | 国际合作研究项目 | 与港、澳、台地区合作研究项目 | 企事业单位委托项目 | 学校社科项目 | 外资项目 | 其他 |
| | | 编号 | L01 | L02 | L03 | L04 | L05 | L06 | L07 | L08 | L09 | L10 | L11 | L12 | L13 | L14 | L15 | L16 |
| 课题数(项) | | 1 | 641 | 9 | 0 | 5 | 0 | 0 | 0 | 55 | 109 | 132 | 0 | 0 | 297 | 34 | 0 | 0 |
| 当年投入人数 | 合计(人年) | 2 | 64.1 | 0.9 | 0 | 0.5 | 0 | 0 | 0 | 5.5 | 10.9 | 13.2 | 0 | 0 | 29.7 | 3.4 | 0 | 0 |
| | 研究生(人年) | 3 | 0 | 0 | 0 | 0 | 0 | 0 | 0 | 0 | 0 | 0 | 0 | 0 | 0 | 0 | 0 | 0 |
| 当年拨入经费 | 合计(千元) | 4 | 17 252.23 | 220 | 0 | 40 | 0 | 0 | 0 | 537 | 736.5 | 1 869.15 | 0 | 0 | 13 823.08 | 26.5 | 0 | 0 |
| | 当年立项项目拨入经费(千元) | 5 | 15 946.23 | 190 | 0 | 0 | 0 | 0 | 0 | 365 | 645 | 1 604.15 | 0 | 0 | 13 115.58 | 26.5 | 0 | 0 |
| 当年支出经费(千元) | | 6 | 18 652.32 | 353.5 | 0 | 68.5 | 0 | 0 | 0 | 629.6 | 551.3 | 1 678.64 | 0 | 0 | 15 088.98 | 281.8 | 0 | 0 |
| 当年新开课题数(项) | | 7 | 297 | 1 | 0 | 0 | 0 | 0 | 0 | 8 | 38 | 78 | 0 | 0 | 162 | 10 | 0 | 0 |
| 当年新开课题批准经费(千元) | | 8 | 19 537.03 | 200 | 0 | 0 | 0 | 0 | 0 | 385 | 765 | 2 214.15 | 0 | 0 | 15 946.38 | 26.5 | 0 | 0 |
| 当年完成课题数(项) | | 9 | 437 | 2 | 0 | 4 | 0 | 0 | 0 | 33 | 58 | 107 | 0 | 0 | 202 | 31 | 0 | 0 |

| | | | | | | | | | | | | | | | | | | | |
|---|---|---|---|---|---|---|---|---|---|---|---|---|---|---|---|---|---|---|---|
| 出版著作(部) | 合计 | | 10 | 4 | 2 | 0 | 0 | 0 | 0 | 0 | 0 | 0 | 1 | 0 | 0 | 1 | 0 | 0 | 0 |
| | 专著 | 合计 | 11 | 4 | 2 | 0 | 0 | 0 | 0 | 0 | 0 | 0 | 1 | 0 | 0 | 1 | 0 | 0 | 0 |
| | | 被译成外文 | 12 | 0 | 0 | 0 | 0 | 0 | 0 | 0 | 0 | 0 | 0 | 0 | 0 | 0 | 0 | 0 | 0 |
| | 编著教材 | | 13 | 0 | 0 | 0 | 0 | 0 | 0 | 0 | 0 | 0 | 0 | 0 | 0 | 0 | 0 | 0 | 0 |
| | 工具书/参考书 | | 14 | 0 | 0 | 0 | 0 | 0 | 0 | 0 | 0 | 0 | 0 | 0 | 0 | 0 | 0 | 0 | 0 |
| | 皮书/发展报告 | | 15 | 0 | 0 | 0 | 0 | 0 | 0 | 0 | 0 | 0 | 0 | 0 | 0 | 0 | 0 | 0 | 0 |
| | 科普读物 | | 16 | 0 | 0 | 0 | 0 | 0 | 0 | 0 | 0 | 0 | 0 | 0 | 0 | 0 | 0 | 0 | 0 |
| 古籍整理(部) | | | 17 | 0 | 0 | 0 | 0 | 0 | 0 | 0 | 0 | 0 | 0 | 0 | 0 | 0 | 0 | 0 | 0 |
| 译著(部) | | | 18 | 0 | 0 | 0 | 0 | 0 | 0 | 0 | 0 | 0 | 0 | 0 | 0 | 0 | 0 | 0 | 0 |
| 发表译文(篇) | | | 19 | 0 | 0 | 0 | 0 | 0 | 0 | 0 | 0 | 0 | 0 | 0 | 0 | 0 | 0 | 0 | 0 |
| 电子出版物(件) | | | 20 | 0 | 0 | 0 | 0 | 0 | 0 | 0 | 0 | 0 | 0 | 0 | 0 | 0 | 0 | 0 | 0 |
| 发表论文(篇) | 合计 | | 21 | 338 | 71 | 2 | 18 | 0 | 10 | 5 | 36 | 41 | 63 | 0 | 0 | 75 | 17 | 0 | 0 |
| | 国内学术刊物 | | 22 | 337 | 70 | 2 | 18 | 0 | 10 | 5 | 36 | 41 | 63 | 0 | 0 | 75 | 17 | 0 | 0 |
| | 国外学术刊物 | | 23 | 1 | 1 | 0 | 0 | 0 | 0 | 0 | 0 | 0 | 0 | 0 | 0 | 0 | 0 | 0 | 0 |
| | 港、澳、台刊物 | | 24 | 0 | 0 | 0 | 0 | 0 | 0 | 0 | 0 | 0 | 0 | 0 | 0 | 0 | 0 | 0 | 0 |
| 研究与咨询报告(篇) | 合计 | | 25 | 3 | 0 | 0 | 0 | 0 | 0 | 0 | 0 | 2 | 1 | 0 | 0 | 0 | 0 | 0 | 0 |
| | 被采纳数 | | 26 | 0 | 0 | 0 | 0 | 0 | 0 | 0 | 0 | 0 | 0 | 0 | 0 | 0 | 0 | 0 | 0 |

## 2.42 徐州工程学院人文、社会科学研究与课题成果来源情况表

| | | | 课题来源 | | | | | | | | | | | | | | | |
|---|---|---|---|---|---|---|---|---|---|---|---|---|---|---|---|---|---|---|
| | | | 合计 | 国家社科基金项目 | 国家社科基金单列学科项目 | 教育部人文社科研究项目 | 高校古籍整理研究项目 | 国家自然科学基金项目 | 中央其他部门社科专门项目 | 省、市、自治区社科基金项目 | 省教育厅社科项目 | 地、市、厅、局等政府部门项目 | 国际合作研究项目 | 与港、澳、台地区合作研究项目 | 企事业单位委托项目 | 学校社科项目 | 外资项目 | 其他 |
| | | 编号 | L01 | L02 | L03 | L04 | L05 | L06 | L07 | L08 | L09 | L10 | L11 | L12 | L13 | L14 | L15 | L16 |
| 课题数(项) | | 1 | 505 | 11 | 0 | 6 | 1 | 0 | 0 | 19 | 92 | 281 | 0 | 0 | 31 | 58 | 0 | 6 |
| 当年投入人数 | 合计(人年) | 2 | 95.5 | 2.4 | 0 | 1.2 | 0.6 | 0 | 0 | 4.7 | 16.4 | 54 | 0 | 0 | 3.7 | 10.9 | 0 | 1.6 |
| | 研究生(人年) | 3 | 0 | 0 | 0 | 0 | 0 | 0 | 0 | 0 | 0 | 0 | 0 | 0 | 0 | 0 | 0 | 0 |
| 当年拨入经费 | 合计(千元) | 4 | 2 873 | 570 | 0 | 80 | 0 | 0 | 0 | 304 | 85 | 1 605 | 0 | 0 | 201 | 13 | 0 | 15 |
| | 当年立项项目拨入经费(千元) | 5 | 2 871 | 570 | 0 | 80 | 0 | 0 | 0 | 304 | 85 | 1 603 | 0 | 0 | 201 | 13 | 0 | 15 |
| 当年支出经费(千元) | | 6 | 2 031.2 | 420 | 0 | 20 | 0 | 0 | 0 | 213 | 78.2 | 1 124 | 0 | 0 | 109 | 63 | 0 | 4 |
| 当年新开课题数(项) | | 7 | 163 | 3 | 0 | 2 | 0 | 0 | 0 | 7 | 22 | 92 | 0 | 0 | 23 | 8 | 0 | 6 |
| 当年新开课题批准经费(千元) | | 8 | 3 865 | 650 | 0 | 100 | 0 | 0 | 0 | 390 | 220 | 1 885 | 0 | 0 | 370 | 160 | 0 | 90 |
| 当年完成课题数(项) | | 9 | 247 | 0 | 0 | 0 | 0 | 0 | 0 | 0 | 23 | 167 | 0 | 0 | 8 | 49 | 0 | 0 |

| | | | | | | | | | | | | | | | | | | | |
|---|---|---|---|---|---|---|---|---|---|---|---|---|---|---|---|---|---|---|---|
| 出版著作(部) | 合计 | | 10 | 4 | 2 | 0 | 0 | 0 | 0 | 0 | 0 | 0 | 1 | 0 | 0 | 1 | 0 | 0 | 0 |
| | 专著 | 合计 | 11 | 4 | 2 | 0 | 0 | 0 | 0 | 0 | 0 | 0 | 1 | 0 | 0 | 1 | 0 | 0 | 0 |
| | | 被译成外文 | 12 | 0 | 0 | 0 | 0 | 0 | 0 | 0 | 0 | 0 | 0 | 0 | 0 | 0 | 0 | 0 | 0 |
| | 编著教材 | | 13 | 0 | 0 | 0 | 0 | 0 | 0 | 0 | 0 | 0 | 0 | 0 | 0 | 0 | 0 | 0 | 0 |
| | 工具书/参考书 | | 14 | 0 | 0 | 0 | 0 | 0 | 0 | 0 | 0 | 0 | 0 | 0 | 0 | 0 | 0 | 0 | 0 |
| | 皮书/发展报告 | | 15 | 0 | 0 | 0 | 0 | 0 | 0 | 0 | 0 | 0 | 0 | 0 | 0 | 0 | 0 | 0 | 0 |
| | 科普读物 | | 16 | 0 | 0 | 0 | 0 | 0 | 0 | 0 | 0 | 0 | 0 | 0 | 0 | 0 | 0 | 0 | 0 |
| 古籍整理(部) | | | 17 | 0 | 0 | 0 | 0 | 0 | 0 | 0 | 0 | 0 | 0 | 0 | 0 | 0 | 0 | 0 | 0 |
| 译著(部) | | | 18 | 0 | 0 | 0 | 0 | 0 | 0 | 0 | 0 | 0 | 0 | 0 | 0 | 0 | 0 | 0 | 0 |
| 发表译文(篇) | | | 19 | 0 | 0 | 0 | 0 | 0 | 0 | 0 | 0 | 0 | 0 | 0 | 0 | 0 | 0 | 0 | 0 |
| 电子出版物(件) | | | 20 | 0 | 0 | 0 | 0 | 0 | 0 | 0 | 0 | 0 | 0 | 0 | 0 | 0 | 0 | 0 | 0 |
| 发表论文(篇) | 合计 | | 21 | 338 | 71 | 2 | 18 | 0 | 10 | 5 | 36 | 41 | 63 | 0 | 0 | 75 | 17 | 0 | 0 |
| | 国内学术刊物 | | 22 | 337 | 70 | 2 | 18 | 0 | 10 | 5 | 36 | 41 | 63 | 0 | 0 | 75 | 17 | 0 | 0 |
| | 国外学术刊物 | | 23 | 1 | 1 | 0 | 0 | 0 | 0 | 0 | 0 | 0 | 0 | 0 | 0 | 0 | 0 | 0 | 0 |
| | 港、澳、台刊物 | | 24 | 0 | 0 | 0 | 0 | 0 | 0 | 0 | 0 | 0 | 0 | 0 | 0 | 0 | 0 | 0 | 0 |
| 研究与咨询报告(篇) | 合计 | | 25 | 3 | 0 | 0 | 0 | 0 | 0 | 0 | 0 | 2 | 1 | 0 | 0 | 0 | 0 | 0 | 0 |
| | 被采纳数 | | 26 | 0 | 0 | 0 | 0 | 0 | 0 | 0 | 0 | 0 | 0 | 0 | 0 | 0 | 0 | 0 | 0 |

## 2.43 南京特殊教育师范学院人文、社会科学研究与课题成果来源情况表

| | | | 课题来源 | | | | | | | | | | | | | | | |
|---|---|---|---|---|---|---|---|---|---|---|---|---|---|---|---|---|---|---|
| | | | 合计 | 国家社科基金项目 | 国家社科基金单列学科项目 | 教育部人文社科研究项目 | 高校古籍整理研究项目 | 国家自然科学基金项目 | 中央其他部门社科专门项目 | 省、市、自治区社科基金项目 | 省教育厅社科项目 | 地、市、厅、局等政府部门项目 | 国际合作研究项目 | 与港、澳、台地区合作研究项目 | 企事业单位委托项目 | 学校社科项目 | 外资项目 | 其他 |
| | | 编号 | L01 | L02 | L03 | L04 | L05 | L06 | L07 | L08 | L09 | L10 | L11 | L12 | L13 | L14 | L15 | L16 |
| 课题数(项) | | 1 | 213 | 8 | 1 | 12 | 0 | 0 | 15 | 10 | 145 | 19 | 0 | 0 | 3 | 0 | 0 | 0 |
| 当年投入人数 | 合计(人年) | 2 | 35.7 | 1.5 | 0.2 | 1.6 | 0 | 0 | 2.4 | 1.6 | 24.9 | 3.2 | 0 | 0 | 0.3 | 0 | 0 | 0 |
| | 研究生(人年) | 3 | 0 | 0 | 0 | 0 | 0 | 0 | 0 | 0 | 0 | 0 | 0 | 0 | 0 | 0 | 0 | 0 |
| 当年拨入经费 | 合计(千元) | 4 | 2 057 | 480 | 0 | 165 | 0 | 0 | 376 | 150 | 540 | 196 | 0 | 0 | 150 | 0 | 0 | 0 |
| | 当年立项项目拨入经费(千元) | 5 | 1 575 | 470 | 0 | 0 | 0 | 0 | 310 | 120 | 420 | 105 | 0 | 0 | 150 | 0 | 0 | 0 |
| 当年支出经费(千元) | | 6 | 1 793.9 | 344 | 15 | 175.9 | 0 | 0 | 367 | 144.2 | 434.8 | 206 | 0 | 0 | 107 | 0 | 0 | 0 |
| 当年新开课题数(项) | | 7 | 65 | 2 | 0 | 0 | 0 | 0 | 5 | 3 | 46 | 7 | 0 | 0 | 2 | 0 | 0 | 0 |
| 当年新开课题批准经费(千元) | | 8 | 2 036 | 550 | 0 | 0 | 0 | 0 | 420 | 150 | 612 | 105 | 0 | 0 | 199 | 0 | 0 | 0 |
| 当年完成课题数(项) | | 9 | 42 | 1 | 0 | 3 | 0 | 0 | 4 | 3 | 17 | 13 | 0 | 0 | 1 | 0 | 0 | 0 |

| | | | | | | | | | | | | | | | | | | | |
|---|---|---|---|---|---|---|---|---|---|---|---|---|---|---|---|---|---|---|---|
| 出版著作(部) | 合计 | | 10 | 4 | 2 | 0 | 0 | 0 | 0 | 0 | 0 | 0 | 1 | 0 | 0 | 1 | 0 | 0 | 0 |
| | 专著 | 合计 | 11 | 4 | 2 | 0 | 0 | 0 | 0 | 0 | 0 | 0 | 1 | 0 | 0 | 1 | 0 | 0 | 0 |
| | | 被译成外文 | 12 | 0 | 0 | 0 | 0 | 0 | 0 | 0 | 0 | 0 | 0 | 0 | 0 | 0 | 0 | 0 | 0 |
| | 编著教材 | | 13 | 0 | 0 | 0 | 0 | 0 | 0 | 0 | 0 | 0 | 0 | 0 | 0 | 0 | 0 | 0 | 0 |
| | 工具书/参考书 | | 14 | 0 | 0 | 0 | 0 | 0 | 0 | 0 | 0 | 0 | 0 | 0 | 0 | 0 | 0 | 0 | 0 |
| | 皮书/发展报告 | | 15 | 0 | 0 | 0 | 0 | 0 | 0 | 0 | 0 | 0 | 0 | 0 | 0 | 0 | 0 | 0 | 0 |
| | 科普读物 | | 16 | 0 | 0 | 0 | 0 | 0 | 0 | 0 | 0 | 0 | 0 | 0 | 0 | 0 | 0 | 0 | 0 |
| 古籍整理(部) | | | 17 | 0 | 0 | 0 | 0 | 0 | 0 | 0 | 0 | 0 | 0 | 0 | 0 | 0 | 0 | 0 | 0 |
| 译著(部) | | | 18 | 0 | 0 | 0 | 0 | 0 | 0 | 0 | 0 | 0 | 0 | 0 | 0 | 0 | 0 | 0 | 0 |
| 发表译文(篇) | | | 19 | 0 | 0 | 0 | 0 | 0 | 0 | 0 | 0 | 0 | 0 | 0 | 0 | 0 | 0 | 0 | 0 |
| 电子出版物(件) | | | 20 | 0 | 0 | 0 | 0 | 0 | 0 | 0 | 0 | 0 | 0 | 0 | 0 | 0 | 0 | 0 | 0 |
| 发表论文(篇) | 合计 | | 21 | 338 | 71 | 2 | 18 | 0 | 10 | 5 | 36 | 41 | 63 | 0 | 0 | 75 | 17 | 0 | 0 |
| | 国内学术刊物 | | 22 | 337 | 70 | 2 | 18 | 0 | 10 | 5 | 36 | 41 | 63 | 0 | 0 | 75 | 17 | 0 | 0 |
| | 国外学术刊物 | | 23 | 1 | 1 | 0 | 0 | 0 | 0 | 0 | 0 | 0 | 0 | 0 | 0 | 0 | 0 | 0 | 0 |
| | 港、澳、台刊物 | | 24 | 0 | 0 | 0 | 0 | 0 | 0 | 0 | 0 | 0 | 0 | 0 | 0 | 0 | 0 | 0 | 0 |
| 研究与咨询报告(篇) | 合计 | | 25 | 3 | 0 | 0 | 0 | 0 | 0 | 0 | 0 | 2 | 1 | 0 | 0 | 0 | 0 | 0 | 0 |
| | 被采纳数 | | 26 | 0 | 0 | 0 | 0 | 0 | 0 | 0 | 0 | 0 | 0 | 0 | 0 | 0 | 0 | 0 | 0 |

## 2.44 泰州学院人文、社会科学研究与课题成果来源情况表

| | | 编号 | 合计 | 国家社科基金项目 | 国家社科基金单列学科项目 | 教育部人文社科研究项目 | 高校古籍整理研究项目 | 国家自然科学基金项目 | 中央其他部门社科专门项目 | 省、市、自治区社科基金项目 | 省教育厅社科项目 | 地、市、厅、局等政府部门项目 | 国际合作研究项目 | 与港、澳、台地区合作研究项目 | 企事业单位委托项目 | 学校社科项目 | 外资项目 | 其他 |
|---|---|---|---|---|---|---|---|---|---|---|---|---|---|---|---|---|---|---|
| | | | 课题来源 | | | | | | | | | | | | | | | |
| | | 编号 | L01 | L02 | L03 | L04 | L05 | L06 | L07 | L08 | L09 | L10 | L11 | L12 | L13 | L14 | L15 | L16 |
| 课题数(项) | | 1 | 150 | 0 | 4 | 5 | 1 | 0 | 0 | 6 | 80 | 17 | 0 | 0 | 10 | 27 | 0 | 0 |
| 当年投入人数 | 合计(人年) | 2 | 48.4 | 0 | 1.6 | 2.1 | 0.3 | 0 | 0 | 2.1 | 27.4 | 5.4 | 0 | 0 | 1.7 | 7.8 | 0 | 0 |
| | 研究生(人年) | 3 | 0 | 0 | 0 | 0 | 0 | 0 | 0 | 0 | 0 | 0 | 0 | 0 | 0 | 0 | 0 | 0 |
| 当年拨入经费 | 合计(千元) | 4 | 1 162 | 0 | 240 | 85 | 0 | 0 | 0 | 20 | 117 | 66 | 0 | 0 | 81 | 553 | 0 | 0 |
| | 当年立项项目拨入经费(千元) | 5 | 1 050 | 0 | 240 | 0 | 0 | 0 | 0 | 0 | 110 | 66 | 0 | 0 | 81 | 553 | 0 | 0 |
| 当年支出经费(千元) | | 6 | 1 233.4 | 0 | 219.5 | 149 | 0 | 0 | 0 | 79 | 234.6 | 123.3 | 0 | 0 | 55 | 373 | 0 | 0 |
| 当年新开课题数(项) | | 7 | 35 | 0 | 1 | 0 | 0 | 0 | 0 | 0 | 11 | 8 | 0 | 0 | 10 | 5 | 0 | 0 |
| 当年新开课题批准经费(千元) | | 8 | 1 080 | 0 | 250 | 0 | 0 | 0 | 0 | 0 | 110 | 86 | 0 | 0 | 81 | 553 | 0 | 0 |
| 当年完成课题数(项) | | 9 | 46 | 0 | 1 | 1 | 1 | 0 | 0 | 2 | 8 | 8 | 0 | 0 | 7 | 18 | 0 | 0 |

| | | | | | | | | | | | | | | | | | | | |
|---|---|---|---|---|---|---|---|---|---|---|---|---|---|---|---|---|---|---|---|
| 出版著作(部) | 合计 | | 10 | 4 | 2 | 0 | 0 | 0 | 0 | 0 | 0 | 0 | 1 | 0 | 0 | 1 | 0 | 0 | 0 |
| | 专著 | 合计 | 11 | 4 | 2 | 0 | 0 | 0 | 0 | 0 | 0 | 0 | 1 | 0 | 0 | 1 | 0 | 0 | 0 |
| | | 被译成外文 | 12 | 0 | 0 | 0 | 0 | 0 | 0 | 0 | 0 | 0 | 0 | 0 | 0 | 0 | 0 | 0 | 0 |
| | 编著教材 | | 13 | 0 | 0 | 0 | 0 | 0 | 0 | 0 | 0 | 0 | 0 | 0 | 0 | 0 | 0 | 0 | 0 |
| | 工具书/参考书 | | 14 | 0 | 0 | 0 | 0 | 0 | 0 | 0 | 0 | 0 | 0 | 0 | 0 | 0 | 0 | 0 | 0 |
| | 皮书/发展报告 | | 15 | 0 | 0 | 0 | 0 | 0 | 0 | 0 | 0 | 0 | 0 | 0 | 0 | 0 | 0 | 0 | 0 |
| | 科普读物 | | 16 | 0 | 0 | 0 | 0 | 0 | 0 | 0 | 0 | 0 | 0 | 0 | 0 | 0 | 0 | 0 | 0 |
| 古籍整理(部) | | | 17 | 0 | 0 | 0 | 0 | 0 | 0 | 0 | 0 | 0 | 0 | 0 | 0 | 0 | 0 | 0 | 0 |
| 译著(部) | | | 18 | 0 | 0 | 0 | 0 | 0 | 0 | 0 | 0 | 0 | 0 | 0 | 0 | 0 | 0 | 0 | 0 |
| 发表译文(篇) | | | 19 | 0 | 0 | 0 | 0 | 0 | 0 | 0 | 0 | 0 | 0 | 0 | 0 | 0 | 0 | 0 | 0 |
| 电子出版物(件) | | | 20 | 0 | 0 | 0 | 0 | 0 | 0 | 0 | 0 | 0 | 0 | 0 | 0 | 0 | 0 | 0 | 0 |
| 发表论文(篇) | 合计 | | 21 | 338 | 71 | 2 | 18 | 0 | 10 | 5 | 36 | 41 | 63 | 0 | 0 | 75 | 17 | 0 | 0 |
| | 国内学术刊物 | | 22 | 337 | 70 | 2 | 18 | 0 | 10 | 5 | 36 | 41 | 63 | 0 | 0 | 75 | 17 | 0 | 0 |
| | 国外学术刊物 | | 23 | 1 | 1 | 0 | 0 | 0 | 0 | 0 | 0 | 0 | 0 | 0 | 0 | 0 | 0 | 0 | 0 |
| | 港、澳、台刊物 | | 24 | 0 | 0 | 0 | 0 | 0 | 0 | 0 | 0 | 0 | 0 | 0 | 0 | 0 | 0 | 0 | 0 |
| 研究与咨询报告(篇) | 合计 | | 25 | 3 | 0 | 0 | 0 | 0 | 0 | 0 | 0 | 2 | 1 | 0 | 0 | 0 | 0 | 0 | 0 |
| | 被采纳数 | | 26 | 0 | 0 | 0 | 0 | 0 | 0 | 0 | 0 | 0 | 0 | 0 | 0 | 0 | 0 | 0 | 0 |

## 2.45 金陵科技学院人文、社会科学研究与课题成果来源情况表

| | | | 课题来源 | | | | | | | | | | | | | | | |
|---|---|---|---|---|---|---|---|---|---|---|---|---|---|---|---|---|---|---|
| | | | 合计 | 国家社科基金项目 | 国家社科基金单列学科项目 | 教育部人文社科研究项目 | 高校古籍整理研究项目 | 国家自然科学基金项目 | 中央其他部门社科专门项目 | 省、市、自治区社科基金项目 | 省教育厅社科项目 | 地、市、厅、局等政府部门项目 | 国际合作研究项目 | 与港、澳、台地区合作研究项目 | 企事业单位委托项目 | 学校社科项目 | 外资项目 | 其他 |
| | | 编号 | L01 | L02 | L03 | L04 | L05 | L06 | L07 | L08 | L09 | L10 | L11 | L12 | L13 | L14 | L15 | L16 |
| 课题数(项) | | 1 | 260 | 3 | 0 | 19 | 0 | 0 | 0 | 15 | 76 | 50 | 0 | 0 | 95 | 2 | 0 | 0 |
| 当年投入人数 | 合计(人年) | 2 | 36.7 | 1.4 | 0 | 4 | 0 | 0 | 0 | 2.8 | 9.5 | 8.1 | 0 | 0 | 10.7 | 0.2 | 0 | 0 |
| | 研究生(人年) | 3 | 0 | 0 | 0 | 0 | 0 | 0 | 0 | 0 | 0 | 0 | 0 | 0 | 0 | 0 | 0 | 0 |
| 当年拨入经费 | 合计(千元) | 4 | 7 403.07 | 0 | 0 | 137 | 0 | 0 | 0 | 310 | 554 | 2 876 | 0 | 0 | 3 448.07 | 78 | 0 | 0 |
| | 当年立项项目拨入经费(千元) | 5 | 7 030.49 | 0 | 0 | 35 | 0 | 0 | 0 | 290 | 482 | 2 876 | 0 | 0 | 3 269.49 | 78 | 0 | 0 |
| 当年支出经费(千元) | | 6 | 8 891.14 | 91.37 | 0 | 267.8 | 0 | 0 | 0 | 514 | 452.9 | 2 728 | 0 | 0 | 4 759.07 | 78 | 0 | 0 |
| 当年新开课题数(项) | | 7 | 102 | 0 | 0 | 1 | 0 | 0 | 0 | 5 | 27 | 23 | 0 | 0 | 45 | 1 | 0 | 0 |
| 当年新开课题批准经费(千元) | | 8 | 7 869.89 | 0 | 0 | 80 | 0 | 0 | 0 | 290 | 488 | 2 984 | 0 | 0 | 3 832.89 | 195 | 0 | 0 |
| 当年完成课题数(项) | | 9 | 103 | 0 | 0 | 6 | 0 | 0 | 0 | 2 | 14 | 24 | 0 | 0 | 56 | 1 | 0 | 0 |

| | | | | | | | | | | | | | | | | | | | |
|---|---|---|---|---|---|---|---|---|---|---|---|---|---|---|---|---|---|---|---|
| 出版著作(部) | 合计 | | 10 | 4 | 2 | 0 | 0 | 0 | 0 | 0 | 0 | 0 | 1 | 0 | 0 | 1 | 0 | 0 | 0 |
| | 专著 | 合计 | 11 | 4 | 2 | 0 | 0 | 0 | 0 | 0 | 0 | 0 | 1 | 0 | 0 | 1 | 0 | 0 | 0 |
| | | 被译成外文 | 12 | 0 | 0 | 0 | 0 | 0 | 0 | 0 | 0 | 0 | 0 | 0 | 0 | 0 | 0 | 0 | 0 |
| | 编著教材 | | 13 | 0 | 0 | 0 | 0 | 0 | 0 | 0 | 0 | 0 | 0 | 0 | 0 | 0 | 0 | 0 | 0 |
| | 工具书/参考书 | | 14 | 0 | 0 | 0 | 0 | 0 | 0 | 0 | 0 | 0 | 0 | 0 | 0 | 0 | 0 | 0 | 0 |
| | 皮书/发展报告 | | 15 | 0 | 0 | 0 | 0 | 0 | 0 | 0 | 0 | 0 | 0 | 0 | 0 | 0 | 0 | 0 | 0 |
| | 科普读物 | | 16 | 0 | 0 | 0 | 0 | 0 | 0 | 0 | 0 | 0 | 0 | 0 | 0 | 0 | 0 | 0 | 0 |
| 古籍整理(部) | | | 17 | 0 | 0 | 0 | 0 | 0 | 0 | 0 | 0 | 0 | 0 | 0 | 0 | 0 | 0 | 0 | 0 |
| 译著(部) | | | 18 | 0 | 0 | 0 | 0 | 0 | 0 | 0 | 0 | 0 | 0 | 0 | 0 | 0 | 0 | 0 | 0 |
| 发表译文(篇) | | | 19 | 0 | 0 | 0 | 0 | 0 | 0 | 0 | 0 | 0 | 0 | 0 | 0 | 0 | 0 | 0 | 0 |
| 电子出版物(件) | | | 20 | 0 | 0 | 0 | 0 | 0 | 0 | 0 | 0 | 0 | 0 | 0 | 0 | 0 | 0 | 0 | 0 |
| 发表论文(篇) | 合计 | | 21 | 338 | 71 | 2 | 18 | 0 | 10 | 5 | 36 | 41 | 63 | 0 | 0 | 75 | 17 | 0 | 0 |
| | 国内学术刊物 | | 22 | 337 | 70 | 2 | 18 | 0 | 10 | 5 | 36 | 41 | 63 | 0 | 0 | 75 | 17 | 0 | 0 |
| | 国外学术刊物 | | 23 | 1 | 1 | 0 | 0 | 0 | 0 | 0 | 0 | 0 | 0 | 0 | 0 | 0 | 0 | 0 | 0 |
| | 港、澳、台刊物 | | 24 | 0 | 0 | 0 | 0 | 0 | 0 | 0 | 0 | 0 | 0 | 0 | 0 | 0 | 0 | 0 | 0 |
| 研究与咨询报告(篇) | 合计 | | 25 | 3 | 0 | 0 | 0 | 0 | 0 | 0 | 0 | 2 | 1 | 0 | 0 | 0 | 0 | 0 | 0 |
| | 被采纳数 | | 26 | 0 | 0 | 0 | 0 | 0 | 0 | 0 | 0 | 0 | 0 | 0 | 0 | 0 | 0 | 0 | 0 |

## 2.46 江苏第二师范学院人文、社会科学研究与课题成果来源情况表

| | | | 课题来源 | | | | | | | | | | | | | | | |
|---|---|---|---|---|---|---|---|---|---|---|---|---|---|---|---|---|---|---|
| | | | 合计 | 国家社科基金项目 | 国家社科基金单列学科项目 | 教育部人文社科研究项目 | 高校古籍整理研究项目 | 国家自然科学基金项目 | 中央其他部门社科专门项目 | 省、市、自治区社科基金项目 | 省教育厅社科项目 | 地、市、厅、局等政府部门项目 | 国际合作研究项目 | 与港、澳、台地区合作研究项目 | 企事业单位委托项目 | 学校社科项目 | 外资项目 | 其他 |
| | | 编号 | L01 | L02 | L03 | L04 | L05 | L06 | L07 | L08 | L09 | L10 | L11 | L12 | L13 | L14 | L15 | L16 |
| 课题数(项) | | 1 | 351 | 21 | 1 | 5 | 0 | 0 | 3 | 46 | 148 | 45 | 0 | 0 | 40 | 41 | 0 | 1 |
| 当年投入人数 | 合计(人年) | 2 | 89.6 | 8.5 | 0.5 | 1.9 | 0 | 0 | 1.1 | 14.1 | 35.2 | 12.2 | 0 | 0 | 7.5 | 8.3 | 0 | 0.3 |
| | 研究生(人年) | 3 | 0 | 0 | 0 | 0 | 0 | 0 | 0 | 0 | 0 | 0 | 0 | 0 | 0 | 0 | 0 | 0 |
| 当年拨入经费 | 合计(千元) | 4 | 4 339.99 | 450 | 0 | 70 | 0 | 0 | 0 | 1 331.5 | 336 | 40 | 0 | 0 | 2 099.99 | 12.5 | 0 | 0 |
| | 当年立项项目拨入经费(千元) | 5 | 3 482.99 | 330 | 0 | 30 | 0 | 0 | 0 | 964 | 240 | 23 | 0 | 0 | 1 895.99 | 0 | 0 | 0 |
| 当年支出经费(千元) | | 6 | 3 088.54 | 617.69 | 0.81 | 116.55 | 0 | 0 | 5.61 | 877.13 | 20.92 | 104.75 | 0 | 0 | 1 309.69 | 35.39 | 0 | 0 |
| 当年新开课题数(项) | | 7 | 81 | 2 | 0 | 1 | 0 | 0 | 0 | 13 | 40 | 12 | 0 | 0 | 13 | 0 | 0 | 0 |
| 当年新开课题批准经费(千元) | | 8 | 4 436.97 | 400 | 0 | 80 | 0 | 0 | 0 | 1 340 | 600 | 63 | 0 | 0 | 1 953.97 | 0 | 0 | 0 |
| 当年完成课题数(项) | | 9 | 60 | 1 | 0 | 1 | 0 | 0 | 0 | 8 | 22 | 8 | 0 | 0 | 2 | 18 | 0 | 0 |

| | | | | | | | | | | | | | | | | | | | |
|---|---|---|---|---|---|---|---|---|---|---|---|---|---|---|---|---|---|---|---|
| 出版著作（部） | 合计 | | 10 | 4 | 2 | 0 | 0 | 0 | 0 | 0 | 0 | 0 | 1 | 0 | 0 | 1 | 0 | 0 | 0 |
| | 专著 | 合计 | 11 | 4 | 2 | 0 | 0 | 0 | 0 | 0 | 0 | 0 | 1 | 0 | 0 | 1 | 0 | 0 | 0 |
| | | 被译成外文 | 12 | 0 | 0 | 0 | 0 | 0 | 0 | 0 | 0 | 0 | 0 | 0 | 0 | 0 | 0 | 0 | 0 |
| | 编著教材 | | 13 | 0 | 0 | 0 | 0 | 0 | 0 | 0 | 0 | 0 | 0 | 0 | 0 | 0 | 0 | 0 | 0 |
| | 工具书/参考书 | | 14 | 0 | 0 | 0 | 0 | 0 | 0 | 0 | 0 | 0 | 0 | 0 | 0 | 0 | 0 | 0 | 0 |
| | 皮书/发展报告 | | 15 | 0 | 0 | 0 | 0 | 0 | 0 | 0 | 0 | 0 | 0 | 0 | 0 | 0 | 0 | 0 | 0 |
| | 科普读物 | | 16 | 0 | 0 | 0 | 0 | 0 | 0 | 0 | 0 | 0 | 0 | 0 | 0 | 0 | 0 | 0 | 0 |
| 古籍整理（部） | | | 17 | 0 | 0 | 0 | 0 | 0 | 0 | 0 | 0 | 0 | 0 | 0 | 0 | 0 | 0 | 0 | 0 |
| 译著（部） | | | 18 | 0 | 0 | 0 | 0 | 0 | 0 | 0 | 0 | 0 | 0 | 0 | 0 | 0 | 0 | 0 | 0 |
| 发表译文（篇） | | | 19 | 0 | 0 | 0 | 0 | 0 | 0 | 0 | 0 | 0 | 0 | 0 | 0 | 0 | 0 | 0 | 0 |
| 电子出版物（件） | | | 20 | 0 | 0 | 0 | 0 | 0 | 0 | 0 | 0 | 0 | 0 | 0 | 0 | 0 | 0 | 0 | 0 |
| 发表论文（篇） | 合计 | | 21 | 338 | 71 | 2 | 18 | 0 | 10 | 5 | 36 | 41 | 63 | 0 | 0 | 75 | 17 | 0 | 0 |
| | 国内学术刊物 | | 22 | 337 | 70 | 2 | 18 | 0 | 10 | 5 | 36 | 41 | 63 | 0 | 0 | 75 | 17 | 0 | 0 |
| | 国外学术刊物 | | 23 | 1 | 1 | 0 | 0 | 0 | 0 | 0 | 0 | 0 | 0 | 0 | 0 | 0 | 0 | 0 | 0 |
| | 港、澳、台刊物 | | 24 | 0 | 0 | 0 | 0 | 0 | 0 | 0 | 0 | 0 | 0 | 0 | 0 | 0 | 0 | 0 | 0 |
| 研究与咨询报告（篇） | 合计 | | 25 | 3 | 0 | 0 | 0 | 0 | 0 | 0 | 0 | 2 | 1 | 0 | 0 | 0 | 0 | 0 | 0 |
| | 被采纳数 | | 26 | 0 | 0 | 0 | 0 | 0 | 0 | 0 | 0 | 0 | 0 | 0 | 0 | 0 | 0 | 0 | 0 |

## 3. 公办专科高等学校人文、社会科学研究与课题成果来源情况表

| | | | 课题来源 | | | | | | | | | | | | | | | |
|---|---|---|---|---|---|---|---|---|---|---|---|---|---|---|---|---|---|---|
| | | | 合计 | 国家社科基金项目 | 国家社科基金单列学科项目 | 教育部人文社科研究项目 | 高校古籍整理研究项目 | 国家自然科学基金项目 | 中央其他部门社科专门项目 | 省、市、自治区社科基金项目 | 省教育厅社科项目 | 地、市、厅、局等政府部门项目 | 国际合作研究项目 | 与港、澳、台地区合作研究项目 | 企事业单位委托项目 | 学校社科项目 | 外资项目 | 其他 |
| | | 编号 | L01 | L02 | L03 | L04 | L05 | L06 | L07 | L08 | L09 | L10 | L11 | L12 | L13 | L14 | L15 | L16 |
| 课题数(项) | | 1 | 1 0385 | 7 | 2 | 72 | 0 | 1 | 19 | 307 | 3 361 | 2 463 | 4 | 0 | 1 440 | 2 666 | 0 | 43 |
| 当年投入人数 | 合计(人年) | 2 | 1 991.1 | 2.3 | 1.3 | 24.8 | 0 | 0.2 | 4.8 | 66.6 | 651.4 | 479.3 | 0.4 | 0 | 310.2 | 444 | 0 | 5.8 |
| | 研究生(人年) | 3 | 0 | 0 | 0 | 0 | 0 | 0 | 0 | 0 | 0 | 0 | 0 | 0 | 0 | 0 | 0 | 0 |
| 当年拨入经费 | 合计(千元) | 4 | 67 728.44 | 50 | 7 | 1 391.5 | 0 | 0 | 500.5 | 1 282 | 10 669.6 | 6 883.92 | 0 | 0 | 41 461.12 | 5 443.3 | 0 | 39.5 |
| | 当年立项项目拨入经费(千元) | 5 | 60 958.24 | 50 | 0 | 805 | 0 | 0 | 490 | 980 | 8 916.9 | 5 883.3 | 0 | 0 | 39 330.94 | 4 465.6 | 0 | 36.5 |
| 当年支出经费(千元) | | 6 | 64 160.87 | 252.42 | 179 | 1 232.88 | 0 | 90 | 211.5 | 1 201.12 | 9 893 | 7 090.18 | 3 | 0 | 39 633.81 | 4 305.06 | 0 | 68.9 |
| 当年新开课题数(项) | | 7 | 4 514 | 1 | 0 | 17 | 0 | 0 | 2 | 92 | 1 137 | 1 347 | 2 | 0 | 861 | 1 042 | 0 | 13 |
| 当年新开课题批准经费(千元) | | 8 | 69 412.57 | 300 | 0 | 1 450 | 0 | 0 | 490 | 1 317 | 11 043.9 | 7 257.1 | 20 | 0 | 42 349.07 | 5 114 | 0 | 71.5 |
| 当年完成课题数(项) | | 9 | 3 688 | 1 | 0 | 13 | 0 | 0 | 5 | 122 | 836 | 1 179 | 2 | 0 | 798 | 707 | 0 | 25 |

| | | | | | | | | | | | | | | | | | | | |
|---|---|---|---|---|---|---|---|---|---|---|---|---|---|---|---|---|---|---|---|
| 出版著作(部) | 合计 | | 10 | 167 | 0 | 0 | 6 | 0 | 0 | 4 | 16 | 33 | 60 | 0 | 0 | 11 | 35 | 0 | 2 |
| | 专著 | 合计 | 11 | 90 | 0 | 0 | 5 | 0 | 0 | 1 | 10 | 21 | 39 | 0 | 0 | 1 | 13 | 0 | 0 |
| | | 被译成外文 | 12 | 0 | 0 | 0 | 0 | 0 | 0 | 0 | 0 | 0 | 0 | 0 | 0 | 0 | 0 | 0 | 0 |
| | 编著教材 | | 13 | 68 | 0 | 0 | 1 | 0 | 0 | 3 | 3 | 12 | 19 | 0 | 0 | 9 | 20 | 0 | 1 |
| | 工具书/参考书 | | 14 | 0 | 0 | 0 | 0 | 0 | 0 | 0 | 0 | 0 | 0 | 0 | 0 | 0 | 0 | 0 | 0 |
| | 皮书/发展报告 | | 15 | 8 | 0 | 0 | 0 | 0 | 0 | 0 | 3 | 0 | 2 | 0 | 0 | 0 | 2 | 0 | 1 |
| | 科普读物 | | 16 | 1 | 0 | 0 | 0 | 0 | 0 | 0 | 0 | 0 | 0 | 0 | 0 | 1 | 0 | 0 | 0 |
| 古籍整理(部) | | | 17 | 0 | 0 | 0 | 0 | 0 | 0 | 0 | 0 | 0 | 0 | 0 | 0 | 0 | 0 | 0 | 0 |
| 译著(部) | | | 18 | 5 | 0 | 0 | 0 | 0 | 0 | 0 | 0 | 3 | 0 | 0 | 0 | 1 | 1 | 0 | 0 |
| 发表译文(篇) | | | 19 | 0 | 0 | 0 | 0 | 0 | 0 | 0 | 0 | 0 | 0 | 0 | 0 | 0 | 0 | 0 | 0 |
| 电子出版物(件) | | | 20 | 0 | 0 | 0 | 0 | 0 | 0 | 0 | 0 | 0 | 0 | 0 | 0 | 0 | 0 | 0 | 0 |
| 发表论文(篇) | 合计 | | 21 | 5 851 | 10 | 2 | 70 | 0 | 1 | 8 | 237 | 2 134 | 1 544 | 1 | 0 | 272 | 1 547 | 2 | 23 |
| | 国内学术刊物 | | 22 | 5 800 | 10 | 2 | 66 | 0 | 1 | 8 | 233 | 2 113 | 1 536 | 1 | 0 | 269 | 1 536 | 2 | 23 |
| | 国外学术刊物 | | 23 | 51 | 0 | 0 | 4 | 0 | 0 | 0 | 4 | 21 | 8 | 0 | 0 | 3 | 11 | 0 | 0 |
| | 港、澳、台刊物 | | 24 | 0 | 0 | 0 | 0 | 0 | 0 | 0 | 0 | 0 | 0 | 0 | 0 | 0 | 0 | 0 | 0 |
| 研究与咨询报告(篇) | 合计 | | 25 | 940 | 0 | 0 | 2 | 0 | 0 | 1 | 34 | 34 | 279 | 0 | 0 | 580 | 10 | 0 | 0 |
| | 被采纳数 | | 26 | 421 | 0 | 0 | 1 | 0 | 0 | 0 | 3 | 5 | 122 | 0 | 0 | 288 | 2 | 0 | 0 |

## 3.1 盐城幼儿师范高等专科学校人文、社会科学研究与课题成果来源情况表

| | | | 课题来源 | | | | | | | | | | | | | | | |
|---|---|---|---|---|---|---|---|---|---|---|---|---|---|---|---|---|---|---|
| | | | 合计 | 国家社科基金项目 | 国家社科基金单列学科项目 | 教育部人文社科研究项目 | 高校古籍整理研究项目 | 国家自然科学基金项目 | 中央其他部门社科专门项目 | 省、市、自治区社科基金项目 | 省教育厅社科项目 | 地、市、厅、局等政府部门项目 | 国际合作研究项目 | 与港、澳、台地区合作研究项目 | 企事业单位委托项目 | 学校社科项目 | 外资项目 | 其他 |
| | | 编号 | L01 | L02 | L03 | L04 | L05 | L06 | L07 | L08 | L09 | L10 | L11 | L12 | L13 | L14 | L15 | L16 |
| 课题数(项) | | 1 | 148 | 0 | 0 | 1 | 0 | 0 | 0 | 5 | 58 | 62 | 0 | 0 | 0 | 22 | 0 | 0 |
| 当年投入人数 | 合计(人年) | 2 | 24.5 | 0 | 0 | 0.2 | 0 | 0 | 0 | 1.1 | 9.8 | 11.2 | 0 | 0 | 0 | 2.2 | 0 | 0 |
| | 研究生(人年) | 3 | 0 | 0 | 0 | 0 | 0 | 0 | 0 | 0 | 0 | 0 | 0 | 0 | 0 | 0 | 0 | 0 |
| 当年拨入经费 | 合计(千元) | 4 | 360.5 | 0 | 0 | 5.5 | 0 | 0 | 0 | 20 | 167 | 124 | 0 | 0 | 0 | 44 | 0 | 0 |
| | 当年立项项目拨入经费(千元) | 5 | 155 | 0 | 0 | 0 | 0 | 0 | 0 | 0 | 121 | 34 | 0 | 0 | 0 | 0 | 0 | 0 |
| 当年支出经费(千元) | | 6 | 378.5 | 0 | 0 | 5.5 | 0 | 0 | 0 | 20 | 167 | 142 | 0 | 0 | 0 | 44 | 0 | 0 |
| 当年新开课题数(项) | | 7 | 40 | 0 | 0 | 0 | 0 | 0 | 0 | 0 | 23 | 17 | 0 | 0 | 0 | 0 | 0 | 0 |
| 当年新开课题批准经费(千元) | | 8 | 286 | 0 | 0 | 0 | 0 | 0 | 0 | 0 | 252 | 34 | 0 | 0 | 0 | 0 | 0 | 0 |
| 当年完成课题数(项) | | 9 | 50 | 0 | 0 | 0 | 0 | 0 | 0 | 5 | 11 | 34 | 0 | 0 | 0 | 0 | 0 | 0 |

| | | | | | | | | | | | | | | | | | | | |
|---|---|---|---|---|---|---|---|---|---|---|---|---|---|---|---|---|---|---|---|
| 出版著作(部) | 合计 | | 10 | 2 | 0 | 0 | 0 | 0 | 0 | 0 | 0 | 1 | 1 | 0 | 0 | 0 | 0 | 0 | 0 |
| | 专著 | 合计 | 11 | 2 | 0 | 0 | 0 | 0 | 0 | 0 | 0 | 1 | 1 | 0 | 0 | 0 | 0 | 0 | 0 |
| | | 被译成外文 | 12 | 0 | 0 | 0 | 0 | 0 | 0 | 0 | 0 | 0 | 0 | 0 | 0 | 0 | 0 | 0 | 0 |
| | 编著教材 | | 13 | 0 | 0 | 0 | 0 | 0 | 0 | 0 | 0 | 0 | 0 | 0 | 0 | 0 | 0 | 0 | 0 |
| | 工具书/参考书 | | 14 | 0 | 0 | 0 | 0 | 0 | 0 | 0 | 0 | 0 | 0 | 0 | 0 | 0 | 0 | 0 | 0 |
| | 皮书/发展报告 | | 15 | 0 | 0 | 0 | 0 | 0 | 0 | 0 | 0 | 0 | 0 | 0 | 0 | 0 | 0 | 0 | 0 |
| | 科普读物 | | 16 | 0 | 0 | 0 | 0 | 0 | 0 | 0 | 0 | 0 | 0 | 0 | 0 | 0 | 0 | 0 | 0 |
| 古籍整理(部) | | | 17 | 0 | 0 | 0 | 0 | 0 | 0 | 0 | 0 | 0 | 0 | 0 | 0 | 0 | 0 | 0 | 0 |
| 译著(部) | | | 18 | 0 | 0 | 0 | 0 | 0 | 0 | 0 | 0 | 0 | 0 | 0 | 0 | 0 | 0 | 0 | 0 |
| 发表译文(篇) | | | 19 | 0 | 0 | 0 | 0 | 0 | 0 | 0 | 0 | 0 | 0 | 0 | 0 | 0 | 0 | 0 | 0 |
| 电子出版物(件) | | | 20 | 0 | 0 | 0 | 0 | 0 | 0 | 0 | 0 | 0 | 0 | 0 | 0 | 0 | 0 | 0 | 0 |
| 发表论文(篇) | 合计 | | 21 | 99 | 0 | 0 | 3 | 0 | 0 | 1 | 21 | 40 | 25 | 0 | 0 | 0 | 9 | 0 | 0 |
| | 国内学术刊物 | | 22 | 99 | 0 | 0 | 3 | 0 | 0 | 1 | 21 | 40 | 25 | 0 | 0 | 0 | 9 | 0 | 0 |
| | 国外学术刊物 | | 23 | 0 | 0 | 0 | 0 | 0 | 0 | 0 | 0 | 0 | 0 | 0 | 0 | 0 | 0 | 0 | 0 |
| | 港、澳、台刊物 | | 24 | 0 | 0 | 0 | 0 | 0 | 0 | 0 | 0 | 0 | 0 | 0 | 0 | 0 | 0 | 0 | 0 |
| 研究与咨询报告(篇) | 合计 | | 25 | 0 | 0 | 0 | 0 | 0 | 0 | 0 | 0 | 0 | 0 | 0 | 0 | 0 | 0 | 0 | 0 |
| | 被采纳数 | | 26 | 0 | 0 | 0 | 0 | 0 | 0 | 0 | 0 | 0 | 0 | 0 | 0 | 0 | 0 | 0 | 0 |

## 3.2 苏州幼儿师范高等专科学校人文、社会科学研究与课题成果来源情况表

| | | 编号 | 合计 | 国家社科基金项目 | 国家社科基金单列学科项目 | 教育部人文社科研究项目 | 高校古籍整理研究项目 | 国家自然科学基金项目 | 中央其他部门社科专门项目 | 省、市、自治区社科基金项目 | 省教育厅社科项目 | 地、市、厅、局等政府部门项目 | 国际合作研究项目 | 与港、澳、台地区合作研究项目 | 企事业单位委托项目 | 学校社科项目 | 外资项目 | 其他 |
|---|---|---|---|---|---|---|---|---|---|---|---|---|---|---|---|---|---|---|
| | | | L01 | L02 | L03 | L04 | L05 | L06 | L07 | L08 | L09 | L10 | L11 | L12 | L13 | L14 | L15 | L16 |
| 课题数(项) | | 1 | 113 | 0 | 0 | 0 | 0 | 0 | 0 | 0 | 60 | 44 | 0 | 0 | 8 | 1 | 0 | 0 |
| 当年投入人数 | 合计(人年) | 2 | 12.5 | 0 | 0 | 0 | 0 | 0 | 0 | 0 | 6.1 | 5.5 | 0 | 0 | 0.8 | 0.1 | 0 | 0 |
| | 研究生(人年) | 3 | 0 | 0 | 0 | 0 | 0 | 0 | 0 | 0 | 0 | 0 | 0 | 0 | 0 | 0 | 0 | 0 |
| 当年拨入经费 | 合计(千元) | 4 | 419 | 0 | 0 | 0 | 0 | 0 | 0 | 0 | 344 | 60 | 0 | 0 | 15 | 0 | 0 | 0 |
| | 当年立项项目拨入经费(千元) | 5 | 130 | 0 | 0 | 0 | 0 | 0 | 0 | 0 | 130 | 0 | 0 | 0 | 0 | 0 | 0 | 0 |
| 当年支出经费(千元) | | 6 | 560.28 | 0 | 0 | 0 | 0 | 0 | 0 | 0 | 426.98 | 88.8 | 0 | 0 | 44.5 | 0 | 0 | 0 |
| 当年新开课题数(项) | | 7 | 17 | 0 | 0 | 0 | 0 | 0 | 0 | 0 | 14 | 3 | 0 | 0 | 0 | 0 | 0 | 0 |
| 当年新开课题批准经费(千元) | | 8 | 150 | 0 | 0 | 0 | 0 | 0 | 0 | 0 | 150 | 0 | 0 | 0 | 0 | 0 | 0 | 0 |
| 当年完成课题数(项) | | 9 | 31 | 0 | 0 | 0 | 0 | 0 | 0 | 0 | 14 | 12 | 0 | 0 | 5 | 0 | 0 | 0 |

| | | | | | | | | | | | | | | | | | | | |
|---|---|---|---|---|---|---|---|---|---|---|---|---|---|---|---|---|---|---|---|
| 出版著作（部） | 合计 | | 10 | 1 | 0 | 0 | 0 | 0 | 0 | 0 | 0 | 1 | 0 | 0 | 0 | 0 | 0 | 0 | 0 |
| | 专著 | 合计 | 11 | 1 | 0 | 0 | 0 | 0 | 0 | 0 | 0 | 1 | 0 | 0 | 0 | 0 | 0 | 0 | 0 |
| | | 被译成外文 | 12 | 0 | 0 | 0 | 0 | 0 | 0 | 0 | 0 | 0 | 0 | 0 | 0 | 0 | 0 | 0 | 0 |
| | 编著教材 | | 13 | 0 | 0 | 0 | 0 | 0 | 0 | 0 | 0 | 0 | 0 | 0 | 0 | 0 | 0 | 0 | 0 |
| | 工具书/参考书 | | 14 | 0 | 0 | 0 | 0 | 0 | 0 | 0 | 0 | 0 | 0 | 0 | 0 | 0 | 0 | 0 | 0 |
| | 皮书/发展报告 | | 15 | 0 | 0 | 0 | 0 | 0 | 0 | 0 | 0 | 0 | 0 | 0 | 0 | 0 | 0 | 0 | 0 |
| | 科普读物 | | 16 | 0 | 0 | 0 | 0 | 0 | 0 | 0 | 0 | 0 | 0 | 0 | 0 | 0 | 0 | 0 | 0 |
| 古籍整理（部） | | | 17 | 0 | 0 | 0 | 0 | 0 | 0 | 0 | 0 | 0 | 0 | 0 | 0 | 0 | 0 | 0 | 0 |
| 译著（部） | | | 18 | 0 | 0 | 0 | 0 | 0 | 0 | 0 | 0 | 0 | 0 | 0 | 0 | 0 | 0 | 0 | 0 |
| 发表译文（篇） | | | 19 | 0 | 0 | 0 | 0 | 0 | 0 | 0 | 0 | 0 | 0 | 0 | 0 | 0 | 0 | 0 | 0 |
| 电子出版物（件） | | | 20 | 0 | 0 | 0 | 0 | 0 | 0 | 0 | 0 | 0 | 0 | 0 | 0 | 0 | 0 | 0 | 0 |
| 发表论文（篇） | 合计 | | 21 | 67 | 0 | 0 | 0 | 0 | 0 | 0 | 0 | 45 | 22 | 0 | 0 | 0 | 0 | 0 | 0 |
| | 国内学术刊物 | | 22 | 64 | 0 | 0 | 0 | 0 | 0 | 0 | 0 | 42 | 22 | 0 | 0 | 0 | 0 | 0 | 0 |
| | 国外学术刊物 | | 23 | 3 | 0 | 0 | 0 | 0 | 0 | 0 | 0 | 3 | 0 | 0 | 0 | 0 | 0 | 0 | 0 |
| | 港、澳、台刊物 | | 24 | 0 | 0 | 0 | 0 | 0 | 0 | 0 | 0 | 0 | 0 | 0 | 0 | 0 | 0 | 0 | 0 |
| 研究与咨询报告（篇） | 合计 | | 25 | 5 | 0 | 0 | 0 | 0 | 0 | 0 | 0 | 0 | 0 | 0 | 0 | 5 | 0 | 0 | 0 |
| | 被采纳数 | | 26 | 0 | 0 | 0 | 0 | 0 | 0 | 0 | 0 | 0 | 0 | 0 | 0 | 0 | 0 | 0 | 0 |

## 3.3 无锡职业技术学院人文、社会科学研究与课题成果来源情况表

| | | | 课题来源 | | | | | | | | | | | | | | | |
|---|---|---|---|---|---|---|---|---|---|---|---|---|---|---|---|---|---|---|
| | | | 合计 | 国家社科基金项目 | 国家社科基金单列学科项目 | 教育部人文社科研究项目 | 高校古籍整理研究项目 | 国家自然科学基金项目 | 中央其他部门社科专门项目 | 省、市、自治区社科基金项目 | 省教育厅社科项目 | 地、市、厅、局等政府部门项目 | 国际合作研究项目 | 与港、澳、台地区合作研究项目 | 企事业单位委托项目 | 学校社科项目 | 外资项目 | 其他 |
| | | 编号 | L01 | L02 | L03 | L04 | L05 | L06 | L07 | L08 | L09 | L10 | L11 | L12 | L13 | L14 | L15 | L16 |
| 课题数(项) | | 1 | 245 | 2 | 0 | 11 | 0 | 0 | 4 | 8 | 87 | 70 | 0 | 0 | 4 | 57 | 0 | 2 |
| 当年投入人数 | 合计(人年) | 2 | 41.4 | 0.7 | 0 | 3.1 | 0 | 0 | 1.1 | 1.8 | 16.6 | 7.9 | 0 | 0 | 1.2 | 8.6 | 0 | 0.4 |
| | 研究生(人年) | 3 | 0 | 0 | 0 | 0 | 0 | 0 | 0 | 0 | 0 | 0 | 0 | 0 | 0 | 0 | 0 | 0 |
| 当年拨入经费 | 合计(千元) | 4 | 1 163 | 0 | 0 | 200 | 0 | 0 | 0 | 0 | 332 | 71 | 0 | 0 | 380 | 177 | 0 | 3 |
| | 当年立项项目拨入经费(千元) | 5 | 978 | 0 | 0 | 60 | 0 | 0 | 0 | 0 | 300 | 61 | 0 | 0 | 380 | 177 | 0 | 0 |
| 当年支出经费(千元) | | 6 | 891.93 | 117 | 0 | 130.6 | 0 | 0 | 2 | 23.3 | 223.2 | 107.85 | 0 | 0 | 112.6 | 170.13 | 0 | 5.25 |
| 当年新开课题数(项) | | 7 | 78 | 0 | 0 | 1 | 0 | 0 | 0 | 2 | 21 | 31 | 0 | 0 | 2 | 21 | 0 | 0 |
| 当年新开课题批准经费(千元) | | 8 | 1 154 | 0 | 0 | 80 | 0 | 0 | 0 | 40 | 300 | 97 | 0 | 0 | 380 | 257 | 0 | 0 |
| 当年完成课题数(项) | | 9 | 81 | 1 | 0 | 3 | 0 | 0 | 1 | 1 | 17 | 44 | 0 | 0 | 2 | 11 | 0 | 1 |

| | | | | Col 1 | Col 2 | Col 3 | Col 4 | Col 5 | Col 6 | Col 7 | Col 8 | Col 9 | Col 10 | Col 11 | Col 12 | Col 13 | Col 14 | Col 15 | Col 16 |
|---|---|---|---|---|---|---|---|---|---|---|---|---|---|---|---|---|---|---|---|
| 出版著作(部) | 合计 | | 10 | 6 | 0 | 0 | 2 | 0 | 0 | 0 | 1 | 0 | 1 | 0 | 0 | 0 | 1 | 0 | 1 |
| | 专著 | 合计 | 11 | 5 | 0 | 0 | 2 | 0 | 0 | 0 | 1 | 0 | 1 | 0 | 0 | 0 | 1 | 0 | 0 |
| | | 被译成外文 | 12 | 0 | 0 | 0 | 0 | 0 | 0 | 0 | 0 | 0 | 0 | 0 | 0 | 0 | 0 | 0 | 0 |
| | 编著教材 | | 13 | 0 | 0 | 0 | 0 | 0 | 0 | 0 | 0 | 0 | 0 | 0 | 0 | 0 | 0 | 0 | 0 |
| | 工具书/参考书 | | 14 | 0 | 0 | 0 | 0 | 0 | 0 | 0 | 0 | 0 | 0 | 0 | 0 | 0 | 0 | 0 | 0 |
| | 皮书/发展报告 | | 15 | 1 | 0 | 0 | 0 | 0 | 0 | 0 | 0 | 0 | 0 | 0 | 0 | 0 | 0 | 0 | 1 |
| | 科普读物 | | 16 | 0 | 0 | 0 | 0 | 0 | 0 | 0 | 0 | 0 | 0 | 0 | 0 | 0 | 0 | 0 | 0 |
| 古籍整理(部) | | | 17 | 0 | 0 | 0 | 0 | 0 | 0 | 0 | 0 | 0 | 0 | 0 | 0 | 0 | 0 | 0 | 0 |
| 译著(部) | | | 18 | 0 | 0 | 0 | 0 | 0 | 0 | 0 | 0 | 0 | 0 | 0 | 0 | 0 | 0 | 0 | 0 |
| 发表译文(篇) | | | 19 | 0 | 0 | 0 | 0 | 0 | 0 | 0 | 0 | 0 | 0 | 0 | 0 | 0 | 0 | 0 | 0 |
| 电子出版物(件) | | | 20 | 0 | 0 | 0 | 0 | 0 | 0 | 0 | 0 | 0 | 0 | 0 | 0 | 0 | 0 | 0 | 0 |
| 发表论文(篇) | 合计 | | 21 | 154 | 5 | 0 | 22 | 0 | 0 | 0 | 0 | 54 | 32 | 0 | 0 | 0 | 41 | 0 | 0 |
| | 国内学术刊物 | | 22 | 152 | 5 | 0 | 20 | 0 | 0 | 0 | 0 | 54 | 32 | 0 | 0 | 0 | 41 | 0 | 0 |
| | 国外学术刊物 | | 23 | 2 | 0 | 0 | 2 | 0 | 0 | 0 | 0 | 0 | 0 | 0 | 0 | 0 | 0 | 0 | 0 |
| | 港、澳、台刊物 | | 24 | 0 | 0 | 0 | 0 | 0 | 0 | 0 | 0 | 0 | 0 | 0 | 0 | 0 | 0 | 0 | 0 |
| 研究与咨询报告(篇) | 合计 | | 25 | 8 | 0 | 0 | 1 | 0 | 0 | 1 | 1 | 0 | 2 | 0 | 0 | 3 | 0 | 0 | 0 |
| | 被采纳数 | | 26 | 7 | 0 | 0 | 1 | 0 | 0 | 0 | 1 | 0 | 2 | 0 | 0 | 3 | 0 | 0 | 0 |

## 3.4 江苏建筑职业技术学院人文、社会科学研究与课题成果来源情况表

| | | | 课题来源 | | | | | | | | | | | | | | | |
|---|---|---|---|---|---|---|---|---|---|---|---|---|---|---|---|---|---|---|
| | | | 合计 | 国家社科基金项目 | 国家社科基金单列学科项目 | 教育部人文社科研究项目 | 高校古籍整理研究项目 | 国家自然科学基金项目 | 中央其他部门社科专门项目 | 省、市、自治区社科基金项目 | 省教育厅社科项目 | 地、市、厅、局等政府部门项目 | 国际合作研究项目 | 与港、澳、台地区合作研究项目 | 企事业单位委托项目 | 学校社科项目 | 外资项目 | 其他 |
| | | 编号 | L01 | L02 | L03 | L04 | L05 | L06 | L07 | L08 | L09 | L10 | L11 | L12 | L13 | L14 | L15 | L16 |
| 课题数(项) | | 1 | 213 | 0 | 0 | 1 | 0 | 0 | 0 | 6 | 42 | 69 | 0 | 0 | 14 | 81 | 0 | 0 |
| 当年投入人数 | 合计(人年) | 2 | 53.9 | 0 | 0 | 0.2 | 0 | 0 | 0 | 2 | 13.2 | 17.1 | 0 | 0 | 5.2 | 16.2 | 0 | 0 |
| | 研究生(人年) | 3 | 0 | 0 | 0 | 0 | 0 | 0 | 0 | 0 | 0 | 0 | 0 | 0 | 0 | 0 | 0 | 0 |
| 当年拨入经费 | 合计(千元) | 4 | 641 | 0 | 0 | 0 | 0 | 0 | 0 | 50 | 0 | 21 | 0 | 0 | 238 | 332 | 0 | 0 |
| | 当年立项项目拨入经费(千元) | 5 | 641 | 0 | 0 | 0 | 0 | 0 | 0 | 50 | 0 | 21 | 0 | 0 | 238 | 332 | 0 | 0 |
| 当年支出经费(千元) | | 6 | 546.6 | 0 | 0 | 0 | 0 | 0 | 0 | 45 | 0 | 17.8 | 0 | 0 | 238 | 245.8 | 0 | 0 |
| 当年新开课题数(项) | | 7 | 113 | 0 | 0 | 0 | 0 | 0 | 0 | 1 | 21 | 32 | 0 | 0 | 12 | 47 | 0 | 0 |
| 当年新开课题批准经费(千元) | | 8 | 641 | 0 | 0 | 0 | 0 | 0 | 0 | 50 | 0 | 21 | 0 | 0 | 238 | 332 | 0 | 0 |
| 当年完成课题数(项) | | 9 | 116 | 0 | 0 | 1 | 0 | 0 | 0 | 5 | 3 | 59 | 0 | 0 | 13 | 35 | 0 | 0 |

| | | | | | | | | | | | | | | | | | | | |
|---|---|---|---|---|---|---|---|---|---|---|---|---|---|---|---|---|---|---|---|
| 出版著作(部) | 合计 | | 10 | 21 | 0 | 0 | 1 | 0 | 0 | 0 | 1 | 6 | 4 | 0 | 0 | 0 | 9 | 0 | 0 |
| | 专著 | 合计 | 11 | 12 | 0 | 0 | 1 | 0 | 0 | 0 | 1 | 5 | 3 | 0 | 0 | 0 | 2 | 0 | 0 |
| | | 被译成外文 | 12 | 0 | 0 | 0 | 0 | 0 | 0 | 0 | 0 | 0 | 0 | 0 | 0 | 0 | 0 | 0 | 0 |
| | 编著教材 | | 13 | 9 | 0 | 0 | 0 | 0 | 0 | 0 | 0 | 1 | 1 | 0 | 0 | 0 | 7 | 0 | 0 |
| | 工具书/参考书 | | 14 | 0 | 0 | 0 | 0 | 0 | 0 | 0 | 0 | 0 | 0 | 0 | 0 | 0 | 0 | 0 | 0 |
| | 皮书/发展报告 | | 15 | 0 | 0 | 0 | 0 | 0 | 0 | 0 | 0 | 0 | 0 | 0 | 0 | 0 | 0 | 0 | 0 |
| | 科普读物 | | 16 | 0 | 0 | 0 | 0 | 0 | 0 | 0 | 0 | 0 | 0 | 0 | 0 | 0 | 0 | 0 | 0 |
| 古籍整理(部) | | | 17 | 0 | 0 | 0 | 0 | 0 | 0 | 0 | 0 | 0 | 0 | 0 | 0 | 0 | 0 | 0 | 0 |
| 译著(部) | | | 18 | 0 | 0 | 0 | 0 | 0 | 0 | 0 | 0 | 0 | 0 | 0 | 0 | 0 | 0 | 0 | 0 |
| 发表译文(篇) | | | 19 | 0 | 0 | 0 | 0 | 0 | 0 | 0 | 0 | 0 | 0 | 0 | 0 | 0 | 0 | 0 | 0 |
| 电子出版物(件) | | | 20 | 0 | 0 | 0 | 0 | 0 | 0 | 0 | 0 | 0 | 0 | 0 | 0 | 0 | 0 | 0 | 0 |
| 发表论文(篇) | 合计 | | 21 | 233 | 0 | 0 | 0 | 0 | 0 | 0 | 6 | 25 | 68 | 0 | 0 | 5 | 129 | 0 | 0 |
| | 国内学术刊物 | | 22 | 232 | 0 | 0 | 0 | 0 | 0 | 0 | 6 | 25 | 67 | 0 | 0 | 5 | 129 | 0 | 0 |
| | 国外学术刊物 | | 23 | 1 | 0 | 0 | 0 | 0 | 0 | 0 | 0 | 0 | 1 | 0 | 0 | 0 | 0 | 0 | 0 |
| | 港、澳、台刊物 | | 24 | 0 | 0 | 0 | 0 | 0 | 0 | 0 | 0 | 0 | 0 | 0 | 0 | 0 | 0 | 0 | 0 |
| 研究与咨询报告(篇) | 合计 | | 25 | 11 | 0 | 0 | 0 | 0 | 0 | 0 | 0 | 0 | 0 | 0 | 0 | 7 | 4 | 0 | 0 |
| | 被采纳数 | | 26 | 5 | 0 | 0 | 0 | 0 | 0 | 0 | 0 | 0 | 0 | 0 | 0 | 3 | 2 | 0 | 0 |

## 3.5 南京工业职业技术大学人文、社会科学研究与课题成果来源情况表

| | | | 课题来源 | | | | | | | | | | | | | | | |
|---|---|---|---|---|---|---|---|---|---|---|---|---|---|---|---|---|---|---|
| | | | 合计 | 国家社科基金项目 | 国家社科基金单列学科项目 | 教育部人文社科研究项目 | 高校古籍整理研究项目 | 国家自然科学基金项目 | 中央其他部门社科专门项目 | 省、市、自治区社科基金项目 | 省教育厅社科项目 | 地、市、厅、局等政府部门项目 | 国际合作研究项目 | 与港、澳、台地区合作研究项目 | 企事业单位委托项目 | 学校社科项目 | 外资项目 | 其他 |
| | | 编号 | L01 | L02 | L03 | L04 | L05 | L06 | L07 | L08 | L09 | L10 | L11 | L12 | L13 | L14 | L15 | L16 |
| 课题数(项) | | 1 | 414 | 1 | 0 | 3 | 0 | 0 | 0 | 7 | 83 | 58 | 0 | 0 | 218 | 44 | 0 | 0 |
| 当年投入人数 | 合计(人年) | 2 | 175.2 | 0.4 | 0 | 1.7 | 0 | 0 | 0 | 3.3 | 26.1 | 23.6 | 0 | 0 | 102.1 | 18 | 0 | 0 |
| | 研究生(人年) | 3 | 0 | 0 | 0 | 0 | 0 | 0 | 0 | 0 | 0 | 0 | 0 | 0 | 0 | 0 | 0 | 0 |
| 当年拨入经费 | 合计(千元) | 4 | 4 554.8 | 0 | 0 | 50 | 0 | 0 | 0 | 58 | 794 | 329 | 0 | 0 | 3 153.8 | 170 | 0 | 0 |
| | 当年立项项目拨入经费(千元) | 5 | 4 185.8 | 0 | 0 | 40 | 0 | 0 | 0 | 50 | 766 | 271 | 0 | 0 | 3 038.8 | 20 | 0 | 0 |
| 当年支出经费(千元) | | 6 | 3 965.74 | 3 | 0 | 29.1 | 0 | 0 | 0 | 43 | 397.82 | 272.37 | 0 | 0 | 3 066.33 | 154.12 | 0 | 0 |
| 当年新开课题数(项) | | 7 | 136 | 0 | 0 | 1 | 0 | 0 | 0 | 1 | 51 | 12 | 0 | 0 | 68 | 3 | 0 | 0 |
| 当年新开课题批准经费(千元) | | 8 | 5 448.43 | 0 | 0 | 80 | 0 | 0 | 0 | 50 | 970 | 434 | 0 | 0 | 3 894.43 | 20 | 0 | 0 |
| 当年完成课题数(项) | | 9 | 84 | 0 | 0 | 0 | 0 | 0 | 0 | 2 | 7 | 20 | 0 | 0 | 37 | 18 | 0 | 0 |

| 项目 | | 编号 | | | | | | | | | | | | | | | | |
|---|---|---|---|---|---|---|---|---|---|---|---|---|---|---|---|---|---|---|
| 出版著作(部) | 合计 | 10 | 1 | 0 | 0 | 0 | 0 | 0 | 0 | 0 | 0 | 1 | 0 | 0 | 0 | 0 | 0 | 0 |
| | 专著 合计 | 11 | 1 | 0 | 0 | 0 | 0 | 0 | 0 | 0 | 0 | 1 | 0 | 0 | 0 | 0 | 0 | 0 |
| | 专著 被译成外文 | 12 | 0 | 0 | 0 | 0 | 0 | 0 | 0 | 0 | 0 | 0 | 0 | 0 | 0 | 0 | 0 | 0 |
| | 编著教材 | 13 | 0 | 0 | 0 | 0 | 0 | 0 | 0 | 0 | 0 | 0 | 0 | 0 | 0 | 0 | 0 | 0 |
| | 工具书/参考书 | 14 | 0 | 0 | 0 | 0 | 0 | 0 | 0 | 0 | 0 | 0 | 0 | 0 | 0 | 0 | 0 | 0 |
| | 皮书/发展报告 | 15 | 0 | 0 | 0 | 0 | 0 | 0 | 0 | 0 | 0 | 0 | 0 | 0 | 0 | 0 | 0 | 0 |
| | 科普读物 | 16 | 0 | 0 | 0 | 0 | 0 | 0 | 0 | 0 | 0 | 0 | 0 | 0 | 0 | 0 | 0 | 0 |
| 古籍整理(部) | | 17 | 0 | 0 | 0 | 0 | 0 | 0 | 0 | 0 | 0 | 0 | 0 | 0 | 0 | 0 | 0 | 0 |
| 译著(部) | | 18 | 0 | 0 | 0 | 0 | 0 | 0 | 0 | 0 | 0 | 0 | 0 | 0 | 0 | 0 | 0 | 0 |
| 发表译文(篇) | | 19 | 0 | 0 | 0 | 0 | 0 | 0 | 0 | 0 | 0 | 0 | 0 | 0 | 0 | 0 | 0 | 0 |
| 电子出版物(件) | | 20 | 0 | 0 | 0 | 0 | 0 | 0 | 0 | 0 | 0 | 0 | 0 | 0 | 0 | 0 | 0 | 0 |
| 发表论文(篇) | 合计 | 21 | 162 | 0 | 1 | 0 | 0 | 0 | 0 | 0 | 49 | 12 | 0 | 0 | 2 | 98 | 0 | 0 |
| | 国内学术刊物 | 22 | 161 | 0 | 1 | 0 | 0 | 0 | 0 | 0 | 49 | 12 | 0 | 0 | 2 | 97 | 0 | 0 |
| | 国外学术刊物 | 23 | 1 | 0 | 0 | 0 | 0 | 0 | 0 | 0 | 0 | 0 | 0 | 0 | 0 | 1 | 0 | 0 |
| | 港、澳、台刊物 | 24 | 0 | 0 | 0 | 0 | 0 | 0 | 0 | 0 | 0 | 0 | 0 | 0 | 0 | 0 | 0 | 0 |
| 研究与咨询报告(篇) | 合计 | 25 | 23 | 0 | 0 | 0 | 0 | 0 | 0 | 0 | 0 | 0 | 0 | 0 | 23 | 0 | 0 | 0 |
| | 被采纳数 | 26 | 0 | 0 | 0 | 0 | 0 | 0 | 0 | 0 | 0 | 0 | 0 | 0 | 0 | 0 | 0 | 0 |

## 3.6 江苏工程职业技术学院人文、社会科学研究与课题成果来源情况表

| | | | 课题来源 | | | | | | | | | | | | | | | |
|---|---|---|---|---|---|---|---|---|---|---|---|---|---|---|---|---|---|---|
| | | | 合计 | 国家社科基金项目 | 国家社科基金单列学科项目 | 教育部人文社科研究项目 | 高校古籍整理研究项目 | 国家自然科学基金项目 | 中央其他部门社科专门项目 | 省、市、自治区社科基金项目 | 省教育厅社科项目 | 地、市、厅、局等政府部门项目 | 国际合作研究项目 | 与港、澳、台地区合作研究项目 | 企事业单位委托项目 | 学校社科项目 | 外资项目 | 其他 |
| | | 编号 | L01 | L02 | L03 | L04 | L05 | L06 | L07 | L08 | L09 | L10 | L11 | L12 | L13 | L14 | L15 | L16 |
| 课题数(项) | | 1 | 153 | 0 | 0 | 0 | 0 | 0 | 0 | 4 | 60 | 67 | 0 | 0 | 0 | 22 | 0 | 0 |
| 当年投入人数 | 合计(人年) | 2 | 20.4 | 0 | 0 | 0 | 0 | 0 | 0 | 0.8 | 7.9 | 8.9 | 0 | 0 | 0 | 2.8 | 0 | 0 |
| | 研究生(人年) | 3 | 0 | 0 | 0 | 0 | 0 | 0 | 0 | 0 | 0 | 0 | 0 | 0 | 0 | 0 | 0 | 0 |
| 当年拨入经费 | 合计(千元) | 4 | 115 | 0 | 0 | 0 | 0 | 0 | 0 | 0 | 59 | 53 | 0 | 0 | 0 | 3 | 0 | 0 |
| | 当年立项项目拨入经费(千元) | 5 | 115 | 0 | 0 | 0 | 0 | 0 | 0 | 0 | 59 | 53 | 0 | 0 | 0 | 3 | 0 | 0 |
| 当年支出经费(千元) | | 6 | 217.9 | 0 | 0 | 0 | 0 | 0 | 0 | 20 | 108.5 | 80.9 | 0 | 0 | 0 | 8.5 | 0 | 0 |
| 当年新开课题数(项) | | 7 | 50 | 0 | 0 | 0 | 0 | 0 | 0 | 0 | 20 | 27 | 0 | 0 | 0 | 3 | 0 | 0 |
| 当年新开课题批准经费(千元) | | 8 | 117 | 0 | 0 | 0 | 0 | 0 | 0 | 0 | 61 | 53 | 0 | 0 | 0 | 3 | 0 | 0 |
| 当年完成课题数(项) | | 9 | 59 | 0 | 0 | 0 | 0 | 0 | 0 | 4 | 22 | 19 | 0 | 0 | 0 | 14 | 0 | 0 |

| | | | | | | | | | | | | | | | | | | | |
|---|---|---|---|---|---|---|---|---|---|---|---|---|---|---|---|---|---|---|---|
| 出版著作(部) | 合计 | | 10 | 4 | 0 | 0 | 0 | 0 | 0 | 0 | 0 | 0 | 2 | 0 | 0 | 0 | 2 | 0 | 0 |
| | 专著 | 合计 | 11 | 4 | 0 | 0 | 0 | 0 | 0 | 0 | 0 | 0 | 2 | 0 | 0 | 0 | 2 | 0 | 0 |
| | | 被译成外文 | 12 | 0 | 0 | 0 | 0 | 0 | 0 | 0 | 0 | 0 | 0 | 0 | 0 | 0 | 0 | 0 | 0 |
| | 编著教材 | | 13 | 0 | 0 | 0 | 0 | 0 | 0 | 0 | 0 | 0 | 0 | 0 | 0 | 0 | 0 | 0 | 0 |
| | 工具书/参考书 | | 14 | 0 | 0 | 0 | 0 | 0 | 0 | 0 | 0 | 0 | 0 | 0 | 0 | 0 | 0 | 0 | 0 |
| | 皮书/发展报告 | | 15 | 0 | 0 | 0 | 0 | 0 | 0 | 0 | 0 | 0 | 0 | 0 | 0 | 0 | 0 | 0 | 0 |
| | 科普读物 | | 16 | 0 | 0 | 0 | 0 | 0 | 0 | 0 | 0 | 0 | 0 | 0 | 0 | 0 | 0 | 0 | 0 |
| 古籍整理(部) | | | 17 | 0 | 0 | 0 | 0 | 0 | 0 | 0 | 0 | 0 | 0 | 0 | 0 | 0 | 0 | 0 | 0 |
| 译著(部) | | | 18 | 0 | 0 | 0 | 0 | 0 | 0 | 0 | 0 | 0 | 0 | 0 | 0 | 0 | 0 | 0 | 0 |
| 发表译文(篇) | | | 19 | 0 | 0 | 0 | 0 | 0 | 0 | 0 | 0 | 0 | 0 | 0 | 0 | 0 | 0 | 0 | 0 |
| 电子出版物(件) | | | 20 | 0 | 0 | 0 | 0 | 0 | 0 | 0 | 0 | 0 | 0 | 0 | 0 | 0 | 0 | 0 | 0 |
| 发表论文(篇) | 合计 | | 21 | 154 | 0 | 0 | 0 | 0 | 0 | 0 | 0 | 50 | 53 | 0 | 0 | 0 | 51 | 0 | 0 |
| | 国内学术刊物 | | 22 | 154 | 0 | 0 | 0 | 0 | 0 | 0 | 0 | 50 | 53 | 0 | 0 | 0 | 51 | 0 | 0 |
| | 国外学术刊物 | | 23 | 0 | 0 | 0 | 0 | 0 | 0 | 0 | 0 | 0 | 0 | 0 | 0 | 0 | 0 | 0 | 0 |
| | 港、澳、台刊物 | | 24 | 0 | 0 | 0 | 0 | 0 | 0 | 0 | 0 | 0 | 0 | 0 | 0 | 0 | 0 | 0 | 0 |
| 研究与咨询报告(篇) | 合计 | | 25 | 0 | 0 | 0 | 0 | 0 | 0 | 0 | 0 | 0 | 0 | 0 | 0 | 0 | 0 | 0 | 0 |
| | 被采纳数 | | 26 | 0 | 0 | 0 | 0 | 0 | 0 | 0 | 0 | 0 | 0 | 0 | 0 | 0 | 0 | 0 | 0 |

## 3.7 苏州工艺美术职业技术学院人文、社会科学研究与课题成果来源情况表

| | | | 课题来源 | | | | | | | | | | | | | | | |
|---|---|---|---|---|---|---|---|---|---|---|---|---|---|---|---|---|---|---|
| | | | 合计 | 国家社科基金项目 | 国家社科基金单列学科项目 | 教育部人文社科研究项目 | 高校古籍整理研究项目 | 国家自然科学基金项目 | 中央其他部门社科专门项目 | 省、市、自治区社科基金项目 | 省教育厅社科项目 | 地、市、厅、局等政府部门项目 | 国际合作研究项目 | 与港、澳、台地区合作研究项目 | 企事业单位委托项目 | 学校社科项目 | 外资项目 | 其他 |
| | | 编号 | L01 | L02 | L03 | L04 | L05 | L06 | L07 | L08 | L09 | L10 | L11 | L12 | L13 | L14 | L15 | L16 |
| 课题数(项) | | 1 | 85 | 1 | 1 | 1 | 0 | 0 | 0 | 2 | 35 | 32 | 0 | 0 | 3 | 10 | 0 | 0 |
| 当年投入人数 | 合计(人年) | 2 | 16.9 | 0.3 | 1 | 0.2 | 0 | 0 | 0 | 0.4 | 6.5 | 6.2 | 0 | 0 | 0.8 | 1.5 | 0 | 0 |
| | 研究生(人年) | 3 | 0 | 0 | 0 | 0 | 0 | 0 | 0 | 0 | 0 | 0 | 0 | 0 | 0 | 0 | 0 | 0 |
| 当年拨入经费 | 合计(千元) | 4 | 699 | 50 | 7 | 0 | 0 | 0 | 0 | 8 | 230 | 241 | 0 | 0 | 145 | 18 | 0 | 0 |
| | 当年立项项目拨入经费(千元) | 5 | 246 | 50 | 0 | 0 | 0 | 0 | 0 | 8 | 100 | 61 | 0 | 0 | 20 | 7 | 0 | 0 |
| 当年支出经费(千元) | | 6 | 649 | 40 | 7 | 2 | 0 | 0 | 0 | 6 | 166 | 255 | 0 | 0 | 156 | 17 | 0 | 0 |
| 当年新开课题数(项) | | 7 | 30 | 1 | 0 | 0 | 0 | 0 | 0 | 2 | 11 | 8 | 0 | 0 | 2 | 6 | 0 | 0 |
| 当年新开课题批准经费(千元) | | 8 | 574 | 300 | 0 | 0 | 0 | 0 | 0 | 16 | 150 | 70 | 0 | 0 | 20 | 18 | 0 | 0 |
| 当年完成课题数(项) | | 9 | 47 | 0 | 0 | 0 | 0 | 0 | 0 | 0 | 15 | 25 | 0 | 0 | 3 | 4 | 0 | 0 |

| | | | | | | | | | | | | | | | | | | | |
|---|---|---|---|---|---|---|---|---|---|---|---|---|---|---|---|---|---|---|---|
| 出版著作(部) | 合计 | | 10 | 5 | 0 | 0 | 0 | 0 | 0 | 0 | 0 | 2 | 0 | 0 | 0 | 0 | 3 | 0 | 0 |
| | 专著 | 合计 | 11 | 1 | 0 | 0 | 0 | 0 | 0 | 0 | 0 | 1 | 0 | 0 | 0 | 0 | 0 | 0 | 0 |
| | | 被译成外文 | 12 | 0 | 0 | 0 | 0 | 0 | 0 | 0 | 0 | 0 | 0 | 0 | 0 | 0 | 0 | 0 | 0 |
| | 编著教材 | | 13 | 4 | 0 | 0 | 0 | 0 | 0 | 0 | 0 | 1 | 0 | 0 | 0 | 0 | 3 | 0 | 0 |
| | 工具书/参考书 | | 14 | 0 | 0 | 0 | 0 | 0 | 0 | 0 | 0 | 0 | 0 | 0 | 0 | 0 | 0 | 0 | 0 |
| | 皮书/发展报告 | | 15 | 0 | 0 | 0 | 0 | 0 | 0 | 0 | 0 | 0 | 0 | 0 | 0 | 0 | 0 | 0 | 0 |
| | 科普读物 | | 16 | 0 | 0 | 0 | 0 | 0 | 0 | 0 | 0 | 0 | 0 | 0 | 0 | 0 | 0 | 0 | 0 |
| 古籍整理(部) | | | 17 | 0 | 0 | 0 | 0 | 0 | 0 | 0 | 0 | 0 | 0 | 0 | 0 | 0 | 0 | 0 | 0 |
| 译著(部) | | | 18 | 1 | 0 | 0 | 0 | 0 | 0 | 0 | 0 | 1 | 0 | 0 | 0 | 0 | 0 | 0 | 0 |
| 发表译文(篇) | | | 19 | 0 | 0 | 0 | 0 | 0 | 0 | 0 | 0 | 0 | 0 | 0 | 0 | 0 | 0 | 0 | 0 |
| 电子出版物(件) | | | 20 | 0 | 0 | 0 | 0 | 0 | 0 | 0 | 0 | 0 | 0 | 0 | 0 | 0 | 0 | 0 | 0 |
| 发表论文(篇) | 合计 | | 21 | 52 | 0 | 0 | 0 | 0 | 0 | 0 | 0 | 34 | 14 | 0 | 0 | 0 | 4 | 0 | 0 |
| | 国内学术刊物 | | 22 | 51 | 0 | 0 | 0 | 0 | 0 | 0 | 0 | 34 | 14 | 0 | 0 | 0 | 3 | 0 | 0 |
| | 国外学术刊物 | | 23 | 1 | 0 | 0 | 0 | 0 | 0 | 0 | 0 | 0 | 0 | 0 | 0 | 0 | 1 | 0 | 0 |
| | 港、澳、台刊物 | | 24 | 0 | 0 | 0 | 0 | 0 | 0 | 0 | 0 | 0 | 0 | 0 | 0 | 0 | 0 | 0 | 0 |
| 研究与咨询报告(篇) | 合计 | | 25 | 5 | 0 | 0 | 0 | 0 | 0 | 0 | 0 | 1 | 2 | 0 | 0 | 2 | 0 | 0 | 0 |
| | 被采纳数 | | 26 | 4 | 0 | 0 | 0 | 0 | 0 | 0 | 0 | 0 | 2 | 0 | 0 | 2 | 0 | 0 | 0 |

## 3.8 连云港职业技术学院人文、社会科学研究与课题成果来源情况表

| | | | 课题来源 | | | | | | | | | | | | | | | |
|---|---|---|---|---|---|---|---|---|---|---|---|---|---|---|---|---|---|---|
| | | | 合计 | 国家社科基金项目 | 国家社科基金单列学科项目 | 教育部人文社科研究项目 | 高校古籍整理研究项目 | 国家自然科学基金项目 | 中央其他部门社科专门项目 | 省、市、自治区社科基金项目 | 省教育厅社科项目 | 地、市、厅、局等政府部门项目 | 国际合作研究项目 | 与港、澳、台地区合作研究项目 | 企事业单位委托项目 | 学校社科项目 | 外资项目 | 其他 |
| | | 编号 | L01 | L02 | L03 | L04 | L05 | L06 | L07 | L08 | L09 | L10 | L11 | L12 | L13 | L14 | L15 | L16 |
| 课题数(项) | | 1 | 105 | 0 | 0 | 0 | 0 | 0 | 0 | 8 | 41 | 35 | 0 | 0 | 6 | 15 | 0 | 0 |
| 当年投入人数 | 合计(人年) | 2 | 28 | 0 | 0 | 0 | 0 | 0 | 0 | 1.8 | 12.1 | 9.4 | 0 | 0 | 1.7 | 3 | 0 | 0 |
| | 研究生(人年) | 3 | 0 | 0 | 0 | 0 | 0 | 0 | 0 | 0 | 0 | 0 | 0 | 0 | 0 | 0 | 0 | 0 |
| 当年拨入经费 | 合计(千元) | 4 | 155 | 0 | 0 | 0 | 0 | 0 | 0 | 8 | 41 | 32 | 0 | 0 | 60 | 14 | 0 | 0 |
| | 当年立项项目拨入经费(千元) | 5 | 67 | 0 | 0 | 0 | 0 | 0 | 0 | 0 | 0 | 5 | 0 | 0 | 60 | 2 | 0 | 0 |
| 当年支出经费(千元) | | 6 | 175 | 0 | 0 | 0 | 0 | 0 | 0 | 16 | 53 | 32 | 0 | 0 | 60 | 14 | C | 0 |
| 当年新开课题数(项) | | 7 | 36 | 0 | 0 | 0 | 0 | 0 | 0 | 0 | 14 | 14 | 0 | 0 | 3 | 5 | 0 | 0 |
| 当年新开课题批准经费(千元) | | 8 | 86 | 0 | 0 | 0 | 0 | 0 | 0 | 0 | 0 | 18 | 0 | 0 | 60 | 8 | 0 | 0 |
| 当年完成课题数(项) | | 9 | 59 | 0 | 0 | 0 | 0 | 0 | 0 | 6 | 11 | 28 | 0 | 0 | 5 | 9 | 0 | 0 |

| | | | | | | | | | | | | | | | | | | | |
|---|---|---|---|---|---|---|---|---|---|---|---|---|---|---|---|---|---|---|---|
| 出版著作(部) | 合计 | | 10 | 3 | 0 | 0 | 1 | 0 | 0 | 0 | 0 | 1 | 1 | 0 | 0 | 0 | 0 | 0 | 0 |
| | 专著 | 合计 | 11 | 3 | 0 | 0 | 1 | 0 | 0 | 0 | 0 | 1 | 1 | 0 | 0 | 0 | 0 | 0 | 0 |
| | | 被译成外文 | 12 | 0 | 0 | 0 | 0 | 0 | 0 | 0 | 0 | 0 | 0 | 0 | 0 | 0 | 0 | 0 | 0 |
| | 编著教材 | | 13 | 0 | 0 | 0 | 0 | 0 | 0 | 0 | 0 | 0 | 0 | 0 | 0 | 0 | 0 | 0 | 0 |
| | 工具书/参考书 | | 14 | 0 | 0 | 0 | 0 | 0 | 0 | 0 | 0 | 0 | 0 | 0 | 0 | 0 | 0 | 0 | 0 |
| | 皮书/发展报告 | | 15 | 0 | 0 | 0 | 0 | 0 | 0 | 0 | 0 | 0 | 0 | 0 | 0 | 0 | 0 | 0 | 0 |
| | 科普读物 | | 16 | 0 | 0 | 0 | 0 | 0 | 0 | 0 | 0 | 0 | 0 | 0 | 0 | 0 | 0 | 0 | 0 |
| 古籍整理(部) | | | 17 | 0 | 0 | 0 | 0 | 0 | 0 | 0 | 0 | 0 | 0 | 0 | 0 | 0 | 0 | 0 | 0 |
| 译著(部) | | | 18 | 0 | 0 | 0 | 0 | 0 | 0 | 0 | 0 | 0 | 0 | 0 | 0 | 0 | 0 | 0 | 0 |
| 发表译文(篇) | | | 19 | 0 | 0 | 0 | 0 | 0 | 0 | 0 | 0 | 0 | 0 | 0 | 0 | 0 | 0 | 0 | 0 |
| 电子出版物(件) | | | 20 | 0 | 0 | 0 | 0 | 0 | 0 | 0 | 0 | 0 | 0 | 0 | 0 | 0 | 0 | 0 | 0 |
| 发表论文(篇) | 合计 | | 21 | 43 | 0 | 0 | 0 | 0 | 0 | 0 | 2 | 17 | 14 | 0 | 0 | 1 | 9 | 0 | 0 |
| | 国内学术刊物 | | 22 | 43 | 0 | 0 | 0 | 0 | 0 | 0 | 2 | 17 | 14 | 0 | 0 | 1 | 9 | 0 | 0 |
| | 国外学术刊物 | | 23 | 0 | 0 | 0 | 0 | 0 | 0 | 0 | 0 | 0 | 0 | 0 | 0 | 0 | 0 | 0 | 0 |
| | 港、澳、台刊物 | | 24 | 0 | 0 | 0 | 0 | 0 | 0 | 0 | 0 | 0 | 0 | 0 | 0 | 0 | 0 | 0 | 0 |
| 研究与咨询报告(篇) | 合计 | | 25 | 14 | 0 | 0 | 0 | 0 | 0 | 0 | 0 | 1 | 9 | 0 | 0 | 4 | 0 | 0 | 0 |
| | 被采纳数 | | 26 | 5 | 0 | 0 | 0 | 0 | 0 | 0 | 0 | 0 | 1 | 0 | 0 | 4 | 0 | 0 | 0 |

## 3.9 镇江市高等专科学校人文、社会科学研究与课题成果来源情况表

| | | | 课题来源 | | | | | | | | | | | | | | | |
|---|---|---|---|---|---|---|---|---|---|---|---|---|---|---|---|---|---|---|
| | | | 合计 | 国家社科基金项目 | 国家社科基金单列学科项目 | 教育部人文社科研究项目 | 高校古籍整理研究项目 | 国家自然科学基金项目 | 中央其他部门社科专门项目 | 省、市、自治区社科基金项目 | 省教育厅社科项目 | 地、市、厅、局等政府部门项目 | 国际合作研究项目 | 与港、澳、台地区合作研究项目 | 企事业单位委托项目 | 学校社科项目 | 外资项目 | 其他 |
| | | 编号 | L01 | L02 | L03 | L04 | L05 | L06 | L07 | L08 | L09 | L10 | L11 | L12 | L13 | L14 | L15 | L16 |
| 课题数(项) | | 1 | 76 | 0 | 0 | 2 | 0 | 0 | 1 | 8 | 16 | 25 | 0 | 0 | 8 | 16 | 0 | 0 |
| 当年投入人数 | 合计(人年) | 2 | 44.9 | 0 | 0 | 2.7 | 0 | 0 | 1 | 4.9 | 8.7 | 14.6 | 0 | 0 | 4.6 | 8.4 | 0 | 0 |
| | 研究生(人年) | 3 | 0 | 0 | 0 | 0 | 0 | 0 | 0 | 0 | 0 | 0 | 0 | 0 | 0 | 0 | 0 | 0 |
| 当年拨入经费 | 合计(千元) | 4 | 461.54 | 0 | 0 | 50 | 0 | 0 | 0 | 16 | 36 | 133 | 0 | 0 | 167.29 | 59.25 | 0 | 0 |
| | 当年立项项目拨入经费(千元) | 5 | 380.29 | 0 | 0 | 0 | 0 | 0 | 0 | 0 | 36 | 128 | 0 | 0 | 167.29 | 49 | 0 | 0 |
| 当年支出经费(千元) | | 6 | 474.8 | 0 | 0 | 26 | 0 | 0 | 60 | 33.8 | 62 | 145 | 0 | 0 | 98 | 50 | 0 | 0 |
| 当年新开课题数(项) | | 7 | 42 | 0 | 0 | 0 | 0 | 0 | 0 | 2 | 6 | 19 | 0 | 0 | 6 | 9 | 0 | 0 |
| 当年新开课题批准经费(千元) | | 8 | 381.29 | 0 | 0 | 0 | 0 | 0 | 0 | 0 | 36 | 129 | 0 | 0 | 167.29 | 49 | 0 | 0 |
| 当年完成课题数(项) | | 9 | 48 | 0 | 0 | 0 | 0 | 0 | 1 | 6 | 4 | 19 | 0 | 0 | 7 | 11 | 0 | 0 |

| | | | | | | | | | | | | | | | | | | | |
|---|---|---|---|---|---|---|---|---|---|---|---|---|---|---|---|---|---|---|---|
| 出版著作(部) | 合计 | | 10 | 3 | 0 | 0 | 1 | 0 | 0 | 1 | 1 | 0 | 0 | 0 | 0 | 0 | 0 | 0 | 0 |
| | 专著 | 合计 | 11 | 1 | 0 | 0 | 0 | 0 | 0 | 0 | 1 | 0 | 0 | 0 | 0 | 0 | 0 | 0 | 0 |
| | | 被译成外文 | 12 | 0 | 0 | 0 | 0 | 0 | 0 | 0 | 0 | 0 | 0 | 0 | 0 | 0 | 0 | 0 | 0 |
| | 编著教材 | | 13 | 2 | 0 | 0 | 1 | 0 | 0 | 1 | 0 | 0 | 0 | 0 | 0 | 0 | 0 | 0 | 0 |
| | 工具书/参考书 | | 14 | 0 | 0 | 0 | 0 | 0 | 0 | 0 | 0 | 0 | 0 | 0 | 0 | 0 | 0 | 0 | 0 |
| | 皮书/发展报告 | | 15 | 0 | 0 | 0 | 0 | 0 | 0 | 0 | 0 | 0 | 0 | 0 | 0 | 0 | 0 | 0 | 0 |
| | 科普读物 | | 16 | 0 | 0 | 0 | 0 | 0 | 0 | 0 | 0 | 0 | 0 | 0 | 0 | 0 | 0 | 0 | 0 |
| 古籍整理(部) | | | 17 | 0 | 0 | 0 | 0 | 0 | 0 | 0 | 0 | 0 | 0 | 0 | 0 | 0 | 0 | 0 | 0 |
| 译著(部) | | | 18 | 0 | 0 | 0 | 0 | 0 | 0 | 0 | 0 | 0 | 0 | 0 | 0 | 0 | 0 | 0 | 0 |
| 发表译文(篇) | | | 19 | 0 | 0 | 0 | 0 | 0 | 0 | 0 | 0 | 0 | 0 | 0 | 0 | 0 | 0 | 0 | 0 |
| 电子出版物(件) | | | 20 | 0 | 0 | 0 | 0 | 0 | 0 | 0 | 0 | 0 | 0 | 0 | 0 | 0 | 0 | 0 | 0 |
| 发表论文(篇) | 合计 | | 21 | 58 | 0 | 0 | 1 | 0 | 0 | 1 | 10 | 13 | 17 | 0 | 0 | 0 | 16 | 0 | 0 |
| | 国内学术刊物 | | 22 | 51 | 0 | 0 | 1 | 0 | 0 | 1 | 8 | 11 | 15 | 0 | 0 | 0 | 15 | 0 | 0 |
| | 国外学术刊物 | | 23 | 7 | 0 | 0 | 0 | 0 | 0 | 0 | 2 | 2 | 2 | 0 | 0 | 0 | 1 | 0 | 0 |
| | 港、澳、台刊物 | | 24 | 0 | 0 | 0 | 0 | 0 | 0 | 0 | 0 | 0 | 0 | 0 | 0 | 0 | 0 | 0 | 0 |
| 研究与咨询报告(篇) | 合计 | | 25 | 4 | 0 | 0 | 0 | 0 | 0 | 0 | 1 | 1 | 1 | 0 | 0 | 1 | 0 | 0 | 0 |
| | 被采纳数 | | 26 | 3 | 0 | 0 | 0 | 0 | 0 | 0 | 1 | 1 | 0 | 0 | 0 | 1 | 0 | 0 | 0 |

## 3.10 南通职业大学人文、社会科学研究与课题成果来源情况表

| | | | 课题来源 | | | | | | | | | | | | | | | |
|---|---|---|---|---|---|---|---|---|---|---|---|---|---|---|---|---|---|---|
| | | | 合计 | 国家社科基金项目 | 国家社科基金单列学科项目 | 教育部人文社科研究项目 | 高校古籍整理研究项目 | 国家自然科学基金项目 | 中央其他部门社科专门项目 | 省、市、自治区社科基金项目 | 省教育厅社科项目 | 地、市、厅、局等政府部门项目 | 国际合作研究项目 | 与港、澳、台地区合作研究项目 | 企事业单位委托项目 | 学校社科项目 | 外资项目 | 其他 |
| | | 编号 | L01 | L02 | L03 | L04 | L05 | L06 | L07 | L08 | L09 | L10 | L11 | L12 | L13 | L14 | L15 | L16 |
| 课题数(项) | | 1 | 113 | 0 | 0 | 0 | 0 | 0 | 0 | 1 | 42 | 45 | 0 | 0 | 9 | 16 | 0 | 0 |
| 当年投入人数 | 合计(人年) | 2 | 21.7 | 0 | 0 | 0 | 0 | 0 | 0 | 0.2 | 8.6 | 9.2 | 0 | 0 | 2.1 | 1.6 | 0 | 0 |
| | 研究生(人年) | 3 | 0 | 0 | 0 | 0 | 0 | 0 | 0 | 0 | 0 | 0 | 0 | 0 | 0 | 0 | 0 | 0 |
| 当年拨入经费 | 合计(千元) | 4 | 596 | 0 | 0 | 0 | 0 | 0 | 0 | 0 | 300 | 201 | 0 | 0 | 62 | 33 | 0 | 0 |
| | 当年立项项目拨入经费(千元) | 5 | 596 | 0 | 0 | 0 | 0 | 0 | 0 | 0 | 300 | 201 | 0 | 0 | 62 | 33 | 0 | 0 |
| 当年支出经费(千元) | | 6 | 599 | 0 | 0 | 0 | 0 | 0 | 0 | 0 | 290 | 189 | 0 | 0 | 102 | 18 | 0 | 0 |
| 当年新开课题数(项) | | 7 | 69 | 0 | 0 | 0 | 0 | 0 | 0 | 0 | 21 | 32 | 0 | 0 | 5 | 11 | 0 | 0 |
| 当年新开课题批准经费(千元) | | 8 | 596 | 0 | 0 | 0 | 0 | 0 | 0 | 0 | 300 | 201 | 0 | 0 | 62 | 33 | 0 | 0 |
| 当年完成课题数(项) | | 9 | 53 | 0 | 0 | 0 | 0 | 0 | 0 | 1 | 20 | 23 | 0 | 0 | 4 | 5 | 0 | 0 |

| 出版著作(部) | 合计 | | 10 | 0 | 0 | 0 | 0 | 0 | 0 | 0 | 0 | 0 | 0 | 0 | 0 | 0 | 0 | 0 | 0 |
|---|---|---|---|---|---|---|---|---|---|---|---|---|---|---|---|---|---|---|---|
| | 专著 | 合计 | 11 | 0 | 0 | 0 | 0 | 0 | 0 | 0 | 0 | 0 | 0 | 0 | 0 | 0 | 0 | 0 | 0 |
| | | 被译成外文 | 12 | 0 | 0 | 0 | 0 | 0 | 0 | 0 | 0 | 0 | 0 | 0 | 0 | 0 | 0 | 0 | 0 |
| | 编著教材 | | 13 | 0 | 0 | 0 | 0 | 0 | 0 | 0 | 0 | 0 | 0 | 0 | 0 | 0 | 0 | 0 | 0 |
| | 工具书/参考书 | | 14 | 0 | 0 | 0 | 0 | 0 | 0 | 0 | 0 | 0 | 0 | 0 | 0 | 0 | 0 | 0 | 0 |
| | 皮书/发展报告 | | 15 | 0 | 0 | 0 | 0 | 0 | 0 | 0 | 0 | 0 | 0 | 0 | 0 | 0 | 0 | 0 | 0 |
| | 科普读物 | | 16 | 0 | 0 | 0 | 0 | 0 | 0 | 0 | 0 | 0 | 0 | 0 | 0 | 0 | 0 | 0 | 0 |
| 古籍整理(部) | | | 17 | 0 | 0 | 0 | 0 | 0 | 0 | 0 | 0 | 0 | 0 | 0 | 0 | 0 | 0 | 0 | 0 |
| 译著(部) | | | 18 | 0 | 0 | 0 | 0 | 0 | 0 | 0 | 0 | 0 | 0 | 0 | 0 | 0 | 0 | 0 | 0 |
| 发表译文(篇) | | | 19 | 0 | 0 | 0 | 0 | 0 | 0 | 0 | 0 | 0 | 0 | 0 | 0 | 0 | 0 | 0 | 0 |
| 电子出版物(件) | | | 20 | 0 | 0 | 0 | 0 | 0 | 0 | 0 | 0 | 0 | 0 | 0 | 0 | 0 | 0 | 0 | 0 |
| 发表论文(篇) | 合计 | | 21 | 45 | 0 | 0 | 0 | 0 | 0 | 0 | 0 | 26 | 15 | 0 | 0 | 0 | 4 | 0 | 0 |
| | 国内学术刊物 | | 22 | 45 | 0 | 0 | 0 | 0 | 0 | 0 | 0 | 26 | 15 | 0 | 0 | 0 | 4 | 0 | 0 |
| | 国外学术刊物 | | 23 | 0 | 0 | 0 | 0 | 0 | 0 | 0 | 0 | 0 | 0 | 0 | 0 | 0 | 0 | 0 | 0 |
| | 港、澳、台刊物 | | 24 | 0 | 0 | 0 | 0 | 0 | 0 | 0 | 0 | 0 | 0 | 0 | 0 | 0 | 0 | 0 | 0 |
| 研究与咨询报告(篇) | 合计 | | 25 | 7 | 0 | 0 | 0 | 0 | 0 | 0 | 0 | 0 | 6 | 0 | 0 | 1 | 0 | 0 | 0 |
| | 被采纳数 | | 26 | 7 | 0 | 0 | 0 | 0 | 0 | 0 | 0 | 0 | 6 | 0 | 0 | 1 | 0 | 0 | 0 |

## 3.11 苏州职业大学人文、社会科学研究与课题成果来源情况表

| | | | 课题来源 | | | | | | | | | | | | | | | |
|---|---|---|---|---|---|---|---|---|---|---|---|---|---|---|---|---|---|---|
| | | | 合计 | 国家社科基金项目 | 国家社科基金单列学科项目 | 教育部人文社科研究项目 | 高校古籍整理研究项目 | 国家自然科学基金项目 | 中央其他部门社科专门项目 | 省、市、自治区社科基金项目 | 省教育厅社科项目 | 地、市、厅、局等政府部门项目 | 国际合作研究项目 | 与港、澳、台地区合作研究项目 | 企事业单位委托项目 | 学校社科项目 | 外资项目 | 其他 |
| | | 编号 | L01 | L02 | L03 | L04 | L05 | L06 | L07 | L08 | L09 | L10 | L11 | L12 | L13 | L14 | L15 | L16 |
| 课题数(项) | | 1 | 209 | 1 | 0 | 2 | 0 | 0 | 0 | 4 | 68 | 62 | 0 | 0 | 40 | 29 | 0 | 3 |
| 当年投入人数 | 合计(人年) | 2 | 93.7 | 0.3 | 0 | 1.5 | 0 | 0 | 0 | 1.5 | 38.2 | 25.5 | 0 | 0 | 11.6 | 14.2 | 0 | 0.9 |
| | 研究生(人年) | 3 | 0 | 0 | 0 | 0 | 0 | 0 | 0 | 0 | 0 | 0 | 0 | 0 | 0 | 0 | 0 | 0 |
| 当年拨入经费 | 合计(千元) | 4 | 1 558 | 0 | 0 | 88 | 0 | 0 | 0 | 18 | 250 | 270 | 0 | 0 | 932 | 0 | 0 | 0 |
| | 当年立项项目拨入经费(千元) | 5 | 1 484 | 0 | 0 | 50 | 0 | 0 | 0 | 0 | 250 | 260 | 0 | 0 | 924 | 0 | 0 | 0 |
| 当年支出经费(千元) | | 6 | 1 902.7 | 35.82 | 0 | 56 | 0 | 0 | 0 | 11.3 | 364.5 | 398 | 0 | 0 | 959.98 | 77.1 | 0 | 0 |
| 当年新开课题数(项) | | 7 | 81 | 0 | 0 | 1 | 0 | 0 | 0 | 0 | 24 | 32 | 0 | 0 | 21 | 0 | 0 | 3 |
| 当年新开课题批准经费(千元) | | 8 | 1763.5 | 0 | 0 | 100 | 0 | 0 | 0 | 0 | 300 | 272 | 0 | 0 | 1 091.5 | 0 | 0 | 0 |
| 当年完成课题数(项) | | 9 | 80 | 0 | 0 | 0 | 0 | 0 | 0 | 1 | 21 | 12 | 0 | 0 | 25 | 20 | 0 | 1 |

| | | | | | | | | | | | | | | | | | | | |
|---|---|---|---|---|---|---|---|---|---|---|---|---|---|---|---|---|---|---|---|
| 出版著作(部) | 合计 | | 10 | 12 | 0 | 0 | 0 | 0 | 0 | 0 | 0 | 4 | 5 | 0 | 0 | 0 | 3 | 0 | 0 |
| | 专著 | 合计 | 11 | 1 | 0 | 0 | 0 | 0 | 0 | 0 | 0 | 0 | 1 | 0 | 0 | 0 | 0 | 0 | 0 |
| | | 被译成外文 | 12 | 0 | 0 | 0 | 0 | 0 | 0 | 0 | 0 | 0 | 0 | 0 | 0 | 0 | 0 | 0 | 0 |
| | 编著教材 | | 13 | 11 | 0 | 0 | 0 | 0 | 0 | 0 | 0 | 4 | 4 | 0 | 0 | 0 | 3 | 0 | 0 |
| | 工具书/参考书 | | 14 | 0 | 0 | 0 | 0 | 0 | 0 | 0 | 0 | 0 | 0 | 0 | 0 | 0 | 0 | 0 | 0 |
| | 皮书/发展报告 | | 15 | 0 | 0 | 0 | 0 | 0 | 0 | 0 | 0 | 0 | 0 | 0 | 0 | 0 | 0 | 0 | 0 |
| | 科普读物 | | 16 | 0 | 0 | 0 | 0 | 0 | 0 | 0 | 0 | 0 | 0 | 0 | 0 | 0 | 0 | 0 | 0 |
| 古籍整理(部) | | | 17 | 0 | 0 | 0 | 0 | 0 | 0 | 0 | 0 | 0 | 0 | 0 | 0 | 0 | 0 | 0 | 0 |
| 译著(部) | | | 18 | 0 | 0 | 0 | 0 | 0 | 0 | 0 | 0 | 0 | 0 | 0 | 0 | 0 | 0 | 0 | 0 |
| 发表译文(篇) | | | 19 | 0 | 0 | 0 | 0 | 0 | 0 | 0 | 0 | 0 | 0 | 0 | 0 | 0 | 0 | 0 | 0 |
| 电子出版物(件) | | | 20 | 0 | 0 | 0 | 0 | 0 | 0 | 0 | 0 | 0 | 0 | 0 | 0 | 0 | 0 | 0 | 0 |
| 发表论文(篇) | 合计 | | 21 | 190 | 4 | 0 | 13 | 0 | 0 | 0 | 2 | 44 | 46 | 0 | 0 | 21 | 60 | 0 | 0 |
| | 国内学术刊物 | | 22 | 182 | 4 | 0 | 12 | 0 | 0 | 0 | 2 | 43 | 44 | 0 | 0 | 18 | 59 | 0 | 0 |
| | 国外学术刊物 | | 23 | 8 | 0 | 0 | 1 | 0 | 0 | 0 | 0 | 1 | 2 | 0 | 0 | 3 | 1 | 0 | 0 |
| | 港、澳、台刊物 | | 24 | 0 | 0 | 0 | 0 | 0 | 0 | 0 | 0 | 0 | 0 | 0 | 0 | 0 | 0 | 0 | 0 |
| 研究与咨询报告(篇) | 合计 | | 25 | 35 | 0 | 0 | 0 | 0 | 0 | 0 | 1 | 0 | 25 | 0 | 0 | 9 | 0 | 0 | 0 |
| | 被采纳数 | | 26 | 13 | 0 | 0 | 0 | 0 | 0 | 0 | 0 | 0 | 6 | 0 | 0 | 7 | 0 | 0 | 0 |

## 3.12 沙洲职业工学院人文、社会科学研究与课题成果来源情况表

| | | | 课题来源 | | | | | | | | | | | | | | | |
|---|---|---|---|---|---|---|---|---|---|---|---|---|---|---|---|---|---|---|
| | | | 合计 | 国家社科基金项目 | 国家社科基金单列学科项目 | 教育部人文社科研究项目 | 高校古籍整理研究项目 | 国家自然科学基金项目 | 中央其他部门社科专门项目 | 省、市、自治区社科基金项目 | 省教育厅社科项目 | 地、市、厅、局等政府部门项目 | 国际合作研究项目 | 与港、澳、台地区合作研究项目 | 企事业单位委托项目 | 学校社科项目 | 外资项目 | 其他 |
| | | 编号 | L01 | L02 | L03 | L04 | L05 | L06 | L07 | L08 | L09 | L10 | L11 | L12 | L13 | L14 | L15 | L16 |
| 课题数(项) | | 1 | 79 | 0 | 0 | 0 | 0 | 0 | 0 | 1 | 45 | 24 | 0 | 0 | 8 | 1 | 0 | 0 |
| 当年投入人数 | 合计(人年) | 2 | 8.1 | 0 | 0 | 0 | 0 | 0 | 0 | 0.1 | 4.5 | 2.5 | 0 | 0 | 0.9 | 0.1 | 0 | 0 |
| | 研究生(人年) | 3 | 0 | 0 | 0 | 0 | 0 | 0 | 0 | 0 | 0 | 0 | 0 | 0 | 0 | 0 | 0 | 0 |
| 当年拨入经费 | 合计(千元) | 4 | 437.5 | 0 | 0 | 0 | 0 | 0 | 0 | 0 | 210 | 67 | 0 | 0 | 160.5 | 0 | 0 | 0 |
| | 当年立项项目拨入经费(千元) | 5 | 437.5 | 0 | 0 | 0 | 0 | 0 | 0 | 0 | 210 | 67 | 0 | 0 | 160.5 | 0 | 0 | 0 |
| 当年支出经费(千元) | | 6 | 415.8 | 0 | 0 | 0 | 0 | 0 | 0 | 0.9 | 173.1 | 79.3 | 0 | 0 | 160.5 | 2 | 0 | 0 |
| 当年新开课题数(项) | | 7 | 45 | 0 | 0 | 0 | 0 | 0 | 0 | 0 | 21 | 16 | 0 | 0 | 8 | 0 | 0 | 0 |
| 当年新开课题批准经费(千元) | | 8 | 437.5 | 0 | 0 | 0 | 0 | 0 | 0 | 0 | 210 | 67 | 0 | 0 | 160.5 | 0 | 0 | 0 |
| 当年完成课题数(项) | | 9 | 29 | 0 | 0 | 0 | 0 | 0 | 0 | 1 | 9 | 18 | 0 | 0 | 1 | 0 | 0 | 0 |

| | | | | | | | | | | | | | | | | | | | |
|---|---|---|---|---|---|---|---|---|---|---|---|---|---|---|---|---|---|---|---|
| 出版著作(部) | 合计 | | 10 | 0 | 0 | 0 | 0 | 0 | 0 | 0 | 0 | 0 | 0 | 0 | 0 | 0 | 0 | 0 | 0 |
| | 专著 | 合计 | 11 | 0 | 0 | 0 | 0 | 0 | 0 | 0 | 0 | 0 | 0 | 0 | 0 | 0 | 0 | 0 | 0 |
| | | 被译成外文 | 12 | 0 | 0 | 0 | 0 | 0 | 0 | 0 | 0 | 0 | 0 | 0 | 0 | 0 | 0 | 0 | 0 |
| | 编著教材 | | 13 | 0 | 0 | 0 | 0 | 0 | 0 | 0 | 0 | 0 | 0 | 0 | 0 | 0 | 0 | 0 | 0 |
| | 工具书/参考书 | | 14 | 0 | 0 | 0 | 0 | 0 | 0 | 0 | 0 | 0 | 0 | 0 | 0 | 0 | 0 | 0 | 0 |
| | 皮书/发展报告 | | 15 | 0 | 0 | 0 | 0 | 0 | 0 | 0 | 0 | 0 | 0 | 0 | 0 | 0 | 0 | 0 | 0 |
| | 科普读物 | | 16 | 0 | 0 | 0 | 0 | 0 | 0 | 0 | 0 | 0 | 0 | 0 | 0 | 0 | 0 | 0 | 0 |
| 古籍整理(部) | | | 17 | 0 | 0 | 0 | 0 | 0 | 0 | 0 | 0 | 0 | 0 | 0 | 0 | 0 | 0 | 0 | 0 |
| 译著(部) | | | 18 | 0 | 0 | 0 | 0 | 0 | 0 | 0 | 0 | 0 | 0 | 0 | 0 | 0 | 0 | 0 | 0 |
| 发表译文(篇) | | | 19 | 0 | 0 | 0 | 0 | 0 | 0 | 0 | 0 | 0 | 0 | 0 | 0 | 0 | 0 | 0 | 0 |
| 电子出版物(件) | | | 20 | 0 | 0 | 0 | 0 | 0 | 0 | 0 | 0 | 0 | 0 | 0 | 0 | 0 | 0 | 0 | 0 |
| 发表论文(篇) | 合计 | | 21 | 6 | 0 | 0 | 0 | 0 | 0 | 0 | 0 | 2 | 4 | 0 | 0 | 0 | 0 | 0 | 0 |
| | 国内学术刊物 | | 22 | 6 | 0 | 0 | 0 | 0 | 0 | 0 | 0 | 2 | 4 | 0 | 0 | 0 | 0 | 0 | 0 |
| | 国外学术刊物 | | 23 | 0 | 0 | 0 | 0 | 0 | 0 | 0 | 0 | 0 | 0 | 0 | 0 | 0 | 0 | 0 | 0 |
| | 港、澳、台刊物 | | 24 | 0 | 0 | 0 | 0 | 0 | 0 | 0 | 0 | 0 | 0 | 0 | 0 | 0 | 0 | 0 | 0 |
| 研究与咨询报告(篇) | 合计 | | 25 | 17 | 0 | 0 | 0 | 0 | 0 | 0 | 0 | 0 | 10 | 0 | 0 | 7 | 0 | 0 | 0 |
| | 被采纳数 | | 26 | 0 | 0 | 0 | 0 | 0 | 0 | 0 | 0 | 0 | 0 | 0 | 0 | 0 | 0 | 0 | 0 |

## 3.13 扬州市职业大学人文、社会科学研究与课题成果来源情况表

| | | | 课题来源 | | | | | | | | | | | | | | | |
|---|---|---|---|---|---|---|---|---|---|---|---|---|---|---|---|---|---|---|
| | | | 合计 | 国家社科基金项目 | 国家社科基金单列学科项目 | 教育部人文社科研究项目 | 高校古籍整理研究项目 | 国家自然科学基金项目 | 中央其他部门社科专门项目 | 省、市、自治区社科基金项目 | 省教育厅社科项目 | 地、市、厅、局等政府部门项目 | 国际合作研究项目 | 与港、澳、台地区合作研究项目 | 企事业单位委托项目 | 学校社科项目 | 外资项目 | 其他 |
| | | 编号 | L01 | L02 | L03 | L04 | L05 | L06 | L07 | L08 | L09 | L10 | L11 | L12 | L13 | L14 | L15 | L16 |
| 课题数(项) | | 1 | 304 | 0 | 0 | 3 | 0 | 0 | 0 | 24 | 55 | 94 | 0 | 0 | 80 | 48 | 0 | 0 |
| 当年投入人数 | 合计(人年) | 2 | 68.6 | 0 | 0 | 1 | 0 | 0 | 0 | 7.1 | 15.9 | 25.8 | 0 | 0 | 10.3 | 8.5 | 0 | 0 |
| | 研究生(人年) | 3 | 0 | 0 | 0 | 0 | 0 | 0 | 0 | 0 | 0 | 0 | 0 | 0 | 0 | 0 | 0 | 0 |
| 当年拨入经费 | 合计(千元) | 4 | 2 337.9 | 0 | 0 | 110 | 0 | 0 | 0 | 50 | 10 | 83 | 0 | 0 | 2 084.9 | 0 | 0 | 0 |
| | 当年立项项目拨入经费(千元) | 5 | 1 705.1 | 0 | 0 | 0 | 0 | 0 | 0 | 50 | 10 | 83 | 0 | 0 | 1 562.1 | 0 | 0 | 0 |
| 当年支出经费(千元) | | 6 | 2 036.38 | 0 | 0 | 92.93 | 0 | 0 | 0 | 35.44 | 0 | 163.02 | 0 | 0 | 1 681.62 | 63.37 | 0 | 0 |
| 当年新开课题数(项) | | 7 | 173 | 0 | 0 | 0 | 0 | 0 | 0 | 1 | 21 | 80 | 0 | 0 | 71 | 0 | 0 | 0 |
| 当年新开课题批准经费(千元) | | 8 | 1 705.1 | 0 | 0 | 0 | 0 | 0 | 0 | 50 | 10 | 83 | 0 | 0 | 1 562.1 | 0 | 0 | 0 |
| 当年完成课题数(项) | | 9 | 170 | 0 | 0 | 1 | 0 | 0 | 0 | 9 | 17 | 80 | 0 | 0 | 44 | 19 | 0 | 0 |

| | | | | | | | | | | | | | | | | | | | |
|---|---|---|---|---|---|---|---|---|---|---|---|---|---|---|---|---|---|---|---|
| 出版著作(部) | 合计 | | 10 | 16 | 0 | 0 | 0 | 0 | 0 | 0 | 0 | 0 | 16 | 0 | 0 | 0 | 0 | 0 | 0 |
| | 专著 | 合计 | 11 | 16 | 0 | 0 | 0 | 0 | 0 | 0 | 0 | 0 | 16 | 0 | 0 | 0 | 0 | 0 | 0 |
| | | 被译成外文 | 12 | 0 | 0 | 0 | 0 | 0 | 0 | 0 | 0 | 0 | 0 | 0 | 0 | 0 | 0 | 0 | 0 |
| | 编著教材 | | 13 | 0 | 0 | 0 | 0 | 0 | 0 | 0 | 0 | 0 | 0 | 0 | 0 | 0 | 0 | 0 | 0 |
| | 工具书/参考书 | | 14 | 0 | 0 | 0 | 0 | 0 | 0 | 0 | 0 | 0 | 0 | 0 | 0 | 0 | 0 | 0 | 0 |
| | 皮书/发展报告 | | 15 | 0 | 0 | 0 | 0 | 0 | 0 | 0 | 0 | 0 | 0 | 0 | 0 | 0 | 0 | 0 | 0 |
| | 科普读物 | | 16 | 0 | 0 | 0 | 0 | 0 | 0 | 0 | 0 | 0 | 0 | 0 | 0 | 0 | 0 | 0 | 0 |
| 古籍整理(部) | | | 17 | 0 | 0 | 0 | 0 | 0 | 0 | 0 | 0 | 0 | 0 | 0 | 0 | 0 | 0 | 0 | 0 |
| 译著(部) | | | 18 | 0 | 0 | 0 | 0 | 0 | 0 | 0 | 0 | 0 | 0 | 0 | 0 | 0 | 0 | 0 | 0 |
| 发表译文(篇) | | | 19 | 0 | 0 | 0 | 0 | 0 | 0 | 0 | 0 | 0 | 0 | 0 | 0 | 0 | 0 | 0 | 0 |
| 电子出版物(件) | | | 20 | 0 | 0 | 0 | 0 | 0 | 0 | 0 | 0 | 0 | 0 | 0 | 0 | 0 | 0 | 0 | 0 |
| 发表论文(篇) | 合计 | | 21 | 213 | 0 | 0 | 3 | 0 | 0 | 0 | 10 | 39 | 139 | 0 | 0 | 0 | 22 | 0 | 0 |
| | 国内学术刊物 | | 22 | 212 | 0 | 0 | 3 | 0 | 0 | 0 | 10 | 39 | 138 | 0 | 0 | 0 | 22 | 0 | 0 |
| | 国外学术刊物 | | 23 | 1 | 0 | 0 | 0 | 0 | 0 | 0 | 0 | 0 | 1 | 0 | 0 | 0 | 0 | 0 | 0 |
| | 港、澳、台刊物 | | 24 | 0 | 0 | 0 | 0 | 0 | 0 | 0 | 0 | 0 | 0 | 0 | 0 | 0 | 0 | 0 | 0 |
| 研究与咨询报告(篇) | 合计 | | 25 | 138 | 0 | 0 | 0 | 0 | 0 | 0 | 0 | 0 | 66 | 0 | 0 | 72 | 0 | 0 | 0 |
| | 被采纳数 | | 26 | 138 | 0 | 0 | 0 | 0 | 0 | 0 | 0 | 0 | 66 | 0 | 0 | 72 | 0 | 0 | 0 |

## 3.14 连云港师范高等专科学校人文、社会科学研究与课题成果来源情况表

| | | | 课题来源 | | | | | | | | | | | | | | | |
|---|---|---|---|---|---|---|---|---|---|---|---|---|---|---|---|---|---|---|
| | | | 合计 | 国家社科基金项目 | 国家社科基金单列学科项目 | 教育部人文社科研究项目 | 高校古籍整理研究项目 | 国家自然科学基金项目 | 中央其他部门社科专门项目 | 省、市、自治区社科基金项目 | 省教育厅社科项目 | 地、市、厅、局等政府部门项目 | 国际合作研究项目 | 与港、澳、台地区合作研究项目 | 企事业单位委托项目 | 学校社科项目 | 外资项目 | 其他 |
| | | 编号 | L01 | L02 | L03 | L04 | L05 | L06 | L07 | L08 | L09 | L10 | L11 | L12 | L13 | L14 | L15 | L16 |
| 课题数(项) | | 1 | 132 | 0 | 0 | 3 | 0 | 0 | 0 | 56 | 52 | 12 | 0 | 0 | 0 | 9 | 0 | 0 |
| 当年投入人数 | 合计(人年) | 2 | 14.3 | 0 | 0 | 0.6 | 0 | 0 | 0 | 5.8 | 5.5 | 1.5 | 0 | 0 | 0 | 0.9 | 0 | 0 |
| | 研究生(人年) | 3 | 0 | 0 | 0 | 0 | 0 | 0 | 0 | 0 | 0 | 0 | 0 | 0 | 0 | 0 | 0 | 0 |
| 当年拨入经费 | 合计(千元) | 4 | 152 | 0 | 0 | 50 | 0 | 0 | 0 | 34 | 58 | 10 | 0 | 0 | 0 | 0 | 0 | 0 |
| | 当年立项项目拨入经费(千元) | 5 | 112 | 0 | 0 | 50 | 0 | 0 | 0 | 34 | 26 | 2 | 0 | 0 | 0 | 0 | 0 | 0 |
| 当年支出经费(千元) | | 6 | 87.8 | 0 | 0 | 9.2 | 0 | 0 | 0 | 7 | 71.6 | 0 | 0 | 0 | 0 | 0 | 0 | 0 |
| 当年新开课题数(项) | | 7 | 31 | 0 | 0 | 1 | 0 | 0 | 0 | 17 | 12 | 1 | 0 | 0 | 0 | 0 | 0 | 0 |
| 当年新开课题批准经费(千元) | | 8 | 172 | 0 | 0 | 100 | 0 | 0 | 0 | 34 | 36 | 2 | 0 | 0 | 0 | 0 | 0 | 0 |
| 当年完成课题数(项) | | 9 | 39 | 0 | 0 | 0 | 0 | 0 | 0 | 22 | 14 | 2 | 0 | 0 | 0 | 1 | 0 | 0 |

| | | | | | | | | | | | | | | | | | | | |
|---|---|---|---|---|---|---|---|---|---|---|---|---|---|---|---|---|---|---|---|
| 出版著作（部） | 合计 | | 10 | 3 | 0 | 0 | 0 | 0 | 0 | 0 | 3 | 0 | 0 | 0 | 0 | 0 | 0 | 0 | 0 |
| | 专著 | 合计 | 11 | 0 | 0 | 0 | 0 | 0 | 0 | 0 | 0 | 0 | 0 | 0 | 0 | 0 | 0 | 0 | 0 |
| | | 被译成外文 | 12 | 0 | 0 | 0 | 0 | 0 | 0 | 0 | 0 | 0 | 0 | 0 | 0 | 0 | 0 | 0 | 0 |
| | 编著教材 | | 13 | 3 | 0 | 0 | 0 | 0 | 0 | 0 | 3 | 0 | 0 | 0 | 0 | 0 | 0 | 0 | 0 |
| | 工具书/参考书 | | 14 | 0 | 0 | 0 | 0 | 0 | 0 | 0 | 0 | 0 | 0 | 0 | 0 | 0 | 0 | 0 | 0 |
| | 皮书/发展报告 | | 15 | 0 | 0 | 0 | 0 | 0 | 0 | 0 | 0 | 0 | 0 | 0 | 0 | 0 | 0 | 0 | 0 |
| | 科普读物 | | 16 | 0 | 0 | 0 | 0 | 0 | 0 | 0 | 0 | 0 | 0 | 0 | 0 | 0 | 0 | 0 | 0 |
| 古籍整理（部） | | | 17 | 0 | 0 | 0 | 0 | 0 | 0 | 0 | 0 | 0 | 0 | 0 | 0 | 0 | 0 | 0 | 0 |
| 译著（部） | | | 18 | 0 | 0 | 0 | 0 | 0 | 0 | 0 | 0 | 0 | 0 | 0 | 0 | 0 | 0 | 0 | 0 |
| 发表译文（篇） | | | 19 | 0 | 0 | 0 | 0 | 0 | 0 | 0 | 0 | 0 | 0 | 0 | 0 | 0 | 0 | 0 | 0 |
| 电子出版物（件） | | | 20 | 0 | 0 | 0 | 0 | 0 | 0 | 0 | 0 | 0 | 0 | 0 | 0 | 0 | 0 | 0 | 0 |
| 发表论文（篇） | 合计 | | 21 | 93 | 0 | 0 | 1 | 0 | 0 | 0 | 59 | 31 | 1 | 0 | 0 | 0 | 1 | 0 | 0 |
| | 国内学术刊物 | | 22 | 93 | 0 | 0 | 1 | 0 | 0 | 0 | 59 | 31 | 1 | 0 | 0 | 0 | 1 | 0 | 0 |
| | 国外学术刊物 | | 23 | 0 | 0 | 0 | 0 | 0 | 0 | 0 | 0 | 0 | 0 | 0 | 0 | 0 | 0 | 0 | 0 |
| | 港、澳、台刊物 | | 24 | 0 | 0 | 0 | 0 | 0 | 0 | 0 | 0 | 0 | 0 | 0 | 0 | 0 | 0 | 0 | 0 |
| 研究与咨询报告（篇） | 合计 | | 25 | 0 | 0 | 0 | 0 | 0 | 0 | 0 | 0 | 0 | 0 | 0 | 0 | 0 | 0 | 0 | 0 |
| | 被采纳数 | | 26 | 0 | 0 | 0 | 0 | 0 | 0 | 0 | 0 | 0 | 0 | 0 | 0 | 0 | 0 | 0 | 0 |

## 3.15 江苏经贸职业技术学院人文、社会科学研究与课题成果来源情况表

| | | | 课题来源 | | | | | | | | | | | | | | | |
|---|---|---|---|---|---|---|---|---|---|---|---|---|---|---|---|---|---|---|
| | | | 合计 | 国家社科基金项目 | 国家社科基金单列学科项目 | 教育部人文社科研究项目 | 高校古籍整理研究项目 | 国家自然科学基金项目 | 中央其他部门社科专门项目 | 省、市、自治区社科基金项目 | 省教育厅社科项目 | 地、市、厅、局等政府部门项目 | 国际合作研究项目 | 与港、澳、台地区合作研究项目 | 企事业单位委托项目 | 学校社科项目 | 外资项目 | 其他 |
| | | 编号 | L01 | L02 | L03 | L04 | L05 | L06 | L07 | L08 | L09 | L10 | L11 | L12 | L13 | L14 | L15 | L16 |
| 课题数(项) | | 1 | 303 | 0 | 0 | 2 | 0 | 0 | 0 | 14 | 65 | 19 | 0 | 0 | 41 | 161 | 0 | 1 |
| 当年投入人数 | 合计(人年) | 2 | 62.2 | 0 | 0 | 0.8 | 0 | 0 | 0 | 2.3 | 14 | 4.7 | 0 | 0 | 6.9 | 33.4 | 0 | 0.1 |
| | 研究生(人年) | 3 | 0 | 0 | 0 | 0 | 0 | 0 | 0 | 0 | 0 | 0 | 0 | 0 | 0 | 0 | 0 | 0 |
| 当年拨入经费 | 合计(千元) | 4 | 1 843.6 | 0 | 0 | 0 | 0 | 0 | 0 | 15 | 300 | 28 | 0 | 0 | 1 186.6 | 314 | 0 | 0 |
| | 当年立项项目拨入经费(千元) | 5 | 1 843.6 | 0 | 0 | 0 | 0 | 0 | 0 | 15 | 300 | 28 | 0 | 0 | 1 186.6 | 314 | 0 | 0 |
| 当年支出经费(千元) | | 6 | 3 674.6 | 0 | 0 | 0 | 0 | 0 | 0 | 15 | 346 | 28 | 0 | 0 | 2 984 | 301.6 | 0 | 0 |
| 当年新开课题数(项) | | 7 | 109 | 0 | 0 | 0 | 0 | 0 | 0 | 3 | 21 | 10 | 0 | 0 | 27 | 48 | 0 | 0 |
| 当年新开课题批准经费(千元) | | 8 | 1 843.6 | 0 | 0 | 0 | 0 | 0 | 0 | 15 | 300 | 28 | 0 | 0 | 1 186.6 | 314 | 0 | 0 |
| 当年完成课题数(项) | | 9 | 57 | 0 | 0 | 0 | 0 | 0 | 0 | 2 | 16 | 0 | 0 | 0 | 18 | 21 | 0 | 0 |

| | | | | | | | | | | | | | | | | | | | |
|---|---|---|---|---|---|---|---|---|---|---|---|---|---|---|---|---|---|---|---|
| 出版著作(部) | 合计 | | 10 | 0 | 0 | 0 | 0 | 0 | 0 | 0 | 0 | 0 | 0 | 0 | 0 | 0 | 0 | 0 | 0 |
| | 专著 | 合计 | 11 | 0 | 0 | 0 | 0 | 0 | 0 | 0 | 0 | 0 | 0 | 0 | 0 | 0 | 0 | 0 | 0 |
| | | 被译成外文 | 12 | 0 | 0 | 0 | 0 | 0 | 0 | 0 | 0 | 0 | 0 | 0 | 0 | 0 | 0 | 0 | 0 |
| | 编著教材 | | 13 | 0 | 0 | 0 | 0 | 0 | 0 | 0 | 0 | 0 | 0 | 0 | 0 | 0 | 0 | 0 | 0 |
| | 工具书/参考书 | | 14 | 0 | 0 | 0 | 0 | 0 | 0 | 0 | 0 | 0 | 0 | 0 | 0 | 0 | 0 | 0 | 0 |
| | 皮书/发展报告 | | 15 | 0 | 0 | 0 | 0 | 0 | 0 | 0 | 0 | 0 | 0 | 0 | 0 | 0 | 0 | 0 | 0 |
| | 科普读物 | | 16 | 0 | 0 | 0 | 0 | 0 | 0 | 0 | 0 | 0 | 0 | 0 | 0 | 0 | 0 | 0 | 0 |
| 古籍整理(部) | | | 17 | 0 | 0 | 0 | 0 | 0 | 0 | 0 | 0 | 0 | 0 | 0 | 0 | 0 | 0 | 0 | 0 |
| 译著(部) | | | 18 | 0 | 0 | 0 | 0 | 0 | 0 | 0 | 0 | 0 | 0 | 0 | 0 | 0 | 0 | 0 | 0 |
| 发表译文(篇) | | | 19 | 0 | 0 | 0 | 0 | 0 | 0 | 0 | 0 | 0 | 0 | 0 | 0 | 0 | 0 | 0 | 0 |
| 电子出版物(件) | | | 20 | 0 | 0 | 0 | 0 | 0 | 0 | 0 | 0 | 0 | 0 | 0 | 0 | 0 | 0 | 0 | 0 |
| 发表论文(篇) | 合计 | | 21 | 28 | 0 | 0 | 2 | 0 | 0 | 0 | 3 | 6 | 5 | 0 | 0 | 0 | 11 | 0 | 1 |
| | 国内学术刊物 | | 22 | 28 | 0 | 0 | 2 | 0 | 0 | 0 | 3 | 6 | 5 | 0 | 0 | 0 | 11 | 0 | 1 |
| | 国外学术刊物 | | 23 | 0 | 0 | 0 | 0 | 0 | 0 | 0 | 0 | 0 | 0 | 0 | 0 | 0 | 0 | 0 | 0 |
| | 港、澳、台刊物 | | 24 | 0 | 0 | 0 | 0 | 0 | 0 | 0 | 0 | 0 | 0 | 0 | 0 | 0 | 0 | 0 | 0 |
| 研究与咨询报告(篇) | 合计 | | 25 | 13 | 0 | 0 | 0 | 0 | 0 | 0 | 0 | 0 | 0 | 0 | 0 | 13 | 0 | 0 | 0 |
| | 被采纳数 | | 26 | 3 | 0 | 0 | 0 | 0 | 0 | 0 | 0 | 0 | 0 | 0 | 0 | 3 | 0 | 0 | 0 |

## 3.16 泰州职业技术学院人文、社会科学研究与课题成果来源情况表

| | | | 课题来源 | | | | | | | | | | | | | | | |
|---|---|---|---|---|---|---|---|---|---|---|---|---|---|---|---|---|---|---|
| | | | 合计 | 国家社科基金项目 | 国家社科基金单列学科项目 | 教育部人文社科研究项目 | 高校古籍整理研究项目 | 国家自然科学基金项目 | 中央其他部门社科专门项目 | 省、市、自治区社科基金项目 | 省教育厅社科项目 | 地、市、厅、局等政府部门项目 | 国际合作研究项目 | 与港、澳、台地区合作研究项目 | 企事业单位委托项目 | 学校社科项目 | 外资项目 | 其他 |
| | | 编号 | L01 | L02 | L03 | L04 | L05 | L06 | L07 | L08 | L09 | L10 | L11 | L12 | L13 | L14 | L15 | L16 |
| 课题数(项) | | 1 | 72 | 0 | 0 | 0 | 0 | 0 | 0 | 0 | 27 | 11 | 0 | 0 | 5 | 29 | 0 | 0 |
| 当年投入人数 | 合计(人年) | 2 | 14.1 | 0 | 0 | 0 | 0 | 0 | 0 | 0 | 4.9 | 2 | 0 | 0 | 1 | 6.2 | 0 | 0 |
| | 研究生(人年) | 3 | 0 | 0 | 0 | 0 | 0 | 0 | 0 | 0 | 0 | 0 | 0 | 0 | 0 | 0 | 0 | 0 |
| 当年拨入经费 | 合计(千元) | 4 | 231 | 0 | 0 | 0 | 0 | 0 | 0 | 0 | 80 | 103 | 0 | 0 | 0 | 48 | 0 | 0 |
| | 当年立项项目拨入经费(千元) | 5 | 231 | 0 | 0 | 0 | 0 | 0 | 0 | 0 | 80 | 103 | 0 | 0 | 0 | 48 | 0 | 0 |
| 当年支出经费(千元) | | 6 | 348.26 | 0 | 0 | 0 | 0 | 0 | 0 | 0 | 71.13 | 32.81 | 0 | 0 | 185.16 | 59.16 | 0 | 0 |
| 当年新开课题数(项) | | 7 | 21 | 0 | 0 | 0 | 0 | 0 | 0 | 0 | 7 | 8 | 0 | 0 | 0 | 6 | 0 | 0 |
| 当年新开课题批准经费(千元) | | 8 | 231 | 0 | 0 | 0 | 0 | 0 | 0 | 0 | 80 | 103 | 0 | 0 | 0 | 48 | 0 | 0 |
| 当年完成课题数(项) | | 9 | 20 | 0 | 0 | 0 | 0 | 0 | 0 | 0 | 5 | 3 | 0 | 0 | 2 | 10 | 0 | 0 |

| | | | | | | | | | | | | | | | | | | |
|---|---|---|---|---|---|---|---|---|---|---|---|---|---|---|---|---|---|---|
| 出版著作（部） | 合计 | 10 | 1 | 0 | 0 | 0 | 0 | 0 | 0 | 0 | 0 | 0 | 0 | 0 | 0 | 1 | 0 | 0 |
| | 专著 合计 | 11 | 0 | 0 | 0 | 0 | 0 | 0 | 0 | 0 | 0 | 0 | 0 | 0 | 0 | 0 | 0 | 0 |
| | 专著 被译成外文 | 12 | 0 | 0 | 0 | 0 | 0 | 0 | 0 | 0 | 0 | 0 | 0 | 0 | 0 | 0 | 0 | 0 |
| | 编著教材 | 13 | 1 | 0 | 0 | 0 | 0 | 0 | 0 | 0 | 0 | 0 | 0 | 0 | 0 | 1 | 0 | 0 |
| | 工具书/参考书 | 14 | 0 | 0 | 0 | 0 | 0 | 0 | 0 | 0 | 0 | 0 | 0 | 0 | 0 | 0 | 0 | 0 |
| | 皮书/发展报告 | 15 | 0 | 0 | 0 | 0 | 0 | 0 | 0 | 0 | 0 | 0 | 0 | 0 | 0 | 0 | 0 | 0 |
| | 科普读物 | 16 | 0 | 0 | 0 | 0 | 0 | 0 | 0 | 0 | 0 | 0 | 0 | 0 | 0 | 0 | 0 | 0 |
| 古籍整理（部） | | 17 | 0 | 0 | 0 | 0 | 0 | 0 | 0 | 0 | 0 | 0 | 0 | 0 | 0 | 0 | 0 | 0 |
| 译著（部） | | 18 | 0 | 0 | 0 | 0 | 0 | 0 | 0 | 0 | 0 | 0 | 0 | 0 | 0 | 0 | 0 | 0 |
| 发表译文（篇） | | 19 | 0 | 0 | 0 | 0 | 0 | 0 | 0 | 0 | 0 | 0 | 0 | 0 | 0 | 0 | 0 | 0 |
| 电子出版物（件） | | 20 | 0 | 0 | 0 | 0 | 0 | 0 | 0 | 0 | 0 | 0 | 0 | 0 | 0 | 0 | 0 | 0 |
| 发表论文（篇） | 合计 | 21 | 50 | 0 | 0 | 0 | 0 | 0 | 0 | 0 | 19 | 2 | 0 | 0 | 0 | 29 | 0 | 0 |
| | 国内学术刊物 | 22 | 48 | 0 | 0 | 0 | 0 | 0 | 0 | 0 | 18 | 2 | 0 | 0 | 0 | 28 | 0 | 0 |
| | 国外学术刊物 | 23 | 2 | 0 | 0 | 0 | 0 | 0 | 0 | 0 | 1 | 0 | 0 | 0 | 0 | 1 | 0 | 0 |
| | 港、澳、台刊物 | 24 | 0 | 0 | 0 | 0 | 0 | 0 | 0 | 0 | 0 | 0 | 0 | 0 | 0 | 0 | 0 | 0 |
| 研究与咨询报告（篇） | 合计 | 25 | 2 | 0 | 0 | 0 | 0 | 0 | 0 | 0 | 0 | 0 | 0 | 0 | 2 | 0 | 0 | 0 |
| | 被采纳数 | 26 | 1 | 0 | 0 | 0 | 0 | 0 | 0 | 0 | 0 | 0 | 0 | 0 | 1 | 0 | 0 | 0 |

## 3.17 常州信息职业技术学院人文、社会科学研究与课题成果来源情况表

| | | | 课题来源 | | | | | | | | | | | | | | | |
|---|---|---|---|---|---|---|---|---|---|---|---|---|---|---|---|---|---|---|
| | | | 合计 | 国家社科基金项目 | 国家社科基金单列学科项目 | 教育部人文社科研究项目 | 高校古籍整理研究项目 | 国家自然科学基金项目 | 中央其他部门社科专门项目 | 省、市、自治区社科基金项目 | 省教育厅社科项目 | 地、市、厅、局等政府部门项目 | 国际合作研究项目 | 与港、澳、台地区合作研究项目 | 企事业单位委托项目 | 学校社科项目 | 外资项目 | 其他 |
| | | 编号 | L01 | L02 | L03 | L04 | L05 | L06 | L07 | L08 | L09 | L10 | L11 | L12 | L13 | L14 | L15 | L16 |
| 课题数(项) | | 1 | 90 | 0 | 0 | 2 | 0 | 0 | 1 | 0 | 42 | 35 | 0 | 0 | 10 | 0 | 0 | 0 |
| 当年投入人数 | 合计(人年) | 2 | 33.7 | 0 | 0 | 1.5 | 0 | 0 | 0.4 | 0 | 17.4 | 12.7 | 0 | 0 | 1.7 | 0 | 0 | 0 |
| | 研究生(人年) | 3 | 0 | 0 | 0 | 0 | 0 | 0 | 0 | 0 | 0 | 0 | 0 | 0 | 0 | 0 | 0 | 0 |
| 当年拨入经费 | 合计(千元) | 4 | 1 156.5 | 0 | 0 | 55 | 0 | 0 | 7.5 | 0 | 274 | 384 | 0 | 0 | 436 | 0 | 0 | 0 |
| | 当年立项项目拨入经费(千元) | 5 | 954 | 0 | 0 | 0 | 0 | 0 | 0 | 0 | 274 | 264 | 0 | 0 | 416 | 0 | 0 | 0 |
| 当年支出经费(千元) | | 6 | 1 130.37 | 0 | 0 | 58.87 | 0 | 0 | 7.5 | 0 | 274 | 354 | 0 | 0 | 436 | 0 | 0 | 0 |
| 当年新开课题数(项) | | 7 | 57 | 0 | 0 | 0 | 0 | 0 | 0 | 0 | 22 | 27 | 0 | 0 | 8 | 0 | 0 | 0 |
| 当年新开课题批准经费(千元) | | 8 | 964 | 0 | 0 | 0 | 0 | 0 | 0 | 0 | 274 | 274 | 0 | 0 | 416 | 0 | 0 | 0 |
| 当年完成课题数(项) | | 9 | 29 | 0 | 0 | 0 | 0 | 0 | 0 | 0 | 3 | 17 | 0 | 0 | 9 | 0 | 0 | 0 |

| | | | | | | | | | | | | | | | | | | |
|---|---|---|---|---|---|---|---|---|---|---|---|---|---|---|---|---|---|---|
| 出版著作(部) | 合计 | | 10 | 2 | 0 | 0 | 0 | 0 | 0 | 0 | 0 | 0 | 2 | 0 | 0 | 0 | 0 | 0 | 0 |
| | 专著 | 合计 | 11 | 0 | 0 | 0 | 0 | 0 | 0 | 0 | 0 | 0 | 0 | 0 | 0 | 0 | 0 | 0 | 0 |
| | | 被译成外文 | 12 | 0 | 0 | 0 | 0 | 0 | 0 | 0 | 0 | 0 | 0 | 0 | 0 | 0 | 0 | 0 | 0 |
| | 编著教材 | | 13 | 2 | 0 | 0 | 0 | 0 | 0 | 0 | 0 | 0 | 2 | 0 | 0 | 0 | 0 | 0 | 0 |
| | 工具书/参考书 | | 14 | 0 | 0 | 0 | 0 | 0 | 0 | 0 | 0 | 0 | 0 | 0 | 0 | 0 | 0 | 0 | 0 |
| | 皮书/发展报告 | | 15 | 0 | 0 | 0 | 0 | 0 | 0 | 0 | 0 | 0 | 0 | 0 | 0 | 0 | 0 | 0 | 0 |
| | 科普读物 | | 16 | 0 | 0 | 0 | 0 | 0 | 0 | 0 | 0 | 0 | 0 | 0 | 0 | 0 | 0 | 0 | 0 |
| 古籍整理(部) | | | 17 | 0 | 0 | 0 | 0 | 0 | 0 | 0 | 0 | 0 | 0 | 0 | 0 | 0 | 0 | 0 | 0 |
| 译著(部) | | | 18 | 0 | 0 | 0 | 0 | 0 | 0 | 0 | 0 | 0 | 0 | 0 | 0 | 0 | 0 | 0 | 0 |
| 发表译文(篇) | | | 19 | 0 | 0 | 0 | 0 | 0 | 0 | 0 | 0 | 0 | 0 | 0 | 0 | 0 | 0 | 0 | 0 |
| 电子出版物(件) | | | 20 | 0 | 0 | 0 | 0 | 0 | 0 | 0 | 0 | 0 | 0 | 0 | 0 | 0 | 0 | 0 | 0 |
| 发表论文(篇) | 合计 | | 21 | 179 | 0 | 0 | 3 | 0 | 0 | 0 | 0 | 51 | 125 | 0 | 0 | 0 | 0 | 0 | 0 |
| | 国内学术刊物 | | 22 | 179 | 0 | 0 | 3 | 0 | 0 | 0 | 0 | 51 | 125 | 0 | 0 | 0 | 0 | 0 | 0 |
| | 国外学术刊物 | | 23 | 0 | 0 | 0 | 0 | 0 | 0 | 0 | 0 | 0 | 0 | 0 | 0 | 0 | 0 | 0 | 0 |
| | 港、澳、台刊物 | | 24 | 0 | 0 | 0 | 0 | 0 | 0 | 0 | 0 | 0 | 0 | 0 | 0 | 0 | 0 | 0 | 0 |
| 研究与咨询报告(篇) | 合计 | | 25 | 8 | 0 | 0 | 0 | 0 | 0 | 0 | 0 | 0 | 0 | 0 | 0 | 8 | 0 | 0 | 0 |
| | 被采纳数 | | 26 | 0 | 0 | 0 | 0 | 0 | 0 | 0 | 0 | 0 | 0 | 0 | 0 | 0 | 0 | 0 | 0 |

## 3.18 江苏海事职业技术学院人文、社会科学研究与课题成果来源情况表

| | | | 课题来源 | | | | | | | | | | | | | | | |
|---|---|---|---|---|---|---|---|---|---|---|---|---|---|---|---|---|---|---|
| | | | 合计 | 国家社科基金项目 | 国家社科基金单列学科项目 | 教育部人文社科研究项目 | 高校古籍整理研究项目 | 国家自然科学基金项目 | 中央其他部门社科专门项目 | 省、市、自治区社科基金项目 | 省教育厅社科项目 | 地、市、厅、局等政府部门项目 | 国际合作研究项目 | 与港、澳、台地区合作研究项目 | 企事业单位委托项目 | 学校社科项目 | 外资项目 | 其他 |
| | | 编号 | L01 | L02 | L03 | L04 | L05 | L06 | L07 | L08 | L09 | L10 | L11 | L12 | L13 | L14 | L15 | L16 |
| 课题数(项) | | 1 | 128 | 0 | 0 | 0 | 0 | 0 | 0 | 11 | 59 | 10 | 0 | 0 | 23 | 25 | 0 | 0 |
| 当年投入人数 | 合计(人年) | 2 | 35 | 0 | 0 | 0 | 0 | 0 | 0 | 2.7 | 14.3 | 3 | 0 | 0 | 10.6 | 4.4 | 0 | 0 |
| | 研究生(人年) | 3 | 0 | 0 | 0 | 0 | 0 | 0 | 0 | 0 | 0 | 0 | 0 | 0 | 0 | 0 | 0 | 0 |
| 当年拨入经费 | 合计(千元) | 4 | 3 157.6 | 0 | 0 | 0 | 0 | 0 | 0 | 30 | 168 | 180 | 0 | 0 | 2 734 | 45.6 | 0 | 0 |
| | 当年立项项目拨入经费(千元) | 5 | 3 005.2 | 0 | 0 | 0 | 0 | 0 | 0 | 12 | 84 | 129.6 | 0 | 0 | 2 734 | 45.6 | 0 | 0 |
| 当年支出经费(千元) | | 6 | 2 943.36 | 0 | 0 | 0 | 0 | 0 | 0 | 45.9 | 162.64 | 100.54 | 0 | 0 | 2 603.5 | 30.78 | 0 | 0 |
| 当年新开课题数(项) | | 7 | 67 | 0 | 0 | 0 | 0 | 0 | 0 | 3 | 13 | 3 | 0 | 0 | 23 | 25 | 0 | 0 |
| 当年新开课题批准经费(千元) | | 8 | 3 066 | 0 | 0 | 0 | 0 | 0 | 0 | 20 | 140 | 216 | 0 | 0 | 2 634 | 56 | 0 | 0 |
| 当年完成课题数(项) | | 9 | 65 | 0 | 0 | 0 | 0 | 0 | 0 | 5 | 18 | 6 | 0 | 0 | 21 | 15 | 0 | 0 |

| | | | | | | | | | | | | | | | | | | | |
|---|---|---|---|---|---|---|---|---|---|---|---|---|---|---|---|---|---|---|---|
| 出版著作(部) | 合计 | | 10 | 3 | 0 | 0 | 0 | 0 | 0 | 0 | 0 | 0 | 0 | 0 | 0 | 1 | 2 | 0 | 0 |
| | 专著 | 合计 | 11 | 1 | 0 | 0 | 0 | 0 | 0 | 0 | 0 | 0 | 0 | 0 | 0 | 0 | 1 | 0 | 0 |
| | | 被译成外文 | 12 | 0 | 0 | 0 | 0 | 0 | 0 | 0 | 0 | 0 | 0 | 0 | 0 | 0 | 0 | 0 | 0 |
| | 编著教材 | | 13 | 0 | 0 | 0 | 0 | 0 | 0 | 0 | 0 | 0 | 0 | 0 | 0 | 0 | 0 | 0 | 0 |
| | 工具书/参考书 | | 14 | 0 | 0 | 0 | 0 | 0 | 0 | 0 | 0 | 0 | 0 | 0 | 0 | 0 | 0 | 0 | 0 |
| | 皮书/发展报告 | | 15 | 1 | 0 | 0 | 0 | 0 | 0 | 0 | 0 | 0 | 0 | 0 | 0 | 0 | 1 | 0 | 0 |
| | 科普读物 | | 16 | 1 | 0 | 0 | 0 | 0 | 0 | 0 | 0 | 0 | 0 | 0 | 0 | 1 | 0 | 0 | 0 |
| 古籍整理(部) | | | 17 | 0 | 0 | 0 | 0 | 0 | 0 | 0 | 0 | 0 | 0 | 0 | 0 | 0 | 0 | 0 | 0 |
| 译著(部) | | | 18 | 2 | 0 | 0 | 0 | 0 | 0 | 0 | 0 | 1 | 0 | 0 | 0 | 1 | 0 | 0 | 0 |
| 发表译文(篇) | | | 19 | 0 | 0 | 0 | 0 | 0 | 0 | 0 | 0 | 0 | 0 | 0 | 0 | 0 | 0 | 0 | 0 |
| 电子出版物(件) | | | 20 | 0 | 0 | 0 | 0 | 0 | 0 | 0 | 0 | 0 | 0 | 0 | 0 | 0 | 0 | 0 | 0 |
| 发表论文(篇) | 合计 | | 21 | 70 | 0 | 0 | 0 | 0 | 0 | 0 | 6 | 41 | 3 | 0 | 0 | 0 | 20 | 0 | 0 |
| | 国内学术刊物 | | 22 | 58 | 0 | 0 | 0 | 0 | 0 | 0 | 6 | 35 | 3 | 0 | 0 | 0 | 14 | 0 | 0 |
| | 国外学术刊物 | | 23 | 12 | 0 | 0 | 0 | 0 | 0 | 0 | 0 | 6 | 0 | 0 | 0 | 0 | 6 | 0 | 0 |
| | 港、澳、台刊物 | | 24 | 0 | 0 | 0 | 0 | 0 | 0 | 0 | 0 | 0 | 0 | 0 | 0 | 0 | 0 | 0 | 0 |
| 研究与咨询报告(篇) | 合计 | | 25 | 12 | 0 | 0 | 0 | 0 | 0 | 0 | 0 | 1 | 0 | 0 | 0 | 10 | 1 | 0 | 0 |
| | 被采纳数 | | 26 | 10 | 0 | 0 | 0 | 0 | 0 | 0 | 0 | 0 | 0 | 0 | 0 | 10 | 0 | 0 | 0 |

## 3.19 无锡科技职业学院人文、社会科学研究与课题成果来源情况表

| | | 编号 | 课题来源 | | | | | | | | | | | | | | | |
|---|---|---|---|---|---|---|---|---|---|---|---|---|---|---|---|---|---|---|
| | | | 合计 | 国家社科基金项目 | 国家社科基金单列学科项目 | 教育部人文社科研究项目 | 高校古籍整理研究项目 | 国家自然科学基金项目 | 中央其他部门社科专门项目 | 省、市、自治区社科基金项目 | 省教育厅社科项目 | 地、市、厅、局等政府部门项目 | 国际合作研究项目 | 与港、澳、台地区合作研究项目 | 企事业单位委托项目 | 学校社科项目 | 外资项目 | 其他 |
| | | | L01 | L02 | L03 | L04 | L05 | L06 | L07 | L08 | L09 | L10 | L11 | L12 | L13 | L14 | L15 | L16 |
| 课题数(项) | | 1 | 71 | 0 | 0 | 1 | 0 | 0 | 0 | 0 | 46 | 19 | 0 | 0 | 5 | 0 | 0 | 0 |
| 当年投入人数 | 合计(人年) | 2 | 25.8 | 0 | 0 | 0.7 | 0 | 0 | 0 | 0 | 19.7 | 4.1 | 0 | 0 | 1.3 | 0 | 0 | 0 |
| | 研究生(人年) | 3 | 0 | 0 | 0 | 0 | 0 | 0 | 0 | 0 | 0 | 0 | 0 | 0 | 0 | 0 | 0 | 0 |
| 当年拨入经费 | 合计(千元) | 4 | 287.5 | 0 | 0 | 40 | 0 | 0 | 0 | 0 | 170 | 47.5 | 0 | 0 | 30 | 0 | 0 | 0 |
| | 当年立项项目拨入经费(千元) | 5 | 147.5 | 0 | 0 | 0 | 0 | 0 | 0 | 0 | 70 | 47.5 | 0 | 0 | 30 | 0 | 0 | 0 |
| 当年支出经费(千元) | | 6 | 304.5 | 0 | 0 | 40 | 0 | 0 | 0 | 0 | 170 | 49.5 | 0 | 0 | 45 | 0 | 0 | 0 |
| 当年新开课题数(项) | | 7 | 28 | 0 | 0 | 0 | 0 | 0 | 0 | 0 | 11 | 15 | 0 | 0 | 2 | 0 | 0 | 0 |
| 当年新开课题批准经费(千元) | | 8 | 343 | 0 | 0 | 0 | 0 | 0 | 0 | 0 | 200 | 68 | 0 | 0 | 75 | 0 | 0 | 0 |
| 当年完成课题数(项) | | 9 | 19 | 0 | 0 | 0 | 0 | 0 | 0 | 0 | 14 | 3 | 0 | 0 | 2 | 0 | 0 | 0 |

| | | | | | | | | | | | | | | | | | | | |
|---|---|---|---|---|---|---|---|---|---|---|---|---|---|---|---|---|---|---|---|
| 出版著作(部) | 合计 | | 10 | 2 | 0 | 0 | 0 | 0 | 0 | 0 | 0 | 0 | 2 | 0 | 0 | 0 | 0 | 0 | 0 |
| | 专著 | 合计 | 11 | 1 | 0 | 0 | 0 | 0 | 0 | 0 | 0 | 0 | 1 | 0 | 0 | 0 | 0 | 0 | 0 |
| | | 被译成外文 | 12 | 0 | 0 | 0 | 0 | 0 | 0 | 0 | 0 | 0 | 0 | 0 | 0 | 0 | 0 | 0 | 0 |
| | 编著教材 | | 13 | 1 | 0 | 0 | 0 | 0 | 0 | 0 | 0 | 0 | 1 | 0 | 0 | 0 | 0 | 0 | 0 |
| | 工具书/参考书 | | 14 | 0 | 0 | 0 | 0 | 0 | 0 | 0 | 0 | 0 | 0 | 0 | 0 | 0 | 0 | 0 | 0 |
| | 皮书/发展报告 | | 15 | 0 | 0 | 0 | 0 | 0 | 0 | 0 | 0 | 0 | 0 | 0 | 0 | 0 | 0 | 0 | 0 |
| | 科普读物 | | 16 | 0 | 0 | 0 | 0 | 0 | 0 | 0 | 0 | 0 | 0 | 0 | 0 | 0 | 0 | 0 | 0 |
| 古籍整理(部) | | | 17 | 0 | 0 | 0 | 0 | 0 | 0 | 0 | 0 | 0 | 0 | 0 | 0 | 0 | 0 | 0 | 0 |
| 译著(部) | | | 18 | 0 | 0 | 0 | 0 | 0 | 0 | 0 | 0 | 0 | 0 | 0 | 0 | 0 | 0 | 0 | 0 |
| 发表译文(篇) | | | 19 | 0 | 0 | 0 | 0 | 0 | 0 | 0 | 0 | 0 | 0 | 0 | 0 | 0 | 0 | 0 | 0 |
| 电子出版物(件) | | | 20 | 0 | 0 | 0 | 0 | 0 | 0 | 0 | 0 | 0 | 0 | 0 | 0 | 0 | 0 | 0 | 0 |
| 发表论文(篇) | 合计 | | 21 | 39 | 0 | 0 | 0 | 0 | 0 | 0 | 0 | 25 | 8 | 0 | 0 | 6 | 0 | 0 | 0 |
| | 国内学术刊物 | | 22 | 37 | 0 | 0 | 0 | 0 | 0 | 0 | 0 | 23 | 8 | 0 | 0 | 6 | 0 | 0 | 0 |
| | 国外学术刊物 | | 23 | 2 | 0 | 0 | 0 | 0 | 0 | 0 | 0 | 2 | 0 | 0 | 0 | 0 | 0 | 0 | 0 |
| | 港、澳、台刊物 | | 24 | 0 | 0 | 0 | 0 | 0 | 0 | 0 | 0 | 0 | 0 | 0 | 0 | 0 | 0 | 0 | 0 |
| 研究与咨询报告(篇) | 合计 | | 25 | 1 | 0 | 0 | 0 | 0 | 0 | 0 | 0 | 1 | 0 | 0 | 0 | 0 | 0 | 0 | 0 |
| | 被采纳数 | | 26 | 1 | 0 | 0 | 0 | 0 | 0 | 0 | 0 | 1 | 0 | 0 | 0 | 0 | 0 | 0 | 0 |

## 3.20 江苏医药职业学院人文、社会科学研究与课题成果来源情况表

| | | | 课题来源 | | | | | | | | | | | | | | | |
|---|---|---|---|---|---|---|---|---|---|---|---|---|---|---|---|---|---|---|
| | | | 合计 | 国家社科基金项目 | 国家社科基金单列学科项目 | 教育部人文社科研究项目 | 高校古籍整理研究项目 | 国家自然科学基金项目 | 中央其他部门社科专门项目 | 省、市、自治区社科基金项目 | 省教育厅社科项目 | 地、市、厅、局等政府部门项目 | 国际合作研究项目 | 与港、澳、台地区合作研究项目 | 企事业单位委托项目 | 学校社科项目 | 外资项目 | 其他 |
| | | 编号 | L01 | L02 | L03 | L04 | L05 | L06 | L07 | L08 | L09 | L10 | L11 | L12 | L13 | L14 | L15 | L16 |
| 课题数(项) | | 1 | 314 | 0 | 0 | 0 | 0 | 0 | 0 | 3 | 63 | 77 | 0 | 0 | 3 | 168 | 0 | 0 |
| 当年投入人数 | 合计(人年) | 2 | 60.7 | 0 | 0 | 0 | 0 | 0 | 0 | 0.9 | 13.9 | 12 | 0 | 0 | 0.7 | 33.2 | 0 | 0 |
| | 研究生(人年) | 3 | 0 | 0 | 0 | 0 | 0 | 0 | 0 | 0 | 0 | 0 | 0 | 0 | 0 | 0 | 0 | 0 |
| 当年拨入经费 | 合计(千元) | 4 | 411.22 | 0 | 0 | 0 | 0 | 0 | 0 | 0 | 30 | 23.22 | 0 | 0 | 0 | 358 | 0 | 0 |
| | 当年立项项目拨入经费(千元) | 5 | 278 | 0 | 0 | 0 | 0 | 0 | 0 | 0 | 0 | 0 | 0 | 0 | 0 | 278 | 0 | 0 |
| 当年支出经费(千元) | | 6 | 108.37 | 0 | 0 | 0 | 0 | 0 | 0 | 5.24 | 34.49 | 10.45 | 0 | 0 | 9.22 | 48.97 | 0 | 0 |
| 当年新开课题数(项) | | 7 | 78 | 0 | 0 | 0 | 0 | 0 | 0 | 0 | 15 | 35 | 0 | 0 | 0 | 28 | 0 | 0 |
| 当年新开课题批准经费(千元) | | 8 | 358 | 0 | 0 | 0 | 0 | 0 | 0 | 0 | 0 | 20 | 0 | 0 | 0 | 338 | 0 | 0 |
| 当年完成课题数(项) | | 9 | 74 | 0 | 0 | 0 | 0 | 0 | 0 | 3 | 16 | 54 | 0 | 0 | 0 | 1 | 0 | 0 |

| 出版著作(部) | 合计 | | 10 | 2 | 0 | 0 | 0 | 0 | 0 | 2 | 0 | 0 | 0 | 0 | 0 | 0 | 0 | 0 | 0 |
|---|---|---|---|---|---|---|---|---|---|---|---|---|---|---|---|---|---|---|---|
| | 专著 | 合计 | 11 | 0 | 0 | 0 | 0 | 0 | 0 | 0 | 0 | 0 | 0 | 0 | 0 | 0 | 0 | 0 | 0 |
| | | 被译成外文 | 12 | 0 | 0 | 0 | 0 | 0 | 0 | 0 | 0 | 0 | 0 | 0 | 0 | 0 | 0 | 0 | 0 |
| | 编著教材 | | 13 | 2 | 0 | 0 | 0 | 0 | 0 | 2 | 0 | 0 | 0 | 0 | 0 | 0 | 0 | 0 | 0 |
| | 工具书/参考书 | | 14 | 0 | 0 | 0 | 0 | 0 | 0 | 0 | 0 | 0 | 0 | 0 | 0 | 0 | 0 | 0 | 0 |
| | 皮书/发展报告 | | 15 | 0 | 0 | 0 | 0 | 0 | 0 | 0 | 0 | 0 | 0 | 0 | 0 | 0 | 0 | 0 | 0 |
| | 科普读物 | | 16 | 0 | 0 | 0 | 0 | 0 | 0 | 0 | 0 | 0 | 0 | 0 | 0 | 0 | 0 | 0 | 0 |
| 古籍整理(部) | | | 17 | 0 | 0 | 0 | 0 | 0 | 0 | 0 | 0 | 0 | 0 | 0 | 0 | 0 | 0 | 0 | 0 |
| 译著(部) | | | 18 | 0 | 0 | 0 | 0 | 0 | 0 | 0 | 0 | 0 | 0 | 0 | 0 | 0 | 0 | 0 | 0 |
| 发表译文(篇) | | | 19 | 0 | 0 | 0 | 0 | 0 | 0 | 0 | 0 | 0 | 0 | 0 | 0 | 0 | 0 | 0 | 0 |
| 电子出版物(件) | | | 20 | 0 | 0 | 0 | 0 | 0 | 0 | 0 | 0 | 0 | 0 | 0 | 0 | 0 | 0 | 0 | 0 |
| 发表论文(篇) | 合计 | | 21 | 59 | 0 | 0 | 0 | 0 | 0 | 0 | 1 | 8 | 5 | 0 | 0 | 1 | 43 | 1 | 0 |
| | 国内学术刊物 | | 22 | 59 | 0 | 0 | 0 | 0 | 0 | 0 | 1 | 8 | 5 | 0 | 0 | 1 | 43 | 1 | 0 |
| | 国外学术刊物 | | 23 | 0 | 0 | 0 | 0 | 0 | 0 | 0 | 0 | 0 | 0 | 0 | 0 | 0 | 0 | 0 | 0 |
| | 港、澳、台刊物 | | 24 | 0 | 0 | 0 | 0 | 0 | 0 | 0 | 0 | 0 | 0 | 0 | 0 | 0 | 0 | 0 | 0 |
| 研究与咨询报告(篇) | 合计 | | 25 | 2 | 0 | 0 | 0 | 0 | 0 | 0 | 0 | 0 | 2 | 0 | 0 | 0 | 0 | 0 | 0 |
| | 被采纳数 | | 26 | 1 | 0 | 0 | 0 | 0 | 0 | 0 | 0 | 0 | 1 | 0 | 0 | 0 | 0 | 0 | 0 |

## 3.21 南通科技职业学院人文、社会科学研究与课题成果来源情况表

| | | | 课题来源 | | | | | | | | | | | | | | | |
|---|---|---|---|---|---|---|---|---|---|---|---|---|---|---|---|---|---|---|
| | | | 合计 | 国家社科基金项目 | 国家社科基金单列学科项目 | 教育部人文社科研究项目 | 高校古籍整理研究项目 | 国家自然科学基金项目 | 中央其他部门社科专门项目 | 省、市、自治区社科基金项目 | 省教育厅社科项目 | 地、市、厅、局等政府部门项目 | 国际合作研究项目 | 与港、澳、台地区合作研究项目 | 企事业单位委托项目 | 学校社科项目 | 外资项目 | 其他 |
| | | 编号 | L01 | L02 | L03 | L04 | L05 | L06 | L07 | L08 | L09 | L10 | L11 | L12 | L13 | L14 | L15 | L16 |
| 课题数(项) | | 1 | 125 | 0 | 0 | 0 | 0 | 0 | 1 | 5 | 55 | 12 | 0 | 0 | 22 | 30 | 0 | 0 |
| 当年投入人数 | 合计(人年) | 2 | 24.7 | 0 | 0 | 0 | 0 | 0 | 0.1 | 1.2 | 12.2 | 2.4 | 0 | 0 | 4.9 | 3.9 | 0 | 0 |
| | 研究生(人年) | 3 | 0 | 0 | 0 | 0 | 0 | 0 | 0 | 0 | 0 | 0 | 0 | 0 | 0 | 0 | 0 | 0 |
| 当年拨入经费 | 合计(千元) | 4 | 1 126 | 0 | 0 | 0 | 0 | 0 | 3 | 18 | 160 | 31 | 0 | 0 | 830 | 84 | 0 | 0 |
| | 当年立项项目拨入经费(千元) | 5 | 1 118 | 0 | 0 | 0 | 0 | 0 | 0 | 18 | 160 | 30 | 0 | 0 | 830 | 80 | 0 | 0 |
| 当年支出经费(千元) | | 6 | 1 136.7 | 0 | 0 | 0 | 0 | 0 | 3 | 15.4 | 202.5 | 66 | 0 | 0 | 759.1 | 90.7 | 0 | 0 |
| 当年新开课题数(项) | | 7 | 61 | 0 | 0 | 0 | 0 | 0 | 0 | 4 | 16 | 7 | 0 | 0 | 14 | 20 | 0 | 0 |
| 当年新开课题批准经费(千元) | | 8 | 1 118 | 0 | 0 | 0 | 0 | 0 | 0 | 18 | 160 | 30 | 0 | 0 | 830 | 80 | 0 | 0 |
| 当年完成课题数(项) | | 9 | 56 | 0 | 0 | 0 | 0 | 0 | 1 | 3 | 19 | 8 | 0 | 0 | 17 | 8 | 0 | 0 |

| | | | | | | | | | | | | | | | | | | | |
|---|---|---|---|---|---|---|---|---|---|---|---|---|---|---|---|---|---|---|---|
| 出版著作(部) | 合计 | | 10 | 1 | 0 | 0 | 0 | 0 | 0 | 0 | 0 | 0 | 1 | 0 | 0 | 0 | 0 | 0 | 0 |
| | 专著 | 合计 | 11 | 0 | 0 | 0 | 0 | 0 | 0 | 0 | 0 | 0 | 0 | 0 | 0 | 0 | 0 | 0 | 0 |
| | | 被译成外文 | 12 | 0 | 0 | 0 | 0 | 0 | 0 | 0 | 0 | 0 | 0 | 0 | 0 | 0 | 0 | 0 | 0 |
| | 编著教材 | | 13 | 1 | 0 | 0 | 0 | 0 | 0 | 0 | 0 | 0 | 1 | 0 | 0 | 0 | 0 | 0 | 0 |
| | 工具书/参考书 | | 14 | 0 | 0 | 0 | 0 | 0 | 0 | 0 | 0 | 0 | 0 | 0 | 0 | 0 | 0 | 0 | 0 |
| | 皮书/发展报告 | | 15 | 0 | 0 | 0 | 0 | 0 | 0 | 0 | 0 | 0 | 0 | 0 | 0 | 0 | 0 | 0 | 0 |
| | 科普读物 | | 16 | 0 | 0 | 0 | 0 | 0 | 0 | 0 | 0 | 0 | 0 | 0 | 0 | 0 | 0 | 0 | 0 |
| 古籍整理(部) | | | 17 | 0 | 0 | 0 | 0 | 0 | 0 | 0 | 0 | 0 | 0 | 0 | 0 | 0 | 0 | 0 | 0 |
| 译著(部) | | | 18 | 0 | 0 | 0 | 0 | 0 | 0 | 0 | 0 | 0 | 0 | 0 | 0 | 0 | 0 | 0 | 0 |
| 发表译文(篇) | | | 19 | 0 | 0 | 0 | 0 | 0 | 0 | 0 | 0 | 0 | 0 | 0 | 0 | 0 | 0 | 0 | 0 |
| 电子出版物(件) | | | 20 | 0 | 0 | 0 | 0 | 0 | 0 | 0 | 0 | 0 | 0 | 0 | 0 | 0 | 0 | 0 | 0 |
| 发表论文(篇) | 合计 | | 21 | 57 | 0 | 0 | 0 | 0 | 0 | 0 | 6 | 31 | 6 | 0 | 0 | 8 | 6 | 0 | 0 |
| | 国内学术刊物 | | 22 | 57 | 0 | 0 | 0 | 0 | 0 | 0 | 6 | 31 | 6 | 0 | 0 | 8 | 6 | 0 | 0 |
| | 国外学术刊物 | | 23 | 0 | 0 | 0 | 0 | 0 | 0 | 0 | 0 | 0 | 0 | 0 | 0 | 0 | 0 | 0 | 0 |
| | 港、澳、台刊物 | | 24 | 0 | 0 | 0 | 0 | 0 | 0 | 0 | 0 | 0 | 0 | 0 | 0 | 0 | 0 | 0 | 0 |
| 研究与咨询报告(篇) | 合计 | | 25 | 11 | 0 | 0 | 0 | 0 | 0 | 0 | 0 | 1 | 1 | 0 | 0 | 9 | 0 | 0 | 0 |
| | 被采纳数 | | 26 | 11 | 0 | 0 | 0 | 0 | 0 | 0 | 0 | 1 | 1 | 0 | 0 | 9 | 0 | 0 | 0 |

## 3.22 苏州经贸职业技术学院人文、社会科学研究与课题成果来源情况表

| | | 编号 | 课题来源 合计 | 国家社科基金项目 | 国家社科基金单列学科项目 | 教育部人文社科研究项目 | 高校古籍整理研究项目 | 国家自然科学基金项目 | 中央其他部门社科专门项目 | 省、市、自治区社科基金项目 | 省教育厅社科项目 | 地、市、厅、局等政府部门项目 | 国际合作研究项目 | 与港、澳、台地区合作研究项目 | 企事业单位委托项目 | 学校社科项目 | 外资项目 | 其他 |
|---|---|---|---|---|---|---|---|---|---|---|---|---|---|---|---|---|---|---|
| | | | L01 | L02 | L03 | L04 | L05 | L06 | L07 | L08 | L09 | L10 | L11 | L12 | L13 | L14 | L15 | L16 |
| 课题数(项) | | 1 | 165 | 0 | 0 | 3 | 0 | 0 | 0 | 6 | 41 | 70 | 0 | 0 | 3 | 42 | 0 | 0 |
| 当年投入人数 | 合计(人年) | 2 | 81.1 | 0 | 0 | 1.1 | 0 | 0 | 0 | 4.6 | 13.9 | 39.4 | 0 | 0 | 1.9 | 20.2 | 0 | 0 |
| | 研究生(人年) | 3 | 0 | 0 | 0 | 0 | 0 | 0 | 0 | 0 | 0 | 0 | 0 | 0 | 0 | 0 | 0 | 0 |
| 当年拨入经费 | 合计(千元) | 4 | 1 989 | 0 | 0 | 30 | 0 | 0 | 0 | 200 | 0 | 826 | 0 | 0 | 503 | 430 | 0 | 0 |
| | 当年立项项目拨入经费(千元) | 5 | 1 989 | 0 | 0 | 30 | 0 | 0 | 0 | 200 | 0 | 826 | 0 | 0 | 503 | 430 | 0 | 0 |
| 当年支出经费(千元) | | 6 | 1 251 | 0 | 0 | 7.5 | 0 | 0 | 0 | 50 | 17.51 | 731.5 | 0 | 0 | 331.15 | 113.34 | 0 | 0 |
| 当年新开课题数(项) | | 7 | 134 | 0 | 0 | 1 | 0 | 0 | 0 | 6 | 21 | 70 | 0 | 0 | 2 | 34 | 0 | 0 |
| 当年新开课题批准经费(千元) | | 8 | 2 073.5 | 0 | 0 | 100 | 0 | 0 | 0 | 200 | 0 | 840.5 | 0 | 0 | 503 | 430 | 0 | 0 |
| 当年完成课题数(项) | | 9 | 60 | 0 | 0 | 0 | 0 | 0 | 0 | 0 | 0 | 58 | 0 | 0 | 2 | 0 | 0 | 0 |

| | | | | | | | | | | | | | | | | | | | |
|---|---|---|---|---|---|---|---|---|---|---|---|---|---|---|---|---|---|---|---|
| 出版著作(部) | 合计 | | 10 | 3 | 0 | 0 | 1 | 0 | 0 | 0 | 0 | 1 | 1 | 0 | 0 | 0 | 0 | 0 | 0 |
| | 专著 | 合计 | 11 | 3 | 0 | 0 | 1 | 0 | 0 | 0 | 0 | 1 | 1 | 0 | 0 | 0 | 0 | 0 | 0 |
| | | 被译成外文 | 12 | 0 | 0 | 0 | 0 | 0 | 0 | 0 | 0 | 0 | 0 | 0 | 0 | 0 | 0 | 0 | 0 |
| | 编著教材 | | 13 | 0 | 0 | 0 | 0 | 0 | 0 | 0 | 0 | 0 | 0 | 0 | 0 | 0 | 0 | 0 | 0 |
| | 工具书/参考书 | | 14 | 0 | 0 | 0 | 0 | 0 | 0 | 0 | 0 | 0 | 0 | 0 | 0 | 0 | 0 | 0 | 0 |
| | 皮书/发展报告 | | 15 | 0 | 0 | 0 | 0 | 0 | 0 | 0 | 0 | 0 | 0 | 0 | 0 | 0 | 0 | 0 | 0 |
| | 科普读物 | | 16 | 0 | 0 | 0 | 0 | 0 | 0 | 0 | 0 | 0 | 0 | 0 | 0 | 0 | 0 | 0 | 0 |
| 古籍整理(部) | | | 17 | 0 | 0 | 0 | 0 | 0 | 0 | 0 | 0 | 0 | 0 | 0 | 0 | 0 | 0 | 0 | 0 |
| 译著(部) | | | 18 | 0 | 0 | 0 | 0 | 0 | 0 | 0 | 0 | 0 | 0 | 0 | 0 | 0 | 0 | 0 | 0 |
| 发表译文(篇) | | | 19 | 0 | 0 | 0 | 0 | 0 | 0 | 0 | 0 | 0 | 0 | 0 | 0 | 0 | 0 | 0 | 0 |
| 电子出版物(件) | | | 20 | 0 | 0 | 0 | 0 | 0 | 0 | 0 | 0 | 0 | 0 | 0 | 0 | 0 | 0 | 0 | 0 |
| 发表论文(篇) | 合计 | | 21 | 105 | 0 | 0 | 2 | 0 | 0 | 0 | 2 | 36 | 36 | 0 | 0 | 1 | 28 | 0 | 0 |
| | 国内学术刊物 | | 22 | 105 | 0 | 0 | 2 | 0 | 0 | 0 | 2 | 36 | 36 | 0 | 0 | 1 | 28 | 0 | 0 |
| | 国外学术刊物 | | 23 | 0 | 0 | 0 | 0 | 0 | 0 | 0 | 0 | 0 | 0 | 0 | 0 | 0 | 0 | 0 | 0 |
| | 港、澳、台刊物 | | 24 | 0 | 0 | 0 | 0 | 0 | 0 | 0 | 0 | 0 | 0 | 0 | 0 | 0 | 0 | 0 | 0 |
| 研究与咨询报告(篇) | 合计 | | 25 | 52 | 0 | 0 | 0 | 0 | 0 | 0 | 27 | 0 | 25 | 0 | 0 | 0 | 0 | 0 | 0 |
| | 被采纳数 | | 26 | 0 | 0 | 0 | 0 | 0 | 0 | 0 | 0 | 0 | 0 | 0 | 0 | 0 | 0 | 0 | 0 |

## 3.23 苏州工业职业技术学院人文、社会科学研究与课题成果来源情况表

| | | | 课题来源 | | | | | | | | | | | | | | | |
|---|---|---|---|---|---|---|---|---|---|---|---|---|---|---|---|---|---|---|
| | | | 合计 | 国家社科基金项目 | 国家社科基金单列学科项目 | 教育部人文社科研究项目 | 高校古籍整理研究项目 | 国家自然科学基金项目 | 中央其他部门社科专门项目 | 省、市、自治区社科基金项目 | 省教育厅社科项目 | 地、市、厅、局等政府部门项目 | 国际合作研究项目 | 与港、澳、台地区合作研究项目 | 企事业单位委托项目 | 学校社科项目 | 外资项目 | 其他 |
| | | 编号 | L01 | L02 | L03 | L04 | L05 | L06 | L07 | L08 | L09 | L10 | L11 | L12 | L13 | L14 | L15 | L16 |
| 课题数(项) | | 1 | 86 | 0 | 0 | 1 | 0 | 0 | 0 | 3 | 29 | 35 | 0 | 0 | 16 | 2 | 0 | 0 |
| 当年投入人数 | 合计(人年) | 2 | 14.8 | 0 | 0 | 0.2 | 0 | 0 | 0 | 0.4 | 4.3 | 6.7 | 0 | 0 | 3 | 0.2 | 0 | 0 |
| | 研究生(人年) | 3 | 0 | 0 | 0 | 0 | 0 | 0 | 0 | 0 | 0 | 0 | 0 | 0 | 0 | 0 | 0 | 0 |
| 当年拨入经费 | 合计(千元) | 4 | 1 473.75 | 0 | 0 | 0 | 0 | 0 | 0 | 0 | 170 | 633 | 0 | 0 | 630.75 | 40 | 0 | 0 |
| | 当年立项项目拨入经费(千元) | 5 | 1 473.75 | 0 | 0 | 0 | 0 | 0 | 0 | 0 | 170 | 633 | 0 | 0 | 630.75 | 40 | 0 | 0 |
| 当年支出经费(千元) | | 6 | 1 487.23 | 0 | 0 | 5 | 0 | 0 | 0 | 24.5 | 82.5 | 720.08 | 0 | 0 | 630.75 | 24.4 | 0 | 0 |
| 当年新开课题数(项) | | 7 | 56 | 0 | 0 | 0 | 0 | 0 | 0 | 1 | 17 | 21 | 0 | 0 | 16 | 1 | 0 | 0 |
| 当年新开课题批准经费(千元) | | 8 | 1 533.75 | 0 | 0 | 0 | 0 | 0 | 0 | 0 | 170 | 633 | 0 | 0 | 630.75 | 100 | 0 | 0 |
| 当年完成课题数(项) | | 9 | 46 | 0 | 0 | 0 | 0 | 0 | 0 | 2 | 6 | 21 | 0 | 0 | 16 | 1 | 0 | 0 |

| | | | | | | | | | | | | | | | | | | | |
|---|---|---|---|---|---|---|---|---|---|---|---|---|---|---|---|---|---|---|---|
| 出版著作(部) | 合计 | | 10 | 1 | 0 | 0 | 0 | 0 | 0 | 0 | 0 | 1 | 0 | 0 | 0 | 0 | 0 | 0 | 0 |
| | 专著 | 合计 | 11 | 0 | 0 | 0 | 0 | 0 | 0 | 0 | 0 | 0 | 0 | 0 | 0 | 0 | 0 | 0 | 0 |
| | | 被译成外文 | 12 | 0 | 0 | 0 | 0 | 0 | 0 | 0 | 0 | 0 | 0 | 0 | 0 | 0 | 0 | 0 | 0 |
| | 编著教材 | | 13 | 1 | 0 | 0 | 0 | 0 | 0 | 0 | 0 | 1 | 0 | 0 | 0 | 0 | 0 | 0 | 0 |
| | 工具书/参考书 | | 14 | 0 | 0 | 0 | 0 | 0 | 0 | 0 | 0 | 0 | 0 | 0 | 0 | 0 | 0 | 0 | 0 |
| | 皮书/发展报告 | | 15 | 0 | 0 | 0 | 0 | 0 | 0 | 0 | 0 | 0 | 0 | 0 | 0 | 0 | 0 | 0 | 0 |
| | 科普读物 | | 16 | 0 | 0 | 0 | 0 | 0 | 0 | 0 | 0 | 0 | 0 | 0 | 0 | 0 | 0 | 0 | 0 |
| 古籍整理(部) | | | 17 | 0 | 0 | 0 | 0 | 0 | 0 | 0 | 0 | 0 | 0 | 0 | 0 | 0 | 0 | 0 | 0 |
| 译著(部) | | | 18 | 0 | 0 | 0 | 0 | 0 | 0 | 0 | 0 | 0 | 0 | 0 | 0 | 0 | 0 | 0 | 0 |
| 发表译文(篇) | | | 19 | 0 | 0 | 0 | 0 | 0 | 0 | 0 | 0 | 0 | 0 | 0 | 0 | 0 | 0 | 0 | 0 |
| 电子出版物(件) | | | 20 | 0 | 0 | 0 | 0 | 0 | 0 | 0 | 0 | 0 | 0 | 0 | 0 | 0 | 0 | 0 | 0 |
| 发表论文(篇) | 合计 | | 21 | 53 | 0 | 0 | 3 | 0 | 0 | 0 | 3 | 24 | 22 | 0 | 0 | 0 | 1 | 0 | 0 |
| | 国内学术刊物 | | 22 | 51 | 0 | 0 | 2 | 0 | 0 | 0 | 2 | 24 | 22 | 0 | 0 | 0 | 1 | 0 | 0 |
| | 国外学术刊物 | | 23 | 2 | 0 | 0 | 1 | 0 | 0 | 0 | 1 | 0 | 0 | 0 | 0 | 0 | 0 | 0 | 0 |
| | 港、澳、台刊物 | | 24 | 0 | 0 | 0 | 0 | 0 | 0 | 0 | 0 | 0 | 0 | 0 | 0 | 0 | 0 | 0 | 0 |
| 研究与咨询报告(篇) | 合计 | | 25 | 36 | 0 | 0 | 0 | 0 | 0 | 0 | 0 | 0 | 19 | 0 | 0 | 17 | 0 | 0 | 0 |
| | 被采纳数 | | 26 | 32 | 0 | 0 | 0 | 0 | 0 | 0 | 0 | 0 | 15 | 0 | 0 | 17 | 0 | 0 | 0 |

## 3.24 苏州卫生职业技术学院人文、社会科学研究与课题成果来源情况表

| | | | 课题来源 | | | | | | | | | | | | | | | |
|---|---|---|---|---|---|---|---|---|---|---|---|---|---|---|---|---|---|---|
| | | | 合计 | 国家社科基金项目 | 国家社科基金单列学科项目 | 教育部人文社科研究项目 | 高校古籍整理研究项目 | 国家自然科学基金项目 | 中央其他部门社科专门项目 | 省、市、自治区社科基金项目 | 省教育厅社科项目 | 地、市、厅、局等政府部门项目 | 国际合作研究项目 | 与港、澳、台地区合作研究项目 | 企事业单位委托项目 | 学校社科项目 | 外资项目 | 其他 |
| | | 编号 | L01 | L02 | L03 | L04 | L05 | L06 | L07 | L08 | L09 | L10 | L11 | L12 | L13 | L14 | L15 | L16 |
| 课题数(项) | | 1 | 146 | 0 | 0 | 0 | 0 | 0 | 0 | 16 | 64 | 23 | 0 | 0 | 0 | 42 | 0 | 1 |
| 当年投入人数 | 合计(人年) | 2 | 17.1 | 0 | 0 | 0 | 0 | 0 | 0 | 1.7 | 7.3 | 3.3 | 0 | 0 | 0 | 4.7 | 0 | 0.1 |
| | 研究生(人年) | 3 | 0 | 0 | 0 | 0 | 0 | 0 | 0 | 0 | 0 | 0 | 0 | 0 | 0 | 0 | 0 | 0 |
| 当年拨入经费 | 合计(千元) | 4 | 751 | 0 | 0 | 0 | 0 | 0 | 0 | 90 | 362 | 23 | 0 | 0 | 0 | 266 | 0 | 10 |
| | 当年立项项目拨入经费(千元) | 5 | 751 | 0 | 0 | 0 | 0 | 0 | 0 | 90 | 362 | 23 | 0 | 0 | 0 | 266 | 0 | 10 |
| 当年支出经费(千元) | | 6 | 742.1 | 0 | 0 | 0 | 0 | 0 | 0 | 38.6 | 456 | 116.5 | 0 | 0 | 0 | 126.4 | 0 | 4.6 |
| 当年新开课题数(项) | | 7 | 63 | 0 | 0 | 0 | 0 | 0 | 0 | 13 | 19 | 6 | 0 | 0 | 0 | 24 | 0 | 1 |
| 当年新开课题批准经费(千元) | | 8 | 751 | 0 | 0 | 0 | 0 | 0 | 0 | 90 | 362 | 23 | 0 | 0 | 0 | 266 | 0 | 10 |
| 当年完成课题数(项) | | 9 | 36 | 0 | 0 | 0 | 0 | 0 | 0 | 1 | 22 | 9 | 0 | 0 | 0 | 4 | 0 | 0 |

| | | | | | | | | | | | | | | | | | | | |
|---|---|---|---|---|---|---|---|---|---|---|---|---|---|---|---|---|---|---|---|
| 出版著作(部) | 合计 | | 10 | 0 | 0 | 0 | 0 | 0 | 0 | 0 | 0 | 0 | 0 | 0 | 0 | 0 | 0 | 0 | 0 |
| | 专著 | 合计 | 11 | 0 | 0 | 0 | 0 | 0 | 0 | 0 | 0 | 0 | 0 | 0 | 0 | 0 | 0 | 0 | 0 |
| | | 被译成外文 | 12 | 0 | 0 | 0 | 0 | 0 | 0 | 0 | 0 | 0 | 0 | 0 | 0 | 0 | 0 | 0 | 0 |
| | 编著教材 | | 13 | 0 | 0 | 0 | 0 | 0 | 0 | 0 | 0 | 0 | 0 | 0 | 0 | 0 | 0 | 0 | 0 |
| | 工具书/参考书 | | 14 | 0 | 0 | 0 | 0 | 0 | 0 | 0 | 0 | 0 | 0 | 0 | 0 | 0 | 0 | 0 | 0 |
| | 皮书/发展报告 | | 15 | 0 | 0 | 0 | 0 | 0 | 0 | 0 | 0 | 0 | 0 | 0 | 0 | 0 | 0 | 0 | 0 |
| | 科普读物 | | 16 | 0 | 0 | 0 | 0 | 0 | 0 | 0 | 0 | 0 | 0 | 0 | 0 | 0 | 0 | 0 | 0 |
| 古籍整理(部) | | | 17 | 0 | 0 | 0 | 0 | 0 | 0 | 0 | 0 | 0 | 0 | 0 | 0 | 0 | 0 | 0 | 0 |
| 译著(部) | | | 18 | 0 | 0 | 0 | 0 | 0 | 0 | 0 | 0 | 0 | 0 | 0 | 0 | 0 | 0 | 0 | 0 |
| 发表译文(篇) | | | 19 | 0 | 0 | 0 | 0 | 0 | 0 | 0 | 0 | 0 | 0 | 0 | 0 | 0 | 0 | 0 | 0 |
| 电子出版物(件) | | | 20 | 0 | 0 | 0 | 0 | 0 | 0 | 0 | 0 | 0 | 0 | 0 | 0 | 0 | 0 | 0 | 0 |
| 发表论文(篇) | 合计 | | 21 | 77 | 0 | 0 | 0 | 0 | 0 | 0 | 12 | 38 | 7 | 0 | 0 | 0 | 19 | 0 | 1 |
| | 国内学术刊物 | | 22 | 77 | 0 | 0 | 0 | 0 | 0 | 0 | 12 | 38 | 7 | 0 | 0 | 0 | 19 | 0 | 1 |
| | 国外学术刊物 | | 23 | 0 | 0 | 0 | 0 | 0 | 0 | 0 | 0 | 0 | 0 | 0 | 0 | 0 | 0 | 0 | 0 |
| | 港、澳、台刊物 | | 24 | 0 | 0 | 0 | 0 | 0 | 0 | 0 | 0 | 0 | 0 | 0 | 0 | 0 | 0 | 0 | 0 |
| 研究与咨询报告(篇) | 合计 | | 25 | 0 | 0 | 0 | 0 | 0 | 0 | 0 | 0 | 0 | 0 | 0 | 0 | 0 | 0 | 0 | 0 |
| | 被采纳数 | | 26 | 0 | 0 | 0 | 0 | 0 | 0 | 0 | 0 | 0 | 0 | 0 | 0 | 0 | 0 | 0 | 0 |

## 3.25　无锡商业职业技术学院人文、社会科学研究与课题成果来源情况表

| | | | 课题来源 | | | | | | | | | | | | | | | |
|---|---|---|---|---|---|---|---|---|---|---|---|---|---|---|---|---|---|---|
| | | | 合计 | 国家社科基金项目 | 国家社科基金单列学科项目 | 教育部人文社科研究项目 | 高校古籍整理研究项目 | 国家自然科学基金项目 | 中央其他部门社科专门项目 | 省、市、自治区社科基金项目 | 省教育厅社科项目 | 地、市、厅、局等政府部门项目 | 国际合作研究项目 | 与港、澳、台地区合作研究项目 | 企事业单位委托项目 | 学校社科项目 | 外资项目 | 其他 |
| | | 编号 | L01 | L02 | L03 | L04 | L05 | L06 | L07 | L08 | L09 | L10 | L11 | L12 | L13 | L14 | L15 | L16 |
| 课题数(项) | | 1 | 321 | 0 | 0 | 3 | 0 | 0 | 2 | 8 | 73 | 40 | 2 | 0 | 51 | 125 | 0 | 17 |
| 当年投入人数 | 合计(人年) | 2 | 35.5 | 0 | 0 | 0.5 | 0 | 0 | 0.2 | 1.4 | 8.5 | 4 | 0.2 | 0 | 6.4 | 12.5 | 0 | 1.8 |
| | 研究生(人年) | 3 | 0 | 0 | 0 | 0 | 0 | 0 | 0 | 0 | 0 | 0 | 0 | 0 | 0 | 0 | 0 | 0 |
| 当年拨入经费 | 合计(千元) | 4 | 4 039.7 | 0 | 0 | 40 | 0 | 0 | 490 | 80 | 72 | 100 | 0 | 0 | 3 254.7 | 3 | 0 | 0 |
| | 当年立项项目拨入经费(千元) | 5 | 3 768.7 | 0 | 0 | 30 | 0 | 0 | 490 | 80 | 40 | 100 | 0 | 0 | 3 028.7 | 0 | 0 | 0 |
| 当年支出经费(千元) | | 6 | 2 607.73 | 0 | 0 | 72 | 0 | 0 | 80 | 43 | 216.5 | 95 | 0 | 0 | 1 873.73 | 218.5 | 0 | 9 |
| 当年新开课题数(项) | | 7 | 101 | 0 | 0 | 1 | 0 | 0 | 2 | 5 | 20 | 15 | 2 | 0 | 12 | 42 | 0 | 2 |
| 当年新开课题批准经费(千元) | | 8 | 4 981.7 | 0 | 0 | 100 | 0 | 0 | 490 | 80 | 100 | 116 | 20 | 0 | 4 040.7 | 0 | 0 | 35 |
| 当年完成课题数(项) | | 9 | 118 | 0 | 0 | 1 | 0 | 0 | 0 | 3 | 18 | 15 | 0 | 0 | 17 | 51 | 0 | 13 |

| | | | | | | | | | | | | | | | | | | | |
|---|---|---|---|---|---|---|---|---|---|---|---|---|---|---|---|---|---|---|---|
| 出版著作(部) | 合计 | | 10 | 3 | 0 | 0 | 0 | 0 | 0 | 0 | 0 | 1 | 0 | 0 | 0 | 2 | 0 | 0 | 0 |
| | 专著 | 合计 | 11 | 1 | 0 | 0 | 0 | 0 | 0 | 0 | 0 | 1 | 0 | 0 | 0 | 0 | 0 | 0 | 0 |
| | | 被译成外文 | 12 | 0 | 0 | 0 | 0 | 0 | 0 | 0 | 0 | 0 | 0 | 0 | 0 | 0 | 0 | 0 | 0 |
| | 编著教材 | | 13 | 2 | 0 | 0 | 0 | 0 | 0 | 0 | 0 | 0 | 0 | 0 | 0 | 2 | 0 | 0 | 0 |
| | 工具书/参考书 | | 14 | 0 | 0 | 0 | 0 | 0 | 0 | 0 | 0 | 0 | 0 | 0 | 0 | 0 | 0 | 0 | 0 |
| | 皮书/发展报告 | | 15 | 0 | 0 | 0 | 0 | 0 | 0 | 0 | 0 | 0 | 0 | 0 | 0 | 0 | 0 | 0 | 0 |
| | 科普读物 | | 16 | 0 | 0 | 0 | 0 | 0 | 0 | 0 | 0 | 0 | 0 | 0 | 0 | 0 | 0 | 0 | 0 |
| 古籍整理(部) | | | 17 | 0 | 0 | 0 | 0 | 0 | 0 | 0 | 0 | 0 | 0 | 0 | 0 | 0 | 0 | 0 | 0 |
| 译著(部) | | | 18 | 0 | 0 | 0 | 0 | 0 | 0 | 0 | 0 | 0 | 0 | 0 | 0 | 0 | 0 | 0 | 0 |
| 发表译文(篇) | | | 19 | 0 | 0 | 0 | 0 | 0 | 0 | 0 | 0 | 0 | 0 | 0 | 0 | 0 | 0 | 0 | 0 |
| 电子出版物(件) | | | 20 | 0 | 0 | 0 | 0 | 0 | 0 | 0 | 0 | 0 | 0 | 0 | 0 | 0 | 0 | 0 | 0 |
| 发表论文(篇) | 合计 | | 21 | 168 | 0 | 0 | 2 | 0 | 0 | 0 | 6 | 58 | 20 | 0 | 0 | 20 | 54 | 0 | 8 |
| | 国内学术刊物 | | 22 | 168 | 0 | 0 | 2 | 0 | 0 | 0 | 6 | 58 | 20 | 0 | 0 | 20 | 54 | 0 | 8 |
| | 国外学术刊物 | | 23 | 0 | 0 | 0 | 0 | 0 | 0 | 0 | 0 | 0 | 0 | 0 | 0 | 0 | 0 | 0 | 0 |
| | 港、澳、台刊物 | | 24 | 0 | 0 | 0 | 0 | 0 | 0 | 0 | 0 | 0 | 0 | 0 | 0 | 0 | 0 | 0 | 0 |
| 研究与咨询报告(篇) | 合计 | | 25 | 8 | 0 | 0 | 0 | 0 | 0 | 0 | 0 | 0 | 0 | 0 | 0 | 8 | 0 | 0 | 0 |
| | 被采纳数 | | 26 | 8 | 0 | 0 | 0 | 0 | 0 | 0 | 0 | 0 | 0 | 0 | 0 | 8 | 0 | 0 | 0 |

## 3.26 江苏航运职业技术学院人文、社会科学研究与课题成果来源情况表

| | | | 课题来源 | | | | | | | | | | | | | | | |
|---|---|---|---|---|---|---|---|---|---|---|---|---|---|---|---|---|---|---|
| | | | 合计 | 国家社科基金项目 | 国家社科基金单列学科项目 | 教育部人文社科研究项目 | 高校古籍整理研究项目 | 国家自然科学基金项目 | 中央其他部门社科专门项目 | 省、市、自治区社科基金项目 | 省教育厅社科项目 | 地、市、厅、局等政府部门项目 | 国际合作研究项目 | 与港、澳、台地区合作研究项目 | 企事业单位委托项目 | 学校社科项目 | 外资项目 | 其他 |
| | | 编号 | L01 | L02 | L03 | L04 | L05 | L06 | L07 | L08 | L09 | L10 | L11 | L12 | L13 | L14 | L15 | L16 |
| 课题数(项) | | 1 | 183 | 0 | 0 | 0 | 0 | 0 | 1 | 0 | 54 | 80 | 0 | 0 | 0 | 48 | 0 | 0 |
| 当年投入人数 | 合计(人年) | 2 | 21.1 | 0 | 0 | 0 | 0 | 0 | 0.1 | 0 | 6.6 | 9 | 0 | 0 | 0 | 5.4 | 0 | 0 |
| | 研究生(人年) | 3 | 0 | 0 | 0 | 0 | 0 | 0 | 0 | 0 | 0 | 0 | 0 | 0 | 0 | 0 | 0 | 0 |
| 当年拨入经费 | 合计(千元) | 4 | 299.5 | 0 | 0 | 0 | 0 | 0 | 0 | 0 | 241.5 | 44 | 0 | 0 | 0 | 14 | 0 | 0 |
| | 当年立项项目拨入经费(千元) | 5 | 299.5 | 0 | 0 | 0 | 0 | 0 | 0 | 0 | 241.5 | 44 | 0 | 0 | 0 | 14 | 0 | 0 |
| 当年支出经费(千元) | | 6 | 475.5 | 0 | 0 | 0 | 0 | 0 | 22 | 0 | 165.5 | 171.5 | 0 | 0 | 0 | 116.5 | 0 | 0 |
| 当年新开课题数(项) | | 7 | 48 | 0 | 0 | 0 | 0 | 0 | 0 | 0 | 30 | 14 | 0 | 0 | 0 | 4 | 0 | 0 |
| 当年新开课题批准经费(千元) | | 8 | 324 | 0 | 0 | 0 | 0 | 0 | 0 | 0 | 249.5 | 60.5 | 0 | 0 | 0 | 14 | 0 | 0 |
| 当年完成课题数(项) | | 9 | 98 | 0 | 0 | 0 | 0 | 0 | 1 | 0 | 22 | 38 | 0 | 0 | 0 | 37 | 0 | 0 |

| | | | | | | | | | | | | | | | | | | | |
|---|---|---|---|---|---|---|---|---|---|---|---|---|---|---|---|---|---|---|---|
| 出版著作(部) | 合计 | | 10 | 0 | 0 | 0 | 0 | 0 | 0 | 0 | 0 | 0 | 0 | 0 | 0 | 0 | 0 | 0 | 0 |
| | 专著 | 合计 | 11 | 0 | 0 | 0 | 0 | 0 | 0 | 0 | 0 | 0 | 0 | 0 | 0 | 0 | 0 | 0 | 0 |
| | | 被译成外文 | 12 | 0 | 0 | 0 | 0 | 0 | 0 | 0 | 0 | 0 | 0 | 0 | 0 | 0 | 0 | 0 | 0 |
| | 编著教材 | | 13 | 0 | 0 | 0 | 0 | 0 | 0 | 0 | 0 | 0 | 0 | 0 | 0 | 0 | 0 | 0 | 0 |
| | 工具书/参考书 | | 14 | 0 | 0 | 0 | 0 | 0 | 0 | 0 | 0 | 0 | 0 | 0 | 0 | 0 | 0 | 0 | 0 |
| | 皮书/发展报告 | | 15 | 0 | 0 | 0 | 0 | 0 | 0 | 0 | 0 | 0 | 0 | 0 | 0 | 0 | 0 | 0 | 0 |
| | 科普读物 | | 16 | 0 | 0 | 0 | 0 | 0 | 0 | 0 | 0 | 0 | 0 | 0 | 0 | 0 | 0 | 0 | 0 |
| 古籍整理(部) | | | 17 | 0 | 0 | 0 | 0 | 0 | 0 | 0 | 0 | 0 | 0 | 0 | 0 | 0 | 0 | 0 | 0 |
| 译著(部) | | | 18 | 0 | 0 | 0 | 0 | 0 | 0 | 0 | 0 | 0 | 0 | 0 | 0 | 0 | 0 | 0 | 0 |
| 发表译文(篇) | | | 19 | 0 | 0 | 0 | 0 | 0 | 0 | 0 | 0 | 0 | 0 | 0 | 0 | 0 | 0 | 0 | 0 |
| 电子出版物(件) | | | 20 | 0 | 0 | 0 | 0 | 0 | 0 | 0 | 0 | 0 | 0 | 0 | 0 | 0 | 0 | 0 | 0 |
| 发表论文(篇) | 合计 | | 21 | 99 | 0 | 0 | 0 | 0 | 0 | 0 | 1 | 20 | 62 | 0 | 0 | 0 | 16 | 0 | 0 |
| | 国内学术刊物 | | 22 | 99 | 0 | 0 | 0 | 0 | 0 | 0 | 1 | 20 | 62 | 0 | 0 | 0 | 16 | 0 | 0 |
| | 国外学术刊物 | | 23 | 0 | 0 | 0 | 0 | 0 | 0 | 0 | 0 | 0 | 0 | 0 | 0 | 0 | 0 | 0 | 0 |
| | 港、澳、台刊物 | | 24 | 0 | 0 | 0 | 0 | 0 | 0 | 0 | 0 | 0 | 0 | 0 | 0 | 0 | 0 | 0 | 0 |
| 研究与咨询报告(篇) | 合计 | | 25 | 0 | 0 | 0 | 0 | 0 | 0 | 0 | 0 | 0 | 0 | 0 | 0 | 0 | 0 | 0 | 0 |
| | 被采纳数 | | 26 | 0 | 0 | 0 | 0 | 0 | 0 | 0 | 0 | 0 | 0 | 0 | 0 | 0 | 0 | 0 | 0 |

## 3.27 南京交通职业技术学院人文、社会科学研究与课题成果来源情况表

| | | | 课题来源 | | | | | | | | | | | | | | | |
|---|---|---|---|---|---|---|---|---|---|---|---|---|---|---|---|---|---|---|
| | | | 合计 | 国家社科基金项目 | 国家社科基金单列学科项目 | 教育部人文社科研究项目 | 高校古籍整理研究项目 | 国家自然科学基金项目 | 中央其他部门社科专门项目 | 省、市、自治区社科基金项目 | 省教育厅社科项目 | 地、市、厅、局等政府部门项目 | 国际合作研究项目 | 与港、澳、台地区合作研究项目 | 企事业单位委托项目 | 学校社科项目 | 外资项目 | 其他 |
| | | 编号 | L01 | L02 | L03 | L04 | L05 | L06 | L07 | L08 | L09 | L10 | L11 | L12 | L13 | L14 | L15 | L16 |
| 课题数(项) | | 1 | 169 | 0 | 0 | 1 | 0 | 0 | 0 | 4 | 67 | 20 | 0 | 0 | 5 | 72 | 0 | 0 |
| 当年投入人数 | 合计(人年) | 2 | 17.8 | 0 | 0 | 0.1 | 0 | 0 | 0 | 0.5 | 7 | 2.4 | 0 | 0 | 0.6 | 7.2 | 0 | 0 |
| | 研究生(人年) | 3 | 0 | 0 | 0 | 0 | 0 | 0 | 0 | 0 | 0 | 0 | 0 | 0 | 0 | 0 | 0 | 0 |
| 当年拨入经费 | 合计(千元) | 4 | 227 | 0 | 0 | 0 | 0 | 0 | 0 | 80 | 16 | 0 | 0 | 0 | 16 | 115 | 0 | 0 |
| | 当年立项项目拨入经费(千元) | 5 | 96 | 0 | 0 | 0 | 0 | 0 | 0 | 80 | 0 | 0 | 0 | 0 | 16 | 0 | 0 | 0 |
| 当年支出经费(千元) | | 6 | 328.57 | 0 | 0 | 14 | 0 | 0 | 0 | 58.1 | 36.09 | 24.85 | 0 | 0 | 96.3 | 99.23 | 0 | 0 |
| 当年新开课题数(项) | | 7 | 48 | 0 | 0 | 0 | 0 | 0 | 0 | 2 | 17 | 2 | 0 | 0 | 2 | 25 | 0 | 0 |
| 当年新开课题批准经费(千元) | | 8 | 254 | 0 | 0 | 0 | 0 | 0 | 0 | 80 | 0 | 3 | 0 | 0 | 16 | 155 | 0 | 0 |
| 当年完成课题数(项) | | 9 | 41 | 0 | 0 | 0 | 0 | 0 | 0 | 1 | 12 | 8 | 0 | 0 | 5 | 15 | 0 | 0 |

| | | | | | | | | | | | | | | | | | | | |
|---|---|---|---|---|---|---|---|---|---|---|---|---|---|---|---|---|---|---|---|
| 出版著作(部) | 合计 | | 10 | 0 | 0 | 0 | 0 | 0 | 0 | 0 | 0 | 0 | 0 | 0 | 0 | 0 | 0 | 0 | 0 |
| | 专著 | 合计 | 11 | 0 | 0 | 0 | 0 | 0 | 0 | 0 | 0 | 0 | 0 | 0 | 0 | 0 | 0 | 0 | 0 |
| | | 被译成外文 | 12 | 0 | 0 | 0 | 0 | 0 | 0 | 0 | 0 | 0 | 0 | 0 | 0 | 0 | 0 | 0 | 0 |
| | 编著教材 | | 13 | 0 | 0 | 0 | 0 | 0 | 0 | 0 | 0 | 0 | 0 | 0 | 0 | 0 | 0 | 0 | 0 |
| | 工具书/参考书 | | 14 | 0 | 0 | 0 | 0 | 0 | 0 | 0 | 0 | 0 | 0 | 0 | 0 | 0 | 0 | 0 | 0 |
| | 皮书/发展报告 | | 15 | 0 | 0 | 0 | 0 | 0 | 0 | 0 | 0 | 0 | 0 | 0 | 0 | 0 | 0 | 0 | 0 |
| | 科普读物 | | 16 | 0 | 0 | 0 | 0 | 0 | 0 | 0 | 0 | 0 | 0 | 0 | 0 | 0 | 0 | 0 | 0 |
| 古籍整理(部) | | | 17 | 0 | 0 | 0 | 0 | 0 | 0 | 0 | 0 | 0 | 0 | 0 | 0 | 0 | 0 | 0 | 0 |
| 译著(部) | | | 18 | 1 | 0 | 0 | 0 | 0 | 0 | 0 | 0 | 1 | 0 | 0 | 0 | 0 | 0 | 0 | 0 |
| 发表译文(篇) | | | 19 | 0 | 0 | 0 | 0 | 0 | 0 | 0 | 0 | 0 | 0 | 0 | 0 | 0 | 0 | 0 | 0 |
| 电子出版物(件) | | | 20 | 0 | 0 | 0 | 0 | 0 | 0 | 0 | 0 | 0 | 0 | 0 | 0 | 0 | 0 | 0 | 0 |
| 发表论文(篇) | 合计 | | 21 | 42 | 0 | 0 | 0 | 0 | 0 | 0 | 1 | 21 | 2 | 0 | 0 | 0 | 18 | 0 | 0 |
| | 国内学术刊物 | | 22 | 42 | 0 | 0 | 0 | 0 | 0 | 0 | 1 | 21 | 2 | 0 | 0 | 0 | 18 | 0 | 0 |
| | 国外学术刊物 | | 23 | 0 | 0 | 0 | 0 | 0 | 0 | 0 | 0 | 0 | 0 | 0 | 0 | 0 | 0 | 0 | 0 |
| | 港、澳、台刊物 | | 24 | 0 | 0 | 0 | 0 | 0 | 0 | 0 | 0 | 0 | 0 | 0 | 0 | 0 | 0 | 0 | 0 |
| 研究与咨询报告(篇) | 合计 | | 25 | 5 | 0 | 0 | 0 | 0 | 0 | 0 | 1 | 0 | 0 | 0 | 0 | 4 | 0 | 0 | 0 |
| | 被采纳数 | | 26 | 3 | 0 | 0 | 0 | 0 | 0 | 0 | 0 | 0 | 0 | 0 | 0 | 3 | 0 | 0 | 0 |

## 3.28 江苏电子信息职业学院人文、社会科学研究与课题成果来源情况表

| | | | 课题来源 | | | | | | | | | | | | | | | |
|---|---|---|---|---|---|---|---|---|---|---|---|---|---|---|---|---|---|---|
| | | | 合计 | 国家社科基金项目 | 国家社科基金单列学科项目 | 教育部人文社科研究项目 | 高校古籍整理研究项目 | 国家自然科学基金项目 | 中央其他部门社科专门项目 | 省、市、自治区社科基金项目 | 省教育厅社科项目 | 地、市、厅、局等政府部门项目 | 国际合作研究项目 | 与港、澳、台地区合作研究项目 | 企事业单位委托项目 | 学校社科项目 | 外资项目 | 其他 |
| | | 编号 | L01 | L02 | L03 | L04 | L05 | L06 | L07 | L08 | L09 | L10 | L11 | L12 | L13 | L14 | L15 | L16 |
| 课题数(项) | | 1 | 160 | 0 | 0 | 1 | 0 | 0 | 0 | 1 | 57 | 44 | 0 | 0 | 3 | 54 | 0 | 0 |
| 当年投入人数 | 合计(人年) | 2 | 31 | 0 | 0 | 0.5 | 0 | 0 | 0 | 0.5 | 14.3 | 9.2 | 0 | 0 | 0.3 | 6.2 | 0 | 0 |
| | 研究生(人年) | 3 | 0 | 0 | 0 | 0 | 0 | 0 | 0 | 0 | 0 | 0 | 0 | 0 | 0 | 0 | 0 | 0 |
| 当年拨入经费 | 合计(千元) | 4 | 464 | 0 | 0 | 20 | 0 | 0 | 0 | 50 | 190 | 75 | 0 | 0 | 3 | 126 | 0 | 0 |
| | 当年立项项目拨入经费(千元) | 5 | 419 | 0 | 0 | 0 | 0 | 0 | 0 | 50 | 190 | 61 | 0 | 0 | 0 | 118 | 0 | 0 |
| 当年支出经费(千元) | | 6 | 391.4 | 0 | 0 | 20 | 0 | 0 | 0 | 10 | 187.7 | 76.1 | 0 | 0 | 4 | 93.6 | 0 | 0 |
| 当年新开课题数(项) | | 7 | 71 | 0 | 0 | 0 | 0 | 0 | 0 | 1 | 19 | 15 | 0 | 0 | 0 | 36 | 0 | 0 |
| 当年新开课题批准经费(千元) | | 8 | 449 | 0 | 0 | 0 | 0 | 0 | 0 | 50 | 190 | 74 | 0 | 0 | 0 | 135 | 0 | 0 |
| 当年完成课题数(项) | | 9 | 30 | 0 | 0 | 1 | 0 | 0 | 0 | 0 | 12 | 9 | 0 | 0 | 2 | 6 | 0 | 0 |

| | | | | | | | | | | | | | | | | | | | |
|---|---|---|---|---|---|---|---|---|---|---|---|---|---|---|---|---|---|---|---|
| 出版著作（部） | 合计 | | 10 | 5 | 0 | 0 | 0 | 0 | 0 | 0 | 0 | 0 | 5 | 0 | 0 | 0 | 0 | 0 | 0 |
| | 专著 | 合计 | 11 | 5 | 0 | 0 | 0 | 0 | 0 | 0 | 0 | 0 | 5 | 0 | 0 | 0 | 0 | 0 | 0 |
| | | 被译成外文 | 12 | 0 | 0 | 0 | 0 | 0 | 0 | 0 | 0 | 0 | 0 | 0 | 0 | 0 | 0 | 0 | 0 |
| | 编著教材 | | 13 | 0 | 0 | 0 | 0 | 0 | 0 | 0 | 0 | 0 | 0 | 0 | 0 | 0 | 0 | 0 | 0 |
| | 工具书/参考书 | | 14 | 0 | 0 | 0 | 0 | 0 | 0 | 0 | 0 | 0 | 0 | 0 | 0 | 0 | 0 | 0 | 0 |
| | 皮书/发展报告 | | 15 | 0 | 0 | 0 | 0 | 0 | 0 | 0 | 0 | 0 | 0 | 0 | 0 | 0 | 0 | 0 | 0 |
| | 科普读物 | | 16 | 0 | 0 | 0 | 0 | 0 | 0 | 0 | 0 | 0 | 0 | 0 | 0 | 0 | 0 | 0 | 0 |
| 古籍整理（部） | | | 17 | 0 | 0 | 0 | 0 | 0 | 0 | 0 | 0 | 0 | 0 | 0 | 0 | 0 | 0 | 0 | 0 |
| 译著（部） | | | 18 | 0 | 0 | 0 | 0 | 0 | 0 | 0 | 0 | 0 | 0 | 0 | 0 | 0 | 0 | 0 | 0 |
| 发表译文（篇） | | | 19 | 0 | 0 | 0 | 0 | 0 | 0 | 0 | 0 | 0 | 0 | 0 | 0 | 0 | 0 | 0 | 0 |
| 电子出版物（件） | | | 20 | 0 | 0 | 0 | 0 | 0 | 0 | 0 | 0 | 0 | 0 | 0 | 0 | 0 | 0 | 0 | 0 |
| 发表论文（篇） | 合计 | | 21 | 87 | 0 | 0 | 0 | 0 | 0 | 0 | 0 | 30 | 21 | 0 | 0 | 1 | 35 | 0 | 0 |
| | 国内学术刊物 | | 22 | 87 | 0 | 0 | 0 | 0 | 0 | 0 | 0 | 30 | 21 | 0 | 0 | 1 | 35 | 0 | 0 |
| | 国外学术刊物 | | 23 | 0 | 0 | 0 | 0 | 0 | 0 | 0 | 0 | 0 | 0 | 0 | 0 | 0 | 0 | 0 | 0 |
| | 港、澳、台刊物 | | 24 | 0 | 0 | 0 | 0 | 0 | 0 | 0 | 0 | 0 | 0 | 0 | 0 | 0 | 0 | 0 | 0 |
| 研究与咨询报告（篇） | 合计 | | 25 | 0 | 0 | 0 | 0 | 0 | 0 | 0 | 0 | 0 | 0 | 0 | 0 | 0 | 0 | 0 | 0 |
| | 被采纳数 | | 26 | 0 | 0 | 0 | 0 | 0 | 0 | 0 | 0 | 0 | 0 | 0 | 0 | 0 | 0 | 0 | 0 |

## 3.29 江苏农牧科技职业学院人文、社会科学研究与课题成果来源情况表

| | | | 课题来源 | | | | | | | | | | | | | | | |
|---|---|---|---|---|---|---|---|---|---|---|---|---|---|---|---|---|---|---|
| | | | 合计 | 国家社科基金项目 | 国家社科基金单列学科项目 | 教育部人文社科研究项目 | 高校古籍整理研究项目 | 国家自然科学基金项目 | 中央其他部门社科专门项目 | 省、市、自治区社科基金项目 | 省教育厅社科项目 | 地、市、厅、局等政府部门项目 | 国际合作研究项目 | 与港、澳、台地区合作研究项目 | 企事业单位委托项目 | 学校社科项目 | 外资项目 | 其他 |
| | | 编号 | L01 | L02 | L03 | L04 | L05 | L06 | L07 | L08 | L09 | L10 | L11 | L12 | L13 | L14 | L15 | L16 |
| 课题数(项) | | 1 | 55 | 0 | 0 | 0 | 0 | 0 | 0 | 0 | 45 | 8 | 0 | 0 | 0 | 0 | 0 | 2 |
| 当年投入人数 | 合计(人年) | 2 | 5.5 | 0 | 0 | 0 | 0 | 0 | 0 | 0 | 4.5 | 0.8 | 0 | 0 | 0 | 0 | 0 | 0.2 |
| | 研究生(人年) | 3 | 0 | 0 | 0 | 0 | 0 | 0 | 0 | 0 | 0 | 0 | 0 | 0 | 0 | 0 | 0 | 0 |
| 当年拨入经费 | 合计(千元) | 4 | 240 | 0 | 0 | 0 | 0 | 0 | 0 | 0 | 180 | 60 | 0 | 0 | 0 | 0 | 0 | 0 |
| | 当年立项项目拨入经费(千元) | 5 | 240 | 0 | 0 | 0 | 0 | 0 | 0 | 0 | 180 | 60 | 0 | 0 | 0 | 0 | 0 | 0 |
| 当年支出经费(千元) | | 6 | 205.36 | 0 | 0 | 0 | 0 | 0 | 0 | 0 | 162.31 | 37.05 | 0 | 0 | 0 | 0 | 0 | 6 |
| 当年新开课题数(项) | | 7 | 23 | 0 | 0 | 0 | 0 | 0 | 0 | 0 | 18 | 5 | 0 | 0 | 0 | 0 | 0 | 0 |
| 当年新开课题批准经费(千元) | | 8 | 240 | 0 | 0 | 0 | 0 | 0 | 0 | 0 | 180 | 60 | 0 | 0 | 0 | 0 | 0 | 0 |
| 当年完成课题数(项) | | 9 | 9 | 0 | 0 | 0 | 0 | 0 | 0 | 0 | 8 | 0 | 0 | 0 | 0 | 0 | 0 | 1 |

| | | | | | | | | | | | | | | | | | | | |
|---|---|---|---|---|---|---|---|---|---|---|---|---|---|---|---|---|---|---|---|
| 出版著作(部) | 合计 | | 10 | 0 | 0 | 0 | 0 | 0 | 0 | 0 | 0 | 0 | 0 | 0 | 0 | 0 | 0 | 0 | 0 |
| | 专著 | 合计 | 11 | 0 | 0 | 0 | 0 | 0 | 0 | 0 | 0 | 0 | 0 | 0 | 0 | 0 | 0 | 0 | 0 |
| | | 被译成外文 | 12 | 0 | 0 | 0 | 0 | 0 | 0 | 0 | 0 | 0 | 0 | 0 | 0 | 0 | 0 | 0 | 0 |
| | 编著教材 | | 13 | 0 | 0 | 0 | 0 | 0 | 0 | 0 | 0 | 0 | 0 | 0 | 0 | 0 | 0 | 0 | 0 |
| | 工具书/参考书 | | 14 | 0 | 0 | 0 | 0 | 0 | 0 | 0 | 0 | 0 | 0 | 0 | 0 | 0 | 0 | 0 | 0 |
| | 皮书/发展报告 | | 15 | 0 | 0 | 0 | 0 | 0 | 0 | 0 | 0 | 0 | 0 | 0 | 0 | 0 | 0 | 0 | 0 |
| | 科普读物 | | 16 | 0 | 0 | 0 | 0 | 0 | 0 | 0 | 0 | 0 | 0 | 0 | 0 | 0 | 0 | 0 | 0 |
| 古籍整理(部) | | | 17 | 0 | 0 | 0 | 0 | 0 | 0 | 0 | 0 | 0 | 0 | 0 | 0 | 0 | 0 | 0 | 0 |
| 译著(部) | | | 18 | 0 | 0 | 0 | 0 | 0 | 0 | 0 | 0 | 0 | 0 | 0 | 0 | 0 | 0 | 0 | 0 |
| 发表译文(篇) | | | 19 | 0 | 0 | 0 | 0 | 0 | 0 | 0 | 0 | 0 | 0 | 0 | 0 | 0 | 0 | 0 | 0 |
| 电子出版物(件) | | | 20 | 0 | 0 | 0 | 0 | 0 | 0 | 0 | 0 | 0 | 0 | 0 | 0 | 0 | 0 | 0 | 0 |
| 发表论文(篇) | 合计 | | 21 | 62 | 0 | 0 | 0 | 0 | 0 | 0 | 0 | 56 | 6 | 0 | 0 | 0 | 0 | 0 | 0 |
| | 国内学术刊物 | | 22 | 62 | 0 | 0 | 0 | 0 | 0 | 0 | 0 | 56 | 6 | 0 | 0 | 0 | 0 | 0 | 0 |
| | 国外学术刊物 | | 23 | 0 | 0 | 0 | 0 | 0 | 0 | 0 | 0 | 0 | 0 | 0 | 0 | 0 | 0 | 0 | 0 |
| | 港、澳、台刊物 | | 24 | 0 | 0 | 0 | 0 | 0 | 0 | 0 | 0 | 0 | 0 | 0 | 0 | 0 | 0 | 0 | 0 |
| 研究与咨询报告(篇) | 合计 | | 25 | 0 | 0 | 0 | 0 | 0 | 0 | 0 | 0 | 0 | 0 | 0 | 0 | 0 | 0 | 0 | 0 |
| | 被采纳数 | | 26 | 0 | 0 | 0 | 0 | 0 | 0 | 0 | 0 | 0 | 0 | 0 | 0 | 0 | 0 | 0 | 0 |

3.30 常州纺织服装职业技术学院人文、社会科学研究与课题成果来源情况表

| | | | 课题来源 | | | | | | | | | | | | | | | |
|---|---|---|---|---|---|---|---|---|---|---|---|---|---|---|---|---|---|---|
| | | | 合计 | 国家社科基金项目 | 国家社科基金单列学科项目 | 教育部人文社科研究项目 | 高校古籍整理研究项目 | 国家自然科学基金项目 | 中央其他部门社科专门项目 | 省、市、自治区社科基金项目 | 省教育厅社科项目 | 地、市、厅、局等政府部门项目 | 国际合作研究项目 | 与港、澳、台地区合作研究项目 | 企事业单位委托项目 | 学校社科项目 | 外资项目 | 其他 |
| | | 编号 | L01 | L02 | L03 | L04 | L05 | L06 | L07 | L08 | L09 | L10 | L11 | L12 | L13 | L14 | L15 | L16 |
| 课题数(项) | | 1 | 229 | 0 | 0 | 1 | 0 | 0 | 0 | 0 | 58 | 67 | 2 | 0 | 25 | 76 | 0 | 0 |
| 当年投入人数 | 合计(人年) | 2 | 32.3 | 0 | 0 | 0.2 | 0 | 0 | 0 | 0 | 11.5 | 9 | 0.2 | 0 | 2.9 | 8.5 | 0 | 0 |
| | 研究生(人年) | 3 | 0 | 0 | 0 | 0 | 0 | 0 | 0 | 0 | 0 | 0 | 0 | 0 | 0 | 0 | 0 | 0 |
| 当年拨入经费 | 合计(千元) | 4 | 551 | 0 | 0 | 25 | 0 | 0 | 0 | 0 | 240 | 43 | 0 | 0 | 75.5 | 167.5 | 0 | 0 |
| | 当年立项项目拨入经费(千元) | 5 | 533.5 | 0 | 0 | 25 | 0 | 0 | 0 | 0 | 240 | 33 | 0 | 0 | 75.5 | 160 | 0 | 0 |
| 当年支出经费(千元) | | 6 | 437.37 | 0 | 162 | 0 | 0 | 0 | 0 | 0 | 98.3 | 70.5 | 3 | 0 | 6 | 97.57 | 0 | 0 |
| 当年新开课题数(项) | | 7 | 99 | 0 | 0 | 1 | 0 | 0 | 0 | 0 | 21 | 43 | 0 | 0 | 13 | 21 | 0 | 0 |
| 当年新开课题批准经费(千元) | | 8 | 696 | 0 | 0 | 80 | 0 | 0 | 0 | 0 | 300 | 33 | 0 | 0 | 123 | 160 | 0 | 0 |
| 当年完成课题数(项) | | 9 | 68 | 0 | 0 | 0 | 0 | 0 | 0 | 0 | 10 | 37 | 2 | 0 | 6 | 13 | 0 | 0 |

| | | | | | | | | | | | | | | | | | | | |
|---|---|---|---|---|---|---|---|---|---|---|---|---|---|---|---|---|---|---|---|
| 出版著作（部） | 合计 | | 10 | 5 | 0 | 0 | 0 | 0 | 0 | 0 | 0 | 0 | 4 | 0 | 0 | 0 | 1 | 0 | 0 |
| | 专著 | 合计 | 11 | 2 | 0 | 0 | 0 | 0 | 0 | 0 | 0 | 0 | 2 | 0 | 0 | 0 | 0 | 0 | 0 |
| | | 被译成外文 | 12 | 0 | 0 | 0 | 0 | 0 | 0 | 0 | 0 | 0 | 0 | 0 | 0 | 0 | 0 | 0 | 0 |
| | 编著教材 | | 13 | 3 | 0 | 0 | 0 | 0 | 0 | 0 | 0 | 0 | 2 | 0 | 0 | 0 | 1 | 0 | 0 |
| | 工具书/参考书 | | 14 | 0 | 0 | 0 | 0 | 0 | 0 | 0 | 0 | 0 | 0 | 0 | 0 | 0 | 0 | 0 | 0 |
| | 皮书/发展报告 | | 15 | 0 | 0 | 0 | 0 | 0 | 0 | 0 | 0 | 0 | 0 | 0 | 0 | 0 | 0 | 0 | 0 |
| | 科普读物 | | 16 | 0 | 0 | 0 | 0 | 0 | 0 | 0 | 0 | 0 | 0 | 0 | 0 | 0 | 0 | 0 | 0 |
| 古籍整理（部） | | | 17 | 0 | 0 | 0 | 0 | 0 | 0 | 0 | 0 | 0 | 0 | 0 | 0 | 0 | 0 | 0 | 0 |
| 译著（部） | | | 18 | 0 | 0 | 0 | 0 | 0 | 0 | 0 | 0 | 0 | 0 | 0 | 0 | 0 | 0 | 0 | 0 |
| 发表译文（篇） | | | 19 | 0 | 0 | 0 | 0 | 0 | 0 | 0 | 0 | 0 | 0 | 0 | 0 | 0 | 0 | 0 | 0 |
| 电子出版物（件） | | | 20 | 0 | 0 | 0 | 0 | 0 | 0 | 0 | 0 | 0 | 0 | 0 | 0 | 0 | 0 | 0 | 0 |
| 发表论文（篇） | 合计 | | 21 | 276 | 0 | 0 | 1 | 0 | 0 | 0 | 1 | 47 | 64 | 1 | 0 | 40 | 121 | 1 | 0 |
| | 国内学术刊物 | | 22 | 276 | 0 | 0 | 1 | 0 | 0 | 0 | 1 | 47 | 64 | 1 | 0 | 40 | 121 | 1 | 0 |
| | 国外学术刊物 | | 23 | 0 | 0 | 0 | 0 | 0 | 0 | 0 | 0 | 0 | 0 | 0 | 0 | 0 | 0 | 0 | 0 |
| | 港、澳、台刊物 | | 24 | 0 | 0 | 0 | 0 | 0 | 0 | 0 | 0 | 0 | 0 | 0 | 0 | 0 | 0 | 0 | 0 |
| 研究与咨询报告（篇） | 合计 | | 25 | 40 | 0 | 0 | 0 | 0 | 0 | 0 | 0 | 1 | 1 | 0 | 0 | 38 | 0 | 0 | 0 |
| | 被采纳数 | | 26 | 1 | 0 | 0 | 0 | 0 | 0 | 0 | 0 | 0 | 1 | 0 | 0 | 0 | 0 | 0 | 0 |

## 3.31 苏州农业职业技术学院人文、社会科学研究与课题成果来源情况表

| | | | 课题来源 | | | | | | | | | | | | | | | |
|---|---|---|---|---|---|---|---|---|---|---|---|---|---|---|---|---|---|---|
| | | | 合计 | 国家社科基金项目 | 国家社科基金单列学科项目 | 教育部人文社科研究项目 | 高校古籍整理研究项目 | 国家自然科学基金项目 | 中央其他部门社科专门项目 | 省、市、自治区社科基金项目 | 省教育厅社科项目 | 地、市、厅、局等政府部门项目 | 国际合作研究项目 | 与港、澳、台地区合作研究项目 | 企事业单位委托项目 | 学校社科项目 | 外资项目 | 其他 |
| | | 编号 | L01 | L02 | L03 | L04 | L05 | L06 | L07 | L08 | L09 | L10 | L11 | L12 | L13 | L14 | L15 | L16 |
| 课题数(项) | | 1 | 48 | 0 | 0 | 0 | 0 | 0 | 0 | 0 | 12 | 24 | 0 | 0 | 0 | 12 | 0 | 0 |
| 当年投入人数 | 合计(人年) | 2 | 11.3 | 0 | 0 | 0 | 0 | 0 | 0 | 0 | 2.1 | 6 | 0 | 0 | 0 | 3.2 | 0 | 0 |
| | 研究生(人年) | 3 | 0 | 0 | 0 | 0 | 0 | 0 | 0 | 0 | 0 | 0 | 0 | 0 | 0 | 0 | 0 | 0 |
| 当年拨入经费 | 合计(千元) | 4 | 112.1 | 0 | 0 | 0 | 0 | 0 | 0 | 0 | 11 | 71.6 | 0 | 0 | 0 | 29.5 | 0 | 0 |
| | 当年立项项目拨入经费(千元) | 5 | 74.6 | 0 | 0 | 0 | 0 | 0 | 0 | 0 | 0 | 54.6 | 0 | 0 | 0 | 20 | 0 | 0 |
| 当年支出经费(千元) | | 6 | 132.3 | 0 | 0 | 0 | 0 | 0 | 0 | 0 | 27.2 | 72.4 | 0 | 0 | 0 | 32.7 | 0 | 0 |
| 当年新开课题数(项) | | 7 | 24 | 0 | 0 | 0 | 0 | 0 | 0 | 0 | 0 | 18 | 0 | 0 | 0 | 6 | 0 | 0 |
| 当年新开课题批准经费(千元) | | 8 | 248 | 0 | 0 | 0 | 0 | 0 | 0 | 0 | 0 | 188 | 0 | 0 | 0 | 60 | 0 | 0 |
| 当年完成课题数(项) | | 9 | 25 | 0 | 0 | 0 | 0 | 0 | 0 | 0 | 12 | 7 | 0 | 0 | 0 | 6 | 0 | 0 |

| | | | | | | | | | | | | | | | | | | | |
|---|---|---|---|---|---|---|---|---|---|---|---|---|---|---|---|---|---|---|---|
| 出版著作（部） | 合计 | | 10 | 1 | 0 | 0 | 0 | 0 | 0 | 0 | 0 | 1 | 0 | 0 | 0 | 0 | 0 | 0 | 0 |
| | 专著 | 合计 | 11 | 1 | 0 | 0 | 0 | 0 | 0 | 0 | 0 | 1 | 0 | 0 | 0 | 0 | 0 | 0 | 0 |
| | | 被译成外文 | 12 | 0 | 0 | 0 | 0 | 0 | 0 | 0 | 0 | 0 | 0 | 0 | 0 | 0 | 0 | 0 | 0 |
| | 编著教材 | | 13 | 0 | 0 | 0 | 0 | 0 | 0 | 0 | 0 | 0 | 0 | 0 | 0 | 0 | 0 | 0 | 0 |
| | 工具书/参考书 | | 14 | 0 | 0 | 0 | 0 | 0 | 0 | 0 | 0 | 0 | 0 | 0 | 0 | 0 | 0 | 0 | 0 |
| | 皮书/发展报告 | | 15 | 0 | 0 | 0 | 0 | 0 | 0 | 0 | 0 | 0 | 0 | 0 | 0 | 0 | 0 | 0 | 0 |
| | 科普读物 | | 16 | 0 | 0 | 0 | 0 | 0 | 0 | 0 | 0 | 0 | 0 | 0 | 0 | 0 | 0 | 0 | 0 |
| 古籍整理(部) | | | 17 | 0 | 0 | 0 | 0 | 0 | 0 | 0 | 0 | 0 | 0 | 0 | 0 | 0 | 0 | 0 | 0 |
| 译著(部) | | | 18 | 0 | 0 | 0 | 0 | 0 | 0 | 0 | 0 | 0 | 0 | 0 | 0 | 0 | 0 | 0 | 0 |
| 发表译文(篇) | | | 19 | 0 | 0 | 0 | 0 | 0 | 0 | 0 | 0 | 0 | 0 | 0 | 0 | 0 | 0 | 0 | 0 |
| 电子出版物(件) | | | 20 | 0 | 0 | 0 | 0 | 0 | 0 | 0 | 0 | 0 | 0 | 0 | 0 | 0 | 0 | 0 | 0 |
| 发表论文（篇） | 合计 | | 21 | 24 | 0 | 0 | 0 | 0 | 0 | 0 | 0 | 11 | 7 | 0 | 0 | 0 | 6 | 0 | 0 |
| | 国内学术刊物 | | 22 | 24 | 0 | 0 | 0 | 0 | 0 | 0 | 0 | 11 | 7 | 0 | 0 | 0 | 6 | 0 | 0 |
| | 国外学术刊物 | | 23 | 0 | 0 | 0 | 0 | 0 | 0 | 0 | 0 | 0 | 0 | 0 | 0 | 0 | 0 | 0 | 0 |
| | 港、澳、台刊物 | | 24 | 0 | 0 | 0 | 0 | 0 | 0 | 0 | 0 | 0 | 0 | 0 | 0 | 0 | 0 | 0 | 0 |
| 研究与咨询报告（篇） | 合计 | | 25 | 0 | 0 | 0 | 0 | 0 | 0 | 0 | 0 | 0 | 0 | 0 | 0 | 0 | 0 | 0 | 0 |
| | 被采纳数 | | 26 | 0 | 0 | 0 | 0 | 0 | 0 | 0 | 0 | 0 | 0 | 0 | 0 | 0 | 0 | 0 | 0 |

## 3.32 南京科技职业学院人文、社会科学研究与课题成果来源情况表

| | | | 课题来源 | | | | | | | | | | | | | | | |
|---|---|---|---|---|---|---|---|---|---|---|---|---|---|---|---|---|---|---|
| | | | 合计 | 国家社科基金项目 | 国家社科基金单列学科项目 | 教育部人文社科研究项目 | 高校古籍整理研究项目 | 国家自然科学基金项目 | 中央其他部门社科专门项目 | 省、市、自治区社科基金项目 | 省教育厅社科项目 | 地、市、厅、局等政府部门项目 | 国际合作研究项目 | 与港、澳、台地区合作研究项目 | 企事业单位委托项目 | 学校社科项目 | 外资项目 | 其他 |
| | | 编号 | L01 | L02 | L03 | L04 | L05 | L06 | L07 | L08 | L09 | L10 | L11 | L12 | L13 | L14 | L15 | L16 |
| 课题数(项) | | 1 | 228 | 0 | 0 | 1 | 0 | 0 | 0 | 2 | 72 | 35 | 0 | 0 | 3 | 115 | 0 | 0 |
| 当年投入人数 | 合计(人年) | 2 | 27.1 | 0 | 0 | 0.1 | 0 | 0 | 0 | 0.2 | 9.4 | 3.8 | 0 | 0 | 0.3 | 13.3 | 0 | 0 |
| | 研究生(人年) | 3 | 0 | 0 | 0 | 0 | 0 | 0 | 0 | 0 | 0 | 0 | 0 | 0 | 0 | 0 | 0 | 0 |
| 当年拨入经费 | 合计(千元) | 4 | 314 | 0 | 0 | 0 | 0 | 0 | 0 | 10 | 220 | 24 | 0 | 0 | 0 | 60 | 0 | 0 |
| | 当年立项项目拨入经费(千元) | 5 | 304 | 0 | 0 | 0 | 0 | 0 | 0 | 0 | 220 | 24 | 0 | 0 | 0 | 60 | 0 | 0 |
| 当年支出经费(千元) | | 6 | 360 | 0 | 0 | 45 | 0 | 0 | 0 | 45 | 192 | 18 | 0 | 0 | 0 | 60 | 0 | 0 |
| 当年新开课题数(项) | | 7 | 104 | 0 | 0 | 0 | 0 | 0 | 0 | 0 | 22 | 14 | 0 | 0 | 0 | 68 | 0 | 0 |
| 当年新开课题批准经费(千元) | | 8 | 304 | 0 | 0 | 0 | 0 | 0 | 0 | 0 | 220 | 24 | 0 | 0 | 0 | 60 | 0 | 0 |
| 当年完成课题数(项) | | 9 | 39 | 0 | 0 | 0 | 0 | 0 | 0 | 1 | 15 | 4 | 0 | 0 | 2 | 17 | 0 | 0 |

| | | | | | | | | | | | | | | | | | | | |
|---|---|---|---|---|---|---|---|---|---|---|---|---|---|---|---|---|---|---|---|
| 出版著作(部) | 合计 | | 10 | 0 | 0 | 0 | 0 | 0 | 0 | 0 | 0 | 0 | 0 | 0 | 0 | 0 | 0 | 0 | 0 |
| | 专著 | 合计 | 11 | 0 | 0 | 0 | 0 | 0 | 0 | 0 | 0 | 0 | 0 | 0 | 0 | 0 | 0 | 0 | 0 |
| | | 被译成外文 | 12 | 0 | 0 | 0 | 0 | 0 | 0 | 0 | 0 | 0 | 0 | 0 | 0 | 0 | 0 | 0 | 0 |
| | 编著教材 | | 13 | 0 | 0 | 0 | 0 | 0 | 0 | 0 | 0 | 0 | 0 | 0 | 0 | 0 | 0 | 0 | 0 |
| | 工具书/参考书 | | 14 | 0 | 0 | 0 | 0 | 0 | 0 | 0 | 0 | 0 | 0 | 0 | 0 | 0 | 0 | 0 | 0 |
| | 皮书/发展报告 | | 15 | 0 | 0 | 0 | 0 | 0 | 0 | 0 | 0 | 0 | 0 | 0 | 0 | 0 | 0 | 0 | 0 |
| | 科普读物 | | 16 | 0 | 0 | 0 | 0 | 0 | 0 | 0 | 0 | 0 | 0 | 0 | 0 | 0 | 0 | 0 | 0 |
| 古籍整理(部) | | | 17 | 0 | 0 | 0 | 0 | 0 | 0 | 0 | 0 | 0 | 0 | 0 | 0 | 0 | 0 | 0 | 0 |
| 译著(部) | | | 18 | 0 | 0 | 0 | 0 | 0 | 0 | 0 | 0 | 0 | 0 | 0 | 0 | 0 | 0 | 0 | 0 |
| 发表译文(篇) | | | 19 | 0 | 0 | 0 | 0 | 0 | 0 | 0 | 0 | 0 | 0 | 0 | 0 | 0 | 0 | 0 | 0 |
| 电子出版物(件) | | | 20 | 0 | 0 | 0 | 0 | 0 | 0 | 0 | 0 | 0 | 0 | 0 | 0 | 0 | 0 | 0 | 0 |
| 发表论文(篇) | 合计 | | 21 | 111 | 0 | 0 | 0 | 0 | 0 | 0 | 3 | 37 | 20 | 0 | 0 | 0 | 51 | 0 | 0 |
| | 国内学术刊物 | | 22 | 108 | 0 | 0 | 0 | 0 | 0 | 0 | 3 | 35 | 19 | 0 | 0 | 0 | 51 | 0 | 0 |
| | 国外学术刊物 | | 23 | 3 | 0 | 0 | 0 | 0 | 0 | 0 | 0 | 2 | 1 | 0 | 0 | 0 | 0 | 0 | 0 |
| | 港、澳、台刊物 | | 24 | 0 | 0 | 0 | 0 | 0 | 0 | 0 | 0 | 0 | 0 | 0 | 0 | 0 | 0 | 0 | 0 |
| 研究与咨询报告(篇) | 合计 | | 25 | 2 | 0 | 0 | 0 | 0 | 0 | 0 | 0 | 0 | 0 | 0 | 0 | 2 | 0 | 0 | 0 |
| | 被采纳数 | | 26 | 2 | 0 | 0 | 0 | 0 | 0 | 0 | 0 | 0 | 0 | 0 | 0 | 2 | 0 | 0 | 0 |

## 3.33 常州工业职业技术学院人文、社会科学研究与课题成果来源情况表

| | | 编号 | 课题来源 | | | | | | | | | | | | | | | |
|---|---|---|---|---|---|---|---|---|---|---|---|---|---|---|---|---|---|---|
| | | | 合计 | 国家社科基金项目 | 国家社科基金单列学科项目 | 教育部人文社科研究项目 | 高校古籍整理研究项目 | 国家自然科学基金项目 | 中央其他部门社科专门项目 | 省、市、自治区社科基金项目 | 省教育厅社科项目 | 地、市、厅、局等政府部门项目 | 国际合作研究项目 | 与港、澳、台地区合作研究项目 | 企事业单位委托项目 | 学校社科项目 | 外资项目 | 其他 |
| | | | L01 | L02 | L03 | L04 | L05 | L06 | L07 | L08 | L09 | L10 | L11 | L12 | L13 | L14 | L15 | L16 |
| 课题数(项) | | 1 | 261 | 0 | 0 | 2 | 0 | 0 | 0 | 1 | 65 | 65 | 0 | 0 | 58 | 70 | 0 | 0 |
| 当年投入人数 | 合计(人年) | 2 | 53.2 | 0 | 0 | 0.6 | 0 | 0 | 0 | 0.2 | 14.3 | 13.9 | 0 | 0 | 10.8 | 13.4 | 0 | 0 |
| | 研究生(人年) | 3 | 0 | 0 | 0 | 0 | 0 | 0 | 0 | 0 | 0 | 0 | 0 | 0 | 0 | 0 | 0 | 0 |
| 当年拨入经费 | 合计(千元) | 4 | 4 751.07 | 0 | 0 | 0 | 0 | 0 | 0 | 0 | 210 | 69 | 0 | 0 | 4 367.07 | 105 | 0 | 0 |
| | 当年立项项目拨入经费(千元) | 5 | 4 207.74 | 0 | 0 | 0 | 0 | 0 | 0 | 0 | 210 | 69 | 0 | 0 | 3 823.74 | 105 | 0 | 0 |
| 当年支出经费(千元) | | 6 | 3 601.91 | 0 | 0 | 20 | 0 | 0 | 0 | 0 | 23 | 46 | 0 | 0 | 3 485.41 | 27.5 | 0 | 0 |
| 当年新开课题数(项) | | 7 | 149 | 0 | 0 | 0 | 0 | 0 | 0 | 1 | 21 | 42 | 0 | 0 | 38 | 47 | 0 | 0 |
| 当年新开课题批准经费(千元) | | 8 | 4 211.74 | 0 | 0 | 0 | 0 | 0 | 0 | 0 | 210 | 73 | 0 | 0 | 3 823.74 | 105 | 0 | 0 |
| 当年完成课题数(项) | | 9 | 99 | 0 | 0 | 1 | 0 | 0 | 0 | 0 | 18 | 35 | 0 | 0 | 39 | 6 | 0 | 0 |

| | | | | | | | | | | | | | | | | | | | |
|---|---|---|---|---|---|---|---|---|---|---|---|---|---|---|---|---|---|---|---|
| 出版著作(部) | 合计 | | 10 | 10 | 0 | 0 | 0 | 0 | 0 | 0 | 0 | 1 | 1 | 0 | 0 | 5 | 3 | 0 | 0 |
| | 专著 | 合计 | 11 | 0 | 0 | 0 | 0 | 0 | 0 | 0 | 0 | 0 | 0 | 0 | 0 | 0 | 0 | 0 | 0 |
| | | 被译成外文 | 12 | 0 | 0 | 0 | 0 | 0 | 0 | 0 | 0 | 0 | 0 | 0 | 0 | 0 | 0 | 0 | 0 |
| | 编著教材 | | 13 | 10 | 0 | 0 | 0 | 0 | 0 | 0 | 0 | 1 | 1 | 0 | 0 | 5 | 3 | 0 | 0 |
| | 工具书/参考书 | | 14 | 0 | 0 | 0 | 0 | 0 | 0 | 0 | 0 | 0 | 0 | 0 | 0 | 0 | 0 | 0 | 0 |
| | 皮书/发展报告 | | 15 | 0 | 0 | 0 | 0 | 0 | 0 | 0 | 0 | 0 | 0 | 0 | 0 | 0 | 0 | 0 | 0 |
| | 科普读物 | | 16 | 0 | 0 | 0 | 0 | 0 | 0 | 0 | 0 | 0 | 0 | 0 | 0 | 0 | 0 | 0 | 0 |
| 古籍整理(部) | | | 17 | 0 | 0 | 0 | 0 | 0 | 0 | 0 | 0 | 0 | 0 | 0 | 0 | 0 | 0 | 0 | 0 |
| 译著(部) | | | 18 | 0 | 0 | 0 | 0 | 0 | 0 | 0 | 0 | 0 | 0 | 0 | 0 | 0 | 0 | 0 | 0 |
| 发表译文(篇) | | | 19 | 0 | 0 | 0 | 0 | 0 | 0 | 0 | 0 | 0 | 0 | 0 | 0 | 0 | 0 | 0 | 0 |
| 电子出版物(件) | | | 20 | 0 | 0 | 0 | 0 | 0 | 0 | 0 | 0 | 0 | 0 | 0 | 0 | 0 | 0 | 0 | 0 |
| 发表论文(篇) | 合计 | | 21 | 92 | 0 | 0 | 1 | 0 | 0 | 0 | 1 | 38 | 24 | 0 | 0 | 10 | 18 | 0 | 0 |
| | 国内学术刊物 | | 22 | 92 | 0 | 0 | 1 | 0 | 0 | 0 | 1 | 38 | 24 | 0 | 0 | 10 | 18 | 0 | 0 |
| | 国外学术刊物 | | 23 | 0 | 0 | 0 | 0 | 0 | 0 | 0 | 0 | 0 | 0 | 0 | 0 | 0 | 0 | 0 | 0 |
| | 港、澳、台刊物 | | 24 | 0 | 0 | 0 | 0 | 0 | 0 | 0 | 0 | 0 | 0 | 0 | 0 | 0 | 0 | 0 | 0 |
| 研究与咨询报告(篇) | 合计 | | 25 | 75 | 0 | 0 | 1 | 0 | 0 | 0 | 0 | 18 | 23 | 0 | 0 | 28 | 5 | 0 | 0 |
| | 被采纳数 | | 26 | 48 | 0 | 0 | 0 | 0 | 0 | 0 | 0 | 0 | 20 | 0 | 0 | 28 | 0 | 0 | 0 |

## 3.34 常州工程职业技术学院人文、社会科学研究与课题成果来源情况表

| | | | 课题来源 | | | | | | | | | | | | | | | |
|---|---|---|---|---|---|---|---|---|---|---|---|---|---|---|---|---|---|---|
| | | | 合计 | 国家社科基金项目 | 国家社科基金单列学科项目 | 教育部人文社科研究项目 | 高校古籍整理研究项目 | 国家自然科学基金项目 | 中央其他部门社科专门项目 | 省、市、自治区社科基金项目 | 省教育厅社科项目 | 地、市、厅、局等政府部门项目 | 国际合作研究项目 | 与港、澳、台地区合作研究项目 | 企事业单位委托项目 | 学校社科项目 | 外资项目 | 其他 |
| | | 编号 | L01 | L02 | L03 | L04 | L05 | L06 | L07 | L08 | L09 | L10 | L11 | L12 | L13 | L14 | L15 | L16 |
| 课题数(项) | | 1 | 212 | 0 | 0 | 2 | 0 | 0 | 0 | 10 | 59 | 60 | 0 | 0 | 40 | 41 | 0 | 0 |
| 当年投入人数 | 合计(人年) | 2 | 21.3 | 0 | 0 | 0.3 | 0 | 0 | 0 | 1 | 5.9 | 6 | 0 | 0 | 4 | 4.1 | 0 | 0 |
| | 研究生(人年) | 3 | 0 | 0 | 0 | 0 | 0 | 0 | 0 | 0 | 0 | 0 | 0 | 0 | 0 | 0 | 0 | 0 |
| 当年拨入经费 | 合计(千元) | 4 | 2 979.8 | 0 | 0 | 237 | 0 | 0 | 0 | 3 | 0 | 44 | 0 | 0 | 2 510.8 | 185 | 0 | 0 |
| | 当年立项项目拨入经费(千元) | 5 | 2 979.8 | 0 | 0 | 237 | 0 | 0 | 0 | 3 | 0 | 44 | 0 | 0 | 2 510.8 | 185 | 0 | 0 |
| 当年支出经费(千元) | | 6 | 2 167.3 | 0 | 0 | 106 | 0 | 0 | 0 | 11 | 0 | 73.5 | 0 | 0 | 1 838.8 | 138 | 0 | 0 |
| 当年新开课题数(项) | | 7 | 113 | 0 | 0 | 2 | 0 | 0 | 0 | 1 | 20 | 44 | 0 | 0 | 23 | 23 | 0 | 0 |
| 当年新开课题批准经费(千元) | | 8 | 2 994.8 | 0 | 0 | 250 | 0 | 0 | 0 | 5 | 0 | 44 | 0 | 0 | 2 510.8 | 185 | 0 | 0 |
| 当年完成课题数(项) | | 9 | 97 | 0 | 0 | 0 | 0 | 0 | 0 | 6 | 11 | 45 | 0 | 0 | 29 | 6 | 0 | 0 |

| | | | | | | | | | | | | | | | | | | | |
|---|---|---|---|---|---|---|---|---|---|---|---|---|---|---|---|---|---|---|---|
| 出版著作(部) | 合计 | | 10 | 11 | 0 | 0 | 0 | 0 | 0 | 0 | 3 | 4 | 3 | 0 | 0 | 0 | 1 | 0 | 0 |
| | 专著 | 合计 | 11 | 11 | 0 | 0 | 0 | 0 | 0 | 0 | 3 | 4 | 3 | 0 | 0 | 0 | 1 | 0 | 0 |
| | | 被译成外文 | 12 | 0 | 0 | 0 | 0 | 0 | 0 | 0 | 0 | 0 | 0 | 0 | 0 | 0 | 0 | 0 | 0 |
| | 编著教材 | | 13 | 0 | 0 | 0 | 0 | 0 | 0 | 0 | 0 | 0 | 0 | 0 | 0 | 0 | 0 | 0 | 0 |
| | 工具书/参考书 | | 14 | 0 | 0 | 0 | 0 | 0 | 0 | 0 | 0 | 0 | 0 | 0 | 0 | 0 | 0 | 0 | 0 |
| | 皮书/发展报告 | | 15 | 0 | 0 | 0 | 0 | 0 | 0 | 0 | 0 | 0 | 0 | 0 | 0 | 0 | 0 | 0 | 0 |
| | 科普读物 | | 16 | 0 | 0 | 0 | 0 | 0 | 0 | 0 | 0 | 0 | 0 | 0 | 0 | 0 | 0 | 0 | 0 |
| 古籍整理(部) | | | 17 | 0 | 0 | 0 | 0 | 0 | 0 | 0 | 0 | 0 | 0 | 0 | 0 | 0 | 0 | 0 | 0 |
| 译著(部) | | | 18 | 0 | 0 | 0 | 0 | 0 | 0 | 0 | 0 | 0 | 0 | 0 | 0 | 0 | 0 | 0 | 0 |
| 发表译文(篇) | | | 19 | 0 | 0 | 0 | 0 | 0 | 0 | 0 | 0 | 0 | 0 | 0 | 0 | 0 | 0 | 0 | 0 |
| 电子出版物(件) | | | 20 | 0 | 0 | 0 | 0 | 0 | 0 | 0 | 0 | 0 | 0 | 0 | 0 | 0 | 0 | 0 | 0 |
| 发表论文(篇) | 合计 | | 21 | 206 | 0 | 0 | 0 | 0 | 0 | 0 | 13 | 66 | 103 | 0 | 0 | 0 | 24 | 0 | 0 |
| | 国内学术刊物 | | 22 | 206 | 0 | 0 | 0 | 0 | 0 | 0 | 13 | 66 | 103 | 0 | 0 | 0 | 24 | 0 | 0 |
| | 国外学术刊物 | | 23 | 0 | 0 | 0 | 0 | 0 | 0 | 0 | 0 | 0 | 0 | 0 | 0 | 0 | 0 | 0 | 0 |
| | 港、澳、台刊物 | | 24 | 0 | 0 | 0 | 0 | 0 | 0 | 0 | 0 | 0 | 0 | 0 | 0 | 0 | 0 | 0 | 0 |
| 研究与咨询报告(篇) | 合计 | | 25 | 21 | 0 | 0 | 0 | 0 | 0 | 0 | 0 | 0 | 0 | 0 | 0 | 21 | 0 | 0 | 0 |
| | 被采纳数 | | 26 | 0 | 0 | 0 | 0 | 0 | 0 | 0 | 0 | 0 | 0 | 0 | 0 | 0 | 0 | 0 | 0 |

## 3.35 江苏农林职业技术学院人文、社会科学研究与课题成果来源情况表

| | | | 课题来源 | | | | | | | | | | | | | | | |
|---|---|---|---|---|---|---|---|---|---|---|---|---|---|---|---|---|---|---|
| | | | 合计 | 国家社科基金项目 | 国家社科基金单列学科项目 | 教育部人文社科研究项目 | 高校古籍整理研究项目 | 国家自然科学基金项目 | 中央其他部门社科专门项目 | 省、市、自治区社科基金项目 | 省教育厅社科项目 | 地、市、厅、局等政府部门项目 | 国际合作研究项目 | 与港、澳、台地区合作研究项目 | 企事业单位委托项目 | 学校社科项目 | 外资项目 | 其他 |
| | | 编号 | L01 | L02 | L03 | L04 | L05 | L06 | L07 | L08 | L09 | L10 | L11 | L12 | L13 | L14 | L15 | L16 |
| 课题数(项) | | 1 | 57 | 0 | 0 | 1 | 0 | 0 | 0 | 0 | 51 | 5 | 0 | 0 | 0 | 0 | 0 | 0 |
| 当年投入人数 | 合计(人年) | 2 | 7.8 | 0 | 0 | 0.2 | 0 | 0 | 0 | 0 | 6.7 | 0.9 | 0 | 0 | 0 | 0 | 0 | 0 |
| | 研究生(人年) | 3 | 0 | 0 | 0 | 0 | 0 | 0 | 0 | 0 | 0 | 0 | 0 | 0 | 0 | 0 | 0 | 0 |
| 当年拨入经费 | 合计(千元) | 4 | 285 | 0 | 0 | 30 | 0 | 0 | 0 | 0 | 160 | 95 | 0 | 0 | 0 | 0 | 0 | 0 |
| | 当年立项项目拨入经费(千元) | 5 | 255 | 0 | 0 | 0 | 0 | 0 | 0 | 0 | 160 | 95 | 0 | 0 | 0 | 0 | 0 | 0 |
| 当年支出经费(千元) | | 6 | 270 | 0 | 0 | 27 | 0 | 0 | 0 | 0 | 162 | 81 | 0 | 0 | 0 | 0 | 0 | 0 |
| 当年新开课题数(项) | | 7 | 20 | 0 | 0 | 0 | 0 | 0 | 0 | 0 | 16 | 4 | 0 | 0 | 0 | 0 | 0 | 0 |
| 当年新开课题批准经费(千元) | | 8 | 255 | 0 | 0 | 0 | 0 | 0 | 0 | 0 | 160 | 95 | 0 | 0 | 0 | 0 | 0 | 0 |
| 当年完成课题数(项) | | 9 | 13 | 0 | 0 | 0 | 0 | 0 | 0 | 0 | 12 | 1 | 0 | 0 | 0 | 0 | 0 | 0 |

| | | | | | | | | | | | | | | | | | | | |
|---|---|---|---|---|---|---|---|---|---|---|---|---|---|---|---|---|---|---|---|
| 出版著作(部) | 合计 | | 10 | 0 | 0 | 0 | 0 | 0 | 0 | 0 | 0 | 0 | 0 | 0 | 0 | 0 | 0 | 0 | 0 |
| | 专著 | 合计 | 11 | 0 | 0 | 0 | 0 | 0 | 0 | 0 | 0 | 0 | 0 | 0 | 0 | 0 | 0 | 0 | 0 |
| | | 被译成外文 | 12 | 0 | 0 | 0 | 0 | 0 | 0 | 0 | 0 | 0 | 0 | 0 | 0 | 0 | 0 | 0 | 0 |
| | 编著教材 | | 13 | 0 | 0 | 0 | 0 | 0 | 0 | 0 | 0 | 0 | 0 | 0 | 0 | 0 | 0 | 0 | 0 |
| | 工具书/参考书 | | 14 | 0 | 0 | 0 | 0 | 0 | 0 | 0 | 0 | 0 | 0 | 0 | 0 | 0 | 0 | 0 | 0 |
| | 皮书/发展报告 | | 15 | 0 | 0 | 0 | 0 | 0 | 0 | 0 | 0 | 0 | 0 | 0 | 0 | 0 | 0 | 0 | 0 |
| | 科普读物 | | 16 | 0 | 0 | 0 | 0 | 0 | 0 | 0 | 0 | 0 | 0 | 0 | 0 | 0 | 0 | 0 | 0 |
| 古籍整理(部) | | | 17 | 0 | 0 | 0 | 0 | 0 | 0 | 0 | 0 | 0 | 0 | 0 | 0 | 0 | 0 | 0 | 0 |
| 译著(部) | | | 18 | 0 | 0 | 0 | 0 | 0 | 0 | 0 | 0 | 0 | 0 | 0 | 0 | 0 | 0 | 0 | 0 |
| 发表译文(篇) | | | 19 | 0 | 0 | 0 | 0 | 0 | 0 | 0 | 0 | 0 | 0 | 0 | 0 | 0 | 0 | 0 | 0 |
| 电子出版物(件) | | | 20 | 0 | 0 | 0 | 0 | 0 | 0 | 0 | 0 | 0 | 0 | 0 | 0 | 0 | 0 | 0 | 0 |
| 发表论文(篇) | 合计 | | 21 | 54 | 0 | 0 | 0 | 0 | 0 | 0 | 0 | 50 | 4 | 0 | 0 | 0 | 0 | 0 | 0 |
| | 国内学术刊物 | | 22 | 54 | 0 | 0 | 0 | 0 | 0 | 0 | 0 | 50 | 4 | 0 | 0 | 0 | 0 | 0 | 0 |
| | 国外学术刊物 | | 23 | 0 | 0 | 0 | 0 | 0 | 0 | 0 | 0 | 0 | 0 | 0 | 0 | 0 | 0 | 0 | 0 |
| | 港、澳、台刊物 | | 24 | 0 | 0 | 0 | 0 | 0 | 0 | 0 | 0 | 0 | 0 | 0 | 0 | 0 | 0 | 0 | 0 |
| 研究与咨询报告(篇) | 合计 | | 25 | 0 | 0 | 0 | 0 | 0 | 0 | 0 | 0 | 0 | 0 | 0 | 0 | 0 | 0 | 0 | 0 |
| | 被采纳数 | | 26 | 0 | 0 | 0 | 0 | 0 | 0 | 0 | 0 | 0 | 0 | 0 | 0 | 0 | 0 | 0 | 0 |

## 3.36 江苏食品药品职业技术学院人文、社会科学研究与课题成果来源情况表

| | | | 课题来源 | | | | | | | | | | | | | | | |
|---|---|---|---|---|---|---|---|---|---|---|---|---|---|---|---|---|---|---|
| | | | 合计 | 国家社科基金项目 | 国家社科基金单列学科项目 | 教育部人文社科研究项目 | 高校古籍整理研究项目 | 国家自然科学基金项目 | 中央其他部门社科专门项目 | 省、市、自治区社科基金项目 | 省教育厅社科项目 | 地、市、厅、局等政府部门项目 | 国际合作研究项目 | 与港、澳、台地区合作研究项目 | 企事业单位委托项目 | 学校社科项目 | 外资项目 | 其他 |
| | | 编号 | L01 | L02 | L03 | L04 | L05 | L06 | L07 | L08 | L09 | L10 | L11 | L12 | L13 | L14 | L15 | L16 |
| 课题数(项) | | 1 | 114 | 0 | 0 | 0 | 0 | 0 | 0 | 0 | 55 | 26 | 0 | 0 | 5 | 28 | 0 | 0 |
| 当年投入人数 | 合计(人年) | 2 | 21.5 | 0 | 0 | 0 | 0 | 0 | 0 | 0 | 10.5 | 4.7 | 0 | 0 | 1.1 | 5.2 | 0 | 0 |
| | 研究生(人年) | 3 | 0 | 0 | 0 | 0 | 0 | 0 | 0 | 0 | 0 | 0 | 0 | 0 | 0 | 0 | 0 | 0 |
| 当年拨入经费 | 合计(千元) | 4 | 634.5 | 0 | 0 | 0 | 0 | 0 | 0 | 0 | 60 | 70.5 | 0 | 0 | 410 | 94 | 0 | 0 |
| | 当年立项项目拨入经费(千元) | 5 | 634.5 | 0 | 0 | 0 | 0 | 0 | 0 | 0 | 60 | 70.5 | 0 | 0 | 410 | 94 | 0 | 0 |
| 当年支出经费(千元) | | 6 | 413.2 | 0 | 0 | 0 | 0 | 0 | 0 | 0 | 94.2 | 65.5 | 0 | 0 | 180 | 73.5 | 0 | 0 |
| 当年新开课题数(项) | | 7 | 63 | 0 | 0 | 0 | 0 | 0 | 0 | 0 | 20 | 22 | 0 | 0 | 5 | 16 | 0 | 0 |
| 当年新开课题批准经费(千元) | | 8 | 634.5 | 0 | 0 | 0 | 0 | 0 | 0 | 0 | 60 | 70.5 | 0 | 0 | 410 | 94 | 0 | 0 |
| 当年完成课题数(项) | | 9 | 43 | 0 | 0 | 0 | 0 | 0 | 0 | 0 | 16 | 16 | 0 | 0 | 0 | 11 | 0 | 0 |

| | | | | | | | | | | | | | | | | | | | |
|---|---|---|---|---|---|---|---|---|---|---|---|---|---|---|---|---|---|---|---|
| 出版著作(部) | 合计 | | 10 | 0 | 0 | 0 | 0 | 0 | 0 | 0 | 0 | 0 | 0 | 0 | 0 | 0 | 0 | 0 | 0 |
| | 专著 | 合计 | 11 | 0 | 0 | 0 | 0 | 0 | 0 | 0 | 0 | 0 | 0 | 0 | 0 | 0 | 0 | 0 | 0 |
| | | 被译成外文 | 12 | 0 | 0 | 0 | 0 | 0 | 0 | 0 | 0 | 0 | 0 | 0 | 0 | 0 | 0 | 0 | 0 |
| | 编著教材 | | 13 | 0 | 0 | 0 | 0 | 0 | 0 | 0 | 0 | 0 | 0 | 0 | 0 | 0 | 0 | 0 | 0 |
| | 工具书/参考书 | | 14 | 0 | 0 | 0 | 0 | 0 | 0 | 0 | 0 | 0 | 0 | 0 | 0 | 0 | 0 | 0 | 0 |
| | 皮书/发展报告 | | 15 | 0 | 0 | 0 | 0 | 0 | 0 | 0 | 0 | 0 | 0 | 0 | 0 | 0 | 0 | 0 | 0 |
| | 科普读物 | | 16 | 0 | 0 | 0 | 0 | 0 | 0 | 0 | 0 | 0 | 0 | 0 | 0 | 0 | 0 | 0 | 0 |
| 古籍整理(部) | | | 17 | 0 | 0 | 0 | 0 | 0 | 0 | 0 | 0 | 0 | 0 | 0 | 0 | 0 | 0 | 0 | 0 |
| 译著(部) | | | 18 | 0 | 0 | 0 | 0 | 0 | 0 | 0 | 0 | 0 | 0 | 0 | 0 | 0 | 0 | 0 | 0 |
| 发表译文(篇) | | | 19 | 0 | 0 | 0 | 0 | 0 | 0 | 0 | 0 | 0 | 0 | 0 | 0 | 0 | 0 | 0 | 0 |
| 电子出版物(件) | | | 20 | 0 | 0 | 0 | 0 | 0 | 0 | 0 | 0 | 0 | 0 | 0 | 0 | 0 | 0 | 0 | 0 |
| 发表论文(篇) | 合计 | | 21 | 78 | 0 | 0 | 0 | 0 | 0 | 0 | 0 | 32 | 22 | 0 | 0 | 0 | 24 | 0 | 0 |
| | 国内学术刊物 | | 22 | 78 | 0 | 0 | 0 | 0 | 0 | 0 | 0 | 32 | 22 | 0 | 0 | 0 | 24 | 0 | 0 |
| | 国外学术刊物 | | 23 | 0 | 0 | 0 | 0 | 0 | 0 | 0 | 0 | 0 | 0 | 0 | 0 | 0 | 0 | 0 | 0 |
| | 港、澳、台刊物 | | 24 | 0 | 0 | 0 | 0 | 0 | 0 | 0 | 0 | 0 | 0 | 0 | 0 | 0 | 0 | 0 | 0 |
| 研究与咨询报告(篇) | 合计 | | 25 | 16 | 0 | 0 | 0 | 0 | 0 | 0 | 0 | 0 | 16 | 0 | 0 | 0 | 0 | 0 | 0 |
| | 被采纳数 | | 26 | 0 | 0 | 0 | 0 | 0 | 0 | 0 | 0 | 0 | 0 | 0 | 0 | 0 | 0 | 0 | 0 |

## 3.37 南京铁道职业技术学院人文、社会科学研究与课题成果来源情况表

| | | | 课题来源 | | | | | | | | | | | | | | | |
|---|---|---|---|---|---|---|---|---|---|---|---|---|---|---|---|---|---|---|
| | | | 合计 | 国家社科基金项目 | 国家社科基金单列学科项目 | 教育部人文社科研究项目 | 高校古籍整理研究项目 | 国家自然科学基金项目 | 中央其他部门社科专门项目 | 省、市、自治区社科基金项目 | 省教育厅社科项目 | 地、市、厅、局等政府部门项目 | 国际合作研究项目 | 与港、澳、台地区合作研究项目 | 企事业单位委托项目 | 学校社科项目 | 外资项目 | 其他 |
| | | 编号 | L01 | L02 | L03 | L04 | L05 | L06 | L07 | L08 | L09 | L10 | L11 | L12 | L13 | L14 | L15 | L16 |
| 课题数(项) | | 1 | 177 | 0 | 0 | 0 | 0 | 0 | 0 | 1 | 85 | 0 | 0 | 0 | 4 | 87 | 0 | 0 |
| 当年投入人数 | 合计(人年) | 2 | 18.3 | 0 | 0 | 0 | 0 | 0 | 0 | 0.1 | 9.1 | 0 | 0 | 0 | 0.4 | 8.7 | 0 | 0 |
| | 研究生(人年) | 3 | 0 | 0 | 0 | 0 | 0 | 0 | 0 | 0 | 0 | 0 | 0 | 0 | 0 | 0 | 0 | 0 |
| 当年拨入经费 | 合计(千元) | 4 | 346 | 0 | 0 | 0 | 0 | 0 | 0 | 0 | 240 | 0 | 0 | 0 | 16 | 90 | 0 | 0 |
| | 当年立项项目拨入经费(千元) | 5 | 346 | 0 | 0 | 0 | 0 | 0 | 0 | 0 | 240 | 0 | 0 | 0 | 16 | 90 | 0 | 0 |
| 当年支出经费(千元) | | 6 | 252.8 | 0 | 0 | 0 | 0 | 0 | 0 | 0 | 162.3 | 0 | 0 | 0 | 8 | 82.5 | 0 | 0 |
| 当年新开课题数(项) | | 7 | 70 | 0 | 0 | 0 | 0 | 0 | 0 | 0 | 21 | 0 | 0 | 0 | 4 | 45 | 0 | 0 |
| 当年新开课题批准经费(千元) | | 8 | 414 | 0 | 0 | 0 | 0 | 0 | 0 | 0 | 300 | 0 | 0 | 0 | 16 | 98 | 0 | 0 |
| 当年完成课题数(项) | | 9 | 57 | 0 | 0 | 0 | 0 | 0 | 0 | 0 | 19 | 0 | 0 | 0 | 0 | 38 | 0 | 0 |

| | | | | | | | | | | | | | | | | | | | |
|---|---|---|---|---|---|---|---|---|---|---|---|---|---|---|---|---|---|---|---|
| 出版著作(部) | 合计 | | 10 | 1 | 0 | 0 | 0 | 0 | 0 | 0 | 0 | 1 | 0 | 0 | 0 | 0 | 0 | 0 | 0 |
| | 专著 | 合计 | 11 | 1 | 0 | 0 | 0 | 0 | 0 | 0 | 0 | 1 | 0 | 0 | 0 | 0 | 0 | 0 | 0 |
| | | 被译成外文 | 12 | 0 | 0 | 0 | 0 | 0 | 0 | 0 | 0 | 0 | 0 | 0 | 0 | 0 | 0 | 0 | 0 |
| | 编著教材 | | 13 | 0 | 0 | 0 | 0 | 0 | 0 | 0 | 0 | 0 | 0 | 0 | 0 | 0 | 0 | 0 | 0 |
| | 工具书/参考书 | | 14 | 0 | 0 | 0 | 0 | 0 | 0 | 0 | 0 | 0 | 0 | 0 | 0 | 0 | 0 | 0 | 0 |
| | 皮书/发展报告 | | 15 | 0 | 0 | 0 | 0 | 0 | 0 | 0 | 0 | 0 | 0 | 0 | 0 | 0 | 0 | 0 | 0 |
| | 科普读物 | | 16 | 0 | 0 | 0 | 0 | 0 | 0 | 0 | 0 | 0 | 0 | 0 | 0 | 0 | 0 | 0 | 0 |
| 古籍整理(部) | | | 17 | 0 | 0 | 0 | 0 | 0 | 0 | 0 | 0 | 0 | 0 | 0 | 0 | 0 | 0 | 0 | 0 |
| 译著(部) | | | 18 | 0 | 0 | 0 | 0 | 0 | 0 | 0 | 0 | 0 | 0 | 0 | 0 | 0 | 0 | 0 | 0 |
| 发表译文(篇) | | | 19 | 0 | 0 | 0 | 0 | 0 | 0 | 0 | 0 | 0 | 0 | 0 | 0 | 0 | 0 | 0 | 0 |
| 电子出版物(件) | | | 20 | 0 | 0 | 0 | 0 | 0 | 0 | 0 | 0 | 0 | 0 | 0 | 0 | 0 | 0 | 0 | 0 |
| 发表论文(篇) | 合计 | | 21 | 168 | 0 | 0 | 0 | 0 | 0 | 0 | 1 | 74 | 0 | 0 | 0 | 10 | 83 | 0 | 0 |
| | 国内学术刊物 | | 22 | 168 | 0 | 0 | 0 | 0 | 0 | 0 | 1 | 74 | 0 | 0 | 0 | 10 | 83 | 0 | 0 |
| | 国外学术刊物 | | 23 | 0 | 0 | 0 | 0 | 0 | 0 | 0 | 0 | 0 | 0 | 0 | 0 | 0 | 0 | 0 | 0 |
| | 港、澳、台刊物 | | 24 | 0 | 0 | 0 | 0 | 0 | 0 | 0 | 0 | 0 | 0 | 0 | 0 | 0 | 0 | 0 | 0 |
| 研究与咨询报告(篇) | 合计 | | 25 | 4 | 0 | 0 | 0 | 0 | 0 | 0 | 0 | 0 | 0 | 0 | 0 | 4 | 0 | 0 | 0 |
| | 被采纳数 | | 26 | 0 | 0 | 0 | 0 | 0 | 0 | 0 | 0 | 0 | 0 | 0 | 0 | 0 | 0 | 0 | 0 |

## 3.38 徐州工业职业技术学院人文、社会科学研究与课题成果来源情况表

| | | | 课题来源 | | | | | | | | | | | | | | | |
|---|---|---|---|---|---|---|---|---|---|---|---|---|---|---|---|---|---|---|
| | | | 合计 | 国家社科基金项目 | 国家社科基金单列学科项目 | 教育部人文社科研究项目 | 高校古籍整理研究项目 | 国家自然科学基金项目 | 中央其他部门社科专门项目 | 省、市、自治区社科基金项目 | 省教育厅社科项目 | 地、市、厅、局等政府部门项目 | 国际合作研究项目 | 与港、澳、台地区合作研究项目 | 企事业单位委托项目 | 学校社科项目 | 外资项目 | 其他 |
| | | 编号 | L01 | L02 | L03 | L04 | L05 | L06 | L07 | L08 | L09 | L10 | L11 | L12 | L13 | L14 | L15 | L16 |
| 课题数(项) | | 1 | 176 | 0 | 0 | 0 | 0 | 0 | 0 | 1 | 62 | 31 | 0 | 0 | 31 | 45 | 0 | 6 |
| 当年投入人数 | 合计(人年) | 2 | 17.9 | 0 | 0 | 0 | 0 | 0 | 0 | 0.1 | 6.2 | 3.4 | 0 | 0 | 3.1 | 4.5 | 0 | 0.6 |
| | 研究生(人年) | 3 | 0 | 0 | 0 | 0 | 0 | 0 | 0 | 0 | 0 | 0 | 0 | 0 | 0 | 0 | 0 | 0 |
| 当年拨入经费 | 合计(千元) | 4 | 531 | 0 | 0 | 0 | 0 | 0 | 0 | 0 | 170 | 240 | 0 | 0 | 121 | 0 | 0 | 0 |
| | 当年立项项目拨入经费(千元) | 5 | 511 | 0 | 0 | 0 | 0 | 0 | 0 | 0 | 170 | 220 | 0 | 0 | 121 | 0 | 0 | 0 |
| 当年支出经费(千元) | | 6 | 481.8 | 0 | 0 | 0 | 0 | 0 | 0 | 4.5 | 173.5 | 181.2 | 0 | 0 | 90.85 | 28.7 | 0 | 3.05 |
| 当年新开课题数(项) | | 7 | 79 | 0 | 0 | 0 | 0 | 0 | 0 | 0 | 17 | 21 | 0 | 0 | 19 | 22 | 0 | 0 |
| 当年新开课题批准经费(千元) | | 8 | 561 | 0 | 0 | 0 | 0 | 0 | 0 | 0 | 170 | 220 | 0 | 0 | 171 | 0 | 0 | 0 |
| 当年完成课题数(项) | | 9 | 51 | 0 | 0 | 0 | 0 | 0 | 0 | 0 | 19 | 11 | 0 | 0 | 7 | 8 | 0 | 6 |

| | | | 编号 | | | | | | | | | | | | | | | | |
|---|---|---|---|---|---|---|---|---|---|---|---|---|---|---|---|---|---|---|---|
| 出版著作(部) | 合计 | | 10 | 3 | 0 | 0 | 0 | 0 | 0 | 0 | 0 | 1 | 1 | 0 | 0 | 1 | 0 | 0 | 0 |
| | 专著 | 合计 | 11 | 0 | 0 | 0 | 0 | 0 | 0 | 0 | 0 | 0 | 0 | 0 | 0 | 0 | 0 | 0 | 0 |
| | | 被译成外文 | 12 | 0 | 0 | 0 | 0 | 0 | 0 | 0 | 0 | 0 | 0 | 0 | 0 | 0 | 0 | 0 | 0 |
| | 编著教材 | | 13 | 3 | 0 | 0 | 0 | 0 | 0 | 0 | 0 | 1 | 1 | 0 | 0 | 1 | 0 | 0 | 0 |
| | 工具书/参考书 | | 14 | 0 | 0 | 0 | 0 | 0 | 0 | 0 | 0 | 0 | 0 | 0 | 0 | 0 | 0 | 0 | 0 |
| | 皮书/发展报告 | | 15 | 0 | 0 | 0 | 0 | 0 | 0 | 0 | 0 | 0 | 0 | 0 | 0 | 0 | 0 | 0 | 0 |
| | 科普读物 | | 16 | 0 | 0 | 0 | 0 | 0 | 0 | 0 | 0 | 0 | 0 | 0 | 0 | 0 | 0 | 0 | 0 |
| 古籍整理(部) | | | 17 | 0 | 0 | 0 | 0 | 0 | 0 | 0 | 0 | 0 | 0 | 0 | 0 | 0 | 0 | 0 | 0 |
| 译著(部) | | | 18 | 0 | 0 | 0 | 0 | 0 | 0 | 0 | 0 | 0 | 0 | 0 | 0 | 0 | 0 | 0 | 0 |
| 发表译文(篇) | | | 19 | 0 | 0 | 0 | 0 | 0 | 0 | 0 | 0 | 0 | 0 | 0 | 0 | 0 | 0 | 0 | 0 |
| 电子出版物(件) | | | 20 | 0 | 0 | 0 | 0 | 0 | 0 | 0 | 0 | 0 | 0 | 0 | 0 | 0 | 0 | 0 | 0 |
| 发表论文(篇) | 合计 | | 21 | 77 | 0 | 0 | 0 | 0 | 0 | 0 | 0 | 28 | 11 | 0 | 0 | 18 | 19 | 0 | 1 |
| | 国内学术刊物 | | 22 | 77 | 0 | 0 | 0 | 0 | 0 | 0 | 0 | 28 | 11 | 0 | 0 | 18 | 19 | 0 | 1 |
| | 国外学术刊物 | | 23 | 0 | 0 | 0 | 0 | 0 | 0 | 0 | 0 | 0 | 0 | 0 | 0 | 0 | 0 | 0 | 0 |
| | 港、澳、台刊物 | | 24 | 0 | 0 | 0 | 0 | 0 | 0 | 0 | 0 | 0 | 0 | 0 | 0 | 0 | 0 | 0 | 0 |
| 研究与咨询报告(篇) | 合计 | | 25 | 3 | 0 | 0 | 0 | 0 | 0 | 0 | 0 | 1 | 0 | 0 | 0 | 2 | 0 | 0 | 0 |
| | 被采纳数 | | 26 | 1 | 0 | 0 | 0 | 0 | 0 | 0 | 0 | 0 | 0 | 0 | 0 | 1 | 0 | 0 | 0 |

## 3.39 江苏信息职业技术学院人文、社会科学研究与课题成果来源情况表

| | | | 课题来源 | | | | | | | | | | | | | | | |
|---|---|---|---|---|---|---|---|---|---|---|---|---|---|---|---|---|---|---|
| | | | 合计 | 国家社科基金项目 | 国家社科基金单列学科项目 | 教育部人文社科研究项目 | 高校古籍整理研究项目 | 国家自然科学基金项目 | 中央其他部门社科专门项目 | 省、市、自治区社科基金项目 | 省教育厅社科项目 | 地、市、厅、局等政府部门项目 | 国际合作研究项目 | 与港、澳、台地区合作研究项目 | 企事业单位委托项目 | 学校社科项目 | 外资项目 | 其他 |
| | | 编号 | L01 | L02 | L03 | L04 | L05 | L06 | L07 | L08 | L09 | L10 | L11 | L12 | L13 | L14 | L15 | L16 |
| 课题数(项) | | 1 | 241 | 0 | 0 | 0 | 0 | 0 | 0 | 1 | 67 | 58 | 0 | 0 | 69 | 46 | 0 | 0 |
| 当年投入人数 | 合计(人年) | 2 | 29.6 | 0 | 0 | 0 | 0 | 0 | 0 | 0.5 | 9 | 7.4 | 0 | 0 | 8 | 4.7 | 0 | 0 |
| | 研究生(人年) | 3 | 0 | 0 | 0 | 0 | 0 | 0 | 0 | 0 | 0 | 0 | 0 | 0 | 0 | 0 | 0 | 0 |
| 当年拨入经费 | 合计(千元) | 4 | 979.4 | 0 | 0 | 0 | 0 | 0 | 0 | 50 | 136 | 39 | 0 | 0 | 749.4 | 5 | 0 | 0 |
| | 当年立项项目拨入经费(千元) | 5 | 646.9 | 0 | 0 | 0 | 0 | 0 | 0 | 0 | 40 | 39 | 0 | 0 | 562.9 | 5 | 0 | 0 |
| 当年支出经费(千元) | | 6 | 985.22 | 0 | 0 | 0 | 0 | 0 | 0 | 50 | 257.33 | 70.86 | 0 | 0 | 536.34 | 70.69 | 0 | 0 |
| 当年新开课题数(项) | | 7 | 115 | 0 | 0 | 0 | 0 | 0 | 0 | 0 | 22 | 45 | 0 | 0 | 39 | 9 | 0 | 0 |
| 当年新开课题批准经费(千元) | | 8 | 1597.9 | 0 | 0 | 0 | 0 | 0 | 0 | 0 | 200 | 39 | 0 | 0 | 1 353.9 | 5 | 0 | 0 |
| 当年完成课题数(项) | | 9 | 63 | 0 | 0 | 0 | 0 | 0 | 0 | 0 | 17 | 9 | 0 | 0 | 18 | 19 | 0 | 0 |

| | | | | | | | | | | | | | | | | | | | |
|---|---|---|---|---|---|---|---|---|---|---|---|---|---|---|---|---|---|---|---|
| 出版著作(部) | 合计 | | 10 | 2 | 0 | 0 | 0 | 0 | 0 | 0 | 0 | 1 | 1 | 0 | 0 | 0 | 0 | 0 | 0 |
| | 专著 | 合计 | 11 | 1 | 0 | 0 | 0 | 0 | 0 | 0 | 0 | 0 | 1 | 0 | 0 | 0 | 0 | 0 | 0 |
| | | 被译成外文 | 12 | 0 | 0 | 0 | 0 | 0 | 0 | 0 | 0 | 0 | 0 | 0 | 0 | 0 | 0 | 0 | 0 |
| | 编著教材 | | 13 | 1 | 0 | 0 | 0 | 0 | 0 | 0 | 0 | 1 | 0 | 0 | 0 | 0 | 0 | 0 | 0 |
| | 工具书/参考书 | | 14 | 0 | 0 | 0 | 0 | 0 | 0 | 0 | 0 | 0 | 0 | 0 | 0 | 0 | 0 | 0 | 0 |
| | 皮书/发展报告 | | 15 | 0 | 0 | 0 | 0 | 0 | 0 | 0 | 0 | 0 | 0 | 0 | 0 | 0 | 0 | 0 | 0 |
| | 科普读物 | | 16 | 0 | 0 | 0 | 0 | 0 | 0 | 0 | 0 | 0 | 0 | 0 | 0 | 0 | 0 | 0 | 0 |
| 古籍整理(部) | | | 17 | 0 | 0 | 0 | 0 | 0 | 0 | 0 | 0 | 0 | 0 | 0 | 0 | 0 | 0 | 0 | 0 |
| 译著(部) | | | 18 | 0 | 0 | 0 | 0 | 0 | 0 | 0 | 0 | 0 | 0 | 0 | 0 | 0 | 0 | 0 | 0 |
| 发表译文(篇) | | | 19 | 0 | 0 | 0 | 0 | 0 | 0 | 0 | 0 | 0 | 0 | 0 | 0 | 0 | 0 | 0 | 0 |
| 电子出版物(件) | | | 20 | 0 | 0 | 0 | 0 | 0 | 0 | 0 | 0 | 0 | 0 | 0 | 0 | 0 | 0 | 0 | 0 |
| 发表论文(篇) | 合计 | | 21 | 60 | 0 | 0 | 0 | 0 | 0 | 0 | 0 | 28 | 9 | 0 | 0 | 10 | 13 | 0 | 0 |
| | 国内学术刊物 | | 22 | 60 | 0 | 0 | 0 | 0 | 0 | 0 | 0 | 28 | 9 | 0 | 0 | 10 | 13 | 0 | 0 |
| | 国外学术刊物 | | 23 | 0 | 0 | 0 | 0 | 0 | 0 | 0 | 0 | 0 | 0 | 0 | 0 | 0 | 0 | 0 | 0 |
| | 港、澳、台刊物 | | 24 | 0 | 0 | 0 | 0 | 0 | 0 | 0 | 0 | 0 | 0 | 0 | 0 | 0 | 0 | 0 | 0 |
| 研究与咨询报告(篇) | 合计 | | 25 | 6 | 0 | 0 | 0 | 0 | 0 | 0 | 0 | 0 | 0 | 0 | 0 | 6 | 0 | 0 | 0 |
| | 被采纳数 | | 26 | 6 | 0 | 0 | 0 | 0 | 0 | 0 | 0 | 0 | 0 | 0 | 0 | 6 | 0 | 0 | 0 |

## 3.40　南京信息职业技术学院人文、社会科学研究与课题成果来源情况表

| | | | 课题来源 | | | | | | | | | | | | | | | |
|---|---|---|---|---|---|---|---|---|---|---|---|---|---|---|---|---|---|---|
| | | | 合计 | 国家社科基金项目 | 国家社科基金单列学科项目 | 教育部人文社科研究项目 | 高校古籍整理研究项目 | 国家自然科学基金项目 | 中央其他部门社科专门项目 | 省、市、自治区社科基金项目 | 省教育厅社科项目 | 地、市、厅、局等政府部门项目 | 国际合作研究项目 | 与港、澳、台地区合作研究项目 | 企事业单位委托项目 | 学校社科项目 | 外资项目 | 其他 |
| | | 编号 | L01 | L02 | L03 | L04 | L05 | L06 | L07 | L08 | L09 | L10 | L11 | L12 | L13 | L14 | L15 | L16 |
| 课题数(项) | | 1 | 206 | 0 | 1 | 1 | 0 | 0 | 0 | 18 | 68 | 21 | 0 | 0 | 10 | 87 | 0 | 0 |
| 当年投入人数 | 合计(人年) | 2 | 24 | 0 | 0.3 | 0.2 | 0 | 0 | 0 | 3.1 | 7.4 | 3.2 | 0 | 0 | 1.1 | 8.7 | 0 | 0 |
| | 研究生(人年) | 3 | 0 | 0 | 0 | 0 | 0 | 0 | 0 | 0 | 0 | 0 | 0 | 0 | 0 | 0 | 0 | 0 |
| 当年拨入经费 | 合计(千元) | 4 | 1 052 | 0 | 0 | 0 | 0 | 0 | 0 | 128 | 280 | 80 | 0 | 0 | 36 | 528 | 0 | 0 |
| | 当年立项项目拨入经费(千元) | 5 | 1 022 | 0 | 0 | 0 | 0 | 0 | 0 | 98 | 280 | 80 | 0 | 0 | 36 | 528 | 0 | 0 |
| 当年支出经费(千元) | | 6 | 612.6 | 0 | 10 | 0 | 0 | 0 | 0 | 147 | 229.3 | 76.3 | 0 | 0 | 15.2 | 134.8 | 0 | 0 |
| 当年新开课题数(项) | | 7 | 89 | 0 | 0 | 0 | 0 | 0 | 0 | 5 | 22 | 9 | 0 | 0 | 8 | 45 | 0 | 0 |
| 当年新开课题批准经费(千元) | | 8 | 1 202 | 0 | 0 | 0 | 0 | 0 | 0 | 126 | 400 | 112 | 0 | 0 | 36 | 528 | 0 | 0 |
| 当年完成课题数(项) | | 9 | 47 | 0 | 0 | 0 | 0 | 0 | 0 | 6 | 13 | 9 | 0 | 0 | 1 | 18 | 0 | 0 |

| | | | | | | | | | | | | | | | | | | | |
|---|---|---|---|---|---|---|---|---|---|---|---|---|---|---|---|---|---|---|---|
| 出版著作(部) | 合计 | | 10 | 3 | 0 | 0 | 0 | 0 | 0 | 0 | 0 | 0 | 0 | 0 | 0 | 0 | 3 | 0 | 0 |
| | 专著 | 合计 | 11 | 3 | 0 | 0 | 0 | 0 | 0 | 0 | 0 | 0 | 0 | 0 | 0 | 0 | 3 | 0 | 0 |
| | | 被译成外文 | 12 | 0 | 0 | 0 | 0 | 0 | 0 | 0 | 0 | 0 | 0 | 0 | 0 | 0 | 0 | 0 | 0 |
| | 编著教材 | | 13 | 0 | 0 | 0 | 0 | 0 | 0 | 0 | 0 | 0 | 0 | 0 | 0 | 0 | 0 | 0 | 0 |
| | 工具书/参考书 | | 14 | 0 | 0 | 0 | 0 | 0 | 0 | 0 | 0 | 0 | 0 | 0 | 0 | 0 | 0 | 0 | 0 |
| | 皮书/发展报告 | | 15 | 0 | 0 | 0 | 0 | 0 | 0 | 0 | 0 | 0 | 0 | 0 | 0 | 0 | 0 | 0 | 0 |
| | 科普读物 | | 16 | 0 | 0 | 0 | 0 | 0 | 0 | 0 | 0 | 0 | 0 | 0 | 0 | 0 | 0 | 0 | 0 |
| 古籍整理(部) | | | 17 | 0 | 0 | 0 | 0 | 0 | 0 | 0 | 0 | 0 | 0 | 0 | 0 | 0 | 0 | 0 | 0 |
| 译著(部) | | | 18 | 1 | 0 | 0 | 0 | 0 | 0 | 0 | 0 | 0 | 0 | 0 | 0 | 0 | 1 | 0 | 0 |
| 发表译文(篇) | | | 19 | 0 | 0 | 0 | 0 | 0 | 0 | 0 | 0 | 0 | 0 | 0 | 0 | 0 | 0 | 0 | 0 |
| 电子出版物(件) | | | 20 | 0 | 0 | 0 | 0 | 0 | 0 | 0 | 0 | 0 | 0 | 0 | 0 | 0 | 0 | 0 | 0 |
| 发表论文(篇) | 合计 | | 21 | 91 | 0 | 1 | 1 | 0 | 0 | 0 | 10 | 19 | 5 | 0 | 0 | 8 | 47 | 0 | 0 |
| | 国内学术刊物 | | 22 | 91 | 0 | 1 | 1 | 0 | 0 | 0 | 10 | 19 | 5 | 0 | 0 | 8 | 47 | 0 | 0 |
| | 国外学术刊物 | | 23 | 0 | 0 | 0 | 0 | 0 | 0 | 0 | 0 | 0 | 0 | 0 | 0 | 0 | 0 | 0 | 0 |
| | 港、澳、台刊物 | | 24 | 0 | 0 | 0 | 0 | 0 | 0 | 0 | 0 | 0 | 0 | 0 | 0 | 0 | 0 | 0 | 0 |
| 研究与咨询报告(篇) | 合计 | | 25 | 1 | 0 | 0 | 0 | 0 | 0 | 0 | 1 | 0 | 0 | 0 | 0 | 0 | 0 | 0 | 0 |
| | 被采纳数 | | 26 | 1 | 0 | 0 | 0 | 0 | 0 | 0 | 1 | 0 | 0 | 0 | 0 | 0 | 0 | 0 | 0 |

## 3.41 常州机电职业技术学院人文、社会科学研究与课题成果来源情况表

| | | | 课题来源 | | | | | | | | | | | | | | | |
|---|---|---|---|---|---|---|---|---|---|---|---|---|---|---|---|---|---|---|
| | | | 合计 | 国家社科基金项目 | 国家社科基金单列学科项目 | 教育部人文社科研究项目 | 高校古籍整理研究项目 | 国家自然科学基金项目 | 中央其他部门社科专门项目 | 省、市、自治区社科基金项目 | 省教育厅社科项目 | 地、市、厅、局等政府部门项目 | 国际合作研究项目 | 与港、澳、台地区合作研究项目 | 企事业单位委托项目 | 学校社科项目 | 外资项目 | 其他 |
| | | 编号 | L01 | L02 | L03 | L04 | L05 | L06 | L07 | L08 | L09 | L10 | L11 | L12 | L13 | L14 | L15 | L16 |
| 课题数(项) | | 1 | 200 | 0 | 0 | 5 | 0 | 0 | 1 | 0 | 73 | 49 | 0 | 0 | 17 | 55 | 0 | 0 |
| 当年投入人数 | 合计(人年) | 2 | 34.6 | 0 | 0 | 2.1 | 0 | 0 | 0.3 | 0 | 16.4 | 6.1 | 0 | 0 | 3.3 | 6.4 | 0 | 0 |
| | 研究生(人年) | 3 | 0 | 0 | 0 | 0 | 0 | 0 | 0 | 0 | 0 | 0 | 0 | 0 | 0 | 0 | 0 | 0 |
| 当年拨入经费 | 合计(千元) | 4 | 807.5 | 0 | 0 | 120 | 0 | 0 | 0 | 0 | 380 | 119.5 | 0 | 0 | 90 | 98 | 0 | 0 |
| | 当年立项项目拨入经费(千元) | 5 | 807.5 | 0 | 0 | 120 | 0 | 0 | 0 | 0 | 380 | 119.5 | 0 | 0 | 90 | 98 | 0 | 0 |
| 当年支出经费(千元) | | 6 | 771.9 | 0 | 0 | 133 | 0 | 0 | 15.2 | 0 | 340.42 | 121.14 | 0 | 0 | 69.15 | 92.99 | 0 | 0 |
| 当年新开课题数(项) | | 7 | 94 | 0 | 0 | 3 | 0 | 0 | 0 | 0 | 20 | 35 | 0 | 0 | 9 | 27 | 0 | 0 |
| 当年新开课题批准经费(千元) | | 8 | 976.5 | 0 | 0 | 280 | 0 | 0 | 0 | 0 | 380 | 123.5 | 0 | 0 | 95 | 98 | 0 | 0 |
| 当年完成课题数(项) | | 9 | 59 | 0 | 0 | 0 | 0 | 0 | 0 | 0 | 26 | 6 | 0 | 0 | 8 | 19 | 0 | 0 |

| | | | | | | | | | | | | | | | | | | | |
|---|---|---|---|---|---|---|---|---|---|---|---|---|---|---|---|---|---|---|---|
| 出版著作(部) | 合计 | | 10 | 0 | 0 | 0 | 0 | 0 | 0 | 0 | 0 | 0 | 0 | 0 | 0 | 0 | 0 | 0 | 0 |
| | 专著 | 合计 | 11 | 0 | 0 | 0 | 0 | 0 | 0 | 0 | 0 | 0 | 0 | 0 | 0 | 0 | 0 | 0 | 0 |
| | | 被译成外文 | 12 | 0 | 0 | 0 | 0 | 0 | 0 | 0 | 0 | 0 | 0 | 0 | 0 | 0 | 0 | 0 | 0 |
| | 编著教材 | | 13 | 0 | 0 | 0 | 0 | 0 | 0 | 0 | 0 | 0 | 0 | 0 | 0 | 0 | 0 | 0 | 0 |
| | 工具书/参考书 | | 14 | 0 | 0 | 0 | 0 | 0 | 0 | 0 | 0 | 0 | 0 | 0 | 0 | 0 | 0 | 0 | 0 |
| | 皮书/发展报告 | | 15 | 0 | 0 | 0 | 0 | 0 | 0 | 0 | 0 | 0 | 0 | 0 | 0 | 0 | 0 | 0 | 0 |
| | 科普读物 | | 16 | 0 | 0 | 0 | 0 | 0 | 0 | 0 | 0 | 0 | 0 | 0 | 0 | 0 | 0 | 0 | 0 |
| 古籍整理(部) | | | 17 | 0 | 0 | 0 | 0 | 0 | 0 | 0 | 0 | 0 | 0 | 0 | 0 | 0 | 0 | 0 | 0 |
| 译著(部) | | | 18 | 0 | 0 | 0 | 0 | 0 | 0 | 0 | 0 | 0 | 0 | 0 | 0 | 0 | 0 | 0 | 0 |
| 发表译文(篇) | | | 19 | 0 | 0 | 0 | 0 | 0 | 0 | 0 | 0 | 0 | 0 | 0 | 0 | 0 | 0 | 0 | 0 |
| 电子出版物(件) | | | 20 | 0 | 0 | 0 | 0 | 0 | 0 | 0 | 0 | 0 | 0 | 0 | 0 | 0 | 0 | 0 | 0 |
| 发表论文(篇) | 合计 | | 21 | 181 | 0 | 0 | 4 | 0 | 0 | 0 | 0 | 77 | 53 | 0 | 0 | 5 | 42 | 0 | 0 |
| | 国内学术刊物 | | 22 | 181 | 0 | 0 | 4 | 0 | 0 | 0 | 0 | 77 | 53 | 0 | 0 | 5 | 42 | 0 | 0 |
| | 国外学术刊物 | | 23 | 0 | 0 | 0 | 0 | 0 | 0 | 0 | 0 | 0 | 0 | 0 | 0 | 0 | 0 | 0 | 0 |
| | 港、澳、台刊物 | | 24 | 0 | 0 | 0 | 0 | 0 | 0 | 0 | 0 | 0 | 0 | 0 | 0 | 0 | 0 | 0 | 0 |
| 研究与咨询报告(篇) | 合计 | | 25 | 7 | 0 | 0 | 0 | 0 | 0 | 0 | 0 | 0 | 1 | 0 | 0 | 6 | 0 | 0 | 0 |
| | 被采纳数 | | 26 | 0 | 0 | 0 | 0 | 0 | 0 | 0 | 0 | 0 | 0 | 0 | 0 | 0 | 0 | 0 | 0 |

## 3.42 江阴职业技术学院人文、社会科学研究与课题成果来源情况表

| | | | 课题来源 | | | | | | | | | | | | | | | |
|---|---|---|---|---|---|---|---|---|---|---|---|---|---|---|---|---|---|---|
| | | | 合计 | 国家社科基金项目 | 国家社科基金单列学科项目 | 教育部人文社科研究项目 | 高校古籍整理研究项目 | 国家自然科学基金项目 | 中央其他部门社科专门项目 | 省、市、自治区社科基金项目 | 省教育厅社科项目 | 地、市、厅、局等政府部门项目 | 国际合作研究项目 | 与港、澳、台地区合作研究项目 | 企事业单位委托项目 | 学校社科项目 | 外资项目 | 其他 |
| | | 编号 | L01 | L02 | L03 | L04 | L05 | L06 | L07 | L08 | L09 | L10 | L11 | L12 | L13 | L14 | L15 | L16 |
| 课题数(项) | | 1 | 61 | 0 | 0 | 0 | 0 | 0 | 0 | 0 | 31 | 8 | 0 | 0 | 0 | 22 | 0 | 0 |
| 当年投入人数 | 合计(人年) | 2 | 6.8 | 0 | 0 | 0 | 0 | 0 | 0 | 0 | 3.8 | 0.8 | 0 | 0 | 0 | 2.2 | 0 | 0 |
| | 研究生(人年) | 3 | 0 | 0 | 0 | 0 | 0 | 0 | 0 | 0 | 0 | 0 | 0 | 0 | 0 | 0 | 0 | 0 |
| 当年拨入经费 | 合计(千元) | 4 | 185 | 0 | 0 | 0 | 0 | 0 | 0 | 0 | 140 | 15 | 0 | 0 | 0 | 30 | 0 | 0 |
| | 当年立项项目拨入经费(千元) | 5 | 185 | 0 | 0 | 0 | 0 | 0 | 0 | 0 | 140 | 15 | 0 | 0 | 0 | 30 | 0 | 0 |
| 当年支出经费(千元) | | 6 | 182.7 | 0 | 0 | 0 | 0 | 0 | 0 | 0 | 125 | 23 | 0 | 0 | 0 | 34.7 | 0 | 0 |
| 当年新开课题数(项) | | 7 | 26 | 0 | 0 | 0 | 0 | 0 | 0 | 0 | 14 | 2 | 0 | 0 | 0 | 10 | 0 | 0 |
| 当年新开课题批准经费(千元) | | 8 | 185 | 0 | 0 | 0 | 0 | 0 | 0 | 0 | 140 | 15 | 0 | 0 | 0 | 30 | 0 | 0 |
| 当年完成课题数(项) | | 9 | 16 | 0 | 0 | 0 | 0 | 0 | 0 | 0 | 6 | 2 | 0 | 0 | 0 | 8 | 0 | 0 |

|  |  |  |  |  |  |  |  |  |  |  |  |  |  |  |  |  |  |  |  |
|---|---|---|---|---|---|---|---|---|---|---|---|---|---|---|---|---|---|---|---|
| 出版著作（部） | 合计 |  | 10 | 0 | 0 | 0 | 0 | 0 | 0 | 0 | 0 | 0 | 0 | 0 | 0 | 0 | 0 | 0 | 0 |
|  | 专著 | 合计 | 11 | 0 | 0 | 0 | 0 | 0 | 0 | 0 | 0 | 0 | 0 | 0 | 0 | 0 | 0 | 0 | 0 |
|  |  | 被译成外文 | 12 | 0 | 0 | 0 | 0 | 0 | 0 | 0 | 0 | 0 | 0 | 0 | 0 | 0 | 0 | 0 | 0 |
|  | 编著教材 |  | 13 | 0 | 0 | 0 | 0 | 0 | 0 | 0 | 0 | 0 | 0 | 0 | 0 | 0 | 0 | 0 | 0 |
|  | 工具书/参考书 |  | 14 | 0 | 0 | 0 | 0 | 0 | 0 | 0 | 0 | 0 | 0 | 0 | 0 | 0 | 0 | 0 | 0 |
|  | 皮书/发展报告 |  | 15 | 0 | 0 | 0 | 0 | 0 | 0 | 0 | 0 | 0 | 0 | 0 | 0 | 0 | 0 | 0 | 0 |
|  | 科普读物 |  | 16 | 0 | 0 | 0 | 0 | 0 | 0 | 0 | 0 | 0 | 0 | 0 | 0 | 0 | 0 | 0 | 0 |
| 古籍整理（部） |  |  | 17 | 0 | 0 | 0 | 0 | 0 | 0 | 0 | 0 | 0 | 0 | 0 | 0 | 0 | 0 | 0 | 0 |
| 译著（部） |  |  | 18 | 0 | 0 | 0 | 0 | 0 | 0 | 0 | 0 | 0 | 0 | 0 | 0 | 0 | 0 | 0 | 0 |
| 发表译文（篇） |  |  | 19 | 0 | 0 | 0 | 0 | 0 | 0 | 0 | 0 | 0 | 0 | 0 | 0 | 0 | 0 | 0 | 0 |
| 电子出版物（件） |  |  | 20 | 0 | 0 | 0 | 0 | 0 | 0 | 0 | 0 | 0 | 0 | 0 | 0 | 0 | 0 | 0 | 0 |
| 发表论文（篇） | 合计 |  | 21 | 48 | 0 | 0 | 0 | 0 | 0 | 0 | 0 | 26 | 2 | 0 | 0 | 0 | 20 | 0 | 0 |
|  | 国内学术刊物 |  | 22 | 48 | 0 | 0 | 0 | 0 | 0 | 0 | 0 | 26 | 2 | 0 | 0 | 0 | 20 | 0 | 0 |
|  | 国外学术刊物 |  | 23 | 0 | 0 | 0 | 0 | 0 | 0 | 0 | 0 | 0 | 0 | 0 | 0 | 0 | 0 | 0 | 0 |
|  | 港、澳、台刊物 |  | 24 | 0 | 0 | 0 | 0 | 0 | 0 | 0 | 0 | 0 | 0 | 0 | 0 | 0 | 0 | 0 | 0 |
| 研究与咨询报告（篇） | 合计 |  | 25 | 0 | 0 | 0 | 0 | 0 | 0 | 0 | 0 | 0 | 0 | 0 | 0 | 0 | 0 | 0 | 0 |
|  | 被采纳数 |  | 26 | 0 | 0 | 0 | 0 | 0 | 0 | 0 | 0 | 0 | 0 | 0 | 0 | 0 | 0 | 0 | 0 |

## 3.43 无锡城市职业技术学院人文、社会科学研究与课题成果来源情况表

| | | | 课题来源 | | | | | | | | | | | | | | | |
|---|---|---|---|---|---|---|---|---|---|---|---|---|---|---|---|---|---|---|
| | | | 合计 | 国家社科基金项目 | 国家社科基金单列学科项目 | 教育部人文社科研究项目 | 高校古籍整理研究项目 | 国家自然科学基金项目 | 中央其他部门社科专门项目 | 省、市、自治区社科基金项目 | 省教育厅社科项目 | 地、市、厅、局等政府部门项目 | 国际合作研究项目 | 与港、澳、台地区合作研究项目 | 企事业单位委托项目 | 学校社科项目 | 外资项目 | 其他 |
| | | 编号 | L01 | L02 | L03 | L04 | L05 | L06 | L07 | L08 | L09 | L10 | L11 | L12 | L13 | L14 | L15 | L16 |
| 课题数(项) | | 1 | 129 | 0 | 0 | 1 | 0 | 0 | 0 | 1 | 66 | 21 | 0 | 0 | 5 | 35 | 0 | 0 |
| 当年投入人数 | 合计(人年) | 2 | 32.3 | 0 | 0 | 0.3 | 0 | 0 | 0 | 0.4 | 18.4 | 4.7 | 0 | 0 | 1.6 | 6.9 | 0 | 0 |
| | 研究生(人年) | 3 | 0 | 0 | 0 | 0 | 0 | 0 | 0 | 0 | 0 | 0 | 0 | 0 | 0 | 0 | 0 | 0 |
| 当年拨入经费 | 合计(千元) | 4 | 764.62 | 0 | 0 | 0 | 0 | 0 | 0 | 0 | 140 | 95 | 0 | 0 | 444.62 | 85 | 0 | 0 |
| | 当年立项项目拨入经费(千元) | 5 | 764.62 | 0 | 0 | 0 | 0 | 0 | 0 | 0 | 140 | 95 | 0 | 0 | 444.62 | 85 | 0 | 0 |
| 当年支出经费(千元) | | 6 | 773.37 | 0 | 0 | 0.5 | 0 | 0 | 0 | 25.2 | 107.65 | 114.4 | 0 | 0 | 444.62 | 81 | 0 | 0 |
| 当年新开课题数(项) | | 7 | 62 | 0 | 0 | 0 | 0 | 0 | 0 | 0 | 21 | 13 | 0 | 0 | 5 | 23 | 0 | 0 |
| 当年新开课题批准经费(千元) | | 8 | 824.62 | 0 | 0 | 0 | 0 | 0 | 0 | 0 | 200 | 95 | 0 | 0 | 444.62 | 85 | 0 | 0 |
| 当年完成课题数(项) | | 9 | 44 | 0 | 0 | 1 | 0 | 0 | 0 | 0 | 23 | 12 | 0 | 0 | 5 | 3 | 0 | 0 |

| | | | | | | | | | | | | | | | | | | | |
|---|---|---|---|---|---|---|---|---|---|---|---|---|---|---|---|---|---|---|---|
| 出版著作(部) | 合计 | | 10 | 1 | 0 | 0 | 0 | 0 | 0 | 0 | 0 | 0 | 0 | 0 | 0 | 0 | 1 | 0 | 0 |
| | 专著 | 合计 | 11 | 1 | 0 | 0 | 0 | 0 | 0 | 0 | 0 | 0 | 0 | 0 | 0 | 0 | 1 | 0 | 0 |
| | | 被译成外文 | 12 | 0 | 0 | 0 | 0 | 0 | 0 | 0 | 0 | 0 | 0 | 0 | 0 | 0 | 0 | 0 | 0 |
| | 编著教材 | | 13 | 0 | 0 | 0 | 0 | 0 | 0 | 0 | 0 | 0 | 0 | 0 | 0 | 0 | 0 | 0 | 0 |
| | 工具书/参考书 | | 14 | 0 | 0 | 0 | 0 | 0 | 0 | 0 | 0 | 0 | 0 | 0 | 0 | 0 | 0 | 0 | 0 |
| | 皮书/发展报告 | | 15 | 0 | 0 | 0 | 0 | 0 | 0 | 0 | 0 | 0 | 0 | 0 | 0 | 0 | 0 | 0 | 0 |
| | 科普读物 | | 16 | 0 | 0 | 0 | 0 | 0 | 0 | 0 | 0 | 0 | 0 | 0 | 0 | 0 | 0 | 0 | 0 |
| 古籍整理(部) | | | 17 | 0 | 0 | 0 | 0 | 0 | 0 | 0 | 0 | 0 | 0 | 0 | 0 | 0 | 0 | 0 | 0 |
| 译著(部) | | | 18 | 0 | 0 | 0 | 0 | 0 | 0 | 0 | 0 | 0 | 0 | 0 | 0 | 0 | 0 | 0 | 0 |
| 发表译文(篇) | | | 19 | 0 | 0 | 0 | 0 | 0 | 0 | 0 | 0 | 0 | 0 | 0 | 0 | 0 | 0 | 0 | 0 |
| 电子出版物(件) | | | 20 | 0 | 0 | 0 | 0 | 0 | 0 | 0 | 0 | 0 | 0 | 0 | 0 | 0 | 0 | 0 | 0 |
| 发表论文(篇) | 合计 | | 21 | 147 | 0 | 0 | 0 | 0 | 0 | 0 | 2 | 83 | 33 | 0 | 0 | 0 | 29 | 0 | 0 |
| | 国内学术刊物 | | 22 | 147 | 0 | 0 | 0 | 0 | 0 | 0 | 2 | 83 | 33 | 0 | 0 | 0 | 29 | 0 | 0 |
| | 国外学术刊物 | | 23 | 0 | 0 | 0 | 0 | 0 | 0 | 0 | 0 | 0 | 0 | 0 | 0 | 0 | 0 | 0 | 0 |
| | 港、澳、台刊物 | | 24 | 0 | 0 | 0 | 0 | 0 | 0 | 0 | 0 | 0 | 0 | 0 | 0 | 0 | 0 | 0 | 0 |
| 研究与咨询报告(篇) | 合计 | | 25 | 5 | 0 | 0 | 0 | 0 | 0 | 0 | 0 | 0 | 0 | 0 | 0 | 5 | 0 | 0 | 0 |
| | 被采纳数 | | 26 | 0 | 0 | 0 | 0 | 0 | 0 | 0 | 0 | 0 | 0 | 0 | 0 | 0 | 0 | 0 | 0 |

## 3.44 无锡工艺职业技术学院人文、社会科学研究与课题成果来源情况表

| | | | 课题来源 | | | | | | | | | | | | | | | |
|---|---|---|---|---|---|---|---|---|---|---|---|---|---|---|---|---|---|---|
| | | | 合计 | 国家社科基金项目 | 国家社科基金单列学科项目 | 教育部人文社科研究项目 | 高校古籍整理研究项目 | 国家自然科学基金项目 | 中央其他部门社科专门项目 | 省、市、自治区社科基金项目 | 省教育厅社科项目 | 地、市、厅、局等政府部门项目 | 国际合作研究项目 | 与港、澳、台地区合作研究项目 | 企事业单位委托项目 | 学校社科项目 | 外资项目 | 其他 |
| | | 编号 | L01 | L02 | L03 | L04 | L05 | L06 | L07 | L08 | L09 | L10 | L11 | L12 | L13 | L14 | L15 | L16 |
| 课题数(项) | | 1 | 329 | 0 | 0 | 2 | 0 | 0 | 3 | 2 | 57 | 27 | 0 | 0 | 156 | 79 | 0 | 3 |
| 当年投入人数 | 合计(人年) | 2 | 48.9 | 0 | 0 | 0.3 | 0 | 0 | 0.4 | 0.2 | 5.8 | 2.7 | 0 | 0 | 31.3 | 7.9 | 0 | 0.3 |
| | 研究生(人年) | 3 | 0 | 0 | 0 | 0 | 0 | 0 | 0 | 0 | 0 | 0 | 0 | 0 | 0 | 0 | 0 | 0 |
| 当年拨入经费 | 合计(千元) | 4 | 8 227.73 | 0 | 0 | 48 | 0 | 0 | 0 | 0 | 238.4 | 160 | 0 | 0 | 7 678.83 | 88 | 0 | 14.5 |
| | 当年立项项目拨入经费(千元) | 5 | 8 189.33 | 0 | 0 | 48 | 0 | 0 | 0 | 0 | 200 | 160 | 0 | 0 | 7 678.83 | 88 | 0 | 14.5 |
| 当年支出经费(千元) | | 6 | 8 008.33 | 0 | 0 | 0 | 0 | 0 | 0 | 0 | 155.5 | 69.5 | 0 | 0 | 7 678.83 | 82 | 0 | 22.5 |
| 当年新开课题数(项) | | 7 | 217 | 0 | 0 | 1 | 0 | 0 | 0 | 0 | 20 | 14 | 0 | 0 | 156 | 24 | 0 | 2 |
| 当年新开课题批准经费(千元) | | 8 | 8 221.33 | 0 | 0 | 80 | 0 | 0 | 0 | 0 | 200 | 160 | 0 | 0 | 7 678.83 | 88 | 0 | 14.5 |
| 当年完成课题数(项) | | 9 | 186 | 0 | 0 | 0 | 0 | 0 | 0 | 0 | 14 | 1 | 0 | 0 | 155 | 15 | 0 | 1 |

| | | | | | | | | | | | | | | | | | | | |
|---|---|---|---|---|---|---|---|---|---|---|---|---|---|---|---|---|---|---|---|
| 出版著作(部) | 合计 | | 10 | 0 | 0 | 0 | 0 | 0 | 0 | 0 | 0 | 0 | 0 | 0 | 0 | 0 | 0 | 0 | 0 |
| | 专著 | 合计 | 11 | 0 | 0 | 0 | 0 | 0 | 0 | 0 | 0 | 0 | 0 | 0 | 0 | 0 | 0 | 0 | 0 |
| | | 被译成外文 | 12 | 0 | 0 | 0 | 0 | 0 | 0 | 0 | 0 | 0 | 0 | 0 | 0 | 0 | 0 | 0 | 0 |
| | 编著教材 | | 13 | 0 | 0 | 0 | 0 | 0 | 0 | 0 | 0 | 0 | 0 | 0 | 0 | 0 | 0 | 0 | 0 |
| | 工具书/参考书 | | 14 | 0 | 0 | 0 | 0 | 0 | 0 | 0 | 0 | 0 | 0 | 0 | 0 | 0 | 0 | 0 | 0 |
| | 皮书/发展报告 | | 15 | 0 | 0 | 0 | 0 | 0 | 0 | 0 | 0 | 0 | 0 | 0 | 0 | 0 | 0 | 0 | 0 |
| | 科普读物 | | 16 | 0 | 0 | 0 | 0 | 0 | 0 | 0 | 0 | 0 | 0 | 0 | 0 | 0 | 0 | 0 | 0 |
| 古籍整理(部) | | | 17 | 0 | 0 | 0 | 0 | 0 | 0 | 0 | 0 | 0 | 0 | 0 | 0 | 0 | 0 | 0 | 0 |
| 译著(部) | | | 18 | 0 | 0 | 0 | 0 | 0 | 0 | 0 | 0 | 0 | 0 | 0 | 0 | 0 | 0 | 0 | 0 |
| 发表译文(篇) | | | 19 | 0 | 0 | 0 | 0 | 0 | 0 | 0 | 0 | 0 | 0 | 0 | 0 | 0 | 0 | 0 | 0 |
| 电子出版物(件) | | | 20 | 0 | 0 | 0 | 0 | 0 | 0 | 0 | 0 | 0 | 0 | 0 | 0 | 0 | 0 | 0 | 0 |
| 发表论文(篇) | 合计 | | 21 | 57 | 0 | 0 | 2 | 0 | 0 | 1 | 2 | 29 | 7 | 0 | 0 | 0 | 15 | 0 | 1 |
| | 国内学术刊物 | | 22 | 56 | 0 | 0 | 2 | 0 | 0 | 1 | 2 | 28 | 7 | 0 | 0 | 0 | 15 | 0 | 1 |
| | 国外学术刊物 | | 23 | 1 | 0 | 0 | 0 | 0 | 0 | 0 | 0 | 1 | 0 | 0 | 0 | 0 | 0 | 0 | 0 |
| | 港、澳、台刊物 | | 24 | 0 | 0 | 0 | 0 | 0 | 0 | 0 | 0 | 0 | 0 | 0 | 0 | 0 | 0 | 0 | 0 |
| 研究与咨询报告(篇) | 合计 | | 25 | 119 | 0 | 0 | 0 | 0 | 0 | 0 | 0 | 0 | 0 | 0 | 0 | 119 | 0 | 0 | 0 |
| | 被采纳数 | | 26 | 24 | 0 | 0 | 0 | 0 | 0 | 0 | 0 | 0 | 0 | 0 | 0 | 24 | 0 | 0 | 0 |

## 3.45 苏州健雄职业技术学院人文、社会科学研究与课题成果来源情况表

| | | | 课题来源 | | | | | | | | | | | | | | | |
|---|---|---|---|---|---|---|---|---|---|---|---|---|---|---|---|---|---|---|
| | | | 合计 | 国家社科基金项目 | 国家社科基金单列学科项目 | 教育部人文社科研究项目 | 高校古籍整理研究项目 | 国家自然科学基金项目 | 中央其他部门社科专门项目 | 省、市、自治区社科基金项目 | 省教育厅社科项目 | 地、市、厅、局等政府部门项目 | 国际合作研究项目 | 与港、澳、台地区合作研究项目 | 企事业单位委托项目 | 学校社科项目 | 外资项目 | 其他 |
| | | 编号 | L01 | L02 | L03 | L04 | L05 | L06 | L07 | L08 | L09 | L10 | L11 | L12 | L13 | L14 | L15 | L16 |
| 课题数(项) | | 1 | 113 | 0 | 0 | 0 | 0 | 0 | 0 | 0 | 49 | 35 | 0 | 0 | 18 | 11 | 0 | 0 |
| 当年投入人数 | 合计(人年) | 2 | 25.2 | 0 | 0 | 0 | 0 | 0 | 0 | 0 | 9.8 | 7.6 | 0 | 0 | 5.6 | 2.2 | 0 | 0 |
| | 研究生(人年) | 3 | 0 | 0 | 0 | 0 | 0 | 0 | 0 | 0 | 0 | 0 | 0 | 0 | 0 | 0 | 0 | 0 |
| 当年拨入经费 | 合计(千元) | 4 | 1 162.8 | 0 | 0 | 0 | 0 | 0 | 0 | 0 | 190 | 330 | 0 | 0 | 642.8 | 0 | 0 | 0 |
| | 当年立项项目拨入经费(千元) | 5 | 1 157.8 | 0 | 0 | 0 | 0 | 0 | 0 | 0 | 190 | 325 | 0 | 0 | 642.8 | 0 | 0 | 0 |
| 当年支出经费(千元) | | 6 | 947.2 | 0 | 0 | 0 | 0 | 0 | 0 | 0 | 135 | 158 | 0 | 0 | 643.2 | 11 | 0 | 0 |
| 当年新开课题数(项) | | 7 | 57 | 0 | 0 | 0 | 0 | 0 | 0 | 0 | 20 | 21 | 0 | 0 | 16 | 0 | 0 | 0 |
| 当年新开课题批准经费(千元) | | 8 | 1 163.8 | 0 | 0 | 0 | 0 | 0 | 0 | 0 | 191 | 325 | 0 | 0 | 647.8 | 0 | 0 | 0 |
| 当年完成课题数(项) | | 9 | 40 | 0 | 0 | 0 | 0 | 0 | 0 | 0 | 12 | 12 | 0 | 0 | 16 | 0 | 0 | 0 |

| | | | | | | | | | | | | | | | | | | | |
|---|---|---|---|---|---|---|---|---|---|---|---|---|---|---|---|---|---|---|---|
| 出版著作(部) | 合计 | | 10 | 0 | 0 | 0 | 0 | 0 | 0 | 0 | 0 | 0 | 0 | 0 | 0 | 0 | 0 | 0 | 0 |
| | 专著 | 合计 | 11 | 0 | 0 | 0 | 0 | 0 | 0 | 0 | 0 | 0 | 0 | 0 | 0 | 0 | 0 | 0 | 0 |
| | | 被译成外文 | 12 | 0 | 0 | 0 | 0 | 0 | 0 | 0 | 0 | 0 | 0 | 0 | 0 | 0 | 0 | 0 | 0 |
| | 编著教材 | | 13 | 0 | 0 | 0 | 0 | 0 | 0 | 0 | 0 | 0 | 0 | 0 | 0 | 0 | 0 | 0 | 0 |
| | 工具书/参考书 | | 14 | 0 | 0 | 0 | 0 | 0 | 0 | 0 | 0 | 0 | 0 | 0 | 0 | 0 | 0 | 0 | 0 |
| | 皮书/发展报告 | | 15 | 0 | 0 | 0 | 0 | 0 | 0 | 0 | 0 | 0 | 0 | 0 | 0 | 0 | 0 | 0 | 0 |
| | 科普读物 | | 16 | 0 | 0 | 0 | 0 | 0 | 0 | 0 | 0 | 0 | 0 | 0 | 0 | 0 | 0 | 0 | 0 |
| 古籍整理(部) | | | 17 | 0 | 0 | 0 | 0 | 0 | 0 | 0 | 0 | 0 | 0 | 0 | 0 | 0 | 0 | 0 | 0 |
| 译著(部) | | | 18 | 0 | 0 | 0 | 0 | 0 | 0 | 0 | 0 | 0 | 0 | 0 | 0 | 0 | 0 | 0 | 0 |
| 发表译文(篇) | | | 19 | 0 | 0 | 0 | 0 | 0 | 0 | 0 | 0 | 0 | 0 | 0 | 0 | 0 | 0 | 0 | 0 |
| 电子出版物(件) | | | 20 | 0 | 0 | 0 | 0 | 0 | 0 | 0 | 0 | 0 | 0 | 0 | 0 | 0 | 0 | 0 | 0 |
| 发表论文(篇) | 合计 | | 21 | 83 | 0 | 0 | 0 | 0 | 0 | 0 | 0 | 34 | 24 | 0 | 0 | 4 | 21 | 0 | 0 |
| | 国内学术刊物 | | 22 | 83 | 0 | 0 | 0 | 0 | 0 | 0 | 0 | 34 | 24 | 0 | 0 | 4 | 21 | 0 | 0 |
| | 国外学术刊物 | | 23 | 0 | 0 | 0 | 0 | 0 | 0 | 0 | 0 | 0 | 0 | 0 | 0 | 0 | 0 | 0 | 0 |
| | 港、澳、台刊物 | | 24 | 0 | 0 | 0 | 0 | 0 | 0 | 0 | 0 | 0 | 0 | 0 | 0 | 0 | 0 | 0 | 0 |
| 研究与咨询报告(篇) | 合计 | | 25 | 15 | 0 | 0 | 0 | 0 | 0 | 0 | 0 | 0 | 0 | 0 | 0 | 15 | 0 | 0 | 0 |
| | 被采纳数 | | 26 | 8 | 0 | 0 | 0 | 0 | 0 | 0 | 0 | 0 | 0 | 0 | 0 | 8 | 0 | 0 | 0 |

## 3.46 盐城工业职业技术学院人文、社会科学研究与课题成果来源情况表

| | | | 课题来源 | | | | | | | | | | | | | | | |
|---|---|---|---|---|---|---|---|---|---|---|---|---|---|---|---|---|---|---|
| | | | 合计 | 国家社科基金项目 | 国家社科基金单列学科项目 | 教育部人文社科研究项目 | 高校古籍整理研究项目 | 国家自然科学基金项目 | 中央其他部门社科专门项目 | 省、市、自治区社科基金项目 | 省教育厅社科项目 | 地、市、厅、局等政府部门项目 | 国际合作研究项目 | 与港、澳、台地区合作研究项目 | 企事业单位委托项目 | 学校社科项目 | 外资项目 | 其他 |
| | | 编号 | L01 | L02 | L03 | L04 | L05 | L06 | L07 | L08 | L09 | L10 | L11 | L12 | L13 | L14 | L15 | L16 |
| 课题数(项) | | 1 | 198 | 0 | 0 | 1 | 0 | 0 | 0 | 1 | 56 | 31 | 0 | 0 | 91 | 18 | 0 | 0 |
| 当年投入人数 | 合计(人年) | 2 | 23.5 | 0 | 0 | 0.3 | 0 | 0 | 0 | 0.2 | 6.6 | 3.6 | 0 | 0 | 10.5 | 2.3 | 0 | 0 |
| | 研究生(人年) | 3 | 0 | 0 | 0 | 0 | 0 | 0 | 0 | 0 | 0 | 0 | 0 | 0 | 0 | 0 | 0 | 0 |
| 当年拨入经费 | 合计(千元) | 4 | 1 111 | 0 | 0 | 20 | 0 | 0 | 0 | 0 | 224 | 56 | 0 | 0 | 801 | 10 | 0 | 0 |
| | 当年立项项目拨入经费(千元) | 5 | 1 111 | 0 | 0 | 20 | 0 | 0 | 0 | 0 | 224 | 56 | 0 | 0 | 801 | 10 | 0 | 0 |
| 当年支出经费(千元) | | 6 | 1 603 | 0 | 0 | 6 | 0 | 0 | 0 | 3 | 206 | 97.3 | 0 | 0 | 1 246.2 | 44.5 | 0 | 0 |
| 当年新开课题数(项) | | 7 | 64 | 0 | 0 | 1 | 0 | 0 | 0 | 0 | 20 | 11 | 0 | 0 | 30 | 2 | 0 | 0 |
| 当年新开课题批准经费(千元) | | 8 | 1 175 | 0 | 0 | 20 | 0 | 0 | 0 | 0 | 288 | 56 | 0 | 0 | 801 | 10 | 0 | 0 |
| 当年完成课题数(项) | | 9 | 93 | 0 | 0 | 0 | 0 | 0 | 0 | 1 | 10 | 20 | 0 | 0 | 55 | 7 | 0 | 0 |

| | | | | | | | | | | | | | | | | | | | |
|---|---|---|---|---|---|---|---|---|---|---|---|---|---|---|---|---|---|---|---|
| 出版著作(部) | 合计 | | 10 | 0 | 0 | 0 | 0 | 0 | 0 | 0 | 0 | 0 | 0 | 0 | 0 | 0 | 0 | 0 | 0 |
| | 专著 | 合计 | 11 | 0 | 0 | 0 | 0 | 0 | 0 | 0 | 0 | 0 | 0 | 0 | 0 | 0 | 0 | 0 | 0 |
| | | 被译成外文 | 12 | 0 | 0 | 0 | 0 | 0 | 0 | 0 | 0 | 0 | 0 | 0 | 0 | 0 | 0 | 0 | 0 |
| | 编著教材 | | 13 | 0 | 0 | 0 | 0 | 0 | 0 | 0 | 0 | 0 | 0 | 0 | 0 | 0 | 0 | 0 | 0 |
| | 工具书/参考书 | | 14 | 0 | 0 | 0 | 0 | 0 | 0 | 0 | 0 | 0 | 0 | 0 | 0 | 0 | 0 | 0 | 0 |
| | 皮书/发展报告 | | 15 | 0 | 0 | 0 | 0 | 0 | 0 | 0 | 0 | 0 | 0 | 0 | 0 | 0 | 0 | 0 | 0 |
| | 科普读物 | | 16 | 0 | 0 | 0 | 0 | 0 | 0 | 0 | 0 | 0 | 0 | 0 | 0 | 0 | 0 | 0 | 0 |
| 古籍整理(部) | | | 17 | 0 | 0 | 0 | 0 | 0 | 0 | 0 | 0 | 0 | 0 | 0 | 0 | 0 | 0 | 0 | 0 |
| 译著(部) | | | 18 | 0 | 0 | 0 | 0 | 0 | 0 | 0 | 0 | 0 | 0 | 0 | 0 | 0 | 0 | 0 | 0 |
| 发表译文(篇) | | | 19 | 0 | 0 | 0 | 0 | 0 | 0 | 0 | 0 | 0 | 0 | 0 | 0 | 0 | 0 | 0 | 0 |
| 电子出版物(件) | | | 20 | 0 | 0 | 0 | 0 | 0 | 0 | 0 | 0 | 0 | 0 | 0 | 0 | 0 | 0 | 0 | 0 |
| 发表论文(篇) | 合计 | | 21 | 88 | 0 | 0 | 0 | 0 | 0 | 0 | 2 | 24 | 23 | 0 | 0 | 29 | 10 | 0 | 0 |
| | 国内学术刊物 | | 22 | 88 | 0 | 0 | 0 | 0 | 0 | 0 | 2 | 24 | 23 | 0 | 0 | 29 | 10 | 0 | 0 |
| | 国外学术刊物 | | 23 | 0 | 0 | 0 | 0 | 0 | 0 | 0 | 0 | 0 | 0 | 0 | 0 | 0 | 0 | 0 | 0 |
| | 港、澳、台刊物 | | 24 | 0 | 0 | 0 | 0 | 0 | 0 | 0 | 0 | 0 | 0 | 0 | 0 | 0 | 0 | 0 | 0 |
| 研究与咨询报告(篇) | 合计 | | 25 | 38 | 0 | 0 | 0 | 0 | 0 | 0 | 0 | 0 | 0 | 0 | 0 | 38 | 0 | 0 | 0 |
| | 被采纳数 | | 26 | 24 | 0 | 0 | 0 | 0 | 0 | 0 | 0 | 0 | 0 | 0 | 0 | 24 | 0 | 0 | 0 |

## 3.47 江苏财经职业技术学院人文、社会科学研究与课题成果来源情况表

| | | | 课题来源 | | | | | | | | | | | | | | | |
|---|---|---|---|---|---|---|---|---|---|---|---|---|---|---|---|---|---|---|
| | | | 合计 | 国家社科基金项目 | 国家社科基金单列学科项目 | 教育部人文社科研究项目 | 高校古籍整理研究项目 | 国家自然科学基金项目 | 中央其他部门社科专门项目 | 省、市、自治区社科基金项目 | 省教育厅社科项目 | 地、市、厅、局等政府部门项目 | 国际合作研究项目 | 与港、澳、台地区合作研究项目 | 企事业单位委托项目 | 学校社科项目 | 外资项目 | 其他 |
| | | 编号 | L01 | L02 | L03 | L04 | L05 | L06 | L07 | L08 | L09 | L10 | L11 | L12 | L13 | L14 | L15 | L16 |
| 课题数(项) | | 1 | 252 | 0 | 0 | 1 | 0 | 0 | 1 | 1 | 59 | 28 | 0 | 0 | 105 | 57 | 0 | 0 |
| 当年投入人数 | 合计(人年) | 2 | 30 | 0 | 0 | 0.2 | 0 | 0 | 0.2 | 0.1 | 7.7 | 3.3 | 0 | 0 | 12 | 6.5 | 0 | 0 |
| | 研究生(人年) | 3 | 0 | 0 | 0 | 0 | 0 | 0 | 0 | 0 | 0 | 0 | 0 | 0 | 0 | 0 | 0 | 0 |
| 当年拨入经费 | 合计(千元) | 4 | 2 788.2 | 0 | 0 | 0 | 0 | 0 | 0 | 40 | 166 | 90.2 | 0 | 0 | 2 382 | 110 | 0 | 0 |
| | 当年立项项目拨入经费(千元) | 5 | 2 788.2 | 0 | 0 | 0 | 0 | 0 | 0 | 40 | 166 | 90.2 | 0 | 0 | 2 382 | 110 | 0 | 0 |
| 当年支出经费(千元) | | 6 | 3 165.22 | 0 | 0 | 11.4 | 0 | 0 | 8.5 | 9 | 132.19 | 111.56 | 0 | 0 | 2 820.22 | 72.35 | 0 | 0 |
| 当年新开课题数(项) | | 7 | 128 | 0 | 0 | 0 | 0 | 0 | 0 | 1 | 23 | 16 | 0 | 0 | 59 | 29 | 0 | 0 |
| 当年新开课题批准经费(千元) | | 8 | 2 798.2 | 0 | 0 | 0 | 0 | 0 | 0 | 50 | 166 | 90.2 | 0 | 0 | 2 382 | 110 | 0 | 0 |
| 当年完成课题数(项) | | 9 | 108 | 0 | 0 | 0 | 0 | 0 | 0 | 0 | 20 | 15 | 0 | 0 | 65 | 8 | 0 | 0 |

| | | | | | | | | | | | | | | | | | | | |
|---|---|---|---|---|---|---|---|---|---|---|---|---|---|---|---|---|---|---|---|
| 出版著作(部) | 合计 | | 10 | 1 | 0 | 0 | 0 | 0 | 0 | 1 | 0 | 0 | 0 | 0 | 0 | 0 | 0 | 0 | 0 |
| | 专著 | 合计 | 11 | 1 | 0 | 0 | 0 | 0 | 0 | 1 | 0 | 0 | 0 | 0 | 0 | 0 | 0 | 0 | 0 |
| | | 被译成外文 | 12 | 0 | 0 | 0 | 0 | 0 | 0 | 0 | 0 | 0 | 0 | 0 | 0 | 0 | 0 | 0 | 0 |
| | 编著教材 | | 13 | 0 | 0 | 0 | 0 | 0 | 0 | 0 | 0 | 0 | 0 | 0 | 0 | 0 | 0 | 0 | 0 |
| | 工具书/参考书 | | 14 | 0 | 0 | 0 | 0 | 0 | 0 | 0 | 0 | 0 | 0 | 0 | 0 | 0 | 0 | 0 | 0 |
| | 皮书/发展报告 | | 15 | 0 | 0 | 0 | 0 | 0 | 0 | 0 | 0 | 0 | 0 | 0 | 0 | 0 | 0 | 0 | 0 |
| | 科普读物 | | 16 | 0 | 0 | 0 | 0 | 0 | 0 | 0 | 0 | 0 | 0 | 0 | 0 | 0 | 0 | 0 | 0 |
| 古籍整理(部) | | | 17 | 0 | 0 | 0 | 0 | 0 | 0 | 0 | 0 | 0 | 0 | 0 | 0 | 0 | 0 | 0 | 0 |
| 译著(部) | | | 18 | 0 | 0 | 0 | 0 | 0 | 0 | 0 | 0 | 0 | 0 | 0 | 0 | 0 | 0 | 0 | 0 |
| 发表译文(篇) | | | 19 | 0 | 0 | 0 | 0 | 0 | 0 | 0 | 0 | 0 | 0 | 0 | 0 | 0 | 0 | 0 | 0 |
| 电子出版物(件) | | | 20 | 0 | 0 | 0 | 0 | 0 | 0 | 0 | 0 | 0 | 0 | 0 | 0 | 0 | 0 | 0 | 0 |
| 发表论文(篇) | 合计 | | 21 | 196 | 0 | 0 | 0 | 0 | 0 | 3 | 0 | 45 | 51 | 0 | 0 | 44 | 53 | 0 | 0 |
| | 国内学术刊物 | | 22 | 196 | 0 | 0 | 0 | 0 | 0 | 3 | 0 | 45 | 51 | 0 | 0 | 44 | 53 | 0 | 0 |
| | 国外学术刊物 | | 23 | 0 | 0 | 0 | 0 | 0 | 0 | 0 | 0 | 0 | 0 | 0 | 0 | 0 | 0 | 0 | 0 |
| | 港、澳、台刊物 | | 24 | 0 | 0 | 0 | 0 | 0 | 0 | 0 | 0 | 0 | 0 | 0 | 0 | 0 | 0 | 0 | 0 |
| 研究与咨询报告(篇) | 合计 | | 25 | 5 | 0 | 0 | 0 | 0 | 0 | 0 | 0 | 0 | 2 | 0 | 0 | 3 | 0 | 0 | 0 |
| | 被采纳数 | | 26 | 0 | 0 | 0 | 0 | 0 | 0 | 0 | 0 | 0 | 0 | 0 | 0 | 0 | 0 | 0 | 0 |

## 3.48 扬州工业职业技术学院人文、社会科学研究与课题成果来源情况表

| | | | 课题来源 | | | | | | | | | | | | | | | |
|---|---|---|---|---|---|---|---|---|---|---|---|---|---|---|---|---|---|---|
| | | | 合计 | 国家社科基金项目 | 国家社科基金单列学科项目 | 教育部人文社科研究项目 | 高校古籍整理研究项目 | 国家自然科学基金项目 | 中央其他部门社科专门项目 | 省、市、自治区社科基金项目 | 省教育厅社科项目 | 地、市、厅、局等政府部门项目 | 国际合作研究项目 | 与港、澳、台地区合作研究项目 | 企事业单位委托项目 | 学校社科项目 | 外资项目 | 其他 |
| | | 编号 | L01 | L02 | L03 | L04 | L05 | L06 | L07 | L08 | L09 | L10 | L11 | L12 | L13 | L14 | L15 | L16 |
| 课题数(项) | | 1 | 206 | 0 | 0 | 0 | 0 | 0 | 0 | 3 | 82 | 46 | 0 | 0 | 54 | 21 | 0 | 0 |
| 当年投入人数 | 合计(人年) | 2 | 20.9 | 0 | 0 | 0 | 0 | 0 | 0 | 0.3 | 8.5 | 4.6 | 0 | 0 | 5.4 | 2.1 | 0 | 0 |
| | 研究生(人年) | 3 | 0 | 0 | 0 | 0 | 0 | 0 | 0 | 0 | 0 | 0 | 0 | 0 | 0 | 0 | 0 | 0 |
| 当年拨入经费 | 合计(千元) | 4 | 316 | 0 | 0 | 0 | 0 | 0 | 0 | 0 | 216 | 46 | 0 | 0 | 30 | 24 | 0 | 0 |
| | 当年立项项目拨入经费(千元) | 5 | 282 | 0 | 0 | 0 | 0 | 0 | 0 | 0 | 216 | 36 | 0 | 0 | 30 | 0 | 0 | 0 |
| 当年支出经费(千元) | | 6 | 416.8 | 0 | 0 | 0 | 0 | 0 | 0 | 10 | 277.8 | 63 | 0 | 0 | 39 | 27 | 0 | 0 |
| 当年新开课题数(项) | | 7 | 92 | 0 | 0 | 0 | 0 | 0 | 0 | 0 | 27 | 35 | 0 | 0 | 30 | 0 | 0 | 0 |
| 当年新开课题批准经费(千元) | | 8 | 299 | 0 | 0 | 0 | 0 | 0 | 0 | 0 | 216 | 53 | 0 | 0 | 30 | 0 | 0 | 0 |
| 当年完成课题数(项) | | 9 | 92 | 0 | 0 | 0 | 0 | 0 | 0 | 2 | 15 | 29 | 0 | 0 | 42 | 4 | 0 | 0 |

| | | | 编号 | 1 | 2 | 3 | 4 | 5 | 6 | 7 | 8 | 9 | 10 | 11 | 12 | 13 | 14 | 15 | 16 |
|---|---|---|---|---|---|---|---|---|---|---|---|---|---|---|---|---|---|---|---|
| 出版著作(部) | 合计 | | 10 | 1 | 0 | 0 | 0 | 0 | 0 | 0 | 0 | 1 | 0 | 0 | 0 | 0 | 0 | 0 | 0 |
| | 专著 | 合计 | 11 | 1 | 0 | 0 | 0 | 0 | 0 | 0 | 0 | 1 | 0 | 0 | 0 | 0 | 0 | 0 | 0 |
| | | 被译成外文 | 12 | 0 | 0 | 0 | 0 | 0 | 0 | 0 | 0 | 0 | 0 | 0 | 0 | 0 | 0 | 0 | 0 |
| | 编著教材 | | 13 | 0 | 0 | 0 | 0 | 0 | 0 | 0 | 0 | 0 | 0 | 0 | 0 | 0 | 0 | 0 | 0 |
| | 工具书/参考书 | | 14 | 0 | 0 | 0 | 0 | 0 | 0 | 0 | 0 | 0 | 0 | 0 | 0 | 0 | 0 | 0 | 0 |
| | 皮书/发展报告 | | 15 | 0 | 0 | 0 | 0 | 0 | 0 | 0 | 0 | 0 | 0 | 0 | 0 | 0 | 0 | 0 | 0 |
| | 科普读物 | | 16 | 0 | 0 | 0 | 0 | 0 | 0 | 0 | 0 | 0 | 0 | 0 | 0 | 0 | 0 | 0 | 0 |
| 古籍整理(部) | | | 17 | 0 | 0 | 0 | 0 | 0 | 0 | 0 | 0 | 0 | 0 | 0 | 0 | 0 | 0 | 0 | 0 |
| 译著(部) | | | 18 | 0 | 0 | 0 | 0 | 0 | 0 | 0 | 0 | 0 | 0 | 0 | 0 | 0 | 0 | 0 | 0 |
| 发表译文(篇) | | | 19 | 0 | 0 | 0 | 0 | 0 | 0 | 0 | 0 | 0 | 0 | 0 | 0 | 0 | 0 | 0 | 0 |
| 电子出版物(件) | | | 20 | 0 | 0 | 0 | 0 | 0 | 0 | 0 | 0 | 0 | 0 | 0 | 0 | 0 | 0 | 0 | 0 |
| 发表论文(篇) | 合计 | | 21 | 142 | 0 | 0 | 0 | 0 | 0 | 0 | 6 | 64 | 44 | 0 | 0 | 12 | 16 | 0 | 0 |
| | 国内学术刊物 | | 22 | 142 | 0 | 0 | 0 | 0 | 0 | 0 | 6 | 64 | 44 | 0 | 0 | 12 | 16 | 0 | 0 |
| | 国外学术刊物 | | 23 | 0 | 0 | 0 | 0 | 0 | 0 | 0 | 0 | 0 | 0 | 0 | 0 | 0 | 0 | 0 | 0 |
| | 港、澳、台刊物 | | 24 | 0 | 0 | 0 | 0 | 0 | 0 | 0 | 0 | 0 | 0 | 0 | 0 | 0 | 0 | 0 | 0 |
| 研究与咨询报告(篇) | 合计 | | 25 | 32 | 0 | 0 | 0 | 0 | 0 | 0 | 0 | 0 | 0 | 0 | 0 | 32 | 0 | 0 | 0 |
| | 被采纳数 | | 26 | 18 | 0 | 0 | 0 | 0 | 0 | 0 | 0 | 0 | 0 | 0 | 0 | 18 | 0 | 0 | 0 |

## 3.49 江苏城市职业学院人文、社会科学研究与课题成果来源情况表

| | | | 课题来源 | | | | | | | | | | | | | | | |
|---|---|---|---|---|---|---|---|---|---|---|---|---|---|---|---|---|---|---|
| | | | 合计 | 国家社科基金项目 | 国家社科基金单列学科项目 | 教育部人文社科研究项目 | 高校古籍整理研究项目 | 国家自然科学基金项目 | 中央其他部门社科专门项目 | 省、市、自治区社科基金项目 | 省教育厅社科项目 | 地、市、厅、局等政府部门项目 | 国际合作研究项目 | 与港、澳、台地区合作研究项目 | 企事业单位委托项目 | 学校社科项目 | 外资项目 | 其他 |
| | | 编号 | L01 | L02 | L03 | L04 | L05 | L06 | L07 | L08 | L09 | L10 | L11 | L12 | L13 | L14 | L15 | L16 |
| 课题数(项) | | 1 | 292 | 1 | 0 | 6 | 0 | 0 | 1 | 15 | 117 | 29 | 0 | 0 | 35 | 88 | 0 | 0 |
| 当年投入人数 | 合计(人年) | 2 | 90 | 0.4 | 0 | 1.9 | 0 | 0 | 0.3 | 5.1 | 38.1 | 9.4 | 0 | 0 | 6.8 | 28 | 0 | 0 |
| | 研究生(人年) | 3 | 0 | 0 | 0 | 0 | 0 | 0 | 0 | 0 | 0 | 0 | 0 | 0 | 0 | 0 | 0 | 0 |
| 当年拨入经费 | 合计(千元) | 4 | 2 028.2 | 0 | 0 | 120 | 0 | 0 | 0 | 123 | 762 | 130 | 0 | 0 | 394.2 | 499 | 0 | 0 |
| | 当年立项项目拨入经费(千元) | 5 | 864.2 | 0 | 0 | 80 | 0 | 0 | 0 | 50 | 195 | 85 | 0 | 0 | 394.2 | 60 | 0 | 0 |
| 当年支出经费(千元) | | 6 | 2 205.87 | 56.6 | 0 | 156.3 | 0 | 0 | 6.2 | 132.02 | 750.11 | 105.61 | 0 | 0 | 541.07 | 457.96 | 0 | 0 |
| 当年新开课题数(项) | | 7 | 69 | 0 | 0 | 2 | 0 | 0 | 0 | 3 | 26 | 16 | 0 | 0 | 14 | 8 | 0 | 0 |
| 当年新开课题批准经费(千元) | | 8 | 1 384.2 | 0 | 0 | 160 | 0 | 0 | 0 | 100 | 390 | 180 | 0 | 0 | 434.2 | 120 | 0 | 0 |
| 当年完成课题数(项) | | 9 | 107 | 0 | 0 | 2 | 0 | 0 | 0 | 5 | 36 | 8 | 0 | 0 | 19 | 37 | 0 | 0 |

| | | | | | | | | | | | | | | | | | | | |
|---|---|---|---|---|---|---|---|---|---|---|---|---|---|---|---|---|---|---|---|
| 出版著作(部) | 合计 | | 10 | 1 | 0 | 0 | 0 | 0 | 0 | 0 | 1 | 0 | 0 | 0 | 0 | 0 | 0 | 0 | 0 |
| | 专著 | 合计 | 11 | 1 | 0 | 0 | 0 | 0 | 0 | 0 | 1 | 0 | 0 | 0 | 0 | 0 | 0 | 0 | 0 |
| | | 被译成外文 | 12 | 0 | 0 | 0 | 0 | 0 | 0 | 0 | 0 | 0 | 0 | 0 | 0 | 0 | 0 | 0 | 0 |
| | 编著教材 | | 13 | 0 | 0 | 0 | 0 | 0 | 0 | 0 | 0 | 0 | 0 | 0 | 0 | 0 | 0 | 0 | 0 |
| | 工具书/参考书 | | 14 | 0 | 0 | 0 | 0 | 0 | 0 | 0 | 0 | 0 | 0 | 0 | 0 | 0 | 0 | 0 | 0 |
| | 皮书/发展报告 | | 15 | 0 | 0 | 0 | 0 | 0 | 0 | 0 | 0 | 0 | 0 | 0 | 0 | 0 | 0 | 0 | 0 |
| | 科普读物 | | 16 | 0 | 0 | 0 | 0 | 0 | 0 | 0 | 0 | 0 | 0 | 0 | 0 | 0 | 0 | 0 | 0 |
| 古籍整理(部) | | | 17 | 0 | 0 | 0 | 0 | 0 | 0 | 0 | 0 | 0 | 0 | 0 | 0 | 0 | 0 | 0 | 0 |
| 译著(部) | | | 18 | 0 | 0 | 0 | 0 | 0 | 0 | 0 | 0 | 0 | 0 | 0 | 0 | 0 | 0 | 0 | 0 |
| 发表译文(篇) | | | 19 | 0 | 0 | 0 | 0 | 0 | 0 | 0 | 0 | 0 | 0 | 0 | 0 | 0 | 0 | 0 | 0 |
| 电子出版物(件) | | | 20 | 0 | 0 | 0 | 0 | 0 | 0 | 0 | 0 | 0 | 0 | 0 | 0 | 0 | 0 | 0 | 0 |
| 发表论文(篇) | 合计 | | 21 | 105 | 1 | 0 | 4 | 0 | 0 | 1 | 6 | 63 | 14 | 0 | 0 | 0 | 16 | 0 | 0 |
| | 国内学术刊物 | | 22 | 103 | 1 | 0 | 4 | 0 | 0 | 1 | 6 | 61 | 14 | 0 | 0 | 0 | 16 | 0 | 0 |
| | 国外学术刊物 | | 23 | 2 | 0 | 0 | 0 | 0 | 0 | 0 | 0 | 2 | 0 | 0 | 0 | 0 | 0 | 0 | 0 |
| | 港、澳、台刊物 | | 24 | 0 | 0 | 0 | 0 | 0 | 0 | 0 | 0 | 0 | 0 | 0 | 0 | 0 | 0 | 0 | 0 |
| 研究与咨询报告(篇) | 合计 | | 25 | 1 | 0 | 0 | 0 | 0 | 0 | 0 | 0 | 0 | 1 | 0 | 0 | 0 | 0 | 0 | 0 |
| | 被采纳数 | | 26 | 1 | 0 | 0 | 0 | 0 | 0 | 0 | 0 | 0 | 1 | 0 | 0 | 0 | 0 | 0 | 0 |

## 3.50 南京城市职业学院人文、社会科学研究与课题成果来源情况表

| | | | 课题来源 | | | | | | | | | | | | | | | |
|---|---|---|---|---|---|---|---|---|---|---|---|---|---|---|---|---|---|---|
| | | | 合计 | 国家社科基金项目 | 国家社科基金单列学科项目 | 教育部人文社科研究项目 | 高校古籍整理研究项目 | 国家自然科学基金项目 | 中央其他部门社科专门项目 | 省、市、自治区社科基金项目 | 省教育厅社科项目 | 地、市、厅、局等政府部门项目 | 国际合作研究项目 | 与港、澳、台地区合作研究项目 | 企事业单位委托项目 | 学校社科项目 | 外资项目 | 其他 |
| | | 编号 | L01 | L02 | L03 | L04 | L05 | L06 | L07 | L08 | L09 | L10 | L11 | L12 | L13 | L14 | L15 | L16 |
| 课题数(项) | | 1 | 154 | 0 | 0 | 0 | 0 | 0 | 0 | 8 | 59 | 0 | 0 | 0 | 0 | 87 | 0 | 0 |
| 当年投入人数 | 合计(人年) | 2 | 15.4 | 0 | 0 | 0 | 0 | 0 | 0 | 0.8 | 5.9 | 0 | 0 | 0 | 0 | 8.7 | 0 | 0 |
| | 研究生(人年) | 3 | 0 | 0 | 0 | 0 | 0 | 0 | 0 | 0 | 0 | 0 | 0 | 0 | 0 | 0 | 0 | 0 |
| 当年拨入经费 | 合计(千元) | 4 | 153.55 | 0 | 0 | 0 | 0 | 0 | 0 | 18 | 87.3 | 0 | 0 | 0 | 0 | 48.25 | 0 | 0 |
| | 当年立项项目拨入经费(千元) | 5 | 9 | 0 | 0 | 0 | 0 | 0 | 0 | 4 | 5 | 0 | 0 | 0 | 0 | 0 | 0 | 0 |
| 当年支出经费(千元) | | 6 | 176.55 | 0 | 0 | 0 | 0 | 0 | 0 | 18 | 104.3 | 0 | 0 | 0 | 0 | 54.25 | 0 | 0 |
| 当年新开课题数(项) | | 7 | 49 | 0 | 0 | 0 | 0 | 0 | 0 | 4 | 19 | 0 | 0 | 0 | 0 | 26 | 0 | 0 |
| 当年新开课题批准经费(千元) | | 8 | 433 | 0 | 0 | 0 | 0 | 0 | 0 | 160 | 190 | 0 | 0 | 0 | 0 | 83 | 0 | 0 |
| 当年完成课题数(项) | | 9 | 47 | 0 | 0 | 0 | 0 | 0 | 0 | 2 | 28 | 0 | 0 | 0 | 0 | 17 | 0 | 0 |

| | | | | | | | | | | | | | | | | | | | |
|---|---|---|---|---|---|---|---|---|---|---|---|---|---|---|---|---|---|---|---|
| 出版著作(部) | 合计 | | 10 | 3 | 0 | 0 | 0 | 0 | 0 | 0 | 3 | 0 | 0 | 0 | 0 | 0 | 0 | 0 | 0 |
| | 专著 | 合计 | 11 | 3 | 0 | 0 | 0 | 0 | 0 | 0 | 3 | 0 | 0 | 0 | 0 | 0 | 0 | 0 | 0 |
| | | 被译成外文 | 12 | 0 | 0 | 0 | 0 | 0 | 0 | 0 | 0 | 0 | 0 | 0 | 0 | 0 | 0 | 0 | 0 |
| | 编著教材 | | 13 | 0 | 0 | 0 | 0 | 0 | 0 | 0 | 0 | 0 | 0 | 0 | 0 | 0 | 0 | 0 | 0 |
| | 工具书/参考书 | | 14 | 0 | 0 | 0 | 0 | 0 | 0 | 0 | 0 | 0 | 0 | 0 | 0 | 0 | 0 | 0 | 0 |
| | 皮书/发展报告 | | 15 | 0 | 0 | 0 | 0 | 0 | 0 | 0 | 0 | 0 | 0 | 0 | 0 | 0 | 0 | 0 | 0 |
| | 科普读物 | | 16 | 0 | 0 | 0 | 0 | 0 | 0 | 0 | 0 | 0 | 0 | 0 | 0 | 0 | 0 | 0 | 0 |
| 古籍整理(部) | | | 17 | 0 | 0 | 0 | 0 | 0 | 0 | 0 | 0 | 0 | 0 | 0 | 0 | 0 | 0 | 0 | 0 |
| 译著(部) | | | 18 | 0 | 0 | 0 | 0 | 0 | 0 | 0 | 0 | 0 | 0 | 0 | 0 | 0 | 0 | 0 | 0 |
| 发表译文(篇) | | | 19 | 0 | 0 | 0 | 0 | 0 | 0 | 0 | 0 | 0 | 0 | 0 | 0 | 0 | 0 | 0 | 0 |
| 电子出版物(件) | | | 20 | 0 | 0 | 0 | 0 | 0 | 0 | 0 | 0 | 0 | 0 | 0 | 0 | 0 | 0 | 0 | 0 |
| 发表论文(篇) | 合计 | | 21 | 19 | 0 | 0 | 0 | 0 | 0 | 0 | 1 | 7 | 0 | 0 | 0 | 0 | 11 | 0 | 0 |
| | 国内学术刊物 | | 22 | 19 | 0 | 0 | 0 | 0 | 0 | 0 | 1 | 7 | 0 | 0 | 0 | 0 | 11 | 0 | 0 |
| | 国外学术刊物 | | 23 | 0 | 0 | 0 | 0 | 0 | 0 | 0 | 0 | 0 | 0 | 0 | 0 | 0 | 0 | 0 | 0 |
| | 港、澳、台刊物 | | 24 | 0 | 0 | 0 | 0 | 0 | 0 | 0 | 0 | 0 | 0 | 0 | 0 | 0 | 0 | 0 | 0 |
| 研究与咨询报告(篇) | 合计 | | 25 | 0 | 0 | 0 | 0 | 0 | 0 | 0 | 0 | 0 | 0 | 0 | 0 | 0 | 0 | 0 | 0 |
| | 被采纳数 | | 26 | 0 | 0 | 0 | 0 | 0 | 0 | 0 | 0 | 0 | 0 | 0 | 0 | 0 | 0 | 0 | 0 |

## 3.51 南京机电职业技术学院人文、社会科学研究与课题成果来源情况表

| | | | 课题来源 | | | | | | | | | | | | | | | |
|---|---|---|---|---|---|---|---|---|---|---|---|---|---|---|---|---|---|---|
| | | | 合计 | 国家社科基金项目 | 国家社科基金单列学科项目 | 教育部人文社科研究项目 | 高校古籍整理研究项目 | 国家自然科学基金项目 | 中央其他部门社科专门项目 | 省、市、自治区社科基金项目 | 省教育厅社科项目 | 地、市、厅、局等政府部门项目 | 国际合作研究项目 | 与港、澳、台地区合作研究项目 | 企事业单位委托项目 | 学校社科项目 | 外资项目 | 其他 |
| | | 编号 | L01 | L02 | L03 | L04 | L05 | L06 | L07 | L08 | L09 | L10 | L11 | L12 | L13 | L14 | L15 | L16 |
| 课题数(项) | | 1 | 115 | 0 | 0 | 0 | 0 | 0 | 0 | 3 | 39 | 7 | 0 | 0 | 17 | 49 | 0 | 0 |
| 当年投入人数 | 合计(人年) | 2 | 14.6 | 0 | 0 | 0 | 0 | 0 | 0 | 0.6 | 6 | 1.4 | 0 | 0 | 1.7 | 4.9 | 0 | 0 |
| | 研究生(人年) | 3 | 0 | 0 | 0 | 0 | 0 | 0 | 0 | 0 | 0 | 0 | 0 | 0 | 0 | 0 | 0 | 0 |
| 当年拨入经费 | 合计(千元) | 4 | 317 | 0 | 0 | 0 | 0 | 0 | 0 | 2 | 27 | 0 | 0 | 0 | 242 | 46 | 0 | 0 |
| | 当年立项项目拨入经费(千元) | 5 | 317 | 0 | 0 | 0 | 0 | 0 | 0 | 2 | 27 | 0 | 0 | 0 | 242 | 46 | 0 | 0 |
| 当年支出经费(千元) | | 6 | 298.9 | 0 | 0 | 0 | 0 | 0 | 0 | 12 | 79 | 23 | 0 | 0 | 103 | 81.9 | 0 | 0 |
| 当年新开课题数(项) | | 7 | 38 | 0 | 0 | 0 | 0 | 0 | 0 | 1 | 11 | 0 | 0 | 0 | 13 | 13 | 0 | 0 |
| 当年新开课题批准经费(千元) | | 8 | 336 | 0 | 0 | 0 | 0 | 0 | 0 | 4 | 44 | 0 | 0 | 0 | 242 | 46 | 0 | 0 |
| 当年完成课题数(项) | | 9 | 53 | 0 | 0 | 0 | 0 | 0 | 0 | 2 | 14 | 5 | 0 | 0 | 4 | 28 | 0 | 0 |

| | | | | | | | | | | | | | | | | | | | |
|---|---|---|---|---|---|---|---|---|---|---|---|---|---|---|---|---|---|---|---|
| 出版著作(部) | 合计 | | 10 | 0 | 0 | 0 | 0 | 0 | 0 | 0 | 0 | 0 | 0 | 0 | 0 | 0 | 0 | 0 | 0 |
| | 专著 | 合计 | 11 | 0 | 0 | 0 | 0 | 0 | 0 | 0 | 0 | 0 | 0 | 0 | 0 | 0 | 0 | 0 | 0 |
| | | 被译成外文 | 12 | 0 | 0 | 0 | 0 | 0 | 0 | 0 | 0 | 0 | 0 | 0 | 0 | 0 | 0 | 0 | 0 |
| | 编著教材 | | 13 | 0 | 0 | 0 | 0 | 0 | 0 | 0 | 0 | 0 | 0 | 0 | 0 | 0 | 0 | 0 | 0 |
| | 工具书/参考书 | | 14 | 0 | 0 | 0 | 0 | 0 | 0 | 0 | 0 | 0 | 0 | 0 | 0 | 0 | 0 | 0 | 0 |
| | 皮书/发展报告 | | 15 | 0 | 0 | 0 | 0 | 0 | 0 | 0 | 0 | 0 | 0 | 0 | 0 | 0 | 0 | 0 | 0 |
| | 科普读物 | | 16 | 0 | 0 | 0 | 0 | 0 | 0 | 0 | 0 | 0 | 0 | 0 | 0 | 0 | 0 | 0 | 0 |
| 古籍整理(部) | | | 17 | 0 | 0 | 0 | 0 | 0 | 0 | 0 | 0 | 0 | 0 | 0 | 0 | 0 | 0 | 0 | 0 |
| 译著(部) | | | 18 | 0 | 0 | 0 | 0 | 0 | 0 | 0 | 0 | 0 | 0 | 0 | 0 | 0 | 0 | 0 | 0 |
| 发表译文(篇) | | | 19 | 0 | 0 | 0 | 0 | 0 | 0 | 0 | 0 | 0 | 0 | 0 | 0 | 0 | 0 | 0 | 0 |
| 电子出版物(件) | | | 20 | 0 | 0 | 0 | 0 | 0 | 0 | 0 | 0 | 0 | 0 | 0 | 0 | 0 | 0 | 0 | 0 |
| 发表论文(篇) | 合计 | | 21 | 67 | 0 | 0 | 0 | 0 | 0 | 0 | 0 | 25 | 9 | 0 | 0 | 3 | 30 | 0 | 0 |
| | 国内学术刊物 | | 22 | 67 | 0 | 0 | 0 | 0 | 0 | 0 | 0 | 25 | 9 | 0 | 0 | 3 | 30 | 0 | 0 |
| | 国外学术刊物 | | 23 | 0 | 0 | 0 | 0 | 0 | 0 | 0 | 0 | 0 | 0 | 0 | 0 | 0 | 0 | 0 | 0 |
| | 港、澳、台刊物 | | 24 | 0 | 0 | 0 | 0 | 0 | 0 | 0 | 0 | 0 | 0 | 0 | 0 | 0 | 0 | 0 | 0 |
| 研究与咨询报告(篇) | 合计 | | 25 | 10 | 0 | 0 | 0 | 0 | 0 | 0 | 0 | 4 | 0 | 0 | 0 | 6 | 0 | 0 | 0 |
| | 被采纳数 | | 26 | 4 | 0 | 0 | 0 | 0 | 0 | 0 | 0 | 2 | 0 | 0 | 0 | 2 | 0 | 0 | 0 |

## 3.52 南京旅游职业学院人文、社会科学研究与课题成果来源情况表

| | | | 课题来源 | | | | | | | | | | | | | | | |
|---|---|---|---|---|---|---|---|---|---|---|---|---|---|---|---|---|---|---|
| | | | 合计 | 国家社科基金项目 | 国家社科基金单列学科项目 | 教育部人文社科研究项目 | 高校古籍整理研究项目 | 国家自然科学基金项目 | 中央其他部门社科专门项目 | 省、市、自治区社科基金项目 | 省教育厅社科项目 | 地、市、厅、局等政府部门项目 | 国际合作研究项目 | 与港、澳、台地区合作研究项目 | 企事业单位委托项目 | 学校社科项目 | 外资项目 | 其他 |
| | | 编号 | L01 | L02 | L03 | L04 | L05 | L06 | L07 | L08 | L09 | L10 | L11 | L12 | L13 | L14 | L15 | L16 |
| 课题数(项) | | 1 | 123 | 0 | 0 | 1 | 0 | 1 | 0 | 8 | 34 | 28 | 0 | 0 | 11 | 40 | 0 | 0 |
| 当年投入人数 | 合计(人年) | 2 | 18.3 | 0 | 0 | 0.1 | 0 | 0.2 | 0 | 1.6 | 5.4 | 3.2 | 0 | 0 | 1.4 | 6.4 | 0 | 0 |
| | 研究生(人年) | 3 | 0 | 0 | 0 | 0 | 0 | 0 | 0 | 0 | 0 | 0 | 0 | 0 | 0 | 0 | 0 | 0 |
| 当年拨入经费 | 合计(千元) | 4 | 439.3 | 0 | 0 | 0 | 0 | 0 | 0 | 6 | 35.4 | 159.9 | 0 | 0 | 192 | 46 | 0 | 0 |
| | 当年立项项目拨入经费(千元) | 5 | 326.3 | 0 | 0 | 0 | 0 | 0 | 0 | 0 | 25.4 | 62.9 | 0 | 0 | 192 | 46 | 0 | 0 |
| 当年支出经费(千元) | | 6 | 729.55 | 0 | 0 | 80 | 0 | 90 | 0 | 99.6 | 115.76 | 196.99 | 0 | 0 | 93 | 54.2 | 0 | 0 |
| 当年新开课题数(项) | | 7 | 29 | 0 | 0 | 0 | 0 | 0 | 0 | 0 | 4 | 9 | 0 | 0 | 6 | 10 | 0 | 0 |
| 当年新开课题批准经费(千元) | | 8 | 330.3 | 0 | 0 | 0 | 0 | 0 | 0 | 0 | 29.4 | 62.9 | 0 | 0 | 192 | 46 | 0 | 0 |
| 当年完成课题数(项) | | 9 | 44 | 0 | 0 | 1 | 0 | 0 | 0 | 4 | 14 | 8 | 0 | 0 | 3 | 14 | 0 | 0 |

| | | | | | | | | | | | | | | | | | | |
|---|---|---|---|---|---|---|---|---|---|---|---|---|---|---|---|---|---|---|
| 出版著作(部) | 合计 | | 10 | 1 | 0 | 0 | 0 | 0 | 0 | 0 | 0 | 0 | 0 | 0 | 0 | 1 | 0 | 0 | 0 |
| | 专著 | 合计 | 11 | 1 | 0 | 0 | 0 | 0 | 0 | 0 | 0 | 0 | 0 | 0 | 0 | 1 | 0 | 0 | 0 |
| | | 被译成外文 | 12 | 0 | 0 | 0 | 0 | 0 | 0 | 0 | 0 | 0 | 0 | 0 | 0 | 0 | 0 | 0 | 0 |
| | 编著教材 | | 13 | 0 | 0 | 0 | 0 | 0 | 0 | 0 | 0 | 0 | 0 | 0 | 0 | 0 | 0 | 0 | 0 |
| | 工具书/参考书 | | 14 | 0 | 0 | 0 | 0 | 0 | 0 | 0 | 0 | 0 | 0 | 0 | 0 | 0 | 0 | 0 | 0 |
| | 皮书/发展报告 | | 15 | 0 | 0 | 0 | 0 | 0 | 0 | 0 | 0 | 0 | 0 | 0 | 0 | 0 | 0 | 0 | 0 |
| | 科普读物 | | 16 | 0 | 0 | 0 | 0 | 0 | 0 | 0 | 0 | 0 | 0 | 0 | 0 | 0 | 0 | 0 | 0 |
| 古籍整理(部) | | | 17 | 0 | 0 | 0 | 0 | 0 | 0 | 0 | 0 | 0 | 0 | 0 | 0 | 0 | 0 | 0 | 0 |
| 译著(部) | | | 18 | 0 | 0 | 0 | 0 | 0 | 0 | 0 | 0 | 0 | 0 | 0 | 0 | 0 | 0 | 0 | 0 |
| 发表译文(篇) | | | 19 | 0 | 0 | 0 | 0 | 0 | 0 | 0 | 0 | 0 | 0 | 0 | 0 | 0 | 0 | 0 | 0 |
| 电子出版物(件) | | | 20 | 0 | 0 | 0 | 0 | 0 | 0 | 0 | 0 | 0 | 0 | 0 | 0 | 0 | 0 | 0 | 0 |
| 发表论文(篇) | 合计 | | 21 | 72 | 0 | 0 | 0 | 0 | 1 | 0 | 6 | 37 | 5 | 0 | 0 | 4 | 19 | 0 | 0 |
| | 国内学术刊物 | | 22 | 71 | 0 | 0 | 0 | 0 | 1 | 0 | 6 | 36 | 5 | 0 | 0 | 4 | 19 | 0 | 0 |
| | 国外学术刊物 | | 23 | 1 | 0 | 0 | 0 | 0 | 0 | 0 | 0 | 1 | 0 | 0 | 0 | 0 | 0 | 0 | 0 |
| | 港、澳、台刊物 | | 24 | 0 | 0 | 0 | 0 | 0 | 0 | 0 | 0 | 0 | 0 | 0 | 0 | 0 | 0 | 0 | 0 |
| 研究与咨询报告(篇) | 合计 | | 25 | 0 | 0 | 0 | 0 | 0 | 0 | 0 | 0 | 0 | 0 | 0 | 0 | 0 | 0 | 0 | 0 |
| | 被采纳数 | | 26 | 0 | 0 | 0 | 0 | 0 | 0 | 0 | 0 | 0 | 0 | 0 | 0 | 0 | 0 | 0 | 0 |

## 3.53 江苏卫生健康职业学院人文、社会科学研究与课题成果来源情况表

| | | | 课题来源 | | | | | | | | | | | | | | | |
|---|---|---|---|---|---|---|---|---|---|---|---|---|---|---|---|---|---|---|
| | | | 合计 | 国家社科基金项目 | 国家社科基金单列学科项目 | 教育部人文社科研究项目 | 高校古籍整理研究项目 | 国家自然科学基金项目 | 中央其他部门社科专门项目 | 省、市、自治区社科基金项目 | 省教育厅社科项目 | 地、市、厅、局等政府部门项目 | 国际合作研究项目 | 与港、澳、台地区合作研究项目 | 企事业单位委托项目 | 学校社科项目 | 外资项目 | 其他 |
| | | 编号 | L01 | L02 | L03 | L04 | L05 | L06 | L07 | L08 | L09 | L10 | L11 | L12 | L13 | L14 | L15 | L16 |
| 课题数(项) | | 1 | 157 | 0 | 0 | 0 | 0 | 0 | 0 | 2 | 57 | 19 | 0 | 0 | 4 | 72 | 0 | 3 |
| 当年投入人数 | 合计(人年) | 2 | 25.6 | 0 | 0 | 0 | 0 | 0 | 0 | 0.4 | 9.2 | 2.9 | 0 | 0 | 1.2 | 11 | 0 | 0.9 |
| | 研究生(人年) | 3 | 0 | 0 | 0 | 0 | 0 | 0 | 0 | 0 | 0 | 0 | 0 | 0 | 0 | 0 | 0 | 0 |
| 当年拨入经费 | 合计(千元) | 4 | 333 | 0 | 0 | 0 | 0 | 0 | 0 | 0 | 150 | 45 | 0 | 0 | 0 | 138 | 0 | 0 |
| | 当年立项项目拨入经费(千元) | 5 | 333 | 0 | 0 | 0 | 0 | 0 | 0 | 0 | 150 | 45 | 0 | 0 | 0 | 138 | 0 | 0 |
| 当年支出经费(千元) | | 6 | 172.34 | 0 | 0 | 0 | 0 | 0 | 0 | 3.32 | 78.62 | 6.1 | 0 | 0 | 12.2 | 60.6 | 0 | 11.5 |
| 当年新开课题数(项) | | 7 | 68 | 0 | 0 | 0 | 0 | 0 | 0 | 0 | 15 | 13 | 0 | 0 | 0 | 40 | 0 | 0 |
| 当年新开课题批准经费(千元) | | 8 | 333 | 0 | 0 | 0 | 0 | 0 | 0 | 0 | 150 | 45 | 0 | 0 | 0 | 138 | 0 | 0 |
| 当年完成课题数(项) | | 9 | 21 | 0 | 0 | 0 | 0 | 0 | 0 | 1 | 13 | 1 | 0 | 0 | 1 | 5 | 0 | 0 |

| | | | | | | | | | | | | | | | | | | | |
|---|---|---|---|---|---|---|---|---|---|---|---|---|---|---|---|---|---|---|---|
| 出版著作(部) | 合计 | | 10 | 1 | 0 | 0 | 0 | 0 | 0 | 0 | 0 | 0 | 0 | 0 | 0 | 0 | 0 | 0 | 1 |
| | 专著 | 合计 | 11 | 0 | 0 | 0 | 0 | 0 | 0 | 0 | 0 | 0 | 0 | 0 | 0 | 0 | 0 | 0 | 0 |
| | | 被译成外文 | 12 | 0 | 0 | 0 | 0 | 0 | 0 | 0 | 0 | 0 | 0 | 0 | 0 | 0 | 0 | 0 | 0 |
| | 编著教材 | | 13 | 1 | 0 | 0 | 0 | 0 | 0 | 0 | 0 | 0 | 0 | 0 | 0 | 0 | 0 | 0 | 1 |
| | 工具书/参考书 | | 14 | 0 | 0 | 0 | 0 | 0 | 0 | 0 | 0 | 0 | 0 | 0 | 0 | 0 | 0 | 0 | 0 |
| | 皮书/发展报告 | | 15 | 0 | 0 | 0 | 0 | 0 | 0 | 0 | 0 | 0 | 0 | 0 | 0 | 0 | 0 | 0 | 0 |
| | 科普读物 | | 16 | 0 | 0 | 0 | 0 | 0 | 0 | 0 | 0 | 0 | 0 | 0 | 0 | 0 | 0 | 0 | 0 |
| 古籍整理(部) | | | 17 | 0 | 0 | 0 | 0 | 0 | 0 | 0 | 0 | 0 | 0 | 0 | 0 | 0 | 0 | 0 | 0 |
| 译著(部) | | | 18 | 0 | 0 | 0 | 0 | 0 | 0 | 0 | 0 | 0 | 0 | 0 | 0 | 0 | 0 | 0 | 0 |
| 发表译文(篇) | | | 19 | 0 | 0 | 0 | 0 | 0 | 0 | 0 | 0 | 0 | 0 | 0 | 0 | 0 | 0 | 0 | 0 |
| 电子出版物(件) | | | 20 | 0 | 0 | 0 | 0 | 0 | 0 | 0 | 0 | 0 | 0 | 0 | 0 | 0 | 0 | 0 | 0 |
| 发表论文(篇) | 合计 | | 21 | 40 | 0 | 0 | 0 | 0 | 0 | 0 | 13 | 2 | 1 | 0 | 0 | 0 | 13 | 0 | 11 |
| | 国内学术刊物 | | 22 | 38 | 0 | 0 | 0 | 0 | 0 | 0 | 12 | 2 | 0 | 0 | 0 | 0 | 13 | 0 | 11 |
| | 国外学术刊物 | | 23 | 2 | 0 | 0 | 0 | 0 | 0 | 0 | 1 | 0 | 1 | 0 | 0 | 0 | 0 | 0 | 0 |
| | 港、澳、台刊物 | | 24 | 0 | 0 | 0 | 0 | 0 | 0 | 0 | 0 | 0 | 0 | 0 | 0 | 0 | 0 | 0 | 0 |
| 研究与咨询报告(篇) | 合计 | | 25 | 0 | 0 | 0 | 0 | 0 | 0 | 0 | 0 | 0 | 0 | 0 | 0 | 0 | 0 | 0 | 0 |
| | 被采纳数 | | 26 | 0 | 0 | 0 | 0 | 0 | 0 | 0 | 0 | 0 | 0 | 0 | 0 | 0 | 0 | 0 | 0 |

## 3.54 苏州信息职业技术学院人文、社会科学研究与课题成果来源情况表

| | | | 课题来源 | | | | | | | | | | | | | | | |
|---|---|---|---|---|---|---|---|---|---|---|---|---|---|---|---|---|---|---|
| | | | 合计 | 国家社科基金项目 | 国家社科基金单列学科项目 | 教育部人文社科研究项目 | 高校古籍整理研究项目 | 国家自然科学基金项目 | 中央其他部门社科专门项目 | 省、市、自治区社科基金项目 | 省教育厅社科项目 | 地、市、厅、局等政府部门项目 | 国际合作研究项目 | 与港、澳、台地区合作研究项目 | 企事业单位委托项目 | 学校社科项目 | 外资项目 | 其他 |
| | | 编号 | L01 | L02 | L03 | L04 | L05 | L06 | L07 | L08 | L09 | L10 | L11 | L12 | L13 | L14 | L15 | L16 |
| 课题数(项) | | 1 | 35 | 0 | 0 | 0 | 0 | 0 | 0 | 1 | 29 | 2 | 0 | 0 | 3 | 0 | 0 | 0 |
| 当年投入人数 | 合计(人年) | 2 | 8.7 | 0 | 0 | 0 | 0 | 0 | 0 | 0.2 | 7.2 | 0.6 | 0 | 0 | 0.7 | 0 | 0 | 0 |
| | 研究生(人年) | 3 | 0 | 0 | 0 | 0 | 0 | 0 | 0 | 0 | 0 | 0 | 0 | 0 | 0 | 0 | 0 | 0 |
| 当年拨入经费 | 合计(千元) | 4 | 160 | 0 | 0 | 0 | 0 | 0 | 0 | 0 | 130 | 20 | 0 | 0 | 10 | 0 | 0 | 0 |
| | 当年立项项目拨入经费(千元) | 5 | 160 | 0 | 0 | 0 | 0 | 0 | 0 | 0 | 130 | 20 | 0 | 0 | 10 | 0 | 0 | 0 |
| 当年支出经费(千元) | | 6 | 30.48 | 0 | 0 | 0 | 0 | 0 | 0 | 0 | 26.72 | 0 | 0 | 0 | 3.76 | 0 | 0 | 0 |
| 当年新开课题数(项) | | 7 | 16 | 0 | 0 | 0 | 0 | 0 | 0 | 0 | 13 | 1 | 0 | 0 | 2 | 0 | 0 | 0 |
| 当年新开课题批准经费(千元) | | 8 | 160 | 0 | 0 | 0 | 0 | 0 | 0 | 0 | 130 | 20 | 0 | 0 | 10 | 0 | 0 | 0 |
| 当年完成课题数(项) | | 9 | 4 | 0 | 0 | 0 | 0 | 0 | 0 | 0 | 1 | 0 | 0 | 0 | 3 | 0 | 0 | 0 |

| | | | | | | | | | | | | | | | | | | | |
|---|---|---|---|---|---|---|---|---|---|---|---|---|---|---|---|---|---|---|---|
| 出版著作(部) | 合计 | | 10 | 0 | 0 | 0 | 0 | 0 | 0 | 0 | 0 | 0 | 0 | 0 | 0 | 0 | 0 | 0 | 0 |
| | 专著 | 合计 | 11 | 0 | 0 | 0 | 0 | 0 | 0 | 0 | 0 | 0 | 0 | 0 | 0 | 0 | 0 | 0 | 0 |
| | | 被译成外文 | 12 | 0 | 0 | 0 | 0 | 0 | 0 | 0 | 0 | 0 | 0 | 0 | 0 | 0 | 0 | 0 | 0 |
| | 编著教材 | | 13 | 0 | 0 | 0 | 0 | 0 | 0 | 0 | 0 | 0 | 0 | 0 | 0 | 0 | 0 | 0 | 0 |
| | 工具书/参考书 | | 14 | 0 | 0 | 0 | 0 | 0 | 0 | 0 | 0 | 0 | 0 | 0 | 0 | 0 | 0 | 0 | 0 |
| | 皮书/发展报告 | | 15 | 0 | 0 | 0 | 0 | 0 | 0 | 0 | 0 | 0 | 0 | 0 | 0 | 0 | 0 | 0 | 0 |
| | 科普读物 | | 16 | 0 | 0 | 0 | 0 | 0 | 0 | 0 | 0 | 0 | 0 | 0 | 0 | 0 | 0 | 0 | 0 |
| 古籍整理(部) | | | 17 | 0 | 0 | 0 | 0 | 0 | 0 | 0 | 0 | 0 | 0 | 0 | 0 | 0 | 0 | 0 | 0 |
| 译著(部) | | | 18 | 0 | 0 | 0 | 0 | 0 | 0 | 0 | 0 | 0 | 0 | 0 | 0 | 0 | 0 | 0 | 0 |
| 发表译文(篇) | | | 19 | 0 | 0 | 0 | 0 | 0 | 0 | 0 | 0 | 0 | 0 | 0 | 0 | 0 | 0 | 0 | 0 |
| 电子出版物(件) | | | 20 | 0 | 0 | 0 | 0 | 0 | 0 | 0 | 0 | 0 | 0 | 0 | 0 | 0 | 0 | 0 | 0 |
| 发表论文(篇) | 合计 | | 21 | 14 | 0 | 0 | 0 | 0 | 0 | 0 | 0 | 11 | 3 | 0 | 0 | 0 | 0 | 0 | 0 |
| | 国内学术刊物 | | 22 | 14 | 0 | 0 | 0 | 0 | 0 | 0 | 0 | 11 | 3 | 0 | 0 | 0 | 0 | 0 | 0 |
| | 国外学术刊物 | | 23 | 0 | 0 | 0 | 0 | 0 | 0 | 0 | 0 | 0 | 0 | 0 | 0 | 0 | 0 | 0 | 0 |
| | 港、澳、台刊物 | | 24 | 0 | 0 | 0 | 0 | 0 | 0 | 0 | 0 | 0 | 0 | 0 | 0 | 0 | 0 | 0 | 0 |
| 研究与咨询报告(篇) | 合计 | | 25 | 3 | 0 | 0 | 0 | 0 | 0 | 0 | 0 | 0 | 0 | 0 | 0 | 3 | 0 | 0 | 0 |
| | 被采纳数 | | 26 | 3 | 0 | 0 | 0 | 0 | 0 | 0 | 0 | 0 | 0 | 0 | 0 | 3 | 0 | 0 | 0 |

## 3.55 苏州工业园区服务外包职业学院人文、社会科学研究与课题成果来源情况表

| | | 编号 | 合计 | 课题来源 | | | | | | | | | | | | | |
|---|---|---|---|---|---|---|---|---|---|---|---|---|---|---|---|---|---|
| | | | 合计 | 国家社科基金项目 | 国家社科基金单列学科项目 | 教育部人文社科研究项目 | 高校古籍整理研究项目 | 国家自然科学基金项目 | 中央其他部门社科专门项目 | 省、市、自治区社科基金项目 | 省教育厅社科项目 | 地、市、厅、局等政府部门项目 | 国际合作研究项目 | 与港、澳、台地区合作研究项目 | 企事业单位委托项目 | 学校社科项目 | 外资项目 | 其他 |
| | | 编号 | L01 | L02 | L03 | L04 | L05 | L06 | L07 | L08 | L09 | L10 | L11 | L12 | L13 | L14 | L15 | L16 |
| 课题数(项) | | 1 | 182 | 0 | 0 | 0 | 0 | 0 | 0 | 0 | 50 | 68 | 0 | 0 | 39 | 25 | 0 | 0 |
| 当年投入人数 | 合计(人年) | 2 | 21 | 0 | 0 | 0 | 0 | 0 | 0 | 0 | 6 | 8.7 | 0 | 0 | 3.9 | 2.4 | 0 | 0 |
| | 研究生(人年) | 3 | 0 | 0 | 0 | 0 | 0 | 0 | 0 | 0 | 0 | 0 | 0 | 0 | 0 | 0 | 0 | 0 |
| 当年拨入经费 | 合计(千元) | 4 | 2 691.6 | 0 | 0 | 0 | 0 | 0 | 0 | 0 | 270 | 116 | 0 | 0 | 2 300.6 | 5 | 0 | 0 |
| | 当年立项项目拨入经费(千元) | 5 | 2 233.55 | 0 | 0 | 0 | 0 | 0 | 0 | 0 | 160 | 116 | 0 | 0 | 1 957.55 | 0 | 0 | 0 |
| 当年支出经费(千元) | | 6 | 2 650.5 | 0 | 0 | 0 | 0 | 0 | 0 | 0 | 164.4 | 189.4 | 0 | 0 | 2 289.6 | 7.1 | 0 | 0 |
| 当年新开课题数(项) | | 7 | 71 | 0 | 0 | 0 | 0 | 0 | 0 | 0 | 16 | 22 | 0 | 0 | 27 | 6 | 0 | 0 |
| 当年新开课题批准经费(千元) | | 8 | 2 233.55 | 0 | 0 | 0 | 0 | 0 | 0 | 0 | 160 | 116 | 0 | 0 | 1 957.55 | 0 | 0 | 0 |
| 当年完成课题数(项) | | 9 | 108 | 0 | 0 | 0 | 0 | 0 | 0 | 0 | 17 | 40 | 0 | 0 | 39 | 12 | 0 | 0 |

| | | | | | | | | | | | | | | | | | | | |
|---|---|---|---|---|---|---|---|---|---|---|---|---|---|---|---|---|---|---|---|
| 出版著作(部) | 合计 | | 10 | 2 | 0 | 0 | 0 | 0 | 0 | 0 | 0 | 2 | 0 | 0 | 0 | 0 | 0 | 0 | 0 |
| | 专著 | 合计 | 11 | 2 | 0 | 0 | 0 | 0 | 0 | 0 | 0 | 2 | 0 | 0 | 0 | 0 | 0 | 0 | 0 |
| | | 被译成外文 | 12 | 0 | 0 | 0 | 0 | 0 | 0 | 0 | 0 | 0 | 0 | 0 | 0 | 0 | 0 | 0 | 0 |
| | 编著教材 | | 13 | 0 | 0 | 0 | 0 | 0 | 0 | 0 | 0 | 0 | 0 | 0 | 0 | 0 | 0 | 0 | 0 |
| | 工具书/参考书 | | 14 | 0 | 0 | 0 | 0 | 0 | 0 | 0 | 0 | 0 | 0 | 0 | 0 | 0 | 0 | 0 | 0 |
| | 皮书/发展报告 | | 15 | 0 | 0 | 0 | 0 | 0 | 0 | 0 | 0 | 0 | 0 | 0 | 0 | 0 | 0 | 0 | 0 |
| | 科普读物 | | 16 | 0 | 0 | 0 | 0 | 0 | 0 | 0 | 0 | 0 | 0 | 0 | 0 | 0 | 0 | 0 | 0 |
| 古籍整理(部) | | | 17 | 0 | 0 | 0 | 0 | 0 | 0 | 0 | 0 | 0 | 0 | 0 | 0 | 0 | 0 | 0 | 0 |
| 译著(部) | | | 18 | 0 | 0 | 0 | 0 | 0 | 0 | 0 | 0 | 0 | 0 | 0 | 0 | 0 | 0 | 0 | 0 |
| 发表译文(篇) | | | 19 | 0 | 0 | 0 | 0 | 0 | 0 | 0 | 0 | 0 | 0 | 0 | 0 | 0 | 0 | 0 | 0 |
| 电子出版物(件) | | | 20 | 0 | 0 | 0 | 0 | 0 | 0 | 0 | 0 | 0 | 0 | 0 | 0 | 0 | 0 | 0 | 0 |
| 发表论文(篇) | 合计 | | 21 | 60 | 0 | 0 | 0 | 0 | 0 | 0 | 0 | 28 | 24 | 0 | 0 | 0 | 8 | 0 | 0 |
| | 国内学术刊物 | | 22 | 60 | 0 | 0 | 0 | 0 | 0 | 0 | 0 | 28 | 24 | 0 | 0 | 0 | 8 | 0 | 0 |
| | 国外学术刊物 | | 23 | 0 | 0 | 0 | 0 | 0 | 0 | 0 | 0 | 0 | 0 | 0 | 0 | 0 | 0 | 0 | 0 |
| | 港、澳、台刊物 | | 24 | 0 | 0 | 0 | 0 | 0 | 0 | 0 | 0 | 0 | 0 | 0 | 0 | 0 | 0 | 0 | 0 |
| 研究与咨询报告(篇) | 合计 | | 25 | 28 | 0 | 0 | 0 | 0 | 0 | 0 | 0 | 0 | 0 | 0 | 0 | 28 | 0 | 0 | 0 |
| | 被采纳数 | | 26 | 28 | 0 | 0 | 0 | 0 | 0 | 0 | 0 | 0 | 0 | 0 | 0 | 28 | 0 | 0 | 0 |

## 3.56 徐州幼儿师范高等专科学校人文、社会科学研究与课题成果来源情况表

| | | | 课题来源 | | | | | | | | | | | | | | | |
|---|---|---|---|---|---|---|---|---|---|---|---|---|---|---|---|---|---|---|
| | | | 合计 | 国家社科基金项目 | 国家社科基金单列学科项目 | 教育部人文社科研究项目 | 高校古籍整理研究项目 | 国家自然科学基金项目 | 中央其他部门社科专门项目 | 省、市、自治区社科基金项目 | 省教育厅社科项目 | 地、市、厅、局等政府部门项目 | 国际合作研究项目 | 与港、澳、台地区合作研究项目 | 企事业单位委托项目 | 学校社科项目 | 外资项目 | 其他 |
| | | 编号 | L01 | L02 | L03 | L04 | L05 | L06 | L07 | L08 | L09 | L10 | L11 | L12 | L13 | L14 | L15 | L16 |
| 课题数(项) | | 1 | 216 | 0 | 0 | 2 | 0 | 0 | 1 | 0 | 80 | 124 | 0 | 0 | 0 | 9 | 0 | 0 |
| 当年投入人数 | 合计(人年) | 2 | 31.3 | 0 | 0 | 0.4 | 0 | 0 | 0.3 | 0 | 11.9 | 17.7 | 0 | 0 | 0 | 1 | 0 | 0 |
| | 研究生(人年) | 3 | 0 | 0 | 0 | 0 | 0 | 0 | 0 | 0 | 0 | 0 | 0 | 0 | 0 | 0 | 0 | 0 |
| 当年拨入经费 | 合计(千元) | 4 | 293 | 0 | 0 | 1 | 0 | 0 | 0 | 0 | 133 | 159 | 0 | 0 | 0 | 0 | 0 | 0 |
| | 当年立项项目拨入经费(千元) | 5 | 270 | 0 | 0 | 0 | 0 | 0 | 0 | 0 | 132 | 138 | 0 | 0 | 0 | 0 | 0 | 0 |
| 当年支出经费(千元) | | 6 | 417.3 | 0 | 0 | 1 | 0 | 0 | 0 | 0 | 186.5 | 213.3 | 0 | 0 | 0 | 16.5 | 0 | 0 |
| 当年新开课题数(项) | | 7 | 86 | 0 | 0 | 0 | 0 | 0 | 0 | 0 | 28 | 58 | 0 | 0 | 0 | 0 | 0 | 0 |
| 当年新开课题批准经费(千元) | | 8 | 685 | 0 | 0 | 0 | 0 | 0 | 0 | 0 | 430 | 255 | 0 | 0 | 0 | 0 | 0 | 0 |
| 当年完成课题数(项) | | 9 | 68 | 0 | 0 | 0 | 0 | 0 | 0 | 0 | 13 | 55 | 0 | 0 | 0 | 0 | 0 | 0 |

| | | | 编号 | | | | | | | | | | | | | | | | |
|---|---|---|---|---|---|---|---|---|---|---|---|---|---|---|---|---|---|---|---|
| 出版著作(部) | 合计 | | 10 | 6 | 0 | 0 | 0 | 0 | 0 | 0 | 0 | 0 | 6 | 0 | 0 | 0 | 0 | 0 | 0 |
| | 专著 | 合计 | 11 | 0 | 0 | 0 | 0 | 0 | 0 | 0 | 0 | 0 | 0 | 0 | 0 | 0 | 0 | 0 | 0 |
| | | 被译成外文 | 12 | 0 | 0 | 0 | 0 | 0 | 0 | 0 | 0 | 0 | 0 | 0 | 0 | 0 | 0 | 0 | 0 |
| | 编著教材 | | 13 | 6 | 0 | 0 | 0 | 0 | 0 | 0 | 0 | 0 | 6 | 0 | 0 | 0 | 0 | 0 | 0 |
| | 工具书/参考书 | | 14 | 0 | 0 | 0 | 0 | 0 | 0 | 0 | 0 | 0 | 0 | 0 | 0 | 0 | 0 | 0 | 0 |
| | 皮书/发展报告 | | 15 | 0 | 0 | 0 | 0 | 0 | 0 | 0 | 0 | 0 | 0 | 0 | 0 | 0 | 0 | 0 | 0 |
| | 科普读物 | | 16 | 0 | 0 | 0 | 0 | 0 | 0 | 0 | 0 | 0 | 0 | 0 | 0 | 0 | 0 | 0 | 0 |
| 古籍整理(部) | | | 17 | 0 | 0 | 0 | 0 | 0 | 0 | 0 | 0 | 0 | 0 | 0 | 0 | 0 | 0 | 0 | 0 |
| 译著(部) | | | 18 | 0 | 0 | 0 | 0 | 0 | 0 | 0 | 0 | 0 | 0 | 0 | 0 | 0 | 0 | 0 | 0 |
| 发表译文(篇) | | | 19 | 0 | 0 | 0 | 0 | 0 | 0 | 0 | 0 | 0 | 0 | 0 | 0 | 0 | 0 | 0 | 0 |
| 电子出版物(件) | | | 20 | 0 | 0 | 0 | 0 | 0 | 0 | 0 | 0 | 0 | 0 | 0 | 0 | 0 | 0 | 0 | 0 |
| 发表论文(篇) | 合计 | | 21 | 101 | 0 | 0 | 0 | 0 | 0 | 0 | 0 | 42 | 59 | 0 | 0 | 0 | 0 | 0 | 0 |
| | 国内学术刊物 | | 22 | 101 | 0 | 0 | 0 | 0 | 0 | 0 | 0 | 42 | 59 | 0 | 0 | 0 | 0 | 0 | 0 |
| | 国外学术刊物 | | 23 | 0 | 0 | 0 | 0 | 0 | 0 | 0 | 0 | 0 | 0 | 0 | 0 | 0 | 0 | 0 | 0 |
| | 港、澳、台刊物 | | 24 | 0 | 0 | 0 | 0 | 0 | 0 | 0 | 0 | 0 | 0 | 0 | 0 | 0 | 0 | 0 | 0 |
| 研究与咨询报告(篇) | 合计 | | 25 | 0 | 0 | 0 | 0 | 0 | 0 | 0 | 0 | 0 | 0 | 0 | 0 | 0 | 0 | 0 | 0 |
| | 被采纳数 | | 26 | 0 | 0 | 0 | 0 | 0 | 0 | 0 | 0 | 0 | 0 | 0 | 0 | 0 | 0 | 0 | 0 |

# 3.57 徐州生物工程职业技术学院人文、社会科学研究与课题成果来源情况表

| | | 编号 | 合计 | 国家社科基金项目 | 国家社科基金单列学科项目 | 教育部人文社科研究项目 | 高校古籍整理研究项目 | 国家自然科学基金项目 | 中央其他部门社科专门项目 | 省、市、自治区社科基金项目 | 省教育厅社科项目 | 地、市、厅、局等政府部门项目 | 国际合作研究项目 | 与港、澳、台地区合作研究项目 | 企事业单位委托项目 | 学校社科项目 | 外资项目 | 其他 |
|---|---|---|---|---|---|---|---|---|---|---|---|---|---|---|---|---|---|---|
| | | | 课题来源 | | | | | | | | | | | | | | | |
| | | | L01 | L02 | L03 | L04 | L05 | L06 | L07 | L08 | L09 | L10 | L11 | L12 | L13 | L14 | L15 | L16 |
| 课题数(项) | | 1 | 79 | 0 | 0 | 0 | 0 | 0 | 0 | 4 | 22 | 32 | 0 | 0 | 0 | 21 | 0 | 0 |
| 当年投入人数 | 合计(人年) | 2 | 7.9 | 0 | 0 | 0 | 0 | 0 | 0 | 0.4 | 2.2 | 3.2 | 0 | 0 | 0 | 2.1 | 0 | 0 |
| | 研究生(人年) | 3 | 0 | 0 | 0 | 0 | 0 | 0 | 0 | 0 | 0 | 0 | 0 | 0 | 0 | 0 | 0 | 0 |
| 当年拨入经费 | 合计(千元) | 4 | 50 | 0 | 0 | 0 | 0 | 0 | 0 | 10 | 6 | 4 | 0 | 0 | 0 | 30 | 0 | 0 |
| | 当年立项项目拨入经费(千元) | 5 | 50 | 0 | 0 | 0 | 0 | 0 | 0 | 10 | 6 | 4 | 0 | 0 | 0 | 30 | 0 | 0 |
| 当年支出经费(千元) | | 6 | 45.8 | 0 | 0 | 0 | 0 | 0 | 0 | 6 | 3.2 | 4 | 0 | 0 | 0 | 32.6 | 0 | 0 |
| 当年新开课题数(项) | | 7 | 46 | 0 | 0 | 0 | 0 | 0 | 0 | 4 | 11 | 25 | 0 | 0 | 0 | 6 | 0 | 0 |
| 当年新开课题批准经费(千元) | | 8 | 50 | 0 | 0 | 0 | 0 | 0 | 0 | 10 | 6 | 4 | 0 | 0 | 0 | 30 | 0 | 0 |
| 当年完成课题数(项) | | 9 | 38 | 0 | 0 | 0 | 0 | 0 | 0 | 0 | 6 | 21 | 0 | 0 | 0 | 11 | 0 | 0 |

| | | | | | | | | | | | | | | | | | | | |
|---|---|---|---|---|---|---|---|---|---|---|---|---|---|---|---|---|---|---|---|
| 出版著作(部) | 合计 | | 10 | 2 | 0 | 0 | 0 | 0 | 0 | 0 | 0 | 2 | 0 | 0 | 0 | 0 | 0 | 0 | 0 |
| | 专著 | 合计 | 11 | 1 | 0 | 0 | 0 | 0 | 0 | 0 | 0 | 1 | 0 | 0 | 0 | 0 | 0 | 0 | 0 |
| | | 被译成外文 | 12 | 0 | 0 | 0 | 0 | 0 | 0 | 0 | 0 | 0 | 0 | 0 | 0 | 0 | 0 | 0 | 0 |
| | 编著教材 | | 13 | 1 | 0 | 0 | 0 | 0 | 0 | 0 | 0 | 1 | 0 | 0 | 0 | 0 | 0 | 0 | 0 |
| | 工具书/参考书 | | 14 | 0 | 0 | 0 | 0 | 0 | 0 | 0 | 0 | 0 | 0 | 0 | 0 | 0 | 0 | 0 | 0 |
| | 皮书/发展报告 | | 15 | 0 | 0 | 0 | 0 | 0 | 0 | 0 | 0 | 0 | 0 | 0 | 0 | 0 | 0 | 0 | 0 |
| | 科普读物 | | 16 | 0 | 0 | 0 | 0 | 0 | 0 | 0 | 0 | 0 | 0 | 0 | 0 | 0 | 0 | 0 | 0 |
| 古籍整理(部) | | | 17 | 0 | 0 | 0 | 0 | 0 | 0 | 0 | 0 | 0 | 0 | 0 | 0 | 0 | 0 | 0 | 0 |
| 译著(部) | | | 18 | 0 | 0 | 0 | 0 | 0 | 0 | 0 | 0 | 0 | 0 | 0 | 0 | 0 | 0 | 0 | 0 |
| 发表译文(篇) | | | 19 | 0 | 0 | 0 | 0 | 0 | 0 | 0 | 0 | 0 | 0 | 0 | 0 | 0 | 0 | 0 | 0 |
| 电子出版物(件) | | | 20 | 0 | 0 | 0 | 0 | 0 | 0 | 0 | 0 | 0 | 0 | 0 | 0 | 0 | 0 | 0 | 0 |
| 发表论文(篇) | 合计 | | 21 | 55 | 0 | 0 | 0 | 0 | 0 | 0 | 4 | 19 | 19 | 0 | 0 | 0 | 13 | 0 | 0 |
| | 国内学术刊物 | | 22 | 55 | 0 | 0 | 0 | 0 | 0 | 0 | 4 | 19 | 19 | 0 | 0 | 0 | 13 | 0 | 0 |
| | 国外学术刊物 | | 23 | 0 | 0 | 0 | 0 | 0 | 0 | 0 | 0 | 0 | 0 | 0 | 0 | 0 | 0 | 0 | 0 |
| | 港、澳、台刊物 | | 24 | 0 | 0 | 0 | 0 | 0 | 0 | 0 | 0 | 0 | 0 | 0 | 0 | 0 | 0 | 0 | 0 |
| 研究与咨询报告(篇) | 合计 | | 25 | 3 | 0 | 0 | 0 | 0 | 0 | 0 | 2 | 0 | 1 | 0 | 0 | 0 | 0 | 0 | 0 |
| | 被采纳数 | | 26 | 0 | 0 | 0 | 0 | 0 | 0 | 0 | 0 | 0 | 0 | 0 | 0 | 0 | 0 | 0 | 0 |

## 3.58 江苏商贸职业学院人文、社会科学研究与课题成果来源情况表

| | | | 课题来源 | | | | | | | | | | | | | | | |
|---|---|---|---|---|---|---|---|---|---|---|---|---|---|---|---|---|---|---|
| | | | 合计 | 国家社科基金项目 | 国家社科基金单列学科项目 | 教育部人文社科研究项目 | 高校古籍整理研究项目 | 国家自然科学基金项目 | 中央其他部门社科专门项目 | 省、市、自治区社科基金项目 | 省教育厅社科项目 | 地、市、厅、局等政府部门项目 | 国际合作研究项目 | 与港、澳、台地区合作研究项目 | 企事业单位委托项目 | 学校社科项目 | 外资项目 | 其他 |
| | | 编号 | L01 | L02 | L03 | L04 | L05 | L06 | L07 | L08 | L09 | L10 | L11 | L12 | L13 | L14 | L15 | L16 |
| 课题数(项) | | 1 | 144 | 0 | 0 | 0 | 0 | 0 | 0 | 0 | 24 | 19 | 0 | 0 | 35 | 66 | 0 | 0 |
| 当年投入人数 | 合计(人年) | 2 | 35.8 | 0 | 0 | 0 | 0 | 0 | 0 | 0 | 9.7 | 5.8 | 0 | 0 | 7.1 | 13.2 | 0 | 0 |
| | 研究生(人年) | 3 | 0 | 0 | 0 | 0 | 0 | 0 | 0 | 0 | 0 | 0 | 0 | 0 | 0 | 0 | 0 | 0 |
| 当年拨入经费 | 合计(千元) | 4 | 513.8 | 0 | 0 | 0 | 0 | 0 | 0 | 0 | 90 | 50.5 | 0 | 0 | 290.1 | 83.2 | 0 | 0 |
| | 当年立项项目拨入经费(千元) | 5 | 456.6 | 0 | 0 | 0 | 0 | 0 | 0 | 0 | 90 | 10.5 | 0 | 0 | 280.1 | 76 | 0 | 0 |
| 当年支出经费(千元) | | 6 | 335.07 | 0 | 0 | 0 | 0 | 0 | 0 | 0 | 85 | 47.05 | 0 | 0 | 134.87 | 68.15 | 0 | 0 |
| 当年新开课题数(项) | | 7 | 84 | 0 | 0 | 0 | 0 | 0 | 0 | 0 | 9 | 12 | 0 | 0 | 29 | 34 | 0 | 0 |
| 当年新开课题批准经费(千元) | | 8 | 591.6 | 0 | 0 | 0 | 0 | 0 | 0 | 0 | 90 | 24 | 0 | 0 | 370.6 | 107 | 0 | 0 |
| 当年完成课题数(项) | | 9 | 40 | 0 | 0 | 0 | 0 | 0 | 0 | 0 | 4 | 9 | 0 | 0 | 12 | 15 | 0 | 0 |

| | | | | | | | | | | | | | | | | | | | |
|---|---|---|---|---|---|---|---|---|---|---|---|---|---|---|---|---|---|---|---|
| 出版著作(部) | 合计 | | 10 | 1 | 0 | 0 | 0 | 0 | 0 | 0 | 0 | 0 | 0 | 0 | 0 | 1 | 0 | 0 | 0 |
| | 专著 | 合计 | 11 | 0 | 0 | 0 | 0 | 0 | 0 | 0 | 0 | 0 | 0 | 0 | 0 | 0 | 0 | 0 | 0 |
| | | 被译成外文 | 12 | 0 | 0 | 0 | 0 | 0 | 0 | 0 | 0 | 0 | 0 | 0 | 0 | 0 | 0 | 0 | 0 |
| | 编著教材 | | 13 | 1 | 0 | 0 | 0 | 0 | 0 | 0 | 0 | 0 | 0 | 0 | 0 | 1 | 0 | 0 | 0 |
| | 工具书/参考书 | | 14 | 0 | 0 | 0 | 0 | 0 | 0 | 0 | 0 | 0 | 0 | 0 | 0 | 0 | 0 | 0 | 0 |
| | 皮书/发展报告 | | 15 | 0 | 0 | 0 | 0 | 0 | 0 | 0 | 0 | 0 | 0 | 0 | 0 | 0 | 0 | 0 | 0 |
| | 科普读物 | | 16 | 0 | 0 | 0 | 0 | 0 | 0 | 0 | 0 | 0 | 0 | 0 | 0 | 0 | 0 | 0 | 0 |
| 古籍整理(部) | | | 17 | 0 | 0 | 0 | 0 | 0 | 0 | 0 | 0 | 0 | 0 | 0 | 0 | 0 | 0 | 0 | 0 |
| 译著(部) | | | 18 | 0 | 0 | 0 | 0 | 0 | 0 | 0 | 0 | 0 | 0 | 0 | 0 | 0 | 0 | 0 | 0 |
| 发表译文(篇) | | | 19 | 0 | 0 | 0 | 0 | 0 | 0 | 0 | 0 | 0 | 0 | 0 | 0 | 0 | 0 | 0 | 0 |
| 电子出版物(件) | | | 20 | 0 | 0 | 0 | 0 | 0 | 0 | 0 | 0 | 0 | 0 | 0 | 0 | 0 | 0 | 0 | 0 |
| 发表论文(篇) | 合计 | | 21 | 83 | 0 | 0 | 0 | 0 | 0 | 0 | 0 | 23 | 23 | 0 | 0 | 5 | 32 | 0 | 0 |
| | 国内学术刊物 | | 22 | 83 | 0 | 0 | 0 | 0 | 0 | 0 | 0 | 23 | 23 | 0 | 0 | 5 | 32 | 0 | 0 |
| | 国外学术刊物 | | 23 | 0 | 0 | 0 | 0 | 0 | 0 | 0 | 0 | 0 | 0 | 0 | 0 | 0 | 0 | 0 | 0 |
| | 港、澳、台刊物 | | 24 | 0 | 0 | 0 | 0 | 0 | 0 | 0 | 0 | 0 | 0 | 0 | 0 | 0 | 0 | 0 | 0 |
| 研究与咨询报告(篇) | 合计 | | 25 | 15 | 0 | 0 | 0 | 0 | 0 | 0 | 0 | 0 | 4 | 0 | 0 | 11 | 0 | 0 | 0 |
| | 被采纳数 | | 26 | 0 | 0 | 0 | 0 | 0 | 0 | 0 | 0 | 0 | 0 | 0 | 0 | 0 | 0 | 0 | 0 |

## 3.59 南通师范高等专科学校人文、社会科学研究与课题成果来源情况表

| | | | 课题来源 | | | | | | | | | | | | | | | |
|---|---|---|---|---|---|---|---|---|---|---|---|---|---|---|---|---|---|---|
| | | | 合计 | 国家社科基金项目 | 国家社科基金单列学科项目 | 教育部人文社科研究项目 | 高校古籍整理研究项目 | 国家自然科学基金项目 | 中央其他部门社科专门项目 | 省、市、自治区社科基金项目 | 省教育厅社科项目 | 地、市、厅、局等政府部门项目 | 国际合作研究项目 | 与港、澳、台地区合作研究项目 | 企事业单位委托项目 | 学校社科项目 | 外资项目 | 其他 |
| | | 编号 | L01 | L02 | L03 | L04 | L05 | L06 | L07 | L08 | L09 | L10 | L11 | L12 | L13 | L14 | L15 | L16 |
| 课题数(项) | | 1 | 107 | 0 | 0 | 2 | 0 | 0 | 0 | 0 | 1 | 76 | 0 | 0 | 0 | 28 | 0 | 0 |
| 当年投入人数 | 合计(人年) | 2 | 17.8 | 0 | 0 | 0.5 | 0 | 0 | 0 | 0 | 0.2 | 14.3 | 0 | 0 | 0 | 2.8 | 0 | 0 |
| | 研究生(人年) | 3 | 0 | 0 | 0 | 0 | 0 | 0 | 0 | 0 | 0 | 0 | 0 | 0 | 0 | 0 | 0 | 0 |
| 当年拨入经费 | 合计(千元) | 4 | 48 | 0 | 0 | 25 | 0 | 0 | 0 | 0 | 0 | 23 | 0 | 0 | 0 | 0 | 0 | 0 |
| | 当年立项项目拨入经费(千元) | 5 | 23 | 0 | 0 | 0 | 0 | 0 | 0 | 0 | 0 | 23 | 0 | 0 | 0 | 0 | 0 | 0 |
| 当年支出经费(千元) | | 6 | 68.24 | 0 | 0 | 43.48 | 0 | 0 | 0 | 0 | 2.1 | 22.66 | 0 | 0 | 0 | 0 | 0 | 0 |
| 当年新开课题数(项) | | 7 | 64 | 0 | 0 | 0 | 0 | 0 | 0 | 0 | 0 | 41 | 0 | 0 | 0 | 23 | 0 | 0 |
| 当年新开课题批准经费(千元) | | 8 | 132 | 0 | 0 | 0 | 0 | 0 | 0 | 0 | 0 | 109 | 0 | 0 | 0 | 23 | 0 | 0 |
| 当年完成课题数(项) | | 9 | 18 | 0 | 0 | 0 | 0 | 0 | 0 | 0 | 1 | 14 | 0 | 0 | 0 | 3 | 0 | 0 |

| | | | | | | | | | | | | | | | | | | | |
|---|---|---|---|---|---|---|---|---|---|---|---|---|---|---|---|---|---|---|---|
| 出版著作(部) | 合计 | | 10 | 0 | 0 | 0 | 0 | 0 | 0 | 0 | 0 | 0 | 0 | 0 | 0 | 0 | 0 | 0 | 0 |
| | 专著 | 合计 | 11 | 0 | 0 | 0 | 0 | 0 | 0 | 0 | 0 | 0 | 0 | 0 | 0 | 0 | 0 | 0 | 0 |
| | | 被译成外文 | 12 | 0 | 0 | 0 | 0 | 0 | 0 | 0 | 0 | 0 | 0 | 0 | 0 | 0 | 0 | 0 | 0 |
| | 编著教材 | | 13 | 0 | 0 | 0 | 0 | 0 | 0 | 0 | 0 | 0 | 0 | 0 | 0 | 0 | 0 | 0 | 0 |
| | 工具书/参考书 | | 14 | 0 | 0 | 0 | 0 | 0 | 0 | 0 | 0 | 0 | 0 | 0 | 0 | 0 | 0 | 0 | 0 |
| | 皮书/发展报告 | | 15 | 0 | 0 | 0 | 0 | 0 | 0 | 0 | 0 | 0 | 0 | 0 | 0 | 0 | 0 | 0 | 0 |
| | 科普读物 | | 16 | 0 | 0 | 0 | 0 | 0 | 0 | 0 | 0 | 0 | 0 | 0 | 0 | 0 | 0 | 0 | 0 |
| 古籍整理(部) | | | 17 | 0 | 0 | 0 | 0 | 0 | 0 | 0 | 0 | 0 | 0 | 0 | 0 | 0 | 0 | 0 | 0 |
| 译著(部) | | | 18 | 0 | 0 | 0 | 0 | 0 | 0 | 0 | 0 | 0 | 0 | 0 | 0 | 0 | 0 | 0 | 0 |
| 发表译文(篇) | | | 19 | 0 | 0 | 0 | 0 | 0 | 0 | 0 | 0 | 0 | 0 | 0 | 0 | 0 | 0 | 0 | 0 |
| 电子出版物(件) | | | 20 | 0 | 0 | 0 | 0 | 0 | 0 | 0 | 0 | 0 | 0 | 0 | 0 | 0 | 0 | 0 | 0 |
| 发表论文(篇) | 合计 | | 21 | 60 | 0 | 0 | 2 | 0 | 0 | 0 | 0 | 0 | 46 | 0 | 0 | 0 | 12 | 0 | 0 |
| | 国内学术刊物 | | 22 | 60 | 0 | 0 | 2 | 0 | 0 | 0 | 0 | 0 | 46 | 0 | 0 | 0 | 12 | 0 | 0 |
| | 国外学术刊物 | | 23 | 0 | 0 | 0 | 0 | 0 | 0 | 0 | 0 | 0 | 0 | 0 | 0 | 0 | 0 | 0 | 0 |
| | 港、澳、台刊物 | | 24 | 0 | 0 | 0 | 0 | 0 | 0 | 0 | 0 | 0 | 0 | 0 | 0 | 0 | 0 | 0 | 0 |
| 研究与咨询报告(篇) | 合计 | | 25 | 0 | 0 | 0 | 0 | 0 | 0 | 0 | 0 | 0 | 0 | 0 | 0 | 0 | 0 | 0 | 0 |
| | 被采纳数 | | 26 | 0 | 0 | 0 | 0 | 0 | 0 | 0 | 0 | 0 | 0 | 0 | 0 | 0 | 0 | 0 | 0 |

## 3.60 江苏护理职业学院人文、社会科学研究与课题成果来源情况表

| | | | 课题来源 | | | | | | | | | | | | | | | |
|---|---|---|---|---|---|---|---|---|---|---|---|---|---|---|---|---|---|---|
| | | | 合计 | 国家社科基金项目 | 国家社科基金单列学科项目 | 教育部人文社科研究项目 | 高校古籍整理研究项目 | 国家自然科学基金项目 | 中央其他部门社科专门项目 | 省、市、自治区社科基金项目 | 省教育厅社科项目 | 地、市、厅、局等政府部门项目 | 国际合作研究项目 | 与港、澳、台地区合作研究项目 | 企事业单位委托项目 | 学校社科项目 | 外资项目 | 其他 |
| | | 编号 | L01 | L02 | L03 | L04 | L05 | L06 | L07 | L08 | L09 | L10 | L11 | L12 | L13 | L14 | L15 | L16 |
| 课题数(项) | | 1 | 84 | 0 | 0 | 1 | 0 | 0 | 0 | 0 | 54 | 22 | 0 | 0 | 0 | 7 | 0 | 0 |
| 当年投入人数 | 合计(人年) | 2 | 8.5 | 0 | 0 | 0.2 | 0 | 0 | 0 | 0 | 5.4 | 2.2 | 0 | 0 | 0 | 0.7 | 0 | 0 |
| | 研究生(人年) | 3 | 0 | 0 | 0 | 0 | 0 | 0 | 0 | 0 | 0 | 0 | 0 | 0 | 0 | 0 | 0 | 0 |
| 当年拨入经费 | 合计(千元) | 4 | 237 | 0 | 0 | 15 | 0 | 0 | 0 | 0 | 200 | 22 | 0 | 0 | 0 | 0 | 0 | 0 |
| | 当年立项项目拨入经费(千元) | 5 | 237 | 0 | 0 | 15 | 0 | 0 | 0 | 0 | 200 | 22 | 0 | 0 | 0 | 0 | 0 | 0 |
| 当年支出经费(千元) | | 6 | 211 | 0 | 0 | 9 | 0 | 0 | 0 | 0 | 180 | 22 | 0 | 0 | 0 | 0 | 0 | 0 |
| 当年新开课题数(项) | | 7 | 41 | 0 | 0 | 1 | 0 | 0 | 0 | 0 | 20 | 20 | 0 | 0 | 0 | 0 | 0 | 0 |
| 当年新开课题批准经费(千元) | | 8 | 242 | 0 | 0 | 20 | 0 | 0 | 0 | 0 | 200 | 22 | 0 | 0 | 0 | 0 | 0 | 0 |
| 当年完成课题数(项) | | 9 | 13 | 0 | 0 | 0 | 0 | 0 | 0 | 0 | 8 | 5 | 0 | 0 | 0 | 0 | 0 | 0 |

| | | | | | | | | | | | | | | | | | | | |
|---|---|---|---|---|---|---|---|---|---|---|---|---|---|---|---|---|---|---|---|
| 出版著作(部) | 合计 | | 10 | 3 | 0 | 0 | 0 | 0 | 0 | 0 | 0 | 0 | 0 | 0 | 0 | 0 | 3 | 0 | 0 |
| | 专著 | 合计 | 11 | 1 | 0 | 0 | 0 | 0 | 0 | 0 | 0 | 0 | 0 | 0 | 0 | 0 | 1 | 0 | 0 |
| | | 被译成外文 | 12 | 0 | 0 | 0 | 0 | 0 | 0 | 0 | 0 | 0 | 0 | 0 | 0 | 0 | 0 | 0 | 0 |
| | 编著教材 | | 13 | 2 | 0 | 0 | 0 | 0 | 0 | 0 | 0 | 0 | 0 | 0 | 0 | 0 | 2 | 0 | 0 |
| | 工具书/参考书 | | 14 | 0 | 0 | 0 | 0 | 0 | 0 | 0 | 0 | 0 | 0 | 0 | 0 | 0 | 0 | 0 | 0 |
| | 皮书/发展报告 | | 15 | 0 | 0 | 0 | 0 | 0 | 0 | 0 | 0 | 0 | 0 | 0 | 0 | 0 | 0 | 0 | 0 |
| | 科普读物 | | 16 | 0 | 0 | 0 | 0 | 0 | 0 | 0 | 0 | 0 | 0 | 0 | 0 | 0 | 0 | 0 | 0 |
| 古籍整理(部) | | | 17 | 0 | 0 | 0 | 0 | 0 | 0 | 0 | 0 | 0 | 0 | 0 | 0 | 0 | 0 | 0 | 0 |
| 译著(部) | | | 18 | 0 | 0 | 0 | 0 | 0 | 0 | 0 | 0 | 0 | 0 | 0 | 0 | 0 | 0 | 0 | 0 |
| 发表译文(篇) | | | 19 | 0 | 0 | 0 | 0 | 0 | 0 | 0 | 0 | 0 | 0 | 0 | 0 | 0 | 0 | 0 | 0 |
| 电子出版物(件) | | | 20 | 0 | 0 | 0 | 0 | 0 | 0 | 0 | 0 | 0 | 0 | 0 | 0 | 0 | 0 | 0 | 0 |
| 发表论文(篇) | 合计 | | 21 | 29 | 0 | 0 | 0 | 0 | 0 | 0 | 0 | 14 | 9 | 0 | 0 | 0 | 6 | 0 | 0 |
| | 国内学术刊物 | | 22 | 29 | 0 | 0 | 0 | 0 | 0 | 0 | 0 | 14 | 9 | 0 | 0 | 0 | 6 | 0 | 0 |
| | 国外学术刊物 | | 23 | 0 | 0 | 0 | 0 | 0 | 0 | 0 | 0 | 0 | 0 | 0 | 0 | 0 | 0 | 0 | 0 |
| | 港、澳、台刊物 | | 24 | 0 | 0 | 0 | 0 | 0 | 0 | 0 | 0 | 0 | 0 | 0 | 0 | 0 | 0 | 0 | 0 |
| 研究与咨询报告(篇) | 合计 | | 25 | 0 | 0 | 0 | 0 | 0 | 0 | 0 | 0 | 0 | 0 | 0 | 0 | 0 | 0 | 0 | 0 |
| | 被采纳数 | | 26 | 0 | 0 | 0 | 0 | 0 | 0 | 0 | 0 | 0 | 0 | 0 | 0 | 0 | 0 | 0 | 0 |

## 3.61 江苏财会职业学院人文、社会科学研究与课题成果来源情况表

| | | 编号 | 课题来源 | | | | | | | | | | | | | | | |
|---|---|---|---|---|---|---|---|---|---|---|---|---|---|---|---|---|---|---|
| | | | 合计 | 国家社科基金项目 | 国家社科基金单列学科项目 | 教育部人文社科研究项目 | 高校古籍整理研究项目 | 国家自然科学基金项目 | 中央其他部门社科专门项目 | 省、市、自治区社科基金项目 | 省教育厅社科项目 | 地、市、厅、局等政府部门项目 | 国际合作研究项目 | 与港、澳、台地区合作研究项目 | 企事业单位委托项目 | 学校社科项目 | 外资项目 | 其他 |
| | | | L01 | L02 | L03 | L04 | L05 | L06 | L07 | L08 | L09 | L10 | L11 | L12 | L13 | L14 | L15 | L16 |
| 课题数(项) | | 1 | 96 | 0 | 0 | 0 | 0 | 0 | 0 | 5 | 32 | 47 | 0 | 0 | 6 | 6 | 0 | 0 |
| 当年投入人数 | 合计(人年) | 2 | 21 | 0 | 0 | 0 | 0 | 0 | 0 | 0.9 | 6.5 | 10.5 | 0 | 0 | 1.8 | 1.3 | 0 | 0 |
| | 研究生(人年) | 3 | 0 | 0 | 0 | 0 | 0 | 0 | 0 | 0 | 0 | 0 | 0 | 0 | 0 | 0 | 0 | 0 |
| 当年拨入经费 | 合计(千元) | 4 | 206.5 | 0 | 0 | 0 | 0 | 0 | 0 | 28 | 27 | 102 | 0 | 0 | 43.5 | 6 | 0 | 0 |
| | 当年立项项目拨入经费(千元) | 5 | 73 | 0 | 0 | 0 | 0 | 0 | 0 | 0 | 0 | 26 | 0 | 0 | 41 | 6 | 0 | 0 |
| 当年支出经费(千元) | | 6 | 206.5 | 0 | 0 | 0 | 0 | 0 | 0 | 28 | 27 | 102 | 0 | 0 | 43.5 | 6 | 0 | 0 |
| 当年新开课题数(项) | | 7 | 64 | 0 | 0 | 0 | 0 | 0 | 0 | 0 | 11 | 42 | 0 | 0 | 5 | 6 | 0 | 0 |
| 当年新开课题批准经费(千元) | | 8 | 218 | 0 | 0 | 0 | 0 | 0 | 0 | 0 | 88 | 74 | 0 | 0 | 50 | 6 | 0 | 0 |
| 当年完成课题数(项) | | 9 | 49 | 0 | 0 | 0 | 0 | 0 | 0 | 4 | 7 | 29 | 0 | 0 | 4 | 5 | 0 | 0 |

| | | | | | | | | | | | | | | | | | | | |
|---|---|---|---|---|---|---|---|---|---|---|---|---|---|---|---|---|---|---|---|
| 出版著作（部） | 合计 | | 10 | 0 | 0 | 0 | 0 | 0 | 0 | 0 | 0 | 0 | 0 | 0 | 0 | 0 | 0 | 0 | 0 |
| | 专著 | 合计 | 11 | 0 | 0 | 0 | 0 | 0 | 0 | 0 | 0 | 0 | 0 | 0 | 0 | 0 | 0 | 0 | 0 |
| | | 被译成外文 | 12 | 0 | 0 | 0 | 0 | 0 | 0 | 0 | 0 | 0 | 0 | 0 | 0 | 0 | 0 | 0 | 0 |
| | 编著教材 | | 13 | 0 | 0 | 0 | 0 | 0 | 0 | 0 | 0 | 0 | 0 | 0 | 0 | 0 | 0 | 0 | 0 |
| | 工具书/参考书 | | 14 | 0 | 0 | 0 | 0 | 0 | 0 | 0 | 0 | 0 | 0 | 0 | 0 | 0 | 0 | 0 | 0 |
| | 皮书/发展报告 | | 15 | 0 | 0 | 0 | 0 | 0 | 0 | 0 | 0 | 0 | 0 | 0 | 0 | 0 | 0 | 0 | 0 |
| | 科普读物 | | 16 | 0 | 0 | 0 | 0 | 0 | 0 | 0 | 0 | 0 | 0 | 0 | 0 | 0 | 0 | 0 | 0 |
| 古籍整理（部） | | | 17 | 0 | 0 | 0 | 0 | 0 | 0 | 0 | 0 | 0 | 0 | 0 | 0 | 0 | 0 | 0 | 0 |
| 译著（部） | | | 18 | 0 | 0 | 0 | 0 | 0 | 0 | 0 | 0 | 0 | 0 | 0 | 0 | 0 | 0 | 0 | 0 |
| 发表译文（篇） | | | 19 | 0 | 0 | 0 | 0 | 0 | 0 | 0 | 0 | 0 | 0 | 0 | 0 | 0 | 0 | 0 | 0 |
| 电子出版物（件） | | | 20 | 0 | 0 | 0 | 0 | 0 | 0 | 0 | 0 | 0 | 0 | 0 | 0 | 0 | 0 | 0 | 0 |
| 发表论文（篇） | 合计 | | 21 | 63 | 0 | 0 | 0 | 0 | 0 | 0 | 5 | 28 | 21 | 0 | 0 | 4 | 5 | 0 | 0 |
| | 国内学术刊物 | | 22 | 63 | 0 | 0 | 0 | 0 | 0 | 0 | 5 | 28 | 21 | 0 | 0 | 4 | 5 | 0 | 0 |
| | 国外学术刊物 | | 23 | 0 | 0 | 0 | 0 | 0 | 0 | 0 | 0 | 0 | 0 | 0 | 0 | 0 | 0 | 0 | 0 |
| | 港、澳、台刊物 | | 24 | 0 | 0 | 0 | 0 | 0 | 0 | 0 | 0 | 0 | 0 | 0 | 0 | 0 | 0 | 0 | 0 |
| 研究与咨询报告（篇） | 合计 | | 25 | 15 | 0 | 0 | 0 | 0 | 0 | 0 | 0 | 4 | 10 | 0 | 0 | 1 | 0 | 0 | 0 |
| | 被采纳数 | | 26 | 0 | 0 | 0 | 0 | 0 | 0 | 0 | 0 | 0 | 0 | 0 | 0 | 0 | 0 | 0 | 0 |

## 3.62 江苏城乡建设职业学院人文、社会科学研究与课题成果来源情况表

| | | | 课题来源 | | | | | | | | | | | | | | | |
|---|---|---|---|---|---|---|---|---|---|---|---|---|---|---|---|---|---|---|
| | | | 合计 | 国家社科基金项目 | 国家社科基金单列学科项目 | 教育部人文社科研究项目 | 高校古籍整理研究项目 | 国家自然科学基金项目 | 中央其他部门社科专门项目 | 省、市、自治区社科基金项目 | 省教育厅社科项目 | 地、市、厅、局等政府部门项目 | 国际合作研究项目 | 与港、澳、台地区合作研究项目 | 企事业单位委托项目 | 学校社科项目 | 外资项目 | 其他 |
| | | 编号 | L01 | L02 | L03 | L04 | L05 | L06 | L07 | L08 | L09 | L10 | L11 | L12 | L13 | L14 | L15 | L16 |
| 课题数(项) | | 1 | 187 | 0 | 0 | 1 | 0 | 0 | 1 | 0 | 65 | 58 | 0 | 0 | 14 | 48 | 0 | 0 |
| 当年投入人数 | 合计(人年) | 2 | 49.2 | 0 | 0 | 0.3 | 0 | 0 | 0.4 | 0 | 17.4 | 12.2 | 0 | 0 | 3.6 | 15.3 | 0 | 0 |
| | 研究生(人年) | 3 | 0 | 0 | 0 | 0 | 0 | 0 | 0 | 0 | 0 | 0 | 0 | 0 | 0 | 0 | 0 | 0 |
| 当年拨入经费 | 合计(千元) | 4 | 729.16 | 0 | 0 | 12 | 0 | 0 | 0 | 0 | 22 | 24 | 0 | 0 | 611.16 | 60 | 0 | 0 |
| | 当年立项项目拨入经费(千元) | 5 | 707.16 | 0 | 0 | 0 | 0 | 0 | 0 | 0 | 22 | 24 | 0 | 0 | 601.16 | 60 | 0 | 0 |
| 当年支出经费(千元) | | 6 | 835.93 | 0 | 0 | 25.5 | 0 | 0 | 7.1 | 0 | 61.43 | 31.7 | 0 | 0 | 673.55 | 36.65 | 0 | 0 |
| 当年新开课题数(项) | | 7 | 102 | 0 | 0 | 0 | 0 | 0 | 0 | 0 | 28 | 52 | 0 | 0 | 7 | 15 | 0 | 0 |
| 当年新开课题批准经费(千元) | | 8 | 720.16 | 0 | 0 | 0 | 0 | 0 | 0 | 0 | 35 | 24 | 0 | 0 | 601.16 | 60 | 0 | 0 |
| 当年完成课题数(项) | | 9 | 80 | 0 | 0 | 1 | 0 | 0 | 0 | 0 | 7 | 53 | 0 | 0 | 8 | 11 | 0 | 0 |

| | | | | | | | | | | | | | | | | | | |
|---|---|---|---|---|---|---|---|---|---|---|---|---|---|---|---|---|---|---|
| 出版著作（部） | 合计 | | 10 | 1 | 0 | 0 | 0 | 0 | 0 | 0 | 0 | 1 | 0 | 0 | 0 | 0 | 0 | 0 | 0 |
| | 专著 | 合计 | 11 | 0 | 0 | 0 | 0 | 0 | 0 | 0 | 0 | 0 | 0 | 0 | 0 | 0 | 0 | 0 | 0 |
| | | 被译成外文 | 12 | 0 | 0 | 0 | 0 | 0 | 0 | 0 | 0 | 0 | 0 | 0 | 0 | 0 | 0 | 0 | 0 |
| | 编著教材 | | 13 | 1 | 0 | 0 | 0 | 0 | 0 | 0 | 0 | 1 | 0 | 0 | 0 | 0 | 0 | 0 | 0 |
| | 工具书/参考书 | | 14 | 0 | 0 | 0 | 0 | 0 | 0 | 0 | 0 | 0 | 0 | 0 | 0 | 0 | 0 | 0 | 0 |
| | 皮书/发展报告 | | 15 | 0 | 0 | 0 | 0 | 0 | 0 | 0 | 0 | 0 | 0 | 0 | 0 | 0 | 0 | 0 | 0 |
| | 科普读物 | | 16 | 0 | 0 | 0 | 0 | 0 | 0 | 0 | 0 | 0 | 0 | 0 | 0 | 0 | 0 | 0 | 0 |
| 古籍整理（部） | | | 17 | 0 | 0 | 0 | 0 | 0 | 0 | 0 | 0 | 0 | 0 | 0 | 0 | 0 | 0 | 0 | 0 |
| 译著（部） | | | 18 | 0 | 0 | 0 | 0 | 0 | 0 | 0 | 0 | 0 | 0 | 0 | 0 | 0 | 0 | 0 | 0 |
| 发表译文（篇） | | | 19 | 0 | 0 | 0 | 0 | 0 | 0 | 0 | 0 | 0 | 0 | 0 | 0 | 0 | 0 | 0 | 0 |
| 电子出版物（件） | | | 20 | 0 | 0 | 0 | 0 | 0 | 0 | 0 | 0 | 0 | 0 | 0 | 0 | 0 | 0 | 0 | 0 |
| 发表论文（篇） | 合计 | | 21 | 97 | 0 | 0 | 0 | 0 | 0 | 1 | 0 | 71 | 7 | 0 | 0 | 0 | 18 | 0 | 0 |
| | 国内学术刊物 | | 22 | 97 | 0 | 0 | 0 | 0 | 0 | 1 | 0 | 71 | 7 | 0 | 0 | 0 | 18 | 0 | 0 |
| | 国外学术刊物 | | 23 | 0 | 0 | 0 | 0 | 0 | 0 | 0 | 0 | 0 | 0 | 0 | 0 | 0 | 0 | 0 | 0 |
| | 港、澳、台刊物 | | 24 | 0 | 0 | 0 | 0 | 0 | 0 | 0 | 0 | 0 | 0 | 0 | 0 | 0 | 0 | 0 | 0 |
| 研究与咨询报告（篇） | 合计 | | 25 | 59 | 0 | 0 | 0 | 0 | 0 | 0 | 0 | 0 | 52 | 0 | 0 | 7 | 0 | 0 | 0 |
| | 被采纳数 | | 26 | 0 | 0 | 0 | 0 | 0 | 0 | 0 | 0 | 0 | 0 | 0 | 0 | 0 | 0 | 0 | 0 |

3.63 江苏航空职业技术学院人文、社会科学研究与课题成果来源情况表

| | | | 课题来源 | | | | | | | | | | | | | | | |
|---|---|---|---|---|---|---|---|---|---|---|---|---|---|---|---|---|---|---|
| | | | 合计 | 国家社科基金项目 | 国家社科基金单列学科项目 | 教育部人文社科研究项目 | 高校古籍整理研究项目 | 国家自然科学基金项目 | 中央其他部门社科专门项目 | 省、市、自治区社科基金项目 | 省教育厅社科项目 | 地、市、厅、局等政府部门项目 | 国际合作研究项目 | 与港、澳、台地区合作研究项目 | 企事业单位委托项目 | 学校社科项目 | 外资项目 | 其他 |
| | | 编号 | L01 | L02 | L03 | L04 | L05 | L06 | L07 | L08 | L09 | L10 | L11 | L12 | L13 | L14 | L15 | L16 |
| 课题数(项) | | 1 | 44 | 0 | 0 | 0 | 0 | 0 | 0 | 2 | 15 | 6 | 0 | 0 | 0 | 21 | 0 | 0 |
| 当年投入人数 | 合计(人年) | 2 | 16.5 | 0 | 0 | 0 | 0 | 0 | 0 | 0.9 | 4.7 | 1.8 | 0 | 0 | 0 | 9.1 | 0 | 0 |
| | 研究生(人年) | 3 | 0 | 0 | 0 | 0 | 0 | 0 | 0 | 0 | 0 | 0 | 0 | 0 | 0 | 0 | 0 | 0 |
| 当年拨入经费 | 合计(千元) | 4 | 156 | 0 | 0 | 0 | 0 | 0 | 0 | 3 | 39 | 55 | 0 | 0 | 0 | 59 | 0 | 0 |
| | 当年立项项目拨入经费(千元) | 5 | 153 | 0 | 0 | 0 | 0 | 0 | 0 | 0 | 39 | 55 | 0 | 0 | 0 | 59 | 0 | 0 |
| 当年支出经费(千元) | | 6 | 68.34 | 0 | 0 | 0 | 0 | 0 | 0 | 2 | 16.6 | 7.29 | 0 | 0 | 0 | 42.45 | 0 | 0 |
| 当年新开课题数(项) | | 7 | 34 | 0 | 0 | 0 | 0 | 0 | 0 | 0 | 13 | 6 | 0 | 0 | 0 | 15 | 0 | 0 |
| 当年新开课题批准经费(千元) | | 8 | 248 | 0 | 0 | 0 | 0 | 0 | 0 | 0 | 120 | 65 | 0 | 0 | 0 | 63 | 0 | 0 |
| 当年完成课题数(项) | | 9 | 7 | 0 | 0 | 0 | 0 | 0 | 0 | 2 | 0 | 1 | 0 | 0 | 0 | 4 | 0 | 0 |

| | | | | | | | | | | | | | | | | | | | |
|---|---|---|---|---|---|---|---|---|---|---|---|---|---|---|---|---|---|---|---|
| 出版著作(部) | 合计 | | 10 | 7 | 0 | 0 | 0 | 0 | 0 | 0 | 3 | 0 | 2 | 0 | 0 | 0 | 2 | 0 | 0 |
| | 专著 | 合计 | 11 | 1 | 0 | 0 | 0 | 0 | 0 | 0 | 0 | 0 | 0 | 0 | 0 | 0 | 1 | 0 | 0 |
| | | 被译成外文 | 12 | 0 | 0 | 0 | 0 | 0 | 0 | 0 | 0 | 0 | 0 | 0 | 0 | 0 | 0 | 0 | 0 |
| | 编著教材 | | 13 | 0 | 0 | 0 | 0 | 0 | 0 | 0 | 0 | 0 | 0 | 0 | 0 | 0 | 0 | 0 | 0 |
| | 工具书/参考书 | | 14 | 0 | 0 | 0 | 0 | 0 | 0 | 0 | 0 | 0 | 0 | 0 | 0 | 0 | 0 | 0 | 0 |
| | 皮书/发展报告 | | 15 | 6 | 0 | 0 | 0 | 0 | 0 | 0 | 3 | 0 | 2 | 0 | 0 | 0 | 1 | 0 | 0 |
| | 科普读物 | | 16 | 0 | 0 | 0 | 0 | 0 | 0 | 0 | 0 | 0 | 0 | 0 | 0 | 0 | 0 | 0 | 0 |
| 古籍整理(部) | | | 17 | 0 | 0 | 0 | 0 | 0 | 0 | 0 | 0 | 0 | 0 | 0 | 0 | 0 | 0 | 0 | 0 |
| 译著(部) | | | 18 | 0 | 0 | 0 | 0 | 0 | 0 | 0 | 0 | 0 | 0 | 0 | 0 | 0 | 0 | 0 | 0 |
| 发表译文(篇) | | | 19 | 0 | 0 | 0 | 0 | 0 | 0 | 0 | 0 | 0 | 0 | 0 | 0 | 0 | 0 | 0 | 0 |
| 电子出版物(件) | | | 20 | 0 | 0 | 0 | 0 | 0 | 0 | 0 | 0 | 0 | 0 | 0 | 0 | 0 | 0 | 0 | 0 |
| 发表论文(篇) | 合计 | | 21 | 28 | 0 | 0 | 0 | 0 | 0 | 0 | 2 | 1 | 0 | 0 | 0 | 0 | 25 | 0 | 0 |
| | 国内学术刊物 | | 22 | 28 | 0 | 0 | 0 | 0 | 0 | 0 | 2 | 1 | 0 | 0 | 0 | 0 | 25 | 0 | 0 |
| | 国外学术刊物 | | 23 | 0 | 0 | 0 | 0 | 0 | 0 | 0 | 0 | 0 | 0 | 0 | 0 | 0 | 0 | 0 | 0 |
| | 港、澳、台刊物 | | 24 | 0 | 0 | 0 | 0 | 0 | 0 | 0 | 0 | 0 | 0 | 0 | 0 | 0 | 0 | 0 | 0 |
| 研究与咨询报告(篇) | 合计 | | 25 | 0 | 0 | 0 | 0 | 0 | 0 | 0 | 0 | 0 | 0 | 0 | 0 | 0 | 0 | 0 | 0 |
| | 被采纳数 | | 26 | 0 | 0 | 0 | 0 | 0 | 0 | 0 | 0 | 0 | 0 | 0 | 0 | 0 | 0 | 0 | 0 |

## 3.64 江苏安全技术职业学院人文、社会科学研究与课题成果来源情况表

| | | | 课题来源 | | | | | | | | | | | | | | | |
|---|---|---|---|---|---|---|---|---|---|---|---|---|---|---|---|---|---|---|
| | | | 合计 | 国家社科基金项目 | 国家社科基金单列学科项目 | 教育部人文社科研究项目 | 高校古籍整理研究项目 | 国家自然科学基金项目 | 中央其他部门社科专门项目 | 省、市、自治区社科基金项目 | 省教育厅社科项目 | 地、市、厅、局等政府部门项目 | 国际合作研究项目 | 与港、澳、台地区合作研究项目 | 企事业单位委托项目 | 学校社科项目 | 外资项目 | 其他 |
| | | 编号 | L01 | L02 | L03 | L04 | L05 | L06 | L07 | L08 | L09 | L10 | L11 | L12 | L13 | L14 | L15 | L16 |
| 课题数(项) | | 1 | 11 | 0 | 0 | 0 | 0 | 0 | 0 | 4 | 5 | 1 | 0 | 0 | 0 | 1 | 0 | 0 |
| 当年投入人数 | 合计(人年) | 2 | 4.3 | 0 | 0 | 0 | 0 | 0 | 0 | 1.5 | 2 | 0.5 | 0 | 0 | 0 | 0.3 | 0 | 0 |
| | 研究生(人年) | 3 | 0 | 0 | 0 | 0 | 0 | 0 | 0 | 0 | 0 | 0 | 0 | 0 | 0 | 0 | 0 | 0 |
| 当年拨入经费 | 合计(千元) | 4 | 69 | 0 | 0 | 0 | 0 | 0 | 0 | 21 | 25 | 3 | 0 | 0 | 0 | 20 | 0 | 0 |
| | 当年立项项目拨入经费(千元) | 5 | 41 | 0 | 0 | 0 | 0 | 0 | 0 | 21 | 0 | 0 | 0 | 0 | 0 | 20 | 0 | 0 |
| 当年支出经费(千元) | | 6 | 56 | 0 | 0 | 0 | 0 | 0 | 0 | 20 | 25 | 3 | 0 | 0 | 0 | 8 | 0 | 0 |
| 当年新开课题数(项) | | 7 | 5 | 0 | 0 | 0 | 0 | 0 | 0 | 4 | 0 | 0 | 0 | 0 | 0 | 1 | 0 | 0 |
| 当年新开课题批准经费(千元) | | 8 | 44 | 0 | 0 | 0 | 0 | 0 | 0 | 24 | 0 | 0 | 0 | 0 | 0 | 20 | 0 | 0 |
| 当年完成课题数(项) | | 9 | 5 | 0 | 0 | 0 | 0 | 0 | 0 | 3 | 2 | 0 | 0 | 0 | 0 | 0 | 0 | 0 |

| | | | | | | | | | | | | | | | | | | | |
|---|---|---|---|---|---|---|---|---|---|---|---|---|---|---|---|---|---|---|---|
| 出版著作(部) | 合计 | | 10 | 0 | 0 | 0 | 0 | 0 | 0 | 0 | 0 | 0 | 0 | 0 | 0 | 0 | 0 | 0 | 0 |
| | 专著 | 合计 | 11 | 0 | 0 | 0 | 0 | 0 | 0 | 0 | 0 | 0 | 0 | 0 | 0 | 0 | 0 | 0 | 0 |
| | | 被译成外文 | 12 | 0 | 0 | 0 | 0 | 0 | 0 | 0 | 0 | 0 | 0 | 0 | 0 | 0 | 0 | 0 | 0 |
| | 编著教材 | | 13 | 0 | 0 | 0 | 0 | 0 | 0 | 0 | 0 | 0 | 0 | 0 | 0 | 0 | 0 | 0 | 0 |
| | 工具书/参考书 | | 14 | 0 | 0 | 0 | 0 | 0 | 0 | 0 | 0 | 0 | 0 | 0 | 0 | 0 | 0 | 0 | 0 |
| | 皮书/发展报告 | | 15 | 0 | 0 | 0 | 0 | 0 | 0 | 0 | 0 | 0 | 0 | 0 | 0 | 0 | 0 | 0 | 0 |
| | 科普读物 | | 16 | 0 | 0 | 0 | 0 | 0 | 0 | 0 | 0 | 0 | 0 | 0 | 0 | 0 | 0 | 0 | 0 |
| 古籍整理(部) | | | 17 | 0 | 0 | 0 | 0 | 0 | 0 | 0 | 0 | 0 | 0 | 0 | 0 | 0 | 0 | 0 | 0 |
| 译著(部) | | | 18 | 0 | 0 | 0 | 0 | 0 | 0 | 0 | 0 | 0 | 0 | 0 | 0 | 0 | 0 | 0 | 0 |
| 发表译文(篇) | | | 19 | 0 | 0 | 0 | 0 | 0 | 0 | 0 | 0 | 0 | 0 | 0 | 0 | 0 | 0 | 0 | 0 |
| 电子出版物(件) | | | 20 | 0 | 0 | 0 | 0 | 0 | 0 | 0 | 0 | 0 | 0 | 0 | 0 | 0 | 0 | 0 | 0 |
| 发表论文(篇) | 合计 | | 21 | 16 | 0 | 0 | 0 | 0 | 0 | 0 | 8 | 7 | 1 | 0 | 0 | 0 | 0 | 0 | 0 |
| | 国内学术刊物 | | 22 | 16 | 0 | 0 | 0 | 0 | 0 | 0 | 8 | 7 | 1 | 0 | 0 | 0 | 0 | 0 | 0 |
| | 国外学术刊物 | | 23 | 0 | 0 | 0 | 0 | 0 | 0 | 0 | 0 | 0 | 0 | 0 | 0 | 0 | 0 | 0 | 0 |
| | 港、澳、台刊物 | | 24 | 0 | 0 | 0 | 0 | 0 | 0 | 0 | 0 | 0 | 0 | 0 | 0 | 0 | 0 | 0 | 0 |
| 研究与咨询报告(篇) | 合计 | | 25 | 0 | 0 | 0 | 0 | 0 | 0 | 0 | 0 | 0 | 0 | 0 | 0 | 0 | 0 | 0 | 0 |
| | 被采纳数 | | 26 | 0 | 0 | 0 | 0 | 0 | 0 | 0 | 0 | 0 | 0 | 0 | 0 | 0 | 0 | 0 | 0 |

## 3.65 江苏旅游职业学院人文、社会科学研究与课题成果来源情况表

| | | | 课题来源 | | | | | | | | | | | | | | | |
|---|---|---|---|---|---|---|---|---|---|---|---|---|---|---|---|---|---|---|
| | | | 合计 | 国家社科基金项目 | 国家社科基金单列学科项目 | 教育部人文社科研究项目 | 高校古籍整理研究项目 | 国家自然科学基金项目 | 中央其他部门社科专门项目 | 省、市、自治区社科基金项目 | 省教育厅社科项目 | 地、市、厅、局等政府部门项目 | 国际合作研究项目 | 与港、澳、台地区合作研究项目 | 企事业单位委托项目 | 学校社科项目 | 外资项目 | 其他 |
| | | 编号 | L01 | L02 | L03 | L04 | L05 | L06 | L07 | L08 | L09 | L10 | L11 | L12 | L13 | L14 | L15 | L16 |
| 课题数(项) | | 1 | 145 | 1 | 0 | 0 | 0 | 0 | 1 | 8 | 20 | 86 | 0 | 0 | 0 | 24 | 0 | 5 |
| 当年投入人数 | 合计(人年) | 2 | 14.5 | 0.2 | 0 | 0 | 0 | 0 | 0 | 0.8 | 2 | 8.6 | 0 | 0 | 0 | 2.4 | 0 | 0.5 |
| | 研究生(人年) | 3 | 0 | 0 | 0 | 0 | 0 | 0 | 0 | 0 | 0 | 0 | 0 | 0 | 0 | 0 | 0 | 0 |
| 当年拨入经费 | 合计(千元) | 4 | 57 | 0 | 0 | 0 | 0 | 0 | 0 | 15 | 0 | 30 | 0 | 0 | 0 | 0 | 0 | 12 |
| | 当年立项项目拨入经费(千元) | 5 | 57 | 0 | 0 | 0 | 0 | 0 | 0 | 15 | 0 | 30 | 0 | 0 | 0 | 0 | 0 | 12 |
| 当年支出经费(千元) | | 6 | 33 | 0 | 0 | 0 | 0 | 0 | 0 | 8 | 0 | 18 | 0 | 0 | 0 | 0 | 0 | 7 |
| 当年新开课题数(项) | | 7 | 77 | 0 | 0 | 0 | 0 | 0 | 0 | 4 | 0 | 44 | 0 | 0 | 0 | 24 | 0 | 5 |
| 当年新开课题批准经费(千元) | | 8 | 467 | 0 | 0 | 0 | 0 | 0 | 0 | 45 | 0 | 410 | 0 | 0 | 0 | 0 | 0 | 12 |
| 当年完成课题数(项) | | 9 | 42 | 0 | 0 | 0 | 0 | 0 | 1 | 0 | 1 | 15 | 0 | 0 | 0 | 23 | 0 | 2 |

| | | | | | | | | | | | | | | | | | | | |
|---|---|---|---|---|---|---|---|---|---|---|---|---|---|---|---|---|---|---|---|
| 出版著作（部） | 合计 | | 10 | 0 | 0 | 0 | 0 | 0 | 0 | 0 | 0 | 0 | 0 | 0 | 0 | 0 | 0 | 0 | 0 |
| | 专著 | 合计 | 11 | 0 | 0 | 0 | 0 | 0 | 0 | 0 | 0 | 0 | 0 | 0 | 0 | 0 | 0 | 0 | 0 |
| | | 被译成外文 | 12 | 0 | 0 | 0 | 0 | 0 | 0 | 0 | 0 | 0 | 0 | 0 | 0 | 0 | 0 | 0 | 0 |
| | 编著教材 | | 13 | 0 | 0 | 0 | 0 | 0 | 0 | 0 | 0 | 0 | 0 | 0 | 0 | 0 | 0 | 0 | 0 |
| | 工具书/参考书 | | 14 | 0 | 0 | 0 | 0 | 0 | 0 | 0 | 0 | 0 | 0 | 0 | 0 | 0 | 0 | 0 | 0 |
| | 皮书/发展报告 | | 15 | 0 | 0 | 0 | 0 | 0 | 0 | 0 | 0 | 0 | 0 | 0 | 0 | 0 | 0 | 0 | 0 |
| | 科普读物 | | 16 | 0 | 0 | 0 | 0 | 0 | 0 | 0 | 0 | 0 | 0 | 0 | 0 | 0 | 0 | 0 | 0 |
| 古籍整理（部） | | | 17 | 0 | 0 | 0 | 0 | 0 | 0 | 0 | 0 | 0 | 0 | 0 | 0 | 0 | 0 | 0 | 0 |
| 译著（部） | | | 18 | 0 | 0 | 0 | 0 | 0 | 0 | 0 | 0 | 0 | 0 | 0 | 0 | 0 | 0 | 0 | 0 |
| 发表译文（篇） | | | 19 | 0 | 0 | 0 | 0 | 0 | 0 | 0 | 0 | 0 | 0 | 0 | 0 | 0 | 0 | 0 | 0 |
| 电子出版物（件） | | | 20 | 0 | 0 | 0 | 0 | 0 | 0 | 0 | 0 | 0 | 0 | 0 | 0 | 0 | 0 | 0 | 0 |
| 发表论文（篇） | 合计 | | 21 | 19 | 0 | 0 | 0 | 0 | 0 | 0 | 0 | 11 | 5 | 0 | 0 | 0 | 3 | 0 | 0 |
| | 国内学术刊物 | | 22 | 19 | 0 | 0 | 0 | 0 | 0 | 0 | 0 | 11 | 5 | 0 | 0 | 0 | 3 | 0 | 0 |
| | 国外学术刊物 | | 23 | 0 | 0 | 0 | 0 | 0 | 0 | 0 | 0 | 0 | 0 | 0 | 0 | 0 | 0 | 0 | 0 |
| | 港、澳、台刊物 | | 24 | 0 | 0 | 0 | 0 | 0 | 0 | 0 | 0 | 0 | 0 | 0 | 0 | 0 | 0 | 0 | 0 |
| 研究与咨询报告（篇） | 合计 | | 25 | 0 | 0 | 0 | 0 | 0 | 0 | 0 | 0 | 0 | 0 | 0 | 0 | 0 | 0 | 0 | 0 |
| | 被采纳数 | | 26 | 0 | 0 | 0 | 0 | 0 | 0 | 0 | 0 | 0 | 0 | 0 | 0 | 0 | 0 | 0 | 0 |

## 4. 民办及中外合作办学高等学校人文、社会科学研究与课题成果来源情况表

| | | | 课题来源 | | | | | | | | | | | | | | | |
|---|---|---|---|---|---|---|---|---|---|---|---|---|---|---|---|---|---|---|
| | | | 合计 | 国家社科基金项目 | 国家社科基金单列学科项目 | 教育部人文社科研究项目 | 高校古籍整理研究项目 | 国家自然科学基金项目 | 中央其他部门社科专门项目 | 省、市、自治区社科基金项目 | 省教育厅社科项目 | 地、市、厅、局等政府部门项目 | 国际合作研究项目 | 与港、澳、台地区合作研究项目 | 企事业单位委托项目 | 学校社科项目 | 外资项目 | 其他 |
| | | 编号 | L01 | L02 | L03 | L04 | L05 | L06 | L07 | L08 | L09 | L10 | L11 | L12 | L13 | L14 | L15 | L16 |
| 课题数(项) | | 1 | 3 433 | 8 | 1 | 22 | 1 | 8 | 8 | 79 | 1 872 | 708 | 2 | 0 | 259 | 444 | 2 | 19 |
| 当年投入人数 | 合计(人年) | 2 | 683.1 | 2.7 | 0.4 | 11.4 | 0.1 | 4.1 | 2.3 | 14.1 | 375.1 | 129.7 | 1.8 | 0 | 61.3 | 76.3 | 0.7 | 3.1 |
| | 研究生(人年) | 3 | 3.5 | 0 | 0 | 0.5 | 0 | 0 | 0 | 0 | 0 | 2.8 | 0 | 0 | 0.2 | 0 | 0 | 0 |
| 当年拨入经费 | 合计(千元) | 4 | 21 951.73 | 272 | 0 | 285 | 0 | 929.7 | 65 | 282 | 4 818.4 | 2 118.1 | 0 | 0 | 11 767.77 | 1 193.4 | 207.36 | 13 |
| | 当年立项项目拨入经费(千元) | 5 | 17 729.98 | 240 | 0 | 100 | 0 | 689.7 | 65 | 174 | 4 204.3 | 1 835.9 | 0 | 0 | 9 091.71 | 1 125.2 | 191.17 | 13 |
| 当年支出经费(千元) | | 6 | 17 460.5 | 251.99 | 82.6 | 292.54 | 0 | 485.56 | 73.28 | 334.28 | 4 213.25 | 2 218.09 | 1.3 | 0 | 8 672.9 | 706.87 | 71.6 | 56.24 |
| 当年新开课题数(项) | | 7 | 1 353 | 1 | 0 | 5 | 0 | 5 | 3 | 13 | 637 | 392 | 1 | 0 | 153 | 138 | 1 | 4 |
| 当年新开课题批准经费(千元) | | 8 | 22 623.84 | 250 | 0 | 340 | 0 | 1 153.7 | 210 | 194 | 5 259.5 | 2 147.5 | 42.8 | 0 | 11 549 | 1 220.2 | 242.14 | 15 |
| 当年完成课题数(项) | | 9 | 1 068 | 1 | 0 | 3 | 1 | 1 | 3 | 21 | 465 | 317 | 1 | 0 | 102 | 144 | 1 | 8 |

| | | | | | | | | | | | | | | | | | | | |
|---|---|---|---|---|---|---|---|---|---|---|---|---|---|---|---|---|---|---|---|
| 出版著作(部) | 合计 | | 10 | 42 | 0 | 0 | 1 | 0 | 0 | 0 | 1 | 11 | 12 | 0 | 0 | 11 | 6 | 0 | 0 |
| | 专著 | 合计 | 11 | 16 | 0 | 0 | 0 | 0 | 0 | 0 | 1 | 7 | 3 | 0 | 0 | 2 | 3 | 0 | 0 |
| | | 被译成外文 | 12 | 0 | 0 | 0 | 0 | 0 | 0 | 0 | 0 | 0 | 0 | 0 | 0 | 0 | 0 | 0 | 0 |
| | 编著教材 | | 13 | 18 | 0 | 0 | 1 | 0 | 0 | 0 | 0 | 4 | 9 | 0 | 0 | 1 | 3 | 0 | 0 |
| | 工具书/参考书 | | 14 | 1 | 0 | 0 | 0 | 0 | 0 | 0 | 0 | 0 | 0 | 0 | 0 | 1 | 0 | 0 | 0 |
| | 皮书/发展报告 | | 15 | 7 | 0 | 0 | 0 | 0 | 0 | 0 | 0 | 0 | 0 | 0 | 0 | 7 | 0 | 0 | 0 |
| | 科普读物 | | 16 | 0 | 0 | 0 | 0 | 0 | 0 | 0 | 0 | 0 | 0 | 0 | 0 | 0 | 0 | 0 | 0 |
| 古籍整理(部) | | | 17 | 0 | 0 | 0 | 0 | 0 | 0 | 0 | 0 | 0 | 0 | 0 | 0 | 0 | 0 | 0 | 0 |
| 译著(部) | | | 18 | 9 | 0 | 0 | 0 | 0 | 0 | 0 | 0 | 0 | 1 | 0 | 0 | 0 | 0 | 8 | 0 |
| 发表译文(篇) | | | 19 | 0 | 0 | 0 | 0 | 0 | 0 | 0 | 0 | 0 | 0 | 0 | 0 | 0 | 0 | 0 | 0 |
| 电子出版物(件) | | | 20 | 1 | 0 | 0 | 0 | 0 | 0 | 0 | 0 | 1 | 0 | 0 | 0 | 0 | 0 | 0 | 0 |
| 发表论文(篇) | 合计 | | 21 | 1 848 | 13 | 0 | 14 | 0 | 11 | 5 | 52 | 1 150 | 303 | 1 | 0 | 63 | 215 | 9 | 12 |
| | 国内学术刊物 | | 22 | 1 809 | 11 | 0 | 11 | 0 | 11 | 5 | 50 | 1 138 | 303 | 1 | 0 | 52 | 214 | 1 | 12 |
| | 国外学术刊物 | | 23 | 39 | 2 | 0 | 3 | 0 | 0 | 0 | 2 | 12 | 0 | 0 | 0 | 11 | 1 | 8 | 0 |
| | 港、澳、台刊物 | | 24 | 0 | 0 | 0 | 0 | 0 | 0 | 0 | 0 | 0 | 0 | 0 | 0 | 0 | 0 | 0 | 0 |
| 研究与咨询报告(篇) | 合计 | | 25 | 106 | 0 | 0 | 2 | 0 | 0 | 0 | 1 | 10 | 47 | 0 | 0 | 43 | 3 | 0 | 0 |
| | 被采纳数 | | 26 | 13 | 0 | 0 | 0 | 0 | 0 | 0 | 0 | 3 | 8 | 0 | 0 | 2 | 0 | 0 | 0 |

注：由于篇幅限制，本节不对民办及中外合作办学高等学校人文、社会科学研究与课题成果来源情况进行细分说明。

# 九、社科研究成果获奖

| 成果名称 | | 合计 | 成果形式 | 主要作者 | 课题来源 | 奖励名称 | 奖励等级 | 备注 |
|---|---|---|---|---|---|---|---|---|
| | 编号 | L01 | L02 | L03 | L04 | L05 | L06 | L07 |
| 合计 | / | / | / | / | / | / | / | / |
| 1. 南京大学 | / | 178 | / | / | / | / | / | / |
| A Social-structural Perspective on Employee-Organization Relationships and Team Creativity | 1 | / | 论文 | 贾良定 | 国家自然科学基金项目 | 第八届高等学校科学研究优秀成果奖(人文社会科学) | 二等 | / |
| China's Closed Pyramidal Managerial Labor Market and the Stock Price Crash Risk | 2 | / | 论文 | 陈冬华 | 国家自然科学基金项目 | 江苏省第十六届哲学社会科学优秀成果奖 | 二等 | / |
| Common Phonology of the Chinese Dialects(汉语方言共同音系) | 3 | / | 专著 | 顾黔 | 国家社科基金项目 | 江苏省第十六届哲学社会科学优秀成果奖 | 一等 | / |
| Does Central Supervision Enhance Local Environmental Enforcement? Quasi-Experimental Evidence from China | 4 | / | 论文 | 张炳 | 无依托项目研究成果 | 江苏省第十六届哲学社会科学优秀成果奖 | 三等 | / |
| HR 三支柱转型:人力资源管理的新逻辑 | 5 | / | 专著 | 张正堂 | 学校社科项目 | 江苏省第十六届哲学社会科学优秀成果奖 | 二等 | / |
| Is a Big Entrant a Threat to Incumbents? The Role of Demand Substitutability in Competition among the Big and the Small | 6 | / | 论文 | 潘丽君 | 无依托项目研究成果 | 江苏省第十六届哲学社会科学优秀成果奖 | 三等 | / |
| La traduction et la Reception de la Litterature Chinoise Moderne en France | 7 | / | 专著 | 高方 | 省、市、自治区社科基金项目 | 第八届高等学校科学研究优秀成果奖(人文社会科学) | 三等 | / |
| Labor Transfer in Emerging Economies—A Perspective from China's Reality to Theories(新兴国家的劳动力转移——从中国的实际到理论研究) | 8 | / | 专著 | 李晓春 | 教育部人文社科研究项目 | 江苏省第十六届哲学社会科学优秀成果奖 | 三等 | / |
| MOOC 与中国高等教育变革研究 | 9 | / | 专著 | 杨海平 | 国家社科基金项目 | 江苏省第十六届哲学社会科学优秀成果奖 | 三等 | / |

| | | | | | | | | |
|---|---|---|---|---|---|---|---|---|
| Motivation but Not Valence Modulates Neuroticism-Dependent Cingulate Cortex and Insula Activity | 10 | / | 论文 | 周仁来 | 企事业单位委托项目 | 江苏省第十六届哲学社会科学优秀成果奖 | 三等 | / |
| Political Ties and Firm Performance: The effects of Proself and Prosocial Engagement and Institutional Development | 11 | / | 论文 | 刘海建 | 国家自然科学基金项目 | 江苏省第十六届哲学社会科学优秀成果奖 | 三等 | / |
| Tariff Scares: Trade Policy Uncertainty and Foreign Market Entry by Chinese Firms | 12 | / | 论文 | 孟宁 | 国家自然科学基金项目 | 江苏省第十六届哲学社会科学优秀成果奖 | 二等 | / |
| The Ecosystem of Software Platform: A Study of Asymmetric Cross-side Network Effects and Platform Governance | 13 | / | 论文 | 宋培建 | 无依托项目研究成果 | 江苏省第十六届哲学社会科学优秀成果奖 | 三等 | / |
| The Neural Dynamics of Reward Value and Risk Coding in the Human Orbitofrontal Cortex | 14 | / | 论文 | 李岩松 | 国家自然科学基金项目 | 第八届高等学校科学研究优秀成果奖（人文社会科学） | 其他 | / |
| What Is Wrong with Treating Followers Differently? The Basis of Leader—Member Exchange Differentiation Matters | 15 | / | 论文 | 贺伟 | 国家自然科学基金项目 | 江苏省第十六届哲学社会科学优秀成果奖 | 三等 | / |
| “百年未有之大变局”对世界和中国关系的影响 | 16 | / | 研究或咨询报告 | 朱锋 | 国家社科基金项目 | 江苏省第十六届哲学社会科学优秀成果奖 | 二等 | / |
| “化工围江”治理的经验、难点与建议 | 17 | / | 研究或咨询报告 | 徐宁 | 无依托项目研究成果 | 江苏省第十六届哲学社会科学优秀成果奖 | 三等 | / |
| “美德导向”的根源与前途：“中国学习者悖论”再考查 | 18 | / | 论文 | 张红霞 | 无依托项目研究成果 | 江苏省第十六届哲学社会科学优秀成果奖 | 三等 | / |
| “南洋”郁达夫：中国属性·海外形塑·他者观照——兼及中国作家的海外影响与华文文学的复合互渗 | 19 | / | 论文 | 刘俊 | 国家社科基金项目 | 江苏省第十六届哲学社会科学优秀成果奖 | 三等 | / |
| “三块地”改革与农村土地权益实现研究 | 20 | / | 专著 | 黄贤金 | 地、市、厅、局等政府部门项目 | 江苏省第十六届哲学社会科学优秀成果奖 | 三等 | / |
| “新的历史特点论”：党中央治国理政科学体系的历史基座 | 21 | / | 论文 | 尚庆飞 | 国家社科基金项目 | 第八届高等学校科学研究优秀成果奖（人文社会科学） | 二等 | / |
| 《鸟粪岛法》与美国海洋领土的扩张 | 22 | / | 论文 | 郑安光 | 国家社科基金项目 | 江苏省第十六届哲学社会科学优秀成果奖 | 二等 | / |

续表

| 成果名称 | | 合计 | 成果形式 | 主要作者 | 课题来源 | 奖励名称 | 奖励等级 | 备注 |
|---|---|---|---|---|---|---|---|---|
| | 编号 | L01 | L02 | L03 | L04 | L05 | L06 | L07 |
| 保罗·尼采:核时代美国国家安全战略的缔造者 | 23 | / | 专著 | 石斌 | 国家社科基金项目 | 第八届高等学校科学研究优秀成果奖(人文社会科学) | 二等 | / |
| 变迁中的中国家庭结构与青少年发展 | 24 | / | 论文 | 吴愈晓 | 国家社科基金项目 | 江苏省第十六届哲学社会科学优秀成果奖 | 三等 | / |
| 辩护的政治:罗尔斯公共辩护思想研究 | 25 | / | 专著 | 陈肖生 | 国家社科基金项目 | 江苏省第十六届哲学社会科学优秀成果奖 | 二等 | / |
| 城市的自觉 | 26 | / | 专著 | 姚远 | 国家社科基金项目 | 江苏省第十六届哲学社会科学优秀成果奖 | 二等 | / |
| 城市高密度区域的犯罪吸引机制 | 27 | / | 论文 | 单勇 | 国家社科基金项目 | 江苏省第十六届哲学社会科学优秀成果奖 | 三等 | / |
| 城市偏向与工资差距(Urban Bias and Wage Inequality) | 28 | / | 论文 | 皮建才 | 国家社科基金项目 | 江苏省第十六届哲学社会科学优秀成果奖 | 三等 | / |
| 城市文化资本与文化软实力:特色文化城市研究 | 29 | / | 专著 | 张鸿雁 | 无依托项目研究成果 | 江苏省第十六届哲学社会科学优秀成果奖 | 一等 | / |
| 创新场论:从系统性到复杂性 | 30 | / | 专著 | 赵佳宝 | 企事业单位委托项目 | 江苏省第十六届哲学社会科学优秀成果奖 | 二等 | / |
| 从驱动创新到实践创新:A. O. 史密斯公司的创新管理 | 31 | / | 专著 | 杨东涛 | 无依托项目研究成果 | 江苏省第十六届哲学社会科学优秀成果奖 | 三等 | / |
| 从社会科学的边缘到核心:公共管理学科再认识 | 32 | / | 论文 | 孔繁斌 | 国家社科基金项目 | 江苏省第十六届哲学社会科学优秀成果奖 | 一等 | / |
| 当代逻辑哲学前沿问题研究 | 33 | / | 专著 | 张建军 | 国家社科基金项目 | 第八届高等学校科学研究优秀成果奖(人文社会科学) | 二等 | / |
| 当代情感体制的社会学探析 | 34 | / | 论文 | 成伯清 | 国家社科基金项目 | 第八届高等学校科学研究优秀成果奖(人文社会科学) | 二等 | / |

| 当代中国的视觉文化研究 | 35 | / | 专著 | 周宪 | 国家社科基金项目 | 第八届高等学校科学研究优秀成果奖(人文社会科学) | 二等 | / |
|---|---|---|---|---|---|---|---|---|
| 当代资本主义新变化的批判性解读 | 36 | / | 专著 | 唐正东 | 教育部人文社科研究项目 | 第八届高等学校科学研究优秀成果奖(人文社会科学) | 二等 | / |
| 地方干部的民主价值观:类型与结构特征——对1456个地方干部的问卷分析 | 37 | / | 论文 | 肖唐镖<br>王艳军 | 国家社科基金项目 | 江苏省第十六届哲学社会科学优秀成果奖 | 二等 | / |
| 缔约过程中说明义务的动态体系论 | 38 | / | 论文 | 尚连杰 | 国家社科基金项目 | 第八届高等学校科学研究优秀成果奖(人文社会科学) | 其他 | / |
| 钓鱼岛问题文献集 | 39 | / | 专著 | 张生 | 国家社科基金项目 | 第八届高等学校科学研究优秀成果奖(人文社会科学) | 二等 | / |
| 东亚道教研究 | 40 | / | 专著 | 孙亦平 | 国家社科基金项目 | 第八届高等学校科学研究优秀成果奖(人文社会科学) | 一等 | / |
| 东亚汉文学研究的方法与实践 | 41 | / | 专著 | 张伯伟 | 国家社科基金项目 | 第八届高等学校科学研究优秀成果奖(人文社会科学) | 二等 | / |
| 独立董事“政商旋转门”之考察:一项基于自然实验的研究 | 42 | / | 论文 | 叶青 | 省教育厅社科项目 | 江苏省第十六届哲学社会科学优秀成果奖 | 三等 | / |
| 多级财政体制下的公共品供给:“省直管县”改革与农村义务教育 | 43 | / | 专著 | 宗晓华 | 国家社科基金单列学科项目 | 江苏省第十六届哲学社会科学优秀成果奖 | 二等 | / |
| 俄罗斯“三十岁一代”作家研究 | 44 | / | 专著 | 张俊翔 | 教育部人文社科研究项目 | 江苏省第十六届哲学社会科学优秀成果奖 | 三等 | / |
| 二十世纪中国戏剧理论大系 | 45 | / | 专著 | 董健 | 教育部人文社科研究项目 | 第八届高等学校科学研究优秀成果奖(人文社会科学) | 一等 | / |
| 翻译批评研究 | 46 | / | 专著 | 刘云虹 | 国家社科基金项目 | 第八届高等学校科学研究优秀成果奖(人文社会科学) | 二等 | / |
| 放马滩简式占古佚书研究 | 47 | / | 专著 | 程少轩 | 国家社科基金项目 | 江苏省第十六届哲学社会科学优秀成果奖 | 二等 | / |

续表

| 成果名称 | | 合计 | 成果形式 | 主要作者 | 课题来源 | 奖励名称 | 奖励等级 | 备注 |
|---|---|---|---|---|---|---|---|---|
| | 编号 | L01 | L02 | L03 | L04 | L05 | L06 | L07 |
| 非洲经济地理与区域发展研究资料汇编(共六卷) | 48 | / | 专著 | 张振克 | 国家社科基金项目 | 江苏省第十六届哲学社会科学优秀成果奖 | 三等 | / |
| 非洲土地资源与粮食安全 | 49 | / | 专著 | 黄贤金 | 地、市、厅、局等政府部门项目 | 第八届高等学校科学研究优秀成果奖(人文社会科学) | 二等 | / |
| 风险社会视野中的公共管理变革 | 50 | / | 论文 | 张海波 | 国家社科基金项目 | 江苏省第十六届哲学社会科学优秀成果奖 | 二等 | / |
| 复综语:形态复杂的极端 | 51 | / | 专著 | 马清华 | 国家社科基金项目 | 江苏省第十六届哲学社会科学优秀成果奖 | 二等 | / |
| 个人信息权作为民事权利之证成:以知识产权为参照 | 52 | / | 论文 | 吕炳斌 | 国家社科基金项目 | 江苏省第十六届哲学社会科学优秀成果奖 | 三等 | / |
| 供给侧结构性改革:长三角地区的探索和实践 | 53 | / | 专著 | 刘志彪 | 教育部人文社科研究项目 | 江苏省第十六届哲学社会科学优秀成果奖 | 三等 | / |
| 宫体诗的“自赎”与七言体的“自振”——文学史上的《春江花月夜》 | 54 | / | 论文 | 张伯伟 | 国家社科基金项目 | 江苏省第十六届哲学社会科学优秀成果奖 | 一等 | / |
| 构建中国管理学理论自信之路——从个体、团队到学术社区的跨层次对话过程理论 | 55 | / | 论文 | 贾良定 | 国家自然科学基金项目 | 江苏省第十六届哲学社会科学优秀成果奖 | 二等 | / |
| 关于北疆民族地区全域旅游发展建设的调查研究——以内蒙古呼和浩特市为例 | 56 | / | 研究或咨询报告 | 周凯 | 地、市、厅、局等政府部门项目 | 国家民委社会科学研究成果奖(调研报告类) | 其他 | / |
| 国际产能合作与中国区域经济发展 | 57 | / | 专著 | 吴福象 | 国家社科基金项目 | 江苏省第十六届哲学社会科学优秀成果奖 | 二等 | / |
| 国际产能合作与重塑中国经济地理 | 58 | / | 论文 | 吴福象 | 国家社科基金项目 | 第八届高等学校科学研究优秀成果奖(人文社会科学) | 二等 | / |
| 国际责任:一种新“文明标准”? | 59 | / | 论文 | 毛维准 | 国家社科基金项目 | 江苏省第十六届哲学社会科学优秀成果奖 | 三等 | / |

| | | | | | | | | |
|---|---|---|---|---|---|---|---|---|
| 寒门如何出“贵子”——基于文化资本视角的阶层突破 | 60 | / | 论文 | 余秀兰 | 国家社科基金单列学科项目 | 江苏省第十六届哲学社会科学优秀成果奖 | 二等 | / |
| 赫尔曼·麦尔维尔的现代阐释 | 61 | / | 专著 | 杨金才 | 国家社科基金项目 | 第八届高等学校科学研究优秀成果奖(人文社会科学) | 二等 | / |
| 互联网群体协作理论与应用研究 | 62 | / | 专著 | 朱庆华 | 国家社科基金项目 | 江苏省第十六届哲学社会科学优秀成果奖 | 二等 | / |
| 互联网时代企业跨界颠覆式创新的逻辑 | 63 | / | 论文 | 张骁 | 国家社科基金项目 | 江苏省第十六届哲学社会科学优秀成果奖 | 二等 | / |
| 华夏传播新探:一种跨文化比较视角 | 64 | / | 专著 | 潘祥辉 | 国家社科基金项目 | 江苏省第十六届哲学社会科学优秀成果奖 | 二等 | / |
| 环境规制引起了污染就近转移吗? | 65 | / | 论文 | 沈坤荣 | 国家社科基金项目 | 第八届高等学校科学研究优秀成果奖(人文社会科学) | 二等 | / |
| 回到福柯——暴力性构序与生命治安的话语构境 | 66 | / | 专著 | 张异宾 | 教育部人文社科研究项目 | 第八届高等学校科学研究优秀成果奖(人文社会科学) | 二等 | / |
| 货币政策目标论 | 67 | / | 专著 | 范从来 | 国家自然科学基金项目 | 第八届高等学校科学研究优秀成果奖(人文社会科学) | 二等 | / |
| 基础教育中的学校阶层分割与学生教育期望 | 68 | / | 论文 | 吴愈晓 | 国家社科基金项目 | 第八届高等学校科学研究优秀成果奖(人文社会科学) | 三等 | / |
| 基于大数据的城市研究与规划方法创新 | 69 | / | 专著 | 甄峰 | 地、市、厅、局等政府部门项目 | 第八届高等学校科学研究优秀成果奖(人文社会科学) | 三等 | / |
| 机会平等、制度绩效与统筹城乡医保 | 70 | / | 专著 | 顾海 | 国家社科基金项目 | 江苏省第十六届哲学社会科学优秀成果奖 | 二等 | / |
| 激情与社会——马克思情感社会学初探 | 71 | / | 论文 | 成伯清 | 国家社科基金项目 | 江苏省第十六届哲学社会科学优秀成果奖 | 二等 | / |
| 江南通志(点校本) | 72 | / | 专著 | 程章灿 | 企事业单位委托项目 | 江苏省第十六届哲学社会科学优秀成果奖 | 一等 | / |

续表

| 成果名称 | | 合计 | 成果形式 | 主要作者 | 课题来源 | 奖励名称 | 奖励等级 | 备注 |
|---|---|---|---|---|---|---|---|---|
| | 编号 | L01 | L02 | L03 | L04 | L05 | L06 | L07 |
| 江苏省公众人文社会科学素养及需求调查 | 73 | / | 专著 | 巢乃鹏 | 国家社科基金项目 | 江苏省第十六届哲学社会科学优秀成果奖 | 二等 | / |
| 江苏省研究生教育质量年度报告 2019 | 74 | / | 研究或咨询报告 | 汪霞 | 企事业单位委托项目 | 江苏省第十六届哲学社会科学优秀成果奖 | 三等 | / |
| 阶层自我定位、收入不平等和主观流动感知(2003—2013) | 75 | / | 论文 | 陈云松 | 地、市、厅、局等政府部门项目 | 江苏省第十六届哲学社会科学优秀成果奖 | 一等 | / |
| 进城:传播学视野下的新生代农民工 | 76 | / | 专著 | 郑欣 | 国家社科基金项目 | 江苏省第十六届哲学社会科学优秀成果奖 | 二等 | / |
| 近代佛教改革的地方性实践:以民国南京为中心(1912—1949) | 77 | / | 专著 | 邵佳德 | 国家社科基金项目 | 江苏省第十六届哲学社会科学优秀成果奖 | 三等 | / |
| 君子、理想人格及儒道君子文化的相异互补 | 78 | / | 论文 | 洪修平 | 国家社科基金项目 | 江苏省第十六届哲学社会科学优秀成果奖 | 二等 | / |
| 科技报告质量管理理论与实践 | 79 | / | 专著 | 孙建军 | 国家社科基金项目 | 第八届高等学校科学研究优秀成果奖(人文社会科学) | 二等 | / |
| 跨学科视域中的当代艺术理论 | 80 | / | 专著 | 李健 | 国家社科基金项目 | 江苏省第十六届哲学社会科学优秀成果奖 | 三等 | / |
| 理解马克思:卡尔·马克思的生平与核心著作导读 | 81 | / | 专著 | 张亮 | 国家社科基金项目 | 江苏省第十六届哲学社会科学优秀成果奖 | 二等 | / |
| 李顿调查团档案文献集(共十四册) | 82 | / | 专著 | 张生 | 国家社科基金项目 | 江苏省第十六届哲学社会科学优秀成果奖 | 一等 | / |
| 历代赋汇:校订本(共十二册) | 83 | / | 专著 | 许结 | 国家社科基金项目 | 江苏省第十六届哲学社会科学优秀成果奖 | 二等 | / |
| 量化数据库与历史研究 | 84 | / | 论文 | 梁晨 | 国家社科基金项目 | 第八届高等学校科学研究优秀成果奖(人文社会科学) | 其他 | / |

| | | | | | | | | |
|---|---|---|---|---|---|---|---|---|
| 论我国图书馆事业发展的八大问题 | 85 | / | 论文 | 叶继元 | 国家社科基金项目 | 江苏省第十六届哲学社会科学优秀成果奖 | 二等 | / |
| 论新时代档案工作的主要矛盾 | 86 | / | 论文 | 吴建华 | 企事业单位委托项目 | 江苏省第十六届哲学社会科学优秀成果奖 | 三等 | / |
| 马克思的生产方式概念 | 87 | / | 专著 | 周嘉昕 | 国家社科基金项目 | 江苏省第十六届哲学社会科学优秀成果奖 | 一等 | / |
| 马克思政治经济学批判的逻辑层次 | 88 | / | 论文 | 唐正东 | 教育部人文社科研究项目 | 江苏省第十六届哲学社会科学优秀成果奖 | 二等 | / |
| 马姆斯伯里的威廉与诺曼征服历史书写的“中间路径” | 89 | / | 论文 | 于文杰<br>刘铭 | 国家社科基金项目 | 江苏省第十六届哲学社会科学优秀成果奖 | 二等 | / |
| 媒介·权力·性别:新中国女性媒介形象变迁与性别平等 | 90 | / | 专著 | 王蕾 | 地、市、厅、局等政府部门项目 | 江苏省第十六届哲学社会科学优秀成果奖 | 三等 | / |
| 美国传播思想史 | 91 | / | 专著 | 胡翼青 | 国家社科基金项目 | 江苏省第十六届哲学社会科学优秀成果奖 | 二等 | / |
| 美国次贷风险引发的国际金融危机研究 | 92 | / | 专著 | 裴平 | 国家社科基金项目 | 江苏省第十六届哲学社会科学优秀成果奖 | 一等 | / |
| 面向知识服务的知识组织理论与方法 | 93 | / | 专著 | 苏新宁 | 国家社科基金项目 | 第八届高等学校科学研究优秀成果奖(人文社会科学) | 二等 | / |
| 民国上海地区高校生源量化刍议 | 94 | / | 论文 | 梁晨 | 国家社科基金项目 | 江苏省第十六届哲学社会科学优秀成果奖 | 二等 | / |
| 民国著名大学校长办学之道撷要 | 95 | / | 论文 | 王运来 | 企事业单位委托项目 | 江苏省第十六届哲学社会科学优秀成果奖 | 二等 | / |
| 莫砺锋讲唐诗课 | 96 | / | 专著 | 莫砺锋 | 无依托项目研究成果 | 江苏省第十六届哲学社会科学优秀成果奖 | 一等 | / |
| 南京大学出版研究院丛书(共五册) | 97 | / | 专著 | 张志强 | 国家社科基金项目 | 江苏省第十六届哲学社会科学优秀成果奖 | 二等 | / |

续表

| 成果名称 | | 合计 | 成果形式 | 主要作者 | 课题来源 | 奖励名称 | 奖励等级 | 备注 |
|---|---|---|---|---|---|---|---|---|
| | 编号 | L01 | L02 | L03 | L04 | L05 | L06 | L07 |
| 南京古旧地图集 | 98 | / | 专著 | 胡阿祥 | 国家社科基金项目 | 第八届高等学校科学研究优秀成果奖(人文社会科学) | 二等 | / |
| 企业所得税改革、公司行为及其经济后果 | 99 | / | 专著 | 王跃堂 | 国家自然科学基金项目 | 江苏省第十六届哲学社会科学优秀成果奖 | 一等 | / |
| 契诃夫戏剧的喜剧本质论 | 100 | / | 专著 | 董晓 | 教育部人文社科研究项目 | 第八届高等学校科学研究优秀成果奖(人文社会科学) | 二等 | / |
| 清代家集叙录(三卷) | 101 | / | 专著 | 徐雁平 | 国家社科基金项目 | 第八届高等学校科学研究优秀成果奖(人文社会科学) | 二等 | / |
| 全球化、身份认同与超文化能力 | 102 | / | 专著 | 任裕海 | 省教育厅社科项目 | 第八届高等学校科学研究优秀成果奖(人文社会科学) | 三等 | / |
| 确证难题的逻辑研究 | 103 | / | 专著 | 顿新国 | 学校社科项目 | 江苏省第十六届哲学社会科学优秀成果奖 | 二等 | / |
| 认同、文化与地方历史:人类学的理论探讨与经验研究 | 104 | / | 专著 | 范可 | 国家社科基金项目 | 江苏省第十六届哲学社会科学优秀成果奖 | 一等 | / |
| 儒家美德与当代青年发展 | 105 | / | 专著 | 陈继红 | 国家社科基金项目 | 江苏省第十六届哲学社会科学优秀成果奖 | 一等 | / |
| 社会的时间:形成、变迁与问题 | 106 | / | 专著 | 郑作彧 | 国家社科基金项目 | 江苏省第十六届哲学社会科学优秀成果奖 | 三等 | / |
| 社会建设视角下社会组织的情境合法性 | 107 | / | 论文 | 邓燕华 | 国家社科基金项目 | 江苏省第十六届哲学社会科学优秀成果奖 | 二等 | / |
| 生产控制的转换:消费社会与经济转型研究 | 108 | / | 专著 | 汪和建 | 国家社科基金项目 | 江苏省第十六届哲学社会科学优秀成果奖 | 一等 | / |
| 生生的传统:20 世纪中国传统哲学认知范式研究 | 109 | / | 专著 | 李承贵 | 国家社科基金项目 | 江苏省第十六届哲学社会科学优秀成果奖 | 一等 | / |

| | | | | | | | | |
|---|---|---|---|---|---|---|---|---|
| 史实的构建:历史真理与理性差序 | 110 | / | 论文 | 马俊亚 | 国家社科基金项目 | 江苏省第十六届哲学社会科学优秀成果奖 | 三等 | / |
| 试论文学翻译的生成性 | 111 | / | 论文 | 刘云虹 | 国家社科基金项目 | 江苏省第十六届哲学社会科学优秀成果奖 | 一等 | / |
| 舒尔茨的《生产的运动》:青年马克思生产范畴形成的重要坐标 | 112 | / | 论文 | 李乾坤 | 国家社科基金项目 | 江苏省第十六届哲学社会科学优秀成果奖 | 三等 | / |
| 书理学引论 | 113 | / | 专著 | 叶鹰 | 国家自然科学基金项目 | 江苏省第十六届哲学社会科学优秀成果奖 | 一等 | / |
| 数据科学对社会科学的影响研究 | 114 | / | 专著 | 陈曦 | 国家自然科学基金项目 | 江苏省第十六届哲学社会科学优秀成果奖 | 三等 | / |
| 数字青年:一种文化研究的新视角 | 115 | / | 专著 | 朱丽丽 | 国家社科基金项目 | 江苏省第十六届哲学社会科学优秀成果奖 | 二等 | / |
| 数字人文框架下《德意志人物志》的群像描绘与类型分析 | 116 | / | 论文 | 王涛 | 学校社科项目 | 江苏省第十六届哲学社会科学优秀成果奖 | 二等 | / |
| 水下文化遗产国际法律问题研究 | 117 | / | 专著 | 孙雯 | 企事业单位委托项目 | 江苏省第十六届哲学社会科学优秀成果奖 | 二等 | / |
| 私法中理性人标准之构建 | 118 | / | 论文 | 叶金强 | 国家社科基金项目 | 第八届高等学校科学研究优秀成果奖(人文社会科学) | 三等 | / |
| 塑造趣味:晚明以西湖为中心的文人艺术生活研究 | 119 | / | 专著 | 李晓愚 | 地、市、厅、局等政府部门项目 | 江苏省第十六届哲学社会科学优秀成果奖 | 二等 | / |
| 太平洋战争时期美国对华宣传中的中国形象 | 120 | / | 论文 | 王睿恒 | 国家社科基金项目 | 江苏省第十六届哲学社会科学优秀成果奖 | 三等 | / |
| 贪污贿赂犯罪研究(上、下) | 121 | / | 专著 | 孙国祥 | 国家社科基金项目 | 江苏省第十六届哲学社会科学优秀成果奖 | 二等 | / |
| 唐代公文词语专题研究 | 122 | / | 专著 | 张福通 | 高校古籍整理研究项目 | 江苏省第十六届哲学社会科学优秀成果奖 | 二等 | / |

续表

| 成果名称 | | 合计 | 成果形式 | 主要作者 | 课题来源 | 奖励名称 | 奖励等级 | 备注 |
|---|---|---|---|---|---|---|---|---|
| | 编号 | L01 | L02 | L03 | L04 | L05 | L06 | L07 |
| 唐宋道教的转型 | 123 | / | 专著 | 孙亦平 | 国家社科基金项目 | 江苏省第十六届哲学社会科学优秀成果奖 | 二等 | / |
| 土地改革与华北乡村权力变迁：一项政治史的考察 | 124 | / | 专著 | 李里峰 | 国家社科基金项目 | 江苏省第十六届哲学社会科学优秀成果奖 | 一等 | / |
| 网络公共性表达法治问题研究 | 125 | / | 专著 | 陈堂发 | 国家社科基金项目 | 第八届高等学校科学研究优秀成果奖（人文社会科学） | 二等 | / |
| 文化反哺：变迁社会中的代际革命 | 126 | / | 专著 | 周晓虹 | 学校社科项目 | 第八届高等学校科学研究优秀成果奖（人文社会科学） | 二等 | / |
| 我国城市住房制度改革研究：变迁、绩效与创新 | 127 | / | 专著 | 高波 | 国家社科基金项目 | 江苏省第十六届哲学社会科学优秀成果奖 | 二等 | / |
| 无神论与中国佛学 | 128 | / | 专著 | 王月清 | 地、市、厅、局等政府部门项目 | 第八届高等学校科学研究优秀成果奖（人文社会科学） | 二等 | / |
| 吾国与吾名：中国历代国号与古今名称研究 | 129 | / | 专著 | 胡阿祥 | 国家社科基金项目 | 江苏省第十六届哲学社会科学优秀成果奖 | 一等 | / |
| 五四运动在乡村：传播、动员与民族主义 | 130 | / | 论文 | 卞冬磊 | 国家社科基金项目 | 江苏省第十六届哲学社会科学优秀成果奖 | 三等 | / |
| 现代经济学大典 | 131 | / | 专著 | 洪银兴 | 国家社科基金项目 | 第八届高等学校科学研究优秀成果奖（人文社会科学） | 一等 | / |
| 现代性的中国方案：基于毛泽东的理论与实践探索研究 | 132 | / | 专著 | 张明 | 国家社科基金项目 | 江苏省第十六届哲学社会科学优秀成果奖 | 二等 | / |
| 现阶段我国社会矛盾演变趋势、特征及对策 | 133 | / | 专著 | 朱力 | 无依托项目研究成果 | 江苏省第十六届哲学社会科学优秀成果奖 | 二等 | / |
| 新媒体环境下隐私保护法律问题研究 | 134 | / | 专著 | 陈堂发 | 国家社科基金项目 | 江苏省第十六届哲学社会科学优秀成果奖 | 二等 | / |

| | | | | | | | | |
|---|---|---|---|---|---|---|---|---|
| 新中国70年中国情境下人力资源管理研究知识图谱及展望 | 135 | / | 论文 | 赵曙明 | 国家自然科学基金项目 | 江苏省第十六届哲学社会科学优秀成果奖 | 一等 | / |
| 新中国经济史论 | 136 | / | 专著 | 洪银兴 | 国家社科基金项目 | 江苏省第十六届哲学社会科学优秀成果奖 | 一等 | / |
| 信息化与工业化融合的测度机制研究 | 137 | / | 专著 | 郑建明 | 国家社科基金项目 | 江苏省第十六届哲学社会科学优秀成果奖 | 二等 | / |
| 信仰建构中的审美救赎 | 138 | / | 专著 | 潘知常 | 无依托项目研究成果 | 江苏省第十六届哲学社会科学优秀成果奖 | 一等 | / |
| 行为决策理论:建模与分析 | 139 | / | 专著 | 肖条军 | 国家自然科学基金项目 | 江苏省第十六届哲学社会科学优秀成果奖 | 二等 | / |
| 行政事业单位财务共享论 | 140 | / | 专著 | 陈志红 | 国家社科基金项目 | 江苏省第十六届哲学社会科学优秀成果奖 | 一等 | / |
| 性别视角下的“农转非”路径及其收入回报:基于CGSS2008-2013数据的实证研究 | 141 | / | 论文 | 郭未 | 国家社科基金项目 | 江苏省第十六届哲学社会科学优秀成果奖 | 二等 | / |
| 亚洲新电影之现代性研究 | 142 | / | 专著 | 周安华 | 国家社科基金项目 | 第八届高等学校科学研究优秀成果奖(人文社会科学) | 二等 | / |
| 一致性解释原则在国际贸易行政案件中的适用 | 143 | / | 论文 | 彭岳 | 国家社科基金项目 | 江苏省第十六届哲学社会科学优秀成果奖 | 二等 | / |
| 艺术的祛魅与艺术理论的重构 | 144 | / | 专著 | 周计武 | 国家社科基金单列学科项目 | 江苏省第十六届哲学社会科学优秀成果奖 | 二等 | / |
| 艺术理论的文化逻辑 | 145 | / | 专著 | 周宪 | 国家社科基金项目 | 江苏省第十六届哲学社会科学优秀成果奖 | 一等 | / |
| 艺术理论与空间实践 | 146 | / | 专著 | 童强 | 无依托项目研究成果 | 江苏省第十六届哲学社会科学优秀成果奖 | 二等 | / |
| 应急响应情报体系:理论、技术与实践 | 147 | / | 专著 | 苏新宁 | 国家社科基金项目 | 江苏省第十六届哲学社会科学优秀成果奖 | 一等 | / |

续表

| 成果名称 | | 合计 | 成果形式 | 主要作者 | 课题来源 | 奖励名称 | 奖励等级 | 备注 |
|---|---|---|---|---|---|---|---|---|
| | 编号 | L01 | L02 | L03 | L04 | L05 | L06 | L07 |
| 语言转向视野下的文学理论问题重估研究 | 148 | / | 专著 | 汪正龙 | 无依托项目研究成果 | 江苏省第十六届哲学社会科学优秀成果奖 | 二等 | / |
| 语义网与数字图书馆 | 149 | / | 专著 | 欧石燕 | 国家社科基金项目 | 江苏省第十六届哲学社会科学优秀成果奖 | 二等 | / |
| 域外汉籍与宋代文学研究 | 150 | / | 专著 | 卞东波 | 国家社科基金项目 | 第八届高等学校科学研究优秀成果奖(人文社会科学) | 其他 | / |
| 战后世界进程与外国文学进程研究(共四卷) | 151 | / | 专著 | 王守仁 | 无依托项目研究成果 | 江苏省第十六届哲学社会科学优秀成果奖 | 一等 | / |
| 哲学与“空间转向”——通往地方生产的知识 | 152 | / | 论文 | 胡大平 | 教育部人文社科研究项目 | 江苏省第十六届哲学社会科学优秀成果奖 | 二等 | / |
| 政治仪式:权力生产和再生产的政治文化分析 | 153 | / | 专著 | 王海洲 | 国家社科基金项目 | 第八届高等学校科学研究优秀成果奖(人文社会科学) | 三等 | / |
| 知识生产模式Ⅱ方兴未艾:建设一流大学切勿错失良机 | 154 | / | 论文 | 龚放 | 无依托项目研究成果 | 江苏省第十六届哲学社会科学优秀成果奖 | 二等 | / |
| 中国辞赋理论通史 | 155 | / | 专著 | 许结 | 国家社科基金项目 | 第八届高等学校科学研究优秀成果奖(人文社会科学) | 一等 | / |
| 中国当代文学批评史料编年 | 156 | / | 专著 | 吴俊 | 无依托项目研究成果 | 第八届高等学校科学研究优秀成果奖(人文社会科学) | 二等 | / |
| 中国地方政府环境治理的政策效应——基于“河长制”演进的研究 | 157 | / | 论文 | 沈坤荣 | 国家社科基金项目 | 江苏省第十六届哲学社会科学优秀成果奖 | 一等 | / |
| 中国电影刊物史稿:1921—1949 | 158 | / | 专著 | 丁珊珊 | 国家社科基金项目 | 第八届高等学校科学研究优秀成果奖(人文社会科学) | 其他 | / |
| 中国法律文明 | 159 | / | 专著 | 张仁善 | 国家社科基金项目 | 江苏省第十六届哲学社会科学优秀成果奖 | 一等 | / |

| | | | | | | | | |
|---|---|---|---|---|---|---|---|---|
| 中国革命的乡村道路 | 160 | / | 专著 | 王建华 | 国家社科基金项目 | 江苏省第十六届哲学社会科学优秀成果奖 | 一等 | / |
| 中国古代物质文化史・书籍 | 161 | / | 专著 | 徐雁 | 国家社科基金项目 | 江苏省第十六届哲学社会科学优秀成果奖 | 二等 | / |
| 中国人的日常呈现:面子与人情的社会学研究 | 162 | / | 专著 | 翟学伟 | 国家社科基金项目 | 江苏省第十六届哲学社会科学优秀成果奖 | 一等 | / |
| 中国文学思想史・先秦至北宋 | 163 | / | 专著 | 周群 | 国家社科基金项目 | 江苏省第十六届哲学社会科学优秀成果奖 | 一等 | / |
| 中国现代图像新闻史:1919—1949(10 卷) | 164 | / | 专著 | 韩丛耀 | 国家社科基金项目 | 第八届高等学校科学研究优秀成果奖(人文社会科学) | 二等 | / |
| 中国研究型大学本科生学习参与的特征分析——基于 12 所中外研究型大学调查资料的比较 | 165 | / | 论文 | 吕林海 | 国家社科基金单列学科项目 | 第八届高等学校科学研究优秀成果奖(人文社会科学) | 其他 | / |
| 中国药品价格形成机制研究 | 166 | / | 专著 | 顾海 | 国家社科基金项目 | 第八届高等学校科学研究优秀成果奖(人文社会科学) | 三等 | / |
| 中华经典悦读丛书(共十三册) | 167 | / | 专著 | 王月清 | 地、市、厅、局等政府部门项目 | 江苏省第十六届哲学社会科学优秀成果奖 | 一等 | / |
| 中华民国专题史(18 卷) | 168 | / | 专著 | 张宪文 | 国家社科基金项目 | 第八届高等学校科学研究优秀成果奖(人文社会科学) | 一等 | / |
| 中华人民共和国文学史论(1949—2015) | 169 | / | 专著 | 丁帆 | 教育部人文社科研究项目 | 第八届高等学校科学研究优秀成果奖(人文社会科学) | 二等 | / |
| 中华图像文化史(共二十六卷) | 170 | / | 专著 | 韩丛耀 | 国家社科基金项目 | 江苏省第十六届哲学社会科学优秀成果奖 | 一等 | / |
| 中美研究型大学本科生深层学习及其影响机制的比较研究——基于中美八所大学 SERU 调查的实证分析 | 171 | / | 论文 | 吕林海 | 国家社科基金单列学科项目 | 江苏省第十六届哲学社会科学优秀成果奖 | 二等 | / |
| 中山陵:一个现代政治符号的诞生(修订版) | 172 | / | 专著 | 李恭忠 | 教育部人文社科研究项目 | 江苏省第十六届哲学社会科学优秀成果奖 | 二等 | / |

续表

| 成果名称 | 编号 | 合计 L01 | 成果形式 L02 | 主要作者 L03 | 课题来源 L04 | 奖励名称 L05 | 奖励等级 L06 | 备注 L07 |
|---|---|---|---|---|---|---|---|---|
| 中外文学交流史·中国—法国卷 | 173 | / | 专著 | 钱林森 | 国家社科基金项目 | 第八届高等学校科学研究优秀成果奖(人文社会科学) | 二等 | / |
| 中西哲学比较研究史 | 174 | / | 专著 | 许苏民 | 无依托项目研究成果 | 第八届高等学校科学研究优秀成果奖(人文社会科学) | 二等 | / |
| 朱子《感兴诗》中日韩古注本集成(共两册) | 175 | / | 专著 | 卞东波 | 国家社科基金项目 | 江苏省第十六届哲学社会科学优秀成果奖 | 二等 | / |
| 追求裁判的社会效果:1983—2012 | 176 | / | 论文 | 宋亚辉 | 学校社科项目 | 江苏省第十六届哲学社会科学优秀成果奖 | 二等 | / |
| 自由贸易协定如何缓解贸易摩擦中的规则之争 | 177 | / | 论文 | 冯帆 | 国家社科基金项目 | 江苏省第十六届哲学社会科学优秀成果奖 | 二等 | / |
| 尊严、交易转型与劳动组织治理:解读富士康 | 178 | / | 论文 | 汪和建 | 国家社科基金项目 | 第八届高等学校科学研究优秀成果奖(人文社会科学) | 三等 | / |
| 2. 东南大学 | / | 35 | / | / | / | / | / | / |
| Contracts and Coordination: Supply Chains with Uncertain Demand and Supply | 1 | / | 论文 | 何勇 | 无依托项目研究成果 | 江苏省第十六届哲学社会科学优秀成果奖 | 三等 | / |
| Managing Retail Shelf and Backroom Inventories When Demand Depends on the Shelf-Stock Level | 2 | / | 论文 | 薛巍立 | 学校社科项目 | 江苏省第十六届哲学社会科学优秀成果奖 | 三等 | / |
| 民生保障的国家义务研究 | 3 | / | 专著 | 龚向和 | 国家社科基金项目 | 江苏省第十六届哲学社会科学优秀成果奖 | 三等 | / |
| 责任清单编制规则的法治逻辑 | 4 | / | 论文 | 刘启川 | 地、市、厅、局等政府部门项目 | 江苏省第十六届哲学社会科学优秀成果奖 | 二等 | / |
| 《髹饰录》与东亚漆艺:传统髹饰工艺体系研究 | 5 | / | 专著 | 张燕 | 省、市、自治区社科基金项目 | 第八届高等学校科学研究优秀成果奖(人文社会科学) | 二等 | / |

| | | | | | | | | |
|---|---|---|---|---|---|---|---|---|
| 财产权批判与正义——马克思对黑格尔正义观的批判与超越 | 6 | / | 论文 | 高广旭 | 国家社科基金项目 | 江苏省第十六届哲学社会科学优秀成果奖 | 三等 | / |
| 复杂金融网络与系统性风险研究 | 7 | / | 专著 | 李守伟 | 无依托项目研究成果 | 江苏省第十六届哲学社会科学优秀成果奖 | 三等 | / |
| 公平与效率:医疗服务资源均等化 | 8 | / | 专著 | 赵林度 | 国家社科基金项目 | 江苏省第十六届哲学社会科学优秀成果奖 | 二等 | / |
| 互联网经济时代的中国产业升级问题研究 | 9 | / | 专著 | 高彦彦 | 学校社科项目 | 江苏省第十六届哲学社会科学优秀成果奖 | 二等 | / |
| 基于大数据的中国画家中西方知名度比较研究 | 10 | / | 论文 | 甘锋 | 国家社科基金单列学科项目 | 江苏省第十六届哲学社会科学优秀成果奖 | 三等 | / |
| 江苏产学研协同创新的路径优化及机制研究 | 11 | / | 研究或咨询报告 | 浦正宁 | 省、市、自治区社科基金项目 | 江苏省第十六届哲学社会科学优秀成果奖 | 二等 | / |
| 江苏全要素生产率研究 | 12 | / | 研究或咨询报告 | 徐盈之 | 地、市、厅、局等政府部门项目 | 江苏省第十六届哲学社会科学优秀成果奖 | 二等 | / |
| 空间叙事研究 | 13 | / | 专著 | 龙迪勇 | 省、市、自治区社科基金项目 | 第八届高等学校科学研究优秀成果奖(人文社会科学) | 二等 | / |
| 流动性与金融系统稳定:传导机制及其监控研究 | 14 | / | 专著 | 刘晓星 | 国家社科基金项目 | 第八届高等学校科学研究优秀成果奖(人文社会科学) | 三等 | / |
| 伦理道德的精神哲学形态 | 15 | / | 专著 | 樊和平 | 国家社科基金项目 | 第八届高等学校科学研究优秀成果奖(人文社会科学) | 一等 | / |
| 论网络时代刑法解释的限度 | 16 | / | 论文 | 欧阳本祺 | 省教育厅社科项目 | 江苏省第十六届哲学社会科学优秀成果奖 | 三等 | / |
| 日本大学办学个性化研究 | 17 | / | 专著 | 李昕 | 其他研究项目 | 江苏省第十六届哲学社会科学优秀成果奖 | 三等 | / |
| 社会技术转型与中国自主创新 | 18 | / | 专著 | 夏保华 | 国家社科基金项目 | 江苏省第十六届哲学社会科学优秀成果奖 | 三等 | / |

续表

| 成果名称 | | 合计 | 成果形式 | 主要作者 | 课题来源 | 奖励名称 | 奖励等级 | 备注 |
|---|---|---|---|---|---|---|---|---|
| | 编号 | L01 | L02 | L03 | L04 | L05 | L06 | L07 |
| 圣物制造与中古中国佛教舍利供养 | 19 | / | 专著 | 于薇 | 学校社科项目 | 江苏省第十六届哲学社会科学优秀成果奖 | 三等 | / |
| 世界艺术史纲 | 20 | / | 专著 | 徐子方 | 无依托项目研究成果 | 第八届高等学校科学研究优秀成果奖(人文社会科学) | 二等 | / |
| 是欣赏艺术,还是欣赏语境?——当代艺术的语境化倾向及反思 | 21 | / | 论文 | 卢文超 | 国家社科基金项目 | 江苏省第十六届哲学社会科学优秀成果奖 | 三等 | / |
| 土地征收决定不是终裁行为 | 22 | / | 论文 | 熊樟林 | 省教育厅社科项目 | 江苏省第十六届哲学社会科学优秀成果奖 | 一等 | / |
| 网络欺凌现象与青少年网络欺凌的法律预防 | 23 | / | 论文 | 陈美华 | 无依托项目研究成果 | 江苏省第十六届哲学社会科学优秀成果奖 | 二等 | / |
| 西方艺术研究方法论 | 24 | / | 专著 | 郁火星 | 国家社科基金单列学科项目 | 江苏省第十六届哲学社会科学优秀成果奖 | 一等 | / |
| 信息系统应用能力与企业竞争力 | 25 | / | 专著 | 仲伟俊 | 无依托项目研究成果 | 江苏省第十六届哲学社会科学优秀成果奖 | 二等 | / |
| 行政裁量基准研究 | 26 | / | 专著 | 周佑勇 | 国家社科基金项目 | 第八届高等学校科学研究优秀成果奖(人文社会科学) | 一等 | / |
| 行政契约履行争议适用《行政诉讼法》第 97 条之探讨 | 27 | / | 论文 | 于立深 | 国家社科基金项目 | 江苏省第十六届哲学社会科学优秀成果奖 | 三等 | / |
| 政府会计概念框架论 | 28 | / | 专著 | 陈志斌 | 无依托项目研究成果 | 第八届高等学校科学研究优秀成果奖(人文社会科学) | 二等 | / |
| 中国经济增长的真实性:基于全球夜间灯光数据的检验 | 29 | / | 论文 | 徐康宁 | 国家社科基金项目 | 第八届高等学校科学研究优秀成果奖(人文社会科学) | 三等 | / |
| 中国伦理道德发展数据库 | 30 | / | 专著 | 樊和平 | 省、市、自治区社科基金项目 | 江苏省第十六届哲学社会科学优秀成果奖 | 二等 | / |

| | | | | | | | | |
|---|---|---|---|---|---|---|---|---|
| 中国墓室壁画史论 | 31 | / | 专著 | 汪小洋 | 国家社科基金单列学科项目 | 江苏省第十六届哲学社会科学优秀成果奖 | 二等 | / |
| 中国艺术史料学 | 32 | / | 专著 | 尹文 | 无依托项目研究成果 | 江苏省第十六届哲学社会科学优秀成果奖 | 二等 | / |
| 中国重大建设项目的问题与出路—基于美学的视角 | 33 | / | 论文 | 季欣 | 无依托项目研究成果 | 江苏省第十六届哲学社会科学优秀成果奖 | 二等 | / |
| 自然地理约束、土地利用规制与中国住房供给弹性 | 34 | / | 论文 | 刘修岩 | 省教育厅社科项目 | 江苏省第十六届哲学社会科学优秀成果奖 | 一等 | / |
| 组态视角与定性比较分析(QCA):管理学研究的一条新道路 | 35 | / | 论文 | 杜运周 | 企事业单位委托项目 | 第八届高等学校科学研究优秀成果奖(人文社会科学) | 其他 | / |
| 3. 江南大学 | / | 28 | / | / | / | / | / | / |
| Differential Influences of Perceived Organizational Factors on Younger Employees' Participation in Offline and Online Intergenerational Knowledge Transfer | 1 | / | 论文 | 王敏 | 国家自然科学基金项目 | 江苏省第十六届哲学社会科学优秀成果奖 | 三等 | / |
| Interaction Pattern Analysis in cMOOCs Based on the Connectivist Interaction and Engagement Framework | 2 | / | 论文 | 王君柏 | 教育部人文社科研究项目 | 江苏省第十六届哲学社会科学优秀成果奖 | 三等 | / |
| Study on Spatial Spillover Effects of Logistics Industry Development for Economic Growth in the Yangtze River Delta City Cluster Based on Spatial Durbin Model | 3 | / | 论文 | 王育红 | 国家自然科学基金项目 | 江苏省第十六届哲学社会科学优秀成果奖 | 三等 | / |
| 《我们诞生在中国》的拟人化呈现与轮回主题的表达 | 4 | / | 论文 | 张雪梅<br>姜雪丽<br>杨晖 | 无依托项目研究成果 | 江苏省第十六届哲学社会科学优秀成果奖 | 二等 | / |
| 发展型家庭生活教育:理论、实践与制度创新 | 5 | / | 专著 | 杨启光 | 国家社科基金单列学科项目 | 第八届高等学校科研研究优秀成果奖(人文社会科学) | 二等 | / |
| 反腐败国际合作的中国经验及理路 | 6 | / | 论文 | 徐玉生 | 教育部人文社科研究项目 | 江苏省第十六届哲学社会科学优秀成果奖 | 二等 | / |

续表

| 成果名称 | | 合计 | 成果形式 | 主要作者 | 课题来源 | 奖励名称 | 奖励等级 | 备注 |
|---|---|---|---|---|---|---|---|---|
| | 编号 | L01 | L02 | L03 | L04 | L05 | L06 | L07 |
| 改革开放 40 年我国学校体育改革与发展的政策审思 | 7 | / | 论文 | 潘凌云 | 国家社科基金项目 | 江苏省第十六届哲学社会科学优秀成果奖 | 三等 | / |
| 供应链模式创新:线上线下融合之路 | 8 | / | 专著 | 浦徐进 | 国家社科基金项目 | 江苏省第十六届哲学社会科学优秀成果奖 | 一等 | / |
| 供应链模式创新:线上线下融合之路 | 9 | / | 专著 | 浦徐进 | 国家社科基金项目 | 第八届高等学校科研究优秀成果奖(人文社会科学) | 二等 | / |
| 汉族民间服饰的习俗及特色 | 10 | / | 论文 | 崔荣荣 | 国家社科基金项目 | 第八届高等学校科研究优秀成果奖(人文社会科学) | 二等 | / |
| 基于大数据的成长型智能洗衣空间模块设计研究 | 11 | / | 论文 | 周鹏程 | 省、市、自治区社科基金项目 | 江苏省第十六届哲学社会科学优秀成果奖 | 二等 | / |
| 肩水金关汉简字形编 | 12 | / | 编著或教材 | 黄艳萍<br>张再兴 | 教育部人文社科研究项目 | 江苏省第十六届哲学社会科学优秀成果奖 | 二等 | / |
| 近代中国的民主之路与历史经验 | 13 | / | 专著 | 刘焕明 | 省、市、自治区社科基金项目 | 第八届高等学校科研究优秀成果奖(人文社会科学) | 二等 | / |
| 两汉时期多枝形灯具设计研究 | 14 | / | 论文 | 王强 | 无依托项目研究成果 | 江苏省第十六届哲学社会科学优秀成果奖 | 二等 | / |
| 贸易自由化、进口竞争与企业成本加成 | 15 | / | 论文 | 黄艳萍 | 无依托项目研究成果 | 江苏省第十六届哲学社会科学优秀成果奖 | 二等 | / |
| 明代岁时节日服饰应景纹样艺术特征与影响因素 | 16 | / | 论文 | 曾祥华 | 国家社科基金项目 | 江苏省第十六届哲学社会科学优秀成果奖 | 二等 | / |
| 农业生产者安全生产的要素测度及其政策设计 | 17 | / | 研究或咨询报告 | 王建华 | 企事业单位委托项目 | 江苏省第十六届哲学社会科学优秀成果奖 | 二等 | / |
| 情韵别致的文本——萧乾《雨夕》读解 | 18 | / | 论文 | 权国龙 | 学校社科项目 | 江苏省第十六届哲学社会科学优秀成果奖 | 三等 | / |

| | | | | | | | | |
|---|---|---|---|---|---|---|---|---|
| 劝导式设计在运动健康类 APP 中的应用 | 19 | / | 论文 | 曹恩国 | 省、市、自治区社科基金项目 | 江苏省第十六届哲学社会科学优秀成果奖 | 三等 | / |
| 社会流动背景下的农村代际支持及其影响因素分析 | 20 | / | 论文 | 李俏 | 国家社科基金项目 | 江苏省第十六届哲学社会科学优秀成果奖 | 三等 | / |
| 设计问题:创新模式与交互思维 | 21 | / | 译著 | 杨昊 | 国家社科基金单列学科项目 | 第八届高等学校科研研究优秀成果奖(人文社会科学) | 三等 | / |
| 水韵之美——谈我的水墨创作 | 22 | / | 论文 | 邓嵘 | 省教育厅社科项目 | 江苏省第十六届哲学社会科学优秀成果奖 | 二等 | / |
| 唐宋香炉形制分类及造型特征研究 | 23 | / | 论文 | 魏洁 | 无依托项目研究成果 | 江苏省第十六届哲学社会科学优秀成果奖 | 一等 | / |
| 完善稳定脱贫长效机制的政策建议 | 24 | / | 研究或咨询报告 | 谢玉梅 | 国家社科基金项目 | 江苏省第十六届哲学社会科学优秀成果奖 | 二等 | / |
| 网络协作学习个体贡献度评价的设计与应用 | 25 | / | 论文 | 马志强 | 国家社科基金单列学科项目 | 江苏省第十六届哲学社会科学优秀成果奖 | 二等 | / |
| 习近平新时代中国特色社会主义思想的人民性特质 | 26 | / | 论文 | 侯勇 | 国家社科基金项目 | 江苏省第十六届哲学社会科学优秀成果奖 | 三等 | / |
| 转译与更新:从《点石斋画报》中的折中思维观看江苏近代建筑本土化实践 | 27 | / | 论文 | 过伟敏 | 地、市、厅、局等政府部门项目 | 第八届高等学校科研研究优秀成果奖(人文社会科学) | 一等 | / |
| 字趣未央 | 28 | / | 专著 | 张彖 | 中央其他部门社科专门项目 | 江苏省第十六届哲学社会科学优秀成果奖 | 二等 | / |
| 4. 南京农业大学 | / | 21 | / | / | / | / | / | / |
| Chinese Agriculture in the 1930s | 1 | / | 专著 | 胡浩 | 无依托项目研究成果 | 江苏省第十六届哲学社会科学优秀成果奖 | 一等 | / |
| Grain Subsidy, Liquidity Constraints and Food Security—Impact of the Grain Subsidy Program on the Grain-sown Areas in China | 2 | / | 论文 | 易福金 | 国家自然科学基金项目 | 第八届高等学校科学研究优秀成果奖(人文社会科学) | 二等 | / |

续表

| 成果名称 | | 合计 | 成果形式 | 主要作者 | 课题来源 | 奖励名称 | 奖励等级 | 备注 |
|---|---|---|---|---|---|---|---|---|
| | 编号 | L01 | L02 | L03 | L04 | L05 | L06 | L07 |
| Testing Asset Dynamics for Poverty Traps in Rural China | 3 | / | 论文 | 周力 | 国家自然科学基金项目 | 江苏省第十六届哲学社会科学优秀成果奖 | 三等 | / |
| “后发型”世界一流大学建设的路径及启示——以新加坡两所大学为例 | 4 | / | 专著 | 刘志民 | 省、市、自治区社科基金项目 | 江苏省第十六届哲学社会科学优秀成果奖 | 二等 | / |
| 从乡村治理到乡村振兴:农村环境治理转型研究 | 5 | / | 专著 | 于水 | 无依托项目研究成果 | 江苏省第十六届哲学社会科学优秀成果奖 | 一等 | / |
| 促进农村土地流转、增加农民收入的改革政策与配套措施研究 | 6 | / | 专著 | 欧名豪 | 国家自然科学基金项目 | 江苏省第十六届哲学社会科学优秀成果奖 | 一等 | / |
| 家庭类型、代际关系与农村老年人居家养老服务需求 | 7 | / | 论文 | 姚兆余 | 无依托项目研究成果 | 江苏省第十六届哲学社会科学优秀成果奖 | 三等 | / |
| 江苏农村集体经济发展研究报告 | 8 | / | 研究或咨询报告 | 耿献辉 | 无依托项目研究成果 | 江苏省第十六届哲学社会科学优秀成果奖 | 三等 | / |
| 面向知识挖掘的平行句法语料库构建研究 | 9 | / | 专著 | 王东波 | 国家自然科学基金项目 | 江苏省第十六届哲学社会科学优秀成果奖 | 二等 | / |
| 民间艺术的审美经验研究 | 10 | / | 专著 | 季中扬 | 中央其他部门社科专门项目 | 第八届高等学校科学研究优秀成果奖(人文社会科学) | 三等 | / |
| 农村土地产权制度与农业绩效:基于三维产权安全视角 | 11 | / | 专著 | 马贤磊 | 无依托项目研究成果 | 江苏省第十六届哲学社会科学优秀成果奖 | 一等 | / |
| 农村土地经营权抵押贷款金融创新机制与绩效研究(著作) | 12 | / | 专著 | 林乐芬 | 国家社科基金项目 | 江苏省第十六届哲学社会科学优秀成果奖 | 二等 | / |
| 农户视角下的中国农村二元金融结构研究 | 13 | / | 专著 | 刘丹 | 国家自然科学基金项目 | 江苏省第十六届哲学社会科学优秀成果奖 | 三等 | / |
| 普通高等学校国防教育师资建设理论与实践 | 14 | / | 专著 | 徐东波 | 教育部人文社科研究项目 | 江苏省第十六届哲学社会科学优秀成果奖 | 三等 | / |

| | | | | | | | | |
|---|---|---|---|---|---|---|---|---|
| 强化大学农技推广职能，推进大学与农机推广体系有机结合——给俞正声主席的一封信 | 15 | / | 研究或咨询报告 | 陈巍 | 无依托项目研究成果 | 第八届高等学校科学研究优秀成果奖（人文社会科学） | 三等 | / |
| 数字图书馆信息安全管理标准规范 | 16 | / | 专著 | 黄水清 | 国家社科基金项目 | 江苏省第十六届哲学社会科学优秀成果奖 | 一等 | / |
| 我国食品安全指数的编制理论与应用研究——以国家食品抽检数据为例 | 17 | / | 论文 | 李太平 | 国家自然科学基金项目 | 江苏省第十六届哲学社会科学优秀成果奖 | 二等 | / |
| 我国土地出让制度改革及收益共享机制研究 | 18 | / | 专著 | 石晓平 | 教育部人文社科研究项目 | 江苏省第十六届哲学社会科学优秀成果奖 | 二等 | / |
| 新农保与农地转出：制度性养老能替代土地养老吗？——基于家庭人口结构和流动性约束的视角 | 19 | / | 论文 | 徐志刚 | 国家自然科学基金项目 | 江苏省第十六届哲学社会科学优秀成果奖 | 二等 | / |
| 中国土地和矿产资源有效供给与高效配置机制研究 | 20 | / | 专著 | 曲福田 | 国家社科基金项目 | 第八届高等学校科学研究优秀成果奖（人文社会科学） | 一等 | / |
| 中央农村土地制度改革“武进模式”的探索与思考 | 21 | / | 研究或咨询报告 | 吴群 | 无依托项目研究成果 | 江苏省第十六届哲学社会科学优秀成果奖 | 二等 | / |
| 5. 中国矿业大学 | / | 14 | / | / | / | / | / | / |
| “十四五”时期江苏省区域协调发展思路对策研究 | 1 | / | 研究或咨询报告 | 高伟 | 地、市、厅、局等政府部门项目 | 江苏省第十六届哲学社会科学优秀成果奖 | 三等 | / |
| 城市居民绿色出行：动机、行为及引导政策 | 2 | / | 专著 | 龙如银 | 教育部人文社科研究项目 | 江苏省第十六届哲学社会科学优秀成果奖 | 二等 | / |
| 城市居民碳能力：成熟度测度、驱动机理及引导政策 | 3 | / | 专著 | 陈红 | 省、市、自治区社科基金项目 | 第八届高等学校科学研究优秀成果奖（人文社会科学） | 二等 | / |
| 当代西方转型正义话语批判 | 4 | / | 论文 | 亓光 | 国家社科基金项目 | 江苏省第十六届哲学社会科学优秀成果奖 | 二等 | / |
| 多尺度空间视角下城市群城镇化发展对碳排放的作用机理研究：以长三角为例 | 5 | / | 专著 | 王锋 1 | 国家社科基金项目 | 江苏省第十六届哲学社会科学优秀成果奖 | 三等 | / |

续表

| 成果名称 | | 合计 | 成果形式 | 主要作者 | 课题来源 | 奖励名称 | 奖励等级 | 备注 |
|---|---|---|---|---|---|---|---|---|
| | 编号 | L01 | L02 | L03 | L04 | L05 | L06 | L07 |
| 煤炭价格波动机理及对中国经济的影响研究 | 6 | / | 专著 | 丁志华 | 省、市、自治区社科基金项目 | 江苏省第十六届哲学社会科学优秀成果奖 | 三等 | / |
| 区域碳配额分配和中国碳市场研究 | 7 | / | 专著 | 董锋 | 地、市、厅、局等政府部门项目 | 江苏省第十六届哲学社会科学优秀成果奖 | 一等 | / |
| 全面推进靖江应急管理体系与能力现代化研究 | 8 | / | 研究或咨询报告 | 汪超 | 企事业单位委托项目 | 江苏省第十六届哲学社会科学优秀成果奖 | 三等 | / |
| 我国青少年体育生活方式研究 | 9 | / | 专著 | 黄美蓉 | 企事业单位委托项目 | 江苏省第十六届哲学社会科学优秀成果奖 | 三等 | / |
| 现代焦虑体验的美学研究 | 10 | / | 专著 | 史修永 | 国家社科基金项目 | 江苏省第十六届哲学社会科学优秀成果奖 | 二等 | / |
| 新形势下全面提升江苏应急管理能力研究——基于全省13市实证调查研究 | 11 | / | 研究或咨询报告 | 张长立 | 地、市、厅、局等政府部门项目 | 江苏省第十六届哲学社会科学优秀成果奖 | 一等 | / |
| 中国企业环境治理的价值逻辑:边界、情感与行为 | 12 | / | 专著 | 芦慧 | 省、市、自治区社科基金项目 | 江苏省第十六届哲学社会科学优秀成果奖 | 二等 | / |
| 周汉音乐转型实证解析 | 13 | / | 专著 | 朱国伟 | 教育部人文社科研究项目 | 江苏省第十六届哲学社会科学优秀成果奖 | 二等 | / |
| 走向服务型政府的行政精神 | 14 | / | 专著 | 王锋 | 国家社科基金项目 | 江苏省第十六届哲学社会科学优秀成果奖 | 三等 | / |
| 6. 河海大学 | / | 15 | / | / | / | / | / | / |
| In Search of the ‘Aha!’ Experience: Elucidating the Emotionality of Insight Problem-Solving | 1 | / | 论文 | 沈汪兵 | 国家社科基金项目 | 江苏省第十六届哲学社会科学优秀成果奖 | 三等 | / |
| “立德树人”的理论内涵与实践方略 | 2 | / | 论文 | 戴锐 | 地、市、厅、局等政府部门项目 | 江苏省第十六届哲学社会科学优秀成果奖 | 三等 | / |

| | | | | | | | | |
|---|---|---|---|---|---|---|---|---|
| “项目进村”乡镇政府选择性供给的后果及其矫正 | 3 | / | 论文 | 曹海林 | 国家社科基金项目 | 江苏省第十六届哲学社会科学优秀成果奖 | 三等 | / |
| 江苏省老龄产业发展报告(2016) | 4 | / | 专著 | 黄健元 | 中央其他部门社科专门项目 | 江苏省第十六届哲学社会科学优秀成果奖 | 三等 | / |
| 教育治理的社会逻辑:木丰中学“控辍保学”的个案研究 | 5 | / | 专著 | 沈洪成 | 教育部人文社科研究项目 | 江苏省第十六届哲学社会科学优秀成果奖 | 二等 | / |
| 经济、社会和文化权利的法理学研究 | 6 | / | 专著 | 杨春福 | 国家社科基金项目 | 第八届高等学校科学研究优秀成果奖(人文社会科学) | 二等 | / |
| 流域初始水权耦合配置方法研究 | 7 | / | 专著 | 吴凤平 | 国家社科基金项目 | 江苏省第十六届哲学社会科学优秀成果奖 | 三等 | / |
| 马克思主义魅力与信仰研究 | 8 | / | 专著 | 黄明理 | 省、市、自治区社科基金项目 | 第八届高等学校科学研究优秀成果奖(人文社会科学) | 二等 | / |
| 南京市养老服务政策比较研究 | 9 | / | 研究或咨询报告 | 韩振燕 | 地、市、厅、局等政府部门项目 | 2020 年度民政部政策理论研究奖 | 三等 | / |
| 水库工程农村移民城镇化安置研究 | 10 | / | 专著 | 施国庆 | 国家社科基金项目 | 江苏省第十六届哲学社会科学优秀成果奖 | 二等 | / |
| 水资源协商管理与决策 | 11 | / | 专著 | 王慧敏 | 国家社科基金项目 | 江苏省第十六届哲学社会科学优秀成果奖 | 二等 | / |
| 思想政教育现代转型研究 | 12 | / | 专著 | 孙其昂 | 国家社科基金项目 | 第八届高等学校科学研究优秀成果奖(人文社会科学) | 二等 | / |
| 文化自信与文化认同:新时代文化自信认同性生产机制 | 13 | / | 专著 | 颜玉凡 | 学校社科项目 | 江苏省第十六届哲学社会科学优秀成果奖 | 一等 | / |
| 中国与周边国家水资源合作开发机制研究 | 14 | / | 论文 | 周海炜 | 国家社科基金项目 | 第八届高等学校科学研究优秀成果奖(人文社会科学) | 二等 | / |
| 自己人还是自家人?——一项关系传播的本土研究 | 15 | / | 论文 | 张杰 | 教育部人文社科研究项目 | 江苏省第十六届哲学社会科学优秀成果奖 | 三等 | / |

续表

| 成果名称 | | 合计 | 成果形式 | 主要作者 | 课题来源 | 奖励名称 | 奖励等级 | 备注 |
|---|---|---|---|---|---|---|---|---|
| | 编号 | L01 | L02 | L03 | L04 | L05 | L06 | L07 |
| 7. 南京理工大学 | / | 10 | / | / | / | / | / | / |
| Forecasting the Real Prices of Crude Oil Using Forecast Combinations over Time-Varying Parameter Models | 1 | / | 论文 | 王玉东 | 国家自然科学基金项目 | 第八届高等学校科学研究优秀成果奖(人文社会科学) | 三等 | / |
| Forecasting the Real Prices of Crude Oil Using Forecast Combinations over Time-varying Parameter Models | 2 | / | 论文 | 王玉东 | 国家自然科学基金项目 | 江苏省第十六届哲学社会科学优秀成果奖 | 一等 | / |
| 福柯 | 3 | / | 译著 | 王育平 | 无依托项目研究成果 | 江苏省第十六届哲学社会科学优秀成果奖 | 三等 | / |
| 充分发挥战略科技人才在我省聚力创新推进高质量发展中作用的建议 | 4 | / | 研究或咨询报告 | 戚湧 | 地、市、厅、局等政府部门项目 | 江苏省第十六届哲学社会科学优秀成果奖 | 二等 | / |
| 高质量打造基层治理现代化的新高地——苏州市经济发达镇改革的实践探索 | 5 | / | 研究或咨询报告 | 范炜烽 | 地、市、厅、局等政府部门项目 | 江苏省第十六届哲学社会科学优秀成果奖 | 三等 | / |
| 区域经济发展新动能培育研究 | 6 | / | 论文 | 朱英明 | 企事业单位委托项目 | 江苏省第十六届哲学社会科学优秀成果奖 | 二等 | / |
| 数据驱动的知识服务体系与方法 | 7 | / | 论文 | 王曰芬 | 企事业单位委托项目 | 江苏省第十六届哲学社会科学优秀成果奖 | 一等 | / |
| 休谟的社会政治思想研究 | 8 | / | 专著 | 徐志国 | 国家社科基金项目 | 江苏省第十六届哲学社会科学优秀成果奖 | 二等 | / |
| 疫情物流建模:运筹学的新视角 | 9 | / | 论文 | 刘明 | 省、市、自治区社科基金项目 | 江苏省第十六届哲学社会科学优秀成果奖 | 二等 | / |
| 中国城市居家养老服务研究研究 | 10 | / | 论文 | 陈伟 | 国家社科基金项目 | 江苏省第十六届哲学社会科学优秀成果奖 | 三等 | / |
| 8. 南京航空航天大学 | / | 17 | / | / | / | / | / | / |
| Conflict Resolution Using the Graph Model: Strategic Interactions in Competition and Cooperation(冲突分析图模型:竞争与合作中的战略交互) | 1 | / | 专著 | 徐海燕 | 国家自然科学基金项目 | 江苏省第十六届哲学社会科学优秀成果奖 | 一等 | / |

续表

| | | | | | | | | |
|---|---|---|---|---|---|---|---|---|
| Contributions to Sector-Level Carbon Intensity Change: An Integrated Decomposition Approach（部门碳强度变动的溯源：基于综合分解方法） | 2 | / | 论文 | 王群伟 | 国家自然科学基金项目 | 江苏省第十六届哲学社会科学优秀成果奖 | 二等 | / |
| 低空空域管理改革的法理研究 | 3 | / | 专著 | 高志宏 | 国家社科基金项目 | 江苏省第十六届哲学社会科学优秀成果奖 | 二等 | / |
| 城市地铁工程安全风险实时预警方法及应用 | 4 | / | 专著 | 周志鹏 | 国家自然科学基金项目 | 江苏省第十六届哲学社会科学优秀成果奖 | 三等 | / |
| 大数据背景下运动训练研究范式探索 | 5 | / | 专著 | 杜长亮 | 国家社科基金项目 | 江苏省第十六届哲学社会科学优秀成果奖 | 一等 | / |
| 多维视角下的党代会 | 6 | / | 专著 | 徐川 | 学校社科项目 | 江苏省第十六届哲学社会科学优秀成果奖 | 三等 | / |
| 副词“还”的歧义及相关语音问题研究 | 7 | / | 论文 | 徐以中 | 国家社科基金项目 | 江苏省第十六届哲学社会科学优秀成果奖 | 二等 | / |
| 江苏打造大运河文化标识的思路与对策研究——基于文化生态学视角 | 8 | / | 论文 | 时云 | 地、市、厅、局等政府部门项目 | 江苏省第十六届哲学社会科学优秀成果奖 | 二等 | / |
| 江苏省区域民营经济营商环境综合评价报告 | 9 | / | 研究或咨询报告 | 王建文 | 地、市、厅、局等政府部门项目 | 江苏省第十六届哲学社会科学优秀成果奖 | 三等 | / |
| 马克思主义哲学基本原理的断代史考察：1889—1938 | 10 | / | 专著 | 徐军 | 国家社科基金项目 | 江苏省第十六届哲学社会科学优秀成果奖 | 二等 | / |
| 强国之路——我国自主创新能力建设的战略设计与突破口选择 | 11 | / | 专著 | 刘思峰 | 国家社科基金项目 | 教育部第八届高等学校科学研究优秀成果奖（人文社会科学） | 二等 | / |
| 外交话语隐喻认知叙事研究 | 12 | / | 专著 | 张立新 | 省教育厅社科项目 | 江苏省第十六届哲学社会科学优秀成果奖 | 三等 | / |
| 危机的宿命——奥康纳资本主义危机理论研究 | 13 | / | 专著 | 何畏 | 省教育厅社科项目 | 江苏省第十六届哲学社会科学优秀成果奖 | 二等 | / |
| 艺术文化与艺术创造：抚云斋艺术论评集 | 14 | / | 专著 | 邱世鸿 | 无依托项目研究成果 | 江苏省第十六届哲学社会科学优秀成果奖 | 三等 | / |

续表

| 成果名称 | | 合计 | 成果形式 | 主要作者 | 课题来源 | 奖励名称 | 奖励等级 | 备注 |
|---|---|---|---|---|---|---|---|---|
| | 编号 | L01 | L02 | L03 | L04 | L05 | L06 | L07 |
| 政治正义的中国境界 | 15 | / | 论文 | 王岩 | 国家社科基金项目 | 江苏省第十六届哲学社会科学优秀成果奖 | 一等 | / |
| 中国能源效率回弹效应研究 | 16 | / | 专著 | 查冬兰 | 国家自然科学基金项目 | 江苏省第十六届哲学社会科学优秀成果奖 | 二等 | / |
| 中国战略石油储备研究 | 17 | / | 专著 | 周德群 | 国家社科基金项目 | 教育部第八届高等学校科学研究优秀成果奖(人文社会科学) | 二等 | / |
| 9. 南京森林警察学院 | / | 1 | / | / | / | / | / | / |
| 论当代中国警政范式之嬗变与重构 | 1 | / | 专著 | 胡建刚 | 国家社科基金项目 | 江苏省第十六届哲学社会科学优秀成果奖 | 二等 | / |
| 10. 苏州大学 | / | 52 | / | / | / | / | / | / |
| ICF 视野下我国高校运动康复专业本科人才培养的思考 | 1 | / | 论文 | 王国祥 | 企事业单位委托项目 | 江苏省第十六届哲学社会科学优秀成果奖 | 二等 | / |
| Information Sharing and the Impact of Shutdown Policy in a Supply Chain with Market Disruption Risk in the Social Media Era | 2 | / | 论文 | 王要玉 | 无依托项目研究成果 | 江苏省第十六届哲学社会科学优秀成果奖 | 一等 | / |
| Multi-attribute Group Decision Making with Aspirations: A Case Study | 3 | / | 论文 | 冯博 | 无依托项目研究成果 | 第八届高等学校科学研究优秀成果奖(人文社会科学) | 一等 | / |
| P2P 网络借贷研究进展及中国问题研究展望 | 4 | / | 论文 | 冯博 | 无依托项目研究成果 | 江苏省第十六届哲学社会科学优秀成果奖 | 二等 | / |
| “文以载道”再评价 | 5 | / | 论文 | 刘锋杰 | 国家社科基金项目 | 江苏省第十六届哲学社会科学优秀成果奖 | 二等 | / |
| 《韩熙载夜宴图》图像研究 | 6 | / | 专著 | 张朋川 | 国家社科基金项目 | 第八届高等学校科学研究优秀成果奖(人文社会科学) | 二等 | / |

|  |  |  |  |  |  |  |  |  |
|---|---|---|---|---|---|---|---|---|
| 《本草纲目》药理学的哲学渊源 | 7 | / | 论文 | 程雅君 | 无依托项目研究成果 | 江苏省第十六届哲学社会科学优秀成果奖 | 二等 | / |
| 《苏州通史》16 卷本 | 8 | / | 专著 | 王国平 | 地、市、厅、局等政府部门项目 | 江苏省第十六届哲学社会科学优秀成果奖 | 一等 | / |
| 中国建筑美学史 | 9 | / | 专著 | 王耘 | 省、市、自治区社科基金项目 | 江苏省第十六届哲学社会科学优秀成果奖 | 三等 | / |
| 藏书纪事诗研究 | 10 | / | 专著 | 周生杰 | 教育部人文社科研究项目 | 江苏省第十六届哲学社会科学优秀成果奖 | 三等 | / |
| 当代传媒中的民粹主义问题研究 | 11 | / | 专著 | 陈龙 | 国家社科基金项目 | 第八届高等学校科学研究优秀成果奖(人文社会科学) | 二等 | / |
| 当代俄汉新词语词典 | 12 | / | 工具书或参考书 | 薛静芬 | 无依托项目研究成果 | 江苏省第十六届哲学社会科学优秀成果奖 | 二等 | / |
| 当代中国马克思主义研究 | 13 | / | 专著 | 任平 | 省、市、自治区社科基金项目 | 第八届高等学校科学研究优秀成果奖(人文社会科学) | 二等 | / |
| 多数人之债的类型建构 | 14 | / | 论文 | 李中原 | 国家社科基金项目 | 江苏省第十六届哲学社会科学优秀成果奖 | 三等 | / |
| 犯罪所得投资收益追缴的影响因素与判断规则 | 15 | / | 论文 | 庄绪龙 | 国家社科基金项目 | 江苏省第十六届哲学社会科学优秀成果奖 | 三等 | / |
| 冯小青戏曲八种校注 | 16 | / | 古籍整理著作 | 王宁 | 国家社科基金项目 | 江苏省第十六届哲学社会科学优秀成果奖 | 二等 | / |
| 公共信息服务的社会共治模式构建研究 | 17 | / | 论文 | 周毅 | 教育部人文社科研究项目 | 江苏省第十六届哲学社会科学优秀成果奖 | 三等 | / |
| 国家监察学原理 | 18 | / | 编著或教材 | 李晓明 | 国家社科基金项目 | 江苏省第十六届哲学社会科学优秀成果奖 | 三等 | / |
| 互文性:《三国演义》多个英译本研究 | 19 | / | 专著 | 彭文青 | 教育部人文社科研究项目 | 江苏省第十六届哲学社会科学优秀成果奖 | 三等 | / |

续表

| 成果名称 | | 合计 | 成果形式 | 主要作者 | 课题来源 | 奖励名称 | 奖励等级 | 备注 |
|---|---|---|---|---|---|---|---|---|
| | 编号 | L01 | L02 | L03 | L04 | L05 | L06 | L07 |
| 化古为新——唐宋词对前人诗歌的接受 | 20 | / | 专著 | 钱锡生 | 国家社科基金项目 | 江苏省第十六届哲学社会科学优秀成果奖 | 三等 | / |
| 基于“大中华文库”的中国典籍英译翻译策略研究 | 21 | / | 专著 | 王宏 | 国家社科基金项目 | 江苏省第十六届哲学社会科学优秀成果奖 | 一等 | / |
| 技术评价与模仿:有区别还是二分法 | 22 | / | 论文 | 冯博 | 无依托项目研究成果 | 第八届高等学校科学研究优秀成果奖(人文社会科学) | 一等 | / |
| 近思录集解 | 23 | / | 古籍整理著作 | 程水龙 | 高校古籍整理研究项目 | 江苏省第十六届哲学社会科学优秀成果奖 | 二等 | / |
| 论治国理政思想的唯物史观基石 | 24 | / | 论文 | 方世南 | 教育部人文社科研究项目 | 江苏省第十六届哲学社会科学优秀成果奖 | 一等 | / |
| 马克思恩格斯的生态文明思想:基于《马克思恩格斯文集》的研究 | 25 | / | 专著 | 方世南 | 国家社科基金项目 | 第八届高等学校科学研究优秀成果奖(人文社会科学) | 二等 | / |
| 美在民间:中国民间审美文化论纲 | 26 | / | 专著 | 徐国源 | 无依托项目研究成果 | 江苏省第十六届哲学社会科学优秀成果奖 | 三等 | / |
| 民办高校的内部治理与国家监管——基于举办者的视角 | 27 | / | 专著 | 王一涛 | 无依托项目研究成果 | 江苏省第十六届哲学社会科学优秀成果奖 | 二等 | / |
| 南宋中兴诗坛研究 | 28 | / | 专著 | 曾维刚 | 国家社科基金项目 | 江苏省第十六届哲学社会科学优秀成果奖 | 二等 | / |
| 农民工教育培训收益研究 | 29 | / | 专著 | 崔玉平 | 无依托项目研究成果 | 江苏省第十六届哲学社会科学优秀成果奖 | 二等 | / |
| 企业参与职业教育办学的成本收益研究 | 30 | / | 专著 | 冉云芳 | 无依托项目研究成果 | 江苏省第十六届哲学社会科学优秀成果奖 | 一等 | / |
| 秦汉土地赋役制度研究 | 31 | / | 专著 | 臧知非 | 国家社科基金项目 | 第八届高等学校科学研究优秀成果奖(人文社会科学) | 三等 | / |

| | | | | | | | | |
|---|---|---|---|---|---|---|---|---|
| 清代江南地区慈善事业系谱研究 | 32 | / | 专著 | 王卫平 | 国家社科基金项目 | 江苏省第十六届哲学社会科学优秀成果奖 | 二等 | / |
| 认知心理学:心智、研究与你的生活(第三版) | 33 | / | 译著 | 张明 | 无依托项目研究成果 | 第八届高等学校科学研究优秀成果奖(人文社会科学) | 三等 | / |
| 社会性别定型的俄汉语用对比研究 | 34 | / | 专著 | 周民权 | 国家社科基金项目 | 江苏省第十六届哲学社会科学优秀成果奖 | 二等 | / |
| 苏州艺术通史(上、中、下) | 35 | / | 编著或教材 | 朱栋霖 | 无依托项目研究成果 | 第八届高等学校科学研究优秀成果奖(人文社会科学) | 二等 | / |
| 探寻“诗心”:《野草》整体研究 | 36 | / | 专著 | 汪卫东 | 国家社科基金项目 | 第八届高等学校科学研究优秀成果奖(人文社会科学) | 二等 | / |
| 文学翻译的境界:译意译味译境 | 37 | / | 专著 | 陈大亮 | 国家社科基金项目 | 第八届高等学校科学研究优秀成果奖(人文社会科学) | 二等 | / |
| 文学社会学:明清诗文研究的问题与视角 | 38 | / | 专著 | 罗时进 | 国家社科基金项目 | 第八届高等学校科学研究优秀成果奖(人文社会科学) | 一等 | / |
| 我国公共体育服务体系研究 | 39 | / | 专著 | 王家宏 | 中央其他部门社科专门项目 | 第八届高等学校科学研究优秀成果奖(人文社会科学) | 二等 | / |
| 行政审批制度改革中的法律问题 | 40 | / | 专著 | 王克稳 | 国家社科基金项目 | 江苏省第十六届哲学社会科学优秀成果奖 | 二等 | / |
| 叙事德育模式:理念及操作 | 41 | / | 专著 | 李西顺 | 无依托项目研究成果 | 江苏省第十六届哲学社会科学优秀成果奖 | 一等 | / |
| 一个苏南乡村的治理之道:张家港永联村调查 | 42 | / | 编著或教材 | 高峰 | 无依托项目研究成果 | 江苏省第十六届哲学社会科学优秀成果奖 | 二等 | / |
| 政府购买体育公共服务的理论与实证研究 | 43 | / | 专著 | 戴俭慧 | 无依托项目研究成果 | 江苏省第十六届哲学社会科学优秀成果奖 | 二等 | / |
| 中国城市风险化:问题与治理 | 44 | / | 论文 | 陈进华 | 无依托项目研究成果 | 第八届高等学校科学研究优秀成果奖(人文社会科学) | 二等 | / |

续表

| 成果名称 | | 合计 | 成果形式 | 主要作者 | 课题来源 | 奖励名称 | 奖励等级 | 备注 |
|---|---|---|---|---|---|---|---|---|
| | 编号 | L01 | L02 | L03 | L04 | L05 | L06 | L07 |
| 中国地权制度的反思与变革 | 45 | / | 专著 | 程雪阳 | 省、市、自治区社科基金项目 | 江苏省第十六届哲学社会科学优秀成果奖 | 二等 | / |
| 中国高校英语教师专业发展环境研究 | 46 | / | 编著或教材 | 顾佩娅 | 无依托项目研究成果 | 第八届高等学校科学研究优秀成果奖(人文社会科学) | 二等 | / |
| 中国红十字运动通史 | 47 | / | 编著或教材 | 池子华 | 无依托项目研究成果 | 江苏省第十六届哲学社会科学优秀成果奖 | 二等 | / |
| 中国式卖空机制与公司创新——基于融资融券分布扩容的自然实验 | 48 | / | 论文 | 权小锋 | 无依托项目研究成果 | 江苏省第十六届哲学社会科学优秀成果奖 | 二等 | / |
| 中国职业足球联盟建立的原则、基础与思路 | 49 | / | 论文 | 陶玉流 | 省、市、自治区社科基金项目 | 江苏省第十六届哲学社会科学优秀成果奖 | 二等 | / |
| 转型时期的媒介文化议题：现代性视角的反思 | 50 | / | 专著 | 陈龙 | 无依托项目研究成果 | 江苏省第十六届哲学社会科学优秀成果奖 | 一等 | / |
| 自我的回归——大学教师自我认同的逻辑 | 51 | / | 专著 | 曹永国 | 无依托项目研究成果 | 江苏省第十六届哲学社会科学优秀成果奖 | 一等 | / |
| 自我牺牲的领导能促进下属的掌控吗？组织认同的中介作用与风险的调节作用 | 52 | / | 论文 | 李锐 | 无依托项目研究成果 | 江苏省第十六届哲学社会科学优秀成果奖 | 二等 | / |
| 11. 江苏科技大学 | / | 2 | / | / | / | / | / | / |
| Unraveling the Alignment Paradox: How Does Business——IT Aligument Shape Organizational Agility?(揭示匹配悖论：信息技术匹配如何塑造组织敏捷性?) | 1 | / | 论文 | 王念新 | 无依托项目研究成果 | 江苏省第十六届哲学社会科学优秀成果奖 | 二等 | / |
| 江苏海洋经济比较启示与高质量发展研究 | 2 | / | 研究或咨询报告 | 谈镇 | 无依托项目研究成果 | 江苏省第十六届哲学社会科学优秀成果奖 | 一等 | / |
| 12. 南京工业大学 | / | 8 | / | / | / | / | / | / |

| 产业集群网络结构特征、知识搜索与企业竞争优势 | 1 | / | 论文 | 吴松强 | 国家社科基金项目 | 江苏省第十六届哲学社会科学优秀成果奖 | 二等 | / |
|---|---|---|---|---|---|---|---|---|
| 江苏智能装备技术与产业政策发展趋势研究 | 2 | / | 研究或咨询报告 | 赵顺龙 | 无依托项目研究成果 | 江苏省第十六届哲学社会科学优秀成果奖 | 三等 | / |
| 理解与评价应用语言学实验研究 | 3 | / | 专著 | 鲍贵 | 国家社科基金项目 | 江苏省第十六届哲学社会科学优秀成果奖 | 二等 | / |
| 深圳推动产业科技创新的实践与启示 | 4 | / | 研究或咨询报告 | 陈红喜 | 国家社科基金项目 | 江苏省第十六届哲学社会科学优秀成果奖 | 二等 | / |
| 英语复句认知机制与路径研究——入场理论视角 | 5 | / | 专著 | 吴吉东 | 无依托项目研究成果 | 江苏省第十六届哲学社会科学优秀成果奖 | 三等 | / |
| 营商环境、企业寻租与市场创新——来自中国企业营商环境调查的经验证据 | 6 | / | 论文 | 夏后学 | 地、市、厅、局等政府部门项目 | 江苏省第十六届哲学社会科学优秀成果奖 | 二等 | / |
| 中国跨系统区域图书馆联盟建设与发展实证研究 | 7 | / | 专著 | 赵乃瑄 | 国家社科基金项目 | 江苏省第十六届哲学社会科学优秀成果奖 | 三等 | / |
| 中国食品安全监管的理论与实践——监管信息透明度指数(FSSITI)与监管绩效指数(FSSPI)的探索 | 8 | / | 研究或咨询报告 | 王冀宁 | 无依托项目研究成果 | 江苏省第十六届哲学社会科学优秀成果奖 | 三等 | / |
| 13. 常州大学 | / | 6 | / | / | / | / | / | / |
| 开放式创新组织间协同管理影响知识协同效应研究 | 1 | / | 论文 | 王文华 | 国家社科基金项目 | 江苏省第十六届哲学社会科学优秀成果奖 | 三等 | / |
| “常州三杰”精神及其当代价值研究 | 2 | / | 研究或咨询报告 | 李泽昊 | 地、市、厅、局等政府部门项目 | 江苏省第十六届哲学社会科学优秀成果奖 | 三等 | / |
| 基于资源拼凑的社会创业企业成长机制 | 3 | / | 专著 | 彭伟 | 国家社科基金项目 | 江苏省第十六届哲学社会科学优秀成果奖 | 三等 | / |
| 苏南公共体育服务体系示范区建设调查研究 | 4 | / | 专著 | 徐勤儿 | 国家社科基金项目 | 江苏省第十六届哲学社会科学优秀成果奖 | 三等 | / |

续表

| 成果名称 | | 合计 | 成果形式 | 主要作者 | 课题来源 | 奖励名称 | 奖励等级 | 备注 |
|---|---|---|---|---|---|---|---|---|
| | 编号 | L01 | L02 | L03 | L04 | L05 | L06 | L07 |
| 中国情境下的员工帮助计划理论与实践 | 5 | / | 专著 | 张宏如 | 国家社科基金项目 | 第八届高等学校科学研究优秀成果奖 | 二等 | / |
| 中国情境下的员工帮助计划理论与实践 | 6 | / | 专著 | 张宏如 | 国家社科基金项目 | 江苏省第十六届哲学社会科学优秀成果奖 | 一等 | / |
| 14. 南京邮电大学 | / | 13 | / | / | / | / | / | / |
| 城市化背后——不同视角下的城市贫困人口分析 | 1 | / | 专著 | 朱晓 | 学校社科项目 | 江苏省第十六届哲学社会科学优秀成果奖 | 三等 | / |
| 共享经济平台价值实现构建及其应用研究 | 2 | / | 研究或咨询报告 | 叶美兰 | 省、市、自治区社科基金项目 | 江苏省第十六届哲学社会科学优秀成果奖 | 一等 | / |
| 基于 ACC 支付模式的供应链金融模型研究 | 3 | / | 论文 | 张冲 | 国家自然科学基金项目 | 江苏省第十六届哲学社会科学优秀成果奖 | 三等 | / |
| 教育公平与政府责任 | 4 | / | 专著 | 金久仁 | 省、市、自治区社科基金项目 | 江苏省第十六届哲学社会科学优秀成果奖 | 三等 | / |
| 扇子的故事:中国传统造物的礼仪与审美 | 5 | / | 专著 | 杨祥民 | 中央其他部门社科专门项目 | 江苏省第十六届哲学社会科学优秀成果奖 | 三等 | / |
| 数字边际人:新生代农民工的手机使用和社会认同 | 6 | / | 专著 | 袁潇 | 教育部人文社科研究项目 | 江苏省第十六届哲学社会科学优秀成果奖 | 三等 | / |
| 推进我省高校科技资源有效转化的瓶颈与对策 | 7 | / | 研究或咨询报告 | 张志华 | 省、市、自治区社科基金项目 | 江苏省第十六届哲学社会科学优秀成果奖 | 三等 | / |
| 乡村活力如何维系与提升 | 8 | / | 专著 | 李敢 | 教育部人文社科研究项目 | 江苏省第十六届哲学社会科学优秀成果奖 | 二等 | / |
| 性别差异与大学生初次就业 | 9 | / | 专著 | 荆晅 | 省、市、自治区社科基金项目 | 江苏省第十六届哲学社会科学优秀成果奖 | 二等 | / |

| | | | | | | | | |
|---|---|---|---|---|---|---|---|---|
| 学科发展视野中的大学学术组织管理模式创新研究 | 10 | / | 专著 | 李峻 | 学校社科项目 | 江苏省第十六届哲学社会科学优秀成果奖 | 三等 | / |
| 中国传统艺术意境理论发展脉络分析 | 11 | / | 论文 | 徐子涵 | 省、市、自治区社科基金项目 | 江苏省第十六届哲学社会科学优秀成果奖 | 二等 | / |
| 中国邮政通史 | 12 | / | 专著 | 叶美兰 | 国家社科基金项目 | 教育部第八届高等学校科学研究优秀成果奖(人文社会科学) | 二等 | / |
| 荃镇干部:行动逻辑与规治之道 | 13 | / | 专著 | 刘晓峰 | 国家社科基金项目 | 江苏省第十六届哲学社会科学优秀成果奖 | 三等 | / |
| 15. 南京林业大学 | / | 8 | / | / | / | / | / | / |
| Life-Cycle Carbon Budget of China's Harvested Wood Products in 1900—2015(中国林产品全生命周期碳收支核算与评估(1900—2015)) | 1 | / | 论文 | 杨红强 | 省、市、自治区社科基金项目 | 江苏省第十六届哲学社会科学优秀成果奖 | 二等 | / |
| 马克思主义阶级概念:理解与阐释 | 2 | / | 专著 | 王金玉 | 国家社科基金项目 | 江苏省第十六届哲学社会科学优秀成果奖 | 二等 | / |
| 马克思主义中国化思想通史(全三卷) | 3 | / | 专著 | 孙建华 | 无依托项目研究成果 | 江苏省第十六届哲学社会科学优秀成果奖 | 一等 | / |
| 日本环境设计史(上、下) | 4 | / | 专著 | 许浩 | 无依托项目研究成果 | 江苏省第十六届哲学社会科学优秀成果奖 | 二等 | / |
| 森林法修改专家建议报告 | 5 | / | 研究或咨询报告 | 张红霄 | 省、市、自治区社科基金项目 | 江苏省第十六届哲学社会科学优秀成果奖 | 二等 | / |
| 生态文明和生态安全:人与自然共生演化理论 | 6 | / | 专著 | 张智光 | 省、市、自治区社科基金项目 | 江苏省第十六届哲学社会科学优秀成果奖 | 二等 | / |
| 水伦理的生态哲学基础研究 | 7 | / | 专著 | 曹顺仙 | 教育部人文社科研究项目 | 江苏省第十六届哲学社会科学优秀成果奖 | 二等 | / |
| 五代墓志词汇研究 | 8 | / | 古籍整理著作 | 周阿根 | 省、市、自治区社科基金项目 | 江苏省第十六届哲学社会科学优秀成果奖 | 二等 | / |

续表

| 成果名称 | | 合计 | 成果形式 | 主要作者 | 课题来源 | 奖励名称 | 奖励等级 | 备注 |
|---|---|---|---|---|---|---|---|---|
| | 编号 | L01 | L02 | L03 | L04 | L05 | L06 | L07 |
| 16. 江苏大学 | / | 5 | / | / | / | / | / | / |
| Institutional Quality, Green Innovation and Energy Efficiency | 1 | / | 论文 | 孙华平 | 国家自然科学基金项目 | 江苏省第十六届哲学社会科学优秀成果奖 | 三等 | / |
| "非学校化"教育 40 年:从改革理想到教育实践 | 2 | / | 论文 | 王佳佳 | 国家社科基金单列学科项目 | 江苏省第十六届哲学社会科学优秀成果奖 | 三等 | / |
| 农民权利发展:新时代乡村振兴战略背景下的时代命题 | 3 | / | 专著 | 刘同君 | 国家社科基金项目 | 江苏省第十六届哲学社会科学优秀成果奖 | 二等 | / |
| 新时代工匠型产业工人培养研究 | 4 | / | 专著 | 朱永跃 | 国家社科基金项目 | 江苏省第十六届哲学社会科学优秀成果奖 | 二等 | / |
| 语料库戏剧翻译文体学 | 5 | / | 专著 | 任晓霏 | 国家社科基金项目 | 江苏省第十六届哲学社会科学优秀成果奖 | 三等 | / |
| 17. 南京信息工程大学 | / | 8 | / | / | / | / | / | / |
| A Novel Multiscale Nonlinear Ensemble Leaning Paradigm for Carbon Price Forecasting | 1 | / | 论文 | 朱帮助 | 其他研究项目 | 江苏省十六届哲学社会科学优秀成果奖 | 一等 | / |
| 《中州集》校注 | 2 | / | 专著 | 张静 | 其他研究项目 | 江苏省十六届哲学社会科学优秀成果奖 | 二等 | / |
| 和合翻译学:基于中国传统文化的翻译理论话语体系建构 | 3 | / | 专著 | 吴志杰 | 其他研究项目 | 江苏省十六届哲学社会科学优秀成果奖 | 二等 | / |
| 问题承接与范式转换——从鲍德里亚看后马克思主义 | 4 | / | 专著 | 张天勇 | 其他研究项目 | 江苏省十六届哲学社会科学优秀成果奖 | 三等 | / |
| 习近平网络强国战略的四重维度论析 | 5 | / | 论文 | 岳爱武 | 国家社科基金项目 | 江苏省十六届哲学社会科学优秀成果奖 | 三等 | / |

| | | | | | | | | |
|---|---|---|---|---|---|---|---|---|
| 新能源设备制造业的补贴政策设计研究 | 6 | / | 专著 | 张慧明 | 国家社科基金项目 | 江苏省十六届哲学社会科学优秀成果奖 | 二等 | / |
| 正义的排放——全球气候治理的道德基础研究 | 7 | / | 专著 | 陈俊 | 其他研究项目 | 江苏省十六届哲学社会科学优秀成果奖 | 三等 | / |
| 自媒体时代网络舆论风险的特点、成因及其治理 | 8 | / | 论文 | 蒋明敏 | 省、市、自治区社科基金项目 | 江苏省十六届哲学社会科学优秀成果奖 | 三等 | / |
| 18. 南通大学 | / | 14 | / | / | / | / | / | / |
| 传播学视野下的新闻语言羡余现象研究 | 1 | / | 专著 | 李杰 | 国家社科基金项目 | 江苏省第十六届哲学社会科学优秀成果奖 | 三等 | / |
| 从严惩到调解:校园欺凌干预取向的演变及趋势 | 2 | / | 论文 | 顾彬彬 | 省、市、自治区社科基金项目 | 江苏省第十六届哲学社会科学优秀成果奖 | 三等 | / |
| 党的群众路线与国家有效治理 | 3 | / | 专著 | 臧乃康 | 国家社科基金项目 | 江苏省第十六届哲学社会科学优秀成果奖 | 三等 | / |
| 韩国楚辞文献丛书 | 4 | / | 古籍整理著作 | 贾捷 | 国家社科基金项目 | 江苏省第十六届哲学社会科学优秀成果奖 | 三等 | / |
| 汉语轻动词加工的神经机制研究 | 5 | / | 专著 | 封世文 | 省、市、自治区社科基金项目 | 江苏省十六届哲学社会科学优秀成果奖 | 二等 | / |
| 聚焦两个“一体化”助推江苏港口群高质量崛起 | 6 | / | 研究或咨询报告 | 陈为忠 | 省、市、自治区社科基金项目 | 江苏省第十六届哲学社会科学优秀成果奖 | 二等 | / |
| 历史的深处与新时代走向:道德榜样论 | 7 | / | 专著 | 孙泊 | 教育部人文社科研究项目 | 江苏省第十六届哲学社会科学优秀成果奖 | 三等 | / |
| 破解长江经济带“化工围江”的对策建议 | 8 | / | 研究或咨询报告 | 冯俊 | 国家社科基金项目 | 江苏省第十六届哲学社会科学优秀成果奖 | 三等 | / |
| 情境教育促进儿童创造力发展:理论探索与实证研究 | 9 | / | 专著 | 王灿明 | 全国教育科学规划(教育部)项目 | 江苏省第十六届哲学社会科学优秀成果奖 | 二等 | / |

续表

| 成果名称 | | 合计 | 成果形式 | 主要作者 | 课题来源 | 奖励名称 | 奖励等级 | 备注 |
|---|---|---|---|---|---|---|---|---|
| | 编号 | L01 | L02 | L03 | L04 | L05 | L06 | L07 |
| 日本新教育运动的一面旗帜——成城小学发展研究 | 10 | / | 专著 | 李伟 | 无依托项目研究成果 | 江苏省第十六届哲学社会科学优秀成果奖 | 三等 | / |
| 如皋话地图 | 11 | / | 专著 | 万久富 | 省教育厅社科项目 | 江苏省第十六届哲学社会科学优秀成果奖 | 一等 | / |
| 新形势下大型体育赛事角色定位与功能调适研究 | 12 | / | 论文 | 邹月辉 | 国家社科基金项目 | 江苏省第十六届哲学社会科学优秀成果奖 | 三等 | / |
| 诸伦理学理论体系协同与互补的研究 | 13 | / | 论文 | 彭怀祖 | 国家社科基金项目 | 江苏省第十六届哲学社会科学优秀成果奖 | 二等 | / |
| 紫琅楚辞学研究丛书 | 14 | / | 专著 | 周建忠 | 国家社科基金项目 | 江苏省第十六届哲学社会科学优秀成果奖 | 二等 | / |
| 19. 徐州医科大学 | / | 1 | / | / | / | / | / | / |
| 农村家庭金融资产选择行为的影响因素研究——基于 CHFS 微观数据的分析 | 1 | / | 论文 | 卢亚娟 | 无依托项目研究成果 | 江苏省第十六届哲学社会科学优秀成果奖 | 二等 | / |
| 20. 南京师范大学 | / | 110 | / | / | / | / | / | / |
| 20 世纪马克思主义发展史. 第三卷,十月革命至 20 世纪 50 年代初马克思主义在苏联的发展 | 1 | / | 专著 | 俞良早 | 学校社科项目 | 江苏省第十六届哲学社会科学优秀成果奖 | 二等 | / |
| Dispositional Mindfulness Mediates the Relationships of Parental Attachment to Posttraumatic Stress Disorder and Academic Burnout in Adolescents Following the Yancheng Tornado. | 2 | / | 论文 | 安媛媛 | 省、市、自治区社科基金项目 | 江苏省第十六届哲学社会科学优秀成果奖 | 三等 | / |
| Effectiveness of a Community-Based Exercise Program on Balance Performance and Fear of Falling in Older Nonfallers at Risk for Falling: A Randomized, Controlled Study | 3 | / | 论文 | 赵亚楠 | 无依托项目研究成果 | 江苏省第十六届哲学社会科学优秀成果奖 | 三等 | / |

| | | | | | | | | |
|---|---|---|---|---|---|---|---|---|
| How Referential Uncertainty Is Modulated by Conjuctions: ERP Evidence from Advanced Chinese-English L2 Learners and English L1 Speakers | 4 | / | 论文 | 徐晓东 | 国家社科基金项目 | 江苏省第十六届哲学社会科学优秀成果奖 | 三等 | / |
| Prosodic Expectations in Silent Reading: ERP Evidence from Rhyme Scheme and Semantic Congruence in Classic Chinese Poems. | 5 | / | 论文 | 陈庆荣 | 无依托项目研究成果 | 教育部第八届高等学校科学研究优秀成果奖(人文社会科学) | 二等 | / |
| Self-Perceived Uselessness and Associated Factors among Older Adults in China(中国老年人自我无用感相关因素研究) | 6 | / | 论文 | 赵媛 | 无依托项目研究成果 | 江苏省第十六届哲学社会科学优秀成果奖 | 二等 | / |
| The Effect of Contextual Diversity on Eye Movements in Chinese Sentence Reading | 7 | / | 论文 | 陈庆荣 | 无依托项目研究成果 | 江苏省第十六届哲学社会科学优秀成果奖 | 一等 | / |
| “多元交互式”教学评价 | 8 | / | 专著 | 朱雪梅 | 无依托项目研究成果 | 江苏省第十六届哲学社会科学优秀成果奖 | 二等 | / |
| 《礼记》版本研究 | 9 | / | 专著 | 王锷 | 无依托项目研究成果 | 江苏省第十六届哲学社会科学优秀成果奖 | 三等 | / |
| 《四库全书荟要》研究 | 10 | / | 专著 | 江庆柏 | 国家社科基金项目 | 江苏省第十六届哲学社会科学优秀成果奖 | 一等 | / |
| 外语磨蚀的回归性研究 | 11 | / | 专著 | 倪传斌 | 国家社科基金项目 | 江苏省第十六届哲学社会科学优秀成果奖 | 二等 | / |
| 本真与转换:影视文体论 | 12 | / | 专著 | 王晖 | 无依托项目研究成果 | 江苏省第十六届哲学社会科学优秀成果奖 | 二等 | / |
| 策略性媒体披露与财富转移:来自公司高管减持期间的证据 | 13 | / | 论文 | 易志高 | 无依托项目研究成果 | 第十六届江苏省哲学社会科学优秀成果奖 | 二等 | / |
| 城市基层治理的演进逻辑与善治路径 | 14 | / | 专著 | 陈辉 | 国家社科基金项目 | 江苏省第十六届哲学社会科学优秀成果奖 | 二等 | / |
| 城乡基层社会管理创新的实践与理论 | 15 | / | 专著 | 邹农俭 | 国家社科基金项目 | 江苏省第十六届哲学社会科学优秀成果奖 | 二等 | / |

续表

| 成果名称 | | 合计 | 成果形式 | 主要作者 | 课题来源 | 奖励名称 | 奖励等级 | 备注 |
|---|---|---|---|---|---|---|---|---|
| | 编号 | L01 | L02 | L03 | L04 | L05 | L06 | L07 |
| 大学内部治理论 | 16 | / | 专著 | 胡建华 | 国家社科基金单列学科项目 | 江苏省第十六届哲学社会科学优秀成果奖 | 一等 | / |
| 当代苏格兰小说研究 | 17 | / | 专著 | 吕洪灵 | 国家社科基金项目 | 江苏省第十六届哲学社会科学优秀成果奖 | 二等 | / |
| 道德教育的空间思维——伦理空间视角下的道德教育 | 18 | / | 论文 | 孙彩平 | 无依托项目研究成果 | 江苏省第十六届哲学社会科学优秀成果奖 | 二等 | / |
| 滴滴司机移动社区中的关系结构及支持研究 | 19 | / | 论文 | 庄曦 | 国家社科基金项目 | 江苏省第十六届哲学社会科学优秀成果奖 | 三等 | / |
| 第三维度:平民理论视野下的中国当代小说 | 20 | / | 专著 | 刘志权 | 教育部人文社科研究项目 | 江苏省第十六届哲学社会科学优秀成果奖 | 二等 | / |
| 电影政策与中国早期电影的历史进程:1927—1937 | 21 | / | 专著 | 宫浩宇 | 无依托项目研究成果 | 教育部第八届高等学校科学研究优秀成果奖(人文社会科学) | 其他 | / |
| 俄罗斯现代文学批评史 | 22 | / | 专著 | 汪介之 | 无依托项目研究成果 | 江苏省第十六届哲学社会科学优秀成果奖 | 一等 | / |
| 儿童语言障碍与习得研究 | 23 | / | 专著 | 梁丹丹 | 无依托项目研究成果 | 江苏省第十六届哲学社会科学优秀成果奖 | 二等 | / |
| 风险社会的道德教育 | 24 | / | 专著 | 章乐 | 国家社科基金单列学科项目 | 江苏省第十六届哲学社会科学优秀成果奖 | 二等 | / |
| 烽火记忆——百名抗战老战士口述史 | 25 | / | 专著 | 张连红 | 无依托项目研究成果 | 江苏省第十六届哲学社会科学优秀成果奖 | 一等 | / |
| 弗洛伊德主义新论:三卷本 | 26 | / | 专著 | 郭本禹 | 国家社科基金项目 | 江苏省第十六届哲学社会科学优秀成果奖 | 二等 | / |
| 改革开放四十年文学:逻辑起点和阶段史建构 | 27 | / | 论文 | 何平 | 无依托项目研究成果 | 江苏省第十六届哲学社会科学优秀成果奖 | 二等 | / |

| | | | | | | | | |
|---|---|---|---|---|---|---|---|---|
| 公共利益法律化研究 | 28 | / | 专著 | 倪斐 | 无依托项目研究成果 | 江苏省第十六届哲学社会科学优秀成果奖 | 三等 | / |
| 公共体育场馆运营绩效评价研究 | 29 | / | 专著 | 朱菊芳 | 无依托项目研究成果 | 江苏省第十六届哲学社会科学优秀成果奖 | 二等 | / |
| 公共政策负排斥及其治理研究 | 30 | / | 专著 | 钟裕民 | 国家社科基金项目 | 江苏省第十六届哲学社会科学优秀成果奖 | 三等 | / |
| 公民身份认同与学校公民教育 | 31 | / | 专著 | 冯建军 | 教育部人文社科研究项目 | 教育部第八届高等学校科学研究优秀成果奖（人文社会科学） | 二等 | / |
| 共同善的镜像叙事:公共利益的西方政治哲学考量 | 32 | / | 专著 | 张方华 | 无依托项目研究成果 | 江苏省第十六届哲学社会科学优秀成果奖 | 三等 | / |
| 归化运动员国际赛事参赛资格法律问题研究 | 33 | / | 论文 | 张鹏 | 国家社科基金项目 | 江苏省第十六届哲学社会科学优秀成果奖 | 三等 | / |
| 国民党新闻事业研究（1927—1937） | 34 | / | 专著 | 刘继忠 | 教育部人文社科研究项目 | 江苏省第十六届哲学社会科学优秀成果奖 | 二等 | / |
| 国民审美素养:社会转型时期的审美资本 | 35 | / | 专著 | 易晓明 | 国家社科基金单列学科项目 | 江苏省第十六届哲学社会科学优秀成果奖 | 一等 | / |
| 国民政府与日本乙丙级战犯审判 | 36 | / | 论文 | 严海建 | 国家社科基金项目 | 江苏省第十六届哲学社会科学优秀成果奖 | 三等 | / |
| 汉英报纸新闻中转述言语的语篇和语用功能比较研究 | 37 | / | 专著 | 辛斌 | 国家社科基金项目 | 江苏省第十六届哲学社会科学优秀成果奖 | 一等 | / |
| 黑色记忆:南京大屠杀 | 38 | / | 专著 | 张连红 | 国家社科基金项目 | 教育部第八届高等学校科学研究优秀成果奖（人文社会科学） | 其他 | / |
| 花卉瓜果蔬菜文史考论 | 39 | / | 专著 | 程杰 | 无依托项目研究成果 | 江苏省第十六届哲学社会科学优秀成果奖 | 二等 | / |
| 回归本真:“教育与人”的哲学探索 | 40 | / | 专著 | 冯建军 | 国家社科基金单列学科项目 | 江苏省第十六届哲学社会科学优秀成果奖 | 一等 | / |

续表

| 成果名称 | | 合计 | 成果形式 | 主要作者 | 课题来源 | 奖励名称 | 奖励等级 | 备注 |
|---|---|---|---|---|---|---|---|---|
| | 编号 | L01 | L02 | L03 | L04 | L05 | L06 | L07 |
| 基层协商民主的制度认同论析 | 41 | / | 论文 | 许开轶 | 省教育厅社科项目 | 江苏省第十六届哲学社会科学优秀成果奖 | 二等 | / |
| 技术的现代维度与教育价值 | 42 | / | 论文 | 顾建军 | 教育部人文社科研究项目 | 江苏省第十六届哲学社会科学优秀成果奖 | 一等 | / |
| 教育改革的“中国问题” | 43 | / | 专著 | 吴康宁 | 教育部人文社科研究项目 | 教育部第八届高等学校科学研究优秀成果奖(人文社会科学) | 一等 | / |
| 教育何以关涉人的尊严 | 44 | / | 论文 | 胡友志 | 国家社科基金单列学科项目 | 江苏省第十六届哲学社会科学优秀成果奖 | 二等 | / |
| 经典作家探索理想社会与实现中国梦 | 45 | / | 专著 | 俞良早 | 国家社科基金项目 | 教育部第八届高等学校科学研究优秀成果奖(人文社会科学) | 二等 | / |
| 经律异相校注(1—4) | 46 | / | 专著 | 董志翘 | 国家社科基金项目 | 江苏省第十六届哲学社会科学优奖秀成果 | 一等 | / |
| 居维叶及灾变论 | 47 | / | 专著 | 张之沧 | 省、市、自治区社科基金项目 | 江苏省第十六届哲学社会科学优秀成果奖 | 三等 | / |
| 均衡博弈:青少年体质健康促进的生态竞争模式及其实践 | 48 | / | 专著 | 史曙生 | 国家社科基金单列学科项目 | 江苏省第十六届哲学社会科学优秀成果奖 | 一等 | / |
| 乐理与文化 | 49 | / | 专著 | 施咏 | 无依托项目研究成果 | 江苏省第十六届哲学社会科学优秀成果奖 | 三等 | / |
| 李太白全集校注 | 50 | / | 专著 | 郁贤皓(退休) | 无依托项目研究成果 | 教育部第八届高等学校科学研究优秀成果奖(人文社会科学) | 一等 | / |
| 列宁早期俄国资本主义发展思想及对错误思潮的批判 | 51 | / | 专著 | 徐芹 | 无依托项目研究成果 | 江苏省第十六届哲学社会科学优秀成果奖 | 二等 | / |
| 流动儿童与媒介:移民融合中的传播与社会化问题 | 52 | / | 专著 | 庄曦 | 国家社科基金项目 | 教育部第八届高等学校科学研究优秀成果奖(人文社会科学) | 其他 | / |

| 鲁迅与20世纪中外文化交流 | 53 | / | 专著 | 林敏洁 | 国家社科基金项目 | 江苏省第十六届哲学社会科学优秀成果奖 | 二等 | / |
|---|---|---|---|---|---|---|---|---|
| 伦理如何“回”乡村 | 54 | / | 专著 | 王露璐 | 国家社科基金项目 | 江苏省第十六届哲学社会科学优秀成果奖 | 一等 | / |
| 马克思社会形态理论及其中国实践研究 | 55 | / | 专著 | 洪光东 | 教育部人文社科研究项目 | 教育部第八届高等学校科学研究优秀成果奖(人文社会科学) | 二等 | / |
| 马克思主义法律思想通史(全四卷) | 56 | / | 编著或教材 | 公丕祥 | 国家社科基金项目 | 教育部第八届高等学校科学研究优秀成果奖(人文社会科学) | 一等 | / |
| 民国时期法律解释的理论与实践 | 57 | / | 专著 | 方乐 | 国家社科基金项目 | 教育部第八届高等学校科学研究优秀成果奖(人文社会科学) | 其他 | / |
| 民事诉讼法适用中的证明责任 | 58 | / | 论文 | 李浩 | 地、市、厅、局等政府部门项目 | 江苏省第十六届哲学社会科学优秀成果奖 | 二等 | / |
| 明清江苏藏书家刻书成就和特征研究 | 59 | / | 专著 | 王桂平 | 省、市、自治区社科基金项目 | 江苏省第十六届哲学社会科学优秀成果奖 | 三等 | / |
| 南京古代文化变迁与文学演进 | 60 | / | 专著 | 高峰 | 无依托项目研究成果 | 江苏省第十六届哲学社会科学优秀成果奖 | 二等 | / |
| 能源价格系统分析 | 61 | / | 专著 | 田立新 | 国家社科基金项目 | 教育部第八届高等学校科学研究优秀成果奖(人文社会科学) | 二等 | / |
| 凝视与审思:戏剧与影视艺术论稿 | 62 | / | 专著 | 贾冀川 | 无依托项目研究成果 | 江苏省第十六届哲学社会科学优秀成果奖 | 二等 | / |
| 彭昕宁:《W市税务稽查业务流程优化研究》 | 63 | / | 论文 | 李金生 | 无依托项目研究成果 | 江苏省优秀博士硕士学位论文(指导教师) | 其他 | / |
| 品特研究 | 64 | / | 专著 | 华明 | 国家社科基金项目 | 教育部第八届高等学校科学研究优秀成果奖(人文社会科学) | 二等 | / |
| 羌族释比法器风格研究 | 65 | / | 专著 | 张犇 | 国家社科基金项目 | 江苏省第十六届哲学社会科学优秀成果奖 | 二等 | / |

续表

| 成果名称 | | 合计 | 成果形式 | 主要作者 | 课题来源 | 奖励名称 | 奖励等级 | 备注 |
|---|---|---|---|---|---|---|---|---|
| | 编号 | L01 | L02 | L03 | L04 | L05 | L06 | L07 |
| 人格研究 | 66 | / | 专著 | 郭永玉 | 无依托项目研究成果 | 教育部第八届高等学校科学研究优秀成果奖(人文社会科学) | 二等 | / |
| 如何对待教育政策的内在性缺陷 | 67 | / | 论文 | 邵泽斌 | 地、市、厅、局等政府部门项目 | 江苏省第十六届哲学社会科学优秀成果奖 | 二等 | / |
| 社会风险的刑法调控及其模式改造 | 68 | / | 论文 | 姜涛 | 国家社科基金项目 | 江苏省第十六届哲学社会科学优秀成果奖 | 一等 | / |
| 生态女性主义 | 69 | / | 专著 | 韦清琦 | 国家社科基金项目 | 江苏省第十六届哲学社会科学优秀成果奖 | 三等 | / |
| 数学教育基本问题研究 | 70 | / | 专著 | 喻平 | 无依托项目研究成果 | 江苏省第十六届哲学社会科学优秀成果奖 | 二等 | / |
| 睡虎地秦简与授田制研究的若干问题 | 71 | / | 论文 | 张进 | 国家社科基金项目 | 江苏省第十六届哲学社会科学优秀成果奖 | 二等 | / |
| 宋代地理学的观念、体系与知识兴趣 | 72 | / | 专著 | 潘晟 | 国家社科基金项目 | 教育部第八届高等学校科学研究优秀成果奖(人文社会科学) | 二等 | / |
| 他者伦理视野中的道德教育 | 73 | / | 专著 | 吴先伍 | 教育部人文社科研究项目 | 江苏省第十六届哲学社会科学优秀成果奖 | 三等 | / |
| 唐宪宗传 | 74 | / | 专著 | 李天石 | 无依托项目研究成果 | 江苏省第十六届哲学社会科学优秀成果奖 | 三等 | / |
| 图书馆视角下的近代日本对华文化侵略 | 75 | / | 专著 | 王一心 | 教育部人文社科研究项目 | 江苏省第十六届哲学社会科学优秀成果奖 | 二等 | / |
| 吐蕃统治河陇西域与汉藏文化交流研究:以敦煌、新疆出土汉藏文献为中心 | 76 | / | 专著 | 陆离 | 国家社科基金项目 | 江苏省第十六届哲学社会科学优秀成果奖 | 二等 | / |
| 我国大学生社会主义核心价值体系教育研究 | 77 | / | 专著 | 李前进 | 无依托项目研究成果 | 江苏省第十六届哲学社会科学优秀成果奖 | 三等 | / |

| 无感伤害：大数据时代隐私侵权的新特点 | 78 | / | 论文 | 顾理平 | 国家社科基金项目 | 江苏省第十六届哲学社会科学优秀成果奖 | 三等 | / |
|---|---|---|---|---|---|---|---|---|
| 武术文化空间论绎 | 79 | / | 专著 | 吉灿忠 | 无依托项目研究成果 | 江苏省第十六届哲学社会科学优秀成果奖 | 二等 | / |
| 现代社会与道德批判 | 80 | / | 专著 | 李志祥 | 无依托项目研究成果 | 江苏省第十六届哲学社会科学优秀成果奖 | 二等 | / |
| 现代中国佛教文学史稿 | 81 | / | 专著 | 谭桂林 | 国家社科基金项目 | 教育部第八届高等学校科学研究优秀成果奖（人文社会科学） | 一等 | / |
| 新时代中国外交话语体系的知识结构要素与实践功能 | 82 | / | 专著 | 杨守明 | 国家社科基金项目 | 江苏省第十六届哲学社会科学优秀成果奖 | 三等 | / |
| 行政改革试验授权制度的法理分析 | 83 | / | 论文 | 杨登峰 | 地、市、厅、局等政府部门项目 | 江苏省第十六届哲学社会科学优秀成果奖 | 一等 | / |
| 学科的境况与大学的遭遇 | 84 | / | 专著 | 王建华 | 国家社科基金单列学科项目 | 教育部第八届高等学校科学研究优秀成果奖（人文社会科学） | 二等 | / |
| 学前教育体制机制的主要问题与改革思路 | 85 | / | 论文 | 虞永平 | 教育部人文社科研究项目 | 江苏省第十六届哲学社会科学优秀成果奖 | 二等 | / |
| 学校德育与班主任专业成长 | 86 | / | 专著 | 齐学红 | 无依托项目研究成果 | 江苏省第十六届哲学社会科学优秀成果奖 | 二等 | / |
| 亚当·沙夫的“马克思人道观”研究 | 87 | / | 专著 | 王燕 | 国家社科基金项目 | 江苏省第十六届哲学社会科学优秀成果奖 | 三等 | / |
| 意识形态领域新变化与坚持马克思主义指导地位研究 | 88 | / | 专著 | 王永贵 | 国家社科基金项目 | 教育部第八届高等学校科学研究优秀成果奖（人文社会科学） | 一等 | / |
| 义务教育资源均衡配置的测度方法及推进策略研究 | 89 | / | 专著 | 熊筱燕 | 无依托项目研究成果 | 江苏省第十六届哲学社会科学优秀成果奖 | 三等 | / |
| 英国议会圈地与民众的抵抗逻辑 | 90 | / | 论文 | 倪正春 | 国家社科基金项目 | 江苏省第十六届哲学社会科学优秀成果奖 | 三等 | / |

续表

| 成果名称 | | 合计 | 成果形式 | 主要作者 | 课题来源 | 奖励名称 | 奖励等级 | 备注 |
|---|---|---|---|---|---|---|---|---|
| | 编号 | L01 | L02 | L03 | L04 | L05 | L06 | L07 |
| 尤金·奥尼尔:四幕人生 | 91 | / | 专著 | 许诗焱 | 无依托项目研究成果 | 江苏省第十六届哲学社会科学优秀成果奖 | 三等 | / |
| 有闻必录:一个中国新闻口号的兴衰 | 92 | / | 专著 | 操瑞青 | 无依托项目研究成果 | 江苏省第十六届哲学社会科学优秀成果奖 | 二等 | / |
| 责任与限度:高等教育办学主体研究 | 93 | / | 专著 | 祝爱武 | 无依托项目研究成果 | 教育部第八届高等学校科学研究优秀成果奖(人文社会科学) | 三等 | / |
| 政府购买社会组织服务事中事后监管:现状、启示与建议 | 94 | / | 研究或咨询报告 | 倪咸林 | 省、市、自治区社科基金项目 | 江苏省第十六届哲学社会科学优秀成果奖 | 三等 | / |
| 中国残疾人文化权利保障研究——融合教育的视角 | 95 | / | 专著 | 侯晶晶 | 无依托项目研究成果 | 教育部第八届高等学校科学研究优秀成果奖(人文社会科学) | 三等 | / |
| 中国大都市边缘区的社会场景变迁 | 96 | / | 专著 | 张戌凡 | 无依托项目研究成果 | 江苏省第十六届哲学社会科学优秀成果奖 | 三等 | / |
| 中国当代文学在西方译介与接受的障碍及其原因探析 | 97 | / | 论文 | 许多 | 无依托项目研究成果 | 江苏省第十六届哲学社会科学优秀成果奖 | 二等 | / |
| 中国的家庭、私有制、文明、国家和城市起源 | 98 | / | 专著 | 裴安平 | 国家社科基金项目 | 江苏省第十六届哲学社会科学优秀成果奖 | 二等 | / |
| 中国古代音乐史史料备览 | 99 | / | 专著 | 徐元勇 | 无依托项目研究成果 | 江苏省第十六届哲学社会科学优秀成果奖 | 一等 | / |
| 中国古典小说叙事伦理研究 | 100 | / | 专著 | 江守义 | 无依托项目研究成果 | 江苏省第十六届哲学社会科学优秀成果奖 | 三等 | / |
| 中国近现代漫画新闻史(上、下) | 101 | / | 专著 | 胡正强 | 国家社科基金项目 | 江苏省第十六届哲学社会科学优秀成果奖 | 二等 | / |
| 中国历代民歌史论 | 102 | / | 专著 | 陈书录 | 教育部人文社科研究项目 | 教育部第八届高等学校科学研究优秀成果奖(人文社会科学) | 二等 | / |

| | | | | | | | | |
|---|---|---|---|---|---|---|---|---|
| 中国网络地理信息安全的政策研究 | 103 | / | 专著 | 赵晖 | 国家社科基金项目 | 江苏省第十六届哲学社会科学优秀成果奖 | 二等 | / |
| 中国文化心理学新论(上、下) | 104 | / | 专著 | 汪凤炎 | 教育部人文社科研究项目 | 江苏省第十六届哲学社会科学优秀成果奖 | 二等 | / |
| 中国现当代文学研究中的“强行关联法”指谬 | 105 | / | 论文 | 沈杏培 | 无依托项目研究成果 | 江苏省第十六届哲学社会科学优秀成果奖 | 三等 | / |
| 中国新闻法制通史(6 卷 8 册) | 106 | / | 专著 | 倪延年 | 国家社科基金项目 | 教育部第八届高等学校科学研究优秀成果奖(人文社会科学) | 二等 | / |
| 重估高等教育改革 | 107 | / | 专著 | 王建华 | 无依托项目研究成果 | 江苏省第十六届哲学社会科学优秀成果奖 | 一等 | / |
| 筑牢新时代坚强战斗堡垒 办好中国特色社会主义大学 | 108 | / | 论文 | 胡敏强 | 无依托项目研究成果 | 江苏省第十六届哲学社会科学优秀成果奖 | 一等 | / |
| 资本风口下民办幼儿园规范管理问题研究 | 109 | / | 研究或咨询报告 | 王海英 | 全国教育科学规划(教育部)项目 | 江苏省第十六届哲学社会科学优秀成果奖 | 二等 | / |
| 走向“整全人”的价值教育——兼论道德情感与价值的统一关系 | 110 | / | 论文 | 王平 | 国家社科基金单列学科项目 | 江苏省第十六届哲学社会科学优秀成果奖 | 三等 | / |
| 21. 江苏师范大学 | / | 33 | / | / | / | / | / | / |
| A Perceptual Study of How Rapidly and Accurately Audiovisual Cues to Utterance-Final Boundaries Can Be Interpreted in Chinese and English | 1 | / | 论文 | 毕冉 | 省、市、自治区社科基金项目 | 教育部第八届高等学校科学研究优秀成果奖(人文社会科学) | 二等 | / |
| Prosodic Expectations in Silent Reading: ERP Evidence from Rhyme Scheme and Semantic Congruence in Classic Chinese Poems(韵律预期:中国古代诗歌阅读中押韵和语义加工的神经电生理证据) | 2 | / | 论文 | 杨亦鸣 | 国家社科基金项目 | 教育部第八届高等学校科学研究优秀成果奖(人文社会科学) | 二等 | / |
| 《汉语大词典》研究 | 3 | / | 专著 | 李申 | 国家社科基金项目 | 教育部第八届高等学校科学研究优秀成果奖(人文社会科学) | 三等 | / |

续表

| 成果名称 | | 合计 | 成果形式 | 主要作者 | 课题来源 | 奖励名称 | 奖励等级 | 备注 |
|---|---|---|---|---|---|---|---|---|
| | 编号 | L01 | L02 | L03 | L04 | L05 | L06 | L07 |
| 层序社会中的师者:传统教师社会身份研究 | 4 | / | 专著 | 张伟 | 无依托项目研究成果 | 江苏省第十六届哲学社会科学优秀成果奖 | 二等 | / |
| 大漆王朝——汉代漆艺文化研究 | 5 | / | 专著 | 潘天波 | 教育部人文社科研究项目 | 江苏省第十六届哲学社会科学优秀成果奖 | 三等 | / |
| 大职教观视野下现代职业教育体系的构建 | 6 | / | 论文 | 陈鹏 | 国家社科基金单列学科项目 | 江苏省第十六届哲学社会科学优秀成果奖 | 二等 | / |
| 反思与重构:走向倾听教学 | 7 | / | 专著 | 周杰 | 省、市、自治区社科基金项目 | 江苏省第十六届哲学社会科学优秀成果奖 | 二等 | / |
| 高水平女子足球比赛运动员体能表现特征及其训练体系构建 | 8 | / | 专著 | 部义峰 | 中央其他部门社科专门项目 | 江苏省第十六届哲学社会科学优秀成果奖 | 三等 | / |
| 高质发展的动力解构 | 9 | / | 专著 | 李子联 | 省教育厅社科项目 | 江苏省第十六届哲学社会科学优秀成果奖 | 三等 | / |
| 革命与司法:17 世纪英国普通法法院的独立 | 10 | / | 论文 | 邵政达 | 教育部人文社科研究项目 | 江苏省第十六届哲学社会科学优秀成果奖 | 三等 | / |
| 供给侧结构性改革与中国资源型城市转型研究 | 11 | / | 专著 | 徐君 | 国家社科基金项目 | 江苏省第十六届哲学社会科学优秀成果奖 | 二等 | / |
| 共轭与融通:职业教育学术课程与职业课程的整合研究 | 12 | / | 专著 | 陈鹏 | 国家社科基金单列学科项目 | 教育部第八届高等学校科学研究优秀成果奖(人文社会科学) | 二等 | / |
| 汉语动量范畴的历时研究 | 13 | / | 专著 | 于立昌 | 省、市、自治区社科基金项目 | 江苏省第十六届哲学社会科学优秀成果奖 | 三等 | / |
| 汉语复合词认知、习得及其神经基础 | 14 | / | 专著 | 顾介鑫 | 国家社科基金项目 | 江苏省第十六届哲学社会科学优秀成果奖 | 二等 | / |
| 互联网+教育:学习资源的建设与发展 | 15 | / | 专著 | 杨现民 | 国家社科基金项目 | 江苏省第十六届哲学社会科学优秀成果奖 | 二等 | / |

| | | | | | | | | |
|---|---|---|---|---|---|---|---|---|
| 基于社会治理与征地制度协同创新的征地冲突化解研究 | 16 | / | 专著 | 祝天智 | 国家社科基金项目 | 江苏省第十六届哲学社会科学优秀成果奖 | 三等 | / |
| 建构有中国气象的教育哲学 | 17 | / | 论文 | 高伟 | 无依托项目研究成果 | 江苏省第十六届哲学社会科学优秀成果奖 | 二等 | / |
| 江苏推进“一带一路”建设的重点任务与关键举措研究报告 | 18 | / | 研究或咨询报告 | 沈正平 | 企事业单位委托项目 | 江苏省第十六届哲学社会科学优秀成果奖 | 一等 | / |
| 教学的超越：教学意义的深度达成 | 19 | / | 专著 | 杨钦芬 | 省、市、自治区社科基金项目 | 江苏省第十六届哲学社会科学优秀成果奖 | 一等 | / |
| 论“核心素养”的证成方式 | 20 | / | 论文 | 高伟 | 省、市、自治区社科基金项目 | 教育部第八届高等学校科学研究优秀成果奖（人文社会科学） | 三等 | / |
| 论高校学术委员会制度的建构与重构——基于学术权力独立性与统整性的考量 | 21 | / | 论文 | 蔡国春 | 无依托项目研究成果 | 江苏省第十六届哲学社会科学优秀成果奖 | 二等 | / |
| 民俗之雅：汉画像中的民俗研究 | 22 | / | 编著或教材 | 朱存明 | 国家社科基金项目 | 江苏省第十六届哲学社会科学优秀成果奖 | 二等 | / |
| 尼采的生命教育观 | 23 | / | 专著 | 程从柱 | 省、市、自治区社科基金项目 | 江苏省第十六届哲学社会科学优秀成果奖 | 三等 | / |
| 培根铸魂：社会主义核心价值观深度凝练与传播认同研究 | 24 | / | 专著 | 陈延斌 | 国家社科基金项目 | 江苏省第十六届哲学社会科学优秀成果奖 | 一等 | / |
| 陶铸国魂：社会主义核心价值体系融入国民教育和精神文明建设全过程对策研究 | 25 | / | 专著 | 陈延斌 | 国家社科基金项目 | 教育部第八届高等学校科学研究优秀成果奖（人文社会科学） | 三等 | / |
| 推进江苏开放高质量发展研究 | 26 | / | 研究或咨询报告 | 华桂宏 | 省、市、自治区社科基金项目 | 江苏省第十六届哲学社会科学优秀成果奖 | 二等 | / |
| 唯物史观理论演进的研究范式 | 27 | / | 论文 | 曹典顺 | 国家社科基金项目 | 江苏省第十六届哲学社会科学优秀成果奖 | 二等 | / |
| 我国大学学院组织制度变迁研究 | 28 | / | 专著 | 胡仁东 | 无依托项目研究成果 | 江苏省第十六届哲学社会科学优秀成果奖 | 二等 | / |

续表

| 成果名称 | | 合计 | 成果形式 | 主要作者 | 课题来源 | 奖励名称 | 奖励等级 | 备注 |
|---|---|---|---|---|---|---|---|---|
| | 编号 | L01 | L02 | L03 | L04 | L05 | L06 | L07 |
| 形体特点对古文字考释重要性研究 | 29 | / | 专著 | 刘洪涛 | 国家社科基金项目 | 江苏省第十六届哲学社会科学优秀成果奖 | 一等 | / |
| 学前儿童基于物体重量归纳推理的发展：中美跨文化比较 | 30 | / | 论文 | 王志丹 | 教育部人文社科研究项目 | 江苏省第十六届哲学社会科学优秀成果奖 | 三等 | / |
| 政治经济学与唯物史观的内在关联 | 31 | / | 论文 | 曹典顺 | 无依托项目研究成果 | 教育部第八届高等学校科学研究优秀成果奖(人文社会科学) | 二等 | / |
| 中国早期小说生成史论 | 32 | / | 专著 | 陈洪 | 国家社科基金项目 | 江苏省第十六届哲学社会科学优秀成果奖 | 二等 | / |
| 庄一拂《古典戏曲存目汇考》补正 | 33 | / | 专著 | 赵兴勤 | 国家社科基金项目 | 江苏省第十六届哲学社会科学优秀成果奖 | 三等 | / |
| 22. 淮阴师范学院 | / | 9 | / | / | / | / | / | / |
| 教育硕士培养体系创新研究 | 1 | / | 专著 | 曹如军 | 地、市、厅、局等政府部门项目 | 江苏省第十六届哲学社会科学优秀成果奖 | 三等 | / |
| “三权分置”视域下承包土地的经营权抵押制度之构建 | 2 | / | 论文 | 焦富民 | 国家社科基金项目 | 江苏省第十六届哲学社会科学优秀成果奖 | 二等 | / |
| 大学生社会主义核心价值观培育机制创新研究 | 3 | / | 专著 | 韩同友 | 省教育厅社科项目 | 江苏省第十六届哲学社会科学优秀成果奖 | 一等 | / |
| 高校资助育人研究 | 4 | / | 专著 | 胡元林 | 教育部人文社科研究项目 | 江苏省第十六届哲学社会科学优秀成果奖 | 三等 | / |
| 江苏地方文化史(淮安卷) | 5 | / | 专著 | 顾建国 | 地、市、厅、局等政府部门项目 | 江苏省第十六届哲学社会科学优秀成果奖 | 三等 | / |
| 明清黄运地区的河工建设与生态环境变迁研究 | 6 | / | 专著 | 李德楠 | 国家社科基金项目 | 江苏省第十六届哲学社会科学优秀成果奖 | 三等 | / |

| | | | | | | | | |
|---|---|---|---|---|---|---|---|---|
| 新时代文明实践中心的时代价值 | 7 | / | 论文 | 展伟 | 教育部人文社科研究项目 | 江苏省第十六届哲学社会科学优秀成果奖 | 三等 | / |
| 徐渭书法研究(上下) | 8 | / | 专著 | 贾砚农 | 省教育厅社科项目 | 江苏省第十六届哲学社会科学优秀成果奖 | 二等 | / |
| 中国古典诗歌的互文性研究 | 9 | / | 专著 | 焦亚东 | 省教育厅社科项目 | 江苏省第十六届哲学社会科学优秀成果奖 | 三等 | / |
| 23. 盐城师范学院 | / | 6 | / | / | / | / | / | / |
| 点校本二十四史修订本·宋书 | 1 | / | 古籍整理著作 | 丁福林 | 无依托项目研究成果 | 江苏省第十六届哲学社会科学优秀成果奖 | 一等 | / |
| 机制与形态:传统文化与马克思主义融合研究 | 2 | / | 专著 | 张廷干 | 国家社科基金项目 | 江苏省第十六届哲学社会科学优秀成果奖 | 二等 | / |
| 农村学校教育现代化:价值选择与过程设计 | 3 | / | 专著 | 戴斌荣 | 国家社科基金项目 | 江苏省第十六届哲学社会科学优秀成果奖 | 二等 | / |
| 苏北方言语音研究 | 4 | / | 专著 | 冯青青 | 国家社科基金项目 | 江苏省第十六届哲学社会科学优秀成果奖 | 三等 | / |
| 体育旅游要素分析及其高质量发展研究 | 5 | / | 专著 | 戴俊 | 国家社科基金项目 | 江苏省第十六届哲学社会科学优秀成果奖 | 二等 | / |
| 学校教育环境中学生安全感的寻求与自我发展 | 6 | / | 专著 | 张权力 | 教育部人文社科研究项目 | 江苏省第十六届哲学社会科学优秀成果奖 | 二等 | / |
| 24. 南京财经大学 | / | 23 | / | / | / | / | / | / |
| Exploring the Impact of TMT Overseas Experiences on the Innovation Performance of Chinese Enterprises: The Mediating Effects of R&D Strategic Decision-Making | 1 | / | 论文 | 杨林 | 国家社科基金项目 | 江苏省第十六届哲学社会科学优秀成果奖 | 二等 | / |

续表

| 成果名称 | | 合计 | 成果形式 | 主要作者 | 课题来源 | 奖励名称 | 奖励等级 | 备注 |
|---|---|---|---|---|---|---|---|---|
| | 编号 | L01 | L02 | L03 | L04 | L05 | L06 | L07 |
| Optimal Production, Replenishment, Delivery, Routing and Inventory Management Policies for Products with Perishable Inventory | 2 | / | 论文 | 邱玉琢 | 国家自然科学基金项目 | 江苏省第十六届哲学社会科学优秀成果奖 | 二等 | / |
| The Impacts of Top Management Teamcharacteristics on Entrepreneurial Strategic Orientation: The Moderating Effects of Industrial Environment and Corporate Ownership | 3 | / | 论文 | 杨林 | 国家社科基金项目 | 第八届高等学校科学研究优秀成果奖(人文社会科学) | 三等 | / |
| “中国制造”对全球经济“大稳健”的影响——基于价值链的实证检验 | 4 | / | 论文 | 杨继军 | 国家自然科学基金项目 | 第八届高等学校科学研究优秀成果奖(人文社会科学) | 三等 | / |
| 历代经典碑帖技法解析——秦《峄山刻石》 | 5 | / | 专著 | 仇高驰 | 企事业单位委托项目 | 江苏省第十六届哲学社会科学优秀成果奖 | 二等 | / |
| 百年中国文学史写作范式研究 | 6 | / | 专著 | 温潘亚 | 国家社科基金项目 | 江苏省第十六届哲学社会科学优秀成果奖 | 三等 | / |
| 财政分权、地区间竞争与中国经济波动 | 7 | / | 论文 | 朱军 | 国家社科基金项目 | 江苏省第十六届哲学社会科学优秀成果奖 | 二等 | / |
| 互联网平台选择,纵向一体化与企业绩效 | 8 | / | 论文 | 万兴 | 国家社科基金项目 | 江苏省第十六届哲学社会科学优秀成果奖 | 三等 | / |
| 货币政策调控框架转型、财政乘数非线性变动与新时代财政工具选择 | 9 | / | 论文 | 卞志村 | 国家社科基金项目 | 江苏省第十六届哲学社会科学优秀成果奖 | 三等 | / |
| 绿色发展背景下中国碳生产率的时空演变和系统优化研究 | 10 | / | 专著 | 张成 | 国家社科基金项目 | 江苏省第十六届哲学社会科学优秀成果 | 一等 | / |
| 媒体不实报道的长期价值毁损效应研究——基于中联重科的案例分析 | 11 | / | 论文 | 姚文韵 | 国家社科基金项目 | 江苏省第十六届哲学社会科学优秀成果奖 | 二等 | / |
| 美国“府学关系”问题研究——以权力边界为切入点 | 12 | / | 专著 | 黄建伟 | 教育部人文社科研究项目 | 江苏省第十六届哲学社会科学优秀成果奖 | 三等 | / |

| 南京市现代服务业发展研究报告 | 13 | / | 专著 | 张为付 | 企事业单位委托项目 | 江苏省第十六届哲学社会科学优秀成果奖 | 二等 | / |
|---|---|---|---|---|---|---|---|---|
| 农地产权变迁中的结构细分与“三权分置”改革 | 14 | / | 论文 | 李宁 | 企事业单位委托项目 | 江苏省第十六届哲学社会科学优秀成果奖 | 三等 | / |
| 全球价值链背景下中国总出口的增加值分解 | 15 | / | 论文 | 韩中 | 教育部人文社科研究项目 | 江苏省第十六届哲学社会科学优秀成果奖 | 三等 | / |
| 生存解释学研究 | 16 | / | 专著 | 梅景辉 | 国家社科基金项目 | 江苏省第十六届哲学社会科学优秀成果奖 | 一等 | / |
| 土地:农民增收的保障还是阻碍 | 17 | / | 论文 | 骆永民 | 企事业单位委托项目 | 江苏省第十六届哲学社会科学优秀成果奖 | 二等 | / |
| 显性契约、职工维权与劳动力成本上升 | 18 | / | 论文 | 沈永建 | 企事业单位委托项目 | 江苏省第十六届哲学社会科学优秀成果奖 | 三等 | / |
| 增加值贸易对全球经济联动的影响 | 19 | / | 论文 | 杨继军 | 无依托项目研究成果 | 江苏省第十六届哲学社会科学优秀成果奖 | 一等 | / |
| 中国服务业增长的区域失衡研究——知识产权保护实际强度与最适强度偏离度的视角 | 20 | / | 论文 | 唐保庆 | 国家社科基金项目 | 江苏省第十六届哲学社会科学优秀成果奖 | 二等 | / |
| 中国经济高速增长与服务业结构升级滞后并存之谜——基于地方经济增长目标约束视角的解释 | 21 | / | 论文 | 余泳泽 | 国家自然科学基金项目 | 江苏省第十六届哲学社会科学优秀成果奖 | 二等 | / |
| 中国碳生产率的估算、预测及优化分配研究 | 22 | / | 研究或咨询报告 | 张成 | 国家社科基金项目 | 第八届高等学校科学研究优秀成果奖(人文社会科学) | 三等 | / |
| 嬗变与发展:美国研究型大学战略规划研究 | 23 | / | 专著 | 程永波 | 企事业单位委托项目 | 江苏省第十六届哲学社会科学优秀成果奖一等奖 | 一等 | / |
| 25. 江苏警官学院 | / | 2 | / | / | / | / | / | / |
| 马克思经济伦理方法论及其当代思考 | 1 | / | 论文 | 邢盘洲 | 无依托项目研究成果 | 江苏省第十六届哲学社会科学优秀成果奖 | 三等 | / |

续表

| 成果名称 | 编号 | 合计 L01 | 成果形式 L02 | 主要作者 L03 | 课题来源 L04 | 奖励名称 L05 | 奖励等级 L06 | 备注 L07 |
|---|---|---|---|---|---|---|---|---|
| 社会矛盾视阈下群体情绪研究 | 2 | / | 专著 | 朱志玲 | 国家社科基金项目 | 江苏省第十六届哲学社会科学优秀成果奖 | 三等 | / |
| 26. 南京体育学院 | / | 7 | / | / | / | / | / | / |
| 北京奥林匹克公园场馆资源开发研究 | 1 | / | 专著 | 叶小瑜 | 无依托项目研究成果 | 江苏省第十六届哲学社会科学优秀成果奖 | 二等 | / |
| 美国运动健康促进服务体系及其对健康中国的启示 | 2 | / | 论文 | 彭国强 | 中央其他部门社科专门项目 | 江苏省第十六届哲学社会科学优秀成果奖 | 二等 | / |
| 社会主义先进文化与社会主义核心价值观的共同属性论 | 3 | / | 论文 | 蒋艳 | 教育部人文社科研究项目 | 江苏省第十六届哲学社会科学优秀成果奖 | 二等 | / |
| 体育锻炼对老年人全面健康影响的理论与实践研究 | 4 | / | 专著 | 高亮 | 省、市、自治区社科基金项目 | 江苏省第十六届哲学社会科学优秀成果奖 | 三等 | / |
| 体育治理视野下我国高端体育智库的建设研究 | 5 | / | 论文 | 杨国庆 | 省、市、自治区社科基金项目 | 第八届高等学校科学研究优秀成果奖(人文社会科学) | 三等 | / |
| 新时代体育强省建设理论与实践 | 6 | / | 专著 | 朱传耿 | 无依托项目研究成果 | 江苏省第十六届哲学社会科学优秀成果奖 | 二等 | / |
| 新时代中国竞技体育的战略使命与创新路径研究 | 7 | / | 论文 | 杨国庆 | 中央其他部门社科专门项目 | 江苏省第十六届哲学社会科学优秀成果奖 | 一等 | / |
| 27. 南京艺术学院 | / | 9 | / | / | / | / | / | / |
| 大雅可鬻——民国前期书画市场研究 | 1 | / | 专著 | 陶小军 | 无依托项目研究成果 | 第八届高等学校科学研究优秀成果奖(人文社会科学) | 三等 | / |
| 古今同名乐器考(十六)——钲(下) | 2 | / | 论文 | 刘文荣 | 无依托项目研究成果 | 江苏省第十六届哲学社会科学优秀成果奖 | 三等 | / |

| | | | | | | | | |
|---|---|---|---|---|---|---|---|---|
| 设计驱动创新发展的国际现状和趋势研究 | 3 | / | 编著或教材 | 何晓佑 | 企事业单位委托项目 | 江苏省第十六届哲学社会科学优秀成果奖 | 二等 | / |
| 视听艺术空间的数字化重构 | 4 | / | 专著 | 魏佳 | 无依托项目研究成果 | 江苏省第十六届哲学社会科学优秀成果奖 | 三等 | / |
| 艺术启蒙与趣味冲突：第一次全国美术展览会(1929年)研究 | 5 | / | 专著 | 商勇 | 无依托项目研究成果 | 第八届高等学校科学研究优秀成果奖(人文社会科学) | 二等 | / |
| 中国歌剧音乐剧通史 | 6 | / | 编著或教材 | 居其宏 | 教育部人文社科研究项目 | 第八届高等学校科学研究优秀成果奖(人文社会科学) | 二等 | / |
| 中国古典艺术理论体系建构研究(下) | 7 | / | 专著 | 夏燕靖 | 国家社科基金单列学科项目 | 江苏省第十六届哲学社会科学优秀成果奖 | 一等 | / |
| 中国画教育的现代转型 | 8 | / | 专著 | 顾平 | 无依托项目研究成果 | 江苏省第十六届哲学社会科学优秀成果奖 | 一等 | / |
| 中国竹笛演奏艺术的美学传统研究 | 9 | / | 专著 | 王晓俊 | 学校社科项目 | 江苏省第十六届哲学社会科学优秀成果奖 | 一等 | / |
| 28. 苏州科技大学 | / | 2 | / | / | / | / | / | / |
| 渐行渐近："苏州文艺三朵花"传承与发展调查研究 | 1 | / | 专著 | 金红 | 省、市、自治区社科基金项目 | 江苏省第十六届哲学社会科学优秀成果奖 | 二等 | / |
| 音程循环向音列循环的扩展及其理论构建 | 2 | / | 论文 | 陈林 | 国家社科基金项目 | 江苏省第十六届哲学社会科学优秀成果奖 | 一等 | / |
| 29. 常熟理工学院 | / | 2 | / | / | / | / | / | / |
| 精神生态与散文演变：1976—2010 | 1 | / | 专著 | 周红莉 | 无依托项目研究成果 | 江苏省第十六届哲学社会科学优秀成果奖 | 三等 | / |
| 皖南方言中的"着""了"交替现象 | 2 | / | 论文 | 王健 | 国家社科基金项目 | 江苏省第十六届哲学社会科学优秀成果奖 | 三等 | / |

续表

| 成果名称 | 编号 | 合计 L01 | 成果形式 L02 | 主要作者 L03 | 课题来源 L04 | 奖励名称 L05 | 奖励等级 L06 | 备注 L07 |
|---|---|---|---|---|---|---|---|---|
| 30. 淮阴工学院 | / | 3 | / | / | / | / | / | / |
| 大企业与中国经济 | 1 | / | 专著 | 史修松 | 国家社科基金项目 | 江苏省第十六届哲学社会科学优秀成果奖 | 一等 | / |
| 应用型高校的未来 | 2 | / | 专著 | 孙爱武 | 省、市、自治区社科基金项目 | 江苏省第十六届哲学社会科学优秀成果奖 | 二等 | / |
| 元代书法家群体与复古观念研究 | 3 | / | 专著 | 程渤 | 教育部人文社科研究项目 | 江苏省第十六届哲学社会科学优秀成果奖 | 二等 | / |
| 31. 常州工学院 | / | 4 | / | / | / | / | / | / |
| 常州地名历史文化大辞典 | 1 | / | 工具书或参考书 | 马树杉 | 企事业单位委托项目 | 江苏省第十六届哲学社会科学优秀成果奖 | 三等 | / |
| 常州市营商环境评价及优化建议 | 2 | / | 研究或咨询报告 | 汤正华 | 地、市、厅、局等政府部门项目 | 江苏省第十六届哲学社会科学优秀成果奖 | 三等 | / |
| 应用型大学供给侧改革，改什么怎么改 | 3 | / | 论文 | 曹雨平 | 无依托项目研究成果 | 江苏省第十六届哲学社会科学优秀成果奖 | 二等 | / |
| 中国工业企业全要素生产率估计及提升对策研究 | 4 | / | 专著 | 钱炳 | 地、市、厅、局等政府部门项目 | 江苏省第十六届哲学社会科学优秀成果奖 | 三等 | / |
| 32. 扬州大学 | / | 43 | / | / | / | / | / | / |
| “戴庄经验”及其可推广性研究 | 1 | / | 研究或咨询报告 | 秦兴方 | 企事业单位委托项目 | 江苏省第十六届哲学社会科学优秀成果奖 | 一等 | / |
| “国家农业科技园区”建设模式及经验推广 | 2 | / | 研究或咨询报告 | 薛庆根 | 企事业单位委托项目 | 江苏省第十六届哲学社会科学优秀成果奖 | 三等 | / |

| | | | | | | | | |
|---|---|---|---|---|---|---|---|---|
| “楝亭图咏”与清初江南诗风嬗变 | 3 | / | 论文 | 朱志远 | 国家社科基金项目 | 江苏省第十六届哲学社会科学优秀成果奖 | 三等 | / |
| 后汉书稽疑(上中下册) | 4 | / | 专著 | 曹金华 | 国家社科基金项目 | 教育部第八届高等学校科学研究优秀成果奖(人文社会科学) | 二等 | / |
| 毛诗传笺 | 5 | / | 编著或教材 | 孔祥军 | 教育部人文社科研究项目 | 江苏省第十六届哲学社会科学优秀成果奖 | 二等 | / |
| 清代地域学派《论语》诠释研究 | 6 | / | 专著 | 柳宏 | 国家社科基金项目 | 江苏省第十六届哲学社会科学优秀成果奖 | 一等 | / |
| 文化旅游的区域协同发展:模式与对策 | 7 | / | 专著 | 侯兵 | 中央其他部门社科专门项目 | 江苏省第十六届哲学社会科学优秀成果奖 | 三等 | / |
| 译者行为批评:理论框架 | 8 | / | 专著 | 周领顺 | 国家社科基金项目 | 教育部第八届高等学校科学研究优秀成果奖(人文社会科学) | 二等 | / |
| 语文美育学 | 9 | / | 专著 | 徐林祥 | 无依托项目研究成果 | 江苏省第十六届哲学社会科学优秀成果奖 | 三等 | / |
| 中欧三国:国家转型,语言权利与小族语言生存 | 10 | / | 专著 | 何山华 | 教育部人文社科研究项目 | 江苏省第十六届哲学社会科学优秀成果奖 | 二等 | / |
| 包容性法治框架下的社会组织治理 | 11 | / | 论文 | 张清 | 国家社科基金项目 | 江苏省第十六届哲学社会科学优秀成果奖 | 一等 | / |
| 尺牍友声集 | 12 | / | 专著 | 王定勇 | 省教育厅社科项目 | 江苏省第十六届哲学社会科学优秀成果奖 | 三等 | / |
| 初中数学教学改革 GX 实验的研究——我国减负提质教改实验的探索 | 13 | / | 专著 | 徐建星 | 国家社科基金单列学科项目 | 江苏省第十六届哲学社会科学优秀成果奖 | 三等 | / |
| 从形式主义到历史主义:晚近文学理论“向外转”的深层机理探究 | 14 | / | 专著 | 姚文放 | 国家社科基金项目 | 教育部第八届高等学校科学研究优秀成果奖(人文社会科学) | 二等 | / |
| 复杂性视域中的教育政策运行研究 | 15 | / | 专著 | 刘佳 | 省教育厅社科项目 | 江苏省第十六届哲学社会科学优秀成果奖 | 一等 | / |

续表

| 成果名称 | | 合计 | 成果形式 | 主要作者 | 课题来源 | 奖励名称 | 奖励等级 | 备注 |
|---|---|---|---|---|---|---|---|---|
| | 编号 | L01 | L02 | L03 | L04 | L05 | L06 | L07 |
| 高校中华优秀传统文化与社会主义核心价值观融合教育机制研究 | 16 | / | 专著 | 佘远富 | 教育部人文社科研究项目 | 江苏省第十六届哲学社会科学优秀成果奖 | 二等 | / |
| 关于加快推进独立学院转设的建议 | 17 | / | 研究或咨询报告 | 费坚 | 国家社科基金单列学科项目 | 江苏省第十六届哲学社会科学优秀成果奖 | 二等 | / |
| 广雅疏证(点校本)(上下册) | 18 | / | 专著 | 张其昀 | 无依托项目研究成果 | 江苏省第十六届哲学社会科学优秀成果奖 | 一等 | / |
| 过年:华北根据地的民俗改造(1937—1949) | 19 | / | 专著 | 李军全 | 教育部人文社科研究项目 | 江苏省第十六届哲学社会科学优秀成果奖 | 二等 | / |
| 汉画像石西王母图像方位模式研究 | 20 | / | 专著 | 王倩 | 国家社科基金项目 | 江苏省第十六届哲学社会科学优秀成果奖 | 三等 | / |
| 教育管办评分离的政府角色研究 | 21 | / | 专著 | 史华楠 | 国家社科基金项目 | 江苏省第十六届哲学社会科学优秀成果奖 | 三等 | / |
| 近代中国中小学公民教育研究 | 22 | / | 专著 | 翟楠 | 教育部人文社科研究项目 | 江苏省第十六届哲学社会科学优秀成果奖 | 二等 | / |
| 近代中国中小学教员资格检定制度研究 | 23 | / | 专著 | 申卫革 | 教育部人文社科研究项目 | 江苏省第十六届哲学社会科学优秀成果奖 | 三等 | / |
| 口述史视阈下的古籍版本鉴定研究 | 24 | / | 专著 | 赵宣 | 国家社科基金项目 | 江苏省第十六届哲学社会科学优秀成果奖 | 三等 | / |
| 利益相关者理论视角下的高校学前教育专业本科人才培养研究 | 25 | / | 专著 | 张世义 | 省教育厅社科项目 | 江苏省第十六届哲学社会科学优秀成果奖 | 三等 | / |
| 两晋南北朝十二讲(修订版) | 26 | / | 专著 | 李文才 | 国家社科基金项目 | 江苏省第十六届哲学社会科学优秀成果奖 | 一等 | / |
| 列宁的社会有机体思想及当代意义 | 27 | / | 论文 | 周建超 | 国家社科基金项目 | 江苏省第十六届哲学社会科学优秀成果奖 | 二等 | / |

| | | | | | | | | |
|---|---|---|---|---|---|---|---|---|
| 论“有意”与“无意”及其美学史意义 | 28 | / | 论文 | 陈军（文艺学） | 国家社科基金项目 | 江苏省第十六届哲学社会科学优秀成果奖 | 二等 | / |
| 论文化遗产创造性转化的逻辑与路径 | 29 | / | 论文 | 秦宗财 | 无依托项目研究成果 | 江苏省第十六届哲学社会科学优秀成果奖 | 三等 | / |
| 马克思主义政治经济学视野下资本主义社会创新悖论 | 30 | / | 论文 | 胡立法 | 国家社科基金项目 | 江苏省第十六届哲学社会科学优秀成果奖 | 三等 | / |
| 明清文化传播与商业互动研究：以徽商与徽州出版为中心 | 31 | / | 专著 | 秦宗财 | 省、市、自治区社科基金项目 | 江苏省第十六届哲学社会科学优秀成果奖 | 一等 | / |
| 评话小说通论 | 32 | / | 专著 | 董国炎 | 国家社科基金项目 | 江苏省第十六届哲学社会科学优秀成果奖 | 二等 | / |
| 清代新疆政务丛书 | 33 | / | 编著或教材 | 郭院林 | 无依托项目研究成果 | 江苏省第十六届哲学社会科学优秀成果奖 | 二等 | / |
| 全明散曲（增补版） | 34 | / | 专著 | 谢伯阳 | 无依托项目研究成果 | 教育部第八届高等学校科学研究优秀成果奖（人文社会科学） | 二等 | / |
| 日语行为要求话语策略研究 | 35 | / | 专著 | 孙杨 | 国家社科基金项目 | 江苏省第十六届哲学社会科学优秀成果奖 | 三等 | / |
| 史通（解读） | 36 | / | 专著 | 王嘉川 | 国家社科基金项目 | 江苏省第十六届哲学社会科学优秀成果奖 | 二等 | / |
| 宋词三百首译注 | 37 | / | 译著 | 朱德慈 | 无依托项目研究成果 | 江苏省第十六届哲学社会科学优秀成果奖 | 二等 | / |
| 运动干预对聋哑儿童执行功能及脑灰质体积的影响 | 38 | / | 论文 | 陈爱国 | 国家社科基金项目 | 江苏省第十六届哲学社会科学优秀成果奖 | 一等 | / |
| 运动兴趣的研究取向 | 39 | / | 论文 | 傅健 | 全国教育科学规划（教育部）项目 | 江苏省第十六届哲学社会科学优秀成果奖 | 三等 | / |
| 中古士人流迁与南北文化传播 | 40 | / | 专著 | 王永平 | 省、市、自治区社科基金项目 | 江苏省第十六届哲学社会科学优秀成果奖 | 二等 | / |

续表

| 成果名称 | | 合计 | 成果形式 | 主要作者 | 课题来源 | 奖励名称 | 奖励等级 | 备注 |
|---|---|---|---|---|---|---|---|---|
| | 编号 | L01 | L02 | L03 | L04 | L05 | L06 | L07 |
| 中国大运河文化 | 41 | / | 专著 | 姜师立 | 企事业单位委托项目 | 江苏省第十六届哲学社会科学优秀成果奖 | 三等 | / |
| 中国农村土地制度变迁和创新研究(五) | 42 | / | 专著 | 钱忠好 | 国家社科基金项目 | 教育部第八届高等学校科学研究优秀成果奖(人文社会科学) | 三等 | / |
| 中国宪法序言研究 | 43 | / | 专著 | 陈玉山 | 国家社科基金项目 | 江苏省第十六届哲学社会科学优秀成果奖 | 三等 | / |
| 33. 南京审计大学 | / | 20 | / | / | / | / | / | / |
| Affordable Care Encourages Healthy Living: Theory and Evidence from China's New Cooperative Medical Scheme | 1 | / | 论文 | 俞宁 | 国家自然科学基金项目 | 江苏省第十六届哲学社会科学优秀成果奖 | 一等 | / |
| 产业集聚、公共服务供给与城市规模扩张 | 2 | / | 论文 | 韩峰 | 国家社科基金项目 | 江苏省第十六届哲学社会科学优秀成果奖 | 三等 | / |
| 出口与内需的结构背离:成因及影响 | 3 | / | 论文 | 易先忠 | 国家社科基金项目 | 教育部第八届高等学校科学研究优秀成果奖(人文社会科学) | 三等 | / |
| 当代中国金融审计研究(1983—2018) | 4 | / | 专著 | 江世银 | 省、市、自治区社科基金项目 | 江苏省第十六届哲学社会科学优秀成果奖 | 三等 | / |
| 风险社会的治理之道——重大突发公共事件的政府协调治理 | 5 | / | 专著 | 金太军 | 国家社科基金项目 | 江苏省第十六届哲学社会科学优秀成果奖 | 一等 | / |
| 功能—类型学视角下无标记受事前置句研究 | 6 | / | 专著 | 刘顺 | 教育部人文社科研究项目 | 江苏省第十六届哲学社会科学优秀成果奖 | 二等 | / |
| 供应链企业信任的演化分析与实证研究 | 7 | / | 专著 | 石岿然 | 国家社科基金项目 | 江苏省第十六届哲学社会科学优秀成果奖 | 二等 | / |
| 关系网络扩展与农业交易治理机制创新——汀鄂三县葡萄种植业的比较案例研究 | 8 | / | 专著 | 徐振宇 | 教育部人文社科研究项目 | 江苏省第十六届哲学社会科学优秀成果奖 | 二等 | / |

| | | | | | | | | |
|---|---|---|---|---|---|---|---|---|
| 国家规模、制度环境和外贸发展方式 | 9 | / | 专著 | 易先忠 | 国家社科基金项目 | 江苏省第十六届哲学社会科学优秀成果奖 | 一等 | / |
| 国家治理导向的政府审计——理论体系与实现路径 | 10 | / | 专著 | 王会金 | 无依托项目研究成果 | 江苏省第十六届哲学社会科学优秀成果奖 | 二等 | / |
| 技术赶超是否引发中美贸易摩擦 | 11 | / | 论文 | 杨飞 | 国家自然科学基金项目 | 江苏省第十六届哲学社会科学优秀成果奖 | 三等 | / |
| 全球经济深度调整背景下中国外贸增速变化机理及对策研究 | 12 | / | 专著 | 戴翔 | 无依托项目研究成果 | 江苏省第十六届哲学社会科学优秀成果奖 | 二等 | / |
| 人力资本结构高级化与经济增长——兼论东中西部地区差距的形成和缩小 | 13 | / | 论文 | 刘智勇 | 国家社科基金项目 | 江苏省第十六届哲学社会科学优秀成果奖 | 三等 | / |
| 如何有针对性地促进农地经营权流转？——基于苏、桂、鄂、黑四省(区)99 村、896 户农户调查数据的实证分析 | 14 | / | 论文 | 冀县卿 | 教育部人文社科研究项目 | 江苏省第十六届哲学社会科学优秀成果奖 | 二等 | / |
| 社会治理创新中的法治绩效研究 | 15 | / | 专著 | 刘爱龙 | 国家社科基金项目 | 江苏省第十六届哲学社会科学优秀成果奖 | 三等 | / |
| 审计理论研究——审计主题视角 | 16 | / | 专著 | 郑石桥 | 无依托项目研究成果 | 江苏省第十六届哲学社会科学优秀成果奖 | 二等 | / |
| 数字贸易理论与规则研究进展 | 17 | / | 论文 | 陈维涛 | 无依托项目研究成果 | 第二十一届安子介国际贸易研究奖 | 三等 | / |
| 卫生计生系统内审工作方法研究 | 18 | / | 研究或咨询报告 | 陈艳娇 | 地、市、厅、局等政府部门项目 | 教育部第八届高等学校科学研究优秀成果奖(人文社会科学) | 一等 | / |
| 我国企业外部导向的知识资本专项报告研究 | 19 | / | 专著 | 董必荣 | 国家社科基金项目 | 江苏省第十六届哲学社会科学优秀成果奖 | 二等 | / |
| 中国鲜活农产品流通体系演化研究 | 20 | / | 专著 | 徐振宇 | 国家社科基金项目 | 教育部第八届高等学校科学研究优秀成果奖(人文社会科学) | 其他 | / |
| 34. 南京晓庄学院 | / | 6 | / | / | / | / | / | / |

续表

| 成果名称 | | 合计 | 成果形式 | 主要作者 | 课题来源 | 奖励名称 | 奖励等级 | 备注 |
|---|---|---|---|---|---|---|---|---|
| | 编号 | L01 | L02 | L03 | L04 | L05 | L06 | L07 |
| 承继与嬗变:陶行知研究的学术谱系 | 1 | / | 专著 | 刘大伟 | 省、市、自治区社科基金项目 | 江苏省第十六届哲学社会科学优秀成果奖 | 三等 | / |
| 儿童插画视觉形式中的情感表现 | 2 | / | 论文 | 陈光龙 | 学校社科项目 | 江苏省第十六届哲学社会科学优秀成果 | 二等 | / |
| 二十世纪甲骨文书法研究 | 3 | / | 专著 | 陈爱民 | 省、市、自治区社科基金项目 | 江苏省第十六届哲学社会科学优秀成果 | 二等 | / |
| 解放区后期文学价值观论析——从《血泪仇》说起 | 4 | / | 论文 | 秦林芳 | 国家社科基金项目 | 江苏省第十六届哲学社会科学优秀成果 | 二等 | / |
| 论西方教育成层理论身心转向及其启示 | 5 | / | 论文 | 张济洲 | 省、市、自治区社科基金项目 | 江苏省第十六届哲学社会科学优秀成果 | 三等 | / |
| 真水无香:蒋仁与清代浙派篆刻研究 | 6 | / | 专著 | 朱琪 | 省、市、自治区社科基金项目 | 江苏省第十六届哲学社会科学优秀成果 | 三等 | / |
| 35. 江苏理工学院 | / | 5 | / | / | / | / | / | / |
| 汉学家《论语》英译研究 | 1 | / | 专著 | 张德福 | 省、市、自治区社科基金项目 | 江苏省哲学社会科学优秀成果奖 | 三等 | / |
| 基于高职教师知识结构的培训项目体系设计 | 2 | / | 论文 | 聂伟进 | 学校社科项目 | 江苏省哲学社会科学优秀成果奖 | 三等 | / |
| 江苏现代职业教育体系研究 | 3 | / | 专著 | 崔景贵 | 地、市、厅、局等政府部门项目 | 高等学校科学研究优秀成果奖 | 三等 | / |
| 审美的他者:20世纪中国作家美术思想研究 | 4 | / | 专著 | 李徽昭 | 教育部人文社科研究项目 | 江苏省哲学社会科学优秀成果奖 | 二等 | / |
| 职业教育教师专业素质结构及评价 | 5 | / | 专著 | 胡维芳 | 省、市、自治区社科基金项目 | 江苏省哲学社会科学优秀成果奖 | 二等 | / |

| | | | | | | | | |
|---|---|---|---|---|---|---|---|---|
| 36. 江苏海洋大学 | / | 7 | / | / | / | / | / | / |
| 促进江苏沿海经济高质量发展研究 | 1 | / | 专著 | 孙会 | 地、市、厅、局等政府部门项目 | 江苏省第十六届哲学社会科学优秀成果奖 | 二等 | / |
| 互联网经济时代的中国产业升级问题研究 | 2 | / | 专著 | 孙军 | 国家社科基金项目 | 江苏省第十六届哲学社会科学优秀成果奖 | 二等 | / |
| 江苏“科技镇长团”制度创新与实践调查研究 | 3 | / | 研究或咨询报告 | 李义良 | 地、市、厅、局等政府部门项目 | 江苏省第十六届哲学社会科学优秀成果奖 | 二等 | / |
| 结婚禁止论 | 4 | / | 专著 | 张玉萍 | 地、市、厅、局等政府部门项目 | 江苏省第十六届哲学社会科学优秀成果奖 | 三等 | / |
| 科技型中小企业知识产权质押融资问题研究 | 5 | / | 专著 | 肖侠 | 教育部人文社科研究项目 | 江苏省第十六届哲学社会科学优秀成果奖 | 三等 | / |
| 连霍携手打造标杆示范项目，着力提升陆海联运通道功能 | 6 | / | 研究或咨询报告 | 宣昌勇 | 省、市、自治区社科基金项目 | 江苏省第十六届哲学社会科学优秀成果奖 | 二等 | / |
| 组织中的跨边界学习研究 | 7 | / | 专著 | 吴价宝 | 地、市、厅、局等政府部门项目 | 江苏省第十六届哲学社会科学优秀成果奖 | 二等 | / |
| 37. 徐州工程学院 | / | 8 | / | / | / | / | / | / |
| Modern Emergency Management(现代应急管理) | 1 | / | 专著 | 曹杰 | 国家社科基金项目 | 江苏省第十六届哲学社会科学优秀成果奖 | 一等 | / |
| 《六十种曲》研究 | 2 | / | 编著或教材 | 马衍 | 省、市、自治区社科基金项目 | 江苏省第十六届哲学社会科学优秀成果奖 | 三等 | / |
| 《世说新语》续仿作品研究 | 3 | / | 专著 | 齐慧源 | 国家社科基金项目 | 江苏省第十六届哲学社会科学优秀成果奖 | 三等 | / |
| 空气污染对城市居民的健康经济影响及应对策略——基于江苏省的研究 | 4 | / | 论文 | 李惠娟 | 地、市、厅、局等政府部门项目 | 江苏省第十六届哲学社会科学优秀成果奖 | 三等 | / |

续表

| 成果名称 | | 合计 | 成果形式 | 主要作者 | 课题来源 | 奖励名称 | 奖励等级 | 备注 |
|---|---|---|---|---|---|---|---|---|
| | 编号 | L01 | L02 | L03 | L04 | L05 | L06 | L07 |
| 应急协同决策理论与方法 | 5 | / | 研究或咨询报告 | 曹杰 | 国家社科基金项目 | 第八届高等学校科学研究优秀成果奖(人文社会科学) | 二等 | / |
| 中国情境下创业型领导对新创企业成长的影响机制研究 | 6 | / | 论文 | 陈奎庆 | 国家社科基金项目 | 江苏省第十六届哲学社会科学优秀成果奖 | 二等 | / |
| 中国体育非物质文化遗产项目—江苏卷 | 7 | / | 专著 | 李平安 | 教育部人文社科研究项目 | 江苏省第十六届哲学社会科学优秀成果奖 | 二等 | / |
| 作为生存策略的道德及其演化路径 | 8 | / | 论文 | 燕善敏 | 学校社科项目 | 江苏省第十六届哲学社会科学优秀成果奖 | 三等 | / |
| 38. 南京特殊教育师范学院 | / | 2 | / | / | / | / | / | / |
| 中国残疾人事业发展报告 2005—2016 | 1 | / | 皮书/发展报告 | 凌迎兵 | 中央其他部门社科专门项目 | 第八届高等学校科学研究优秀成果奖(人文社会科学) | 三等 | / |
| 中国神树图像研究 | 2 | / | 专著 | | 无依托项目研究成果 | 江苏省第十六届哲学社会科学优秀成果奖 | 三等 | / |
| 39. 泰州学院 | / | 3 | / | / | / | / | / | / |
| 海陵声伎甲江南——明清“海陵地区”文化家族与戏曲研究 | 1 | / | 专著 | 钱成 | 无依托项目研究成果 | 江苏省第十六届哲学社会科学优秀成果奖 | 三等 | / |
| 汉语常用 100 词源流演变研究 | 2 | / | 专著 | 曹翔 | 学校社科项目 | 江苏省第十六届哲学社会科学优秀成果奖 | 三等 | / |
| 义务教育数学核心素养教学论 | 3 | / | 专著 | 潘小明 | 无依托项目研究成果 | 江苏省第十六届哲学社会科学优秀成果奖 | 三等 | / |
| 40. 金陵科技学院 | / | 3 | / | / | / | / | / | / |

| | | | | | | | | |
|---|---|---|---|---|---|---|---|---|
| 国家战略视角下江苏旅游产业发展研究 | 1 | / | 专著 | 冯年华 | 省、市、自治区社科基金项目 | 江苏省第十六届哲学社会科学优秀成果奖 | 三等 | / |
| 南京金融创新与发展 | 2 | / | 专著 | 刘永彪 | 省、市、自治区社科基金项目 | 江苏省第十六届哲学社会科学优秀成果奖 | 三等 | / |
| 中国森林旅游论 | 3 | / | 专著 | 聂影 | 省、市、自治区社科基金项目 | 江苏省第十六届哲学社会科学优秀成果奖 | 三等 | / |
| 41. 江苏第二师范学院 | / | 6 | / | / | / | / | / | / |
| Impact of Chinese Culture on Preservice Science Teachers Views of the Nature of Science | 1 | / | 论文 | 万东升 | 教育部人文社科研究项目 | 江苏省第十六届哲学社会科学优秀成果奖 | 三等 | / |
| 高校意识形态工作创新调研报告 | 2 | / | 研究或咨询报告 | 张勤 | 省教育厅社科项目 | 江苏省第十六届哲学社会科学优秀成果奖 | 三等 | / |
| 汉语递系结构发展演变史 | 3 | / | 专著 | 张颖炜 | 无依托项目研究成果 | 江苏省第十六届哲学社会科学优秀成果奖 | 二等 | / |
| 清代文话研究 | 4 | / | 专著 | 蔡德龙 | 无依托项目研究成果 | 江苏省第十六届哲学社会科学优秀成果奖 | 三等 | / |
| 宣州吴语浊音声母的声学实验研究 | 5 | / | 论文 | 侯超 | 国家社科基金项目 | 江苏省第十六届哲学社会科学优秀成果奖 | 三等 | / |
| 语篇阅读教学论 | 6 | / | 专著 | 贡如云 | 学校社科项目 | 江苏省第十六届哲学社会科学优秀成果奖 | 二等 | / |
| 42. 连云港师范高等专科学校 | / | 1 | / | / | / | / | / | / |
| 《聊斋志异》第一人称叙事论析 | 1 | / | 论文 | 尚继武 | 省、市、自治区社科基金项目 | 江苏省第十六届哲学社会科学优秀成果奖 | 三等 | / |
| 43. 无锡商业职业技术学院 | / | 1 | / | / | / | / | / | / |

续表

| 成果名称 | | 合计 | 成果形式 | 主要作者 | 课题来源 | 奖励名称 | 奖励等级 | 备注 |
|---|---|---|---|---|---|---|---|---|
| | 编号 | L01 | L02 | L03 | L04 | L05 | L06 | L07 |
| 高职院校内涵建设与评价体系建构研究 | 1 | / | 编著或教材 | 杨建新 | 教育部人文社科研究项目 | 江苏省第十六届哲学社会科学优秀成果奖 | 二等 | / |
| 44. 江苏城市职业学院 | / | 1 | / | / | / | / | / | / |
| 江苏社区教育发展报告 | 1 | / | 研究或咨询报告 | 崔新有 | 地、市、厅、局等政府部门项目 | 江苏省第十六届哲学社会科学优秀成果奖 | 三等 | / |
| 45. 南通师范高等专科学校 | / | 1 | / | / | / | / | / | / |
| 加快推进师专升本构建我省小幼教师培养新体系 | 1 | / | 研究或咨询报告 | 潘健 | 无依托项目研究成果 | 江苏省第十六届哲学社会科学优秀成果奖 | 二等 | / |
| 46. 南京信息工程大学滨江学院 | / | 1 | / | / | / | / | / | / |
| Multifractal Detrended Analysis Method and Its Application in Financial Markets | 1 | / | 专著 | 曹广喜 | 国家社科基金项目 | 江苏省第十六届哲学社会科学优秀成果 | 三等 | / |

# 十、社科学术交流

## 1. 全省高等学校人文、社会科学学术交流情况表

| 学术交流类别 | 编号 | 校办学术会议 | | 参加学术会议 | | | 受聘讲学 | | 社科考察 | | 进修学习 | | 合作研究 | | |
|---|---|---|---|---|---|---|---|---|---|---|---|---|---|---|---|
| | | 本校独办数 | 与外单位合办数 | 参加人次 | | 提交论文（篇） | 派出人次 | 来校人次 | 派出人次 | 来校人次 | 派出人次 | 来校人次 | 派出人次 | 来校人次 | 课题数（项） |
| | | | | 合计 | 其中：赴境外人次 | | | | | | | | | | |
| | | L01 | L02 | L03 | L04 | L05 | L06 | L07 | L08 | L09 | L10 | L11 | L12 | L13 | L14 |
| 合计 | / | 1 266 | 359 | 14 075 | 83 | 8 502 | 2 041 | 3 634 | 2 809 | 2 333 | 4 543 | 2 664 | 1 291 | 1 178 | 603 |
| 国际学术交流 | 1 | 57 | 24 | 1 910 | 60 | 1 017 | 97 | 276 | 263 | 54 | 186 | 140 | 18 | 73 | 22 |
| 国内学术交流 | 2 | 1 204 | 328 | 12 022 | 4 | 7 352 | 1 870 | 3 330 | 2 399 | 2 269 | 4 314 | 2 512 | 1 273 | 1 104 | 580 |
| 与港、澳、台地区学校交流 | 3 | 5 | 7 | 143 | 19 | 133 | 74 | 28 | 147 | 10 | 43 | 12 | 0 | 1 | 1 |

## 2. 公办本科高等学校人文、社会科学学术交流情况表

| 学术交流类别 | 编号 | 校办学术会议 | | 参加学术会议 | | | 受聘讲学 | | 社科考察 | | 进修学习 | | 合作研究 | | |
|---|---|---|---|---|---|---|---|---|---|---|---|---|---|---|---|
| | | 本校独办数 | 与外单位合办数 | 参加人次 | | 提交论文（篇） | 派出人次 | 来校人次 | 派出人次 | 来校人次 | 派出人次 | 来校人次 | 派出人次 | 来校人次 | 课题数（项） |
| | | | | 合计 | 其中：赴境外人次 | | | | | | | | | | |
| | | L01 | L02 | L03 | L04 | L05 | L06 | L07 | L08 | L09 | L10 | L11 | L12 | L13 | L14 |
| 合计 | / | 1 016 | 310 | 12 217 | 41 | 7 323 | 1 683 | 3 124 | 1 899 | 1 607 | 2 114 | 1 353 | 924 | 909 | 426 |
| 1. 南京大学 | | 24 | 16 | 1 251 | 8 | 259 | 80 | 96 | 45 | 19 | 8 | 2 | 20 | 51 | 18 |
| 国际学术交流 | 1 | 2 | 4 | 320 | 8 | 43 | 0 | 25 | 0 | 1 | 4 | 0 | 0 | 0 | 0 |
| 国内学术交流 | 2 | 22 | 12 | 929 | 0 | 215 | 80 | 71 | 45 | 18 | 4 | 2 | 20 | 51 | 18 |

续表

| 学术交流类别 | 编号 | 校办学术会议 | | 参加学术会议 | | | 受聘讲学 | | 社科考察 | | 进修学习 | | 合作研究 | | |
|---|---|---|---|---|---|---|---|---|---|---|---|---|---|---|---|
| | | 本校独办数 | 与外单位合办数 | 参加人次 合计 | 参加人次 其中：赴境外人次 | 提交论文（篇） | 派出人次 | 来校人次 | 派出人次 | 来校人次 | 派出人次 | 来校人次 | 派出人次 | 来校人次 | 课题数（项） |
| | | L01 | L02 | L03 | L04 | L05 | L06 | L07 | L08 | L09 | L10 | L11 | L12 | L13 | L14 |
| 与港、澳、台地区学校交流 | 3 | 0 | 0 | 2 | 0 | 1 | 0 | 0 | 0 | 0 | 0 | 0 | 0 | 0 | 0 |
| 2. 东南大学 | | 31 | 10 | 261 | 3 | 114 | 68 | 391 | 41 | 61 | 23 | 9 | 0 | 0 | 0 |
| 国际学术交流 | 1 | 5 | 0 | 79 | 3 | 36 | 1 | 48 | 32 | 3 | 5 | 0 | 0 | 0 | 0 |
| 国内学术交流 | 2 | 24 | 8 | 171 | 0 | 69 | 65 | 343 | 9 | 58 | 18 | 9 | 0 | 0 | 0 |
| 与港、澳、台地区学校交流 | 3 | 2 | 2 | 11 | 0 | 9 | 2 | 0 | 0 | 0 | 0 | 0 | 0 | 0 | 0 |
| 3. 江南大学 | | 24 | 8 | 365 | 14 | 146 | 132 | 248 | 287 | 283 | 54 | 68 | 46 | 77 | 21 |
| 国际学术交流 | 1 | 2 | 0 | 27 | 14 | 18 | 65 | 22 | 148 | 0 | 24 | 29 | 0 | 0 | 0 |
| 国内学术交流 | 2 | 22 | 8 | 338 | 0 | 128 | 0 | 223 | 29 | 283 | 30 | 39 | 46 | 77 | 21 |
| 与港、澳、台地区学校交流 | 3 | 0 | 0 | 0 | 0 | 0 | 67 | 3 | 110 | 0 | 0 | 0 | 0 | 0 | 0 |
| 4. 南京农业大学 | | 12 | 4 | 361 | 1 | 310 | 35 | 75 | 25 | 29 | 26 | 0 | 16 | 41 | 37 |
| 国际学术交流 | 1 | 0 | 0 | 19 | 1 | 14 | 0 | 0 | 0 | 0 | 2 | 0 | 2 | 0 | 3 |
| 国内学术交流 | 2 | 12 | 0 | 310 | 0 | 264 | 35 | 75 | 25 | 29 | 24 | 0 | 14 | 41 | 34 |
| 与港、澳、台地区学校交流 | 3 | 0 | 4 | 32 | 0 | 32 | 0 | 0 | 0 | 0 | 0 | 0 | 0 | 0 | 0 |
| 5. 中国矿业大学 | | 17 | 4 | 275 | 2 | 223 | 40 | 83 | 82 | 35 | 18 | 4 | 0 | 0 | 0 |
| 国际学术交流 | 1 | 0 | 0 | 15 | 2 | 3 | 0 | 0 | 22 | 5 | 5 | 0 | 0 | 0 | 0 |
| 国内学术交流 | 2 | 17 | 4 | 260 | 0 | 220 | 40 | 83 | 60 | 30 | 13 | 4 | 0 | 0 | 0 |
| 与港、澳、台地区学校交流 | 3 | 0 | 0 | 0 | 0 | 0 | 0 | 0 | 0 | 0 | 0 | 0 | 0 | 0 | 0 |
| 6. 河海大学 | | 18 | 19 | 1324 | 0 | 313 | 43 | 118 | 94 | 62 | 22 | 12 | 45 | 16 | 10 |
| 国际学术交流 | 1 | 2 | 0 | 31 | 0 | 22 | 0 | 0 | 0 | 0 | 5 | 0 | 0 | 0 | 0 |

续表

| | | | | | | | | | | | | | | | |
|---|---|---|---|---|---|---|---|---|---|---|---|---|---|---|---|
| 国内学术交流 | 2 | 15 | 19 | 1 289 | 0 | 289 | 43 | 118 | 94 | 62 | 17 | 12 | 45 | 16 | 10 |
| 与港、澳、台地区学校交流 | 3 | 1 | 0 | 4 | 0 | 2 | 0 | 0 | 0 | 0 | 0 | 0 | 0 | 0 | 0 |
| 7. 南京理工大学 | | 11 | 0 | 58 | 0 | 21 | 45 | 69 | 23 | 40 | 7 | 0 | 32 | 23 | 15 |
| 国际学术交流 | 1 | 1 | 0 | 15 | 0 | 6 | 0 | 2 | 0 | 0 | 0 | 0 | 0 | 0 | 0 |
| 国内学术交流 | 2 | 10 | 0 | 43 | 0 | 15 | 45 | 67 | 23 | 40 | 7 | 0 | 32 | 23 | 15 |
| 与港、澳、台地区学校交流 | 3 | 0 | 0 | 0 | 0 | 0 | 0 | 0 | 0 | 0 | 0 | 0 | 0 | 0 | 0 |
| 8. 南京航空航天大学 | | 12 | 10 | 488 | 2 | 150 | 301 | 159 | 31 | 39 | 19 | 0 | 5 | 30 | 8 |
| 国际学术交流 | 1 | 7 | 2 | 284 | 2 | 38 | 1 | 48 | 0 | 1 | 6 | 0 | 2 | 22 | 4 |
| 国内学术交流 | 2 | 5 | 8 | 204 | 0 | 112 | 300 | 110 | 31 | 34 | 13 | 0 | 3 | 7 | 3 |
| 与港、澳、台地区学校交流 | 3 | 0 | 0 | 0 | 0 | 0 | 0 | 1 | 0 | 4 | 0 | 0 | 0 | 1 | 1 |
| 9. 中国药科大学 | | 6 | 1 | 42 | 0 | 42 | 28 | 13 | 23 | 9 | 17 | 5 | 12 | 8 | 3 |
| 国际学术交流 | 1 | 0 | 0 | 0 | 0 | 0 | 0 | 0 | 0 | 0 | 0 | 0 | 0 | 0 | 0 |
| 国内学术交流 | 2 | 6 | 1 | 42 | 0 | 42 | 28 | 13 | 23 | 9 | 17 | 5 | 12 | 8 | 3 |
| 与港、澳、台地区学校交流 | 3 | 0 | 0 | 0 | 0 | 0 | 0 | 0 | 0 | 0 | 0 | 0 | 0 | 0 | 0 |
| 10. 南京森林警察学院 | | 0 | 0 | 97 | 0 | 90 | 0 | 0 | 0 | 0 | 0 | 0 | 0 | 0 | 0 |
| 国际学术交流 | 1 | 0 | 0 | 0 | 0 | 0 | 0 | 0 | 0 | 0 | 0 | 0 | 0 | 0 | 0 |
| 国内学术交流 | 2 | 0 | 0 | 97 | 0 | 90 | 0 | 0 | 0 | 0 | 0 | 0 | 0 | 0 | 0 |
| 与港、澳、台地区学校交流 | 3 | 0 | 0 | 0 | 0 | 0 | 0 | 0 | 0 | 0 | 0 | 0 | 0 | 0 | 0 |
| 11. 苏州大学 | | 2 | 1 | 254 | 0 | 286 | 27 | 38 | 21 | 37 | 34 | 30 | 22 | 18 | 6 |
| 国际学术交流 | 1 | 0 | 0 | 11 | 0 | 13 | 2 | 1 | 0 | 0 | 1 | 0 | 0 | 0 | 0 |
| 国内学术交流 | 2 | 2 | 1 | 238 | 0 | 266 | 22 | 35 | 21 | 37 | 31 | 29 | 22 | 18 | 6 |
| 与港、澳、台地区学校交流 | 3 | 0 | 0 | 5 | 0 | 7 | 3 | 2 | 0 | 0 | 2 | 1 | 0 | 0 | 0 |
| 12. 江苏科技大学 | | 3 | 0 | 38 | 0 | 43 | 4 | 33 | 24 | 22 | 13 | 3 | 26 | 23 | 3 |
| 国际学术交流 | 1 | 0 | 0 | 18 | 0 | 20 | 0 | 0 | 0 | 0 | 0 | 0 | 0 | 0 | 0 |

| 学术交流类别 | 编号 | 校办学术会议 | | 参加学术会议 | | | 受聘讲学 | | 社科考察 | | 进修学习 | | 合作研究 | | |
|---|---|---|---|---|---|---|---|---|---|---|---|---|---|---|---|
| | | 本校独办数 | 与外单位合办数 | 参加人次 | | 提交论文（篇） | 派出人次 | 来校人次 | 派出人次 | 来校人次 | 派出人次 | 来校人次 | 派出人次 | 来校人次 | 课题数（项） |
| | | | | 合计 | 其中：赴境外人次 | | | | | | | | | | |
| | | L01 | L02 | L03 | L04 | L05 | L06 | L07 | L08 | L09 | L10 | L11 | L12 | L13 | L14 |
| 国内学术交流 | 2 | 3 | 0 | 20 | 0 | 23 | 4 | 33 | 24 | 22 | 13 | 3 | 26 | 23 | 3 |
| 与港、澳、台地区学校交流 | 3 | 0 | 0 | 0 | 0 | 0 | 0 | 0 | 0 | 0 | 0 | 0 | 0 | 0 | 0 |
| 13. 南京工业大学 | | 30 | 0 | 290 | 0 | 101 | 0 | 29 | 8 | 12 | 2 | 0 | 15 | 21 | 5 |
| 国际学术交流 | 1 | 0 | 0 | 0 | 0 | 0 | 0 | 0 | 0 | 0 | 0 | 0 | 0 | 0 | 0 |
| 国内学术交流 | 2 | 30 | 0 | 290 | 0 | 101 | 0 | 29 | 8 | 12 | 2 | 0 | 15 | 21 | 5 |
| 与港、澳、台地区学校交流 | 3 | 0 | 0 | 0 | 0 | 0 | 0 | 0 | 0 | 0 | 0 | 0 | 0 | 0 | 0 |
| 14. 常州大学 | | 3 | 0 | 68 | 0 | 34 | 38 | 10 | 32 | 0 | 41 | 12 | 0 | 0 | 0 |
| 国际学术交流 | 1 | 0 | 0 | 0 | 0 | 0 | 0 | 0 | 0 | 0 | 5 | 0 | 0 | 0 | 0 |
| 国内学术交流 | 2 | 3 | 0 | 68 | 0 | 34 | 38 | 10 | 32 | 0 | 36 | 12 | 0 | 0 | 0 |
| 与港、澳、台地区学校交流 | 3 | 0 | 0 | 0 | 0 | 0 | 0 | 0 | 0 | 0 | 0 | 0 | 0 | 0 | 0 |
| 15. 南京邮电大学 | | 3 | 3 | 40 | 0 | 38 | 12 | 20 | 3 | 5 | 7 | 7 | 3 | 3 | 4 |
| 国际学术交流 | 1 | 1 | 0 | 3 | 0 | 3 | 0 | 0 | 0 | 0 | 0 | 0 | 0 | 0 | 0 |
| 国内学术交流 | 2 | 2 | 3 | 37 | 0 | 35 | 12 | 20 | 3 | 5 | 7 | 7 | 3 | 3 | 4 |
| 与港、澳、台地区学校交流 | 3 | 0 | 0 | 0 | 0 | 0 | 0 | 0 | 0 | 0 | 0 | 0 | 0 | 0 | 0 |
| 16. 南京林业大学 | | 9 | 0 | 170 | 2 | 60 | 36 | 38 | 13 | 3 | 17 | 0 | 8 | 5 | 13 |
| 国际学术交流 | 1 | 1 | 0 | 10 | 2 | 10 | 0 | 0 | 0 | 0 | 0 | 0 | 0 | 0 | 0 |
| 国内学术交流 | 2 | 8 | 0 | 160 | 0 | 50 | 36 | 38 | 13 | 3 | 17 | 0 | 8 | 5 | 13 |
| 与港、澳、台地区学校交流 | 3 | 0 | 0 | 0 | 0 | 0 | 0 | 0 | 0 | 0 | 0 | 0 | 0 | 0 | 0 |
| 17. 江苏大学 | | 9 | 6 | 32 | 0 | 32 | 40 | 45 | 0 | 0 | 19 | 6 | 0 | 0 | 0 |

| | | | | | | | | | | | | | | |
|---|---|---|---|---|---|---|---|---|---|---|---|---|---|---|
| 国际学术交流 | 1 | 3 | 2 | 6 | 0 | 6 | 10 | 8 | 0 | 0 | 11 | 4 | 0 | 0 | 0 |
| 国内学术交流 | 2 | 6 | 4 | 26 | 0 | 26 | 30 | 37 | 0 | 0 | 7 | 2 | 0 | 0 | 0 |
| 与港、澳、台地区学校交流 | 3 | 0 | 0 | 0 | 0 | 0 | 0 | 0 | 0 | 0 | 1 | 0 | 0 | 0 | 0 |
| 18. 南京信息工程大学 | | 10 | 1 | 292 | 0 | 244 | 36 | 53 | 68 | 60 | 65 | 69 | 15 | 13 | 5 |
| 国际学术交流 | 1 | 2 | 1 | 56 | 0 | 53 | 0 | 0 | 0 | 0 | 0 | 0 | 0 | 0 | 0 |
| 国内学术交流 | 2 | 8 | 0 | 236 | 0 | 191 | 36 | 53 | 68 | 60 | 65 | 69 | 15 | 13 | 5 |
| 与港、澳、台地区学校交流 | 3 | 0 | 0 | 0 | 0 | 0 | 0 | 0 | 0 | 0 | 0 | 0 | 0 | 0 | 0 |
| 19. 南通大学 | | 3 | 2 | 106 | 0 | 86 | 65 | 135 | 165 | 150 | 110 | 240 | 30 | 15 | 15 |
| 国际学术交流 | 1 | 0 | 0 | 0 | 0 | 0 | 0 | 0 | 0 | 0 | 0 | 0 | 0 | 0 | 0 |
| 国内学术交流 | 2 | 3 | 2 | 106 | 0 | 86 | 65 | 135 | 165 | 150 | 110 | 240 | 30 | 15 | 15 |
| 与港、澳、台地区学校交流 | 3 | 0 | 0 | 0 | 0 | 0 | 0 | 0 | 0 | 0 | 0 | 0 | 0 | 0 | 0 |
| 20. 盐城工学院 | | 0 | 14 | 18 | 0 | 15 | 2 | 8 | 12 | 3 | 9 | 3 | 0 | 0 | 0 |
| 国际学术交流 | 1 | 0 | 0 | 0 | 0 | 0 | 0 | 0 | 0 | 0 | 0 | 0 | 0 | 0 | 0 |
| 国内学术交流 | 2 | 0 | 14 | 18 | 0 | 15 | 2 | 8 | 12 | 3 | 9 | 3 | 0 | 0 | 0 |
| 与港、澳、台地区学校交流 | 3 | 0 | 0 | 0 | 0 | 0 | 0 | 0 | 0 | 0 | 0 | 0 | 0 | 0 | 0 |
| 21. 南京医科大学 | | 24 | 0 | 70 | 0 | 50 | 3 | 4 | 4 | 4 | 3 | 0 | 0 | 0 | 0 |
| 国际学术交流 | 1 | 0 | 0 | 0 | 0 | 0 | 0 | 0 | 0 | 0 | 0 | 0 | 0 | 0 | 0 |
| 国内学术交流 | 2 | 24 | 0 | 70 | 0 | 50 | 3 | 4 | 4 | 4 | 3 | 0 | 0 | 0 | 0 |
| 与港、澳、台地区学校交流 | 3 | 0 | 0 | 0 | 0 | 0 | 0 | 0 | 0 | 0 | 0 | 0 | 0 | 0 | 0 |
| 22. 徐州医科大学 | | 0 | 0 | 22 | 0 | 22 | 0 | 13 | 26 | 13 | 77 | 0 | 0 | 0 | 0 |
| 国际学术交流 | 1 | 0 | 0 | 0 | 0 | 0 | 0 | 0 | 0 | 0 | 3 | 0 | 0 | 0 | 0 |
| 国内学术交流 | 2 | 0 | 0 | 22 | 0 | 22 | 0 | 13 | 26 | 13 | 74 | 0 | 0 | 0 | 0 |
| 与港、澳、台地区学校交流 | 3 | 0 | 0 | 0 | 0 | 0 | 0 | 0 | 0 | 0 | 0 | 0 | 0 | 0 | 0 |
| 23. 南京中医药大学 | | 2 | 1 | 92 | 0 | 90 | 0 | 0 | 30 | 0 | 22 | 0 | 0 | 0 | 0 |

续表

| 学术交流类别 | 编号 | 校办学术会议 | | 参加学术会议 | | | 受聘讲学 | | 社科考察 | | 进修学习 | | 合作研究 | | |
|---|---|---|---|---|---|---|---|---|---|---|---|---|---|---|---|
| | | 本校独办数 | 与外单位合办数 | 参加人次 合计 | 参加人次 其中:赴境外人次 | 提交论文(篇) | 派出人次 | 来校人次 | 派出人次 | 来校人次 | 派出人次 | 来校人次 | 派出人次 | 来校人次 | 课题数(项) |
| | | L01 | L02 | L03 | L04 | L05 | L06 | L07 | L08 | L09 | L10 | L11 | L12 | L13 | L14 |
| 国际学术交流 | 1 | 0 | 0 | 0 | 0 | 0 | 0 | 0 | 0 | 0 | 0 | 0 | 0 | 0 | 0 |
| 国内学术交流 | 2 | 2 | 1 | 92 | 0 | 90 | 0 | 0 | 30 | 0 | 22 | 0 | 0 | 0 | 0 |
| 与港、澳、台地区学校交流 | 3 | 0 | 0 | 0 | 0 | 0 | 0 | 0 | 0 | 0 | 0 | 0 | 0 | 0 | 0 |
| 24. 南京师范大学 | | 68 | 34 | 1 151 | 0 | 857 | 29 | 105 | 9 | 17 | 47 | 116 | 24 | 50 | 47 |
| 国际学术交流 | 1 | 11 | 3 | 325 | 0 | 223 | 2 | 16 | 0 | 0 | 12 | 3 | 7 | 35 | 2 |
| 国内学术交流 | 2 | 57 | 31 | 826 | 0 | 634 | 27 | 89 | 9 | 17 | 35 | 113 | 17 | 15 | 45 |
| 与港、澳、台地区学校交流 | 3 | 0 | 0 | 0 | 0 | 0 | 0 | 0 | 0 | 0 | 0 | 0 | 0 | 0 | 0 |
| 25. 江苏师范大学 | | 31 | 4 | 805 | 0 | 585 | 120 | 410 | 120 | 110 | 260 | 160 | 280 | 235 | 61 |
| 国际学术交流 | 1 | 5 | 0 | 100 | 0 | 80 | 0 | 10 | 0 | 10 | 0 | 10 | 0 | 5 | 6 |
| 国内学术交流 | 2 | 25 | 4 | 700 | 0 | 500 | 120 | 400 | 120 | 100 | 260 | 150 | 280 | 230 | 55 |
| 与港、澳、台地区学校交流 | 3 | 1 | 0 | 5 | 0 | 5 | 0 | 0 | 0 | 0 | 0 | 0 | 0 | 0 | 0 |
| 26. 淮阴师范学院 | | 8 | 0 | 355 | 0 | 406 | 56 | 84 | 35 | 28 | 123 | 8 | 0 | 0 | 0 |
| 国际学术交流 | 1 | 0 | 0 | 20 | 0 | 24 | 0 | 0 | 0 | 0 | 15 | 0 | 0 | 0 | 0 |
| 国内学术交流 | 2 | 8 | 0 | 335 | 0 | 382 | 56 | 84 | 35 | 28 | 108 | 8 | 0 | 0 | 0 |
| 与港、澳、台地区学校交流 | 3 | 0 | 0 | 0 | 0 | 0 | 0 | 0 | 0 | 0 | 0 | 0 | 0 | 0 | 0 |
| 27. 盐城师范学院 | | 3 | 2 | 213 | 0 | 192 | 53 | 96 | 78 | 52 | 99 | 38 | 37 | 33 | 21 |
| 国际学术交流 | 1 | 0 | 0 | 0 | 0 | 0 | 0 | 0 | 0 | 0 | 5 | 0 | 0 | 0 | 0 |
| 国内学术交流 | 2 | 3 | 2 | 213 | 0 | 192 | 53 | 96 | 78 | 52 | 94 | 38 | 37 | 33 | 21 |
| 与港、澳、台地区学校交流 | 3 | 0 | 0 | 0 | 0 | 0 | 0 | 0 | 0 | 0 | 0 | 0 | 0 | 0 | 0 |

| | | | | | | | | | | | | | | |
|---|---|---|---|---|---|---|---|---|---|---|---|---|---|---|
| 28. 南京财经大学 | | 527 | 120 | 857 | 0 | 610 | 120 | 80 | 130 | 50 | 500 | 60 | 120 | 110 | 36 |
| 国际学术交流 | 1 | 5 | 3 | 163 | 0 | 160 | 0 | 10 | 0 | 0 | 0 | 0 | 0 | 0 | 0 |
| 国内学术交流 | 2 | 522 | 117 | 673 | 0 | 429 | 120 | 70 | 130 | 50 | 500 | 60 | 120 | 110 | 36 |
| 与港、澳、台地区学校交流 | 3 | 0 | 0 | 21 | 0 | 21 | 0 | 0 | 0 | 0 | 0 | 0 | 0 | 0 | 0 |
| 29. 江苏警官学院 | | 8 | 1 | 174 | 0 | 105 | 8 | 6 | 5 | 3 | 3 | 2 | 0 | 0 | 0 |
| 国际学术交流 | 1 | 0 | 1 | 15 | 0 | 10 | 0 | 0 | 0 | 0 | 0 | 0 | 0 | 0 | 0 |
| 国内学术交流 | 2 | 8 | 0 | 159 | 0 | 95 | 8 | 6 | 5 | 3 | 3 | 2 | 0 | 0 | 0 |
| 与港、澳、台地区学校交流 | 3 | 0 | 0 | 0 | 0 | 0 | 0 | 0 | 0 | 0 | 0 | 0 | 0 | 0 | 0 |
| 30. 南京体育学院 | | 1 | 3 | 148 | 0 | 147 | 25 | 38 | 21 | 28 | 18 | 0 | 32 | 43 | 16 |
| 国际学术交流 | 1 | 0 | 0 | 0 | 0 | 0 | 0 | 0 | 0 | 0 | 0 | 0 | 0 | 0 | 0 |
| 国内学术交流 | 2 | 1 | 2 | 132 | 0 | 142 | 25 | 38 | 21 | 28 | 18 | 0 | 32 | 43 | 16 |
| 与港、澳、台地区学校交流 | 3 | 0 | 1 | 16 | 0 | 5 | 0 | 0 | 0 | 0 | 0 | 0 | 0 | 0 | 0 |
| 31. 南京艺术学院 | | 15 | 5 | 160 | 0 | 138 | 36 | 73 | 80 | 70 | 50 | 336 | 18 | 14 | 12 |
| 国际学术交流 | 1 | 2 | 2 | 61 | 0 | 50 | 0 | 0 | 4 | 6 | 1 | 0 | 0 | 0 | 0 |
| 国内学术交流 | 2 | 13 | 3 | 99 | 0 | 88 | 35 | 73 | 76 | 64 | 49 | 336 | 18 | 14 | 12 |
| 与港、澳、台地区学校交流 | 3 | 0 | 0 | 0 | 0 | 0 | 1 | 0 | 0 | 0 | 0 | 0 | 0 | 0 | 0 |
| 32. 苏州科技大学 | | 0 | 3 | 72 | 0 | 78 | 10 | 14 | 11 | 16 | 15 | 12 | 0 | 0 | 0 |
| 国际学术交流 | 1 | 0 | 0 | 0 | 0 | 0 | 0 | 0 | 0 | 0 | 0 | 0 | 0 | 0 | 0 |
| 国内学术交流 | 2 | 0 | 3 | 72 | 0 | 78 | 10 | 14 | 11 | 16 | 15 | 12 | 0 | 0 | 0 |
| 与港、澳、台地区学校交流 | 3 | 0 | 0 | 0 | 0 | 0 | 0 | 0 | 0 | 0 | 0 | 0 | 0 | 0 | 0 |
| 33. 常熟理工学院 | | 2 | 0 | 18 | 0 | 18 | 10 | 10 | 8 | 7 | 13 | 5 | 0 | 0 | 0 |
| 国际学术交流 | 1 | 0 | 0 | 3 | 0 | 3 | 0 | 5 | 0 | 0 | 2 | 0 | 0 | 0 | 0 |
| 国内学术交流 | 2 | 2 | 0 | 15 | 0 | 15 | 10 | 5 | 8 | 7 | 8 | 5 | 0 | 0 | 0 |
| 与港、澳、台地区学校交流 | 3 | 0 | 0 | 0 | 0 | 0 | 0 | 0 | 0 | 0 | 3 | 0 | 0 | 0 | 0 |

续表

| 学术交流类别 | 编号 | 校办学术会议 | | 参加学术会议 | | | 受聘讲学 | | 社科考察 | | 进修学习 | | 合作研究 | | |
|---|---|---|---|---|---|---|---|---|---|---|---|---|---|---|---|
| | | 本校独办数 | 与外单位合办数 | 参加人次 | | 提交论文（篇） | 派出人次 | 来校人次 | 派出人次 | 来校人次 | 派出人次 | 来校人次 | 派出人次 | 来校人次 | 课题数（项） |
| | | | | 合计 | 其中：赴境外人次 | | | | | | | | | | |
| | | L01 | L02 | L03 | L04 | L05 | L06 | L07 | L08 | L09 | L10 | L11 | L12 | L13 | L14 |
| 34. 淮阴工学院 | | 3 | 2 | 178 | 0 | 127 | 0 | 32 | 31 | 95 | 73 | 0 | 0 | 0 | 0 |
| 国际学术交流 | 1 | 0 | 1 | 82 | 0 | 30 | 0 | 8 | 0 | 0 | 4 | 0 | 0 | 0 | 0 |
| 国内学术交流 | 2 | 3 | 1 | 96 | 0 | 97 | 0 | 23 | 31 | 95 | 69 | 0 | 0 | 0 | 0 |
| 与港、澳、台地区学校交流 | 3 | 0 | 0 | 0 | 0 | 0 | 0 | 1 | 0 | 0 | 0 | 0 | 0 | 0 | 0 |
| 35. 常州工学院 | | 1 | 4 | 53 | 0 | 45 | 11 | 36 | 51 | 61 | 25 | 3 | 5 | 4 | 4 |
| 国际学术交流 | 1 | 0 | 0 | 0 | 0 | 0 | 0 | 4 | 0 | 0 | 5 | 0 | 0 | 0 | 0 |
| 国内学术交流 | 2 | 1 | 4 | 53 | 0 | 45 | 11 | 32 | 46 | 61 | 17 | 3 | 5 | 4 | 4 |
| 与港、澳、台地区学校交流 | 3 | 0 | 0 | 0 | 0 | 0 | 0 | 0 | 5 | 0 | 3 | 0 | 0 | 0 | 0 |
| 36. 扬州大学 | | 30 | 11 | 298 | 0 | 277 | 46 | 105 | 62 | 45 | 34 | 62 | 12 | 13 | 6 |
| 国际学术交流 | 1 | 6 | 2 | 35 | 0 | 18 | 0 | 0 | 0 | 0 | 10 | 2 | 0 | 0 | 0 |
| 国内学术交流 | 2 | 24 | 9 | 263 | 0 | 259 | 46 | 105 | 62 | 45 | 24 | 60 | 12 | 13 | 6 |
| 与港、澳、台地区学校交流 | 3 | 0 | 0 | 0 | 0 | 0 | 0 | 0 | 0 | 0 | 0 | 0 | 0 | 0 | 0 |
| 37. 南京工程学院 | | 4 | 2 | 52 | 0 | 32 | 15 | 25 | 23 | 16 | 29 | 24 | 26 | 2 | 4 |
| 国际学术交流 | 1 | 0 | 0 | 0 | 0 | 0 | 0 | 0 | 0 | 0 | 0 | 0 | 0 | 0 | 0 |
| 国内学术交流 | 2 | 4 | 2 | 52 | 0 | 32 | 15 | 25 | 23 | 16 | 29 | 24 | 26 | 2 | 4 |
| 与港、澳、台地区学校交流 | 3 | 0 | 0 | 0 | 0 | 0 | 0 | 0 | 0 | 0 | 0 | 0 | 0 | 0 | 0 |
| 38. 南京审计大学 | | 6 | 2 | 114 | 9 | 67 | 6 | 11 | 0 | 0 | 17 | 0 | 5 | 0 | 5 |
| 国际学术交流 | 1 | 0 | 0 | 12 | 9 | 8 | 4 | 11 | 0 | 0 | 2 | 0 | 3 | 0 | 3 |
| 国内学术交流 | 2 | 6 | 2 | 102 | 0 | 59 | 1 | 0 | 0 | 0 | 15 | 0 | 2 | 0 | 2 |

| | | | | | | | | | | | | | | |
|---|---|---|---|---|---|---|---|---|---|---|---|---|---|---|
| 与港、澳、台地区学校交流 | 3 | 0 | 0 | 0 | 0 | 0 | 1 | 0 | 0 | 0 | 0 | 0 | 0 | 0 | 0 |
| 39. 南京晓庄学院 | | 7 | 1 | 855 | 0 | 288 | 0 | 0 | 0 | 0 | 0 | 0 | 0 | 0 | 0 |
| 国际学术交流 | 1 | 0 | 0 | 0 | 0 | 0 | 0 | 0 | 0 | 0 | 0 | 0 | 0 | 0 | 0 |
| 国内学术交流 | 2 | 7 | 1 | 855 | 0 | 288 | 0 | 0 | 0 | 0 | 0 | 0 | 0 | 0 | 0 |
| 与港、澳、台地区学校交流 | 3 | 0 | 0 | 0 | 0 | 0 | 0 | 0 | 0 | 0 | 0 | 0 | 0 | 0 | 0 |
| 40. 江苏理工学院 | | 3 | 0 | 148 | 0 | 163 | 35 | 88 | 37 | 60 | 32 | 35 | 30 | 35 | 39 |
| 国际学术交流 | 1 | 0 | 0 | 0 | 0 | 0 | 0 | 0 | 0 | 0 | 0 | 0 | 0 | 0 | 0 |
| 国内学术交流 | 2 | 3 | 0 | 148 | 0 | 163 | 35 | 88 | 37 | 60 | 32 | 35 | 30 | 35 | 39 |
| 与港、澳、台地区学校交流 | 3 | 0 | 0 | 0 | 0 | 0 | 0 | 0 | 0 | 0 | 0 | 0 | 0 | 0 | 0 |
| 41. 江苏海洋大学 | | 4 | 0 | 61 | 0 | 35 | 7 | 9 | 11 | 0 | 10 | 12 | 0 | 0 | 0 |
| 国际学术交流 | 1 | 0 | 0 | 0 | 0 | 0 | 0 | 0 | 0 | 0 | 0 | 0 | 0 | 0 | 0 |
| 国内学术交流 | 2 | 4 | 0 | 61 | 0 | 35 | 7 | 9 | 11 | 0 | 10 | 12 | 0 | 0 | 0 |
| 与港、澳、台地区学校交流 | 3 | 0 | 0 | 0 | 0 | 0 | 0 | 0 | 0 | 0 | 0 | 0 | 0 | 0 | 0 |
| 42. 徐州工程学院 | | 3 | 3 | 59 | 0 | 60 | 6 | 20 | 40 | 30 | 80 | 0 | 12 | 12 | 6 |
| 国际学术交流 | 1 | 0 | 0 | 0 | 0 | 0 | 0 | 0 | 0 | 0 | 0 | 0 | 0 | 0 | 0 |
| 国内学术交流 | 2 | 3 | 3 | 59 | 0 | 60 | 6 | 20 | 40 | 30 | 80 | 0 | 12 | 12 | 6 |
| 与港、澳、台地区学校交流 | 3 | 0 | 0 | 0 | 0 | 0 | 0 | 0 | 0 | 0 | 0 | 0 | 0 | 0 | 0 |
| 43. 南京特殊教育师范学院 | | 5 | 7 | 330 | 0 | 247 | 45 | 120 | 86 | 28 | 24 | 10 | 0 | 0 | 0 |
| 国际学术交流 | 1 | 0 | 2 | 70 | 0 | 48 | 0 | 35 | 35 | 10 | 8 | 2 | 0 | 0 | 0 |
| 国内学术交流 | 2 | 5 | 5 | 240 | 0 | 181 | 45 | 65 | 41 | 12 | 10 | 2 | 0 | 0 | 0 |
| 与港、澳、台地区学校交流 | 3 | 0 | 0 | 20 | 0 | 18 | 0 | 20 | 10 | 6 | 6 | 6 | 0 | 0 | 0 |
| 44. 泰州学院 | | 1 | 0 | 34 | 0 | 14 | 4 | 24 | 0 | 0 | 15 | 0 | 18 | 12 | 2 |
| 国际学术交流 | 1 | 0 | 0 | 2 | 0 | 2 | 0 | 0 | 0 | 0 | 3 | 0 | 0 | 0 | 0 |
| 国内学术交流 | 2 | 1 | 0 | 32 | 0 | 12 | 4 | 24 | 0 | 0 | 11 | 0 | 18 | 12 | 2 |

续表

| 学术交流类别 | 编号 | 校办学术会议 | | 参加学术会议 | | | 受聘讲学 | | 社科考察 | | 进修学习 | | 合作研究 | | |
|---|---|---|---|---|---|---|---|---|---|---|---|---|---|---|---|
| | | 本校独办数 | 与外单位合办数 | 参加人次 合计 | 其中：赴境外人次 | 提交论文（篇） | 派出人次 | 来校人次 | 派出人次 | 来校人次 | 派出人次 | 来校人次 | 派出人次 | 来校人次 | 课题数（项） |
| | | L01 | L02 | L03 | L04 | L05 | L06 | L07 | L08 | L09 | L10 | L11 | L12 | L13 | L14 |
| 与港、澳、台地区学校交流 | 3 | 0 | 0 | 0 | 0 | 0 | 0 | 0 | 0 | 0 | 1 | 0 | 0 | 0 | 0 |
| 45. 金陵科技学院 | | 31 | 2 | 45 | 0 | 40 | 1 | 25 | 3 | 2 | 22 | 0 | 7 | 2 | 1 |
| 国际学术交流 | 1 | 0 | 0 | 2 | 0 | 10 | 0 | 0 | 0 | 0 | 0 | 0 | 0 | 0 | 0 |
| 国内学术交流 | 2 | 31 | 2 | 43 | 0 | 30 | 1 | 25 | 3 | 2 | 22 | 0 | 7 | 2 | 1 |
| 与港、澳、台地区学校交流 | 3 | 0 | 0 | 0 | 0 | 0 | 0 | 0 | 0 | 0 | 0 | 0 | 0 | 0 | 0 |
| 46. 江苏第二师范学院 | | 2 | 4 | 23 | 0 | 23 | 5 | 35 | 1 | 3 | 12 | 0 | 3 | 0 | 3 |
| 国际学术交流 | 1 | 0 | 0 | 0 | 0 | 0 | 0 | 0 | 0 | 0 | 0 | 0 | 0 | 0 | 0 |
| 国内学术交流 | 2 | 2 | 4 | 22 | 0 | 22 | 5 | 35 | 1 | 3 | 10 | 0 | 3 | 0 | 3 |
| 与港、澳、台地区学校交流 | 3 | 0 | 0 | 1 | 0 | 1 | 0 | 0 | 0 | 0 | 2 | 0 | 0 | 0 | 0 |

## 3. 公办专科高等学校人文、社会科学学术交流情况表

| 学术交流类别 | 编号 | 校办学术会议 | | 参加学术会议 | | | 受聘讲学 | | 社科考察 | | 进修学习 | | 合作研究 | | |
|---|---|---|---|---|---|---|---|---|---|---|---|---|---|---|---|
| | | 本校独办数 | 与外单位合办数 | 参加人次 | | 提交论文（篇） | 派出人次 | 来校人次 | 派出人次 | 来校人次 | 派出人次 | 来校人次 | 派出人次 | 来校人次 | 课题数（项） |
| | | | | 合计 | 其中：赴境外人次 | | | | | | | | | | |
| | | L01 | L02 | L03 | L04 | L05 | L06 | L07 | L08 | L09 | L10 | L11 | L12 | L13 | L14 |
| 合计 | / | 158 | 40 | 1 133 | 18 | 687 | 286 | 367 | 709 | 612 | 1 985 | 1 145 | 184 | 244 | 113 |
| 1. 盐城幼儿师范高等专科学校 | | 0 | 0 | 3 | 0 | 3 | 0 | 0 | 3 | 0 | 2 | 0 | 0 | 0 | 0 |
| 国际学术交流 | 1 | 0 | 0 | 0 | 0 | 0 | 0 | 0 | 0 | 0 | 0 | 0 | 0 | 0 | 0 |
| 国内学术交流 | 2 | 0 | 0 | 3 | 0 | 3 | 0 | 0 | 3 | 0 | 2 | 0 | 0 | 0 | 0 |
| 与港、澳、台地区学校交流 | 3 | 0 | 0 | 0 | 0 | 0 | 0 | 0 | 0 | 0 | 0 | 0 | 0 | 0 | 0 |
| 2. 苏州幼儿师范高等专科学校 | | 0 | 0 | 4 | 0 | 3 | 0 | 0 | 2 | 0 | 5 | 0 | 0 | 0 | 0 |
| 国际学术交流 | 1 | 0 | 0 | 0 | 0 | 0 | 0 | 0 | 0 | 0 | 0 | 0 | 0 | 0 | 0 |
| 国内学术交流 | 2 | 0 | 0 | 4 | 0 | 3 | 0 | 0 | 2 | 0 | 5 | 0 | 0 | 0 | 0 |
| 与港、澳、台地区学校交流 | 3 | 0 | 0 | 0 | 0 | 0 | 0 | 0 | 0 | 0 | 0 | 0 | 0 | 0 | 0 |
| 3. 无锡职业技术学院 | | 1 | 0 | 4 | 0 | 2 | 3 | 6 | 24 | 30 | 29 | 64 | 0 | 0 | 0 |
| 国际学术交流 | 1 | 0 | 0 | 1 | 0 | 1 | 0 | 1 | 8 | 12 | 9 | 0 | 0 | 0 | 0 |
| 国内学术交流 | 2 | 1 | 0 | 3 | 0 | 1 | 3 | 5 | 16 | 18 | 20 | 64 | 0 | 0 | 0 |
| 与港、澳、台地区学校交流 | 3 | 0 | 0 | 0 | 0 | 0 | 0 | 0 | 0 | 0 | 0 | 0 | 0 | 0 | 0 |
| 4. 江苏建筑职业技术学院 | | 1 | 3 | 13 | 0 | 12 | 12 | 10 | 16 | 18 | 18 | 17 | 22 | 16 | 10 |
| 国际学术交流 | 1 | 0 | 0 | 0 | 0 | 0 | 0 | 0 | 0 | 0 | 0 | 0 | 0 | 0 | 0 |
| 国内学术交流 | 2 | 1 | 3 | 13 | 0 | 12 | 12 | 10 | 16 | 18 | 18 | 17 | 22 | 16 | 10 |
| 与港、澳、台地区学校交流 | 3 | 0 | 0 | 0 | 0 | 0 | 0 | 0 | 0 | 0 | 0 | 0 | 0 | 0 | 0 |

续表

| 学术交流类别 | 编号 | 校办学术会议 | | 参加学术会议 | | | 受聘讲学 | | 社科考察 | | 进修学习 | | 合作研究 | | |
|---|---|---|---|---|---|---|---|---|---|---|---|---|---|---|---|
| | | 本校独办数 | 与外单位合办数 | 参加人次 | | 提交论文（篇） | 派出人次 | 来校人次 | 派出人次 | 来校人次 | 派出人次 | 来校人次 | 派出人次 | 来校人次 | 课题数（项） |
| | | | | 合计 | 其中：赴境外人次 | | | | | | | | | | |
| | | L01 | L02 | L03 | L04 | L05 | L06 | L07 | L08 | L09 | L10 | L11 | L12 | L13 | L14 |
| 5. 南京工业职业技术大学 | | 7 | 15 | 121 | 0 | 18 | 49 | 47 | 30 | 0 | 55 | 135 | 24 | 55 | 15 |
| 国际学术交流 | 1 | 1 | 0 | 49 | 0 | 1 | 0 | 2 | 6 | 0 | 9 | 32 | 3 | 9 | 2 |
| 国内学术交流 | 2 | 6 | 15 | 72 | 0 | 17 | 49 | 45 | 24 | 0 | 46 | 103 | 21 | 46 | 13 |
| 与港、澳、台地区学校交流 | 3 | 0 | 0 | 0 | 0 | 0 | 0 | 0 | 0 | 0 | 0 | 0 | 0 | 0 | 0 |
| 6. 江苏工程职业技术学院 | | 2 | 0 | 12 | 0 | 12 | 5 | 21 | 6 | 2 | 36 | 29 | 10 | 4 | 5 |
| 国际学术交流 | 1 | 0 | 0 | 0 | 0 | 0 | 0 | 0 | 0 | 0 | 0 | 0 | 0 | 0 | 0 |
| 国内学术交流 | 2 | 2 | 0 | 12 | 0 | 12 | 5 | 21 | 6 | 2 | 36 | 29 | 10 | 4 | 5 |
| 与港、澳、台地区学校交流 | 3 | 0 | 0 | 0 | 0 | 0 | 0 | 0 | 0 | 0 | 0 | 0 | 0 | 0 | 0 |
| 7. 苏州工艺美术职业技术学院 | | 2 | 1 | 23 | 0 | 22 | 5 | 3 | 18 | 16 | 42 | 59 | 40 | 62 | 6 |
| 国际学术交流 | 1 | 0 | 0 | 0 | 0 | 0 | 0 | 0 | 0 | 0 | 0 | 0 | 0 | 0 | 0 |
| 国内学术交流 | 2 | 2 | 1 | 23 | 0 | 22 | 5 | 3 | 18 | 16 | 42 | 59 | 40 | 62 | 6 |
| 与港、澳、台地区学校交流 | 3 | 0 | 0 | 0 | 0 | 0 | 0 | 0 | 0 | 0 | 0 | 0 | 0 | 0 | 0 |
| 8. 镇江市高等专科学校 | | 0 | 0 | 0 | 0 | 0 | 0 | 0 | 30 | 0 | 5 | 0 | 0 | 0 | 0 |
| 国际学术交流 | 1 | 0 | 0 | 0 | 0 | 0 | 0 | 0 | 0 | 0 | 0 | 0 | 0 | 0 | 0 |
| 国内学术交流 | 2 | 0 | 0 | 0 | 0 | 0 | 0 | 0 | 30 | 0 | 5 | 0 | 0 | 0 | 0 |
| 与港、澳、台地区学校交流 | 3 | 0 | 0 | 0 | 0 | 0 | 0 | 0 | 0 | 0 | 0 | 0 | 0 | 0 | 0 |
| 9. 南通职业大学 | | 0 | 0 | 7 | 0 | 7 | 0 | 3 | 8 | 2 | 6 | 0 | 0 | 0 | 0 |
| 国际学术交流 | 1 | 0 | 0 | 0 | 0 | 0 | 0 | 0 | 0 | 0 | 0 | 0 | 0 | 0 | 0 |
| 国内学术交流 | 2 | 0 | 0 | 7 | 0 | 7 | 0 | 3 | 8 | 2 | 6 | 0 | 0 | 0 | 0 |

| | | | | | | | | | | | | | | |
|---|---|---|---|---|---|---|---|---|---|---|---|---|---|---|
| 与港、澳、台地区学校交流 | 3 | 0 | 0 | 0 | 0 | 0 | 0 | 0 | 0 | 0 | 0 | 0 | 0 | 0 | 0 |
| 10. 苏州职业大学 | | 0 | 0 | 0 | 0 | 0 | 0 | 0 | 0 | 0 | 226 | 0 | 0 | 0 | 0 |
| 国际学术交流 | 1 | 0 | 0 | 0 | 0 | 0 | 0 | 0 | 0 | 0 | 0 | 0 | 0 | 0 | 0 |
| 国内学术交流 | 2 | 0 | 0 | 0 | 0 | 0 | 0 | 0 | 0 | 0 | 226 | 0 | 0 | 0 | 0 |
| 与港、澳、台地区学校交流 | 3 | 0 | 0 | 0 | 0 | 0 | 0 | 0 | 0 | 0 | 0 | 0 | 0 | 0 | 0 |
| 11. 沙洲职业工学院 | | 0 | 0 | 6 | 0 | 6 | 2 | 3 | 12 | 7 | 2 | 0 | 14 | 9 | 3 |
| 国际学术交流 | 1 | 0 | 0 | 0 | 0 | 0 | 0 | 0 | 0 | 0 | 0 | 0 | 0 | 0 | 0 |
| 国内学术交流 | 2 | 0 | 0 | 6 | 0 | 6 | 2 | 3 | 12 | 7 | 2 | 0 | 14 | 9 | 3 |
| 与港、澳、台地区学校交流 | 3 | 0 | 0 | 0 | 0 | 0 | 0 | 0 | 0 | 0 | 0 | 0 | 0 | 0 | 0 |
| 12. 扬州市职业大学 | | 4 | 7 | 36 | 0 | 22 | 13 | 14 | 42 | 45 | 121 | 16 | 7 | 13 | 16 |
| 国际学术交流 | 1 | 0 | 0 | 0 | 0 | 0 | 0 | 0 | 0 | 0 | 0 | 0 | 0 | 0 | 0 |
| 国内学术交流 | 2 | 4 | 7 | 36 | 0 | 22 | 13 | 14 | 42 | 45 | 121 | 16 | 7 | 13 | 16 |
| 与港、澳、台地区学校交流 | 3 | 0 | 0 | 0 | 0 | 0 | 0 | 0 | 0 | 0 | 0 | 0 | 0 | 0 | 0 |
| 13. 连云港师范高等专科学校 | | 1 | 1 | 2 | 0 | 1 | 5 | 6 | 2 | 0 | 3 | 0 | 0 | 0 | 0 |
| 国际学术交流 | 1 | 0 | 0 | 0 | 0 | 0 | 0 | 0 | 0 | 0 | 0 | 0 | 0 | 0 | 0 |
| 国内学术交流 | 2 | 1 | 1 | 2 | 0 | 1 | 5 | 6 | 2 | 0 | 3 | 0 | 0 | 0 | 0 |
| 与港、澳、台地区学校交流 | 3 | 0 | 0 | 0 | 0 | 0 | 0 | 0 | 0 | 0 | 0 | 0 | 0 | 0 | 0 |
| 14. 江苏经贸职业技术学院 | | 15 | 0 | 70 | 0 | 60 | 9 | 15 | 20 | 28 | 150 | 0 | 22 | 18 | 8 |
| 国际学术交流 | 1 | 0 | 0 | 0 | 0 | 0 | 0 | 0 | 0 | 0 | 0 | 0 | 0 | 0 | 0 |
| 国内学术交流 | 2 | 15 | 0 | 70 | 0 | 60 | 9 | 15 | 20 | 28 | 150 | 0 | 22 | 18 | 8 |
| 与港、澳、台地区学校交流 | 3 | 0 | 0 | 0 | 0 | 0 | 0 | 0 | 0 | 0 | 0 | 0 | 0 | 0 | 0 |
| 15. 泰州职业技术学院 | | 0 | 0 | 2 | 0 | 2 | 1 | 1 | 8 | 6 | 20 | 6 | 0 | 0 | 0 |
| 国际学术交流 | 1 | 0 | 0 | 0 | 0 | 0 | 0 | 0 | 0 | 0 | 0 | 0 | 0 | 0 | 0 |
| 国内学术交流 | 2 | 0 | 0 | 2 | 0 | 2 | 1 | 1 | 8 | 6 | 20 | 6 | 0 | 0 | 0 |

续表

| 学术交流类别 | 编号 | 校办学术会议 | | 参加学术会议 | | | 受聘讲学 | | 社科考察 | | 进修学习 | | 合作研究 | | |
|---|---|---|---|---|---|---|---|---|---|---|---|---|---|---|---|
| | | 本校独办数 | 与外单位合办数 | 参加人次 | | 提交论文（篇） | 派出人次 | 来校人次 | 派出人次 | 来校人次 | 派出人次 | 来校人次 | 派出人次 | 来校人次 | 课题数（项） |
| | | | | 合计 | 其中：赴境外人次 | | | | | | | | | | |
| | | L01 | L02 | L03 | L04 | L05 | L06 | L07 | L08 | L09 | L10 | L11 | L12 | L13 | L14 |
| 与港、澳、台地区学校交流 | 3 | 0 | 0 | 0 | 0 | 0 | 0 | 0 | 0 | 0 | 0 | 0 | 0 | 0 | 0 |
| 16. 常州信息职业技术学院 | | 0 | 0 | 0 | 0 | 0 | 0 | 12 | 0 | 0 | 0 | 0 | 0 | 0 | 0 |
| 国际学术交流 | 1 | 0 | 0 | 0 | 0 | 0 | 0 | 0 | 0 | 0 | 0 | 0 | 0 | 0 | 0 |
| 国内学术交流 | 2 | 0 | 0 | 0 | 0 | 0 | 0 | 12 | 0 | 0 | 0 | 0 | 0 | 0 | 0 |
| 与港、澳、台地区学校交流 | 3 | 0 | 0 | 0 | 0 | 0 | 0 | 0 | 0 | 0 | 0 | 0 | 0 | 0 | 0 |
| 17. 江苏海事职业技术学院 | | 1 | 0 | 8 | 0 | 50 | 3 | 8 | 3 | 5 | 12 | 9 | 3 | 3 | 2 |
| 国际学术交流 | 1 | 0 | 0 | 0 | 0 | 26 | 0 | 3 | 0 | 0 | 0 | 3 | 0 | 0 | 0 |
| 国内学术交流 | 2 | 1 | 0 | 8 | 0 | 24 | 3 | 5 | 3 | 5 | 12 | 6 | 3 | 3 | 2 |
| 与港、澳、台地区学校交流 | 3 | 0 | 0 | 0 | 0 | 0 | 0 | 0 | 0 | 0 | 0 | 0 | 0 | 0 | 0 |
| 18. 江苏医药职业学院 | | 12 | 1 | 80 | 0 | 76 | 15 | 0 | 0 | 0 | 57 | 0 | 0 | 0 | 0 |
| 国际学术交流 | 1 | 0 | 0 | 0 | 0 | 0 | 0 | 0 | 0 | 0 | 0 | 0 | 0 | 0 | 0 |
| 国内学术交流 | 2 | 12 | 1 | 80 | 0 | 76 | 15 | 0 | 0 | 0 | 57 | 0 | 0 | 0 | 0 |
| 与港、澳、台地区学校交流 | 3 | 0 | 0 | 0 | 0 | 0 | 0 | 0 | 0 | 0 | 0 | 0 | 0 | 0 | 0 |
| 19. 南通科技职业学院 | | 0 | 0 | 2 | 0 | 0 | 0 | 0 | 0 | 0 | 3 | 0 | 0 | 0 | 0 |
| 国际学术交流 | 1 | 0 | 0 | 0 | 0 | 0 | 0 | 0 | 0 | 0 | 3 | 0 | 0 | 0 | 0 |
| 国内学术交流 | 2 | 0 | 0 | 0 | 0 | 0 | 0 | 0 | 0 | 0 | 0 | 0 | 0 | 0 | 0 |
| 与港、澳、台地区学校交流 | 3 | 0 | 0 | 2 | 0 | 0 | 0 | 0 | 0 | 0 | 0 | 0 | 0 | 0 | 0 |
| 20. 苏州经贸职业技术学院 | | 9 | 0 | 3 | 0 | 3 | 0 | 0 | 0 | 0 | 120 | 0 | 2 | 2 | 2 |
| 国际学术交流 | 1 | 0 | 0 | 0 | 0 | 0 | 0 | 0 | 0 | 0 | 0 | 0 | 0 | 0 | 0 |

| | | | | | | | | | | | | | | |
|---|---|---|---|---|---|---|---|---|---|---|---|---|---|---|
| 国内学术交流 | 2 | 9 | 0 | 3 | 0 | 3 | 0 | 0 | 0 | 0 | 120 | 0 | 2 | 2 | 2 |
| 与港、澳、台地区学校交流 | 3 | 0 | 0 | 0 | 0 | 0 | 0 | 0 | 0 | 0 | 0 | 0 | 0 | 0 | 0 |
| 21. 苏州卫生职业技术学院 | | 0 | 0 | 0 | 0 | 0 | 5 | 1 | 0 | 0 | 28 | 3 | 0 | 0 | 0 |
| 国际学术交流 | 1 | 0 | 0 | 0 | 0 | 0 | 0 | 0 | 0 | 0 | 1 | 0 | 0 | 0 | 0 |
| 国内学术交流 | 2 | 0 | 0 | 0 | 0 | 0 | 5 | 1 | 0 | 0 | 27 | 3 | 0 | 0 | 0 |
| 与港、澳、台地区学校交流 | 3 | 0 | 0 | 0 | 0 | 0 | 0 | 0 | 0 | 0 | 0 | 0 | 0 | 0 | 0 |
| 22. 无锡商业职业技术学院 | | 0 | 1 | 210 | 0 | 120 | 11 | 12 | 21 | 56 | 47 | 128 | 2 | 7 | 1 |
| 国际学术交流 | 1 | 0 | 0 | 0 | 0 | 0 | 2 | 0 | 0 | 0 | 6 | 0 | 0 | 0 | 0 |
| 国内学术交流 | 2 | 0 | 1 | 210 | 0 | 120 | 9 | 12 | 21 | 56 | 39 | 128 | 2 | 7 | 1 |
| 与港、澳、台地区学校交流 | 3 | 0 | 0 | 0 | 0 | 0 | 0 | 0 | 0 | 0 | 2 | 0 | 0 | 0 | 0 |
| 23. 江苏航运职业技术学院 | | 28 | 0 | 100 | 0 | 80 | 20 | 25 | 98 | 70 | 190 | 70 | 0 | 0 | 0 |
| 国际学术交流 | 1 | 0 | 0 | 0 | 0 | 0 | 0 | 0 | 0 | 0 | 0 | 0 | 0 | 0 | 0 |
| 国内学术交流 | 2 | 28 | 0 | 100 | 0 | 80 | 20 | 25 | 98 | 70 | 190 | 70 | 0 | 0 | 0 |
| 与港、澳、台地区学校交流 | 3 | 0 | 0 | 0 | 0 | 0 | 0 | 0 | 0 | 0 | 0 | 0 | 0 | 0 | 0 |
| 24. 南京交通职业技术学院 | | 18 | 0 | 40 | 0 | 15 | 14 | 16 | 0 | 0 | 0 | 0 | 0 | 0 | 0 |
| 国际学术交流 | 1 | 0 | 0 | 0 | 0 | 0 | 0 | 0 | 0 | 0 | 0 | 0 | 0 | 0 | 0 |
| 国内学术交流 | 2 | 18 | 0 | 40 | 0 | 15 | 14 | 16 | 0 | 0 | 0 | 0 | 0 | 0 | 0 |
| 与港、澳、台地区学校交流 | 3 | 0 | 0 | 0 | 0 | 0 | 0 | 0 | 0 | 0 | 0 | 0 | 0 | 0 | 0 |
| 25. 江苏电子信息职业学院 | | 2 | 0 | 32 | 0 | 20 | 2 | 15 | 134 | 146 | 330 | 80 | 23 | 25 | 10 |
| 国际学术交流 | 1 | 0 | 0 | 0 | 0 | 0 | 0 | 0 | 0 | 0 | 0 | 0 | 0 | 0 | 0 |
| 国内学术交流 | 2 | 2 | 0 | 32 | 0 | 20 | 2 | 15 | 134 | 146 | 330 | 80 | 23 | 25 | 10 |
| 与港、澳、台地区学校交流 | 3 | 0 | 0 | 0 | 0 | 0 | 0 | 0 | 0 | 0 | 0 | 0 | 0 | 0 | 0 |
| 26. 江苏农牧科技职业学院 | | 0 | 1 | 3 | 0 | 5 | 0 | 0 | 9 | 3 | 4 | 1 | 0 | 0 | 0 |
| 国际学术交流 | 1 | 0 | 0 | 0 | 0 | 0 | 0 | 0 | 0 | 0 | 0 | 0 | 0 | 0 | 0 |

续表

| 学术交流类别 | 编号 | 校办学术会议 | | 参加学术会议 | | | 受聘讲学 | | 社科考察 | | 进修学习 | | 合作研究 | | |
|---|---|---|---|---|---|---|---|---|---|---|---|---|---|---|---|
| | | 本校独办数 | 与外单位合办数 | 参加人次 | | 提交论文（篇） | 派出人次 | 来校人次 | 派出人次 | 来校人次 | 派出人次 | 来校人次 | 派出人次 | 来校人次 | 课题数（项） |
| | | | | 合计 | 其中:赴境外人次 | | | | | | | | | | |
| | | L01 | L02 | L03 | L04 | L05 | L06 | L07 | L08 | L09 | L10 | L11 | L12 | L13 | L14 |
| 国内学术交流 | 2 | 0 | 1 | 3 | 0 | 5 | 0 | 0 | 9 | 3 | 4 | 1 | 0 | 0 | 0 |
| 与港、澳、台地区学校交流 | 3 | 0 | 0 | 0 | 0 | 0 | 0 | 0 | 0 | 0 | 0 | 0 | 0 | 0 | 0 |
| 27. 常州纺织服装职业技术学院 | | 3 | 0 | 23 | 0 | 2 | 1 | 1 | 2 | 0 | 100 | 0 | 0 | 1 | 1 |
| 国际学术交流 | 1 | 0 | 0 | 0 | 0 | 0 | 0 | 0 | 2 | 0 | 2 | 0 | 0 | 1 | 1 |
| 国内学术交流 | 2 | 3 | 0 | 23 | 0 | 2 | 1 | 1 | 0 | 0 | 98 | 0 | 0 | 0 | 0 |
| 与港、澳、台地区学校交流 | 3 | 0 | 0 | 0 | 0 | 0 | 0 | 0 | 0 | 0 | 0 | 0 | 0 | 0 | 0 |
| 28. 常州工业职业技术学院 | | 10 | 1 | 7 | 0 | 6 | 2 | 3 | 3 | 3 | 4 | 0 | 0 | 0 | 0 |
| 国际学术交流 | 1 | 0 | 0 | 0 | 0 | 0 | 0 | 0 | 0 | 0 | 0 | 0 | 0 | 0 | 0 |
| 国内学术交流 | 2 | 10 | 1 | 7 | 0 | 6 | 2 | 3 | 3 | 3 | 4 | 0 | 0 | 0 | 0 |
| 与港、澳、台地区学校交流 | 3 | 0 | 0 | 0 | 0 | 0 | 0 | 0 | 0 | 0 | 0 | 0 | 0 | 0 | 0 |
| 29. 常州工程职业技术学院 | | 3 | 3 | 9 | 0 | 7 | 0 | 2 | 8 | 10 | 7 | 12 | 6 | 7 | 23 |
| 国际学术交流 | 1 | 0 | 0 | 0 | 0 | 0 | 0 | 0 | 0 | 0 | 0 | 0 | 0 | 0 | 0 |
| 国内学术交流 | 2 | 3 | 3 | 9 | 0 | 7 | 0 | 2 | 8 | 10 | 7 | 12 | 6 | 7 | 23 |
| 与港、澳、台地区学校交流 | 3 | 0 | 0 | 0 | 0 | 0 | 0 | 0 | 0 | 0 | 0 | 0 | 0 | 0 | 0 |
| 30. 江苏农林职业技术学院 | | 0 | 0 | 10 | 0 | 6 | 40 | 0 | 0 | 0 | 0 | 0 | 0 | 0 | 0 |
| 国际学术交流 | 1 | 0 | 0 | 0 | 0 | 0 | 0 | 0 | 0 | 0 | 0 | 0 | 0 | 0 | 0 |
| 国内学术交流 | 2 | 0 | 0 | 10 | 0 | 6 | 40 | 0 | 0 | 0 | 0 | 0 | 0 | 0 | 0 |
| 与港、澳、台地区学校交流 | 3 | 0 | 0 | 0 | 0 | 0 | 0 | 0 | 0 | 0 | 0 | 0 | 0 | 0 | 0 |
| 31. 南京铁道职业技术学院 | | 6 | 1 | 23 | 0 | 7 | 5 | 20 | 35 | 25 | 18 | 412 | 0 | 0 | 0 |

| | | | | | | | | | | | | | | | |
|---|---|---|---|---|---|---|---|---|---|---|---|---|---|---|---|
| 国际学术交流 | 1 | 1 | 1 | 3 | 0 | 1 | 0 | 0 | 0 | 0 | 3 | 50 | 0 | 0 | 0 |
| 国内学术交流 | 2 | 5 | 0 | 20 | 0 | 6 | 5 | 20 | 35 | 25 | 15 | 362 | 0 | 0 | 0 |
| 与港、澳、台地区学校交流 | 3 | 0 | 0 | 0 | 0 | 0 | 0 | 0 | 0 | 0 | 0 | 0 | 0 | 0 | 0 |
| 32. 徐州工业职业技术学院 | | 2 | 0 | 12 | 0 | 2 | 6 | 12 | 24 | 30 | 15 | 12 | 4 | 6 | 3 |
| 国际学术交流 | 1 | 0 | 0 | 0 | 0 | 0 | 0 | 0 | 0 | 0 | 0 | 0 | 0 | 0 | 0 |
| 国内学术交流 | 2 | 2 | 0 | 12 | 0 | 2 | 6 | 12 | 24 | 30 | 15 | 12 | 4 | 6 | 3 |
| 与港、澳、台地区学校交流 | 3 | 0 | 0 | 0 | 0 | 0 | 0 | 0 | 0 | 0 | 0 | 0 | 0 | 0 | 0 |
| 33. 江苏信息职业技术学院 | | 15 | 0 | 0 | 0 | 0 | 0 | 0 | 0 | 0 | 0 | 0 | 0 | 0 | 0 |
| 国际学术交流 | 1 | 0 | 0 | 0 | 0 | 0 | 0 | 0 | 0 | 0 | 0 | 0 | 0 | 0 | 0 |
| 国内学术交流 | 2 | 15 | 0 | 0 | 0 | 0 | 0 | 0 | 0 | 0 | 0 | 0 | 0 | 0 | 0 |
| 与港、澳、台地区学校交流 | 3 | 0 | 0 | 0 | 0 | 0 | 0 | 0 | 0 | 0 | 0 | 0 | 0 | 0 | 0 |
| 34. 南京信息职业技术学院 | | 3 | 0 | 18 | 0 | 16 | 19 | 12 | 35 | 40 | 46 | 39 | 0 | 0 | 0 |
| 国际学术交流 | 1 | 0 | 0 | 0 | 0 | 0 | 0 | 0 | 0 | 0 | 1 | 0 | 0 | 0 | 0 |
| 国内学术交流 | 2 | 3 | 0 | 18 | 0 | 16 | 19 | 12 | 35 | 40 | 45 | 39 | 0 | 0 | 0 |
| 与港、澳、台地区学校交流 | 3 | 0 | 0 | 0 | 0 | 0 | 0 | 0 | 0 | 0 | 0 | 0 | 0 | 0 | 0 |
| 35. 常州机电职业技术学院 | | 0 | 0 | 8 | 0 | 6 | 0 | 0 | 0 | 0 | 0 | 0 | 0 | 0 | 0 |
| 国际学术交流 | 1 | 0 | 0 | 0 | 0 | 0 | 0 | 0 | 0 | 0 | 0 | 0 | 0 | 0 | 0 |
| 国内学术交流 | 2 | 0 | 0 | 8 | 0 | 6 | 0 | 0 | 0 | 0 | 0 | 0 | 0 | 0 | 0 |
| 与港、澳、台地区学校交流 | 3 | 0 | 0 | 0 | 0 | 0 | 0 | 0 | 0 | 0 | 0 | 0 | 0 | 0 | 0 |
| 36. 江阴职业技术学院 | | 4 | 0 | 12 | 0 | 8 | 5 | 6 | 4 | 0 | 10 | 0 | 0 | 0 | 0 |
| 国际学术交流 | 1 | 0 | 0 | 0 | 0 | 0 | 0 | 0 | 0 | 0 | 0 | 0 | 0 | 0 | 0 |
| 国内学术交流 | 2 | 4 | 0 | 12 | 0 | 8 | 5 | 6 | 4 | 0 | 10 | 0 | 0 | 0 | 0 |
| 与港、澳、台地区学校交流 | 3 | 0 | 0 | 0 | 0 | 0 | 0 | 0 | 0 | 0 | 0 | 0 | 0 | 0 | 0 |
| 37. 无锡城市职业技术学院 | | 0 | 0 | 2 | 0 | 2 | 0 | 0 | 0 | 12 | 0 | 0 | 0 | 0 | 0 |

续表

| 学术交流类别 | 编号 | 校办学术会议 | | 参加学术会议 | | | 受聘讲学 | | 社科考察 | | 进修学习 | | 合作研究 | | |
|---|---|---|---|---|---|---|---|---|---|---|---|---|---|---|---|
| | | 本校独办数 | 与外单位合办数 | 参加人次 | | 提交论文(篇) | 派出人次 | 来校人次 | 派出人次 | 来校人次 | 派出人次 | 来校人次 | 派出人次 | 来校人次 | 课题数(项) |
| | | | | 合计 | 其中:赴境外人次 | | | | | | | | | | |
| | | L01 | L02 | L03 | L04 | L05 | L06 | L07 | L08 | L09 | L10 | L11 | L12 | L13 | L14 |
| 国际学术交流 | 1 | 0 | 0 | 0 | 0 | 0 | 0 | 0 | 0 | 0 | 0 | 0 | 0 | 0 | 0 |
| 国内学术交流 | 2 | 0 | 0 | 2 | 0 | 2 | 0 | 0 | 0 | 12 | 0 | 0 | 0 | 0 | 0 |
| 与港、澳、台地区学校交流 | 3 | 0 | 0 | 0 | 0 | 0 | 0 | 0 | 0 | 0 | 0 | 0 | 0 | 0 | 0 |
| 38. 无锡工艺职业技术学院 | | 1 | 1 | 10 | 0 | 8 | 3 | 10 | 25 | 15 | 42 | 15 | 3 | 16 | 3 |
| 国际学术交流 | 1 | 0 | 0 | 0 | 0 | 0 | 0 | 0 | 0 | 0 | 0 | 0 | 0 | 0 | 0 |
| 国内学术交流 | 2 | 1 | 1 | 10 | 0 | 8 | 3 | 10 | 25 | 15 | 42 | 15 | 3 | 16 | 3 |
| 与港、澳、台地区学校交流 | 3 | 0 | 0 | 0 | 0 | 0 | 0 | 0 | 0 | 0 | 0 | 0 | 0 | 0 | 0 |
| 39. 苏州健雄职业技术学院 | | 0 | 0 | 10 | 0 | 10 | 0 | 0 | 0 | 0 | 18 | 0 | 0 | 0 | 0 |
| 国际学术交流 | 1 | 0 | 0 | 0 | 0 | 0 | 0 | 0 | 0 | 0 | 0 | 0 | 0 | 0 | 0 |
| 国内学术交流 | 2 | 0 | 0 | 10 | 0 | 10 | 0 | 0 | 0 | 0 | 18 | 0 | 0 | 0 | 0 |
| 与港、澳、台地区学校交流 | 3 | 0 | 0 | 0 | 0 | 0 | 0 | 0 | 0 | 0 | 0 | 0 | 0 | 0 | 0 |
| 40. 江苏财经职业技术学院 | | 0 | 1 | 42 | 0 | 0 | 5 | 17 | 15 | 6 | 20 | 0 | 2 | 0 | 5 |
| 国际学术交流 | 1 | 0 | 0 | 0 | 0 | 0 | 0 | 0 | 0 | 0 | 0 | 0 | 0 | 0 | 0 |
| 国内学术交流 | 2 | 0 | 1 | 42 | 0 | 0 | 5 | 17 | 15 | 6 | 20 | 0 | 2 | 0 | 5 |
| 与港、澳、台地区学校交流 | 3 | 0 | 0 | 0 | 0 | 0 | 0 | 0 | 0 | 0 | 0 | 0 | 0 | 0 | 0 |
| 41. 扬州工业职业技术学院 | | 0 | 0 | 7 | 0 | 4 | 9 | 6 | 5 | 7 | 4 | 0 | 0 | 0 | 0 |
| 国际学术交流 | 1 | 0 | 0 | 0 | 0 | 0 | 0 | 0 | 0 | 0 | 0 | 0 | 0 | 0 | 0 |
| 国内学术交流 | 2 | 0 | 0 | 7 | 0 | 4 | 9 | 6 | 5 | 7 | 4 | 0 | 0 | 0 | 0 |
| 与港、澳、台地区学校交流 | 3 | 0 | 0 | 0 | 0 | 0 | 0 | 0 | 0 | 0 | 0 | 0 | 0 | 0 | 0 |

| | | | | | | | | | | | | | | | |
|---|---|---|---|---|---|---|---|---|---|---|---|---|---|---|---|
| 42. 江苏城市职业学院 | | 2 | 0 | 15 | 0 | 0 | 0 | 22 | 0 | 0 | 10 | 0 | 0 | 0 | 0 |
| 国际学术交流 | 1 | 0 | 0 | 0 | 0 | 0 | 0 | 0 | 0 | 0 | 0 | 0 | 0 | 0 | 0 |
| 国内学术交流 | 2 | 2 | 0 | 15 | 0 | 0 | 0 | 22 | 0 | 0 | 10 | 0 | 0 | 0 | 0 |
| 与港、澳、台地区学校交流 | 3 | 0 | 0 | 0 | 0 | 0 | 0 | 0 | 0 | 0 | 0 | 0 | 0 | 0 | 0 |
| 43. 南京机电职业技术学院 | | 1 | 1 | 50 | 0 | 0 | 0 | 0 | 0 | 0 | 0 | 0 | 0 | 0 | 0 |
| 国际学术交流 | 1 | 0 | 0 | 0 | 0 | 0 | 0 | 0 | 0 | 0 | 0 | 0 | 0 | 0 | 0 |
| 国内学术交流 | 2 | 1 | 1 | 50 | 0 | 0 | 0 | 0 | 0 | 0 | 0 | 0 | 0 | 0 | 0 |
| 与港、澳、台地区学校交流 | 3 | 0 | 0 | 0 | 0 | 0 | 0 | 0 | 0 | 0 | 0 | 0 | 0 | 0 | 0 |
| 44. 江苏卫生健康职业学院 | | 1 | 1 | 7 | 0 | 7 | 0 | 2 | 4 | 6 | 5 | 0 | 0 | 0 | 0 |
| 国际学术交流 | 1 | 0 | 0 | 0 | 0 | 0 | 0 | 2 | 0 | 6 | 3 | 0 | 0 | 0 | 0 |
| 国内学术交流 | 2 | 1 | 1 | 7 | 0 | 7 | 0 | 0 | 4 | 0 | 2 | 0 | 0 | 0 | 0 |
| 与港、澳、台地区学校交流 | 3 | 0 | 0 | 0 | 0 | 0 | 0 | 0 | 0 | 0 | 0 | 0 | 0 | 0 | 0 |
| 45. 苏州信息职业技术学院 | | 0 | 0 | 0 | 0 | 0 | 0 | 0 | 0 | 0 | 43 | 0 | 0 | 0 | 0 |
| 国际学术交流 | 1 | 0 | 0 | 0 | 0 | 0 | 0 | 0 | 0 | 0 | 0 | 0 | 0 | 0 | 0 |
| 国内学术交流 | 2 | 0 | 0 | 0 | 0 | 0 | 0 | 0 | 0 | 0 | 43 | 0 | 0 | 0 | 0 |
| 与港、澳、台地区学校交流 | 3 | 0 | 0 | 0 | 0 | 0 | 0 | 0 | 0 | 0 | 0 | 0 | 0 | 0 | 0 |
| 46. 苏州工业园区服务外包职业学院 | | 0 | 0 | 2 | 0 | 2 | 0 | 0 | 2 | 0 | 0 | 0 | 0 | 0 | 0 |
| 国际学术交流 | 1 | 0 | 0 | 0 | 0 | 0 | 0 | 0 | 0 | 0 | 0 | 0 | 0 | 0 | 0 |
| 国内学术交流 | 2 | 0 | 0 | 2 | 0 | 2 | 0 | 0 | 2 | 0 | 0 | 0 | 0 | 0 | 0 |
| 与港、澳、台地区学校交流 | 3 | 0 | 0 | 0 | 0 | 0 | 0 | 0 | 0 | 0 | 0 | 0 | 0 | 0 | 0 |
| 47. 徐州幼儿师范高等专科学校 | | 4 | 0 | 75 | 18 | 45 | 7 | 28 | 44 | 12 | 41 | 22 | 0 | 0 | 0 |
| 国际学术交流 | 1 | 0 | 0 | 12 | 5 | 0 | 0 | 0 | 6 | 0 | 5 | 5 | 0 | 0 | 0 |
| 国内学术交流 | 2 | 3 | 0 | 50 | 0 | 16 | 7 | 28 | 20 | 12 | 18 | 12 | 0 | 0 | 0 |

续表

| 学术交流类别 | 编号 | 校办学术会议 | | 参加学术会议 | | | 受聘讲学 | | 社科考察 | | 进修学习 | | 合作研究 | | |
|---|---|---|---|---|---|---|---|---|---|---|---|---|---|---|---|
| | | 本校独办数 | 与外单位合办数 | 参加人次 | | 提交论文(篇) | 派出人次 | 来校人次 | 派出人次 | 来校人次 | 派出人次 | 来校人次 | 派出人次 | 来校人次 | 课题数(项) |
| | | | | 合计 | 其中:赴境外人次 | | | | | | | | | | |
| | | L01 | L02 | L03 | L04 | L05 | L06 | L07 | L08 | L09 | L10 | L11 | L12 | L13 | L14 |
| 与港、澳、台地区学校交流 | 3 | 1 | 0 | 13 | 13 | 29 | 0 | 0 | 18 | 0 | 18 | 5 | 0 | 0 | 0 |
| 48. 徐州生物工程职业技术学院 | | 0 | 0 | 0 | 0 | 0 | 10 | 8 | 16 | 12 | 26 | 16 | 0 | 0 | 0 |
| 国际学术交流 | 1 | 0 | 0 | 0 | 0 | 0 | 0 | 0 | 0 | 0 | 0 | 0 | 0 | 0 | 0 |
| 国内学术交流 | 2 | 0 | 0 | 0 | 0 | 0 | 10 | 8 | 16 | 12 | 26 | 16 | 0 | 0 | 0 |
| 与港、澳、台地区学校交流 | 3 | 0 | 0 | 0 | 0 | 0 | 0 | 0 | 0 | 0 | 0 | 0 | 0 | 0 | 0 |
| 49. 江苏商贸职业学院 | | 0 | 0 | 1 | 0 | 1 | 0 | 0 | 1 | 0 | 63 | 0 | 0 | 0 | 0 |
| 国际学术交流 | 1 | 0 | 0 | 0 | 0 | 0 | 0 | 0 | 0 | 0 | 0 | 0 | 0 | 0 | 0 |
| 国内学术交流 | 2 | 0 | 0 | 1 | 0 | 1 | 0 | 0 | 1 | 0 | 63 | 0 | 0 | 0 | 0 |
| 与港、澳、台地区学校交流 | 3 | 0 | 0 | 0 | 0 | 0 | 0 | 0 | 0 | 0 | 0 | 0 | 0 | 0 | 0 |
| 50. 南通师范高等专科学校 | | 0 | 0 | 1 | 0 | 1 | 0 | 0 | 0 | 0 | 2 | 0 | 0 | 0 | 0 |
| 国际学术交流 | 1 | 0 | 0 | 0 | 0 | 0 | 0 | 0 | 0 | 0 | 2 | 0 | 0 | 0 | 0 |
| 国内学术交流 | 2 | 0 | 0 | 1 | 0 | 1 | 0 | 0 | 0 | 0 | 0 | 0 | 0 | 0 | 0 |
| 与港、澳、台地区学校交流 | 3 | 0 | 0 | 0 | 0 | 0 | 0 | 0 | 0 | 0 | 0 | 0 | 0 | 0 | 0 |
| 51. 江苏护理职业学院 | | 0 | 1 | 6 | 0 | 6 | 0 | 0 | 0 | 0 | 0 | 0 | 0 | 0 | 0 |
| 国际学术交流 | 1 | 0 | 0 | 0 | 0 | 0 | 0 | 0 | 0 | 0 | 0 | 0 | 0 | 0 | 0 |
| 国内学术交流 | 2 | 0 | 1 | 6 | 0 | 6 | 0 | 0 | 0 | 0 | 0 | 0 | 0 | 0 | 0 |
| 与港、澳、台地区学校交流 | 3 | 0 | 0 | 0 | 0 | 0 | 0 | 0 | 0 | 0 | 0 | 0 | 0 | 0 | 0 |
| 52. 江苏航空职业技术学院 | | 0 | 0 | 2 | 0 | 2 | 0 | 0 | 0 | 0 | 0 | 0 | 0 | 0 | 0 |
| 国际学术交流 | 1 | 0 | 0 | 0 | 0 | 0 | 0 | 0 | 0 | 0 | 0 | 0 | 0 | 0 | 0 |
| 国内学术交流 | 2 | 0 | 0 | 2 | 0 | 2 | 0 | 0 | 0 | 0 | 0 | 0 | 0 | 0 | 0 |
| 与港、澳、台地区学校交流 | 3 | 0 | 0 | 0 | 0 | 0 | 0 | 0 | 0 | 0 | 0 | 0 | 0 | 0 | 0 |

## 4. 民办及中外合作办学高等学校人文、社会科学学术交流情况表

| 学术交流类别 | 编号 | 校办学术会议 | | 参加学术会议 | | | 受聘讲学 | | 社科考察 | | 进修学习 | | 合作研究 | | |
|---|---|---|---|---|---|---|---|---|---|---|---|---|---|---|---|
| | | 本校独办数 | 与外单位合办数 | 参加人次 合计 | 其中：赴境外人次 | 提交论文（篇） | 派出人次 | 来校人次 | 派出人次 | 来校人次 | 派出人次 | 来校人次 | 派出人次 | 来校人次 | 课题数（项） |
| | | L01 | L02 | L03 | L04 | L05 | L06 | L07 | L08 | L09 | L10 | L11 | L12 | L13 | L14 |
| 合计 | / | 92 | 9 | 725 | 24 | 492 | 72 | 143 | 201 | 114 | 444 | 166 | 183 | 25 | 64 |
| 1. 三江学院 | | 5 | 0 | 40 | 0 | 40 | 4 | 6 | 25 | 25 | 4 | 0 | 3 | 4 | 1 |
| 国际学术交流 | 1 | 0 | 0 | 0 | 0 | 0 | 0 | 0 | 0 | 0 | 0 | 0 | 0 | 0 | 0 |
| 国内学术交流 | 2 | 5 | 0 | 40 | 0 | 40 | 4 | 6 | 25 | 25 | 4 | 0 | 3 | 4 | 1 |
| 与港、澳、台地区学校交流 | 3 | 0 | 0 | 0 | 0 | 0 | 0 | 0 | 0 | 0 | 0 | 0 | 0 | 0 | 0 |
| 2. 九州职业技术学院 | | 0 | 0 | 5 | 0 | 3 | 13 | 17 | 62 | 39 | 58 | 143 | 11 | 7 | 2 |
| 国际学术交流 | 1 | 0 | 0 | 0 | 0 | 0 | 0 | 0 | 0 | 0 | 0 | 0 | 0 | 0 | 0 |
| 国内学术交流 | 2 | 0 | 0 | 5 | 0 | 3 | 13 | 17 | 62 | 39 | 58 | 143 | 11 | 7 | 2 |
| 与港、澳、台地区学校交流 | 3 | 0 | 0 | 0 | 0 | 0 | 0 | 0 | 0 | 0 | 0 | 0 | 0 | 0 | 0 |
| 3. 南通理工学院 | | 0 | 0 | 29 | 0 | 16 | 0 | 36 | 0 | 0 | 3 | 0 | 0 | 0 | 0 |
| 国际学术交流 | 1 | 0 | 0 | 0 | 0 | 0 | 0 | 0 | 0 | 0 | 0 | 0 | 0 | 0 | 0 |
| 国内学术交流 | 2 | 0 | 0 | 29 | 0 | 16 | 0 | 36 | 0 | 0 | 3 | 0 | 0 | 0 | 0 |
| 与港、澳、台地区学校交流 | 3 | 0 | 0 | 0 | 0 | 0 | 0 | 0 | 0 | 0 | 0 | 0 | 0 | 0 | 0 |
| 4. 硅湖职业技术学院 | | 0 | 1 | 4 | 0 | 4 | 2 | 3 | 3 | 6 | 1 | 0 | 2 | 4 | 2 |
| 国际学术交流 | 1 | 0 | 0 | 1 | 0 | 1 | 0 | 0 | 0 | 0 | 0 | 0 | 0 | 0 | 0 |
| 国内学术交流 | 2 | 0 | 1 | 3 | 0 | 3 | 2 | 3 | 3 | 6 | 1 | 0 | 2 | 4 | 2 |
| 与港、澳、台地区学校交流 | 3 | 0 | 0 | 0 | 0 | 0 | 0 | 0 | 0 | 0 | 0 | 0 | 0 | 0 | 0 |
| 5. 应天职业技术学院 | | 2 | 0 | 7 | 0 | 3 | 0 | 2 | 3 | 0 | 41 | 0 | 10 | 0 | 1 |
| 国际学术交流 | 1 | 0 | 0 | 0 | 0 | 0 | 0 | 0 | 0 | 0 | 0 | 0 | 0 | 0 | 0 |

续表

| 学术交流类别 | 编号 | 校办学术会议 | | 参加学术会议 | | | 受聘讲学 | | 社科考察 | | 进修学习 | | 合作研究 | | |
|---|---|---|---|---|---|---|---|---|---|---|---|---|---|---|---|
| | | 本校独办数 | 与外单位合办数 | 参加人次 合计 | 其中：赴境外人次 | 提交论文（篇） | 派出人次 | 来校人次 | 派出人次 | 来校人次 | 派出人次 | 来校人次 | 派出人次 | 来校人次 | 课题数（项） |
| | | L01 | L02 | L03 | L04 | L05 | L06 | L07 | L08 | L09 | L10 | L11 | L12 | L13 | L14 |
| 国内学术交流 | 2 | 2 | 0 | 7 | 0 | 3 | 0 | 2 | 3 | 0 | 41 | 0 | 10 | 0 | 1 |
| 与港、澳、台地区学校交流 | 3 | 0 | 0 | 0 | 0 | 0 | 0 | 0 | 0 | 0 | 0 | 0 | 0 | 0 | 0 |
| 6. 东南大学成贤学院 | | 10 | 4 | 11 | 0 | 7 | 3 | 6 | 5 | 9 | 14 | 11 | 0 | 0 | 0 |
| 国际学术交流 | 1 | 0 | 0 | 0 | 0 | 0 | 0 | 0 | 0 | 0 | 0 | 0 | 0 | 0 | 0 |
| 国内学术交流 | 2 | 10 | 4 | 11 | 0 | 7 | 3 | 6 | 5 | 9 | 14 | 11 | 0 | 0 | 0 |
| 与港、澳、台地区学校交流 | 3 | 0 | 0 | 0 | 0 | 0 | 0 | 0 | 0 | 0 | 0 | 0 | 0 | 0 | 0 |
| 7. 正德职业技术学院 | | 0 | 0 | 1 | 0 | 1 | 0 | 0 | 0 | 0 | 1 | 0 | 0 | 0 | 0 |
| 国际学术交流 | 1 | 0 | 0 | 0 | 0 | 0 | 0 | 0 | 0 | 0 | 0 | 0 | 0 | 0 | 0 |
| 国内学术交流 | 2 | 0 | 0 | 1 | 0 | 1 | 0 | 0 | 0 | 0 | 1 | 0 | 0 | 0 | 0 |
| 与港、澳、台地区学校交流 | 3 | 0 | 0 | 0 | 0 | 0 | 0 | 0 | 0 | 0 | 0 | 0 | 0 | 0 | 0 |
| 8. 无锡南洋职业技术学院 | | 2 | 0 | 34 | 0 | 7 | 0 | 2 | 0 | 0 | 0 | 0 | 0 | 0 | 0 |
| 国际学术交流 | 1 | 0 | 0 | 0 | 0 | 0 | 0 | 0 | 0 | 0 | 0 | 0 | 0 | 0 | 0 |
| 国内学术交流 | 2 | 2 | 0 | 34 | 0 | 7 | 0 | 2 | 0 | 0 | 0 | 0 | 0 | 0 | 0 |
| 与港、澳、台地区学校交流 | 3 | 0 | 0 | 0 | 0 | 0 | 0 | 0 | 0 | 0 | 0 | 0 | 0 | 0 | 0 |
| 9. 金肯职业技术学院 | | 0 | 0 | 2 | 0 | 2 | 0 | 2 | 0 | 0 | 3 | 0 | 0 | 0 | 0 |
| 国际学术交流 | 1 | 0 | 0 | 0 | 0 | 0 | 0 | 0 | 0 | 0 | 0 | 0 | 0 | 0 | 0 |
| 国内学术交流 | 2 | 0 | 0 | 2 | 0 | 2 | 0 | 2 | 0 | 0 | 3 | 0 | 0 | 0 | 0 |
| 与港、澳、台地区学校交流 | 3 | 0 | 0 | 0 | 0 | 0 | 0 | 0 | 0 | 0 | 0 | 0 | 0 | 0 | 0 |
| 10. 建东职业技术学院 | | 0 | 0 | 0 | 0 | 0 | 0 | 0 | 0 | 0 | 21 | 0 | 0 | 0 | 0 |

|  |  |  |  |  |  |  |  |  |  |  |  |  |  |  |  |
|---|---|---|---|---|---|---|---|---|---|---|---|---|---|---|---|
| 国际学术交流 | 1 | 0 | 0 | 0 | 0 | 0 | 0 | 0 | 0 | 0 | 0 | 0 | 0 | 0 | 0 |
| 国内学术交流 | 2 | 0 | 0 | 0 | 0 | 0 | 0 | 0 | 0 | 0 | 21 | 0 | 0 | 0 | 0 |
| 与港、澳、台地区学校交流 | 3 | 0 | 0 | 0 | 0 | 0 | 0 | 0 | 0 | 0 | 0 | 0 | 0 | 0 | 0 |
| 11. 宿迁职业技术学院 |  | 0 | 0 | 0 | 0 | 0 | 0 | 2 | 0 | 0 | 2 | 0 | 0 | 0 | 0 |
| 国际学术交流 | 1 | 0 | 0 | 0 | 0 | 0 | 0 | 0 | 0 | 0 | 0 | 0 | 0 | 0 | 0 |
| 国内学术交流 | 2 | 0 | 0 | 0 | 0 | 0 | 0 | 2 | 0 | 0 | 2 | 0 | 0 | 0 | 0 |
| 与港、澳、台地区学校交流 | 3 | 0 | 0 | 0 | 0 | 0 | 0 | 0 | 0 | 0 | 0 | 0 | 0 | 0 | 0 |
| 12. 江海职业技术学院 |  | 2 | 0 | 4 | 0 | 4 | 0 | 0 | 0 | 0 | 2 | 0 | 0 | 0 | 0 |
| 国际学术交流 | 1 | 0 | 0 | 0 | 0 | 0 | 0 | 0 | 0 | 0 | 0 | 0 | 0 | 0 | 0 |
| 国内学术交流 | 2 | 2 | 0 | 4 | 0 | 4 | 0 | 0 | 0 | 0 | 2 | 0 | 0 | 0 | 0 |
| 与港、澳、台地区学校交流 | 3 | 0 | 0 | 0 | 0 | 0 | 0 | 0 | 0 | 0 | 0 | 0 | 0 | 0 | 0 |
| 13. 无锡太湖学院 |  | 0 | 0 | 8 | 0 | 6 | 0 | 0 | 0 | 0 | 76 | 0 | 0 | 0 | 0 |
| 国际学术交流 | 1 | 0 | 0 | 0 | 0 | 0 | 0 | 0 | 0 | 0 | 0 | 0 | 0 | 0 | 0 |
| 国内学术交流 | 2 | 0 | 0 | 8 | 0 | 6 | 0 | 0 | 0 | 0 | 76 | 0 | 0 | 0 | 0 |
| 与港、澳、台地区学校交流 | 3 | 0 | 0 | 0 | 0 | 0 | 0 | 0 | 0 | 0 | 0 | 0 | 0 | 0 | 0 |
| 14. 南京大学金陵学院 |  | 0 | 0 | 9 | 0 | 0 | 0 | 0 | 0 | 0 | 3 | 0 | 0 | 0 | 0 |
| 国际学术交流 | 1 | 0 | 0 | 0 | 0 | 0 | 0 | 0 | 0 | 0 | 1 | 0 | 0 | 0 | 0 |
| 国内学术交流 | 2 | 0 | 0 | 9 | 0 | 0 | 0 | 0 | 0 | 0 | 2 | 0 | 0 | 0 | 0 |
| 与港、澳、台地区学校交流 | 3 | 0 | 0 | 0 | 0 | 0 | 0 | 0 | 0 | 0 | 0 | 0 | 0 | 0 | 0 |
| 15. 南京理工大学紫金学院 |  | 0 | 0 | 10 | 0 | 1 | 0 | 0 | 6 | 3 | 6 | 0 | 5 | 2 | 1 |
| 国际学术交流 | 1 | 0 | 0 | 0 | 0 | 0 | 0 | 0 | 0 | 0 | 0 | 0 | 0 | 0 | 0 |
| 国内学术交流 | 2 | 0 | 0 | 10 | 0 | 1 | 0 | 0 | 6 | 3 | 6 | 0 | 5 | 2 | 1 |
| 与港、澳、台地区学校交流 | 3 | 0 | 0 | 0 | 0 | 0 | 0 | 0 | 0 | 0 | 0 | 0 | 0 | 0 | 0 |
| 16. 南京航空航天大学金城学院 |  | 0 | 0 | 6 | 3 | 3 | 0 | 0 | 4 | 0 | 5 | 0 | 0 | 0 | 0 |

续表

| 学术交流类别 | 编号 | 校办学术会议 | | 参加学术会议 | | | 受聘讲学 | | 社科考察 | | 进修学习 | | 合作研究 | | |
|---|---|---|---|---|---|---|---|---|---|---|---|---|---|---|---|
| | | 本校独办数 | 与外单位合办数 | 参加人次 | | 提交论文（篇） | 派出人次 | 来校人次 | 派出人次 | 来校人次 | 派出人次 | 来校人次 | 派出人次 | 来校人次 | 课题数（项） |
| | | | | 合计 | 其中：赴境外人次 | | | | | | | | | | |
| | | L01 | L02 | L03 | L04 | L05 | L06 | L07 | L08 | L09 | L10 | L11 | L12 | L13 | L14 |
| 国际学术交流 | 1 | 0 | 0 | 0 | 0 | 0 | 0 | 0 | 0 | 0 | 0 | 0 | 0 | 0 | 0 |
| 国内学术交流 | 2 | 0 | 0 | 2 | 0 | 3 | 0 | 0 | 0 | 0 | 0 | 0 | 0 | 0 | 0 |
| 与港、澳、台地区学校交流 | 3 | 0 | 0 | 4 | 3 | 0 | 0 | 0 | 4 | 0 | 5 | 0 | 0 | 0 | 0 |
| 17. 南京传媒学院 | | 0 | 0 | 42 | 2 | 12 | 1 | 5 | 0 | 0 | 5 | 0 | 0 | 0 | 0 |
| 国际学术交流 | 1 | 0 | 0 | 2 | 2 | 0 | 0 | 5 | 0 | 0 | 2 | 0 | 0 | 0 | 0 |
| 国内学术交流 | 2 | 0 | 0 | 40 | 0 | 12 | 1 | 0 | 0 | 0 | 3 | 0 | 0 | 0 | 0 |
| 与港、澳、台地区学校交流 | 3 | 0 | 0 | 0 | 0 | 0 | 0 | 0 | 0 | 0 | 0 | 0 | 0 | 0 | 0 |
| 18. 南京理工大学泰州科技学院 | | 0 | 0 | 8 | 0 | 1 | 0 | 12 | 0 | 0 | 31 | 0 | 6 | 6 | 6 |
| 国际学术交流 | 1 | 0 | 0 | 0 | 0 | 0 | 0 | 0 | 0 | 0 | 0 | 0 | 0 | 0 | 0 |
| 国内学术交流 | 2 | 0 | 0 | 8 | 0 | 1 | 0 | 12 | 0 | 0 | 31 | 0 | 6 | 6 | 6 |
| 与港、澳、台地区学校交流 | 3 | 0 | 0 | 0 | 0 | 0 | 0 | 0 | 0 | 0 | 0 | 0 | 0 | 0 | 0 |
| 19. 南京工业大学浦江学院 | | 0 | 0 | 1 | 0 | 1 | 0 | 2 | 0 | 0 | 0 | 0 | 0 | 0 | 0 |
| 国际学术交流 | 1 | 0 | 0 | 1 | 0 | 1 | 0 | 0 | 0 | 0 | 0 | 0 | 0 | 0 | 0 |
| 国内学术交流 | 2 | 0 | 0 | 0 | 0 | 0 | 0 | 2 | 0 | 0 | 0 | 0 | 0 | 0 | 0 |
| 与港、澳、台地区学校交流 | 3 | 0 | 0 | 0 | 0 | 0 | 0 | 0 | 0 | 0 | 0 | 0 | 0 | 0 | 0 |
| 20. 昆山登云科技职业学院 | | 0 | 0 | 0 | 0 | 0 | 0 | 2 | 12 | 12 | 0 | 0 | 0 | 0 | 0 |
| 国际学术交流 | 1 | 0 | 0 | 0 | 0 | 0 | 0 | 0 | 0 | 0 | 0 | 0 | 0 | 0 | 0 |
| 国内学术交流 | 2 | 0 | 0 | 0 | 0 | 0 | 0 | 2 | 12 | 12 | 0 | 0 | 0 | 0 | 0 |
| 与港、澳、台地区学校交流 | 3 | 0 | 0 | 0 | 0 | 0 | 0 | 0 | 0 | 0 | 0 | 0 | 0 | 0 | 0 |

| | | | | | | | | | | | | | | | |
|---|---|---|---|---|---|---|---|---|---|---|---|---|---|---|---|
| 21. 南京视觉艺术职业学院 | | 0 | 0 | 16 | 0 | 0 | 0 | 0 | 0 | 0 | 0 | 0 | 0 | 0 | 0 |
| 国际学术交流 | 1 | 0 | 0 | 0 | 0 | 0 | 0 | 0 | 0 | 0 | 0 | 0 | 0 | 0 | 0 |
| 国内学术交流 | 2 | 0 | 0 | 16 | 0 | 0 | 0 | 0 | 0 | 0 | 0 | 0 | 0 | 0 | 0 |
| 与港、澳、台地区学校交流 | 3 | 0 | 0 | 0 | 0 | 0 | 0 | 0 | 0 | 0 | 0 | 0 | 0 | 0 | 0 |
| 22. 南京医科大学康达学院 | | 1 | 0 | 0 | 0 | 0 | 0 | 3 | 0 | 0 | 0 | 0 | 0 | 0 | 0 |
| 国际学术交流 | 1 | 0 | 0 | 0 | 0 | 0 | 0 | 0 | 0 | 0 | 0 | 0 | 0 | 0 | 0 |
| 国内学术交流 | 2 | 1 | 0 | 0 | 0 | 0 | 0 | 3 | 0 | 0 | 0 | 0 | 0 | 0 | 0 |
| 与港、澳、台地区学校交流 | 3 | 0 | 0 | 0 | 0 | 0 | 0 | 0 | 0 | 0 | 0 | 0 | 0 | 0 | 0 |
| 23. 南京中医药大学翰林学院 | | 0 | 0 | 3 | 0 | 2 | 0 | 4 | 0 | 0 | 4 | 0 | 0 | 0 | 0 |
| 国际学术交流 | 1 | 0 | 0 | 0 | 0 | 0 | 0 | 0 | 0 | 0 | 0 | 0 | 0 | 0 | 0 |
| 国内学术交流 | 2 | 0 | 0 | 3 | 0 | 2 | 0 | 4 | 0 | 0 | 4 | 0 | 0 | 0 | 0 |
| 与港、澳、台地区学校交流 | 3 | 0 | 0 | 0 | 0 | 0 | 0 | 0 | 0 | 0 | 0 | 0 | 0 | 0 | 0 |
| 24. 南京信息工程大学滨江学院 | | 4 | 0 | 17 | 0 | 8 | 5 | 8 | 5 | 0 | 0 | 0 | 0 | 0 | 0 |
| 国际学术交流 | 1 | 0 | 0 | 0 | 0 | 0 | 0 | 0 | 0 | 0 | 0 | 0 | 0 | 0 | 0 |
| 国内学术交流 | 2 | 4 | 0 | 17 | 0 | 8 | 5 | 8 | 5 | 0 | 0 | 0 | 0 | 0 | 0 |
| 与港、澳、台地区学校交流 | 3 | 0 | 0 | 0 | 0 | 0 | 0 | 0 | 0 | 0 | 0 | 0 | 0 | 0 | 0 |
| 25. 苏州大学应用技术学院 | | 0 | 0 | 3 | 0 | 1 | 0 | 0 | 4 | 3 | 0 | 0 | 0 | 0 | 0 |
| 国际学术交流 | 1 | 0 | 0 | 0 | 0 | 0 | 0 | 0 | 0 | 0 | 0 | 0 | 0 | 0 | 0 |
| 国内学术交流 | 2 | 0 | 0 | 3 | 0 | 1 | 0 | 0 | 4 | 3 | 0 | 0 | 0 | 0 | 0 |
| 与港、澳、台地区学校交流 | 3 | 0 | 0 | 0 | 0 | 0 | 0 | 0 | 0 | 0 | 0 | 0 | 0 | 0 | 0 |
| 26. 苏州科技大学天平学院 | | 0 | 0 | 4 | 0 | 2 | 0 | 4 | 0 | 0 | 6 | 0 | 0 | 0 | 0 |
| 国际学术交流 | 1 | 0 | 0 | 0 | 0 | 0 | 0 | 0 | 0 | 0 | 0 | 0 | 0 | 0 | 0 |
| 国内学术交流 | 2 | 0 | 0 | 4 | 0 | 2 | 0 | 4 | 0 | 0 | 6 | 0 | 0 | 0 | 0 |
| 与港、澳、台地区学校交流 | 3 | 0 | 0 | 0 | 0 | 0 | 0 | 0 | 0 | 0 | 0 | 0 | 0 | 0 | 0 |

续表

| 学术交流类别 | 编号 | 校办学术会议 | | 参加学术会议 | | | 受聘讲学 | | 社科考察 | | 进修学习 | | 合作研究 | | |
|---|---|---|---|---|---|---|---|---|---|---|---|---|---|---|---|
| | | 本校独办数 | 与外单位合办数 | 参加人次 | | 提交论文（篇） | 派出人次 | 来校人次 | 派出人次 | 来校人次 | 派出人次 | 来校人次 | 派出人次 | 来校人次 | 课题数（项） |
| | | | | 合计 | 其中：赴境外人次 | | | | | | | | | | |
| | | L01 | L02 | L03 | L04 | L05 | L06 | L07 | L08 | L09 | L10 | L11 | L12 | L13 | L14 |
| 27. 江苏大学京江学院 | | 4 | 0 | 0 | 0 | 0 | 0 | 0 | 0 | 0 | 0 | 0 | 0 | 0 | 0 |
| 国际学术交流 | 1 | 0 | 0 | 0 | 0 | 0 | 0 | 0 | 0 | 0 | 0 | 0 | 0 | 0 | 0 |
| 国内学术交流 | 2 | 4 | 0 | 0 | 0 | 0 | 0 | 0 | 0 | 0 | 0 | 0 | 0 | 0 | 0 |
| 与港、澳、台地区学校交流 | 3 | 0 | 0 | 0 | 0 | 0 | 0 | 0 | 0 | 0 | 0 | 0 | 0 | 0 | 0 |
| 28. 扬州大学广陵学院 | | 2 | 0 | 0 | 0 | 0 | 0 | 0 | 0 | 0 | 0 | 0 | 0 | 0 | 0 |
| 国际学术交流 | 1 | 0 | 0 | 0 | 0 | 0 | 0 | 0 | 0 | 0 | 0 | 0 | 0 | 0 | 0 |
| 国内学术交流 | 2 | 2 | 0 | 0 | 0 | 0 | 0 | 0 | 0 | 0 | 0 | 0 | 0 | 0 | 0 |
| 与港、澳、台地区学校交流 | 3 | 0 | 0 | 0 | 0 | 0 | 0 | 0 | 0 | 0 | 0 | 0 | 0 | 0 | 0 |
| 29. 江苏师范大学科文学院 | | 0 | 0 | 9 | 0 | 2 | 0 | 0 | 0 | 0 | 24 | 0 | 0 | 0 | 0 |
| 国际学术交流 | 1 | 0 | 0 | 0 | 0 | 0 | 0 | 0 | 0 | 0 | 0 | 0 | 0 | 0 | 0 |
| 国内学术交流 | 2 | 0 | 0 | 9 | 0 | 2 | 0 | 0 | 0 | 0 | 24 | 0 | 0 | 0 | 0 |
| 与港、澳、台地区学校交流 | 3 | 0 | 0 | 0 | 0 | 0 | 0 | 0 | 0 | 0 | 0 | 0 | 0 | 0 | 0 |
| 30. 南京财经大学红山学院 | | 0 | 0 | 11 | 0 | 9 | 0 | 6 | 0 | 0 | 16 | 0 | 0 | 0 | 0 |
| 国际学术交流 | 1 | 0 | 0 | 0 | 0 | 0 | 0 | 0 | 0 | 0 | 0 | 0 | 0 | 0 | 0 |
| 国内学术交流 | 2 | 0 | 0 | 11 | 0 | 9 | 0 | 6 | 0 | 0 | 16 | 0 | 0 | 0 | 0 |
| 与港、澳、台地区学校交流 | 3 | 0 | 0 | 0 | 0 | 0 | 0 | 0 | 0 | 0 | 0 | 0 | 0 | 0 | 0 |
| 31. 南通大学杏林学院 | | 0 | 0 | 10 | 0 | 0 | 0 | 0 | 8 | 0 | 36 | 0 | 0 | 0 | 0 |
| 国际学术交流 | 1 | 0 | 0 | 0 | 0 | 0 | 0 | 0 | 0 | 0 | 1 | 0 | 0 | 0 | 0 |
| 国内学术交流 | 2 | 0 | 0 | 10 | 0 | 0 | 0 | 0 | 8 | 0 | 35 | 0 | 0 | 0 | 0 |

| | | | | | | | | | | | | | | | |
|---|---|---|---|---|---|---|---|---|---|---|---|---|---|---|---|
| 与港、澳、台地区学校交流 | 3 | 0 | 0 | 0 | 0 | 0 | 0 | 0 | 0 | 0 | 0 | 0 | 0 | 0 | 0 |
| 32. 南京审计大学金审学院 | | 0 | 0 | 12 | 0 | 8 | 0 | 4 | 5 | 0 | 32 | 0 | 20 | 0 | 4 |
| 国际学术交流 | 1 | 0 | 0 | 0 | 0 | 0 | 0 | 0 | 0 | 0 | 0 | 0 | 0 | 0 | 0 |
| 国内学术交流 | 2 | 0 | 0 | 12 | 0 | 8 | 0 | 4 | 5 | 0 | 32 | 0 | 20 | 0 | 4 |
| 与港、澳、台地区学校交流 | 3 | 0 | 0 | 0 | 0 | 0 | 0 | 0 | 0 | 0 | 0 | 0 | 0 | 0 | 0 |
| 33. 宿迁学院 | | 53 | 0 | 300 | 0 | 295 | 20 | 0 | 50 | 0 | 30 | 0 | 120 | 0 | 40 |
| 国际学术交流 | 1 | 0 | 0 | 0 | 0 | 0 | 0 | 0 | 0 | 0 | 0 | 0 | 0 | 0 | 0 |
| 国内学术交流 | 2 | 53 | 0 | 300 | 0 | 295 | 20 | 0 | 50 | 0 | 30 | 0 | 120 | 0 | 40 |
| 与港、澳、台地区学校交流 | 3 | 0 | 0 | 0 | 0 | 0 | 0 | 0 | 0 | 0 | 0 | 0 | 0 | 0 | 0 |
| 34. 苏州高博软件技术职业学院 | | 5 | 0 | 5 | 0 | 2 | 0 | 5 | 0 | 0 | 20 | 12 | 2 | 0 | 3 |
| 国际学术交流 | 1 | 0 | 0 | 0 | 0 | 0 | 0 | 0 | 0 | 0 | 0 | 0 | 0 | 0 | 0 |
| 国内学术交流 | 2 | 5 | 0 | 5 | 0 | 2 | 0 | 5 | 0 | 0 | 20 | 12 | 2 | 0 | 3 |
| 与港、澳、台地区学校交流 | 3 | 0 | 0 | 0 | 0 | 0 | 0 | 0 | 0 | 0 | 0 | 0 | 0 | 0 | 0 |
| 35. 西交利物浦大学 | | 2 | 4 | 96 | 19 | 34 | 8 | 12 | 9 | 17 | 0 | 0 | 4 | 2 | 4 |
| 国际学术交流 | 1 | 0 | 0 | 47 | 12 | 25 | 2 | 10 | 0 | 0 | 0 | 0 | 1 | 1 | 1 |
| 国内学术交流 | 2 | 2 | 4 | 42 | 4 | 6 | 6 | 1 | 9 | 17 | 0 | 0 | 3 | 1 | 3 |
| 与港、澳、台地区学校交流 | 3 | 0 | 0 | 7 | 3 | 3 | 0 | 1 | 0 | 0 | 0 | 0 | 0 | 0 | 0 |
| 36. 昆山杜克大学 | | 0 | 0 | 18 | 0 | 18 | 16 | 0 | 0 | 0 | 0 | 0 | 0 | 0 | 0 |
| 国际学术交流 | 1 | 0 | 0 | 10 | 0 | 10 | 8 | 0 | 0 | 0 | 0 | 0 | 0 | 0 | 0 |
| 国内学术交流 | 2 | 0 | 0 | 8 | 0 | 8 | 8 | 0 | 0 | 0 | 0 | 0 | 0 | 0 | 0 |
| 与港、澳、台地区学校交流 | 3 | 0 | 0 | 0 | 0 | 0 | 0 | 0 | 0 | 0 | 0 | 0 | 0 | 0 | 0 |

# 十一、社科专利

## 1. 全省高等学校人文、社会科学专利情况表

| 指标名称 | 专利申请数(件) | 其中:发明专利数(件) | 有效发明专利数(件) | 专利所有权转让及许可数(件) | 专利所有权转让与许可收入(百元) | 专利授权数(件) | 其中:发明专利数(件) | 集成电路布图设计登记数(件) | 植物新品种权授予数(项) | 形成国家或行业标准数(项) |
|---|---|---|---|---|---|---|---|---|---|---|
| 合计 | 1 013 | 151 | 191 | 52 | 124.4 | 727 | 64 | 1 | 0 | 5 |

## 2. 公办本科高等学校人文、社会科学专利情况表

| 指标名称 | 编号 | 专利申请数(件) | 其中:发明专利数(件) | 有效发明专利数(件) | 专利所有权转让及许可数(件) | 专利所有权转让与许可收入(百元) | 专利授权数(件) | 其中:发明专利数(件) | 集成电路布图设计登记数(件) | 植物新品种权授予数(项) | 形成国家或行业标准数(项) |
|---|---|---|---|---|---|---|---|---|---|---|---|
| 合计 | / | 449 | 80 | 154 | 0 | 0 | 316 | 50 | 0 | 0 | 0 |
| 南京大学 | 1 | 8 | 8 | 0 | 0 | 0 | 3 | 2 | 0 | 0 | 0 |
| 东南大学 | 2 | 0 | 0 | 0 | 0 | 0 | 3 | 3 | 0 | 0 | 0 |
| 河海大学 | 3 | 51 | 23 | 26 | 0 | 0 | 34 | 11 | 0 | 0 | 0 |
| 南京理工大学 | 4 | 14 | 5 | 5 | 0 | 0 | 6 | 1 | 0 | 0 | 0 |
| 苏州大学 | 5 | 28 | 2 | 0 | 0 | 0 | 24 | 0 | 0 | 0 | 0 |
| 南京工业大学 | 6 | 35 | 10 | 0 | 0 | 0 | 28 | 3 | 0 | 0 | 0 |
| 江苏师范大学 | 7 | 19 | 2 | 6 | 0 | 0 | 15 | 2 | 0 | 0 | 0 |
| 淮阴师范学院 | 8 | 145 | 0 | 0 | 0 | 0 | 63 | 0 | 0 | 0 | 0 |
| 南京财经大学 | 9 | 10 | 1 | 7 | 0 | 0 | 7 | 1 | 0 | 0 | 0 |
| 南京体育学院 | 10 | 6 | 0 | 0 | 0 | 0 | 6 | 0 | 0 | 0 | 0 |
| 南京艺术学院 | 11 | 7 | 2 | 46 | 0 | 0 | 7 | 2 | 0 | 0 | 0 |
| 常熟理工学院 | 12 | 56 | 2 | 2 | 0 | 0 | 18 | 1 | 0 | 0 | 0 |
| 南京晓庄学院 | 13 | 19 | 19 | 19 | 0 | 0 | 19 | 19 | 0 | 0 | 0 |
| 南京特殊教育师范学院 | 14 | 2 | 2 | 2 | 0 | 0 | 4 | 2 | 0 | 0 | 0 |
| 金陵科技学院 | 15 | 26 | 3 | 13 | 0 | 0 | 59 | 2 | 0 | 0 | 0 |
| 江苏第二师范学院 | 16 | 23 | 1 | 28 | 0 | 0 | 20 | 1 | 0 | 0 | 0 |

注:此表删除了各类专利数均为 0 的高校。

## 3. 公办专科高等学校人文、社会科学专利情况表

| 指标名称 | 编号 | 专利申请数（件） | 其中：发明专利数（件） | 有效发明专利数（件） | 专利所有权转让及许可数（件） | 专利所有权转让与许可收入（百元） | 专利授权数（件） | 其中：发明专利数（件） | 集成电路布图设计登记数（件） | 植物新品种权授予数（项） | 形成国家或行业标准数（项） |
|---|---|---|---|---|---|---|---|---|---|---|---|
| 合计 | / | 521 | 69 | 31 | 52 | 124.4 | 375 | 14 | 1 | 0 | 5 |
| 盐城幼儿师范高等专科学校 | 1 | 6 | 0 | 0 | 0 | 0 | 0 | 0 | 0 | 0 | 0 |
| 无锡职业技术学院 | 2 | 48 | 6 | 6 | 0 | 0 | 22 | 2 | 0 | 0 | 0 |
| 南京工业职业技术大学 | 3 | 46 | 6 | 2 | 2 | 31.4 | 25 | 2 | 0 | 0 | 0 |
| 苏州工艺美术职业技术学院 | 4 | 42 | 5 | 3 | 0 | 0 | 35 | 3 | 0 | 0 | 0 |
| 南通职业大学 | 5 | 52 | 0 | 0 | 0 | 0 | 43 | 0 | 0 | 0 | 0 |
| 苏州职业大学 | 6 | 23 | 1 | 1 | 0 | 0 | 14 | 1 | 0 | 0 | 0 |
| 泰州职业技术学院 | 7 | 13 | 0 | 0 | 0 | 0 | 6 | 0 | 0 | 0 | 0 |
| 常州信息职业技术学院 | 8 | 8 | 5 | 2 | 0 | 0 | 5 | 2 | 0 | 0 | 0 |
| 江苏海事职业技术学院 | 9 | 36 | 33 | 7 | 5 | 0 | 8 | 1 | 0 | 0 | 0 |
| 南通科技职业学院 | 10 | 1 | 0 | 0 | 0 | 0 | 0 | 0 | 0 | 0 | 0 |
| 江苏航运职业技术学院 | 11 | 4 | 0 | 0 | 0 | 0 | 4 | 0 | 0 | 0 | 0 |
| 南京交通职业技术学院 | 12 | 12 | 0 | 0 | 0 | 0 | 7 | 0 | 0 | 0 | 0 |
| 常州纺织服装职业技术学院 | 13 | 34 | 0 | 0 | 0 | 0 | 32 | 0 | 0 | 0 | 0 |
| 常州工程职业技术学院 | 14 | 55 | 0 | 0 | 0 | 0 | 44 | 0 | 1 | 0 | 0 |
| 江苏信息职业技术学院 | 15 | 0 | 0 | 0 | 0 | 0 | 7 | 0 | 0 | 0 | 0 |
| 南京信息职业技术学院 | 16 | 0 | 0 | 0 | 0 | 0 | 0 | 0 | 0 | 0 | 2 |
| 常州机电职业技术学院 | 17 | 26 | 13 | 7 | 2 | 7 | 23 | 3 | 0 | 0 | 3 |
| 江阴职业技术学院 | 18 | 3 | 0 | 3 | 0 | 0 | 2 | 0 | 0 | 0 | 0 |
| 无锡工艺职业技术学院 | 19 | 65 | 0 | 0 | 43 | 86 | 55 | 0 | 0 | 0 | 0 |
| 江苏财经职业技术学院 | 20 | 12 | 0 | 0 | 0 | 0 | 8 | 0 | 0 | 0 | 0 |
| 南京旅游职业学院 | 21 | 31 | 0 | 0 | 0 | 0 | 31 | 0 | 0 | 0 | 0 |
| 江苏财会职业学院 | 22 | 1 | 0 | 0 | 0 | 0 | 1 | 0 | 0 | 0 | 0 |
| 江苏城乡建设职业学院 | 23 | 3 | 0 | 0 | 0 | 0 | 3 | 0 | 0 | 0 | 0 |

注：此表删除了各类专利数均为0的高校。

## 4. 民办及中外合作办学高等学校人文、社会科学专利情况表

| 指标名称 | 编号 | 专利申请数(件) | 其中:发明专利数(件) | 有效发明专利数(件) | 专利所有权转让及许可数(件) | 专利所有权转让与许可收入(百元) | 专利授权数(件) | 其中:发明专利数(件) | 集成电路布图设计登记数(件) | 植物新品种权授予数(项) | 形成国家或行业标准数(项) |
|---|---|---|---|---|---|---|---|---|---|---|---|
| 合计 | / | 43 | 2 | 6 | 0 | 0 | 36 | 0 | 0 | 0 | 0 |
| 硅湖职业技术学院 | 1 | 6 | 1 | 0 | 0 | 0 | 4 | 0 | 0 | 0 | 0 |
| 江南影视艺术职业学院 | 2 | 1 | 0 | 0 | 0 | 0 | 1 | 0 | 0 | 0 | 0 |
| 中国矿业大学徐海学院 | 3 | 3 | 0 | 0 | 0 | 0 | 3 | 0 | 0 | 0 | 0 |
| 南京大学金陵学院 | 4 | 1 | 0 | 2 | 0 | 0 | 1 | 0 | 0 | 0 | 0 |
| 南京理工大学泰州科技学院 | 5 | 2 | 0 | 0 | 0 | 0 | 2 | 0 | 0 | 0 | 0 |
| 南京师范大学泰州学院 | 6 | 4 | 0 | 4 | 0 | 0 | 1 | 0 | 0 | 0 | 0 |
| 昆山登云科技职业学院 | 7 | 4 | 1 | 0 | 0 | 0 | 0 | 0 | 0 | 0 | 0 |
| 常州大学怀德学院 | 8 | 0 | 0 | 0 | 0 | 0 | 2 | 0 | 0 | 0 | 0 |
| 苏州高博软件技术职业学院 | 9 | 22 | 0 | 0 | 0 | 0 | 22 | 0 | 0 | 0 | 0 |

注:此表删除了各类专利数均为0的高校。